Hirt/Maisack/Moritz
Tierschutzgesetz

Tierschutzgesetz

Kommentar

von

Almuth Hirt
Vorsitzende Richterin am Bayerischen Obersten Landesgericht

Christoph Maisack
Richter am Amtsgericht

Dr. med. vet. Johanna Moritz
Veterinäroberrätin, München

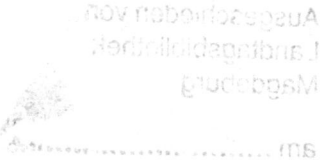

Verlag Franz Vahlen München 2003

Verlag Franz Vahlen im Internet:
beck.de

ISBN 3 8006 2871 6

© 2003 Verlag Franz Vahlen GmbH
Wilhelmstraße 9, 80801 München
Druck: Druckhaus „Thomas Müntzer" GmbH
Neustädter Str. 1–4, 99947 Bad Langensalza

Satz: Druckerei C. H. Beck, Nördlingen
(Adresse wie Verlag)

Gedruckt auf säurefreiem, alterungsbeständigem Papier
(hergestellt aus chlorfrei gebleichtem Zellstoff)

Geleitwort

Dieser Kommentar schafft in bestechender Weise die Voraussetzungen, das zu Recht beklagte Vollzugsdefizit auf dem Gebiet des Tierschutzes zu verringern. Er beantwortet Fragen, die sich vor allem bei der praktischen Umsetzung des Tierschutzgesetzes stellen. Neben der Darstellung aller rechtlichen Voraussetzungen für ein behördliches Eingreifen finden sich beispielsweise detaillierte Beschreibungen der Verhaltensbedürfnisse aller üblichen Nutztiere.

Ohne detaillierte Kenntnis der Verhaltensbedürfnisse kann die vom Gesetz geforderte und vom Bundesverfassungsgericht im Käfighennenurteil 1999 bestätigte „*verhaltensgerechte Unterbringung*" kaum realisiert werden. Damit trägt der Kommentar zu einem effektiveren Tierschutz bei: War behördliches Eingreifen zu Gunsten unserer Nutztiere bislang vielfach abhängig von der Feststellung physischer Schäden, kann Tierschutz jetzt schon bei einem Verstoß gegen die vom Gesetz verlangten Haltungsanforderungen konkret einsetzen. Der Kommentar schließt weitgehend auch die vielfach gegebenen Lücken, die noch durch Tierschutzhaltungsverordnungen ausgefüllt werden sollten.

Dieser Kommentar beeindruckt nicht nur mit seinen Ausführungen zur Nutztierhaltung. Es werden neben dem Tierschutzgesetz auch alle wichtigen Tierschutz-Rechtsverordnungen detailliert und praxisnah erläutert. Hervorheben möchte ich die rechtsdogmatisch überzeugenden, gleichwohl auch für den Nichtjuristen gut verständlichen Ausführungen zum Schächten, zu den Zulässigkeitsvoraussetzungen für Tierversuche und zum „vernünftigen Grund".

Ich wünsche diesem Werk, das durch die gelungene Zusammenarbeit von Veterinären und Juristen eine Sonderstellung einnimmt, im Interesse einer korrekten Rechtsanwendung und damit im Interesse unserer Mitgeschöpfe eine optimale Verbreitung.

München, im Juni 2003

Hans Hinrich Sambraus

Prof. Dr. Dr. Sambraus ist Tierarzt und Zoologe, Fachtierarzt für Verhaltenskunde und Fachtierarzt für Tierschutz, war fast 20 Jahre Leiter des Lehrgebietes für Tierhaltung und Verhaltenskunde der Technischen Universität München und ist Mitbegründer der Internationalen Gesellschaft für Nutztierhaltung (IGN). Er hat die Entwicklung der Nutztierethologie in den letzten Jahrzehnten entscheidend beeinflusst.

Inhaltsverzeichnis

	Seite
Abkürzungen	IX
Literatur	XV
Einführung	1
Art. 20a GG	35
Tierschutzgesetz	45
Erster Abschnitt. Grundsatz	45
§ 1	45
Zweiter Abschnitt. Tierhaltung	70
§ 2 Allgemeine Vorschriften	70
• Anhang zu § 2	92
§ 2a Ermächtigungen	138
§ 3 Besondere Vorschriften	145
Dritter Abschnitt. Töten von Tieren	172
§ 4 Grundvorschrift	172
§ 4a Schlachten	180
§ 4b Ermächtigungen	192
Vierter Abschnitt. Eingriffe an Tieren	193
§ 5 Betäubung	193
§ 6 Amputation	201
§ 6a Geltungsbereich	217
Fünfter Abschnitt. Tierversuche	218
§ 7 Voraussetzungen	218
§ 8 Genehmigung	249
§ 8a Anzeige	266
§ 8b Tierschutzbeauftragte	271
§ 9 Durchführung	278
§ 9a Aufzeichnungen	289
Sechster Abschnitt. Eingriffe und Behandlungen zur Aus-, Fort- oder Weiterbildung	291
§ 10	291
Siebenter Abschnitt. Eingriffe und Behandlungen zur Herstellung, Gewinnung, Aufbewahrung oder Vermehrung von Stoffen, Produkten oder Organismen	305
§ 10a	305
Achter Abschnitt. Zucht, Halten von Tieren, Handel mit Tieren	308
§ 11 Erlaubnis	308
§ 11a Aufzeichnungen, Kennzeichnung	323
§ 11b Qualzüchtung	326
§ 11c Abgabeverbot an Kinder	341
Neunter Abschnitt. Verbringungs-, Verkehrs- und Haltungsverbot	342
§ 12	342

Inhaltsverzeichnis

	Seite
Zehnter Abschnitt. Sonstige Bestimmungen zum Schutz der Tiere	347
§ 13	347
§ 13 a	355
Elfter Abschnitt. Durchführung des Gesetzes	361
§ 14 Zollstellen	361
§ 15 Zuständige Behörden	363
§ 15 a Unterrichtung bei Fällen grundsätzlicher Bedeutung	369
§ 16 Behördliche Aufsicht, Auskunftspflichtige	369
§ 16 a Behördliche Anordnungen	379
§ 16 b Tierschutzkommission	394
§ 16 c Verordnungsermächtigung zur Meldepflicht von Tierversuchen	395
§ 16 d Verwaltungsvorschriften	396
§ 16 e Bericht der Bundesregierung	397
§ 16 f Amtshilfe innerhalb der EG	397
§ 16 g Übertragung von Zuständigkeiten auf oberste Landesbehörden	398
§ 16 h Geltung für EWR-Staaten	398
§ 16 i Schlichtung von Rechtsstreitigkeiten durch Schiedsspruch; Rechtsmittel	398
Zwölfter Abschnitt. Straf- und Bußgeldvorschriften	400
§ 17 Straftaten	400
§ 18 Ordnungswidrigkeiten	456
§ 19 Einziehung	466
§ 20 Verbot der Tierhaltung	471
§ 20 a Vorläufiges Verbot der Tierhaltung	476
Dreizehnter Abschnitt. Übergangs- und Schlußvorschriften	478
§ 21 Genehmigung, Erlaubnis	478
§ 21 a Rechtsverordnungen zur Durchführung von Rechtsakten der EG	478
§ 21 b Rechtsverordnungen ohne Zustimmung des Bundesrates	479
§ 22 Inkrafttreten	479
Tierschutz-Hundeverordnung vom 2. Mai 2001	481
Verordnung zum Schutz landwirtschaftlicher Nutztiere und anderer zur Erzeugung tierischer Produkte gehaltener Tiere bei ihrer Haltung (Tierschutz-Nutztierhaltungsverordnung – TierSchNutztV) vom 25. Oktober 2001	503
Verordnung zum Schutz von Tieren beim Transport (Tierschutztransportverordnung – TierSchTrV) idF der Bekanntmachung vom 11. Juni 1999	553
Verordnung zum Schutz von Tieren im Zusammenhang mit der Schlachtung oder Tötung (Tierschutz-Schlachtverordnung – TierSchlV) vom 3. März 1997	623
Adressenverzeichnis (Auszug)	675
Stichwortverzeichnis	679

Abkürzungen

aA	anderer Ansicht
aaO	am angegebenen Ort
ABl.	Amtsblatt
ABl. EG	Amtsblatt der Europäischen Gemeinschaften
Abs.	Absatz
abw.	abweichend
ÄndG	Änderungsgesetz
aE	am Ende
aF	alte Fassung
AG	Amtsgericht
AGKT	Arbeitsgemeinschaft kritische Tiermedizin
AgrarR	Agrarrecht
AID	Auswertungs- und Informationsdienst Verbraucherschutz, Ernährung Landwirtschaft e. V.
AKUT	Aktion Kirche und Tiere e. V.
allg.	allgemein
Alt.	Alternative
ALTEX	Alternativen zu Tierexperimenten (Zeitschrift)
aM	anderer Meinung
AMG	Arzneimittelgesetz
amtl.	amtlich
Anh.	Anhang
Anm.	Anmerkung
Art.	Artikel
AtD	Amtstierärztlicher Dienst (Zeitschrift)
ATLA	Alternatives to Laboratory Animals (Zeitschrift)
Aufl.	Auflage
AusfVO	Ausführungsverordnung
AVV	Allgemeine Verwaltungsvorschrift
Az.	Aktenzeichen
BAnz.	Bundesanzeiger
BauGB	Baugesetzbuch
BayObLG	Bayerisches Oberstes Landesgericht
BayObLGStr	Entscheidungen des Bayerischen Obersten Landesgerichts in Strafsachen
BayVerfGH	Bayerischer Verfassungsgerichtshof
BbT	Bundesverband der beamteten Tierärzte
Bd.	Band
BDSG	Bundesdatenschutzgesetz
Begr.	Begründung
Beschl.	Beschluss
BGB	Bürgerliches Gesetzbuch
BGBl.	Bundesgesetzblatt
BGH	Bundesgerichtshof
BGHSt.	Entscheidungen des Bundesgerichtshofes in Strafsachen

Abkürzungen

BGHZ	Entscheidungen des Bundesgerichtshofes in Zivilsachen
BgVV	Bundesinstitut für gesundheitlichen Verbraucherschutz und Veterinärmedizin
BImSchG	Bundes-Immissionsschutzgesetz
BJagdG	Bundesjagdgesetz
BML	Bundesministerium für Landwirtschaft (jetzt BMVEL)
BMVEL	Bundesministerium für Verbraucherschutz, Ernährung und Landwirtschaft
BNatschG	Bundesnaturschutzgesetz
BR-Drucks.	Bundesrats-Drucksache
BRRG	Beamtenrechtsrahmengesetz
BSE	Bovine Spongiforme Enzephalopathie
BSeuchG	Bundesseuchengesetz (jetzt Infektionsschutzgesetz)
bspw	beispielsweise
BT-Drucks.	Bundestags-Drucksache
BTK	Bundestierärztekammer
BVerfG	Bundesverfassungsgericht
BVerfGE	Entscheidungen des Bundesverfassungsgerichts
BVerfGG	Gesetz über das Bundesverfassungsgericht
BVerwG	Bundesverwaltungsgericht
BVerwGE	Entscheidungen des Bundesverwaltungsgerichts
BWildSchV	Bundeswildschutzverordnung
bzw.	beziehungsweise
ChemG	Chemikaliengesetz
CITES	Convention on International Trade in Endangered Species of wild fauna and flora
DB	Der Betrieb (Zeitschrift)
ders.	derselbe
DGVZ	Deutsche Gerichtsvollzieher-Zeitung
dies.	dieselbe(n)
DIMDI	Deutsches Institut für medizinische Dokumentation und Information
Diss.	Dissertation
d. h.	das heißt
DLG	Deutsche Landwirtschaftsgesellschaft e. V.
DNA	Desoxyribonucleinsäure
DÖV	Die öffentliche Verwaltung
DpT	Der praktische Tierarzt (Zeitschrift)
DR	Deutsches Recht
DTB	Deutscher Tierschutzbund e. V.
DTBl.	Deutsches Tierärzteblatt (Zeitschrift)
DtW	Deutsche tierärztliche Wochenschrift (Zeitschrift)
DudT	Du und das Tier (hrsg. v. Deutschen Tierschutzbund e. V.)
DVBl.	Deutsches Verwaltungsblatt (Zeitschrift)
DVG	Deutsche Veterinärmedizinische Gesellschaft
DVO	Durchführungsverordnung
E	Entscheidungssammlung, Entwurf
EG	Europäische Gemeinschaft
EGBGB	Einführungsgesetz zum Bürgerlichen Gesetzbuche
EGV	EG-Vertrag

Abkürzungen

Einf.	Einführung
EJS	Entscheidungen in Jagdsachen
et al	et alii (und andere)
ETÜ	Europäisches Tierhaltungsübereinkommen
EU	Europäische Union
EUV	EU-Vertrag (Vertrag zur Gründung der Europäischen Union)
EÜV	Europäisches Übereinkommen zum Schutz der für Versuche und andere wissenschaftliche Zwecke verwendeten Wirbeltiere
EuGH	Europäischer Gerichtshof
EuZW	Europäische Zeitschrift für Wirtschaftsrecht
f.	folgend
FAL	Bundesforschungsanstalt für Landwirtschaft
FAZ	Frankfurter Allgemeine Zeitung
ff.	folgende
FlHG	Fleischhygienegesetz
Fn.	Fußnote
FS	Festschrift
GATT	General Agreement on Tariffs and Trade (Allgemeines Zoll- und Handelsabkommen)
GBl.	Gesetzblatt
GE	Das Grundeigentum (Zeitschrift)
gem.	gemäß
GenTG	Gentechnikgesetz
GewO	Gewerbeordnung
GG	Grundgesetz für die Bundesrepublik Deutschland
ggf.	gegebenenfalls
GRUR	Gewerblicher Rechtsschutz und Urheberrecht (Zeitschrift)
GVBl.	Gesetz- und Verordnungsblatt
GV-SOLAS	Gesellschaft für Versuchstierkunde
Halbs.	Halbsatz
HausratsVO	Hausratsverordnung
HGB	Handelsgesetzbuch
HhVO	Hennenhaltungsverordnung v. 10. 12. 1987
hL	herrschende Lehre
hM	herrschende Meinung
Hrsg.	Herausgeber
idF	in der Fassung
idR	in der Regel
ieS	im engeren Sinne
IfSG	Infektionsschutzgesetz
iS	im Sinne (von)
i. V. m.	in Verbindung mit
iwS	im weiteren Sinne
JA	Juristische Arbeitsblätter (Zeitschrift)
JGG	Jugendgerichtsgesetz
JMBl. NRW	Justizministerialblatt des Landes Nordrhein-Westfalen
JR	Juristische Rundschau

Abkürzungen

JuS	Juristische Schulung (Zeitschrift)
JW	Juristische Wochenschrift
JZ	Juristenzeitung (Zeitschrift)
KälberVO	Kälberhaltungsverordnung v. 22. 12. 1997
KG	Kammergericht
KrW-/AbfG	Kreislaufwirtschafts- und Abfallgesetz
LG	Landgericht
LK	Leipziger Kommentar zum Strafgesetzbuch
L/M	Lorz/Metzger, Tierschutzgesetz, Kommentar, München 1999
LMBG	Lebensmittel- und Bedarfsgegenständegesetz
MDR	Monatsschrift für Deutsches Recht
MedR	Medizinrecht
MünchKommBGB	Münchener Kommentar zum BGB
mwN	mit weiteren Nachweisen
nF	neue Fassung
NJW	Neue Juristische Wochenschrift
NJW-RR	Neue Juristische Wochenschrift Rechtsprechungs-Report
Nr.	Nummer
NStE	Neue Entscheidungssammlung für Strafrecht
NStZ	Neue Strafrechtszeitschrift
NStZ-RR	Neue Strafrechtszeitschrift Rechtsprechungsreport
NuL	Natur und Landschaft
NuR	Natur und Recht
NVwZ	Neue Zeitschrift für Verwaltungsrecht
NVwZ-RR	Neue Zeitschrift für Verwaltungsrecht Rechtsprechungs-Report
o. e.	oben erwähnte(n)
OECD	Organisation für wirtschaftliche Zusammenarbeit und Entwicklung
OLG	Oberlandesgericht
OLGSt.	Entscheidungen der Oberlandesgerichte in Strafsachen
OLGZ	Entscheidungen der Oberlandesgerichte in Zivilsachen
OWiG	Gesetz über Ordnungswidrigkeiten
PflSchG	Pflanzenschutzgesetz
RdL	Recht der Landwirtschaft
Rn.	Randnummer
RG	Reichsgericht
RGBl.	Reichsgesetzblatt
RGSt	Entscheidungen des Reichsgerichts in Strafsachen
RiStBV	Richtlinien für das Straf- und das Bußgeldverfahren
RL	Richtlinie
Rpfleger	Der deutsche Rechtspfleger
RSL	Rundschau für Fleischhygiene und Lebensmittelüberwachung (Zeitschrift)
Rspr.	Rechtsprechung
RTierSchG	Reichs-Tierschutzgesetz

Abkürzungen

SATIS	Studentische Arbeitsgruppe gegen Tiermissbrauch im Studium
S.	Satz, Seite
SchweineVO	Schweinehaltungsverordnung v. 18. 2. 1994
s.	siehe
Slg	Sammlung der Rechtsprechung des Gerichtshofes und des Gerichtes 1. Instanz der Europäischen Union
sog.	sogenannt
StA	Staatsanwaltschaft
StGB	Strafgesetzbuch
StPO	Strafprozeßordnung
str.	streitig
StrEG	Gesetz über die Entschädigung für Strafverfolgungsmaßnahmen
StVG	Straßenverkehrsgesetz
StVO	Straßenverkehrsordnung
StVZO	Straßenverkehrszulassungsordnung
s. u.	siehe unten
TierSchG	Tierschutzgesetz
TierSchHundeV	Tierschutz-Hundeverordnung
TierSchNutztV	Tierschutz-Nutztierhaltungsverordnung
TierSchlV	Tierschutz-Schlachtverordnung
TierSchTrV	Tierschutztransportverordnung
TierSG	Tierseuchengesetz
TierZG	Tierzuchtgesetz
TU	Tierärztliche Umschau (Zeitschrift)
TVT	Tierärztliche Vereinigung für Tierschutz e.V.
u. a.	unter anderem
uÄ	und Ähnliches
Urt.	Urteil
usw.	und so weiter
UWG	Gesetz gegen den unlauteren Wettbewerb
uU	unter Umständen
v.	vom
VA	Verwaltungsakt
VDH	Verband für das Deutsche Hundewesen e.V.
VersR	Versicherungsrecht
Verw	Die Verwaltung (Zeitschrift für Verwaltungswissenschaft)
VG	Verwaltungsgericht
VGH	Verwaltungsgerichtshof
vgl.	vergleiche
VO	Verordnung
Vorb.	Vorbemerkung
VRspr.	Verwaltungsrechtsprechung
VRS	Verkehrsrechtssammlung
VVG	Versicherungsvertragsgesetz
VwGO	Verwaltungsgerichtsordnung
VwVG	Verwaltungsvollstreckungsgesetz
VwVfG	Verwaltungsverfahrensgesetz
VwZG	Verwaltungszustellungsgesetz

Abkürzungen

WaffG	Waffengesetz
WHG	Wasserhaushaltsgesetz
WRV	Weimarer Reichsverfassung
WTO	World Trade Organization (Welthandelsorganisation)
WuM	Wohnungswirtschaft und Mietrecht (Zeitschrift)
zB	zum Beispiel
ZEBET	Zentralstelle zur Erfassung und Bewertung von Ersatz- und Ergänzungsmethoden zum Tierversuch im BgVV
Ziff.	Ziffer
ZIP	Zeitschrift für Wirtschaftsrecht
zit.	zitiert
ZMR	Zeitschrift für Miet- und Raumrecht
ZNS	Zentrales Nervensystem
ZollVG	Zollverwaltungsgesetz
ZPO	Zivilprozessordnung
ZRP	Zeitschrift für Rechtspolitik
zT	zum Teil
ZUR	Zeitschrift für Umweltrecht
zw	zweifelhaft

Literatur

Adams, Die Kennzeichnung lebender Wirbeltierarten nach der EG-Durchführungsverordnung, NuR 1998, 14
Ärzte gegen Tierversuche e. V., In-vitro-Methoden für eine Forschung ohne Tierversuche, Frankfurt/M 2001. Zitierweise: *Ärzte*
AGKT (Arbeitsgemeinschaft Kritische Tiermedizin), Anforderungen an die artgemäße Haltung landwirtschaftlicher Nutztiere, Möhrendorf 1991
AKUT (Aktion Kirche und Tiere e. V.), Den Mund auftun für die Stummen – Kirchenworte zur Mitgeschöpflichkeit der Tiere, AKUT-Texte Nr. 4, Bochum 1999
Altmann, Tiertransporte – Ein Erfahrungsbericht aus der Sicht der Ortsinstanz, AtD 2000, 292 ff.
Andelewski, Der Tierschutz im Straßenverkehr, NZV 2001, 61 ff.
Apel, Exotische Irrwege, DudT 3/2001, 16 f.
Apel, Deutscher Bundestag beschließt Staatsziel Tierschutz, DudT 3/2002, 6
Apel, Klagerecht im Namen der Tiere, DudT 5/2002, 12 f.
Ast et al., Standardisierung des isolierten Schweineherzens für elektrophysiologische Messungen mit dem Schwerpunkt QT-Intervallmessung, ALTEX 19 (2002), 3 ff.
Bäumer et al., Der isoliert perfundierte Rinderuterus als Modell für Schleimhautirritationen und Entzündung, ALTEX 19 (2002), 57 ff.
Baden-Württembergisches Ministerium für Ernährung und Ländlichen Raum: Empfehlungen für alternative Legehennenhaltungssysteme, Stuttgart 2000
Bammert/Birmelin et al., Bedarfsdeckung und Schadensvermeidung – Ein ethologisches Konzept und seine Anwendung für Tierschutzfragen, TU 1993, 269 ff.
Bartels/Wegner, Fehlentwicklungen in der Haustierzucht, Zuchtextreme und Zuchtdefekte bei Nutz- und Hobbytieren, Stuttgart 1998
Barth, Karl, Kirchliche Dogmatik Bd. 3: Die Lehre von der Schöpfung. Tl. 1. Zollikon-Zürich, Evang. Verl. 1948
Barton/Gade/von Holleben/von Wenzlawowicz, Fakten sprechen für die Gasbetäubung, Fleischwirtschaft 11/2001, 22 ff. und 12/2001, 26 ff.
Basikow/Struwe, Fortnahme von Tieren auf der Grundlage des § 16 a, AtD 2002, 31 ff.
Baum/Bernauer-Münz/Buchholtz et al., Workshop der Internationalen Gesellschaft für Nutztierhaltung (IGN) zum Thema Leiden vom 30. 1.–1. 2. 1998 in Marburg, Der Tierschutzbeauftragte 2/98, 3 ff.
Baumgartner/Rißmann, Schutz von Legehennen bei Käfighaltung, RdL 1988, 57
BbT (Bundesverband der beamteten Tierärzte), Stellungnahme zum Thema „Internationale Schlachttiertransporte", AtD 1996, 293 ff.
BbT (Bundesverband der beamteten Tierärzte), Internationale Schlachttiertransporte in der Diskussion, AtD 1997, 79
Beck, Wegnahme von Tieren, AtD 1997, 283 ff.
Beck, Veräußerung von Tieren nach Wegnahme oder Tierhaltungsverbot, AtD 1999, 297 ff.
Beduhn, Hundehaltungsverordnung und Hundehalterverordnung, AtD 2000, 103 ff.
Belgard, Abschuß von verwilderten Haustauben, RdL 1983, 146
Benda/Klein, Lehrbuch des Verfassungsprozeßrechts, Heidelberg 1991
Benda, Zur gesellschaftlichen Akzeptanz verwaltungs- und verfassungsgerichtlicher Entscheidungen, DÖV 1983, 305 ff.
Benda, Konsens, Meinungsforschung und Verfassung, DÖV 1982, 877 ff.

Literatur

Beratung artgerechte Tierhaltung e. V. BAT und Gesamthochschule Kassel (Hrsg.): Ökologische Geflügelhaltung, Witzenhausen 1995

Bernsdorff, Positivierung des Umweltschutzes im Grundgesetz (Art. 20a GG), NuR 1997, 328 ff.

Bessei, Das Verhalten von Mastputen – Literaturübersicht, Archiv Geflügelkunde 63 (1999), 45 ff.

Bettermann, Rechtsfragen des Tierschutzes, Rechtsgutachten zu § 13 Abs. 1 und zu den Straf- und Bußgeldvorschriften des Tierschutzgesetzes, erstattet für den Zentralverband der Deutschen Geflügelwirtschaft, Stuttgart 1980 (Teil 1) und 1981 (Teil 2)

Betz, Jenseits der Schlagzeilen – Wege zu besserem Tierschutz, DudT 1/1998, 7 ff.

Betz, Kleine Erfolge – große Chancen, DudT 2/1999, 7 ff.

Bickhardt, Belastungsmyopathie und Osteochondrose beim Schwein, TU 1998, 129 ff.

Bircher/Schlup, Das Verhalten von Truten eines Bauernschlages unter naturnahen Haltungsbedingungen (Teil 1), Schlußbericht z. Hd. Bundesamt für Veterinärwesen, Bern 1991

Bircher/Schlup, Ethologische Indikatoren zur Beurteilung der Tiergerechtheit von Trutenmastsystemen (Teil 2), Schlußbericht z. Hd. Bundesamt für Veterinärwesen, Bern 1991

Birnbacher (Hrsg.), Ökologie und Ethik, Stuttgart 1980

Blanke, Fritz, Unsere Verantwortlichkeit gegenüber der Schöpfung, in: Vogelsanger Peter (Hrsg.), Festschrift für Emil Brunner: Der Auftrag der Kirchen in der modernen Welt, Zürich 1959, S. 193–198

Blankenagel, Klagefähige Rechtspositionen im Umweltrecht, Verw 26 (1993), 1 ff.

Bleckmann, Europarecht, 6. Aufl. Köln-Berlin-Bonn-München 1997

BMVEL (Bundesministerium für Verbraucherschutz, Ernährung und Landwirtschaft), Gutachten über tierschutzgerechte Haltung von Nutzgeflügel in neuzeitlichen Haltungssystemen (Teil I) vom 10. 7. 1974; Ergänzung aus der Sicht der Verhaltenswissenschaft (Teil II) vom 10. 7. 1974. --- BMVEL, Durchführung von Tierversuchen, Rechtliche, biometrische und ethische Voraussetzungen, Bericht über ein Seminar zur Anwendung der Richtlinie 86/609/EWG in den neuen Bundesländern, Erfurt 3./4. 12. 1991. --- *BMVEL,* Bundeseinheitliche Eckwerte für eine freiwillige Vereinbarung zur Haltung von Jungmasthühnern (Broiler, Masthähnchen) und Mastputen. --- *BMVEL,* Gutachten: Gutachten über Mindestanforderungen an die Haltung von Papageien, 1995. Gutachten über Mindestanforderungen an die Haltung von Kleinvögeln, Teil 1, Körnerfresser, 1996. Gutachten über Mindestanforderungen an die Haltung von Säugetieren, 1996. Gutachten über Mindestanforderungen an die Haltung von Straußenvögeln, außer Kiwis, 1997. Gutachten über Mindestanforderungen an die Haltung von Reptilien, 1998. Gutachten über Mindestanforderungen an die Haltung von Greifvögeln und Eulen, 1999. Gutachten über Mindestanforderungen an die Haltung von Zierfischen (Süßwasser), 1999. Gutachten zur Auslegung von § 11b des Tierschutzgesetzes (Verbot von Qualzüchtungen), 2000. --- *BMVEL,* Maßnahmen zur Verminderung überhandnehmender freilebender Säugetiere und Vögel. Bestandsaufnahme, Berechtigung und tierschutzrechtliche Bewertung (Schädlingsgutachten). --- *BMVEL,* Leitlinien: Leitlinien Tierschutz im Pferdesport, 1992. Leitlinien zur Beurteilung von Pferdehaltungen unter Tierschutzgesichtspunkten, 1995. Leitlinien für eine tierschutzgerechte Haltung von Wild in Gehegen, 1998. Leitlinien für die Haltung, Ausbildung und Nutzung von Tieren in Zirkusbetrieben oder ähnlichen Einrichtungen, 2000. --- *BMVEL,* Tierschutzberichte der Bundesregierung 1995, 1997, 1999, 2001 und 2003.

Boehncke, Wende in der Nutztierzucht – Ökologische Gründe, TU 1998, 63 ff.

Bogner/Grauvogl, Verhalten landwirtschaftlicher Nutztiere, Stuttgart 1984

Literatur

Bolliger, Europäisches Tierschutzrecht – Tierschutzbestimmungen des Europarats und der Europäischen Union (mit einer ergänzenden Darstellung des schweizerischen Rechts), Zürich 2000

Bonner Kommentar zum Grundgesetz (BK), Loseblattsammlung, Heidelberg

Brade, Neue Haltungssysteme für Legehennen, TU 2000, 185 ff.

Brandhuber, Tiertötungen zu Ausbildungszwecken im Spannungsfeld von Tierschutz, Gewissens- und Lehrfreiheit, NVwZ 1993, 642

Brandhuber, Die Problematik des Schächtens im Lichte der aktuellen Rechtsprechung, NVwZ 1994, 561

Brandt/Behrens, Auswirkungen von Staatszielbestimmungen ... am Beispiel der Aufnahme des Tierschutzes in Art. 20 a GG, Gutachterliche Stellungnahme, Universität Lüneburg 2002

Braun, Anmerkung zum Beschluss des OLG Karlsruhe vom 4. 12. 1996, JZ 1997, 574 ff.

Bregenzer, Thier-Ethik, Darstellung der sittlichen und rechtlichen Beziehungen zwischen Mensch und Tier, Bamberg 1894

Breitsamer, Kampfhunde – Gefährliche Hunde, DtW 2001, 102 ff.

Briese/von Mickwitz, Ohne Tierschutz keine optimale Fleischqualität – Problembereiche im Umgang mit Schlachttieren am Schlachthof lassen sich lösen, afz-markt, Monatsjournal der Allgemeinen Fleischer-Zeitung, Frankfurt/M, Nr. 5 und Nr. 6 1994

Briese/von Holleben/Dayen, Der Tierschutzpreis 1996 des Landes Niedersachsen – Ergebnisse des Landeswettbewerbs zur Förderung einer tierschonenden Behandlung von Schweinen im Schlachtbetrieb, Teil 2, Fleischwirtschaft 1997, 721 ff.

BTK (Bundestierärztekammer), Stellungnahme an das BML zum Entwurf einer Verordnung zum Schutz landwirtschaftlicher Nutztiere, Stand 15. 11. 2000

BTK (Bundestierärztekammer), Heute Pitbulls, morgen Schäferhunde, übermorgen ... Tierärzte fordern dauerhaft wirksame Lösungen für das „Kampfhunde-Problem", DtW 2000, 383

BTK (Bundestierärztekammer), Stellungnahme an das BML v. 17. 8. 2000 zu dem Entwurf einer Tierschutz-Hundeverordnung v. 21. 7. 2000

Buchholtz, Verhaltensstörungen bei Versuchstieren als Ausdruck schlechter Befindlichkeit, TU 49 (1994), 532 ff.

Buchholtz/Boehncke, Stellungnahme der Internationalen Gesellschaft für Nutztierhaltung (IGN) zu der von Prof. Dr. K.E. Heller, Institute of Population Biology, Universität Kopenhagen formulierten wissenschaftlichen Darlegung über das Wohlbefinden von Farmpelztieren unter konventionellen Haltungsbedingungen, Witzenhausen 1994

Buchholtz/Fölsch/Martin, Ethologisches Gutachten zur Beurteilung der Käfighaltung von Legehennen im Hinblick auf Verhalten, Befinden und Gesundheit v. 31. 3. 1999, vorgelegt und erläutert im Verfahren 2 BvF 3/90 vor dem Bundesverfassungsgericht (vgl. BVerfGE 101, 1, 29)

Buchholtz/Lambooij/Maisack et al., Ethologische und neurophysiologische Kriterien für Leiden unter besonderer Berücksichtigung des Hausschweins, Der Tierschutzbeauftragte 2/01, 1 ff.

Buchholtz/Troltenier, Philipps-Universität Marburg/Fachbereich Biologie-Zoologie, Stellungnahme zur Haltung von Pelztieren, 1990

Büge, Rechtsprechung zum Themenkreis BSE, AgrarR 2000, 159

Büge/Tünnesen-Harmes, BSE-Schutzverordnung – nur wegen formellen Mangels nichtig?, NVwZ 1997, 564 ff.

Büge/Tünnesen-Harmes, BSE-Bekämpfung in Deutschland durch tierseuchenrechtliche Maßregelung von Importrindern, AgrarR 1998, 1 ff.

Literatur

Bundesgesundheitsamt, Merkblatt zum Problem der verwilderten Haustauben, Berlin 1994

Bundesverband der beamteten Tierärzte (BbT), Internationale Schlachttiertransporte, AtD 1996, 293 ff.

Bundesverband der beamteten Tierärzte (BbT), Mindestanforderungen an die Sport- und Freizeitpferdehaltung unter Tierschutzgesichtspunkten, AtD 1998, 166 ff.

Burbach/Mindermann, Der Vertrag von Amsterdam – Neuerungen für das europäische Agrarrecht, AgrarR 1998, 293

Burdick/Witthöft-Mühlmann/Ganzert, Leitlinien und Wege für einen Schutz von Nutztieren in Europa, Studie des Wuppertal-Instituts für Klima, Umwelt, Energie GmbH im Auftrag des Ministeriums für Umwelt und Forsten des Landes Rheinland-Pfalz, 1999

Busch, Immobilisation von Wild- und Haustieren durch Laien – was ist ein berechtigter Grund?, AtD 2002, 121 ff.

Caspar, Der vernünftige Grund im Tierschutzgesetz, NuR 1997, 577 ff.

Caspar, Freiheit des Gewissens oder Freiheit der Lehre? – Zur Tierversuchsproblematik im Studium, NVwZ 1998, 814 ff.

Caspar, Tierschutz in die Verfassung? – Gründe, Gegengründe und Perspektiven für einen Artikel 20 b GG, ZRP 1998, 441 ff.

Caspar, Tierschutz im Recht der modernen Industriegesellschaft, Baden-Baden 1999. Zitierweise: *Caspar* Tierschutz

Caspar, Verfassungs- und verwaltungsrechtliche Aspekte des Schächtens, NuR 2002, 402 ff.

Caspar/Cirsovius, Bestandsschutz für Legebatterien?, NuR 2002, 22 ff.

Caspar/Geissen, Das neue Staatsziel „Tierschutz" in Art. 20 a GG, NVwZ 2002, 913 ff.

Caspar/Koch (Hrsg.), Tierschutz für Versuchstiere – Ein Widerspruch in sich?, Baden-Baden 1998

Christensen/Barton/Gade, Neue Entwicklungen beim Handling von Schweinen in Schlachtbetrieben, Fleischwirtschaft 1997, 604 ff.

Cirsovius, Zur Frage, ob Studenten die Teilnahme an Tierversuchen oder Versuchen an sogenannten frischtoten Tieren verweigern können, NuR 1992, 65 ff.

Cirsovius, Die Verwendung von Tieren zu Lehrzwecken – historische, verfassungs- und verwaltungsrechtliche Untersuchung, Baden-Baden 2001

Cirsovius, Art. 5 Abs. 3 GG als Abwehrrecht des Staates gegen den Bürger?, NVwZ 2002, 39 ff.

Cravener et al., Broiler production under varying population densities, Poultry Science 71 (1992), 427 ff.

Dayen/Fiedler, Intensivhaltung von Moschusenten, DtW 1990, 149 ff.

Deselaers, Die Rechtssicherheit im Bereich des Tierschutzes, AgrarR 1979, 209 ff.

DLG (Deutsche Landwirtschafts-Gesellschaft e. V.), Merkblatt 321, Tiergerechtheit auf dem Prüfstand – Anforderungen an freiwillige Prüfverfahren gemäß § 13 a TierSchG

DVG (Deutsche Veterinärmedizinische Gesellschaft e. V.), Fachgruppe Verhaltensforschung, „Bedarfsdeckung und Schadensvermeidung", Freiburg 1987 --- DVG, Tötung von Tieren und Kennzeichnung von Tieren, Tagung Nürtingen 14./15. 3. 1996, Gießen 1996 --- DVG, Tierschutz und Tierzucht, Tagung Nürtingen 20. – 22. 2. 1997, Gießen 1997 --- DVG, Tierschutz und Nutztierhaltung, Tagung Nürtingen 5.–7. 3. 1998, Gießen 1998 --- DVG, Tierschutz und amtstierärztliche Praxis sowie Tierschutz und Management bei Tierhaltung und Tierzucht, Tagung Nürtingen 24./25. 2. 2000, Gießen 2000 --- DVG, Ethologie und Tierschutz, Tagung Weihenstephan 8.–11. 3. 2000, Gießen 2000 --- DVG, Zum aktuellen MKS-

Literatur

Geschehen, Stellungnahme der Fachgruppe „Virologie und Viruskrankheiten", DTBl. 2001, 582

Deutscher Mieterbund, Das Mieterlexikon, Köln 2000

Dietlein, Angelfischerei zwischen Tierquälerei und sozialer Adäquanz, NStZ 1993, 21

Dietz, Inhalt und Bestandskraft der Erlaubnis nach § 11 des Tierschutzgesetzes, NuR 1999, 681 ff.

Dietz, Zur Neufassung der Allgemeinen Verwaltungsvorschrift zur Durchführung des Tierschutzgesetzes, NuR 2001, 73 ff.

Drawer, Tierschutz in Deutschland, 1980

Drescher, Zusammenfassende Betrachtung über den Einfluß unterschiedlicher Haltungsverfahren auf die Fitneß von Versuchs- und Fleischkaninchen, TU 1993, 72 ff.

Drawer/Ennulat, Tierschutzpraxis, Stuttgart-New York 1977

Drossé H., Die Sportfischerei und das Tierschutzrecht – eine strafrechtliche Untersuchung, MDR 1986, 711

Drossé H., Tierquälerei beim Wettangeln, AgrarR 1989, 257

Drossé H., Anm. zu AG Düsseldorf, NStZ 1991, 192

Drossé H., Catch & Release – eine angelfischereirechtliche Tierquälerei, AgrarR 2002, 111 ff.

Drossé I., Ende der Zwangsmast?, DudT 2/1999, 15

Drossé I., Schnabelkürzen verbieten – Landestierärztekammer Hessen wehrt sich gegen Schnabelverstümmelung bei Nutzgeflügel, DudT 5/1999, 36

Drossé I., 100 Stunden Qual und Todesangst – Tiertransporte in der EU, DudT 4/1999, 6 ff.

DTB (Deutscher Tierschutzbund e. V.), Stellungnahme an das BML v. 14. 8. 2000 zum Entwurf einer Tierschutz-Hundeverordnung v. 21. 7. 2000

Eberle, Das neue Tierschutzgesetz, NJW 1973, 1405

Eichelberg, Kampfhunde – gefährliche Hunde, DtW 2000, 91 ff.

Ellerbrock/Petermann/Knierim, Welchen Flächenbedarf haben Putenhähne in der Langmast?, Tagungsband zum 3. Tierschutzsymposium in Oldenburg 2000, Niedersächsisches Ministerium für Ernährung, Landwirtschaft und Forsten

Engisch, Einführung in das juristische Denken, Stuttgart-Berlin-Köln 1997

Ennulat/Zoebe, Das Tier im neuen Recht – Kommentar zum Tierschutzgesetz, Stuttgart/Berlin/Köln/Mainz 1972

Erbel, Rechtsschutz für Tiere, DVBl 1986, 1235 ff.

Erbel, Staatlich verordnete Tierquälerei?, DÖV 1989, 338

Erbs/Kohlhaas, Strafrechtliche Nebengesetze, Loseblatt-Kommentar, München

Ergebnisse des 2. Paul-Ehrlich-Seminars über Tierschutzaspekte bei der Zulassung und Prüfung von immunologischen Arzneimitteln, ALTEX Suppl. 1998

Etscheidt, Kampfhunde und gefährliche Hunde, Tierärztl. Prax. 2001; 29 (K): 152–163

EU-Kommission, Mitteilung vom 15. 12. 1995 über den Schutz von Kälbern, KOM (95) 711 endg.; Zitierweise: EU-Kälbermitteilung. --- *EU-Kommission*, Mitteilung vom 11. 3. 1998 über den Schutz von Legehennen in verschiedenen Haltungssystemen, KOM (1998) 135 endg., 98/0092 (CNS); vgl. auch BT-Drucks. 13/11371 S. 5 ff. Zitierweise: EU-Legehennenmitteilung --- *EU-Kommission*, Bericht vom 6. 12. 2000 über die Erfahrungen, die von den Mitgliedstaaten seit der Umsetzung der Tiertransportrichtlinie über den Schutz von Tieren beim Transport gesammelt wurden, KOM (2000) 809 endg.; Zitierweise: EU-Tiertransportbericht --- *EU-Kommission*, Scientific Veterinary Committee, Animal Welfare Section, Report on the Welfare of Calves, Brüssel 9. 11. 1995. Zitierweise: EU-SVC-Report Kälber --- *EU-Kommission*, Scientific Veterinary Committee, Animal Welfare Section, Report on the Welfare of Laying hens, Brüssel 30. 10. 1996. Zitierweise: EU-SVC-Report Legehennen --- *EU-Kommission*, Scientific Veterinary Committee, Animal Welfare Section, Report on the Welfare of intensively kept pigs, Brüssel 30. 9. 1997.

Literatur

Zitierweise: EU-SVC-Report Schweine --- *EU-Kommission,* Scientific Committee on Animal Health and Animal Welfare, The Welfare of Chickens Kept for Meat Production (Broilers), Brüssel 21. 3. 2000. Zitierweise: EU-SCAHAW-Report Masthühner --- *EU-Kommission,* Scientific Committee on Animal Health and Animal Welfare, Report on the welfare of animals during transport (details for horses, pigs, sheep and cattle) Brüssel, 11. 3. 2002. Zitierweise: EU-SCAHAW-Report Tiertransporte

Evang. Akademie Bad Boll, Tierarzt, Berufener Tierschützer, Konsultation 1992 --- *Evang. Akademie Bad Boll,* Tiere im Sport, Tagungsbericht 7.-9. 4. 2000, Protokolldienst 17/00 --- *Evang. Akademie Bad Boll,* Tierversuche und Tierschutz, Tagungsbericht 23.-25. 3. 2001, Protokolldienst 26/01

Evang. Kirche in Deutschland, EKD-Texte 41, Zur Verantwortung des Menschen für das Tier als Mitgeschöpf, 2. Aufl. Hannover 1991

Eyrich, Untersuchung über den Einfluß des Kuhtrainers auf die Brunst von Milchkühen, Diss. München 1988

Exner, Hunde – kaputtgezüchtet, DudT 3/1996, 12

Feddersen-Petersen, Zur Biologie der Aggression des Hundes, DtW 2001, 94 ff.

Fikuart/v. Holleben/Kuhn, Hygiene der Tiertransporte, Jena/Stuttgart 1995

Fikuart, Zum tierschutzgerechten Umgang mit kranken oder verletzten Tieren, AtD 1997, 184 ff.

Fikuart, Mängel des Tierschutzrechts bei Anwendung und Vollzug, AtD 1998, 37 ff.

Fikuart, Verstoß gegen die Tierschutztransportverordnung, AtD 1999, 165 f.

Fikuart, Änderung der Tierschutz-Transportverordnung, DTBl. 1999, 470 f.

Fikuart, Gilt die Transportzeitbegrenzung (29-Stunden-Frist) für internationale Rindertransporte im Lkw nicht mehr?, TVT-Nachrichten 2/2001, 8 f.

Fikuart, Die gesellschaftliche Realität der Tötung von Tieren, DTBl. 2002, 492 ff.

Finking et al., In-vitro-Modell zur Untersuchung von Östrogenen auf die Neointimabildung nach Endothelverletzung an der Kaninchenaorta, ALTEX 17 (2000), 11 ff.

Fölsch, Die Legeleistung – kein zuverlässiger Indikator für den Gesundheitszustand bei Hennen mit äußeren Verletzungen, Tierärztl. Praxis 5 (1977), 69 ff.

Fölsch/Nabholz (Hrsg.), Tierhaltung Bd. 15, Intensivhaltung von Nutztieren aus ethischer, ethologischer und rechtlicher Sicht, Basel-Boston-Stuttgart 1985

Fölsch/Nabholz (Hrsg.), Tierhaltung Bd. 13, Ethologische Aussagen zur artgerechten Nutztierhaltung, Basel-Boston-Stuttgart 1982

Fölsch/Simantke/Hörning, Zur Tierschutzrelevanz der Mast von Pekingenten auf perforierten Böden, Gutachten im Auftrag des Niedersächsischen Ministeriums für Ernährung, Landwirtschaft und Forsten, Witzenhausen 1996

Franz, Nachbars Katze und wilde Katzen im Nachbarrecht, AgrarR 1999, 269 ff.

Franzky, Vielseitigkeitsreiten und Tierschutz, AtD 2001, 21 ff.

Frisch von Hoeßlin, Die Rolle des Tierschutzes im Rahmen der medikamentellen Immobilisation von Tieren, AtD 2000, 32 ff.

Gassner, Ethische Aspekte des Tier- und Naturschutzrechts, NuR 1987, 97 ff.

Geißler, Die Unterbringung unversorgter Haustiere in der Räumungsvollstreckung, DGVZ 1995, 145 ff.

Geiger, Veterinärmedizin und Landwirtschaft vor gemeinsamen Herausforderungen durch den Tierschutz

Gericke/Rambeck, Die neue Datenbank Tierversuche, Tierrechte 2/01, 21

Gericke, Hürde Validierung, Tierrechte 2/02, 14 f.

Gerold, Tierschutz, Frankfurt/M 1972

Genkow-Metz, Agrarindustrie in Deutschland, Legehennenhaltung (Teil A), Recherche im Auftrag des Bund für Umwelt und Naturschutz Deutschland (BUND), Bonn 1998

Literatur

Göhler, Gesetz über Ordnungswidrigkeiten, München 2002
Goetschel, Kommentar zum Eidgenössischen Tierschutzgesetz, Bern-Stuttgart 1986
Goldhorn, Tierproduktion in der Sackgasse?, TU 1998, 72 ff.
Grauvogl u. a., Artgemäße und rentable Nutztierhaltung – Rinder, Schweine, Pferde, Geflügel, 1997
Grauvogl, Artgemäße und rentable Nutztierhaltung bei Rindern und Schweinen, AtD 1998, 51 ff. und 157 ff.
Groeben (Hrsg.), Kommentar zum EU/EG-Vertrag, Baden-Baden 1999
Grünwoldt, Veterinärverwaltung 2000 – betrachtet von der Vollzugsebene, TU 2000, 10 ff.
Grosse-Siestrup et al., Multiorganentnahme von Schlachthausorganen für Modelle isoliert-perfundierter Schweineorgansysteme, ALTEX 19 (2002), 9 ff.
Gruber/Spielmann (Hrsg.), Alternativen zu Tierexperimenten, Berlin-Heidelberg-Oxford 1996
Grüneberg, Haftungsquoten bei Verkehrsunfällen – eine systematische Zusammenstellung veröffentlichter Entscheidungen nach dem StVG, München 1999
Gündisch, Verfassungsrechtliche Probleme im Tierschutz, AgrarR 1978, 91 ff.
Gysler et al., Dreidimensionale Hautmodelle zur Erfassung der perkutanen Resorption, ALTEX 16 (1999), 67 ff.
Hackbarth/Lückert, Tierschutzrecht – praxisorientierter Leitfaden, München, Berlin 2000
Händel, Tierschutz, Testfall unserer Menschlichkeit, Frankfurt/M 1984
Händel, Chancen und Risiken einer Novellierung des Tierschutzgesetzes, ZRP 1996, 137 ff.
Haiger, Wende in der Nutztierzucht, TU 1998, 67 ff.
Haferbeck, Pelztierzucht – das sinnlose Sterben, Göttingen 1990
Hamscher/Sczesny et al., Nachweis von Tetracyclinen in güllegedüngten Böden, DtW 2000, 332 ff.
Harrer/Graf (Hrsg.), Tierschutz und Recht, Wien 1994
Harrer, Kurzgutachten zum rechtmäßigen Pflegeaufwand in der Käfighaltung vom 12. 10. 1998, vorgelegt am 6. 4. 1999 im Verfahren 2 BvF 3/90 vor dem Bundesverfassungsgericht
Hartmann/Kummerfeld/Richter, Methoden, Zwecke und Auswirkungen der Kennzeichnung warmblütiger Tiere, AtD 1997, 259 ff.
Hartung, Haltungsformen in der Rinderhaltung, TU 2000, 445 ff.
Hartung/Spielmann, Der lange Weg zur validierten Ersatzmethode, ALTEX 12 (1995), 98 ff.
Hartung/Wendel, Die Erfassung von Pyrogenen in einem humanen Vollblutmodell, ALTEX 12 (1995), 70 ff.
Herrenalber Protokolle 88, Das Tier als Mitgeschöpf – Leerformel oder Leitgedanke im Tierschutzrecht?, Beiträge einer Tagung der Evang. Akademie Baden 21.–23. Juni 1991 Bad Herrenalb
Herzog, Tiergerechte und tierschutzgemäße Zucht, Aufzucht, Haltung, Ausbildung, Prüfung und Führung von Jagdgebrauchshunden, AtD 1997, 40 ff.
von Heydebrand u. d. Lasa/Gruber, Tierversuche und Forschungsfreiheit, ZRP 1986, 115
Hecking-Veltman/Tenter/Daugschies, Studien zur Parasitenfauna bei streunenden Katzen im Raum Mönchengladbach, Der praktische Tierarzt 82: 8, 563 ff. (2001)
Herling, Jagd und Tierschutz, DtW 100 (1993), 156 ff.
Herre/Röhrs, Haustiere – zoologisch gesehen, 2. Aufl. Stuttgart 1990
Hess, Damit Tauben in Frieden leben können, Tierrechte 1/01, 28
Hesse/Knierim/Borell et al., Freiwilliges Prüfverfahren für Stalleinrichtungen entsprechend dem novellierten Tierschutzgesetz von 1998, DtW 106 (1999), 138 ff.

Literatur

Hessisches Ministerium für Frauen, Arbeit und Sozialordnung, Erlaß v. 27. 11. 1996 zur Haltung von Pelztieren, die der Pelzgewinnung dienen

Hillmer, Auswirkungen einer Staatszielbestimmung „Tierschutz" im GG, insbesondere auf die Forschungsfreiheit, Diss. Göttingen 2000

Hinrichs/Becker/Haack, Alternativen zur tierquälerischen Käfighaltung – Artgerechte Hennenhaltung wirtschaftlich machbar; Gutachten, erstellt vom Verein gegen tierquälerische Massentierhaltung e. V. im Auftrag der Bundestagsfraktion Bündnis 90/Die Grünen, Heikendorf 1997

Hirt, A., Der vernünftige Grund, Vortragsmanuskript zu „Haltung und Nutzung des Pferdes aus der Sicht des Tierschutzes", Seminar der Arbeitsgemeinschaft „Pferdeschutz im Pferdesport" der TVT am 27. 5. 1992 in München

Hirt, A., Doping im Tierschutzrecht – Die Verantwortung des Tierarztes, Tierärztliche Praxis 1997, 244

Hirt/Schmid/Walter/Maisack, Kritische Anmerkungen zum Rechtsgutachten von Prof. Dr. Löwer vom 4. 9. 2001, beziehbar über: Albert Schweitzer Stiftung, Wessobrunner Str. 33, 81377 München.

Hirt, H., Zuchtbedingte Haltungsprobleme am Beispiel der Mastputen, TU 1998, 137 ff.

Höffe, Lexikon der Ethik, 4. Aufl. München 1992

Höffner, Joseph Kardinal, „Mit Tieren darf man nicht beliebig experimentieren", Weltbild 8/83

Hölzel, Quälerei ohne Ende – Jagdhundeausbildung an lebenden Enten, DudT 3/1999, 32 f.

Hörning und Beratung Artgerechte Tierhaltung e. V., Artgemäße Schweinehaltung, Karlsruhe 1992

Hörning, Probleme der intensiven Hähnchenproduktion und Möglichkeiten für eine artgemäße und ökologische Hähnchenmast, Schriften der Beratung Artgerechte Tierhaltung e. V. BAT, Witzenhausen 1994

Hörning/Fölsch, Bewertung „ausgestalteter" Käfige für die Legehennenhaltung unter Tierschutzgesichtspunkten, AtD 2000, 296 ff.

Hörning/Fölsch, Gutachten im Auftrag der Hessischen Landestierschutzbeauftragten zur Bewertung „ausgestalteter" Käfige, Witzenhausen 1999

Hoeßlin, Die Rolle des Tierschutzes im Rahmen der medikamentellen Immobilisation von Tieren, AtD 2000, 32 ff.

von Holleben, Richtwerte für die tierschutzgerechte Durchführung der CO2-Betäubung, Schwarzenbek 2002

von Holleben/von Wenzlawowicz, Transport und Schlachtung, Freiland-Journal 5–95, 10 ff.

von Holleben, Angewandter Tierschutz in Schlachtbetrieben, DtW 1996, 55 ff.

von Holleben/von Wenzlawowicz, Tierschutzgerechtes Töten von Tieren in landwirtschaftlichen Betrieben, DtW 1999, 163 ff.

von Holleben/von Wenzlawowicz, Tierschutz im Schlachtbetrieb, Kongressband zum Symposium „Angewandte Qualitätssicherung in der Fleischerzeugung" am 25. 2. 1999 in Graz, Hrsg. Amt der Steiermärkischen Landesregierung, Fachabteilung für das Veterinärwesen, S. 33 ff.

von Holleben/Schütte/von Wenzlawowicz, Tierärztlicher Handlungsbedarf am Schlachthof – Missstände bei der CO2-Betäubung von Schweinen und der Bolzenschussbetäubung von Rindern, DTBl. 2002, 372 f.

Horn, Strafbares Fehlverhalten von Genehmigungs- und Aufsichtsbehörden?, NJW 1981, 1 ff.

Horn/Hoyer, Rechtsprechungsübersicht zum Umweltstrafrecht, JZ 1991, 703 ff.

van Horne/van Niekerk, Volièren- und Käfighaltung im Vergleich, DGS Magazin 6/98 S. 14 ff.

Literatur

Huster, Gehört der Tierschutz ins Grundgesetz?, ZRP 1993, 326
Iburg, Praktische Probleme im Tierschutzstrafrecht, DtW 2000, 88 ff.
Iburg, Zur Unterlassungstäterschaft des Amtstierarztes bei Nichteinschreiten gegen Tiermisshandlungen, NuR 2001, 77 ff.
Idel, Gen-manipulierte Tiere, TU 1998, 83 ff.
Jahrbuch für die Geflügelwirtschaft, herausgegeben für den Zentralverband der Deutschen Geflügelwirtschaft e. V. und seine Mitgliedsverbände (jährliches Erscheinen im Verlag Ulmer, Stuttgart)
Kästner, Das tierschutzrechtliche Verbot des Schächtens aus der Sicht des Bundesverfassungsgerichts, JZ 2002, 491 ff.
Kamphues, DtW 1998, 117 ff.
Karremann/Schnelting, Tiere als Ware, Frankfurt/M 1992
Kimpfel-Neumaier, Hunde- und Katzenhaltung in einer Tierhandlung, AtD 1998, 48 ff.
Kimpfel-Neumaier, Europäische Kommission rügt tierschutzrechtliche Mängel bei der Erteilung von Transportgenehmigungen durch deutsche Veterinäre, AtD 1999, 42 ff.
Kirmair, Hinweise zur amtstierärztlichen Überprüfung von Reptilienhaltungen, AtD 1998, 42 ff.
Kleinjohann, Elektroreizgerät und Tierschutzrecht, AtD 2000, 190 ff.
Klemm/Reiter/Pingel, Untersuchungen zum Federpicken bei Moschusenten, Archiv für Geflügelkunde 59 (1995), 99 ff.
Klindt, Aggressionen, Aggressionszucht und -ausbildung bei Hunden, NuR 1996, 571 ff.
Kloepfer, Rechtsprobleme der Käfighaltung von Legehennen, AgrarR 1986, 33 ff.
Kloepfer/Rossi, Tierschutz in das Grundgesetz?, JZ 1998, 369 ff.
Kloepfer/Rossi, Verfassungsrechtliche Überlegungen zur Tierschutz-Hundeverordnung, NuR 2002, 133 ff.
Kluge, Grundrechtlicher Freiraum des Forschers und ethischer Tierschutz, NVwZ 1994, 869
Kluge, Anwendung des § 16a TierSchG, DtW 2001, 90 ff.
Kluge, (Hrsg.), Kommentar zum Tierschutzgesetz, Stuttgart-Berlin-Köln 2002
Köhler, Aufzucht von Wachtelküken – Welche Besatzdichte optimal ist, DGS-Magazin 27/97, 40 ff.
Körner, Widerruf und Rücknahme einer Erlaubnis nach § 11 Tierschutzgesetz, AtD 2001, 302 ff.
Köstlin, Geschichte der Ethik Bd. 1: Die Ethik des classischen Alterthums, Tübingen 1887
Kohli, Auswirkungen des Kuh-Trainers auf das Verhalten von Milchvieh, Prakt. Tierarzt 68 (1987), 34 ff.
Koopmann/Knierim, Die Moschusente (Cairina moschata dom.) in der Intensivhaltung, AtD 1998, 175 ff.
Kopp/Ramsauer, Verwaltungsverfahrensgesetz, München 2000
Korbel/Kösters, Einige von Tierhaltern geforderte oder durchgeführte Operationen an gesunden Vögeln unter tierschutzrechtlichen Aspekten, Tierärztl. Praxis 17 (1989), 380 ff.
Krewer/Seilmeier, BLV-Jagdlexikon, 6. Aufl. 1994
Krug, Das Töten von Wild, AtD 1998, 238 ff.
Krug, Jagd – Tierschutz – Wildbretqualität, AtD 1996, 134 ff.
KTBL (Kuratorium für Technik und Bauwesen in der Landwirtschaft), Aktuelle Arbeiten zur artgemäßen Tierhaltung, Schrift 281, Darmstadt 1981 --- *KTBL,* Aktuelle Arbeiten zur artgemäßen Tierhaltung, KTBL-Schrift 299, Darmstadt 1984 --- *KTBL,* Aktuelle Arbeiten zur artgemäßen Tierhaltung, KTBL-Schrift 307,

Literatur

Darmstadt 1984 --- *KTBL*, Aktuelle Arbeiten zur artgemäßen Tierhaltung, KTBL-Schrift 319, Darmstadt 1986 --- *KTBL*, Aktuelle Arbeiten zur artgemäßen Tierhaltung, KTBL-Schrift 342, Darmstadt 1989 --- *KTBL*, Aktuelle Arbeiten zur artgemäßen Tierhaltung, KTBL-Schrift 344, Darmstadt 1991 --- *KTBL*, Aktuelle Arbeiten zur artgemäßen Tierhaltung, KTBL-Schrift 351, Darmstadt 1992 --- *KTBL*, Aktuelle Arbeiten zur artgemäßen Tierhaltung, KTBL-Schrift 370, Darmstadt 1995 --- *KTBL*, Aktuelle Arbeiten zur artgemäßen Tierhaltung, KTBL-Schrift 373, Darmstadt 1996 --- *KTBL*, Beurteilung der Tiergerechtheit von Haltungssystemen, Schrift 377, Darmstadt 1998

Küttler, Klassische Schweinepest, Zum Pro und Contra der Impfung, TU 1999, 119 ff.

Kuhl/Unruh, Tierschutz und Religionsfreiheit am Beispiel des Schächtens, DÖV 1991, 94

Kuhlmann, Der Mitweltschutz im gesamtdeutschen Grundgesetz, NuR 1995, 1 ff.

Kuhlmann, Neue höchstrichterliche Impulse zum Legehennen-Schutz, NuR 1997, 133

Lackner/Kühl, Strafgesetzbuch, München 2001

Landbauforschung Völkenrode, Legehennenhaltung – Bericht zum FAL-Forschungsschwerpunkt Tierschutz in der landwirtschaftlichen Nutztierhaltung, Sonderheft 60/1981

Landestierärztekammer Hessen, Resolution zur Haltung von Nutztieren, DTBl. 2002, 55 f.

Landestierärztekammer Niedersachsen, Resolution zur Rutenkürzung bei Jagdhunden nach § 6 Abs. 1 S. 2 Nr. 1 b TierSchG, DTBl. 1999, 307 f.

Landestierärztekammer Niedersachsen, Resolution zum betäubungslosen Tätowieren von Hundewelpen, DTBl. 2000, 437 (mit Antwortschreiben des BMVEL)

Lauven, Verstößt die Ausbildung und Prüfung von Jagdhunden im Wasser hinter der ausgesetzten Ente gegen das Tierschutzgesetz?, AgrarR 1989, 264

Leipziger Kommentar zum Strafgesetzbuch, herausgegeben von Jähnke, Laufhütte, Oderski, Berlin 1992–1999

von Lersner, Gibt es Eigenrechte der Natur?, NVwZ 1988, 988 ff.

Leube, Tierschutz als Staatsziel – Gesetzlicher Unfallversicherungsschutz bei Rettung von Tieren im Straßenverkehr?, NZV 2002, 545 ff.

Leyhausen, Käfighaltung von Legehennen in sog. Legebatterien, NJW 1981, 1308 f.

L/M s. Lorz/Metzger

Loeffler/Drescher/Schulze, Einfluß unterschiedlicher Haltungsverfahren auf das Verhalten von Versuchs- und Fleischkaninchen, TU 1991, 471 ff.

Löhnert et al., Ergebnisse der pathologisch-anatomischen Befunderhebung an Gliedmaßen und Wirbelsäule bei unterschiedlicher Broilerhaltung, DtW 103 (1996), 92 ff.

von Loeper, Zur neueren Entwicklung im Recht der Tierhaltung, AgrarR 1980, 233 ff.

von Loeper, Massentierhaltung und Tierschutzrecht, AgrarR 1981, 29

von Loeper, Neuere Gerichtsentscheidungen zur Intensivhaltung von Legehennen, AgrarR 1985, 349

von Loeper, Haltung von Legehennen in Käfigbatterien, Anm. zu BGH NJW 1987, 1833 ff., NStZ 1987, 512 f.

von Loeper, Zu neueren Entwicklungen im Recht der Tierhaltung, AgrarR 1988, 233

von Loeper, Studentische Gewissensfreiheit und mitgeschöpfliche Sozialbindung, ZRP 1991, 224

von Loeper, Tierschutz ins Grundgesetz, ZRP 1996, 143 ff.

von Loeper, Das Hennen-Urteil – ein großer Erfolg, Tierrechte 3/99, 7

von Loeper, Feststellungen und Folgerungen aus dem „Hennen-Urteil" des Bundesverfassungsgerichts, DÖV 2001, 370 ff.

von Loeper/Martin/Müller et al., Intensivhaltung von Nutztieren aus ethischer, ethologischer und rechtlicher Sicht, Tierhaltung Bd. 15, Basel-Boston-Stuttgart 1985

Literatur

von Loeper/Leondarakis, Tierschutz im Grundgesetz – eine Zäsur in der Frage der Schächtgenehmigung nach § 4a Abs. 2 Nr. 2 TierSchG, AtD 2002, 211 ff.

von Loeper/Reyer, Das Tier und sein rechtlicher Status, ZRP 1984, 205 ff.

Löwer, Rechtsfragen eines Verbots der Batteriekäfighaltung von Legehennen. Rechtsgutachten auf Ersuchen des Zentralverbandes der deutschen Geflügelwirtschaft e. V., Bonn 2001

Lorz, Das neue Tierschutzrecht, NJW 1987, 2049

Lorz, Haltung von Legehennen in Käfigbatterien, Anm. zu BGH NJW 1987, 1833 ff., NStZ 1987, 511 f.

Lorz, Das Tierschutzrecht und die Ausbildung des Jagdhundes an der lebenden Ente, NuR 1991, 207

Lorz, Die Rechtsordnung und das Töten von Tieren, NuR 1992, 401 ff.

Lorz, Tierschutzgesetz, 4. Aufl. München 1992

Lorz, Die Rechtsordnung als Hilfe für das Tier, NuR 1994, 473

Lorz, Rechtsvorschriften zum Schutz landwirtschaftlicher Nutztiere, RdL 1994, 225 ff.

Lorz/Metzger, Tierschutzgesetz, 5. Aufl. München 1999. Zitierweise: *L/M*

Lorz/Metzger/Stöckel, Jagdrecht – Fischereirecht, München 1998

Lotthammer, Beziehungen zwischen Leistungsniveau, Gesundheit, Fruchtbarkeit und Nutzungsdauer bei Milchrindern, TU 1999, 544 ff.

Lübbe, Hat der Tierschutz Verfassungsrang?, NuR 1994, 469 ff.

Ludwig/Kugelschafter, Beurteilung der Haltungsbedingungen von Amerikanischen Nerzen in Pelztierfarmen, im Auftrag der Hessischen Tierschutzbeauftragten, Gießen 1994

Mädrich, Forschungsfreiheit und Tierschutz im Spiegel des Verfassungsrechts, Diss. Freiburg 1988

Maisack, Die Käfighaltung von Legehennen im Licht des Tierschutz- und des Grundgesetzes, NVwZ 1997, 761 ff.

Maisack, Rechtspolitische Konsequenzen aus dem Legehennenurteil des BVerfG, ZRP 2001, 198 ff.

Mandt, Über die in § 7 Abs. 3 TierSchG geforderte Abwägung ethischer Vertretbarkeit von Tierversuchen, Der Tierschutzbeauftragte 1995, 229

von Mangoldt/Klein/Starck, Das Bonner Grundgesetz, Kommentar, München 2000

Manß, Umweltprobleme der Tierhaltung im Bereich des Europarechts, RdL 1993, 115 ff.

Manß, Umweltprobleme der Tierhaltung im Bereich des deutschen Rechts, RdL 1993, 199 ff.

Manß, Tierschutzrechtsvorschriften für Intensivhaltung, RdL 1993, 227

Martin G./Fölsch (Hrsg.), Tierhaltung Bd. 19 – Artgemäße Nutztierhaltung und ökologisch orientierte Landwirtschaft, Basel-Boston-Berlin 1989

Martin G. (Hrsg.), Tierhaltung Bd. 23 – Leiden und Verhaltensstörungen bei Tieren, Basel-Boston-Berlin 1993

Martin M./Meilinger, Rechtsschutz für Tiere – Tagung des Hessischen Ministeriums der Justiz und für Europaangelegenheiten in Zusammenarbeit mit der Landesbeauftragten für Tierschutz in Hessen vom 29. September bis 3. Oktober 1997 in der Deutschen Richterakademie Trier

Martin M., Zirkus-Datei und andere Maßnahmen zur Unterstützung des Vollzugs des Tierschutzgesetzes im wandernden Zirkus als auch Tierschau, AtD 1998, 338 ff.

Marx et al., Monoclonal antibody production. The report and recommendations of ECVAM workshop 23, ATLA 25 (1997), 121 ff.

Maunz/Dürig, Grundgesetz, Kommentar, Loseblatt-Sammlung München

Maunz/Schmidt-Bleibtreu/Klein/Ulsamer, Bundesverfassungsgerichtsgesetz, Kommentar, Loseblatt-Sammlung München

Literatur

Maurach/Zipf, Strafrecht Allgemeiner Teil, Heidelberg 1992
Maurer, Allgemeines Verwaltungsrecht, München 1999
Mayer, Religionsfreiheit und Schächtverbot, NVwZ 1997, 561 ff.
Mehrkens, Schadensersatz bei Verletzung oder Tötung von Hunden im Jagdrevier, RdL 1984, 281 ff.
Meyn, Praktische Probleme im Tierverkehr, TU 2000, 438 ff.
Meyer-Ravenstein, Jagd und Tierschutz, MDR 1990, 864 ff.
Meyer-Ravenstein, Abfischen von „Weißfischen" unter Wettbewerbsbedingungen, NuR 1993, 152 ff.
von Mickwitz/Schütte/von Wenzlawowicz, Der Umgang mit Tieren vor der Schlachtung und die Fleischqualität, Schweinezucht u. Schweinemast 41 (1993), 28 ff.
Mitzschke/Schäfer, Kommentar zum Bundesjagdgesetz, Hamburg/Berlin 1982
Möbius, Qualzucht – wie im Horror-Kabinett, DudT 5/1998, 22 f.
Morre/Ralph, A test of effectiveness of courseware in a college biology class, Journal of Educational Technology Systems 21 (1992), 79 ff.
Moritz, Vollzug des Tierschutzgesetzes in einem Zoofachgeschäft, AtD 2000, 28 ff.
Moritz, Tierbörsen: Erlaubniserteilung und Überwachung, DtW 2000, 109 ff.
Müllers, Puten – Chronischer Stress, DudT 3/1996, 29 ff.
von Münch/Kunig, Grundgesetz – Kommentar (GGK), München 2001
Münchener Kommentar zum Bürgerlichen Gesetzbuch, 4. Aufl. München 2000 ff.
Nogueira et al., Die isoliert normotherm hämoperfundierte Schweineextremität als Modell für pharmakologische und toxikologische Untersuchungen, ALTEX 16 (1999), 90 ff.
Nordrhein-Westfälisches Ministerium für Umwelt und Naturschutz, Landwirtschaft und Verbraucherschutz: Tauben in unseren Städten – Konzept einer tierschutzgerechten und ökologisch sinnvollen Bestandskontrolle der Stadttaube, Düsseldorf
Neuhäusler, Grundbegriffe der philosophischen Sprache, München 1963
Obergfell, Wissenschaftsfreiheit und Tierschutz – Zur Wertigkeit des Tierschutzes im deutschen Verfassungsrechtssystem, ZRP 2001, 193 ff.
Obergfell, Ethischer Tierschutz mit Verfassungsrang – Zur Ergänzung des Art. 20 a GG um „drei magische Worte", NJW 2002, 2296 ff.
Oberth, Gift im Braten – 500 Tonnen Bleischrot pro Jahr, DudT 3/1996, 32 ff.
Oebbecke, Islamisches Schlachten und Tierschutz, NVwZ 2002, 302 f.
Ofensberger, Mängel des Tierschutzrechtes bei der Anwendung und beim Vollzug, Evang. Akademie Bad Boll, Tierschutz vor Gericht, Tagungsbericht 7.–9. 3. 1997, Protokolldienst 1/98
Ofensberger, Freibrief zum Schächten?, DudT 1/2002, 6 f.
Olpe/Haas, Der Hippocampus in vitro im Dienste der Epilepsieforschung, ALTEX Nr. 2 1985, 5 ff.
Orban, Vollzug des Tierschutzgesetzes bei Wanderzirkusunternehmen, AtD 2001, 34 ff.
Otto, Gutachterliche Stellungnahme zur Abfertigung von Tiertransporten vor dem Hintergrund der verfassungsrechtlich garantierten Gewissensfreiheit und des Dienstrechts in der deutschen Verwaltung, AtD 1996, 294 ff.
Pape, Vergleichende Literaturübersicht zum Einsatz elektrisierender Geräte beim Hund, AtD 2000, 107 ff.
Papier, Genehmigung von Tierversuchen, NuR 1991, 162 ff.
Pestalozza, Verfassungsprozeßrecht, München 1991
Petermann, Zurücklassen eines Hundes im Auto bei hochsommerlichen Temperaturen, AtD 1997, 36 ff.
Petermann, Einziehen von Rüsselringen oder Rüsselklammern bei Schweinen in Freilandhaltung, AtD 1999, 34 ff.
Petermann, Aktuelle Entwicklung in der Legehennenhaltung, AtD 2001, 136 ff.

Literatur

Petermann/Fiedler, Eingriffe am Schnabel von Wirtschaftsgeflügel, TU 1999, 8 ff.
Pfeiffer, Vorschriften, Empfehlungen und tierschutzrechtliche Aspekte bei der Haltung von afrikanischen Straußen, Rundschau für Fleischhygiene und Lebensmittelüberwachung (RFL) 3/2002, 52 ff.
Pfohl, Strafbarkeit von Amtsträgern wegen Duldung unzureichender Abwasserreinigungsanlagen, NJW 1994, 418 ff.
Pick, Ausrüstungen, Zwangsmaßnahmen und sonstige Hilfsmittel im Galopprennsport, DtW 1999, 179 ff.
Pick, Tierschutz in der Vielseitigkeitsprüfung, AtD 2000, 195 ff.
Pluta, Ersatz des akuten Fischtests durch den Fischei-Test, ALTEX 19 (2002), 28 f.
Pollmann, Kennzeichnung von Fohlen mit Transponder – eine Alternative zum Heißbrand?, TU 1998, 183 ff.
Pollmann, Anforderungen von Nutztieren an die Haltungsbedingungen – Pferde, Chemisches und Veterinäruntersuchungsamt Freiburg, Fachbereich Ethologie und Tierschutz, 2001
Pollmann, Anforderungen von Nutztieren an die Haltungsbedingungen – Rinder, Chemisches und Veterinäruntersuchungsamt Freiburg, Fachbereich Ethologie und Tierschutz, 2001
Piontkowski/Leyk, Schweinepest in NRW und in der Bundesrepublik, AtD 1998, 179 ff.
von Pückler, Die Ausbildung von Jagdhunden hinter der lebenden Ente und das TierSchG, AgrarR 1992, 7 ff.
van Putten, Beitrag zur artgerechten Haltung von Schweinen anlässlich der Sitzung der Arbeitsgruppe „Schweinehaltung" des Landesbeirats für Tierschutz im Ministerium für Ernährung und Ländlichen Raum Baden-Württemberg am 27. 5. 2002
Renner, Erlaubniserteilung für Zoofachgeschäfte, AtD 1998, 225 ff.
Rist/Schragel, Artgemäße Rinderhaltung, Grundlagen und Beispiele aus der Praxis, Karlsruhe 1992
Roche, Lexikon Medizin, München-Wien-Baltimore
Rossi-Broy, Gefährliche Hunde: Abgleich, Anwendung und Bewertung der Ländervorschriften, DtW 2000, 94 ff.
Rusche, Die EU hält an Käfigen fest, DudT 4/1999, 33
Sachs (Hrsg.), Grundgesetz-Kommentar, München 1998
Sadler, Verwaltungsvollstreckungsgesetz, Heidelberg 1992
Sambraus/Steiger (Hrsg.), Das Buch vom Tierschutz, Stuttgart 1997
Samsel/Schmidt/Hall et al., Cardiovascular physiology teaching. Computer simulations vs. Animal demonstrations, Advances in Physiology Education 11 (1994), 36 ff.
Satis (Studentische Arbeitsgruppe gegen Tiermissbrauch im Studium), Hrsg., Tiermissbrauch im Studium – eine kritische Betrachtung, Aachen 2001
Sauer, Alternativen gibt es genügend, DudT 5/2002, 37 ff.
Schäfer, Die Erlaubnis des Schächtens als Konflikt zwischen Tierschutz und Religionsfreiheit, NuR 1996, 576 ff.
Scharmann, Porters Punktesystem zur ethischen Abwägung von Tierversuchen, ALTEX Nr. 19, 1993, 20 ff.
Scharmann, Tiergerechte Haltung von Legehennen unter Laborbedingungen, ALTEX 13 (1996), 136 ff.
Schelling, Tierversuche und medizinische Forschungsfreiheit – Zur Notwendigkeit einer Staatszielbestimmung zum Tierschutz, NuR 2000, 188 ff.
Schindler, Die Henne, das Ei und die europäische Kulturordnung, NJW 1996, 1802 ff.
Schindler, Strafbarkeit der Käfigbatteriehaltung von Legehennen nach dem Urteil des BVerfG, NStZ 2001, 124 ff.
Schiwy, Tierschutzrecht, Kommentar zum Tierschutzgesetz und Sammlung deutscher und internationaler Bestimmungen, Loseblatt-Sammlung Starnberg

Literatur

Schleswig-Holsteinisches Ministerium für Umwelt, Natur und Forsten: Erlass v. 18. 7. 2001 über Kriterien für die Haltung von Tieren, die der Pelzgewinnung dienen – Erlaubniserteilung nach § 11 Abs. 1 Nr. 3 a des Tierschutzgesetzes

Schmalz, Allgemeines Verwaltungsrecht und Grundlagen des Verwaltungsrechtsschutzes, Baden Baden 1998

Schmid T., Tiermehl auf dem Prüfstand – Gefahr aus dem Futter, DudT 5/1999, 38 f.

Schmidinger, Die aktuelle Gesetzgebung zur Schweinehaltung in einigen ausgewählten Mitgliedstaaten der Europäischen Union, Vier Pfoten e. V. Hamburg 1999

Schmidt T., Vogeljagd in Deutschland, DudT 2/2001, 38 f.

Schmidt-Futterer, Mietrecht Kommentar, München 1999

Schmidt/Jasper, Agrarwende oder die Zukunft unserer Ernährung, München 2001

Schmidt-Bleibtreu/Klein, Kommentar zum Grundgesetz, Neuwied-Kriftel-Berlin 1995

Schmitz, Anmerkungen zur erforderlichen Überarbeitung der Zirkus-Leitlinien zur Neuorientierung im Tier-Zirkus, AtD 1999, 206 ff.

Schmitz, Die Haltung afrikanischer Strauße unter hessischen Klimabedingungen, DtW 2000, 276 ff.

Schmitz, Zur Notwendigkeit eines Verbots bestimmter Tierarten im Zirkus, AtD 2002, 110 ff.

Schönke/Schröder, Strafgesetzbuch – Kommentar, München 2001

Schopenhauer, Sämtliche Werke in fünf Bänden, Leipzig, Insel-Verlag (o. J.)

Schrömbges, Neuere Entwicklungen im Marktordnungsrecht, insbesondere bei den Ausfuhrerstattungen, AgrarR 1998, 261

Schröter, Agrarmarkt ohne Tierschutz?, NuR 2002, 18, 19

Schüle, Tierärztliche Betreuung und Überwachung von Pferdesportveranstaltungen, DtW 2000, 107 ff.

Schütte, BMVEL-Forschungsauftrag 97HS032, Statuserhebung zur Effektivität der CO_2-Betäubung von Schlachtschweinen in der BRD gemäß der derzeit gültigen Tierschutz-Schlachtverordnung. Zusammenfassung der Forschungsarbeiten im Zeitraum Dezember 1998 bis November 2000.

Schütte/von Wenzlawowicz/von Mickwitz, Tiertransport und Fleischqualität bei Schweinen, Fleischwirtschaft 74 (1994), 126 ff.

Schultze-Petzold, Zu den Grundlagen der Tierschutzrechtsetzung, DtW 1978, 330 f.

Schwabenbauer, Der vernünftige Grund im Sinne des § 17 Nr. 1 des Tierschutzgesetzes, DtW 1992, 8, 9

Schwarze (Hrsg.), EU-Kommentar, Baden-Baden 2000

Schweitzer, Albert, Gesammelte Werke in fünf Bänden, München 1974

Schweizerische Akademie der Medizinischen Wissenschaften und Schweizerische Akademie der Naturwissenschaften, Ethische Grundsätze und Richtlinien für wissenschaftliche Tierversuche, ALTEX 13, 1996, 3 ff.

Seiler et al., Etablierung molekularer Endprodukte zur Weiterentwicklung des Embryonalen Stammzelltests (EST) mit embryonalen Stammzellen der Maus, ALTEX 19 Suppl. (2002), 55 ff.

Siegel-Axel et al., Fortschritte bei der Austestung antiarteriosklerotischer Pharmaka in Transfilter-Co-Kulturen mit humanen vaskulären Zellen, ALTEX 16 (1999), 117 ff.

Simantke/Fölsch, Ethologische Begründung des Wasserbedarfes von Pekingenten bei der Stallmast, Gutachten im Auftrag von „Vier Pfoten e. V." Hamburg, Witzenhausen 2002

Soergel, Bürgerliches Gesetzbuch mit Einführungsgesetz und Nebengesetzen, München 2000

Sojka, Beurteilung der Käfighaltung von Legehennen, RdL 1979, 256 ff.

Sojka, Fasanen aus Massenerzeugung, RdL 1984, 283 ff.

Sojka, Wettkämpfe mit Pferden, AgrarR 1989, 267

Literatur

Sojka, Tierschutzwidrige Ausbildung von Jagdhunden, MDR 1990, 380 f.

Sojka, Fallen- und Beizjagd, RdL 1992, 31 f.

Sojka, Ausbildung und Prüfung von Jagdhunden an lebenden Tieren (Anm. zu OLG Celle 2 Ss 147/93), AgrarR 1994, 376 f.

Sojka, Haltungsbedingte Qualitätsunterschiede bei Hühnereiern, TU 1998, 173

Sommer, Zerrbild unserer Kultur – der unmögliche Umgang mit unseren Nutztieren, DudT 1/1994, 26 ff.

Spranger, Auswirkungen einer Staatszielbestimmung „Tierschutz" auf die Forschungs- und Wissenschaftsfreiheit, ZRP 2000, 285 ff.

Stabenow, Mehr Bewegung für säugende Sauen in Scan-Abferkelbuchten, TU 2001, 528 ff.

Steinigeweg, TVT fordert ein Ende des tierquälerischen Brennens der Pferde, AtD 1998, 174

Stober, Verfassungsfragen der Käfighaltung, Köln 1990

Styrie, Die Schweinerei mit den Schweinen in: Das Recht der Tiere 4/2000 4 ff.

Sundrum (Hrsg.), Tiergerechtheitsindex – 200, Bonn 1994

Taschke/Fölsch, Ethologische, physiologische und histologische Untersuchungen zur Schmerzbelastung der Rinder bei der Enthornung, Tierärztliche Praxis 1997, 19

Teutsch, Mensch und Tier – Lexikon der Tierschutzethik, Göttingen 1987. Zitierweise: *Teutsch*, Lexikon

Teutsch, Tierversuche und Tierschutz, München 1983

Teutsch, Die Würde der Kreatur, Bern-Stuttgart-Wien 1995

Teutsch/von Loeper u. a., Tierhaltung Bd. 8, Intensivhaltung von Nutztieren aus ethischer, rechtlicher und ethologischer Sicht, Basel-Boston-Stuttgart 1979

Thüsing, Das Leiden eines Tieres – eine Gefahr im ordnungsrechtlichen Sinne?, NVwZ 1997, 563 f.

Tillmanns, Tierschutz im Grundgesetz, NJW-Editorial Heft 32/2002

Tröndle/Fischer, Strafgesetzbuch und Nebengesetze, München 2001

Tödtmann/Zillmann, Tierschutz quo vadis – Tierschutz als Verfassungsziel?, ZRP 1993, 324

TVT (Tierärztliche Vereinigung für Tierschutz e. V.), Merkblätter zur tierschutzgerechten Haltung von Versuchstieren: Merkblatt Nr. 18 (Ratte und Maus und Hamster), Merkblatt Nr. 30 (Schwein), Nr. 31 (Legehennen), Nr. 38 (Meerschweinchen), Nr. 42 (Schafe und Ziegen), Nr. 55 (Kaninchen), Nr. 60 (Rhesusaffen). Merkblatt ohne Nr.: Hund und Katze. --- *TVT*, Merkblätter: Nr. 13 (Zur Problematik des Enthornens bei Rindern), Nr. 19 (Neurektomie und Tierschutz), Nr. 29 (Empfehlung zur Hälterung von Speisefischen im Einzelhandel), Nr. 32 (Schmerz beim Versuchstier), Nr. 34 (Der Fang von Wirbeltieren aus tierschutzrechtlicher Sicht), Nr. 37 (Checkliste zur Überprüfung von Zierfischhaltungen im Zoofachhandel), Nr. 43 (Empfehlung zur Haltung von Hauskatzen), Nr. 44 (Checkliste zur Überprüfung von Vogelhaltungen im Zoofachhandel), Nr. 46 (Checkliste zur Überprüfung der Kleinsäugerhaltung im Zoofachhandel), Nr. 47 (Checkliste für die Beurteilung von Terrarienabteilungen im Zoofachhandel: Reptilien), Nr. 49 (Empfehlungen zum tierschutzgerechten Transport von Heimtieren), Nr. 50 (Empfehlung zur ethischen Abwägung bei der Planung von Tierversuchen), Nr. 51 (Zur Anwendung von elektrischen Hunde-Erziehungsgeräten, zB Teletakt), Nr. 53 (Checkliste für die Beurteilung von Terrarienabteilungen im Zoofachhandel: Amphibien), Nr. 54 (Empfehlungen zur Haltung von Hunden und Katzen im Zoofachhandel), Nr. 63 (Zum Verbot des Kupierens der Hunderute), Nr. 66 (Terrarientiere), Nr. 75 (Tötung von Nutztieren durch Halter oder Betreuer). --- *TVT*, Tierschutz bei Tierbörsen, Tagungsband 1999 --- *TVT*, Richtlinien für Börsen, Nr. 67 (Vögel), Nr. 68 (Fische), Nr. 69 (Reptilien), Nr. 87 (Kleintiermärkte)

Literatur

--- *TVT*, Merkblatt Nr. 39 (Zirkustiere, Loseblattsammlung für die tierschutzrechtliche Überprüfung)

TVT (Tierärztliche Vereinigung für Tierschutz e. V.), Stellungnahme an das BML v. 16. 8. 2000 zum Entwurf einer Tierschutz-Hundeverordnung v. 21. 7. 2000

TVT (Tierärztliche Vereinigung für Tierschutz e. V.), Tierschutzgerecht transportieren – Eine Anleitung zum tierschutzgerechten Transport landwirtschaftlicher Nutztiere, Bonn 2000

Unshelm/Rehm/Heidenberger, Zum Problem der Gefährlichkeit von Hunden; eine Untersuchung von Vorfällen mit Hunden in einer Großstadt, DtW 1993, 383 ff.

VDH (Verband für das Deutsche Hundewesen e. V.), Grundlagen einer tierschutzgerechten Ausbildung von Hunden – Gutachten zur Verwendung von Elektroreizgeräten bei der Ausbildung von Hunden aus ethischer und ethologischer Sicht, Dortmund 1999

VDH (Verband für das Deutsche Hundewesen e. V.), Stellungnahme an das BML v. 15. 8. 2000 zum Entwurf einer Tierschutz-Hundeverordnung v. 21. 7. 2000

Volkmann, Anm. zu BVerfG v. 15. 1. 2002, DVBl. 2002, 332 ff.

Weber (Redaktion), Tiergerechte Haltungssysteme für landwirtschaftliche Nutztiere, Wiss. Tagung v. 23.–25. 10. 1997 in Tänikon an der Eidgenössischen Forschungsanstalt für Agrarwirtschaft und Landtechnik

Wendt u. a., Zuchtprobleme bei Schweinen unter Tierschutzaspekten, AtD 2001, 131 ff.

von Wenzlawowicz/von Holleben/Briese/Heuking, Tierschutz am Schlachthof, Berl.Münch.Tierärztl. Wochenschrift 107 (1994), 237 ff.

von Wenzlawowicz/von Holleben, Anforderungen an das Treiben von Rindern und Schweinen zur Verladung am landwirtschaftlichen Betrieb, auf Viehhöfen und in Schlachtbetrieben, Rundschau für Fleischhygiene und Lebensmittelüberwachung (RFL) 1995, 121 ff. und 145 ff.

von Wenzlawowicz, Schweinetransporte ohne Fleischqualitätsverluste, Der fortschrittliche Landwirt Heft 12/1996, 5 ff.

von Wenzlawowicz/Briese/von Holleben/von Mickwitz, Fixierung von Schlachtschweinen bei der elektrischen Betäubung, Fleischwirtschaft 76 (1996), 1108 ff.

von Wenzlawowicz, Entwicklung der Schweinezucht, TU 1998, 122 ff.

von Wenzlawowicz/von Holleben, Stellungnahme zur Fixierung von Rindern vor dem Schächtschnitt im Weinberg'schen Apparat, Beratungs- und Schulungsinstitut für schonenden Umgang mit Zucht- und Schlachttieren, Schwarzenbek 1999

von Wenzlawowicz/von Holleben/Bostelmann, CO_2-Betäubung von Broilern und Puten, DtW 2000, 116 ff.

Wiesner/Ribbeck, Lexikon der Veterinärmedizin, 4. Aufl. Stuttgart 2000

Winckler/Breves, Grenzen der Milchleistungszucht aus physiologischer Sicht, TU 1998, 119 ff.

Winkelbauer, Anm. zu BGH, Beschl. v. 15. 7. 1986 – 4 StR 301/86, JZ 1986, 1119 ff.

Wohn, Tierschutzaspekte bei der Bewegungsjagd, AtD 1996, 231 ff.

Wollenteit, Auf den Hund gekommen: Gefahrenabwehr im Zeitalter des Medienspektakels, NuR 2001, 620 ff.

Wollenteit, Rechtliche Aspekte eines Pelztierhaltungsverbots, ZRP 2002, 199 ff.

Wollenteit, Rechtsgutachten zur Verfassungsmäßigkeit sowie zur Europarechtskonformität eines generellen Verbotes der Pelztierzucht in der Bundesrepublik Deutschland, erstellt im Auftrag von Vier Pfoten e. V., Hamburg 2001

Wolf J. C., Tierethik, Freiburg/Schweiz 1992

Wolf U., Das Tier in der Moral, Frankfurt/M 1990

Wolff/Bachof/Stober, Verwaltungsrecht Bd. 1, 11. Aufl. München 1999

Würtenberger, Zeitgeist und Recht, Tübingen 1991

Literatur

Zeeb, Praktische Anwendung des Bedarfsdeckungs- und Schadensvermeidungskonzeptes, TU 1993, 280 ff.

Zellner/Körner, Gibt es rechtliche Möglichkeiten, Tierschutz auf Tierbörsen zu gewährleisten?, AtD 1999, 284 ff.

Ziekow, Tierschutz im Schnittfeld von nationalem und internationalem Recht, Schriftenreihe der Hochschule Speyer Bd. 135, Berlin 1999

Ziekow, Tierschutzgesetz und gemeinschaftsrechtliche Warenverkehrsfreiheit, NuR 1999, 674 ff.

Zippelius, Einführung in die Juristische Methodenlehre, 6. Aufl. München 1994

Zippelius, Rechtsphilosophie, München 1994

Einführung

Übersicht

	Rn.
I. Geschichtliche Entwicklung des Tierschutzrechts	1–7
II. Christliche Tierethik	8–13
III. Tierethik in der Philosophie	14–20
IV. Ethischer Tierschutz; geschütztes Rechtsgut; formelles und materielles Tierschutzrecht	21–23
V. Tierschutzrecht auf der Ebene des Europarats	24–27a
VI. Tierschutzrecht in der EU	28–34
VII. Mängel im Vollzug des Tierschutzes	35–41
VIII. Die Rechtsstellung des Tieres im bürgerlichen Recht	42–47
IX. Tierschutz im Miet-, Wohnungseigentums- und Nachbarrecht	48–52
X. Tierschutz im Strafrecht	53–56
XI. Tierschutz im Verwaltungsrecht	57–60

I. Geschichtliche Entwicklung des Tierschutzrechts

Als **ältestes Gesetzeswerk,** das Regelungen zum Umgang mit Tieren enthält, wird der Codex des babylonischen Königs Hammurabi (2000 v. Chr.) angesehen. Im römischen Reich wurden die Tiere mit den „Ädilischen Edikten" zu Sachen erklärt; für die damalige Zeit bedeutete dies eine Aufwertung, waren sie doch dadurch zu Objekten der Rechtsordnung geworden, was wenigstens einen Schutz vor Beeinträchtigungen durch Nicht-Eigentümer zur Folge hatte. 1

Das erste moderne Tierschutzgesetz der **Neuzeit** ist der englische „Martin's Act" von 1822, mit dem jede mutwillige und grausame Tiermisshandlung von Nutztieren für strafbar erklärt wurde. Dazu wird Folgendes berichtet: Als der Ire Richard Martin den Gesetzentwurf 1821 zum wiederholten Male dem Parlament vorlegte, betrachtete es das Haus wie einen ungeheuren Spaß, und als jemand den Schutz auf die vielen Lastesel ausdehnen wollte, brach ein solches Gelächter los, dass der Berichterstatter Martins Antwort nicht verstehen konnte (vgl. *Teutsch,* Lexikon „gesetzlicher Tierschutz"). – Im deutschen Königreich Sachsen wurde 1838 das „boshafte oder mutwillige Quälen von Tieren" erstmals unter Kriminalstrafe gestellt. Die übrigen deutschen Länder folgten, wobei allerdings ein Teil die Strafbarkeit davon abhängig machte, dass die Tat öffentlich (so zB Preußen) oder in Ärgernis erregender Weise (so zB Württemberg) geschah (vgl. *Erbel* DVBl. 1986, 1235, 1245). – Durch § 360 Nr. 13 des Reichsstrafgesetzbuchs von 1871 wurde zwar das boshafte Quälen oder rohe Misshandeln von 2

Tieren mit Übertretungsstrafe bedroht, jedoch nur, wenn dies „öffentlich oder in Ärgernis erregender Weise" geschah (RGBl. S. 127). Strafgrund war damit nicht die Tiermisshandlung als solche, sondern die Verletzung des menschlichen Empfindens, das sich im Mitgefühl für die Tiere äußert (anthropozentrischer, ästhetischer Tierschutz, vgl. dazu *Lorz* in: *Händel Tierschutz* S. 129).

3   Mit § 145 b StGB v. 26. 5. 1933 (RGBl. I S. 295) wurde jedes rohe Misshandeln oder absichtliche Quälen von Tieren unter Strafe gestellt – erstmals ohne dass es darauf ankam, ob die Tat öffentlich oder in Ärgernis erregender Form geschah. Durch das **Reichstierschutzgesetz** v. 24. 11. 1933 (RGBl. I S. 987) wurde dann das Tierschutzrecht aus dem Strafgesetzbuch herausgelöst. Durch § 1 Abs. 1 wurde verboten und unter Strafe gestellt, „ein Tier unnötig zu quälen oder roh zu misshandeln". Nach der amtl. Begr. fand darin „der Gedanke Raum, dass das Tier des Tieres wegen geschützt werden muss" (Deutscher Reichsanzeiger 1933 Nr. 281). Geschützt sein sollte nicht allein das allgemeine Gefühl des Mitleids, sondern auch und in erster Linie die sittliche Ordnung in den Beziehungen zwischen Mensch und Tier als soziales Anliegen (*Lorz* aaO S. 133). In § 2 (Vorläufernorm zum heutigen § 3) wurden einige spezielle Verbote aufgenommen. § 5 enthielt ein grundsätzliches Verbot schmerzhafter oder schädigender Tierversuche. Ausnahmen hiervon ergaben sich aus den §§ 6 bis 8: Danach war eine Erlaubnis notwendig, die an Institute vergeben werden konnte; Versuche zu Forschungszwecken mussten einen bisher von der Wissenschaft noch nicht bestätigten Erfolg erwarten lassen oder zur Klärung bisher ungelöster Fragen dienen; die Versuche durften nur unter Vermeidung jeder für den Zweck entbehrlichen Schmerzerregung vorgenommen werden; es galt der Grundsatz des Betäubungszwangs; Tierversuche zu Lehrzwecken waren nur gestattet, wenn andere Lehrmittel, zB Bild, Präparat, Modell oder Film, nicht ausreichten. – Dass durch dieses Gesetz erstmals in Deutschland der Übergang zum ethischen Tierschutz durchgesetzt wurde (in England schon 1822, s. Rn. 2), hat nichts mit dem Nationalsozialismus zu tun, sondern steht in der Kontinuität mit einem sich zeitgleich im gesamten nördlichen Europa durchsetzenden Tierschutzgedanken (vgl. dazu OLG Hamm Rechtspfleger 1950, 35). Durch zahllose Eingaben und Anträge war bereits während der vorausgegangenen sechs Jahrzehnte immer wieder versucht worden, den § 360 Nr. 13 Reichsstrafgesetzbuch (RStGB) entsprechend zu ändern (vgl. u. a. den Vorentwurf zu einem neuen RStGB von 1909, Abschn. 7 VII, § 146; Begr. S. 501). Schon 1927 war im Reichstag mehrfach über ein eigenständiges Tierschutzgesetz beraten worden. Der Entwurf zu dem neuen Gesetz lag schon vor 1933 „fertig in der Schublade" (vgl. *Schröder*, Das Tierschutzgesetz von 1933, vet.-med.-Diss. Berlin 1970). Er ist Teil einer europäischen Kulturbewegung, deren Vordenker bereits im 18. und 19. Jahrhundert entsprechende Forderungen erhoben hatten (s. Rn. 9, 16).

4   Unter dem Eindruck der **Verhältnisse in der industriellen Massentierhaltung,** die sich in den 50er und 60er Jahren in ganz Europa auszubreiten begann, veröffentlichte *Ruth Harrison* 1964 ihr berühmt gewordenes Buch „Tiermaschinen". Dort weist sie, ergänzend zu umfangreichen Tatsachenbe-

Einführung

richten, auch auf den Zusammenhang von Tierschutz und Menschenwürde hin: „Wenn das Tier auf so entsetzliche Weise erniedrigt und gezwungen wird, ein kümmerliches Dasein zu fristen, muss das die Selbstachtung des Menschen erschüttern und sich letzten Endes auch auf die Art auswirken, wie er seine Mitmenschen behandelt." Am Ende des Buches finden sich einige Sätze, die sich auch noch auf die heutige Situation übertragen lassen: „An Beteuerungen, dass in der Welt der Tiere, die man in der Landwirtschaft hält, alles in Ordnung sei, wird es auch in Zukunft nicht mangeln. In der heutigen Zeit sind immer Leute da, die uns von Berufs wegen und von offizieller Seite beschwichtigen: Wir sollten doch überzeugt sein, dass mit der intensiven Aufzucht keinerlei Tierquälerei verbunden sei ... und dass die Erzeugnisse der Industrie besser und nahrhafter seien, als sie es jemals waren. Man wird uns zu verstehen geben, dass jene Leute, die von heimlichem Misstrauen erfüllt sind, es könnte nicht alles in Ordnung sein, eine ausgesprochene Minderheit darstellen, dass sie Sonderlinge sind und dass Leute, die noch fanatischere Ansichten über diese Dinge hegen, völlig verschrobene Menschen sind. Einschmeichelnde Gesichter werden dauernd auf unseren Fernsehschirmen erscheinen, gerüstet mit gewichtigem ‚Wenn und Aber' und mit entwaffnendem Lächeln, um jede Erscheinung, die vielleicht Unruhe verursachen könnte, mit einem beruhigenden Wortschwall zu verschleiern" (zit. n. *Sambraus* in: *Sambraus/Steiger* S. 10). Der *Brambell-Report*, der 1965 unter dem Eindruck dieses Buches und nach starkem öffentlichen Druck von einer in Großbritannien eingesetzten Kommission erstellt wurde, nannte als Mindestbedingungen für intensiv gehaltene Tiere u.a.: zumindest so viel Bewegungsfreiheit, dass sie ohne Schwierigkeiten in der Lage sind, sich umzudrehen, Körperpflege zu treiben, aufzustehen, sich hinzulegen und die Gliedmaßen zu strecken; Haltung aller Nutztiere mit ausgeprägtem Bedürfnis nach Sozialkontakt in Familienverbänden oder Herden (vgl. *Sambraus* aaO S. 11).

Das **Tierschutzgesetz vom 24. 7. 1972** (BGBl. I S. 1277) beruht auf der Grundkonzeption eines ethisch ausgerichteten Tierschutzes und ist Ausdruck einer artübergreifenden Humanität (vgl. dazu MdB *Löffler* im Bundestag am 21. 6. 1972, zit. n. *Gerold* S. 252: „Niemand wird bestreiten können, dass die humane Qualität der Beziehungen innerhalb einer Gesellschaft auch daran abzulesen ist, welches Verhältnis die Menschen dieser Gesellschaft zum Tier gefunden haben."). Über das Interesse des Tieres an seinem Wohlbefinden wird erstmals auch das Leben als solches geschützt (vgl. §§ 1 und 17 Nr. 1). In § 2 findet sich „die Magna Charta für all jene Tiere, die sich in der Hand des Menschen befinden" (*Lorz* aaO S. 137). Die frühe Erwähnung des Gebots zu verhaltensgerechter Unterbringung macht deutlich, wie wichtig dieser Aspekt dem Gesetzgeber war. Auf detaillierte gesetzliche Regelungen zu einzelnen Formen der Massentierhaltung wurde dennoch verzichtet, wohl auch deswegen, weil die hier zu erwartenden Auseinandersetzungen die Verabschiedung des Gesetzes in der zu Ende gehenden Legislaturperiode unmöglich gemacht hätten. Im Bereich der Tierversuche wurde das bisherige Modell einer institutsbezogenen Genehmigung durch ein Genehmigungserfordernis für die einzelnen Versuchsreihen ersetzt; zahlreiche Versuche wurden jedoch einer bloßen Anzeigepflicht unterstellt. Mit § 4 nahm der Gesetzgeber erstmals das Schlachtrecht in das Tierschutzgesetz auf. – Zwei Bestimmungen des Gesetzes sind vom BVerfG in der Folgezeit für verfassungswidrig erklärt worden: Das in § 3 Nr. 9 ausgesprochene absolute Verbot des Nachnahmeversands lebender Tiere (vgl. BVerfGE 36, 47; s. jetzt § 19 TierSchTrV), und § 8 Abs. 2 S. 1, soweit dort Tierversuche mit operativen Eingriffen nur solchen Biologen gestattet waren, die an staatlichen wissenschaftlichen Einrichtungen tätig waren (vgl. BVerfGE 48, 376; s. jetzt § 9 Abs. 1 S. 3).

6   Mit dem **Ersten Gesetz zur Änderung des Tierschutzgesetzes v. 12. 8. 1986** (ÄndG 1986, BGBl. I S. 1320) wollte der Gesetzgeber „vor allem für die Bereiche der Tierversuche und des gewerblichen Tierhandels, aber auch der Tierhaltung und des Schlachtens" eine „Verbesserung, vornehmlich durch Verschärfung sowie durch Konkretisierung dessen, was gewollt ist", erreichen (amtl. Begr., BT-Drucks. 10/3158 S. 16); die Zielvorstellungen von 1972 seien hier bisher nicht voll verwirklicht worden (amtl. Begr. aaO). An der ethischen Ausrichtung wurde festgehalten; sie wurde durch Änderung der Zielbestimmung des § 1 noch verstärkt. Die angestrebte Einschränkung der Tierversuche sollte u. a. durch eine restriktivere Fassung der möglichen Versuchzwecke, die Einführung des Begriffs der ethischen Vertretbarkeit und die Bestellung von Tierschutzbeauftragten sowie von Tierversuchskommissionen erreicht werden. Der Kreis der erlaubnispflichtigen Umgangsformen mit Tieren wurde erweitert und ein Qualzuchtverbot eingeführt. – Ob das Gesetz seiner Zielsetzung gerecht geworden ist, war in- und außerhalb des Bundestags heftig umstritten. MdB *Renate Schmidt* kündigte an, das Gesetz im Fall eines Regierungswechsels im Sinne eines weitergehenden SPD-Entwurfes zu ändern (BT, Sten. Ber. 10/16128).

7   Im Zuge **weiterer Gesetzesänderungen** brachte das Gesetz zur Änderung veterinärrechtlicher, lebensmittelrechtlicher und tierzuchtrechtlicher Vorschriften v. 18. 12. 1992 (BGBl. I S. 2022, 2028) u. a. die Einfügung der §§ 16f, 16g und 16i. – Mit dem Gesetz zur Änderung des Tierschutzgesetzes v. 25. 5. 1998 (ÄndG 1998, BGBl. I S. 1094) sollte erneut dem wachsenden Tierschutzbewusstsein in der Bevölkerung Rechnung getragen werden. Eingeführt wurden u.a.: eine wesentliche Ausdehnung des Personenkreises, der Sachkunde nachweisen muss; eine restriktivere Fassung der Vorschriften über Eingriffe und Behandlungen an Tieren; eine Erweiterung der erlaubnispflichtigen Tätigkeiten; ein grundsätzliches Verbot von Tierversuchen zur Entwicklung sämtlicher, nicht nur dekorativer Kosmetika; schärfere Einfuhrbestimmungen. In der amtl. Begr. wird betont, dass an dem „bei früheren Novellierungen des Tierschutzgesetzes stets beachteten Grundsatz, nicht hinter geltendes Recht zurückzugehen", festgehalten werden solle (BT-Drucks. 13/7015 S. 2). – Art. 2 des Gesetzes zur Bekämpfung gefährlicher Hunde v. 12. 4. 2001 (BGBl. I S. 530, 531) brachte u. a. Änderungen der §§ 2a, 11b, 12, 13a und 21b. – Weitere Änderungen erfolgten durch Art. 19 des Gesetzes v. 25. 6. 2001 (BGBl. I S. 1215) und durch Art. 11 § 1 des Gesetzes v. 6. 8. 2002 (BGBl. I S. 3082).

Einführung

II. Christliche Tierethik

Biblische Aussagen zum rechten Umgang mit dem Tier findet man u.a. in: 1. Mose 1, 28 (Der viel missbrauchte Herrschaftsauftrag lautet in der gemeinsamen Übersetzung der kath. und evang. Bibelwerke Deutschlands, Österreichs und der Schweiz von 1997: „Ich setze euch über die Fische im Meer, die Vögel in der Luft und alle Tiere, die auf der Erde leben, und vertraue sie eurer Fürsorge an"). – 1. Mose 9, 10 (Der Bund Gottes mit Noah schließt auch die Tiere ein). – 2. Mose 20, 10 (Auch die Tiere werden in die Großfamilie und die Sabbatruhe einbezogen). – Sprüche 12, 10 („Der Gerechte erbarmt sich seines Viehs; aber das Herz des Gottlosen ist unbarmherzig." Vgl. auch Lukas 6, 36: „Seid barmherzig, wie auch euer Vater im Himmel barmherzig ist"; die Barmherzigkeit ist die größte der Tugenden). – Sprüche 31, 8 („Tue deinen Mund auf für die Stummen und die Sache aller, die verlassen sind." Dazu gehören auch die Tiere, vgl. EKD-Texte 41 S. 26). – Jona 4, 11 (Gott verschont die Stadt Ninive auch der Tiere wegen). – Jesaja 11, 6–9 und 65, 17ff. (Das von Gewaltlosigkeit auch gegenüber dem Tier geprägte künftige Gottesreich soll bereits in der Gegenwart durch entsprechendes Handeln des Menschen zeichenhaft sichtbar werden). – Matthäus 25, 40 („Was ihr getan habt einem von diesen meinen geringsten Brüdern, das habt ihr mir getan"). Dieses Solidaritätsgebot gilt auch gegenüber den Tieren, vgl. dazu *Schmiedehausen*, Arbeitsgemeinschaft der Umweltbeauftragten in den Gliedkirchen der EKD in: Amtsblatt der Evang.-Luth. Landeskirche Sachsens 1995 Nr. 2 S. 6ff.). – Römer 8, 19ff. (Für den Apostel ist die Befreiung des Menschen mit der Befreiung für die Kreatur verbunden). – Galater 5, 22 und Epheser 5, 9 (Liebe, Friede, Güte, Treue, Sanftmut und Gerechtigkeit müssen sich im Umgang mit allem Lebendigen bewähren, so die Gemeinsame Erklärung der Deutschen Bischofskonferenz und des Rates der EKD von 1989, zit. n. EKD-Texte 41 S. 41).

Einige **wichtige Vertreter der christlichen Tierethik** sind: *Franz von Assisi* (Ethik der Brüderlichkeit) – *Albert Schweitzer* (Ethik der Ehrfurcht vor dem Leben. Vgl. Gesammelte Werke Bd. V S. 165: „Also ist unser Nächster nicht nur der Mensch. Unsere Nächsten sind alle Wesen. Deshalb glaube ich, dass der Begriff der Ehrfurcht vor dem Leben unseren Gedanken der Humanität mehr Tiefe, mehr Größe und mehr Wirksamkeit verleiht.") – *Hans Lassen Martensen* (Dänischer Bischof, der 1854 forderte, als Gottes Ebenbild auf Erden solle der Mensch mit seinem Handeln in und an der Natur nicht allein die Gerechtigkeit Gottes abspiegeln, sondern auch dessen Güte; vgl. *Teutsch*, Die Würde der Kreatur, S. 7). – *Karl Barth* (führender reformierter Theologe des 20. Jh., der den Tieren eine eigene Würde zuerkannte. Vgl. Kirchliche Dogmatik Bd. 3 S. 165: „Ihre Ehre ist die Verborgenheit ihres Seins mit Gott nicht weniger, als unsere Ehre dessen Offenbarsein ist. Denn was wissen wir schließlich, welches die größere Ehre ist?") – *Franz Böckle* (Kath. Theologe. „Es gibt nicht den Gegensatz wertvolles Leben contra wertloses Leben, sondern es gilt die Unterscheidung: menschliches Leben gegenüber ‚anderem' Leben mit je eigener Würde. Die bloße Befriedigung von Konsumbedürfnissen kann nie dazu ermächtigen, das Gut tierischen Lebens anzutasten oder gar zu opfern"; zit. n. *Händel* Tierschutz S. 56) – *Erich Gräßer* (Evang. Theologe. „Veruntreuung der Schöpfung ist heute jene Sünde wider den Heiligen Geist, die nach Markus 3, 29 die unvergebbare heißt. Die Kirchen müssten hier selbst Partei ergreifen und der stärkste Anwalt der Ehrfurcht vor allem Lebendigen sein"; zit. n. *Händel* Tierschutz S. 68) – *Gotthard M. Teutsch* (Philosoph und Soziologe. „Der Umstand, dass in § 1 TierSchG das Tier ausdrücklich als Mitgeschöpf anerkannt wird, erlaubt es, die geschöpfliche Würde nicht nur aus dem Geist, sondern auch aus dem Wortlaut des Gesetzes zu begründen"; Die Würde der Kreatur S. 110. Der Philosoph verweist auch auf den Gleichheitsgrundsatz in der Ethik, der fordere, alle Objekte der Gerechtigkeit im Hinblick auf das an ihnen Gleiche gleich und nur hinsichtlich des an ihnen Verschiedenen entsprechend verschieden zu behandeln; eine Ungleichbehandlung von Tieren bei der Zufügung von Schmerzen und Leiden könne deshalb grundsätzlich nur mit entsprechenden Unterschieden in der Schmerz- und Leidensfähigkeit zwischen Mensch und Tier begründet werden, nicht dagegen mit Unterschieden in der Fähigkeit zum Denken, Sprechen, rationalen Handeln usw.; vgl. *Teutsch/von Loeper* u. a. S. 20).

10 Den Begriff der **Mitgeschöpflichkeit** hat 1959 der Zürcher Theologe *Fritz Blanke* geprägt, um damit den traditionellen Begriff der Mitmenschlichkeit in den umfassenden Schöpfungszusammenhang zu bringen (vgl. EKD-Texte 41 S. 3). *Blanke* ging es darum, zu verdeutlichen, dass eine Reduktion der Humanität auf bloße Mitmenschlichkeit ethisch nicht vertretbar sei, weil auch die Tiere in das christliche Gebot der Nächstenliebe einbezogen seien. Mitgeschöpflichkeit bedeute „die Wiedereröffnung eines zu eng gezogenen Kreises, die Einbettung der Nächstenliebe in den größeren Zusammenhang aller Geschöpfe" (*Blanke* S. 193 ff.).

11 Einige **Auszüge** aus allgemeinen Verkündigungen der **beiden großen Kirchen**: „Im biblischen Verständnis schließt das Beherrschen die Verantwortung für die Beherrschten mit ein. Dies gilt auch und gerade für das Verhältnis des Menschen zu seinen Mitgeschöpfen" (Deutsche Bischofskonferenz, ‚Zukunft der Schöpfung – Zukunft der Menschheit', zit. n. EKD-Texte 41 S. 31). – „Dem Tier eignet durch das von Gott gegebene Leben ein Eigenwert vor Gott, den der Mensch zu respektieren hat" (Gemeinsame Erklärung des Rates der EKD und der Deutschen Bischofskonferenz, ‚Verantwortung wahrnehmen für die Schöpfung', zit. n. EKD-Texte 41 S. 35). – „Alle Mitgeschöpfe haben ihren eigenen Wert, der darin begründet liegt, dass sie von Gott gewollt sind. Tierquälerei, aus welchen Motiven auch immer, muss stärker als bisher geächtet werden. Artgerechte Tierhaltung ist zu fördern. Nicht artgerechte Massentierhaltung soll schrittweise verboten werden, weil sie nicht nur erhebliche Leiden für die Tiere mit sich bringt, sondern auch die Umwelt beeinträchtigt" (Arbeitsgemeinschaft christlicher Kirchen, ‚Erklärung von Stuttgart', EKD-Texte 27, Hannover 1989). – „Das neue Testament und insbesondere die paulinischen Briefe ... haben die gesamte Kreatur und Lebenswelt im Blick. Aber wie es im menschlichen Leben Anfänge und Vorzeichen der kommenden Erlösung gibt, so kann die neue Schöpfung auch in der gesamten Lebenswelt durch entsprechendes Handeln und Verhalten der Menschen zeichenhaft sichtbar

werden. Bei jeder umweltpolitisch relevanten Entscheidung ist abzuwägen zwischen dem Nutzungsinteresse des Menschen und dem Eigenwert des betroffenen außermenschlichen Lebens; gerade auf die Nötigung zu dieser Abwägung kommt es an" (Gemeinsame Erklärung des Rates der EKD und der Deutschen Bischofskonferenz, ‚Gott ist ein Freund des Lebens‘, Gütersloh 1989). – „Das Ethos der Mitgeschöpflichkeit ist ein Ethos stetiger, beharrlicher Gewaltverminderung, das nie zur Ruhe kommen kann" (Kirchenleitung der Nordelbischen Evang.-Luth. Kirche zum Tierschutztag 1998, zit. n. AKUT-Texte S. 38, 40).

Als **allgemeine Prinzipien** gelten demnach: die Anerkennung des Eigenwertes und damit der geschöpflichen Würde der Tiere; die Einbeziehung der Tiere in die biblischen Gebote zu Gerechtigkeit, Humanität, Barmherzigkeit und Nächstenliebe iS der „Wiedereröffnung eines zu eng gezogenen Kreises" (s. Rn. 10); die „Nötigung zur Abwägung", was die Pflicht zur vollständigen Ermittlung, Berücksichtigung und fairen Gewichtung aller abwägungsrelevanten Gesichtspunkte einschließt (s. auch § 1 Rn. 44, 45); die ethische Relevanz auch solcher Schmerzen und Leiden, die zwar nicht nachgewiesen, aber wahrscheinlich sind (vgl. EKD-Texte 41 S. 17, 20); dass der Mensch nur dann im Einklang mit seiner eigenen Würde handelt, wenn er auch die Natur mit Humanität behandelt (vgl. EKD-Texte 41 S. 28). 12

Konkretisierende Aussagen zu diesen allgemeinen Prinzipien finden sich in zahlreichen Verlautbarungen und Stellungnahmen von Kirchenleitungen, Synoden und Ausschüssen. Einige Auszüge, geordnet nach Sachgebieten: – **Nutztierhaltung:** „Es genügt im Blick auf die Nutzung von Tieren nicht, Tierquälerei zu unterlassen. Schon die bloße Wahrscheinlichkeit haltungsbedingter Schmerzen oder Leiden macht schonendere Haltungsformen zur Pflicht" (EKD-Texte 41 S. 17). „Die landwirtschaftliche Tierhaltung ist durch Einführung entsprechender Abgaben, die ethisch, ökologisch und volkswirtschaftlich begründbar sind, auf Bestandsgrößen und Haltungssysteme einzuschränken, die eine artgemäße Betreuung und damit einen verantwortungsvollen Umgang mit den Nutztieren erlauben. Betriebe mit Tierbeständen, die flächenunabhängig gehalten werden, sollten gegenüber anderen stärker durch Abgaben belastet werden. Die Einsicht, dass eine Veränderung nur durch ein gemeinsames Vorgehen aller EG-Länder herbeigeführt werden kann, darf in unserem Lande nicht als Alibi dienen, abzuwarten und notwendige Schritte hinauszuzögern" (Kammer der EKD für soziale Ordnung: Denkschrift ‚Landwirtschaft im Spannungsfeld zwischen Wachsen und Weichen, Ökologie und Ökonomie, Hunger und Überfluss‘, Gütersloh 1984). „Die Intensivhaltung von Tieren in großer Zahl auf engstem Raum stellt bei der gegenwärtig gängigen Praxis eine tiefe Verletzung der Mitgeschöpflichkeit dar, weil sie nicht tier- bzw. artgerecht vollzogen werden kann. Käfighaltung bei Geflügel sollte verboten werden, ebenso Kasten- und Dunkelhaltung bei Mastvieh und bestimmte Formen der Spaltenboden- und Anbindehaltung" (Kirchenleitung der Nordelbischen Evang.-Luth. Kirche, zit. n. AKUT S. 38, 42; ähnlich auch die Landessynode der Evang.-Luth. Kirche in Bayern, ‚Erklärung zum Tierschutz‘ 1996). „Die Tiere leiden, wenn sie auf zu engem Raum oder in ständiger künstlicher Atmosphäre eingesperrt sind. Wirtschaftliche Überlegungen sind 13 keine Begründung für eine solche Tierhaltung" (Joseph Kardinal *Höffner,* Weltbild 8/83). „Menschen müssen Nutztieren eine artgemäße Umwelt sichern und sie vor der Gefahr bewahren, unnötige Leiden oder Gewalt zu erfahren. Dieser Anspruch verleiht den artspezifischen Bedürfnissen von Tieren den Vorrang vor kommerziellen Gesichtspunkten" (Evang. Akademie Arnoldshain, ‚Arnoldshainer Tiererklärung' 1997, zit. n. AKUT S. 69, 70). – **Eingriffe:** „Daraus ergeben sich auch die Forderungen, die übliche Amputationspraxis weiter zu beschränken und das betäubungslose Kastrieren zu verbieten" (EKD-Texte 41 S. 17). – **Tierversuche:** „Die Zahl der Tierversuche muss so weit wie möglich gesenkt werden. Darum sind der Einsatz von Ersatzmethoden und die Forschung daran voranzutreiben. Vor allem müssen in der Genehmigungspraxis entschieden höhere Anforderungen an den Versuchszweck gestellt werden als bisher. Schmerzen und Leiden müssen auf das unvermeidliche Maß eingeschränkt werden. Es werden immer noch zu viele und zu sensible Tiere eingesetzt. Eine bereits als wahrscheinlich anzunehmende Schmerz- und Leidensfähigkeit ist ethisch relevant" (EKD-Texte 41 S. 19, 20). „Jeder Tierversuch bringt für Tiere Gefangenschaft und oft Ängste, Schmerzen und häufig extremes Leid mit sich. Wir schließen uns der Auffassung an, dass bereits eine als wahrscheinlich anzunehmende Schmerz- und Leidensfähigkeit von Tieren für entsprechende Experimente ethisch relevant ist. Noch immer werden unter dem Vorwand der ‚Grundlagenforschung' viele der Öffentlichkeit nicht mehr vermittelbare grausame Tierexperimente vollzogen. Eine besondere ethische Herausforderung stellen die Versuche an Affen dar. Die Primaten sind uns Menschen in vielfacher Hinsicht nahe verwandt. In jedem Falle sind sie hochsensible, schmerz- und leidensfähige Mitgeschöpfe. Wir halten es für geboten, zu einer Ächtung von Versuchen an Primaten zu gelangen, die mit körperlichen Qualen und seelischen Leiden für diese Tiere einhergehen" (Kirchenleitung der Nordelbischen Evang.-Luth. Kirche, zit. n. AKUT S. 38, 44). „An narkosefähigen und narkosebedürftigen Tieren sollten Versuche und Eingriffe ausnahmslos unter Betäubung vorgenommen werden; anderenfalls wird das Prinzip der Mitkreatürlichkeit der Tiere preisgegeben" (EKD, Stellungnahme v. 22. 10. 1985 zum ÄndG 1986, BT, Ausschuss für Ernährung, Landwirtschaft und Forsten, Ausschuss-Drs. 10/165). „Durch gesetzliche Regelungen sollten Doppelversuche vermieden werden, die auf fehlendem Austausch von Informationen über Forschungsvorhaben und Forschungsergebnisse beruhen (Kommissariat der Deutschen Bischöfe, Stellungnahme v. 22. 10. 1985 zum ÄndG 1986, BT, Ausschuss für Ernährung, Landwirtschaft und Forsten aaO). – **Schlachtung:** „Es spricht vieles dafür, von der Gesundheit des einzelnen bis zur Welternährungslage, den Fleischkonsum pro Kopf in den Industrieländern zu senken. Die Lebensbedingungen in der Massentierhaltung erfordern häufig den Einsatz von Medikamenten, zB Antibiotika, Hormone, Psychopharmaka, die wir, zumindest in Form ihrer Rückstände, im Fleisch oder in den übrigen tierischen Erzeugnissen der Massentierhaltung zu uns nehmen. Zusätzlich hat der menschliche Fleischkonsum noch eine weltweite Dimension. Denn aus 10 kg Getreide, das viele Hungernde satt machen könnte, kann nur 1 kg Rindfleisch erzeugt werden. Der Kalorienumsatz beträgt beim Schwein 3 : 1, bei

Einführung

Eiern 4:1, bei Hühnerfleisch sogar 12:1. Direkt verwendet bieten Getreide- und andere Feldfrüchte also die vielfache Menge an Nahrung. Erst die massiven Futtermittelimporte aus Ländern der Dritten Welt (ca. 23 Mio Tonnen pro Jahr, darunter ein erheblicher Anteil an Fischmehl) ermöglichen die immense Fleischproduktion der EU. Gleichzeitig sterben lt. UNICEF jährlich etwa 40 000 Kinder, weil ihnen Pflanzen und Fische fehlen, die als Futtermittel exportiert wurden" (Kirchenleitung der Nordelbischen Evang.-Luth. Kirche, zit. n. AKUT aaO). „Der Druck kostengünstiger Leistung diktiert das Tempo des Durchlaufs in den Schlachthäusern, und zwar auch bei der Betäubung. Sie müsste eigentlich besonders schonend und sorgfältig vorgenommen werden und verlangt ein hohes Maß an Aufmerksamkeit und Präzision. Über längere Zeitabschnitte ist dies aber nicht durchzuhalten. ‚Pannen' sind bei der Arbeit in den Schlachthäusern unvermeidbar und gehen zulasten der Tiere. Das gilt besonders häufig für die vollautomatisierte Geflügelschlachtung" (EKD-Texte 47 S. 16). „Das Töten und Schlachten ist nach Grundsätzen durchzuführen, die von der Würde der Kreatur statt von Rentabilitätsgesichtspunkten geprägt sind" (Evang. Akademie Arnoldshain, zit. n. AKUT S. 69, 72). – **Transporte:** „Jeder Transport ist für ein Tier eine große Belastung: Die Vibration, die Beschleunigungs- und Bremsmanöver, der Geräuschpegel, die wechselnden Lichtverhältnisse, mangelnde (Luft-) Versorgung und Bewegungslosigkeit. Wir unterstützen eine weitere Minimierung der Transportzeiten, möglichst nur noch bis zum nächsten Schlachthof" (Kirchenleitung der Nordelbischen Evang.-Luth. Kirche, zit. n. AKUT S. 38, 43). – **Züchtung:** „Die selbständige Lebensfähigkeit der Tiere, auch in natürlicher Umgebung, muss gewährleistet bleiben" (EKD-Texte Nr. 41 S. 18). „Bei den patentierbaren sog. Krankheitsmodelltieren wird bewusst, beliebig wiederholbar, krankes Leben erzeugt. Wir stellen fest, dass der Gedanke der Mitgeschöpflichkeit auf solche Verfahren nicht mehr anwendbar ist. Die Herstellung transgener Tiere zu Transplantationszwecken dispensiert den Gedanken der Mitgeschöpflichkeit völlig" (Kirchenleitung der Nordelbischen Evang.-Luth. Kirche, zit. n. AKUT S. 38, 45). – **Jagd:** „Jagd ist ethisch nur als naturnahe Hegejagd nach Abschussplan zur Regulierung des ökologischen Gleichgewichts durch Reduktion des Bestandes zu verantworten. mit möglichst geringer Beunruhigung des Wildes. Vom Bejagen bedrohter Tierarten ist völlig Abstand zu nehmen. Unvertretbar ist die systematische Bejagung von Tierarten, die als Jagdkonkurrenten verbleiben, um so den Regulierungsauftrag des Jägers möglichst ungeschmälert zu erhalten. Das Aufscheuchen der Tiere, zB bei der Treibjagd auf Niederwild, versetzt sowohl das zu jagende als auch das übrige Wild in Aufregung und Angst. Panisch fliehende Tiere sind jedoch nur schwer sicher und schmerzlos zu töten. Angeschossene Tiere werden häufig bei der ‚Nachsuche' in ihrem Versteck nicht gefunden und verenden, wie in Fallen, langsam und qualvoll. Fallenjagd zur Dezimierung von Raubwild verstößt nach Meinung vieler gegen Tierschutzbestimmungen. Außerdem geraten immer wieder Fehlfänge, darunter auch gefährdete Tierarten, in die aufgestellten Fallen. Auch Lebendfallen, in denen das Tier nicht getötet wird, sind vom tierschützerischen Standpunkt keinesfalls unbedenklich. Denn Tiere in Lebendfallen sind extremem Stress ausgesetzt. Sie leiden Todesangst, Hunger und Durst" (Kirchenleitung der Nordelbischen Evang.-Luth. Kirche, zit. n. AKUT S. 38, 46, 53). Für nicht vertretbar wird auch gehalten, leergeschossene Reviere durch importierte Wildfänge aus anderen Ländern oder durch gezüchtete und kurzfristig ausgewilderte Tiere zur Jagdsaison „aufzufüllen" (EKD-Texte 41 S. 21). – **Pelzgewinnung:** „Das Ethos der Mitgeschöpflichkeit wird missachtet durch die Massenhaltung von Pelztieren unter nicht artgerechten Bedingungen zur Gewinnung heute überflüssiger Pelzbekleidung" (Kirchenleitung der Nordelbischen Evang.-Luth. Kirche, zit. n. AKUT S. 38, 47). „Es ist nicht einzusehen, warum Säugetiere, wenn sie wirtschaftlich genutzt werden, wesentlich schlechter untergebracht werden dürfen als bei der Gehegehaltung im Zoo. Die Verteuerung der Pelztierhaltung ist ein erwünschter Nebeneffekt" (EKD-Texte 41 S. 22). – **Tötung von Tieren als Freizeitbeschäftigung:** „Die große Mehrheit der Schützen schießt heute nicht mehr auf Lebewesen, sondern auf Papierscheiben oder Tontauben und trägt so auch ihre Wettkämpfe aus. Daraus ergibt sich die Anfrage an die Sportangler, warum sie, anders als die Schützen, nur zu einem kleinen Teil den möglichen Weg der Sublimierung, d.h. der Umorientierung ihrer Aktivitäten gegangen sind" (EKD-Texte 41 S. 23).

III. Tierethik in der Philosophie

14   Denker, die den **Tieren einen moralischen Status abgesprochen haben,** hat es in der Vergangenheit nicht wenige gegeben. Einige seien genannt: *Aristoteles* sah die Tiere als Objekte ohne moralischen und rechtlichen Schutzanspruch. – *Origines* behandelte sie als Sachen und unterwarf sie der Willkür des Menschen (vgl. dazu *Erbel* DVBl. 1986, 1235, 1241). – Für *Descartes* waren sie gefühl- und seelenlose Reflexautomaten, die weder über eine Geistestätigkeit noch über ein subjektives Empfinden und eine Schmerzfähigkeit, wie sie dem Menschen eigen sei, verfügten (vgl. dazu *Caspar* Tierschutz S. 59). – *Spinoza* leitete aus der tatsächlichen Überlegenheit des Menschen dessen Recht ab, Tiere so zu behandeln, wie es ihm am besten passe (vgl. *Bregenzer* S. 193). – *Hobbes* sprach den Tieren wegen ihrer fehlenden Fähigkeit, Verträge zu schließen, die Rechtsfähigkeit ab und sah den Menschen als berechtigt an, sie nach seinem Willen zu nutzen und auch zu töten (vgl. *Bregenzer* S. 197).

15   Einen **indirekten, anthropozentrischen Tierschutz** vertrat *Kant*: Weil den Tieren die Vernunft fehle, seien sie nicht Träger eigener, moralischer Rechte; gleichwohl sei Grausamkeit gegenüber Tieren abzulehnen, weil diese das Mitgefühl im Menschen abstumpfe und ihn so auch gegenüber menschlichem Leid unempfindlich mache (vgl. *U. Wolf* S. 33 ff.).

16   Als **positive Vordenker eines direkten, ethischen Tierschutzes** seien hier genannt (zu den Vertretern der christlichen Tierethik s. Rn. 9): *Pythagoras,* der wegen der Verwandtschaft alles Lebendigen auch das Mitleid mit den Tieren einforderte, ebenso wie die humane Behandlung der Sklaven und die Gleichstellung der Frau (vgl. *Teutsch,* in: *Händel* Tierschutz S. 44). – *Xenokrates,* der die alten Gesetze von Eleusis überlieferte: „Ehre deine Eltern; opfere den Göttern Früchte der Erde; schädige kein Tier" (*Teutsch*

Einführung

aaO). – *Plutarch,* der forderte, barmherzig gegen andere lebende Wesen zu sein, „und sei es auch nur, um Barmherzigkeit gegen die Menschen zu lernen" (*Teutsch* aaO). – *Empedokles,* der dem Menschen riet, sich aller Verletzung des Lebens seiner Mitgeschöpfe zu enthalten (vgl. *Köstlin* S. 191 ff.). – Der römische Jurist *Ulpian,* der in seinen ‚Institutiones' alle Lebewesen, auch die Tiere als des Naturrechts teilhaftig bezeichnete (vgl. *Erbel* DVBl. 1986, 1235, 1241). – *Montaigne,* der den Tieren einen moralischen Anspruch auf menschliche Milde und Barmherzigkeit zusprach (*Erbel* aaO). – *Rousseau,* der meinte, da die Tiere die gleichen Empfindungen hätten wie der Mensch, müssten sie auch an dem natürlichen Recht Anteil haben; nur dann, wenn die Erhaltung des Menschen auf dem Spiel stehe, habe dieser das Recht, sich selbst den Vorrang zu geben (vgl. *Sambraus* in: *Sambraus/Steiger* S. 4). – *Leibniz,* der *Spinoza* und *Descartes* entgegentrat, auch Tieren eine Seele zubilligte und sich Rechte von Tieren im Wege der Analogie vorstellen konnte (vgl. *Bregenzer* S. 196). – *Herder,* für den das Gebot der Humanität auch die Tiere „als des Menschen ältere Brüder" einschloss und der aus den Vorzügen des Menschen (Vernunft, Willensfreiheit, Religion und Sittlichkeit) im Gegensatz zu *Spinoza* kein Recht zur Ausbeutung, sondern eine Pflicht zur Vormundschaft ableitete (vgl. *Bregenzer* S. 201, 202). – *Goethe,* der die Verwandtschaft zwischen Mensch und Tier hervorhob und dichtete: „Wer Tiere quält, ist unbeseelt, und Gottes guter Geist ihm fehlt; mag noch so vornehm drein er schauen, man sollte niemals ihm vertrauen" (zit. n. *Erbel* aaO). – *Karl Christian Friedrich Krause,* der schon im 19. Jahrhundert ein System der Tierrechte aufgestellt hat, weil alles, was Seele habe, auch ein Recht haben müsse (Recht auf Wohlbefinden, auf Schmerzlosigkeit, auf die erforderlichen Nahrungsmittel); das Menschenrecht stufte Krause als höher ein und grenzte es im Wege der Abwägung zu den Tierrechten ab (*Krause,* System der Rechtsphilosophie, 1874, S. 244 ff.). – *Schopenhauer,* der im Mitleid die Grundlage der Moral sah und erklärte, Mitleid mit Tieren hänge mit der Güte des Charakters so genau zusammen, dass man zuversichtlich behaupten dürfe, wer gegen ein Tier grausam sei, könne kein guter Mensch sein (*Schopenhauer,* Grundlage der Moral 1841, S. 246); in der vermeintlichen Rechtlosigkeit der Tiere erblickte er eine „empörende Rohheit und Barbarei". – *Eduard von Hartmann,* der dem Tier aus Gründen der Gerechtigkeit die Stellung eines moralischen Rechtssubjektes zuerkannte (*Erbel* aaO). – *Henry Salt,* der auf die von Darwins Evolutionstheorie reich dokumentierte Verwandtschaft aller Lebewesen abhob, in den empfindungsfähigen Tieren zumindest Ansätze von Individualität erblickte und ihnen aus diesem Grund Selbstzweck und eine eigene Würde zuerkannte (vgl. *J. C. Wolf* Tierethik S. 15). – *Leonard Nelson,* der anerkannte, dass Tiere Träger von Interessen und deshalb auch von moralischen Rechten seien (vgl. *U. Wolf,* Das Tier in der Moral, 1990, S. 38). – Der französische Jurist *Edouard Engelhardt,* der die Rechtsposition der Tiere mit der des unmündigen Menschen verglich; im Anschluss an ihn *Pierre Giberne,* der dem Tier ein Recht auf Freisein von Leiden zusprach (*Giberne,* La protection juridique des animaux, Montpellier 1931).

In der **Philosophie der Gegenwart** setzt sich die Anerkennung von 17 (zumindest moralischen) Tierrechten mehr und mehr durch: Für den Sentientismus (le sens = das Gefühl) ist nicht die Vernunft, sondern die Empfindungsfähigkeit eines Wesens das entscheidende Kriterium für seinen moralischen Status (*Joel Feinberg,* in: Birnbacher S. 140–179; schon 1789 hatte *Jeremy Bentham* formuliert: „Die Frage ist nicht: Können sie denken? Können sie sprechen? Sondern: Können sie leiden?"). – Für *Tom Regan* sind alle Wesen, die Meinungen, Wünsche, Absichten und einen gewissen Zukunftsbezug haben und die in der Lage sind, Handlungen zur Befriedigung ihrer Wünsche in Gang zu setzen, kraft dieser „Präferenz-Autonomie" Individuen, die über einen inhärenten Wert verfügen und einen berechtigten Anspruch auf Rücksichtnahme haben (*Regan,* The Case for Animal Rights 1984, S. 243, 267, 277 f.; vgl. auch *U. Wolf* S. 39 ff.). – *Mary Midgley* verweist auf die Ähnlichkeiten und Kontinuitäten zwischen Menschen und Tieren und vertritt die Auffassung, dass auch das menschliche Selbstverständnis an Sinn gewinne, wenn es diese Kontinuitäten beachte. *Nora Diamond* sieht die Tiere als Mitgeschöpfe und als Gefährten im Leben auf der Erde (zit. n. *U. Wolf* S. 54, 55). – Für *Jean-Claude Wolf* ist nicht allein das Motiv des Mitleids, sondern in erster Linie die aus dieser Quelle fließende Tugend der Gerechtigkeit maßgebend; letztere aber verbiete dem Menschen nicht nur, seine Vormachtstellung gegenüber dem Tier zu missbrauchen, sondern zwinge darüber hinaus auch zur Anerkennung elementarer Tierrechte (*J. C. Wolf* S. 121, 164). – *Richard Ryder* macht darauf aufmerksam, dass mit der Überlegenheit des Menschen (im Gegensatz zur Auffassung *Spinozas*) eher mehr als weniger Verantwortung verbunden sei, und dass Unterschiede in der Intelligenz, im Kommunikationsvermögen und im geistig-seelischen Entwicklungsstand für die Frage, welche Schmerzen und Leiden man anderen Lebewesen zufügen dürfe, nicht ethisch relevant sein könnten (*Ryder,* Victims of science, 1976, S. 14). *Erich Kadlec* hält Schädigungen immer dann für unerlaubt, wenn sie über den Existenzbedarf des Menschen hinaus erfolgen – demnach müsste das Töten als Sport ebenso verschwinden wie die belastende Haltung und Tötung von Pelztieren (*Kadlec,* Realistische Ethik, 1976, S. 144). *Otfried Höffe* schließt aus der Schmerz- und Angstfähigkeit der Tiere und aus dem „in jeder ethischen Rechtsbetrachtung unbestrittenen" Gleichheitsgrundsatz, dass den Tieren Schmerzen, Leiden und Angst nur „aus ethisch und rechtlich unbedenklichen Entschuldigungs- und Ausnahmegründen wie zB in Notwehr oder zur veterinärmedizinischen Diagnose und Therapie" zugefügt werden dürften (*Höffe* in: *Händel,* Tierschutz S. 86).

18 Das **Tierschutzgesetz enthält einige grundsätzliche Wertentscheidungen,** die zT an die in Rn. 11–13 sowie 16–17 beschriebenen Gedanken anknüpfen. Dazu gehören: **1.** Die Entscheidung für einen direkten, ethischen Tierschutz in § 1 (s. Rn. 21, 22); **2.** der Lebensschutz nach den §§ 1, 17 Nr. 1 (dieser beruht auf der Einsicht, dass das Leben des Tieres um seiner selbst willen Schutz verdient, unabhängig von seinem Nutzwert für den Menschen; damit wird das Leben vom Gesetzgeber als eigener, inhärenter Wert anerkannt); **3.** der Wohlbefindensschutz, der das gesamte Gesetz durchzieht (dieser beinhaltet die Anerkennung, dass Tiere schmerzempfindlich und leidensfähig sind); **4.** die Mitgeschöpflichkeit nach § 1 S. 1 (d.h. die Einbeziehung der Tiere in die Gebote von Humanität, Nächstenliebe und Gerech-

Einführung **Einf.**

tigkeit sowie die Anerkennung ihrer geschöpflichen Würde, s. Rn. 10, 11); **5.** das Gebot zur Gewaltminimierung nach § 1 S. 2, § 2 Nr. 2, §§ 3 ff., 7 ff. und 17 ff. (auch: Grundsatz der Erforderlichkeit, Ausweichprinzip, Übermaßverbot, unerlässliches Maß uÄ; es besagt, dass kein noch so berechtigter Zweck Eingriffe in die Integrität von Tieren rechtfertigen kann, wenn sich das angestrebte Ziel auch auf andere, die Tiere weniger stark belastende Weise erreichen lässt); **6.** das Gebot der Verhältnismäßigkeit nach § 1 S. 2, § 2 Nr. 2, §§ 3 ff., 7 ff. und 17 ff. (auch: Zweck-Mittel-Relation; es besagt, dass ein Eingriff nur zulässig ist, wenn der angestrebte und erwartbare Nutzen den voraussehbaren Schaden überwiegt); **7.** das besonders in § 2 zum Ausdruck kommende Gebot zur gesteigerten Rücksichtnahme auf Tiere, die sich in der Hand des Menschen befinden (vgl. auch BVerfGE 101, 1, 32: „Pflege des Wohlbefindens der Tiere in einem weit verstandenen Sinn").

Bei **Auslegungs- und Abwägungsfragen**, auf die der Gesetzeswortlaut keine ausdrücklichen Antworten bereithält, liegt es – angesichts der ethischen Ausrichtung des Gesetzes – nahe, (auch) auf ethische Konzeptionen zurückzugreifen. Dabei können aber nur solche Denkkonzepte Berücksichtigung finden, die mit den Wertentscheidungen des Gesetzes (s. Rn. 18) in Einklang stehen. Die in Rn. 14 erwähnten Gedanken scheiden damit ohne weiteres aus. Aber auch über die in Rn. 15 beschriebene Position eines nur indirekten, anthropozentrischen Tierschutzes ist die Gesetzgebung bereits 1933 und 1972 mit der Einführung eines direkten, ethischen Tierschutzes und nochmals 1986 mit der Bezugnahme auf das Prinzip der Mitgeschöpflichkeit weit hinausgegangen. Dagegen können den in Rn. 16 und 17 beschriebenen Gedanken – bei allem Dissens in Einzelfragen – einige Grundpositionen entnommen werden, über die ein mehrheitlicher (Minimal-)Konsens herrscht. Diese Positionen können damit ein Hilfsmittel für Auslegungen und Abwägungen sein. Sie lassen sich, mit aller Vorsicht, etwa so beschreiben: **1.** Einbeziehung der Tiere in die Gebote der Humanität, d. h. der Menschlichkeit (vgl. dazu auch *Neuhäusler:* „Menschlichkeit" wird beschrieben als „jene fühlende Bezogenheit zum Mitmenschen und Mitgeschöpf, die mitleidend und mitfreuend versucht, fremdes Leid zu verhüten und zu vermindern, fremdes Wohlergehen und Glück zu vermehren; human sein heißt Rücksicht nehmen, teilnehmen, helfen"). **2.** Unteilbarkeit der Ethik (vgl. dazu MdB Löffler am 21. 6. 1972 im Bundestag, zit. n. *Gerold* S. 252: „Ethik gegenüber dem Menschen und Rohheit gegenüber dem Tier sind zwei Verhaltensweisen, die sich nicht vereinbaren lassen"). **3.** Ablehnung eines radikalen Speziesismus (species = die Art), der die Interessen des Tieres gegenüber denen des Menschen vollständig abwertet und deswegen selbst relativ trivialen Interessen von Menschen (zB an eleganten Pelzmänteln) den Vorrang gegenüber vitalen Interessen nichtmenschlicher Lebewesen einräumt. Demgegenüber lässt der milde Speziesismus die Opferung vitaler tierlicher Interessen dort zu, wo sie mit vergleichbaren (d. h. mit ebenfalls vitalen und deshalb vergleichbar wichtigen) Interessen des Menschen in einem unausweichlichen, anders nicht lösbaren Konflikt stehen (Beschreibung n. *J. C. Wolf* S. 38. *Wolf* selbst fordert allerdings eine darüber hinausgehende, vollkommen unparteiische Interessenabwägung im Sinne des ethischen Gleichbehandlungsgrundsatzes, s. Rn. 17). **4.** Gebot zur „Mini-

19

mierung der Gewalt und Linderung des Leidens der Tiere, wo immer es geht" (*Liedke,* in: Zeitschriften f. Evang. Ethik 1985, S. 160–173). Dies entspricht dem Gebot der Beschränkung auf das mildeste Mittel. Solange es also zur Erreichung eines angestrebten, legitimen Zieles andere Wege gibt, sind diese vorzuziehen, mögen sie auch mit vermehrtem Aufwand an Geld, Zeit und Arbeitskraft verbunden sein (s. auch § 9 Abs. 2 S. 3 Nr. 3). **5.** Einbeziehung der Tiere in das sittengesetzliche Gebot des „neminem laede" (d. h. „schädige niemanden"). Eingriffe in Leben und Wohlbefinden sind damit nur als Ausnahme zulässig. Wer einen solchen Ausnahmefall für sich in Anspruch nimmt, trägt dafür die Begründungs- und Beweislast („im Zweifel für das Tier", vgl. dazu *Lorz* Einf. Rn. 184). **6.** Gebot zur Rücksichtnahme gegenüber dem Tier, d. h. u. a.: kein Eingriff ohne vorherige Abwägung; Abwägungen soweit wie möglich durch Personen bzw. Institutionen, die zu den beteiligten Interessen die nötige Distanz innehaben; Abwägungsverfahren, die eine vollständige Ermittlung, Berücksichtigung und faire Gewichtung aller abwägungsrelevanten Sachverhalte und Gesichtspunkte gewährleisten.

20 Diese Positionen bilden etwa **die gemeinsame Schnittmenge derjenigen Denkkonzepte, die auf dem Boden des Tierschutzgesetzes stehen.** Deshalb kann man sich bei Auslegungs- und Abwägungsfragen daran ausrichten. Dafür spricht auch ihre Nähe zu den Wertentscheidungen des Gesetzes (s. Rn. 18) und zu dem, was Kirchenleitungen, Synoden und Ausschüsse aus dem Prinzip der Mitgeschöpflichkeit abgeleitet haben (s. Rn. 11–13). – Nicht übersehen werden kann allerdings, dass über bedeutsame Fragen im ethischen Diskurs nach wie vor Uneinigkeit herrscht und dass die Tierethik einen im Fortschreiten begriffenen Prozess und nicht etwa ein geschlossenes Gedankengebäude darstellt. Vieles spricht auch für die Annahme, dass das ethische Bewusstsein einer jeden Epoche durch „blinde Flecken" eingeschränkt ist, die die Menschen daran hindern, die Ungeheuerlichkeit bestimmter Verhaltensweisen wertend zu erkennen, sei es, weil man wie fasziniert immer nur in Richtung auf einen bestimmten, in der jeweiligen Epoche als übergeordnet geltenden Wert blickt, sei es, weil man das Furchtbare zwar ahnt, aber zur eigenen seelischen Entlastung verdrängt (*C. W. Hume,* Man and beast, 1962, S. 18–28). So mag früheren Generationen der heute selbstverständliche Verzicht auf Sklavenhaltung, Körper- und Todesstrafen ebenso undenkbar erschienen sein wie heute die vollständige Umsetzung einer radikalen Ethik der Brüderlichkeit und damit des ethischen Gleichbehandlungsgrundsatzes im Verhältnis zur schmerz- und leidensfähigen Mitwelt.

IV. Ethischer Tierschutz; geschütztes Rechtsgut; formelles und materielles Tierschutzrecht

21 **Ethischer Tierschutz** bedeutet, dass das Tier des Tieres wegen geschützt wird. Der ethische Tierschutz sieht das Tier als lebendes und fühlendes Wesen, dessen Achtung und Wertschätzung für den durch seinen Geist überlegenen Menschen ein moralisches Postulat darstellt. – Anthropozentri-

Einführung **Einf.**

scher Tierschutz bedeutet demgegenüber menschenbezogener Tierschutz. Ihm geht es um das menschliche Interesse an und mit dem Tier. Mögliche Erscheinungsformen sind: ökonomischer Tierschutz (d.h. es geht um die Erhaltung des Tieres als Ware, Produktionsmittel oÄ); ästhetischer Tierschutz (d.h. es geht um die Vermeidung jener Störung des sittlichen Empfindens, die durch das Miterlebenmüssen von Akten der Tierquälerei ausgelöst wird; ggf. auch um die Erhaltung des Mitgefühls als einer „der Moralität, im Verhältnis zu anderen Menschen, sehr diensamen natürlichen Anlage", so *Kant*, Metaphysik der Sitten, Bd. VIII S. 579; s. auch Rn. 15); kultureller Tierschutz (d.h. es geht um Belehrung oder andere erzieherische Erwägungen). – Tierschutz iS der Normen des formellen und materiellen Tierschutzrechts (s. Rn. 23) ist ethischer Tierschutz (vgl. *L/M* Einf. Rn. 60). Dies galt bereits für das Reichstierschutzgesetz (Deutscher Reichsanzeiger 1933 Nr. 281). Die ethische Ausrichtung ist durch das ÄndG 1986, insbesondere durch die Betonung des Mitgeschöpfcharakters des Tieres in § 1 S. 1, verstärkt worden. – Der ethische Tierschutz liegt auch im wohlverstandenen Interesse des Menschen, denn er geschieht auch um der Würde des Menschen willen (so schon *Ennulat/Zoebe* I Rn. 8). Das Prinzip der menschlichen Würde ist untrennbar mit der Achtung der Umwelt und der darin lebenden Tiere verbunden (vgl. EKD-Texte 41 S. 28).

Geschütztes Rechtsgut der §§ 1ff. ist u.a. die sittliche Ordnung in den Beziehungen zwischen Mensch und Tier (vgl. *L/M* Einf. Rn. 62); die darin liegende Bezugnahme auf den „moral common sense" verweist auf die Notwendigkeit, die Entscheidung zweifelhafter Auslegungs- und Abwägungsfragen an den überwiegend konsensfähigen Gerechtigkeitsvorstellungen auszurichten (vgl. *Zippelius* Methodenlehre § 3 II b–d; näher dazu § 1 Rn. 50–55). – Auch Leben, Wohlbefinden und Unversehrtheit des Tieres sind geschützte Rechtsgüter (vgl. *Ennulat/Zoebe* II § 1 Rn. 4). Dies liegt in der Logik des ethischen Tierschutzes: Wenn man dem Tier einen inhärenten Eigenwert zuerkennt, so muss man diesen Wert auch seinem Leben, seinem Wohlbefinden usw. zusprechen. Wird aber ein Wert um seiner selbst willen rechtlich (und sogar strafrechtlich, vgl. §§ 17, 18) geschützt, so wird er dadurch zum rechtlich geschützten Gut, d.h. zum Rechtsgut. Dass Tiere keine Rechtsfähigkeit besitzen (vgl. dazu VG Hamburg NVwZ 1988, 1058) steht nicht entgegen: Die Anerkennung eines rechtlich geschützten Wertes als Rechtsgut verlangt weder denknotwendig ein damit korrespondierendes, subjektives Recht noch einen klagebefugten Rechtsgutträger. 22

Formelles Tierschutzrecht sind diejenigen Normen, die (zB durch Wortlaut, Abschnitts- oder Gesetzesüberschrift) ausdrücklich Tiere schützen wollen. Dazu gehören insbesondere das Tierschutzgesetz und die aufgrund dieses Gesetzes erlassenen Rechtsverordnungen. Daneben gibt es Normen, deren Wortlaut usw. eine andere Schutzrichtung nahelegt, die aber gleichwohl die Unversehrtheit, das Leben und/oder das Wohlbefinden von Tieren (mit-)schützen wollen; sie bilden **materielles Tierschutzrecht**. Beispiele dafür sind: Die sachlichen Jagd- und Fischereiverbote, vgl. insbesondere § 19 BJagdG; vgl. weiter § 22 Abs. 4 S. 1 und § 22a BJagdG. 23

V. Tierschutzrecht auf der Ebene des Europarats

24 Der **Europarat** ist ein loser Staatenbund mit Sitz in Straßburg, der über keine Hoheitsgewalt gegenüber seinen Mitgliedstaaten verfügt. Er versteht sich als beratende Organisation, die u. a. auf das Zustandekommen völkerrechtlicher Verträge (Konventionen, Übereinkommen) hinarbeitet. Organe sind das Ministerkommittee, die Parlamentarische Versammlung und der Generalsekretär. – Unter dem „Dach" des Europarats sind nach vorbereitenden Arbeiten durch das Ministerkommittee bislang **fünf Konventionen zum Schutz von Tieren** zustande gekommen, denen die Bundesrepublik jeweils durch Zustimmungsgesetz nach Art. 59 Abs. 2 S. 1 GG beigetreten ist. – Diese sind: Das Europäische Übereinkommen v. 13. 12. 1968 über den Schutz von Tieren beim internationalen Transport (Zustimmungsgesetz v. 12. 7. 1973, BGBl. II S. 721; dem Zusatzprotokoll v. 10. 5. 1979 wurde mit Gesetz v. 28. 8. 1980, BGBl. II S. 1153, zugestimmt). – Das Europäische Übereinkommen v. 10. 3. 1976 zum Schutz von Tieren in landwirtschaftlichen Tierhaltungen (Zustimmungsgesetz v. 25. 1. 1978, BGBl. II S. 113). Dem Änderungsprotokoll v. 6. 2. 1992 hat die Bundesrepublik ebenfalls zugestimmt (BGBl. II 1994, S. 1350). Es verbietet u. a. Zuchtmethoden, die den Tieren Leiden oder Schäden verursachen, sowie wachstums- und leistungssteigernde Präparate, wenn diese den tierlichen Organismus schädigen; außerdem enthält es Anforderungen zur Tiertötung in landwirtschaftlichen Betrieben. Dieses Protokoll kann aber erst in Kraft treten, wenn es durch sämtliche Unterzeichnerstaaten des Übereinkommens ratifiziert worden ist; dies ist bislang noch nicht der Fall. – Das Europäische Übereinkommen v. 10. 5. 1979 über den Schutz von Schlachttieren (Zustimmungsgesetz v. 9. 12. 1983, BGBl. II S. 770). – Das Europäische Übereinkommen v. 18. 3. 1986 zum Schutz der für Versuche und andere wissenschaftliche Zwecke verwendeten Wirbeltiere (Zustimmungsgesetz v. 11. 12. 1990, BGBl. II S. 1486). – Das Europäische Übereinkommen v. 13. 11. 1987 zum Schutz von Heimtieren (Zustimmungsgesetz v. 1. 2. 1991, BGBl. II S. 402).

25 Die Unterzeichnerstaaten sind völkerrechtlich **verpflichtet, die einzelnen Übereinkommen umzusetzen.** Nationales Recht und nationale Verwaltungspraxis dürfen nicht hinter den Mindestanforderungen, die sie für den jeweiligen Bereich vorgeben, zurückbleiben; Widersprüche sind zu beseitigen. Auf welche Art und Weise dies in den einzelnen Staaten geschieht, stellt das Völkerrecht frei. – Die Konventionen enthalten neben solchen Normen, die lediglich auffordernden Charakter für die Rechtssetzungsorgane haben (die also zuerst durch Gesetz, Verordnung oÄ in innerstaatliches Recht transformiert werden müssen, bevor sie gegenüber dem Bürger Verbindlichkeit erlangen) auch Normen, die direkt anwendbar sind, d. h. für den Bürger unmittelbar Rechte und Pflichten begründen. Im Einzelfall ist durch Auslegung festzustellen, welcher Gruppe die jeweilige Norm angehört. Je unbedingter und bestimmter sie abgefasst ist, desto eher ist sie direkt anwendbares Recht.

26 Auf der Grundlage von Art. 8 des Europäischen Übereinkommens zum Schutz von Tieren in landwirtschaftlichen Tierhaltungen (Europäisches Tier-

Einführung Einf.

haltungsübereinkommen, ETÜ) hat der Europarat einen aus Regierungsvertretern und Experten der Vertragsparteien zusammengesetzten Ständigen Ausschuss eingerichtet. Diesem obliegt nach **Art. 9 ETÜ** die **Ausarbeitung und Annahme von Empfehlungen**, mit denen die allgemeinen Grundsätze der Art. 1 bis 7 ETÜ konkretisiert werden sollen. Angenommen wurden bisher Empfehlungen für die Haltung von Schweinen (1986), von Legehennen und Masthühnern (1986; revidiert 1995), von Rindern und Kälbern (1988 bzw. 1993), von Pelztieren (1990, revidiert 1999), von Puten (2001), von Ziegen (1992), von Schafen (1992), von Straußenvögeln (1997), von Pekingenten (1999), von Moschusenten (1999) und von Hausgänsen (1999). Abgedruckt sind sie im Bundesanzeiger Nr. 89a v. 11. 5. 2000. In Vorbereitung sind Empfehlungen für die Haltung von Perlhühnern, Fasanen, Wachteln, Kaninchen und Nutzfischen. – Jede Empfehlung besteht aus einer Präambel, aus allgemeinen Bestimmungen (insbes. zur Haltung und Betreuung der Tiere, ggf. auch zu körperlichen Eingriffen) und aus einem oder mehreren Anhängen mit Vorschriften für die jeweiligen Arten.

Bei der Beurteilung von Tierhaltungen auf Übereinstimmung mit den Anforderungen des § 2 TierSchG **hat die zuständige Behörde** auch die für die jeweilige Tierart erlassene **Empfehlung zu beachten** (vgl. AVV Nr. 1.1). Entgegen dem allgemeinen Sprachverständnis sind also die Empfehlungen des Ständigen Ausschusses völkerrechtlich verbindliche Vorschriften. Die Vertragsparteien müssen sie „anwenden", vgl. Art. 9 Abs. 3 S. 2 ETÜ (vgl. auch BVerfGE 101, 1, 40: „Verbindliche Vorgaben aus dem europäischen Tierschutzrecht"). Verstößt ein Tierhalter dagegen, so trifft deshalb die Behörde diejenigen Anordnungen, die zur (künftigen) Einhaltung erforderlich sind, § 16a S. 2 Nr. 1 TierSchG. Rechtsverordnungen oder Verwaltungsvorschriften, die eine Empfehlung nicht beachten oder ihr widersprechen, sind wegen Verstoßes gegen Art. 9 Abs. 3 ETÜ ungültig (vgl. BVerfG aaO). – Die frühere Praxis des BMVEL, die Empfehlungen lediglich in Informationsbroschüren abzudrucken und diese dann an die Berufsverbände und Standesvertretungen der betroffenen Tierhalter weiterzugeben, war kein ausreichendes „Anwenden", zumal Art. 2 des Zustimmungsgesetzes den Bundesminister zu entsprechenden Rechtsverordnungen ausdrücklich ermächtigt. – Jede Empfehlung ist als Ganzes anzuwenden; dies gilt gleichermaßen für die speziellen Vorschriften im Anhang wie auch für ihre allgemeinen Bestimmungen (vgl. BVerfG aaO S. 45: „gemäß der Empfehlung ... einschließlich ihres für die Käfigbatteriehaltung geltenden Anhangs"). – Der Präambel, die jeder Empfehlung vorgeschaltet ist, kommt Bedeutung für die Auslegung der nachfolgenden Bestimmungen zu. Das BVerfG hat den Anhang A Nr. 2 S. 2 der Haushühner-Empfehlung v. 21. 11. 1986 („Alle Tiere müssen genügend Raum haben, um sich ... hinsetzen zu können, ohne von anderen Tieren gestört zu werden") im Licht der Präambel (die das Sich-Hinsetzen, das ungestörte Ruhen und das Flügelschlagen als „essentielle Bedürfnisse" der Tiere hervorhebt) dahin ausgelegt, dass damit das ungestörte Einnehmenkönnen der Ruhelage als Mindestvoraussetzung postuliert wurde (BVerfGE aaO S. 39, 40). – In den Präambeln und den Allgemeinen Bestimmungen finden sich häufig auch Ausführungen informativer Art, etwa über das natürliche Verhalten und die Bedürfnisse der Tiere. Insoweit konkretisiert die Empfehlung dann den Stand der „feststehenden Erfahrungen und wissenschaftlichen Erkenntnisse" iS von Art. 3 ETÜ und von Art. 4 der EU-Nutztierhaltungsrichtlinie und bildet damit ein vom Verordnungsgeber und den Behörden anzuwendendes Fachgutachten (vgl. *Caspar* Tierschutz S. 375). – Das Zustandekommen einer jeden Empfehlung setzt Einstimmigkeit voraus (Art. 8 Abs. 5 lit. a ETÜ). Deswegen können sie jeweils nur den kleinsten gemeinschaftlichen Nenner bilden und, ebenso wie die EU-Richtlinien zur Tierhaltung, nur Mindestanforderungen festlegen; Vorschriften und Gutachten des nationalen Rechts, die im Sinne des Tierschutzes darüber hinausgehen, bleiben davon unberührt.

27 a Vielfach sind in den Empfehlungen **Soll-Vorschriften und/oder Vorschriften mit unbestimmten Rechtsbegriffen** enthalten. Diese sind nicht etwa unverbindlich (aA für das europäische Recht – nämlich zur Vereinbarkeit der EG-Richtlinie zur Kälberhaltung v. 1991 mit der Empfehlung für das Halten von Rindern v. 1988 – der EuGH, Urt. v. 19. 3. 1998, Slg. 1998 I-1251). Soll-Vorschriften begründen Verpflichtungen für den Regelfall, von denen nur in Ausnahmefällen abgewichen werden kann, wobei die Nachweispflicht denjenigen trifft, der sich auf eine Ausnahme beruft; „Sollen" bedeutet „Müssen mit Ausnahmen in atypischen Fällen" (vgl. VG Stuttgart NuR 1999, 719; *Maurer* § 7 Rn. 11; *L/M* § 11 Rn. 38). Unbestimmte Rechtsbegriffe können nicht etwa außer Acht gelassen werden, sondern müssen mit Hilfe der Regeln, die Rechtsprechung und Lehre dazu entwickelt haben, ausgelegt und konkretisiert werden. Zumindest für das nationale Recht bleibt es deshalb dabei, dass auch diese Vorschriften als „verbindliche Vorgaben" (BVerfG aaO) angewendet werden müssen.

VI. Tierschutzrecht in der EU

28 Aufnahme in das **primäre Gemeinschaftsrecht** hat der Tierschutz 1997 mit dem Protokoll Nr. 10 zum Vertrag von Amsterdam „über den Tierschutz und das Wohlergehen der Tiere" gefunden. Der Text lautet: „Bei der Festlegung und Durchführung der Politik der Gemeinschaft in den Bereichen Landwirtschaft, Verkehr, Binnenmarkt und Forschung tragen die Gemeinschaft und die Mitgliedstaaten den Erfordernissen des Wohlergehens der Tiere in vollem Umfang Rechnung; sie berücksichtigen hierbei die Rechts- und Verwaltungsvorschriften und die Gepflogenheiten der Mitgliedstaaten insbesondere in bezug auf religiöse Riten, kulturelle Traditionen und das regionale Erbe." In der Begründung zu dieser Vertragsänderung wird auf den Wunsch der hohen Vertragsparteien hingewiesen, „sicherzustellen, dass der Tierschutz verbessert und das Wohlergehen der Tiere als fühlende Wesen berücksichtigt wird". – Tierschutz in diesem Sinne ist der ethische Tierschutz im Sinne des deutschen Verständnisses (*L/M* Einf. Rn. 80). Er umfasst den Schutz vor vermeidbaren Schmerzen, Leiden und Schäden sowie den Schutz vor nicht verhaltensgerechter Unterbringung und nicht artgemäßer Ernährung und Pflege. Dies ergibt sich u. a. aus dem systematischen Zusammenhang mit Art. 3 und Art. 4 ETÜ, dem die Gemeinschaft

Einführung Einf.

bereits 1978 beigetreten ist (vgl. Beschluss 78/923 EWG, ABl. EG Nr. L 323 v. 17. 11. 1978 S. 12).

Protokolle sind integrale Bestandteile des EG-Vertrages. Gem. Art. 311 29 EG-Vertrag (EGV) nehmen sie unter Ausschaltung jeglicher formaler Stufenverhältnisse den gleichen rechtlichen Rang ein wie der Vertrag selbst (vgl. VG Frankfurt/M NJW 2001, 1295, 1296; *Groeben/Thiesing/Ehlermann/Hilf* EGV/EUV Art. 239 Rn. 8; *Schwarze/Becker* EU-Kommentar Art. 311 Rn. 2; *Burbach/Mindermann* AgrarR 1998, 293, 296). Das Protokoll steht somit einem Vertragsartikel gleich und genießt den Rang von Primärrecht. – Der EuGH hat allerdings in einer Entscheidung zum Impfverbot bei Maul- und Klauenseuche (MKS) darauf hingewiesen, dass der Tierschutz weder zu den in Art. 2 EGV definierten, allgemeinen (d. h. alle Politikbereiche erfassenden) Vertragszielen gehöre, noch in Art. 33 EGV bei den Zielen der Gemeinsamen Agrarpolitik aufgezählt sei; das Protokoll enthalte keinen allgemeinen Grundsatz des Gemeinschaftsrechts, da es die Verpflichtung, den Erfordernissen des Wohlergehens der Tiere in vollem Umfang Rechnung zu tragen, auf die vier erwähnten spezifischen Politikbereiche beschränke und außerdem auch Rücksicht auf nationale Regelungen und Besonderheiten nehme (EuGH, Urt. v. 12. 7. 01, Rs. C-189/01, NVwZ 2001, 1145 f. m. Anm. *Schröter* NuR 2002, 18 ff.). – Schon aus Gründen der Rechtssicherheit erscheint es deshalb geboten, den Tierschutz durch eine weitere Vertragsänderung in den Tätigkeitskatalog des Art. 3 EGV aufzunehmen (wie von der Bundesregierung schon 1996 vorgeschlagen und am Widerstand südeuropäischer Mitgliedstaaten, insbes. Spaniens gescheitert). Die Gemeinschaft erhielte dadurch die Kompetenz, auch außerhalb der im Protokoll genannten vier Bereiche Regelungen zum Schutz von Leben und Wohlbefinden von Tieren zu erlassen. Analog zum Umweltschutz könnte der Tierschutz so zu einer alle Politikbereiche durchziehenden Querschnittsaufgabe werden. Zudem könnte das weitverbreitete Missverständnis, Tierschutz sei, weil „nur" in einem Protokoll enthalten, eine Aufgabe minderen Ranges, in Zukunft nicht mehr auftreten.

Konsequenzen aus der Aufnahme des Tierschutzes in das primäre Ge- 30 meinschaftsrecht durch **Prot. Nr. 10 zum Vertrag von Amsterdam** sind u. a.: **1.** Es besteht ein Gebot zur Rücksichtnahme, d. h.: Bei jeder Maßnahme, die auf den vier Politikbereichen ergeht, muss künftig geprüft werden, welche Auswirkungen sie auf das Leben und das Wohlergehen von Tieren haben wird. Die dafür maßgeblichen Tatsachen sind vollständig zu ermitteln. Bei der Frage, welche Auswirkungen für die geschützten Belange nach Art, Ausmaß und Wahrscheinlichkeitsgrad zu erwarten sind, muss auch der aktuelle Stand des ethologischen Wissens einbezogen werden. Kommt es auf der Basis dieser Ermittlungen zu einer Abwägung mit gegenläufigen Interessen, so dürfen die Belange des Tierschutzes nicht von vornherein als nachrangig behandelt werden. Durch das ausdrückliche Gebot des primären Gemeinschaftsrechts, ihnen „in vollem Umfang" Rechnung zu tragen, kommt ihnen ein grundsätzlich gleicher Rang gegenüber kollidierenden Nutzer-Interessen zu. **2.** Bestehende Normen müssen tierschutzkonform ausgelegt werden; die Belange des Lebens und Wohlergehens von Tieren und der ausdrücklich vermerkte Wunsch der hohen Vertragsparteien, den

Einf. *Tierschutzrecht*

Tierschutz über den status quo hinaus zu „verbessern" (s. Rn. 28), bildet künftig einen wesentlichen Anknüpfungspunkt für die teleologische (d. h. am Normzweck orientierte) Auslegung aller Bestimmungen des primären und sekundären Gemeinschaftsrechts auf den genannten vier Politikfeldern. **3.** Weiter stellt das Ziel einer Verbesserung des Tierschutzes in den genannten vier Bereichen eine wichtige Leitlinie für Ermessensentscheidungen dar (vgl. VG Frankfurt/M NJW 2001, 1295, 1296: „Zielbestimmung für die Durchführung und Festlegung der Politik der Gemeinschaft"). **4.** Die Zielvorgabe des Protokolls kann auch für das nationale Recht unmittelbare Rechtswirkungen haben, soweit nicht einer der Anwendungsfälle von S. 2 eingreift.

31 Das **sekundäre Gemeinschaftsrecht** besteht hauptsächlich aus Verordnungen und Richtlinien. Verordnungen gelten in den Mitgliedstaaten unmittelbar, können also direkt Rechte und Pflichten für Behörden und Bürger begründen. Dagegen sind Richtlinien zunächst nur hinsichtlich der festgesetzten Ziele verbindlich; sie verpflichten die zuständigen Organe der Mitgliedstaaten zur Verwirklichung dieser Ziele, müssen aber, um unmittelbare Rechtswirkungen im Verhältnis zum Bürger zu entfalten, zuvor in das nationale Recht umgesetzt werden (in Deutschland geschieht das zumeist durch Gesetze oder Rechtsverordnungen, vgl. § 21 a).

32 Als **EU-Richtlinien zum Schutz der Tiere** sind in Kraft: Die Richtlinie 98/58/EWG des Rates v. 20. 7. 1998 über den Schutz landwirtschaftlicher Nutztiere (ABl. EG Nr. L 221 S. 23). – Die Richtlinie 99/74/EG des Rates v. 19. 7. 1999 zur Festlegung von Mindestanforderungen zum Schutz von Legehennen (ABl. EG Nr. L 203 S. 53). – Die Richtlinie 91/629/EWG des Rates v. 19. 11. 1991 über Mindestanforderungen für den Schutz von Kälbern (ABl. EG Nr. L 340 S. 28), geändert durch Richtlinie 97/2/EG des Rates v. 20. 1. 1997 (ABl. EG Nr. L 25 S. 24) und durch Entscheidung 97/182/EG der Kommission v. 24. 2. 1997 (ABl. EG Nr. L 76 S. 30). – Die Richtlinie 91/630/EWG des Rates v. 19. 11. 1991 über Mindestanforderungen für den Schutz von Schweinen (ABl. EG Nr. L 340 S. 33), geändert durch Richtlinie 2001/88/EG des Rates v. 23. 10. 2001 (ABl. EG Nr. L 316 S. 1) sowie durch Richtlinie 2001/93/EG der Kommission v. 9. 11. 2001 (ABl. EG Nr. L 316 S. 36). – Die Richtlinie 91/628/EWG des Rates v. 19. 11. 1991 über den Schutz von Tieren beim Transport (ABl. EG Nr. L 340 S. 17), geändert durch Richtlinie 95/29/EG des Rates v. 29. 6. 1995 (ABl. EG Nr. L 148 S. 52). – Die Richtlinie 93/119/EG des Rates v. 22. 12. 1993 über den Schutz von Tieren zum Zeitpunkt der Schlachtung oder Tötung (ABl. EG Nr. L 340 S. 21). – Die Richtlinie 86/609/EWG des Rates v. 24. 11. 1986 zur Annäherung der Rechts- und Verwaltungsvorschriften der Mitgliedstaaten zum Schutz der für Versuche und andere wissenschaftliche Zwecke verwendeten Tiere (ABl. EG Nr. L 358 S. 1).

33 Die Richtlinien zur Tierhaltung und zu den Tierversuchen stellen **nur Minimalstandards iS einer Mindestharmonisierung** auf. Die Mitgliedstaaten bleiben damit berechtigt, weitergehende (d. h. tierfreundlichere) Bestimmungen beizubehalten oder neu zu erlassen (vgl. Art. 1, Art. 10 Abs. 2 Nutztierhaltungsrichtlinie; Art. 1, Art. 13 Abs. 2 Legehennenrichtlinie; Art. 1, Art. 11 Abs. 2 Kälberrichtlinie; Art. 1, Art. 11 Abs. 2 Schweinericht-

Einführung Einf.

linie; Art. 18 Abs. 2 Schlachtrichtlinie; Art. 24 Tierversuchsrichtlinie; vgl. auch EuGH NJW 1999, 113).

Einfuhrsperre gegen Stopfleberprodukte? Das Tierschutz-Niveau in den 34 Mitgliedstaaten der EU ist durch erhebliche Unterschiede und insbesondere ein starkes Nord-Süd-Gefälle geprägt. In den nordeuropäischen Staaten wird deshalb immer wieder die Forderung laut, die Einfuhr tierquälerisch erzeugter Produkte (zB Gänse- und Entenstopfleberpastete, vgl. dazu *Drossé* DudT 2/1999, 15) zu verbieten, zumal entsprechende Produktionsmethoden in diesen Staaten untersagt sind (vgl. § 3 Nr. 9 TierSchG). Nach Art. 28 EG-Vertrag (EGV) kann aber kein Mitgliedstaat Produkte, die in einem anderen Mitgliedstaat rechtmäßig hergestellt und in Verkehr gebracht worden sind, einer Einfuhrbeschränkung unterwerfen (Prinzip des freien Warenverkehrs). – Eine Ausnahme gilt gem. Art. 30 EGV, wenn Einfuhrbeschränkungen zum Schutz von Leben und Gesundheit von Tieren erforderlich und verhältnismäßig sind. In den Schutzbereich dieser Norm fallen auch das Wohlbefinden von Tieren und ihre Unversehrtheit (vgl. *Schwarze/ Becker* EU-Kommentar Art. 30 Rn. 18). Deshalb kann ein Mitgliedstaat bestimmte Produkte (unter Beachtung etwaiger sekundärrechtlicher Vorgaben) von einer Einfuhr ausschließen, wenn die begründete Besorgnis besteht, dass sie bei Tieren auf seinem Hoheitsgebiet zu Leiden oder zu einer Beeinflussung des natürlichen Verhaltens führen können (*Schwarze/Becker* aaO). Ein Recht auf Handelsbeschränkungen zum Schutz von Tieren, die sich außerhalb des Hoheitsgebiets des handelnden Staates befinden, ist daraus bis jetzt aber nicht abgeleitet worden. – Über Art. 30 EGV hinaus sind weitere Beschränkungen des freien Warenverkehrs möglich, wenn sie erforderlich sind, um wichtige, im allgemeinen Interesse liegende Ziele („zwingende Erfordernisse") zu verwirklichen (vgl. EuGH, Entscheidung „Cassis-de-Dijon", Rs. 120/78, Slg 1979, 649). Der Umweltschutz ist als ein solches zwingendes Erfordernis anerkannt (EuGH Rs. 302/86, Slg 1988, 4607 Rn. 9); eine dem Umweltschutz entsprechende Einordnung des Tierschutzes könnte aufgrund von Prot. Nr. 10 zum Vertrag von Amsterdam nahe liegen (vgl. aber EuGH, Urt. v. 12. 7. 2001, Rs. C-189/01, NVwZ 2001, 1145 f.). Der EuGH hat jedoch für den Bereich des Artenschutzes die Zulässigkeit von Handelsbeschränkungen auf die Wahrnehmung nationaler Schutzinteressen beschränkt (EuGH Rs. C-169/89, Gourmetterie Van den Burg, Slg 1990, I-2143 Rn. 16). Dies könnte sich in Zukunft ändern, denn in einer sich bildenden Staatenunion darf den einzelnen Mitgliedsländern nicht von vornherein die Mitverantwortung für einen globalen oder wenigstens unionsweiten Umwelt-, Arten- und Tierschutz abgesprochen werden, so wenig wie es heute noch in Betracht kommen kann, den einzelnen Staaten die unbeschränkte Verfügungsgewalt über die Umweltgüter ihres Hoheitsgebiets einzuräumen (vgl. *Schwarze/Becker* aaO Art. 30 Rn. 61). – Mit Bezug auf Stopfleberprodukte könnte aus Art. 4 i. V. m. Nr. 14 S. 2 des Anhangs der Richtlinie 98/58/EG (Nutztierhaltungsrichtlinie) hergeleitet werden, dass deren Herstellung gegen geltendes EU-Recht verstößt und deshalb im gesamten Gemeinschaftsgebiet rechtswidrig ist (vgl. dazu *Bolliger* S. 122). Den gestopften Tieren werden im Zusammenhang mit ihrer Ernährung Leiden zugefügt, und da dies nicht zum Schutz vitaler mensch-

Einf. *Tierschutzrecht*

licher Erhaltungsinteressen geschieht, stellt es sich als „unnötig" iS der Nr. 14 S. 2 des Anhangs der Richtlinie dar. Auch Art. 6 ETÜ, dem die Gemeinschaft als Ganzes beigetreten ist, verbietet derartige Ernährungsformen, ohne dass diese Verpflichtung durch die Art. 24 bzw. 25 der Empfehlung für Enten bzw. Gänse außer Kraft gesetzt worden wäre (näher dazu und zur Feststellung des Wiss. Veterinärausschusses der EU, dass das Stopfen eine Tierquälerei sei, vgl. *Drossé* DuDT 2/1999 S. 15). Es muss allerdings auch in diesem Zusammenhang auf die bis jetzt sehr restriktive Rechtsprechung des EuGH zum Tierschutz und zum ETÜ hingewiesen werden (s. Rn. 27). Immerhin erscheint denkbar, dass Stopfleberprodukte – weil nach Maßgabe von Art. 4 i.V.m. Anhang Nr. 14 S. 2 der EU-Nutztierhaltungsrichtlinie rechtswidrig erzeugt – nicht in den Schutzbereich des Art. 28 EGV fallen, so dass einfuhrbeschränkende Maßnahmen in Betracht gezogen werden könnten.

VII. Mängel im Vollzug des Tierschutzes

35 Jedermann hat das **Recht,** Sachverhalte, die er für **strafbar oder ordnungswidrig hält, zur Anzeige zu bringen.** Alle Polizeidienststellen müssen solche Anzeigen annehmen, ohne Rücksicht auf die örtliche Zuständigkeit. Wichtig ist allerdings, dass der angezeigte Sachverhalt so genau wie möglich geschildert wird („wer, was, wann, wo, wie?") und etwaige Beweismittel (zB Zeugen, Fotografien) benannt bzw. vorgelegt werden. Stellt sich die Tat nur als **Ordnungswidrigkeit** dar, so leitet die Polizei die Anzeige an die zuständige Verwaltungsbehörde (meist an das Ordnungsamt des Landkreises bzw. der Stadtverwaltung) weiter; anderenfalls erfolgt (nach Durchführung eigener, polizeilicher Ermittlungen) die Vorlage an die Staatsanwaltschaft. – **Strafverfahren** wegen Verstößen gegen das Tierschutzrecht enden oft mit Einstellungen und Freisprüchen, selbst dann, wenn der Beschuldigte objektiv gegen das Gesetz verstoßen hat. Dies liegt daran, dass in der Strafjustiz die Auffassung verbreitet ist, das Strafrecht könne „den Tierschutz allenfalls in extremen Fällen, nicht aber in einem Normalfall objektiv rechtswidriger Tierhaltung sicherstellen" (so das LG Darmstadt NStZ 1984, 173, 175). Die Anforderungen, die an den Nachweis einer Straftat nach § 17 Nr. 2b TierSchG (‚anhaltende oder sich wiederholende erhebliche Leiden') gestellt werden, sind sehr hoch, und nicht selten gelingt es den Beschuldigten, mit Hilfe von Sachverständigen Zweifel auf Seiten des Gerichts zu wecken, die sich dann zu ihrem Vorteil (und notwendigerweise zum Nachteil der Tiere) auswirken. Aber selbst wenn die Erfüllung aller objektiven Merkmale des Straftatbestandes nachgewiesen ist, scheitern Verurteilungen häufig noch aus subjektiven Gründen (d.h. mangels Erweislichkeit von Vorsatz und/oder wegen eines Verbotsirrtums). – Freisprüche und Einstellungen werden von den Beschuldigten und ihren Verbänden dann oft als Freibrief für die Fortsetzung ihrer bisherigen Praxis angesehen (vgl. dazu den Kommentar des Zentralverbandes der Deutschen Geflügelwirtschaft zu dem Freispruch zweier Käfighalter durch die große Strafkammer des LG Darmstadt am 29. 4. 1985: „LG Darmstadt – Käfig-

Einführung

haltung erlaubt"; DGS-intern 19/1985). Dabei wird verkannt, dass Formen des Umgangs mit Tieren auch dann gesetzwidrig sein können, wenn sie noch nicht die Schwelle zur Strafbarkeit erreichen (zB wegen Verstoßes gegen § 2 TierSchG, mit dem verhindert werden soll, dass die Tierhalter die Möglichkeiten, die ihnen die Nutztierhaltung eröffnet, bis an die Grenzen der nach § 17 strafbaren Tierquälerei ausschöpfen, so VGH Mannheim NuR 1991, 135, 136). – Zum Ganzen s. auch § 17 Rn. 83–85. Zum Recht des Anzeigeerstatters, vom Ausgang des Verfahrens unter Angabe der Gründe beschieden zu werden s. § 18 Rn. 4.

Jedermann hat das **Recht,** einen Sachverhalt, den er für tierschutzwidrig hält, der zuständigen **Behörde** (zumeist dem Veterinäramt des Land- bzw. Stadtkreises) mitzuteilen und **um ein Einschreiten zu ersuchen.** Bei Gefahr im Verzug ist auch die örtliche Polizeidienststelle zuständig. – Bei Nichtbeachtung des Ersuchens kommen Beschwerden an den Dienstvorgesetzten (Dienstaufsichtsbeschwerde) oder die nächsthöhere Behörde (Sachaufsichtsbeschwerde) in Betracht. Auch hier gilt, dass Eingaben umso aussichtsreicher sind, je genauer der Sachverhalt geschildert wird und je eher Beweismittel benannt werden. 36

Nach derzeitiger Gesetzeslage gibt es **keine Klagemöglichkeit für Tierschutzverbände** gegen tierschutzwidrige Verwaltungsakte oder gegen ein tierschutzwidriges Untätigbleiben von Behörden. Im Sommer 1988 hatten mehrere Natur- und Umweltschutzverbände gegen behördliche Genehmigungen, die an einzelne Unternehmen zum Einbringen („Verklappen") von Abfallstoffen in die Nordsee erteilt worden waren, Widerspruch eingelegt, weil diese Praxis für ein massenhaftes Robbensterben verantwortlich gemacht wurde. Der Widerspruch wurde ohne sachliche Prüfung zurückgewiesen: Soweit die Verbände den Rechtsbehelf im Namen der „Seehunde der Nordsee" erhoben hätten, fehle diesen die Rechtsfähigkeit (d.h. die Befähigung, Träger von Rechten zu sein) und damit die Beteiligungsfähigkeit nach § 61 VwGO; aber auch ein Rechtsbehelf, der im Namen der Verbände geltend gemacht werde, komme nicht in Betracht, da diese durch das genehmigte „Verklappen" nicht in ihren eigenen Rechten betroffen seien, § 42 Abs. 2 VwGO (vgl. VG Hamburg NVwZ 1988, 1058). 37

Damit besteht in dem dreipoligen Verhältnis zwischen Tiernutzern, Behörden und zu schützenden Tieren eine **Situation fehlender Waffengleichheit.** Erlässt die Behörde eine Entscheidung zu Lasten der Tiernutzer, so können diese mit Rechtsmitteln dagegen vorgehen, uU durch drei Instanzen hindurch; außerdem kommen Klagen auf Entschädigung hinzu, möglicherweise auch über mehrere Instanzen. Ergeht stattdessen eine Entscheidung zu Lasten der Tiere, so besteht für niemanden die Möglichkeit, diese gerichtlich überprüfen zu lassen (s. Rn. 37). Dass ein solches Ungleichgewicht den konsequenten Vollzug des Tierschutzgesetzes in weiten Bereichen verhindert und die chronisch unterbesetzten und überlasteten Behörden nicht selten den Weg des geringsten Widerstandes gehen lässt, sollte niemanden verwundern (vgl. *Caspar* Tierschutz S. 499). – Im Rechtsverkehr der Bürger untereinander ist die Situation grundlegend anders: Jeder Beteiligte weiß, dass er bei gesetzwidrigem Handeln mit Gerichtsurteilen und Vollstreckungsmaßnahmen rechnen muss; allein die Existenz dieser Institutionen 38 bewirkt, dass in diesem Bereich die Rechtsbefolgung der Normalfall und die Abweichung von der Norm die Ausnahme ist. Im Mensch-Tier-Verhältnis fehlt es dagegen an dieser „Drohmacht des Rechts" (*Caspar* aaO S. 498). Dies ist die Hauptursache dafür, dass gesetzwidrige – insbes. gegen § 2 TierSchG verstoßende – Umgangsformen in vielen Bereichen zur alltäglichen Selbstverständlichkeit geworden sind.

39 Abhilfe könnte die **gesetzliche Einführung der tierschutzrechtlichen Verbandsklage** schaffen (vgl. dazu den – allerdings gescheiterten – Gesetzentwurf BT-Drucks. 13/9323). Eine völlige Neuheit wäre sie nicht: Verbandsklagen auf Bundesebene gibt es im Wettbewerbsrecht (§ 13 Abs. 2 Nr. 3 UWG) und im Recht der Allgemeinen Geschäftsbedingungen (§ 3 Unterlassungsklagengesetz), ebenso im Naturschutzrecht (vgl. §§ 58 bis 61 BNatSchG). – Bisher ist nur ein „Zuviel" an Tierschutz gerichtlich überprüfbar (nämlich durch Klagen der Nutzer), nicht dagegen auch ein „Zuwenig". Die Verbandsklage könnte diesem Missstand abhelfen. Zudem würde sie den Beamten der Veterinär- und Genehmigungsbehörden die Möglichkeit geben, sich unter Berufung auf die erweiterte Kontrolle durch die Rechtsprechung einseitigem interessenorientierten Druck zu widersetzen. Etwaigen Missbräuchen könnte dadurch begegnet werden, dass die Klagebefugnis nach dem Vorbild des § 59 BNatSchG auf anerkannte Verbände beschränkt und die Anerkennung an den Nachweis bestimmter Voraussetzungen (zB hohe Mitgliederzahl, Leistungsfähigkeit, überregionale Tätigkeit, Öffentlichkeit, Gemeinnützigkeit uÄ) geknüpft wird (zum Ganzen vgl. *v. Lersner* NVwZ 1988, 992, der darauf hinweist, dass das Verbandsklagerecht in anderen Staaten von hoher Rechtskultur „durchaus mit Erfolg und ohne das von seinen Gegnern befürchtete Übermaß der Missbräuche praktiziert wird").

40 Neben einem indirekten Verbandsklagerecht gegen Tierversuchsbewilligungen kennt das **Tierschutzgesetz des Kantons Zürich** auch den „Rechtsanwalt für Tierschutz in Strafsachen". Dieser wird vom Regierungsrat auf Vorschlag der Tierschutzorganisationen ernannt und hat in den einschlägigen Straf- und Übertretungsverfahren bestimmte Rechte, u. a. auf Akteneinsicht, auf Anwesenheit, auf Stellung von Anträgen und auf Einlegung von Rechtsmitteln (vgl. dazu *Goetschel* in: *Sambraus/Steiger* S. 923). Die Institution hat zu einem Motivationsschub bei den zuständigen Strafverfolgungsbehörden und Gerichten sowie Verwaltungsbehörden geführt (vgl. *Caspar* aaO S. 506).

41 Eine Forderung nach **einklagbaren Rechten für Tiere** ginge über das in Rn. 39, 40 Erörterte weit hinaus. Die fehlende Vollzugskultur in wesentlichen Bereichen des Tierschutzrechts lässt sie zumindest nicht völlig unverständlich erscheinen (vgl. dazu *v. Loeper/Reyer* ZRP 1984, 205). – *Caspar* (Tierschutz S. 512 ff.) geht einen Mittelweg, indem er auf der „Basis einer abgestuften Rechtsgleichheit" eine „Subjektivierung der bislang ausschließlich im objektiven Recht festgeschriebenen Tierschutznormen" anregt. Dies würde erfordern, denjenigen Vorschriften, die den Schutz von Leben, Wohlbefinden und/oder Unversehrtheit des Tieres intendieren, den rechtlichen Rang von Schutzgesetzen zuzuerkennen. Zugleich müsste durch Gesetzesänderung bestimmten, anerkannten Verbänden (s. Rn. 39) das Recht

Einführung **Einf.**

eingeräumt werden, die Einhaltung dieser Schutzgesetze gerichtlich geltend zu machen (entweder als Treuhänder iS einer gesetzlichen Prozessstandschaft oder als gesetzlicher Vertreter im Namen der betroffenen Tiere). Eine Erhöhung des bisherigen, gesetzlich festgeschriebenen Tierschutzniveaus wäre damit nicht notwendig verbunden, wohl aber dessen gerichtliche Durchsetzbarkeit. Der Vorschlag erscheint beachtenswert und sollte neben den anderen Modellen weiter diskutiert werden.

VIII. Die Rechtsstellung des Tieres im bürgerlichen Recht

Mit dem **Gesetz zur Verbesserung der Rechtsstellung des Tieres im bürgerlichen Recht** v. 20. 8. 1990 (BGBl. I S. 1762) soll nach dem Willen des Gesetzgebers „der zentrale Gedanke eines ethisch fundierten Tierschutzes, dass der Mensch für das Tier als einem Mitgeschöpf und schmerzempfindenden Wesen Verantwortung trägt, auch im bürgerlichen Recht deutlicher hervorgehoben und in konkrete Verbesserungen der Rechtsstellung des Tieres umgesetzt werden" (amtl. Begr., BT-Drucks. 11/7369 S. 1). Grundlage ist die Erkenntnis, „dass das Tier als Mitgeschöpf besonderer Fürsorge und besonderen Schutzes bedarf". Angestrebt wird „eine Stärkung des Schutzes der Tiere" (BT-Drucks. 11/7369 S. 6, 7). – Mit § 90a BGB ist klargestellt, dass die „Nötigung zur Abwägung" (s. Rn. 11) alle Bereiche des Rechts erfasst. Auch im bürgerlichen Recht und bei der Zwangsvollstreckung müssen die möglichen nachteiligen Auswirkungen, die von einer Maßnahme für Leben, Unversehrtheit und Wohlbefinden von Tieren ausgehen können, bedacht werden; alle für die Vorteils-Nachteils-Abwägung wichtigen Tatsachen und Gesichtspunkte sind zu berücksichtigen, einschließlich solcher Auswirkungen, die nur wahrscheinlich sind oder Fernwirkungen darstellen; bei der Bewertung der widerstreitenden Belange muss den Rechtsgütern des Tierschutzes entsprechend der gesetzlichen Zielsetzung („besondere Fürsorge, besonderer Schutz, Stärkung des Schutzes der Tiere") hohes Gewicht beigelegt werden. – Das Gesetz ist damit ein weiterer Baustein in der (schon im 19. Jh. begonnenen, s. Rn. 2) Entwicklung im Tierrecht, die von einer stetigen Weiterentwicklung des Tierschutzgedankens im Sinne einer Höherbewertung seiner Belange gekennzeichnet ist und in der Einführung des verfassungsrechtlichen Staatsziels Tierschutz einen vorläufigen Höhepunkt gefunden hat. Solche Entwicklungen in der Gesetzgebung bilden zugleich einen Indikator für Stand und Inhalt der kollektiven Wert- und Gerechtigkeitsvorstellungen (s. auch § 1 Rn. 52 und 54).

Mit **§ 90a S. 1 BGB** wird die im römischen Recht begründete und über Jahrhunderte hinweg tradierte Gleichstellung von Tier und Sache aufgehoben. Tiere sind seither weder Sachen noch Personen sondern Mitgeschöpfe. – **§ 90a S. 2 BGB** soll auf ihre besondere Schutzbedürftigkeit hinweisen („Signalwirkung", vgl. BT-Drucks. 11/7369 S. 6). – Nach **§ 90a S. 3 BGB** bleiben die sich auf Sachen beziehenden Vorschriften anwendbar, soweit dies dem Tierschutz nicht widerspricht. „Dabei ist im Einzelfall jeweils auf Sinn und Zweck der Norm abzustellen, d.h. es ist jeweils zu prüfen, ob sich ihr Schutzbereich auch auf Tiere erstreckt" (BR-Drucks. 380/89 S. 9).

42

43

Einf. *Tierschutzrecht*

Alle Vorschriften, in denen dem Begriff der Sache auch eine tierschützende Funktion zukommt (zB die §§ 242, 246 und 303 StGB) bleiben weiterhin anwendbar (BT-Drucks. 11/7369 S. 6; s. auch Rn. 53 sowie § 17 Rn. 82).

44 Nach **§ 251 Abs. 2 S. 2 BGB** sind die Behandlungskosten für ein verletztes Tier auch dann ersatzfähig, wenn sie dessen materiellen Wert erheblich übersteigen. Die Obergrenze für den erstattungsfähigen Schaden bildet der Verhältnismäßigkeitsgrundsatz. Gesichtspunkte, auf die es dabei ankommen kann, sind: Die Erfolgsaussichten der Behandlung, Alter und Gesundheitszustand des Tieres, Stärke der gefühlsmäßigen Bindung an das Tier; individuelles Verhältnis des Geschädigten zum Tier und (in sehr eingeschränktem Maß) der Wert des Tieres. – Für eine Beschränkung der Vorschrift auf Haustiere (so MünchKommBGB/*Oetker* Bd. 2a § 251 Rn. 56) geben weder der Wortlaut noch die Entstehungsgeschichte Anlass. Dem völligen Fehlen einer gefühlsmäßigen Bindung kann im Rahmen der Verhältnismäßigkeitsprüfung ausreichend Rechnung getragen werden. – Beispiele aus der Rechtsprechung: LG Baden-Baden NJW-RR 1999, 609 (für einen ca. 100,– DM werten Hund waren Behandlungskosten von 5507,– DM entstanden, die voll zugesprochen wurden); AG Idar-Oberstein NJW-RR 1999, 1629 (die für einen relativ wertlosen Mischlingshund entstandenen Behandlungskosten von gut 4600,– DM wurden als voll ersatzfähig anerkannt); LG Bielefeld NJW 1997, 3320 (bei einer Katze ohne Marktwert ist die Verhältnismäßigkeitsgrenze auch durch Aufwendungen von 3000,– DM noch nicht überschritten). Zur Rechtsprechung aus der Zeit vor In-Kraft-Treten des Gesetzes vgl. u. a. LG Lüneburg NJW 1984, 1243; LG Traunstein NJW 1984, 1244; LG München I NJW 1978, 1862. – Bis zur Höhe des Wertes des Tieres kann der Eigentümer die Behandlungskosten unabhängig davon ersetzt verlangen, ob er die Behandlung vornimmt. Die darüber hinausgehenden Kosten erhält er dagegen nur, wenn er die Behandlung tatsächlich durchführen lässt, kann sie dann allerdings schon vorher einfordern (MünchKommBGB/*Oetker* Bd. 2a § 251 Rn. 67). – Bei Tötung des Tieres kann wie bisher nur Wertersatz verlangt werden.

45 Durch **§ 903 S. 2 BGB** wird klargestellt, dass der Eigentümer mit seinem Tier nicht nach Belieben, sondern nur nach Maßgabe des Tierschutzgesetzes und anderer tierschützender Vorschriften verfahren darf (vgl. BR-Drucks. 380/89 S. 11). Einwirkungen, die nach diesen Vorschriften zulässig sind, muss er dulden.

46 Findet wegen Getrenntlebens oder Scheidung von Ehegatten eine **Verteilung des ehelichen Hausrats** statt, so sind die Vorschriften der Hausratsverordnung auch auf Haustiere anzuwenden, § 90a S. 3 BGB. Der Richter entscheidet nach billigem Ermessen, §§ 2 HausratsVO, 1361a Abs. 2 BGB. Dabei ist gem. § 90a BGB als ermessensleitender Gesichtspunkt zu berücksichtigen, welcher der Ehegatten am ehesten bereit und imstande ist, das Wohlbefinden des Tieres zu fördern und die Halterpflichten nach § 2 TierSchG zu erfüllen (vgl. AG Bad Mergentheim NJW 1997, 3033; insoweit zustimmend OLG Schleswig NJW 1998, 3127). – Ein Umgangsrecht desjenigen Ehegatten, dem das Tier nicht zugewiesen wurde, ist vom AG Bad Mergentheim aaO analog § 1634 BGB aF zugesprochen worden (aA hierzu OLG Schleswig aaO; der für das OLG wesentliche Gesichtspunkt, dass die

Einführung Einf.

HausratsVO die endgültige, verbindliche Regelung der Eigentumsverhältnisse anstrebe, trifft aber für die Zeit des Getrenntlebens nicht zu).

§ 765a Abs. 1 S. 2 ZPO stellt „allgemein den Tierschutzgedanken und die 47 Notwendigkeit seiner Berücksichtigung im **Zwangsvollstreckungsrecht** heraus" (BT-Drucks. 11/7369 S. 7). Bisher konnten bei Vollstreckungsmaßnahmen, die Tiere betrafen, nur die emotionalen Beziehungen des Schuldners zu seinem Haustier berücksichtigt werden. Jetzt müssen darüber hinaus Leben, Unversehrtheit, Wohlbefinden, verhaltensgerechte Unterbringung etc. als eigenständige Rechtsgüter in die Abwägung mit den Gläubigerinteressen einfließen (dazu BR-Drucks. 380/89 S. 12). – Das Pfändungsverbot nach § 811c Abs. 1 ZPO gilt für Haustiere (d.h. Tiere, die in räumlicher Nähe zum Schuldner gehalten werden), die nicht Erwerbszwecken dienen. Für Letztgenannte kommt Pfändungsschutz nach § 811 Nr. 5 ZPO in Betracht. Eine Ausnahme nach § 811c Abs. 2 ZPO soll beispielsweise angeordnet werden, wenn ein Schuldner Vermögenswerte dem Zugriff seiner Gläubiger dadurch entzieht, dass er wertvolle Reitpferde, Rassehunde oder seltene Tierarten erwirbt, zu denen er keine emotionalen Beziehungen hat (BR-Drucks. 380/98 S. 13). – Bei der Zwangsräumung von Grundstücken können Tiere nicht als „bewegliche Sachen" nach § 885 Abs. 2–4 ZPO behandelt werden, weil sie nicht in das genau abgestimmte System dieser Vorschriften hineinpassen (vgl. OLG Karlsruhe NJW 1997, 1789; näher dazu § 17 Rn. 44).

IX. Tierschutz im Miet-, Wohnungseigentums- und Nachbarrecht

Die **Tierhaltung in Mietwohnungen** ist weder im Tierschutzgesetz noch 48 im BGB ausdrücklich geregelt. Es kommt also in erster Linie auf den Mietvertrag an. In der Rechtsprechung ist vieles streitig. Klar ist aber, dass die Haltung von Kleintieren, von denen weder Gefahren noch Belästigungen ausgehen können, stets zulässig ist; Verbotsklauseln, die auch solche Tiere einbeziehen, sind unwirksam (BGH WuM 1993, 109). Klar ist auch, dass das Aushängen eines Vogelhäuschens oder einer Futterglocke für Singvögel nicht verboten werden kann (*Schmidt-Futterer/Eisenschmid* §§ 535, 536 BGB Rn. 416). Auch darf kein Vermieter willkürlich handeln: Hat er einzelnen Mietern eine Tierhaltung gestattet oder hält er selbst im Haus Tiere, so darf er sich gegenüber einem Mieter nur dann anders verhalten, wenn es dafür gewichtige sachliche Gründe gibt (LG Berlin WuM 1987, 213; LG Hamburg WuM 1982, 254; LG Mannheim WuM 1966, 153; AG Langenfeld WuM 1982, 142; AG Köln WuM 1978, 167; zum Ganzen auch: *Deutscher Mieterbund*, Mieterlexikon 2001, S. 497ff.).

Im Übrigen ist eine **Unterscheidung verschiedener Situationen** not- 49 wendig, bei denen aber in Rspr. und Lehre noch vieles umstritten ist. 1. Wenn der Mietvertrag die Tierhaltung erlaubt, gilt: Der Mieter darf übliche Haustiere wie Hunde, Katzen, Vögel halten; ungewöhnliche Tiere wie Gift- und Würgeschlangen bedürfen dagegen einer besonderen Erlaubnis (AG Charlottenburg GE 1988, 1051; aA für ungefährliche Schlangen AG Köln NJW-RR 1991, 10). 2. Wenn der Mietvertrag die Tierhaltung nicht

regelt, gilt: Nach zutreffender Ansicht (so insbes. *Schmidt-Futterer/ Eisenschmid* §§ 535, 536 BGB Rn. 427 mN; auch *Soergel/Heintzmann* §§ 535, 536 BGB Rn. 159) gehört zum Wohngebrauch auch die Haltung von Tieren, insbes. die Hunde- sowie die Katzenhaltung (vgl. OLG Stuttgart MDR 1982, 583 für Wohneigentum und BVerfG NJW 1993, 2035 zur Gleichstellung von Mietbesitz und Wohneigentum). In Mehrfamilienhäusern (und erst recht in Einfamilienhäusern) kann damit der Vermieter die Hunde- und Katzenhaltung grundsätzlich nicht verbieten; anders nur bei gewichtigen, sachlichen Gründen (zB unzumutbare Störungen von Mitbewohnern, Gefährdung der Mietsache, keine artgerechte Haltung möglich, Haltung von „Kampfhunden"). Für die Anschaffung eines Zweittieres gilt dasselbe (wie hier *Soergel/Heintzmann* aaO Rn. 160). Für städtische Wohngebiete und Mehrfamilienhäuser wird aber auch die gegenteilige Ansicht vertreten, nämlich dass die Tierhaltung nicht zum vertragsgemäßen Gebrauch gehöre und der Mieter deshalb den Vermieter um Erlaubnis fragen müsse, sowie dass dessen Ermessen nur der Schranke des Willkürverbots unterliege (Nachweise bei *Schmidt-Futterer/Eisenschmid* aaO Rn. 423).
3. Wenn der Mietvertrag jegliche Tierhaltung verbietet, einschl. nicht störender Kleintiere, so ist nach zutreffender Auffassung diese Vertragsklausel als Ganzes unwirksam, und es besteht dieselbe Situation wie oben Ziff. 2 (also: Verbot der Haltung eines Hundes nur bei Nachweis konkreter Störungen, vgl. LG Freiburg WuM 1997, 175; zur Unwirksamkeit im Formularvertrag vgl. BGH MDR 1993, 339; LG Mannheim ZMR 1992, 545).
4. Wenn der Mietvertrag ein Verbot enthält, dieses aber auf größere Tiere wie Hunde oder Katzen beschränkt, wird eine solche Klausel überwiegend als wirksam angesehen, auch in Formularverträgen (vgl. *Deutscher Mieterbund*, Mieterlexikon 2001, S. 497 mN). Rechnet man allerdings die Tierhaltung zum Wohngebrauch, dann muss folgerichtig dasselbe gelten wie nach der Rechtsprechung des BVerfG zur Zulässigkeit von Parabolantennen, nämlich die Pflicht zur Interessenabwägung. Konsequenz: Ist die Verbotsklausel in einem Formularvertrag enthalten und sieht sie keine Abwägung vor, so ist sie nach § 307 Abs. 2 BGB (früher: § 9 Abs. 2 AGBG) unwirksam (so zutreffend *Schmidt-Futterer/Eisenschmid* aaO Rn. 427). Es besteht dann dieselbe Situation wie oben Ziff. 2. 5. Wenn der Mietvertrag die Tierhaltung von der Zustimmung des Vermieters abhängig macht, gilt: Richtiger Ansicht nach darf der Mieter darauf vertrauen, dass der Vermieter die Erlaubnis nur aus gewichtigen, sachlichen Gründen verweigern wird, zB bei nachgewiesener Allergie eines Nachbarn, nachgewiesenen Gefährdungen, Belästigungen, die über das übliche Maß hinausgehen usw. (vgl. LG Hamburg WuM 1998, 378; LG Kassel WuM 1997, 260; LG Stuttgart WuM 1988, 121; LG München WuM 1985, 263; LG Mannheim WuM 1984, 78; AG Bonn WuM 1990, 197; *Soergel/Heintzmann* aaO Rn. 162). Liegen solche Gründe nicht vor, so besteht ein Anspruch auf die Zustimmung. Der Vermieter ist aber nicht verpflichtet, das Halten eines Dobermanns oder eines Rottweilers zu gestatten (Grenze hier: Willkürverbot s.o.; Mieterlexikon S. 498). Die Zustimmung gilt als erteilt, wenn der Vermieter ein Tier längere Zeit stillschweigend duldet (Mieterlexikon aaO; jedenfalls bei Dulden während eines halben Jahres, vgl. *Soergel/Heintzmann* aaO Rn. 161), wobei er sich die

Einführung **Einf.**

Kenntnis seines Hausmeisters, Prokuristen oÄ zurechnen lassen muss. Falls er auf Unterlassung klagt, muss er mit dem Einwand der Verwirkung rechnen, wenn er nicht alsbald nach Kenntniserlangung seine Rechte wahrgenommen hat (*Schmidt-Futterer/Eisenschmid* aaO Rn. 433).

Einige weitere Probleme im **Mietrecht** sind: Hat der Vermieter einmal seine Zustimmung gegeben (auch durch längeres Dulden, s. Rn. 49), so kann er sie nur bei besonderen Gründen widerrufen; diese müssen so triftig sein, dass sie das Interesse des Mieters auch dann überwiegen, wenn man berücksichtigt, dass dieser das Tier inzwischen liebgewonnen hat. Auch bei einem Widerrufsvorbehalt, der von Anfang an gemacht wurde, gilt nichts anderes (vgl. *Schmidt-Futterer/Eisenschmid* §§ 535, 536 BGB Rn. 432; Mieterlexikon S. 499 mN). – Ist die Haltung eines Tieres erlaubt worden, so wird man die Vereinbarung im Zweifel dahin auslegen müssen, dass der Mieter nach dem Tod des Tieres ein gleiches oder anderes anschaffen darf, wenn damit keine weitergehenden Auswirkungen auf Mietsache und Mitbewohner verbunden sind (AG Langenfeld WuM 1982, 226; *Schmidt-Futterer/Eisenschmid* aaO Rn. 436; aA – neue Erlaubnis erforderlich – *Schmidt-Futterer/Blank* § 550 BGB Rn. 65). – Bei vertragswidriger Tierhaltung kann der Vermieter deswegen allein idR nicht kündigen, selbst wenn der Mieter die Abschaffung des Tieres verweigert. Der Vermieter kann nur auf Unterlassung klagen, § 550 BGB (LG München I WuM 1999, 217; LG Berlin GE 1980, 660; LG Berlin GE 1995, 621; Mieterlexikon S. 500). Hat der Mieter das Tier zwar ohne die erforderliche vorherige Zustimmung angeschafft, wäre aber der Vermieter zur Zustimmung verpflichtet gewesen, so bleibt die Unterlassungsklage ohne Erfolg (vgl. *Schmidt-Futterer/Blank* § 550 BGB Rn. 67).

Die Haltung von Haustieren rechnet zum Inhalt des aus dem **Wohnungseigentum** resultierenden Wohngebrauchs (vgl. OLG Stuttgart MDR 1982, 583). Deshalb sind Mehrheitsbeschlüsse nach § 15 Abs. 2 WEG, die die Haustierhaltung ganz verbieten oder an die Zustimmung aller Wohnungseigentümer binden, unzulässig und werden bei rechtzeitiger Anfechtung (vgl. § 23 Abs. 4 S. 2 WEG) vom Amtsgericht für ungültig erklärt. Die zahlenmäßige Beschränkung (zB auf zwei Katzen je Wohnung, BayObLGZ 1972, 90; auf einen Hund und eine Katze je Wohnung, OLG Frankfurt/M Rechtspfleger 1978, 414) wird als zulässig angesehen. – Schwierig ist die Rechtslage aber, wenn der Beschluss zwar unzulässig ist, seine rechtzeitige Anfechtung jedoch versäumt wurde (Beschluss in diesem Fall wirksam und bindend, so BGH NJW 1995, 2036; Beschluss sittenwidrig und unwirksam, so KG NJW 1992, 2577; OLG Hamm NJW 1981, 465). – Vereinbarungen aller Wohnungseigentümer zur Tierhaltung sind möglich (allerdings dürfte nicht möglich sein, damit auch die Haltung von Kleintieren, von denen weder Gefahren noch Belästigungen ausgehen können, auszuschließen). Zur Wirkung gegen Sondernachfolger s. § 10 Abs. 2 WEG.

In Wohngebieten ist es jedem Grundstücksbesitzer erlaubt, zumindest eine **Katze mit freiem Auslauf zu halten**. **Nachbarn** müssen das Betreten ihres Grundstücks durch das Tier und die anderen, üblicherweise damit zusammenhängenden Einwirkungen **dulden**, sei es gem. § 242 BGB (so die überwiegende Rechtsprechung), sei es analog 906 BGB (so *Franz* AgrarR 1999, 269, 271). Zu den Duldungspflichten für das Betreten eines Grundstücks durch ein bis zwei Katzen vgl. u. a.: BayObLG NJW-RR 1991, 17; OLG Celle NJW-RR 1986, 821; LG Darmstadt NJW-RR 1994, 147; LG Oldenburg NJW-RR 1986, 883; LG Augsburg NJW 1985, 499; AG Rheinberg NJW-RR 1992, 408; AG Erlangen NJW-RR 1991, 83. Die Entscheidung des AG Passau, NJW 1983, 2885, wonach keinerlei Duldungspflichten gegenüber dem Betreten durch eine Katze bestehen sollen, ist vereinzelt geblieben. – Ob auch die von mehreren gehaltenen Katzen ausgehenden Einwirkungen vom Nachbarn zu dulden sind, ist streitig (dafür OLG Schleswig NJW-RR 1988, 1360; LG Nürnberg-Fürth Az. 11 S 7844/84; dagegen OLG Celle aaO). Im Licht des 1990 in Kraft getretenen § 90a BGB muss auch hier eine sorgfältige, die Belange des Lebens und Wohlbefindens der Tiere einbeziehende Abwägung vorgenommen werden (s. Rn. 42); daraus können sich weitergehende Duldungspflichten ergeben, als von der Rechtsprechung bis dahin angenommen. Eine Pflicht zur Duldung ist jedenfalls zu bejahen, wenn sich sowohl die Zahl der in der Nachbarschaft befindlichen Katzen als auch die von ihnen ausgehenden Belästigungen noch in einem ortsüblichen Rahmen halten (so AG Bonn NJW 1986, 1114; vgl. auch AG Diez NJW 1985, 2339: Die von wenigen Katzen ausgehende Beeinträchtigung ist von den Nachbarn hinzunehmen). Je nach Gebietscharakter kann damit auch die Haltung von mehr als zwei Katzen ortsüblich und dann entweder nach § 242 BGB oder analog § 906 BGB von den Nachbarn zu dulden sein (vgl. auch LG Kiel NJW 1984, 2297: 10–12 Katzen auf kleinem, landwirtschaftlichen Betrieb). – Das Füttern verwilderter Katzen durch Grundstückseigentümer hat schon zu Unterlassungsklagen von Nachbarn geführt, die sich dadurch gestört sahen, dass die Tiere vor oder nach der Fütterung ihre Grundstücke überquerten. Von einer wesentlichen Störung kann auch hier nur bei einem (fütterungsbedingten) Aufenthalt zahlreicher Katzen während längerer Zeiträume ausgegangen werden. Der klagende Nachbar muss den vollen Beweis erbringen, dass sich Katzen in entsprechender Zahl gerade als Folge der Fütterung auf seinem Grundstück aufhalten; daran fehlt es, wenn sie dort schon vorher vorhanden waren. Da nach § 1 TierSchG und § 90a BGB Maßnahmen zur Erhaltung von Leben und Gesundheit von Tieren grundsätzlich erwünscht sind, wird auch hier ggf. anders abzuwägen sein als noch vor 1990. Ein Anspruch auf Unterlassen des Fütterns scheitert auch dann, wenn das Betreten der Nachbargrundstücke durch die Katzen auf andere Weise (zB Zaun) verhindert werden kann (vgl. LG Itzehoe NJW 1987, 2019; *Franz* aaO S. 271 mN).

X. Tierschutz im Strafrecht

53 **Straftatbestände zum Schutz der Tiere** sind vor allem die §§ 17, 20 Abs. 3 und 20a Abs. 3 TierSchG. – Aber auch Straftatbestände außerhalb des formellen Tierschutzrechts können dem Schutz von Tieren dienen, insbes. die §§ 242 ff. und 303 ff. StGB. Trotz § 90a S. 1 BGB sind Tiere weiterhin Sachen iS dieser Vorschriften (vgl. BayObLG NJW 1993, 2760, 2761 und NJW 1992, 2306, 2307; *Lackner/Kühl* § 242 StGB Rn. 2; *Tröndle/Fischer* § 242 StGB Rn. 2). Das strafrechtliche Analogieverbot steht nicht

Einführung

entgegen, weil sich sein Anwendungsbereich nicht auf Verweisungen ins Zivilrecht erstreckt (so *Schönke/Schröder/Eser* § 242 StGB Rn. 9) und weil § 90a BGB nach seinem Sinn und Zweck den strafrechtlichen Güterschutz unberührt lässt (so BayObLG aaO). Dadurch, dass in § 90a S. 3 BGB die entsprechende Anwendung der für Sachen geltenden Vorschriften gesetzlich klargestellt ist, fehlt es außerdem an einer Regelungslücke, wie sie für die Annahme einer Analogie erforderlich wäre (vgl. BT-Drucks. 11/7369 S. 7).

Strafbar ist die **unterlassene Hilfeleistung** bei Unglücksfällen, § 323c StGB. Ein Unglücksfall ist ein plötzliches, äußeres Ereignis, das eine erhebliche Gefahr für Personen oder Sachen bringt oder zu bringen droht; der Eintritt bloßer Sachgefahr kann danach genügen (hM, vgl. BGHSt 6, 147, 152; *Lackner/Kühl* § 323c StGB Rn. 2; *Tröndle/Fischer* § 323c StGB Rn. 3). Unterlassene Hilfeleistung kann demnach auch begehen, wer nicht hilft, obwohl ein Tier in Lebensgefahr schwebt bzw. ihm der Eintritt oder die Fortdauer vermeidbarer Schmerzen oder Leiden drohen (einschränkend – es müsse eine Gefahr für erhebliche Sachwerte bestehen – *Spendel* in: Leipziger Kommentar § 323c StGB Rn. 43; für die Fortführung der hM spricht aber die Aufwertung von Leben und Wohlbefinden der Tiere durch Art. 20a GG, die verbietet, Schmerzen, Leiden und den Tod als Bagatellschäden einzustufen und die deshalb auch im Strafrecht zu höheren Anforderungen an die menschliche Hilfeleistungspflicht führt; vgl. dazu *Leube* NZV 2002, 545, 551). Auch unmittelbar drohende Gewalttaten wie Tierquälerei können genügen. Erforderlich ist eine Hilfeleistung immer dann, wenn nach dem ex-ante-Urteil eines verständigen Beobachters der Täter zur Zeit seines möglichen Handelns eine Chance hatte, den drohenden Schaden abzuwenden (vgl. *Lackner/Kühl* aaO Rn. 5ff.; dort auch zur Frage der Zumutbarkeit). Zur Frage „gesetzlicher Unfallversicherungsschutz nach § 2 Abs. 1 Nr. 13a SGB VII bei Rettung von Tieren im Straßenverkehr" vgl. ebenfalls *Leube* aaO.

Wer ein Tier, das im Eigentum eines Menschen steht, anfährt oder überfährt und anschließend verletzt liegen lässt, kann damit ein **unerlaubtes Entfernen vom Unfallort**, § 142 StGB begehen. Ein Unfall im Straßenverkehr ist jedes plötzliche Ereignis im öffentlichen Verkehr, das mit dessen Gefahren in ursächlichem Zusammenhang steht und zu einem nicht völlig belanglosen Personen- oder Sachschaden führt (BGHSt 8, 263; 12, 253; 24, 382). Ein Sachschaden von mehr als 20 oder 25 Euro reicht aus (zu den erstattungsfähigen Heilbehandlungskosten s. Rn. 44). Darauf, ob der Unfall schuldhaft oder schuldlos herbeigeführt worden ist, kommt es nicht an.

Im **Straßenverkehr** ist das unter dem Begriff „**Bremsen für Tiere**" bekannte Problem zu erörtern. Nach § 4 Abs. 1 S. 2 StVO darf der Vorausfahrende nicht ohne zwingenden Grund stark bremsen. Zwingender Grund kann auch sein, ein auf der Fahrbahn befindliches Tier nicht zu überfahren. Es bedarf einer (in Sekundenbruchteilen ablaufenden) Güterabwägung, wobei der Grund für das Abbremsen dem dadurch drohenden Sach- und Personenschaden gleichwertig sein muss. Dabei ist dem Wandel in der Grundeinstellung des Menschen zum Tier Rechnung zu tragen (vgl. OLG Frankfurt/M NuR 1984, 320: Abbremsen für einen Hund oder eine Katze jedenfalls dann, wenn nur ein leichter Auffahrunfall mit unerheblichem

Sachschaden droht. Weitergehend noch das Schweizerische Bundesgericht in einem Entscheid v. 2. 8. 1989: „Von einem Lenker zu verlangen, dass er beim Auftauchen von Wirbeltieren einfach zufährt, lässt sich nicht mit der dem Menschen eigenen Achtung vor tierischem Leben vereinbaren, welche darauf gerichtet ist, auch das tierische Leben zu erhalten und nicht, dieses zu vernichten." zit. n. *Goetschel* in: *Sambraus/Steiger* S. 915). – Im Grundsatz muss daher unter Berücksichtigung des Wertewandels in der Gesellschaft, wie er in Art. 20a GG, aber auch in den §§ 90a und 251 Abs. 2 S. 2 BGB zum Ausdruck kommt, gelten: Leben und Gesundheit von Wirbeltieren sind bei der vorzunehmenden Güterabwägung im Verhältnis zu lediglich drohendem Sachschaden schutzwürdiger; der Vorausfahrende darf deshalb zum Schutz eines auf die Fahrbahn geratenen Tieres stark bremsen, wenn hierdurch lediglich Sachschäden drohen (vgl. *Andelewski* NZV 2001, 61, 62; vom OLG Frankfurt/M aaO wurde dies jedenfalls bei einer Geschwindigkeit von 40 bis 45 km/h bejaht; vgl. auch *Grüneberg* Rn. 127, der für das Zivilrecht vorschlägt, auf Grund des sich wandelnden Verhältnisses zum Tier generell von der Alleinhaftung des Auffahrenden auszugehen). – Für die Frage, ob der Versicherungsnehmer, der für ein kleines Tier bremst, die dadurch entstehenden Aufwendungen (einschl. der Schäden an dem versicherten Fahrzeug) gegenüber seinem Versicherer den Umständen nach für geboten halten darf (mit der Konsequenz eines Aufwendungs- bzw. Schadensersatzanspruches nach § 63 Abs. 1 S. 1 VVG), soll dagegen die überkommene Differenzierung weiterhin gelten: Bei verhältnismäßig großen Tieren ja, bei kleinen nein. Zur Begründung wird ausgeführt: Bei der Kollision mit einem großen Tier kann erheblicher Schaden eintreten, den der Versicherungsnehmer von seiner Versicherung abwendet, indem er bremst und dabei ein Risiko eingeht; bei kleinen Tieren droht ein solcher Schaden nicht, weshalb er das Risiko des Bremsens nicht für (im Interesse der Versicherung) erforderlich halten darf (*Andelewski* aaO). Diese Argumentation übersieht indes, dass bei Haustieren, die angefahren und verletzt werden, erhebliche Heilungskosten anfallen können, die nach § 251 Abs. 2 S. 2 BGB ersatzfähig sind und der Versicherung des Kraftfahrers jedenfalls über § 7 StVG in Rechnung gestellt werden können; mindestens bei Haustieren wie Hunden und Katzen kann deshalb das Bremsen auch iS von § 63 Abs. 1 S. 1 VVG als geboten angesehen werden.

XI. Tierschutz im Verwaltungsrecht

57 Die meisten Bestimmungen des Tierschutzgesetzes und seiner Rechtsverordnungen sind **Normen des öffentlichen Rechts** (d.h. Vorschriften, die die Unterordnung des einzelnen unter die hoheitliche Gewalt des Staates betreffen). IdR geht es darum, die allgemeinen Ziele der §§ 1 und 2 (also Schutz vor vermeidbaren Schmerzen, Leiden oder Schäden, vor nicht verhaltensgerechter Unterbringung usw.) durchzusetzen. Mittel dazu sind: Unmittelbar wirkende Gebote und Verbote (vgl. zB §§ 1 S. 2, 2, 3, 5, 6, 13 und 17), Ermächtigungsgrundlagen für belastende Verwaltungsakte (insbes. § 16a i.V.m. praktisch allen Einzelnormen), Anzeigepflichten (u.a. §§ 8a, 10

Einführung **Einf.**

Abs. 2 und 6 Abs. 1 S. 5), Aufsicht und Überwachung (u. a. § 16) und Genehmigungsvorbehalte (§§ 4 a Abs. 2 Nr. 2; 6 Abs. 3; 8; 9 Abs. 2 Nr. 7; 11). – Ist ein Gebot oder Verbot durch eine Straf- oder Bußgeldandrohung bewehrt, so ist es zusätzlich dem (Neben-)Strafrecht zuzuordnen. – Einem Teil der Normen kann darüber hinaus auch privatrechtlicher Charakter zuerkannt werden (vgl. *L/M* Einf. Rn. 106 für § 1 S. 2 und § 2).

Schmerzen und Leiden als Ordnungsstörung? Das OVG Münster hat 58 einem Tierarzt, der kranke und verletzte herrenlose Tiere behandelt bzw. eingeschläfert hatte, einen Erstattungsanspruch aus öffentlich-rechtlicher Geschäftsführung ohne Auftrag verweigert, weil das „mit Leiden verbundene Ableben eines Tieres ein natürlicher Vorgang sei" und regelmäßig keine Bedrohung oder Störung der öffentlichen Sicherheit oder Ordnung darstelle (OVG Münster NuR 1996, 631, 632). Nach § 1 ist es aber „eine Aufgabe der Rechtsordnung, den Schutz des Lebens und des Wohlbefindens des Tieres zu gewährleisten" (so die amtl. Begr. zum Gesetz zur Verbesserung der Rechtsstellung des Tieres im bürgerlichen Recht, BT-Drucks. 11/5463 S. 5). Deshalb sollte (im Anschluss an *Thüsing* NVwZ 1997, 563, 564) folgendermaßen differenziert werden: Dort, wo durch den Tod eines Tieres die Natur ihren Lauf nimmt, besteht keine Pflicht des Menschen zum Eingreifen und damit auch keine ordnungsrechtliche Gefahr. Leidet oder stirbt ein Tier hingegen, nachdem ein Mensch durch sein vorheriges Tun diesen Zustand bzw. die dafür ursächliche Gefahrenlage geschaffen hat, dann verstößt das Liegenlassen dieses Tieres gegen § 1 S. 2; dieser aber stellt als Norm des objektiven Rechts ein Schutzgut der öffentlichen Sicherheit dar, die folglich durch seine andauernde Verletzung gestört wird. Gleiches gilt, wenn andere Gesichtspunkte (zB die Betriebsgefahr des Fahrzeugs, mit dem das Tier angefahren wurde) die Garantenpflicht eines Menschen zur Hilfeleistung begründet haben. In diesen Fällen hat die Ordnungsbehörde, wenn der primär Verantwortliche nicht hilft, nach pflichtgemäßem Ermessen darüber zu entscheiden, ob und ggf. wie sie die Störungslage beseitigt. Nimmt ein Bürger, der die Störung nicht selbst verursacht hat, diese Aufgabe für sie wahr, so kann er einen Aufwendungsersatzanspruch unter dem Gesichtspunkt der öffentlich-rechtlichen Geschäftsführung ohne Auftrag haben (vorbehaltlich der weiteren Voraussetzungen, die die Rechtsprechung dafür entwickelt hat. Vgl. dazu u. a. VG Gießen NVwZ-RR 2002, 96 f.: Ein öffentliches Interesse muss nicht allein an der Erfüllung der Aufgabe an sich, sondern darüber hinaus auch daran bestehen, dass sie in der gegebenen Situation von dem privaten „Geschäftsführer" wahrgenommen wird; dies wird man annehmen können, wenn Gefahr im Verzug ist, wenn also die sofortige Hilfeleistung so dringlich ist, dass man sich nicht darauf beschränken kann, die zuständige Behörde zu informieren und ihre Entscheidung abzuwarten).

Nach § 6 Abs. 1 Nr. 2 BImSchG darf eine **Genehmigung zur Errichtung** 59 **oder zum Betrieb einer Anlage** nur erteilt werden, wenn dem Vorhaben (neben den Verpflichtungen aus dem Immissionsschutzrecht) „andere öffentlich-rechtliche Vorschriften nicht entgegenstehen". Bei Anlagen, in denen Tiere gehalten, geschlachtet oder zu Experimenten verwendet werden, gehören dazu auch die Vorschriften des Tierschutzgesetzes und seiner Verordnungen. Die Genehmigung ist daher zu versagen, wenn der beabsichtigte Betrieb gegen eine solche Vorschrift verstößt (und der Versagungsgrund nicht durch eine Nebenbestimmung ausgeräumt werden kann). – Gleiches gilt für Baugenehmigungen (vgl. zB § 58 Abs. 1 S. 1 LBO BW).

60 Hat ein **Beamter Bedenken,** eine Richtlinie **(Verwaltungsvorschrift)** oder Anordnung **(Weisung)** zu befolgen, weil er der Auffassung ist, dass die angeordnete Handlung/Unterlassung gegen eine Norm des (formellen oder materiellen s. Rn. 23) Tierschutzrechts verstoßen würde, so muss er seine Bedenken dem unmittelbaren und, bei Erfolglosigkeit, auch noch dem nächsthöheren Vorgesetzten vortragen. Diese „**Remonstration**" ist sowohl ein Recht als auch eine Pflicht des Beamten (ganz hM, vgl. dazu *Maurer* § 22 Rn. 34). Wird die Verwaltungsvorschrift oder Weisung auf diesem Weg bestätigt, so darf er sie dennoch nicht ausführen, wenn das aufgetragene Verhalten (sei es als Tun oder Unterlassen, sei es als Täter oder im Wege der Beihilfe) den Tatbestand eines Strafgesetzes oder einer Bußgeldnorm erfüllen würde und dies für ihn erkennbar ist (vgl. § 56 Abs. 2 BBG, § 38 Abs. 2 BRRG und die gleichlautenden Beamtengesetze der Länder). Insoweit kann von erheblicher Bedeutung sein, dass viele Normen des Tierschutzgesetzes und seiner Verordnungen durch § 18 Abs. 1 zu Bußgeldtatbeständen aufgestuft worden sind. Besondere Bedeutung gewinnt auch, dass der Amtstierarzt gegenüber quälerischen Tiermisshandlungen, die in seinem Zuständigkeitsbereich stattfinden, eine Garantenstellung haben kann, die ihn auch strafrechtlich zu einem Einschreiten verpflichtet; in solchem Fall würde ein Untätigbleiben gegen § 17 Nr. 2b TierSchG i. V. m. § 13 StGB verstoßen, so dass der Amtstierarzt einer Weisung zum Nichtstun keine Folge leisten darf (näher dazu s. § 17 Rn. 56). Zum Recht bzw. zur Pflicht des Amtstierarztes, die Mitwirkung an Schlachttier-Ferntransporten zu verweigern, s. TierschutztransportVO Einf. Rn. 6.

Art. 20a GG [Umwelt- und Tierschutz]

Der Staat schützt auch in Verantwortung für die künftigen Generationen die natürlichen Lebensgrundlagen und die Tiere im Rahmen der verfassungsmäßigen Ordnung durch die Gesetzgebung und nach Maßgabe von Gesetz und Recht durch die vollziehende Gewalt und die Rechtsprechung.

Übersicht

	Rn.
I. Entstehungsgeschichte	1–3
II. Allgemeine Auswirkungen	4–8
III. Besondere Auswirkungen auf die Gesetzgebung	9–15a
IV. Besondere Auswirkungen auf die Verwaltung und die Rechtsprechung	16–21
V. Leitlinien für Abwägungsvorgänge	22–25

I. Entstehungsgeschichte

Durch **Gesetz zur Änderung des Grundgesetzes (Staatsziel Tierschutz)** 1 **vom 26. 7. 2002** sind in Art. 20a GG nach dem Wort „Lebensgrundlagen" die Wörter „und die Tiere" eingefügt worden (BGBl. I 2002 S. 2862). Nach Verkündung im Bundesgesetzblatt am 31. 7. 2002 ist die Grundgesetzänderung am 1. 8. 2002 in Kraft getreten.

Der Verfassungsänderung waren **zahlreiche Initiativen und Gesetzes-** 2 **anträge vorangegangen,** die alle ebenfalls auf die Verankerung des Tierschutzes im Grundgesetz abgezielt, jedoch die erforderliche Zwei-Drittel-Mehrheit der Stimmen des Bundestags (vgl. Art. 79 Abs. 2 GG) verfehlt hatten. – Schon in der Gemeinsamen Verfassungskommission waren entsprechende Anträge der SPD und der FDP erörtert und auch mit einfacher Stimmenmehrheit angenommen worden; in der Abstimmung im Bundestag am 30. 6. 1994 verfehlten sie indes die nötigen zwei Drittel der Stimmen. – In der 13. Wahlperiode waren vier Gesetzesanträge für ein Staatsziel Tierschutz eingebracht worden: Von der SPD (BT-Drucks. 13/8597), von Bündnis 90/DIE GRÜNEN (BT-Drucks. 13/8294), von der PDS (BT-Drucks. 13/8678) sowie vom Bundesrat (BT-Drucks. 13/9723). Zu einer Abstimmung kam es jedoch nicht, weil die damaligen Mehrheitsfraktionen im Anschluss an die Sachverständigenanhörung vom 1. 4. 1998 der Auffassung waren, mit Blick auf die zu Ende gehende Legislaturperiode fehle es an der nötigen Beratungszeit. – In der 14. Legislaturperiode verständigten sich die Regierungsfraktionen von SPD und Bündnis 90/DIE GRÜNEN mit der FDP darauf, ihre zunächst unterschiedlichen Anträge zurückzustellen und einen gemeinsamen Gesetzentwurf zur Ergänzung von Art. 20a GG durch die Worte „und die Tiere" einzubringen. Auch dieser Antrag scheiterte aber in der Abstimmung am 13. 4. 2000 daran, dass ihm die Abgeordneten von CDU und CSU ihre Zustimmung ganz überwiegend verweigerten. – Erst unter dem Eindruck des Schächt-Urteils des Bundesverfassungsgerichtes vom 15. 1. 2002 kam es dann im Frühjahr 2002 zu einem gemeinsamen Gesetzentwurf von SPD, CDU/CSU, Bündnis 90/DIE GRÜNEN und FDP, dem am 17. 5. 2002 der Bundestag mit großer Mehrheit (543 Ja- gegen 19 Nein-Stimmen) die Zustimmung gab. Der Bundesrat stimmte am 21. 6. 2002 ebenfalls zu, so dass die Grundgesetzänderung am 26. 7. 2002 vom Bundespräsidenten ausgefertigt und am 31. 7. im Bundesgesetzblatt verkündet werden konnte. – In der Literatur ist die Einführung eines Staatsziels Tierschutz ganz überwiegend befürwortet worden. Vgl. u. a.: *L/M* Einf. Rn. 98 und § 10 Rn. 8; *Hillmer* S. 129, 206 ff.; *Apel* DudT 3/2002 6 ff.; *Obergfell* ZRP 2001, 193, 196; *Schelling* NuR 2000, 188 ff.; *Caspar* ZUR 1998, 177 ff.; *Hobe* WissR 31 (1998), 310 ff.; *v. Loeper* ZRP 1996, 143 ff.; *Händel* ZRP 1996, 137 ff.; *Kuhlmann* NuR 1995, 1 ff.; *Kluge* NVwZ 1994, 869 ff.; *Huster* ZRP 1993, 326 ff.; *Erbel* DVBl. 1986, 1235 ff.; *Dreier-Starck*, in: *Händel*, Tierschutz, S. 103 ff.; *Kriele* ebenda S. 113 ff. Es gab allerdings auch ablehnende Stimmen. Vgl. u. a. *Spranger* ZRP 2000, 285 ff.; *Rupp* WissR 32 (1999), 177 ff.; *Kloepfer/Rossi* JZ 1998, 369 ff.

3   Aus der amtlichen Begründung zu dem gemeinsamen Gesetzentwurf von SPD, CDU/CSU, Bündnis 90/DIE GRÜNEN und FDP (BT-Drucks. 14/8860 S. 3): „Die Aufnahme eines Staatsziels Tierschutz trägt dem Gebot eines sittlich verantworteten Umgangs des Menschen mit dem Tier Rechnung. Die Leidens- und Empfindungsfähigkeit insbesondere von höher entwickelten Tieren erfordert ein ethisches Mindestmaß für das menschliche Verhalten. Daraus folgt die Verpflichtung, Tiere in ihrer Mitgeschöpflichkeit zu achten und ihnen vermeidbare Leiden zu ersparen. Diese Verpflichtung ... umfasst drei Elemente, nämlich: den Schutz der Tiere vor nicht artgemäßer Haltung, vermeidbaren Leiden sowie der Zerstörung ihrer Lebensräume ... Die Verankerung des Tierschutzes in der Verfassung soll den bereits einfachgesetzlich normierten Tierschutz stärken und die Wirksamkeit tierschützender Bestimmungen sicherstellen. Ethischem Tierschutz wird heute ein hoher Stellenwert beigemessen. Entscheidungen verschiedener Gerichte lassen die Tendenz in der Rechtsprechung erkennen, diesem Bewusstseinswandel bei der Verfassungsauslegung Rechnung zu tragen. Die Rechtsprechung kann dies aber angemessen nur vollziehen, wenn der Gesetzgeber den Tierschutz ausdrücklich in das Gefüge des Grundgesetzes einbezieht. Dies dient der Rechtssicherheit ... Durch das Einfügen der Worte „und die Tiere" in Art. 20a GG erstreckt sich der Schutzauftrag auch auf die einzelnen Tiere. Dem ethischen Tierschutz wird damit Verfassungsrang verliehen. Der Tierschutz unterliegt den gleichen Bindungen und Schranken wie der Schutz der natürlichen Lebensgrundlagen ...".

II. Allgemeine Auswirkungen

4   Staatszielbestimmungen sind „Verfassungsnormen mit **rechtlich bindender Wirkung,** die der Staatstätigkeit die fortdauernde Beachtung oder Erfüllung bestimmter Aufgaben – sachlich umschriebener Ziele – vorschreiben" (so die Sachverständigenkommission für Staatszielbestimmungen/Gesetzgebungsaufträge 1983, zit. nach Bonner Kommentar/*Kloepfer* Art. 20a

Rn. 10). Der Bürger kann aus Staatszielen zwar keine subjektiven einklagbaren Rechte herleiten. Dennoch sind aber Staatszielbestimmungen keine bloßen Programmsätze, sondern objektiv verbindliche Normen, die konkrete Rechtswirkungen entfalten (vgl. *Epiney*, in: *v. Mangoldt/Klein/Starck*, GG, Art. 20a Rn. 35, 36; vgl. auch *Caspar/Geissen* NVwZ 2002, 913, 914: "Verbindlicher Gestaltungsauftrag an die Staatsgewalten, dem Tierschutz einen möglichst hohen Stellenwert im Rechtssystem zuzuweisen").

Das neue Staatsziel eröffnet die **Möglichkeit zur Einschränkung von** 5 **Grundrechten, auch dann, wenn diese vorbehaltlos gewährleistet sind** (dazu zählen die Glaubens- und Religionsfreiheit, die Freiheit der Kunst und die Freiheit von Forschung und Lehre, vgl. Art. 4 und Art. 5 Abs. 3 GG). Die erste Hürde, die nach der Rechtsprechung des BVerfG für die Einschränkung solcher Grundrechte besteht, nämlich dass Eingriffe nur zugunsten eines mit Verfassungsrang ausgestatteten Rechtswertes erfolgen dürfen, wird durch die Staatszielbestimmung "unproblematisch genommen" (so *Kloepfer/Rossi* JZ 1998, 374). Die zweite Hürde besteht in einer einzelfallbezogenen Abwägung des staatszielgeschützten Rechtswertes mit dem jeweiligen Grundrecht. Diese hat nach dem Prinzip der praktischen Konkordanz so zu erfolgen, dass ein möglichst schonender Ausgleich zwischen den Belangen des Staatsziels Tierschutz und dem jeweiligen Grundrecht hergestellt wird (zu diesem Prinzip vgl. BVerfGE 32, 98, 108; 35, 202, 225; 39, 1, 43). Dabei ist von einer prinzipiellen Gleichordnung des Staatsziels mit allen anderen Verfassungsprinzipien und Verfassungsgütern auszugehen, auch mit vorbehaltlos gewährleisteten Grundrechten (vgl. BT-Drucks. 12/6000 S. 65, 67; BVerwG NJW 1995, 2648, 2649; *Brandt/Behrens* S. 36). Letztere sollen nicht mehr, wie bisher, "ihre Dominanz entfalten" können (vgl. dazu *MdB Bachmaier*, BT Sten. Ber. 14/23657), sondern es muss im Wege der Abwägung ein verhältnismäßiger Ausgleich hergestellt werden, wobei insbesondere der jeweilige Grad der Zielbetroffenheit entscheidend ist (vgl. *Sommermann* in: *von Münch/Kunig* GGK II Art. 20a Rn. 24; Bonner Kommentar/*Kloepfer* Art. 20a Rn. 16; *Epiney* aaO Rn. 47, 54). Eine solche Abwägung setzt die objektive Ermittlung und Sammlung aller relevanten Tatsachen und Gesichtspunkte voraus. Deshalb sind Gesetzesauslegungen, die zentrale Rechtsbegriffe des Gesetzes (zB "unerlässliches Maß" und "ethische Vertretbarkeit" in § 7, "zwingende Vorschriften" in § 4 Abs. 2 Nr. 2) dem im Verwaltungsrecht herrschenden Amtsermittlungsgrundsatz entziehen und stattdessen einer autonomen Beurteilungskompetenz der Antragsteller zuweisen und die Behörden auf eine Art "qualifizierter Plausibilitätskontrolle" beschränken, nicht länger möglich (s. § 8 Rn. 6–9 und § 4a Rn. 24–27; vgl. auch *Caspar/Geissen* NVwZ 2002, 913, 915).

Alle Abwägungsvorgänge müssen künftig dem „**erhöhten rechtlichen** 6 **Stellenwert der Belange des Tierschutzes**" (so *Kloepfer/Rossi* aaO 374) bzw. dem „stärkeren Gewicht" (so *MdB Geis*, BT Sten. Ber. 14/23665), das der Tierschutz durch seine Aufnahme in die Verfassung erfahren hat, Rechnung tragen (vgl. auch Bundesministerin *Künast*, BT Sten. Ber. 14/23660: „Bei der Abwägung bekommt der festgeschriebene Tierschutz ein ganz neues Gewicht"). Abwägungsprozesse können daher heute zu ganz anderen

Art. 20a GG *Grundgesetz*

Ergebnissen führen als vor der Grundgesetzänderung. Dies gilt sowohl dort, wo Belange des Tierschutzes mit vorbehaltlosen Grundrechten kollidieren, als auch bei Konfliktlagen mit anderen Grundrechten oder Verfassungsprinzipien.

7 **Adressaten der Verpflichtungen aus dem Staatsziel** sind alle Organe des Staates (Gesetzgebung, Verwaltung, Rechtsprechung) unter Einschluss der mittelbaren Staatsverwaltung, also auch der Gemeinden (zB als Betreiber von Schlachthöfen) und der Universitäten (zB als Halter von Versuchstieren oder als Veranstalter von Tierversuchen). Die Pflichten treffen auch private Rechtssubjekte, soweit diese als Amtsträger, Beliehene oÄ hoheitliche Funktionen wahrnehmen (zB den Hochschullehrer, der im Rahmen eines Praktikums Tierversuche durchführen lässt). Erfasst werden sämtliche Erscheinungsformen des Staatshandelns, somit beispielsweise auch die erwerbswirtschaftliche Betätigung des Staates, bei Beteiligung an Unternehmen allerdings nur in dem Umfang, in dem Einflussmöglichkeiten bestehen (vgl. dazu *Sommermann* aaO Rn. 8).

8 Die **verfassungsrechtliche Gleichrangigkeit des Staatsziels Tierschutz mit dem Staatsziel Umweltschutz** geht schon daraus hervor, dass der Verfassungsgesetzgeber beide Ziele in einem Atemzug nennt (vgl. auch *MdB Funke* BT Sten. Ber. 14/23662: „Es ist auch nicht ersichtlich, warum der Schutz der Tiere hinter dem bereits in Art. 20a GG enthaltenen Staatsziel des Schutzes der natürlichen Lebensgrundlagen zurückbleiben soll"). Damit sind die für das Staatsziel Umweltschutz bereits in der Vergangenheit anerkannten rechtlichen Implikationen auch auf Art. 20a GG in seiner jetzigen Fassung anwendbar.

III. Besondere Auswirkungen auf die Gesetzgebung

9 Es besteht ein **tierschutzrechtliches Rückschrittsverbot** (für den Umweltschutz vgl. *Epiney* aaO Rn. 68). Dem Verfassungsgesetzgeber ging es erkennbar darum, den Tierschutz zu verbessern und zu stärken (vgl. *MdB Funke* aaO: „Ein erster Schritt in die von uns seit langem vorgedachte Richtung der Verringerung von Schmerzen, Leiden oder Schäden durch Intensivtierhaltung, Tiertransporte, Tiertötung und Nutzung von Tieren zu Versuchszwecken"). Damit wäre jedenfalls eine spürbare Abschwächung des bereits verwirklichten Niveaus an tierschützenden Normen unvereinbar. Insoweit besteht für den Tierschutz ebenso wie für den Umweltschutz ein „**Verbot der rechtlichen Verschlechterung**" (vgl. *Epiney* aaO), das im Rahmen der immer wieder aufflammenden „Deregulierungsdebatte" durchaus Bedeutung gewinnen kann. Die vom Gesetzgeber bisher freiwillig eingehaltene Prämisse, bei Novellierungen des Tierschutzgesetzes „nicht hinter geltendes Recht zurückzugehen" (BT-Drucks. 13/7015 S. 2), ist damit jetzt zur verfassungsrechtlichen Pflicht geworden.

9a Hinzu tritt eine **staatliche Nachbesserungspflicht**, die darauf gerichtet ist, den gesetzlichen Tierschutz stets dem neuesten Stand der wissenschaftlichen Erkenntnisse, insbesondere im Hinblick auf ethologische Anforderungen, anzupassen (vgl. *Caspar/Geissen* NVwZ 2002, 913, 914).

Umwelt- und Tierschutz Art. 20a GG

Zu beachten ist ferner das **Gebot zur Rücksichtnahme auf die Belange** 10
des Tierschutzes. Der verfassungsrechtlich fixierte Tierschutz darf künftig
bei Entscheidungen des Gesetzgebers nicht mehr außer Acht gelassen werden (vgl. *Kloepfer/Rossi* aaO 373, 375: „Verfassungsrechtliche Querschnittsklausel mit weitreichenden Folgen für das gesamte Verfassungssystem"). Aktivitäten, die dem Schutzauftrag zuwiderlaufen, sind zu unterlassen (vgl. *Epiney* aaO Rn. 57). Deshalb müssen bei jedem Gesetz und jeder Verordnung die potenziellen Auswirkungen auf die staatszielgeschützten Belange (also auf die artgemäße Haltung, die Vermeidung von Leiden und die Erhaltung der Lebensräume von Tieren) in einer Art Tierschutzverträglichkeitsprüfung vollständig und zutreffend ermittelt werden (u. a. nach Art, Schweregrad und Wahrscheinlichkeit). Sind negative Auswirkungen zu befürchten, so muss nach Wegen gesucht werden, auf denen sich das mit der Regelung angestrebte Ziel auch ohne diese Nachteile erreichen lässt. Erst wenn dies nicht möglich ist, muss in eine Güterabwägung zwischen Ziel und Schaden eingetreten werden; dabei ist der Aufwertung des Tierschutzes zum Verfassungsgut und seiner grundsätzlichen Gleichrangigkeit mit anderen Verfassungsgütern Rechnung zu tragen. – Dieses Rücksichtnahmegebot muss auch beachtet werden, wenn es um die deutsche Mitwirkung an Rechtsakten der EU geht. ZB sind im Rahmen der neuen „EG-Chemikalienpolitik" Verordnungen geplant, die für tausende chemischer Altstoffe neue sicherheitstoxikologische Prüfungen vorschreiben und damit voraussehbar zu einem starken Anstieg von Tierversuchen auf diesem Gebiet führen werden. Die Bundesregierung darf im Licht von Art. 20a GG einer solchen Rechtsänderung nicht vorbehaltlos zustimmen. In jedem Fall müssen Tierversuche ausgeschlossen werden, wenn es um Stoffe geht, über deren Wirkung bereits Daten und Informationen vorliegen bzw. beschafft werden können. Wer im Besitz solcher Daten ist, muss zu ihrer Herausgabe verpflichtet werden (vgl. dazu u. a. Anfrage Mac Cormick/Kommission, 6. 3. 2003, ABl. EG Nr. C 52 E/185; BMVEL, Tierschutzbericht 2003, XV 4.5 a; s. auch § 7 Rn. 52).

Es besteht ein **Auftrag zum effektiven Schutz**. Da der Staat die Tiere 11
ebenso wie die natürlichen Lebensgrundlagen „schützt", muss er gegen Vorgänge und Handlungen privater Personen einschreiten, wenn diese einen der o. e. Belange beeinträchtigen oder gefährden. Das klassische ordnungsrechtliche Instrumentarium (Ordnungsverfügungen bei eingetretener oder unmittelbar bevorstehender Schädigung; präventive Verbote mit Erlaubnisvorbehalt) reicht dafür nicht aus (vgl. für den Umweltschutz *Sommermann* aaO Rn. 11); denn der Schutzauftrag kommt nicht erst zum Tragen, wenn eine Gefährdung des Schutzgutes sicher oder doch hochgradig wahrscheinlich ist, sondern bereits dann, wenn ein diesbezügliches Risiko besteht (vgl. für den Umweltschutz *Epiney* aaO Rn. 69). Das bedeutet u. a.: Durch vorausschauendes, präventives Handeln muss möglichen Leiden bzw. möglichen nicht artgerechten Haltungsformen bereits auf der Stufe ihres Entstehens vorgebeugt werden (vgl. *Epiney* aaO Rn. 73). Außerdem dürfen Umgangsformen, die dem ersten Anschein nach Leiden verursachen bzw. nicht artgerecht sind, nicht mehr bis zum Vorliegen des letzten wissenschaftlichen Nachweises tatenlos hingenommen werden. Ein frühzeitiges Einschreiten

Art. 20a GG *Grundgesetz*

gegen die Gefahr von Schmerzen, Leiden oder Schäden entspricht iÜ auch dem Gebot zur „Pflege des Wohlbefindens in einem weit verstandenen Sinn", wie es das BVerfG dem § 2 Nr. 1 schon vor der Grundgesetzänderung entnommen hat (vgl. BVerfGE 101, 1, 32).

12 Ein effektives **gesetzliches Instrumentarium zur Verwirklichung dieses Schutzauftrages** muss eingerichtet und angewandt werden. Neben den bekannten Formen direkter Verhaltenssteuerung (gesetzliche Gebote bzw. Verbote) kommen auch Instrumente der indirekten Verhaltenssteuerung in Betracht. Beispiele: Durch Öffentlichkeitsarbeit ist es möglich, die Verbraucher auf die unterschiedliche Artgerechtheit verschiedener Tierhaltungsformen hinzuweisen und dazu anzuhalten, Produkte aus artgerechten Haltungen zu bevorzugen. Im Bereich der Subventionen sollten Tierhaltungen, in denen wesentliche Verhaltensbedürfnisse unterdrückt oder stark zurückgedrängt werden, von der staatlichen Förderung ausgenommen werden; dies sollte auch für Formen der indirekten Subventionierung (zB durch Steuervorteile, zinsgünstige Kredite uÄ) gelten. Generell sollten staatliche Leistungen an Tierhalter nach dem Grad der Artgerechtheit der jeweiligen Haltungsform abgestuft werden, zumal artgerechte Haltungsformen idR auch mit einem erhöhten Kosten- und Arbeitsaufwand verbunden sind, den aufzufangen und auszugleichen dem Sinn staatlicher Subventionierung entspricht. Staatliche Zertifikate (zB „Herkunfts- und Qualitätszeichen") müssen auf Produkte beschränkt werden, die aus kontrolliert artgerechter Haltung und schonender Schlachtung stammen. Im Bereich der staatlichen Forschungsförderung dürfte es mit dem neuen Staatsziel kaum vereinbar sein, wenn mehr Haushaltsmittel in die Forschung mit Tieren als in die Forschung mit tierverbrauchsfreien Methoden fließen.

13 Ebenso wie für den Umweltschutz hat der Staat auch für den Tierschutz eine **Gewährleistungsverantwortung,** die er selbst wahrnehmen muss. Er darf sich seiner Pflicht zur Kontrolle und zur Durchsetzung der tierschutzrechtlichen Bestimmungen nicht entziehen, etwa unter den Schlagworten „Entbürokratisierung" oder „Deregulierung". Insbesondere ist es nicht zulässig, durch öffentlich-rechtliche Vereinbarungen mit Tiernutzern Haltungsformen zuzulassen, die den Anforderungen aus § 2 Nr. 1 TierSchG nicht gerecht werden (vgl. dazu die in manchen Bundesländern getroffenen Vereinbarungen zu Putenhaltungen, die Besatzdichten von bis zu 50 kg Lebendgewicht pro qm Stallgrundfläche zulassen und damit nicht dem Staatsziel „Schutz der Tiere vor nicht artgemäßer Haltung" entsprechen; s. auch Anhang zu § 2 Rn. 25, 26). Die für den Gesetzesvollzug zuständigen Veterinärbehörden müssen sowohl personell als auch sachlich so ausgestattet werden, dass sie die Ziele der Verfassungsänderung praktisch durchsetzen können. Dazu gehört neben dem Verzicht auf eine weitere personelle Schwächung auch die vermehrte Anstellung ausgebildeter Ethologen (zB von Fachtierärzten für Ethologie).

14 Dem für das Staatsziel Umweltschutz anerkannten **Optimierungsgebot** entspricht es, die gesamte Rechtsordnung so auszugestalten, dass der Schutz der Tiere unter Berücksichtigung seiner nunmehr erfolgten Gleichstellung mit anderen Verfassungszielen bestmöglich verwirklicht werden kann (vgl. für den Umweltschutz *Epiney* aaO Rn. 62). Einen ähnlichen Gedanken hat

das BVerfG bereits vor der Grundgesetzänderung ausgesprochen, als es für Rechtsverordnungen nach § 2a TierSchG gefordert hat, der Verordnunggeber müsse einen ethischen Tierschutz „fördern", ohne die Grundrechte der Halter unverhältnismäßig einzuschränken (BVerfGE 101, 1, 35). Konsequenzen: Immer dann, wenn zur Erreichung eines legitimen Zieles verschiedene Handlungsalternativen zur Verfügung stehen, muss diejenige gewählt werden, die die Belange des Tierschutzes am wenigsten beeinträchtigt bzw. am besten schützt. Abwägungen mit Grundrechten und anderen Verfassungsgütern müssen sich angesichts der grundsätzlichen Gleichrangigkeit der miteinander kollidierenden Werte hauptsächlich am Grad der jeweiligen Betroffenheit ausrichten.

Die Pflicht zur **effektiven Kontrolle,** die für den Umweltschutz anerkannt ist, schließt für den Bereich des Tierschutzes ein, verfahrensrechtliche Normen zu schaffen, die auch in dieser Hinsicht die Verwirklichung der Vorgaben des Staatsziels sicherstellen. Dazu gehört u. a. die umfassende Information der Öffentlichkeit sowie ein Mindestmaß an Öffentlichkeitsbeteiligung bei Entscheidungen, die für die staatszielgeschützten Belange relevant sind (vgl. für den Umweltschutz *Epiney* aaO Rn. 79, 85). – Die für das Tierschutzrecht typische Waffenungleichheit (Halterinteressen können durch mehrere Instanzen hindurch eingeklagt werden, tierschutzrechtliche Belange dagegen nicht; s. dazu Einf. Rn. 37–39) dürfte kaum länger hinzunehmen sein, da hierdurch in Teilbereichen ein erhebliches Vollzugsdefizit entstanden ist. Zwar steht dem Gesetzgeber bei der Verwirklichung des Staatsziels und seiner Unterziele ein hohes Maß an Gestaltungsfreiheit zu; dies entbindet ihn aber nicht von der Pflicht, das jeweils effektivste Mittel zur Erfüllung seines Schutzauftrages, hier also zur Behebung des Vollzugsdefizits anzuwenden. Analog zur Beteiligung der Umweltschutzverbände nach dem Bundesnaturschutzgesetz besteht daher die Notwendigkeit, auch die Tierschutzverbände verstärkt in die staatlichen Kontrollaufgaben einzubeziehen, u. a. durch die Schaffung eines Verbandsklagerechts entsprechend den §§ 58–61 BNatSchG. Nicht nur ein „Zuviel" an Tierschutz, sondern auch ein „Zuwenig" muss gerichtlich überprüfbar sein, wenn der Schutz- und Kontrollauftrag des Staatsziels effektiv erfüllt werden soll (vgl. auch *Caspar/Geissen* NVwZ 2002, 913, 914). – Ein weiteres Institut, das der Einbeziehung der Öffentlichkeit in die Staatszielverwirklichung dienen kann, ist der unabhängige staatliche Tierschutzbeauftragte (vgl. zum Ganzen auch *Blankenagel* Verw 26 (1993), 1 ff.; *Riva,* Die Beschwerdebefugnis der Natur- und Heimatschutzverbände im schweizerischen Recht, 1980).

Schließlich kann man Art. 20a auch als **„nationale Schutzverstärkungsklausel"** (*Caspar/Geissen* aaO S. 915) ansehen, die die staatliche Berechtigung, den ethischen Tierschutz bis zur Grenze des Übermaßverbotes zu fördern und hierbei über die in den EU-Richtlinien festgelegten Mindeststandards hinauszugehen, zur verfassungsrechtlichen Pflicht werden lässt (s. auch § 2 Rn. 12 u. 39).

IV. Besondere Auswirkungen auf die Verwaltung und die Rechtsprechung

16 Art. 20a ist eine **Staatszielbestimmung, nicht etwa nur ein Gesetzgebungsauftrag**. Behörden und Gerichte müssen deswegen die Gesetze und Verordnungen im Licht der Grundentscheidung der Verfassung zugunsten eines effektiven Tierschutzes auslegen. Das Staatsziel schafft damit einen neuen Auslegungs- und Abwägungsmaßstab, vor allem für die Ausfüllung unbestimmter Rechtsbegriffe. Außerdem kommt ihm eine ermessensleitende Funktion zu, was von den Behörden bei ihren Ermessensentscheidungen und von den Gerichten bei der Kontrolle dieser Entscheidungen berücksichtigt werden muss (vgl. *Kloepfer/Rossi* aaO S. 375).

17 Bei der **Auslegung unbestimmter Rechtsbegriffe** müssen sowohl Behörden als auch Gerichte künftig davon ausgehen, dass der Gesetzgeber Interessenkonflikte auf eine möglichst tierschonende bzw. tierschützende Weise gelöst sehen will (vgl. für den Umweltschutz *Sommermann* aaO Rn. 30). Von mehreren möglichen Auslegungen ist daher diejenige zu wählen, die das Staatsziel und seine Unterziele am besten schützt bzw. am effektivsten verwirklicht. Kommt es dabei zu einem Eingriff in Grundrechte oder andere Verfassungsgüter, so ist der notwendige Ausgleich im Wege der Abwägung herbeizuführen; wegen der „gewichtverschaffenden Funktion" des Staatsziels (vgl. für den Umweltschutz *Bernsdorff* NuR 1997, 328, 334) muss sich diese statt an abstrakten Erwägungen am Ausmaß der konkreten Betroffenheit der miteinander kollidierenden Güter orientieren (was die vollständige Ermittlung dieser Betroffenheit voraussetzt). – Dort, wo der Gesetzgeber selbst bereits eine Abwägung vorgenommen hat, kann diese von Exekutive und Judikative nur nachvollzogen und nicht geändert werden. Anderes gilt uU, wenn der zu regelnde Sachverhalt vom Leitbild des Gesetzes erheblich abweicht. – Zur (künftig) umfassenden Prüfungspflicht der Behörden und Gerichte in tierschutzrechtlichen Genehmigungsverfahren s. Rn. 5; s. auch § 4a Rn. 25–27, § 8 Rn. 6–9 und § 8a Rn. 13.

18 Bei **Ermessenentscheidungen** ist der ermessensleitenden Funktion des Staatsziels Rechnung zu tragen. Bleiben zB bei einer behördlichen Entscheidung die Auswirkungen, die von ihr für eines der Unterziele (Schutz vor nicht artgemäßer Haltung, vor vermeidbaren Leiden und vor Zerstörung der Lebensräume von Tieren) ausgehen, außer Betracht, so ist die Entscheidung allein schon aus diesem Grund ermessensfehlerhaft und muss von den Gerichten aufgehoben werden (vgl. für den Umweltschutz Bonner Kommentar/*Kloepfer* aaO Rn. 44). Gleiches gilt, wenn bei der Abwägung zwischen mehreren Handlungsalternativen von unvollständigen oder unzutreffenden Tatsachen ausgegangen wird, wenn abwägungsrelevante Gesichtspunkte außer Acht bleiben oder wenn Lösungswege, die tierschonender wären, übersehen werden. Im Zweifel ist auch hier diejenige Entscheidung die richtige, die die Belange des Staatsziels am wenigsten beeinträchtigt bzw. am effektivsten schützt. Bei Kollisionslagen mit Grundrechten und anderen Verfassungsgütern ist abzuwägen (s. Rn. 17).

Bei **Planungsentscheidungen, im Subventions- und Beschaffungswesen** 19
sowie in der sonstigen Leistungsverwaltung ist künftig das erhöhte Gewicht des Tierschutzes einzubeziehen und im Zweifel so zu planen bzw. zu entscheiden, dass die Belange des Staatsziels optimal verwirklicht werden (vgl. für den Umweltschutz *Epiney* aaO Rn. 93 und *Sommermann* aaO Rn. 31). Dazu gehört zB die schrittweise Aussteuerung nicht artgerechter Haltungsformen aus jeder Art von Subventionierung.

Die **Maßgabeklausel** ("nach Maßgabe von Gesetz und Recht") lässt diese 20 interpretations- und ermessensleitende Funktion des Staatsziels unberührt (für den Umweltschutz ganz hM, vgl. u.a. *Epiney* aaO Rn. 55: „Keine irgendwie geartete rechtliche Relevanz"; ähnlich auch Bonner Kommentar/ *Kloepfer* aaO Rn. 9 und *Sommermann* aaO Rn. 29). Allenfalls dient sie der Klarstellung, dass Art. 20a GG nicht als eigenständige Ermächtigungsgrundlage für belastende Verwaltungsakte herangezogen werden kann und dass Abwägungen, die der Gesetzgeber selbst schon vollzogen hat, von den anderen Gewalten grundsätzlich nachvollzogen werden müssen und nicht verändert werden dürfen (außer bei atypischem Sachverhalt, s. Rn. 17). Dies folgt aber bereits aus Art. 20 Abs. 3 GG.

Weitere mögliche Wirkungen sind: In Bereichen, in denen gesetzliche 21 Konkretisierungen des Staatsziels nicht oder nur unvollständig bestehen, wird angenommen, dass der Exekutive die Pflicht erwachsen könne, auch ohne gesetzliche Entscheidung tierschützend zu handeln (vgl. *Kloepfer/ Rossi* aaO S. 375). – Die Judikative ist, über die Auslegung unbestimmter Rechtsbegriffe hinausgehend, zum unmittelbaren Rückgriff auf Art. 20a GG befugt, wenn dies zur Ausfüllung von Gesetzeslücken im Wege der richterlichen Rechtsfortbildung erforderlich ist. – Dem tierschützend tätigen Bürger verleiht das Staatsziel zwar kein unmittelbares Klagerecht (zur Verbandsklage s. Rn. 15); indes unterfallen tierschützende Aktivitäten schon bisher der allgemeinen Handlungsfreiheit (Art. 2 Abs. 1 GG) und uU auch der Gewissens- bzw. Glaubensfreiheit (Art. 4 Abs. 1 und 2 GG). Diese Grundrechte können durch das Staatsziel „angereichert und ausgedehnt werden" (vgl. *Kloepfer/Rossi* aaO S. 373; s. auch § 10 Rn. 25).

V. Leitlinien für Abwägungsvorgänge

Es gibt **keine (teilweisen) Abwägungsverbote** mehr. Auch dort, wo 22 zur Rechtfertigung belastender Umgangsformen mit Tieren vorbehaltlose Grundrechte geltend gemacht werden (s. Rn. 5), muss abgewogen werden, ohne dass den Grundrechten von vornherein eine Dominanz zukommt (vgl. *Kloepfer/Rossi* aaO S. 374, 376; für den Umweltschutz *Epiney* aaO Rn. 91, *Sommermann* aaO Rn. 24, Bonner Kommentar/*Kloepfer* aaO Rn. 16). Zu den Konsequenzen für den Bereich der Tierversuche s. § 8 Rn. 6–9 und § 8a Rn. 13.

Es besteht ein **Gebot der vollständigen Ermittlung und Sammlung des** 23 **Abwägungsmaterials**. Zum Abwägungsmaterial gehören sämtliche Vorgänge, Zustände und Geschehensabläufe, die das Abwägungsergebnis beeinflussen können. Sie sind vollständig und zutreffend zu ermitteln (vgl. § 24

Abs. 1 VwVfG). Bei tierbelastenden Handlungen rechnen dazu sowohl die Nachteile für die Belange des Tierschutzes (zB Leiden und Schäden nach ihrer Art, Schwere und Wahrscheinlichkeit sowie nach der Zahl der betroffenen Tiere) als auch die mit der Handlung angestrebten Vorteile (ebenfalls nach Art, Ausmaß, Wahrscheinlichkeit sowie Gewicht des jeweiligen Interesses). Damit wird man bei der Beurteilung von Tierversuchen, die der Herstellung und/oder Zulassung von Produkten dienen, künftig nicht mehr umhinkommen, sowohl die Schwere der Leiden auf Seiten der Tiere als auch den erwartbaren Nutzen des Endproduktes für den Menschen einzuschätzen und gegeneinander abzuwägen; dazu gehört auch eine Bedarfsprüfung (s. § 7 Rn. 45).

24 Zu beachten ist ferner das **Gebot zur Prüfung und Anwendung tierschonender Alternativen.** Bei allen Handlungen, die Tiere belasten, ist aufzuklären, ob zur Verwirklichung der jeweiligen Ziele und Interessen nicht andere, weniger belastende Wege zur Verfügung stehen. Diese sind stets vorzuziehen, wenn sie gleichermaßen zum Ziel führen (zB Alternativmethoden zum Tierversuch, die eine vergleichbar zuverlässige Risikobewertung ermöglichen). Erweisen sie sich im Hinblick auf das verfolgte Ziel als weniger effektiv, so haben sie dennoch Vorrang, sofern die Abwägung ergibt, dass die Einbuße an Zwecksicherheit weniger schwer wiegt als die tierschutzrelevanten Belastungen, die mit der Wahl des zwecksichersten Mittels verbunden sind.

25 Nach dem **Gebot zur umfassenden Nutzen-Schaden-Abwägung** darf kein abwägungsrelevanter Gesichtspunkt außer Betracht bleiben. Beispielsweise müssen bei der Zulassung belastender Haltungsformen auch deren Fernwirkungen bedacht werden (zB der Zusammenhang zwischen Vollspaltenbodenhaltungen und der Nitratbelastung des Bodens durch den anfallenden Flüssigmist). – Die Abwägung muss dem erhöhten rechtlichen Stellenwert des Tierschutzes und der damit einhergehenden Möglichkeit zu weitgehenden Grundrechtseinschränkungen Rechnung tragen. Die Unterziele des Art. 20a (Schutz vor nicht artgemäßer Haltung, vor vermeidbaren Leiden sowie Zerstörung von Lebensräumen) haben seit dem 1. 8. 2002 ein „ganz neues Gewicht" (s. Rn. 6). Aufgrund dieser veränderten Rechtslage können Abwägungsvorgänge in der Zukunft zu ganz anderen Ergebnissen führen als in der Vergangenheit (vgl. zB BVerfG NVwZ 1994, 894 und VG Berlin ZUR 1995, 201: Die dort zugelassenen Berliner Affenversuche sind in der Bundestagsdebatte vom 17. 5. 2002 mehrmals als Beleg für die Notwendigkeit der Grundgesetzänderung herangezogen worden; Gleiches gilt für das Schächt-Urteil des BVerfG, das „den Schritt unbedingt notwendig" gemacht habe, so *MdB Funke*, BT Sten. Ber. 14/23 662).

Tierschutzgesetz

In der Fassung der Bekanntmachung vom 25. Mai 1998 (BGBl. I S. 1105, ber. S. 1818), zuletzt geändert durch Gesetz vom 6. August 2002 (BGBl. I S. 3082)

Erster Abschnitt. Grundsatz

§ 1

[1] Zweck dieses Gesetzes ist es, aus der Verantwortung des Menschen für das Tier als Mitgeschöpf dessen Leben und Wohlbefinden zu schützen. [2] Niemand darf einem Tier ohne vernünftigen Grund Schmerzen, Leiden oder Schäden zufügen.

Übersicht

	Rn.
I. Satz 1 als gesetzliche Zweckbestimmung	1–8
II. Grundsätzliches Verbot der Zufügung von Schmerzen, Leiden oder Schäden	9–26
1. Rechtliche Bedeutung	9, 10
2. Tier	11
3. Schmerzen	12–16
4. Leiden	17–23 a
5. Schäden	24–26
III. Der vernünftige Grund	27–55
1. Allgemeines	27–29
2. Anwendungsbereich	30, 31
3. Kein vernünftiger Grund bei Fehlen eines nachvollziehbaren, billigenswerten Zwecks	32
4. Kein vernünftiger Grund bei Rechtswidrigkeit des Mittels	33
5. Rechtfertigung bei Eingreifen einer speziellen Erlaubnis	34–36
6. Zweistufige Prüfung	37
7. Geeignetheit	38
8. Erforderlichkeit (auch: Unerlässlichkeit oder Übermaßverbot oder Grundsatz des mildesten Mittels)	39–42
9. Verhältnismäßigkeit ieS	43–49
10. Die fundierten allgemeinen Gerechtigkeitsvorstellungen der Gemeinschaft	50–55

§ 1 TierSchG *Tierschutzgesetz*

I. Satz 1 als gesetzliche Zweckbestimmung

1   Satz 1 ist kein unverbindlicher Programmsatz, sondern (als **Auslegungsgrundsatz**) geltendes Recht (vgl. *L/M* § 1 Rn. 2). Die Zielrichtung des gesamten Gesetzes wird hier vorgegeben. Zweck des Gesetzes ist danach die umfassende Bewahrung des Lebens und Wohlbefindens des Tieres. – Diese gesetzliche Zweckbestimmung steuert die teleologische (d. h. am Normzweck ausgerichtete) Auslegung aller nachfolgenden Vorschriften des Gesetzes und der Rechtsverordnungen. Konsequenzen: **1.** Es gilt ein Gebot zur tierfreundlichen Auslegung, d. h.: Bestehen bei einer Vorschrift des Gesetzes oder einer Rechtsverordnung unterschiedliche Auslegungsmöglichkeiten, so ist diejenige zu wählen, die der genannten Zielrichtung am besten gerecht wird, die also den vom Gesetz gewollten umfassenden Lebens- und Wohlbefindensschutz am besten verwirklicht. **2.** Gebot zur tierschutzgerechten Abwägung, d. h.: Bei einer Abwägung mit widerstreitenden Interessen ist im Zweifel derjenigen Lösung der Vorzug zu geben, die den Belangen des Tierschutzes die optimale Entfaltungsmöglichkeit gibt (vgl. *L/M* § 1 Rn. 3). **3.** Ermessensleitlinie, d. h.: Hat die Behörde bei Anwendung einer Rechtsnorm Ermessen, so soll sie sich für diejenige Handlungsalternative entscheiden, die die Werte ‚Leben' und ‚Wohlbefinden' am effektivsten schützt. – Diese Gebote ergeben sich auch aus Art. 20a GG (s. dort Rn. 17, 18, 22–25).

2   Tierschutz iS des Gesetzes ist **ethischer Tierschutz** (BT-Drucks. 6/2559, vgl. *Gerold* S. 44; BT-Drucks. 10/3158 S. 16; s. auch Einf. Rn. 21). Das Tier wird um seiner selbst willen geschützt, und zwar als Träger eigener Güter wie Leben, körperlicher Unversehrtheit, Gesundheit und Wohlbefinden sowie als Träger eigener Interessen, nämlich am Schutz dieser Güter vor unberechtigter Verletzung durch den Menschen (vgl. *Hirt*, Der vernünftige Grund, S. 2). Schon dem Reichstierschutzgesetz lag der Gedanke zugrunde, das Tier des Tieres wegen zu schützen (Dtsch. Reichsanzeiger 1933 Nr. 281). Der ethische Tierschutz anerkennt den Eigenwert des Tieres, den es unabhängig vom menschlichen (Nutzungs-, Affektions- oder sonstigen) Interesse besitzt.

3   **Geschütztes Rechtsgut** ist u. a. die sittliche Ordnung in den Beziehungen zwischen Mensch und Tier (*L/M* Einf. Rn. 62); die darin liegende Bezugnahme auf den „moral common sense" verweist auf die Notwendigkeit, die Entscheidung zweifelhafter Auslegungs- und Abwägungsfragen auch an den überwiegend konsensfähigen Gerechtigkeitsvorstellungen auszurichten (*Zippelius,* Juristische Methodenlehre, § 3 II; näher dazu Rn. 50–55). – Daneben sind die rechtlich (und sogar strafrechtlich, vgl. §§ 17 u. 18) geschützten Werte „Leben" und „Wohlbefinden" ebenfalls als Rechtsgüter anzuerkennen. Dies liegt in der Logik des ethischen Tierschutzes: Wenn dieser dem Tier einen vom menschlichen Interesse unabhängigen Eigenwert zuerkennt, muss dasselbe auch für das Leben und das Wohlbefinden des Tieres gelten; Werte aber, die um ihrer selbst willen (straf-)rechtlich geschützt sind, kann man als Rechtsgüter bezeichnen (so auch VGH Kassel AgrarR 1980, 314, 315: „Rechtsgut des Schutzes des Lebens und Wohlbefindens des Tieres"). Dass die Tiere keine Rechtsfähigkeit besitzen (vgl. dazu VG Ham-

Grundsatz § 1 TierSchG

burg NVwZ 1988, 1058) steht nicht entgegen, denn die Anerkennung eines gesetzlich geschützten Wertes als Rechtsgut verlangt weder denknotwendig ein damit korrespondierendes subjektives Recht noch einen rechtsfähigen Rechtsgutträger. – Zusätzlich lässt sich auch noch das menschliche Mitleidsempfinden den durch das Gesetz geschützten Werten zuordnen.

Die „**Würde der Kreatur**" ist in der Schweiz seit 1992 verfassungsrechtlich geschützt: Art. 120 Abs. 2 der Schweizer Bundesverfassung verpflichtet den Bund zum Erlass von Vorschriften über den Umgang mit dem Keim- und Erbgut von Tieren, Pflanzen und anderen Organismen, wobei neben der Sicherheit von Mensch, Tier und Umwelt und der genetischen Vielfalt auch der kreatürlichen Würde Rechnung zu tragen ist. Dieser Grundsatz bezieht sich nicht nur auf den Bereich der Gentechnologie, sondern überspannt das gesamte Rechtsverhältnis von Mensch und Tier (vgl. *Bolliger* S. 16). – Für das deutsche Recht kann dem Satz 1 die Anerkennung einer solchen tierlichen Würde entnommen werden, denn sie liegt in der Logik des ethischen Tierschutzes: Wenn der Begriff „Würde" das Substantiv zu dem Adjektiv „wert" bildet und das Gesetz dem Tier einen vom Menschen unabhängigen (Eigen-)Wert zuspricht, dann muss dem Tier auch eine eigene, schützenswerte Würde zuerkannt werden (so auch *Karl Barth* S. 198 f.; s. auch Einf. Rn. 9). Befürchtungen, dass dies zu einer Minderung des Schutzes der Menschenwürde als unserem obersten Verfassungswert führen könne, sind unbegründet, wie schon die schweizerische Rechts- und Verwaltungspraxis seit 1992 belegt. Effektiver Tierschutz ist immer zugleich auch Menschenschutz (vgl. dazu *Lübbe* NuR 1994, 469, 471: „Schutz des Menschen durch Schutz des Menschenähnlichen"). Umgekehrt zeigt die Geschichte, dass es kein von Menschenhand den Tieren zugefügtes Leid gibt, das nicht früher oder später auch Menschen angetan worden wäre (Beispiele bei *Erbel* DVBl. 1986, 1235, 1237). Deswegen bleibt die Achtung der menschlichen Würde unvollständig, solange nicht auch Leben und Wohlbefinden des Tieres und dessen Würde bewahrt werden. Schon der Gesetzgeber von 1972 hat diesen Zusammenhang gesehen, als er die Erweiterung des gesetzlichen Schutzes auf das Leben des Tieres mit den „heutigen Vorstellungen über die Notwendigkeit eines umfassenden Lebensschutzes" begründete (BT-Drucks. 6/2559, zit. n. *Gerold* S. 46).

Der mit dem ÄndG 1986 eingefügte Begriff „**Mitgeschöpf**" ist erstmals im späten 18. Jahrhundert aufgetaucht und wurde insbesondere im Pietismus verwendet (s. das „Biberacher Gesangbuch", Lied 851: „Wer stolz ein Mitgeschöpf verschmäht, das unter Gottes Aufsicht steht, entehrt auch seinen Schöpfer"). Der Begriff „Mitgeschöpflichkeit" wurde 1959 von dem Züricher Theologen *Fritz Blanke* geprägt, der dazu schrieb: „Wir sind, Mensch oder Nichtmensch, Glieder einer großen Familie. Diese Mitgeschöpflichkeit (als Gegenstück zur Mitmenschlichkeit) verpflichtet. Sie auferlegt uns Verantwortung für die anderen ‚Familienmitglieder' Wir sollen uns teilnehmend um sie kümmern, uns ihnen in brüderlicher Gesinnung zuwenden" (*Blanke* S. 193, 195). Mitgeschöpflichkeit bedeutet damit „artübergreifende Menschlichkeit" (*Teutsch*, Die Würde der Kreatur, S. 3, 7).

Zur **Neufassung von Satz 1 durch das ÄndG 1986** ist es aufgrund der Beschlussempfehlung des Ernährungsausschusses v. 25. 3. 1986 gekommen.

§ 1 TierSchG *Tierschutzgesetz*

Mit der Einfügung der Begriffe „Verantwortung" und „Mitgeschöpf" wollte der Gesetzgeber die Zielsetzung des ethischen Tierschutzes hervorheben und die Mitverantwortung des Menschen für das Tier als Mit-Lebewesen stärker betonen (BT-Drucks. 10/5259 S. 39). Dies unterstreichen einige Äußerungen, die von Abgeordneten während der dritten Beratung am 17. 4. 1986 im Deutschen Bundestag dazu gemacht wurden: Es gehe darum, zu verdeutlichen, dass „wir Menschen in der Schuld der Tiere stehen" und dass das Tier „die Fähigkeit zu Schmerzempfindungen und zum Leiden – mit uns Menschen übrigens gemeinsam" – habe (BT Sten. Ber. 10/16 106 [*Kiechle*, CSU]). Mit der Neuformulierung solle der gestiegenen Sensibilisierung der Bevölkerung für Tierschutzfragen und der Zunahme des Bewusstseins für die besondere Verantwortung gegenüber dem Tier Rechnung getragen werden (BT Sten. Ber. 10/16 108 [*Sander*, SPD]). Mit der Gesetzesänderung würden „die Zeichen der Zeit, d. h. die größere Verantwortung des Menschen für das Tier als Lebewesen, erkannt" (BT Sten. Ber. 10/16 118 [*Bredehorn*, FDP]). Das Prinzip der Mitgeschöpflichkeit messe dem Schutz des Tieres einen besonders hohen Wert zu. Mit der Betonung der Verantwortung, die der Mensch für seine Mitgeschöpfe habe, solle die ethische Einstellung, dass dem Menschen eine Treuhandschaft für das Tier übertragen worden sei, manifestiert werden. Das deutsche Tierschutzrecht verlasse mit der Neufassung von Satz 1 die bisher gültige Vorstellung, dass das Tier seine Existenzberechtigung schwerpunktmäßig auf seinem Nutzen für den Menschen begründe. Alle Nutzungen, die der Mensch an Tieren vornehme, hätten sich künftig an der Norm der Mitgeschöpflichkeit zu orientieren. Daraus ergebe sich beispielsweise, dass Tierversuche, die beim Menschen zu unerträglichen Schmerzen führen würden, auch am Tier nicht mehr durchgeführt werden dürften (BT Sten. Ber. 10/16 111 [*Michels* CDU]).

7   Dies hat **Konsequenzen für die Auslegung unbestimmter Rechtsbegriffe und für Abwägungen: 1.** Das Gewicht, das den Rechtsgütern „Leben", „Wohlbefinden" und „Unversehrtheit" als Abwägungsfaktor gegenüber konkurrierenden wirtschaftlichen oder wissenschaftlichen Interessen zukommt, ist durch die Neufassung von Satz 1 gesteigert worden (s. dazu MdB *Michels* aaO: „besonders hoher Wert"). Eine weitere Gewichtszunahme ist durch die Neufassung von Art. 20a GG bewirkt worden (s. dort Rn. 6). Dies kann zur Folge haben, dass belastende Nutzungs- und Umgangsformen mit Tieren, die in früheren Jahren noch kritiklos hingenommen worden sind, heute nicht mehr als zulässig angesehen werden können (in diesem Sinne auch schon OLG Hamm NStZ 1985, 275). **2.** Bei Abwägungsfragen, für die das Gesetz keine ausreichenden Vorgaben liefert, können die aktuellen Aussagen, die von den christlichen Kirchen zur Ethik der Mitgeschöpflichkeit gemacht worden sind, als Hilfsmittel herangezogen werden (s. dazu Einf. Rn. 11–13); sie haben für die Auslegung und Anwendung des Gesetzes eine erhöhte Bedeutung gewonnen, nachdem der Gesetzgeber mit Satz 1 bewusst einen Hinweis auf die christliche Tierethik in die Grundsatzbestimmung des Gesetzes aufgenommen und die gesetzliche Zwecksetzung damit begründet hat. **3.** Ein Verstoß gegen das Prinzip von der weltanschaulichen Neutralität des Staates liegt darin nicht, da den Aussagen der Kirchen zum Stand christlicher Tierethik (in Verbindung mit anderen Quellen s. da-

Grundsatz § 1 TierSchG

zu u. Rn. 52) eine wesentliche Indizwirkung für Stand und Inhalt der aktuellen mehrheitlichen Wert- und Gerechtigkeitsvorstellungen zukommt. Diese sind aber in jedem Fall als Maßstab für die notwendigen Güterabwägungen heranzuziehen. **4.** Zu einer Abwägung, die dem Schutz des Schwächeren gerecht werden soll, gehört selbstverständlich immer auch die vollständige Ermittlung, Sammlung und Aufbereitung des gesamten Abwägungsmaterials, d. h. aller Tatsachen und Informationen, die für die Bewertung der miteinander konkurrierenden, abwägungsrelevanten Belange von Bedeutung sein können (vgl. dazu *Gassner* NuR 1987, 97). In der Praxis ist dies keineswegs so selbstverständlich wie es scheint: Beispielsweise müsste bei der Prüfung der ethischen Vertretbarkeit von Tierversuchen auch die Frage erlaubt sein, welchen zusätzlichen Nutzen das zu erwartende Endprodukt gegenüber schon vorhandenen, vergleichbar wirksamen Substanzen voraussichtlich haben wird. In Forschung und Industrie wehrt man sich aber gegen eine solche Bedarfsprüfung, und in den Genehmigungsverfahren nach § 8 findet sie bisher nicht statt (vgl. Evang. Akademie Bad Boll, Tierversuche S. 233). **5.** Vollständige oder teilweise Abwägungsverbote zum Nachteil der Tiere sind weder mit dem Gedanken der Mitgeschöpflichkeit noch mit dem Staatsziel Tierschutz vereinbar – vgl. dazu aber die vor Inkrafttreten des Art. 20a GG übliche Praxis der Genehmigungsbehörden, bei der ethischen Vertretbarkeit von Tierversuchen nur in eine „qualifizierte Plausibilitätskontrolle" im Sinne einer Schlüssigkeitsprüfung einzutreten, anstatt die Nutzen-Schaden-Relation objektiv, zB mit Hilfe von Gutachten zu ermitteln (s. dazu § 8 Rn. 6); auch wird denjenigen, die Tierversuche durchgeführt haben, zugestanden, die Versuchsergebnisse gegenüber der Behörde aus Gründen des Geheimnis- und Konkurrentenschutzes nicht mitzuteilen, obwohl diese Informationen nötig wären, um Doppel- und Wiederholungsversuche zu verhindern. **6.** Verbleibende Ungewissheiten dürfen nicht einseitig dem Tier bzw. dem Tierschutz aufgebürdet werden, wenn die Abwägung ihr Ziel, ein auch dem Schwächeren gerecht werdendes Ergebnis zu erreichen, nicht verfehlen soll (s. auch Rn. 49).

Mitgeschöpflichkeit bedeutet nicht zuletzt auch die **Anerkennung der Verwandtschaft von Mensch und Tier,** wie sie sich aus der gemeinsamen Entwicklungsgeschichte ergibt. Damit kann – zumindest bei Wirbeltieren – ein dem Menschen ähnliches Empfindungsvermögen für Schmerzen und Leiden nicht mehr in Abrede gestellt werden (s. auch Rn. 6 [*Kiechle*]). Soweit beim „weiteren Hinabsteigen auf der Evolutionsleiter" Zweifelsfragen offen bleiben, muss für die Annahme eines ähnlichen Empfindungsvermögens bereits „die augenblickliche Wahrscheinlichkeit wissenschaftlicher Erkenntnis" ausreichen (so *Schultze-Petzold,* zit. n. *Eberle* NJW 1973, 1405). Dem Gedanken vom Schutz des Schwächeren widerspräche es, bei wirbellosen Tieren übertriebene Anforderungen an den Nachweis einer Leidensfähigkeit zu stellen. Den Regeln der Evolutionslehre entspricht eher, anzunehmen, dass alle zum Ortswechsel fähigen Lebewesen schmerz- und leidensfähig sind – im Sinne eines grundlegenden Überlebensvorteils. 8

II. Satz 2 als das grundsätzliche Verbot der Zufügung von Schmerzen, Leiden oder Schäden

1. Rechtliche Bedeutung

9 Es handelt sich um ein **unmittelbar geltendes Verbot**. Satz 2 ist, ebenso wie Satz 1, kein unverbindlicher Programmsatz, sondern unmittelbar geltendes Recht, das gleichermaßen staatliche Organe wie Bürger bindet (*Lorz* NuR 1992, 401, 402). Wer einem Tier Schmerzen, Leiden oder Schäden zufügt, ohne durch einen vernünftigen Grund gerechtfertigt zu sein, handelt nicht etwa nur unsittlich, sondern rechtswidrig. Die Behörde hat nach § 16 a S. 1 dagegen einzuschreiten. Auch solchen Verstößen, die zwar noch nicht begangen worden sind, aber drohend bevorstehen, ist mit geeigneten, erforderlichen und verhältnismäßigen Mitteln zu begegnen (vgl. *L/M* § 1 Rn. 15; s. auch § 16 a Rn. 1, 2).

10 Satz 2 stellt eine **Schutzerweiterung, nicht -einschränkung dar.** Als Auffangtatbestand erfasst Satz 2 auch solche tierschädigenden Handlungen, die nicht unter eine der speziellen Gebots- oder Verbotsvorschriften des Tierschutzrechts fallen, gleichwohl aber Schmerzen, Leiden oder Schäden bei Tieren verursachen. – Diesem Gedanken der Schutzerweiterung widerspräche es, wenn man die Gebote und Verbote der nachfolgenden Abschnitte generell unter den Vorbehalt des vernünftigen Grundes stellen und auf diese Weise ihren Schutzumfang mit Hilfe von Satz 2 einschränken würde (vgl. *L/M* § 1 Rn. 18; *Kluge/von Loeper* § 1 Rn. 47; näher dazu Rn. 30, 31).

2. Tier

11 Geschützt wird **jedes lebende Tier**, unabhängig von seinem Entwicklungsgrad (also auch Wirbellose; einzelne Vorschriften der §§ 3 ff. beschränken ihren Anwendungsbereich allerdings auf Wirbeltiere). Nicht als Tiere gelten tierische Eier (Larven sind aber bereits wieder geschützt) und tote Tiere. Tierembryonen im Mutterleib sind als Teil des Muttertieres geschützt.

3. Schmerzen

12 Der **Schmerz** wird von der „International Association for the Study of Pain" (ISAP) folgendermaßen definiert: Unangenehme sensorische und gefühlsmäßige Erfahrung, die mit akuter oder potenzieller Gewebeschädigung einhergeht oder in Form solcher Schädigungen beschrieben wird (zit. n. *Bernatzky* in: *Sambraus/Steiger* S. 40). – Schmerzen sind also unangenehme Sinnes- und Gefühlserlebnisse, die im Zusammenhang mit tatsächlicher oder potenzieller Gewebeschädigung stehen. Es ist zwar typisch, dass sie durch eine unmittelbare (zB mechanische, chemische, thermische oder elektrische) Einwirkung auf das Tier ausgelöst werden; notwendig ist dies aber nicht. Auch das tatsächliche Eintreten einer Schädigung oder eine erkennbare Abwehrreaktion sind nicht begriffsnotwendig (vgl. *Hackbarth/Lückert* B XIV 2.3; *Kluge/von Loeper* § 1 Rn. 21). – Trotz Verwendung des Begriffs

Grundsatz **§ 1 TierSchG**

im Plural ist schon die Zufügung eines einzelnen Schmerzes verboten (s. auch § 17 Rn. 48).

Das **Schmerzempfinden** wird vornehmlich durch die Reizung spezieller 13
Rezeptoren (sog. Nozizeptoren, das sind freie Nervenendigungen) ausgelöst. Diese Reize werden zum Zentralen Nervensystem – ZNS – weitergeleitet, das bei allen Wirbeltieren einen grundsätzlich gleichen Aufbau besitzt und in die Bereiche ‚Rückenmark', ‚Rautenhirn' und ‚Vorderhirn' aufgegliedert werden kann. Die emotional-affektive Verarbeitung der Schmerzwahrnehmung erfolgt im limbischen System. Für die bewusste Erkennung und Lokalisierung des Schmerzes und die Auslösung zielgerichteter Handlungen zur Schmerzbeseitigung ist dagegen beim Menschen und beim höheren Wirbeltier die Großhirnrinde (Neokortex) zuständig.

Zur **Feststellung der Schmerzempfindung** bei Tieren hat das Committee 14
on Pain and Distress in Laboratory Animals folgende **Kriterien** benannt:
1. Anatomische und physiologische Ähnlichkeiten bei Schmerzaufnahme, – weiterleitung und – verarbeitung mit dem Menschen; 2. Meidung von Reizen, die vermutlich schmerzauslösend sind; 3. Feststellbare Wirksamkeit schmerzhemmender Substanzen (vgl. *Oidtmann/Hoffmann* in: Evang. Akademie Bad Boll, Tiere im Sport, S. 208). Je mehr dieser Kriterien von einer Tierart erfüllt werden, desto eher muss für sie von einer Fähigkeit zur Schmerzempfindung, d.h. von Schmerzfähigkeit ausgegangen werden. – Zu Indizien (Symptomen), die auf Schmerz schließen lassen s. § 17 Rn. 51, 52.

Nach den o. e. Kriterien ist bei **Säugetieren** eine **Schmerzempfindung,** 15
wie der Mensch sie kennt, ohne weiteres anzunehmen, schon wegen der im Grundsatz gleichen morphologischen und funktionellen Struktur des Zentralnervensystems. Dasselbe gilt für **Vögel,** die wie die Säuger Warmblüter sind und für die ein hohes Maß an Empfindungsvermögen anerkannt ist (*L/M* § 1 Rn. 24). – Hinsichtlich der **Fische** war die Schmerzfähigkeit dagegen lange Zeit umstritten, im Gegensatz zu ihrer Leidensfähigkeit, die schon lange außer Zweifel steht. Die Rechtsprechung geht heute überwiegend auch von Schmerzfähigkeit aus (OLG Celle NStZ-RR 1997, 381 und NdsRpfl 1993, 133; OLG Düsseldorf NuR 1994, 517; OLG Zweibrücken NStZ 1986, 230). Dies entspricht dem aktuellen Stand wissenschaftlicher Erkenntnis (näher dazu *Bernatzky* aaO S. 48), denn die o. e. Kriterien lassen sich bei Fischen weitestgehend nachweisen. Insbesondere das Meideverhalten (s. Rn. 14 Ziff. 2) ist hinreichend belegt: Nur noch 10% der Forellen, die einmal geangelt und wieder zurückgesetzt worden sind, gehen ein zweites Mal an die Angel; ähnliche Ergebnisse sind bei Karpfen erzielt worden, wobei das Meideverhalten auch über längere Zeiträume anhält. Auch das Kriterium der Wirksamkeit schmerzhemmender Substanzen (s. Rn. 14 Ziff. 3) lässt sich belegen: Fische zeigen nach vorausgegangener Morphiumapplikation eine abgeschwächte Abwehrbewegung auf einen Schmerzreiz; auch konnten bei ihnen körpereigene Opioide (Endorphine) gefunden werden. Schließlich sind auch die anatomischen Voraussetzungen für eine Schmerzwahrnehmung gegeben (s. Rn. 14 Ziff. 1). Insbesondere sind die o. e. drei Bereiche des ZNS vorhanden. Auch klassische Neurotransmitter wie zB Acetylcholin, Adrenalin und Dopamin sowie bestimmte Neuropeptide, die beim Menschen in der Schmerzreizweiterleitung eine Rolle spielen,

konnten nachgewiesen werden (*Oidtmann/Hoffmann* aaO). Lediglich über einen Neokortex verfügen Fische nicht, doch ist in Anbetracht der erfüllten Kriterien zu vermuten, dass diejenige Funktion, die beim Menschen dort ablaufen (nämlich Schmerzlokalisierung und Auslösung von Abwehrhandlungen), beim Fisch an anderer Stelle, beispielsweise im Vorderhirn lokalisiert sind. – Ähnliches gilt auch für **die übrigen Wirbeltiere wie Lurche und Kriechtiere**, zumal diese in der Entwicklungsgeschichte höher stehen als die Fische. – Mögen auch zur Schmerzfähigkeit in den Naturwissenschaften noch Streitfragen bestehen, so ist doch für das Tierschutzrecht ausschlaggebend, dass der Gesetzgeber bei allen Wirbeltieren die Schmerzfähigkeit grundsätzlich vermutet. Dies folgt bereits aus dem Wortlaut der §§ 17, 18 Abs. 1 Nr. 1. Einen deutlichen Hinweis enthält auch § 5 Abs. 2 Nr. 1, der eine Betäubung grds. nur dann für nicht erforderlich hält, „wenn bei vergleichbaren Eingriffen am Menschen eine Betäubung in der Regel unterbleibt". In die gleiche Richtung weist auch die Entstehungsgeschichte des Gesetzes von 1972. Die damalige Bundesregierung hat auf einen Vorschlag des Bundesrates, den Begriff „Wirbeltier" in § 17 einzuschränken, Folgendes erwidert: „Wirbeltiere sind nach der zoologischen Einordnung höherorganisierte Tiere, die über ein Zentralnervensystem verfügen. Diese Tiere haben somit ein hochdifferenziertes Schmerzleitungssystem und ein ausgeprägtes Schmerzempfindungsvermögen. Es ist daher sachlich nicht vertretbar, innerhalb der Gruppe der Wirbeltiere eine Aufteilung vorzunehmen, die willkürlich erfolgen müsste" (BT-Drucks. 6/2559, zit. n. *Gerold* S. 66; zum Begriff „Wirbeltier" s. auch § 4 Rn. 1). Für Fische vgl. auch § 13 Abs. 5 TierSchlV. – Für eine Schmerzfähigkeit aller Wirbeltiere spricht nicht zuletzt die unerlässliche Warn- und Schutzfunktion, die der Schmerz für jeden beweglichen, einer Flucht- oder Abwehrreaktion fähigen Organismus besitzt: Schmerzen lösen physiologische Prozesse und Verhaltensreaktionen aus, die das Individuum vor Schäden bewahren und sein Überleben sichern sollen. Deshalb gilt: Liegen keine Erkenntnisse dafür vor, dass eine Tierart ein geringeres Schmerzempfinden aufweist als der Mensch, so muss im Analogieschluss die gleiche Schmerzempfindung wie beim Menschen angenommen werden (so auch *Hackbarth/Lückert* B XIV 2.3).

16 Bezüglich der **Schmerzfähigkeit wirbelloser Tiere** ist dagegen noch vieles streitig. – Bei Cephalopoden (Kopffüßlern) und Dekapoden (Zehnfußkrebsen) setzt das Gesetz die Schmerz- und die Leidensfähigkeit voraus (§ 8a Abs. 1 S. 1; vgl. auch Art 58 Abs. 1 Schweizer Tierschutzverordnung; vgl. weiter *Richter* in *Sambraus/Steiger* S. 812, der auf die zentralnervalen Leistungen, wie sie von Cephalopoden beim Lernen und bei der Gedächtnisbildung gezeigt werden, hinweist). – Für Krusten- und Schalentiere geht der Verordnunggeber der Tierschutzschlachtverordnung davon aus, dass sie schmerz- und leidensfähig sind (§ 13 Abs. 8 TierSchlV). Auch bei Meeresschnecken konnten Schmerzrezeptoren nachgewiesen werden (vgl. *Buchenauer* in: KTBL-Schrift Nr. 377 S. 18). – Für andere Tierarten ist zu beachten: Bei Wirbellosen aller Klassen, die bisher darauf untersucht worden sind, finden auf (vermutet) unangenehme oder schädigende Reize Meidereaktionen statt, die den gleichen biologischen Zweck erfüllen wie die Schmerzreaktionen beim Menschen. Dies legt ein Schmerzempfinden auch

Grundsatz § 1 TierSchG

bei ihnen nahe, mag es auch (wegen fehlender neuronaler Bahnen, Zentren und Verschaltungen) von anderer Art sein als beim Wirbeltier. Auch die lebens- und arterhaltende Funktion, die der Schmerz für jedes Lebewesen, soweit es einer Abwehr- oder Fluchtreaktion fähig ist, besitzt, sollte zur Vorsicht mahnen gegenüber allen Versuchen, wirbellosen Tieren die Schmerzfähigkeit abzusprechen. Eine solche Vorsicht entspricht auch dem Gedanken vom Schutz des Schwächeren, wie er dem ethischen Tierschutz zugrunde liegt. Nur bei Lebewesen, die überhaupt keinen Versuch machen, sich einer lebensbedrohenden Situation zu entziehen, darf auf ein fehlendes Schmerzempfinden geschlossen werden (*Teutsch*, Lexikon, „Schmerz").

4. Leiden

Leiden sind alle nicht bereits vom Begriff des Schmerzes umfassten **Beeinträchtigungen im Wohlbefinden,** die über ein schlichtes Unbehagen hinausgehen und eine nicht ganz unwesentliche Zeitspanne fortdauern (vgl. BGH NJW 1987, 1833, 1834; BVerwG NuR 2001, 454, 455). Diese Definition ist in Rspr. und Lit. allgemein anerkannt (vgl. *L/M* § 1 Rn. 33 mN). – Teilweise wird auch noch eine andere Definition verwendet: „Leiden werden durch der Wesensart des Tieres zuwiderlaufende, instinktwidrige und vom Tier gegenüber seinem Selbst- oder Arterhaltungstrieb als lebensfeindlich empfundene Einwirkungen und durch sonstige Beeinträchtigungen seines Wohlbefindens verursacht" (vgl. VGH Mannheim NuR 1994, 487, 488). Dies bedeutet keine Einschränkung zu der o. e. BGH-Definition, wie schon der Hinweis auf die „sonstigen Beeinträchtigungen" zeigt. – Das Tierschutzrecht verfügt damit über einen eigenständigen Leidensbegriff, der nicht der Human- oder Veterinärmedizin entstammt. Insbesondere braucht die Beeinträchtigung nicht körperlicher Natur zu sein; eine Beeinträchtigung des seelischen Wohlbefindens reicht aus (VGH Mannheim aaO; *L/M* § 1 Rn. 34). – Der hiergegen vorgebrachte Einwand, damit würden „tierische Leiden rechtlich ernster genommen als menschliche" (so *Bettermann*, Teil 1 S. 13), trifft nicht zu, denn das Strafrecht schützt auch den Menschen vor der Zufügung seelischer Leiden (vgl. u. a. § 225 StGB); erst recht gilt dies für das Familienrecht, für Teilbereiche des Besonderen Verwaltungsrechts usw. (vgl. *L/M* § 1 Rn. 34). 17

Unter **Wohlbefinden** wird ein Zustand physischer und psychischer Harmonie des Tieres in sich und – entsprechend seinen angeborenen Lebensbedürfnissen – mit der Umwelt verstanden. Regelmäßige Anzeichen von Wohlbefinden sind Gesundheit und ein natürliches, in jeder Beziehung der jeweiligen Tierart entsprechendes Verhalten (vgl. *L/M* § 1 Rn. 9; *Bolliger* S. 3 mN). 18

Von dem Grundsatz, dass jede Beeinträchtigung im Wohlbefinden Leiden bedeutet, gelten **zwei Einschränkungen** (vgl. BGH aaO). – Erste Einschränkung: Nicht ausreichend ist eine reine Augenblicksempfindung (anders aber bereits, wenn sich kurzzeitige Wohlbefindensstörungen wiederholen) – Zweite Einschränkung: Nicht ausreichend ist ein „schlichtes Unbehagen". Darunter kann zB die Vorstufe zu Angst oder ähnlichen Empfindungen verstanden werden. Auch bloße Aufregungen, Anstrengungen oder vorüberge- 19 hende Belastungszustände lassen sich noch dem Unbehagen zuordnen. Die Grenzen sind indes fließend, so dass auch solche Zustände bei längerer Dauer und/oder starker Intensität in Leiden münden können (vgl. *L/M* § 1 Rn. 35). – Nicht dagegen verlangt der tierschutzrechtliche Leidensbegriff, dass die Beeinträchtigung des Wohlbefindens nachhaltig sein müsse (darauf weist BGH aaO ausdrücklich hin; ebenso VGH Mannheim NuR 1994, 488 und OLG Düsseldorf NuR 1994, 517). – Auf Erheblichkeit oder zeitliche Dauer kommt es nur dort an, wo das Gesetz dies ausdrücklich verlangt (zB bei § 17 Nr. 2b im Gegensatz zu § 2 Nr. 2).

20 Dass Tiere ähnlich wie der Mensch Schmerzen und Leiden empfinden, ist eine im menschlichen Denken und Fühlen fest verwurzelte Gewissheit (s. auch Rn. 6 [*Kiechle*]). Aus erkenntnistheoretischen Gründen wird die Beweisbarkeit dieses Sachverhaltes jedoch zuweilen in Zweifel gezogen. Zur Überwindung dieser Schwierigkeit sind in der Ethologie verschiedene Indikatorenkonzepte entwickelt worden, die für die Gesetzesanwendung hilfreich sein können und sich gegenseitig ergänzen: der **Analogieschluss** (s. u.); das Bedarfsdeckungs- und Schadensvermeidungskonzept (s. § 2 Rn. 9); das Handlungsbereitschaftsmodell (vgl. *Buchholtz* in: *Buchholtz, Goetschel* et al. S. 93 ff.). – Der Analogieschluss besagt nach *Sambraus* Folgendes: 1. Jeder Mensch kann Leiden und Schmerzen empfinden. 2. Diese subjektiven Empfindungen sind von objektiven Erscheinungen wie Schreien, Zittern, gestörter Motorik, Schweißausbruch, weit geöffneten Augen, abnormalem Verhalten, Apathie uÄ begleitet. 3. Wirbeltiere sind dem Menschen morphologisch, physiologisch und in der Organisation des Nervensystems sehr ähnlich. Gleiches gilt für Verhaltensreaktionen. Dies geht schon daraus hervor, dass man aus den Ergebnissen von Tierversuchen Hinweise auf die Verhältnisse beim Menschen ableiten will. 4. Tiere zeigen in bestimmten Situationen die gleichen Erscheinungen wie der Mensch, also Schreien, Zittern, abnormales Verhalten, Apathie usw. 5. Daraus darf geschlossen werden, dass analoge Empfindungen vorliegen (deswegen Analogieschluss), dass das Tier also nicht nur Schmerzen empfinden, sondern auch leiden kann, ohne dass es krank oder verletzt ist („psychische" Leiden; zit. nach Evang. Akademie Bad Boll, Tierarzt S. 38, 39).

21 **Leiden setzt also nicht voraus, dass Tiere krank oder verletzt sind.** Wohlbefinden ist mehr als die Abwesenheit von Krankheit (s. Rn. 18; vgl. zB auch § 9 Abs. 2 S. 3 Nr. 5: „Gesundheitszustand und Wohlbefinden"). – Erhebliche Leiden iS der §§ 17, 18 können zwar durch Krankheits- und Verletzungsanzeichen sowie physisch messbare Funktionsstörungen angezeigt werden. Die hauptsächlichen Indikatoren sind aber Verhaltensstörungen. Liegt eine Verhaltensstörung vor, so lässt sich die von ihr ausgehende Indizwirkung nicht mit dem Fehlen pathologischer oder anderer physisch messbarer Anzeichen verrechnen, denn anderenfalls würde man Leiden unzulässigerweise mit Krankheit gleichsetzen (s. dazu auch § 17 Rn. 67, 68). – Auf den Zusammenhang zwischen Bedürfnisunterdrückung und Leiden weist die EU-Kommission hin: „Ist ein Tier nicht in der Lage, ein Bedürfnis zu befriedigen, so wird sein Befinden früher oder später darunter leiden" (Legehennenmitteilung S. 6). Dies entspricht der Definition von Wohlbefinden und macht deutlich: Bereits aus Art, Ausmaß und zeitlicher Dauer, mit

der ein Verhaltensbedürfnis zurückgedrängt wird, kann auf erhebliches Leiden geschlossen werden, auch ohne Hinzutreten weiterer Indikatoren; erst recht natürlich bei Betroffensein mehrerer Bedürfnisse (s. auch § 17 Rn. 70).
Auch Angst ist Leiden (vgl. OLG Frankfurt/M NJW 1992, 1639; *L/M* § 1 Rn. 36; *Kluge/von Loeper* § 1 Rn. 23; *Kluge/Ort/Reckewell* § 17 Rn. 64). Ausdrucksmittel sind u. a.: Häufiges Absetzen von wässrigem Kot und Harn ohne entsprechendes Ausscheidungsritual, Schreckurinieren, Blässe der Haut, Zittern, Sträuben der Haare, stark erhöhter Herzschlag, weites Öffnen von Augen, Nasenlöchern und/oder Maul, Lautäußerungen, unnatürliches Zusammendrängen mehrerer Tiere, Regression (= Zurückfallen in kindliche Verhaltensweisen als Ausdruck der Nichtbewältigung der Situation), widernatürliches oder situationsfremdes Verhalten wie scheinbar sinnloses Sich-Putzen, kopfloses Dahinstürzen, Angstbeißen u. a. m. – Erhebliches Leiden kann durch Ausmaß, Intensität und Dauer eines dieser Indizien angezeigt werden, erst recht durch das Zusammentreffen mehrerer. Bei Panik, Todesangst uÄ wird man es stets annehmen müssen. 22

Die **Leidensfähigkeit von Wirbeltieren** kann nicht angezweifelt werden. Auch Fische können nach allgemeiner Auffassung leiden (vgl. OLG Celle NStZ-RR 1997, 381; OLG Düsseldorf NuR 1994, 517; *L/M* § 1 Rn. 41); in Straf- und Bußgeldverfahren ist deshalb zuweilen die Frage nach ihrer Schmerzfähigkeit offen gelassen worden, wenn sich jedenfalls erhebliche Leiden feststellen ließen (so von OVG Koblenz AtD 1998, 346, 347). – Auch hier gilt wieder: Wortlaut und Entstehungsgeschichte von § 17 Nr. 2b zeigen, dass der Gesetzgeber bei allen Wirbeltieren von einer dem Menschen analogen Leidensfähigkeit ausgeht, ebenso davon, dass sich Leiden nachweisen lassen (s. Rn. 8). Gutachter, die Gegenteiliges vertreten, stehen nicht auf dem Boden des Gesetzes (s. dazu § 2 Rn. 44 und § 17 Rn. 85). 23

Bezüglich der **wirbellosen Tiere** muss man nach § 8a Abs. 1 jedenfalls bei den Cephalopoden und Dekapoden Leidensfähigkeit annehmen (vgl. BT-Drucks. 13/9071 S. 31), nach § 13 Abs. 8 TierSchlV auch bei den (übrigen) Krustentieren sowie den Schalentieren. – Beim weiteren Hinabsteigen auf der Evolutionsleiter ist zu bedenken, dass Leiden so lange biologisch sinnvoll sind, wie Tiere die Fähigkeit zur Bewegung und damit zur Veränderung solcher Zustände besitzen, die für Selbstaufbau, Selbsterhaltung und Fortpflanzung abträglich sind. Es entspricht außerdem dem Gedanken vom Schutz des Schwächeren, eine Leidensfähigkeit auch dort anzunehmen, wo sie lediglich wahrscheinlich erscheint (vgl. *Schultze-Petzold*, zit. n. *Eberle* NJW 1973, 1407). 23a

5. Schäden

Ein **Schaden** liegt vor, wenn der körperliche oder seelische Zustand, in welchem ein Tier sich befindet, vorübergehend oder dauernd zum Schlechteren hin verändert wird (*L/M* § 1 Rn. 52; *Goetschel* Art. 2 Rn. 10). Schaden ist also jede Beeinträchtigung der physischen oder psychischen Unversehrtheit. Eine Dauerwirkung ist nicht erforderlich, ebenso wenig eine Verletzung oder Minderung der körperlichen Substanz. Völlig geringfügige Beeinträchtigungen bleiben aber außer Betracht. – Der Soll-Zustand des Tieres 24 beurteilt sich (gemäß dem Bedarfsdeckungs- und Schadensvermeidungskonzept, s. dazu § 2 Rn. 9) an Tieren der gleichen Art/Rasse, die unter natürlichen bzw. naturnahen Bedingungen leben bzw. gehalten werden. Darauf, ob die Brauchbarkeit des Tieres zu einem ihm vom Menschen beigelegten Zweck beeinträchtigt wird, kommt es hier (im Gegensatz zu §§ 303, 304 StGB) nicht an. – Einzelne Bestimmungen des Gesetzes verbieten die Zufügung bestimmter Schäden, so zB § 3 Nr. 8 a, § 6, § 11 b. – Beispiele für Schäden (nach *L/M* § 1 Rn. 54; *Kluge/von Loeper* § 1 Rn. 41): Abmagerung, Abstumpfung der Sinne, Amputationen, herabgesetzte Bewegungsfähigkeit, Betäubung, Fehlen eines Körperteils, Gefiederveränderungen, Gesundheitsbeschädigungen (funktionelle Störungen, Krankheiten, Krämpfe, Lähmungen, Missgestaltung etwa durch Züchtung (vgl. § 11b Abs. 1), Nervenschädigungen, Neurosen, Psychopathien als Folge von Schreckerlebnissen und Konfliktsituationen oder Triebhemmungen, Psychosen, Verletzungen, Zystenbildung), abnorme Gewichtssteigerung, Gleichgewichtsstörung, verringerte Leistungsfähigkeit, Unfruchtbarkeit, Verhaltensstörung (zB Stereotypie), charakterliche Verschlechterung.

25   Auch der **Tod ist ein Schaden** (vgl. BVerwG NVwZ 1998, 853, 855: „der mit dem schwersten Schaden verbundene Eingriff"; *L/M* aaO; *Goetschel* aaO; *Lorz* NuR 1992, 401, 402: „denkmäßig der größte Schaden, der einem Lebewesen zugefügt werden kann"). Bedenken, dass schmerzlose Tötungen unheilbar kranker Tiere bei diesem Schadensbegriff nicht mehr möglich seien, sind völlig unbegründet: sie sind zwar Schadenszufügung, aber durch einen vernünftigen Grund gerechtfertigt.

26   **Häufig gehen dem Eintritt eines Schadens Leiden voraus.** Insbesondere bei Schäden, die auf mangelnde Bewegung zurückzuführen sind, kann man davon ausgehen, dass die vorangegangenen Einschränkungen der Bewegungsmöglichkeit für das Tier mit Leiden verbunden waren, weil es ein entsprechend starkes Bedürfnis dazu hatte, das unterdrückt worden ist. – Ein Schaden kann auch von Schmerzen oder Leiden begleitet sein. Es gibt aber auch Schäden ohne vorausgegangene oder begleitende Schmerzen und Leiden. – Schäden können auch solchen Tieren zugefügt werden, deren Schmerz- und Leidensfähigkeit zweifelhaft ist (s. auch § 18 Abs. 2 Rn. 24).

III. Der vernünftige Grund
(s. auch § 17 Rn. 8–11 sowie Rn. 73)

1. Allgemeines

27   Mit der Einführung des vernünftigen Grundes wollte der Gesetzgeber von 1972 berechtigte und vernünftige Lebensbeschränkungen „im Rahmen der **Erhaltungsinteressen des Menschen**" zulassen (BT-Drucks. 6/2559, zit. n. *Gerold* S. 46). Der vernünftige Grund ist damit der zentrale Begriff im Tierschutzrecht, über den die vielfältigen Interessenkonflikte von Mensch und Tier abgewickelt werden (vgl. *Hirt*, Der vernünftige Grund, S. 3). Er soll die Grenze bestimmen, bis zu der die Gesellschaft aufgrund ihrer Wertvorstellungen und ihres sittlich-moralischen Empfindens bereit ist, Einschränkungen von Lebensbedürfnissen und Schutzanliegen von Tieren

Grundsatz § 1 TierSchG

zu akzeptieren. Er dient dazu, im Umgang mit dem Tier „eine spezifische Verantwortungs- und Arbeitsethik zu realisieren, die sich am Grad der moralischen Sensibilisierung der Gesellschaft ausrichtet" (*Schultze-Petzold* in: *Fölsch/Nabholz* Tierhaltung Bd. 13 S. 13, 15).

Notwendig ist eine **zweistufige Prüfung**. Das Tierschutzgesetz steht unter dem – dem Verhältnismäßigkeitsprinzip entsprechenden – Leitgedanken, Tieren „nicht ohne vernünftigen Grund" „vermeidbare", das „unerlässliche Maß" übersteigende Schmerzen, Leiden oder Schäden zuzufügen (so BVerfGE 36, 47, 57; 48, 376, 389). Daraus folgt, dass zur Rechtfertigung von Eingriffen in die Integrität eines Tieres eine Prüfung erfolgen muss, die zwei Stufen umfasst: 1. Zunächst muss geprüft werden, ob ein legitimer Zweck verfolgt wird, der grundsätzlich geeignet ist, die Zufügung von Schmerzen, Leiden oder Schäden zu begründen. 2. Weiter ist zu ermitteln, ob die Elemente des Verhältnismäßigkeitsgrundsatzes – „Geeignetheit", „Erforderlichkeit" und „Verhältnismäßigkeit ieS" – gewahrt sind. Dabei geht es um die ausnahmsweise Rechtfertigung tatbestandsmäßigen Handelns im Wege der Güter- und Pflichtenabwägung (vgl. *Lorz* NuR 1992, 401, 402). 28

Der vernünftige Grund ist ein **Rechtfertigungsgrund** (vgl. BayObLG NuR 1994, 512; BayObLG RdL 1977, 303, 304; *L/M* § 1 Rn. 60; *Lorz* NuR 1992, 401, 402). Er beruht – ebenso wie die Rechtfertigungsgründe des Notstandes (§ 34 StGB; §§ 228, 904 BGB) – auf dem „Mehr-Nutzen-als-Schaden"-Prinzip (vgl. auch *Lorz* Anh. §§ 17, 18 Rn. 12: Dort wird auf die Zwecktheorie verwiesen, der zufolge ein Handeln nicht rechtswidrig ist, wenn es sich als Verfolgung eines rechtlich anerkannten Zweckes mit rechten Mitteln darstellt). 29

2. Anwendungsbereich

Zu unterscheiden sind **zwei Gruppen von Normen**. Der Gesetzgeber strebt an, im Bereich des Tierschutzes ethische Grundsätze und wissenschaftliche sowie wirtschaftliche Erfordernisse miteinander in Einklang zu bringen (vgl. BVerfG aaO). Die danach notwendige Abwägung vollzieht das Gesetz in einigen seiner Tatbestände selbst; in anderen bleibt sie dagegen dem Rechtsanwender überlassen. Demgemäß finden sich in den Abschnitten 2 bis 12 des Gesetzes zwei Arten von Rechtsnormen: Einerseits Gebots- und Verbotsvorschriften mit unbedingter Geltung, die das Resultat einer vom Gesetzgeber selbst durchgeführten Güter- und Interessenabwägung darstellen und deren Tatbestandsfassung deshalb bereits ein Abwägungsergebnis enthält; die Verletzung einer solchen Vorschrift kann nur gerechtfertigt werden, wenn dem Handelnden einer der allgemein anerkannten Rechtfertigungsgründe (zB Notstand nach § 34 StGB oder nach den §§ 228, 904 BGB) zur Seite steht. Andererseits Vorschriften, die zusätzlich zur Feststellung einzelner, bestimmter Tatbestandsmerkmale noch eine an den Umständen des Einzelfalls ausgerichtete Güter- und Interessenabwägung erforderlich machen; zum Ausdruck gebracht wird dieser Vorbehalt durch gesetzliche Formulierungen wie „vermeidbar", „zumutbar", „berechtigter Grund" oder auch „vernünftiger Grund". Bei dieser Normengruppe führt also ein Verstoß erst dann zur Rechtswidrigkeit, wenn eine am Ein- 30 zelfall ausgerichtete Abwägung ergibt, dass ohne vernünftigen Grund gehandelt wurde (so auch *L/M* § 1 Rn. 18; *Caspar* Tierschutz S. 357; *ders.* NuR 1997, 577).

31 Es besteht **keine generelle Einschränkung**. Die Gegenansicht, die jede Norm des Tierschutzrechts unter die Einschränkung des vernünftigen Grundes gestellt sehen will (so *v. Pückler* AgrarR 1992, 7, 10), verkennt die Systematik und den Gesetzeszweck. Unterlägen alle speziellen Gebote und Verbote der Abschnitte 2 bis 12 einem derartigen Generalvorbehalt, so wären sie weitgehend wirkungslos. Überflüssig wären insbesondere die zahlreichen Einschränkungen, die der Gesetzgeber ihnen im Wege einer ausgefeilten Systematik beigelegt hat und deren es nicht bedurft hätte, wenn bereits (irgend)ein vernünftiger Grund ausreichen würde, um Verstöße gegen sie zu rechtfertigen (so zu Recht VGH Kassel NuR 1997, 296, 298; ebenso OVG Schleswig AtD 1999, 38, 41). Zudem will § 1 S. 2 den Schutz, den die Vorschriften der nachfolgenden Abschnitte dem Tier gewähren, nicht einschränken, sondern erweitern: Nach ihm sollen Handlungen, die Tieren Schmerzen, Leiden oder Schäden zufügen und denen kein vernünftiger Grund zur Seite steht, auch dann rechtswidrig sein (und die zuständige Behörde zu einem Einschreiten nach § 16a S. 1 oder nach § 11 Abs. 2a veranlassen), wenn sie noch nicht die Voraussetzungen einer spezialgesetzlichen Gebots- oder Verbotsnorm erfüllen (schutzerweiternder Auffangtatbestand, vgl. *Lorz* NuR 1992, 401). Diesem Gedanken der Schutzerweiterung widerspräche es, Satz 2 als Instrument zu benutzen, um die nachfolgenden Bestimmungen unter einen Generalvorbehalt zu stellen und auf diese Weise ihren Schutzumfang zu mindern (wie hier: OVG Münster NuR 1999, 115, 117; VGH Kassel aaO; OVG Schleswig aaO; *L/M* § 1 Rn. 18; *Kluge/von Loeper* § 1 Rn. 47; *Schultze-Petzold* DtW 1978, 330; *Stober*, Verfassungsfragen der Käfighaltung, S. 34; vgl auch *Caspar* Tierschutz S. 357, der in den §§ 2ff. spezialgesetzliche Regelungen sieht, die den Rahmen des erlaubten Umgangs mit Tieren festlegen). – Vorschriften, die nicht unter zusätzlichem Abwägungsvorbehalt stehen, sind demnach insbesondere: § 2 Nr. 1 (wohl aber § 2 Nr. 2, s. dort „vermeidbar"), § 3, § 5 (mit Ausnahme von Abs. 1 Satz 3, s. dort „berechtigter Grund"), § 6, § 11b, § 17 Nr. 2a und b (s. dort Rn. 73).

3. Kein vernünftiger Grund bei Fehlen eines nachvollziehbaren, billigenswerten Zwecks

32 Eine Rechtfertigung scheidet von vornherein aus, wenn der verfolgte **Zweck** rechts- oder sittenwidrig oder aus anderen Gründen generell ungeeignet ist, die Zufügung von Schmerzen, Leiden oder Schäden zu legitimieren. – Im Einzelnen: 1. Werden bei einem Eingriff mehrere Zwecke verfolgt, so ist für die Rechtfertigung nur derjenige maßgebend, der das Handeln steuert, der Hauptzweck also (vgl. *Hirt*, Der vernünftige Grund, S. 12; *L/M* § 1 Rn. 64). Ein Beispiel dafür findet sich in einer Verfügung der StA Offenburg zur Jagdhundeausbildung an Enten: „Der Hinweis darauf, dass die so geschossenen Enten dem menschlichen Verzehr zugeführt werden, schlägt nicht durch, denn das ist nicht der Zweck des Abschusses, sondern der Ab-

schuss dient ausschließlich Trainings- oder Prüfungszwecken" (NStZ 1990, 345). **2.** Ist dieses Hauptmotiv gesetz- oder sittenwidrig oder sonst unzureichend, so scheidet eine Rechtfertigung aus, selbst wenn nebenbei noch ein rechtlich zulässiger Zweck verfolgt oder vorgeschoben wird (vgl. OVG Koblenz AtD 1998, 346, 350: „vorrangige Motivation des Handelnden"). **3.** Gleiches gilt, wenn das hauptsächliche Motiv von solcher Art ist, dass es nach den fundierten allgemeinen Gerechtigkeitsvorstellungen der Gemeinschaft von vornherein ungeeignet ist, Verletzungen des Lebens oder des Wohlbefindens von Tieren zu rechtfertigen. Dazu gehören u. a.: Abneigung gegen ein Tier, Absicht der Schadenszufügung, Abreagieren einer seelischen Spannung oder eines Affekts, Bequemlichkeit, Verfolgungstrieb, Langeweile, Laune, Lust, Mutwille, Rache, Vergeltung, Schießübung, Sensationshascherei, Überdruss an dem Tier, Unmut, Übermut, Verärgerung, Wut, Zerstörungssucht (*L/M* aaO). **4.** Anlässlich der Anhörung im Ausschuss für Ernährung, Landwirtschaft und Forsten zum ÄndG 1986 am 23./24. 10. 1985 erklärte die Evangelische Kirche in Deutschland (EKD) u. a., das Quälen von Tieren als Sport oder zur Gewinnung von Luxusprodukten sei „gänzlich unannehmbar"; das Kommissariat der deutschen katholischen Bischöfe nannte es „nicht zu verantworten, dass Tiere, die fühlende Wesen sind, ohne ernste Gründe, etwa zum Vergnügen oder zur Herstellung von Luxusprodukten, gequält und getötet werden" (BT Ausschuss-Drucks. 10/ 165). Zwecke wie „sportlicher Wettkampf", „Freizeitvergnügen" oder „Gewinnung von Luxusprodukten" (zB von Pelzen, vgl. § 17 Rn. 43) sind mithin sowohl nach der christlichen Ethik der Mitgeschöpflichkeit als auch nach den fundierten allgemeinen Gerechtigkeitsvorstellungen von vornherein ungeeignet, Tötungen oder die Zufügung von Schmerzen oder Leiden zu rechtfertigen. – Bilden Zwecke, die demnach von vornherein nicht geeignet sind, Leidenszufügungen und Tötungen zu rechtfertigen, das Hauptmotiv, so ist das Handeln rechtswidrig, ohne dass noch in die zweite Stufe der Prüfung (Geeignetheit, Erforderlichkeit, Verhältnismäßigkeit ieS) eingestiegen werden müsste.

4. Kein vernünftiger Grund bei Rechtswidrigkeit des Mittels

Das angewendete **Mittel** verstößt gegen die Rechtsordnung, wenn sich aus (irgend) einer Vorschrift ergibt, dass sein Einsatz verboten ist, selbst wenn damit ein nachvollziehbarer, billigenswerter Zweck verfolgt wird. Auch in diesem Fall scheidet ein vernünftiger Grund von vornherein aus, denn auch ohne Abwägung steht fest, dass der Handelnde nicht das rechte Mittel zum rechten Zweck eingesetzt hat. – Ein solcher Verstoß kann sich daraus ergeben, dass mit der Handlung gegen ein unbedingtes gesetzliches Verbot verstoßen wird, zB gegen eines der sachlichen Jagdverbote nach § 19 BJagdG (s. auch § 17 Rn. 10). – Ein Verstoß liegt aber auch dann vor, wenn zwar eine Erlaubnisnorm für das betreffende Sachgebiet die Zufügung von Schmerzen, Leiden und Schäden unter bestimmten Voraussetzungen zulässt, der Täter jedoch eine dieser Voraussetzungen nicht einhält oder die Grenzen der Norm überschreitet. Es ist in diesem Fall nicht möglich, den vernünftigen Grund als erweiternden Auffangtatbestand heranzuziehen und

§ 1 TierSchG *Tierschutzgesetz*

auf diese Weise die Beschränkungen des Spezialgesetzes zu umgehen (s. auch § 17 Rn. 9).

5. Rechtfertigung bei Eingreifen einer speziellen Erlaubnis

34 Greift ein **allgemeiner Rechtfertigungsgrund** ein – insbes. Notwehr (§ 32 StGB), Notstand (§ 34 StGB, §§ 228, 904 BGB), rechtfertigende Pflichtenkollision (d. h.: zwei rechtlich gleichwertige Pflichten kollidieren so miteinander, dass der Täter nur entweder die eine oder die andere erfüllen kann) – so braucht das Vorliegen eines vernünftigen Grundes nicht mehr geprüft zu werden. Dies gilt jedoch nicht für die (tatsächliche oder mutmaßliche) Einwilligung des Eigentümers oder Verfügungsberechtigten, denn die Belange des Tierschutzgesetzes stehen nicht zur Disposition einzelner Personen.

35 Wenn ein **Spezialgesetz** für das betreffende Sachgebiet die Zufügung von Schmerzen, Leiden oder Schäden erlaubt, ist zu differenzieren: Vollzieht das Gesetz mit seiner Tatbestandsfassung die notwendige Abwägung zwischen dem ethischen Tierschutz und den gegenläufigen Nutzerinteressen, so kann der Eingriff gerechtfertigt sein, sofern der Handelnde die Voraussetzungen und Grenzen des Gesetzes einhält (s. auch Rn. 33). Vollzieht das Gesetz diese Abwägung dagegen nicht, so muss zusätzlich geprüft werden, ob der Eingriff auch durch einen vernünftigen Grund gerechtfertigt ist, denn gemäß Art. 20a GG können Eingriffe in Leben und Wohlbefinden von Tieren nicht ohne Abwägung stattfinden (wichtig zB für das Tierseuchenrecht). – Unmittelbar rechtfertigende Wirkung können aber nur solche Gesetze entfalten, die gegenüber dem Tierschutzgesetz gleichrangig sind, also Bundesgesetze, nicht hingegen Rechtsverordnungen, Satzungen, Verwaltungsvorschriften und Landesgesetze (vgl. Art. 31 GG).

36 Bei Vorliegen einer **behördlichen Genehmigung** ist zu differenzieren: 1. Genehmigungen rechtfertigen Eingriffe in tierschutzrechtliche Belange dort – und nur dort – wo das Tierschutzrecht dies vorsieht. Beispiele: § 4a Abs. 2 Nr. 2 (Schächten); § 6 Abs. 3 (bestimmte Teilamputationen); § 8 Abs. 1 (Tierversuche). In diesen Fällen bewirkt das Vorliegen einer wirksamen Genehmigung (vgl. §§ 44, 48, 49 VwVfG), dass ein vernünftiger Grund nicht mehr geprüft zu werden braucht, sofern die Genehmigung den Eingriff umfasst und der Handelnde sowohl ihre Voraussetzungen als auch ihre Grenzen einhält (zur Lehre von der eingeschränkten Verwaltungsakzessorietät bei rechtswidrigen Genehmigungen s. § 17 Rn. 75). 2. Dagegen können Genehmigungen, die auf andere Vorschriften gestützt sind, insbesondere auf solche des Bau- oder Immissionsschutzrechtes, Verletzungen des Tierschutzgesetzes grundsätzlich nicht rechtfertigen. Insbesondere gilt dies für § 17 Nr. 2b, der einen Grundwert der Sittenordnung schützt, unabhängig vom Verhalten der Behörden (vgl. OLG Celle NStZ 1993, 291, 292, *Kluge/Ort/Reckewell* § 17 Rn. 148; *L/M* HennenVO Rn. 17; näher dazu § 17 Rn. 74).

6. Zweistufige Prüfung

37 Der vernünftige Grund erfordert eine **Güter- und Pflichtenabwägung** zwischen dem Interesse des Tiernutzers und der Integrität des Tieres; not-

Grundsatz § 1 TierSchG

wendig ist die Bildung einer Vorrangsrelation nach den Grundsätzen der Verhältnismäßigkeit (so OVG Koblenz AtD 1998, 346, 349, im Anschluss an *Caspar* NuR 1997, 577, 579). Deshalb kann die Feststellung, dass mit dem Eingriff ein legaler, nicht sittenwidriger und intersubjektiv vermittelbarer (d. h. mit den fundierten allgemeinen Gerechtigkeitsvorstellungen der Gemeinschaft in Einklang stehender) Zweck verfolgt worden ist, für eine Rechtfertigung noch nicht ausreichen. Hinzu kommen müssen auf einer zweiten Stufe die Elemente der „Geeignetheit", der „Erforderlichkeit" (d. h. Grundsatz des mildesten Mittels) und der „Verhältnismäßigkeit ieS" (d. h. Gebot des mehr Nutzens als Schadens). – Entsprechend dem in den §§ 1 und 2 vorgezeichneten Interessenausgleich ist ein ethisch begründeter Tierschutz zu fördern, ohne die Rechte der Tierhalter übermäßig einzuschränken (vgl. BVerfGE 101, 1, 36). Auch damit kommt das Gebot der Abwägung zum Ausdruck, zugleich aber auch die Pflicht, Leben und Wohlbefinden bis zu der Grenze zu fördern, jenseits derer übermäßig in die Grundrechte der Halter und Nutzer eingegriffen würde.

7. Geeignetheit

An der **Geeignetheit** fehlt es, wenn der Eingriff untauglich ist, das angestrebte Ziel zu erreichen. – Beispiel nach OLG Stuttgart (NuR 1986, 347): Ein Gartenbesitzer, dessen Kirschbaum ständig von Amseln „heimgesucht" worden war, hatte vier der Vögel abgeschossen. Keine Rechtfertigung, denn: Das emotionale Motiv (Verärgerung, Wut) schied als vernünftiger Grund von vornherein aus (s. Rn. 32); der an sich erlaubte Zweck, die eigenen Kirschen vor Vogelfraß zu schützen, rechtfertigte ebenfalls nicht, weil die Tötung einzelner Vögel kein geeignetes Mittel zum Abschrecken von Artgenossen darstellt; allenfalls der entstehende Knall konnte vorübergehend eine derartige Wirkung erzielen, doch hätte dazu auch ein milderes Mittel als das Totschießen ausgereicht. Außerdem fehlte es auch an der Verhältnismäßigkeit ieS. – Ein ähnliches Beispiel bildet das von Fischteichbesitzern immer wieder geforderte Abschießen von Kormoranen: Auch hier schreckt der Tod einzelner Tiere die Artgenossen nicht ab; abschreckend wirkt allenfalls der dabei veranstaltete Lärm, der aber als milderes Mittel auch auf andere Weise erzeugt werden kann. – Je mehr Zweifel an der Geeignetheit des angewendeten Mittels für den angegebenen Zweck bestehen, desto eher besteht Veranlassung zu prüfen, ob nicht in Wahrheit ein anderer, nicht rechtfertigender Zweck die vorrangige Motivation bildet (Bsp. bei StA Hanau NuR 1991, 501: Deklaration eines Wettfischens als Maßnahme zur Fischhege oder Gewässerbewirtschaftung). 38

8. Erforderlichkeit (auch: Unerlässlichkeit oder Übermaßverbot oder Grundsatz des mildesten Mittels)

Es gilt folgender **Grundsatz**: An der Erforderlichkeit des Mittels fehlt es, wenn eine andere Maßnahme in Betracht kommt, die das Schutzinteresse der Tiere weniger stark beeinträchtigt. Von mehreren Handlungsalternativen mit gleicher Zweckeignung ist nur diejenige erlaubt, die Tieren die wenigsten Schmerzen, Leiden oder Schäden zufügt. 39

§ 1 TierSchG *Tierschutzgesetz*

40 **Beispiele** für fehlende Erforderlichkeit: Tötung eines verletzten oder kranken Tieres, um ihm weitere Schmerzen oder Leiden zu ersparen, obwohl die Möglichkeit bestanden hätte, es einzufangen und einer tierärztlichen Versorgung, notfalls auch der schmerzlosen Tötung durch den Tierarzt zuzuführen (vgl. OLG Karlsruhe NJW 1991, 116). Tiertötung zu Ausbildungszwecken, obwohl es möglich wäre, durch eine Kombination von tierverbrauchsfreien Lehrmethoden einen insgesamt gleichwertigen Ausbildungserfolg zu erreichen (dies kann auch dann der Fall sein, wenn zwar für einen von mehreren Ausbildungszwecken Nachteile verbleiben, diese jedoch durch Vorteile für einen anderen Ausbildungszweck aufgewogen werden, s. dazu § 10 Rn. 8 und 10). Tierversuch, obwohl zur Beantwortung der wissenschaftlichen Fragestellung eine taugliche Alternativmethode oder eine Kombination solcher Methoden zur Verfügung stünde (das Problem, dass Alternativmethoden, selbst wenn sie wissenschaftlich erarbeitet und in nationalen Labors validiert worden sind, vielfach erst nach extrem langer Zeit und Überwindung vieler Hindernisse in die europäischen und OECD-Prüfrichtlinien aufgenommen werden, betrifft bei genauer Betrachtung nicht mehr die Beantwortung der wissenschaftlichen Fragestellung, sondern die Vermarktung des Endprodukts; letzteres dürfte aber keine Unerlässlichkeit iS des § 7 Abs. 2 begründen, s. dazu § 7 Rn. 16 und *Spielmann* in: Evang. Akademie Bad Boll, Tierarzt S. 103, 106). Hälterung gefangener Fische in Setzkeschern anstelle einer sofortigen Tötung mit anschließender Aufbewahrung in Kühltaschen (vgl. OLG Düsseldorf NStZ 1991, 192). Tötung überzähliger Zootiere (auch: beschlagnahmter Tiere, Nutztiere), obwohl die Unterbringung in einem anderen Zoo, einem Tierheim oder einer Auffangstation oder die Vermittlung an geeignete Privatpersonen möglich wäre (*L/M* § 1 Rn. 77; s. auch § 17 Rn. 33, 34).

41 Für den Bereich der Tierversuche verbietet § **9 Abs. 2 S. 3 Nr. 3** die Zufügung von Schmerzen, Leiden oder Schäden aus Gründen der Arbeits-, Zeit- oder Kostenersparnis. Dieses Verbot ist Ausdruck eines allgemeinen, dem Grundsatz der Erforderlichkeit (Unerlässlichkeit) entspringenden Rechtsgedankens (vgl. *L/M* § 1 Rn. 77). Da es sich bei den Tierversuchen um einen Bereich handelt, in dem die menschlichen Nutzerinteressen durch das vorbehaltlose Grundrecht der Forschungsfreiheit besonders stark geschützt sind, drängt sich für die anderen Bereiche der Tiernutzung ein Erstrecht-Schluss auf. Für die Erforderlichkeit folgt daraus: Gibt es zur Erreichung des angestrebten Zweckes eine für das Tier weniger belastende Handlungsalternative, die aber mit mehr Aufwand an Zeit, Kosten und/oder Arbeit verbunden ist, so ist die Wahl des belastenderen, aber billigeren bzw. weniger aufwändigen Mittels rechtswidrig (s. auch § 9 Rn. 10). – Beispiele: Das Schwanzbeißen bei Schweinen lässt sich effektiv bekämpfen, indem man den Tieren ausreichend Einstreu zum Beißen, Kauen, Wühlen, Erkunden und als Beschäftigungsmaterial zur Verfügung stellt, evtl. bei gleichzeitiger Minderung der Besatzdichten (vgl. *Sambraus* in: Bad Boll, Tierarzt S. 38, 49); diese Handlungsalternative ist zwar kosten- und arbeitsaufwändiger als das in einstreulosen Haltungen übliche Schwanzkürzen, bewirkt aber gleichwohl, dass Schwanzkürzen nicht als „unerlässlich" iS des § 6 Abs. 1 S. 2 Nr. 3 angesehen werden kann. Gleiches gilt für das Kürzen der

Grundsatz **§ 1 TierSchG**

Schnabelspitze bei Nutzgeflügel: Zur Vermeidung von Federpicken und Kannibalismus ist diese Maßnahme nicht erforderlich, wenn den Tieren von Anfang an (insbes. auch schon während der Aufzucht) genügend Körnerfutter und Einstreu zum Abarbeiten ihrer Pickenergie zur Verfügung gestellt wird; der damit verbundene Arbeits-, Kosten- und Zeitaufwand kann nicht die Unerlässlichkeit des Schnabelkürzens iS des § 6 Abs. 3 S. 2 begründen. Ein weiteres Beispiel aus dem Bereich der Tierversuche: Ist die wissenschaftliche Fragestellung, die durch das Versuchsvorhaben geklärt werden soll (zB nach der Toxizität eines Stoffes oder einer Stoffkombination), durch Versuche eines anderen Unternehmens bereits beantwortet, so lässt sich aus den Aufwendungen, die das antragstellende Unternehmen machen muss, um an die Daten des Erstversuchers heranzukommen, keine Unerlässlichkeit für einen Wiederholungsversuch herleiten (s. auch § 7 Rn. 19).

Die Prüfung der Erforderlichkeit kann auch ergeben, dass zwar **eine weniger belastende, zugleich aber auch weniger zwecksichere Handlungsalternative** zur Verfügung steht. Gleichwohl darf der Nutzer dann nicht in jedem Fall zum effektivsten, zugleich aber auch schärfsten Mittel greifen. Vielmehr muss er in einem solchen Fall eine Abwägung zwischen der Zwecksicherheit einerseits und dem (durch die Wahl des effektivsten Mittels verursachten) Leid der Tiere auf der anderen Seite vornehmen. Ergibt sich dabei, dass die Einbuße an Zweckeignung/Zwecksicherheit weniger schwer wiegt als die mit der Wahl der effektivsten Handlungsalternative verbundenen Leiden bzw. Schäden, so ist eine Beschränkung auf das mildere Mittel geboten, trotz dessen geringerer Effektivität. Dieser Gedanke findet sich bereits im Erlass des preußischen Kulturministers Gossler vom 2. 2. 1885, wonach Tierversuche, welche „ohne *wesentliche* Beeinträchtigung des Resultats" an niederen Tieren gemacht werden konnten, nur an diesen und nicht an höheren Tieren vollzogen werden durften; *unwesentliche* Beeinträchtigungen des Resultats waren also hinzunehmen und rechtfertigten noch nicht das Heranziehen höherer und (vermutet) leidensfähigerer Tiere (vgl. *Baumgartner* in: *Caspar/Koch* S. 12). 42

9. Verhältnismäßigkeit ieS

Nach dem **Mehr-Nutzen-als-Schaden-Prinzip** wird für „denjenigen, der eine ein Tier beeinträchtigende Handlung vornimmt, als vernünftiger Grund nur dann eine Rechtfertigung seines Handelns zuzuerkennen sein, wenn eben dieses Handeln aus Gründen des Schutzes eines höherwertigen Rechtsguts gegenüber dem geringerwertigen Rechtsgut geboten ist" (*Ennulat/ Zoebe* II § 1 Rn. 8). „Es findet also eine Güterabwägung statt", bei der „die Anliegen des Tierschutzes lediglich gegenüber einem im besonderen Fall höheren Interesse zurücktreten" (*Lorz RdL* 1994, 225, 226). Eine Handlung, die Tieren Schmerzen, Leiden oder Schäden zufügt, ist mithin nur dann verhältnismäßig (ieS), wenn ihr Nutzen den verursachten Schaden deutlich überwiegt. Nicht ausreichend ist, dass der Schaden lediglich nicht außer Verhältnis zum Nutzen steht, denn dies kann nur dort genügen, wo es um die Bekämpfung einer von dem Tier selbst ausgehenden Gefahr geht (§ 228 43

BGB; vgl. dazu *Lorz* NuR 1992, 401). In allen anderen Fällen muss der Nutzen deutlich größer sein als der Schaden. Dies kann auch damit erklärt werden, dass der vernünftige Grund ein Rechtfertigungs- und nicht nur ein Entschuldigungsgrund ist (s. Rn. 29). Für eine Entschuldigung kann ausreichen, dass der vom Täter in einer besonderen Zwangslage angerichtete Schaden nicht unverhältnismäßig größer ist als das, was er an Schaden von sich oder einem Angehörigen abwenden will (vgl. § 35 StGB); eine Rechtfertigung erfordert dagegen, dass das wahrgenommene Interesse das beeinträchtigte deutlich überwiegt.

44 Logisch vorrangig vor jeder Abwägung ist die **vollständige Zusammenstellung des Abwägungsmaterials**. Die zuständige Behörde muss (zB im Rahmen einer Entscheidung nach § 16a) alle für die Nutzen-Schaden-Relation maßgebenden Tatsachen von Amts wegen ermitteln (§ 24 VwVfG). Ermittelt werden muss zB, welche Schmerzen, Leiden und Schäden die zu prüfende Nutzungsform zur Folge hat (Art der Belastungen? Ausmaß? Zeitdauer? Wahrscheinlichkeit ihres Eintritts? Anzahl der betroffenen Tiere?). Ebenso muss festgestellt werden, welche Bedeutung der damit angestrebte Erfolg für menschliche Erhaltungsinteressen haben wird und mit welcher Wahrscheinlichkeit dieser Nutzen erwartet werden kann (vgl. *Hirt,* Der vernünftige Grund, S. 9; vgl. auch *Gassner* NuR 1987, 98, 101: vollständige Aufbereitung des Abwägungsmaterials). Die Behörde hat sich dabei aller Beweismittel zu bedienen, die sie nach pflichtgemäßem Ermessen zur vollständigen Sachaufklärung für erforderlich hält (dazu, dass dies bisher in einigen Bereichen durchaus nicht selbstverständlich gewesen ist s. Rn. 7; s. auch Art. 20a GG Rn. 23, 24).

45 Es gilt das **Gebot zu ganzheitlicher Interessenabwägung**. Auch Fernwirkungen und Folgen einer Tiernutzung, die zwar unbeabsichtigt, aber dennoch voraussehbar sind, müssen in die Abwägung einbezogen und auf der Nutzen- oder Schadensseite gewichtet werden. Wenn beispielsweise bei der Bewertung einer Nutzungsform lediglich solche Vorteile oder Nachteile berücksichtigt werden, die unmittelbar und auf den ersten Blick aufscheinen, so entspricht dies nicht den Anforderungen an eine rechtsstaatlich einwandfreie Güterabwägung. Insbesondere ist es nicht ausreichend, belastenden Formen der Tierhaltung nur die arbeits- und betriebswirtschaftlichen Vorteile, die sie für den Inhaber kurzfristig haben, gegenüberzustellen, und dabei ihre möglichen langfristigen volkswirtschaftlichen, ökologischen und/oder strukturpolitischen Nachteile außer Betracht zu lassen (näher zu dieser „Diskrepanz zwischen individuellem und sozialem Nutzen" *Boehncke* TU 1998, 63, 66). – Beispiel: Geht es darum, ob die mit einer bewegungsarmen und einstreulosen Haltung von Rindern und Schweinen auf Vollspaltenböden einhergehenden Leiden oder Schäden um höherrangiger Belange willen unvermeidbar iS von § 2 Nr. 2 sind, so kann man diesen Beeinträchtigungen nicht allein die betriebs- und arbeitswirtschaftlichen Vorteile für den Halter und die damit einhergehenden Preisvorteile für die Allgemeinheit gegenüberstellen; einzubeziehen ist vielmehr auch, dass der in solchen Haltungen anfallende Flüssigmist bei seiner Ausbringung auf Wiesen und Felder weit stärker zur Belastung von Böden und Gewässer mit Nitrat- und Phosphateinträgen beiträgt als der in einstreuhaltigen Systemen anfallende

Grundsatz § 1 TierSchG

Festmist (vgl. dazu *Manß* RdL 1993, 115: Zwischen 1965 und 1990 sind die meisten viehhaltenden Betriebe auf einstreulose Flüssigmistsysteme umgestellt worden, während sich im selben Zeitraum trotz eines gleichbleibenden Rinder- und Schweinebestandes die Nitratkonzentration in den Gewässern Deutschlands vervierfacht hat). Zu den Belastungen, die von intensiven Tierhaltungen ausgehen, gehört auch der verstärkte Einsatz von Medikamenten (insbes. Antibiotika) und die dadurch bedingten Rückstände in Lebensmitteln sowie Resistenzbildungen; je dichter und bewegungsärmer die Aufstallung von Tieren ist, desto schwächer ist das Immunsystem und desto größer der Anreiz für den Halter, Infektionen und anderen Erkrankungen durch vermehrten Arzneimitteleinsatz vorzubeugen (vgl. *Haiger* TU 1998, 67, 68). – Weiteres Beispiel: Bei der Frage nach der ethischen Vertretbarkeit von Tierversuchen zur Arzneimittelforschung müssen u. a. drei Fragen gestellt und beantwortet werden: a) Welchen Nutzen wird das am Ende der Versuchsreihe stehende Produkt voraussichtlich haben? b) Wie hoch wird sein „Differenznutzen" sein, also der zusätzliche Fortschritt, den gerade dieses Produkt unter Berücksichtigung bereits vorhandener, wirkungsähnlicher Substanzen erwarten lässt? c) Wie wahrscheinlich ist es, dass dieser Nutzen realisiert werden kann? Erst wenn all dies in Relation zu den (vollständig ermittelten, s. Rn. 44) Leiden und Schäden gestellt wird, kann über einen Vorrang des einen oder des anderen Interesses entschieden werden.

Wenngleich für diese Nutzen-Schaden-Abwägung weithin nicht auf gefestigte positivrechtliche Regeln zurückgegriffen werden kann, so enthalten doch einzelne Normen **gesetzliche Wertentscheidungen,** die es zu berücksichtigen gilt. – Einige Beispiele: Nach § 9 Abs. 2 S. 3 Nr. 3 besitzt die Vermeidung von Schmerzen, Leiden und Schäden grundsätzlich Vorrang gegenüber dem Ziel, Arbeit, Zeit oder Kosten einzusparen (allg. Rechtsgedanke, s. Rn. 41; s. auch § 17 Rn. 11). – Aus den §§ 228 und 904 BGB kann der Rechtsgedanke entnommen werden, dass ein besonders deutliches Überwiegen des Nutzens gegenüber dem Schaden erforderlich ist, wenn mit dem Eingriff Gefahren bekämpft werden sollen, die nicht von dem belasteten Tier ausgehen (also zB bei Toxizitätsprüfungen im Tierversuch für nichtmedizinische Stoffe und Produkte, vgl. dazu *Caspar* Tierschutz S. 478 ff.). – Auch einzelnen Vorschriften des Jagdrechts können gesetzliche Wertentscheidungen entnommen werden: Beispielsweise geht aus § 19 Abs. 1 Nr. 9 BJagdG hervor, dass Fallenjagd nicht zu Schmerzen oder erheblichen Leiden führen darf und dass auf den Einsatz von Fallen zu verzichten ist, sobald solche Folgen befürchtet werden müssen – Zu den Konsequenzen aus dem gesetzlichen Bekenntnis zur Mitgeschöpflichkeit s. Rn. 7. 46

Die **Aufnahme des Tierschutzes als Staatsziel in das Grundgesetz** bewirkt, dass es keine Abwägungsverbote mehr geben kann, auch dort nicht, wo von Nutzerseite vorbehaltlose Grundrechte geltend gemacht werden (s. Art. 20a GG Rn. 5, Rn. 22). Eine weitere wichtige Konsequenz ist das „ganz neue Gewicht" (BT Sten. Ber. 14/23 660 [*Künast*]) und der „erhöhte rechtliche Stellenwert" (vgl. *Kloepfer/Rossi* JZ 1998, 374), den die Belange des Tierschutzes durch ihre Aufstufung zum Verfassungsgut erlangt haben (s. Art. 20a GG Rn. 6, Rn. 25). IÜ lassen sich die o. e. Abwägungsprinzi- 47 pien, insbesondere die Pflicht zur vollständigen Zusammenstellung allen Abwägungsmaterials und das Gebot zu ganzheitlicher Interessenabwägung jetzt auch aus dem Grundgesetz entnehmen, was ihre Bedeutung unterstreicht (s. Art. 20 a GG Rn. 23–25).

48 Der häufig gebrauchte Satz „**Zuerst der Mensch, dann das Tier**" hat durchaus seine Berechtigung, sofern zwei notwendige Bedingungen beachtet werden: **1.** Vitale Interessen von Tieren dürfen nur um vitaler Interessen des Menschen willen aufgeopfert werden (zB können Leben und Gesundheit von Tieren nur aufgeopfert werden, soweit dies notwendig ist, um menschliches Leben und menschliche Gesundheit zu retten – nicht aber, wenn es darum geht, Kosten, Arbeit und Zeit zu sparen, wirtschaftlichen Gewinn zu machen, schneller vorwärts zu kommen, Sport zu treiben oder Freizeitvergnügen zu haben; näher zu dieser Unterscheidung *J. C. Wolf* S. 38). In Kollisionslagen kommt es also darauf an, dass sich die miteinander konkurrierenden Interessen von Mensch und Tier nach Art und Gewicht vergleichen lassen. **2.** Die Aufopferung der Interessen des Tieres muss unvermeidlich sein, d.h. jede andere Lösung der Kollisionslage muss ausscheiden. Der schädigende Eingriff darf nicht erfolgen, wenn es zur Wahrung der auf dem Spiel stehenden menschlichen Interessen ein anderes, für Tiere weniger belastendes Mittel gibt, das nach den Umständen ausreicht (s. Rn. 39–42).

49 „**Im Zweifel für das Tier.**" Häufig bleiben auch nach Ausschöpfung aller Möglichkeiten zur Sachverhaltsermittlung (s. Rn. 44) Zweifel: zB daran, ob das Tier leidet, ob sein Leiden erheblich ist, ob der mit dem Eingriff verfolgte Zweck wirklich so gewichtig ist, dass er die dem Tier zugefügten Belastungen überwiegt, ob ein anderes, milderes Mittel nicht die gleiche Zweckeignung besitzen würde usw. Es muss dann entschieden werden, wer den Nachteil der Ungewissheit oder Unaufklärbarkeit tragen soll. – In Straf- und Bußgeldverfahren scheint die Sache klar: Es gilt der Grundsatz „Im Zweifel für den Angeklagten", und Angeklagter ist der Mensch. Folge: Bei verbleibenden Zweifeln, ob Tiere unter einer Nutzungsform erheblich leiden, enden die Verfahren mit Freisprüchen oder Einstellungen. Indes hat sich immer wieder gezeigt, dass solche Entscheidungen dann als richterliche Erlaubnis zur Fortsetzung der jeweiligen Praxis umgedeutet werden, so dass sich der strafrechtliche Zweifelssatz, der eigentlich dem Schutz des Schwächeren dienen soll, zu Lasten des Schwächeren, nämlich des Tieres auswirkt. Beispiel: Nachdem das LG Darmstadt im April 1985 zwei Käfighalter aus Mangel an Beweisen freigesprochen hatte, titelte das Organ des Geflügelwirtschaftsverbandes, DGS-intern 19/1985: „LG-Darmstadt: Käfighaltung erlaubt"; und nachdem der BGH im Revisionsverfahren diese Entscheidung als nicht rechtsfehlerhaft bewertet und aufrechterhalten hatte, schlossen *Baumgartner/Rissmann* daraus sogar, „die Haltung von Legehennen in Käfigen verstoße nicht gegen geltendes Tierschutzrecht", vgl. RdL 1988, 57. Vgl. auch die mittlerweile erfolgte Richtigstellung durch BVerfGE 101, 1ff. – In der Literatur wird deshalb weithin gefordert, im Zweifel für das Tier zu entscheiden. Dies entspreche dem ethischen Tierschutz und dem erkennbaren Bemühen des Gesetzgebers um einen ständigen ethischen Fortschritt (vgl. *Lorz* Einf. Rn. 184). Nach *Teutsch* dient der Grundsatz „Im Zweifel für den Angeklagten" dem Schutz des Schwächeren; dann aber dürften sich

Grundsatz **§ 1 TierSchG**

in Verfahren, die die Rechtmäßigkeit bestimmter Haltungs- und Nutzungsformen zum Gegenstand hätten, Zweifel an der Erheblichkeit der Leiden nicht zu Lasten der Tiere auswirken, weil Freisprüche als Freibrief für die Fortsetzung der jeweiligen Haltungsform, sowohl durch den Angeklagten selbst als auch durch andere, begriffen würden (Lexikon, „Beweislast").

– In Straf- und Bußgeldverfahren wird man diesem Widerspruch nur teilweise abhelfen können, indem man, eingedenk der Folgewirkungen, die Freisprüche und Einstellungen in der Vergangenheit hatten, besondere Sorgfalt auf die Beweisführung und insbesondere auf die Auswahl von Sachverständigen und die Auswertung ihrer Gutachten verwendet (vgl. dazu § 17 Rn. 85 und § 2 Rn. 44). – Im Verwaltungsverfahren sollten bei Anwendung der §§ 24, 26 VwVfG als Grundsätze gelten: Je schwerer der Eingriff in die Integrität des Tieres ist, desto höhere Anforderungen müssen an die Beweisführung hinsichtlich des angeblichen Nichtvorhandenseins milderer Mittel und des Nutzen-Schaden-Übergewichts gestellt werden. Je mehr natürliche Bewegungsabläufe in einer Tierhaltung eingeschränkt sind und je stärker die einzelne Einschränkung ist, desto mehr spricht dafür, dass dies nicht mehr „unvermeidbar" iS des § 2 Nr. 2 ist. Je stärker ein Verhaltensbedürfnis zurückgedrängt ist und je mehr Verhaltensbedürfnisse betroffen sind, desto mehr spricht dafür, dass das dadurch verursachte Leiden „erheblich" ist (s. § 17 Rn. 70).

10. Die fundierten allgemeinen Gerechtigkeitsvorstellungen der Gemeinschaft

Normative, d.h. **wertausfüllungsbedürftige Begriffe** und **Generalklauseln** müssen anhand der Wert- und Gerechtigkeitsvorstellungen ausgelegt und fortgebildet werden, die in der Rechtsgemeinschaft allgemein oder jedenfalls mehrheitlich Anerkennung gefunden haben. Das BVerfG spricht insoweit von den „fundierten allgemeinen Gerechtigkeitsvorstellungen der Gemeinschaft" (BVerfGE 34, 269, 287). Reichen zur Entscheidung einer Auslegungs- oder Abwägungsfrage die vom Gesetz hierfür zur Verfügung gestellten Maßstäbe – insbes. also die Wertentscheidungen, die sich einzelnen Bestimmungen des formellen oder materiellen Tierschutzrechts entnehmen lassen (s. Rn. 46) – nicht aus, so kann sich das Abwägungsergebnis nicht an der subjektiv-persönlichen Wertung des jeweiligen Rechtsanwenders (Richters, Verwaltungsbeamten usw.) ausrichten. Abzustellen ist vielmehr auf die Anschauungen der Allgemeinheit, d.h. auf die in der Gemeinschaft vorherrschenden sozialethischen Überzeugungen (vgl. *Engisch* S. 136ff., 163). Diese sind im Zweifel zu ermitteln (vgl. den methodischen Ansatz in BVerwG NJW 1982, 665). Von mehreren zur Wahl stehenden Gesetzesbedeutungen bzw. Abwägungsentscheidungen gilt es, diejenige herauszufinden, die diesen herrschenden Gerechtigkeitsvorstellungen am nächsten kommt (vgl. *Zippelius* Methodenlehre § 4 II). 50

Der vernünftige Grund ist eine Generalklausel und damit in besonderem Maß ein „Einfallstor für eine Ausdifferenzierung der Rechtsordnung gemäß den sich fortentwickelnden Gerechtigkeits- und Richtigkeitsvorstellungen" (vgl. *Würtenberger* S. 184, 195). Er erfordert, sich bei Abwägungen zwi- 51

§ 1 TierSchG

Tierschutzgesetz

schen inkommensurablen Größen am ethisch Konsensfähigen, d.h. an den **mehrheitlich konsensfähigen Gerechtigkeitsvorstellungen** zu orientieren (vgl. *Gassner* NuR 1987, 98, 101; *Lorz* Einf. Rn. 175). Das allgemeine Bewusstsein für die Notwendigkeit eines umfassenden, auch die Tiere einbeziehenden Lebensschutzes hat in den letzten Jahrzehnten eine kontinuierliche Steigerung erfahren. Demgemäß versteht ein beachtlicher Teil der Rechtsprechung den Auftrag zur Wertausfüllung des Begriffs „vernünftiger Grund" im Bewusstsein der zugunsten der Höherwertigkeit des Tierschutzgedankens gewandelten Anschauungen (vgl. *Hirt,* Der vernünftige Grund, S. 18).

52   Als **Quellen** für die zuweilen schwierige Ermittlung von Inhalt und Stand dieser Wertvorstellungen können u.a. herangezogen werden: **1.** Die Verlautbarungen der großen christlichen Kirchen. Ihnen kommt nach Ansicht des BVerfG für die Auslegung des Sittengesetzes nach Art. 2 Abs. 1 GG eine wesentliche Bedeutung zu (BVerfGE 6, 434f.). Unter dem Sittengesetz versteht man den Inbegriff der von der Rechtsgemeinschaft anerkannten und mit der Erwartung allgemeiner Einhaltung verknüpften ethischen Normen (vgl. *Erbel* DVBl. 1986, 1249). Damit aber kann diese Quelle auch zur Ermittlung des „moral common sense", des ethisch Konsensfähigen, verwertet werden. Immerhin hat der Gesetzgeber durch die Einfügung des Begriffs der Mitgeschöpflichkeit an zentraler Stelle des Gesetzes deutlich gemacht, dass er den Aussagen der gleichnamigen christlichen Tierethik für die Bestimmung des ethischen Standards, der durch das Gesetz verrechtlicht worden ist, besonderes Gewicht beilegt. Es ist deswegen gerechtfertigt, diesen Aussagen Hinweise auf den Inhalt der in der Rechtsgemeinschaft konsensfähig gewordenen Wertvorstellungen zum Mensch-Tier-Verhältnis zu entnehmen und sie zur Entscheidung von Abwägungsfragen heranzuziehen. **2.** Eine weitere Quelle bilden die sittlichen Wertungen, die aus der Entwicklung der Gesetzgebung ablesbar sind (BVerfG aaO). **3.** Schließlich sind auch die Methoden der empirischen Meinungsforschung ein wichtiges Mittel zur Ermittlung der vorherrschenden Wertvorstellungen. Zwar liefert ein Befragungsergebnis zunächst einmal nur eine Momentaufnahme und reicht für sich allein noch nicht aus, um einen gesellschaftlichen Wertekonsens zuverlässig festzustellen. Gleichwohl stellt es ein Indiz dar, und dieser Indizcharakter verstärkt sich, wenn wiederholte Befragungen gleichlautende Ergebnisse erbringen und wenn hinter den gegebenen Antworten erkennbar weder eigene wirtschaftliche Interessen noch kurzzeitig erzeugte Emotionen, sondern verfassungskonforme, sittliche Wertüberzeugungen stehen. Insbesondere erhöht sich das Gewicht von Umfragen, wenn verschiedene seriöse Institute über einen Zeitraum von längerer Dauer zu vergleichbaren Resultaten gelangen und dadurch Konstanz und Stabilität der ermittelten Meinungen nachzuweisen vermögen (näher zur Bedeutung von Umfragen *Zippelius* Rechtsphilosophie S. 154; *Benda* DÖV 1982, 877, 882).

53   Zur **Quelle „Verlautbarungen der großen christlichen Kirchen"** s. Einf. Rn. 11–13.

54   Zur **Quelle „sittliche Wertungen, die aus der Entwicklung der Gesetzgebung ablesbar sind"**, lohnt sich ein Blick auf die Rechtsentwicklung der

Grundsatz § 1 TierSchG

letzten 30 Jahre. – Bereits der Gesetzgeber von 1972 konstatierte eine „stete Fortentwicklung", die „die Grundeinstellung des Menschen zum Tier im Sinne einer Mitverantwortung für das seiner Obhut anheim gegebene Lebewesen im Laufe der Zeit erfahren" habe (BT-Drucks. 6/2559, zit. n. *Gerold* S. 44). Anlass für das ÄndG 1986 war u. a. die „gestiegene Sensibilisierung der Bevölkerung in Tierschutzfragen" (BT Sten. Ber. 10/16106 [*Kiechle*]) sowie die „Einsicht, dass der Schutz des Lebens, auch im Sinne des ... Tierschutzes, letztlich untrennbar mit der Existenz des Menschen verbunden ist" (BT-Drucks. 10/3158 S. 16). Auch das 1990 in Kraft getretene Gesetz zur Verbesserung der Rechtsstellung des Tieres im bürgerlichen Recht verstand sich als „Ausdruck des gewandelten Verständnisses der Beziehung des Menschen zu seiner Umwelt und zu seinen Mitgeschöpfen" (vgl. dazu LG Bielefeld NJW 1997, 3320). Mit dem ÄndG 1998 sollte nach der Vorstellung des Gesetzgebers erneut „dem wachsenden Tierschutzbewusstsein der Bevölkerung Rechnung getragen" werden (BT-Drucks. 13/7015 S. 1). Den vorläufigen Höhepunkt dieser Entwicklung bildet die Aufstufung des Tierschutzes zum Verfassungsgut; in der amtlichen Begründung zu Art. 20a GG betont der Verfassungsgesetzgeber erneut den „hohen Stellenwert" des ethischen Tierschutzes und weist zugleich auf einen „Bewusstseinswandel" hin, der auch in der Rechtsprechung insoweit stattgefunden habe (BT-Drucks. 14/8860 S. 3). – Die Entwicklung der Gesetzgebung ist damit von einer kontinuierlichen Höherbewertung des Tierschutzgedankens geprägt. Dem entspricht, dass die gesetzlich geschützten Werte „Leben", „Wohlbefinden" und „Unversehrtheit" in die heute stattfindenden Abwägungsprozesse mit einem deutlich höheren Gewicht eingestellt werden müssen, als dies in der Vergangenheit zT der Fall war. Dies wird zu strengeren Maßstäben führen müssen, sowohl bei der Frage, ob der von einem Eingriff ausgehende Nutzen den angerichteten Schaden überwiegt (= Verhältnismäßigkeit ieS) als auch dabei, ob nicht ein weniger belastendes Mittel den Umständen nach ausreicht (= Erforderlichkeit; s. auch Rn. 42).

Die **Quelle „Methoden der empirischen Meinungsforschung"** bestätigt 55 dieses Ergebnis. Einige Umfrageergebnisse: Auf die Frage, ob bestimmte Formen der Massentierhaltung wie zB Hühner-Legebatterien verboten werden sollten, befürworteten 85% der Befragten ein solches Verbot, wobei der Gedanke an die Qual der Tiere als Hauptgrund angeführt wurde (Allensbacher Institut für Demoskopie, IfD-Umfrage 5031, veröffentlicht in „natur", Feb. 1990). In einer Erhebung von Infas gaben im März/April 1998 87% an, dass das eigene Gerechtigkeitsgefühl durch die artwidrige Haltung der Hennen gestört und ein Kostenvorteil von 20% nicht als Rechtfertigung empfunden werde (angesichts von Forderungen aus der Geflügelwirtschaft, trotz der Neufassung der §§ 12–17 der Tierschutz-Nutztierhaltungsverordnung wieder zu Käfigbatterien für Legehennen zurückzukehren, die beschönigend als „Kleingruppenhaltung" umschrieben werden, behalten diese Ergebnisse ihre Bedeutung). – Mehr als drei Viertel der vom Sample-Institut Befragten forderten eine an die Bedürfnisse der Tiere angepasste Haltung, insbes. bei Rindern, Schweinen und Geflügel, weil auch die Tiere Lebewesen seien, die Gefühle hätten (zit. nach *Gertzen*, Allgemeine Fleischer-Zeitung afz, Frankfurt/M Juli 1994). 96% der Verbraucher nennen laut Angaben des

§ 2 TierSchG *Tierschutzgesetz*

Deutschen Bauernverbandes die artgerechte Tierhaltung und die umweltschonende Tierproduktion als „sehr wichtige und wichtige" Anforderungen an die Landwirtschaft, aber nur 44% glauben, dass die Bäuerinnen und Bauern ihre Tiere auch tatsächlich artgerecht halten (vgl. DTBl. 2000, 49). – Der Änderung von Art. 20a GG waren Umfragen vorausgegangen, in denen sich 80% und mehr für die verfassungsrechtliche Verankerung des Tierschutzes ausgesprochen hatten (vgl. *Forsa* in: Die Woche, 21. 9. 1993: 84%; vgl. auch BT, Sten. Ber. 12/18111, 18113 *[Hirsch]*: Mehr als 170000 Zuschriften, „und zwar nicht nur standardisierte", waren für dieses Anliegen bei der Gemeinsamen Verfassungskommission eingegangen, „die wohl größte Zahl hochengagierter Eingaben von Bürgerinnen und Bürgern aus der gesamten Bundesrepublik"). – Nach einer Umfrage von Emnid im Juli 2002 sind 92% der Überzeugung, dass die Tiere in Deutschland nicht ausreichend geschützt sind; 75% wollen, dass Schweine im Stall mehr Platz bekommen sollen und 50% erklären, sie wollten höchstens noch zwei Mal in der Woche Fleisch essen. Bei Tierversuchen vertreten 50% die Ansicht, dass selbst neue Medikamentenwirkstoffe nicht mehr an Tieren getestet werden dürfen (dies lässt den Schluss zu, dass bei Stoffen, die anderen Zwecken dienen, eine ganz überwiegende Mehrheit Tierversuche ablehnt; zit. n. Südkurier, 13. 7. 2002).

Zweiter Abschnitt. Tierhaltung

§ 2 [Allgemeine Vorschriften]

Wer ein Tier hält, betreut oder zu betreuen hat,

1. muß das Tier seiner Art und seinen Bedürfnissen entsprechend angemessen ernähren, pflegen und verhaltensgerecht unterbringen,
2. darf die Möglichkeit des Tieres zu artgemäßer Bewegung nicht so einschränken, daß ihm Schmerzen oder vermeidbare Leiden oder Schäden zugefügt werden,
3. muß über die für eine angemessene Ernährung, Pflege und verhaltensgerechte Unterbringung des Tieres erforderlichen Kenntnisse und Fähigkeiten verfügen.

Übersicht

	Rn.
I. Allgemeines	1–3
II. Der angesprochene Personenkreis	4–7
III. Das Bedarfsdeckungs- und Schadensvermeidungskonzept als Auslegungsmaßstab	8–11
IV. Das Legehennen-Urteil des BVerfG und seine allgemeine Bedeutung	12–15
V. Ernährung nach § 2 Nr. 1	16–23
VI. Pflege nach § 2 Nr. 1	24–28

Allgemeine Vorschriften § 2 TierSchG

Rn.
VII. Verhaltensgerechte Unterbringung nach § 2 Nr. 1 29–33
VIII. Einschränkung der Möglichkeit zu artgemäßer Bewegung
nach § 2 Nr. 2 34–37
IX. Kenntnisse und Fähigkeiten nach § 2 Nr. 3 38
X. Verhältnis zu Richtlinien, Rechtsverordnungen, Verwaltungsvorschriften, Empfehlungen und Gutachten 39–44

I. Allgemeines

Entstehungsgeschichte. Als „Grundvorschrift über die Tierhaltung" 1
(*Lorz* NuR 1986, 237) war § 2 bereits im TierSchG 1972 enthalten (vgl.
Ennulat/Zoebe II § 2 Rn. 1: „Tierhaltergeneralklausel", „Kernstück des Gesetzes"). – Das ÄndG 1986 brachte einige Veränderungen, insbesondere für
die Nr. 2: War dort nach dem bis dahin geltenden Wortlaut jede dauernde
Einschränkung des artgemäßen Bewegungsbedürfnisses untersagt, so sind
seither Einschränkungen der Möglichkeit zu artgemäßer Bewegung nur verboten, wenn sie zu Schmerzen, vermeidbaren Leiden oder Schäden führen
(vgl. aber die amtl. Begr., BT-Drucks. 10/3158 S. 18: „Keine sachliche Änderung, nur Richtigstellung hinsichtlich des vom Gesetzgeber Gewollten"). In
die Nr. 1 wurde der ausdrückliche Hinweis auf die „Bedürfnisse" aufgenommen, um auf die Notwendigkeit zur Berücksichtigung der „neuesten
Erkenntnisse der Verhaltensforschung" hinzuweisen (BT-Drucks. aaO). –
Mit dem ÄndG 1998 wurde Nr. 3 eingefügt.

Der **Anwendungsbereich** der Vorschrift gilt für alle Tiere, die sich in 2
der Obhut des Menschen befinden, gleichgültig ob Nutztiere, Haustiere,
Heimtiere, Liebhabertiere, Zootiere, Zirkustiere, Fundtiere, Versuchstiere,
Schlachttiere usw. Sie findet insbesondere auch auf Tiertransporte Anwendung.

Verhältnis zu Rechtsverordnungen, amtlichen Leitlinien, Gutachten 3
usw. Die Gebote und Verbote aus Nr. 1 und 2 gelten unmittelbar und nicht
etwa nur, wenn eine Rechtsverordnung iS des § 2a oder eine Verwaltungsvorschrift zur näheren Konkretisierung erlassen worden ist. Wird gegen
§ 2 verstoßen, so schreitet die Behörde nach § 16a S. 2 Nr. 1 ein; dasselbe
gilt, wenn ein Verstoß zwar noch nicht eingetreten ist, aber drohend bevorsteht (vgl. § 16a Rn. 2, 10 und 11). – Rechtsverordnungen entsprechen der
gesetzlichen Ermächtigungsgrundlage in § 2a nur, wenn sie „entsprechend
dem vom Gesetzgeber vorgezeichneten Interessenausgleich einen ethisch
begründeten Tierschutz fördern, ohne die Rechte der Tierhalter übermäßig einzuschränken" (BVerfGE 101, 1, 36). Sie müssen sich also darauf
beschränken, den vom Gesetz vorgezeichneten Interessenausgleich nachzuzeichnen, ohne ihn zu verändern. Gültig und verbindlich sind sie deshalb nur, soweit sie die Gesamtheit der Gebote und Verbote, die sich
aus § 2 ergeben, zutreffend und vollständig konkretisieren. Ist dies nicht
oder nicht ausreichend geschehen, so bleibt die nach § 15 zuständige Behörde
berechtigt und verpflichtet, die notwendigen Anordnungen in unmittelbarer
Anwendung von § 2 i.V.m. § 16a S. 2 Nr. 1 zu erlassen (s. Rn. 40). – Amt-

liche Leitlinien und Gutachten stellen „antizipierte Sachverständigengutachten" dar und sind als solche anzuwenden, soweit die darin enthaltenen Tatsachenfeststellungen und wissenschaftlichen Erkenntnisse zutreffen und die vorgegebenen Gesetzesauslegungen in dem o. g. Sinne richtig sind; fehlt es an einem dieser Erfordernisse, so können sie keine Grundlage bilden, weder für Verwaltungs- noch für Gerichtsentscheidungen (s. Rn. 43, 44). Anordnungen auf Grund von § 16a S. 2 Nr. 1, die unmittelbar auf § 2 gestützt werden, ergehen also nicht nur in Bereichen, für die es an Rechtsverordnungen, Verwaltungsvorschriften, Vereinbarungen etc. fehlt, sondern auch dort, wo untergesetzliche Vorschriften zwar vorhanden sind, jedoch die gesetzlichen Gebote und Verbote nicht ausreichend konkretisieren.

II. Der angesprochene Personenkreis

4   **Halter** eines Tieres ist, wer die tatsächliche Bestimmungsmacht über das Tier in eigenem Interesse und nicht nur ganz vorübergehend ausübt. Der Begriff umfasst drei Komponenten: a) Es muss eine tatsächliche Beziehung zum Tier bestehen, die dem Halter die Möglichkeit gibt, über dessen Betreuung, Pflege, Verwendung, Beaufsichtigung usw. zu entscheiden; b) diese Herrschaftsbeziehung darf nicht ausschließlich in fremdem Interesse und nur nach den Weisungen eines anderen ausgeübt werden; c) die Herrschaft darf nicht nur ganz vorübergehender Natur sein. – Unerheblich ist, ob der Halter auch Eigentümer des Tieres ist, denn es kommt nicht auf seine rechtliche, sondern allein auf seine tatsächliche Beziehung zu dem Tier an; auch ein Dieb oder Hehler können Halter sein. Unerheblich ist auch, ob die Haltung erlaubt oder verboten ist. Mehrere Personen können gleichzeitig Halter sein (handelt dabei allerdings die eine ausschließlich nach den Weisungen der anderen, so ist sie „nur" Betreuer, was aber für die Anwendung von § 2 keinen Unterschied macht; vgl. VG Hannover AtD 1996, 229). Auch juristische Personen, zB ein Verein, eine Gemeinde usw. können Halter sein, ebenso Minderjährige.

5   **Betreuer** ist, wer es in einem rein tatsächlichen Sinn übernommen hat, für das Tier (generell oder nur in einer einzelnen Beziehung, zB Fütterung) zu sorgen oder es zu beaufsichtigen. Im Gegensatz zum Halter kann die Beziehung des Betreuers auch nur ganz kurzfristiger Natur sein (vgl. BayObLG RdL 1996, 23), und sie kann auch ausschließlich in fremdem Interesse und/oder nach den Weisungen eines anderen ausgeübt werden. – Beispiele: Finder; Verwahrer (falls ein gültiger Verwahrungsvertrag vorliegt, ist er auch Betreuungspflichtiger, s. u.); Führer eines Blindenhundes; Angestellter des Halters, zB Stallbursche, Reitlehrer oÄ; Familienangehöriger des Halters, der bei der Pflege behilflich ist (vgl. VG Hannover aaO); wer ein wildlebendes Tier zum Überwintern oÄ bei sich aufnimmt; wer ein Tier für einen anderen in Pflege nimmt oder in dessen Interesse nutzt (*L/M* § 2 Rn. 14); wer es übernimmt, ein Tier in den Schlachthof zu befördern und dort auszuladen (vgl. *Kluge/von Loeper* § 2 Rn. 12); wer als Viehhändler Tiere vom Halter übernimmt und auf dem Viehmarkt feil bietet.

Allgemeine Vorschriften § **2 TierSchG**

Betreuungspflichtiger ist, wer die Rechtspflicht hat, für ein Tier (generell 6
oder nur in einer einzelnen Beziehung, zB durch Fütterung, Heilbehandlung
oÄ) zu sorgen oder die Aufsicht darüber zu führen. Quellen einer solchen
Pflicht können sein: Gesetz, Rechtsverordnung, Satzung, Verwaltungsvorschrift, Vertrag, Gefälligkeitsverhältnis im rechtsgeschäftlichen Bereich. –
Beispiele: Hundetrainer; Viehkommissionär; Transportunternehmer; Transportbegleiter; Betreiber des Schlachthofs, in dem das Tier untergebracht ist;
Mieter; wer zusagt, für das Tier eines Nachbarn, Verwandten etc. zu sorgen
(*L/M* § 2 Rn. 15).

Der **Begriff des Betreuers** bildet einen **Auffangtatbestand** für alle diejenigen Fälle, in denen eine Person zwar nicht Halter ist (zB wegen der nur 7
vorübergehenden Natur ihrer Herrschaftsbeziehung oder wegen Fremdnützigkeit und/oder Weisungsgebundenheit), in denen auch keine wirksame
Betreuungspflicht vorliegt (z. B. wegen Nichtigkeit des zugrunde liegenden
Vertrages), die Person aber dennoch eine solche tatsächliche Einwirkungsmöglichkeit auf das Tier hat, dass ihr die Aufgaben des § 2 zwangsläufig
zuwachsen (vgl. BayObLG RdL 1996, 23). – Eine genaue Abgrenzung
ist nicht erforderlich, da das Gesetz den Betreuer und den Betreuungspflichtigen dem Halter gleichstellt („weiter Halterbegriff" des § 2).

III. Das Bedarfsdeckungs- und Schadensvermeidungskonzept als Auslegungsmaßstab

Mit der **Neufassung von § 2 Nr. 1 durch das ÄndG 1986** sollte nach 8
dem Willen des Gesetzgebers „den neuesten Erkenntnissen der Verhaltensforschung" Rechnung getragen werden. „Diese Erkenntnisse besagen, dass
Selbstaufbau, Selbsterhaltung, Bedarf und die Fähigkeit zur Bedarfsdeckung
durch Nutzung der Umgebung mittels Verhalten Grundgegebenheiten von
Lebewesen sind. Haltungssysteme gelten dann als tiergerecht, wenn das Tier
erhält, was es zum Gelingen von Selbstaufbau und Selbsterhaltung benötigt,
und ihm die Bedarfsdeckung und die Vermeidung von Schaden durch die
Möglichkeit adäquaten Verhaltens gelingt" (BT-Drucks. 10/3158 S. 18). Mit
diesen Formulierungen in der amtl. Begr. nimmt der Gesetzgeber Bezug auf
das Bedarfsdeckungs- und Schadensvermeidungskonzept nach *Tschanz* (vgl.
KTBL-Schrift 281, 114–128). Zugleich stellt er klar, dass die Kompetenz zur
Beurteilung, ob ein Haltungssystem tiergerecht ist, in erster Linie bei der
Verhaltensforschung, d. h. der Ethologie liegt.

Nach dem **Bedarfsdeckungs- und Schadensvermeidungskonzept** ist ein 9
Haltungssystem tiergerecht, wenn es dem Tier ermöglicht, in Morphologie,
Physiologie und Ethologie (d. h. im Verhalten) alle diejenigen Merkmale
auszubilden und zu erhalten, die von Tieren der gleichen Art und Rasse
unter natürlichen Bedingungen (bei Wildtieren) bzw. unter naturnahen Bedingungen (bei Haustieren) gezeigt werden (vgl. *Bammert* et al., TU 1993,
269, 270). Man muss also die Frage, welchen Bedarf an Stoffen, Reizen, Umgebungsqualität und Bewegungsraum ein Haustier hat, anhand eines Vergleiches mit einer Referenzgruppe (Typus) beantworten. Diese wird gebildet
durch art-, rasse- und altersgleiche Tiere, die in einer naturnahen Umgebung

leben. Naturnah ist eine Umgebung dann, wenn sie es dem Tier ermöglicht, sich frei zu bewegen, alle seine Organe vollständig zu gebrauchen und aus einer Vielzahl von Stoffen und Reizen selbst dasjenige auszuwählen, was es zur Bedarfsdeckung und Schadensvermeidung braucht (*Stauffacher* in: *Sambraus/Steiger* S. 224). – Drei Beispiele für die Überprüfung von Tierhaltungen durch Anwendung dieses Konzeptes: **1.** Um zu prüfen, ob Mastrindern auf Vollspaltenböden ein artgemäßes Ausruhverhalten möglich ist, wurde auf die Referenzgruppe ‚Mastrinder in geräumigen Tiefstreubuchten' abgestellt. Von diesen weiß man, dass sie im Ausruhverhalten denselben Verhaltenstypus ausbilden und auch bei den quantitativen Merkmalen des Liegens einen ähnlichen Ausprägungsgrad zeigen wie Camargue-Rinder auf der Weide. Ergebnis: Die Rinder auf dem Spaltenboden zeigten vermehrt Hinterhandabliegen und pferdeartiges Aufstehen und wichen hinsichtlich der täglichen Liegedauer, der Liegehäufigkeit und der mittleren Liegeperioden vom Normalbereich der Merkmalsausprägung, wie sie von der Referenzgruppe gezeigt wurde, ab; dies war jeweils bedingt durch die Härte, die Perforierung und die mangelnde Rutschfestigkeit des Spaltenbodens. Schlussfolgerung demgemäß: Kein artgemäßes Ausruhverhalten auf Vollspaltenboden (vgl. *Graf* KTBL-Schrift 319, 39–55). **2.** Das Abliegeverhalten von Milchkühen in Anbindeställen wurde am Maßstab „rassegleiche Kühe auf der Weide" überprüft. Ergebnis: Im Stall dreimal häufigeres Auftreten von Abliegeintentionen und 47-mal häufigeres Auftreten von Abliegeversuchen; hierdurch kommt es u. a. zu Schwielen, Schürfungen, Verletzungen an den Karpal- und Tarsalgelenken, im Fessel-Kronbereich und an den Zitzen. Schlussfolgerung demgemäß: Kein artgemäßes Abliegeverhalten in den geprüften Anbindeställen (vgl. *Kohli* KTBL-Schrift 319, 18–38). **3.** Die Tiergerechtheit der Käfighaltung von Mastkaninchen wurde anhand eines Vergleichs mit Kaninchen in Freigehegen (Wiesengehege mit 600 qm für 27 Tiere mit Baum- und Strauchbestand) ermittelt. Ergebnis: Während im Freiland die Häufigkeit des Hoppelns pro Stunde annähernd normal verteilt war, hoppelten die Kaninchen in den Käfigen ab dem 50. Lebenstag kaum mehr; soweit sie es dennoch taten, war der Bewegungsablauf atypisch; nach zwei Monaten Käfigaufenthalt konnten sich die Kaninchen aus den Käfigen auf Wiesenland nicht mehr normal fortbewegen (vgl. *Lehmann/Wieser* KTBL-Schrift 307, 96–107). – Will man anhand des Bedarfsdeckungs- und Schadensvermeidungskonzepts das Laufbedürfnis von Legehennen ermitteln, so muss man dazu auf die naturnahen Bedingungen einer Freilandhaltung abstellen (unrichtig deshalb das vom LG Darmstadt zugrunde gelegte Gutachten eines Agrarwissenschaftlers, der das nach seiner Ansicht fehlende Laufbedürfnis von Käfighennen mit dem Verhalten von Hennen begründete, die zuvor in größere Käfige eingesetzt worden waren und die dort nur relativ wenig Laufverhalten gezeigt hatten; vgl. AgrarR 1985, 356).

10   Zeigen die Tiere eines zu prüfenden Haltungssystems in einem Verhaltensablauf („Verhaltensmuster") **deutliche und nicht nur vorübergehende Abweichungen von ihrem Typus** (d. h. von Tieren der gleichen Art, Rasse und Altersgruppe, die unter den o. e. naturnahen Bedingungen gehalten werden), so ist damit belegt, dass ihnen das betreffende System

nicht die Selbsterhaltung im Sinne der Ausbildung aller art- und rassetypischen ethologischen Merkmale ermöglicht. Das Haltungssystem ist damit nicht tiergerecht. Gleiches gilt, wenn sich entsprechende Abweichungen im morphologischen oder im physiologischen Bereich feststellen lassen. – Darauf, ob das so betroffene Verhaltensmuster für das Überleben oder zur Erhaltung der Leistungsfähigkeit des Tieres notwendig ist, kommt es nicht an, denn das Gesetz fordert die verhaltensgerechte und nicht nur die überlebens- oder leistungsgerechte Unterbringung.

Neben der **Bedarfsdeckung** muss eine Haltung, um tiergerecht zu sein, auch die **Schadensvermeidung** gewährleisten. Sie muss dem Tier ermöglichen, Schäden von sich und seinen Artgenossen abzuwenden. Dies ist nicht der Fall, wenn das Tier in der Haltung sich selbst oder seinen Genossen Schäden zufügt oder wenn sich zeigt, dass es außerstande ist, schädigenden Einwirkungen zu entgehen bzw. sie abzuwehren. – Schäden in Tierhaltungen sind damit auch dann tierschutzrelevant, wenn sie sich erst mittel- oder langfristig zeigen und, wegen der idR frühzeitig erfolgenden Schlachtung, nicht aufscheinen oder jedenfalls nicht wirtschaftlich bedeutsam werden. Auch sie indizieren, dass es dem Tier zu Lebzeiten nicht möglich war, denjenigen Einwirkungen, die schadenskausal waren bzw. auf lange Sicht geworden wären, durch eigenes Verhalten erfolgreich zu begegnen. – Festzuhalten bleibt allerdings: Haltungen müssen, um tiergerecht zu sein, nicht allein die Schadensvermeidung, sondern auch die Bedarfsdeckung ermöglichen. Tierschutzrelevant sind deshalb nicht nur diejenigen Abweichungen, die mittel- oder langfristig Schäden verursachen, sondern auch solche, die ohne nachweisbare Schadenskausalität „nur" einzelne Verhaltensmuster betreffen (vgl. *Bammert* et al. aaO).

IV. Das Legehennen-Urteil des BVerfG und seine allgemeine Bedeutung

Höchstrichterliche Grundsätze zur Auslegung von § 2 Nr. 1 und Nr. 2: Das BVerfG hat mit Urteil v. 6. 7. 1999 die Hennenhaltungsverordnung v. 1987 (HhVO 1987) für nichtig erklärt, u.a. wegen mehrerer Verstöße gegen § 2 Nr. 1. Das Urteil ist von allgemeiner Bedeutung für die Auslegung des Tierschutzgesetzes und betrifft deshalb nicht nur die Haltung von Legehennen, sondern jede Tierhaltung. – Der Senat sieht in § 2 zwei Maximen „für die tierhaltungsrechtliche Normierung etwa gleichgewichtig berücksichtigt": Einerseits eine primär auf Schadensverhinderung ausgerichtete „polizeiliche Tendenz", wie sie § 2 Nr. 2 zugrunde liege; andererseits den Gedanken der „Pflege des Wohlbefindens der Tiere in einem weit verstandenen Sinn", wie er in § 2 Nr. 1 sinnfälligen Ausdruck finde und auch in den Straf- und Bußgeldtatbeständen der §§ 17, 18 enthalten sei. Bei dem Erlass von Rechtsverordnungen nach § 2a dürfe sich der Verordnunggeber deshalb nicht auf ein „tierschutzrechtliches Minimalprogramm" beschränken, zumal es die Intention des Gesetzgebers gewesen sei, eine Intensivierung des Tierschutzes, gerade auch bei den Systemen der Massentierhaltung zu erreichen. Eine konkrete Obergrenze für die Verwirklichung

§ 2 TierSchG *Tierschutzgesetz*

tierschützender Grundsätze bestimme das Tierschutzgesetz nicht, vielmehr ergebe sich diese allein aus den Grundrechten der Tierhalter in Verbindung mit dem Grundsatz der Verhältnismäßigkeit. Mithin müsse der Verordnunggeber einen ethisch begründeten Tierschutz bis zu dieser durch das Übermaßverbot gezogenen Grenze „fördern". Dabei seien die den Oberbegriffen „Ernährung", „Pflege" und „verhaltensgerechte Unterbringung" des § 2 Nr. 1 zuzuordnenden Bedürfnisse als Grundbedürfnisse umfassend geschützt, während der Gesetzgeber in § 2 Nr. 2 die Möglichkeit des Tieres zu artgemäßer Bewegung „als einziges seiner Bedürfnisse" weitergehenden Einschränkungsmöglichkeiten unterworfen habe (BVerfGE 101, 1, 32–37 = NJW 1999, 3253 ff.).

13 Einen Verstoß gegen den so ausgelegten § 2 Nr. 1 sieht das BVerfG u. a. darin, dass durch die HhVO 1987 (dort § 2 Abs. 1 Nr. 2) den Hennen nicht einmal das **ungestörte Ruhen** ermöglicht werde. Die durchschnittlichen Maße einer leichten Legehenne in der Ruhelage beliefen sich auf 47,6 cm Länge und 14,5 cm Breite (BVerfGE 101, 1, 2). Aus dem Produkt dieser Größen ergebe sich der Flächenbedarf für jede Henne in der Ruhelage. Damit zeige bereits der numerische Vergleich dieser Körpermaße mit der von der HhVO 1987 vorgesehenen Käfigbodenfläche von 450 qcm, dass den Hennen ein ungestörtes gleichzeitiges Ruhen und damit eine Befriedigung ihres artgemäßen Ruhebedürfnisses nicht möglich sei. Damit aber werde ein Grundbedürfnis, das sich den Oberbegriffen „pflegen" und „verhaltensgerecht unterbringen" zuordnen lasse, unangemessen zurückgedrängt (BVerfGE 101, 1, 36–38). – Einen weiteren Verstoß gegen § 2 Nr. 1 bildet nach Überzeugung des Senats die von der HhVO 1987 (dort § 2 Abs. 1 Nr. 7) vorgesehene anteilige Futtertroglänge von nur 10 cm je Henne. Auch hier zeige allein schon ein Vergleich mit der Körperbreite von 14,5 cm, „dass die Hennen nicht, wie es ... ihrem artgemäßen Bedürfnis entspricht, **gleichzeitig ihre Nahrung aufnehmen können**" (BVerfGE 101, 1, 38). Auch hierdurch werde ein Grundbedürfnis missachtet.

14 Als **weitere**, den Oberbegriffen „ernähren", „pflegen" und „verhaltensgerecht unterbringen" zuzuordnende und deshalb weitestgehend zu befriedigende **Grundbedürfnisse** nennt das BVerfG anschließend beispielhaft „insbesondere das Scharren und Picken, die ungestörte und geschützte Eiablage, die Eigenkörperpflege, zu der auch das Sandbaden gehört, oder das erhöhte Sitzen auf Stangen" (BVerfGE 101, 1, 38). Zwar heißt es im Urteil wörtlich, ob durch die HhVO 1987 auch diese „weiteren artgemäßen Bedürfnisse" unangemessen zurückgedrängt würden, könne „offen bleiben". Indes ergibt der Zusammenhang mit dem unmittelbar vorangegangenen Text („allein diese Kontrolle anhand numerischer Größen ergibt bereits..."), dass dies lediglich für die richterliche Entscheidungsfindung offen zu lassen war, weil schon die festgestellten Rechtsverstöße im Bereich des Ruhens und der gleichzeitigen Nahrungsaufnahme ausgereicht hatten, die HhVO 1987 in wesentlichen Teilen für nichtig zu erklären. Dem Verordnunggeber dagegen wollte das Gericht aufgeben, auch diese weiteren artgemäßen Bedürfnisse zu beachten und sie künftig vor unangemessener Zurückdrängung zu bewahren. Weil aber der Europarat und die EU normative Texte und amtliche Dokumente veröffentlicht hätten, mit denen die Anforderungen

Allgemeine Vorschriften § 2 TierSchG

bezüglich der Grundbedürfnisse bestimmt und verdeutlicht worden seien, könne seitens des Gerichts auf detailliertere Vorgaben hierzu verzichtet werden. Als amtliches Dokument hob der Senat in diesem Zusammenhang die Mitteilung der EU-Kommission über den Schutz von Legehennen in verschiedenen Haltungssystemen (BT-Drucks. 13/11371 S. 5 ff.) hervor, in der die „aktuellen wissenschaftlichen Erkenntnisse über die Grundbedürfnisse von Hennen in der Käfighaltung, die der Verordnunggeber nach Maßgabe des § 2 a i.V.m. § 2 Nr. 1 TierSchG beachten muss", wiedergegeben seien (BVerfGE 101, 1, 40; vgl. auch BR-Drucks. 429/01 S. 15: Artgemäß fressen, trinken, ruhen, staubbaden sowie zur Eiablage einen gesonderten Bereich aufsuchen sind „Grundbedürfnisse, die die Legehennen in der Haltungseinrichtung ausführen können müssen").

Aus dem Urteil ergeben sich weitreichende **Konsequenzen für die Anwendung von § 2 Nr. 1, die jede Form der Tierhaltung betreffen: 1.** Lässt sich ein unter naturnahen Bedingungen vom Tier gezeigter Verhaltensablauf den Oberbegriffen „ernähren", „pflegen" oder „verhaltensgerecht unterbringen" zuordnen, so darf das entsprechende artgemäße Bedürfnis nicht unangemessen zurückgedrängt werden. Geschieht dies dennoch, so verstößt die Haltungsform gegen § 2 Nr. 1. Darauf, ob die Unterdrückung des jeweiligen Verhaltens zu Schmerzen, Leiden oder Schäden für das Tier führt, kommt es bei diesen Grundbedürfnissen nicht an (Abgrenzung von Nr. 1 zu Nr. 2). **2.** Zu diesen Grundbedürfnissen gehören zumindest alle diejenigen Verhaltensabläufe, die sich den Funktionskreisen „Nahrungserwerbsverhalten" (= ernähren), „Ruheverhalten" und „Eigenkörperpflegeverhalten" (= pflegen) zuordnen lassen. Aus der o. e. Aufzählung durch das BVerfG und der verwendeten inhaltsgleichen Terminologie („artgemäßes Ruhebedürfnis", „artgemäßes Bedürfnis, gleichzeitig Nahrung aufnehmen zu können", „auch weitere artgemäße Bedürfnisse wie insbesondere...") geht hervor, dass das Gericht auch das Fortpflanzungsverhalten („die ungestörte und geschützte Eiablage") sowie das Sozialverhalten („das erhöhte Sitzen auf Stangen", das bei Hühnern sowohl Bestandteil des Ruhens wie auch des Sozialverhaltens ist) zum Schutzbereich des § 2 Nr. 1 rechnet; sie zählen ebenfalls zum Bereich des Pflegens. **3.** Dagegen hat der Gesetzgeber in § 2 Nr. 2 das Bewegungsverhalten des Tieres (d. h. bei Hühnern die Fortbewegungsarten Gehen, Laufen, Rennen, Hüpfen, Fliegen) „als einziges seiner Bedürfnisse" (BVerfGE 101, 1, 37) weitergehenden Einschränkungsmöglichkeiten unterworfen – insofern nämlich, als Einschränkungen in diesem Bereich erst tierschutzrelevant werden, wenn sie erweislich zu Schmerzen, vermeidbaren Leiden oder Schäden führen. **4.** Für die Feststellung, ob die Zurückdrängung eines Verhaltensbedürfnisses aus § 2 Nr. 1 „unangemessen" ist, ist wesentlich, dass das BVerfG es nicht zugelassen hat, diese Grundbedürfnisse mit wirtschaftlichen, wettbewerblichen oder ähnlichen Erwägungen zu verrechnen. Die materielle Nichtigkeit von § 2 Abs. 1 Nr. 2 und Nr. 7 HhVO 1987 ist vom Gericht allein mit der Bedeutung der beiden (aus Gründen der numerischen Anschaulichkeit) herausgegriffenen Bedürfnisse „Ruhen" und „gleichzeitig Fressen" und der Art, wie diese Bedürfnisse durch die bisherige Legehennenkäfighaltung zurückgedrängt worden waren, begründet worden, ohne dass sich das Gericht auf eine Auseinandersetzung mit den wirtschaftlichen Argumenten, die seitens der Bundesregierung und des Zentralverbands der Deutschen Geflügelwirtschaft (ZDG) hierzu vorgebracht worden waren, eingelassen hätte (im Ergebnis ebenso *L/M* § 2 Rn. 37, der zwar in dem Merkmal „angemessen" den Ausgleich zwischen den Tierschutzinteressen und dem Nutzungszweck einschl. der dahinter stehenden Rechtspositionen sieht, zugleich aber festhält, die Kosten dürften dabei entsprechend dem Rechtsgedanken aus § 251 Abs. 2 S. 2 BGB grundsätzlich keine Rolle spielen. Zum Ganzen vgl. auch: *L/M* HhVO Rn. 5–17; *Caspar/Cirsovius* NuR 2002, 22 ff.; *von Loeper* DÖV 2001, 370 f.; *ders.* in Tierrechte 3/99, 7; *Maisack* ZRP 2001, 198 ff.; *Schindler* NStZ 2001, 124 ff.

V. Ernährung nach § 2 Nr. 1

16   Zu einer angemessenen Ernährung gehören **drei Voraussetzungen**: 1. Die Deckung des physiologischen Bedarfs an Nahrungsstoffen (wie Wasser, Kohlehydrate, Proteine, essentielle Fettsäuren, Vitamine, Minerale, Spurenelemente, Ballaststoffe); 2. eine Darreichungsform, die das mit der Nahrungssuche und -aufnahme verbundene Beschäftigungsbedürfnis befriedigt, indem sie die zu dem betreffenden Funktionskreis gehörenden Verhaltensabläufe ermöglicht; 3. die Gewährleistung der gleichzeitigen Nahrungsaufnahme bei sozial lebenden Tierarten, insbes. bei Hühnern, Puten, Enten, Gänsen, Rindern und Schweinen. – Alle diese Anforderungen müssen erfüllt sein (zB hat es das BVerfG nicht zugelassen, die Verletzung des Gebots zur gleichzeitigen Nahrungsaufnahme, die in der Käfighennenhaltung stattgefunden hat, mit der Quantität oder der Qualität der dargebotenen Nahrung oder mit anderen Gesichtspunkten zu verrechnen).

17   **Deckung des physiologischen Bedarfs.** Verstöße können sich u. a. ergeben: aus der Menge der Nahrung einschl. des Wassers (zu viel/zu wenig); aus dem Fehlen einzelner, wichtiger Substanzen (zB strukturierter Rohfaser); aus einem nicht artgerechten Verhältnis der einzelnen Substanzen zueinander (zB zu wenig Rohfaser, zu viel Kraftfutter); aus verdorbenen Nahrungsbestandteilen; aus Schadstoffen. – Beispiele (nach *Kamphues* DtW 1998, 117 ff.): Die auf hohe Milchleistung gezüchtete Kuh benötigt sowohl ausreichende Mengen an strukturierter Rohfaser (ansonsten besteht die Gefahr von Vormagen-Indigestionen, Pansenacidose, Labmagenverlagerung und Klauenerkrankungen) als auch ausreichend Kraftfutter (ansonsten kann es zu Stoffwechselstörungen, Leistungseinbußen und Fertilitätsstörungen kommen). Die Fütterung von Kälbern und Lämmern mit zu wenig strukturierter Rohfaser (Faustregel: 0,4 kg Rohfaser je 100 kg Körpermasse und Tag) führt u. a. zu nicht ausreichender Myoglobinbildung und erhöhter Infektionsanfälligkeit. In der Pferdefütterung wird von der Regel „0,5 kg kaufähiges Raufutter je 100 kg Körpermasse" ausgegangen. Das in der Schweine-, Broiler- und Putenmast idR verwendete wachstumsfördernde Alleinfutter bewirkt extreme Tageszunahmen und führt damit zu einer Körpermasseentwicklung, mit der die Belastbarkeit des Skelettsystems und des Bewegungsapparats nicht mehr Schritt halten kann. Kaninchen, Meer-

Allgemeine Vorschriften § 2 TierSchG

schweinchen und ähnliche Spezies mit kontinuierlichem Zahnwachstum können bei mangelhafter Zufuhr von nagefähigem Raufutter „Elefantenzähne" bekommen, mangels Abrieb.

Darreichungsform, die die zum Funktionskreis „Nahrungserwerbs- 18 **verhalten" gehörenden Verhaltensabläufe ermöglicht** (vgl. *L/M* § 2 Rn. 30; *von Loeper* in: *von Loeper, Martin, Müller* et al., Tierhaltung Bd. 15, S 147, 153). Der artgemäße Fressvorgang lässt sich bei den meisten Tierarten in die Bestandteile ‚Futtersuche', ‚Futteraufbereitung' und ‚Futteraufnahme/ Abschlucken' unterteilen. Die erhebliche Zurückdrängung von Verhaltensbedürfnissen aus einem oder mehreren dieser Bereiche verstößt grundsätzlich gegen § 2 Nr. 1, wobei offen bleiben kann, ob in solchem Fall neben der Ernährung auch noch das Gebot zu verhaltensgerechter Unterbringung betroffen ist. Beispiele: Die von § 9 Abs. 4 Nr. 2 der früheren Kälberhaltungsverordnung vorgesehenen geringen Rohfasermengen reichten zur Beschäftigung der Kälber und zur Verminderung des gegenseitigen Besaugens nicht aus; u.a. auch deshalb setzte der Bundesrat in § 11 Nr. 6 der neuen Tierschutz-Nutztierhaltungsverordnung durch, dass Kälbern ab dem 8. Lebenstag Raufutter zur freien Aufnahme angeboten werden muss (vgl. BR-Drucks. 317/01 [Beschluss] S. 4; vgl. auch *Kamphues* aaO). – Die Fütterung von Zuchtsauen mit einem energiereichen, aber rohfaserarmen Alleinfutter ist bei Haltung auf einstreulosem Boden nicht artgerecht, weil es durch die andauernde Unterforderung des Beschäftigungsbedürfnisses (kein Kauen, kein Beißen, kein Wühlen, kein Erkunden) zu Stereotypien wie Stangenbeißen und/oder Leerkauen kommt (vgl. *Sambraus* in: *Sambraus/ Steiger* S. 65). Einstreulos gehaltene Mastschweine reagieren auf die ausschließliche Ernährung mit energiereichem Leistungsfutter mit allgemeiner Unruhe, Beißen an der Tränke, Wühlintentionen und Ansätzen zum Schwanzbeißen; auch dies sind Folgen der fehlenden Beschäftigungsmöglichkeit mit dem Futter. – Junghennen, die ohne oder auf zu wenig Einstreu gehalten werden (zudem bei hohen Besatzdichten und ohne Rückzugsmöglichkeiten), reagieren auf die Unmöglichkeit zu artgemäßer Futtersuche und Futteraufbereitung mit Federpicken und Kannibalismus, die sie später selbst unter verbesserten Haltungsbedingungen beibehalten können (vgl. EU-Legehennenmitteilung S. 8: „Die Bereitstellung von Streu in der Aufzuchtperiode trägt wesentlich dazu bei, das Risiko von Federpicken bei ausgewachsenen Tieren zu verringern"; zum artgemäßen Nahrungserwerbsverhalten von Legehennen s. auch Tierschutz-NutztierhaltungsVO, § 13 Rn. 5). – Mastkaninchen zeigen bei ausschließlicher Fütterung mit energiereichen Würfeln u.a. Fellfressen, Gitternagen und/oder Belecken von Einrichtungen, denn sie sind auf den Verzehr von viel grobstrukturierter Nahrung mit geringem Nährwert eingerichtet (*Kamphues* aaO S. 120; *Stauffacher* in: *Sambraus/Steiger* S. 232).

Gleichzeitige Futteraufnahme bei sozial lebenden Tieren (vgl. dazu 19 BVerfGE 101, 1, 37, 38: Nichtigkeit von § 2 Abs. 1 Nr. 7 HhVO 1987, weil durch die zu geringe Trogbreite das artgemäße Bedürfnis zu gleichzeitiger Nahrungsaufnahme unangemessen zurückgedrängt wurde). Dagegen wird zB verstoßen, wenn Schweine ausschließlich am Abrufautomaten gefüttert werden und infolgedessen dort Schlange stehen, was zu Aggressionen mit

§ 2 TierSchG
Tierschutzgesetz

zT schweren Bissverletzungen führt (*Kamphues* aaO S. 122) § 2 Nr. 1 erfordert grds. eine Tier-Fressplatz-Relation von 1:1.

20 **Gefährdungstatbestand.** Durch die drei Gebote des § 2 Nr. 1 sollen Schmerzen, Leiden oder Schäden schon im Vorfeld vermieden werden. Es geht also darum, einer diesbezüglichen Gefahr vorbeugend entgegenzuwirken. Eines Nachweises bedarf es nicht (vgl. BVerfG aaO). Deshalb setzt der Schutz dieser Norm früher ein als derjenige nach § 2 Nr. 2 und deutlich früher als derjenige nach den §§ 17 Nr. 2b, 18 Abs. 1 Nr. 1 (vgl. auch VGH Mannheim NuR 1991, 135: Durch die §§ 2, 2a soll verhindert werden, dass die Tierhalter die Möglichkeiten, die ihnen die Nutztierhaltung einräumt, bis an die Grenze der nach § 17 strafbaren Tierquälerei ausschöpfen). – Dies legt nahe, über die o.e. Fälle hinausgehend einen Verstoß gegen das Gebot zu angemessen artgemäßer Ernährung immer dann anzunehmen, wenn dem Tier Nahrungsbestandteile zugeführt werden, die es unter naturnahen Bedingungen entweder nicht vorfinden oder nicht aufnehmen würde und die seine Gesundheit oder sein Wohlbefinden langfristig gefährden können. – Bei Anwendung dieses Grundsatzes sind weder die Verfütterung von Tiermehl noch die Zugabe von antibiotischen Leistungsförderern ins Tierfutter mit § 2 Nr. 1 vereinbar. Rechtsverordnungen wie die Futtermittelverordnung, die im Range unter dem Gesetz stehen, können daran nichts ändern.

21 **Tiermehl.** Bis zur Jahreswende 2000/2001 sind in Deutschland noch zahlreiche Nutztierarten (insbes. Geflügel, Schweine und Fische) regelmäßig mit Tierkörpermehlen gefüttert worden. Dabei handelte es sich um entfettete, getrocknete und gemahlene Produkte, die aus Schlachtabfällen und aus den Körpern getöteter oder verunglückter Nutz-, Heim-, Versuchs- und Zootiere etc. mittels eines besonderen Verfahrens (Erhitzung auf 133 Grad C bei 3 bar Überdruck für die Dauer von 30 Min) gewonnen wurden. Unter naturnahen Bedingungen stünden derartige Nahrungsbestandteile dem Tier nicht zur Verfügung. Hinzu kommen die schweren Gefahren, die mit dieser Art der Fütterung für Mensch und Tier verbunden sind: Die Ernährung mit Tiermehl schafft das (inzwischen als gesichert geltende) Risiko, dass Krankheitserreger, die sich in den Körpern der verarbeiteten Tiere befinden, auf das gefütterte Tier überspringen und sich dabei unter Überwindung der biologischen Artgrenzen in bösartigere Varianten verwandeln können (vgl. die Verursachung von BSE bei Rindern durch die Verfütterung von Kadavern von Schafen, die mit Scrapie infiziert waren). Angesichts der gegenüber Rindern sehr viel kürzeren Lebensdauer von Masthühnern (5 Wochen), Puten (12–22 Wochen) und Mastschweinen (6 Monaten) kann niemand mit Sicherheit ausschließen, dass für diese Bereiche nicht ähnliche, noch unentdeckte Risiken bestehen. Hinzu kommt die Gefahr eines „Recyclings von Schadstoffen": Der Erhitzungsprozess vermag zwar pathogene Keime abzutöten; toxische Substanzen indes (Medikamentenreste, Antibiotika, Dioxinablagerungen u.a.m.) werden durch ihn allenfalls teilweise zerstört. Besonders problematisch sind die Rückstände des chemisch stabilen Tötungsmittels T 61, mit dem Haustiere schmerzlos getötet werden und für das es weder geeignete Nachweismethoden noch verbindliche Grenzwerte gibt (vgl. *Schmidt* DudT 5/1999, 38). So schafft die Tiermehlverfütterung die Gefahr, dass sich Arzneimittelrückstände und andere Schadstoffe

zunächst im Tier und später auch im Menschen als dem letzten Glied der Nahrungskette anreichern.

Antibiotika. In der Rinder-, Schweine- und Geflügelmast ist es seit langem üblich, dem Futter antibakteriell wirksame Zusatzstoffe zur Leistungsförderung zuzusetzen. Bezweckt wird damit ein schnellerer Fleischansatz bei gleichzeitiger Verminderung des Fütterungsaufwands: Das Mastschwein soll sein Schlachtgewicht von 100 kg in sechs Monaten erreichen; das Masthähnchen soll sein Anfangsgewicht von 40 g binnen 35 Tagen auf 1500 g (also auf das 37-fache) erhöhen usw. – Unter naturnahen Haltungsbedingungen würden die Tiere solche Stoffe nicht aufnehmen. Die Beigabe von Medikamenten ist nie artgemäß, außer wenn sie medizinisch indiziert ist. Hinzu kommt, dass diese Praxis der Tierfütterung auch erhebliche Gesundheitsgefahren für Mensch und Tier zur Folge hat. Sie hat, zusammen mit dem Einsatz von Antibiotika zur Krankheitsprophylaxe, wesentlich dazu beigetragen, dass zahlreiche Bakterienstämme inzwischen resistent geworden sind. Vor allem niedrige Dosen, die über lange Zeiträume an große Tierzahlen abgegeben werden, schaffen diese Gefahr. Einmal erworbene Resistenzen können auf verwandte Erregerstämme übertragen werden und so auch den Menschen erreichen. Außerdem vermögen Bakterien, die gegen ein bestimmtes Antibiotikum unempfindlich geworden sind, ihre Resistenz so weiterzuentwickeln, dass sie auch anderen, ähnlich wirkenden Antibiotika erfolgreich widerstehen können (Kreuzresistenz). Angesichts einer „dramatischen Zunahme von Antibiotikaresistenzen" fordern die Bundestierärztekammer (BTK) und die Arbeitsgemeinschaft der Leitenden Veterinärbeamtinnen und -beamten der Länder (ArgeVet) seit langem einen vollständigen Verzicht auf den Einsatz antibakteriell wirksamer Futterzusatzstoffe und darüber hinaus auch die grundsätzliche Vermeidung des prophylaktischen Einsatzes von antibiotischen Stoffen. Antibiotika sollen auf Fälle beschränkt werden, in denen „belegt oder mit großer Sicherheit anzunehmen ist, dass bei den zu behandelnden Tieren oder im Bestand ein gegenüber dem eingesetzten Antibiotikum empfindlicher Erreger vorhanden ist". Außerdem solle ihr Einsatz nur nach Anweisung und unter Aufsicht des Tierarztes erlaubt sein (vgl. DTBl. 1999, 1248, 1249; DTBl. 2001, 242).

In Schweden wurden die antibiotischen Leistungsförderer bereits 1985 verboten und gleichzeitig Stroheinstreu sowie vermehrte Bewegungsmöglichkeiten vorgeschrieben; das Land hat heute im Vergleich zum übrigen EU-Raum eine sehr geringe Zahl von Salmonellenerkrankungen und eine um ein Vielfaches geringere Antibiotikaresistenz (vgl. *Goldhorn* TU 1998, 72, 74). In Dänemark verzichten die Schweineproduzenten seit Anfang 2000 auf Antibiotika im Futter. – Dass es bei dem leistungsfördernden und dem prophylaktischen Einsatz von Antibiotika letztlich darum geht, die höheren Kosten, die mit einer artgerechten Tierhaltung verbunden wären, einzusparen, belegt die Forderung der Weltgesundheitsorganisation (WHO) nach einer „Reduzierung des Antibiotikabedarfs durch Optimierung der Haltungsbedingungen für lebensmittelliefernde Tiere" (Symposium, 13.–17. 10. 1997 in Berlin, zit. n. *Burdick* et al. S. 98; zur Feststellung von Antibiotikarückständen in Bodenproben güllegedüngter Flächen vgl. *Hamscher, Sczesny* et al. DtW 2000, 332 ff.). Auch die Bundestierärztekammer führt aus, dass

§ 2 TierSchG *Tierschutzgesetz*

„die wirtschaftlichen Vorteile des Einsatzes von Leistungsförderern auch ohne solche Wirkstoffe durch eine sachgerechte Tierhaltung und Hygiene zu erreichen sind" (DTBl. 2001, 1346).

VI. Pflege nach § 2 Nr. 1

24 Auch das **Pflegegebot** war Gegenstand der Rechtsprechung des BVerfG. Mit den in § 2 Nr. 1 aufgestellten Haltungsgrundsätzen will der Gesetzgeber „der Pflege des Wohlbefindens der Tiere in einem weit verstandenen Sinn Vorrang einräumen" (BVerfGE 101, 1, 32). Entsprechend weit ist das Gebot zur Gewährleistung der artgemäßen, angemessenen Pflege auszulegen. Zur Pflege rechnet damit u.a. **1.** die Ermöglichung der Eigenkörperpflege (BVerfG aaO 38) einschl. der sozialen Hautpflege, **2.** die regelmäßige Überwachung sowie **3.** alles das, was der allgemeine Sprachgebrauch unter einer guten Behandlung versteht.

25 Die **Ermöglichung der Eigenkörperpflege** heißt: Dem Tier muss ermöglicht werden, die Verhaltensweisen des entsprechenden Funktionskreises in artgemäßer Form (d.h. so, wie sie unter naturnahen Bedingungen stattfinden) auszuführen. – Bei Hühnern gehören dazu: Staubbaden einschließlich der triebbefriedigenden Endhandlungen (s. § 13 TierSchNutztV Rn. 7), Flügelschlagen, Streck- und Dehnbewegungen wie Flügel-Bein-Strecken und Kopfstrecken, Schüttelbewegungen wie Körper- und Schwanzschütteln, Körperkratzen mit den Zehenkrallen und Gefiederputzen. – Puten betreiben Eigenkörperpflege u.a. durch Staubbaden, Gefiederpflege mit dem Schnabel, Aufstellen und Schütteln des Gefieders; die Einnahme von Ruhepositionen auf erhöhtem Platz kann man entweder zum Ruhen oder ebenfalls zur Pflege rechnen. – Enten benötigen Zugang zu Badewasser, „damit sie als Wasservögel ihre biologischen Erfordernisse erfüllen können" (St. Ausschuss, Empfehlung für Moschusenten Art. 10 Nr. 2 bzw. für Pekingenten Art. 11 Nr. 2). – Bei Schweinen rechnen das Sichscheuern, das Suhlen sowie die strikte Trennung von Liege- und Kotbereich zur Eigenkörperpflege. – Bei Rindern gehören dazu: Sichkratzen und Scheuern an Gegenständen, Belecken und Kratzen von Körperstellen mit der Hinterklaue auf rutschsicherer Standfläche.

26 Die zur Pflege gehörende **Überwachung** erfordert u.a. eine regelmäßige Beobachtung, im Minimum einmal täglich (vgl. § 4 Abs. 1 Nr. 2 TierSchNutztV). Für manche Tierarten ist die zweimal tägliche Überprüfung ausdrücklich vorgeschrieben (so für Kälber in § 11 Nr. 1 TierSchNutztV). Die Bundestierärztekammer weist zu Recht auf die generelle Notwendigkeit einer mindestens zweimal täglichen Kontrolle hin (s. dazu § 4 TierSchNutztV Rn. 2) – Das „Wie" der Kontrolle wird in den Empfehlungen des St. Ausschusses eingehend beschrieben (vgl. zB Art. 7 der Empfehlung für das Halten von Haushühnern, s. § 4 TierSchNutztV Rn. 2).

27 Darüber hinaus schließt ‚Pflege' all das ein, was man landläufig als eine **gute Behandlung** bezeichnet (vgl. *L/M* § 2 Rn. 32). U.a. gehören dazu: Reinigung und Reinhaltung; Gesundheitsfürsorge; Prophylaxe wie Impfungen, Entwurmungen; Heilbehandlung durch den Tierarzt; Geburtshilfe;

Allgemeine Vorschriften **§ 2 TierSchG**

Unterstände in Freilandhaltung zum Schutz vor Zugluft und Feuchtigkeit; Hufbeschlag und Klauenpflege; Fellpflege (einschl. Scheren von Schafen); Licht- und Luftverhältnisse sowie Temperaturen, die „Wohlbefinden in einem weit verstandenen Sinn" (BVerfG aaO) gewährleisten. – Die nach § 15 zuständige Behörde muss auch prüfen, ob Pflegekräfte mit ausreichender Ausbildung und in genügender Zahl zur Verfügung stehen sowie ob Pflegeställe oder Abteile zur Unterbringung behandlungsbedürftiger Tiere vorhanden sind (vgl. § 4 Abs. 1 Nr. 3 TierSchNutztV; s. dort Rn. 1). – Dem Halter steht es nicht etwa frei, ob er ein krankes oder verletztes Tier behandeln oder töten lässt, denn nach dem Pflegegebot i.V.m. § 1 S. 2 ist die Tötung eines Tieres nur als ultima ratio zulässig und darf folglich nicht erfolgen, solange nach tierärztlichem Urteil noch Heilungsaussichten bestehen (s. § 4 Rn. 3 TierSchNutztV). – Die andauernde Überforderung eines Nutztieres verstößt ebenfalls gegen das Pflegegebot, selbst wenn die Schwelle des bußgeldbewehrten § 3 Nr. 1 noch nicht erreicht ist (vgl. dazu VGH Mannheim aaO Rn. 20). Beispiel: Eine Zuchtnutzung, bei der in Käfigen gehaltene Häsinnen schon am Tag nach der Geburt wieder besamt werden, ist mit der Gefahr einer Auszehrung des Muttertieres verbunden, weil parallel für die Milchbildung und für die sich entwickelnde Fruchtmasse Energie und Nährstoffe benötigt werden (vgl. *Kamphues* DtW 1998, 117, 121); auch hier verhindert zwar idR die frühzeitige Schlachtung das Offenbarwerden entsprechender Schäden, was jedoch an dem Verstoß gegen das Pflegegebot nichts ändert (s. Rn. 20).

Die **Zusammenfassung besonders großer Tierbestände auf engem Raum** kann ebenfalls einen Verstoß gegen das Pflegegebot bedeuten. Wird nämlich die Masse der Tiere für den Halter oder Betreuer zu groß und zu unübersichtlich, so führt dies zwangsläufig zu einem Verlust des Verantwortungsbewusstseins und zur Entstehung des Gefühls, dass es sich nicht lohne, sich bei dieser Masse noch um das einzelne Individuum zu kümmern (vgl. *Martin* in: *von Loeper, Martin, Müller* S. 59 ff., 62). Das Gesetz fordert aber Pflege, Überwachung und Betreuung des Einzeltieres, insbesondere auch des schwächsten. Deshalb wäre es möglich, mit Hilfe des Pflegegebots Obergrenzen für Tiergruppen in Stallabteilen durchzusetzen. Aus demselben Grund müssten auch maximal zulässige Relationen von Tierbetreuern und Zahl der betreuten Tiere formuliert werden (vgl. *Kamphues* aaO; zur Legehennenkäfighaltung s. auch § 4 TierSchNutztV Rn. 1). 28

VII. Verhaltensgerechte Unterbringung nach § 2 Nr. 1

In **sechs Funktionskreise** teilt man die Verhaltensmuster, die von Tieren unter naturnahen Bedingungen gezeigt werden, üblicherweise ein: Nahrungserwerbsverhalten; Ruheverhalten; Eigenkörperpflege (manchmal auch Komfortverhalten genannt, vgl. *Sundrum* S. 15); Fortpflanzungsverhalten und Mutter-Kind-Verhalten; Sozialverhalten; Bewegung (auch Lokomotion genannt, vgl. *Bogner/Grauvogl* S. 41). Teilweise werden auch für Ausscheidungs- und für Feindvermeidungsverhalten eigenständige Funktionskreise gebildet (vgl. *Bogner/Grauvogl* aaO); dies scheint aber nicht erforderlich, da 29

§ 2 TierSchG

sich beides der (weit auszulegenden, s. Rn. 24) Pflege zuordnen lässt. ZT wird auch das Erkundungsverhalten noch als eigenständiger Funktionskreis geführt; man kann es aber auch dem Nahrungserwerb zuordnen.

30 Nach der **vom BVerfG beschriebenen Abgrenzung** enthält § 2 Nr. 2 eine gegenüber § 2 Nr. 1 speziellere Regelung, indem in Nr. 2 die Möglichkeit des Tieres zu artgemäßer Bewegung „als einziges seiner Bedürfnisse" weitergehenden Einschränkungsmöglichkeiten unterworfen wird (BVerfGE 101, 1, 37). Diesen Schranken unterliegen also die in Nr. 1 angesprochenen Bedürfnisse nicht (vgl. auch OVG Weimar 3 KO 700/99, 12). Konsequenz: Ist ein Bedürfnis, das dem Schutz von Nr. 1 untersteht, zurückgedrängt, so bleibt allein zu prüfen, ob dies „unangemessen" ist; lässt sich dies bejahen, so muss die jeweilige Haltungsform als gesetzwidrig eingestuft werden, ohne dass noch der in Nr. 2 vorgesehene Nachweis für Schmerzen, vermeidbare Leiden oder Schäden geführt zu werden braucht (s. auch Rn. 15).

31 Der **Umfang des Schutzbereichs von § 2 Nr. 1** wird durch die Oberbegriffe „ernähren", „pflegen" und „verhaltensgerecht unterbringen" bestimmt. Die Verhaltensbedürfnisse des Funktionskreises „Nahrungserwerbsverhalten" gehören zweifelsfrei zum „Ernähren" (s. Rn. 18), ebenso auch das Erkundungsverhalten (s. Rn. 29). Die Verhaltensabläufe der Funktionskreise „Eigenkörperpflege" und „Ruheverhalten" sind ebenso unzweifelhaft dem „Pflegen" zuzuordnen (s. Rn. 13 und 25). Wegen der vom BVerfG vorgezeichneten weiten Auslegung des Pflegegebotes wird man auch das Sozialverhalten hierher zu rechnen haben, zumal es dabei nicht primär um Bewegung geht, sondern um die Ausbildung und Erhaltung bestimmter hierarchischer Strukturen, um Kommunikation sowie um Ausweichen, Deckung Suchen und die Möglichkeit zum zeitweiligen Rückzug vom Artgenossen, letztlich also auch um die Vermeidung von Auseinandersetzungen und Verletzungen und damit um Schutz. Den Funktionskreis „Fortpflanzungsverhalten" und „Mutter-Kind-Verhalten" wird man zur verhaltensgerechten Unterbringung und damit ebenfalls zu § 2 Nr. 1 zu zählen haben (so sieht es auch das BVerfG, wenn es die „ungestörte und geschützte Eiablage" zu den weiteren artgemäßen Bedürfnissen rechnet, die nicht „unangemessen zurückgedrängt" werden dürften – eine Sprachregelung, die nur im Rahmen von § 2 Nr. 1 Sinn macht; vgl. BVerfG aaO 38).

32 Was **„angemessen"** bedeutet, lässt sich ebenfalls dem Legehennenurteil entnehmen. „Unangemessen" war für das BVerfG die Zurückdrängung des Ruhens durch die herkömmliche Käfighaltung allein schon aufgrund des Missverhältnisses, das zwischen dem dazu notwendigen Flächenbedarf (47,6 cm × 14,5 cm) und der tatsächlich gewährten Bodenfläche (450 qcm) bestand. Ebenso genügte für die Unangemessenheit, mit der das Bedürfnis zu gleichzeitiger Nahrungsaufnahme zurückgedrängt war, allein schon der numerische Vergleich zwischen der durchschnittlichen Körperbreite der Tiere (14,5 cm) und der zur Verfügung stehenden Futtertroglänge (10 cm pro Henne). Zu der von Bundesregierung und Geflügelwirtschaft geforderten Abwägung und Verrechnung der beiden Bedürfnisse mit wirtschaftlichen und wettbewerblichen Belangen ist es nicht gekommen, weil dem Gericht die festgestellten Missverhältnisse zwischen Bedarf und Angebot für sein Rechtswidrigkeitsurteil ausreichten. Daraus folgt: Schon aus der Art

Allgemeine Vorschriften **§ 2 TierSchG**

und Weise und der Stärke, mit der ein artgemäßes Bedürfnis zurückgedrängt und der zugehörige Verhaltensablauf beeinträchtigt wird, kann sich ergeben, dass dies unangemessen ist. Wird ein zum Schutzbereich des § 2 Nr. 1 gehörendes artgemäßes Bedürfnis hinreichend stark beeinträchtigt, so lässt sich dies mit anderen Gesichtspunkten nicht verrechnen (s. Rn. 15). – In diesem Zusammenhang kann auch die Definition, die die (an das deutsche Tierschutzgesetz angelehnte) Schweizer Tierschutzverordnung in ihrem Art. 1 Abs. 2 für den Begriff ‚angemessen' gibt, hilfreich sein: „Fütterung, Pflege und Unterkunft sind angemessen, wenn sie nach dem Stand der Erfahrung und den Erkenntnissen der Physiologie, Verhaltenskunde und Hygiene den Bedürfnissen der Tiere entsprechen" (vgl. auch *Kluge/von Loeper* § 2 Rn. 29: „angepasst an Altersstufe, Domestikationsstatus, Trächtigkeit, gesundheitliche und andere tierspezifische Besonderheiten"). – Dass mit ‚angemessen' keine Einbruchstelle für eine Relativierung und Verrechnung von artgemäßen Bedürfnissen geschaffen werden sollte, belegt schließlich auch die Entstehungsgeschichte zum ÄndG 1986: Danach wurde zwar durch Änderung des Wortlauts von § 2 Nr. 1 dieser Begriff erstmals auch auf „verhaltensgerecht unterbringen" bezogen, zugleich aber ausdrücklich klargestellt, dass dadurch keine Minderung des Schutzes der Tiere gegenüber der bisherigen Rechtslage eintreten sollte (vgl. BT-Drucks. 10/3158 S. 17).

Der **Schutzumfang von § 2 Nr. 1** lässt sich auch nicht dadurch mindern, 33 dass einzelne Verhaltensbedürfnisse – obwohl zum „Ernähren", „Pflegen" oder „verhaltensgerechten Unterbringen" gehörend – herausgenommen werden dürften, etwa mit der Begründung, das Tier benötige das jeweilige Verhaltensmuster nicht, um zu überleben, gesund zu bleiben und die erwünschten Leistungen zu erbringen (vgl. dazu die von *Ellendorff* geäußerten Zweifel an der „Relevanz und biologischen Notwendigkeit einzelner Verhaltenskomponenten", in: DVG „Tierschutz u. Tierzucht" S. 147). Nach dem Bedarfsdeckungs- und Schadensvermeidungskonzept ist alleiniger Maßstab das Normalverhalten, das von Tieren der betreffenden Art, Rasse und Altersgruppe unter naturnahen Haltungsbedingungen bei freier Beweglichkeit und vollständigem Organgebrauch gezeigt wird (so auch für § 17 Nr. 2 b OLG Frankfurt/M NJW 1980, 409). Das Gesetz fordert die verhaltensgerechte – nicht etwa nur die gesunde, das Überleben sichernde oder die leistungsgerechte Unterbringung. Auch widerspräche es der Rechtsnatur des § 2 Nr. 1 als Gefährdungstatbestand und der damit (im Gegensatz zu § 2 Nr. 2) angestrebten Vorverlagerung des Tierschutzes, einzelne, unter naturnahen Bedingungen gezeigte Verhaltensmuster dem Schutzbereich der Norm zu entziehen mit der Begründung, hinsichtlich ihrer biologischen Notwendigkeit bestehe noch Forschungsbedarf.

VIII. Einschränkung der Möglichkeit zu artgemäßer Bewegung nach § 2 Nr. 2

Zur **Abgrenzung gegenüber § 2 Nr. 1** s. Rn. 30, 31. Während also die 34 Funktionskreise „Nahrungserwerbsverhalten", „Ruheverhalten", „Eigenkörperpflege", „Sozialverhalten" sowie „Fortpflanzungsverhalten" dem weitreichenden Schutz der Nr. 1 unterstehen, darf nach Nr. 2 die Möglichkeit des Tieres zu artgemäßer Bewegung (Lokomotion) „als einziges seiner Bedürfnisse" Einschränkungen bis zur Schmerz-/Leidensgrenze unterworfen werden. Der vom Gesetzgeber in den §§ 1 und 2 „vorgezeichnete Interessenausgleich" (BVerfG aaO 36) verlangt mithin, die artgemäßen Bedürfnisse nach Nr. 1 im Wesentlichen zu befriedigen, so dass Haltungsformen, die eines dieser Bedürfnisse erheblich zurückdrängen, gegen Nr. 1 verstoßen, ohne dass noch der Nachweis hierdurch verursachter Leiden geführt werden müsste. Hingegen wird es für eine wirtschaftliche Tierhaltung nicht selten unabdingbar sein, die Freiheit zur Fortbewegung (d. h. das Gehen, Laufen, Rennen, Hoppeln, Hüpfen, Klettern, Traben, Galoppieren, Fliegen etc.) einzuschränken; dies darf dann in dem durch Nr. 2 vorgezeichneten Rahmen geschehen. – In Grenzfällen, in denen zweifelhaft bleibt, ob ein Verhalten eher zur Bewegung oder eher zu „pflegen" bzw. „verhaltensgerecht unterbringen" zu rechnen ist (vgl. das Beispiel bei *L/M* § 2 Rn. 39: Recken und Strecken) sollte man an das Gebot zur tierfreundlichen Auslegung denken (s. § 1 Rn. 1) und den Verhaltensablauf der stärkeren Schutzvorschrift des § 2 Nr. 1 zuordnen. Dies entspricht auch der vom BVerfG betonten „Pflege des Wohlbefindens in einem weit verstandenen Sinn" (s. Rn. 12). Auch ist zu bedenken, dass das Gericht diejenigen Bedürfnisse, die es ausdrücklich dem Bereich des § 2 Nr. 1 zuordnet, jeweils nur beispielhaft und nicht abschließend aufgeführt hat („wie insbesondere Schlafen sowie Nahrungs- und Flüssigkeitsaufnahme" ... „wie insbesondere das Scharren und Picken, die ungestörte und geschützte Eiablage ...", BVerfGE 101, 1, 36, 38; s. Rn. 14).

35 Es gilt ein **uneingeschränktes Verbot der Zufügung von Schmerzen.** „Einfache" Schmerzen reichen aus (s. Rn. 36). Die Verursachung von Schmerzen markiert für Bewegungseinschränkungen eine absolute Grenze: Mit dem ÄndG 1986 wurde der Schutz des Tieres insoweit verstärkt, als das Adjektiv „vermeidbare" von dem Substantiv „Schmerzen" gelöst und so jegliche schmerzkausale Bewegungseinschränkung absolut und unbedingt verboten wurde, ohne Rücksicht auf Vermeidbarkeit (vgl. BT-Drucks. 10/3158 S. 18). – Ein Kausalzusammenhang ist gegeben, wenn ein Umstand nicht hinweggedacht werden kann, ohne dass der konkret eingetretene Erfolg entfiele; ohne Bedeutung ist, ob der kausale Umstand nur eine von mehreren Bedingungen darstellt (kumulative Kausalität). Demgemäß reicht es für einen Verstoß gegen Nr. 2 aus, wenn die Bewegungseinschränkung erst im Zusammenspiel mit weiteren Ursachen (zB der Bodenbeschaffenheit und/oder der Züchtung) zum Auslöser schmerzhafter Erkrankungen oder Verletzungen wird. Erforderlich, aber auch ausreichend für einen Verstoß ist, dass die Bewegungsbeschränkung nicht hinweggedacht werden kann, ohne dass die Schmerzen entfielen. – Einige Beispiele: Die Fixierung von Sauen in Kastenständen löst verlängerte Geburtsvorgänge aus (vgl. EU-SVC-Report Schweine S. 100); sie kann außerdem zu schmerzhaften Harnwegsentzündungen, Gebärmutter- und Gesäugeentzündungen sowie zu Beinschäden führen (vgl. *Burdick* et al. S. 81). Ferkel, die auf Lochblech- oder Drahtgitterböden ohne Auslauf gehalten werden, zeigen vermehrt schmerzhafte Verletzungen an den Sprunggelenken und den Klauen, außerdem Schwellungen lateral des Sprunggelenks (vgl. *Müller* in: *von Loeper*,

Allgemeine Vorschriften **§ 2 TierSchG**

Martin, Müller et al. S. 111). Mastschweine auf Vollspaltenböden ohne Auslauf haben häufig schmerzhafte Quetschungen, Schürfungen und Wunden im Klauenbereich und im Bereich der Gelenke (*Müller* aaO S. 99). Angebundene Milchkühe, die mit den Hinterbeinen ständig auf dem Gitterrost stehen, zeigen häufig Verletzungen und Erkrankungen der Klauen (vgl. *Burdick* et al. S. 74). Mastrinder, die auf Spaltenboden gehalten werden, leiden u. a. häufig an Schwanzspitzenentzündungen, weil sie sich wegen der räumlichen Enge und fehlenden Ausweichmöglichkeit gegenseitig auf die Schwänze treten bzw. diese beim Liegen in die Spalten einklemmen (*Burdick* et al. S. 76); der Mangel an Möglichkeit zur Bewegung ist dafür neben der Bodenbeschaffenheit mitkausal. In der Legehennenkäfighaltung werden als zT schmerzhafte Folgen der weitgehend bewegungslosen Haltung auf Drahtgitterböden beschrieben: Käfigmüdigkeit und -lähme, erhöhte Knochenbrüchigkeit (vgl. EU-Legehennenmitteilung S. 3, 9), Arthritis, Fettlebern und ein hoher Anteil von Leberrupturen (vgl. *Ellendorff* in: DVG, Tierschutz u. Tierzucht, S. 146), Herzversagen, Anämie, knochenschwächebedingte Frakturen (vgl. *Buchholtz, Fölsch, Martin* S. 9).

Es gilt ferner ein **eingeschränktes Verbot der Zufügung von Leiden** 36 **oder Schäden.** Verursacht die Einschränkung der Bewegung zwar keine Schmerzen, aber Leiden oder Schäden, so begründet dies eine Rechtswidrigkeit, soweit diese Folgen vermeidbar sind. Nicht verlangt wird, dass das Leiden bzw. der Schaden erheblich sein müsste; „einfaches" Leiden reicht aus. Auch auf die Dauer des Leidens kommt es nicht an (näher zu Leiden s. § 1 Rn. 17–23 a; zu Schäden § 1 Rn. 24–26; zur Abgrenzung einfach/erheblich § 17 Rn. 50).

„**Unvermeidbar**" sind die Leiden bzw. Schäden, wenn ihre Verursa- 37 chung einem vernünftigen Grund entspricht. Vermeidbarkeit ist also eine Ausprägung der Verhältnismäßigkeit (*L/M* § 2 Rn. 40). Wie immer beim vernünftigen Grund müssen auch hier alle vier Elemente des Verhältnismäßigkeitsgrundsatzes (erlaubter Zweck; Geeignetheit; Erforderlichkeit; Verhältnismäßigkeit ieS) geprüft werden (s. § 1 Rn. 37–49). – An der Erforderlichkeit bewegungseinschränkungsbedingter Leiden fehlt es u. a. dann, wenn sich der verfolgte Zweck auch durch andere, mehr Beweglichkeit zulassende (oder die belastenden Folgen auf andere Weise abmildernde) Haltungsformen erreichen lässt. Dabei ist zu beachten, dass ökonomische Gründe allein den Begriff des vernünftigen Grundes (und damit auch der Unvermeidbarkeit) nicht ausfüllen können und dass Tieren aus Gründen der Arbeits-, Zeit- oder Kostenersparnis keine Leiden oder Schäden zugefügt werden dürfen (§ 9 Abs. 2 Nr. 3, allgemeiner Rechtsgedanke, s. § 1 Rn. 41 und 46 sowie § 17 Rn. 11). Daraus folgt zB: Wird als Begründung für eine bewegungseinschränkende Haltungsform (zB Käfig- oder Anbindehaltung) geltend gemacht, Haltungssysteme mit freier Beweglichkeit besäßen Nachteile in hygienischer, gesundheitlicher oder gar ökologischer Hinsicht, so begründet dieser Einwand keine Unvermeidbarkeit, solange sich diese Nachteile mit Arbeits-, Zeit- oder Geldaufwand vermeiden bzw. auf dasjenige Niveau, das sie in der bewegungsarmen Haltungsform auch haben, reduzieren lassen (außerdem ist selbstverständlich zu prüfen, ob die behaupteten Nachteile wirklich zutreffen und, wenn ja, ob sie nicht durch andere, der bewegungsarmen Haltung anhaftende Nachteile und Risiken auf- und überwogen werden, s. dazu § 1 Rn. 45). – Bei der Verhältnismäßigkeit ieS (d. h. der Nutzen-Schaden-Abwägung) sollte bedacht werden: Tiere, die mit möglichst wenig Medikamenten auskommen und das dazu nötige intakte Immunsystem aufbauen und erhalten sollen, brauchen Licht, Luft, Sonne, Klimareize und Bewegung (vgl. *Haiger* TU 1998, 67, 68: Mit hohen Bestandsdichten kommt es zu steigenden Ausfällen, erhöhter Krankheitsanfälligkeit und in der Folge zu vermehrtem Medikamenteneinsatz). Deshalb werden bei näherem Hinschauen die kurzfristigen betriebswirtschaftlichen Vorteile dichter, bewegungsarmer Haltungsformen häufig überwogen durch ihre langfristigen gesamtwirtschaftlichen Nachteile. Diese sind u. a.: Medikamenten- und Antibiotika-Einsatz mit daraus resultierender Rückstands- und Resistenzproblematik; vermehrter Einsatz von Heizenergie (Tiere, die sich bewegen können und Einstreu haben, brauchen idR weniger Heizung); Boden- und Grundwasserbelastungen als Folge des in Vollspaltenbodenhaltungen anfallenden Flüssigmists.

IX. Kenntnisse und Fähigkeiten nach § 2 Nr. 3

38   Das **Sachkundeerfordernis** ist erst durch das ÄndG 1998 eingefügt worden. Näher dazu AVV Nr. 1.1–1.3. – Besitzt der Halter die erforderlichen Kenntnisse und Fähigkeiten nicht selbst, so muss er die Betreuung auf eine ausreichend sachkundige Person übertragen und diese ermächtigen, die für Ernährung, Pflege und Unterbringung maßgeblichen Entscheidungen eigenständig, also nicht etwa nach seinen Weisungen, zu treffen. – Die (theoretischen) Kenntnisse und die (praktischen) Fähigkeiten müssen sich u. a. auf Folgendes beziehen: Anatomie, Physiologie und Biologie der betreffenden Tierart; tierschutzrechtliche Bestimmungen; Verhalten unter naturnahen Bedingungen; Erkennen und Interpretieren von Verhaltensstörungen; auf alles, was für eine artangemessene Ernährung, Pflege und verhaltensgerechte Unterbringung wesentlich ist; auf die richtige Aufzucht u. a. m. – Die Einhaltung eines bestimmten Ausbildungsganges nebst Prüfung schreibt Nr. 3 nicht vor; sinnvoll ist es aber, bei gewerblicher Tierhaltung Pflege und Überwachung auf geprüfte Tierpfleger/innen zu übertragen (vgl. *Wiesner/ Ribbeck,* „Pflege"; vgl. auch AVV Nr. 12.2.2.2).

X. Verhältnis zu Richtlinien, Rechtsverordnungen, Verwaltungsvorschriften, Empfehlungen und Gutachten

39   Auf EU-Ebene gibt es vier **Richtlinien zur Tierhaltung**: Zum Schutz v. landwirtschaftlichen Nutztieren die RL 98/58 EG v. 20. 7. 1998, ABl. Nr. L 221 S. 23; zur Haltung v. Legehennen die RL 99/74/EG v. 19. 7. 1999, ABl. Nr. L 203 S. 53; zur Haltung von Schweinen die RL 91/630/EWG v. 19. 11. 1991, ABl. Nr. L 340 S. 33, geändert durch RL 2001/88/EG des Rates v. 23. 10. 2001, ABl. Nr. L 316 S. 1 und durch RL 2001/93/EG der Kommission v. 9. 11. 2001, ABl. Nr. L 316 S. 36; zur Haltung von Kälbern die RL 91/629/EWG v. 19. 11. 1991, ABl. Nr. L 340 S. 28, geändert durch

RL 97/2/EG v. 20. 1. 1997, ABl. Nr. L 25 S. 24 und durch Entscheidung 97/182/EG der Kommission v. 24. 2. 1997, ABl. Nr. L 76 S. 30. – Alle diese Richtlinien enthalten lediglich Mindestanforderungen, setzen also nur eine Untergrenze. Strengere, d. h. tierfreundlichere Vorschriften aus dem nationalen Recht bleiben von ihnen unberührt (vgl. Art. 10 Abs. 2 der RL zum Schutz v. landwirtschaftlichen Nutztieren, Art. 13 Abs. 2 der RL zur Haltung von Legehennen, Art. 11 Abs. 2 der RL zur Haltung von Schweinen und Art. 11 Abs. 2 der RL zur Haltung von Kälbern; vgl. auch EuGH NJW 1999, 113). – Das Schutzniveau von § 2 geht über die Minimalprogramme der Richtlinien deutlich hinaus. Für die Beurteilung der Rechtmäßigkeit bzw. Rechtswidrigkeit deutscher Tierhaltungen bildet deshalb § 2 den vorrangigen Maßstab (vgl. auch BVerfGE 101, 1, 31 ff., 45).

Rechtsverordnungen stehen im Rang unter dem Gesetz. Soweit sie die 40 Grenzen ihrer gesetzlichen Ermächtigung überschreiten oder sonst gegen Gesetze verstoßen, sind sie nichtig (BVerfG aaO 31 ff.). Rechtsverordnungen, die aufgrund von § 2a ergehen, sind folglich nur gültig, soweit sie „zum Schutz der Tiere erforderlich" sind und sich darauf beschränken, „die Anforderungen an die Haltung von Tieren nach § 2 näher zu bestimmen", d. h. soweit sie die gesetzlichen Gebote des § 2 zutreffend konkretisieren und den vom Gesetzgeber vorgezeichneten Interessenausgleich nachvollziehen ohne ihn zu verändern (s. dazu § 2a Rn. 8, 9). – In den Bereichen, die durch Rechtsverordnung geregelt sind (Haltung von Hunden, Legehennen und Kälbern; Tiertransporte; Tierschlachtungen) darf sich die nach § 15 zuständige Behörde folglich nicht darauf beschränken, einfach nur die jeweilige Rechtsverordnung anzuwenden. Sie muss vielmehr zusätzlich prüfen, ob die in Rede stehende Verordnung die Gebote und Verbote aus § 2 zutreffend und vollständig konkretisiert hat. Ist dies nicht der Fall, muss sie § 2 über § 16a S. 2 Nr. 1 unmittelbar anwenden, denn die Pflichten aus § 2 als der „Grundvorschrift für die Tierhaltung" (s. Rn. 1) können durch ausführende Bestimmungen des Verordnungsgebers nicht unanwendbar gemacht werden (vgl. *L/M* Einf. Rn. 67). – Die genannten Rechtsverordnungen lassen die Befugnis der Behörde unberührt, Maßnahmen nach § 16a S. 2 Nr. 1 anzuordnen, wenn dies im Einzelfall zur Erfüllung der Anforderungen des § 2 erforderlich ist. Wenn also in einer Tierhaltung trotz Einhaltung aller Bestimmungen der einschlägigen Rechtsverordnung artgemäße Bedürfnisse iS des § 2 Nr. 1 unangemessen zurückgedrängt sind oder wenn als Folge von Bewegungseinschränkungen Schmerzen, vermeidbare Leiden oder Schäden iS des § 2 Nr. 2 entstehen, können über § 16a S. 2 Nr. 1 auch Anordnungen getroffen werden, die nicht mit den in der Rechtsverordnung festgesetzten Mindestanforderungen identisch sind bzw. darüber hinausgehen (vgl. dazu die amtlichen Begründungen zu den einzelnen Verordnungen: BR-Drucks. 612/92 S. 10 [Kälber]; BR-Drucks. 159/88 S. 14 und 784/93 S. 8 [Schweine]; BR-Drucks. 836/96 S. 45 [Tiertransporte]; BR-Drucks. 835/96 S. 26 [Schlachtung]; BR-Drucks. 580/00 S. 8 [Hunde]).

Bei **Verwaltungsvorschriften** (gleichbedeutend: Richtlinien, Erlasse, 41 Vollzugshinweise uÄ), die zur Konkretisierung der unbestimmten Rechtsbegriffe des § 2 erlassen worden sind, gibt es nur zwei Möglichkeiten: Entweder legt die VV den § 2 richtig aus, indem sie die Anforderungen aus

§ 2 TierSchG *Tierschutzgesetz*

Nr. 1 und Nr. 2 zutreffend und vollständig konkretisiert: dann ist sie anzuwenden. Oder sie legt § 2 falsch aus, insbesondere indem sie seine Anforderungen einschränkt und den gesetzlich vorgezeichneten Interessenausgleich zu Lasten der Tiere verändert anstatt ihn nur nachzuzeichnen: dann ist sie insoweit ungültig und nicht ausreichend. Gleiches gilt, wenn sie auf falschen oder unvollständigen Tatsachen beruht oder nicht (mehr) dem aktuellen Stand der wissenschaftlichen Erkenntnisse, besonders im Bereich der Ethologie, entspricht. Zum Remonstrationsrecht und der entsprechenden Pflicht des Beamten in solchen Fällen vgl. § 38 Abs. 2 BRRG und die gleichlautenden Landesbeamtengesetze (s. auch § 16 d Rn. 2 und Einf. Rn. 60).

42 Die **Empfehlungen des Ständigen Ausschusses zum Europäischen Tierhaltungsübereinkommen (ETÜ)** richten sich an die Vertragsparteien und konkretisieren die allgemeinen Grundsätze in Art. 1 bis 7 des Übereinkommens. Solche Empfehlungen sind bislang für die Haltung von Haushühnern (Legehennen und Masthühner), Schweinen, Rindern, Kälbern, Pelztieren, Schafen und Ziegen, Straußenvögeln, Enten, Gänsen und Puten verabschiedet worden (vgl. BAnz. Nr. 89a v. 11. 5. 2000 und BAnz. Nr. 51 v. 14. 3. 2002, S. 4741). Empfehlungen für die Haltung von Nutzfischen und Kaninchen stehen unmittelbar bevor, die Empfehlung zur Haltung von Schweinen wird überarbeitet. – Bei der Beurteilung von Tierhaltungen auf Übereinstimmung mit den Anforderungen des § 2 hat die zuständige Behörde auch diese Empfehlungen zu beachten (vgl. AVV Nr. 1.1). Sie sind gem. Art. 9 ETÜ (BGBl. II 1978 S. 113) für Deutschland als Vertragspartei verbindlich und stellen „verbindliche Vorgaben aus dem europäischen Tierschutzrecht" dar (BVerfGE 101, 1, 40). Verstößt ein Tierhalter dagegen, so trifft die Behörde die zu ihrer Einhaltung notwendigen Anordnungen nach § 16a S. 1 und S. 2 Nr. 1. Soweit eine Rechtsverordnung oder Verwaltungsvorschrift die für ein Sachgebiet erlassene Empfehlung nicht beachtet oder ihr widerspricht, ist sie wegen Verstoßes gegen Art. 9 Abs. 3 ETÜ ungültig. – Zu beachten sind nicht nur die Anhänge dieser Empfehlungen, sondern auch ihre Allgemeinen Bestimmungen und Präambeln (vgl. BVerfG aaO S. 45: „gemäß der Empfehlung ... einschließlich ihres für die Käfigbatteriehaltung geltenden Anhangs"). Das BVerfG hat die Bestimmung in Nr. 2 S. 2 des Anhangs A der Empfehlung für das Halten von Legehennen v. 21. 11. 1986 („Alle Tiere müssen genügend Raum haben, um sich entweder auf einer Stange niederzulassen oder sich hinsetzen zu können, ohne von anderen Tieren gestört zu werden") im Lichte der Präambel (Sichhinsetzen, ungestörtes Ruhen und Flügelschlagen als „essentielle Bedürfnisse") dahingehend ausgelegt, dass die Empfehlung damit das ungestörte Einnehmenkönnen der Ruhelage als Mindestvoraussetzung für eine weitere Gestattung der Batteriekäfighaltung von Legehennen postuliere (BVerfG aaO 39, 40). Daran wird deutlich, dass auch die Präambel zur Auslegung der nachfolgenden Einzelbestimmungen der Empfehlung und zur Konkretisierung von § 2 Nr. 1 TierSchG herangezogen werden muss. – Soweit einzelne Bestimmungen der Empfehlungen als „Soll"-Vorschriften ausgestaltet sind, ist zu beachten: Ein „Sollen" bedeutet, dass im Regelfall eine entsprechende Verpflichtung besteht, von der nur in atypischen Ausnahmefällen abgewichen werden kann (vgl. zB *L/M* § 11 Rn. 38; VG Stuttgart NuR 1999, 719). – So-

Allgemeine Vorschriften **§ 2 TierSchG**

weit die Gebote und Verbote aus § 2 über die Empfehlungen hinausgehen, geht das Tierschutzgesetz vor, denn auch die Empfehlungen enthalten nur Mindestanforderungen (s. auch Einf. Rn. 27).

In Verwaltungs- und Gerichtsverfahren werden häufig **allgemeine und/ oder spezielle Gutachten** herangezogen und zur Entscheidungsgrundlage gemacht. – Allgemeine Gutachten und Empfehlungen sind insbes. von der Tierärztlichen Vereinigung für Tierschutz (TVT) herausgegeben worden. U. a.: Checklisten für die Beurteilung von Amphibienhaltungen, Kleinsäugerhaltungen, Reptilienhaltungen, Terrarienhaltungen, Vogelhaltungen und Zierfischhaltungen im Zoofachhandel; Richtlinien für Börsen mit Vögeln, Fischen und Reptilien; Checkliste zur Überprüfung von Schlachtbetrieben nach der TierSchlV und zur Überprüfung von Tiertransporten nach der TierSchTrV; Empfehlungen zur tierschutzgerechten Haltung von Versuchstieren (Hund, Katze, Kaninchen, Legehenne, Meerschweinchen, Ratte, Maus, Hamster, Rhesusaffe, Schaf, Ziege und Schwein); Empfehlungen zur Haltung von Fröschen, Greifvögeln, Heimtieren in Schulen und Kindergärten, Hunden und Katzen im Zoofachhandel, Hauskatzen, Kaninchen, Zirkustieren; Empfehlungen zur Hälterung von Fischen im Einzelhandel. – Auch vom BMVEL sind allgemeine Gutachten herausgegeben bzw. überarbeitet worden. U. a.: Gutachten über Mindestanforderungen an die Haltung von Greifvögeln und Eulen; über Mindestanforderungen an die Haltung von Zierfischen (Süßwasser); über Mindestanforderungen an die Haltung von Papageien; über Mindestanforderungen an die Haltung von Kleinvögeln (Körnerfresser); über Mindestanforderungen an die Haltung von Säugetieren; über Mindestanforderungen an die Haltung von Straußenvögeln außer Kiwis; über Mindestanforderungen an die Haltung von Reptilien. Daneben gibt es Leitlinien für eine tierschutzgerechte Haltung von Wild in Gehegen, zur Beurteilung von Pferdehaltungen unter Tierschutzgesichtspunkten, zum Tierschutz im Pferdesport, zur Haltung, Ausbildung und Nutzung von Tieren in Zirkusbetrieben u. a. m. (zur Verwertbarkeit solcher Gutachten mittels Urkundsbeweis vgl. OVG Weimar NuR 2001, 107, 109). – In Verwaltungs- und Gerichtsverfahren werden häufig auch spezielle Gutachten zu einzelnen Fragen erstellt (zB zum Vorhandensein und Ausmaß einzelner Verhaltensbedürfnisse; zu Art und Ausmaß ihrer Unterdrückung in bestimmten Haltungsformen; zu Verhaltensstörungen; zu erheblichen Leiden).

Der sorgfältige Rechtsanwender wird sich nicht damit begnügen, die Feststellungen aus solchen Gutachten unkritisch zu übernehmen. Er sollte sich u. a. folgende **Fragen zur Prüfung von Gutachten und Gutachtern** stellen: 1. Legt der Gutachter die Anknüpfungstatsachen, auf die er seine Schlussfolgerung stützt, offen? Wurden diese vollständig und zutreffend ermittelt? 2. Kann der Gutachter die aus diesen Anknüpfungstatsachen gezogenen Schlussfolgerungen frei von Lücken, inneren Widersprüchen und ohne Verstöße gegen Denkgesetze und Erfahrungssätze nachvollziehbar begründen? 3. Legt der Gutachter dabei seine Methoden offen? Sind diese mit den Wertentscheidungen des Gesetzes vereinbar (s. o. die in Rn. 9 zum Bedarfsdeckungs- und Schadensvermeidungskonzept genannten Beispiele)? 4. Legt der Gutachter seine Prämissen offen? Stimmen auch sie mit den Wertentscheidungen des Gesetzes überein? (zB kann nicht Gutachter für

Anh. zu § 2 *Tierschutzgesetz*

Leiden sein, wer die Nachweisbarkeit von Empfindungen entgegen § 17 Nr. 2b anzweifelt; s. dazu auch Rn. 33 und § 1 Rn. 23) **5.** Wurde der richtige Gutachter für das richtige Sachgebiet ausgewählt? Für ethologische Fragestellungen sind vorzugsweise die Vertreter derjenigen Wissenschaftsdisziplinen zuständig, die in ihrem Ansatz vom Tier und seinen Bedürfnissen ausgehen, also Biologen, Zoologen, Fachtierärzte für Ethologie oder für Tierschutz. Allerdings gibt es mittlerweile auch Universitäten, die im Rahmen des Studiums der Agrarwissenschaften das Fachgebiet „Artgemäße Tierhaltung" lehren (so die GHK Kassel). **6.** Bietet der Gutachter die Gewähr, dass sein Gutachten dem aktuellen Stand wissenschaftlicher Erkenntnis des betreffenden Sachgebietes entspricht (zB sollte ein Ethologe an den aktuellen wissenschaftlichen Diskussionen seines Fachgebietes u.a. durch Veröffentlichungen in entsprechenden Fachzeitschriften aktiv teilnehmen). **7.** Kann davon ausgegangen werden, dass der Gutachter über die nötige Distanz zu den an der Fragestellung möglicherweise beteiligten wirtschaftlichen Interessen verfügt? (bedenklich zB, wenn Forschungen seines Instituts von Industrien oder Verbänden mitfinanziert werden, die ein Interesse am Ausgang des Verfahrens haben könnten). **8.** Bei Tierärzten als Gutachter muss darauf geachtet werden, dass es sich nicht um Vorgänge handeln sollte, die in den Verantwortungsbereich der eigenen Klientel fallen (vgl. dazu *Schüle* DtW 2000, 107, 108). Der Amtstierarzt sollte nicht über Vorgänge gutachten, die möglicherweise strafbar oder ordnungswidrig sind und ihn bejahendenfalls dem Vorwurf der Mittäterschaft oder Beihilfe durch Unterlassen aussetzen können; s. auch § 15 Rn. 10 und § 17 Rn. 56). – Im Lichte dieser Fragestellungen kommt den allgemeinen Gutachten, Checklisten und Empfehlungen, die von der TVT herausgegeben worden sind, eine besondere Bedeutung für die Rechtsanwendung zu.

Anhang zu § 2

Zu Legehennen und Kälbern s. die Kommentierung zur Tierschutz-Nutztierhaltungsverordnung.

Übersicht

	Rn.
I. Schweine	1–6
1. Konventionelle Haltungsform	1
2. Unangemessenes Zurückdrängen von Grundbedürfnissen iS des § 2 Nr. 1	2
3. Bewegungseinschränkungen; Schmerzen, vermeidbare Leiden oder Schäden iS des § 2 Nr. 2	3
4. Europäisches Recht	4
5. Schweden, Großbritannien, Niederlande und Schweiz	5
6. Anforderungen an eine neue deutsche Schweinehaltungsverordnung	6

Anhang   Anh. zu § 2

	Rn.
II. Milchkühe einschließlich Färsen; Mastrinder	7–10
1. Konventionelle Haltungsform	7
2. Unangemessenes Zurückdrängen von Grundbedürfnissen von iS des § 2 Nr. 1	8
3. Bewegungseinschränkungen; Schmerzen, vermeidbare Leiden oder Schäden iS des § 2 Nr. 2	9
4. Empfehlung des Ständigen Ausschusses zum ETÜ	10
III. Kaninchen	11–14
1. Konventionelle Haltungsform	11
2. Unangemessenes Zurückdrängen von Grundbedürfnissen iS des § 2 Nr. 1	12
3. Bewegungseinschränkungen; Schmerzen, vermeidbare Leiden oder Schäden iS des § 2 Nr. 2	13
4. Das Haltungssystem „Käfig"	14
IV. Moschus- und Pekingenten	15–20
1. Konventionelle Haltungsform	15, 16
2. Verhältnis von § 2 zu Haltungsvereinbarungen	17
3. Unangemessenes Zurückdrängen von Grundbedürfnissen iS des § 2 Nr. 1	18
4. Bewegungseinschränkungen; Schmerzen, vermeidbare Leiden oder Schäden iS des § 2 Nr. 2	19
5. Empfehlungen des Ständigen Ausschusses zum ETÜ	20
V. Masthühner	21–24
1. Konventionelle Haltungsform	21
2. Unangemessenes Zurückdrängen von Grundbedürfnissen iS des § 2 Nr. 1	22
3. Bewegungseinschränkungen; Schmerzen, vermeidbare Leiden oder Schäden iS des § 2 Nr. 2	23
4. Empfehlungen des Ständigen Ausschusses zum ETÜ	24
VI. Puten	25–28
1. Konventionelle Haltungsform	25
2. Unangemessenes Zurückdrängen von Grundbedürfnissen iS des § 2 Nr. 1	26
3. Bewegungseinschränkungen; Schmerzen, vermeidbare Leiden oder Schäden iS des § 2 Nr. 2	27
4. Empfehlungen des Ständigen Ausschusses zum ETÜ	28
VII. Wachteln	29–32
1. Konventionelle Haltungsform	29
2. Unangemessenes Zurückdrängen von Grundbedürfnissen iS des § 2 Nr. 1	30
3. Bewegungseinschränkungen; Schmerzen, vermeidbare Leiden oder Schäden iS des § 2 Nr. 2	31
4. Artgerechte Wachtelhaltung	32
VIII. Strauße	33–37
IX. Pferde	38–44
1. Häufige Haltungsformen	38
2. Das Bedürfnis nach Bewegung (§ 2 Nr. 2)	39

Anh. zu § 2 *Tierschutzgesetz*

Rn.

3. Unangemessenes Zurückdrängen von Grundbedürfnissen iS des § 2 Nr. 1 40
4. Artgerechte Pferdehaltung 41–44

X. Pelztiere (insbes.: Nerze, Füchse, Sumpfbiber und Chinchillas) 45–52a
  1. Konventionelle Haltungsform 45
  2. Keine Haustiere, sondern Wildtiere 46
  3. Bewegungseinschränkungen und Leiden iS des § 2 Nr. 2 47
  4. Unangemessenes Zurückdrängen von Grundbedürfnissen iS des § 2 Nr. 1 48
  5. Beschlüsse und Richtlinien 49
  6. Empfehlung des St. Ausschusses zum ETÜ 50
  7. Vollständiges Verbot der Pelztierhaltung? 51
  8. Regelungen in anderen europäischen Staaten 52
  9. Sonstiges 52a

XI. Hunde, Katzen und Kleinsäuger im Zoofachhandel 53–57
  1. Hunde 53, 54
  2. Katzen 55, 56
  3. Kleinsäuger 57

XII. Versuchstierhaltungen 58–68
  1. Tierhaltungen zu wissenschaftlichen Zwecken 58
  2. Leitlinien und Gutachten 59
  3. Unerlässlichkeit restriktiver Haltungsbedingungen? . 60
  4. Konsequenzen bei Überschreitung 61
  5. Einzelne Tierarten 62–68

XIII. Zirkustiere 69, 70

I. Schweine

1. Konventionelle Haltungsform

1 Die Praxis der konventionellen Schweinehaltung entspricht weitgehend noch der nichtigen Schweinehaltungsverordnung v. 18. 2. 1994 (BGBl. I S. 311), geändert durch Verordnung v. 2. 8. 1995 (BGBl. I S. 1016; vgl. die förmliche Außer-Kraft-Setzung durch § 18 Nr. 2 TierSchNutztV). – Mastschweine und Ferkel werden meist in Gruppen in einstreulosen Ställen auf Vollspaltenböden gehalten. Die Bodenflächen richten sich nach dem Gewicht der Tiere: So stehen für Ferkel bis 20 kg 0,2 qm und bis 30 kg 0,3 qm je Tier zur Verfügung; Mastschweine erhalten pro Tier 0,4 qm (bei einem Gewicht bis 50 kg), 0,55 qm (bis 85 kg) und zwischen 0,65 und 0,75 qm (bis 110 kg). – Tragende Sauen sind meist einzeln in Kastenständen eingesperrt, d. h. in einem durch Metallrohrgitter an allen Seiten eingegrenzten Stand, der mit 0,6–0,7 m Breite und 1,8–2,1 m Länge ein Sich-Umdrehen des Tieres verhindert. Diese Stände sind häufig mit Voll- oder Teilspaltenböden ausgelegt und ganz überwiegend ebenfalls ohne Einstreu. Die Anbindehaltung wurde zwar schon 1996 verboten, war aber nach der o. e. Verordnung in

Anhang   Anh. zu § 2

Ställen, die vor dem 1. 1. 1996 in Benutzung genommen worden sind, noch bis zum 31. 12. 2005 gestattet. – Abferkelnde und säugende Sauen werden ebenfalls idR mittels Metallkäfig oder Anbindung fixiert.

2. Unangemessenes Zurückdrängen von Grundbedürfnissen iS des § 2 Nr. 1

Nahrungserwerbsverhalten (Fress- und Trinkverhalten). Die gleichzeitige Futteraufnahme ist nicht möglich, wenn mit Breifutterautomaten rationiert gefüttert wird, die nur ein oder zwei Plätze haben. Der Zwang, das Futter nacheinander aufzunehmen, führt im Wartebereich vor den Futterstationen zu Aggressionen, u. a. zu gegenseitigen Bissen in die Vulva (vgl. *Buchholtz, Lambooij, Maisack* et al. S. 3). – Gefüttert wird mit energiereichem Leistungsfutter in Form von Brei, Mehl oder Pellets. Dadurch verkürzt sich die Nahrungsaufnahme, die unter naturnahen Bedingungen etwa 7 Stunden in Anspruch nimmt, auf 10–20 Minuten. Das Bedürfnis zum „Manipulieren", insbesondere durch Beißen und Kauen, bleibt unbefriedigt und wird schon im Ferkelalter an Einrichtungsgegenständen und Körperteilen von Artgenossen abreagiert (Schwanz- und Ohrenbeißen). – Wühlen als die „Top-Motorik aller Schweine" (*Grauvogl* u. a. S. 85) kann ohne Einstreu nicht stattfinden, erst recht nicht auf Spalten-, Loch- oder Drahtgitterboden. – Erkundungsverhalten stellt für Schweine ein „dringendes Bedürfnis" dar und wird selbst unter Bedingungen gezeigt, die nicht dazu anreizen (vgl. *EU-SVC-Report* Schweine S. 16 und S. 147). Auch dieses Verhalten kann weder im Kastenstand noch in der uneingestreuten Gruppenbucht gezeigt werden. Werden Gegenstände wie Ketten, Reifen, Knochen oÄ als Ersatz für fehlende Einstreu beigegeben, so nimmt das Erkundungsinteresse daran parallel zum Neuigkeitswert ab (vgl. *EU-SVC-Report* Schweine S. 140).

Ruheverhalten. Bei Kastenstandhaltung ist ein artgemäßes Ruhen nicht möglich, weil Schweine grundsätzlich nicht einzeln, sondern mit einem gewissen Körperkontakt in Gruppen lagern (vgl. *Grauvogl* u. a. S. 104; *L/M* SchweineVO Rn. 3). Für großrahmige Sauen sind die üblichen Kastenstände außerdem zu kurz. – Bei einstreuloser Gruppenhaltung mit den üblichen Besatzdichten ist die arttypische Trennung von Kot- und Liegeplatz nicht möglich (unter naturnahen Bedingungen werden Kot- und Liegeplatz strikt getrennt, wenn möglich mit einem Abstand von über 5 m; vgl. *Burdick* et al. S. 80). Der Liegeplatz ist ständig verschmutzt, weil in der Perforierung Kot- und Harnreste hängen bzw. kleben bleiben. Infolge des Spaltenbodens sind die Tiere ständiger Ammoniakbelastung ausgesetzt, weil sie mit der Nase direkt über dem Kot liegen (vgl. *van Putten* S. 4). – Ein wärmegedämmter, weicher (d.h. mit Stroh ausgestatteter) Liegebereich fehlt. Damit ist auch der Bau von Schlafnestern nicht möglich (vgl. *EU-SVC-Report* Schweine S. 15).

Eigenkörperpflege (Komfortverhalten). Das Bedürfnis nach Kratzen und Scheuern an Bäumen, Pfählen, Bürsten oÄ ist bei Schweinen noch stärker ausgeprägt als bei Rindern (*Grauvogl* u. a. S. 104). Es kann im Kastenstand überhaupt nicht befriedigt werden, scheitert aber auch in

Anh. zu § 2 *Tierschutzgesetz*

Gruppenhaltung regelmäßig, wenn keine Bürsten (senkrecht und schräg) eingebaut sind (vgl. *van Putten* S. 4). – Abkühlungsmöglichkeiten fehlen. Sie müssten in Form von Duschen oder Suhlen oder wenigstens Sich-Legen auf kühle Flächen dringend angeboten werden, weil das Schwein infolge der Zucht auf hohe Gewichtszunahme und Verkürzung des Rüssels große Schwierigkeiten mit der Ableitung überschüssiger Wärme hat (vgl. *Buchholtz, Lambooij, Maisack* et al S. 3). – Zur Trennung von Kot- und Liegeplatz s. o.

Fortpflanzungsverhalten/Mutter-Kind-Verhalten. Sauen zeigen ein aufwändiges Nestbauverhalten, das, hormonell gesteuert, etwa 24 Stunden vor dem Gebären einsetzt und dann stundenlang und mit großer Anstrengung durchgeführt wird, selbst bei Fehlen von geeignetem Material (vgl. *EU-SVC-Report* Schweine S. 17; *Grauvogl* u. a. S. 94). Der in der Abferkelbucht mittels Metallkäfig oder Schultergurt fixierten Sau ist dieses Verhalten nicht möglich, zumal es auch an Nestmaterial wie zB Langstroh fehlt. Als Folge davon kommt es zu Verhaltensstörungen wie anfänglichen, heftig geführten Befreiungsversuchen, Wühlversuchen und allgemeiner Unruhe (vgl. *Müller*, in: *von Loeper, Martin, Müller* et al. S. 94; s. auch § 17 Rn. 87). – Nachdem die Sau einen Teil der Ferkel geboren hat, steht sie in naturnaher Haltung meist auf, inspiziert die Neugeborenen, richtet das Abferkelnest und wechselt dann die Seitenlage, um denjenigen Ferkeln, die sich im anderen Horn der Gebärmutter befinden, die Geburt zu erleichtern. Bei Fixierung ist dies unmöglich. Dies führt (i. V. m. der mangelnden Bewegung vor und während des Abferkelns) zur Verlängerung des Geburtsvorgangs und erhöht die Gefahr von Gebärmutterinfektionen (vgl. *Buchholtz, Lambooij, Maisack* et al. S. 4). – Weil die Sau ihren Liegeplatz infolge der Fixierung nicht einmal zum Koten und Harnen verlassen kann, hält sie ihre Ausscheidungen möglichst lange zurück; das Verschmutzen-Müssen des Abferkelnests ist gegen ihre Natur. – Das relativ frühe Absetzen der Ferkel (üblich: 4–5 Wochen nach der Geburt) verursacht der Sau Schmerzen im Gesäuge, da gerade zu diesem Zeitpunkt der Peak in der Milchproduktion erreicht ist.

Sozialverhalten. Im Kastenstand scheidet Sozialverhalten aus. Es findet aber auch in der .konventionellen Gruppenhaltung nicht auf artgemäße Weise statt, weil die zum Aufbau und zur Erhaltung einer Hierarchie notwendigen Möglichkeiten zum Ausweichen, Rückzug und Deckungsuchen fehlen. Hohe Besatzdichten und fehlende Raumstrukturierung fördern Auseinandersetzungen, insbesondere bei der Bildung neuer Gruppen (häufige Reaktion der Halter: Einsatz von Tranquilizern, vgl. *EU-SVC-Report* Schweine S. 141).

3. Bewegungseinschränkungen; Schmerzen, vermeidbare Leiden oder Schäden iS des § 2 Nr. 2 (zu Verhaltensstörungen s. auch § 17 Rn. 86 und 87)

3   **Schmerzen.** Im Kastenstand ist die Möglichkeit zur Fortbewegung vollständig aufgehoben. Folgen sind u. a.: Harnwegsentzündungen bei 15–20% der Sauen, Gebärmutter- und Gesäugeentzündungen bei 20–50% (schon

Anhang **Anh. zu § 2**

nach der ersten Geburt, vgl. *Burdick* et al. S. 81), schmerzhafte Bein- und Klauenschäden (vgl. *Müller* aaO S. 117) sowie die Verlängerung des Geburtsvorgangs und der damit verbundenen Schmerzen (vgl. *EU-SVC-Report* S. 100; *Buchholtz, Lambooij, Maisack* et al. S. 4). Die in § 6 Abs. 3 SchweineVO aF vorgeschriebene tägliche freie Bewegung für Sauen, die zwischen Absetzen und Decken in Kastenständen gehalten werden, wird in der Praxis vielfach nicht gewährt; die Vorschrift ist weder überprüfbar noch ausreichend, um die o. e. Folgen zu verhindern. – Bei Ferkeln, die ohne Auslauf auf Lochblech- oder Drahtgitterböden gehalten werden, zeigen sich vermehrt schmerzhafte Verletzungen an den Sprunggelenken und den Klauen, außerdem Schwellungen lateral des Sprunggelenks (vgl. *Müller* aaO S. 111); der Bewegungsmangel führt außerdem zu Arthritis an Knien und Tarsalgelenken. – Mastschweine auf Vollspaltenböden ohne Auslauf weisen häufig schmerzhafte Quetschungen, Schürfungen und Wunden im Klauenbereich auf (vgl. *Müller* aaO S. 99); Klauen- und Gelenkverletzungen betreffen teilweise bis zu 50% der Tiere (vgl. *Burdick* et al. S. 82); die eingeschränkte Lokomotion führt außerdem in Verbindung mit dem schnellen Wachstum zu Beinschwächen (vgl. *Buchholtz, Lambooij, Maisack* et al. S. 5). Resultat: Zum Mastende sind viele Tiere kaum noch gehfähig.

Leiden. Bei großen Säugern hat „die Immobilisation (erzwungenes Nichtverhalten) ohne Aussicht auf eine Veränderungsmöglichkeit verheerende Stressfolgen" (*Grauvogl* u. a. S. 14). Besonders groß ist der Drang zum Sich-Bewegen an den Tagen vor dem Abferkeln und unmittelbar nach dem Absetzen der Ferkel. Sichtbare Folgen der Kastenstandhaltung sind u. a.: Ausgeprägte Stereotypien (insbesondere Stangenbeißen und Leerkauen), Aggression, gefolgt von Inaktivität und Reaktionslosigkeit, schwache Knochen und Muskeln, Herz-Kreislauf-Schwäche, Harnwegs-, Gesäuge- und Gebärmutterinfektionen (vgl. *EU-SVC-Report* Schweine S. 146). – Auch Ferkeln und Mastschweinen ist eine artgemäße Fortbewegung kaum möglich, da die üblichen Flächen (s. Rn. 1) den für das bloße Liegen benötigten Platz nur um etwa 20% übersteigen (vgl. BR-Drucks. 159/88). Wegen des starken Drangs zu Spielverhalten und zu Rennspielen begründet diese Situation insbesondere bei Ferkeln Leiden. Aber auch Mastschweine sind, wenn sie im Alter von 6 Monaten geschlachtet werden, noch juvenile Tiere, die unter der Unmöglichkeit zu Lokomotion leiden.

Schäden. Durch Kastenstandhaltung verursachte Schäden zeigen sich u. a. an der kurzen Nutzungsdauer (Schlachtung der Sauen im Durchschnitt bereits nach dem 5. Wurf, obwohl bei artgemäßer Haltung die meisten Ferkel zwischen dem 4. und dem 10. Wurf zur Welt gebracht würden). Zwei Drittel aller Schweine zeigen Hautschäden, insbesondere wegen des ständigen Liegens auf dem harten, kotverschmutzten Boden.

Vermeidbarkeit. Die Leiden und Schäden wären vermeidbar in Gruppenhaltungen mit deutlich großzügigeren Bodenflächen, nicht perforierten, eingestreuten Liegebereichen und ausreichend strukturierten Buchten. Nachteile der Gruppenhaltung von Sauen, insbesondere aggressive Auseinandersetzungen, können vermieden werden, wenn man folgende Kriterien beachtet: Simultane Fütterung, mehrmals täglich; Beschäftigung durch Zugang zu Stroh oÄ zum Wühlen und Manipulieren; Liegeflächen von aus-

Anh. zu § 2 *Tierschutzgesetz*

reichender Größe; Ausweich- und Rückzugsmöglichkeiten; stabile, nicht zu große Gruppen (vgl. *EU-SVC-Report* S. 146; *Buchholtz, Lambooij, Maisack* et al. S. 3, 4. Vgl. auch *van Putten* S. 6: Die Rangkämpfe in neu gebildeten Sauengruppen dauern nicht länger als 24 Stunden, wenn eine Gruppengröße von etwa 12 Tieren nicht überschritten wird; sofern für diese Zeit eine geräumige Bucht mit planbefestigtem Boden und Stroheinstreu zur Verfügung steht, kommt es zu keinen Verletzungen; anschließend hat sich unter den Tieren eine Hierarchie herausgebildet, die eingehalten wird). – Das dauernde Fixieren der Sau in der Abferkelbucht ist ebenfalls vermeidbar, insbesondere kann der Gefahr des Ferkel-Erdrückens durch tiergerechte Gestaltung des Abferkelnestes und durch Einstreu effektiv begegnet werden: die Sau drückt sich dann langsam nach vorn in das Nest hinein und schiebt die im Weg liegenden Ferkel mit dem Rüssel vorsichtig zur Seite (vgl. *EU-SVC-Report* Schweine S. 99; *van Putten* S. 7). – In die Nutzen-Schaden-Abwägung, die zur Vermeidbarkeitsbetrachtung gehört (s. § 2 Rn. 37), müssen auch die weiteren Nachteile, die mit den bewegungseinschränkenden konventionellen Haltungsformen verbunden sind, einbezogen werden, u. a. der hohe prophylaktische Antibiotika- und Medikamenteneinsatz (weil Tiere, die sich nicht bewegen, kein intaktes Immunsystem besitzen), der Einsatz von Tranquilizern beim häufigen „pig-mixing", die künstliche hormonelle Einleitung des Geburtsvorgangs, der erhöhte Einsatz von Heizenergie in den einstreulosen Haltungen und die gravierenden Belastungen von Böden und Gewässern durch den in Spaltenbodensystemen anfallenden Flüssigmist. Die Schadgaskonzentrationen in den konventionellen Betrieben sind so hoch, dass viele Mastschweine unter Husten leiden und fast alle Lungen bei der Fleischuntersuchung als „untauglich" beurteilt werden müssen. – Zu beachten bleibt, dass das unangemessene Zurückdrängen von Grundbedürfnissen nach § 2 Nr. 1 (s. Rn. 2) unabhängig von den Erwägungen zur Vermeidbarkeit rechtswidrig ist, ebenso das Verursachen von Schmerzen (s. § 2 Rn. 15 und Rn. 35).

4. Europäisches Recht

4   Die bisher geltende EU-Richtlinie über Mindestanforderungen für den Schutz von Schweinen (RL 91/630/EWG, ABl. EG Nr. L 340 S. 33) ist durch Richtlinie 2001/88/EG des Rates v. 23. 10. 2001 und durch Richtlinie 2001/93/EG der Kommission v. 9. 11. 2001 geändert worden (vgl. ABl. EG Nr. L 316 S. 1 ff. und S. 36 ff.). Hauptsächliche Neuerung ist die zeitliche Beschränkung der Kastenstandhaltung auf einen Zeitraum von ca. einer Woche vor dem voraussichtlichen Abferkeltermin bis 4 Wochen nach dem Decken (Art. 3 Nr. 4 lit. a). Im Übrigen müssen die Sauen in Gruppen gehalten werden, wobei pro Sau 2,25 qm und pro Jungsau 1,64 qm zur Verfügung stehen müssen. Ein Teil dieser Fläche (nämlich 1,3 bzw. 0,95 qm) muss als Liegefläche planbefestigt oder in einer Weise ausgeführt sein, dass die Perforationen maximal 15 % dieser Fläche beanspruchen (Art. 3 Nr. 1 lit. b und Nr. 2 lit. a). Für Betriebe, die vor dem 1. 1. 2003 mit der Haltung von Sauen begonnen haben, gelten Übergangsfristen bis 1. 1. 2013. Die Flächenvorgaben für Mastschweine und Ferkel sind unverändert geblieben

Anhang Anh. zu § 2

und entsprechen weitestgehend den Bestimmungen der nichtigen deutschen Schweineverordnung (s. Rn. 1).

5. Schweden, Großbritannien, Niederlande und Schweiz

In diesen Ländern gelten Regelungen, die bedeutend tierfreundlicher sind als die in Deutschland herrschende Praxis. – Schweden hat sowohl den Kastenstand als auch das Fixieren der Sau in der Abferkelbucht verboten. Ausnahmen gelten nur für jeweils maximal eine Woche während der Zeit des Deckens und des Wurfes. Außerdem muss in allen Haltungen eine Trennung in einen Liege-, einen Fress- und einen Kotbereich durchgeführt werden und jedem Tier ein eingestreuter Liegeplatz zur Verfügung stehen (vgl. *Schmidinger* S. 9–11). – In Großbritannien sind grundsätzlich nur solche Kastenstände erlaubt, die der Sau auch das Sich-Umdrehen ermöglichen. 85% des Sauenbestandes werden dort bereits in Gruppen gehalten. – In den Niederlanden, die 60% ihrer nationalen Produktion exportieren, erhalten Ferkel und Mastschweine deutlich größere Bodenflächen: bis 30 kg 0,4 qm/Tier, bis 50 kg 0,6 qm, bis 85 kg 0,8 qm und bis 110 kg 1 qm (s. auch Rn. 1). Die Einzelhaltung von Sauen ist nur noch für maximal 4 Tage nach der Besamung und für eine Woche vor der Geburt bis zum Absetzen der Ferkel erlaubt (vgl. *Schmidinger* S. 5–7). – Die Schweiz sieht zum Ruhen Flächen vor, die nicht perforiert sein dürfen. Die Kastenstandhaltung von Sauen ist nur während der Deckzeit für maximal 10 Tage erlaubt. In der Abferkelbucht muss ausreichend Einstreu vorhanden sein; die Sau muss sich dort frei drehen können und darf auch während der Geburtsphase nur im Ausnahmefall fixiert werden.

6. Anforderungen an eine neue deutsche Schweinehaltungsverordnung

Die Anforderungen an eine neue deutsche Schweinehaltungsverordnung ergeben sich nicht in erster Linie aus der EU-Richtlinie, sondern aus § 2 Nr. 1 und Nr. 2 i.V.m. dem dazu ergangenen Urteil des BVerfG (s. § 2 Rn. 39). – Demnach wird Folgendes beachtet werden müssen: **1.** Die Zulässigkeit der Kastenstandhaltung ist nach dem Vorbild Schwedens und der Niederlande auf maximal eine Woche während der Zeit des Deckens zu beschränken. Dies folgt bereits daraus, dass sozial lebenden Tieren das artgemäße Ruhen in Gruppen ermöglicht werden muss (s. Rn. 2; vgl. auch BVerfGE 101, 1, 36–38). Der Kastenstand unterdrückt außerdem die Eigenkörperpflege, das Wühlen und Erkunden, das Nestbau- und das Sozialverhalten. Hinzu kommt, dass Kastenstandhaltung zahlreiche Verhaltens- und Funktionsstörungen auslöst und damit nicht nur gegen § 2, sondern auch gegen § 17 Nr. 2b verstößt (s. § 17 Rn. 87 und *EU-SVC-Report* Schweine S. 146). – **2.** Aus denselben Gründen darf eine Fixierung der Sau in der Abferkelbucht ebenfalls nur für maximal eine Woche um den Geburtstermin herum zugelassen werden. Praxiserprobte Abferkelsysteme, bei denen sich die Sau in das Nest wie in einen Kessel vorwärts hineinschiebt und dabei die eventuell im Weg liegenden Ferkel sieht und mit dem Rüssel zur Seite schiebt, verhindern das Ferkel-Erdrücken. Sie werden u.a. in Schweden, in

Anh. zu § 2 *Tierschutzgesetz*

den Niederlanden und in der Schweiz seit Jahren erfolgreich angewendet. – 3. Allen Schweinen muss ein nicht perforierter Liegebereich mit Strohmatratzen und täglich frischem Stroh (zur Ergänzung des von den Tieren gefressenen Strohs) zur Verfügung stehen. Dies ist zum artgemäßen Ruhen, zum Nestbau, zum Wühlen, zum Erkunden und zum Kauen/Beißen notwendig, betrifft also mehrere Grundbedürfnisse iS des § 2 Nr. 1. Einstreu in Raufen genügt nicht, da Raufen nicht das Wühlen am Boden ermöglichen und den Tieren eine unphysiologische Körperhaltung abfordern. Spielketten ermöglichen ebenfalls kein Wühlen; außerdem nimmt ihr Neuigkeitswert rasch ab. – 4. Die Flächenmaße für Mastschweine und Ferkel müssen deutlich erhöht werden. Die Flächen müssen jedenfalls so groß sein, dass sie die Trennung von Kot- und Liegeplatz, das Wühlen, das Erkunden und das Deckungsuchen (§ 2 Nr. 1) sowie auch ein Mindestmaß an Spielen und Lokomotion (§ 2 Nr. 2) ermöglichen. Die Flächenvorgaben der Niederlande stellen ein Minimum dar, das überschritten werden sollte. – 5. Die gleichzeitige Nahrungsaufnahme durch alle Tiere muss in jeder Haltung ermöglicht werden, unabhängig von der Art des Fütterungssystems (s. § 2 Rn. 13 und BVerfGE 101, 1, 38). – 6. Bürsten (senkrecht und schräg angebracht) sind zur Eigenkörperpflege nach § 2 Nr. 1 unabdingbar, ebenso Möglichkeiten zum Sich-Abkühlen (s. Rn. 2).

II. Milchkühe einschließlich Färsen; Mastrinder

1. Konventionelle Haltungsform

7   Milchkühe stehen überwiegend in Anbindehaltung. Standard ist der Kurzstand mit Gitterrost (manchmal auch noch mit Kotkante), etwa 150 cm lang und 100–110 cm breit. Als Anbindevorrichtung werden Ketten oder Halsrahmen verwendet. Häufig wird nicht eingestreut. Ein erheblicher Teil der Milchkühe bekommt ganzjährig keinen Auslauf (vgl. *Burdick* et al. S. 39). – Von den Mastrindern in Deutschland werden ca. 90% ganzjährig im Stall in Buchten mit Vollspaltenboden und ohne Einstreu gehalten. Die Grundfläche pro Tier beträgt oft nur 1,5–2 qm. Auch Anbindeställe kommen vor, überwiegend in kleinen Betrieben (vgl. *Burdick* et al. S. 42; *Rist/Schragel* S. 33). – Ein zunehmend größerer Teil der Milchkühe befindet sich in Laufstallhaltung (Liegeboxenlaufstall, Tretmiststall und Tiefstreustall; näher dazu *Sambraus* in: *Sambraus/Steiger* S. 112ff.).

2. Unangemessenes Zurückdrängen von Grundbedürfnissen iS des § 2 Nr. 1

8   **Nahrungserwerbsverhalten (Fress- und Trinkverhalten).** Rinder grasen in langsamem Vorwärtsschreiten. Die tägliche Fressdauer beträgt in naturnaher Haltung, d.h. auf der Weide, 5–13 Stunden (vgl. *Bogner/Grauvogl* S. 169). Als Herdentiere wollen alle zu gleicher Zeit fressen. – Bei zu geringer Strukturierung des im Stall verabreichten Futters (d.h. bei zu viel Kraftfutter und zu wenig Grundfutter wie Weidegras, Heu, Stroh) entstehen Verhaltensstörungen wie gegenseitiges Besaugen, Zungenrollen und

Anhang Anh. zu § 2

-schlagen (u. a. weil das Rind seine typischen Futteraufnahmebewegungen, nämlich das Umschlingen von Grasbüscheln mit der Zunge, das Ziehen ins Maul und das Abtrennen nicht mehr ausführen kann). Zahlreiche Untersuchungen belegen, dass bei Raufuttergaben von wenigstens 0,5–1 kg Stroh pro Tier und Tag die Verhaltensstörungen abnehmen und außerdem die Acetonämie (Stoffwechselerkrankung) seltener vorkommt (*Grauvogl* u. a. S. 43; s. auch § 2 Rn. 17). Neben Raufuttergaben erfordert § 2 Nr. 1, die gleichzeitige Nahrungsaufnahme zu ermöglichen; dazu muss die Zahl der Fressplätze stets der Zahl der Tiere entsprechen, auch dann, wenn Futter ad libitum angeboten wird (vgl. *Sambraus* aaO S. 114).

Ruheverhalten. Rinder sind zwar Hartbodengänger aber Weichbodenlieger. Sie benötigen als Liegefläche Schüttungen wie Sand, Stroh, Sägemehl, die sich den Konturen der Körperunterseite anpassen und dadurch eine gleichmäßige Druckverteilung schaffen; die Verformungseigenschaften des Materials sind für das Ergebnis der Liegeplatzwahl sogar wichtiger als dessen Wärmedämmung (vgl. *Bogner/Grauvogl* S. 187; *Grauvogl* u. a. S. 47). Geruht wird gleichzeitig. Es werden auch Liegepositionen mit ausgestreckten Extremitäten und mit seitlich aufgelegtem Kopf eingenommen (vgl. *Rist/Schragel* S. 62). Beim artgemäßen Aufstehen muss das Rind, um mit der Hinterhand hochzukommen, den Kopf schwungvoll nach vorne und nach oben bewegen und beim anschließenden Strecken der Vorderextremitäten einen Schritt nach vorn machen können. – In Anbindehaltungen ist dieses Ruheverhalten in mehrfacher Hinsicht gestört. Ist die Stand- und Liegefläche nicht eingestreut, so fehlt es an dem nötigen verformbaren Untergrund; das Fehlen von Einstreu verursacht u. a. Druckschäden, Verletzungen durch Rutschbewegungen und Ausgrätschen sowie chronische Schleimbeutelentzündungen und Abszesse am Carpus und Tarsus (vgl. *Sambraus* aaO S. 108, 113; vgl. auch *Hartung* TU 2000, 445, 449: Harte Liegeflächen provozieren Liegebeulen und Gelenkschäden, besonders beim Aufstehen und Abliegen). Ein ungestörtes, gleichzeitiges Ruhen würde eine Standplatzbreite von zumindest 120 cm erfordern; bei den üblichen geringeren Breiten kommt es vor, dass der Platz zwischen zwei liegenden Kühen so schmal ist, dass die dazwischen stehende Kuh stundenlang nicht abliegen kann; schmale Stände begründen zudem die Gefahr, dass sich die Kühe beim Aufstehen gegenseitig auf die Zitzen treten (vgl. *Sambraus* aaO S. 108). Eine Standlänge von nur 150 cm bewirkt, dass die Kühe mit den Hinterextremitäten ständig auf dem Gitterrost stehen, was Klauenverletzungen zur Folge hat; beim Liegen befinden sich Gliedmaßen und Euter auf dem Gitterrost (bzw. auf der Kotkante), was zu schmerzhaften Quetschungen und Abrissen (beim Aufstehen) und zur Zerquetschung von Euterzitzen (durch Trittverletzungen der Nachbarkuh) führt. Dafür hat sich der Begriff „Gitterrostkrankheit" eingebürgert. Je nach Rasse wäre zur Vermeidung dieser Schäden eine Standlänge von 170–185 cm nötig (vgl. *Sambraus* aaO S. 110). Straffe Ketten oder starre Halsrahmen erschweren das artgemäße Aufstehen (Hinterhandaufstehen, Kopfschwung, Vorwärtsschritt) und lösen die Verhaltensstörung „pferdeartiges Aufstehen" aus. Untersuchungen in Laufstallhaltungen haben hingegen gezeigt, dass bei Laufställen mit eingestreuten Liegeboxen Zitzenverletzungen kaum noch vorkommen und auch die

Gliedmaßenverletzungen gegenüber der Anbindehaltung deutlich zurückgehen (vgl. *Grauvogl* u.a. S. 48). Vgl. auch Art. 17 Abs. 1 Schweizer Tierschutzverordnung: „Für Kühe muss der Liegebereich mit ausreichender und geeigneter Einstreu versehen werden."– Auch bei Mastrindern, die in Buchten mit Vollspaltenböden gehalten werden, kann ein artgemäßes Ruheverhalten nicht stattfinden. Das ständige Liegen auf dem unbedeckten, nicht eingestreuten Boden führt zu Liegeschwielen und Abszessen. Weil die Tiere auf dem oftmals glitschigen Vollspaltenboden Schwierigkeiten mit dem Aufstehen und Abliegen haben, nimmt die Zahl normaler Abliegevorgänge mit zunehmendem Alter im Vergleich zu Bullen auf Einstreu stark ab. Die mit dem Abliegen verbundene Stress-Belastung konnte anhand erhöhter Cortisolkonzentrationen im Blutplasma nachgewiesen werden (vgl. *Rist/Schragel* S. 34). Die unphysiologischen Verhaltensweisen „Hinterhandabliegen" und „pferdeartiges Aufstehen" treten vermehrt auf (vgl. *Sambraus* aaO S. 124; s. auch § 2 Rn. 9). Das Liegen auf nicht eingestreutem Spaltenboden führt außerdem dazu, dass einzelne Körperteile (vor allem der Schwanz) zwischen die Spalten rutschen und dann – wenn ein Stallgenosse darauf tritt – gleichsam zwischen Hammer (Klaue) und Amboss (Balkenkante) geraten, gequetscht und verletzt werden (Reaktion der Rindermäster: Schwanzkürzen, s. dazu § 6 Rn. 25; vgl. auch Art. 17 Abs. 2 Schweizer Tierschutzverordnung: eingestreuter Liegebereich wenigstens bei Neu- und Umbauten). – In Laufställen ist demgegenüber artgerechtes Ruhen möglich, sofern eingestreute Liegeboxen in ausreichender Zahl vorhanden sind.

Eigenkörperpflege (Komfortverhalten). Zur Eigenkörperpflege gehören Leck-, Kratz- und Scheuerbewegungen. – In Anbindehaltung ist das Sich-Lecken allenfalls bei lockerer Anbindung teilweise möglich: Das Rind muss sich dazu mit gespreizten Extremitäten bockartig hinstellen können, um mit schleudernden Bewegungen von Kopf und Zunge auch entfernte Körperstellen zu erreichen, was durch die Anbindung und die Enge des Standes weitgehend verhindert wird. Bei Einsatz von Kuhtrainern (s. dazu § 3 Rn. 67) wird außerdem das Lecken des Rückens aus Angst vor Stromstößen stark reduziert. Ein Sich-Scheuern ist ebenfalls weitgehend unmöglich, weshalb besonders großer Nachholbedarf festgestellt werden kann, wenn das Rind nach längerem Aufenthalt im Anbindestall Auslauf erhält (vgl. *Rist/Schragel* S. 60). – In der Spaltenbodenbucht machen der rutschige Boden und die räumliche Enge das Lecken und Kratzen idR unmöglich. Um das Sich-Scheuern zu ermöglichen, müssten Matten oder Bürsten mit einem senkrechten und einem waagrechten Teil eingebaut werden (vgl. *Sambraus* aaO S. 124).

Fortpflanzungsverhalten/Mutter-Kind-Verhalten. Muss die Kuh ihr Kalb in Anbindung statt in einer Abkalbebox zur Welt bringen, so erleidet sie starken Stress, weil ihr natürlicher Drang, sich zum Gebären von der Herde abzusondern, unterdrückt wird (vgl. *Rist/Schragel* S. 56). – In der Milchviehhaltung werden Kuh und Kalb sofort nach der Geburt getrennt.

Sozialverhalten. Zum Sozialverhalten gehören das gegenseitige Sich-Lecken, die Bildung individueller Freundschaften sowie der Aufbau einer sozialen Hierarchie, die anschließend nur noch durch Drohen aufrechterhalten wird (vgl. *Bogner/Grauvogl* S. 183, 197). – In Anbindehaltung ist

Anhang Anh. zu § 2

Sozialverhalten kaum möglich. – In der Spaltenbodenbucht kann wegen fehlender Individualabstände und Ausweichmöglichkeiten eine stabile Hierarchie nicht ausgebildet werden. Als Folge davon finden soziale Auseinandersetzungen statt, die bei reduzierter Besatzdichte und strukturierten Ställen vermieden werden könnten. Zur Vorbeugung werden idR die Hornanlagen der Tiere zerstört.

3. Bewegungseinschränkungen; Schmerzen, vermeidbare Leiden oder Schäden iS des § 2 Nr. 2 (zu Verhaltensstörungen s. auch § 17 Rn. 89 und 90)

Schmerzen. Das ständige Stehen auf dem Gitterrost bei Anbindehaltung löst u. a. Klauen- und Gliedmaßenverletzungen an den Hinterextremitäten aus (vgl. *Sambraus* aaO S. 110; *Grauvogl* u. a. S. 48). In der Spaltenbodenbucht kommt es durch den mangelnden Bewegungsraum und wegen der Bodenbeschaffenheit u. a. zu folgenden Schmerzen: Trittverletzungen (insbes. am Schwanz, s. o.); Verletzungen durch Verkanten der Gliedmaßen und Gelenke, durch Gelenkentzündungen und -vereiterungen, durch Klauenverletzungen und durch Druckstellen bis hin zu offenen Wunden (vgl. *Rist/Schragel* S. 35; *Burdick* et al. S. 76).

Leiden. Leiden infolge mangelnder Bewegung müssen zumindest bei angebundenen Mastrindern angenommen werden, denn diese sind selbst bei ihrer Schlachtung mit 12–18 Monaten noch Jungtiere mit einem entsprechend großen Bewegungsdrang (vgl. *Sambraus* aaO S. 123; vgl. auch Art. 18 der Schweizer Tierschutzverordnung: „Rindvieh, das angebunden gehalten wird, muss sich regelmäßig, mindestens jedoch an 90 Tagen pro Jahr außerhalb des Stalls bewegen können"). – In Gruppenhaltungen in Buchten, wo der Lebensraum kaum größer ist als die zum Liegen notwendige Fläche, muss man ebenfalls von Leiden ausgehen (vgl. den bei *Sambraus* aaO S. 124 angegebenen Mindestplatzbedarf: 2,5 qm bei einem Gewicht [200 kg, 3 qm bei 200–350 kg; 3,5 qm bei 350–500 kg und 4 qm bei] 500 kg).

Schäden. Bei einer Untersuchung von mehr als 1500 Rohhäuten unmittelbar nach der Schlachtung wiesen 86% Schäden auf: Aufliegeschwielen, Scheuerstellen, Schwielen im Nacken durch Anbindung (bis hin zu eingewachsenen Ketten), Hautschäden durch dauernde Einwirkung von Dung infolge der Unmöglichkeit zum Verlassen des Kotplatzes (vgl. *Burdick* et al. S. 76).

Vermeidbarkeit. Vermeidbar sind alle diese Folgen bei Laufstallhaltung mit eingestreuten Liegeboxen und Laufhöfen. Weitere Vorteile dieser Haltungsform: Bessere Gesundheit durch mehr Bewegung, Klima- und Temperaturreize, dadurch verringerter Einsatz von Medikamenten und folglich weniger Medikamenten- und Antibiotikarückstände in den Tierprodukten. Bei der Vermeidung von Gesundheitsschäden an Bewegungsapparat und Euter ist die Laufstallhaltung der Anbindehaltung überlegen (vgl. *Hartung* TU 2000, 445, 450).

4. Empfehlung des Ständigen Ausschusses zum ETÜ

Die üblichen Haltungsformen (s. Rn. 7) verstoßen zT auch gegen die Empfehlung des Ständigen Ausschusses zum ETÜ für das Halten von Rindern vom 21. 10. 1988 (allgemein zu „Soll"-Vorschriften s. § 2 Rn. 42). Einzelne Vorschriften: Anhang A (Mastbullen), Nr. 5: „Bullen sollten in einer mit genügend Umweltreizen ausgestatteten Umgebung gehalten werden, die ihnen soziale Kontakte ermöglicht. Dies lässt sich in der Regel am einfachsten durch Laufstallhaltung erreichen." – Anhang A Nr. 7: „Bei Gruppenhaltung sollte der Richtwert für die zulässige Mindestfläche für Bullen mit einem Gewicht von etwa 600 kg nicht weniger als 3,0 qm/Tier betragen. Es sollte ein bequemer Liegebereich zur Verfügung gestellt werden." Einstreulose Liegebereiche, zudem noch auf Spaltenboden, sind damit unvereinbar. – Anhang A Nr. 8: „Treten Schwanzspitzenentzündungen oder Anzeichen anomalen Verhaltens auf, sollte das Haltungssystem verbessert werden, zB durch die Reduzierung der Besatzdichte, die Vermeidung einer reizarmen Umgebung, die Anreicherung der Nahrung mit Raufutter, die Verbesserung der Bodenqualität und der klimatischen und hygienischen Verhältnisse." Damit ist klargestellt, dass eine Genehmigung für das Kürzen von Schwänzen nach § 6 Abs. 3 Nr. 2 nicht erteilt werden kann, solange nicht alle diese haltungsverbessernden Maßnahmen nachweislich stattgefunden haben (s. § 6 Rn. 25). – Anhang B (Kühe und Färsen), Nr. 2: „Ein Stand muss so lang sein, dass das Tier auf festem Boden stehen und liegen kann. Liegeboxen und Stände sollten beim Aufstehen und beim Abliegen artgemäßes Verhalten ermöglichen." Damit müssten Kurzstände, bei denen die Kuh teilweise auf dem Gitterrost bzw. der Kotkante liegt, ebenso der Vergangenheit angehören wie straffe Anbindungen und starre Halsrahmen, die das artgemäße Aufstehen behindern. – Anhang B Nr. 3: „Die Tiere sollten nicht auf Vollspaltenböden gehalten werden. Es sollte ihnen ein Liegebereich mit festem Boden zur Verfügung stehen, der mit Stroh oder anderer geeigneter Einstreu bedeckt ist, damit ihr Wohlbefinden sichergestellt ist und die Verletzungsgefahr auf das geringst mögliche Maß beschränkt wird." Anbindestände ohne Einstreu sind damit unvereinbar. – Anhang B Nr. 5: „Die Tiere sollten im Sommer Gelegenheit haben, sich so oft wie möglich – vorzugsweise täglich – im Freien aufzuhalten." „Sollen" bedeutet „Müssen", wenn nicht ein Sonderfall vorliegt (vgl. *L/M* § 11 Rn. 38). Ein Verzicht auf Weidegang ist damit nur in atypischen Ausnahmefällen zu rechtfertigen. In der Praxis wird diese Ausnahme jedoch vielfach zur Regel gemacht. – Allgemeine Bestimmungen, Art. 6 Abs. 3: „Unabhängig davon, ob die Tiere angebunden oder in Boxen gehalten werden, sollten ... Unterkünfte für Rinder so geplant sein, dass sie den Tieren jederzeit genügend Bewegungsfreiheit lassen, so dass sie sich mühelos scheuern und lecken können und genügend Raum haben, um abzuliegen, zu ruhen, Schlafhaltungen einzunehmen oder sich zu strecken und aufzustehen." – Allgemeine Bestimmungen, Art. 6 Abs. 4 S. 2: „Spaltenböden oder andere perforierte Böden müssen für Größe und Gewicht der aufgestallten Tiere geeignet sein und eine standfeste, ebene und stabile Fläche bilden." (*Sambraus* aaO S. 124 empfiehlt als maximale Spaltenweite 20 mm bei Tieren [200 kg Körpergewicht, 25 mm bei Tieren mit 200–350 kg, 30 mm bei Tieren mit 350–500 kg und 35 mm bei Tieren] 500 kg). – Allgemeine Bestimmungen, Art. 8 S. 2: „Raummangel oder Überbesatz, der zu gegenseitigem Treten, Verhaltensstörungen oder anderen Störungen führt, muss vermieden werden." –

Anhang   **Anh. zu § 2**

Die Präambel rechnet u. a. die Bewegungsfreiheit, das Komfortbedürfnis und das Ausführen-Können normaler Verhaltensweisen beim Aufstehen und Abliegen, bei der Einnahme von Ruhe- und Schlafhaltungen sowie bei der Pflege artgerechter sozialer Kontakte zu den „lebenswichtigen Bedürfnissen".

III. Kaninchen

1. Konventionelle Haltungsform

Mastkaninchen zur Fleischproduktion und Laborkaninchen für Tierversuche werden meist in Batteriekäfigen auf Drahtböden gehalten. Für Zuchtzibben (Häsinnen) ist Einzelhaltung auf einer Fläche von 0,2–0,4 qm/Tier und 40 cm Käfighöhe üblich (vgl. *Busch* in: DVG, Tierschutz und Tierzucht S. 171, 175; *Loeffler* et al. TU 1991, 471). Mastkaninchen in Gruppen haben oft noch weniger Käfigfläche zur Verfügung (in der Aufzucht 0,04 qm und in der Endmast 0,08 qm). In geringem Umfang werden auch Bodenhaltungen betrieben. Die Ernährung erfolgt idR mit industriell hergestellten Kraftfutterpellets. Die künstliche Besamung wird am ersten oder zweiten Tag nach dem Werfen durchgeführt (vgl. *Busch* aaO). – Für Versuchskaninchen sind in Anh. A zum Europ. Versuchstierübereinkommen und in Anh. II der EU-Tierversuchsrichtlinie (RL 86/609/EWG v. 24. 11. 1986, ABl. EG Nr. L 358 S. 1 ff.) etwas höhere Mindestwerte vorgesehen (zB für Kaninchen mit 5 kg 0,36 qm Bodenfläche zuzüglich 0,14 qm Nestfläche bei Zuchttieren). Ob diese Vorgaben den Anforderungen des § 2 Nr. 1 und Nr. 2 genügen, ist sehr zweifelhaft (s. Rn. 68); jedenfalls sind Empfehlungen, die noch geringere Flächen vorsehen, keine zutreffende Konkretisierung des Gesetzes und damit unanwendbar (vgl. insoweit das Gutachten von *Merkenschlager u. Wilk* 1979, und die Empfehlungen *GV-SOLAS* 1988, zit. n. TVT Merkblatt Nr. 55, Kaninchen). – In der Rassezucht existieren unterschiedliche Haltungsformen. Käfige sind aber auch dort verbreitet. Empfohlen werden 0,5 bis > 0,9 qm Bodenfläche je Tier, je nach Gewicht (vgl. *Busch* aaO S. 174).

2. Unangemessenes Zurückdrängen von Grundbedürfnissen iS des § 2 Nr. 1

Nahrungserwerbsverhalten (Fress- und Trinkverhalten). Kaninchen verbringen täglich viele Stunden mit der Nahrungsaufnahme. Sie fressen Gras (Heu), Kräuter und Blätter von Gemüse und Salat, und sie benagen Äste und Wurzeln. Die anatomischen Besonderheiten ihres Verdauungstrakts (kleiner Magen mit wenig Muskulatur; große, als Gärkammern dienende Blinddärme) machen den Verzehr von viel grob strukturierter Nahrung mit teilweise geringem Nährwert erforderlich; deswegen werden bis zu 90mal in 24 Stunden geringe Futterportionen aufgenommen (vgl. *Stauffacher* in: *Sambraus/Steiger* S. 231; *Busch* aaO). Erkunden erfolgt u. a. durch Bodenscharren und Graben und durch das Bearbeiten und Verändern von Objekten. – Im Käfig ist die tägliche Ration an energiereichen Futter-

11

12

pellets rasch aufgenommen. Der dadurch hervorgerufene Mangel an Beschäftigung führt zu Verhaltensstörungen wie Gitternagen, Scharren in Käfigecken, Belecken von Einrichtungsgegenständen und Unruhe (vgl. *Stauffacher* aaO S. 232). Kaninchen sind keine Konzentrat- sondern Pflanzenfresser. Nötig sind deshalb grob strukturiertes Futter wie Heu oder Stroh, am besten zur freien Verfügung, sowie geeignete Objekte zum Benagen (beides wird in der Schweiz durch Art. 24 a Abs. 1 Tierschutzverordnung ausdrücklich vorgeschrieben). – Erkundungsverhalten durch Scharren und Graben kann in Käfigen nicht gezeigt werden.

Ruheverhalten. Kaninchen ruhen in Gruppen mit gegenseitigem Körperkontakt. In Einzelkäfigen kann damit ein artgemäßes Ruhen von vornherein nicht stattfinden. Im Übrigen bedarf es zum Ruhen eines abgedunkelten Rückzugsbereichs oder einer erhöhten Liegefläche sowie zumindest eines befestigten Bodens; beides fehlt in deutschen Käfigen zumeist (anders im „Schweizer-System-Käfig", der ein erhöhtes Liegebrett aufweist); Folge ist u. a., dass bei Käfighaltung deutlich weniger entspannte Liegehaltungen eingenommen werden (vgl. *Loeffler* et al. TU 1991, 471, 477).

Eigenkörperpflege (Komfortverhalten). Die Eigenkörperpflege erfolgt zT im Wege gegenseitiger Fellpflege; dies ist bei Einzelhaltung unmöglich.

Fortpflanzungsverhalten/Mutter-Kind-Verhalten. Das Mutter-Kind-Verhalten findet unter naturnahen Bedingungen folgendermaßen statt: Kurze Zeit vor dem Werfen baut die Zibbe ein Nest, das sie mit trockenem Gras und mit Haaren, die sich aufgrund hormonaler Veränderungen an Brust und Flanken lockern, auspolstert. Nach dem Wurf wird der Eingang zur Neströhre von außen zugescharrt (Schutz vor Raubfeinden) und die Häsin kehrt zur Gruppe zurück. Einmal täglich öffnet sie die Neströhre und säugt ihre Jungen. Diese verlassen mit 18–20 Tagen allmählich das Nest und sind mit 27–30 Tagen entwöhnt (*Stauffacher* aaO S. 231). – Um dieses Verhalten zu ermöglichen, bedarf es einer Nestkammer sowie der Bereitstellung von Stroh oder von anderem geeigneten Nestmaterial zum Auspolstern. Die Zibben müssen außerdem die Möglichkeit haben, sich außerhalb der Säugezeiten von ihren Jungen in ein anderes Abteil oder auf eine erhöhte Fläche zurückzuziehen, um nicht ständigen Saugversuchen ausgesetzt zu sein (für die Schweiz vorgeschrieben in Art. 24 b Abs. 3 Tierschutzverordnung; in deutschen Käfigen jedoch nicht üblich; zu den daraus resultierenden Störungen s. § 17 Rn. 92).

Sozialverhalten. Das artgemäße Sozialverhalten kann auch hier nur stattfinden, wenn gleichermaßen die Möglichkeit zum Aufsuchen des Artgenossen wie auch zum temporären Rückzug von ihm besteht. Es erfordert deshalb sowohl die Haltung in der Gruppe als auch das Anlegen von Ausweich- und Rückzugsmöglichkeiten (grundsätzlich vorgeschrieben durch Art. 24 b Abs. 1 lit. c und Art. 24 a Abs. 2 Schweizer Tierschutzverordnung; in deutschen Käfigen nicht üblich). Lediglich geschlechtsreife, nicht kastrierte Böcke sind untereinander unverträglich und sollten dann einzeln gehalten werden. Dagegen funktionieren gemischte Zuchtgruppen aus einem Bock, 4–5 Häsinnen und deren Jungen auf einer Fläche von etwa 8 qm gut (vgl. TVT-Merkblatt Nr. 55, Empfehlung „Kaninchen" Teil B). Über Monate hinweg konstante Dominanzbeziehungen unter adulten Zibben er-

Anhang Anh. zu § 2

möglichen bei Gruppenhaltung die schadensfreie Entscheidung von Konkurrenzen (*Stauffacher* aaO S. 224).

3. Bewegungseinschränkungen; Schmerzen, vermeidbare Leiden oder Schäden iS des § 2 Nr. 2 (zu Verhaltens- und Funktionsstörungen s. auch § 17 Rn. 92)

Schmerzen. Das ständige Sitzen auf Gitterrostboden verursacht bei vielen Tieren wunde Läufe (Pododermatitis; vgl. dazu auch Landestierärztekammer Hessen, DTBl. 2002, 56). – Die arttypischen Formen der Fortbewegung wie Hoppeln, Springen, Hakenschlagen, Flüchten etc. sind im Käfig unmöglich; Männchenmachen würde eine Höhe von 50–60 cm erfordern (vgl. Schweizer Tierschutzverordnung Anh. I Tab. 14). Als Folge der erzwungenen Immobilisation haben die Tiere schwache Knochen und erleiden deshalb oft schmerzhafte Frakturen (vgl. *Drescher* TU 1993, 72 ff.).

Leiden. Der Drang zur Fortbewegung ist insbesondere bei Jungtieren sehr stark (vgl. die Schweizer Tierschutzverordnung Anh. I Tab 14, die demgemäß für Jungtiere trotz ihres geringeren Gewichts deutlich größere Bodenflächen vorsieht). Auch erwachsene Tiere legen, wenn man sie einige Zeit ins Freie setzt, längere Strecken zurück und zeigen damit ihr Bewegungsbedürfnis an, außer wenn sie bereits haltungsbedingte Störungen in der Bewegungskoordination aufweisen (zu dem Zusammenhang zwischen Bedürfnisunterdrückung und Leiden s. § 1 Rn. 21). Abgebrochene Bewegungsformen und afunktionale Aktivitätsschübe sind weitere Anzeichen für Leiden bei Käfighaltung.

Schäden. Als Schäden durch die erzwungene Bewegungslosigkeit treten auf: Knochengewebshypoplasie; Wirbelsäulenverkrümmungen; infolgedessen gehäufte Frakturen (s. o.); Störungen in der Bewegungskoordination; schließlich Verlust der Hoppelfähigkeit; Pododermatitis (vgl. *Drescher* in: DVG, Ethologie und Tierschutz, S. 103, 105; *dies.* TU 1993, 72, 78; vgl. auch Landestierärztekammer Hessen DTBl. 2002, 56).

Vermeidbarkeit. Vermeidbar wären diese Leiden und Schäden bei täglicher Gewährung eines Auslaufs von 30–60 Minuten. Wird der Auslauf immer zur gleichen Zeit angeboten, sind die Tiere während der übrigen Zeit ruhiger; es treten deutlich weniger Schübe von gestörtem Verhalten auf, die Hoppelfähigkeit bleibt erhalten und der Bewegungsapparat kann sich im Wachstum normal aufbauen (*Stauffacher* aaO S. 226). Die ständig verfügbare Bodenfläche/Tier müsste zumindest so bemessen sein, dass jedes Kaninchen jederzeit mindestens drei Hoppelschritte machen kann (*Drescher* aaO S. 106).

4. Das Haltungssystem „Käfig"

Das Haltungssystem „Käfig" entspricht damit nicht den Anforderungen aus § 2 Nr. 1 und Nr. 2 (vgl. *Drescher* TU 1993, 72, 78; *Loeffler* et al. TU 1991, 471, 477; zu erheblichen Leiden iS des § 17 s. dort Rn. 92). Die Empfehlungen der „*World Rabbit Science Association*" sollten von den nach § 15 zuständigen Behörden nicht mehr verwendet werden, da sie völlig unzureichend sind (so zutreffend die Landestierärztekammer Hessen DTBl.

Anh. zu § 2 *Tierschutzgesetz*

2002, 56) und das Gesetz nicht einmal annähernd konkretisieren. – Bodenhaltung kann hingegen artgerecht sein. Soweit als Risiken mögliche Infektionen, Kämpfe, Schadgase bei unzureichender Entmistung, Schwanzbeißen etc. eingewandt werden, ist dies allein eine Frage des tiergerechten Managements und nicht des Systems als solchem (*Stauffacher* aaO S. 229). Notwendig sind insbesondere: Gliederung des Raumes in Funktionsbereiche (Futter-, Aufenthalts- und Nestbereich), erhöhte Liegeflächen, attraktive Ruhebereiche, Strukturen, die das Sich-Verstecken, das Ausweichen und den zeitweiligen Rückzug ermöglichen, Beschäftigungsmöglichkeiten, stabile Gruppen, regelmäßiger Wechsel der Einstreu und nicht zu hohe Besatzdichten (vgl. TVT-Merkblatt Nr. 55).

IV. Moschus- und Pekingenten

1. Konventionelle Haltungsform

15 Moschusenten (auch Flug- oder Barbarieenten genannt) werden überwiegend auf Rostböden ohne Einstreu gehalten. Verwendet werden Draht-, Stanzblech-, Holz- oder Plastikroste. Die Mastdauer beträgt zwischen 10 und 12 Wochen. Als übliche Besatzdichten werden 7–12 Tiere/qm in der Endmast genannt (*Dayen/Fiedler* DtW 1990, 149–151). – In einer Vereinbarung des Niedersächsischen Ministeriums für Ernährung, Landwirtschaft und Forsten mit dem Niedersächsischen Geflügelwirtschaftsverband ist u. a. Folgendes bestimmt: Die Besatzdichte sei so zu planen, dass am Ausstallungstag 35 kg Lebendgewicht pro qm nutzbarer Stallfläche (das entspricht 7 Erpeln im Alter von 12 Wochen oder 13 Enten im Alter von 10 Wochen) nicht überschritten werden; empfohlen werde jedoch, die Besatzdichte unter 25 kg zu halten. Der Tierhalter habe sicherzustellen, dass den Tieren täglich Beschäftigungsmaterial angeboten wird, das innerhalb einer Mastperiode mehrfach zu wechseln sei. In Neuanlagen müsse er den Tieren zusätzlich zur Tränke Wasser für die Gefiederpflege zur Verfügung stellen; die Tiere müssten dabei mindestens den Kopf direkt mit Wasser benetzen und das übrige Federkleid bespritzen können. Bestehende Haltungen seien „sobald verfügbar" entsprechend umzurüsten. Eine zusammenhängende, mindestens 8 Stunden betragende Dunkelphase sei zu gewährleisten; in der übrigen Zeit müssten in Augenhöhe der Enten mindestens 20 Lux erreicht werden.

16 Für Pekingenten ist in einer Vereinbarung zwischen dem Ministerium für Landwirtschaft, Umweltschutz und Raumordnung Brandenburg und dem Geflügelwirtschaftsverband Brandenburg u. a. bestimmt: Aufzucht und Mast hätten ausschließlich auf Einstreu stattzufinden, deren Höhe zur Zeit der Einstallung 8–10 cm betragen sollte. Es sei täglich ausreichend nachzustreuen. Der Tierhalter habe die Besatzdichte so zu planen, dass in jeder Phase der Aufzucht und Mast 20 kg Lebendgewicht pro qm nutzbarer Stallfläche nicht überschritten würden. Auch hier müssten tagsüber 20 Lux erreicht und eine zusammenhängende Dunkelphase von 8 Stunden gewährleistet werden. Bademöglichkeiten sind in der Vereinbarung nicht vorgesehen.

Anhang Anh. zu § 2

2. Verhältnis von § 2 zu Haltungsvereinbarungen

Das Verhältnis von § 2 zu Haltungsvereinbarungen ist ein solches der 17
Über- und Unterordnung. Das bedeutet: Soweit diese Vereinbarungen die
Gebote und Verbote aus Nr. 1 und Nr. 2 zutreffend und vollständig konkretisieren, sind sie von den Behörden anzuwenden und den Kontrollen
nach § 16 zugrunde zu legen; soweit sie dagegen die gesetzlichen Anforderungen nicht ausreichend umsetzen, behält das Gesetz den Vorrang. Behörden und Ministerien sind, ebenso wie der Verordnungsgeber, darauf beschränkt, den „vom Gesetzgeber vorgezeichneten Interessenausgleich" (vgl.
BVerfGE 101, 1, 36) umzusetzen, dürfen ihn also nicht nach eigenem Ermessen verändern. Deshalb kann und muss die Behörde diejenigen Teile des
§ 2, die durch die Vereinbarung nur unzureichend oder gar unzutreffend
umgesetzt sind, über § 16a S. 2 Nr. 1 unmittelbar durchsetzen, selbst wenn
die dazu notwendigen Anordnungen dann über die getroffene Vereinbarung
hinausgehen. § 2 ist nicht verwaltungsakzessorisch, d. h. er steht nicht zur
Disposition der Verwaltung (zum Verhältnis von Gesetz und Verwaltungshandeln s. auch § 17 Rn. 74). – Dasselbe gilt für das Verhältnis von Empfehlungen des St. Ausschusses zum ETÜ zu den Vereinbarungen, denn die
Empfehlungen stehen im Rang einem Bundesgesetz gleich (vgl. Art. 9 Abs. 3
ETÜ; s. auch Rn. 20).

**3. Unangemessenes Zurückdrängen von Grundbedürfnissen iS des § 2
Nr. 1**

Nahrungserwerbsverhalten (Fress- und Trinkverhalten). Das Nah- 18
rungserwerbsverhalten von Enten ist besonders vielfältig. Es nimmt bis zu
60% des Lichttages ein und findet überwiegend im Wasser statt. Gezeigt
werden: Nahrungsaufnahme im Tauchen und Schwimmen, Gründeln (d.h.
Nahrungsaufnahme vom Gewässergrund bei Eintauchen von Kopf und
Hals), Seihen (d.h. Wasseransaugen und Abtrennen der darin befindlichen
Futterteilchen mittels der Hornlamellen im Schnabel), Picken, Weiden,
Jagen, Zerbeißen (größerer Futterteile) und Abbeißen (zB an Äpfeln und
Grünpflanzen). – In intensiver Haltung wird ausschließlich strukturarmes
Futter in Form von trockenen Pellets verabreicht. Bis auf das Picken sind
damit alle anderen nahrungsbezogenen Beschäftigungsarten unmöglich. Der
Beschäftigungsmangel kann Federpicken auslösen, das sich bis zum Kannibalismus steigern kann (s. § 17 Rn. 93). Es konnte nachgewiesen werden,
dass die Gabe von strukturreichem Feuchtfutter das Auftreten von Federrupfen mindern kann (vgl. *Rauch*, Effects of Feed on Cannibalism of Non
Beak Trimmed Muscovy Ducks, 10th European Symposium on Waterfowl
1995, S. 126–129).

Ruheverhalten. Im naturnahen Habitat ruhen Enten entweder auf einem
Bein, meist im Wasser stehend, oder aber liegend auf weichem Untergrund.
Daher ist zum Ruhen geeignete Einstreu bereitzustellen und einstreulose
Haltung insoweit unzulässig (die o. e. Vereinbarung ‚Pekingenten' trägt dem
zwar Rechnung, die Vereinbarung ‚Moschusenten' aber nicht; s. auch
Rn. 20). Zumindest bei mehr als 25 kg/qm kommt es außerdem zu ständigen
gegenseitigen Störungen.

Anh. zu § 2 *Tierschutzgesetz*

Eigenkörperpflege (Komfortverhalten). Zur Eigenkörperpflege benötigen Enten Badegelegenheiten (in der Schweiz ist dies für alle Enten vorgeschrieben, vgl. Art. 25 Abs. 1 lit. c Tierschutzverordnung). Fehlt es daran, so führen die Tiere die Bewegungsmuster des Badeverhaltens häufig und lang anhaltend vor dem Trinkgefäß im Leerlauf aus (*Koopmann/Knierim* AtD 1998, 176). Außerdem kann es zu weiteren Verhaltensstörungen wie starkem Kopfschütteln oder hastigem Gefiederputzen kommen. Wenn die Ente nicht baden und schwimmen kann, kann ihre Bürzeldrüse das Sekret, mit dem das Gefieder eingefettet und gepflegt wird, nicht ausreichend produzieren; infolgedessen kann das Tier sein Gefieder nicht mehr genügend einfetten, das Federkleid wird trocken und struppig und Kot und Schmutz bleiben daran hängen; die Ente bemüht sich verstärkt, ihr Gefieder sauber zu halten und putzt sich fast ohne Unterlass (*Fölsch, Simantke, Hörning* S. 28; *Simantke/Fölsch* S. 10). Wird Entenküken bereits ab der ersten Lebenswoche freier Zugang zu einem Auslauf mit Bademöglichkeit gewährt, so vermindert sich späteres Federrupfverhalten dadurch erheblich (*Klemm, Reiter, Pingel* S. 99–102). – Haltungen von Pekingenten gemäß der o. e. Vereinbarung gewähren keinerlei Badegelegenheit und verhindern damit die artgemäße Eigenkörperpflege. – Die Vereinbarung über Moschusenten sieht zwar vor, dass die Enten den Kopf direkt mit Wasser benetzen und das übrige Federkleid bespritzen können müssen. Auch dies ist aber keine Badegelegenheit im eigentlichen Sinne (zB nach Art. 25 Abs. 1 lit. c Schweizer Tierschutzverordnung); dazu ist erforderlich, dass das Tier schwimmen und untertauchen kann.

Fortpflanzungsverhalten/Mutter-Kind-Verhalten. Ein Mutter-Kind-Verhalten wird unter intensiven Haltungsbedingungen nicht ermöglicht.

Sozialverhalten. Artgemäßes Sozialverhalten setzt überschaubare Gruppen sowie die Möglichkeit zum temporären Rückzug von den Artgenossen voraus, was bei den o. e. Besatzdichten unmöglich ist. Wesentliche soziale Begegnungsformen finden außerdem auf dem Wasser statt und erfordern Gelegenheit zum Schwimmen (näher dazu *Fölsch/Simantke/Hörning* S. 10, 11).

4. Bewegungseinschränkungen; Schmerzen, vermeidbare Leiden oder Schäden iS des § 2 Nr. 2 (zu Verhaltensstörungen s. auch § 17 Rn. 93)

19 **Bewegungseinschränkungen.** Zur artgemäßen Bewegung von Enten gehören: Gehen, Laufen, Rennen, Hüpfen, Flattern sowie Schwimmen und Tauchen. Bei den in Intensivhaltung üblichen Besatzdichten und Fehlen eines Gewässers sind die meisten dieser Fortbewegungsarten nicht möglich.

Schmerzen. Schmerzen entstehen auf Rostböden, auf denen es – mitbedingt durch den Mangel an Bewegung und die Unmöglichkeit zu flächenhaftem Fußen – bei nahezu allen Enten zu Verletzungen und entzündlichen Veränderungen der Füße kommt; Welldrahtgitterroste und durchhängende Drahtgitter sind besonders schädlich (vgl. *Dayen/Fiedler* aaO). Stanzblechroste führen zu schmerzhaften Druckstellen bis hin zu Nekrosen an Zehen und Ballen (vgl. *Fölsch/Simantke/Hörning* S. 30). Sind die Bodengitter außerdem schadhaft, kann es zu Risswunden an Beinen und Füßen der Tiere

Anhang

kommen. Unabhängig von der Bodenbeschaffenheit kommt es zu Schmerzen bei den sog. Spreizern; das sind männliche Tiere, die wegen der hohen Tageszunahmen und mangelnder Bewegung Beinschäden aufweisen und die sich deswegen nur noch in Bauchlage flatternd und rudernd fortbewegen können (vgl. *Dayen/Fiedler* aaO).

Leiden, Schäden. Zu Leiden und Schäden kommt es u. a. durch die Osteochondrose-Erkrankung (Störung der Skelettreifung), von der bis zu 70% der Tiere befallen werden, und für die neben der Zucht auf rasches, hohes Fleischwachstum der Mangel an Bewegung mitursächlich ist. Bewegungsmangel und Stress infolge hoher Besatzdichten und Gruppengrößen schwächen auch die Abwehrkraft gegenüber verschiedenen anderen Krankheiten, u. a. gegen Virushepatitis, Coli-Infektionen, Geflügelcholera und exsudative Septikämie (*Fölsch/Simantke/Hörning* S. 35 f.). Zu stressbedingten Verhaltensstörungen, die erhebliches Leiden anzeigen s. § 17 Rn. 93. Auch ständige Ruhestörungen bedeuten erhebliches Leiden.

Vermeidbarkeit. Vermeidbar wären diese Folgen durch Haltungsbedingungen, die Bewegung ermöglichen bzw. dazu anreizen: Geringere Besatzdichten und Gruppengrößen, Einstreu, Bademöglichkeiten und manipulierbares, strukturiertes Futter. Dass Einstreu bei Feuchtigkeit und Verschmutzung hygienische Risiken verursachen kann, ist – wie sonst auch – allein eine Frage des richtigen Managements und nicht des Systems als solchem (vgl. dazu auch die Empfehlungen des Ständigen Ausschusses, Art. 12 Abs. 4 für Pekingenten, bzw. Art. 11 Abs. 4 für Moschusenten).

5. Empfehlungen des Ständigen Ausschusses zum ETÜ

Die üblichen intensiven Haltungsbedingungen, aber auch die o. e. Vereinbarungen verletzen neben § 2 auch einige der Empfehlungen des Ständigen Ausschusses zum ETÜ (Empfehlung „Pekingenten" und Empfehlung „Moschusenten und Hybriden von Moschus- und Pekingenten", beide angenommen am 22. 6. 1999). – Art. 11 Abs. 2 (Pekingenten) und Art. 10 Abs. 2 (Moschusenten) lauten: „Der Zugang zu einem Auslauf und zu Badewasser ist notwendig, damit die Enten als Wasservögel ihre biologischen Erfordernisse erfüllen können. Wo ein solcher Zugang nicht möglich ist, müssen die Enten mit Wasservorrichtungen in ausreichender Zahl versorgt werden, die so ausgelegt sein müssen, dass das Wasser den Kopf bedeckt und mit dem Schnabel aufgenommen werden kann, so dass sich die Enten problemlos Wasser über den Körper schütten können. Die Enten sollten die Möglichkeit haben, mit ihrem Kopf unter Wasser zu tauchen." Der völlige Ausschluss von Badegelegenheiten, wie er bei Pekingenten üblich und sogar in einer ministeriellen Vereinbarung vorgesehen ist (s. Rn. 16) ist damit unvereinbar. Aber auch die Vereinbarung ‚Moschusenten' (s. Rn. 15) wird dieser Empfehlung nicht gerecht, weil das vereinbarte „den Kopf direkt mit Wasser benetzen können" weniger ist als eine Einrichtung, in der „das Wasser den Kopf bedeckt", und weil außerdem auch dies der Empfehlung nur dort genügt, wo ein Zugang zu einem Auslauf und zu Badewasser „nicht möglich" ist. Das Baden-Können gehört zu den „wesentlichen Bedürfnissen" (Präambel Nr. 4). Das Vorhandensein einer ausreichend dimen-

Anh. zu § 2 *Tierschutzgesetz*

sionierten Wasserfläche ist für Peking- und für Moschusenten von größter Wichtigkeit, weil bei ihrem Fehlen nicht nur die artgemäße Bewegung, sondern auch die Eigenkörperpflege und wichtige Teilbereiche des Sozialverhaltens und des Nahrungserwerbsverhaltens erheblich zurückgedrängt sind. – Art. 12 Abs. 4 (Pekingenten) bzw. Art. 11 Abs. 4 (Moschusenten): „Geeignete Einstreu ist bereitzustellen und so weit wie möglich trocken und locker zu halten, um den Tieren zu helfen, sich selbst sauber zu halten und um die Umgebung anzureichern". Einstreulose Haltungen auf Rost- und Gitterböden, wie in der Vereinbarung ‚Moschusenten' vorgesehen (s. Rn. 15), sind damit unvereinbar; allenfalls kommen kombinierte Haltungsverfahren in Betracht (eingestreuter Bereich und daneben Rostboden, auf dem die Futter-, Tränk- und Badeeinrichtungen angeordnet sind). – Art. 11 Abs. 6 (Pekingenten) und Art. 10 Abs. 6 (Moschusenten): „In Entenställen muss der Boden so konstruiert und beschaffen sein, dass bei den Tieren kein Unwohlsein, keine Leiden und keine Verletzungen verursacht werden. Der Untergrund muss eine Fläche umfassen, die allen Tieren das gleichzeitige Ruhen erlaubt und muss mit einem dazu geeigneten Material bedeckt sein". Gitterrostböden, die zu Verletzungen führen, (s. Rn. 19), müssen damit der Vergangenheit angehören. Unzulässig ist aber insbesondere auch, die Enten auf perforiertem Boden statt auf eingestreutem Untergrund ruhen zu lassen (s. Rn. 15, Vereinbarung ‚Moschusenten'). Ebenso unzulässig sind Besatzdichten, die häufige Ruhestörungen zur Folge haben. – Art. 12 Abs. 3 (Pekingenten) und Art. 11 Abs. 3 (Moschusenten): „Den Tieren muss eine ausreichende Fläche entsprechend ... ihrem Bedarf, sich frei zu bewegen und normale Verhaltensweisen zu zeigen, einschließlich artspezifischen sozialen Verhaltens, zur Verfügung stehen. Die Gruppe darf nur so groß sein, dass es nicht zu Verhaltens- oder anderen Störungen oder Verletzungen kommt." Besatzdichten, die Pulkbildungen, Federrupfen oder andere Störungen fördern, sind damit verboten, ebenso zu große Gruppen. Vorschläge, in denen Besatzdichten von nicht mehr als 4 Enten/qm und Gruppengrößen von 20–60 Tieren angeregt werden, stehen der Empfehlung des St. Ausschusses bedeutend näher als die o. e. Vereinbarungen (vgl. *Bierschenk*, in: Beratung artgerechte Tierhaltung, BAT, S. 129 ff.; *Fölsch/Simantke/Hörning* S. 19). Das erwähnte „artspezifische soziale Verhalten" erfordert neben Rückzugsräumen auch eine ausreichend dimensionierte Fläche zum Schwimmen (näher dazu *Fölsch/Simantke/Hörning* S. 10, 11). – Für Zuchtenten muss gem. Art. 11 Abs. 8 (Pekingenten) und Art. 10 Abs. 8 (Moschusenten) „eine ausreichende Zahl an Nestern von geeigneter Größe und Ausführung zur Verfügung stehen".

V. Masthühner

1. Konventionelle Haltungsform

21 Masthühner werden meist in fensterlosen, klimatisierten Hallen in Gruppen von 10 000 und mehr Tieren gehalten. Üblich ist eine sog. Kurzmast, bei der die männlichen Tiere ihr Schlachtgewicht von 1,4–1,6 kg bereits im Alter von 30–35 Tagen (bei täglichen Gewichtszunahmen von 40–47 g) erreichen.

Anhang Anh. zu § 2

Die üblichen Besatzdichten betragen bis zu 35 kg Lebendgewicht pro qm nutzbarer Stallfläche (das entspricht in der Endmast 23 Hähnchen pro qm). Der Stallboden ist mit Hobelspänen, Sägemehl oder Strohhäcksel eingestreut. Außer den Futter- und Tränkeinrichtungen gibt es idR keine weiteren Strukturelemente (wie Sitzstangen, Strohballen oÄ). – In den vom BMVEL veröffentlichten bundeseinheitlichen Eckwerten für freiwillige Vereinbarungen zur Haltung von Jungmasthühnern werden Besatzdichten von 35 kg Lebendgewicht pro qm vorgesehen; zum Verhältnis solcher Vereinbarungen zu § 2 s. Rn. 17. – In der Schweiz dürfen je nach Größe der Haltungseinheit zwischen 15 und maximal 30 kg pro qm gehalten werden (Schweizer Tierschutzverordnung, Anhang 1 zu Art. 5 Abs. 5, Nr. 13.2). In Schweden gilt eine Obergrenze von 25 kg/qm (vgl. *Hörning* S. 32). – In Deutschland nimmt die Konzentration auf Grossbetriebe ständig zu: 0,35% der Halter mästen 66,6% aller Masthühner in Beständen mit jeweils mehr als 50 000 Tieren (vgl. Jahrb. f. d. Geflügelwirtschaft 1999 S. 68). Die meisten Betriebe wirtschaften gewerblich, d. h. ohne eigene Futtergrundlage. Unter den verbliebenen bäuerlichen Haltern herrscht Lohnmast vor, d. h.: Die Küken müssen von derselben Firma bezogen werden, an die auch die schlachtreifen Tiere zu vertraglich vorher festgelegten Zeiten, Preisen und Bedingungen auszuliefern sind.

2. Unangemessenes Zurückdrängen von Grundbedürfnissen iS des § 2 Nr. 1

Nahrungserwerbsverhalten (Fress- und Trinkverhalten). Das artgemäße Nahrungserwerbsverhalten von Hühnern umfasst Erkunden, Suchen, Scharren sowie vielfältige Pickaktivitäten wie Ziehen, Reißen, Hacken und Bearbeiten veränderbarer Nahrungsbestandteile mit dem Schnabel. In der Intensivmast erhalten die Tiere jedoch fast ausschließlich industriell aufbereitetes Kraftfutter mit hohem Energie- und Proteingehalt. Dadurch wird die Zeit für die Nahrungsaufnahme stark verkürzt, und das arteigene Bedürfnis, nach Nahrungsteilen zu suchen und sie zu bearbeiten, bleibt unbefriedigt. Folge ist u. a. verstärktes Federpicken. Abhilfe wäre möglich durch Abgabe ganzer Körner (evtl. verteilt in der Einstreu, falls diese genügend sauber gehalten wird) sowie Angebot von Grundfutter (zB Möhren, Maiskolben, Grünfutter) zur nahrungsbezogenen Beschäftigung (s. auch § 2 Rn. 18). – An den Rundtrögen steht üblicherweise etwa 1 cm Trogrand je Tier zur Verfügung, an Längströgen sind es 2–3 cm (vgl. Jahrb. f. d. Geflügelwirtschaft 1999 S. 95). Ungestörtes, gleichzeitiges Fressen ist so nicht möglich. Die Tiere klettern am Trog übereinander und verletzen sich gegenseitig (vgl. *Hörning* S. 27; zur Notwendigkeit der Gewährleistung gleichzeitiger Futteraufnahme s. auch § 2 Rn. 13 und 19).

Ruheverhalten. Untersuchungen haben ergeben, dass schon bei einer Besatzdichte von etwa 28 kg/qm große Unruhe herrscht und nur 4% der Ruheperioden länger als 3 Minuten währen, 60% dagegen weniger als eine Minute (*EU-SCAHAW-Report* Masthühner S. 68: „Bei 28 kg/qm war die Besatzdichte zu hoch, um normales Ruheverhalten auftreten zu lassen"). Eine Zunahme von Ruhestörungen konnte bereits bei einer Steigerung der

22

Anh. zu § 2 *Tierschutzgesetz*

Besatzdichte über 24 kg/qm hinaus festgestellt werden. – Zum artgemäßen Ruhen gehört bei Hühnern das Aufbaumen; dazu müssten Sitzstangen, Strohballen oder andere mittels Hühnerleiter erreichbare erhöhte Ebenen angeboten werden, was jedoch nicht geschieht.

Eigenkörperpflege (Komfortverhalten). Untersuchungen haben gezeigt, dass bei Besatzdichten oberhalb von 24 kg/qm Körperpflegehandlungen wie Gefiederputzen abnehmen, Ruhestörungen dagegen zunehmen (*EU-SCAHAW-Report* aaO). Schon ab 22,7 kg Lebendgewicht pro qm führt jede weitere Steigerung zu einer Zunahme derjenigen Tiere, die (bedingt durch das hohe Gewicht und die räumliche Enge) wegen des Liegens auf durchfeuchteter Einstreu unter Brustblasen und Ammoniakverätzungen leiden (vgl. Cravener et al. S. 427–433: 0,6% bei 22,7 kg, 2,5% bei 28 kg, 30,4% bei 38 kg).

Sozialverhalten. Schon Besatzdichten von mehr als 10 Tieren pro qm lassen in Verbindung mit der Konkurrenz um die Futterstellen und dem Fehlen von Sitzstangen und anderen Ausweich- und Rückzugsmöglichkeiten die Anzahl aggressiver Auseinandersetzungen ansteigen (vgl. *Hörning* S. 23). Weil die unterlegenen Tiere in der herrschenden räumlichen Enge Demutshaltungen nur unvollständig zeigen und keine Deckung suchen können, werden Angriffe häufig über das normale Maß hinaus fortgesetzt.

3. Bewegungseinschränkungen; Schmerzen, vermeidbare Leiden oder Schäden iS des § 2 Nr. 2 (zu Verhaltensstörungen s. auch § 17 Rn. 94)

23 **Schmerzen.** Obwohl es sich um sehr junge, kaum 6 Wochen alte Tiere handelt, leiden Masthühner an zahlreichen, zT schmerzhaften Krankheiten. Die übliche Mortalitätsrate von 6–7% (vgl. *Hörning* S. 10) würde sich ohne den relativ frühen Schlachttermin stark erhöhen. U. a.: Perosis (Abgleiten der Achillessehne vom Sprunggelenk), Spondylolisthesis (Wirbelverkrümmung durch Verengung des Rückenmarks in Höhe des 6./7. Brustwirbels), tibiale Dyschondroplasie (abnormales Knorpelwachstum), Knochenmarksentzündungen, Epiphysiolyse (Ablösung des Femurkopfes), Brustblasen, Muskelkrankheiten, Herz-Kreislauf-Versagen, Aszites-Syndrom (Leibeshöhlenwassersucht), Fettleber-Nieren-Syndrom (vgl. *Hörning* S. 13 ff.; s. auch § 11 b Rn. 22). Ursachen sind einerseits die Zucht auf rasches Jugendkörperwachstum und Ausbildung großer Muskelpartien an Brust und Schenkeln, andererseits aber auch die mangelnde Bewegung, hervorgerufen durch hohe Besatzdichten und fehlende Erkundungs- und Beschäftigungsanreize.

Leiden, Schäden. Soweit die o. e. Krankheiten keine Schmerzen verursachen, stellen sie zumindest Leiden und Schäden dar.

Vermeidbarkeit. Vermeidbar wären diese Folgen, wenn einerseits langsamer wachsende Zuchtlinien gewählt würden (vgl. zB die in der Schweiz üblichen Kreuzungen von ISA JA 57-Hühnern und Nackthals-Rassegeflügelhühnern, näher dazu *Hörning* S. 51) und andererseits Möglichkeiten und Anreize zu mehr Bewegung geschaffen würden: Durch Besatzdichten von nicht mehr als 20 kg Lebendgewicht pro qm, Beschäftigungsmöglichkeiten mit Grundfutter und Körnern und durch Erkundungsanreize wie

Anhang   Anh. zu § 2

Strohballen, Sitzstangen, ggf. Auslauf. Dadurch würde sich zugleich die Fleischqualität verbessern, denn langsamer wachsende Tiere mit mehr Bewegung zeigen sehr viel weniger Abdominalfett, einen deutlich niedrigeren Fettanteil im Brustfleisch sowie ein besseres Verhältnis von ungesättigten zu gesättigten Fettsäuren (vgl. *Hörning* S. 54; *Gerken* in: DVG, Tierschutz und Tierzucht, S. 121). – Der Ständige Ausschuss der EU-Kommission für Tiergesundheit und Wohlbefinden (SCAHAW) stellt fest: „Aus Forschungen über das Verhalten und über Beinschäden geht klar hervor, dass die Besatzdichte auf 25 kg Lebendgewicht pro qm oder weniger beschränkt werden muss, wenn man größere Probleme für das Wohlergehen weitgehend vermeiden will, und dass oberhalb von 30 kg ein starker Anstieg in der Häufigkeit ernster Probleme stattfindet, selbst bei sonst guten Umgebungsbedingungen" (*EU-SCAHAW-Report* Masthühner S. 68). Damit steht zugleich fest, dass die o. e. Eckwerte und die entsprechenden Vereinbarungen nicht den Anforderungen aus § 2 Nr. 1 und Nr. 2 entsprechen (s. Rn. 21 und Rn. 17).

4. Empfehlung des Ständigen Ausschusses zum ETÜ

Aus der Empfehlung des Ständigen Ausschusses zur Haltung von Haus- 24
hühnern v. 28. 11. 1995, Anhang II lit. B Nr. 1: „Die Besatzdichte ist so zu wählen, dass während der gesamten Haltung ... die Tiere sich bewegen und normale Verhaltensmuster ausüben können, zB staubbaden und mit den Flügeln schlagen, und jedes Tier, das sich von einer eng belegten zu einer freien Fläche bewegen möchte, die Möglichkeit dazu hat". Bei den üblichen Besatzdichten von 35 kg Lebendgewicht/qm gibt es jedoch keine freien Flächen, zu denen sich die Hühner bewegen könnten. Bereits bei mehr als 20 kg kommt es beim Flattern und Flügelschlagen durch gegenseitiges Stoßen zu einem Abrieb der Federn, was die Tiere veranlasst, diese Verhaltensmuster nicht mehr oder nur noch eingeschränkt auszuüben, obwohl es sich um Grundbedürfnisse der Eigenkörperpflege handelt. – Anhang II lit. B Nr. 4: „Die Tiere sollen zur Aktivität angeregt werden, zB durch Lichtregulierung, Anbieten von Tageslicht, Sitzstangen, geringere Besatzdichte."

VI. Puten

1. Konventionelle Haltungsform

Der überwiegende Teil der etwa 9 Millionen Puten in Deutschland 25
wird in Hallen mit jeweils mehreren Tausend Tieren, getrennt nach Geschlechtern, gemästet. Außer der Einstreu, die aus Holzspänen oder Stroh besteht, sowie den Futter- und Tränkeinrichtungen gibt es keine weiteren Stallstrukturen, insbes. keine Sitzstangen. Während der Aufzucht werden 250–300 Küken in sog. Aufzuchtringen mit einem Durchmesser von 2,5–3 m gehalten. In der Mast (d. h. von der 7. Lebenswoche bis zur Schlachtung mit max. 22 Wochen) sind Besatzdichten von bis zu 58 kg Lebendgewicht pro qm Stallfläche (das entspricht knapp 3 Hähnen in der Endmast) üblich. Die hohe Belegungsdichte bedingt einen hohen Infektions-

druck. Entsprechend hoch ist der Einsatz von Medikamenten (Antibiotika), wobei die verwendeten Mittel zT auch in der Humanmedizin eingesetzt werden (Resistenzproblematik). – Nach den vom BMVEL veröffentlichten bundeseinheitlichen Eckwerten für freiwillige Vereinbarungen zur Haltung von Mastputen sollen bei Putenhähnen 50 kg (in Ausnahmefällen bis zu 58 kg) und bei Putenhennen 45 kg (in Ausnahmefällen bis zu 52 kg) Lebendgewicht pro qm nutzbarer Stallfläche erlaubt sein; die Anforderungen aus § 2 Nr. 1 und Nr. 2 bleiben davon aber unberührt (s. Rn. 17; s. auch § 2 Rn. 3). – In der Schweiz sind Besatzdichten von 32 kg pro qm für die ersten sechs Wochen und 36,5 kg pro qm für die Endmast zulässig (vgl. *Oester/Fröhlich/Hirt* in: *Sambraus/Steiger* S. 208; zum Ganzen vgl. auch *Müllers* DudT 3/1996, 29 ff.).

2. Unangemessenes Zurückdrängen von Grundbedürfnissen iS des § 2 Nr. 1

26 **Nahrungserwerbsverhalten (Fress- und Trinkverhalten).** Das artgemäße Nahrungserwerbsverhalten von Puten umfasst das Untersuchen der Umgebung, das Prüfen von Objekten sowie das Aufpicken und Aufnehmen. Es nimmt unter naturnahen Bedingungen bis zu 50% der aktiven Zeit ein (St. Ausschuss zum ETÜ, Empfehlung zur Haltung von Puten Einl. lit. f). Die in der intensiven Mast übliche Verabreichung von Pellets mit hohem Proteingehalt lässt dieses arteigene nahrungsbezogene Beschäftigungsbedürfnis unbefriedigt. Als Folge davon treten Kot- und Federpicken bereits ab dem Kükenalter auf. Abhilfe wäre möglich durch strukturiertes, ballaststoffhaltiges Futter sowie sauberes Langstroh zur Beschäftigung und Verringerung der Besatzdichten. In naturnaher (d.h. ausreichend mit Umweltreizen und Bewegungsraum ausgestatteter) Haltungsumgebung tritt Federpicken nur sehr selten auf (vgl. *Bircher/Schlup* Teil 2 S. 13, 47). – Explorationsverhalten kann in unstrukturierten Ställen ebenfalls nicht stattfinden. Notwendig wären dazu zumindest Strohballen, Sitzstangen u.a.m. Auch damit ließe sich das Federpicken reduzieren (vgl. St. Ausschuss Art. 11 Abs. 3).

Ruheverhalten. Wilde Puten schlafen nachts auf Bäumen. Das Bedürfnis hierzu ist von hohem arterhaltenden Wert und auch bei den schweren Mastrassen noch stark ausgeprägt (vgl. *H. Hirt* TU 1998, 137, 138; *Bessei* Archiv Geflügelkunde 1999, 45, 49). Für das artgemäße Ruhen müssten deshalb Sitzstangen bereitgestellt werden, die wegen des Gewichts der Hähne ca. 11 cm breit und mit Zugangserleichterungen (Rampen) versehen sein müssten (vgl. *Hirt* aaO). – Wegen der hohen Besatzdichte in den Aufzuchtringen zeigen bereits die Küken verkürzte Ruhezeiten, die oft von Störungen durch Artgenossen unterbrochen werden (vgl. *Burdick* et al. S. 87). Für die Endmast haben Untersuchungen ergeben, dass bei einer Besatzdichte, die höher ist als zwei Hähne pro qm (ab der 10. Lebenswoche), häufige Störungen ruhender Tiere stattfinden; bei einem Anstieg der Besatzdichte über den genannten Wert hinaus ist also das Schlaf- und Ruheverhalten beeinträchtigt (vgl. *Ellerbrock/Petermann/Knierim* S. 56, 59; s. auch § 2 Rn. 13, 15).

Anhang **Anh. zu § 2**

Eigenkörperpflege (Komfortverhalten). Wegen des hypertrophen Brustmuskels und Problemen mit dem Gleichgewicht putzen sich Puten ab der 12. Lebenswoche nur noch liegend. Bei höheren Besatzdichten als zwei Hähnen pro qm (ab der 10. Lebenswoche) nehmen Verschmutzungen des Gefieders infolge mangelnder Gefiederpflege signifikant zu, ebenso Gefiederverluste durch Abrieb, Veränderungen der Brusthaut und schmerzhafte Umfangsvermehrungen der Fersengelenke (vgl. *Ellerbrock/ Petermann/Knierim* aaO). Auch das Sandbaden kann nur artgemäß ausgeführt werden, wenn genügend Platz und Einstreu zur Verfügung stehen (vgl. St. Ausschuss zum ETÜ, Empfehlung Art. 13 Abs. 4); bei Besatzdichten über den o.a. Wert hinaus nimmt es ebenso wie die übrige Gefiederpflege stark ab.

Sozialverhalten. Artgemäßes Sozialverhalten setzt ebenfalls voraus, dass eine Besatzdichte von zwei Hähnen pro qm ab der 10. Lebenswoche nicht überschritten wird: Bei höherer Dichte nehmen sowohl Drohen/Drücken als auch aggressives Picken signifikant zu (vgl. *Ellerbrock/Petermann/ Knierim* aaO). Ausweich- und Fluchtmöglichkeiten für angegriffene Tiere müssen eingerichtet werden (vgl. St. Ausschuss, Empfehlung Art. 11 Abs. 3).

3. Bewegungseinschränkungen; Schmerzen, vermeidbare Leiden oder Schäden iS des § 2 Nr. 2 (zu Verhaltensstörungen s. § 17 Rn. 96; zur Züchtung s. § 11 b Rn. 21)

Schmerzen. Puten erleiden in konventioneller Haltung vielfältige 27 Schmerzen, u.a. durch Brustblasen (= Entzündungen im Bereich des Brustbeins infolge des ständigen Liegens auf feuchter Einstreu), Umfangsvermehrungen der Fersengelenke, Kannibalismus, Fußballengeschwüre und gestörte Knochenentwicklung der Beine. Ursächlich dafür sind neben der Zucht auf rasches Schlachtkörperwachstum und Hypertrophie des Brustmuskels auch die geringe Bewegungsfreiheit bei hoher Besatzdichte und die fehlenden Anreize zu Bewegung und Exploration (vgl. *Ellerbrock/Petermann/ Knierim* aaO: Signifikanter Anstieg von aggressivem Picken, von Drohen/ Drücken, von Brustblasen und von Umfangsvermehrung der Fersengelenke, wenn die Besatzdichte über den Wert „2,0 Hähne pro qm ab Lebenswoche 10" hinaus gesteigert wird). „Die intensiven Haltungsbedingungen und das derzeitig vorhandene Zuchtmaterial führen oft zu Atemwegserkrankungen, Kannibalismus, Erkrankungen des Skelettsystems und des Herz-Kreislauf-Systems sowie zu Brustblasen" (Landestierärztekammer Hessen DTBl. 2002, 56).

Schäden. Zu den Schäden gehört, dass 85–97% aller Tiere bei Mastende keine normale Beinstellung und Fortbewegung mehr haben (vgl. *Oester/ Fröhlich/Hirt* in: *Sambraus/Steiger* S. 209).

Vermeidbarkeit. Vermeidbar wären diese Folgen, wenn (zusätzlich zu wesentlichen Änderungen in der Zucht) mehr Raum zur Bewegung sowie Möglichkeiten zum erhöhten Sitzen und Anreize zu vermehrter Bewegung gewährt würden (vgl. Landestierärztekammer Hessen aaO: „Außenbereich mit Sandbad ... dringend notwendig").

Anh. zu § 2 *Tierschutzgesetz*

4. Empfehlung des Ständigen Ausschusses zum ETÜ

28 Aus der Empfehlung des Ständigen Ausschusses zur Haltung von Puten. – Art. 11 Abs. 2: „Eine ausreichende Zahl von Krankenabteilen soll verfügbar sein."– Nach Art. 11 Abs. 3 sollen insbesondere Strohballen und Sitzstangen zur Verfügung gestellt werden, die die Bewegung und Exploration anregen, verletzendes Picken vermindern und angegriffenen Tieren die Möglichkeit zu Flucht und Deckung geben. – Art. 12 Abs. 1 schreibt vor, dass der Boden so beschaffen sein muss, dass alle Vögel gleichzeitig ruhen können. Das schließt die Vermeidung von Besatzdichten, die zu Ruhestörungen führen, ein (s. Rn. 26). – In Art. 13 Abs. 2 werden als Faktoren, mit denen man das Federpicken verhindern, zumindest aber minimieren könnte, u. a. genannt: Geeignete Zuchtlinien, richtige Beleuchtung, Deckungsmöglichkeiten wie kompakte Strohballen und andere Anreicherungen der Umgebung. – Nach Art. 13 Abs. 3 soll das Platzangebot so sein, dass es den Tieren möglich ist, sich frei zu bewegen und normales Verhalten einschl. Sozialverhalten zu zeigen; die Gruppengröße soll nicht zu Verhaltensstörungen oder Verletzungen führen.

VII. Wachteln

1. Konventionelle Haltungsform

29 Die meisten Wachteln werden in Batteriekäfigen gehalten. Die Käfige haben idR eine Grundfläche von 50 × 100 cm und sind (um das Hochfliegen der schreckhaften Vögel zu verhindern) nur 16–20 cm hoch. In jeden Käfig werden etwa 60–80 Mast- oder Legetiere eingestallt. Die praxisüblichen Besatzdichten betragen bei Mastwachteln 65–85 qcm je Tier. Zuchtwachteln erhalten etwas mehr, nämlich 125–150 qcm je Tier (zum Vergleich: eine Postkarte umfasst 155 qcm). Diese Besatzdichten sind ausschließlich an wirtschaftlichen Gesichtspunkten ausgerichtet; bei einer weiteren Steigerung müsste mit Wachstumsdepressionen und einem Anstieg der Tierverluste gerechnet werden (vgl. *Köhler* DGS Magazin 27/97, 40, 42). Außer den Futter- und Tränkeinrichtungen enthalten die Käfige keine Strukturen und Beschäftigungsmöglichkeiten.

2. Unangemessenes Zurückdrängen von Grundbedürfnissen iS des § 2 Nr. 1

30 In naturnaher Umgebung (d. h. in Außenvolièren mit natürlicher Gras- und Krautvegetation, Bewegungsraum und kleinen Tiergruppen) zeigen Wachteln u. a. folgende Grundbedürfnisse: Aufenthalt in Deckung; Picken und Scharren bei gleichzeitiger Fortbewegung (während eines großen Teils der aktiven Zeit, auch dann, wenn Futter zur freien Verfügung angeboten wird); Gefiederpflege; Sandbaden; Sonnenbaden; Eiablage in Legenestern, die Deckung bieten (vgl. *Schweiz. Bundesamt f. Veterinärwesen*, Richtlinie zur Wachtelhaltung, www.bvet.admin.ch).

Viele dieser Bedürfnisse sind in Käfighaltung unterdrückt bzw. erheblich zurückgedrängt: Deckungsmöglichkeiten fehlen völlig (so dass die schreck-

Anhang   **Anh. zu § 2**

haften Tiere häufig als Fluchtreaktion steil auffliegen würden, wenn nicht die niedrige Käfigdecke dies verhinderte); Picken und Scharren entfallen mangels einer eingestreuten Fläche; gleichzeitige Futteraufnahme ist unmöglich, denn dies würde am Längsfuttertrog eine Fressplatzlänge von 5–10 cm je Tier voraussetzen (*Schweiz. Bundesamt* aaO); Sandbaden kann mangels Einstreu nicht stattfinden; Sonnenbaden entfällt, da die Tiere bei Kunstlicht gehalten werden; Legenester sind nicht vorhanden.

Ein artgemäßes Sozialverhalten kann ebenfalls nicht stattfinden. Wegen der hohen Besatzdichten und Gruppengrößen sowie der fehlenden Ausweich- und Deckungsmöglichkeiten kommt es zu häufigen aggressiven Auseinandersetzungen mit Pickschlägen gegen den Kopf und Erscheinungsformen von Kannibalismus. Die Verletzungen sind teilweise erheblich, u. a. auch wegen des übermäßigen Längenwachstums von Schnäbeln und Krallen. Das natürliche Balzzeremoniell kann infolge der räumlichen Enge nicht stattfinden, so dass die Hähne zum dauernden Bespringen der Hennen animiert werden, was die gegenseitige Aggressivität weiter steigert.

3. Bewegungseinschränkungen; Schmerzen, vermeidbare Leiden oder Schäden iS des § 2 Nr. 2 (zu Verhaltensstörungen s. auch § 17 Rn. 98)

Die in naturnaher Umgebung häufigen Fortbewegungsarten ‚Rennen' 31 und ‚Fliegen' sind unmöglich. Das Gehen ist stark eingeschränkt. Dadurch werden Leiden verursacht, zumal der Domestikationsprozess dieser Tierart erst wenige Jahrzehnte währt (Zucht von Legewachteln in Japan seit etwa 1910, Zucht von Mastwachteln in Europa seit den 50er Jahren; vgl. auch Art. 12, Art. 35 der Schweizer Tierschutzverordnung: Wildtiere). – Schmerzen entstehen u. a. durch Ballenabszesse, Schwellungen und Sprunggelenkentzündungen; ursächlich hierfür sind sowohl die Zucht auf rasches Fleischwachstum als auch der erzwungene Mangel an artgemäßer Fortbewegung. – Zur Vermeidbarkeit s. u.

4. Artgerechte Wachtelhaltung

Eine artgerechte Wachtelhaltung kann in strukturierten Gehegen stattfinden, 32 wenn diese neben dem nötigen Raum zur Fortbewegung Folgendes vorsehen: Einen Scharrraum zum Picken und Scharren, ein Sandbad (zB aus entstaubter Spreu oder Hobelspänen); Legenester, die eine verformbare Einstreu sowie Deckung bieten (am besten ein geschlitztes Dach; vgl. dazu die Ergebnisse von *Schmid* in: *Weber* (Redaktion) S. 122 ff.). Die Schreckreaktion des Hochfliegens ist in strukturierten Gehegen nur sehr selten zu beobachten (*Schweiz. Bundesamt* aaO). Aggressive Auseinandersetzungen können vermieden oder beschränkt werden durch: überschaubare Gruppen, mäßige Besatzdichten, Rückzugs- und Deckungsmöglichkeiten, Gelegenheit zu gleichzeitiger Futteraufnahme und Beschäftigungsmöglichkeiten mit dem Futter. Durch attraktive Nestgestaltung lässt sich der Anteil verlegter Eier senken; der Einsatz entsprechender Systeme in der Praxis müsste vermehrt gefördert werden.

VIII. Strauße

33 Strauße sind, auch wenn sie gezüchtet wurden, Wildtiere (vgl. *Pfeiffer* RFL 3/2002, 52; vgl. auch *BMVEL*, Gutachten Straußenvögel, S. 1) mit entsprechenden **Verhaltensbedürfnissen**: Unter natürlichen Bedingungen bewegen sie sich täglich in einem Umkreis von ca. 20 km auf der Suche nach Nahrung, und entsprechend groß ist ihr Drang nach Bewegung (vgl. St. Ausschuss zum ETÜ, Empfehlung zur Haltung von Straußen Art. 3 Abs. 2 und Präambel: „lebenswichtiges Bedürfnis"). Ungefähr zwei Drittel des Tages beschäftigen sie sich mit Futtersuche und nehmen dabei hauptsächlich Vegetation in kleinen Portionen auf (*Sambraus* in: *Sambraus/Steiger* S. 217, 218). Sie leben in Gruppen in Ein- oder Vielehe. Hauptaktivitäten sind Fressen, Gehen, Laufen, Wachestehen, Gefiederputzen und Sandbaden (St. Ausschuss Art. 3 Abs. 7). Küken, die elternlos aufwachsen, können Probleme mit ihren Beinen und dem Fressverhalten entwickeln (St. Ausschuss Art. 5 Abs. 2).

34 Das **BMVEL-Gutachten** enthält eine teilweise **Konkretisierung der gesetzlichen Mindestanforderungen**, die nach § 2 nicht unterschritten werden dürfen (antizipiertes Sachverständigengutachten, umzusetzen u. a. im Rahmen der §§ 11 und 16a: s. auch § 2 Rn. 43, 44 und § 11 Rn. 10, 19). – Wesentlicher Inhalt u. a.: Keine Einzelhaltung; Stallhaltung nur vorübergehend, nicht ständig oder überwiegend; Mindestflächen für Gehege (Bsp.: Für Strauße ab dem 13. Lebensmonat bei naturbelassenem Boden 1000 qm für drei Tiere und für jeden weiteren Strauß 200 qm zusätzlich; möglicherweise ist das aber viel zu wenig, s. Rn. 37); Mindeststallflächen und Laufhöfe; ständige Verfügbarkeit von Sandbad, Witterungsschutz und Möglichkeiten zum gleichzeitigen Fressen. – Ein Gutachten im Auftrag des Bundesverbandes der Straußenzüchter hält zT deutlich größere Gehegeflächen für notwendig; anstelle beheizter Ställe wird Offenstallhaltung befürwortet. – Soweit die Empfehlung des St. Ausschusses zur Straußenhaltung größere Gehege- und Stallflächen als das BMVEL-Gutachten vorsieht, besitzt sie Vorrang (s. Einf. Rn. 27)

35 Zur Straußenhaltung **ungeeignet sind Regionen**, in denen damit gerechnet werden muss, dass die Vögel wegen nasskalten Wetters und/oder extrem niedrigen Temperaturen längere Zeit (nämlich länger als drei Tage am Stück oder während mehr als zehn Tagen innerhalb eines Monats) im Stall gehalten werden müssen (BMVEL-Gutachten S. 7). Für afrikanische Strauße sind jedenfalls Frosttage mit Tagesmitteln der Lufttemperatur unter minus 5 Grad Celsius unzuträglich (vgl. *Schmitz* DtW 2000, 276, 277). Wenn also in einer Region derartige Tagesmittelwerte im Winterhalbjahr während eines Monats an mehr als 10 Tagen auftreten können bzw. an mehr als drei Tagen hintereinander wahrscheinlich sind, sollten Straußenhaltungen dort nicht genehmigt werden (auch nicht, wenn sie das im Gutachten geforderte Trockengehege aufweisen, denn dieses kann zwar gegen Feuchtigkeit, nicht aber gegen Kälte schützen). Vgl. auch den Beschluss des Bundesrates vom 24. 11. 1995 (BR-Drucks. 573/95), bekräftigt am 27. 9. 2002, (BR-Drucks. 602/02): Zulassung nur als Ausnahme und nach Prüfung der vorherrschenden Witterungsbedingungen.

Anhang **Anh. zu § 2**

In der Vegetationsperiode sollen Strauße **Zugang zu Naturweiden** haben, 36
damit sie langanhaltend Gras und Kräuter aufnehmen können (vgl. St. Ausschuss Art. 17 Abs. 1). Das ist besonders wichtig, weil bei ausschließlicher Fütterung aus dem Trog das nahrungsbezogene Beschäftigungsbedürfnis unbefriedigt bleibt und es dadurch verstärkt zu Verhaltensstörungen kommt (insbes. Federpicken und Aufnahme von Unverdaulichem, vgl. dazu *Sambraus* aaO S. 220).

Dass die **landwirtschaftliche Haltung** von Straußen **in Mitteleuropa** 37
überhaupt nicht verhaltensgerecht sei, wird von fachkompetenten und wirtschaftsunabhängigen Organisationen vertreten (Deutsche Tierärzteschaft; Tierärztliche Vereinigung f. Tierschutz; Deutscher Naturschutzring; Deutscher Tierschutzbund; vgl. dazu BMVEL-Gutachten S. 17, Erklärung und Differenzprotokoll). Die Bundestierärztekammer hat den Strauß im Jahr 1995 zum „zu schützenden Tier des Jahres" ernannt, um darauf aufmerksam zu machen, dass nach ihrer Einschätzung eine wirtschaftliche und zugleich tierschutzgerechte Haltung als Nutztier in Deutschland nicht möglich sei (vgl. DTBl. 2001, 2). Für diese Einschätzung sprechen die Verhaltensstörungen, die auch bei Einhaltung aller o.e. Anforderungen auftreten, die hohen Jungtierverluste (geschätzt werden 10–30%) und die zahlreichen Krankheiten und Beinschäden als Folge von Bewegungsmangel, unzuträglichen Witterungsbedingungen und hohen Besatzdichten (vgl. u.a. *Wiesner/Rau,* Zur Haltung des Afrikanischen Straußes, Gutachterliche Stellungnahme für das Bayerische Staatsministerium für Gesundheit, Ernährung und Verbraucherschutz, München 1993: Erhöhte Erkrankungsrate bei Besatzdichten von mehr als 7 Tieren/ha; Mindestplatzbedarf in Freigehegen 1500 qm/Strauß. Vgl. auch *Pfeiffer,* Zur Haltung von Straußen in landwirtschaftlichen Betrieben, 1993: Stallfläche mind. 25–28 qm/Tier, auch für nur kurzfristige Staufenthalte).

IX. Pferde

1. Häufige Haltungsformen

Anbindehaltung in Ständern; Einzelhaltung in Boxen (idR im Stall, teil- 38
weise auch in Außenboxen); Gruppenhaltung im geschlossenen Stall; Gruppenhaltung im Offenstall mit Auslauf; Weidehaltung.

2. Das Bedürfnis nach Bewegung (§ 2 Nr. 2)

Das Bewegungsbedürfnis ist sehr groß. Unter naturnahen Haltungsbedin- 39
gungen bewegen sich Pferde im Sozialverband bis zu 16 Std. täglich fort (vgl. *Pollmann* Pferde S. 3). Der Blutkreislauf ist unmittelbar mit der Aktivität des Bewegungsapparates gekoppelt (*Strasser* in: DVG, Tierschutz und Tierzucht, S. 183). Bei Bewegungsmangel wird die Durchblutung der Organe reduziert. Dies bedingt Schäden, insbes. am Bewegungsapparat. Darüber hinaus behindert Bewegungsmangel auch die Selbstreinigungsmechanismen in den Atemwegen und beeinträchtigt u.a. den Hufmechanismus und den gesamten Stoffwechsel und führt so zu Leiden und Schäden

Anh. zu § 2 *Tierschutzgesetz*

(BMVEL Leitlinien Pferdehaltung S. 3; zur Bedeutung der Leitlinien als antizipiertes Sachverständigengutachten s. § 2 Rn. 43, 44; zu ihrer Verwertbarkeit im gerichtlichen Verfahren mittels Urkundenbeweises vgl. OVG Weimar NuR 1999, 107, 109).

3. Unangemessenes Zurückdrängen von Grundbedürfnissen iS des § 2 Nr. 1

40 **Sozialverhalten.** Als Herdentier verfügt das Pferd über ein differenziertes Sozialverhalten. Die Herde gibt dem Individuum Schutz und Sicherheit (vgl. *Pollmann* aaO S. 4). Ein einzeln gehaltenes Pferd kann sich nie richtig wohlfühlen und fängt früher oder später an, zu „spinnen" (so *Grauvogl* u. a. S. 124). Vor allem Fohlen und Jungpferde müssen aus Gründen ihrer sozialen Entwicklung in gemischten Herden, zumindest aber in Gruppen mit Gleichaltrigen aufwachsen (*Pollmann* S. 5).

Das Bedürfnis nach Erkundung der Umgebung ist besonders groß, denn Pferde konnten während der Entwicklungsgeschichte als Fluchttiere nur durch stetige Wachsamkeit überleben und verfügen über entsprechend leistungsfähige Organe des sensorischen Nervensystems (BMVEL Leitlinien aaO S. 2). Sie sind deshalb auf eine erhebliche Reizanflutung programmiert und zeigen bei reizarmer Umgebung leicht Verhaltensstörungen (*Grauvogl* u. a. aaO).

Ruheverhalten. Um artgemäßes Ruhen zu gewährleisten, müssen Pferde ungehindert abliegen und aufstehen sowie in Seitenlage liegen und sich wälzen können. Liegeflächen sind einzustreuen (BMVEL Leitlinien aaO S. 7), unabhängig davon, ob der Boden aus Beton, Kunststoff oÄ besteht (*Grauvogl* u. a. S. 134).

Ernährung. Zur artgemäßen Ernährung ist ein ausreichender Teil an strukturiertem Futter unerlässlich. Der Verdauungsapparat des Pferdes ist auf kontinuierliche Futteraufnahme eingestellt. Falls kein Dauerangebot an rohfaserreichem Futter besteht, muss es mindestens dreimal täglich verabreicht werden. Wasser muss ständig zur Verfügung stehen, mindestens aber dreimal täglich bis zur Sättigung verabreicht werden (BMVEL Leitlinien aaO S. 5).

Pflege. Zur artgemäßen Pflege gehört u. a. der Verzicht auf eine gleichmäßige Stalltemperatur, da sonst der Organismus nicht zum Training der thermoregulatorischen Mechanismen angeregt wird. Der Ammoniakgehalt der Luft muss unter 10 ppm liegen (BMVEL Leitlinien aaO S. 5, 6).

Die vereinzelt vertretene These, das Pferd habe seine in der Entwicklungsgeschichte während 50 Millionen Jahren erworbenen Verhaltensbedürfnisse in den 5000 Jahren seiner Zucht und Domestikation verloren oder wesentlich verändert, ist unrichtig und lässt sich durch Beobachtung extensiv gehaltener Pferdeherden leicht widerlegen (vgl. *Zeeb* in: *Sambraus/Steiger* S. 160; BMVEL Leitlinien aaO S. 1; *Pollmann* S. 3).

4. Artgerechte Pferdehaltung

41 Durch **Anbindehaltung in Ständern** werden Sozialverhalten, Eigenkörperpflege, ungestörtes Ruhen, Erkundung und Bewegung unterdrückt. Diese Haltung verstößt damit gegen § 2 Nr. 1 und 2. Ausnahmslos gilt dies für

Anhang Anh. zu § 2

Fohlen und Jungpferde (BMVEL Leitlinien aaO S. 8), für hoch im Blut stehende Pferde wie Vollblüter, Traber und Araber (Bundesverband der beamteten Tierärzte BbT, AtD 1998, 168) und für Stuten beim Abfohlen (BbT aaO). Aber auch für andere Pferde kann Anbindehaltung nur in Ausnahmefällen und nur kurzfristig (zB bei Ausstellungen, Turnierveranstaltungen) in Betracht kommen, nie als Daueraufstallung (BMVEL Leitlinien aaO; *Grauvogl* u. a. S. 132; *Pollmann* S. 14; *Zeeb* S. 163; vgl. auch den entsprechenden Erlass des hessischen Sozialministeriums, abgedruckt in TU 1998, 637).

Die **Haltung in Einzelboxen** ist weit verbreitet und betrifft etwa 80% der Großpferde. Sie ist aber wegen der Unterdrückung der Bewegung und der Zurückdrängung des Sozial- und Erkundungsverhaltens fragwürdig. Während eines Weidetages legen Pferde durchschnittlich 6 km (7500 Schritte) zurück, in der Gruppenauslaufhaltung sind es noch knapp 1,9 km (2250 Schritte), dagegen in der Einzelbox bei 23,5 Std. Aufenthalt nur 173 m mit 587 kleinen Schritten (vgl. *Zeeb* aaO S. 168). Als Ausgleich für diese massive Zurückdrängung ist deshalb nicht (wie häufig üblich) eine nur halbstündige oder einstündige, sondern vielmehr eine mehrstündige Bewegungsmöglichkeit pro Tag anzubieten (BMVEL Leitlinien aaO S. 3). Diese erforderliche Bewegung wird neben Arbeit oder Training durch Auslauf und Weidegang in der Herde erreicht. – Die Haltung von Fohlen und Jungpferden ist nur artgerecht, wenn sie täglich als 24-Stunden-Aufenthalt in einer Herdengemeinschaft stattfindet. Die meisten Hufkrankheiten könnten vermieden werden, wenn die Fohlen von Anfang an mit viel Bewegung im Freien und auf hartem Boden gehalten würden; hingegen wirken Stallhaltung, Bewegungsmangel und weicher Untergrund krankheitsfördernd. – Auch für das artgemäße Sozialverhalten sind Auslauf und Weidegang unerlässlich. Soziale Isolierung führt zu permanenter Verunsicherung. – Für Stuten mit und ohne Fohlen sehen die BMVEL Leitlinien demgemäß als Bedingung für die Einzelboxenhaltung vor, dass täglich Auslauf und Weidegang gewährt werden müssen; für Jährlinge und Jungpferde ist nur die Gruppenhaltung zulässig (S. 9).

Die **Gruppenhaltung mit Auslauf** ermöglicht am besten Sozialverhalten, Erkundung und ausreichende Bewegung, stellt allerdings auch hohe Anforderungen an die Qualifikation von Haltern und Betreuern. In den BMVEL Leitlinien wird auch für die Haltung im Einraum-Gruppenlaufstall die Gewährung von täglichem Auslauf und Weidegang zur Bedingung gemacht, jedenfalls bei Stuten, Fohlen, Jährlingen und Jungpferden (BMVEL Leitlinien Tabelle S. 9). Es ist auf Verträglichkeit der Pferde und Stabilität der Gruppe zu achten (Probleme können bei häufigem Pferdewechsel entstehen, zB in manchen Pensionsställen oder im Pferdehandel; hier kann als Kompromiss uU an Einzelboxen mit angeschlossenem Paddock gedacht werden). Für rangniedere Tiere sind Ausweichmöglichkeiten sicherzustellen. Für unverträgliche, kranke oder verletzte Tiere muss Einzelaufstallung mit Sicht-, Hör- und Geruchskontakt zu anderen Pferden möglich sein. In der Regel sollen Pferde in Gruppenhaltung an den Hinterhufen unbeschlagen sein (BMVEL Leitlinien S. 7, 8).

44 Die **Weide** entspricht dem natürlichen Lebensraum des Pferdes am ehesten (BMVEL Leitlinien S. 4). Die Einfriedung muss so gestaltet sein, dass sich die Pferde nicht verletzen können (insbes. kein Stacheldraht-, Glattdraht oder Knotengitterzaun, mit dem die Pferde direkt in Kontakt kommen können, vgl. OVG Weimar NuR 2001, 107, 108). Auf Ganztagsweiden muss eine Tränke zur Verfügung stehen (BMVEL Leitlinien S. 4). Es bedarf außerdem eines natürlichen oder künstlichen Unterstandes zum Schutz gegen Sonneneinstrahlung, Niederschlag und Wind, der so konzipiert sein muss, dass allen Tieren das gleichzeitige Unterstehen möglich ist (BMVEL Leitlinien aaO; zu den Flächenmaßen vgl. *Zeeb* S. 169). Witterungsschutz ist auch bei sog. Robustpferderassen notwendig (vgl. VG Giessen, Az. 10 G 1919/99; vgl. auch VG Stuttgart NuR 1999, 717). Langdauernde Weidehaltung ohne Witterungsschutz verursacht anhaltende, erhebliche Leiden iS von § 17 Nr. 2b (vgl. *Zeeb* S. 170; s. auch § 17 Rn. 100).

X. Pelztiere (insbes. Nerze, Füchse, Sumpfbiber und Chinchillas)

1. Konventionelle Haltungsform

45 Zur Zeit gibt es in Deutschland etwa 30 Nerzfarmen, eine Fuchshaltung und eine unbekannte Zahl von Chinchilla-Zuchten. – Nerze werden idR in Käfigen gehalten, die rundherum aus Maschendraht bestehen und in langen Reihen etwa einen Meter über dem Erdboden angebracht sind, so dass Kot und Urin durch den Gitterboden hindurchfallen und unter dem Käfig mehr oder weniger lange liegen bleiben können. In den Einzelkäfigen, die etwa 90 × 30 × 40 cm groß sind, befinden sich entweder ein einzelnes Zuchttier, ggf. mit saugenden Jungen, oder zwei (manchmal auch mehr) abgesetzte Jungtiere. Angeschlossen ist eine sog. Wohnbox mit den Maßen 20 × 20 oder 20 × 30 cm, ebenfalls idR mit Drahtgitterboden. Die Fütterung erfolgt mit Schlachtabfällen. – Füchse werden idR ebenfalls in Käfigen aus Draht gehalten. Die durchschnittlichen Käfigmaße liegen hier bei 100 × 100 × 100 cm. Ein Wohnkasten steht nur für die Zeit der Aufzucht zur Verfügung. – Sumpfbiber (Nutrias) werden zT ebenfalls in Käfigen (Hochkäfige mit angrenzendem Schlupfkasten) untergebracht. – Bei den Chinchillas sitzen die zur Züchtung bestimmten Weibchen in Einzelkäfigen, während der Bock in einem separaten Laufgang am oberen Teil der Käfige hin und her läuft und durch Schlupflöcher in die Käfige der Weibchen gelangen kann. Bei den Zuchttieren mit Nachwuchs sind die Käfige 50 × 50 × 40 cm groß und haben am Boden eine Blechwanne mit Einstreu. Bei den zur „Pelzung" bestimmten abgesetzten Jungtieren werden Käfige von 40 × 40 × 40 cm mit Drahtgitterboden verwendet; Sandbäder werden angeboten.

2. Keine Haustiere, sondern Wildtiere

46 Pelztiere, insbes. Nerze, Füchse, Sumpfbiber und Chinchillas, sind keine Haustiere, sondern Wildtiere (so ausdrücklich Art. 35 und Art. 12 der Schweizer Tierschutzverordnung nach Vorarbeiten einer Expertenkom-

Anhang **Anh. zu § 2**

mission aus Mitgliedern der schweizerischen Aufsichtskommission zum Washingtoner Artenschutzabkommen und weiteren Fachleuten für Zootiere). Dafür spricht schon die relativ kurze Zeit ihrer Züchtung: Mit Nerzen züchtet man erst seit etwa 100 und mit Chinchillas seit 80 Jahren; dagegen währte der Domestikationsprozess der meisten Haustiere ca. 5000 Jahre, von denen die ersten 4900 durch extensive, bewegungsreiche Haltungsformen gekennzeichnet waren. Selbst das mit dem Nerz nahe verwandte Frettchen wird seit immerhin 2000 Jahren gezüchtet. Wichtige Merkmale für eine Domestikation sind u. a., dass es bei Haustieren zu Änderungen im sexuellen Verhalten kommt und ihr relatives Gehirngewicht abnimmt; das Sexualverhalten der Pelztiere, insbes. der Farmnerze zeigt aber nach wie vor Wildtiercharakter, und ihr Gehirngewicht hat allenfalls minimal abgenommen (für die Einstufung als Wildtier u. a.: *Ludwig/Kugelschafter* S. 6; *Buchholtz/Boehncke* S. 3; wohl auch *Herre/Röhrs*, „Neudomestikation" in einer Art Übergangsform zwischen Wild- und Haustier).

3. Bewegungseinschränkungen und Leiden iS des § 2 Nr. 2

Der frei lebende Nerz durchstreift ein Revier von bis zu 20 qkm. Im 47
Käfig wird sein Lebensraum auf 0,27 qm beschränkt. Wichtige Fortbewegungsarten wie Rennen, Springen und Klettern können nicht oder nur in angedeuteter Form stattfinden. Schwimmen und Tauchen sind völlig unmöglich, obwohl das Tier Uferregionen besiedelt, sein Körperbau demgemäß an das Wasserleben angepasst ist (Schwimmhäute) und Farmnerze, wenn sie in ein Gehege mit Schwimmgelegenheit umgesetzt werden, diese sofort aufsuchen und nutzen (*Ludwig/Kugelschafter* S. 11). Auch in Anbetracht des geringen Domestikationsgrades (s. Rn. 46) verursachen diese Restriktionen unzweifelhaft Leiden iS des § 2 Nr. 2 (zur Vermeidbarkeit s. Rn. 49). – Ähnlich ist die Situation für die Sumpfbiber in Hochkäfigen und insbesondere für Füchse, deren Lebensraum sich von 50 qkm auf 1 qm verringert und die außerdem nicht graben können. Chinchillas bewegen sich im Freien springend und kletternd in Felsen fort, was ihnen im Käfig ebenfalls nicht ermöglicht wird.

4. Unangemessenes Zurückdrängen von Grundbedürfnissen iS des § 2 Nr. 1

Auch Grundbedürfnisse iS des § 2 Nr. 1 werden durch die Käfighaltung 48
erheblich zurückgedrängt. – Zum artgemäßen **Ruhen** müsste jeweils ein mit Einstreumaterial versehener Schlafkasten, in dem alle Tiere gleichzeitig liegen können, zur Verfügung stehen (vgl. Schleswig-Holsteinisches Ministerium für Umwelt, Natur und Forsten, Erlass v. 18. 7. 2001 S. 11, 12, 14 u. 15). – Artgemäßes **Nahrungserwerbsverhalten** würde voraussetzen, dass die Tiere ihr arteigenes, mit dem Fressen verbundenes Beschäftigungsbedürfnis befriedigen können (*Buchholtz/Troltenier* S. 8). Durch das übliche breiförmige Futter der Nerze und Füchse kann aber der natürliche Beiß- und Kautrieb nicht abgebaut werden. Dies begünstigt in Verbindung mit der Langeweile das Fellfressen und Schwanzbeißen. – **Erkundung** kann in den kleinen, strukturlosen Käfigen kaum stattfinden, obwohl das Bedürfnis nach

entsprechenden Reizen extrem hoch ist (vgl. *Ludwig/Kugelschafter* S. 11, 12). – Da Nerze und Füchse als Raubtiere ihren Kot in weiter Entfernung von den Ruheplätzen absetzen, bedeuten die Anhäufungen von Kot auf der Lauffläche oder direkt unter den Käfigen in unmittelbarer Nähe des Nestkastens eine ständige Verletzung der **Eigenkörperpflege**. Dies allein schon führt „mit hoher Wahrscheinlichkeit zu erheblichen Leiden" (so *Sambraus* in: Gutachterliche Stellungnahme für die Staatsanwaltschaft Detmold im Verfahren Az. 3 Js 115/87). – **Mutter-Kind-Verhalten:** Die Trennung der aufgezogenen Jungnerze von der Mutter erfolgt in der Praxis nicht, wie biologisch vorgegeben, erst mit 11 Wochen, sondern schon mit 7–8 Wochen, weil sonst der Käfig vergrößert werden müsste. Dies hat erheblichen Einfluss auf spätere Verhaltensstörungen. Bei Einhaltung des natürlichen Absetzalters ließe sich hingegen das Auftreten von Fell- und Schwanzschädigungen signifikant verringern (*Wiepkema/de Jonge* in: *Sambraus/Steiger* S. 239; *Ludwig/Kugelschafter* S. 12). – Bei Haltung mehrerer Tiere in einem Käfig kann ein artgemäßes **Sozialverhalten** wegen fehlender Ausweich- und Rückzugsmöglichkeiten nicht stattfinden; solche Möglichkeiten sind aber unbedingt erforderlich, insbes. für ein solitär lebendes Tier wie den Nerz (*Ludwig/Kugelschafter* aaO).

5. Beschlüsse und Richtlinien

49 „Die Haltung von Pelztieren in Käfigen ist auf Grund des geringen Domestizierungsgrades dieser Tiere als grundsätzlich problematisch anzusehen", so der Bundesrat am 9. 11. 2001 (BR-Drucks. 766/01). Bereits mit Entschließung vom 5. 6. 1992 hatte der Bundesrat die Käfighaltung als art- und verhaltenswidrig bezeichnet und eine deutsche Pelztierverordnung mit Regelungen gefordert, die in vollem Umfang den Vorgaben des Tierschutzgesetzes entsprechen müssten: „Pelztiere dürfen nicht in Käfigen, sondern nur in Gehegen gehalten werden, die so groß sind, dass die Tiere sich darin artgemäß bewegen können; die Böden der Gehege dürfen höchstens zu einem Drittel aus Drahtgitter bestehen; allen Pelztieren sind Schlafkästen sowie Rückzugs-, Kletter- und Beschäftigungsmöglichkeiten zu gewähren (Klettermöglichkeiten bei Sumpfbibern nicht erforderlich); Nerzen und Sumpfbibern muss Wasser zum Schwimmen zur Verfügung stehen; Füchse erhalten ein mindestens 40 qm großes Gehege, in dem sie laufen und in lockerem Boden graben können" (BR-Drucks. 22/92 [Beschluss]). – Gemäß diesen Vorgaben hat das Land Hessen u. a. Folgendes vorgeschrieben: Gehege- statt Käfighaltung für fast alle Pelztierarten; Böden dürfen höchstens zu einem Drittel perforiert sein; bei allen Pelztierarten müssen wärmedämmende, mit Einstreu versehene Nestkästen für das Muttertier und die Nachkommen bereitgestellt werden; Mindestbodenfläche für Nerze 6 qm (für 1–2 Tiere, ggf. einschl. nicht abgesetzter Jungtiere), für Füchse 40 qm (Polarfüchse 20 qm) und für Sumpfbiber 5 qm; für Nerze zusätzlich Wasserbecken, Klettermöglichkeit, Beschäftigungsmaterial, Möglichkeit zum Rückzug und Schlafkasten zum gleichzeitigen Liegen; für Füchse zusätzlich Möglichkeit zum Graben, Schlafkasten und erhöhte Liegefläche; für Sumpfbiber zusätzlich Wasserbecken, Raufutterraufen, Nagehölzer, Rückzugs-

Anhang Anh. zu § 2

möglichkeit und Schlafkasten; für Chinchillas Sitzbretter in unterschiedlicher Höhe, Schlafkasten, Nagematerial, Rückzugsmöglichkeit und Sandbad (Hessisches Ministerium für Frauen, Arbeit und Sozialordnung, Erlass v. 27. 11. 1996). – Bayern hat diese Regelungen übernommen (Bayerisches Staatsministerium f. Arbeit u. Sozialordnung, Familie, Frauen u. Gesundheit, Schreiben an die Regierungen v. 26. 2. 1998, Az. VII 7/8734–5/1/98). – In Schleswig-Holstein gelten zT dieselben und zT noch etwas weitergehende Anforderungen, u. a.: Gehegehaltung für alle gängigen Pelztierarten einschl. Chinchillas; alle Gehege müssen strukturiert sein und Möglichkeiten zur artgemäßen Bewegung, zum Erkunden, Spielen und zur Beschäftigung sowie Rückzugs- und Ausweichmöglichkeiten bieten; das Absetzen von Jungtieren soll nicht unter einem Alter von 11 Wochen erfolgen; dem Muttertier müssen Rückzugsmöglichkeiten zur Verfügung stehen wie zB erhöhte Liegeflächen; Gehegeböden müssen zu mehr als 50% aus Naturboden bestehen; das Futter muss in seiner Zusammensetzung und Beschaffenheit dem arteigenen, mit der Nahrungsaufnahme verbundenen Beschäftigungsbedürfnis der Tiere entsprechen; alle Tiere müssen immer so reichlich gefüttert werden, dass keine in Verbindung mit der Fütterung stehenden Stereotypien auftreten; eine Reduzierung der Futterration bei weiblichen Zuchttieren vor der Ranz ist nicht tolerierbar; für Nerze muss das Wasserbecken mindestens 1,5 cbm aufweisen, und Einzelhaltung ist nur noch bei geschlechtsreifen Rüden oder erschöpften Fähen (= weibliche Tiere) nach dem Absetzen zulässig; für Füchse müssen bei Gehegen mit mehr als zwei Tieren mehrere Schlafkästen zur Verfügung stehen, außerdem für jedes Tier auch eine erhöhte, gesonderte Liegefläche; das Wasserbecken für Sumpfbiber muss 1,5 cbm umfassen und fließendes Wasser haben; Chinchillas sind in Gruppen von mindestens zwei Tieren, möglichst paarweise oder mit einem Männchen und mehreren Weibchen zu halten; die Gehegefläche muss hier für zwei erwachsene Tiere mindestens 5 qm und für jedes weitere erwachsene Tier zumindest 0,5 qm zusätzlich betragen. (Schleswig-Holsteinisches Ministerium für Umwelt, Natur u. Forsten, Erlass v. 18. 7. 2001). – Durch diese Erlasse wird § 2 zutreffend konkretisiert (s. § 2 Rn. 41; s. auch § 17 Rn. 97); deshalb müsste auch in den anderen Bundesländern von den Veterinärbehörden entsprechend verfahren werden.

6. Empfehlung des Ständigen Ausschusses zum ETÜ

Dagegen bleibt die Empfehlung des Ständigen Ausschusses zum ETÜ 50 in Bezug auf Pelztiere v. 19. 10. 1990 (überarbeitet am 22. 6. 1999) weit hinter den Anforderungen des § 2 zurück (vgl. in diesem Zusammenhang das Prinzip der Einstimmigkeit, Art. 8 Abs. 5 ETÜ, das diese Empfehlungen oft nur zu einem tierschutzrechtlichen Minimalprogramm auf der Basis des kleinsten gemeinschaftlichen Nenners werden lässt). Da sie lediglich Mindeststandards enthält (vgl. dazu auch BR-Drucks. 22/92 [Beschluss] S. 3), bleiben die strengeren Anforderungen des nationalen Tierschutzrechts davon unberührt (s. § 2 Rn. 42). – Das im Auftrag des damaligen BML erstellte „Gutachten zur tierschutzgerechten Haltung und Tötung von Pelztieren in Farmen v. 26. 9. 1986" ist ebenfalls keine ausreichende Entscheidungs-

Anh. zu § 2 *Tierschutzgesetz*

grundlage. Die Gutachter haben sich im Wesentlichen darauf beschränkt, die damals üblichen Haltungsbedingungen zu beschreiben. Wissenschaftliche Beurteilungen fehlen weitgehend, wohl auch deswegen, weil Ethologen (d. h. Biologen der Fachrichtung Verhaltenskunde, Fachtierärzte für Ethologie oÄ) in dem Gutachtergremium nur sehr unzureichend vertreten waren und zumindest einem Teil der Gutachter die notwendige Distanz zu den beteiligten wirtschaftlichen Interessen fehlte (allg. zu solchen Gutachten s. § 2 Rn. 3 und Rn. 44). Aktuellere Beurteilungen finden sich u. a. in: *Ludwig/ Kugelschafter* 1994; *Buchholtz/Troltenier* 1990; *Buchholtz/Boehncke* 1994; *Sambraus* (s. Rn. 48); *Erlebach*, Untersuchung über die lokomotorischen Aktivitäten von Farmnerzen unter versch. Haltungsbedingungen, Diplomarbeit Kiel 1989; *Mason*, Age and context affect the stereotypes of caged minks, Behaviour 127 (1993) 191 ff.

7. Vollständiges Verbot der Pelztierhaltung?

51   Ein Verbot der Pelztierhaltung wird für möglich gehalten (vgl. *Wollenteit* ZRP 2002, 199 ff.; *ders.* in: Rechtsgutachten S. 36–40; *Kluge/von Loeper* § 2 Rn. 65). Unter Berücksichtigung des Wildtiercharakters (s. Rn. 46) müssen jedenfalls für eine artgerechte Haltung so hohe Anforderungen gestellt werden, dass dies einem faktischen Verbot nahe kommt. Denn „kein Tier darf wegen seines Pelzes gehalten werden, wenn es einer Art angehört, die sich, selbst wenn diese [im Erlass vorgegebenen] Bedingungen eingehalten sind, nicht an ein Leben in Gefangenschaft anpassen lässt, ohne dass sich Probleme für ihr Wohlbefinden ergeben" (Schleswig-Holsteinisches Ministerium für Umwelt, Natur und Forsten, Erlass aaO). Dieser Satz enthält eine zutreffende Konkretisierung der Gebote und Verbote aus § 2. Lassen sich also selbst bei optimalen Bedingungen Verhaltensstörungen oder andere Indikatoren feststellen, die auf fortbestehende Probleme im Wohlbefinden hindeuten, oder werden Grundbedürfnisse weiterhin erheblich zurückgedrängt, so wird die Haltung vollständig zu verbieten sein. Dies wäre keine Enteignung, sondern eine zulässige Inhalts- und Schrankenbestimmung nach Art. 14 Abs. 2 GG (dazu und zur Vereinbarkeit eines Verbotes mit Art. 12 GG vgl. *Wollenteit* ZRP 2002 aaO).

8. Regelungen in anderen europäischen Staaten

52   Die Erlasse von Hessen und Bayern orientieren sich weitgehend an den Bestimmungen der Tierschutzverordnung der Schweiz (vgl. dort insbes. Anh. 2, Mindestanforderungen für das Halten von Wildtieren). In Großbritannien ist die Pelztierhaltung durch den „Fur Farming Prohibition Act" ab dem 1. 1. 2003 verboten. In den meisten Bundesländern Österreichs sind jedenfalls Käfige untersagt. Die Niederlande haben die Haltung von Füchsen und Chinchillas in Pelztierfarmen schon 1995 verboten; ein Verbot der Nerzhaltung wurde vorbereitet.

9. Sonstiges

52a   Zur Frage nach erheblichen Leiden s. § 17 Rn. 97. Zur Frage nach einem vernünftigen Grund für das Töten von Pelztieren s. § 17 Rn. 43.

Anhang Anh. zu § 2

XI. Hunde, Katzen und Kleinsäuger im Zoofachhandel

1. Hunde

Für das Halten von Hunden im Zoofachhandel gilt die **Tierschutz-** 53
Hundeverordnung; das Handeltreiben mit Hunden fällt nicht unter die in
§ 1 Abs. 2 dieser Verordnung abschließend geregelten Ausnahmen. – Daneben hat die TVT Empfehlungen zur Haltung von Hunden und Katzen im Zoofachhandel herausgegeben, die die Anforderungen aus § 2 Nr. 1 und Nr. 2 konkretisieren und als antizipiertes Sachverständigengutachten herangezogen werden können (TVT Merkblatt Nr. 54; näher zu solchen Gutachten s. § 2 Rn. 43, 44). Dort werden auch Fragen behandelt, die die Tierschutz-Hundeverordnung ungeregelt lässt, bzw. Anforderungen gestellt, die darüber hinausgehen (vgl. auch BT-Drucks. 580/00 S. 8 und § 2 Rn. 40: Die Verordnung lässt „die Befugnis der zuständigen Behörde, Maßnahmen nach § 16a Nr. 1 anzuordnen... unberührt"). – Einige der TVT-Empfehlungen seien zitiert: „Frühestens mit 10 Wochen dürfen die Welpen vom Züchter an den Zoofachhändler abgegeben werden." „Sowohl eine staubbildende Einstreu (zB Sägespäne oder Torf) als auch glatter, rutschiger Boden sind abzulehnen. Eine staubfreie und saugfähige Einstreu (zB gehäkseltes Stroh, Kunstrasen oÄ) wird empfohlen." „Geeignete und ausreichende Rückzugs- und Beschäftigungsmöglichkeiten müssen ständig vorhanden sein." „Zusätzlich muss eine gesonderte und frei verfügbare Auslauffläche von mindestens 30 qm vorhanden sein. Diese muss strukturiert sein, um dem Erkundungs- und Bewegungsdrang sowie dem Spielbedürfnis der Welpen gerecht zu werden." „Eine mehrmalige tägliche Beschäftigung (Körperkontakt, Spielen) der Bezugsperson(en) mit den Welpen ist sicherzustellen (mindestens zweimal täglich je 30 Minuten)." „Die Welpen dürfen nicht einzeln gehalten werden. Innerhalb der Gruppe ist auf Verträglichkeit zu achten." Für die Bodenfläche, die je Tier zur Verfügung stehen muss, gilt § 6 Abs. 2 i.V.m. § 5 Abs. 2 Tierschutz-HundeVO.

Vom **Verwaltungsgericht Berlin** (AtD 1998, 48 ff.) ist eine Verfügung 54
der Veterinärbehörde Reinickendorf, die für Hundewelpen teilweise noch etwas weitergehende Anforderungen vorsah, für rechtmäßig befunden worden. Gestützt auf § 16a S. 2 Nr. 1 i.V.m. § 2 können demnach u.a. gefordert werden: Grundfläche des Schauraumes für das erste Tier 3 qm, für jedes weitere Tier 2 qm mehr; Rückzugsraum für die Hunde, in dem sie spielerische Kontakte zu Bezugspersonen aufnehmen können; Freizwinger mit Tageslichteinstrahlung und mit gewachsenem Boden oder mit Sand aufgeschüttet. Dass sich die Behörde bei ihrer Verfügung auf eine dauerhafte Unterbringung bezogen hatte, obwohl die durchschnittliche Aufenthaltsdauer der Tiere in der Tierhandlung nur zwischen 3 bis 14 Tagen lag, ist vom Gericht nicht beanstandet worden: Zumindest bei einzelnen Tieren ließen sich längere Aufenthaltszeiten in der Tierhandlung nicht ausschließen, und deshalb träfen den Tierhändler die Verpflichtungen aus § 2 unabhängig von der Aufenthaltsdauer im Einzelfall. Auch der Einwand, dass die Erfüllung der Anforderungen aus raumtechnischen, zeitlichen und kommerziellen Gründen nicht möglich sei, stelle die Rechtmäßigkeit der Verfügung

Anh. zu § 2 *Tierschutzgesetz*

nicht in Frage, zumal nicht ersichtlich sei, dass dadurch der Geschäftsbetrieb als Ganzes gefährdet würde. – Ähnlich sieht es das **Verwaltungsgericht Karlsruhe:** Danach kann die nach § 11 Abs. 1 Nr. 3 b erforderliche Genehmigung zum Handel mit Hundewelpen davon abhängig gemacht werden, dass den Tieren neben dem Schauraum ein Raum in Zimmergröße, in welchem sie reichlich spielerischen Kontakt mit einer oder mehreren Bezugspersonen bekommen können, zur Verfügung gestellt wird; zusätzlich kann ein Freizwinger mit gewachsenem Boden oder auf Betonfundament aufgeschüttetem Sand zum Ausleben angeborener Verhaltensweisen wie Graben gefordert werden; den Hinweis des Zoohändlers auf die damit möglicherweise verbundenen hygienischen Probleme hat das Gericht zurückgewiesen, da es insoweit nur um Mehraufwendungen an Arbeit, Zeit und Kosten gehe, die keinen Grund bilden könnten, von dem gesetzlichen Gebot zu verhaltensgerechter Unterbringung abzuweichen; auch reiche es zur Begründung für die genannten Anforderungen aus, wenn zumindest bei einzelnen der Hundewelpen mit einem längeren Aufenthalt in der Verkaufsanlage gerechnet werden müsse (VG Karlsruhe, Urt. v. 10. 2. 1989, Az. 8 K 191/88; bestätigt durch VGH Mannheim, Beschl. v. 21. 12. 1989, Az. 10 S 1049/89 und durch BVerwG, Beschl. v. 26. 4. 1990, Az. 3 B 23.90).

2. Katzen

55 Die für das Halten von Katzen im Zoofachhandel geltenden **Anforderungen aus § 2 Nr. 1 und Nr. 2** sind ebenfalls von der TVT im Merkblatt Nr. 54 konkretisiert worden. Auszug: „Frühestens mit 10 Wochen dürfen die Welpen vom Züchter an den Zoofachhändler abgegeben werden." „Die Grundfläche des Haltungsraumes hat für die ersten beiden Welpen 3 qm zu betragen. Für jedes weitere Tier 1,5 qm mehr. Die Höhe muss mindestens 2 m betragen." „Der Haltungsraum muss dreidimensional strukturiert sein (Etagenbretter in verschiedenen Höhen, Klettermöglichkeiten, bewegliches Spielzeug, Kratzbaum). Durch eine Sichtblende ist der Raum zu unterteilen, um Dominanzprobleme zu vermeiden, die bei Tieren verschiedenen Alters auftreten können." „Staubbildende Einstreu ist abzulehnen." „Es sind in unterschiedlicher Höhe Schlafkisten oder Körbe aufzustellen. Dabei muss deren Zahl die Zahl der Tiere übersteigen." „Es ist eine ausreichende Anzahl (Anzahl der Katzen + 1) von Katzenklos aufzustellen, die täglich mehrmals zu reinigen sind." „Eine mehrmalige tägliche Beschäftigung (Körperkontakt, Spielen) der Bezugsperson(en) mit den Welpen ist sicherzustellen (mindestens zweimal täglich je 30 Minuten). Die Welpen dürfen nicht einzeln gehalten werden. Innerhalb der Gruppe ist auf Verträglichkeit zu achten." „Steht den Katzen kein Außengehege zur Verfügung, muss der Haltungsraum Tageslichteinstrahlung aufweisen."

56 Die vom **Verwaltungsgericht Berlin** (AtD 1998, 48 ff.) bestätigte Verfügung der Veterinärbehörde Reinickendorf sah für Jungkatzen teilweise noch etwas weitergehende Anforderungen vor. Danach können gemäß § 16 a S. 2 Nr. 1 i. V. m. § 2 u. a. gefordert werden: Grundfläche des Schauraumes für das erste Tier 3 qm, für jedes weitere Tier 2 qm mehr; 20 cm breite Sitzbretter mit Brücken; Kratzbaum; Schlafkisten; Außengehege mit Tageslicht-

Anhang Anh. zu § 2

einstrahlung (zu den Grund- und Bewegungsbedürfnissen von Katzen vgl. auch *Mertens* in: *Sambraus/Steiger* S. 297 ff.; vgl. weiter *Leyhausen*, Räumliche und lichttechnische Anforderungen an die Unterbringung von Katzen in Tierhandlungen mit und ohne Zucht, 1980: Für Katzen in Einzelhaltung mind. 4 qm Grundfläche und für jede weitere im selben Raum untergebrachte Katze weitere 2 qm).

3. Kleinsäuger

Zur Konkretisierung der Haltungsanforderungen für Kleinsäuger kann 57 die Checkliste der TVT zur Überprüfung der Kleinsäugerhaltung im Zoofachhandel herangezogen werden (TVT Merkblatt Nr. 46). – Als allgemeine Anforderungen an eine angemessene Pflege und verhaltensgerechte Unterbringung sind dort u. a. genannt: Dreidimensionale Strukturierung der Haltungseinrichtungen wegen des hohen Erkundungs- und Bewegungsbedarfs; ausreichende Rückzugsmöglichkeiten, zB in Form von Häuschen, Röhren oder Wurzeln; ständige Verfügbarkeit von Nagematerial, beispielsweise in Form von Holz, Zweigen oder Gasbetonsteinen; ständige Verfügbarkeit von Trinkwasser; saugfähige Einstreu; Schutz vor Beunruhigung durch Kunden, zB durch geeignete Abschrankungen oder Rückzugsräume (vgl. in diesem Zusammenhang auch VGH Mannheim NuR 1994, 487 ff.); Einhaltung eines Tag-Nacht-Rhythmus von 10–12 Std. mit Dämmerphase; Futter mit hohem Rohfasergehalt bei Kaninchen, Chinchillas und Meerschweinchen; generell Zufütterung von Grünfutter ab der 10. Lebenswoche. – Für Zwergkaninchen, Meerschweinchen, Hamster, Mäuse, Ratten, Gerbils (= mongolische Wüstenrennmäuse), Chinchillas, Streifenhörnchen und Frettchen werden darüber hinaus spezielle Vorgaben zu den Bereichen „Käfigmindestgröße", „maximale Besatzdichten", „Ausstattung" und „Sozialverhalten" gemacht. – Mit Blick auf die hohe Sachkunde der TVT und wegen der Einhaltung der notwendigen Distanz zu den beteiligten Wirtschaftsinteressen bestehen keine Bedenken, diese Liste als antizipiertes Sachverständigengutachten zur Grundlage von Verfügungen nach § 16a S. 2 Nr. 1 i.V.m. § 2 zu machen (s. § 2 Rn. 43; vgl. auch *Moritz* AtD 2000, 28 ff.). – Als weitere TVT-Checklisten für den Zoofachhandel seien genannt: Zierfischhaltungen (Merkblatt Nr. 37), Vogelhaltungen (Merkblatt Nr. 44), Reptilien (Merkblatt Nr. 47), Amphibien (Merkblatt Nr. 53) und Vogelspinnen (Merkblatt Nr. 66).

XII. Versuchstierhaltungen

1. Tierhaltungen zu wissenschaftlichen Zwecken

Auch bei Tierhaltungen zu wissenschaftlichen Zwecken iS des § 11 Abs. 1 58 Nr. 1 ist von den Anforderungen des § 2 auszugehen. Versuchstiere sind keine Tiere minderen Rechts (vgl. *L/M* § 8 Rn. 26). Auch für sie gilt, dass ihre Grundbedürfnisse nach § 2 Nr. 1 im Wesentlichen zu befriedigen sind und dass Bewegungseinschränkungen nach § 2 Nr. 2 unterbleiben müssen, soweit sie zu Schmerzen, vermeidbaren Leiden oder Schäden führen. – Der Versuchszweck kann aber Einschränkungen rechtfertigen, sofern andere

Anh. zu § 2 *Tierschutzgesetz*

Anforderungen an die Haltung unerlässlich sind (vgl. zB § 1 Abs. 2 Nr. 3 TierSchHundeV). Diese Anforderungen müssen sich jedoch aus dem verfolgten wissenschaftlichen Zweck ergeben; wirtschaftliche Erwägungen oder ein besserer Personaleinsatz haben auszuscheiden. Im Übrigen reicht die Ausnahme nur so weit, als der wissenschaftliche Zweck es erzwingt (vgl. *Metzger* in: *Erbs/Kohlhaas* T 95a § 1 Rn. 10). – Stellt die nach § 15 zuständige Behörde fest, dass in einer Versuchstierhaltung eines der artgemäßen Bedürfnisse iS des § 2 Nr. 1 (s. dort Rn. 31) erheblich zurückgedrängt ist, so muss sie sich im Rahmen der Prüfung nach den §§ 2 und 7 Abs. 2, Abs. 3 folgende Fragen stellen: **1.** Steht der Versuchszweck, zu dem das Tier eingesetzt werden soll, fest? **2.** Kann der für die Tierhaltung Verantwortliche den Nachweis führen (vgl. § 8 Abs. 2 S. 2 Nr. 2, Abs. 3 Nr. 4), dass die Bedürfnis-Zurückdrängung nach Art, Ausmaß und Zeitdauer unbedingt notwendig (= unerlässlich) ist, weil sonst der Versuchszweck vereitelt würde? **3.** Sind die den Tieren auferlegten Einschränkungen ethisch vertretbar, d. h. überwiegt der Nutzen des Versuchsvorhabens die Schmerzen, Leiden und Schäden einschließlich der haltungsbedingten Belastungen (s. § 7 Rn. 35–46)? **4.** Sofern Verhaltensstörungen auftreten, die erhebliche Leiden iS des § 17 Nr. 2b anzeigen: Genügt das Versuchsvorhaben auch den Anforderungen an die qualifizierte Abwägung nach § 7 Abs. 3 S. 2 (s. § 7 Rn. 47–50; vgl. auch *Gruber* in: Evang. Akademie Bad Boll, Tierversuche S. 133, der auf die „ganz großen Belastungen im Hinblick auf Primaten auf dem Gebiet der sozialen Deprivation" hinweist)? **5.** Beschränken sich die von § 2 abweichenden Haltungsformen auf die Zeit während des Versuchs und die diesem unmittelbar vorausgehende Adapta-tionsphase? (Abweichungen schon während der Vorratshaltung können idR nicht gerechtfertigt werden; zumindest sind an den Nachweis ihrer Unerlässlichkeit besonders strenge Anforderungen zu stellen. S. auch die Kommentierung zu § 1 Abs. 2 TierSchHundeV).

2. Leitlinien und Gutachten

59   Leitlinien und Gutachten können hier (wie sonst auch) nur insoweit verwendet werden, als sie den vom Gesetzgeber vorgezeichneten Interessenausgleich nachzeichnen und konkretisieren, ohne ihn zu verändern. – Die in Anhang A des Europäischen Versuchstierübereinkommens enthaltenen Leitlinien sind damit zwar zu beachten, jedoch nur im Sinne einer Untergrenze. Die höheren Anforderungen, die sich aus den §§ 2, 7 Abs. 2 und Abs. 3 ergeben, bleiben davon unberührt (zu dem ähnlichen Verhältnis zwischen EU-Tierhaltungsrichtlinien und deutschem Tierschutzgesetz s. § 2 Rn. 39). Besonders für die Nager, Kaninchen und Primaten enthalten diese Leitlinien nur ein tierschutzrechtliches Minimalprogramm, das sich vorwiegend an Kostengesichtspunkten und arbeitswirtschaftlichen Erwägungen ausrichtet und deshalb keine zutreffende Konkretisierung der §§ 2 und 7 darstellt. Zu bemängeln sind insbesondere die viel zu knappen Käfigbemessungen und die geduldete absolute Reizlosigkeit und Monotonie der Haltung (vgl. *Scharmann*, in: *Sambraus/Steiger* S. 381, 382). – Dasselbe gilt für den weitgehend inhaltsgleichen Anhang zur Richtlinie 86/609/EWG des Rates v.

Anhang **Anh. zu § 2**

24. 11. 1986 zur Annäherung der Rechts- und Verwaltungsvorschriften der Mitgliedstaaten zum Schutz der für Versuche und andere wissenschaftliche Zwecke verwendeten Tiere (ABl. EG Nr. L 358 S. 1). Auch hier handelt es sich um Mindestanforderungen, die zwar eine Untergrenze bilden, jedoch die weitergehenden Gebote aus § 2 unberührt lassen (s. § 2 Rn. 39). Auch die von der *Gesellschaft für Versuchstierkunde* herausgegebenen Empfehlungen sind nur ein tierschutzrechtliches Minimalprogramm, das zur Konkretisierung von § 2 nicht ausreicht. Sie sind fast ausschließlich an dem Ziel einer möglichst praktischen und kostengünstigen Tierhaltung unter reproduzierbaren und hygienischen Bedingungen ausgerichtet und lassen ethologische Gesichtspunkte weitgehend unberücksichtigt (vgl. *Scharmann* aaO). Wenn es einem Gutachten an der notwendigen Distanz zu den beteiligten wirtschaftlichen Interessen fehlt (sei es nach seinem Inhalt, sei es wegen der personellen Zusammensetzung der Gutachtergruppe), reicht es im Regelfall nicht aus, um die Anforderungen des Gesetzes zutreffend zu konkretisieren (s. auch § 2 Rn. 44). – Dagegen können die Empfehlungen der TVT bei Kollisionslagen zwischen Versuchszweck und Verhaltensbedürfnissen zur Ermittlung des vom Gesetz gewollten Kompromisses hilfreich sein, denn bei ihnen kann sowohl von der notwendigen Distanz zu den beteiligten Wirtschaftsinteressen wie auch von ausreichender (insbes. ethologischer) Sachkunde ausgegangen werden.

3. Unerlässlichkeit restriktiver Haltungsbedingungen?

Bei der Frage nach der Unerlässlichkeit restriktiver Haltungsbedingungen wird oft übersehen, dass die generelle und andauernde Herabsetzung der an den artgemäßen Bedürfnissen des § 2 Nr. 1 ausgerichteten Haltungsbedingungen, wie sie in vielen Versuchstierhaltungen stattfindet, idR von keinem Versuchszweck gefordert wird, auch nicht unter den Gesichtspunkten der Hygiene und der Standardisierung. Im Gegenteil ist anzunehmen, dass Tiere besser mit den Belastungen eines Experiments fertig werden, wenn sie frühzeitig die Möglichkeit erhalten, ein umfangreiches Verhaltensrepertoire einzuüben, insbesondere zum Erkunden motiviert werden, sich verstecken können und Möglichkeiten zum Spielen und zum Nestbau vorfinden (vgl. *Scharmann* aaO). – Auf die Frage „Welche Gründe gibt es, an der bisherigen Haltungsform festzuhalten?" antwortete ein Versuchsleiter: „Sicherheit, Verfügbarkeit, Praktikabilität, Kostenersparnis, fehlende gesetzliche Anforderungen", und ein anderer erklärte: „Umweltanreicherung ist nur zu rechtfertigen, wenn tatsächlich ein Effekt auf Wohlbefinden nachgewiesen werden kann" (zit. n. *Gruber* in: Evang. Akademie Bad Boll, Tierversuche S. 145). Beide Antworten entsprechen nicht dem Gesetz, denn sie verkennen, dass die artgemäßen Bedürfnisse iS des § 2 Nr. 1 nicht mit wirtschaftlichen Erwägungen verrechnet werden können und dass sie unabhängig davon, ob sich im Einzelfall Leiden nachweisen lassen, befriedigt werden müssen (s. § 2 Rn. 15 und 32). – Zu den immer wieder vorgebrachten Bedenken gegen Umweltanreicherungen für Nager und Kaninchen vgl. auch *Albus*, in: Evang. Akademie Bad Boll, Tierversuche S. 228: Danach erhalten bei der Aventis GmbH die Nagetiere Nestbaumaterial und Spielzeuge, und

Anh. zu § 2 *Tierschutzgesetz*

für Kaninchen wird der ethologisch geforderte Hoppelsprung mit einer kombinierten Höhle/Sitzgelegenheit ermöglicht.

4. Konsequenzen bei Überschreitung

61 Konsequenzen, wenn die nach § 15 zuständige Behörde feststellt, dass in einer Tierhaltung nach § 11 Abs. 1 Nr. 1 artgemäße Bedürfnisse iS des § 2 Nr. 1 stärker zurückgedrängt sind, als nach dem Versuchszweck unerlässlich und ethisch vertretbar (bzw. dass durch Bewegungseinschränkungen iS des § 2 Nr. 2 Leiden und Schäden verursacht werden, die in dem o. g. Sinne vermeidbar wären; Schmerzen sind ohnehin absolut verboten, s. § 2 Rn. 35): Die Versuchstierhaltung kann nicht genehmigt werden, vgl. § 11 Abs. 2 Nr. 3; Tierversuche mit Tieren aus dieser Haltung sind nicht genehmigungsfähig, vgl. § 8 Abs. 3 Nr. 4; es besteht außerdem Anlass zum Einschreiten nach § 16 a S. 2 Nr. 1.

5. Einzelne Tierarten

62 Bei **Versuchshunden** können zur Lösung von Kollisionslagen zwischen § 2 und § 7 Abs. 2, Abs. 3 die TVT-Empfehlungen aus dem „Merkblatt zur tierschutzgerechten Haltung von Versuchstieren; Hund und Katze" herangezogen werden. Danach gilt u. a.: Käfighaltung nur in Ausnahmefällen und auch dann nur kurzzeitig und mit täglichem Auslauf. Boxenhaltung nur mit den Flächenmaßen der Tierschutz-Hundeverordnung und strukturiertem Auslauf. Grundsätzlich Zwingerhaltung statt Boxenhaltung. Grundsätzlich Gruppenhaltung unter Beachtung von Sozialbindungen und Unverträglichkeiten. – Zu den diesbezüglichen (Mindest-)Anforderungen nach Anhang A zum Europ. Versuchstierübereinkommen und der Multilateralen Konsultation v. 27.–30. Mai 1997 in Straßburg vgl. BMVEL Tierschutzbericht 2003 III 2.8 und Anhang 4.

63 Bei **Versuchskatzen** sehen die Empfehlungen der TVT u. a. vor: Haltung in Käfigen nur in Ausnahmefällen und auch dann nur kurzzeitig und mit täglichem Auslauf. Bei Boxenhaltung 2 qm je Tier und Ausstattung mit Katzentoilette, Klettermöglichkeit, Kratzbaum, Hartholzplatten, Spielzeug, Kisten und möglichst Auslauf. Grundsätzlich anstelle von Boxenhaltung Zwingerhaltung mit höherem Platzangebot und iÜ gleicher Strukturierung. Gruppenhaltung unter Beachtung von Sozialbindungen und Unverträglichkeiten. – Zu den nicht unterschreitbaren Mindestanforderungen nach dem Europ. Versuchstierübereinkommen s. dort Anhang A Tabelle 6 und die o. e. Ergebnisse der Multilateralen Konsulation. Zu Soll-Vorschriften s. § 2 Rn. 42. (Zum Ganzen vgl. auch *Mertens* in: *Sambraus/Steiger* S. 302).

64 **Labormäuse** besitzen trotz ihrer Domestikation und Laborisierung noch weitgehend das Verhaltensrepertoire ihrer frei lebenden Verwandten. Sie verbringen unter naturnahen Bedingungen einen großen Teil ihrer aktiven Zeit mit Erkundung und Futtersuche. Dabei meiden sie offenes Gelände und sind sehr bewegungsaktiv und geschickt im Klettern und Springen. Sie graben sich Erdhöhlen, in denen sie Nester zum Wohnen und Aufziehen der Jungen herrichten (vgl. *Scharmann* aaO S. 384). – Von den vier Standardkäfigen (Typ 1: 200 qcm Grundfläche und 13 cm Höhe; Typ 2:

Anhang Anh. zu § 2

350 qcm Grundfläche und 14 cm Höhe; Typ 3: 800 qcm Grundfläche und 15 cm Höhe; Typ 4: 1800 qcm Grundfläche und 19 cm Höhe) können allenfalls Typ 3 oder 4 diesen Bedürfnissen gerecht werden. Empfohlen wird ein Makrolonkäfig des Typs 3 für maximal 8 Tiere, angereichert durch einen Einsatz, der Anreize zum Erkunden, Klettern, Verstecken, Unterteilen in Kot- und Ruheplatz sowie zum Nestbauen schafft. Zusätzlich bedarf es eines Gestells zum Klettern und Nagen und eines Angebots von Nestbaumaterial (vgl. *Scharmann* aaO S. 386; TVT-Merkblatt Nr. 18 zur tierschutzgerechten Haltung von Versuchstieren/Ratte und Maus und Hamster). – Eine Unterschreitung dieser Mindestanforderungen, wie sie insbesondere in Anhang A Tabelle 3 des Europ. Versuchstierübereinkommens aus Kostengründen vorgesehen ist, lässt sich idR durch keinen Versuchszweck rechtfertigen; im Gegenteil ist anzunehmen, dass Mäuse aus angereicherten Käfigen besser mit den wechselnden Versuchsbedingungen fertig werden (s. Rn. 60; vgl. auch *van de Weerd* et al., „Effects of environmental enrichment for mice: variation in experimental results", Journal of Applied Animal Welfare Science 5/2, 2002, 87–109; „Ein rotes Haus für die Maus", Nachricht in ALTEX 19, 2002, 89). – Zeigen sich infolge restriktiver Haltungsbedingungen Verhaltensstörungen, zB ständiges Im-Kreis-Laufen, Loopingschlagen, Gitternagen und/oder Wandscharren, so sind dies, wie sonst auch, Indizien für erhebliche, anhaltende Leiden iS des § 17 Nr. 2 b (s. dort Rn. 58–66).

Laborratten zeigen ein ähnlich reichhaltiges Verhaltensrepertoire. Eine 65 besondere Eigenschaft ist das Spielen, bestehend aus Rennen, Springen, Sich-Verfolgen und Sich-Balgen. Wie Mäuse wollen auch Ratten ihren Lebensraum in Bereiche zum Ruhen, zur Nahrungsaufnahme bzw. zum Futtervergraben, zum Spielen und zum Urinieren unterteilen. Hinzu kommt, dass sie sich beim Orientieren und Erkunden aufrichten und auf die Hinterbeine stellen. Im Gegensatz zu den Richtwerten in Anhang A zum Europ. Versuchstierübereinkommen Tabelle 3 und den Empfehlungen der Gesellschaft für Versuchstierkunde sehen amerikanische und britische Empfehlungen vor, diesem Bedürfnis Rechnung zu tragen und Käfige mit einer Höhe von 18–20 cm zu verwenden. Demgemäß können allenfalls Standardkäfige des Typs 4 (s. Rn. 64) den Anforderungen des § 2 i. V. m. § 7 Abs. 2, Abs. 3 gerecht werden; Typ 3-Käfige sind allenfalls denkbar, wenn sie mit erhöhten Deckeln ausgestattet sind. Hinzu kommen müssen Möglichkeiten zum Unterschlupf sowie Nist- und Nagematerial, evtl. auch Körner, verteilt in der Einstreu. Besonders wichtig sind eine stabile, verträgliche Gruppe und ausreichend Raum für alle Bewegungsabläufe einschl. Spielen (vgl. *Scharmann* aaO; TVT-Merkblatt Nr. 18).

Meerschweinchen zeigen unter naturnahen Bedingungen u.a.: Sich- 66 Aufrichten, Spielverhalten wie Hopsen und Rennen, Sich-Verbergen, Zusammenleben in Gruppen nach erlernten Verhaltensregeln. Verhaltensgerecht ist deshalb allein die Gruppenhaltung auf einem Boden, der mit Einstreu und zB mit Hütten als Rückzugsmöglichkeit versehen sein muss. Heu und Stroh sind notwendig, sowohl aus ernährungsphysiologischen Gründen wie auch zur Beschäftigung. Abzulehnen sind die Standardkäfige, insbesondere auch der Käfigtyp 4 (s. Rn. 64), weil dort zahlreiche Verhal-

Anh. zu § 2 *Tierschutzgesetz*

tensweisen wie Sich-Aufrichten, Spielen oder Sich-Verbergen unmöglich sind. Gitterrostböden verursachen überdies Ballenabszesse und Präputialentzündungen (vgl. TVT-Merkblatt Nr. 38 zur tierschutzgerechten Haltung von Versuchstieren/Meerschweinchen; vgl. demgegenüber auch hier die unzureichenden Minimalanforderungen in Anhang A Tabelle 3 des Europ. Versuchstierübereinkommens, die einen Käfig des Typs 4 für bis zu 3 Meerschweinchen zulassen). Der Erwerb stressreduzierender Verhaltensregeln erfolgt am ehesten, wenn die Tiere in gemischtgeschlechtlichen Großgruppen aufwachsen (TVT aaO).

67 **Hamster** weisen in strukturierter Umgebung ein enormes Laufpensum und einen starken Erkundungsdrang auf. Außerdem zeigen sie Nagen, Klettern, Graben, Sich-Verbergen und Nestbauverhalten. Bei Einzelhaltung werden deshalb Käfige mit den Abmessungen 60 cm (Länge) × 30 cm (Tiefe) × 30 cm (Höhe) für notwendig gehalten (*Hollmann* in: *Sambraus/ Steiger* S. 324). Von der TVT werden für die Einzelhaltung geschlechtsreifer Goldhamster oder die Paarhaltung ausgewachsener Zwerghamster im Zoofachhandel Käfige mit den Maßen 40 cm x 50 cm x 40 cm empfohlen; außerdem Schlaf- und Vorratshäuschen, Nestbaumaterial, ein verletzungssicheres Laufrad, ein Klettergerüst und Material zum Nagen und Sich-Beschäftigen (Merkblatt Nr. 46). – In TVT-Merkblatt Nr. 18 wird für Versuchshamster die Unterbringung „mindestens" in Käfigtyp 3 (s. Rn. 64) empfohlen. Hier stellt sich die Frage, ob derart weitgehende Einschränkungen gegenüber dem von § 2 Geforderten (und demgemäß für den Zoofachhandel Empfohlenen) aus wissenschaftlichen Gründen wirklich unerlässlich sind. Der unzureichende Anhang A zum Europ. Versuchstierübereinkommen lässt in Tabelle 3 sogar Käfige des Typs 1 zu.

68 Zu den Grund- und Bewegungsbedürfnissen von **Kaninchen** s. Rn. 12 und 13. – Verhaltensgerecht ist auch für Versuchskaninchen grundsätzlich nur die Bodenhaltung mit frühzeitig zusammengesetzten, stabilen Gruppen. Weitere Anforderungen: Untergliederung in Futter-, Aufenthalts- und Nestbereich, Rückzugs- und Unterschlupfmöglichkeiten, erhöhte Liegeplätze, Einstreu und Material zum Nagen, Nestboxen für jede Zibbe. Dass diese Haltungsform an das Management höhere Anforderungen stellt als die Käfighaltung begründet keine Unerlässlichkeit iS von Rn. 58. – Sofern der Versuchszweck im Einzelfall eine Käfighaltung unerlässlich macht, enthalten die Empfehlungen der TVT zur tierschutzgerechten Haltung von Versuchstieren/Kaninchen und die dort in Bezug genommenen Bestimmungen der Schweizer Tierschutzverordnung eine Konkretisierung des von § 2 und § 7 geforderten Kompromisses: Danach bedarf es je nach Körpergewicht einer Bodenfläche von 3400 bis 9300 qcm für ein oder zwei verträgliche, ausgewachsene Tiere ohne Junge. Diese Fläche kann vermindert werden, sofern eine erhöhte Fläche, die das ausgestreckte Liegen ermöglicht, angeboten wird. Die Tiere müssen zumindest in einem Teilbereich sich aufrichten können, und es bedarf abgedunkelter Bereiche zum Sich-Zurückziehen. Zuchthäsinnen brauchen Nestkammern und Material zum Auspolstern; sie müssen sich von ihren Jungen zeitweise in ein anderes Abteil oder auf eine erhöhte Fläche zurückziehen können, um dauerndes Besaugtwerden zu vermeiden. Notwendig ist außerdem täglich grob strukturiertes

Anhang **Anh. zu § 2**

Futter und Weichholz oÄ zum Nagen. Gruppenhaltung ist für Jungtiere unabdingbar und iÜ erwünscht; eine Ausnahme bilden nur geschlechtsreife Böcke (TVT-Merkblatt Nr. 55; *Scharmann* aaO S. 389 ff.). – Die deutlich geringeren Flächen- und Höhemaße in Anhang A Tabelle 3 zum Europ. Versuchstierübereinkommen sind dagegen ersichtlich wirtschaftlich motiviert und konkretisieren das Gesetz nicht. Immerhin sieht aber die o. e. Multilaterale Konsultation die Gruppenhaltung sowie Materialien zur Anreicherung der Umwelt wie beispielsweise Raufutter, Nagehölzer, Nistmaterial und einen Rückzugsbereich vor und schließt Drahtgitterböden ohne eine mit festem Boden versehene Ruhefläche grundsätzlich aus (vgl. BMVEL, Tierschutzbericht 2003, Anh. 4).

XIII. Zirkustiere

Nach den *BMVEL*-Leitlinien für die Haltung, Ausbildung und Nutzung von Tieren in Zirkusbetrieben (Zirkusleitlinien) können Tiere, die im Zirkus und in ähnlichen Einrichtungen gehalten werden, in deutlich kleineren Gehegen untergebracht werden als nach dem ebenfalls vom *BMVEL* herausgegebenen Gutachten über „Mindestanforderungen an die Haltung von Säugetieren". Die Abweichungen vom Säugetiergutachten werden für vertretbar gehalten, „wenn das gehaltene Tier täglich verhaltensgerecht beschäftigt wird" (Zirkusleitlinien S. 9). Darunter versteht man u. a. die Ausbildung, das Training oder das Vorführen der Tiere in der Manege. Die Beschäftigung „muss abwechslungsreich sein und die Tiere fordern", außerdem durch eine „positive Mensch-Tier-Beziehung sowie ein ständig wechselndes Reizspektrum" geprägt sein. Es ist „sicherzustellen, dass die tägliche Beschäftigung für alle Tiere jederzeit gewährleistet ist" (Zirkusleitlinien aaO). Täglich nur ein bis zwei Auftritte von jeweils 5–10 Minuten sind dafür nicht ausreichend (vgl. *Kluge/Ort/Reckewell* Vor § 17 Rn. 33). – Aus diesen Leitlinien folgt, dass für alle Tiere, mit denen nicht jeden Tag in ausreichender Weise gearbeitet wird, die weitergehenden Anforderungen des Säugetier-Gutachtens gelten, insbesondere in Bezug auf Mindestflächen und Ausstattung der Gehege. Insbesondere gilt das Säugetier-Gutachten für die Unterbringung in der spielfreien Zeit und im Stammquartier (Ausnahme vgl. Zirkusleitlinien S. 13: „Nur in den Fällen, in denen die Tiere täglich beschäftigt werden, können die für die Reisezeit geltenden Anforderungen zugrunde gelegt werden. In diesen Fällen müssen geeignete Flächen für Ausbildung, Training und Beschäftigung vorhanden sein." Die zuständige Behörde muss sich also nachweisen lassen, dass die tägliche Beschäftigung im o. g. Sinne tatsächlich stattfindet und die personellen und sachlichen Voraussetzungen dafür vorliegen). – Auch für die Reisezeit gilt: „Neben Zirkuswagen und Manege müssen für alle Tiere zusätzliche technische Einrichtungen vorhanden sein, die weitere Fläche sowie zusätzliche Reize wie Witterungseinwirkungen, unterschiedliche Bodenstruktur usw. anbieten, zB Veranden, Außengehege oder kombinierte Innen-Außen-Gehege" (Zirkusleitlinien S. 10). – Bestimmte Tierarten sind von der Haltung im Zirkus ausgeschlossen: Menschenaffen, Tümmler, Delfine, Greifvögel, Flamingos,

§ 2 a TierSchG *Tierschutzgesetz*

Pinguine, Nashörner und Wölfe (Zirkusleitlinien S. 9, 10). – Eine Konkretisierung der Anforderungen aus § 2 findet sich auch in TVT-Merkblatt Nr. 39 (Zirkustiere, Loseblatt-Sammlung). Zur Bedeutung solcher Leitlinien als antizipiertes Sachverständigengutachten s. § 2 Rn. 3, 43, 44.

70 Vieles spricht dafür, dass auch **weitere Tierarten in Zirkusunternehmen nicht verhaltensgerecht untergebracht werden können**, so insbesondere Elefantenbullen und Giraffen (vgl. Differenzprotokoll der TVT und der Bundestierärztekammer zu den Zirkusleitlinien S. 55), aber auch Großkatzen, Großbären, Robben, Flusspferde und Elefantenkühe (vgl. Differenzprotokoll *Bündnis Tierschutz* Zirkusleitlinien S. 54; vgl. auch *Schmitz* AtD 2002, 110 ff.). Denn die Anforderungen an eine verhaltensgerechte Unterbringung „müssen sich entsprechend der Zielsetzung des Tierschutzgesetzes daran orientieren, wie ein Tier sich unter seinen natürlichen Lebensbedingungen verhält, nicht daran, ob das Tier sich auch an andere Lebensbedingungen – unter Aufgabe vieler der ihm in Freiheit eigenen Gewohnheiten und Verhaltensmuster – anpassen kann. Verhaltensgerecht ist eine Unterbringung daher auch dann nicht, wenn das Tier zwar unter den ihm angebotenen Bedingungen überleben kann und auch keine Leiden, Schmerzen und andere Schäden davonträgt, das Tier aber seine angeborenen Verhaltensmuster so weit ändern und an seine Haltungsbedingungen anpassen muss, dass es praktisch mit seinen wildlebenden Artgenossen nicht mehr viel gemeinsam hat" (OVG Schleswig NuR 1995, 480, 481. Vgl. auch den Leitsatz des Urteils: „Verhaltensgerecht ist eine Unterbringung nur dann, wenn sie sich unter Berücksichtigung der Tatsache, dass eine Haltung – rechtlich – überhaupt noch möglich sein muss, soweit wie möglich an die natürlichen Lebensverhältnisse und Lebensräume der jeweiligen Tierart annähert." Dies dürfte bei den o. e. Tierarten in Wanderzirkussen unmöglich sein. Zum Vorrang des Gesetzes gegenüber amtlichen Gutachten s. § 2 Rn. 3, 43, 44.

§ 2a [Ermächtigungen]

(1) **Das Bundesministerium für Verbraucherschutz, Ernährung und Landwirtschaft (Bundesministerium) wird ermächtigt, durch Rechtsverordnung mit Zustimmung des Bundesrates, soweit es zum Schutz der Tiere erforderlich ist, die Anforderungen an die Haltung von Tieren nach § 2 näher zu bestimmen und dabei insbesondere Vorschriften zu erlassen über Anforderungen**

1. hinsichtlich der Bewegungsmöglichkeit oder der Gemeinschaftsbedürfnisse der Tiere,
2. an Räume, Käfige, andere Behältnisse und sonstige Einrichtungen zur Unterbringung von Tieren sowie an die Beschaffenheit von Anbinde-, Fütterungs- und Tränkvorrichtungen,
3. hinsichtlich der Lichtverhältnisse und des Raumklimas bei der Unterbringung der Tiere,
4. an die Pflege einschließlich der Überwachung der Tiere; hierbei kann das Bundesministerium auch vorschreiben, daß Aufzeichnungen über die Er-

Ermächtigungen § 2 a TierSchG

gebnisse der Überwachung zu machen, aufzubewahren und der zuständigen Behörde auf Verlangen vorzulegen sind,

5. an Kenntnisse und Fähigkeiten von Personen, die Tiere halten, betreuen oder zu betreuen haben und an den Nachweis dieser Kenntnisse und Fähigkeiten.

(1 a) Das Bundesministerium wird ermächtigt, durch Rechtsverordnung mit Zustimmung des Bundesrates, soweit es zum Schutz der Tiere erforderlich ist, Anforderungen an Ziele, Mittel und Methoden bei der Ausbildung, bei der Erziehung oder beim Training von Tieren festzulegen.

(1 b) Das Bundesministerium wird ermächtigt, durch Rechtsverordnung mit Zustimmung des Bundesrates, soweit es zum Schutz der Tiere erforderlich ist und sich eine Pflicht zur Kennzeichnung nicht aus § 11 a Abs. 2 ergibt, Vorschriften zur Kennzeichnung von Tieren, insbesondere von Hunden und Katzen, sowie zur Art und Durchführung der Kennzeichnung zu erlassen.

(2) [1]Das Bundesministerium wird ermächtigt, im Einvernehmen mit dem Bundesministerium für Verkehr, Bau- und Wohnungswesen durch Rechtsverordnung mit Zustimmung des Bundesrates, soweit es zum Schutz der Tiere erforderlich ist, ihre Beförderung zu regeln. [2]Es kann hierbei insbesondere

1. Anforderungen
   a) hinsichtlich der Transportfähigkeit von Tieren,
   b) an Transportmittel für Tiere
   festlegen,
1 a. bestimmte Transportmittel und Versendungsarten für die Beförderung bestimmter Tiere, insbesondere die Versendung als Nachnahme, verbieten oder beschränken,
2. bestimmte Transportmittel und Versendungsarten für die Beförderung bestimmter Tiere vorschreiben,
3. vorschreiben, daß bestimmte Tiere bei der Beförderung von einem Betreuer begleitet werden müssen,
3 a. vorschreiben, daß Personen, die Tiertransporte durchführen oder hierbei mitwirken, bestimmte Kenntnisse und Fähigkeiten haben und diese nachweisen müssen,
4. Vorschriften über das Verladen, Entladen, Unterbringen, Ernähren und Pflegen der Tiere erlassen,
5. als Voraussetzung für die Durchführung von Tiertransporten bestimmte Bescheinigungen, Erklärungen oder Meldungen vorschreiben sowie deren Ausstellung und Aufbewahrung regeln,
6. vorschreiben, daß, wer gewerbsmäßig Tiertransporte durchführt, einer Erlaubnis der zuständigen Behörde bedarf oder bei der zuständigen Behörde registriert sein muß, sowie die Voraussetzungen und das Verfahren bei der Erteilung der Erlaubnis und bei der Registrierung regeln,
7. vorschreiben, daß, wer Tiere während des Transports in einer Einrichtung oder einem Betrieb ernähren, pflegen oder unterbringen will, einer Erlaubnis der zuständigen Behörde bedarf, und die Voraussetzungen und das Verfahren der Erteilung der Erlaubnis regeln, soweit dies zur Durchführung von Rechtsakten der Europäischen Gemeinschaft erforderlich ist.

§ 2 a TierSchG
Tierschutzgesetz

Übersicht

	Rn.
I. Entstehungsgeschichte	1
II. Regelungsgegenstände	2–5
III. Zuständigkeit, Verfahren und Zitiergebot	6
IV. Verfassungsmäßigkeit von § 2 a; Gültigkeit von Rechtsverordnungen	7
V. Voraussetzungen	8–11

I. Entstehungsgeschichte

1   Die in § 13 Abs. 1 und 3 TierSchG 1972 enthaltene Verordnungsermächtigung wurde durch das ÄndG 1986 in einen neuen § 2 a umgewandelt. Dabei ging es darum, den engen Sachzusammenhang mit § 2 sowohl gesetzessystematisch als auch durch sprachliche Anpassung deutlich zu machen (amtl. Begr. BT-Drucks. 10/3158 S. 19) Durch das ÄndG 1998 wurden Abs. 1 Nr. 5, Abs. 1 a sowie Abs. 2 S. 2 Nr. 6 und 7 hinzugefügt. Die Verordnungsermächtigung in Abs. 1 b beruht auf Art. 2 des Gesetzes zur Bekämpfung gefährlicher Hunde v. 12. 4. 2001.

II. Regelungsgegenstände

2   Durch **Abs. 1** wird der Verordnungsgeber ermächtigt, die Anforderungen an die Haltung von Tieren nach § 2 näher zu bestimmen. Welche Einzelmaterien dabei geregelt werden können, ist in den Nummern 1–4 beispielhaft („insbesondere") aufgezählt. Der Begriff der Haltung umfasst hier, ebenso wie in § 2, auch die Betreuung und die Betreuungspflicht. Neben der landwirtschaftlichen Nutztierhaltung und der Intensiv- und Massentierhaltung kann auch die private Haltung im Haus, die Haltung durch Züchter, Händler, Schausteller sowie die Haltung in Sportbetrieben, Schlachthöfen, Gehegen, Tiergärten usw. geregelt werden (vgl. *L/M* § 2 a Rn. 7, 8). – Zu den Gemeinschaftsbedürfnissen nach Nr. 1 gehört bei sozial lebenden Tieren sowohl die Gruppenhaltung als auch das Bedürfnis, sich zeitweise aus der Gruppe zurückzuziehen und bei Angriffen auszuweichen und Schutz und Deckung zu nehmen (dieses Schutzverhalten kann man gleichermaßen den Funktionskreisen „Sozialverhalten" und „Eigenkörperpflege" zurechnen, s. § 2 Rn. 31). – Die in Nr. 2 erwähnten Unterbringungsformen sind zulässig, jedoch nur, soweit sie allen Anforderungen aus § 2 entsprechen, insbesondere also keines der artgemäßen Bedürfnisse iS des § 2 Nr. 1 erheblich zurückdrängen. Dies muss besonders bei der Regelung von Anbindehaltungen bedacht werden, ebenso aber auch bei der Regelung von Käfigen. Dauernde, enge Anbindungen beeinträchtigen nicht nur die Bewegung nach § 2 Nr. 2, sondern können auch die artgemäßen Bedürfnisse der Funktionskreise „Sozialverhalten" und „Eigenkörperpflege", eventuell sogar das Ruhen einschränken (s. zB Anh. zu § 2 Rn. 8). Für Käfige gilt dasselbe (s. Anh. zu § 2 Rn. 2, 12 und 14; s. auch TierSchNutztV, Vor §§ 12–17 Rn. 10). – Eine dauernde Haltung im Dämmerlicht nach Nr. 3 wird nur bei

Ermächtigungen § 2 a TierSchG

Nachttieren in Frage kommen (vgl. *L/M* § 2a Rn. 13). Unter das Raumklima fallen Merkmale wie Temperatur, Feuchtigkeit, Luftbewegung, Frischluftzufuhr und Schadstoffkonzentration (*Hackbarth/Lückert* B III 2.2). – Zur Pflege iS von Nr. 4 s. § 2 Rn. 24–28. – Die nach Nr. 5 mögliche Verpflichtung, die nötige Sachkunde in einem besonderen Verfahren nachzuweisen, kann seit dem ÄndG v. 12. 4. 2001 auch solchen Haltern, Betreuern oder Betreuungspflichtigen auferlegt werden, die nicht gewerbsmäßig handeln.

Die **Ermächtigungsgrundlage nach Abs. 1a** ist eingefügt worden, um 3 tierschutzwidrigen Vorkommnissen bei der Ausbildung, bei der Erziehung oder beim Training von Tieren entgegenzuwirken, besonders im Hunde- und Pferdesport (vgl. BT-Drucks. 13/7015 S. 15). Neben den Anforderungen aus § 2 sind dabei auch die Verbote aus § 3 Nr. 1, 1b, 5 und 11 einzuhalten. Auch hier darf sich der Verordnungsgeber nicht damit begnügen, nur ein „tierschutzrechtliches Minimalprogramm" aufzustellen (BVerfGE 101, 1, 33; s. Rn. 8). – Regelungen, die aufgrund von Abs. 1a ergehen, können das bestehende gesetzliche Schutzniveau nur konkretisieren, nicht aber absenken (s. Rn. 9). Deshalb lässt sich eine Verordnung nach Abs. 1a nicht als „bundesrechtliche Vorschrift" iS von § 3 Nr. 11 letzter Halbsatz verstehen (s. § 3 Rn. 69; vgl. auch *Kluge/von Loeper* § 2a Rn. 34, 35).

Die **Verordnung** zur Kennzeichnung von Tieren **nach Abs. 1b**, insbe- 4 sondere von Hunden und Katzen, dient der Erleichterung der Zuordnung bei abhanden gekommenen Tieren und der Verhinderung von Diebstählen. Was das „Wie" der Kennzeichnung angeht, darf nur die jeweils schonendste Methode angeordnet bzw. zugelassen werden.

Abs. 2 ist die **Ermächtigungsgrundlage** für die meisten Vorschriften der 5 Tierschutztransportverordnung (TierSchTrV). Dabei umfasst die Beförderung jedes Verbringen eines Tieres von einem Ort zum anderen, also auch das Führen und Treiben. Geregelt werden können u. a.: die Transportfähigkeit und ihre Feststellung (s. §§ 3, 26 bis 29 TierSchTrV); Verbote und Beschränkungen bestimmter Transportmittel und Versendungsarten (s. dort u. a. §§ 17 ff.); Sachkundenachweis (s. dort § 13); Verladen, Entladen, Ernährung, Pflege und Unterbringung (s. dort §§ 5 bis 7); Transportpläne und -bescheinigungen (s. dort § 34); Erlaubnispflicht für gewerbliche Beförderer (s. dort § 11); Erlaubnispflicht für das Betreiben von Versorgungsstationen. – Die Gebote und Verbote aus § 2 gelten auch für den Transport einschließlich des Be- und Entladens und der zeitweiligen Unterbringung in Versorgungsstationen. Der Spediteur und der Fahrer sind entweder Betreuer oder Betreuungspflichtige iS des § 2 und haben damit eine strafrechtliche Garantenstellung (s. § 17 Rn. 3 und 55).

III. Zuständigkeit, Verfahren und Zitiergebot

Der Erlass von Verordnungen erfolgt durch das Bundesministerium für 6 Verbraucherschutz, Ernährung und Landwirtschaft (BMVEL). Die Tierschutzkommission ist rechtzeitig anzuhören – nach Sinn und Zweck von § 16b Abs. 1 S. 2 zu einem Zeitpunkt, in dem sie noch Einfluss auf den Inhalt der Verordnung nehmen kann, insbesondere also vor deren Zuleitung an den Bundesrat (s. § 16 b Rn. 1). Alle Verordnungen bedürfen der Zustimmung des Bundesrats, Verordnungen nach Abs. 2 darüber hinaus auch des Einvernehmens mit dem Bundesministerium für Verkehr. Das Zitiergebot nach Art 80 Abs. 1 S. 3 GG ist zu beachten; beruht die Verordnung auf mehreren Ermächtigungsgrundlagen, so müssen alle genannt werden (vgl. dazu die Nichterwähnung von Art. 2 des Gesetzes zum Europäischen Tierhaltungsübereinkommen i. V. m. der Empfehlung des Ständigen Ausschusses für das Halten von Legehennen der Art Gallus Gallus durch den Verordnungsgeber der Hennenhaltungsverordnung von 1987, BVerfGE 101, 1, 43, 44; aus demselben Grund – Nichterwähnung der Empfehlung für das Halten von Schweinen – ist auch die Schweinehaltungsverordnung von 1994/ 1995 nichtig, vgl. § 18 S. 2 Nr. 2 TierSchNutztV).

IV. Verfassungsmäßigkeit von § 2 a; Gültigkeit von Rechtsverordnungen

7   § 2 a stimmt mit Art. 80 Abs. 1 S. 2 GG überein (BVerfGE 101, 1 31 ff.). – Gültig ist eine Rechtsverordnung nur, wenn und soweit sie sich im Rahmen ihrer gesetzlichen Ermächtigung hält (s. Rn. 8–10). Sie darf auch nicht gegen sonstiges höherrangiges Recht (d.h. einfache Bundesgesetze, Grundgesetz und EU-Recht) verstoßen. Nach dem Rechtsstaatsprinzip und dem Demokratiegebot müssen außerdem Angelegenheiten von besonderer Wichtigkeit, zumal im Bereich der Grundrechtsausübung, durch Parlamentsgesetz geregelt werden (Wesentlichkeitstheorie). – Im Verfahren der abstrakten Normenkontrolle nach Art. 93 Abs. 1 Nr 2 GG prüft das BVerfG die Vereinbarkeit von Rechtsverordnungen mit ihrer Ermächtigungsgrundlage und dem sonstigen Bundesrecht vorab (BVerfGE 101, 1, 31).

V. Voraussetzungen

8   „Zum Schutz der Tiere erforderlich" muss die Rechtsverordnung sein. Das bedeutet: 1. Alleiniges Ziel jeder auf § 2a gestützten Regelung muss sein, den Schutz der Tiere auf dem Sachgebiet, das geregelt werden soll, zu verbessern. Das geschieht dadurch, dass das gesetzlich vorgegebene Schutzniveau durch genauere Regelungen ausgefüllt und konkretisiert, ggf. auch erhöht wird. Andere Beweggründe, insbesondere Praktikabilitätsgesichtspunkte oder ökonomische Erwägungen, sind nicht akzeptabel (vgl. *Hackbarth/Lückert* B III 2.1). Allenfalls als Reflexwirkung können zugleich andere Rechtsgüter mittelbar geschützt werden. Will dagegen die Regelung den Menschen vor dem Tier schützen oder dient sie (im Sinne eines gleichgeordneten, nicht nur nachrangigen Zweitziels) auch wirtschaftlichen oder wissenschaftlichen Interessen oder der Verkehrssicherheit oÄ, so bedarf sie einer anderen Ermächtigung (vgl. *L/M* § 2a Rn. 9). – 2. Die einzelne Regelung muss zur Erreichung dieses Ziels, d.h. für eine Verbesserung des Tierschutzniveaus auf dem jeweiligen Sachgebiet, geeignet und erforderlich sein. – 3. Die Regelungen müssen über einen bloßen Minimalstandard deut-

Ermächtigungen § 2 a TierSchG

lich hinausgehen, denn der Begriff der Mindestanforderungen des Tierschutzes, von dem die amtliche Begründung zu § 13 TierSchG 1972 spricht, „würde unzulässig verengt, wenn er im Sinne eines tierschutzrechtlichen Minimalprogramms verstanden würde. Dem steht die Intention des Gesetzgebers entgegen, eine Intensivierung des Tierschutzes gerade auch bei den Systemen der Massentierhaltung zu erreichen" (BVerfGE 101, 1, 33).

Die **Anforderungen nach § 2** dürfen nur **konkretisiert, nicht** aber **eingeschränkt** werden. Zweck der Verordnungskompetenz ist eine am Maßstab der Gebots- und Verbotstatbestände des § 2 ausgerichtete tierschutzgerechte Haltung. Dem Verordnungsgeber ist aufgegeben, einen Ausgleich zwischen den Belangen des Tierschutzes und den rechtlich geschützten Interessen der Tierhalter durch untergesetzliche Bestimmungen zu erreichen. Dabei darf er nicht *irgendeinen* Kompromiss anstreben, der ihm zweckmäßig erscheinen mag; vielmehr muss er denjenigen Interessenausgleich nachzeichnen, der ihm vom Gesetzgeber in den §§ 1, 2 TierSchG *vorgezeichnet* worden ist (BVerfGE 101, 1, 31, 32, 36). Entsprechend dieser Vorzeichnung darf er zwar die Anforderungen an die Haltung von Tieren nach § 2 näher bestimmen und konkretisieren, nicht aber einschränken oder gar das gesetzliche Schutzniveau absenken. Im Einzelnen folgt daraus: **1.** Die auf § 2 a gestützte Verordnung muss gewährleisten, dass die artgemäßen, den Oberbegriffen „ernähren", „pflegen" und „verhaltensgerecht unterbringen" in § 2 Nr. 1 zuzuordnenden Bedürfnisse im Wesentlichen befriedigt werden. Dazu rechnen die Verhaltensabläufe der Funktionskreise „Nahrungserwerbsverhalten", „Ruheverhalten", „Eigenkörperpflege (Komfortverhalten)", „Fortpflanzungs- und Mutter-Kind-Verhalten" und „Sozialverhalten". Eine Regelung, die zulässt, dass ein hierher gehörendes Verhaltensmuster unterdrückt oder erheblich zurückgedrängt wird, ist infolge Überschreitung des gesetzlichen Ermächtigungsrahmens rechtswidrig und nichtig. Einer Verrechnung mit wirtschaftlichen Erwägungen oder Gesichtspunkten des Wettbewerbs sind die Verhaltensbedürfnisse des § 2 Nr. 1 nicht zugänglich (vgl. BVerfGE aaO 38; s. auch § 2 Rn. 15 und Rn. 32). – **2.** Dagegen darf das Bedürfnis des Tieres zur Fortbewegung nach § 2 Nr. 2 „als einziges seiner Bedürfnisse" weitergehenden Einschränkungsmöglichkeiten unterworfen werden (vgl. BVerfG aaO 37) – allerdings nicht solchen, die dem Tier Schmerzen zufügen. – **3.** Fortbewegungseinschränkungen, die (einfache) Leiden oder Schäden verursachen, können zugelassen werden, soweit sie einem vernünftigen Grund und damit dem Grundsatz der Verhältnismäßigkeit entsprechen (zu der hier stattfindenden Abwägung s. u. Rn. 10). – **4.** Der umfassende Schutz, der den Verhaltensbedürfnissen nach § 2 Nr. 1 zu gewähren ist, ergibt sich auch daraus, dass der Gesetzgeber in Nr. 1 „der Pflege des Wohlbefindens der Tiere in einem weit verstandenen Sinn Vorrang einräumen" und „mehr als reine Ordnungsfunktionen" erfüllen wollte (BVerfG aaO 32). – **5.** Weil das Gesetz eine konkrete Obergrenze für die Verwirklichung tierschützender Grundsätze nicht bestimmt, ist aufgrund von § 2 a jede tierschutzrechtliche Normierung zulässig, welche die Grundrechte der Tierhalter nicht unverhältnismäßig einschränkt. – **6.** Wenn sich der Verordnungsgeber entschließt, ein Sachgebiet zu regeln, muss er dort den ethischen Tierschutz so weit „fördern", wie dies möglich ist, ohne die

9

§ 2 a TierSchG

Rechte der Tierhalter übermäßig einzuschränken – d. h. er muss bis an die Grenze gehen, die das Übermaßverbot setzt (BVerfG aaO 36). Bei der Bestimmung dieser Grenze hat er zu beachten, dass ethischer Tierschutz mittlerweile ein verfassungsrechtlich geschütztes Staatsziel ist (Art. 20 a GG). Diesen Anforderungen würde es zB nicht entsprechen, wenn sich der Verordnungsgeber bei der Neuregelung der Schweinehaltung auf eine Umsetzung der EU-Richtlinie beschränken und keine darüber hinausgehenden Verbesserungen, besonders für die Bereiche „Ruhen" und „Eigenkörperpflege", vorsehen würde (s. Anh. zu § 2 Rn. 6).

10 **Abwägungen,** die im Rahmen der Vermeidbarkeitsprüfung nach § 2 Nr. 2 stattfinden, müssen nach denjenigen Grundsätzen durchgeführt werden, die für jede Abwägung im Bereich des Tier- und Umweltschutzes gelten. Dazu gehören: **1.** Die vollständige Zusammenstellung allen Abwägungsmaterials durch umfassende Tatsachenermittlung (Beispiele: Soweit Bewegungsbedürfnisse eingeschränkt werden sollen, müssen die Stärke des jeweiligen Bedürfnisses und das Ausmaß seiner Einschränkung gemäß dem aktuellen Stand der Ethologie zutreffend ermittelt werden; ebenso müssen die betriebswirtschaftlichen und sonstigen Vorteile, die von der einschränkenden Haltungsform ausgehen und sie rechtfertigen sollen, richtig und vollständig aufgeklärt werden; verursacht eine Haltungsform – über ihre tierschutzrelevanten Nachteile hinaus – Schäden und Risiken für andere, zB ökologische, strukturpolitische oder volkswirtschaftliche Belange, so sind auch diese zutreffend zu ermitteln). – **2.** Zutreffende Gewichtung aller abwägungsrelevanten Gesichtspunkte (Beispiele: Durch die Zusammenballung großer Tiermassen auf engem Raum, wie sie für bewegungsarme Tierhaltungen typisch ist, können ökologische oder gesundheitliche Risiken für den Menschen entstehen. Diese müssen dann, zusammen mit den tierschutzrelevanten Nachteilen, den Vorteilen der betreffenden Haltungsform gegenübergestellt und angemessen gewichtet werden. Dazu gehört zB, dass bei großen, dicht gehaltenen Tierbeständen die Wahrscheinlichkeit steigt, dass Antibiotika zur Krankheitsprophylaxe eingesetzt werden. Dazu gehört auch der Zusammenhang zwischen Spaltenbodenhaltung und Flüssigmistdüngung einerseits und der zunehmenden Belastung von Boden- und Grundwässern mit Nitraten auf der anderen Seite (zu den allgemeinen Risiken der „flächenunabhängigen Veredelung" s. auch die Entschließungen des Bundesrats in BR-Drucks. 1089/94 und in AgrarR 1987, 186). – **3.** Keine Rechtfertigung von Leiden oder Schäden aus Gründen der Arbeits-, Zeit- oder Kostenersparnis (§ 9 Abs. 2 Nr. 3, allg. Rechtsgedanke; s. auch § 1 Rn. 41 und § 9 Rn. 10). – **4.** Soweit zur Rechtfertigung bewegungsbeschränkender Tierhaltungen auf hygienische und ähnliche Risiken, die von Haltungsformen mit mehr freier Beweglichkeit ausgehen sollen, verwiesen wird, ist dies gem. oben Ziff. 3 unbeachtlich, solange sich derartige Gefahren mit den Mitteln einer guten Betriebsführung und den dazu notwendigen Aufwendungen an Arbeit, Zeit und Geld auf ein angemessenes Niveau reduzieren lassen (s. auch § 17 Rn. 11; s. weiter VG Karlsruhe, zit. n. Anh. zu § 2 Rn. 54). **5.** Soweit zur Rechtfertigung intensiver Tierhaltungsformen auf den internationalen Wettbewerb verwiesen wird, muss beachtet werden, dass das Tierschutzgesetz nicht die Absenkung des von § 2 vorgeschriebenen

Schutzniveaus auf ein international kompatibles Minimalprogramm vorsieht. Außerdem muss in diesem Zusammenhang auch die Chance berücksichtigt werden, trotz offener Märkte durch heimatnahe und artgerechte Erzeugungsformen bei entsprechendem Marketing höhere, kostendeckende Preise erzielen zu können („Label" Produktion uÄ; allgemein zu Abwägungen s. auch § 1 Rn. 44–49 und Art. 20a GG Rn. 22–25). In der Schweiz ist es auf diese Weise gelungen, dass 75% der Verbraucher trotz offener Grenzen die artgerecht erzeugten einheimischen Eier den sehr viel billigeren ausländischen Importeiern vorziehen. **6.** Der Aufwertung, die der Tierschutz als verfassungsrechtliches Staatsziel nach Art. 20a GG erfahren hat, ist stets Rechnung zu tragen, insbesondere bei der Abwägung mit den Grundrechten der Halter und Nutzer (s. Art. 20a GG Rn. 5, 6 und Rn. 9–15a).

Sinn und Zweck der Verordnungsermächtigung ist es, die für Tierhaltung, -ausbildung und -transport maßgeblichen Regelungen rascher und einfacher dem **neuesten Stand der Erkenntnisse im ethologischen Bereich** anpassen zu können, als dies im Wege der Gesetzgebung möglich wäre (vgl. BVerfG aaO 35). Dem widerspricht es, wenn ein Sachbereich in erster Linie deswegen im Wege der Rechtsverordnung geregelt wird, weil man sich die öffentlichen Diskussionen, die mit seiner Regelung im parlamentarischen Gesetzgebungsverfahren verbunden wären, ersparen oder diese abkürzen will. – Die Ethologie (Verhaltensforschung) ist ein Teilgebiet der Biologie. Das BVerfG unterscheidet zu Recht zwischen „Verhaltenswissenschaftlern, Veterinärmedizinern und Agrarfachleuten" (BVerfG aaO 39). Dem entspricht es, ethologische Fragestellungen vorrangig von Biologen, Zoologen oder Fachtierärzten für Ethologie oder für Tierschutz, die die aktive Teilnahme an den aktuellen wissenschaftlichen Diskussionen ihres Fachbereiches nachweisen können, beantworten zu lassen.

§ 3 [Besondere Vorschriften]

Es ist verboten

1. einem Tier außer in Notfällen Leistungen abzuverlangen, denen es wegen seines Zustandes offensichtlich nicht gewachsen ist oder die offensichtlich seine Kräfte übersteigen,
1a. einem Tier, an dem Eingriffe und Behandlungen vorgenommen worden sind, die einen leistungsmindernden körperlichen Zustand verdecken, Leistungen abzuverlangen, denen es wegen seines körperlichen Zustandes nicht gewachsen ist,
1b. an einem Tier im Training oder bei sportlichen Wettkämpfen oder ähnlichen Veranstaltungen Maßnahmen, die mit erheblichen Schmerzen, Leiden oder Schäden verbunden sind und die die Leistungsfähigkeit von Tieren beeinflussen können, sowie an einem Tier bei sportlichen Wettkämpfen oder ähnlichen Veranstaltungen Dopingmittel anzuwenden,
2. ein gebrechliches, krankes, abgetriebenes oder altes, im Haus, Betrieb oder sonst in Obhut des Menschen gehaltenes Tier, für das ein Weiterleben mit nicht behebbaren Schmerzen oder Leiden verbunden ist, zu einem anderen Zweck als zur unverzüglichen schmerzlosen Tötung zu veräußern oder zu erwerben; dies gilt nicht für die unmittelbare Abgabe eines kran-

ken Tieres an eine Person oder Einrichtung, der eine Genehmigung nach § 8 und, wenn es sich um ein Wirbeltier handelt, erforderlichenfalls eine Ausnahmegenehmigung nach § 9 Abs. 2 Nr. 7 Satz 2 für Versuche an solchen Tieren erteilt worden ist,
3. ein im Haus, Betrieb oder sonst in Obhut des Menschen gehaltenes Tier auszusetzen oder es zurückzulassen, um sich seiner zu entledigen oder sich der Halter- oder Betreuerpflicht zu entziehen,
4. ein gezüchtetes oder aufgezogenes Tier einer wildlebenden Art in der freien Natur auszusetzen oder anzusiedeln, das nicht auf die zum Überleben in dem vorgesehenen Lebensraum erforderliche artgemäße Nahrungsaufnahme vorbereitet und an das Klima angepaßt ist; die Vorschriften des Jagdrechts und des Naturschutzrechts bleiben unberührt,
5. ein Tier auszubilden oder zu trainieren, sofern damit erhebliche Schmerzen, Leiden oder Schäden für das Tier verbunden sind,
6. ein Tier zu einer Filmaufnahme, Schaustellung, Werbung oder ähnlichen Veranstaltung heranzuziehen, sofern damit Schmerzen, Leiden oder Schäden für das Tier verbunden sind,
7. ein Tier an einem anderen lebenden Tier auf Schärfe abzurichten oder zu prüfen,
8. ein Tier auf ein anderes Tier zu hetzen, soweit dies nicht die Grundsätze weidgerechter Jagdausübung erfordern,
8 a. ein Tier zu einem derartig aggressiven Verhalten auszubilden oder abzurichten, daß dieses Verhalten
   a) bei ihm selbst zu Schmerzen, Leiden oder Schäden führt oder
   b) im Rahmen jeglichen artgemäßen Kontaktes mit Artgenossen bei ihm selbst oder einem Artgenossen zu Schmerzen oder vermeidbaren Leiden oder Schäden führt oder
   c) seine Haltung nur unter Bedingungen zuläßt, die bei ihm zu Schmerzen oder vermeidbaren Leiden oder Schäden führen,
9. einem Tier durch Anwendung von Zwang Futter einzuverleiben, sofern dies nicht aus gesundheitlichen Gründen erforderlich ist,
10. einem Tier Futter darzureichen, das dem Tier erhebliche Schmerzen, Leiden oder Schäden bereitet,
11. ein Gerät zu verwenden, das durch direkte Stromeinwirkung das artgemäße Verhalten eines Tieres, insbesondere seine Bewegung, erheblich einschränkt oder es zur Bewegung zwingt und dem Tier dadurch nicht unerhebliche Schmerzen, Leiden oder Schäden zufügt, soweit dies nicht nach bundes- oder landesrechtlichen Vorschriften zulässig ist.

Übersicht

	Rn.
I. Allgemeines	1–4
II. Das Verbot der Überforderung, Nr. 1	5–8
III. Das Verbot des Abforderns von Leistungen nach bestimmten Behandlungen, Nr. 1 a	9–11
IV. Das Verbot bestimmter Behandlungen im Sport, Nr. 1 b	12–15
V. Das Verbot, besonders schutzbedürftige Tiere zu veräußern oder zu erwerben, Nr. 2	16–20

Besondere Vorschriften § 3 TierSchG

Rn.

VI. Das Aussetzungsverbot, Nr. 3 21–24
VII. Das zusätzliche Aussetzungs- und Ansiedelungsverbot nach Nr. 4 25–27
VIII. Das Verbot bestimmter Maßnahmen bei Ausbildung und Training, Nr. 5 .... 28–29a
IX. Verbote bei Filmaufnahmen, Werbung, Schaustellungen oder ähnlichen Veranstaltungen, Nr. 6 30–37
X. Verbot des Abrichtens oder Prüfens auf Schärfe, Nr. 7 ... 38–40
XI. Verbot des Hetzens auf ein anderes Tier, Nr. 8 41–44
XII. Einschub: Zur Ausbildung von Jagdhunden an lebenden Tieren 45–51
XIII. Verbot der Aggressionsausbildung, Nr. 8 a 52, 53
XIV. Verbot der Zwangsfütterung, Nr. 9 54–57
XV. Verbot der Darreichung belastenden Futters, Nr. 10 58–60
XVI. Verbot belastender Elektroreizgeräte, Nr. 11 61–70

I. Allgemeines

Die Vorschrift enthält eine **Beschreibung einiger besonders grober Verletzungen der allgemeinen Pflichten aus den §§ 1 und 2** und stellt sie unter Bußgeldandrohung (§ 18 Abs. 1 Nr. 4). Alle Tiere sind geschützt, nicht nur Wirbeltiere. Täter kann jeder sein; der mögliche Täterkreis ist nicht auf den Personenkreis des § 2 (Halter, Betreuer, Betreuungspflichtiger) beschränkt. Einige der Verbote schützen neben Tieren, die sich in der Obhut des Menschen befinden, auch wilde und verwilderte Tiere (vgl. insbes. Nr. 1, 2, 6, 7, 8). 1

Die Verbote sind zwingend, wie schon aus dem Wortlaut hervorgeht. Sie stehen nicht zur Disposition eines vernünftigen Grundes. Ein Verstoß gegen ein Verbot kann zwar möglicherweise aufgrund eines allgemein anerkannten Rechtfertigungsgrundes gerechtfertigt sein (insbes. § 34 StGB; §§ 228, 904 BGB), nicht dagegen schon aus vernünftigem Grund (ganz hM: OVG Münster NuR 1999, 115, 117; VGH Kassel NuR 1997, 296, 298; OLG Hamm NStZ 1985, 275; VG Berlin NuR 1993, 173; *L/M* § 3 Rn. 2; *Hackbarth/Lückert* B IV 1; *Ennulat/Zoebe* II § 3 Rn. 4; s. auch § 1 Rn. 30, 31). 2

Jeder Verstoß gegen ein Verbot ist eine **Ordnungswidrigkeit nach § 18 Abs. 1 Nr. 4.** Fahrlässige Begehung genügt. – Keinesfalls darf aus § 3 geschlussfolgert werden, dass eine gegen ein Tier gerichtete Handlung, die (noch) nicht alle Merkmale eines Verbotstatbestandes erfüllt, erlaubt sein müsse (so zutr. *Hackbarth/Lückert* aaO). Weitergehende Verbote ergeben sich insbesondere aus den §§ 1 und 2. Erfüllt also eine Handlung die Tatbestandsmerkmale eines Verbots nach § 3 nur teilweise, so besteht Anlass, einen Verstoß gegen diese anderen Vorschriften zu prüfen (und bejahendenfalls hiergegen nach § 16a S. 1 einzuschreiten, s. dort Rn. 1, 2). 3

Einige der Gebots- und Verbotstatbestände sind **Gefährdungstatbestände**, d. h. sie erfordern nicht, dass es tatsächlich zu Schmerzen, Leiden oder 4

Schäden kommt, sondern lassen die Herbeiführung einer diesbezüglichen abstrakten Gefahr ausreichen (vgl. Nr. 1, 1 a, 1 b zweite Alt., 2, 3, 4, 7 und 8). Hierdurch wird der Schutz der §§ 17 und 18 Abs. 1 Nr. 1 im Interesse des Tieres nach vorn verlagert (vgl. *Kluge* § 3 Rn. 5).

II. Das Verbot der Überforderung, Nr. 1

5   Geschützt sind sowohl domestizierte als auch wilde oder verwilderte Tiere (vgl. *L/M* § 3 Rn. 5). – **Leistung** ist jede Inanspruchnahme tierischer Kräfte und Fähigkeiten für Zwecke des Menschen. U. a.: Arbeiten; sportliche Leistungen einschl. Ausbildung, Training und Dressur; Teilnahme an künstlerischen Darbietungen; physiologische Leistungen wie Milch-, Lege-, Fortpflanzungs- und Zuchtleistungen (vgl. *Wiesner/Ribbeck*, „Leistung"); Lernvermögen. Beim Einsatz eines Tieres im Sport oder auf der Jagd kann man bei fast allen Anforderungen, die an das Tier gestellt werden, von Leistungen sprechen. Auch die Inanspruchnahme psychischer Kräfte für einen bestimmten Zweck, zB für einen lang andauernden Transport, ist Abverlangen einer Leistung (vgl. *Hackbarth/Lückert* B IV 2). – **Überforderung** liegt vor, wenn ein Missverhältnis zwischen dem Zustand oder den Kräften des Tieres einerseits und der geforderten Leistung andererseits besteht. Nicht notwendig ist, dass es dadurch zu Schmerzen, Leiden oder Schäden gekommen ist (s. Rn. 4). Sind solche Folgen aber nachweislich eingetreten (zB Sturz und Verletzung eines Pferdes beim Vielseitigkeitsreiten), so kann ihnen eine Indizwirkung für eine vorangegangene Überforderung zukommen. – Die Gefahr für das Wohlbefinden des Tieres muss auch nicht unmittelbar durch die abgeforderte Leistung hervorgerufen werden. ZB kann sich die Überforderung eines Pferdes auch aus Beschirrungs- und Beschlagfehlern oder aus Druck- oder Wundstellen oÄ ergeben (vgl. *L/M* § 3 Rn. 7).

6   **Offensichtlich** ist das Missverhältnis, wenn es für jeden Sachkundigen ohne längere Überprüfung erkennbar ist. Da fahrlässige Begehungsweise genügt, reicht aus, wenn der Täter (bei unterstellter Sachkunde, die er nach § 2 Nr. 3 als Halter, Betreuer oder Betreuungspflichtiger haben muss) die Umstände, die das Missverhältnis begründen, erkennen und den Schluss auf die Überforderung ohne weiteres ziehen konnte. Dass er diese Umstände tatsächlich nicht erkannt hat bzw. den Schluss auf die Überforderung nicht gezogen hat, steht der Bußgeldverhängung nach § 18 Abs. 1 Nr. 4 TierSchG, § 17 Abs. 2 OWiG nicht entgegen.

7   **Beispiele:** Pferdesport: Weiterreiten trotz deutlicher Erschöpfungszeichen; Einsatz zu junger oder mangelhaft ausgebildeter Pferde; Einsatz, obwohl Pferd erkennbar krank oder verletzt; Zutreiben auf besonders schwierige oder gar extreme Hindernisse; Verwendung hoher, sichtundurchlässiger Hürden, so dass das Pferd vor dem Sprung das dahinter liegende Gelände nicht erkennen kann. Schwere Unfälle können eine vorangegangene Überforderung indizieren. Offensichtlichkeit kann u. a. vorliegen, wenn tierärztliche Empfehlungen missachtet wurden oder wenn unterlassen wurde, bei einer Veranstaltung die notwendige Anzahl von Tierärzten hin-

Besondere Vorschriften § 3 TierSchG

zuzuziehen. – **Milchkühe**, wenn die Milchleistung so extrem ist, dass es zu Stoffwechsel- und Fertilitätsstörungen, Labmagenverlagerungen, Eutererkrankungen oÄ kommt (zu dem Zusammenhang zwischen hoher Milchleistung und vorzeitigen Abgängen wegen Gesundheitsstörungen vgl. *Lotthammer* TU 1999, 544 ff.). Anzeichen zuchtbedingter Überforderung können für den Halter jedenfalls dann einen Verstoß begründen, wenn er nicht als notwendigen Ausgleich für die ständige Höchstleistung dem Tier eingestreute, ausreichend dimensionierte Liegeflächen sowie ausreichende Bewegungsmöglichkeiten verschafft. – **Brieftauben** bei „Reisen auf Witwerschaft" oÄ; Veranstaltung von Wettflügen mit Jungtauben, die zu hohen Verlusten durch Überforderung führen; Ausschließung verirrter oder verspätet eintreffender Tauben (vgl. *Fikuart* DTBl. 2002, 492, 494). – **Hundegespanne**, wenn das Gewicht und/oder die Geschwindigkeit den Hund überfordern und dies klar erkennbar ist; angeleintes Mitführen von einem Kraftfahrzeug aus (vgl. auch § 28 Abs. 1 S. 3 StVO). – Auch der Einsatz von in der Flugfähigkeit beeinträchtigten **Enten** zur Jagdhundeausbildung kann unter Nr. 1 fallen (vgl. *Hackbarth/Lückert* aaO; *Kluge* § 3 Rn. 13).

Als **Notfälle** lassen sich denken: Grosse Brände, Erntenotstände, Katastrophen, Kriege (hist. Beispiel: Pferdeeinsatz in der Kavallerie). Der Begriff ist sehr eng auszulegen (vgl. *Hackbarth/Lückert* B IV 2). Eine Rechtfertigung scheidet aus, wenn ein weniger tierschädliches Mittel zur Verfügung steht oder wenn der angestrebte Nutzen gegenüber dem angerichteten Schaden nicht überwiegt. Sportlicher Ehrgeiz oder wirtschaftliche Notlagen eines Einzelnen wirken weder tatbestandsausschließend noch rechtfertigend (vgl. *L/M* § 3 Rn. 9). 8

III. Das Verbot des Abforderns von Leistungen nach bestimmten Behandlungen, Nr. 1 a

Das Verbot meint u. a. die **Neurektomie** (d. h.: Teilresektion eines Nervenastes; wird u. a. zur Unterbrechung der Schmerzbahn bei chronischen unheilbaren Erkrankungen an der Zehe des Pferdes und zur Behebung der spastischen Parese bei Jungrindern eingesetzt). Eingriffe und Behandlungen iS der Vorschrift sind aber auch andere Maßnahmen zur Schmerzausschaltung, Fiebersenkung uÄ, insbes. auch die Verabreichung entsprechender Medikamente. Erfasst werden alle Fälle, in denen eine Erkrankung, Verletzung oder sonstige Schwäche nicht ausheilend, sondern nur die Auswirkungen mildernd behandelt wurden (vgl. *Kluge* § 3 Rn. 19). 9

Verbotene Leistungen sind solche, die das Tier ohne den Eingriff oder die Behandlung aufgrund seiner Einschränkung nicht in vollem Umfang erbringen könnte (vgl. *Hackbarth/Lückert* B IV 2); sie dürfen nicht abverlangt werden. Unzulässig ist zB, neurektomierte Pferde zu Leistungsprüfungen, Distanz- oder Jagdritten einzusetzen (vgl. BT-Drucks. 13/7015 S. 16). Wenn in Art. 66 der Schweizer Tierschutzverordnung generell der Einsatz neurektomierter Pferde bei sportlichen Anlässen verboten ist, und wenn das Reglement der FEI (Fédération Equestre Internationale) sie von allen Turnieren ausschließt, so muss davon ausgegangen werden, dass diesen 10

Regelungen allgemein gültige wissenschaftliche Erkenntnisse zugrunde liegen. Demgemäß ist nach Nr. 1a neurektomierten Pferden der Einsatz im Sport verwehrt (vgl. *Schatzmann/Meier* in: *Sambraus/Steiger* S. 649; TVT Merkblatt Nr. 19).

11　Für die **Verhängung eines Bußgeldes** ist u.a. Voraussetzung, dass der Täter die stattgefundene Behandlung wenigstens hätte erkennen können. Dieser Nachweis ist bei Neurektomie uU schwer zu führen (*Schatzmann/ Meier* aaO). Deswegen ist die in § 6 Abs. 4 vorgesehene Rechtsverordnung, die die dauerhafte Kennzeichnung von Tieren, an denen nicht offensichtlich erkennbare Eingriffe vorgenommen worden sind, vorsieht, „zum Schutz der Tiere erforderlich".

IV. Das Verbot bestimmter Behandlungen im Sport, Nr. 1b

12　**Training** ist das wiederholte Üben gleichartiger Tätigkeiten mit dem Ziel der körperlichen und geistigen Leistungserhaltung bzw. -steigerung. **Wettkämpfe** sind sportliche Veranstaltungen, bei denen es um die Ermittlung von (menschlichen oder tierlichen) Gewinnern geht. **Ähnliche Veranstaltungen** iS der Nr. 1b dienen ebenfalls dem Gewinnen, haben aber nach der Verkehrsauffassung keinen echten sportlichen Charakter (zB Schweinerennen, Ochsenziehen, Schildkrötenrennen).

13　Nach **Nr. 1b erste Alternative** ist jede Maßnahme verboten, die bei dem trainierten bzw. im Wettkampf oder in der Veranstaltung eingesetzten Tier zu erheblichen Schmerzen, Leiden oder Schäden führt (zu Schmerzen s. § 1 Rn. 12–16, zu Leiden s. § 1 Rn. 17–23a, zu Schäden s. § 1 Rn. 24–26; zur Erheblichkeit s. § 17 Rn. 50–53; zur Auswahl von Sachverständigen zu diesen Fragen s. § 2 Rn. 44 und § 17 Rn. 85). Gleichgültig ist, ob die ursächliche Einwirkung auf das Tier der Veranstaltung zeitlich vorausgeht, ihr nachfolgt oder sie begleitet; die Veranstaltung muss nur eine nicht hinwegdenkbare Bedingung für die Schmerzen usw. sein. – Die für die Schmerzen usw. ursächliche Maßnahme muss die Leistungsfähigkeit des Tieres positiv oder negativ beeinflussen können (vgl. *Hackbarth/Lückert* B IV 2: „alle erdenklichen Handlungen, die eine Leistungssteigerung bezwecken"). Die Möglichkeit dazu genügt, ein entsprechender Erfolg wird nicht vorausgesetzt. Beispielsweise können Pferden erhebliche Schmerzen oder Leiden zugefügt werden durch: Schläge mit der Peitsche, scharfe Gebisse, Einrichtungen, die das Hochziehen der Zunge verhindern sollen, scharfe Gegenstände unter der Bandagierung, elektrische Reize, Gewichte an den Extremitäten, Barren u.a.m. Andere Beispiele: medikamentöse Einschränkung der Schmerzempfindlichkeit (Schäden); Zusammenbinden von Gliedmaßen (Leiden); Einschnüren von Körperteilen (zB beim Rodeo).

14　Nach **Nr. 1b zweite Alternative** ist der Einsatz von Dopingmitteln verboten. S. dazu die Definition in Nr. 2.1.1 AVV; darauf, ob das Mittel tierschutzrelevante Nachteile auslösen kann, kommt es nicht an. Für den Pferdesport ist als Definition gebräuchlich: „Doping ist jeder pharmakologische Versuch der Leistungsbeeinflussung des Pferdes" (*Cronau* in: *Sambraus/ Steiger* S. 640). Die Aufnahme einer Substanz in die Doping-Listen der na-

Besondere Vorschriften § 3 TierSchG

tionalen und internationalen Sportverbände genügt in jedem Fall, ist aber nicht erforderlich (vgl. *Kluge* § 3 Rn. 22). – Das Dopingverbot ist eine selbstständige Alternative („sowie"). Tatbestandsmäßig ist bereits die Anwendung eines entsprechenden Mittels an einem Tier; darauf, ob die Wirkungen zu Schmerzen, Leiden oder Schäden für das Tier führen können, kommt es nicht an (vgl. *Dietz* NuR 2001, 73). – Auch negatives (d. h. leistungsminderndes) Doping (zB an einem Tier des Konkurrenten) erfüllt den Tatbestand. – Bei negativem Doping oder dopingbedingten Unfällen kommen neben der Ahndung als Ordnungswidrigkeit nach § 18 Abs. 1 Nr. 4 auch Schadensersatzansprüche nach § 823 Abs. 1 BGB und § 823 Abs. 2 BGB i.V.m. § 303 StGB in Betracht. Weil das Dopingverbot sowohl dem Schutz der Tiere (vor Überforderung und Unfällen) als auch der Menschen (vor Unfällen und vor unfairen Wettbewerbsmethoden) dient, erscheint sogar denkbar, dem infolge positiven Dopings geschädigten Konkurrenten einen Anspruch aus § 823 Abs. 2 BGB i.V.m. § 3 Nr. 1 b zuzubilligen.

Auch für die beiden Alternativen der Nr. 1 b genügt **Fahrlässigkeit**. Tateinheit kommt in Betracht mit Nr. 1 a (zB bei medikamentöser Beeinflussung der Schmerzfähigkeit), mit Nr. 1, mit Nr. 5, mit Nr. 6 (bei Veranstaltungen mit Publikum) und mit § 18 Abs. 1 Nr. 1 (vgl. aber die gegenüber dieser Vorschrift deutliche Erweiterung der Verfolgbarkeit durch Nr. 1 b: hier kann jedermann Täter sein; auch ist eine Rechtfertigung durch einen vernünftigen Grund nicht möglich). 15

V. Das Verbot, besonders schutzbedürftige Tiere zu veräußern oder zu erwerben, Nr. 2

Es muss sich um **ein in der Obhut (irgend)eines Menschen gehaltenes Tier** handeln. Dies ist der Fall, wenn entweder der Täter oder ein Tatbeteiligter oder aber auch ein Dritter, der nicht an der Tat beteiligt ist, das Tier hält, betreut oder zu betreuen hat (s. § 2 Rn. 4–7). Geschützt sind auch Tiere wildlebender Arten. 16

Das Tier muss **gebrechlich, krank, abgetrieben oder alt** sein. Gebrechlichkeit ist eine durch Alter stark herabgesetzte körperliche Betätigungsfähigkeit. Abgetriebenheit ist ein vom Alter unabhängiger Konditionsmangel als Folge chronischer Überforderung (*Hackbarth/Lückert* B IV 3). – Ein Weiterleben muss für das Tier mit nicht behebbaren Schmerzen oder Leiden verbunden sein. Dies ist der Fall, wenn sich der Ist-Zustand mit Hilfe der veterinärmedizinischen Kunst nicht so verbessern lässt, dass das Tier keine Schmerzen und Leiden mehr erfährt (*Hackbarth/Lückert* aaO). 17

Der **Umfang des Verbots** erstreckt sich auf das Veräußern und das Erwerben. Veräußern ist die Übertragung des Eigentums (auch der Eigentumsanwartschaft) durch Rechtsgeschäft. Auf Entgeltlichkeit kommt es nicht an; es kann also auch eine Schenkung zugrunde liegen. Dagegen reicht die bloße Besitzübertragung (zB im Rahmen von Leihe oder Vermietung) nicht aus. – Verboten ist auch das Erwerben des Eigentums (oder der Eigentumsanwartschaft). – Verbotsgrund: Das Tier soll davor bewahrt wer- 18

§ 3 TierSchG   *Tierschutzgesetz*

den, zu Arbeitsleistungen oder anderen Verwendungen, die es überfordern könnten, herangezogen zu werden (Gefährdungstatbestand, s. Rn. 4).

19 Von den Verboten macht das Gesetz **zwei Ausnahmen: 1.** Der Erwerber beabsichtigt, das Tier unverzüglich (d.h. ohne schuldhaftes Zögern, § 121 BGB) schmerzlos zu töten. Dieser Zweck muss bereits Teil des schuldrechtlichen Verpflichtungsgeschäftes (zB des Kaufvertrages) sein. Das „Wie" der vereinbarten Tötung muss § 4 entsprechen (s. dort Rn. 4 und 5). – **2.** Die Veräußerung des kranken (also nicht des alten, gebrechlichen usw.) Tieres geschieht für einen Tierversuch. In diesem Fall muss aber die nach § 8 erforderliche Genehmigung für das Versuchsvorhaben im Zeitpunkt der Veräußerung bereits erteilt worden sein. Sie muss an den Erwerber gerichtet sein („unmittelbare Abgabe"); die Veräußerung an einen Mittelsmann, zB einen Händler mit Versuchstieren, ist nicht zulässig. Handelt es sich bei dem Tier um ein Wirbeltier, das nicht unter die in § 9 Abs. 2 Nr. 7 aufgelisteten Ausnahmen fällt (also zB um Hund, Katze, Affe, Maus, Ratte, Hamster, Meerschweinchen, Kaninchen etc.), so muss der Erwerber außerdem im Zeitpunkt der Veräußerung bereits die nach Satz 2 dieser Vorschrift erforderliche Ausnahmegenehmigung haben.

20 Ist gegen Nr. 2 verstoßen worden, so sind als **Konsequenz** sowohl die Übereignung als auch das zugrunde liegende Geschäft (Kaufvertrag, Schenkung usw.) gem. § 134 BGB nichtig (vgl. BT-Drucks. 380/89 S. 6; *L/M* § 3 Rn. 27). – Die Tierschutzbehörde kann die Rückgabe des Tieres anordnen, § 16a S. 1. – Der vorsätzliche, aber auch der fahrlässige Verstoß gegen Nr. 2 ist eine Ordnungswidrigkeit nach § 18 Abs. 1 Nr. 4 (Beispiel: Spiegelt der Erwerber die Absicht zur unverzüglichen schmerzlosen Tötung nur vor, so kann auch gegen den Veräußerer eine Geldbuße verhängt werden, wenn dieser die wahren Absichten des Erwerbers zwar nicht erkannt hat, sie aber hätte erkennen können). Verstoßen die Teilnehmer einer Tierbörse, eines Viehmarktes oder einer ähnlichen Veranstaltung gegen Nr. 2, so kann auch gegen den Veranstalter wegen Beihilfe eine Geldbuße verhängt werden, wenn dieser mit derartigen Verstößen rechnete (vgl. *L/M* § 3 Rn. 27; falls ihm nur Fahrlässigkeit nachgewiesen werden kann, kommt fahrlässige Nebentäterschaft in Betracht, s. § 18 Rn. 9). Tateinheit ist u.a. möglich mit § 18 Abs. 1 Nr. 1, Abs. 2, ggf. schon durch die Beförderung des Tieres zum Ort der Veräußerung bzw. der neuen Haltung. – Eine Verpflichtung, alte, kranke usw. Tiere zu töten, begründet Nr. 2 nicht (nicht einmal für den Erwerber, der ein solches Tier unter Verstoß gegen Nr. 2 erworben hat, denn er ist nicht Eigentümer geworden und darf deswegen auf das Tier nicht einwirken, vgl. §§ 929, 134, 903 BGB).

VI. Das Aussetzungsverbot, Nr. 3

21 Das Tier muss sich in der **Obhut (irgend)eines Menschen** befinden (wie Rn. 16). Auch Fundtiere, die jemand zu betreuen begonnen hat, oder wildlebende Tiere, die jemand zur Behandlung, Pflege, Überwinterung etc. aufgenommen hat, können ausgesetzt werden. Für ein Aussetzen durch aktives Tun (Nr. 3, erste Alt.) ist nicht erforderlich, dass der Täter selbst Halter,

Besondere Vorschriften **§ 3 TierSchG**

Betreuer oder Betreuungspflichtiger ist. ZB kann auch ein Dieb das gestohlene Tier aussetzen.

Aussetzen heißt: Das Tier wird aus der bisherigen Obhut entlassen, ohne 22 dass an deren Stelle eine neue menschliche Obhut tritt, so dass es auf seine eigenen Kräfte und Fähigkeiten verwiesen ist. – Normalerweise geschieht das Aussetzen durch ein aktives Tun. Beispiele: Verjagen; Anbinden im Park; aus dem Auto werfen; Einsperren in einen abseits gelegenen Verschlag; Fliegenlassen; Schaffen einer Gelegenheit, die dem Tier das Entlaufen ermöglicht; nicht mehr an den gewohnten Aufenthaltsort lassen; Rückführen eines vorübergehend aufgenommenen wilden Tieres in die Natur, ohne es genügend darauf vorbereitet zu haben oder zur Unzeit. Selbst ein Tier, das sich in der freien Natur ohne weiteres zurechtfinden kann, kann ausgesetzt werden, wenn dies zB an gefährlicher Stelle (zB Autobahnraststätte) oder in einem Zustand geschieht, der es zur Nahrungs- und Witterungsschutzsuche außerstand setzt oder sonst sein selbstständiges Überleben gefährdet (zB Anbindung; vgl. *Kluge* § 3 Rn. 38). – Ein Aussetzen durch Unterlassen liegt vor, wenn der Halter, Betreuungspflichtige oder Betreuer erkennt, dass das Tier ohne sein vorheriges Zutun entläuft, und er dies nicht verhindert, obwohl es ihm möglich wäre (§ 8 OWiG). – Nr. 3, erste Alt. ist ein abstraktes Gefährdungsdelikt, d. h., es ist nicht erforderlich, dass es zu einer konkreten Gefährdung des Tieres an Leben, Unversehrtheit oder Wohlbefinden kommt (vgl. *L/M* § 3 Rn. 29).

Täter der Alternative **„Zurücklassen"** kann im Gegensatz zum Aussetzen 23 nur der Schutzpflichtige, d. h. der Halter, der Betreuer oder der zur Betreuung Verpflichtete sein (s. § 2 Rn. 4–7). – Tatbestandsmäßig iS der Alternative „zurücklassen, um sich seiner zu entledigen" handelt, wer sich als Halter usw. vom Tier in der Absicht entfernt, nicht mehr zu ihm zurückzukehren, ohne es vorher der Obhut eines Dritten anzuvertrauen. – Tatbestandsmäßig iS der 1998 eingefügten Alternative „zurücklassen, um sich der Halter- oder Betreuerpflicht zu entziehen" handelt derjenige Halter usw., der das Tier für einen längeren Zeitraum, wie zB während des Urlaubs, unbeaufsichtigt sich selbst überlässt (vgl. BT-Drucks. 13/7015 S. 16). Im Gegensatz zur ersten Alternative des Zurücklassens wird man hier auf eine konkrete Gefährdung abstellen müssen, d. h.: Unter Berücksichtigung der Zeitdauer, während der der Halter usw. nicht zu dem Tier zurückkehren will, muss mit Wahrscheinlichkeit zu erwarten sein, dass das Tier infolge seines Zurückgelassenseins eine Beeinträchtigung im Wohlbefinden, einen Schmerz oder einen Schaden erfahren wird; ausreichend ist auch, wenn in dieser Zeit konkrete Betreuungshandlungen notwendig werden, die der Halter usw. auf einen Dritten hätte übertragen müssen (Beispiel bei *Hackbarth/Lückert* B IV 4: Der Hund wird während der zweiwöchigen Urlaubsreise allein in der Wohnung zurückgelassen, zwar versehen mit ausreichend Futter und Wasser, aber ohne dass sichergestellt ist, dass sich eine andere Person in regelmäßigen Abständen von seinem Wohlbefinden überzeugt). Ein verbotenes Zurücklassen in diesem Sinne kann auch vorliegen, wenn der Halter usw. zwar zunächst vorhatte, rechtzeitig (d. h. noch vor Entstehen einer Gefahrenlage bzw. dem Erforderlichwerden der Betreuungshandlung) zu dem Tier zurückzukehren, dies dann aber unterlässt (vgl. *L/M* § 3 Rn. 33).

§ 3 TierSchG *Tierschutzgesetz*

24 **Fahrlässigkeit** reicht auch hier aus (vgl. *L/M* § 3 Rn. 34). Beispiel: der Täter hätte erkennen können, dass infolge der Zeitdauer des Zurücklassens eine Gefahr für das Wohlbefinden des Tieres entsteht bzw. Betreuungshandlungen notwendig werden.

VII. Das zusätzliche Aussetzungs- und Ansiedelungsverbot, Nr. 4

25 Nr. 4 hat **kaum eigenständige Bedeutung**, denn Tiere wildlebender Arten, die sich in Obhut des Menschen befinden, sind bereits durch Nr. 3 vor Aussetzung und Zurücklassung geschützt. Deshalb werden Handlungen, die gegen Nr. 4 verstoßen, oftmals auch von Nr. 3 erfasst. Nr. 4 ist kein Spezialtatbestand, der Nr. 3 verdrängen würde (vgl. *L/M* § 3 Rn. 35; *Hackbarth/ Lückert* B IV 5).

26 Zu einer **wildlebenden Art** gehört ein Tier, wenn es in der Natur Individuen der betreffenden Tierart gibt, die nicht unter der Herrschaft des Menschen stehen. Freie Natur ist das Gebiet außerhalb geschlossener Siedlungen.

27 **Tathandlung** ist auch hier das Entlassen aus der bisherigen Obhut, ohne dass eine neue menschliche Obhut an deren Stelle tritt. Hinzu kommen muss, dass das Tier nicht ausreichend vorbereitet ist, um sich artgemäß ernähren und vor schlechter Witterung schützen zu können. Beispiele: selbstständige Futteraufnahme ist nicht gewährleistet; Haar- oder Federkleid sind nicht so weit entwickelt, dass auch die nächtliche Abkühlung ohne Leiden und Schaden überstanden wird; notwendige Fähigkeiten zum Nestbau sind noch nicht entwickelt. Nach Nr. 4 ist ein Ansiedeln in der freien Natur erst zulässig, wenn alle notwendigen Überlebensstrategien vom Tier eigenständig beherrscht werden (vgl. *Hackbarth/Lückert* aaO). Begleitendes Beobachten ändert an der Tatbestandsverwirklichung nichts. – Kann sich das Tier zwar ernähren und gegen Witterung schützen, fehlen ihm aber andere wesentliche Überlebensstrategien (zB der notwendige Fluchtinstinkt), so wird ein Aussetzen iS von Nr. 3 vorliegen (s. Rn. 22). – Tateinheit ist insbesondere möglich mit Aussetzungsverboten nach dem Jagdrecht (§ 28 Abs. 2, Abs. 3 BJagdG) und dem Naturschutzrecht (§ 41 BNatSchG i.V.m. Landesrecht).

VIII. Das Verbot bestimmter Maßnahmen bei Ausbildung und Training, Nr. 5

28 **Ausbilden** bedeutet Einwirken auf ein Tier, um es unter Ausnutzung seiner Lernfähigkeit und seines Vermögens, Umweltvorgänge artbezogen zu verstehen, zum Erlernen einer bestimmten Verhaltensweise oder eines Gefüges von Verhaltensweisen zu veranlassen (*L/M* § 3 Rn. 40). Beim Abrichten steht die Zwangseinwirkung auf das Tier im Vordergrund; es rechnet ebenfalls zum Ausbilden und wird häufig tatbestandsmäßig sein. Zum **Trainieren** s. Rn. 12. Wegen der Schwierigkeit der Abgrenzung von Ausbildung und Training stellt das Gesetz beides gleich (vgl. BT-Drucks. 13/7015 S. 16). Beispiele: Erziehung von Hunden als Jagd-, Gebrauchs-, Dienst-, Schutz- oder Blindenhunde oÄ; Ausbildung von Pferden im Sprung- und Dressur-

Besondere Vorschriften **§ 3 TierSchG**

bereich oÄ; Dressur von Tieren für den Zirkus; Ausbildung von Beizvögeln oder Frettchen als Jagdhelfer.

Verboten sind Maßnahmen, die bei dem Tier zu erheblichen Schmer- 29 **zen, Leiden oder Schäden führen.** Zu Schmerzen s. § 1 Rn. 12–16, zu Leiden s. § 1 Rn. 17–23a, zu Schäden s. § 1 Rn. 24–26; zur Erheblichkeit s. § 17 Rn. 50–53; zur Auswahl von Sachverständigen zu diesen Fragen s. § 2 Rn. 44 und § 17 Rn. 85. Die Erheblichkeit kann sich u.a. ergeben: aus der Wiederholung oder der Dauer der Einwirkung (im Gegensatz zu § 17 Nr. 2b ist das Zeitmoment hier nicht durch ein besonderes Tatbestandsmerkmal erfasst und fließt deswegen in die Beurteilung der Erheblichkeit ein; s. auch § 18 Rn. 12); aus der Intensität der Einwirkung; aus der Empfindlichkeit des betroffenen Organs, insbes. bei Augen, Nase Ohren und Geschlechtsteilen; aus Verhaltensanomalien; aus Funktionsstörungen; aus Anzahl, Intensität und Dauer von auftretenden Schmerz-, Leidens- oder Angstsymptomen (s. § 1 Rn. 21, 22 und § 17 Rn. 52, 53). Zeigt ein Tier während einer Veranstaltung (Sport, Zirkus, Rodeo u.a.) Verhaltensweisen, die für die jeweilige Tierart besonders untypisch sind, so kann dies den Schluss zulassen, dass die Ausbildung zu dieser „Leistung" mit erheblichen Leiden verbunden gewesen sein muss (Beispiele: Bären, die tanzen, Schlittschuh oder Rollschuh laufen; Elefanten, die einen Kopfstand machen; unverträgliche Tiere, die gemeinsam auftreten müssen, zB ein Tiger, der auf einem Pferd reitet; Pferde, die – obwohl Fluchttiere – gegen große andere Tiere anrennen und andrängen müssen; Pferde, die kraftübersteigende, extreme Hindernisse überspringen müssen). – Die für die Schmerzen usw. kausale Maßnahme kann auch der Vorbereitung einer Ausbildung dienen oder ihr zeitlich nachfolgen. Die Schmerzen usw. müssen nicht zeitgleich mit der Ausbildung eintreten, sondern können auch erst später auftreten. Es genügt, dass die Ausbildung eine nicht hinwegdenkbare Ursache für sie darstellt. – Weitere Beispiele: Hundehalsbänder mit Stacheln an der Innenseite (vgl. OLG Hamm NStZ 1985, 275); länger andauernder Nahrungs- oder Wasserentzug als Strafmaßnahme; Würgehalsbänder; Elektroreizgeräte, auch wenn sie außer Betrieb sind, aber das vorher damit behandelte Tier Verhaltensstörungen oder Symptome eines länger andauernden Zustandes ängstlicher Erwartung weiterer Stromstöße zeigt (vgl. AG Jever AtD 1998, 353); Abschleifen von Zähnen. Nach den BMVEL-Leitlinien „Tierschutz im Pferdesport" darf die Peitsche nur noch im Sinne eines Touchierens eingesetzt werden.

Fahrlässigkeit reicht auch hier aus (zB bezüglich der Verursachung von 29a Leiden oder bezüglich ihrer Erheblichkeit). – Eine Rechtfertigung gibt es nicht (Ausnahme: rechtfertigender Notstand, s. Rn. 2). Auch berechtigte und wichtige Ausbildungs- oder Trainingsziele können keine Rechtfertigung bilden, denn der berechtigte Zweck legitimiert nicht das rechtswidrige Mittel (vgl. *Hackbarth/Lückert* B IV 6). – Werden die Schmerzen oder Leiden dem Tier wiederholt zugefügt (was gerade bei Ausbildungen nicht selten der Fall sein wird), so ist auch der Straftatbestand des § 17 Nr. 2b erfüllt.

IX. Verbote bei Filmaufnahmen, Werbung, Schaustellungen oder ähnlichen Veranstaltungen, Nr. 6

30 Zu einer **Filmaufnahme** wird ein Tier herangezogen, wenn es eine Leistung (s. Rn. 5) erbringt oder eine Einwirkung erduldet und dabei gefilmt wird. – Nr. 6 greift nicht ein, wenn der gefilmte Vorgang von den §§ 7 ff. als Spezialregelung erfasst wird, weil es sich um einen Tierversuch nach § 7 Abs. 1 oder einen Lehrversuch nach § 10 handelt. Werden also Eingriffe und Behandlungen zur Aus-, Fort- oder Weiterbildung gefilmt, so richtet sich die Zulässigkeit danach, ob die in § 10 geregelten materiellrechtlichen und verfahrensrechtlichen Voraussetzungen eingehalten sind (insbes. auch § 10 Abs. 2 i.V.m. §§ 8 a und 8 b: Anzeigepflicht; Tierschutzbeauftragter). – Reportagen über Vorgänge, die unabhängig davon stattfinden, ob sie gefilmt werden oder nicht (zB Schlachtungen, Tiertransporte), können entsprechend § 86 Abs. 3 StGB zulässig sein (vgl. *Kluge* § 3 Rn. 60); allerdings ist stets zu prüfen, ob nicht der gefilmte Vorgang als solcher eine ähnliche Veranstaltung iS von Nr. 6 darstellt, zB weil seitens des Veranstalters Publikum erwünscht ist (Beispiel: Tierkampf mit Zuschauerbeteiligung). – Darauf, ob der Film später nur einem geschlossenen Teilnehmerkreis oder aber einer unbestimmten Vielzahl von Menschen zugänglich gemacht werden soll, kommt es nach Wortlaut und Zweck der Vorschrift nicht an (vgl. *Kluge* aaO Rn. 58; aA *Hackbarth/Lückert* B IV 7). – Auch Standphotographien sind Filmaufnahmen.

31 Der Begriff der **Schaustellung** umfasst jedes Zurschaustellen oder Vorführen von Tieren. Beispiele: Zoologischer Garten, Freizeitzoo, Vogelpark, Tierschau, Tiergarten, Bühne, Ausstellungsraum, Umzug mit Tieren, Vorführung mit Tieren in Theater, Varieté und auf Jahrmärkten oder Rummelplätzen, Zurschaustellung von Tieren in Gaststätten (Wasserbecken mit Forellen), Schaufenstern etc. Unschädlich ist, wenn die Schaustellung zugleich mit einer anderen Darbietung (zB Zaubern) verbunden wird oder der Belehrung dienen soll. Ausstellen von Tieren in einem Ladengeschäft ist entweder Schaustellung oder Werbung (s. Rn. 32). Zuchtprüfungen können Schaustellungen sein, wenn Publikum erwünscht ist (zB Eintrittsgebühren) oder eine Veröffentlichung über die Medien angestrebt wird.

32 **Werbung** liegt vor, wenn das Tier eingesetzt wird, um den Absatz einer Ware (auch des Tieres selbst) oder einer Dienstleistung zu fördern. Beispiele: Ausstellen, um zum Kauf des Tieres anzuregen oder um damit das Schaufenster auszuschmücken; Verwendung als Werbegeschenk; Aquarien, Terrarien etc. in Verkaufsstätten oder Restaurants; Werbefilme mit Tieren.

33 Für **ähnliche Veranstaltungen** ist wesentlich, dass die Beteiligung dritter unbeteiligter Personen als Zuschauer erwünscht ist, wobei aber ein geschlossener Teilnehmerkreis ausreicht (vgl. *Kluge* § 3 Rn. 58). Meist handelt es sich um Nutzungen, in denen zur Schaustellung des Tieres noch ein weiterer Umstand hinzutritt, etwa das Vorführen menschlicher Leistungen an oder mit dem Tier (zB Zirkus; Wettfischen; Schießen auf Tauben; Hunderennen; Taubenwettflüge). Auch Sportveranstaltungen, bei denen Tiere Verwendung finden, zählen hierher (vgl. *Kluge* § 3 Rn. 58; *Ennulat/*

Besondere Vorschriften § 3 TierSchG

Zoebe II § 3 Rn. 25), zumindest dann, wenn nach dem Willen der Veranstalter das Vorführen vor Publikum als Zweitziel neben den Wettkampfzweck (d. h. die Ermittlung von Gewinnern) tritt. Erst recht gilt Nr. 6, wenn das Vorhandensein von Publikum für die Veranstalter eine notwendige Zwischenstufe für einen weitergehenden Endzweck darstellt (zB das Erzielen von Eintrittsgeldern oder die Entgegennahme von Wetteinsätzen). Dem kann nicht entgegengehalten werden, dass nach Nr. 1 b Tiere im Sport nicht vor „einfachen", sondern nur vor erheblichen Schmerzen, Leiden oder Schäden geschützt seien; das ÄndG 1998 wollte mit dieser neuen Bestimmung den Tierschutz stärken und nicht etwa den (für Sportveranstaltungen vor Publikum) weitergehenden Schutz aus Nr. 6, der bereits seit der Änderung von 1986 gilt, zurücknehmen (vgl. dazu BT-Drucks. 13/7015 S. 2: „An dem bei früheren Novellierungen des Tierschutzgesetzes stets beachteten Grundsatz, nicht hinter geltendes Recht zurückzugehen, soll festgehalten werden").

Der Tatbestand ist erfüllt, wenn dem Tier durch die Heranziehung „ein- 34 fache" **Schmerzen, Leiden oder Schäden** entstehen (zu Schmerzen s. § 1 Rn. 12–16, zu Leiden s. § 1 Rn. 17–23 a, zu Schäden s. § 1 Rn. 24–26). Erheblich brauchen die Belastungen nicht zu sein. Der Schutz aus Nr. 6 ist damit sehr weitgehend. Hinzu kommt: Täter kann jedermann sein (also nicht nur der Halter, Betreuer oder Betreuungspflichtige); eine Rechtfertigung aus vernünftigem Grund ist nicht möglich (s. Rn. 2); Fahrlässigkeit hinsichtlich der Schmerzen, Leiden oder Schäden reicht aus. – Ebenso wie bei Nr. 1 b und Nr. 5 genügt auch hier, wenn die für die Schmerzen, Leiden oder Schäden ursächliche Maßnahme der Veranstaltung vorausgeht, sie begleitet oder ihr nachfolgt. Es kommt nur darauf an, dass die Veranstaltung eine nicht hinwegdenkbare Bedingung für den unerwünschten Erfolg darstellt. Beispiel: Wird die Geburt eines Jungtieres nur herbeigeführt, um es eine Saison lang zu zeigen und anschließend zu töten (= Schaden, s. § 1 Rn. 26), so ist Nr. 6 verletzt (vgl. *L/M* § 3 Rn. 44).

Die **Anwendbarkeit des Verbotes auf Veranstaltungen mit künstleri-** 35 **schem Charakter** war vor der Aufnahme des Staatsziels Tierschutz in das Grundgesetz umstritten (vgl. einerseits AG Kassel NStZ 1991, 444 m. Anm. *Selb* und andererseits LG Köln NuR 1991, 42). Nach der Änderung von Art. 20 a GG ist der Tierschutz als verfassungsrechtliches Staatsziel allen anderen Verfassungsprinzipien prinzipiell gleichgeordnet; dies gilt auch für das Grundrecht der Kunstfreiheit nach Art. 5 Abs 3 GG. Im Wege der Abwägung muss deshalb ein Ausgleich hergestellt werden, für den der jeweilige Grad der Zielbetroffenheit maßgeblich ist (s. Art. 20 a GG Rn. 5). Bei dieser Abwägung wird das Verbot der Leidens- und Schadenszufügung idR schwerer wiegen: Zum einen gibt es für den Künstler Möglichkeiten, das geistig-seelische Erlebnis, das mit der künstlerischen Tätigkeit zum Ausdruck gebracht werden soll, auch ohne Tiertötungen und ohne Verursachung von Tierleid in schöpferisch-gestalterischer Form umzusetzen; zum anderen wiegen die Nachteile, die mit dem Ausweichen auf eine solche tierschonende Alternative verbunden sein können, regelmäßig weniger schwer als die Belastungen des Tieres (vgl. auch *Caspar/Geissen* NVwZ 2002, 913, 916).

§ 3 TierSchG

36 **Pferdesportveranstaltungen (Trab- und Galopprennen, Vielseitigkeitsreiten)** sind ähnliche Veranstaltungen iS von Nr. 6, wenn es dabei auch um die Zurschaustellung der Leistungen von Pferd und Reiter vor Publikum geht (erst recht natürlich bei Wetteinsätzen: der Gesamtumsatz aller Deutschen Rennbahnen 1997 betrug 280 Mio. DM). – Kommt es aus Anlass einer solchen Veranstaltung zu fahrlässig herbeigeführten Unfällen, die den Pferden Schmerzen, Leiden oder Schäden verursachen, so kann dies als Ordnungswidrigkeit nach § 18 Abs. 1 Nr. 4 i.V.m. § 3 Nr. 6 geahndet werden. Fahrlässige Unfallursachen sind zB: Verstöße gegen die Leitlinien des BMVEL zum Tierschutz im Pferdesport (die Rennordnung muss diesen Leitlinien entsprechen bzw. angepasst werden); Einsatz zu junger oder nicht hinreichend ausgebildeter Pferde; Verwendung von Scheuklappen und anderen Sichtbehinderungen, die Irritationen des Pferdes auslösen; Peitscheneinsatz über das bloße Touchieren hinaus (s. auch Rn. 29; vgl. auch *Rusche* in: Evang. Akademie Bad Boll, Tiere im Sport S. 100, 103); Einsatz überforderter Pferde (Indiz: Widersetzlichkeiten des Tieres beim Satteln oder an der Startmaschine, die mit Zwangsmitteln überwunden werden); Nichteinsatz neutraler, unabhängiger Tierärzte vor Rennbeginn und während des Rennens; Nicht-befolgung von Weisungen und Empfehlungen der Tierärzte (vgl. *Pick* DtW 1999, 179). – Besonders beim Vielseitigkeitsreiten können sich schwere Unfälle mit Folgen iS der Nr. 6 ereignen. Voraussehbare und vermeidbare Unfallursachen sind dabei neben den o. e. Verstößen insbesondere: zu hohes Tempo (Grundtempi von 34 km/h im Gelände und 41 km/h auf der Rennbahn überfordern das durchschnittliche Vielseitigkeitspferd und begünstigen schwere Stürze); Vorwärtsreiben erschöpfter Pferde (Indiz: Einsatz der Peitsche); Nichtteilnahme an vorgesehenen Verfassungsprüfungen; Nichtbefolgung von Weisungen oder Empfehlungen der Hindernisrichter; Verstöße gegen die Leistungsprüfungsordnung der FN (vgl. *Pick* in: Evang. Akademie Bad Boll, Tiere im Sport, S. 147). Gefordert werden müssen: Verfassungsprüfungen durch Tierärzte vor Veranstaltungsbeginn; Anwesenheit von Tierärzten auch bei kleineren Turnieren (vgl. dazu die Leistungsprüfungsordnung 2000 der FN: Ständige Anwesenheit eines Turniertierarztes auf allen Turnieren der Kategorie A und B); Verzicht auf überfordernde Hindernisse und Hinderniskombinationen; Anbieten von Alternativen vor schweren Hindernissen; Absenkung der Tempi; Vermeidung von wechselndem Untergrund (vgl. dazu *Franzky* AtD 2001, 21 ff.). – Das vorsätzliche Zufügen von Schmerzen, Leiden usw. verstößt erst recht gegen Nr. 6. Beispiele: Verwendung von Gebissen, die zu Verletzungen führen (Indiz: aus dem Maul blutende Pferde nach dem Rennen); Zungenbänder oder andere Methoden, die dem Pferd das Hochziehen der Zunge unmöglich machen sollen; nicht passende Sättel (Folge: Rückenprobleme); zu schmale, stark einschnürende Sattelgurte; Peitscheneinsatz zum Antreiben (s. Rn. 29); Zwangsmaßnahmen wie Nasenbremse oder Dunkelbox vor dem Satteln; Zwangsmittel an der Startmaschine, u.a. Blende, Nasenbremse, Fußtritte, Hetzpeitsche oder Aufbiegen des Schweifes (näher dazu *Pick* aaO).

37 **Rodeos, Springderbies, Rennen mit und ohne Hindernisse, Polowettkämpfe, Wettkämpfe mit Tieren oder gegen Tiere** (zB Wettfischen) sind

Besondere Vorschriften § 3 TierSchG

ebenfalls Veranstaltungen iS von Nr. 6, wenn sie vor Publikum stattfinden oder für Publikum gefilmt oder auf Tonträger aufgenommen werden. Die tierärztliche Inaugenscheinnahme der eingesetzten Tiere (u. a. der Beine nach Abnahme der Bandagen sowie des Maul- und Nasenbereichs) kann ergeben, dass ihnen Schmerzen oder Leiden zugefügt worden sind, zB durch scharfe oder spitze Gegenstände unter der Bandagierung, durch Einsatz scharfer Gebisse uÄ Auch hier begründen bereits fahrlässige Handlungen, insbes. fahrlässig verursachte Unfälle, einen Verstoß (zB Überforderung der Pferde, Weiterreiten trotz sichtbarer Erschöpfungsanzeichen, Peitscheneinsatz, Missachtung tierärztlicher Empfehlungen uÄ). – Schlittenhunderennen vor Publikum fallen ebenfalls unter Nr. 6. In diesem Bereich kommen als vorsätzlich oder fahrlässig herbeigeführte Ursachen für Leiden, Schmerzen oder Schäden u. a. in Betracht: Durchführung des Rennens trotz zu hoher Außentemperaturen (allgemein besteht Konsens, Rennen oberhalb einer Temperatur von 15 Grad C abzusagen bzw. abzubrechen; Probleme können bereits ab 10 Grad C auftreten); Nichtanwesenheit eines Tierarztes im Start-Ziel-Gebiet trotz Umgebungstemperaturen von über 10 Grad C; Einsatz tierschutzwidriger Ausrüstungsgegenstände wie Maulkörbe, Würgehalsbänder, Teletaktgeräte, Signalgeber, Peitschen uÄ; Verstöße gegen Entscheidungen und Empfehlungen des Renntierarztes (vgl. *Möbius/Schimke* in: Evang. Akademie Bad Boll, Tiere im Sport, S. 158 ff.).

X. Verbot des Abrichtens oder Prüfens auf Schärfe, Nr. 7

Abrichten ist Ausbilden mit Zwang (s. Rn. 28). – **Prüfen** ist jedes förmliche oder formlose Verfahren, das der Feststellung dient, ob das ausgebildete/abgerichtete Tier die erwünschten Fähigkeiten besitzt. – **An einem anderen Tier** erfolgen Abrichtung bzw. Prüfung jedenfalls dann, wenn eine körperliche Berührung stattfindet, mag auch das andere Tier zuvor mit einem Schutz vor körperlichen Verletzungen versehen worden sein. Aber auch eine „Nahezuberührung" kann das Verbot auslösen, wenn beispielsweise dem anderen Tier Fluchtmöglichkeiten oder Fluchtwinkel genommen und bei ihm Angst, Schrecken oder Panik ausgelöst werden (vgl. *Schiwy* § 3 Nr. 7). 38

Auf Schärfe erfolgt die Abrichtung, wenn sie bei dem auszubildenden Tier die Bereitschaft hervorrufen oder fördern soll, ein lebendes Tier oder einen Menschen zu verfolgen und ggf. zu greifen oder zu fassen (*Lorz NuR* 1991, 207, 208; *L/M* § 3 Rn. 52). Die Prüfung dient der Feststellung dieser Bereitschaft. – Die Gegenmeinung verlangt weitergehend, dass es darum gehen müsse, die Verletzungs- und Tötungsbereitschaft des auszubildenden Tieres zu fördern bzw. zu prüfen (OLG Celle NuR 1994, 516; *von Pückler* AgrarR 1992, 7, 9; *Meyer-Ravenstein* MDR 1990, 864; *Lauven* AgrarR 1989, 264, 266). Gegen diese einschränkende Auslegung spricht jedoch bereits der Gesetzeswortlaut, denn „Schärfe" im jagdlichen Sinn besitzt ein Hund schon dann, wenn er bereit und fähig ist, (starkes) Wild oder wehrhaftes Raubzeug scharf zu stellen (*Krewer* BLV-Jagdlexikon, „Schärfe"). Auch wäre es mit dem Gedanken der tierfreundlichen Auslegung des Tier- 39

§ 3 TierSchG
Tierschutzgesetz

schutzgesetzes (s. § 1 Rn. 1) unvereinbar, für Nr. 7 einen engeren Schärfebegriff zu verwenden als im Jagdrecht. Soweit sich die Gegenmeinung darauf beruft, der historische Gesetzgeber von 1933 habe mit der Vorgängernorm des § 2 Nr. 6 RTierSchG nur das Katzenwürgen abschaffen wollen (so *Lauven* aaO), verkennt sie, dass es bei allen seither erfolgten Änderungen des Gesetzes stets darum gegangen ist, dem weiterentwickelten Tierschutzverständnis der Allgemeinheit Rechnung zu tragen; ein Verharren auf einem mehr als 70 Jahre zurückliegenden Auslegungsniveau würde dieser Zielsetzung nicht gerecht (*L/M* aaO).

40 Die **Ausbildung von Greifvögeln, Frettchen u. a. an lebenden Beutetieren** ist nach beiden Definitionen ein Abrichten auf Schärfe, das jedenfalls dann für Zwecke des Menschen erfolgt, wenn der Vogel oder das Frettchen anschließend für die Jagd, für Schaustellungen oder andere menschliche Zwecke eingesetzt werden sollen. Dagegen soll das Nahrungsaufnahmetraining von Greifvögeln, die anschließend im Einklang mit Nr. 4 ausgewildert werden, nicht unter das Verbot fallen (vgl. *Kluge* § 3 Rn. 69). Zur Jagdhundeausbildung an lebenden Enten, Füchsen und Dachsen s. Rn. 45–51.

XI. Verbot des Hetzens auf ein anderes Tier, Nr. 8

41 **Hetzen** ist die an ein Tier gerichtete Aufforderung, aktiv auf ein anderes Tier zuzugehen und es zu verfolgen (vgl. VGH Kassel NuR 1997, 296, 297; *Lorz* NuR 1991, 207, 209; *L/M* § 3 Rn. 63). Auf die Überlegenheit des hetzenden Tieres kommt es ebenso wenig an wie darauf, ob es dem gehetzten Tier gefährlich werden kann (vgl. OVG Münster NuR 1999, 115, 116). Unerheblich ist auch, ob die Aufforderung den gewünschten Erfolg hat. Selbst eine von vornherein völlig erfolglose Aufforderung, bspw. an einen angeketteten Hund, kann ausreichen (*L/M* § 3 Rn. 64). – U. a. erfasst Nr. 8 das Veranstalten von Tierkämpfen, aber auch bestimmte Formen der Jagd (s. Rn. 42, 43) und der Jagdhundeausbildung (s. Rn. 45–51).

42 Streitig ist, ob **weidgerechte Jagdausübung** hier ebenso zu verstehen ist wie nach § 1 Abs. 4 BJagdG (und demgemäß nur „das Aufsuchen, Nachstellen, Erlegen und Fangen von Wild" umfasst), oder ob auch Jagdvorbereitungshandlungen wie die Ausbildung und Prüfung von Jagdhunden darunter fallen können (im erstgenannten, engeren Sinn VGH Kassel aaO; *Lorz* NuR 1991, 207, 209; *Ennulat/Zoebe* II § 3 Rn. 33; im letztgenannten, erweiterten Sinn OVG Münster aaO; OLG Celle NuR 1994, 516; *L/M* aaO Rn. 65; der Gedanke der tierfreundlichen Auslegung nach § 1 S. 1 könnte aber einer vom Jagdrecht abweichenden, erweiternden Auslegung zu Lasten des Tieres entgegenstehen). – Was weidgerecht ist, richtet sich heute nicht mehr allein nach Herkommen und Tradition. Vielmehr muss der Weidgerechtigkeit „ein sittlicher Gehalt zukommen" (*Lorz/Metzger/Stöckel* Jagdrecht-Fischereirecht § 1 BJagdG Rn. 12; ebenso VG Düsseldorf NuR 1996, 634); sie muss dem „Geist der Gegenwart" (*Lorz* NuR 1991, 207, 211) und damit dem „neuzeitlichen Zug des Jagdwesens zur Vorherrschaft von Natur- und Tierschutz, die allein die Daseinsberechtigung des Weidwerks in

Besondere Vorschriften **§ 3 TierSchG**

der Jetztzeit zu rechtfertigen vermag" entsprechen (*Eckert,* Vorwort zum Landesjagdgesetz BW, zit. n. *Lorz* aaO); sie muss sich also dem weiterentwickelten Tierschutzverständnis anpassen (vgl. *Krug* AtD 1996, 134, 140). Traditionelle Praktiken, die mit den gegenwärtigen mehrheitlichen Wert- und Gerechtigkeitsvorstellungen nicht mehr in Einklang stehen, sind demgemäß auch nicht weidgerecht. – Zu den Grundsätzen der Weidgerechtigkeit gehört u. a. der jagdliche Grundsatz, dem Wild bei der Jagd die bestmöglichen Chancen gegenüber dem Jäger einzuräumen (vgl. OLG Koblenz RdL 1984, 94; vgl. auch *Mitzschke/Schäfer* Bundesjagdgesetz § 1 Rn. 45: „Maximum an Chancen").

Das **Gebot zu größtmöglicher Schmerzvermeidung** lässt sich als Bestandteil der **Weidgerechtigkeit** ansehen. Es ergibt sich außerdem unmittelbar aus dem Gesetz, nämlich aus § 4 Abs. 1 S. 2 (s. dort Rn. 10). – Diesem Gebot entspricht die Beschränkung auf Jagdmethoden, die eine sorgfältige Schussabgabe ermöglichen. Der Tötungsschuss muss für das Tier unerwartet kommen und unverzüglich zum Tod führen. Er darf nur erfolgen, wenn der Jäger unter realistischer Einschätzung der Tötungswahrscheinlichkeit das Wild sicher erlegen kann (vgl. *Krug* AtD 1996, 134, 140). – Nach diesen Grundsätzen sind Treibjagden, bei denen das Wild mit Treibern und Hunden aufgescheucht und dem Schützen zugetrieben wird, weder weidgerecht iS der Nr. 8 noch vereinbar mit § 4 Abs. 1 S. 2: Das Wild wird vor dem Erlegen einem erheblichen Stress ausgesetzt; der Schuss auf hochflüchtige Tiere wird vielfach zur Glückssache; selbst zwei und mehr Schüsse pro erlegtem Stück werden noch als gutes Ergebnis bezeichnet (vgl. *Krug* aaO, der auch auf die minderwertige Qualität von Wildbret aus Treib- und Drückjagden aufmerksam macht). Aus denselben Gründen sind auch Drückjagden mit den genannten Vorschriften nicht vereinbar. Eine Ausnahme wird für möglich gehalten, wenn bei Ansitzdrückjagden Treibergruppen ohne Hunde und Lärm eingesetzt werden (vgl. *Wohn* AtD 1996, 231, 232). – Stöberhundjagden haben ähnliche Nachteile: Das Wild wird lange und scharf getrieben; Rudel, Sprünge und Rotten werden gesprengt, Jungtiere können anschließend verhungern; Fehlschüsse und Schüsse, die nicht unmittelbar tödlich wirken, sind häufig; es kommt zum Sichverfangen von Wild in Zäunen und zum Abwürgen von Wild durch die Hunde. Auch diese Jagdform ist deshalb weder weidgerecht iS der Nr. 8 noch mit § 4 Abs. 1 S. 2 vereinbar (vgl. *Wohn* aaO). – Grundsätzlich kann nur der Einsatz des Hundes nach dem Schuss oder bei der Suche nach durch sonstige Einwirkung verletztem Wild als tierschutz- und weidgerecht anerkannt werden (vgl. *Krug* aaO). – Im Gegensatz dazu lässt jedoch § 19 Abs. 1 Nr. 16 BJagdG die Brackenjagd als Unterfall der nach Nr. 13 verbotenen Hetzjagd zu, wenn sie auf einer Fläche von mehr als 1000 ha stattfindet.

Fahrlässigkeit reicht auch hier für eine Ordnungswidrigkeit nach § 18 Abs. 1 Nr. 4 aus. Tateinheit kommt zB in Betracht mit §§ 39 Abs. 1 Nr. 5, 19 Abs. 1 Nr. 13, 16 BJagdG (bei Hetzjagd und verbotener Brackenjagd), mit §§ 39 Abs. 2 Nr. 3a, 22 Abs. 1 S. 2 BJagdG (bei Hetzen trotz Schonzeit). Liegt gleichzeitig eine Straftat vor (zB nach §§ 17 Nr. 1, 17 Nr. 2b TierSchG; § 303 StGB beim Hetzen von Jagdhunden auf Haustiere), tritt die Ordnungswidrigkeit zurück, § 21 OWiG.

XII. Einschub: Zur Ausbildung von Jagdhunden an lebenden Tieren

45 Bei der Jagdhundeausbildung oder -prüfung an der lebenden Ente wird eine Stockente künstlich durch Verkleben oder Ausreißen von Schwungfedern flugunfähig gemacht und im deckungsreichen Gewässer an einer Stelle ausgesetzt, die der Hund nicht kennt. Dieser wird dann aufgefordert, die Ente aufzuspüren und aus der Deckung aufs offene Gewässer zu treiben, damit der Jäger sie dort erlegen und der Hund sie anschließend apportieren kann (vgl. *Hölzel* DudT 3/1999, 32 f.).

46 Diese (noch in einigen Bundesländern geübte) Praxis stellt jedenfalls einen **Verstoß gegen § 3 Nr. 8** dar (so zutreffend: OVG Koblenz NuR 2001, 596 f.; OVG Schleswig AtD 1999, 38 ff.; VGH Kassel NuR 1997, 296 ff.; *Sojka* AgrarR 1994, 376 ff.; *Lorz* NuR 1991, 207 ff. Einen Verstoß verneinen dagegen: OVG Münster NuR 1999, 115 ff.; OLG Celle AgrarR 1994, 374 ff.; *v. Pückler* AgrarR 1992, 7 ff.; *Lauven* AgrarR 1989, 264 ff.). – Ein Hetzen liegt unzweifelhaft vor, denn der Hund wird aufgefordert, die Ente aus der schützenden Deckung zu treiben und zu verfolgen (s. Rn. 41). – Die Grundsätze weidgerechter Jagdausübung erfordern diese Art der Ausbildung nicht. Es handelt sich nicht um Jagdausübung iS von § 1 Abs. 4 BJagdG, sondern um Jagdvorbereitung (s. Rn. 42). Aber selbst wenn man zur Jagdausübung iS der Nr. 8 auch die Jagdvorbereitung rechnet, gehört es nicht zur Weidgerechtigkeit, Jagd oder Jagdvorbereitung gegenüber Tieren zu betreiben, die zuvor durch einen menschlichen Eingriff eines Teils ihrer natürlichen Fähigkeiten beraubt worden sind (s. Rn. 42, „bestmögliche Chancen gegenüber dem Jäger"; vgl. auch VGH Kassel und OVG Schleswig aaO: „Weidgerecht ist es unzweifelhaft nicht, Tiere künstlich so zu präparieren, dass sie in ihrer natürlichen Funktionsfähigkeit entscheidend eingeschränkt sind, so dass sie nicht mehr auf natürliche Weise fliehen können"). Da der Satz „der Zweck heiligt die Mittel" nicht zu den sittlich fundierten allgemeinen Gerechtigkeitsvorstellungen gehört, kann er auch nicht Bestandteil der Weidgerechtigkeit sein. Deshalb kann der an sich legitime Zweck, einen brauchbaren Jagdhund zu gewinnen, das weidwidrige Mittel des Bejagens einer zuvor flugunfähig gemachten Ente nicht legitimieren. – Im Übrigen lässt sich der genannte Zweck auch ohne den Einsatz lebender Enten erreichen: Die Brauchbarkeit eines Hundes zur Jagd auf Wasserwild ist bereits dann zu bejahen, wenn dieser ausreichende Leistungen im Fach ‚Bringen von Nutzwild aus Wasser, dessen Tiefe den Hund zum Schwimmen zwingt' gezeigt hat (vgl. §§ 46 Abs. 1 Nr. 5, 47 Abs. 1, 48 der rheinland-pfälzischen Verordnung zur Durchführung des LJagdG v. 17. 3. 2000, GVBl. S. 164). Dazu genügt es, eine bereits getötete Ente so im deckungsreichen Gewässer zu platzieren, dass der Hund über eine freie Wasserfläche, deren Tiefe ihn zum Schwimmen zwingt, geschickt werden muss (so zutreffend OVG Koblenz aaO 597; die Bestimmungen des rheinland-pfälzischen Landesrechts sind Ausdruck allgemeiner wissenschaftlicher Erkenntnisse). Den Bedenken, die gegen diese tierschonende Alternative vorgebracht werden, ist entgegenzuhalten, dass nach § 1 S. 1 nicht jeder mögliche Zweifel an der Geeignetheit tierschonender Alternativmethoden zu

Besondere Vorschriften **§ 3 TierSchG**

Lasten des Tieres ausschlagen darf (s. § 1 Rn. 49). Schon der Wortlaut der Nr. 8 („soweit nicht... erfordern") spricht dafür, den Nachteil einer verbleibenden Ungewissheit nicht dem Tier aufzuerlegen, sondern demjenigen, der sich auf die gesetzliche Ausnahme beruft (vgl. auch OVG Koblenz aaO: Schon die Ungewissheit über die Notwendigkeit, zur Gewinnung brauchbarer Jagdhunde lebende Enten einzusetzen, lasse diese Methode als rechtswidrig erscheinen). Hinzu kommt, dass der Einsatz weidwidriger Mittel, wenn man ihn um besonders wichtige Zwecke willen ausnahmsweise zulassen will, auf Fälle beschränkt bleiben muss, wo unzweifelhaft keine geeigneten Alternativmethoden zur Verfügung stehen (so zutreffend VG Düsseldorf NuR 1996, 634). Davon aber, dass der Einsatz toter Tiere keine geeignete Ausbildungs- und Prüfmethode sei, kann nicht ernsthaft die Rede sein; immerhin beschränkt man sich in den Niederlanden, in der Schweiz und in anderen europäischen Staaten sowie auch in einigen deutschen Bundesländern (Hessen, Mecklenburg-Vorpommern, Hamburg, Bremen und Berlin) seit längerer Zeit darauf. – Zuchtstatistische Auswertungen haben überdies ergeben, dass von denjenigen Hunden, die ohne lebende Enten ausgebildet worden sind, 80% und mehr als überdurchschnittlich gut beurteilt werden (vgl. *Herzog* AtD 1997, 40, 42. Der Genetiker *Herzog* weist darauf hin, dass das Merkmal ‚Wasserarbeit' allenfalls zu 7% genetisch bedingt sei und dass es bei etwas gutem Willen keinerlei Problem wäre, tierschutzkonforme Ausbildungen und Prüfungen zu gewährleisten. *Herzog* wörtlich: „Das Problem liegt weniger in der mangelnden Verfügbarkeit effektiver tierschutzkonformer Methoden, sondern in der Unbeweglichkeit des verantwortlichen Verbandes und darin, dass Jagdhundeprüfungen mit lebenden Enten einen gesellschaftlichen Höhepunkt der Hundeführer und Verbandsfunktionäre darstellen"). Demgegenüber ist die Rechnung, die *v. Pückler* aaO aufmacht – den nur 15 000 bis 25 000 für die Jagdhundeausbildung jährlich verbrauchten Enten entsprächen 90 000 bis 120 000 krankgeschossene Enten, die jedes Jahr von gut ausgebildeten Jagdhunden aufgesucht und zur Strecke gebracht werden müssten – nicht nachvollziehbar; diese Zahlen sprechen weniger für die verteidigte Ausbildungsart als vielmehr für die Einführung anderer, dem Geist der Gegenwart entsprechender Jagdmethoden, insbesondere für einen Verzicht auf Schrotschüsse in fliegende Vogelgruppen (s. auch § 17 Rn. 13).

Ein **Verstoß gegen § 3 Nr. 7** ist ebenfalls anzunehmen (bejahend u.a.: **47** *L/M* § 3 Rn. 54; *Kluge* § 3 Rn. 79; *Sojka* aaO; *Lorz* aaO; verneinend demgegenüber: OVG Münster aaO; OLG Celle aaO; *v. Pückler* aaO; *Lauven* aaO). – Wildschärfe eines Jagdhundes ist seine Bereitschaft, lebendes Wild zu verfolgen und gegebenenfalls zu greifen (*Lorz* aaO). Scharf iS des Jagdrechts ist ein Hund bereits dann, wenn er bereit ist, Wild zu verfolgen und zu stellen (*Krewer* BLV-Jagdlexikon aaO). Deswegen muss zur Verwirklichung dieses Tatbestandes genügen, dass der Hund die Bereitschaft, ein lebendes Tier zu verfolgen und gegebenenfalls zu fassen, erlernen bzw. beweisen soll. Dies aber ist bei der Ausbildung bzw. Prüfung an der lebenden Ente der Fall: Der Hund soll die lebende, flugunfähig gemachte Ente im Schilf und im Wasser verfolgen und sie – falls der Jäger sie nur anschießt – in lebendem, anderenfalls in totem Zustand fassen und apportieren. Das Prü-

§ 3 TierSchG *Tierschutzgesetz*

fungsreglement bewertet auch den erstgenannten Fall als „bestanden" und nicht etwa als „durchgefallen". Der Hund soll also die Ente nicht nur verfolgen und tot apportieren, sondern sie „gegebenenfalls" (nämlich für den Fall, dass der Jäger sie nur krank schießt oder nicht trifft) auch lebend greifen, was in einem nicht unerheblichen Prozentsatz der Fälle auch geschieht. – Demgegenüber ist es nicht möglich, Nr. 7 im gleichen Sinne zu interpretieren wie den vor 70 Jahren erlassenen § 2 Nr. 6 RTierSchG (s. Rn. 39). – Das Verbot nach Nr. 7 gilt uneingeschränkt und steht im Gegensatz zu Nr. 8 nicht unter dem Vorbehalt der Weidgerechtigkeit. Eine Rechtfertigung durch vernünftigen Grund ist ebenfalls nicht möglich (s. Rn. 2).

48 Für einen **Verstoß gegen § 17 Nr. 2b** kommt es darauf an, ob die Angst, die der Ente zugefügt wird (Angst = Leiden, s. § 1 Rn. 22), länger andauert und erheblich ist (bejahend *Lorz* aaO; *Sojka* aaO; verneinend OLG Celle aaO, *v. Pückler* aaO, *Lauven* aaO). Panikzustände, wie sie bei den Vögeln durch den plötzlichen Verlust der Flugunfähigkeit eintreten, sind bei Tieren schlimmer als körperliche Schmerzen. Wird eine flugunfähig gemachte Ente von einem Jagdhund gehetzt, dann ist sie ohne Zweifel animalischer Todesangst, dem schlimmsten Stress für ein Tier überhaupt, ausgesetzt (so *Herzog* AtD 1997, 41). Das Gegenargument, Enten seien auch während der Mauser flugunfähig (so *v. Pückler* aaO), übersieht, dass es sich bei der Mauser um einen auf natürliche Weise allmählich eintretenden Zustand handelt, auf den sich das Tier einstellt, und der mit dem plötzlich und überraschend erfolgenden menschlichen Eingriff des Federnverklebens oder -ausreißens nicht verglichen werden kann; außerdem handelt es sich bei den betroffenen Enten zumeist um aufgezogene Tiere, die keine Möglichkeit hatten, zuvor unter natürlichen Bedingungen Feindvermeidungsverhalten einzuüben, die in eine ihnen fremde Umgebung verbracht werden und sich dort aufgrund eines künstlich herbeigeführten Schwächezustandes einem überlegenen Gegner gegenübersehen. – Falls das Leiden nicht als länger anhaltend oder sich wiederholend eingestuft wird, liegt jedenfalls ein Verstoß gegen § 18 Abs. 1 Nr. 1 vor. – Außerdem erscheint ein Verstoß gegen § 17 Nr. 1 naheliegend: Der Jäger, der die Ente tötet (sei es durch Schuss, sei es durch Messerstich, nachdem sie lebend apportiert wurde), handelt in erster Linie zum Zweck der Ausbildung bzw. Prüfung des Jagdhundes. Ist diese wegen Verstoßes gegen § 3 Nr. 7 oder Nr. 8 rechtswidrig, so fehlt es auch für die Tötung an einem vernünftigen Grund. Die Gewinnung von Fleisch als Nahrungsmittel wird allenfalls als Nebenzweck verfolgt und kann deswegen den vernünftigen Grund nicht ausfüllen (s. § 1 Rn. 32). – Das Ausreißen der Schwungfedern stellte außerdem eine verbotene Amputation dar, § 18 Abs. 1 Nr. 8 i. V. m. § 6 Abs. 1 (s. § 6 Rn. 4).

49 Für einen **Verstoß gegen § 3 Nr. 1** spricht, dass von der Ente nicht lediglich ein Dulden, sondern ein aktives Tun, d. h. eine Leistung erwartet wird (sie soll versuchen, sich dem Hund schwimmend, flatternd und tauchend zu entziehen) und dass sich dieses Fluchtverhalten als notwendiges Zwischenziel für den vom Veranstalter erstrebten Ausbildungs- und Prüfungserfolg darstellt, mithin also beabsichtigt ist. Dabei werden ihre (durch das Flugunfähigmachen eingeschränkten) Kräfte überschritten, was für den Sachkundigen ohne Überprüfung erkennbar ist (einen Verstoß demgemäß bejahend

Besondere Vorschriften § 3 TierSchG

StA Offenburg NStZ 1990, 345 m. abl. Anm. *Lauven;* eingeschränkt bejahend auch *Hackbarth/Lückert* B IV 2).

Vereinbarungen, wie sie in einigen Bundesländern zwischen dem zuständigen Ministerium und den Jagdhundeverbänden über das „Wie" der Jagdhundeausbildung und -prüfung abgeschlossen worden sind, lassen das objektive Gesetzesrecht unberührt, denn § 3 steht ebenso wenig zur Disposition von Ministerien und Behörden wie § 17. Solche Vereinbarungen können die bestehenden Gesetze lediglich konkretisieren, nicht aber einschränken oder abändern (s. dazu auch Anh. zu § 2 Rn. 17 und § 17 Rn. 74). Sie ändern deshalb nichts an der Rechtswidrigkeit des Vorganges. Allerdings können sie zugunsten der Hundeführer und Verbandsfunktionäre den Strafausschließungsgrund des unvermeidbaren Verbotsirrtums nach § 17 S. 2 StGB zur Folge haben (vgl. dazu *Hölzel* aaO; vgl. aber auch *Kluge* § 3 Rn. 82: Wer bei öffentlich kontrovers geführten Diskussionen die zweifelhafte Maßnahme ergreift, nimmt den Normverstoß in Kauf). In diesem Fall stellt sich besonders die Frage nach der Strafbarkeit der verantwortlichen Amtsträger. 50

Bei der **Jagdhundeausbildung und -prüfung am lebenden Fuchs oder Dachs** werden der Fuchs oder der Dachs in ein unterirdisches Röhrensystem (einen künstlichen Fuchsbau, sog. Schliefanlage) mit Ein- und Ausgang verbracht; Aufgabe des Hundes ist es, den Fuchs/Dachs aufzuspüren, ihn zu stellen und ihn aus dem Bau herauszutreiben. – Die Bewertung dieser Praxis durch Rspr. und Lit. ist uneinheitlich. Keinen Verstoß gegen § 3 Nr. 7 und Nr. 8 nehmen an: VG Köln NuR 1997, 303 f.; VG Koblenz NVwZ-RR 1996, 573 ff. Dagegen bejahen einen Verstoß gegen § 3 Nr. 7: VG Berlin NuR 1993, 173 f. (ausdrücklich auch für den Fall, dass durch technische Vorkehrungen ein unmittelbarer körperlicher Kontakt zwischen Hund und Fuchs ausgeschlossen ist); *Sojka* MDR 1990, 382; *Lorz* § 3 Rn. 51, der allerdings eine Ausnahme für ältere Füchse oder Dachse macht. – Fordert man für ein Abrichten an einem anderen Tier, dass ein körperlicher Kontakt zwischen den Tieren zwar nicht erstrebt, immerhin aber möglich sein muss (so L/M § 3 Rn. 52; weitergehend aber *Schiwy* § 3 Rn. 7), und ist dies durch technische Vorkehrungen zuverlässig ausgeschlossen, so entfällt § 3 Nr. 7 (so L/M § 3 Rn. 67). Hier liegt der wesentliche Unterschied zur Jagdhundeausbildung an der lebenden Ente: Gelingt es dem Jäger dort nicht, die aufs Wasser gedrückte Ente sofort zu töten, so wird vom Reglement in Kauf genommen, dass der Hund die lebende Ente fasst und apportiert und der Jäger sie anschließend mittels Messerstich tötet (s. Rn. 47). – Naheliegend ist aber eine Verletzung von § 3 Nr. 8, denn der Hund wird auf den Fuchs/Dachs gehetzt (s. Rn. 41), und ob eine solche Ausbildungsmethode weidgerecht ist, richtet sich nach dem weiterentwickelten Tierschutzverständnis der Allgemeinheit. Diesem „Geist der Gegenwart" (s. Rn. 42) entspricht es, sich in der Jagdhundeausbildung auf die Methode des „Tradierens" zu beschränken, die in der Literatur folgendermaßen beschrieben wird: „Dem im Feldrevier erfahrenen und dort vorstehenden Hund sekundiert ein ihn begleitender Junghund. Durch Nachahmung vorteilhafter Reaktionsnormen wird hier ohne menschlichen Dressureingriff und ohne jagdliche künstliche Hilfsmittel eine genetisch angelegte Verhaltensweise auf das lebensprakti- 51

§ 3 TierSchG *Tierschutzgesetz*

sche Maß gefestigt" (vgl. *Weidt,* Der Jagdgebrauchshund 21, 49–55; zu tierschutzgerechten Ausbildungsarten vgl. auch *Herzog* AtD 1997, 40, 42). – Im Rahmen der §§ 2, 16a Satz 2 Nr. 1 sollte zudem bedacht werden, dass die Füchse/Dachse für diese Ausbildung nicht immer tiergerecht gehalten werden, vielmehr oft isoliert in zu kleinen Zwingern vegetieren und die Ausbildung apathisch über sich ergehen lassen, was dann fälschlicherweise als „ruhig und gelassen" interpretiert wird (vgl. *Feddersen-Petersen* in: *Sambraus/Steiger* S. 671).

XIII. Verbot der Aggressionsausbildung, Nr. 8a

52 Ausbilden und Abrichten s. Rn. 28 bzw. 38. Verbotenes Ausbildungsziel ist eine gegenüber dem Normalmaß (d.h. dem Durchschnitt gleicher Tiere) **deutlich gesteigerte Aggressivität**, wie sie etwa bei Hunden vorliegt, bei denen die Reizschwelle und damit die Angriffs- und Beißhemmung besonders niedrig ist, die also ohne biologisch nachvollziehbaren Grund und ohne Vorwarnung in Angriffsverhalten übergehen (vgl. *Klindt* NuR 1996, 571, 574). Für andere Tiere gilt Entsprechendes. – Merkmale, die auf eine solch erhöhte Gefährlichkeit eines Hundes hinweisen, können sein: Ausgeprägt aggressiv gefärbtes Paarungsverhalten; gestörte Kommunikation zwischen Mutterhündin und Welpen, etwa in Form eines unangemessen rauen Spiels der Mutter, das in aggressives Verhalten übergeht oder an Beutefangverhalten des Hundes erinnert; Verhaltensweisen der Mutter, durch die den Welpen Schmerzen, Leiden oder Schäden zugefügt werden; Welpenspiele, die fast regelmäßig in schädigende Beißereien übergehen (vgl. *Feddersen-Petersen* in: *Sambraus/Steiger* S. 245, 287, 289); wiederholtes, schadensdrohendes Anspringen von Menschen; wiederholtes, unkontrolliertes Hetzen oder Reißen von Wild, Vieh, Katzen oder anderen Hunden (vgl. *Hackbarth/Lückert* B IV 10). – Ausbildungsmaßnahmen, die zu solcher Aggressivität führen und deswegen verboten sind, sind zB: „Aufhängen" von Hunden an Fellstücken oder Säcken; Training auf Laufbändern; Vorhalten lebender Beutetiere; Hetzen auf oder Ausbildung an lebenden Tieren; Veranstalten von Hundekämpfen (vgl. *Feddersen-Petersen* aaO; *Herzog* AtD 1997, 40); unangemessene Härte. Schon die ausschließliche Zwingeraufzucht bringt sozial deprivierte Hunde hervor, die aus sozialer und Umweltunsicherheit heraus häufiger zum Beißen neigen als gut menschensozialisierte Hunde (*Feddersen-Petersen* aaO; vgl. auch das Beispiel bei *Kluge* § 3 Rn. 92: geplante Verhinderung der Sozialisation eines Welpen durch frühe Trennung von Mutter und Geschwistern). – Zur Ausbildung von Schutzhunden s. AVV Nr. 2.2.

53 Nr. 8a lit. a ist bereits dann verwirklicht, wenn als Folge der gesteigerten Aggressivität **„einfache" (also nicht notwendig erhebliche) Schmerzen, Leiden oder Schäden** auftreten. Leiden iS von Nr. 8a können schon dann bejaht werden, wenn es notwendig ist, den Hund wegen seiner Aggressivität generell an der Leine zu führen, da dadurch artgemäßes Reagieren auf eine Vielzahl von Umweltreizen unterbunden wird; erst recht bei generellem Maulkorbzwang (vgl. *Feddersen-Petersen* aaO). Die Ausbildung zum

Besondere Vorschriften **§ 3 TierSchG**

Kampfhund stellt außerdem bereits als solche für das Tier einen Schaden iS einer charakterlichen Verschlechterung dar (vgl. *Kluge* § 16a Rn. 5). – An Nr. 8a lit. b lässt sich denken, wenn fast jeder artgemäße Kontakt in Beißereien ausartet. – Nr. 8a lit. c ist u.a. erfüllt, wenn ein Hund wegen seiner übersteigerten Aggressivität in kontinuierlicher Zwinger- oder Anbindehaltung leben muss (vgl. *Hackbarth/Lückert* aaO). – Für eine Ordnungswidrigkeit nach § 18 Abs. 1 Nr. 4 genügt auch hier Fahrlässigkeit, insbesondere im Hinblick auf diese Folgen.

XIV. Verbot der Zwangsfütterung, Nr. 9

Geschützt wird das natürliche Futterverhalten eines jeden Tieres. **Futter** 54 sind Stoffe pflanzlicher oder tierischer Herkunft, theoretisch auch Produkte der chemischen Industrie, die von Tieren entweder zur Aufrechterhaltung der Lebensfunktionen oder zum Hervorbringen von Leistungen benötigt werden (Erhaltungs- bzw. Leistungsfutter, vgl. *Wiesner/Ribbeck,* „Futter"). Zur Leistung zählen auch Milch- und Fleischleistung (vgl. *Wiesner/Ribbeck,* „Leistung"; s. auch Rn. 5). Demgemäß sind auch Flüssigkeiten Futter, wenn sie Stoffe enthalten, die entweder der Aufrechterhaltung der Lebensfunktionen oder dem Hervorbringen von Leistungen dienen (so *Hackbarth/Lückert* B IV 11; *Ennulat Zoebe* II § 3 Rn. 35 unter Hinweis auf die Möglichkeit künstlicher Ernährung zur Bildung erstrebter Anomalien).

Zwang ist die Anwendung von Mitteln, die geeignet sind, das Tier unter 55 Überwindung eines mindestens denkbaren Widerstandes zur Aufnahme von Futterstoffen einer bestimmten Art oder Menge zu bewegen, die es ohne die Einwirkung nicht zu sich nehmen würde; der Entfaltung physischer Kraft auf Seiten des Täters bedarf es dazu nicht (so *Ennulat/Zoebe* II § 3 Rn. 36; aA *L/M* § 3 Rn. 73). Beispielsweise fällt darunter auch die Verabreichung von Medikamenten, die eine über das normale Maß hinausgehende Fresslust hervorrufen, oder das Mischen dursterzeugender Stoffe in den Milchaustauscher von Kälbern, um diese so zur vermehrten Aufnahme des Flüssigfutters zu veranlassen (vgl. *Ennulat/Zoebe* aaO; aA *Kluge* § 3 Rn. 96, der die Schaffung eines erhöhten Anreizes zur Nahrungsaufnahme der Nr. 10 zuordnet; man wird aber jedenfalls dann von Zwang sprechen können, wenn die dem Futter beigemischten Stoffe negative Befindlichkeiten wie zB Durst erzeugen können und das Tier auf diese Weise zwingen, Nahrungsbestandteile einschließlich Flüssigkeiten aufzunehmen, die es sonst nicht in dieser Art und/oder Menge zu sich nehmen würde). Unstreitig fällt die Stopfmast von Geflügel unter Nr. 9 (zur Frage möglicher Einfuhrbeschränkungen gegen solche Produkte s. Einf. Rn. 34).

Eine **Rechtfertigung durch medizinische Indikation** ist möglich. Sie 56 greift ein, wenn das einverleibte Futter sowohl nach seiner Art als auch nach seiner Menge und der Darreichungsform zur Erhaltung oder Wiederherstellung der Gesundheit des Tieres erforderlich ist. Der Täter, der auf eigene Faust (d.h. ohne vorherige Zuziehung eines Tierarztes) handelt, ist nur gerechtfertigt, soweit sein Handeln diesen Anforderungen entspricht (Bsp.:

§ 3 TierSchG *Tierschutzgesetz*

Notwendige, entsprechend den Regeln der ärztlichen Kunst durchgeführte Zwangsfütterung nicht fressender Reptilien).

57   Auch hier reicht **Fahrlässigkeit** für eine Ordnungswidrigkeit nach § 18 Abs. 1 Nr. 4 aus (Beispiel: Der Täter hält sein Tun fälschlicherweise für medizinisch indiziert, hätte jedoch bei rechtzeitiger Zuziehung eines Tierarztes den Irrtum vermeiden können). Werden dem Tier erhebliche Schmerzen, Leiden oder Schäden zugefügt, so besteht Tateinheit mit Nr. 10 und mit § 18 Nr. 1. Bei länger anhaltenden oder sich wiederholenden erheblichen Schmerzen oder Leiden greift § 17 Nr. 2 b ein.

XV. Verbot der Darreichung belastenden Futters, Nr. 10

58   Der **Schutzbereich** erstreckt sich auch hier auf jedes Tier, auch das wildlebende. Futter s. Rn. 54. Dem Begriff „Darreichen" wohnt kein besonderer Handlungsunwert inne; deshalb genügt jede Handlung, die sich als eine nicht hinwegdenkbare Ursache dafür darstellt, dass das Tier das Futter aufnimmt, also auch das bloße Zugänglichmachen oder Auslegen des Futters.

59   Der Tatbestand ist erfüllt, wenn es als Folge der Futteraufnahme zu **erheblichen Schmerzen, Leiden oder Schäden** des Tieres kommt (zu Schmerzen s. § 1 Rn. 12–16, zu Leiden s. § 1 Rn. 17–23 a, zu Schäden s. § 1 Rn. 24–26; zur Erheblichkeit s. § 17 Rn. 50–53; zur Auswahl von Sachverständigen zu diesen Fragen s. § 2 Rn. 44 und § 17 Rn. 85). Ursache muss die Beschaffenheit des Futters sein. Beispiele: Beigefügte Wirkstoffe, auch zur Masthilfe; Medikamente; Chemikalienrückstände; Fremdkörper im Futter; verdorbenes Futter; chemisch behandeltes Futter; zugefügtes Beifutter wie Salz, Kalk uÄ; falsch geformtes Futter. Auch nicht artgerechtes Futter kann ausreichen, zB die einseitige Ernährung von Kälbern mit Milchaustauscher, die zu Kreislaufstörungen, Muskelzittern oder Eisenmangel-Anämie führt (vgl. *L/M* § 3 Rn. 77; s. auch TierSchNutztV § 11 Rn. 6). Auch die Verabreichung von Wasser, dem Stoffe zugesetzt sind oder das ungeeignet ist (zB Salzwasser), kann den Tatbestand erfüllen (*Ennulat/Zoebe* II § 3 Rn. 38). – Lassen sich erhebliche Belastungen nicht nachweisen, so kann jedenfalls ein Verstoß gegen § 2 Nr. 1 und (bei „einfachen" Schmerzen, Leiden oder Schäden) gegen § 1 S. 2 vorliegen. – Köder werden nicht erfasst (vgl. *L/M* § 3 Rn. 77; *Hackbarth/Lückert* B IV 12; *Kluge* § 3 Rn. 100). Vergiftetes Futter zur Schädlingsbekämpfung fällt ebenfalls nicht unter Nr. 10, da es hier um Zerstörung und nicht um Erhaltung der Lebensfunktionen durch Zufuhr von Nahrung geht. – Nimmt das Tier das Futter, das ihm der Täter zugänglich gemacht hat, wider Erwarten nicht auf, so ist nach *Kluge* § 3 Rn. 101 der Tatbestand gleichwohl erfüllt, sofern feststeht, dass es im Falle eines Verzehrs wegen des Zustandes des Futters zu erheblichen Schmerzen, Leiden oder Schäden gekommen wäre. Für diese Auslegung als Gefährdungstatbestand, der bereits mit dem Darreichen vollendet ist, spricht, dass der Nr. 10 sonst kaum eine eigenständige Bedeutung gegenüber § 18 Abs. 1 Nr. 1 und Abs. 2 zukäme.

60   Auch hier reicht **Fahrlässigkeit** für eine Ordnungswidrigkeit nach § 18 Abs. 1 Nr. 4 aus. Häufig wird Tateinheit mit § 18 Abs. 1 Nr. 1 vorliegen.

Besondere Vorschriften § 3 TierSchG

Bei Vorsatz kann § 17 Nr. 2 b erfüllt sein. Eine Rechtfertigung aus vernünftigem Grund ist auch hier nicht möglich (s. Rn. 2). In Ausnahmefällen können die §§ 34 StGB, 16 OWiG eingreifen.

XVI. Verbot belastender Elektroreizgeräte, Nr. 11

Als **Geräte mit direkter Stromeinwirkung** werden u. a. eingesetzt: 61
Elektrische Treibhilfen, Dressurhilfen bei Hunden, Führmaschinen bei Pferden, stromführende Sporen und Peitschen, Kuhtrainer und elektrische Zäune. Zum artgemäßen Verhalten s. § 2, dort insbes. Rn. 29 und 34. Zu Schmerzen s. § 1 Rn. 12–16, zu Leiden s. § 1 Rn. 17–23, zu Schäden s. § 1 Rn. 24–26; zur Erheblichkeit s. § 17 Rn. 50–53; zur Auswahl von Sachverständigen zu diesen Fragen s. § 2 Rn. 44 und § 17 Rn. 85. Da im Gegensatz zu § 17 Nr. 2 b die Zeitdauer hier nicht durch ein besonderes Tatbestandsmerkmal erfasst wird, kann sich die Erheblichkeit der Leiden usw. insbes. auch aus der Dauer bzw. der Wiederholung der Einwirkung ergeben (s. auch § 18 Rn. 12). – Der Bundesrat, auf dessen Initiative die Nr. 11 in das ÄndG 1998 aufgenommen worden ist, hat zur Begründung u. a. auf die besondere Sensibilität von Pferden und Hunden gegenüber solchen Geräten aufmerksam gemacht. Die Praxis zeige, dass die vielen erforderlichen tierschützerischen Aspekte bei ihrer Handhabung sehr oft nicht berücksichtigt würden. „Die gewünschten Effekte (Gehorsam, Bewegung) können in der Regel auch durch andere, schonendere Mittel, die ein Leiden des Tieres ausschließen, erreicht werden" (BT-Drucks. 13/7015 S. 28).

Als **Elektroreizgeräte bei Hunden** werden Teletaktgeräte, Bell-Stop- 62
Geräte und Arealbegrenzer eingesetzt. Das Teletaktgerät besteht aus einem mit Empfänger und Elektroden versehenen Hundehalsband und einem tragbaren Funkwellensender, über den Stromstöße von unterschiedlicher Intensität und Dauer ausgelöst werden können. Beim Bell-Stop-Gerät befinden sich am Halsband eine stromproduzierende Einheit und ein Vibrationssensor, der bei Lautäußerung des Hundes einen Stromreiz auslöst. Der Arealbegrenzer besteht u. a. aus einem unter oder über der Erde verlegten Elektrodraht; sobald sich der Hund der Grundstücksgrenze nähert, werden über einen Empfänger am Halsband zuerst ein Piepton und bei weiterer Annäherung ein Stromstoß ausgelöst. – „Erheblich" ist alles, was jenseits der Bagatellgrenze liegt und deswegen als gewichtig, beträchtlich oder gravierend eingestuft werden kann (vgl. dazu BGH NJW 1987, 1833, 1834). Dass durch jedes dieser Geräte das artgemäße Verhalten des Tieres beträchtlich eingeschränkt wird, ist unzweifelhaft: Das Bell-Stop-Gerät verhindert das Bellen zu bestimmten Zeiten, das Teletaktgerät bestraft artgemäße, aber vom Halter bzw. Trainer unerwünschte Verhaltensweisen und der Arealbegrenzer wirkt als unsichtbarer Zaun.

Ob solche Geräte gegen Nr. 11 verstoßen, hängt mithin davon ab, ob dem 63
Hund **nicht unerhebliche Schmerzen, Leiden oder Schäden** zugefügt werden. – Auch hier werden erhebliche Leiden in erster Linie durch eine oder mehrere Verhaltensstörungen angezeigt, u. a. durch den Ausfall von Spiel-, Explorations- oder Eigenkörperpflegeverhalten (vgl. dazu *Baum, Bernauer-*

§ 3 TierSchG *Tierschutzgesetz*

Münz, Buchholtz et al. S 3ff.; s. auch § 17 Rn. 62 und 66). Anlässlich eines Versuchs, der an 12 Hunden mit einem handelsüblichen Teletaktgerät vorgenommen wurde, zeigten alle getesteten Tiere noch 30 Min. nach der Elektrostimulation einen Ausfall des Spielverhaltens und eine deutliche bis ausgeprägte Beeinträchtigung im Explorationsverhalten; 11 der behandelten Tiere wiesen darüber hinaus starke Beeinträchtigungen bei der Eigenkörperpflege auf; ein Tier reagierte mit Apathie. Erhebliche Leiden konnten auf diese Weise nachgewiesen werden (vgl. *Feddersen-Petersen* in: VDH 1999 S. 58–62). – Auch die Angst des Hundes vor (weiteren) Stromstößen kann erhebliches Leiden bedeuten, jedenfalls wenn sie am Verhalten des Tieres erkennbar wird (vgl. OLG Oldenburg AtD 1998, 353: in dem entschiedenen Fall trug der Hund nach vorangegangener Anwendung eines Teletaktgerätes ein Halsband als Attrappe; als Angstsymptome zeigte er u. a. Verharren in gebückter Haltung, Einnässen und Verstörtheit; das OLG erkannte auf erhebliche Leiden). – Zu den erheblichen Schäden rechnen u. a. Hautverbrennungen, Hautnekrosen sowie Wunden.

64 Lässt sich die Erheblichkeit der Schmerzen, Leiden usw. nicht nachweisen, so kann anstelle von § 3 Nr. 11 jedenfalls ein **Verstoß gegen § 1 S. 2** und damit ebenfalls Anlass für ein behördliches Eingreifen nach § 16a S. 1 gegeben sein. „Einfache" Leiden als Folge von Stromreizen werden sich zumindest bei überaus sensiblen Tierarten wie Hunden oder Pferden (vgl. dazu BT-Drucks. 13/7015 S. 28) in aller Regel bejahen lassen. – An einem vernünftigen Grund iS von § 1 S. 2 fehlt es bei Bell-Stop-Geräten und Arealbegrenzern praktisch immer, da für das erstrebte Ziel weniger belastende Handlungsalternativen zur Verfügung stehen (zB die Unterbringung in anderen Räumen des Hauses, vgl. dazu OVG Saarbrücken, Beschl. 22. 3. 1996, 9 W 11/96 1 F 8/96; sichtbarer Zaun; Zwinger- oder Anbindehaltung nach der Hundehaltungsverordnung). Dass mit diesen Alternativen möglicherweise ein Mehraufwand an Geld, Arbeit oder Zeit verbunden ist, vermag einen vernünftigen Grund für den Einsatz von Elektroreizgeräten ebenso wenig zu begründen wie geringfügige, gegenüber dem Leiden aber weniger schwerwiegende Effektivitätseinbußen (s. § 1 Rn. 41, 42). – Für Teletakt-Dressur-Geräte fehlt es meist ebenfalls an einem vernünftigen Grund, weil sich die gewünschten Effekte (Gehorsam, Bewegung) idR auch durch andere, schonendere Mittel erreichen lassen (vgl. BT-Drucks. 13/7015 aaO). Allenfalls können sie bei schweren Verhaltensproblemen wie dem Jagen und Reißen von anderen Tieren in Betracht kommen, und auch dann nur als letzte Alternative, d. h. nachdem andere Mittel erfolglos eingesetzt worden sind (vgl. *Pape* AtD 2000, 107ff., 112). Zu Recht hält das LG München II (Urt. v. 27. 2. 1995, 9 Ns 12 Js 17287/93, Jagdrechtliche Entscheidungen Nr. 94) das Teletaktgerät für in der Regel entbehrlich und beschränkt seinen Einsatz auf Ausnahmefälle, wozu es schwere Verhaltensmängel zählt. Der Grundsatz der Verhältnismäßigkeit erfordert darüber hinaus, die Anwendung solcher Geräte ausschließlich erfahrenen Hundeausbildern mit Kenntnissen (auch) zur Verhaltensbiologie, zum Ausdrucksverhalten, zur hundlichen Kommunikation und zum Lernverhalten zu überlassen. – Das in Schleswig-Holstein 1992 ausgesprochene Verbot der Anwendung von Teletaktgeräten stellt sich nach alledem als zutreffende Konkretisierung von § 3 Nr. 11, zumindest aber von

Besondere Vorschriften **§ 3 TierSchG**

§ 1 S. 2 dar (zum Charakter dieser Vorschrift als schutzerweiternder Auffangtatbestand s. § 1 Rn. 10).

Neben einem Verstoß gegen Nr. 11 kommt beim Einsatz von Elektro- **65** reizgeräten auch eine **Ordnungswidrigkeit nach der Telekommunikationsverordnung** und dem Gesetz über die elektromagnetische Verträglichkeit von Geräten (EMVG) in Betracht. Solche Geräte dürfen idR nicht ohne Zulassung in Verkehr gebracht werden. Selbst wenn sie zugelassen sind, bildet ihre Inbetriebnahme eine Ordnungswidrigkeit, wenn sie ohne vorherige Einholung einer Standortbescheinigung erfolgt. Verstöße verfolgt die Außenstelle der Regulierungsbehörde.

Hundehalter, die im Vertrauen auf Werbeaussagen ihren Hund in eine **66** entsprechende Ausbildung gegeben haben und ein verstörtes oder gar verhaltensgestörtes Tier zurückerhalten, können **Schadensersatzansprüche** aus positiver Vertragsverletzung und gem. § 823 Abs. 1 BGB (Eigentumsverletzung) haben.

Bei Rindern in Anbindeställen werden häufig sog. **Kuhtrainer** eingesetzt. **67** Dabei handelt es sich um einen über dem Rücken der Tiere angebrachten stromführenden Metallbügel; sobald die Kuh vor dem Harnen oder Koten den Rücken wölbt, gerät sie mit dem Bügel in Kontakt und wird dafür mit einem elektrischen Schlag „bestraft"; idR tritt sie dann vor der Elimination einen Schritt nach hinten, so dass Kot und Harn auf den Kotrost fallen. – Da der Kuhtrainer das Tier mittels Stromstoß zu einer Bewegung zwingt, kommt es für Nr. 11 darauf an, ob den Kühen dadurch nicht unerhebliche Leiden zugefügt werden. Einige Verhaltens- und Funktionsstörungen legen dies nahe: Bis zu 80% aller Kontakte der Tiere mit dem Kuhtrainer erfolgen außerhalb des Eliminationsverhaltens (vgl. *Kohli,* Der prakt. Tierarzt 68, 34–44); die Kühe lecken sich den Rücken deutlich weniger häufig, d. h. ihre Eigenkörperpflege fällt teilweise aus; die Dauer des das Abliegen einleitenden Verhaltens ist bei eingeschaltetem Kuhtrainer erheblich länger (*Sambraus* in: *Sambraus/Steiger* S. 111); durch die Stresswirkung wird sowohl der Brunstablauf gestört als auch die Hormonausschüttung beeinflusst und es kommt zu vermehrter Stillbrünstigkeit und Verschlechterung der Fruchtbarkeit (vgl. *Eyrich* S. 148). Die zeitliche Dauer des Einsatzes kann ergeben, dass Einwirkungen, die jeweils für sich genommen noch unerheblich sind, in ihrer Gesamtheit die Schwelle zur Erheblichkeit überschreiten, s. Rn. 61. – Wird trotzdem nur „einfaches" Leiden bejaht, so kommt anstelle von § 3 Nr. 11 ein Verstoß gegen § 1 S. 2 in Betracht. Die den Tieren zugefügten Leiden sind nur dann durch einen vernünftigen Grund gerechtfertigt, wenn sie dem Grundsatz der Verhältnismäßigkeit entsprechen (s. § 1 Rn. 28). Zur Konkretisierung dieses Grundsatzes hat das schweizerische Bundesamt für Veterinärwesen eine Reihe von Auflagen und Empfehlungen herausgegeben, die auch in Deutschland gem. § 16a S. 1 i. V. m. § 1 S. 2 durchgesetzt werden sollten: Nur bewilligte Netzgeräte dürfen verwendet werden; der Kuhtrainer darf nur bei Standplatzlängen von mind. 175 cm eingesetzt werden; der Abstand zwischen Widerrist und Bügel darf 5 cm nicht unterschreiten; der Kuhtrainer darf nur bei Kühen und Rindern ab 18 Monaten verwendet werden; er darf nur an einem oder zwei Tagen pro Woche eingeschaltet sein; wegen der zusätzlichen Einschränkung der Bewegungsfreiheit und der Kör-

§ 4 TierSchG *Tierschutzgesetz*

perpflege sollten alle Möglichkeiten für regelmäßigen, ausgiebigen Weidegang oder Auslauf genutzt werden; die Tiere müssen als Ausgleich für die beeinträchtigte Eigenkörperpflege regelmäßig und gründlich geputzt werden (zit. nach *Sambraus* in: *Sambraus/Steiger* S. 111). – In Schweden ist der Kuhtrainer verboten.

68 **Elektrische Weidezäune** fallen nur dann unter Nr. 11, wenn sie die Bewegung erheblich einschränken, weil die Weidefläche für die Zahl der gehaltenen Tiere zu klein ist. Indizien können sein: Keine ausreichende Futtergrundlage; Störungen im Sozialverhalten; Auftreten anderer Verhaltensanomalien (vgl. *L/M* § 3 Rn. 83; *Schiwy* Anm. zu § 3 Nr. 11).

69 **Bundesrechtliche Vorschriften** iS von Nr. 11 sind § 5 Abs. 2 TierSchlV und § 5 Abs. 3 TierSchTrV, landesrechtliche solche über die Elektrofischerei (vgl. Nr. 2.3 AVV). Dagegen kann eine Rechtsverordnung, die aufgrund von § 2a Abs. 1a erlassen wird, nicht als bundesrechtliche Vorschrift in diesem Sinn angesehen werden, denn Verordnungen, die auf diese Ermächtigung gestützt werden, können das vom Gesetz vorgezeichnete Schutzniveau nur konkretisieren, nicht aber einschränken (s. § 2a Rn. 3, 8 und 9; vgl. auch *Kluge* § 3 Rn. 16).

70 **Fahrlässigkeit** reicht auch zur Verwirklichung von Nr. 11 aus. Gegenüber § 18 Abs. 1 Nr. 1 ist der Schutz insoweit erhöht, als jedermann Täter sein kann und die Berufung auf einen vernünftigen Grund nicht möglich ist (s. Rn. 2).

Dritter Abschnitt. Töten von Tieren

§ 4 [Grundvorschrift]

(1) ¹Ein Wirbeltier darf nur unter Betäubung oder sonst, soweit nach den gegebenen Umständen zumutbar, nur unter Vermeidung von Schmerzen getötet werden. ²Ist die Tötung eines Wirbeltieres ohne Betäubung im Rahmen weidgerechter Ausübung der Jagd oder auf Grund anderer Rechtsvorschriften zulässig oder erfolgt sie im Rahmen zulässiger Schädlingsbekämpfungsmaßnahmen, so darf die Tötung nur vorgenommen werden, wenn hierbei nicht mehr als unvermeidbare Schmerzen entstehen. ³Ein Wirbeltier töten darf nur, wer die dazu notwendigen Kenntnisse und Fähigkeiten hat.

(1a) ¹Personen, die berufs- oder gewerbsmäßig regelmäßig Wirbeltiere betäuben oder töten, haben gegenüber der zuständigen Behörde einen Sachkundenachweis zu erbringen. ²Wird im Rahmen einer Tätigkeit nach Satz 1 Geflügel in Anwesenheit einer Aufsichtsperson betäubt oder getötet, so hat außer der Person, die die Tiere betäubt oder tötet, auch die Aufsichtsperson den Sachkundenachweis zu erbringen. ³Werden im Rahmen einer Tätigkeit nach Satz 1 Fische in Anwesenheit einer Aufsichtsperson betäubt oder getötet, so genügt es, wenn diese den Sachkundenachweis erbringt.

(2) Für das Schlachten eines warmblütigen Tieres gilt § 4a.

Grundvorschrift § 4 TierSchG

(3) Für das Töten von Wirbeltieren zu wissenschaftlichen Zwecken gelten die §§ 8b, 9 Abs. 2 Satz 2, im Falle von Hunden, Katzen, Affen und Halbaffen außerdem § 9 Abs. 2 Nr. 7 entsprechend.

Übersicht

	Rn.
I. Anwendungsbereich	1–3
II. Grundsatz des Betäubungszwangs nach Abs. 1 S. 1 erster Halbsatz	4–5
III. Ausnahmen vom Betäubungszwang nach Abs. 1 S. 2 und Abs. 1 S. 1 zweiter Halbsatz	6–9
IV. Das Gebot zu größtmöglicher Schmerzvermeidung nach Abs. 1 S. 2 letzter Halbsatz	10
V. Sachkunde nach Abs. 1 S. 3; Sachkundenachweis nach Abs. 1a	11–14
VI. Töten von Wirbeltieren zu wissenschaftlichen Zwecken nach Abs. 3	15–19
VII. Ordnungswidrigkeiten und Straftaten	20

I. Anwendungsbereich

Wirbeltiere (Vertebrata). Der Begriff umfasst alle Tiere, die einen in 1 Kopf, Rumpf und (soweit noch vorhanden) Schwanz gegliederten Körper besitzen, in dem die Chorda dorsalis durch segmentweise angeordnete Verknöcherungen (Wirbelkörper, Vertebrae) ersetzt wurde. Diese bilden die Wirbelsäule. An deren vorderem Ende befindet sich der Schädel mit dem Gehirn und den wichtigsten Sinnesorganen. – Die Einteilung erfolgt in folgende Klassen: Säugetiere (Mammalia), Vögel (Aves), Kriechtiere (Reptilia), Lurche (Amphibia), Knochenfische (Osteichthyes), Knorpelfische (Chondrichthyes) und Rundmäuler (Cyclostomata). – Als Grund für die besondere Hervorhebung dieser Tiere in § 4 und in anderen Vorschriften heißt es in der amtlichen Begründung von 1972: „Wirbeltiere reagieren infolge ihrer differenzierten Innervierung im Hinblick auf Schmerzerregung, Schmerzleitung und Schmerzempfindung im Vergleich zu anderen Tieren wesentlich stärker. Es muss daher sichergestellt werden, dass eine Tötung dieser Tiere möglichst schmerzfrei erfolgt" (BT-Drucks. VI/2559, zit. n. *Gerold* S. 48).

Nicht das „Ob", sondern nur das **„Wie" der Tiertötung wird hier gere-** 2 **gelt.** Ob die Tötung eines Wirbeltieres erlaubt ist, richtet sich nach Spezialvorschriften (vgl. zB BJagdG, LJagdG) und – sofern diese für das betreffende Sachgebiet fehlen – nach § 17 Nr. 1, also danach, ob ein vernünftiger Grund vorliegt (s. § 17 Rn. 8–11). Dagegen geht es im Dritten Abschnitt des Gesetzes nur um das „Wie" einer als solcher erlaubten Tötung (vgl. *L/M* § 4 Rn. 2; *Kluge* § 4 Rn. 1; *Lorz* NuR 1992, 401).

§ 4 ist **von § 4a abzugrenzen.** Für das Schlachten warmblütiger Tiere 3 gilt nach Abs. 2 § 4a als Spezialvorschrift. Schlachten bedeutet: Töten unter Blutentzug (vgl. Art. 2 Nr. 7 der RL 93/119/EG). Warmblüter sind Säugetiere und Vögel. Damit bleibt es bei der Geltung von § 4 in folgenden Fällen: wenn ein wechselwarmes Tier geschlachtet wird (zB ein Fisch, ein Reptil, ein Lurch); wenn ein warmblütiges oder wechselwarmes Tier in anderer Weise als durch Blutentzug getötet wird (zB durch Erschießen).

II. Grundsatz des Betäubungszwanges nach Abs. 1 S. 1 erster Halbsatz

4   Die Tötung eines Wirbeltieres darf **grundsätzlich nur unter Betäubung** vorgenommen werden (vgl. *Hackbarth/Lückert* B V 1.3); zu den Ausnahmen nach Abs. 1 S. 2 und nach Abs. 1 S. 1 zweiter Halbsatz s. Rn. 6–10. – Mit Betäubung ist hier die Totalbetäubung, d. h. die vollständige Ausschaltung des Empfindungs- und Wahrnehmungsvermögens gemeint (vgl. § 13 Abs. 1 TierSchlV: „Zustand der Empfindungs- und Wahrnehmungslosigkeit"; vgl. auch *L/M* § 4 Rn. 11; *Hackbarth/Lückert* aaO; *Kluge* § 4 Rn. 2). Gegen Abs. 1 S. 1 verstößt also nicht nur derjenige, der ein Wirbeltier ganz ohne Betäubung tötet, sondern auch, wer es nur unzureichend betäubt (d. h. so, dass es nicht vollständig empfindungs- und wahrnehmungslos wird, oder so, dass es vor dem Eintritt seines Todes wieder erwacht).

5   Das „Wie" der Betäubung muss unter **möglichst geringer Belastung des Tieres** vorgenommen werden (vgl. *L/M* § 4 Rn. 11). Dies ergibt sich sowohl aus Abs. 1 S. 1 als auch aus § 1 S. 2. Deshalb muss das angewendete Verfahren zwei Voraussetzungen erfüllen: 1. Bei Vorbereitung und Durchführung der Betäubung müssen Schmerzen, Leiden und Aufregungen so weit wie möglich ausgeschlossen sein. 2. Es muss sicher gewährleistet sein, dass der Zustand der Empfindungs- und Wahrnehmungslosigkeit unmittelbar nach der Einwirkung eintritt und bis zum Eintritt des Todes andauert. – In Anlage 3 zu § 13 Abs. 6 TierSchlV sind mit Bezug auf einzelne Tierarten diejenigen Betäubungs- und Tötungsverfahren aufgelistet, von denen der Verordnungsgeber annimmt, dass sie diesen Anforderungen im Regelfall entsprechen. Damit ist auch derjenige, der Wirbeltiere zu anderen Zwecken als zur Nahrungsmittelgewinnung tötet (zB der Landwirt, der kranke Tiere oder sog. Kümmerer tötet), grundsätzlich auf diese Verfahren beschränkt. Kommen mehrere davon in Betracht, so ist allein dasjenige erlaubt, das den o. g. Anforderungen am besten entspricht. Sind einzelne Verfahren nur unter besonderen Voraussetzungen bzw. in bestimmten Grenzen zugelassen (zB der Kopfschlag bei Schweinen), so müssen diese auch bei Tötungen zu anderen Zwecken eingehalten werden. – Anlage 3 bezieht sich auf das Schlachten. Bei Tötungen, die nicht der Nahrungsmittelgewinnung dienen (zB Heimtiere; Versuchstiere; Tiere iS des § 4 Abs. 3), gibt es häufig schonendere Betäubungs- und Tötungsmethoden; diese sind dann vorzuziehen. – Zum „Wie" des Betäubens und Tötens von Heimtieren vgl. auch Art. 11 des Europ. Heimtierübereinkommens.

Grundvorschrift **§ 4 TierSchG**

III. Ausnahmen vom Betäubungszwang nach Abs. 1 S. 2 und Abs. 1 S. 1 zweiter Halbsatz

Die **betäubungslose Tötung** im Rahmen der **Jagdausübung** ist zulässig, 6 setzt aber voraus, dass die Voraussetzungen des BJagdG und des LJagdG vollständig erfüllt sind und darüber hinaus die ungeschriebenen Grundsätze der Weidgerechtigkeit und das Gebot zu größtmöglicher Schmerzvermeidung eingehalten werden (s. dazu § 17 Rn. 12–17).

Die **betäubungslose Tötung** im Rahmen der **Schädlingsbekämpfung** ist 7 zulässig, setzt aber voraus, dass die Bekämpfungsmaßnahme als solche durch Gesetz oder Rechtsverordnung zugelassen und dort nach Voraussetzungen und Grenzen geregelt ist (vgl. dazu BT-Drucks. 10/3158 S. 20; BR-Drucks. 835/96 S. 28; s. auch TierSchlV § 1 Rn. 3). Zudem ist die Maßnahme wie jede Tiertötung an den Grundsatz der Verhältnismäßigkeit gebunden, was sich entweder schon aus dem Wortlaut des jeweiligen Gesetzes bzw. der Verordnung ergibt (vgl. zB § 17 Abs. 2 IfSG: „erforderliche Maßnahmen"), oder aber aus den §§ 17 Nr. 1, 1 S. 2 TierSchG folgt (s. dazu § 17 Rn. 28–32; vgl. auch *Kluge* § 4 Rn. 4). Unverhältnismäßige Schädlingsbekämpfungsmaßnahmen stellen für den, der sie anordnet, eine Straftat nach § 17 Nr. 1 dar, ebenso für den Ausführenden.

Andere Rechtsvorschriften, die eine betäubungslose Tötung erlauben, 8 sind zB: § 4a Abs. 2; § 9 Abs. 2 Nr. 4; § 13 Abs. 5 S. 2 TierSchlV; § 13 Abs. 8 TierSchlV; Bestimmungen aus dem Tierseuchengesetz (aber: für behördlich veranlasste Tiertötungen gilt gem. § 1 Abs. 1 Nr. 5 die TierSchlV, insbesondere also auch deren § 3 und § 13); die Fischereigesetze der Länder (aber: Tötung gefangener Fische grundsätzlich nur nach vorheriger Betäubung, s. § 13 Abs. 5 S. 1 TierSchlV).

Eine **weitere Ausnahme vom Betäubungszwang** (Abs. 1 S. 1 zweiter 9 Halbsatz, „oder sonst") ist 1972 mit Blick auf die besonderen Bedürfnisse der Hochseefischerei eingefügt worden (vgl. *Lorz* TierSchG § 4 Rn. 8; s. auch § 17 Rn. 20 und TierSchlV § 1 Rn. 3). Sie greift nur ein, wenn nach den Umständen des Einzelfalles die vorherige Betäubung des Tieres unzumutbar ist (vgl. die Beispiele bei *Lorz* TierSchG § 4 Rn. 11: Betäubung unmöglich; sofortige Tötung ohne Betäubung schmerzloser als Betäubung; Erschießen von nutztierartig gehaltenem Damwild). Wegen der Bedeutung, die dem Grundsatz des Betäubungszwanges als integralem Bestandteil des ethischen Tierschutzes zukommt, muss diese Ausnahme auf Extremsituationen beschränkt bleiben, in denen höherrangige Interessen den Verzicht auf die vorherige Betäubung zwingend erforderlich machen. Dies wird idR nur in Notstandslagen nach § 34 StGB und den §§ 228, 904 BGB angenommen werden können. Wirtschaftliche Gründe, insbesondere das Einsparenwollen von Geld, Zeit und Arbeitskraft können nach dem heutigen Stand der fundierten allgemeinen Gerechtigkeitsvorstellungen keine Unzumutbarkeit mehr begründen. Von früheren, weitergehenden Auslegungen muss deshalb sowohl nach dem aktuellen Stand dieser Vorstellungen als auch aufgrund der Aufwertung, die der Tierschutz durch Art. 20a GG nF erfahren hat, Abstand genommen werden (s. dazu § 1 Rn. 41, 51, 54; vgl. auch *Kluge* § 4 Rn. 3).

IV. Das Gebot zu größtmöglicher Schmerzvermeidung nach Abs. 1 S. 2 letzter Halbsatz

10 Nicht mehr als **unvermeidbare Schmerzen** dürfen dem betäubungslos getöteten Tier entstehen. Dies gilt auch dann, wenn das betäubungslose Töten ausnahmsweise erlaubt ist (s. Rn. 6–9). – Die Behörde kann die Einhaltung dieses Gebots mit Hilfe folgender Fragen prüfen: 1. Sind dem Tier vor seinem Tod Schmerzen entstanden? 2. In welchem Ausmaß? 3. Wäre ein anderes Verfahren möglich gewesen, das ohne oder mit weniger Schmerzen verbunden gewesen wäre? Wenn ja, bedeutet die Nichtanwendung des schonenderen Verfahrens einen Verstoß gegen Abs. 1 S. 2 letzter Halbsatz, auch dann, wenn mit seiner Wahl ein Mehraufwand an Geld, Arbeit und/oder Zeit verbunden gewesen wäre (s. auch § 1 Rn. 41; zur Frage, wann Jagdmethoden dagegen verstoßen s. auch § 17 Rn. 13).

V. Sachkunde nach Abs. 1 S. 3; Sachkundenachweis nach Abs. 1 a

11 Sachkunde bedeutet **Kenntnisse und Fähigkeiten**. Die Kenntnisse müssen sich u. a. beziehen auf: die Risiken, die mit den einzelnen Betäubungs- und Tötungsverfahren verbunden sind; das im Einzelfall schonendste Verfahren; die zur Schmerz- und Leidensvermeidung geeigneten Schutzmaßnahmen; die Anatomie und die Physiologie der jeweiligen Tierart; die Verhaltensweisen, die bei dem Tier Schmerzen, Leiden oder Aufregung anzeigen; Anzeichen für eine Fehlbetäubung (vgl. dazu auch die Bereiche, auf die sich das in AVV Nr. 3.2.4 vorgesehene Fachgespräch erstrecken kann). – Die Fähigkeiten müssen u. a. die richtige Anwendung des jeweiligen Verfahrens und die korrekte Wartung und Bedienung der Geräte umfassen (vgl. auch dazu AVV Nr. 3.2.4). – Über diese Sachkunde muss nach Abs. 1 S. 3 jeder verfügen, der an der Tötung eines Wirbeltieres mitwirkt. Beschränkt sich seine Mitwirkung auf einen abgeschlossenen Teilbereich (zB Betreuen, Treiben, Ruhigstellen, Betäuben), so muss sie jedenfalls diesen Bereich umfassen.

12 Im **Ordnungswidrigkeitsverfahren nach §§ 4 Abs. 1, 18 Abs. 1 Nr. 5** kann Abs. 1 S. 3 besondere praktische Bedeutung erlangen. Wer ein Wirbeltier getötet hat, ohne dabei die schonendste Betäubungsmethode anzuwenden (s. Rn. 5), oder wer im Rahmen einer betäubungslos zulässigen Tötung nicht das am wenigsten schmerzhafte Verfahren gewählt hat (s. Rn. 10), hat in jedem Fall schuldhaft gegen § 4 Abs. 1 verstoßen; er kann sich zu seiner Entschuldigung nicht darauf berufen, dass ihm die nötigen Kenntnisse und Erfahrungen gefehlt hätten, denn ohne diese hätte er sich nach Abs. 1 S. 3 von vornherein nicht an der Betäubung bzw. Tötung beteiligen dürfen.

13 Einen **Sachkundenachweis nach Abs. 1a** muss erbringen, wer im Rahmen seines Berufes (zB als Landwirt, aber auch als Angestellter oder Arbeiter; nebenberufliche Ausübung genügt, vgl. AVV Nr. 3.1.1) oder gewerbsmäßig (d. h. selbstständig, planmäßig, fortgesetzt und mit der Absicht der Gewinnzielung) Wirbeltiere betäubt oder tötet. Regelmäßig erfolgt das

Grundvorschrift § 4 TierSchG

Betäuben oder Töten, wenn es sich in überschaubaren zeitlichen Intervallen (zB während eines Wirtschaftsjahres) voraussehbar wiederholt. – Ein Sachkundenachweis ist demgemäß zB für die Erwerbsfischerei, für das Betäuben und Töten von Pelztieren und für die Schädlingsbekämpfung erforderlich. – Nach AVV Nr. 3.1.3 soll es an der Regelmäßigkeit grundsätzlich fehlen, wenn lebensschwache, nicht lebensfähige oder schwer verletzte Wirbeltiere im eigenen Tierbestand „im Einzelfall" getötet werden. Aus der Beschränkung auf den „Einzelfall" folgt jedoch: Ab einer bestimmten Betriebsgröße und einer daraus ableitbaren Verlustrate erfolgt das Nottöten nicht mehr im Einzelfall, sondern mit einer gewissen Regelmäßigkeit und fällt dann unter Abs. 1 a. ZB hat ein Schweinemäster mit 500 Mastplätzen bei einer durchschnittlichen Verlustrate von 3% und zwei Durchgängen pro Jahr 30 Abgänge, von denen er zumindest einen Teil tötet; im Geflügelbereich liegen die Verlustraten in der Hähnchenmast bei ca. 4% und bei der Mast von Putenhähnen bei 8–10% (vgl. *v. Holleben et al.,* DtW 1999, 163, 164; vgl. auch *Hörning* S. 10: Mortalitätsrate bei Masthühnern 6–7%). Folglich müsste gemäß Abs. 1 a ab etwa 500 Mastplätzen für Schweine und ab einer vergleichbaren Größenordnung für Legehennen, Masthähnchen und Puten von dem Halter der Sachkundenachweis nach Abs. 1 a gefordert werden.

Zum **Erbringen des Nachweises** ist festzuhalten: Bestimmte abgeschlossene Berufsausbildungen oder Weiterbildungsabschlüsse gelten nach AVV Nr. 3.2.2 als Sachkundenachweis, doch muss feststehen, dass die Ausbildung das Betäuben und Töten der jeweiligen Tierkategorie auch wirklich umfasst hat. – Ansonsten wird der Sachkundenachweis in einem Prüfungsgespräch vor der zuständigen Behörde erbracht. Welche Kenntnisse und Fähigkeiten dabei nachzuweisen sind, regelt AVV Nr. 3.2.4 (s. auch Rn. 11). – In Geflügelschlachtereien muss sowohl derjenige, der selbst betäubt oder tötet (sei es von Hand, sei es durch Bedienen der entsprechenden Automatik), als auch die Aufsichtsperson den Sachkundenachweis erbringen. Beim Betäuben und Töten von Fischen gilt dies nur für die Aufsichtsperson, die dann aber ständig anwesend sein muss. – Für das Schlachten bestimmter Tierarten wird der Sachkundenachweis durch die Spezialvorschrift des § 4 Abs. 2 TierSchlV geregelt (dies gilt auch für das behördlich veranlasste Töten von Tieren dieser Art, vgl. § 1 Abs. 1 Nr. 5 TierSchlV). 14

VI. Töten von Wirbeltieren zu wissenschaftlichen Zwecken nach Abs. 3

Ein Töten für **wissenschaftliche Zwecke** liegt vor, wenn anschließend der tote Tierkörper oder auch einzelne Teile davon, insbesondere Organe, einem Verfahren unterzogen werden sollen, das auf Forschung (d.h. auf Gewinnung einer neuen Erkenntnis im Hinblick auf eine noch nicht hinreichend geklärte wissenschaftliche Fragestellung) gerichtet ist. 15

§ 4 ist **von § 7 abzugrenzen.** Kein Fall von Abs. 3, sondern ein einheitlich nach den §§ 7 ff. zu beurteilender Tierversuch liegt vor, wenn zu Lebzeiten des Tieres mit Blick auf den angestrebten Erkenntnisgewinn mehr geschieht 16

§ 4 TierSchG
Tierschutzgesetz

als nur dessen Betäubung und Tötung auf die schonendstmögliche Weise (s. Rn 5). Das ist einmal dann der Fall, wenn noch vor der Tötung Vorbereitungen an dem Tier für das spätere Forschen stattfinden. Ein einheitlich nach den §§ 7 ff. zu beurteilender Vorgang liegt aber auch dann vor, wenn sich das „Wie" der Tötung auch an dem späteren Forschungszweck ausrichtet statt ausschließlich danach, welches Betäubungs- und Tötungsverfahren am ehesten den Geboten aus § 13 Abs. 1 i. V. m. Anlage 3 TierSchlV und aus § 4 Abs. 1 S. 1 TierSchG (s. Rn. 5) entspricht. Beispiel hierfür: Tötung durch Enthaupten zwecks eines späteren Versuches am isolierten Tierkopf (näher zur Abgrenzung s. § 7 Rn. 4).

17 In **Abgrenzung zu § 10** gilt Folgendes: Wird ein Tier getötet, weil anschließend an seinem Körper oder Teilen davon Experimente oder Präparationen zur Aus-, Fort- oder Weiterbildung durchgeführt werden sollen, so richtet sich das „Ob" der Tiertötung (d. h. ihre Zulässigkeit) nach § 10 Abs. 1 und Abs. 2 (vgl. BVerwG NVwZ 1998, 853, 855). Denn die Tötung ist der mit dem schwersten Schaden verbundene Eingriff, und § 10 Abs. 1 verlangt nicht, dass Eingriff und Wissensvermittlung zeitlich und räumlich zusammenfallen, sondern lässt es genügen, wenn die Tötung das spätere Experimentieren oder Präparieren ermöglichen soll (BVerwG aaO; s. auch § 1 Rn. 25 und § 10 Rn. 4). – Die Einfügung von Abs. 3 durch das ÄndG 1998 hat an dieser vom Bundesverwaltungsgericht festgestellten Rechtslage nichts ändern können, denn sie betrifft nur das „Wie" und nicht auch das „Ob" von Tiertötungen (s. Rn. 2; vgl. auch *Kluge* § 10 Rn. 4; aA *Caspar* Tierschutz S. 439).

18 Abgesehen von dem Fall in Rn. 17 ist **das „Ob" der Tötung** nach § 17 Nr. 1 zu beurteilen. – Die Tötung entspricht einem vernünftigen Grund, wenn der Nutzen der angestrebten Erkenntnis den Schaden, der dem Tier zugefügt wird, überwiegt. Es ist daher zu fragen: 1. Welche wissenschaftliche Erkenntnis wird angestrebt? 2. Welche Fortschritte sind davon für Belange iS des § 7 Abs. 2 zu erwarten, insbesondere für Prävention, Diagnose oder Therapie einer bestimmten Krankheit? Mit welcher Wahrscheinlichkeit? 3. Ist das Töten dafür erforderlich, oder könnte nach dem Stand der wissenschaftlichen Erkenntnisse ein gleichwertiges Ergebnis auch ohne Tiertötung (bzw. mit weniger getöteten Tieren, durch Verwendung von sowieso-toten Tieren usw.) erreicht werden? 4. Überwiegt der erwartbare Nutzen unter Berücksichtigung von Art, Ausmaß und Wahrscheinlichkeit den Schaden (zu „Tod als Schaden" s. § 1 Rn. 25)? Kann dies auch mit Blick auf die eventuell schon vorhandenen, vergleichbar oder ähnlich wirksamen Substanzen bejaht werden (näher zu dieser Bedarfsprüfung s. § 7 Rn. 45)? – Da es hier um die Elemente „Erforderlichkeit" und „Verhältnismäßigkeit ieS" im Rahmen des vernünftigen Grundes geht (s. § 1 Rn. 28), gilt für diese Nutzen-Schaden-Abwägung im Prinzip dasselbe wie für die ethische Vertretbarkeit bei § 7 (s. dort Rn. 35–45).

19 **Das „Wie" der Tötung** richtet sich auch hier zunächst nach Abs. 1 S. 1, d. h.: Betäubungszwang; Wahl des mit den geringsten Schmerzen, Leiden und Aufregungen verbundenen Betäubungsverfahrens; Anwendung derjenigen Betäubungsmethode, die die rasche Totalbetäubung sicher gewährleistet und das vorzeitige Wiedererwachen ebenso sicher ausschließt (s. Rn 5). –

Grundvorschrift **§ 4 TierSchG**

Zusätzlich gelten die weiteren durch Abs. 3 in Bezug genommenen Vorschriften: Die Einrichtung muss gem. § 8b einen oder mehrere Tierschutzbeauftragte bestellen, wenn die Durchführung mehrerer Tiertötungen, auch im Rahmen desselben Projektes (zB Dissertation), geplant ist und die Vorrichtungen dazu vorhanden sind (s. § 8b Rn. 1); der Stand der wissenschaftlichen Erkenntnisse ist gem. § 9 Abs. 2 S. 2 zu berücksichtigen, insbesondere bei der Entscheidung darüber, welches Betäubungs- und Tötungsverfahren am schonendsten ist; sollen Tiere, die nicht zu den in § 9 Abs. 2 Nr. 7 genannten landwirtschaftlichen Nutztieren gehören, getötet werden, so müssen sie eigens für wissenschaftliche Zwecke gezüchtet worden sein (Zucht für Tierversuche reicht aus, vgl. *L/M* § 4 Rn. 9).

VII. Ordnungswidrigkeiten und Straftaten

Ordnungswidrig nach § 18 Abs. 1 Nr. 5 i.V.m. § 4 Abs. 1 S. 1 handelt, 20 wer vorsätzlich oder fahrlässig ein Wirbeltier ohne Betäubung tötet, ohne dass eine der Ausnahmen nach Abs. 1 S. 2 oder Abs. 1 S. 1 zweiter Halbsatz eingreift. Gleichgestellt sind folgende Fälle: Betäubung, die aber nicht zu einer vollständigen Ausschaltung des Empfindungs- und Wahrnehmungsvermögens führt; Tötung, obwohl das Tier vorher wieder erwacht ist, d. h. sein Empfindungsvermögen teilweise wiedererlangt hat. – Ordnungswidrig nach § 18 Abs. 1 Nr. 5 i.V.m. § 4 Abs. 1 S. 2 handelt, wer zwar ausnahmsweise ohne Betäubung töten darf, dabei aber nicht das schonendste Verfahren anwendet bzw. notwendige Schutzmaßnahmen unterlässt und dadurch dem Tier vorsätzlich oder fahrlässig vermeidbare Schmerzen bereitet. – Ordnungswidrig nach § 18 Abs. 1 Nr. 5 i.V.m. § 4 Abs. 1 S. 3 handelt, wer ein Wirbeltier tötet oder an der Tötung eines solchen mitwirkt, ohne die notwendigen Kenntnisse und Fähigkeiten zu besitzen; auch hier reicht Fahrlässigkeit aus. – Zugleich kann, wenn dem Tier erhebliche Schmerzen oder Leiden entstehen, § 18 Abs. 1 Nr. 1 oder § 18 Abs. 2 verwirklicht sein. Bei länger anhaltenden oder sich wiederholenden erheblichen Schmerzen oder Leiden ist § 17 Nr. 2b verwirklicht. Zur Frage, ob bei Verstößen, die das „Wie" der Tiertötung betreffen (insbes. § 4, § 4a und die Vorschriften der Tierschutz-Schlachtverordnung), auch das „Ob" rechtswidrig wird, weil damit ein ansonsten vorhandener vernünftiger Grund entfällt, so dass bei vorsätzlichem Handeln eine Straftat nach § 17 Nr. 1 gegeben ist, s. dort Rn. 10. – Wer das Tier zwar vor der Tötung total und ohne Wiedererwachen betäubt, dabei aber nicht das mit den geringsten Schmerzen, Leiden und Aufregungen verbundene Verfahren anwendet, verstößt jedenfalls gegen § 1 S. 2; ein Verstoß gegen § 4 Abs. 1 S. 3 i.V.m. § 18 Abs. 1 Nr. 5 liegt nahe; findet die TierSchlV Anwendung (s. dort § 1 Rn. 1), so kommt auch eine Ordnungswidrigkeit nach § 15 Abs. 2 Nr. 10a oder b TierSchlV i.V.m. § 18 Abs. 1 Nr. 3b in Betracht. Bei Erheblichkeit der hierbei zugefügten Leiden kann § 18 Abs. 1 Nr. 1 oder Abs. 2 verwirklicht sein, bei längerem Anhalten auch § 17 Nr. 2b.

§ 4 a TierSchG *Tierschutzgesetz*

§ 4 a [Schlachten]

(1) Ein warmblütiges Tier darf nur geschlachtet werden, wenn es vor Beginn des Blutentzugs betäubt worden ist.

(2) Abweichend von Absatz 1 bedarf es keiner Betäubung, wenn
1. sie bei Notschlachtungen nach den gegebenen Umständen nicht möglich ist,
2. die zuständige Behörde eine Ausnahmegenehmigung für ein Schlachten ohne Betäubung (Schächten) erteilt hat; sie darf die Ausnahmegenehmigung nur insoweit erteilen, als es erforderlich ist, den Bedürfnissen von Angehörigen bestimmter Religionsgemeinschaften im Geltungsbereich dieses Gesetzes zu entsprechen, denen zwingende Vorschriften ihrer Religionsgemeinschaft das Schächten vorschreiben oder den Genuß von Fleisch nicht geschächteter Tiere untersagen oder
3. dies als Ausnahme durch Rechtsverordnung nach § 4 b Nr. 3 bestimmt ist.

Übersicht

	Rn.
I. Grundsatz des Betäubungszwangs beim Schlachten, Abs. 1 ..	1–3
II. Ausnahme Notschlachtung, Abs. 2 Nr. 1	4
III. Ausnahme betäubungsloses Schlachten, Abs. 2 Nr. 2	5–27
1. Allgemeine Informationen zum Schächten	5–12
2. Die Rechtsprechung bis zum Schächt-Urteil des BVerfG vom 15. 1. 2002	13–15
3. Das Schächt-Urteil des BVerfG vom 15. 1. 2002	16
4. Was hat die nach § 15 für Ausnahmegenehmigungen zuständige Behörde nach diesem Urteil künftig zu prüfen?	17–23
5. Veränderte Rechtslage durch Art. 20 a GG (Staatsziel Tierschutz)	24–27
IV. Zur Ausnahme nach Abs. 2 Nr. 3	28
V. Ordnungswidrigkeiten und Straftaten	29

I. Grundsatz des Betäubungszwangs beim Schlachten, Abs. 1

1 § 4 a regelt als Spezialvorschrift gegenüber § 4 das **Schlachten warmblütiger Tiere**. Schlachten bedeutet das Herbeiführen des Todes eines Tieres durch Entbluten (vgl. Art. 2 Nr. 7 der RL 93/119/EG und § 4 Abs. 1 Nr. 3 FlHG; s. auch § 4 Rn. 3). Warmblütige Tiere sind Säugetiere und Vögel. Die Anforderungen der Vorschrift gelten unabhängig vom Ort der Schlachtung, also auch für Hausschlachtungen.

2 **Betäubung** bedeutet Totalbetäubung (s. § 4 Rn. 4). Die einzelnen Anforderungen sind in § 13 Abs. 1 TierSchlV bestimmt: **1.** Das Tier muss in einen Zustand vollständiger Empfindungs- und Wahrnehmungslosigkeit versetzt werden. **2.** Die gewählte Methode muss diesen Zustand „schnell" (d.h. unmittelbar mit der Einwirkung) herbeiführen. **3.** Die Methode muss gewähr-

Schlachten **§ 4 a TierSchG**

leisten, dass der Zustand bis zum Tod anhält und ein vorzeitiges Wiedererwachen ausgeschlossen ist. 4. Bei der Vorbereitung und der Durchführung der Betäubung sind Schmerzen oder Leiden zu vermeiden. 5. Aufregungen müssen so weit als möglich vermieden werden (vgl. § 3 Abs. 1 TierSchlV). – In Anlage 3 Teil I zu § 13 Abs. 6 TierSchlV werden für einzelne Tierarten bestimmte Betäubungs- und Tötungsverfahren benannt, von denen der Verordnungsgeber annimmt, dass sie diesen Anforderungen entsprechen. Kommen demnach verschiedene Verfahren in Betracht, so darf die Auswahl nicht nach Belieben und auch nicht nach Kostengesichtspunkten und arbeitswirtschaftlichen Erwägungen vorgenommen werden, sondern allein danach, welches Verfahren im konkreten Fall am sichersten die Einhaltung der o. e. fünf Anforderungen gewährleistet. Darf ein Verfahren nach Anlage 3 nur unter bestimmten Voraussetzungen und/oder innerhalb bestimmter Grenzen angewandt werden (zB Kugelschuss bei Rindern), so sind diese einzuhalten.

Vor Beginn des Blutentzugs muss das Tier betäubt werden. Eine Betäubung erst während des Schlachtschnittes oder gar erst mittels Blutentzuges ist damit grundsätzlich ausgeschlossen. 3

II. Ausnahme Notschlachtung, Abs. 2 Nr. 1

Notschlachtung ist das Schlachten eines Tieres, das infolge eines Unglücksfalles sofort getötet werden muss (§ 4 Abs. 1 Nr. 3 a FlHG). Unglücksfall ist ein plötzliches, unvorhergesehenes Ereignis, das das Tier erheblich schädigt oder sein Wohlbefinden erheblich beeinträchtigt. – Auch in diesem Fall darf auf eine Betäubung nur verzichtet werden, wenn sie nicht möglich ist, also zB wenn das Tier mit dem Betäubungsgerät nur äußerst schwer oder nur unter Gefahr für Leib und Leben des Handelnden erreicht werden kann. Nicht ausreichend ist dagegen, wenn die Betäubung lediglich mit einem erhöhten Kosten- oder Arbeitsaufwand verbunden wäre. Auch ein erhöhter Zeitaufwand für die Betäubung ist grundsätzlich hinzunehmen; etwas anderes kann gelten, wenn die mit der Verzögerung verbundenen Schmerzen und Leiden des Tieres schwerer wiegen als diejenigen, die mit seiner betäubungslosen Tötung verbunden sind. 4

III. Ausnahme betäubungsloses Schlachten, Abs. 2 Nr. 2

1. Allgemeine Informationen zum Schächten

Schächten ist betäubungsloses Schlachten nach den rituellen Regeln einer Glaubensgemeinschaft (vgl. *L/M* § 4 a Rn. 6). Es handelt sich um eine altorientalische Schlachtform, bei der die Tiere ohne vorherige Betäubung mittels eines Halsschnitts und der daran anschließenden Entblutung getötet werden. – Für Muslime (sowohl der sunnitischen als auch der schiitischen Richtungen) werden die rituellen Regeln folgendermaßen beschrieben: der Schlachter muss Muslim sein; er muss mit einem scharfen Messer und nur einem einzigen Schnitt alle vier Halsschlagadern sowie die Luft- und die 5

§ 4 a TierSchG *Tierschutzgesetz*

Speiseröhre durchschneiden; dabei muss der Kopf des Tieres in Richtung Mekka gelegt sein; der Name Allahs muss beim Schlachten gerufen werden; das Tier muss sich nach Beendigung des Schlachtschnitts noch schwach bewegen (zit. n. OVG Hamburg NVwZ 1994, 592, 596; weitere Informationen, auch zur Praxis anderer Glaubensgemeinschaften und Völker vgl. *Bolliger* S. 288 ff.).

6   Abs. 2 Nr. 2 enthält ein **repressives Verbot mit Befreiungsvorbehalt**. Der Gesetzgeber geht davon aus, dass es Tieren weniger Schmerzen und Leiden bereitet, wenn sie vor dem Blutentzug betäubt werden. Diese Einschätzung teilen auch der Rat der EU (vgl. Art. 5 Abs. 1 lit. c der Richtlinie 93/119/EG) und die Vertragsparteien des Europ. Übereinkommens über den Schutz von Schlachttieren (vgl. dort Art. 12). Demgemäß ist das Schächten grundsätzlich verboten. – Ausnahmegenehmigungen sind für zwei Fälle vorgesehen: Nach Abs. 2 Nr. 2 erste Alt., wenn zwingende Vorschriften den Angehörigen einer Religionsgemeinschaft das Schächten (zB aus Anlass eines bestimmten Ereignisses) vorschreiben; nach Abs. 2 Nr. 2 zweite Alt., wenn solche Vorschriften den Gemeinschaftsangehörigen den Genuss von Fleisch nicht geschächteter Tiere untersagen. In beiden Fällen muss aber hinzukommen, dass die Ausnahmegenehmigung „erforderlich" ist, um den Bedürfnissen der Gemeinschaft zu entsprechen. Das bedeutet: Es muss (zusätzlich zum Vorhandensein der o. e. zwingenden Vorschriften) geprüft werden, ob es zur Befriedigung dieser Bedürfnisse ein anderes Mittel gibt als die Zulassung des betäubungslosen Schlachtens (zum Verfahren der Elektrokurzzeitbetäubung s. Rn. 15); falls dies nicht der Fall ist, muss eine Abwägung stattfinden, bei der die Bedürfnisse der Religionsangehörigen den Belangen des ethischen Tierschutzes gegenüberzustellen sind (zur Aufwertung dieser Belange durch das „Staatsziel Tierschutz" s. Rn. 25).

7   Die Frage, **in welchem Ausmaß** den Tieren **durch das Schächten Leiden entstehen,** ist für diese Abwägung wesentlich. Sie erfordert es, die drei Phasen des Schächtvorganges – nämlich das Fixieren, den Schächtschnitt und den Zeitraum bis zum Erlöschen des Bewusstseins – zusammenschauend zu betrachten.

8   Die **zur Vorbereitung des Schächtschnitts nötige Fixierung** geschieht bei Rindern idR entweder durch Fesseln und anschließendes Zu-Boden-Werfen oder mit Hilfe des sog. Weinberg'schen Apparates: Hierbei wird das Tier in eine Art Metalltrommel getrieben, dort durch an den Körper angepresste Metallplatten fixiert und anschließend um 180 Grad auf den Rücken gedreht; kurz vor dem Schnitt wird der Kopf mittels einer Gabel gestreckt. Insbesondere der für ein Rind unnatürliche Vorgang des Auf-den-Rücken-gedreht-Werdens verursacht dem Tier große Angst (zu Angst als Leiden s. § 1 Rn. 22; zur Erheblichkeit von Leiden s. § 17 Rn. 50–53). – In den USA wird deshalb anstelle dieses Umlegeapparates seit Jahren eine Fixierungseinrichtung verwendet, die das Schächten im Stehen ermöglicht. Nachteile des in Deutschland noch eingesetzten Weinberg'schen Apparates gegenüber dieser „Cincinnati-Falle" sind u.a.: schon der Eintrieb des Rindes in die Weinberg'sche Metalltrommel gestaltet sich schwieriger und geschieht oft mit Hilfe von Elektro-Treibern; die Zeit zwischen Eintrieb und Abschluss der Fixierung dauert wesentlich länger (im Mittel 103 Sekunden

gegenüber 11 Sekunden in der Cincinnati-Falle); als besondere Leidensanzeichen sind bei Rindern im Weinberg-Apparat länger dauernde Abwehrbewegungen, vermehrtes Brüllen und Stöhnen bei offenem Maul (besonders während des Umdrehens), forcierte Atmung nach dem Erreichen der Rückenlage, vermehrtes Schäumen aus dem Maul und Vorwärtsdrängen festgestellt worden; zudem zeigen signifikant höhere Cortisol- und tiefere pH-Werte bei den so behandelten Rindern erhebliche Leiden an. Nach dem Schächtschnitt kommt es bei Tieren, die auf dem Rücken liegen, häufig zur Bildung von Blutseen an der Schnittstelle sowie zur Aspiration von Blut oder Mageninhalt mit entsprechender Erstickungsangst (vgl. *v. Wenzlawowicz* in: DVG Tötung von Tieren und Kenzeichnung von Tieren S. 70–76; ders. in Stellungnahme, Schwarzenbek 1999). – Bei Schafen geschieht die Fixierung idR durch Niederwerfen in die Seiten- oder Rückenlage und Zusammenbinden der Gliedmaßen sowie anschließendes Strecken des Halses nach hinten, wodurch zT Brüche, in jedem Fall aber große Angst infolge der plötzlichen, unnatürlichen Körperdehnung ausgelöst werden. Auch hier (und ebenso für Kälber) gäbe es Fixiereinrichtungen, die das stressärmere Schächten im Stehen ermöglichten. – Demgegenüber werden bei der Bolzenschuss- oder Elektrobetäubung die Tiere stehend und weitgehend ohne vorherige beängstigende Fixation betäubt (vgl. *Schatzmann* in: Neue Zürcher Zeitung NZZ, 10. 10. 2001 S. 15).

Der **Schächtschnitt**, d. h. die großflächige Durchtrennung der stark innervierten Halsgegend bis zur Wirbelsäule, wird „erheblich als Schmerz verspürt" (*Schatzmann* in: NZZ aaO; der Zitierte ist Prof. f. Veterinäranaesthesiologie an der Universität Bern). Dass die Tiere dabei häufig keine Reaktion zeigen, darf nicht mit Empfindungslosigkeit gleichgesetzt werden (vgl. *v. Wenzlawowicz* in: Der Spiegel 4/02 S. 184). Luft- und Speiseröhre sind sehr schmerzempfindliche Organe, deren Verletzung selbst in tiefer Narkose noch erhebliche Schmerzreaktionen (feststellbar durch Atemstörungen, EKG-Veränderungen, Pulsfrequenz- und Blutdruckerhöhungen) hervorruft. In der Chirurgie ist die besondere Sensibilität der Halsregion durch den bekannten Carotis-Sinus-Effekt belegt.

Bei optimaler Ruhigstellung und Schnittführung währt **der Zeitraum bis zum Erlöschen des Empfindungsvermögens** beim Schaf ungefähr 14 Sekunden und beim Rind durchschnittlich 39 Sekunden (vgl. *v. Wenzlawowicz* in: Der Spiegel aaO; *Schatzmann* in: NZZ aaO). Die früher geäußerte Annahme, die Tiere würden unmittelbar nach dem Schnitt bewusstlos, entspricht nicht mehr dem aktuellen Stand wissenschaftlicher Erkenntnis. Ob ein „Schock" die Schmerzen ausschließt oder vermindert, ist unsicher (vgl. *Schatzmann* aaO). – Anlässlich eines Besuches im Schlachthof von Besançon/F stellten Vertreter des Schweizer Bundesamts für Veterinärwesen u. a. fest: „Zahlreiche Tiere, an denen der Schächtschnitt korrekt ausgeführt wurde, zeigten nach dem Schnitt heftige Abwehrreaktionen; der Augenreflex (Cornealreflex), der als anerkanntes Maß für den Verlust des Bewusstseins gilt, war teilweise bis 30 Sekunden nach dem Schnitt noch deutlich festzustellen" (zit. n. Tagesanzeiger Zürich, 4. 1. 2002 S. 8). – Bei Rindern kann es bis zur vollen Empfindungslosigkeit sogar mehrere Minuten dauern, weil sie neben den Halsschlagadern noch über Wirbelkörperarterien und tiefe Nackenarterien verfügen, die von dem Schnitt nicht betroffen werden, so dass die Blut- und Sauerstoffversorgung des Gehirns noch für einige Zeit aufrechterhalten bleibt. „Es konnte innerhalb von 30–60 Sekunden nach dem Schächtschnitt beobachtet werden, dass ein Teil der geschächteten Rinder (5–10%) nach der Befreiung aus dem Weinberg'schen Apparat in der Lage war, Aufstehversuche zu unternehmen und sogar noch einige Schritte zu gehen, bevor sie zusammenbrachen" (*v. Wenzlawowicz* in: DVG aaO). – Im Vergleich dazu werden korrekt bolzenschuß- oder elektrobetäubte Wiederkäuer innerhalb von wenigen Millisekunden empfindungslos (vgl. *Schatzmann* aaO).

11 In der Zusammenschau sind damit **die Leiden geschächteter Tiere erheblich** (nämlich „beträchtlich", „gravierend" oder „gewichtig", vgl. dazu BGH NJW 1987, 1833, 1834; s. auch § 17 Rn. 50). Dies gilt auf jeden Fall bei Verwendung des Weinberg'schen Apparates, muss aber mit Blick auf die Ausführungen in Rn. 9 und 10 auch bei Verwendung von Einrichtungen zum Stehend-Fixieren bejaht werden. „Dass es sich beim Schächten um eine qualvolle Art des Tötens handelt, kann nach heutigen Kenntnissen nicht von der Hand gewiesen werden" (*Schatzmann* aaO). „Die Behauptungen, wonach das Schächten nicht tierquälerisch sei, können nicht bestätigt werden" (Schweizerisches Bundesamt f. Veterinärwesen nach dem o. e. Besuch des Schlachthofes Besançon in: Tagesanzeiger aaO). Auch die Landestierärztekammer Bad.-Württ. hat „erhebliche Schmerzen und Leiden der Schlachttiere" und das „Durchleiden einer langen Todesangstphase bei vollem Bewusstsein" festgestellt (zit. n. Reutlinger General-Anzeiger, 30. 7. 2002 S. 14). – Ob die Leiden auch länger anhaltend iS des § 17 Nr. 2b sind, richtet sich nach den Umständen des Einzelfalles (vgl. dazu auch OLG Celle NStZ 1993, 291 für den eine halbe bis eine Minute währenden „Drill" beim Angeln; vgl. weiter *L/M* § 17 Rn. 41: Je schlimmer die zugefügten Schmerzen oder Leiden sind, eine desto kürzere Zeitspanne genügt; s. auch § 17 Rn. 54). – Ist demnach der Tatbestand des § 18 Abs. 1 Nr. 1 oder des § 17 Nr. 2b erfüllt, so greift eine Rechtfertigung ein, wenn der Täter im Besitz einer wirksamen, nicht widerrufenen oder abgelaufenen Genehmigung nach Abs. 2 Nr. 2 ist und er deren Voraussetzungen und Grenzen einschließlich etwaiger Bedingungen und Auflagen einhält (s. dazu § 17 Rn. 74).

12 **Fehler, die beim Schächtvorgang häufig vorkommen,** können zusätzliche schwere Leiden zur Folge haben und lassen dann die rechtfertigende Wirkung der Genehmigung entfallen. Beispiele: sägende oder hackende Schnitte; Bildung von Thromben an der Schnittwunde, die das Entbluten und damit den Bewusstseinsverlust verzögern und uU zu einem „Nachschneiden" führen; Schächten von Tieren, die besonders erregt sind (insbesondere durch den Weinberg'schen Apparat) und bei denen infolgedessen der Bewusstseinsverlust verspätet eintritt; Aspirieren von Blut und/oder Panseninhalt durch Bildung von Blutseen beim Schächten in Rückenlage; gegenseitiges Berühren der Wundränder während oder nach dem Schächtschnitt bei Rückenlage; Aufhängen geschächteter Tiere vor Abschluss des Entblutens (vgl. § 13 Abs. 4 S. 2 TierSchlV). – Die hohe Fehleranfälligkeit dieser Schlachtmethode (im Vergleich zur üblichen Schlachtung unter Betäubung) lässt sie insgesamt als höchst fragwürdig erscheinen.

2. Die Rechtsprechung bis zum Schächt-Urteil des BVerfG vom 15. 1. 2002

Das **OVG Hamburg** hat es in einem 1992 ergangenen Urteil abgelehnt, einer Klägerin, die Muslime der sunnitischen Glaubensrichtung mit Fleisch- und Wurstwaren belieferte, eine Ausnahmegenehmigung nach Abs. 2 Nr. 2 zweite Alt. zuzusprechen. Zur Begründung führte das Gericht u. a. aus, der einschlägigen Sure 5 Vers 4 des Korans lasse sich nicht entnehmen, dass Tiere betäubungslos zu schlachten seien. Aus einer Stellungnahme der Al-Azhar Universität in Kairo vom 25. 2. 1982 gehe hervor, dass Muslimen erlaubt sei, Fleisch von betäubten Tieren zu essen, ohne dass sich diese Erlaubnis auf Glaubensangehörige im nichtislamischen Ausland beschränke. In die gleiche Richtung weise das Protokoll über die Konferenz in Jeddah vom 5.–7. 12. 1985, in dem die vorherige Betäubung von Schlachttieren als mit dem islamischen Glauben vereinbar akzeptiert werde, wenn sie dem Tier keine zusätzlichen Schmerzen zufüge. Auch der Erklärung des Muslimrates von Jakarta vom 9. 6. 1978 sei zu entnehmen, dass die Betäubung des Tieres vor der Schlachtung keinen Verstoß gegen islamische Vorschriften darstelle, sondern als „legal und rein" anzusehen sei. Schließlich ergebe sich auch aus den „Bedingungen für eine rituelle Schlachtung nach islamischen Vorschriften", wie sie von dem Leiter der Islamischen Gemeinschaft in Hamburg in einem Gutachten vom 14. 10. 1985 dargelegt worden seien, kein Verbot der vorherigen Betäubung des Tieres (OVG Hamburg NVwZ 1994, 592, 595; vgl. auch *Brandhuber* NVwZ 1994, 561 ff.). 13

Das **Bundesverwaltungsgericht** hat dieses Urteil 1995 bestätigt. Abs. 2 Nr. 2 verlange die objektive Feststellung, dass zwingende Vorschriften einer Religionsgemeinschaft das Betäuben von Schlachttieren verböten. Davon könne nur ausgegangen werden, wenn entweder die Gemeinschaft als solche derartige Verhaltensregeln mit dem Anspruch unbedingter Verbindlichkeit erlassen habe oder aber von einer ihr übergeordneten transzendentalen Instanz als getroffen ansehe. Die Entstehungsgeschichte des Gesetzes, in das der Begriff der „zwingenden Vorschriften" auf Veranlassung des Bundesrates im Verfahren vor dem Vermittlungsausschuss eingefügt worden sei, lasse zweifelsfrei erkennen, dass damit auf eine Objektivierung dieser Ausnahmevoraussetzungen einschließlich der sich daraus ergebenden Überprüfungsmöglichkeiten abgezielt worden sei. Die deswegen von dem OVG zu Recht durchgeführte Prüfung habe zutreffend ergeben, dass es für Sunniten ebenso wie für Muslime insgesamt keine zwingenden Glaubensvorschriften gebe, die ihnen den Genuss des Fleisches von Tieren verböten, die vor dem Schlachten betäubt worden seien (BVerwG NVwZ 1996, 61 f. mit Anm. *Gielen* JR 1996, 101; *Schäfer* NuR 1996, 576 ff.; *Mayer* NVwZ 1997, 561 ff.; vgl. auch BVerwG NJW 2001, 1225; VGH Kassel NVwZ 2001, 951). 14

Als **Folge dieser Entscheidungen** wurden etwa ab Herbst 1995 an Muslime keine Ausnahmegenehmigungen nach Abs. 2 Nr. 2 mehr erteilt. Rituelle Schlachtungen blieben gleichwohl möglich, und zwar mit der schon 1989 von der Berliner Senatsverwaltung eingeführten und seither von den Verantwortlichen der islamischen Gemeinde akzeptierten Methode der Elektro-Kurzzeitbetäubung: Dabei wird durch das Ansetzen einer Zange 15

§ 4 a TierSchG *Tierschutzgesetz*

am Kopf elektrischer Strom mit einer Stärke von etwa 2,5 Ampère (bei Schafen 1 Ampère) für die Dauer von zwei Sekunden durch das Gehirn des Schlachttieres geleitet. Dieses verliert dadurch das Schmerzempfinden, allerdings nur für kurze Zeit, was jedoch ausreicht, um mit einem Messer die Weichteilorgane des Halses zu durchtrennen und die Entblutung herbeizuführen. Da das Herz während dieser Zeit unbeeinflusst weiterschlägt, bluten die so betäubten Tiere ebenso gut aus wie geschächtete Tiere. Auch bewirkt die elektrische Durchströmung als solche keinerlei Schädigung des Tieres: Verzichtet man auf die anschließende Schlachtung und überlässt das Tier sich selbst, so steht es nach einiger Zeit selbstständig wieder auf und bewegt sich wie gewohnt weiter (vgl. das Merkblatt der Senatsverwaltung Berlin für das Schlachten von Tieren nach muslimischem Ritus, abgedruckt in: *Martin/Meilinger* S. 60, 61; s. dazu auch § 14 Abs. 2 Nr. 3 TierSchlV; vgl. weiter Stuttgarter Nachrichten v. 1. 2. 2002: „Die Muslime hatten die Betäubung der Tiere mit der Elektrozange vor dem Schlachten akzeptiert").

3. Das Schächt-Urteil des BVerfG vom 15. 1. 2002

16   Das **Bundesverfassungsgericht** hat mit Urteil vom 15. 1. 2002 der Verfassungsbeschwerde eines türkischen muslimischen Metzgers stattgegeben, der eine Ausnahmegenehmigung von dem allgemeinen gesetzlichen Verbot erstrebte, Tiere ohne Betäubung zu schlachten. Zwar sei das Schächten für einen muslimischen Metzger in erster Linie eine Frage der Berufs- und nicht der Religionsausübung; weil aber ein gläubiger Moslem diese Tätigkeit unter Beachtung religiöser Vorschriften auszuüben habe, sei das Grundrecht der Religionsfreiheit als Maßstab für die Auslegung von Vorschriften, die diese Berufsausübung einschränkten, ergänzend und diesen Schutz verstärkend heranzuziehen. Deshalb müsse § 4 a verfassungskonform ausgelegt werden. Der in Abs. 2 Nr. 2 verwendete Begriff „Religionsgemeinschaft" sei nicht in dem Sinne zu verstehen, dass dafür die Voraussetzungen des Art. 137 Abs. 5 WRV oder des Art. 7 Abs. 3 GG erfüllt werden müssten. Vielmehr reiche aus, dass der Antragsteller einer Gruppe von Menschen angehöre, die eine gemeinsame Glaubensüberzeugung verbinde; dafür kämen auch Gruppierungen innerhalb des Islam in Betracht, deren Glaubensrichtung sich von denjenigen anderer islamischer Gemeinschaften unterscheide. Was das Merkmal „zwingende Vorschriften" angehe, so könne auch dies nicht mit Blick auf den Islam insgesamt oder die sunnitischen oder schiitischen Glaubensrichtungen beantwortet werden. Die Frage nach der Existenz solcher Vorschriften sei vielmehr für die konkrete, ggf. innerhalb einer solchen Glaubensrichtung bestehende Religionsgemeinschaft zu beurteilen. Dabei reiche es aus, dass derjenige, der eine Ausnahmegenehmigung zur Versorgung der Mitglieder einer Gemeinschaft benötige, substanziiert und nachvollziehbar darlege, dass nach deren gemeinsamer Glaubensüberzeugung der Verzehr des Fleisches von Tieren zwingend eine betäubungslose Schlachtung voraussetze. Sei eine solche Darlegung erfolgt, dann habe sich der Staat einer Bewertung dieser Glaubenserkenntnis zu enthalten. Neben den genannten Voraussetzungen hätten die Behörden außerdem die Sachkunde und die persönliche Eignung der antragstellenden Personen zu prüfen

und durch Nebenbestimmungen zur Ausnahmegenehmigung zu gewährleisten, dass den zu schlachtenden Tieren beim Transport, beim Ruhigstellen und beim Schächtvorgang selbst alle vermeidbaren Schmerzen oder Leiden erspart würden. Dies könne beispielsweise durch Anordnungen über geeignete Räume, Einrichtungen und sonstige Hilfsmittel erreicht werden (BVerfG NJW 2002, 663 ff. m. Anm. von *Oebbecke* NVwZ 2002, 302 f.; *Caspar* NuR 2002, 402 ff. und *Volkmann* DVBl. 2002, 332 ff. Vgl. auch *Kästner* JZ 2002, 491 ff., der mit dem Urteil die Grenzen der verfassungskonformen Auslegung überschritten sieht, weil § 4a Abs. 2 Nr. 2 vom repressiven Verbot mit Befreiungsvorbehalt zum präventiven Verbot mit Erlaubnisvorbehalt umgewandelt worden sei).

4. Was hat die nach § 15 für Ausnahmegenehmigungen zuständige Behörde nach diesem Urteil künftig zu prüfen?

Zunächst ist zu fragen, ob der Antragsteller einer Religionsgemeinschaft 17 iS des Urteils angehört (s. Rn. 18). Sodann muss geprüft werden, ob er substanziiert und nachvollziehbar dargelegt hat, dass den Mitgliedern dieser Gemeinschaft durch zwingende religiöse Vorschriften der Verzehr von Fleisch betäubt geschlachteter Tiere untersagt ist (s. Rn. 19). Weiter geht es darum, ob für den Schächter der nach § 4 Abs. 1a TierSchG oder nach § 4 TierSchlV erforderliche Nachweis über die Sachkunde, die sich nicht nur auf das Schlachten im Allgemeinen, sondern auch auf das Schächten im Besonderen beziehen muss, erbracht werden kann (s. Rn. 20). Die Behörde muss auch fragen, ob der Antragsteller geeignet, insbesondere also auch zuverlässig ist (s. Rn. 21). Eine wesentliche Rolle spielt auch die Prüfung, ob mit Bezug auf die verwendeten Räume, Einrichtungen und sonstigen Hilfsmittel alle Vorkehrungen getroffen worden sind, um den Tieren vermeidbare Schmerzen oder Leiden zu ersparen (s. Rn. 22). Außerdem ist wegen der Aufwertung des Tierschutzes zum Staatsziel (vgl. Art. 20a GG) zu fragen, ob es zur Befriedigung der Bedürfnisse der Angehörigen der Religionsgemeinschaft ein milderes (d. h. weniger tierschädliches) Mittel gibt bzw. ob im Rahmen der Güter- und Interessenabwägung dem Grundrecht auf Glaubens- und Religionsfreiheit der Vorrang vor dem verfassungsrechtlich ebenfalls geschützten Staatsziel Tierschutz zukommt (s. Rn. 25–27).

Religionsgemeinschaften sind durch eine gemeinsame Glaubensüber- 18 zeugung verbundene Gruppen, die sich von anderen Glaubensrichtungen unterscheiden (vgl. BVerwG NJW 2001, 1225; BVerfG aaO 665). Nicht erforderlich ist, dass die Gemeinschaft die Voraussetzungen für die Anerkennung als öffentlich-rechtliche Körperschaft erfüllt oder dass sie gemäß Art. 7 Abs. 3 GG berechtigt ist, an der Erteilung von Religionsunterricht mitzuwirken. Jedoch fallen Gemeinschaften, die sich als Sammelbecken divergierender religiöser Rechtsschulen und Gruppierungen verstehen, nicht darunter (BVerwG aaO). Notwendig ist, dass sich die Gemeinschaft nach außen von anderen Gruppen und Richtungen eindeutig abgrenzt und nach innen in der Lage ist, ihre Mitglieder zwingenden Vorschriften zu unterwerfen (BVerwG aaO 1227). – Mit dem Merkmal „**im Geltungsbereich dieses Gesetzes**" sollen Schächtungen für den Export ausgeschlossen werden.

§ 4 a TierSchG *Tierschutzgesetz*

19 Der Antragsteller muss substanziiert und nachvollziehbar darlegen, dass es innerhalb dieser Gemeinschaft **zwingende Verhaltensregeln** gibt, die den Genuss von Fleisch betäubt geschlachteter Tiere verbieten. Zwingend ist eine Regel dann, wenn sie von allen Mitgliedern als unbedingt verbindlich angesehen und für so wichtig gehalten wird, dass ihre Einhaltung oder Nichteinhaltung über die Zugehörigkeit zur Gemeinschaft entscheidet. Historisch entstandene Praktiken oder Traditionen reichen nicht aus, ebenso wenig, dass das Schächten als verdienstvoll und als richtige Schlachtungsart angesehen wird. Notwendig ist vielmehr das belegbare, ernsthafte Bewusstsein einer für alle Mitglieder aus ihrem Glaubensverständnis heraus unausweichlichen Bindung (vgl. BVerwG aaO). Daran kann es beispielsweise fehlen, wenn die Mitglieder in der Vergangenheit (d. h. vor dem Urteil des BVerfG) Fleisch von Tieren, die normal oder mittels Elektro-Kurzzeitbetäubung geschlachtet worden waren, zu sich genommen haben.

20 Die **Sachkunde des Schächters**, die nach § 4 Abs. 1 a TierSchG oder § 4 TierSchlV nachzuweisen ist, muss Kenntnisse und Fertigkeiten umfassen, die über diejenigen eines normalen Schlachters hinausgehen. Sie müssen sich u. a. beziehen: auf die nötige Vorbehandlung, die schonendste Fixierung, den korrekten Halsschnitt, die Zeitdauer bis zum Erlöschen des Bewusstseins und die darauf einflussnehmenden Faktoren, das Ausbluten sowie auf mögliche Komplikationen und die dann zu ergreifenden Maßnahmen. Die Fertigkeiten setzen u. a. praktische Erfahrungen mit der anzuwendenden Fixiereinrichtung voraus, d. h. der Schächter muss bereits erfolgreich an Einrichtungen zum Stehend-Fixieren gearbeitet haben. Nach Auskunft des Deutschen Fleischer-Verbands Frankfurt/M vom 23. 10. 2002 gibt es in Deutschland keinen offiziellen Ausbildungsgang zum Schächten. – Aus der Sachkundebescheinigung nach § 4 Abs. 2 TierSchlV muss hervorgehen, dass diese Kenntnisse und Fertigkeiten vom zuständigen Veterinäramt im Rahmen einer speziellen Prüfung sowohl theoretisch als auch praktisch geprüft und die Prüfungen zumindest mit „ausreichend" bestanden worden sind (§ 4 Abs. 4, Abs. 5 TierSchlV).

21 An der **persönlichen Eignung der antragstellenden Person** fehlt es insbesondere bei mangelnder Zuverlässigkeit. Bedenken können sich aus einem einmaligen, schweren Verstoß oder aus mehreren, für sich genommen zwar leichten, in der Summe aber schwer wiegenden Verstößen gegen Tierschutz- oder verwandte Vorschriften ergeben. Beispiel: Nach § 13 Abs. 4 S. 2 TierSchlV dürfen geschächtete Tiere nicht vor Abschluss des Entblutens (idR 3–4 Minuten) aufgehängt werden; ein Verstoß wiegt schwer, u. a. weil bei einem vorzeitigen Aufhängen an den Hinterläufen das Gehirn mit zusätzlichem Blut versorgt und so das Tier länger bei Bewusstsein gehalten werden kann (vgl. demgegenüber einen Bericht der *Stuttgarter Nachrichten* vom 23. 2. 2002 über die Schächtung von 250 Schafen, in dem es heißt: „Sofort nach dem tödlichen Schnitt wird das Tier an einem Huf emporgezogen und kopfüber hängend über Schienen in die Metzgerei befördert"). – Ein Mangel an Zuverlässigkeit dürfte auch zu bejahen sein, wenn der Antragsteller im Genehmigungsverfahren vorgegeben hat, das Fleisch nur an Glaubensangehörige, die sich den o. e. zwingenden Vorschriften verpflichtet fühlten, weiterzugeben, es später aber auch an andere Personen gelangen lässt.

Schlachten § 4 a TierSchG

Zu den **Vorkehrungen, mit denen den Tieren vermeidbare Schmerzen oder Leiden erspart werden können**, gehören insbesondere Fixier-Einrichtungen, die das Schächten im Stehen erlauben. Deshalb darf das Schächten von Rindern nicht erlaubt werden, wenn dafür der Weinberg'sche Umlegeapparat verwendet werden soll; vielmehr muss die Verwendung der Cincinnati-Falle zur Bedingung gemacht werden (s. Rn. 8). Auch für Schafe und Ziegen muss die Stehend-Fixierung zur Bedingung gemacht werden, um den Stress, die Angst und das Leiden beim Niedergeworfen-Werden zu vermeiden und einen optimalen Schächtschnitt zu gewährleisten. Solche Einrichtungen sind auf dem Markt erhältlich, wobei aber je nach Typ noch Verbesserungen in Bezug auf die Gestaltung des Eintriebs und der Steuerung vorgenommen werden müssen (vgl. *v. Wenzlawowicz* in: DVG, Tötung von Tieren und Kennzeichnung von Tieren S. 74). – Für den Fall von Komplikationen müssen Bolzenschussgeräte zur Betäubung bereitstehen. 22

Hinzu kommt eine **Güter- und Interessenabwägung** zwischen den Bedürfnissen der Religionsgemeinschaft und den Belangen des ethischen Tierschutzes (s. Rn. 25, 26). 23

5. Veränderte Rechtslage durch Art. 20 a GG (Staatsziel Tierschutz)

Für die vom Gesetzeswortlaut geforderte Abwägung (vgl. Abs. 2 Nr. 2, „erforderlich" und Rn. 6) hat das BVerfG folgende **rechtliche Ausgangslage** vorgefunden: Der verfassungsrechtlich verankerten Berufsfreiheit und der sie verstärkenden Religionsfreiheit des türkischen Beschwerdeführers standen die Belange des ethischen Tierschutzes gegenüber, die bis dahin nur durch einfaches Gesetz geschützt waren. Bereits seit 1971 hatte aber das BVerfG in ständiger Rechtsprechung immer wieder darauf aufmerksam gemacht, dass vorbehaltlos gewährleistete Grundrechte wie die Religionsfreiheit nur eingeschränkt werden könnten, soweit dies zum Schutz von Rechtswerten, die ihrerseits auch mit Verfassungsrang ausgestattet sind, erforderlich sei (vgl. BVerfGE 28, 243, 261; 30, 173, 193; 81, 278, 292; 83, 130, 139). Der Beschwerdeführer hatte demgemäß seine Verfassungsbeschwerde ausdrücklich damit begründet, dass seine Religionsausübung nicht durch den Tierschutz beschränkt werden dürfe, da letzterer keinen Verfassungsrang besitze; noch im April 2000 sei im Bundestag eine entsprechende Grundgesetzänderung abgelehnt worden. Das BVerfG hat dieser Auffassung nicht widersprochen; mit seiner in den Urteilsgründen gewählten Formulierung, Tierschutz sei ein „Gemeinwohlbelang", dem nicht „ohne zureichende verfassungsrechtliche Rechtfertigung" einseitig der Vorrang eingeräumt werden könne, scheint es die Ausführungen des Beschwerdeführers indirekt zu bestätigen. 24

Durch die verfassungsrechtliche Verankerung des Tierschutzes mit Gesetz vom 26. 7. 2002 hat sich die **Rechtslage gegenüber dem 15. 1. 2002 grundlegend verändert.** Erstmals ist die Möglichkeit eröffnet worden, auch vorbehaltlos gewährleistete Grundrechte wie die Glaubens- und Religionsfreiheit einzuschränken, soweit dies zur Vermeidung von Schmerzen, Leiden oder Schäden bei Tieren erforderlich und verhältnismäßig ist. Hinzu kommen die Aufwertung und Höhergewichtung, die die genannten Belange 25 durch die neue Staatszielbestimmung erfahren haben und die dazu führt, dass zumindest solche Abwägungsentscheidungen, die bisher knapp zugunsten eines Vorranges menschlicher Nutzerinteressen ausgegangen waren, künftig anders ausfallen werden (vgl. *Tillmanns* NJW-Editorial Heft 32/2002; *Brandt/Behrens* S. 36; s. auch Art. 20a GG Rn. 5, 6). Im Rahmen von § 4a Abs. 2 Nr. 2 (erste und zweite Alt.) bedeutet dies: Die Glaubens- und Religionsfreiheit einerseits und der Tierschutz andererseits sind jetzt Verfassungsgüter, die einander prinzipiell gleichgeordnet sind. Sie müssen in Konfliktlagen so gegeneinander abgewogen werden, dass keines der kollidierenden Güter mehr als nach den Umständen unvermeidlich beeinträchtigt wird und jedes von ihnen zu möglichst optimaler Entfaltung gelangt. Diese „praktische Konkordanz" zu ermöglichen, gerade auch im Bereich des rituellen Schlachtens von Tieren, war eines der wesentlichen Motive, die den Verfassungsgesetzgeber zu der Grundgesetzänderung bewogen haben (vgl. u. a. *MdB Bachmaier,* BT Sten. Ber. 14/23657).

26 Der praktischen Konkordanz entspricht es, **rituelle Schlachtungen in Zukunft nur noch bei vorheriger Elektro-Kurzzeitbetäubung** zuzulassen (vgl. § 14 Abs. 2 Nr. 3 TierSchlV; s. auch Rn. 15). Dem religiösen Gebot, nur gesunde und unversehrte Tiere zu schlachten, wird dabei vollumfänglich entsprochen, denn die betäubten Tiere weisen, wenn sie nicht geschlachtet werden, schon nach kurzer Zeit wieder eine volle Reaktionsfähigkeit und ein ungestörtes Allgemeinbefinden auf (vgl. *Nowak/Rath* in: *Martin/ Meilinger* S. 59). Das religiöse Verbot des Blutverzehrs ist gleichfalls gewahrt, denn bezüglich des im Körper verbleibenden Restblutes besteht zwischen betäubt und unbetäubt geschlachteten Tieren kein Unterschied (vgl. *Nowak/Rath* aaO S. 60: Weil das Herz von der Betäubung unbeeinflusst weiterschlägt, bluten die betäubten Tiere ebenso gut aus wie die geschächteten). Auch Unterschiede im Hinblick auf die Fleischqualität gibt es nicht. Schließlich lässt sich das Gebot, dass das Tier im Zeitpunkt des Entblutungsbeginns noch leben muss, auch beim betäubten Tier leicht auf seine Einhaltung überprüfen (zB durch Ertasten des Herzschlages oder anhand des pulsierend austretenden Blutes). Damit wiegen die mit dieser Betäubung verbundenen Beeinträchtigungen für die Bedürfnisse der Religionsangehörigen deutlich weniger schwer als die erheblichen Schmerzen und Leiden, die für die Tiere mit dem unbetäubten Schlachten verbunden sind (s. Rn. 8–11; s. auch § 1 Rn. 42). In die notwendige Abwägung sollten auch das menschliche Mitleidsempfinden und andere menschliche Interessen, die einem betäubungslosen Schlachten entgegenstehen, einbezogen werden: Nur ein relativ kleiner Teil des Fleisches geschächteter Tiere wird von den Gläubigen angenommen; dagegen gelangen Fleischteile, die als „unrein" angesehen werden, in den normalen Handel, ebenso Fleisch von Tieren, bei deren Schächtung irgendeine rituelle Vorschrift nicht eingehalten wurde. Betäubungslose Schlachtungen muten damit der fleischessenden Bevölkerungsmehrheit zu, unwissentlich Fleisch zu sich zu nehmen, das in einer ihren ethischen Vorstellungen widersprechenden Weise erzeugt worden ist. – Darüber hinaus spricht vieles dafür, die Frage nach den „zwingenden Vorschriften" aufgrund der geänderten Verfassungslage wieder objektiv, d. h. mit Hilfe von Sachverständigengutachten zu prüfen und hierfür nicht schon den substan-

Schlachten **§ 4 a TierSchG**

ziierten Vortrag des Antragstellers genügen zu lassen; denn eine Auslegung, die dieses Merkmal versubjektiviert und damit der Beurteilungskompetenz des Antragstellers statt der im Verwaltungsverfahren allgemein üblichen Prüfungspflicht der Behörde unterstellt, lässt den Tierschutz gegenüber dem Grundrecht einseitig in den Hintergrund treten (vgl. § 24 VwVfG; vgl. auch *Obergfell* NJW 2002, 2296, 2298). Ein derart schwerwiegender, mit höchster Todesnot verbundener Eingriff wie das Schächten darf nach dem Prinzip der praktischen Konkordanz nicht allein von der subjektiven Sicht einzelner Gruppen von Gläubigen abhängig gemacht werden (vgl. *v. Loeper/Leondarakis* AtD 2002, 211, 212).

Die nach § 31 BVerfGG bestehende **Bindungswirkung des Urteils** steht 27 dieser Auslegung nicht entgegen, denn sie gilt nicht für Veränderungen, die erst nach der Entscheidung eintreten, insbesondere nicht für nachträgliche Grundgesetzänderungen, die eine Neubefassung des Verfassungsgerichts mit der Streitfrage gestatten (vgl. dazu BVerfGE 33, 199, 204). Für die historische Auslegung von Art. 20a GG zu dieser Frage ist auch von Bedeutung, dass die Fraktion von CDU/CSU, die zwischen 1994 und 2000 die Aufnahme des Tierschutzes ins Grundgesetz dreimal abgelehnt hatte, ihren Widerstand im April 2002 hauptsächlich deshalb aufgegeben hat, weil die Auswirkungen des Schächt-Urteils von der ganz überwiegenden Mehrheit der Abgeordneten als unerträglich empfunden wurden (vgl. dazu *Fromme*, FAZ Nr. 81 v. 8. 4. 2002 S. 12: „Die Unruhe des Gewissens betäuben. Nach einem schmalen Urteil mit großer Wirkung wird der Tierschutz Staatsziel"). Die Motive, die den Gesetzgeber zu einer Verfassungsänderung bewogen haben, dürfen bei der Auslegung der Gesetze durch die Gerichte nicht außer Betracht bleiben.

IV. Zur Ausnahme nach Abs. 2 Nr. 3

S. die Erläuterungen zu § 4 b. 28

V. Ordnungswidrigkeiten und Straftaten

Ordnungswidrig nach § 18 Abs. 1 Nr. 6 i.V.m. § 4a Abs. 1 handelt, wer 29 vorsätzlich oder fahrlässig ohne Betäubung schlachtet – sei es, dass er überhaupt keine Betäubung durchführt, sei es, dass die angewendete Methode nicht zur totalen Empfindungs- und Wahrnehmungslosigkeit führt, dass mit dem Blutentzug noch vor dem Eintritt der vollständigen Empfindungs- und Wahrnehmungslosigkeit begonnen wird oder dass es infolge fehlerhafter Betäubung zu einem vorzeitigen Wiedererwachen des Tieres kommt. Zusätzlich wird in all diesen Fällen häufig § 18 Abs. 1 Nr. 1 verwirklicht sein, da die Schmerzen oder Leiden unbetäubt geschlachteter Tiere idR erheblich sind. – Liegt für den Täter eine wirksame, nicht widerrufene und auch nicht abgelaufene Schächtgenehmigung vor, so ist sein Handeln gerechtfertigt, jedoch nur, solange er sich an deren Bedingungen und Grenzen (einschließlich etwaiger Auflagen) hält (s. auch § 17 Rn. 74). – Sind die zugefügten erheblichen Schmerzen oder Leiden länger anhaltend (s. Rn. 11), so ist § 17 Nr. 2 b

§ 4 b TierSchG *Tierschutzgesetz*

verwirklicht; die mit derselben Handlung erfüllten Ordnungswidrigkeiten treten dann zurück, vgl. § 21 OWiG. – Weitere Ordnungswidrigkeiten können nach § 18 Abs. 1 Nr. 3 TierSchG i.V.m. § 15 TierSchlV verwirklicht sein. Beispiele: Aufhängen eines geschächteten Tieres vor dem vollständigen Ausbluten, § 15 Abs. 2 Nr. 8 i.V.m. § 13 Abs. 4 S. 2 TierSchlV (s. Rn. 21); Schächten ohne Sachkundebescheinigung, § 15 Abs. 2 Nr. 1 i.V.m. § 4 Abs. 2 S. 1 TierSchlV (zu deren notwendigem Inhalt s. Rn. 20).

§ 4 b [Ermächtigungen]

¹Das Bundesministerium wird ermächtigt, durch Rechtsverordnung mit Zustimmung des Bundesrates

1. a) das Schlachten von Fischen und anderen kaltblütigen Tieren zu regeln,
   b) bestimmte Tötungsarten und Betäubungsverfahren näher zu regeln, vorzuschreiben, zuzulassen oder zu verbieten,
   c) die Voraussetzungen näher zu regeln, unter denen Schlachtungen im Sinne des § 4a Abs. 2 Nr. 2 vorgenommen werden dürfen,
   d) nähere Vorschriften über Art und Umfang der zum Betäuben oder Töten von Wirbeltieren erforderlichen Kenntnisse und Fähigkeiten sowie über das Verfahren zu deren Nachweis zu erlassen,
   e) nicht gewerbliche Tätigkeiten zu bestimmen, die den Erwerb des Sachkundenachweises zum Töten von Wirbeltieren erfordern,
   um sicherzustellen, daß den Tieren nicht mehr als unvermeidbare Schmerzen zugefügt werden,
2. das Schlachten von Tieren im Rahmen der Bestimmungen des Europäischen Übereinkommens vom 10. Mai 1979 über den Schutz von Schlachttieren (BGBl. 1983 II S. 770) näher zu regeln,
3. für das Schlachten von Geflügel Ausnahmen von der Betäubungspflicht zu bestimmen.

²Rechtsverordnungen nach Satz 1 Nr. 1 Buchstabe b und d bedürfen, soweit sie das Betäuben oder Töten mittels gefährlicher Stoffe oder Zubereitungen im Sinne des Chemikaliengesetzes oder darauf bezogene Voraussetzungen für den Erwerb eines Sachkundenachweises betreffen, des Einvernehmens der Bundesministerien für Arbeit und Sozialordnung sowie für Umwelt, Naturschutz und Reaktorsicherheit.

1 Auf dieser **Ermächtigungsgrundlage** beruhen die meisten Bestimmungen der Tierschutz-Schlachtverordnung (TierSchlV). – Von der Ermächtigung gedeckt sind nur solche Regelungen, die „sicherstellen, dass den Tieren nicht mehr als unvermeidbare Schmerzen zugefügt werden". Konsequenz: Wenn mit Bezug auf eine Tierart verschiedene Methoden zur Betäubung und Tötung in Betracht kommen, darf nur dasjenige Verfahren vorgeschrieben und zugelassen werden, das am wenigsten Schmerzen bereitet (d.h. das am sichersten gewährleistet, dass die Betäubung sofort nach der Einwirkung eintritt, dass sie zu einem vollständigen Verlust des Empfindungs- und Wahrnehmungsvermögens führt und dass dieser Zustand mit Sicherheit bis zum Tod anhält). Auch bei der Vorbereitung der Betäubung müssen Schmerzen vermieden werden. – Zu Leiden bei der Tötung s. Rn. 3.

Betäubung **§ 5 TierSchG**

Abs. 1 Nr. 1a ist zT umgesetzt durch § 13 Abs. 5 TierSchlV. Auf Abs. 1 **2**
Nr. 1b beruhen die §§ 12–14 TierSchlV und die dazu gehörenden Anlagen. Eine Verordnung nach Abs. 1 Nr. 1c, die das Schächten regelt, ist noch nicht ergangen; sie müsste u. a. die ausschließliche Verwendung von Einrichtungen zum Stehend-Fixieren vorschreiben (s. dazu § 4a Rn. 8, 16 und 22). Auch eine allgemeine Sachkundeverordnung, die auf Grund von Abs. 1 Nr. 1d und e möglich wäre, gibt es bislang nicht; allerdings sieht § 4 TierSchlV die Notwendigkeit einer Sachkundebescheinigung für das Schlachten bestimmter Tierarten im Rahmen der beruflichen Tätigkeit vor. Von der Ermächtigung des Abs. 1 Nr. 3 ist durch § 13 Abs. 6 Sätze 2 und 3 TierSchlV Gebrauch gemacht worden.

Leiden und Ängste müssen bei der Vorbereitung der Betäubung so weit **3**
wie möglich vermieden werden. Dies folgt aus § 1 S. 2 und aus den §§ 3, 13 TierSchlV. In die gleiche Richtung weist der Beschluss 88/306/EWG, mit dem die Gemeinschaft dem Europ. Übereinkommen über den Schutz von Schlachttieren beigetreten ist und in dem zwei Aspekte besonders betont werden: Den Tieren sollen nach Möglichkeit Schmerzen und Leiden erspart werden, und die Fleischqualität soll nicht durch Schmerzen, Leiden und Angst vor und während der Schlachtung nachteilig beeinflusst werden.

Vierter Abschnitt. Eingriffe an Tieren

§ 5 [Betäubung]

(1) ¹An einem Wirbeltier darf ohne Betäubung ein mit Schmerzen verbundener Eingriff nicht vorgenommen werden. ²Die Betäubung warmblütiger Wirbeltiere sowie von Amphibien und Reptilien ist von einem Tierarzt vorzunehmen. ³Für die Betäubung mit Betäubungspatronen kann die zuständige Behörde Ausnahmen von Satz 2 zulassen, sofern ein berechtigter Grund nachgewiesen wird. ⁴Ist nach den Absätzen 2, 3 und 4 Nr. 1 eine Betäubung nicht erforderlich, sind alle Möglichkeiten auszuschöpfen, um die Schmerzen oder Leiden der Tiere zu vermindern.

(2) Eine Betäubung ist nicht erforderlich,

1. wenn bei vergleichbaren Eingriffen am Menschen eine Betäubung in der Regel unterbleibt oder der mit dem Eingriff verbundene Schmerz geringfügiger ist als die mit einer Betäubung verbundene Beeinträchtigung des Befindens des Tieres,
2. wenn die Betäubung im Einzelfall nach tierärztlichem Urteil nicht durchführbar erscheint.

(3) Eine Betäubung ist ferner nicht erforderlich

1. für das Kastrieren von unter vier Wochen alten männlichen Rindern, Schweinen, Schafen und Ziegen, sofern kein von der normalen anatomischen Beschaffenheit abweichender Befund vorliegt,
2. für das Enthornen oder das Verhindern des Hornwachstums bei unter sechs Wochen alten Rindern,

3. für das Kürzen des Schwanzes von unter vier Tage alten Ferkeln sowie von unter acht Tage alten Lämmern,
4. für das Kürzen des Schwanzes von unter acht Tage alten Lämmern mittels elastischer Ringe,
5. für das Abschleifen der Eckzähne von Ferkeln, sofern dies zum Schutz des Muttertieres oder der Wurfgeschwister unerläßlich ist,
6. für das Absetzen des krallentragenden letzten Zehengliedes bei Masthahnenküken, die als Zuchthähne Verwendung finden sollen, während des ersten Lebenstages,
7. für die Kennzeichnung von Schweinen, Schafen, Ziegen und Kaninchen durch Ohrtätowierung, für die Kennzeichnung anderer Säugetiere innerhalb der ersten zwei Lebenswochen durch Ohr- und Schenkeltätowierung sowie die Kennzeichnung landwirtschaftlicher Nutztiere einschließlich der Pferde durch Ohrmarke, Flügelmarke, injektierten Mikrochip, ausgenommen bei Geflügel, durch Schlagstempel beim Schwein und durch Schenkelbrand beim Pferd.

(4) Das Bundesministerium wird ermächtigt, durch Rechtsverordnung mit Zustimmung des Bundesrates
1. über Absatz 3 hinaus weitere Maßnahmen von der Betäubungspflicht auszunehmen, soweit dies mit § 1 vereinbar ist,
2. Verfahren und Methoden zur Durchführung von Maßnahmen nach Absatz 3 sowie auf Grund einer Rechtsverordnung nach Nummer 1 bestimmter Maßnahmen vorzuschreiben, zuzulassen oder zu verbieten, soweit dies zum Schutz der Tiere erforderlich ist.

Übersicht

	Rn.
I. Das grundsätzliche Betäubungsgebot nach Abs. 1 S. 1	1–4
II. Der Tierarztvorbehalt nach Abs. 1 S. 2 und 3	5
III. Ausnahmen vom Betäubungsgebot nach Abs. 2	6
IV. Ausnahmen vom Betäubungsgebot nach Abs. 3	7–14
V. Ausnahmen vom Betäubungsgebot durch Rechtsverordnung nach Abs. 4	15
VI. Belastungsmindernde Maßnahmen vor, während und nach dem Eingriff	16, 17
VII. Ordnungswidrigkeiten und Straftaten	18

I. Das grundsätzliche Betäubungsgebot nach Abs. 1 S. 1

1   **Eingriffe** an Tieren sind Maßnahmen, die entweder zu einer mehr oder weniger weitgehenden Störung der körperlichen Unversehrtheit führen oder physiologische Abläufe auf Zeit oder auf Dauer verändern. Operativ braucht der Eingriff nicht zu sein, vielmehr reichen auch nichtoperative Maßnahmen wie Injektionen, Punktionen oder einfache instrumentelle Kennzeichnungsmethoden aus (vgl. *Wiesner/Ribbeck*, „Eingriffe"). Der Begriff wird weit gefasst: Er umfasst auch Bagatellen wie Nadelstiche und harmlos erscheinende Kennzeichnungen (vgl. *L/M* § 5 Rn. 4; s. auch Abs. 3

Betäubung **§ 5 TierSchG**

Nr. 7). Wenn Haare, Federn oder Krallen abgeschnitten werden, fehlt es an einem Eingriff nur, sofern die betroffenen Teile rasch wieder nachwachsen und in der Zwischenzeit weder ein Funktionsverlust und noch eine Funktionsminderung eintreten (zum Schutz vor Funktionsminderung vgl. *Kluge/ Hartung* § 5 Rn. 5). – **Wirbeltiere** s. § 4 Rn. 1. – Ob der Eingriff **mit Schmerzen verbunden** ist, richtet sich nach den Empfindungen des unbetäubten Tieres. Die Schmerzen brauchen weder erheblich noch länger anhaltend zu sein; es wird allein auf die Schmerzzufügung als solche abgestellt (vgl. *Ennulat/Zoebe* II § 5 Rn. 4). Zu Schmerzen s. § 1 Rn. 12–15; zu Schmerzsymptomen s. § 17 Rn. 52.

Als **Betäubung** kommt hier (im Gegensatz zu § 4, s. dort Rn. 4) neben 2 der Totalbetäubung auch die nur örtliche Ausschaltung der Schmerzempfindung (Lokalanästhesie, Leitungsanästhesie) in Betracht. Es muss eine Methode gewählt werden, die das Schmerzempfinden für die gesamte Dauer des Eingriffs ausschaltet. Von mehreren Methoden, die dies ex ante mit gleicher Sicherheit gewährleisten, ist diejenige auszuwählen, die das Tier voraussichtlich am wenigsten belastet (näher dazu *Schatzmann* in: *Sambraus/ Steiger* S. 705 ff.). Mit dem Eingriff darf erst begonnen werden, wenn die Betäubung wirkt; bei Nachlassen während des Eingriffs muss sie wiederholt werden.

Abgrenzungen: Zielt die Maßnahme von vornherein auf die Tötung des 3 Tieres, so ist sie nicht nach den §§ 5 ff. zu beurteilen; vielmehr richtet sich das „Ob" ihrer Zulässigkeit nach §§ 17 Nr. 1, 1 S. 2, und das „Wie" nach §§ 4, 4a, 4b sowie ggf. nach der Tierschutz-Schlachtverordnung. – Wird hauptsächlich einer der Zwecke nach § 7, § 10 oder § 10a verfolgt, so sind das „Ob" und das „Wie" nach diesen Vorschriften zu beurteilen, vgl. § 6a. – Abgesehen davon gelten aber die §§ 5 ff. für alle Eingriffe (§ 5) bzw. Gewebestörungen (§ 6), unabhängig davon, zu welchem Zweck sie vorgenommen werden, insbes. für Maßnahmen zur Anpassung an bestimmte Nutzungsformen, aber auch für Heilbehandlungen.

§ 5 regelt nur das „**Wie**" des Eingriffs. „**Ob**" er als solcher zulässig ist, 4 richtet sich nach § 6. In aller Regel stellt ein Eingriff nach § 5 zugleich eine Gewebestörung iS von § 6 dar. Ist dies der Fall, so richtet sich die Frage, ob er zulässig ist, ausschließlich nach dieser Vorschrift: Entweder ist der Eingriff als solcher in § 6 Abs. 1 S. 2, Abs. 3 oder in einer Rechtsverordnung nach § 6 Abs. 4 vorgesehen und die dort geregelten Voraussetzungen für seine Zulässigkeit sind erfüllt – dann ist er dem Grunde nach erlaubt, und das „Wie" wird anschließend nach § 5 geprüft; oder er ist dort nicht vorgesehen bzw. nur unter Voraussetzungen zugelassen, die nicht vollständig erfüllt sind – dann ist er rechtswidrig, denn die Zulässigkeit von Gewebestörungen wird durch § 6 abschließend geregelt (s. dort Rn. 4).

II. Der Tierarztvorbehalt nach Abs. 1 S. 2 und 3

Warmblütige Wirbeltiere (d.h. Säugetiere und Vögel) sowie **Amphi-** 5 **bien (Lurche)** und **Reptilien (Kriechtiere)** dürfen nur von einem Tierarzt betäubt werden. Tierarzt ist, wer als solcher approbiert oder aufgrund einer

Erlaubnis zur vorübergehenden Ausübung dieses Berufes berechtigt ist (§ 3 Bundestierärzteordnung). – Ausnahmsweise kann die nach § 15 zuständige Behörde einem Nicht-Tierarzt den Einsatz von Distanzinjektionswaffen mit Betäubungspatronen gestatten. Dafür muss aber ein berechtigender Grund vorliegen, d. h. eine Situation, die den Einsatz einer weniger riskanten Form der Betäubung ausschließt und in der ein Nutzen angestrebt wird, der schwerer wiegt als der zu erwartende Schaden. Ein Beispiel ist das Einfangen ausgebrochener oder in Panik geratener Wildtiere. Empfohlen wird, die Erteilung solcher Ausnahmegenehmigungen auf Betreiber von Wildgehegen mit mehr als 300 Tieren (Teleinjektionswaffe) und auf Hundefänger (Blasrohr) zu beschränken und dabei mehrjährige Erfahrung mit den entsprechenden Tieren zur Voraussetzung zu machen; die Immobilisation von Zootieren sollte Tierärzten vorbehalten bleiben, wobei den Veterinärämtern Listen von Tierärzten mit der Berechtigung zum Führen von Distanzinjektionswaffen vorliegen sollten (*Busch* AtD 2002, 121, 125). In jedem Fall muss die Behörde die Sachkunde des Genehmigungsadressaten prüfen: Diese muss sich u. a. auf die besondere Ballistik der Injektionsgeschosse, das besondere Artverhalten der Tiere bei der Immobilisation, die Injektionszonen am Tierkörper, die Wirkungsweise und Gefahren der anzuwendenden Medikamente, die Maßnahmen zur Versorgung des immobilisierten Tieres und auch auf eventuelle Zwischenfälle erstrecken (vgl. *Hoeßlin* AtD 2000, 32 ff. Zu den ebenfalls zu prüfenden Anforderungen aus dem Arznei- und Betäubungsmittelrecht sowie dem Waffenrecht vgl. VGH Mannheim DVBl. 1989, 1018).

III. Ausnahmen vom Betäubungsgebot nach Abs. 2

6 Nach **Abs. 2 Nr. 1 erste Alternative** bedarf es der Betäubung nicht, wenn vergleichbare Eingriffe beim Menschen ebenfalls betäubungslos stattfinden, zB weil der mit ihnen verbundene Schmerz nur gering ist oder weil ein bereits andauernder Schmerz nur unwesentlich erhöht wird oder weil der Schmerz nur sehr kurze Zeit währt. Bei der Frage nach der Vergleichbarkeit müssen allerdings sowohl die physiologischen Eigenschaften des Tieres wie auch seine Angst und seine Unfähigkeit, den Sinn des Schmerzes einzusehen und dessen zeitliche Dimension abzuschätzen, bedacht werden (vgl. *Schiwy* § 5 Rn. 2; zum Tätowieren von Hunden und Katzen s. Rn. 14). – Nach **Abs. 2 Nr. 1 zweite Alternative** kann die Betäubung auch unterbleiben, wenn der mit dem Eingriff verbundene Schmerz geringer ist als die mit der Betäubung einhergehende Beeinträchtigung des Befindens. – **Nach tierärztlichem Urteil nicht durchführbar (Abs. 2 Nr. 2)** kann die Betäubung zB sein, wenn bei dem Tier Narkotika nicht wirken, wenn die Betäubungsinjektion wegen einer unveränderbaren Lage des Tieres nicht durchgeführt werden kann oder wenn aufgrund besonderer Umstände die mit einer Betäubung verbundenen Risiken schwerer wiegen als die Schmerzen, die durch die betäubungslose Vornahme des Eingriffs entstehen. In einem solchen Fall muss aber auch abgewogen werden, ob der Zweck des Eingriffs so bedeutend ist, dass er diese Schmerzen überwiegt, und es muss nach der scho-

Betäubung § 5 TierSchG

nendsten Methode verfahren werden (vgl. *Kluge/Hartung* § 5 Rn. 10). Die entsprechenden Feststellungen kann nur der Tierarzt treffen, der folglich vor dem Eingriff hinzugezogen werden muss (vgl. *Ennulat/Zoebe* II § 5 Rn. 8). Hat der Eingriff ohne vorangegangenes tierärztliches Urteil stattgefunden, so kann der Täter nicht nach Nr. 2, möglicherweise aber unter den engen Voraussetzungen des Notstandes nach § 34 StGB gerechtfertigt sein.

IV. Ausnahmen vom Betäubungsgebot nach Abs. 3
(zum „Ob" der einzelnen Maßnahmen s. § 6 Rn. 7–14)

Zu den **Ausnahmen vom Betäubungsgebot nach Abs. 3** hat der Gesetzgeber von 1972 erläutert, dass es sich hierbei um erfahrungsgemäß schadlos vertragene geringfügige Eingriffe handle, die entweder sehr schnell durchgeführt würden oder die Schmerzfähigkeit junger Tiere noch nicht oder nur unbedeutend berührten; es müsse gewährleistet sein, dass diese Eingriffe nur nach Verfahren und Methoden erfolgten, die Schmerzen oder Leiden nach Möglichkeit ausschlössen (BT-Drucks. 6/2559, zit. n. *Gerold* S. 49). Die damalige Ansicht, dass das Schmerzempfinden bei Neugeborenen und Jungtieren noch nicht voll entwickelt sei, ist jedoch heute nicht mehr haltbar (vgl. *Buchenauer* in: KTBL-Schrift Nr. 377 S. 19; *Busch* AtD 2002, 121, 127; *Sambraus* in: *Sambraus/Steiger* S. 122; *Teutsch* Lexikon, „Schmerz"). Durch das ÄndG 1986 und das ÄndG 1998 sind folgerichtig die Ausnahmen mehr und mehr eingeschränkt worden. Dem verfassungsrechtlichen Gebot zur Rücksichtnahme auf die Belange der Tiere nach Art. 20a GG entspricht es, auf diesem Weg fortzufahren und das Gesetz rasch an den aktuellen Stand der wissenschaftlichen Erkenntnisse in der Schmerzforschung anzupassen, insbesondere in den Bereichen „Kastration" sowie „Horn- und Schwanzkürzen" (s. Art. 20a GG Rn. 9a).

7

Das **Kastrieren nach Nr. 1** ist die Entfernung der Keimdrüsen, bei männlichen Tieren also der Hoden. – „Kastration bei **Ferkeln** führt häufig zu anhaltenden Schmerzen, die sich durch Einreißen des Gewebes noch verschlimmern" (so die Begründungserwägung Nr. 4 zur Richtlinie 2001/93/EG der Kommission v. 9. 11. 2001, ABl. EG Nr. L 316 S. 36; nach Kap. 1 Nr. 8 dieser Richtlinie darf die Kastration nach dem siebten Lebenstag nur noch durch einen Tierarzt unter Anästhesie durchgeführt werden). „Gegenwärtig verursacht die Kastration den Schweinen starken Schmerz und Leiden" (EU-SVC-Report Schweine S. 59). Nachweisen lässt sich dies u. a. anhand der Schreie, die von den Ferkeln während des Eingriffs ausgestoßen werden: Nach dem ersten Schnitt steigert sich die Frequenz von vorher 3500 Hz auf 4500 Hz; der zweite Schnitt führt zu einem weiteren Anstieg auf 4857 Hz. Auch die Zeitdauer und die Lautstärke (Dezibel) nehmen während der Schnitte zu. Außerdem lassen sich die schmerzhaften Folgen der Kastration noch ca. eine Woche lang anhand von Verhaltensänderungen feststellen: Beobachtet wurden u. a. verminderte Aktivität, vermehrtes Zittern der Beine, Erbrechen, Vermeidung von Liegen sowie Sich-Hinlegen auf besonders vorsichtige, die hintere Körperpartie schonende Weise (vgl. EU-SVC-Report aaO; *van Putten* KTBL-Schrift 319, 120–134; unrichtig daher

8

197

§ 5 TierSchG *Tierschutzgesetz*

die Annahme im BMVEL-Tierschutzbericht 2003 IX, der Eingriff sei „nur mit kurzzeitigen Belastungen verbunden"). Die Annahme des historischen Gesetzgebers, die Kastration könne bei sehr jungen, erst wenige Tage alten Ferkeln weitgehend schmerzfrei und deshalb auch ohne Anästhesie durchgeführt werden, muss damit heute als widerlegt gelten (vgl. *Busch* AtD 2002, 121, 128). Bis zu einer Gesetzesänderung muss wenigstens dafür gesorgt werden, dass jegliches Reißen am Gewebe unterbleibt; außerdem sind schmerzstillende Mittel zu verabreichen (vgl. EU-SVC-Report Schweine, Schlussfolgerung Nr. 37). – Auch **Kälbern** verursacht die Kastration aller Wahrscheinlichkeit nach starke Schmerzen. Anders lässt sich nicht erklären, dass der Wiss. Veterinärausschuss die Betäubung und die Anwendung von schmerzstillenden Mitteln empfiehlt (vgl. EU-SVC-Report Kälber S. 79) und der Ständige Ausschuss zum ETÜ sie denjenigen Eingriffen zuordnet, „bei denen ein Tier tatsächlich oder wahrscheinlich erhebliche Schmerzen leiden wird" und die deshalb „unter lokaler oder allgemeiner Betäubung ... vorgenommen werden müssen" (St. Ausschuss, Empfehlung für das Halten von Rindern, Art. 17 Abs. 3). Die Tierschutzverordnung der Schweiz sieht deshalb eine Betäubungspflicht vor (Art. 65 idF v. 27. 6. 2001). – Auch bei **Schafen und Ziegen** sind Kastrationen Eingriffe, die erhebliche Schmerzen und übermäßigen Stress verursachen und deshalb vermieden werden sollten (vgl. St. Ausschuss, Empfehlung für das Halten von Schafen, Art. 30 Abs. 1 und 3; Empfehlung für das Halten von Ziegen, Art. 28 Abs. 1 und 3). Bei Ziegen empfiehlt der St. Ausschuss, die Kastration nur unter Verabreichung eines Betäubungsmittels von einem Tierarzt vornehmen zu lassen; damit wird die Schmerzhaftigkeit des Eingriffs bestätigt, ungeachtet des eingeräumten Vorbehalts für abweichende, nationale Bestimmungen. Bei Schafen heißt es, Kastrationen sollten nur mit chirurgischen Methoden unter Betäubung oder mit einer Burdizzo-Zange geschehen. Art. 65 der Tierschutzverordnung der Schweiz lässt folgerichtig Kastrationen von Schafen und Ziegen nur noch unter Betäubung zu. – Bei anderen Tieren ist die Betäubung auch nach deutschem Recht vorgeschrieben (insbes. gilt dies für Kaninchen vgl. BT-Drucks. 13/7015 S. 17). Außerdem bedarf es immer einer Betäubung, wenn es um weibliche Tiere geht. Ebenso gilt durchgängiger Betäubungszwang bei abweichender anatomischer Beschaffenheit (zB bei Kryptorchismus) sowie – selbstverständlich – bei männlichen Schweinen, Rindern, Schafen und Ziegen, die das Alter von vier Wochen bereits erreicht haben.

9   Das **Enthornen oder das Verhindern des Hornwachstums von Kälbern** nach Nr. 2 ist „zweifellos schmerzhaft" (*Grauvogl* AtD 1998, 51, 52). Untersuchungen haben ergeben, dass die Kälber sowohl während als auch nach der thermischen Zerstörung ihrer Hornanlage erhebliche Schmerzäußerungen und einen deutlichen Anstieg der Cortisolkonzentration im Speichel zeigen (vgl. *Taschke/Fölsch* KTBL-Schrift 370, 52–62). Deshalb sollten nach Einschätzung des Wiss. Veterinärausschusses sowohl eine Betäubung stattfinden als auch schmerzstillende Mittel verabreicht werden (vgl. EU-SVC-Report Kälber S. 79; vgl. auch Art. 65 der Schweizer Tierschutzverordnung v. 27. 6. 2001, wonach ein betäubungsloses Enthornen dort nicht mehr zulässig ist; vgl. weiter TVT-Merkblatt Nr. 13: Enthornung auch im frühen Kälberalter „stets nur unter Betäubung des Nervus cornualis").

Betäubung § 5 TierSchG

Durch das **Kürzen des Schwanzes bei jungen Ferkeln nach Nr. 3** soll das 10
gegenseitige Schwanzbeißen verhindert werden. Die Prozedur ist schmerzhaft: „Durch das Kupieren der Schwänze werden Schweinen akute und in manchen Fällen andauernde Schmerzen zugefügt" (Begründungserwägung Nr. 4 zur Richtlinie 2001/93/EG der Kommission v. 9. 11. 2001, ABl. Nr. L 316 S. 36). Nach der Prämisse des Gesetzgebers von 1972, nur unbedeutende, wenig schmerzhafte Eingriffe vom Betäubungszwang freizustellen (s. Rn. 7), müsste folgerichtig hier eine Betäubung vorgeschrieben werden, wie es in Art. 65 der Schweizer Tierschutzverordnung seit dem 27. 6. 2001 bereits der Fall ist. – Das **Kürzen des Schwanzes von jungen Lämmern** sollte nach der Empfehlung „Schafe" des St. Ausschusses vermieden werden. In jedem Fall muss aber so viel vom Schwanz erhalten bleiben, „dass bei Schafböcken der Anus und bei weiblichen Schafen Anus und Vulva bedeckt sind" (Art. 30 Abs. 3 und Abs. 2 lit. b i); das entspricht einer Schwanzlänge von mindestens 5 cm (vgl. *Buchenauer* in: *Sambraus/Steiger* S. 140).

Zum **Kürzen des Schwanzes von Lämmern mittels elastischer Ringe** 11
nach Nr. 4 vgl. auch Art. 30 Abs. 2 lit. b i, lit. c und Abs. 3 der Empfehlung des St. Ausschusses für das Halten von Schafen.

Das **Abschleifen der Eckzähne von Ferkeln nach Nr. 5** geschieht, um 12
das Euter der Muttersau vor Verletzungen zu schützen. Das früher übliche Abkneifen ist nicht mehr erlaubt (BT-Drucks. 13/7015 S. 17, 18). Aber auch durch das Schleifen werden „Schweinen akute und in manchen Fällen andauernde Schmerzen zugefügt" (Begründungserwägung Nr. 4 zur Richtlinie 2001/93/EG aaO). Das liegt daran, das jede Beschädigung, durch die Dentin freigelegt wird, Schmerzen verursacht, die über Stunden oder Tage hinweg anhalten (EU-SVC-Report Schweine S. 60). Auch hier entspricht also die Vermutung des Gesetzgebers von 1972, es handle sich um einen geringfügigen, die Schmerzfähigkeit allenfalls unbedeutend berührenden Eingriff, nicht mehr dem aktuellen Stand wissenschaftlicher Erkenntnis. Eine Betäubung müsste daher vorgeschrieben werden. Solange dies nicht geschieht, müssen zumindest schmerzstillende Mittel verabreicht werden, Abs. 1 S. 4.

Das **Absetzen des krallentragenden letzten Zehengliedes bei Masthah-** 13
nenküken nach Nr. 6 darf nur erfolgen, wenn der Hahn als Zuchthahn Verwendung finden soll. Zweck ist, zu verhindern, dass die auf extremes Körpergewicht gezüchteten Hähne die Hennen beim Tretakt verletzen. Der Eingriff darf nur während des ersten Lebenstages ohne Betäubung erfolgen. Nach Art. 21 Abs. 2 der Empfehlung des St. Ausschusses in Bezug auf Haushühner müsste er (ebenso wie das Schnabelkürzen) unter einen behördlichen Genehmigungsvorbehalt gestellt werden. Nach Art. 21 Abs. 4 der Empfehlung sollten, weil die Maßnahme schmerzhaft ist, Methoden zur Betäubung und zur Schmerzminderung entwickelt werden.

An **Kennzeichnungen nach Nr. 7**, die betäubungslos erfolgen dürfen, 14
sind zulässig: 1. Für Schweine, Schafe, Ziegen und Kaninchen die Ohrtätowierung. 2. Für andere Säugetiere die Ohr- oder Schenkeltätowierung, jedoch nur innerhalb der ersten zwei Lebenswochen. Bei Hunden und Katzen dürfte das in diesem Alter schwierig sein; dennoch müssen spätere Tätowierungen unter Betäubung vorgenommen werden, denn um geringfügige Eingriffe nach Abs. 2 Nr. 1 handelt es sich dabei nicht (vgl. *Hackbarth/Lückert*

§ 5 TierSchG
Tierschutzgesetz

B VI 1.2; ebenso die Tierärztekammer Niedersachsen DTBl. 2000, 437 mit Gegenäußerung des damaligen BML). Für einen Verzicht auf die Tätowierung von Hunden zugunsten einer Chip-Markierung treten die TVT und der Bundesverband der Praktischen Tierärzte ein (DTBl. 1999, 107; vgl. auch Art. 65 der Schweizer Tierschutzverordnung, der ein betäubungsloses Tätowieren von Hunden und Katzen nicht zulässt). **3.** Für landwirtschaftliche Nutztiere einschließlich Pferde Ohrmarken, Flügelmarken und Mikrochips, letztere allerdings nicht für Geflügel. **4.** Für Schweine zusätzlich der Schlagstempel. **5.** Für Pferde zusätzlich der Schenkelbrand (s. dazu § 6 Rn. 8). – Implantate sind für Geflügel nicht erlaubt. – Andere Arten als die hier zugelassenen Kennzeichnungen sind, wenn sie eine Gewebestörung darstellen (wie zB Kerbungen oder Lochen der Ohren), nicht zulässig (arg. ex § 6, s. dort Rn. 4).

V. Ausnahmen vom Betäubungsgebot durch Rechtsverordnung nach Abs. 4

15 **Weitere Ausnahmen von der Betäubungspflicht** können durch Rechtsverordnung nach Abs. 4 Nr. 1 zugelassen werden, sei es, dass dadurch Eingriffe iS von Abs. 3 auf andere, bisher nicht erfasste Tierarten ausgedehnt werden, sei es, dass Eingriffe, die Abs. 3 bis jetzt nicht vorsieht, von der Betäubungspflicht ausgenommen werden. Grenze der Ermächtigung ist § 1 S. 2, also der vernünftige Grund und damit der Verhältnismäßigkeitsgrundsatz (s. § 1 Rn. 37–49); mit diesem wäre es beispielsweise nicht vereinbar, Eingriffe, die nach dem aktuellen Stand wissenschaftlicher Erkenntnis wahrscheinlich mit mehr als nur geringfügigen Schmerzen verbunden sind, allein aus Gründen der Kosten-, Arbeits- oder Zeitersparnis von der Betäubungspflicht aus § 5 Abs. 1 freizustellen. Außerdem darf die Rechtsverordnung nicht gegen sonstiges höherrangiges Recht verstoßen, zB gegen das Pflegegebot nach § 2 Nr. 1. (Zu Bedenken gegen die Bestimmtheit dieser Ermächtigung vgl. *Kluge/Hartung* § 5 Rn. 20). – Soweit im Hinblick auf betäubungslos zulässige Eingriffe Verfahren und Methoden vorgeschrieben, zugelassen oder verboten werden sollen, darf der Verordnunggeber nach Nr. 2 nur regeln, was „zum Schutz der Tiere erforderlich" ist (näher zu diesem Merkmal s. § 2a Rn. 8).

VI. Belastungsmindernde Maßnahmen vor, während und nach dem Eingriff

16 Nach dem **Gebot des Abs. 1 S. 4** müssen bei betäubungslos zulässigen Eingriffen alle Möglichkeiten ausgeschöpft werden, um die Schmerzen oder Leiden der Tiere zu vermindern. Diese Pflicht trifft sowohl denjenigen, der für den Eingriff verantwortlich ist, als auch den Personenkreis des § 2, also den Halter, Betreuer und Betreuungspflichtigen. Geboten sind alle Maßnahmen, die geeignet und erforderlich sind, um die zu erwartenden Schmerzen und Leiden (einschließlich der Angst) auszuschließen oder zu mindern. Zu fragen ist also: Welche Schmerzen und Leiden sind nach Art, Ausmaß und Grad der Wahrscheinlichkeit zu erwarten? Durch welche Schutzvor-

Amputation § 6 TierSchG

kehrungen oder sonstigen Maßnahmen lassen sie sich vermeiden oder wenigstens vermindern? Grds. müssen all diese Schutzvorkehrungen und Maßnahmen getroffen werden, auch dann, wenn sie mit Kosten, Arbeit oder Zeitaufwand verbunden sind (s. auch § 1 Rn. 41). Insbes. gilt dies für die Abgabe von Schmerzmitteln bei Kastrationen (vgl. EU-SVC-Report Schweine S. 59).

Das **Gebot, Schmerzen und Leiden im Zusammenhang mit Eingriffen so weit als möglich zu vermeiden**, gilt gemäß § 1 S. 2 und aufgrund des Pflegegebotes in § 2 Nr. 1 für alle Eingriffe, also auch für solche, die unter Betäubung vorgenommen werden. Es betrifft außerdem nicht nur die Nachbehandlung, sondern auch die Vorbereitung und die Art und Weise der Durchführung des Eingriffs. Verpflichtete sind neben dem Halter, Betreuer und Betreuungspflichtigen auch die für den Eingriff Verantwortlichen (Garantenstellung aus tatsächlicher Gewährübernahme bzw. aus vorangegangenem Tun). Beispiele: Schonende Fixierung; Verabreichung von Schmerzmitteln; Wundbehandlung; kein Einsatz von Ohrmarken, die Entzündungen auslösen oder dazu führen, dass sich die Tiere durch Hängenbleiben verletzen; Kennzeichnung mit Hilfe der jeweils schonendsten Methode u.a.m. 17

VII. Ordnungswidrigkeiten und Straftaten

Ordnungswidrig nach § 18 Abs. 1 Nr. 7 i.V.m. § 5 Abs. 1 S. 1 handelt, wer einen betäubungspflichtigen Eingriff ohne Betäubung vornimmt oder sich daran beteiligt (s. auch § 14 OWiG); Fahrlässigkeit, zB falsche Beurteilung der Rechtslage, reicht aus. Entstehen dem Tier erhebliche Schmerzen, Leiden oder Schäden, so ist außerdem § 18 Abs. 1 Nr. 1 erfüllt. Bei Vorsatz kann außerdem § 17 Nr. 2a verwirklicht sein, wobei eine Rohheit umso eher zu bejahen sein wird, je mehr sich dem Täter die Schmerzhaftigkeit des Eingriffs aufdrängen musste. Je nach der Zeitdauer der Schmerzen oder Leiden kann auch § 17 Nr. 2b erfüllt sein. – Ordnungswidrig nach § 18 Abs. 1 Nr. 7 i.V.m. § 5 Abs. 1 S. 2 handelt, wer als Nicht-Tierarzt ein warmblütiges Tier oder ein Amphibium oder Reptil betäubt oder daran mitwirkt (s. auch § 14 OWiG). – Entstehen dem Tier im Zusammenhang mit der Vorbereitung oder Durchführung des Eingriffs oder durch eine unterlassene oder unzureichende Nachbehandlung erhebliche Schmerzen oder Leiden, so kann ebenfalls § 18 Abs. 1 Nr. 1 verwirklicht sein; auch hier reicht Fahrlässigkeit aus. Bei Vorsatz kommen darüber hinaus § 17 Nr. 2a und 2b in Betracht. 18

§ 6 [Amputation]

(1) ¹Verboten ist das vollständige oder teilweise Amputieren von Körperteilen oder das vollständige oder teilweise Entnehmen oder Zerstören von Organen oder Geweben eines Wirbeltieres. ²Das Verbot gilt nicht, wenn
1. der Eingriff im Einzelfall
   a) nach tierärztlicher Indikation geboten ist oder
   b) bei jagdlich zu führenden Hunden für die vorgesehene Nutzung des Tieres unerläßlich ist und tierärztliche Bedenken nicht entgegenstehen,

§ 6 TierSchG
Tierschutzgesetz

2. ein Fall des § 5 Abs. 3 Nr. 1 oder 7 vorliegt,
3. ein Fall des § 5 Abs. 3 Nr. 2 bis 6 vorliegt und der Eingriff im Einzelfall für die vorgesehene Nutzung des Tieres zu dessen Schutz oder zum Schutz anderer Tiere unerläßlich ist,
4. das vollständige oder teilweise Entnehmen von Organen oder Geweben zum Zwecke der Transplantation oder des Anlegens von Kulturen oder der Untersuchung isolierter Organe, Gewebe oder Zellen erforderlich ist,
5. zur Verhinderung der unkontrollierten Fortpflanzung oder – soweit tierärztliche Bedenken nicht entgegenstehen – zur weiteren Nutzung oder Haltung des Tieres eine Unfruchtbarmachung vorgenommen wird.
³Eingriffe nach Satz 2 Nr. 1 und 5 sind durch einen Tierarzt vorzunehmen; Eingriffe nach Satz 2 Nr. 2 und 3 sowie Absatz 3 dürfen auch durch eine andere Person vorgenommen werden, die die dazu notwendigen Kenntnisse und Fähigkeiten hat. ⁴Für die Eingriffe nach Satz 2 Nr. 4 gelten die §§ 8b, 9 Abs. 1 Satz 1, 3 und 4, Abs. 2 mit Ausnahme des Satzes 3 Nr. 6, Abs. 3 Satz 1 sowie § 9a entsprechend. ⁵Die Eingriffe sind spätestens zwei Wochen vor Beginn der zuständigen Behörde anzuzeigen. ⁶Die Frist braucht nicht eingehalten zu werden, wenn in Notfällen eine sofortige Durchführung des Eingriffes erforderlich ist; die Anzeige ist unverzüglich nachzuholen. ⁷Die in Satz 5 genannte Frist kann von der zuständigen Behörde bei Bedarf auf bis zu vier Wochen verlängert werden. ⁸In der Anzeige sind anzugeben:
1. der Zweck des Eingriffs,
2. die Art und die Zahl der für den Eingriff vorgesehenen Tiere,
3. die Art und die Durchführung des Eingriffs einschließlich der Betäubung,
4. Ort, Beginn und voraussichtliche Dauer des Vorhabens,
5. Name, Anschrift und Fachkenntnisse des verantwortlichen Leiters des Vorhabens und seines Stellvertreters sowie der durchführenden Person und die für die Nachbehandlung in Frage kommenden Personen,
6. die Begründung für den Eingriff.

(2) Verboten ist, beim Amputieren oder Kastrieren elastische Ringe zu verwenden; dies gilt nicht im Falle des § 5 Abs. 3 Nr. 4 oder des § 6 Abs. 3 Nr. 2.

(3) ¹Abweichend von Absatz 1 Satz 1 kann die zuständige Behörde
1. das Kürzen der Schnabelspitze bei Nutzgeflügel,
2. das Kürzen des bindegewebigen Endstückes des Schwanzes von unter drei Monate alten männlichen Kälbern mittels elastischer Ringe
erlauben. ²Die Erlaubnis darf nur erteilt werden, wenn glaubhaft dargelegt wird, daß der Eingriff im Hinblick auf die vorgesehene Nutzung zum Schutz der Tiere unerläßlich ist. ³Die Erlaubnis ist zu befristen und hat im Falle der Nummer 1 Bestimmungen über Art, Umfang und Zeitpunkt des Eingriffs und die durchführende Person zu enthalten.

(4) Das Bundesministerium wird ermächtigt, durch Rechtsverordnung mit Zustimmung des Bundesrates die dauerhafte Kennzeichnung von Tieren, an denen nicht offensichtlich erkennbare Eingriffe vorgenommen worden sind, vorzuschreiben, wenn dies zum Schutz der Tiere erforderlich ist.

(5) Der zuständigen Behörde ist im Falle des Absatzes 1 Satz 2 Nr. 3 auf Verlangen glaubhaft darzulegen, daß der Eingriff für die vorgesehene Nutzung unerläßlich ist.

Amputation § 6 TierSchG

Übersicht

	Rn.
I. Das grundsätzliche Verbot von Amputationen und Gewebestörungen nach Abs. 1 S. 1	1–4
II. Die Ausnahmen nach Abs. 1 S. 2 Nr. 1 a und b	5, 6
III. Die Ausnahmen für das Kastrieren und das Kennzeichnen nach Abs. 1 S. 2 Nr. 2	7, 8
IV. Die Ausnahmen nach Abs. 1 S. 2 Nr. 3 i.V.m. § 5 Abs. 3 Nr. 2–6	9–14
V. Organ- oder Gewebeentnahmen zum Zwecke der Transplantation oÄ nach Abs. 1 S. 2 Nr. 4, S. 4–8	15–19
VI. Unfruchtbarmachung nach Abs. 1 S. 2 Nr. 5	20
VII. Das grundsätzliche Verbot der Verwendung elastischer Ringe nach Abs. 2	20 a
VIII. Der Erlaubnisvorbehalt nach Abs. 3	21–26
IX. Zur Verordnungsermächtigung nach Abs. 4	27
X. Zu Abs. 5	28
XI. Ordnungswidrigkeiten und Straftaten	29

I. Das grundsätzliche Verbot von Amputationen und Gewebestörungen nach Abs. 1 S. 1

Amputieren ist das Absetzen oder Abtrennen eines endständigen Körperteils oder Organabschnitts; dabei ist nicht erforderlich, dass sich der Körperteil außerhalb von Gelenken befindet (vgl. *Wiesner/Ribbeck*, „Amputation"; *L/M* § 6 Rn. 5). Teilweises Amputieren ist die Entfernung eines Teils davon (vgl. *Lorz* § 6 Rn. 4). – Ein **Organ** ist ein aus Zellen und Geweben zusammengesetzter, eine funktionelle Einheit bildender Teil des Organismus (*Roche*, „Organum"). Vollständig zerstört ist es, wenn infolge der Einwirkung seine Funktion aufgehoben wurde; eine teilweise Zerstörung liegt vor, wenn seine Funktion beeinträchtigt oder gemindert ist. – Unter **Gewebe** versteht man einen durch spezifische Leistungen gekennzeichneten Verband gleichartig entwickelter Zellen (*Roche*, „Gewebe"). Da das Verbot auch die nur teilweise Entnahme oder Zerstörung von Geweben erfasst, wird es am besten als „Verbot der Gewebestörung" beschrieben (*L/M* § 6 Rn. 6). Verboten ist bereits das Entnehmen oder Zerstören einzelner Zellen, sofern dadurch die Funktion des ganzen Zellverbandes (= Gewebes) beeinträchtigt wird. Welches die Funktion (= spezifische Leistung) des von dem Eingriff betroffenen Zellverbands ist, richtet sich ausschließlich nach der Biologie des Tieres und nach seinem Verhalten unter natürlichen oder naturnahen Bedingungen, und nicht etwa danach, welcher Nutzzweck ihm vom Menschen zugedacht worden ist. – Beispiele hierfür: Da die Hörner des Rindes als Mittel zur Festlegung und Aufrechterhaltung der sozialen Rangordnung und als Angriffs- oder Verteidigungsmittel dienen, liegt eine Gewebestörung vor, wenn sie so weit entfernt werden, dass sie eine dieser Funktionen nicht mehr vollständig ausfüllen können; ein geringfügiges Abschleifen ist demnach keine Gewebestörung. Das Kürzen von Krallen,

1

§ 6 TierSchG *Tierschutzgesetz*

Klauen, Federn oder Haaren ist demnach nur dann keine Gewebestörung, wenn die betreffenden Teile rasch wieder nachwachsen und in der Zwischenzeit biologische und ethologische Funktionen nicht oder nur unwesentlich beeinträchtigt sind.

2   **Zweck der Vorschrift** ist der Schutz der Unversehrtheit. Der Begriff „Gewebestörung" ist daher weit auszulegen, wie insbesondere auch aus dem durch Abs. 1 S. 2 Nr. 2 in Bezug genommenen § 5 Abs 3 Nr. 7 hervorgeht, der teilweise harmlose Kennzeichnungsformen beschreibt. Gewebestörungen sind u. a. alle in Abs. 1, Abs. 2 und Abs. 3 beschriebenen Eingriffe. Weitere Beispiele: Das Entfernen von Krallen (weil Funktionsverlust); das Kupieren von Ohren oder Schwänzen bei Hunden (denn bei teilweisen Amputationen kommt es auf das Merkmal des Funktionsverlusts nicht an, s. Rn. 1); das Kürzen von Kämmen oder Schnäbeln; die Lochung oder Kerbung von Ohren; das Einziehen von Rüsselklammern beim Schwein (weil dadurch der Wühlvorgang schmerzhaft und mithin eine Funktion des Rüssels beeinträchtigt wird, vgl. dazu *Petermann* AtD 1999, 34 ff.); das teilweise Amputieren der Flügel bei Stelzvögeln im Zoo, um die Flugfähigkeit zu beeinträchtigen (vgl. dazu *Fikuart* AtD 1998, 37, 38); das Abrasieren der Tasthaare am Maul und der Schutzhaare im Ohr bei Pferden zu Schönheitszwecken bei Turnieren („Clipping"); das Entfernen der „Stinkdrüsen" bei Frettchen oder Stinktieren, um sie für die Heimtierhaltung geeignet zu machen; der „Kaiserschnitt" beim Stör.

3   Der **Anwendungsbereich** ist wie folgt zu definieren: Das Verbot in § 6 betrifft nur Wirbeltiere (s. dazu § 4 Rn. 1). Wirbellose sind aber durch § 1 S. 2 und durch § 18 Abs. 2 geschützt, denn Amputationen und Gewebestörungen fügen dem Tier häufig einen Schaden zu (s. § 1 Rn. 24) und bedürfen dann zur Rechtfertigung eines vernünftigen Grundes. – Bezweckt die Maßnahme die unmittelbare Herbeiführung des Todes des Tieres, so richtet sich ihre Zulässigkeit nicht nach § 6, sondern nach den §§ 1 S. 2, 17 Nr. 1 und 4 ff. – Werden mit dem Eingriff hauptsächlich Zwecke iS des § 6a verfolgt, also Erkenntnisgewinn, Lehre oder biotechnische Produktion, so richten sich sowohl das „Ob" als auch das „Wie" nach den §§ 7 ff.

4   Die Zulässigkeit, d. h. das „Ob" von Amputationen und anderen Gewebestörungen bei Wirbeltieren wird in § 6 **abschließend geregelt** (vgl. *L/M* § 6 Rn. 9). Das bedeutet: Ist eine Gewebestörung beabsichtigt, so darf sie nur durchgeführt werden, wenn sie in Abs. 1 S. 2 oder in Abs. 3 vorgesehen ist und die dort genannten Zulässigkeitsvoraussetzungen erfüllt sind. Andere, hier nicht vorgesehene Gewebestörungen sind unzulässig, ebenso Störungen, für die es an einer der gesetzlichen Voraussetzungen fehlt (vgl. *Kluge/Hartung* § 6 Rn. 2). Sie können weder durch die Berufung auf einen angeblich vernünftigen Grund gerechtfertigt werden noch damit, sie seien nicht schmerzhafter als die zugelassenen (vgl. dazu BVerwG Beschl. v. 21. 7. 1995 bei *Buchholtz* 41 8.9 Nr. 7). Dass sie der Haltungserleichterung dienen sollen, ist ebenfalls keine Rechtfertigung, und erst recht nicht das Argument, das Tier „brauche" das betreffende Körperteil oder Organ nicht (vgl. OVG Münster RdL 1995, 46; vgl. auch DTBl. 2002, 803: Teilamputieren des Flügels oder Kupieren der Schwungfedern bei Vögeln, um das Wegfliegen zu

Amputation § 6 TierSchG

verhindern, ist gesetzwidrig). Zur Verfassungsmäßigkeit dieser Regelung vgl. BVerfG NJW 1999, 3702.

II. Die Ausnahmen nach Abs. 1 S. 2 Nr. 1a und b

Tierärztliche Indikation im Einzelfall (Nr. 1a). Indikation ist ein Rechtfertigungsgrund für die Durchführung gezielter diagnostischer, therapeutischer und prophylaktischer Maßnahmen und Verfahren bei einer Erkrankung (*Wiesner/Ribbeck*, „Indikation"). Die Ausnahme nach Nr. 1a setzt also grundsätzlich das Bestehen einer Erkrankung des Tieres voraus (vgl. auch *Roche*, Indikation: Es muss bereits ein „Patient" vorhanden sein). Denkbarer Anlass ist darüber hinaus auch ein Zustand, der sich zwar noch nicht zu einem konkreten Krankheitsbild verdichtet hat, der aber, wenn nichts geschieht, den unmittelbar bevorstehenden Eintritt einer Erkrankung sicher oder doch höchstwahrscheinlich erscheinen lässt und deshalb sofortiges prophylaktisches Handeln erfordert. – Keine Indikation im Einzelfall liegt vor, wenn es nur um die Bekämpfung denkbarer, künftiger Erkrankungen oder Verletzungen geht (solche Maßnahmen sind zT in Abs. 1 S. 2 Nr. 3 und in Abs. 3 geregelt). Erst recht keine Indikation ist gegeben, wenn hauptsächlich Erleichterungen für die Haltung oder Nutzung angestrebt werden (vgl. dazu insbes. Abs. 1 S. 2 Nr. 2, 3 und 5 sowie Abs. 3). – Einzelfälle: Kupieren der Ohren eines Hundes, um eine denkbare Otitis auszuschließen: keine Indikation, u. a. mangels ausreichender Gefahrennähe. Entfernen von Flugfedern, Krallen, Teilen des Schnabels oder des Stimmorgans bei Papageien, um eine Wohnungshaltung zu ermöglichen: keine Indikation (vgl. *Kummerfeld* in: *Sambraus/Steiger* S. 376). Kürzen der Schweifrübe beim Pferd: Indikation nur bei bereits eingetretener Erkrankung, nicht dagegen zur Behebung einer bloßen „Untugend" (vgl. auch das Verbot in Art. 66 lit. d Schweizer Tierschutzverordnung). Neurektomie bei Pferden: Indikation allenfalls denkbar, wenn sichergestellt ist, dass das Pferd anschließend nur noch solchen Belastungen ausgesetzt wird, die seinem Grundleiden angepasst sind, zB für gelegentliches Spazierenreiten; keine Indikation, wenn es weiter im Sport eingesetzt werden soll; in diesem Fall steht die Neurektomie sogar dem Doping gleich, weil sie eine unnatürliche, regelwidrige Beeinflussung der Leistungsfähigkeit anstrebt und der Halter außerdem den beschleunigten Verschleiß seines Tieres in Kauf nimmt (vgl. dazu *Pick*, Neurektomie und Tierschutz in: TVT-Merkblatt Nr. 19). Zum Absetzen der Wolfskralle bei Hunden vgl. *Kluge/Hartung* § 6 Rn. 3. Kastration zur Steigerung der Leistungsfähigkeit oder zur Beeinflussung der Fleischqualität: Keine Indikation (vgl. aber Abs. 1 S. 2 Nr. 2 und Nr. 5). Kürzen von Flügeln bei Stubenvögeln oder Vögeln in Freianlagen: Keine Indikation, da hauptsächlich eine Haltungserleichterung angestrebt wird und außerdem bei künstlich herbeigeführter Flugunfähigkeit Verhaltensstörungen sowie Störungen beim Balancieren und Klettern zu befürchten sind (vgl. dazu *Korbel/Kösters* Tierärztl. Praxis 1989, 380 ff.). Amputation von Kämmen uÄ bei Rassegeflügel wegen Verletzungsgefahr bei Kämpfen: Keine Indikation. – Selbstverständlich prüft der Tierarzt bei Vorliegen einer Indikation auch, ob der Nutzen des gewünschten Eingriffs den Schaden überwiegt und ob, falls mehrere Mittel zur Verfügung stehen, das schonendste gewählt ist (Grundsatz der Verhältnismäßigkeit).

6 Die Ausnahme für **jagdlich zu führende Hunde** (Nr. 1 b) betrifft vornehmlich das Kürzen der Rute. Voraussetzung für eine Zulässigkeit ist zunächst der Nachweis, dass der zu kupierende Hund später jagdlich geführt werden soll; dazu sollten die Vorlage von Bescheinigungen über Brauchbarkeitsprüfungen beider Elternteile sowie des Jagdscheins des Besitzers gefordert werden (vgl. *Hackbarth/Lückert* B VI 2.2). Die im Einzelfall festzustellende Unerlässlichkeit (= unbedingte Notwendigkeit) wird damit begründet, dass sonst die Wahrscheinlichkeit bestehe, dass es bei der Tätigkeit im Dickicht oder Schilf zu erheblichen Verletzungen und/oder Entzündungen des Schwanzes kommen werde. Der Tierarzt, dem nach Abs. 1 S. 3 die Entscheidung über den Eingriff obliegt, muss aber prüfen, ob nicht eine schonendere Alternative zur Abwendung dieser Gefahr zur Verfügung steht und – vor allem – ob die Gefahr so groß ist, dass sie den mit der Teilamputation verbundenen Schaden überwiegt (instrumentelle bzw. finale Unerlässlichkeit). An diesem notwendigen Nutzen-Schaden-Übergewicht bestehen erhebliche Zweifel. Dagegen spricht, dass der Hund den Schwanz als Steuerungsinstrument und Balancierstange beim Laufen und Springen sowie als Mittel zur artgemäßen Kommunikation mit den Artgenossen und dem Menschen benötigt; wer also einen Hund schwanzkupiert, macht ihn damit teilweise „sprachlos" und schädigt ihn schwer (vgl. TVT-Merkblatt Nr. 63). Unter schwanzkupierten Hunden finden folglich deutlich mehr agonistische Auseinandersetzungen statt. Fragwürdig erscheint ein Übergewicht des Nutzens auch, wenn man bedenkt, dass manche Jagdhunderassen regelmäßig kupiert werden, andere dagegen nie, obwohl sie ebenso für das Aufbringen von Wild im Unterholz eingesetzt werden (vgl. dazu *Feddersen-Petersen* in: *Sambraus/Steiger* S. 267). Die Niedersächsische Tierärztekammer hält angesichts der Erfahrungen, die mit nicht-kupierten Jagdhunden gemacht worden sind, die Unerlässlichkeit für „praktisch nicht gegeben" (DTBl. 1999, 307, 308). In die gleiche Richtung weist die Tierschutzverordnung der Schweiz, die in Art. 66 lit. h das Kupieren der Rute bei Hunden ausnahmslos verbietet.

III. Die Ausnahmen für das Kastrieren und das Kennzeichnen nach Abs. 1 S. 2 Nr. 2

7 Das **routinemäßige Kastrieren** von unter vier Wochen alten männlichen Ferkeln steht nicht in Einklang mit dem Grundsatz der Verhältnismäßigkeit. Unverhältnismäßig ist der Eingriff bei Schweinen, deren Schlachtung bereits mit 100 kg Körpergewicht oder weniger beabsichtigt ist, weil dann mangels Geschlechtsreife kein Ebergeruch im Fleisch zu befürchten ist. Überdies müsste geprüft werden, ob für die Vermeidung von Ebergeruch im Schlachtfleisch nicht tierschonendere Alternativen zur Verfügung stehen (vgl. dazu *Buchholtz, Lambooij, Maisack* et al, Der Tierschutzbeauftragte 2/01, 1, 4). Es wird an Tests gearbeitet, mit denen sich Ebergeruchsstoffe

Amputation § 6 TierSchG

nachweisen lassen. – Bei Schafen und Ziegen sehen die Empfehlungen des St. Ausschusses vor, Kastrationen grundsätzlich zu vermeiden (Art. 30 Abs. 3 S. 1 der Empfehlung „Schafe" und Art. 28 Abs. 3 S. 4 der Empfehlung „Ziegen"). Auch damit steht routinemäßiges Kastrieren nicht in Einklang. – Elastische Ringe dürfen bei Kastrationen niemals eingesetzt werden, s. Abs. 2.

Zu den **Kennzeichnungsmethoden, die nach Abs. 1 S. 2 Nr. 2 i. V. m. § 5 Abs. 3 Nr. 7 zulässig sind**, s. § 5 Rn. 14. – Kennzeichnungen, die mit einer Gewebestörung verbunden sind, müssen darüber hinaus stets auf ihre Vereinbarkeit mit dem Verhältnismäßigkeitsgrundsatz geprüft werden. Daran fehlt es, wenn aufgrund der angewandten Methode erhebliche oder zwar nur „einfache", jedoch länger anhaltende Schmerzen, Leiden oder Schäden zu erwarten sind, weil dann der Nutzen der Maßnahme nicht mehr ihren Schaden überwiegt (Verhältnismäßigkeit im engeren Sinn); daran fehlt es ferner, wenn andere zielführende Methoden zur Verfügung stehen, die mit weniger Belastung für das Tier verbunden sind, mögen sie auch zu mehr Kosten oder einem höheren administrativen oder materiellen Aufwand führen (Erforderlichkeit; zum Ganzen vgl. *Hartmann/Kummerfeld/Richter* AtD 1997, 259 ff.). Diese Grundsätze gelten nicht nur für Kennzeichnungen nach § 5 Abs. 3 Nr. 7, sondern auch dort, wo andere Spezialvorschriften Rechte oder Pflichten zur Kennzeichnung von Tieren begründen: Vgl. zB § 11a Abs. 2 (Kennzeichnung bestimmter Versuchstiere); Kennzeichnungen aus Gründen des Natur- und Artenschutzes sind vorgesehen in § 7 BundesartenschutzVO und Art. 36, 37 der EG-DurchführungsVO vom 26. 5. 1997 zur EG-ArtenschutzVO (ABl. EG Nr. L 140 S. 9; näher dazu *Adams* NuR 1998, 14, 16); zu Kennzeichnungen aus tierseuchenrechtlichen Gründen s. die Viehverkehrsverordnung. – Ob der durch das ÄndG 1998 ausdrücklich zugelassene Schenkelbrand bei Pferden diesen Anforderungen genügt, ist fraglich (zweifelnd *L/M* § 6 Rn. 15). Bei diesem Verfahren wird ein rotglühendes, etwa 800 Grad Celsius heißes Eisen 1–2 Sekunden lang auf die vorgesehene Körperstelle gedrückt. Dem Pferd entstehen hierdurch erhebliche Schmerzen, denn Voraussetzung für eine dauerhafte Erkennbarkeit des Brandzeichens ist eine irreversible Schädigung des lebenden Gewebes durch eine Verbrennung dritten Grades, die entsprechend große Narben oder Depigmentierungen entstehen lässt. An der Erforderlichkeit dieser Maßnahme fehlt es, denn durch das Implantieren eines Transponders kann die Kennzeichnung heute sicherer und eindeutiger sowie ohne Schmerzen und Leiden herbeigeführt werden (vgl. dazu *Steinigeweg* AtD 1998, 174). Die Verhältnismäßigkeit im engeren Sinne, d. h. ein Nutzen-Schaden-Übergewicht ist ebenfalls zu verneinen, da der Heißbrand die für eine Kennzeichnung maßgebenden Kriterien der Unverfälschbarkeit und der Unverwechselbarkeit allenfalls mäßig erfüllt, der Transponder dagegen sicher (vgl. dazu *Hartmann/Kummerfeld/Richter* aaO 265). Sowohl die Bundestierärztekammer als auch die TVT haben deshalb die Deutsche Reiterliche Vereinigung aufgefordert, auf die neuzeitliche Methode der Transponder-Kennzeichnung umzustellen und auf den Heißbrand zu verzichten (*Steinigeweg* aaO mN; vgl. auch *Pollmann* TU 1998, 183 ff.; aA noch LG Freiburg NuR 1996, 370, doch dürfte ein Teil der dort gegen die

8

§ 6 TierSchG
Tierschutzgesetz

Transponder-Methode geäußerten Bedenken seit In-Kraft-Treten neuer ISO-Normen überholt sein). – Der Kaltbrand führt zu Schädigungen, die denen des Heißbrandes vergleichbar sind. – Bei kleineren Tieren, insbes. Reptilien und Vögeln, können Implantate zu erheblichen Schäden führen (Papageien sollen durch implantierte Transponder so irritiert worden sein, dass sie sich den Brustmuskel mit dem Schnabel aufgerissen haben, um den Fremdkörper wieder zu entfernen; vgl. *Hartmann/Kummerfeld/Richter* AtD 1997, 259, 266). Nach einer Expertengruppe des BMVEL sollten, sofern die Kennzeichnung durch Mikrochip als solche erlaubt ist, folgende Bedingungen eingehalten werden: Einsetzen nur durch einen fachkundigen Tierarzt oder Biologen; betäubungsloses Einsetzen bei Vögeln und Reptilien nie, sonst allenfalls bei Tieren mit Gewicht > 1000 g; genereller Verzicht bei einem Körpergwicht < 200 g, bei Schildkröten < 500 g; keine Implantate bei Vögeln (näher dazu *Adams* NuR 1998, 14, 17; vgl. auch BMVEL-Tierschutzbericht 2003 S. 68). – Gewebestörende Kennzeichnungen, die nicht in § 5 Abs. 3 Nr. 7 geregelt sind, sind wegen der abschließenden Regelung des § 6 (s. Rn. 4) grundsätzlich verboten, es sei denn, sie wären in anderen Spezialgesetzen vorgesehen.

IV. Die Ausnahmen nach Abs. 1 S. 2 Nr. 3 i. V. m. § 5 Abs. 3 Nr. 2–6

9   Es gilt der **Grundsatz der Unerlässlichkeit.** Für alle Eingriffe iS von § 5 Abs. 3 Nr. 2–6 gilt, dass sie im Einzelfall für die vorgesehene Nutzung des Tieres zu dessen Schutz oder zum Schutz anderer Tiere unerlässlich sein müssen. „Unerlässlich" bedeutet „unbedingt notwendig". Mit der Einfügung dieses Begriffes durch das ÄndG 1986 wollte der Gesetzgeber klarstellen, „dass Tiere nicht durch Vornahme einer Amputation einem vielleicht aus betriebswirtschaftlichen Gründen zweckmäßigen Haltungssystem angepasst werden dürfen, sondern dass mit Vorrang die Haltungsbedingungen verbessert werden müssen" (BT-Drucks. 10/3158 S. 21). Entsprechend dazu ist in vielen Empfehlungen des St. Ausschusses zum ETÜ die Rede von dem nötigen „Bewusstsein, dass Umgebung und Betreuung den biologischen Erfordernissen der Tiere entsprechen müssen, anstatt zu versuchen, die Tiere der Umgebung zB durch Eingriffe ‚anzupassen'" (so u. a. die Präambel der Empfehlung für Haushühner und der Empfehlung für Moschus- und Pekingenten). – Es bedarf deshalb einer Einzelfallprüfung durch die nach § 15 zuständige Behörde, ob die beabsichtigte Teilamputation unbedingt notwendig ist, um im Rahmen der vorgesehenen Nutzung das Tier selbst oder andere Tiere vor Krankheiten oder Verletzungen zu schützen. Die Behörde sollte sich dabei folgende Fragen stellen: **1.** Welche Verletzungen oder Krankheiten drohen, wenn auf den Eingriff verzichtet wird? **2.** Welches sind die für diese Gefahr ursächlichen Faktoren, insbes. in den Bereichen ‚Ernährung', ‚Pflege' und ‚Unterbringung'? **3.** Hat der Halter glaubhaft gemacht, diese Faktoren so weit wie möglich (und nicht nur so weit wie betriebswirtschaftlich zweckmäßig) verbessert zu haben? (vgl. dazu auch Abs. 5: Die Behörde kann die Vorlage von Augenscheinsobjekten wie Fotos und Filmen, von Urkunden, von eidesstattlichen Versicherungen und von

Amputation § 6 TierSchG

Sachverständigengutachten verlangen; die Auskünfte und Belege kann sie sowohl formlos als auch mittels förmlichen Verwaltungsakts einfordern; vgl. dazu *Kluge/Hartung* § 6 Rn. 11) 4. Hat der Halter darüber hinaus glaubhaft gemacht, dass die Gefahr dennoch fortbesteht sowie dass 5. die drohenden Krankheiten oder Verletzungen schwerer wiegen als die beabsichtigte Teilamputation?

Beim **Enthornen oder Verhindern des Hornwachstums bei Kälbern** 10 (vgl. § 5 Abs. 3 Nr. 2) geht es darum, Dauerstress und Verletzungen, die bei Rindern durch nicht ausreichende Ausweichmöglichkeiten in der Laufstallhaltung entstehen, zu vermeiden (s. Rn. 9 Ziff. 1). Es spricht einiges dafür, dass man diesen Gefahren auch durch ein genügendes Platzangebot (insbes. Laufgangbreiten von mind. 4 m, Vermeidung von Sackgassen, mäßige Besatzdichten) begegnen könnte, in Verbindung mit einer ausreichenden Anzahl von Liegeboxen, Futter- und Tränkstellen (s. Rn. 9 Ziff. 2 und 3). Gleichwohl wird das Enthornen für vertretbar gehalten, wenn die Kälber später in Laufställen der heute üblichen Art gehalten werden sollen und wenn der Eingriff unter Betäubung mittels Brennen oder fachgerechter Anwendung des Enthorners nach Roberts (und nicht mit Ätzpasten oder Heißluftgeräten) vorgenommen wird (vgl. TVT-Merkblatt Nr. 13; vgl. auch *Sambraus* in: *Sambraus/Steiger* S. 122; *Menke/Waiblinger/Fölsch* KTBL-Schrift 370, 107–116; *Taschke/Fölsch* KTBL-Schrift 370, 52–62). Dagegen ist das Enthornen von Rindern in anderen Haltungsformen, insbes. bei Anbindehaltung, unzulässig, da der Eingriff hier nur der Intensivierung der Haltung dient und nicht als unerlässlich für den Schutz der Tiere angesehen werden kann. – Zur Betäubung s. § 5 Rn. 9.

Mit dem **Schwanzkürzen bei Ferkeln** (vgl. § 5 Abs. 3 Nr. 3) soll dem 11 Schwanzbeißen entgegengewirkt werden (s. Rn. 9 Ziff. 1). Zu den ursächlichen Faktoren sagt die EU-Kommission: „Wenn Schweine ausreichend und angemessen gefüttert und getränkt, mit Stroh oder anderer Einstreu oder Erde zum Wühlen versorgt und nicht zu dicht gehalten werden, ist ein Kupieren der Schwänze nicht erforderlich" (Mitteilung der Kommission über bestimmte Aspekte des Schutzes von Schweinen in Intensivhaltung 2001, 2.3; vgl. auch EU-SVC-Report Schweine S. 60). Schweine besitzen einen angeborenen Antrieb zum Erkunden, zum Rütteln und Wühlen und zum Beißen und Kauen. In einstreulosen Buchten aus Stahl und Beton gibt es aber nichts, was diese Tätigkeiten ermöglichen würde, und wegen des breiförmigen Futters wird nicht einmal der Trieb zum Beißen und Kauen ausreichend abgebaut. Als Folge davon benutzen die Tiere den Schwanz der Stallgefährten als Objekt zum Erkunden, Rütteln und Beißen und die Bauchdecke als Objekt zum Wühlen (s. Rn. 9 Ziff. 2). Um die ursächlichen Faktoren hinreichend sicher auszuschalten, wären erforderlich: Stroheinstreu im Liegebereich, die regelmäßig erneuert wird; zusätzliches Material zur Beschäftigung und zum Kauen, insbes. Raufutter (Stroh, Heu, Silage); Schaffung ausreichender Möglichkeiten zu gleichzeitiger Futteraufnahme (s. auch § 2 Rn. 13 und 16); niedrige Schadgaskonzentrationen (s. Rn. 9 Ziff. 3). Das Schwanzbeißen bildet einen Indikator dafür, dass die Umgebung des Tieres nicht stimmt und dass sowohl das gebissene als auch das beißende Tier leiden (vgl. EU-SVC-Report aaO; vgl. auch *Grauvogl* AtD 1998, 52: „Notschreie der

Kreatur"). Umgekehrt ist „der heile Schwanz bei Rind und Schwein das beste Anzeichen einer heilen Umwelt" (*Grauvogl* aaO). Unerlässlich kann damit nicht die Amputation dieses Indikators sein, sondern allein die Beseitigung der Ursachen der Störung. Hinzu kommt, dass das Schwanzkürzen wegen der bis zur Schwanzspitze reichenden Innervierung schmerzhaft ist und bei einem Teil der Tiere zur Bildung von Neuromen und dadurch zu zusätzlichen anhaltenden Schmerzen führt (EU-SVC-Report Schweine S. 62). Um die vom Gesetz gewollte Einzelfallprüfung zu ermöglichen, müsste der Eingriff außerdem unter einen behördlichen Genehmigungsvorbehalt gestellt werden.

12 Das **Schwanzkürzen bei Lämmern** (vgl. § 5 Abs. 3 Nr. 3 und 4) „sollte vermieden werden", so der St. Ausschuss in seiner Empfehlung für das Halten von Schafen Art. 30 Abs. 3. Dies gilt unabhängig davon, ob es mit elastischen Ringen oder anders erfolgt. In jedem Fall muss der gekürzte Schwanz noch so lang sein, dass er beim Bock den After und beim weiblichen Tier zusätzlich die Vulva bedeckt (Empfehlung Art. 30 Abs. 2 lit. b; vgl. auch *Buchenauer* in: *Sambraus/Steiger* S. 140).

13 Durch das **Abschleifen der Eckzähne von Ferkeln** (§ 5 Abs. 3 Nr. 5) sollen Verletzungen des Muttertieres und der Wurfgeschwister durch Bissverletzungen verhindert werden (s. Rn. 9 Ziff. 1). Ursächlich für diese Gefahr kann u. a. sein, dass die in der Abferkelbucht fixierte Muttersau ihren Liegebereich nicht verlassen und ihr Gesäuge den Ferkeln nicht zeitweise entziehen kann (s. Rn. 9 Ziff. 2 und 3). Offenbar besteht dagegen kaum eine Verletzungsgefahr, wenn den Tieren genügend Raum zum Ausweichen zur Verfügung gestellt wird (EU-SVC-Report Schweine S. 60). Bei der notwendigen Nutzen-Schaden-Abwägung muss auch bedacht werden, dass durch das Abschleifen innerviertes Dentin freigelegt wird und den Tieren hierdurch Schmerzen entstehen, die Stunden, aber auch Tage andauern können. Die Vorteile des Eingriffs sind demgegenüber relativ gering (EU-SVC-Report aaO).

14 Zum **Absetzen des krallentragenden letzten Zehengliedes bei Masthahnenküken** s. § 5 Rn. 13.

V. Organ- oder Gewebeentnahmen zum Zwecke der Transplantation oÄ nach Abs. 1 S. 2 Nr. 4, S. 4–8

15 Die Regelung hat folgenden **Anwendungsbereich:** Dient die Organ- oder Gewebeentnahme einem der in § 6a genannten Zwecke – also entweder dem Erkenntnisgewinn zu einem noch nicht hinreichend gelösten wissenschaftlichen Problem (vgl. BMVEL, Tierschutzbericht 2001, XIV 1.3) oder der Lehre oder der biotechnischen Produktion – so richten sich Genehmigungspflicht, Zulässigkeit und einzuhaltendes Verfahren nicht nach § 6, sondern nach den §§ 7 ff. Dies gilt auch dann, wenn die Gewebeentnahme die wissenschaftliche Erkenntnissuche nur vorbereiten soll, denn für einen Tierversuch ist nicht erforderlich, dass Eingriff und Erkenntnissuche in einer Handlung zusammenfallen, sondern nur, dass beide Teilakte von einer einheitlichen wissenschaftlichen Zielsetzung umklammert und dadurch zu einer intentio-

Amputation **§ 6 TierSchG**

nalen Einheit verbunden sind (vgl. dazu *Caspar* Tierschutz S. 436, 443). § 6 Abs. 1 S. 2 Nr. 4 regelt deshalb grundsätzlich nur solche Organ- und Gewebeentnahmen, die zu medizinischen Zwecken, also zur Heilung eines Menschen oder eines (anderen) Tieres erfolgen (vgl. *L/M* § 6 Rn. 24; *Kluge/Hartung* § 6 Rn. 6). Allerdings: Wenn mit dem entnommenen Gewebe die Herstellung einer Zell-, Gewebe- oder Organkultur bezweckt wird, um damit später Versuche am Ganztier zu ersetzen, und wenn zum Zeitpunkt der Entnahme noch nicht klar ist, welche wissenschaftliche Fragestellung damit beantwortet werden soll, so stellt diese Entnahme noch keinen Tierversuch iS von § 7 Abs. 1 dar; sie fällt deswegen ebenfalls unter § 6 (vgl. BT-Drucks. 10/3158 S. 21; *Kluge/Hartung* aaO). Zur Abgrenzung s. auch § 7 Rn. 5.

Die Maßnahme muss **erforderlich** sein. Der Eingriff kann nur zulässig 16 sein, wenn die beabsichtigte Transplantation (d. h. die medizinisch begründete Verpflanzung eines Organs oder Gewebes auf ein anderes Tier oder auf einen Menschen) oder das beabsichtigte Anlegen der Kultur usw. der Heilung eines erkrankten oder verletzten Menschen oder Tieres dienen und wenn dafür ein anderes, milderes (d. h. tierschonenderes) Mittel nicht zur Verfügung steht. Zur Erforderlichkeit in diesem Sinne gehört auch die Verhältnismäßigkeit im engeren Sinne, d. h. das Bestehen eines Nutzen-Schaden-Übergewichts, das deshalb ebenfalls festgestellt werden muss (vgl. *L/M* § 6 Rn. 26).

Hinzukommen muss gem. S. 4 i. V. m. § 9 Abs. 2, dass der Eingriff **uner-** 17 **lässlich** ist, d. h. „es muss gewiss sein, dass in anderer Weise nicht vorgegangen werden kann" (BT-Drucks. 10/3158 S. 25). Daran fehlt es, wenn nach dem Stand wissenschaftlicher Erkenntnisse die ernsthafte Möglichkeit besteht, den angestrebten Diagnose- oder Therapieerfolg bzw. die Herstellung der Zellkultur auch durch ein anderes, tierschonenderes Verfahren zu erreichen (s. dazu § 9 Rn. 6 und 7). In S. 4 i. V. m. § 9 Abs. 2 S. 3 Nr. 1–5, 7 und 8 wird die Unerlässlichkeit spezialgesetzlich konkretisiert: Nach Nr. 1 und 2 entfällt sie, wenn es ausreichen würde, den Eingriff an sinnesphysiologisch niedriger entwickelten bzw. an weniger Tieren vorzunehmen (s. § 9 Rn. 8); nach Nr. 3 vermag der Umstand, dass die tierschonendere Ersatzmethode ein Mehr an Arbeit, Zeit oder Kosten verursacht, keine Unerlässlichkeit des schärferen Eingriffs zu begründen, da das Gesetz eine Abwägung zwischen den Leiden der betroffenen Tiere und dem zur Leidensverminderung erforderlichen Aufwand nicht vorsieht (s. § 9 Rn. 10; vgl. auch *Caspar* Tierschutz aaO S. 454); Nr. 4 sieht die Betäubungspflicht vor, Nr. 5 und Nr. 8 die Nachbehandlung.

Weitere Anforderungen nach S. 4–8 sind: Bestellung eines Tierschutz- 18 beauftragten, § 8 b (auch dann, wenn mehrere Eingriffe im Rahmen eines einheitlichen Projektes, zB einer Dissertation, geplant sind, vgl. *L/M* § 6 Rn. 29); Anzeige an die nach § 15 zuständige Behörde (Sätze 5–8); bestimmte Kenntnisse und Fertigkeiten der ausführenden Person (§ 9 Abs. 1 S. 1, 3 und 4; s. dort Rn. 1–5); grds. Beschränkung auf Tiere, die für einen solchen Zweck gezüchtet sind (§ 9 Abs. 2 S. 3 Nr. 7; s. dort Rn. 22, 23); Pflicht zu Aufzeichnungen (§ 9 a).

Bei **Zweifeln an der Erforderlichkeit, der Unerlässlichkeit und/oder ei-** 19 **ner der Anforderungen nach S. 4–8** wird die nach § 15 zuständige Behörde

§ 6 TierSchG *Tierschutzgesetz*

zunächst nach § 16 Abs. 2 weitere Auskünfte einholen, sei es formlos, sei es mittels Verwaltungsakts. Bleiben die Zweifel bestehen, so ist nach § 16a S. 1 zu verfahren (s. dort Rn. 1–8). Insbesondere muss eingeschritten werden, wenn trotz eingeholter Auskünfte begründete Zweifel an der Unerlässlichkeit des Eingriffs verbleiben, denn diese muss „gewiss" sein (s. Rn. 17).

VI. Unfruchtbarmachung nach Abs. 1 S. 2 Nr. 5

20 „Aus Gründen des Tierschutzes, aber auch des Naturschutzes, des Jagdschutzes und der öffentlichen Sicherheit und Ordnung kann es erforderlich sein, die unkontrollierte Fortpflanzung von Tieren einzuschränken" (BT-Drucks. 13/7015 S. 18). Der genannte Zweck kann die Kastration von Katzen, besonders frei laufenden, rechtfertigen, nicht hingegen bei Hunden, denn dort lässt er sich auch durch Aufsicht, zeitweiliges Einsperren uÄ, also mit tierschonenderen Maßnahmen erreichen. „Erforderlich" schließt auch hier ein, dass der Eingriff verhältnismäßig sein muss und nur erfolgen darf, wenn daran ein überwiegendes öffentliches Interesse auf einem der o. e. Sachgebiete besteht. Außerdem muss diejenige Methode angewendet werden, die nach dem Stand der wissenschaftlichen Erkenntnis die tierschonendste ist, auch bei Mehrkosten (s. dazu § 1 Rn. 41). – Die Unfruchtbarmachung zur weiteren Nutzung und Haltung kann bezwecken, die Arbeitswilligkeit oder die Verträglichkeit gegenüber Tier und Mensch zu steigern (Beispiel: Kastration von Hengsten, die sonst einzeln gehalten werden müssten). Tierärztliche Bedenken stehen hier vor allem dann entgegen, wenn das notwendige Übergewicht des Nutzens gegenüber dem Schaden nicht sicher festgestellt werden kann, zB weil der Eingriff für das Tier schwer oder gar riskant ist oder weil andere negative Folgen befürchtet werden müssen, die den Nutzen aufwiegen. – Es besteht Betäubungspflicht, § 5 Abs. 1 S. 1. Sowohl die Betäubung als auch der Eingriff selbst sind nach § 6 Abs. 1 S. 3 dem Tierarzt vorbehalten. Elastische Ringe sind nach Abs. 2 verboten. Zur Pflicht zur Nachbehandlung s. § 5 Rn. 17.

VII. Das grundsätzliche Verbot der Verwendung elastischer Ringe nach Abs. 2

20a **Elastische Ringe** dürfen beim Kastrieren nie eingesetzt werden. Auch bei anderen Voll- und Teilamputationen sind sie grundsätzlich verboten. Es gibt nur zwei Ausnahmen: Schwanzkürzen bei Lämmern bis zum vollendeten 7. Lebenstag nach Maßgabe von § 5 Abs. 3 Nr. 4; Schwanzkürzen bei Kälbern, die noch keine drei Monate alt sind, nach Maßgabe von § 6 Abs. 3 Nr. 2 und mit Erlaubnis der zuständigen Behörde.

VIII. Der Erlaubnisvorbehalt nach Abs. 3

21 **Allgemeine Fragen** zur Zulassung von **Schnabel- bzw. Schwanzkürzen:** Beides darf nur erlaubt werden, wenn glaubhaft dargelegt ist, dass der Eingriff im Hinblick auf die vorgesehene Nutzung zum Schutz der Tiere un-

erlässlich ist (vgl. dazu AVV Nr. 4.1.2 und 4.1.3). – Die nach § 15 zuständige Behörde hat sich im Einzelnen folgende Fragen zu stellen: **1.** Welche Verletzungen oder Krankheiten drohen den Tieren im Hinblick auf die vorgesehene Nutzung? **2.** Welche Faktoren sind für diese Gefahr (mit)ursächlich, insbes. in den Bereichen ‚Ernährung', ‚Pflege' und ‚Unterbringung'? **3.** Sind diese Faktoren von dem Antragsteller oder Halter so weit wie möglich (und nicht nur soweit wie üblich oder betriebswirtschaftlich zweckmäßig) ausgeschlossen? **4.** Besteht die Gefahr zu Ziff. 1 dennoch fort? **5.** Sind die hierdurch drohenden Erkrankungen und Verletzungen nach Schweregrad und Wahrscheinlichkeit gewichtiger als die Schmerzen, Leiden und Schäden durch die beabsichtigte Teilamputation? **6.** Ist sichergestellt, dass der Eingriff nach der tierschonendsten Methode durchgeführt wird? – Alle diese Voraussetzungen sind von dem Antragsteller im Genehmigungsverfahren darzulegen und glaubhaft zu machen. Glaubhaft gemacht ist ein Sachverhalt, wenn die Behörde ihn aufgrund der vorgelegten Unterlagen für überwiegend wahrscheinlich hält. Vorgelegt werden können u.a. Augenscheinsobjekte (insbes. Fotos, Filme), Urkunden und eidesstattliche Versicherungen (vgl. § 294 ZPO).

Zur Erlaubnis betreffend das **Kürzen der Schnabelspitze von Hühnern:** 22
Zur Gefahr iS von Rn. 21 Ziff. 1: Es geht um die Bekämpfung von Federpicken und Kannibalismus. – Zu den ursächlichen Faktoren iS von Rn. 21 Ziff. 2: (Mit)ursächlich (neben einer genetischen Komponente, die an die Zucht auf hohe Leistung gekoppelt sein kann) sind die unstrukturierte, reizarme Umwelt in Intensivhaltungssystemen und der damit zusammenhängende Beschäftigungsmangel sowie die chronischen Belastungszustände infolge hoher Besatzdichten und die Unmöglichkeit, stabile Rangordnungen zu bilden. Federpicken ist hauptsächlich Ausdruck gestörten Nahrungsaufnahmeverhaltens: Das Huhn hat ein starkes Bedürfnis nach nahrungsbezogener ‚Arbeit', die es durch Boden- und Futterpicken sowie Reißen, Zerren, Hacken und Scharren ausübt und die, wenn geeignete Nahrungsobjekte fehlen, auf die Körper und insbesondere die Federn der Artgenossen gerichtet werden (vgl. *Petermann/Fiedler* TU 1999, 8, 17; Bad.-Württ. Ministerium f. Ernährung u. Ländlichen Raum, S. 14). – Zum Ausschluss dieser Faktoren iS von Rn. 21 Ziff. 3: Den Tieren muss die Möglichkeit zur artgemäßen Nahrungssuche und -aufnahme gegeben werden. Die Struktur des Futters muss eine ausreichende Zahl von Pickschlägen und die anderen arttypischen Bewegungsweisen der Nahrungsaufnahme ermöglichen und auslösen (vgl. *Petermann/Fiedler* aaO). Konkret bedeutet das: Einstreu, die regelmäßig erneuert wird; strukturiertes Futter wie Heu oder Grünfutter zur Beschäftigung; tägliche Körnergaben, evtl. auch Grit und Muschelschalen (Bad.-Württ. Ministerium aaO). Wichtig sind außerdem mäßige Besatzdichten und Rückzugsmöglichkeiten in Form von Sitzstangen. Alle diese Faktoren müssen schon in der Aufzucht beachtet werden, denn Verhaltensstörungen, die einmal vom Jungtier erworben worden sind, können auch im Adultstadium fortbestehen, selbst bei verbesserter Haltungsumwelt (vgl. *Sambraus* in: *Sambraus/Steiger* S. 65; vgl. auch EU-Legehennenmitteilung S. 8: „Die Bereitstellung von Streu in der Aufzucht trägt wesentlich dazu bei, das Risiko von Federpicken bei ausgewachsenen Tieren zu verringern").

§ 6 TierSchG *Tierschutzgesetz*

Die Einhaltung „fachlich anerkannter Anforderungen" und „Empfehlungen" (so AVV Nr. 4.1.2) ist nicht ausreichend, solange diese am betriebwirtschaftlich Zweckmäßigen statt am ethologisch Notwendigen ausgerichtet sind. Brütereien kann deswegen eine Erlaubnis zum Kürzen der Schnabelspitze nur noch erteilt werden, wenn sie zuvor den Jungtieren frische Einstreu, Körnerfutter, erreichbare Sitzstangen und eine differenzierte, reizvolle Haltungsumwelt zur Verfügung gestellt haben und das Federpicken danach trotzdem weitergeht. Dasselbe gilt für Haltungen adulter Tiere (vgl. *Oester/Fröhlich/Hirt* in: *Sambraus/Steiger* S. 190; vgl. auch *aid* in TU 1999, 172: „Das Federpicken tritt nachweisbar seltener auf, wenn den Tieren jederzeit Beschäftigungsmaterial zur Verfügung steht, das die Tätigkeiten Picken, Zupfen, Hacken oder Zerren ermöglicht"). – Zum Fortbestehen der Gefahr iS von Rn. 21 Ziff. 4: Dass das Federpicken in dem jeweiligen Bestand trotz Ausschließung aller mitursächlichen Faktoren andauert, muss grds. durch einen Tierarzt bestätigt werden (AVV Nr. 4.1.3). – Zum Nutzen-Schaden-Übergewicht und der schonendsten Methode iS von Rn. 21 Ziff. 5 und 6: Die in Deutschland übliche Verwendung schneidbrennender Instrumente, bei der nicht nur Horn, sondern auch Teile des Kieferknochens zerstört werden (vgl. AVV Nr. 4.1.5), ist nicht die tierschonendste Methode, (zu den Folgen im Einzelnen vgl. *Petermann/Fiedler* aaO S. 14; vgl. auch die Ablehnung durch die *Hessische Tierärzteschaft*, Frankfurter Neue Presse 10. 7. 1999). Schonender ist das in der Schweiz ausschließlich erlaubte „Touchieren", bei dem die Schnabelspitze nur leicht und kurz mit einer heißen Platte berührt wird, so dass die natürlichen Schnabelproportionen erhalten bleiben; dies reicht aus, sofern die sonstigen Haltungsbedingungen den Bedürfnissen der Tiere entsprechen (vgl. Art. 65 Abs. 2 lit. d Schweizer Tierschutzverordnung v. 27. 6. 2001; s. auch § 16d Rn. 2 und Einf. Rn. 60).

23 Zur Erlaubnis betreffend das **Kürzen der Schnabelspitze von Puten:** Zur Gefahr iS von Rn. 21 Ziff. 1: Es geht auch hier um Federpicken und Kannibalismus. – Zu den dafür ursächlichen Faktoren iS von Rn. 21 Ziff. 2: (Mit)ursächlich sind: Das Fehlen ausreichender Möglichkeiten zu nahrungsbezogener Beschäftigung; verkotete und dadurch hart gewordene Einstreu, die als Erkundungsobjekt uninteressant geworden ist; verschmutztes und dadurch schwarz-weiß-kontrastierendes Gefieder des nahen Artgenossen als interessanteres Pickobjekt; hohe Besatzdichten; fehlende Rückzugs- und Ausweichmöglichkeiten. – Zum Ausschluss dieser Faktoren iS von Rn. 21 Ziff. 3: Notwendig sind insbesondere strukturiertes, ballaststoffhaltiges Futter, sauberes Langstroh zur Beschäftigung und eine trockene, körnige Einstreu (vgl. St. Ausschuss, Empfehlung „Puten" Art. 13 Abs. 4). Nötig sind außerdem reduzierte Besatzdichten und Gruppengrößen (Empfehlung, Art. 13 Abs. 3) sowie Deckungs- und Ausweichmöglichkeiten in Form von Strohballen und Sitzstangen (Empfehlung, Art. 11 Abs. 3, 13 Abs. 2). Brütereien und Haltungen, die dies nicht schon in der Aufzucht beachten, kann demgemäß keine Erlaubnis zum Schnabelkürzen erteilt werden. – Zum Nutzen-Schaden-Übergewicht und zur tierschonendsten Methode iS von Rn. 21 Ziff. 5 und 6: Beim üblichen Schnabelkürzen mittels Lasertechnik (vgl. AVV Nr. 4.1.5) brennt ein Lichtbogen ca. 2–3 mm vor den Nasenlö-

Amputation § 6 TierSchG

chern beidseitig ein rundes Loch in den Oberschnabel; das Gewebe stirbt dadurch ab und später fällt die ganze Oberschnabelspitze weg und übrig bleibt nur ein Stumpf mit unregelmäßiger Oberfläche. Diese Methode verstößt gegen den Wortlaut des Gesetzes, da das „Kürzen der Schnabelspitze" begrifflich voraussetzt, dass von dieser Spitze auch nach dem Eingriff zumindest noch ein Teil vorhanden sein muss (vgl. dazu OVG Münster NuR 1996, 362, 363; zur mangelnden Verbindlichkeit von norminterpretierenden Verwaltungsvorschriften, wenn diese das Gesetz unzutreffend auslegen, s. § 2 Rn. 41 sowie § 16d Rn. 2 und Einf. Rn. 60). Nach dem Eingriff ist der Schnabelschluss häufig nicht mehr gewährleistet, so dass die Tiere nicht mehr normal fressen können (dazu und zu weiteren Schäden und Schmerzen vgl. *Petermann/Fiedler* TU 1999, 8 ff., 15; vgl. auch die Landestierärztekammer Hessen, die in einer Resolution von 1999 das Schnabelkürzen mit einer Amputation der Kieferknochen bei Menschen vergleicht und von wochen- bis monatelangen Schmerzzuständen und millionenfacher Tierquälerei spricht; zit. n. *Drossé* DudT 5/1999, 36).

Zur Erlaubnis betreffend das **Kürzen der Schnabelspitze bei Moschusenten:** Zur Gefahr iS von Rn. 21 Ziff. 1: Es geht darum, das gegenseitige Beknabbern und Federrupfen zu verhindern. – Zu den ursächlichen Faktoren iS von Rn. 21 Ziff. 2: (Mit)ursächlich sind fehlende Beschäftigungsmöglichkeiten mit Futter, Reizlosigkeit der Umgebung, mangelnde Bademöglichkeiten sowie überhöhte Besatzdichten und Gruppengrößen. – Zum Ausschluss dieser Faktoren iS von Rn. 21 Ziff. 3: Abhilfe wäre möglich durch vielfältiges, strukturiertes Futter, das mehrmals täglich in Teilmengen gegeben wird, um die Beschäftigungszeiten zu erhöhen; durch Bademöglichkeiten (vgl. St. Ausschuss, Empfehlung „Moschusenten" Art. 10 Abs. 2 und „Pekingenten" Art. 11 Abs. 2); durch lockere, trockene Einstreu (vgl. Empfehlung Art. 11 Abs. 4 bzw. 12 Abs. 4); durch starke Reduktion von Besatzdichte und Gruppengröße (vgl. Empfehlung Art. 11 Abs. 3 bzw. 12 Abs. 3). Dagegen mindern Spielzeuge wegen ihres rasch abnehmenden Neuigkeitswertes das Federrupfen nur unwesentlich (zum Ganzen vgl. *Koopmann/Knierim* AtD 1998, 175 ff., 178). – Zum Nutzen-Schaden-Übergewicht und zur schonendsten Methode iS von Rn. 21 Ziff. 5 und 6: Das bei Moschusenten übliche Abschneiden der Spitze des Oberschnabels mit einer zweiseitigen Schere (vgl. AVV 4.1.5) war schon nach § 5 Abs. 3 Nr. 6 TierSchG 1986 verboten (vgl. OVG Münster NuR 1996, 362 ff.). Dieses Verfahren aufgrund des ÄndG 1998 wieder als erlaubt anzusehen, verstieße gegen die gesetzliche Zielsetzung einer „restriktiveren Fassung der Vorschriften über Eingriffe und Behandlungen an Tieren" und den „stets beachteten Grundsatz, nicht hinter geltendes Recht zurückzugehen" (BT–Drucks. 13/7015 S. 2). Nach Art. 22 Abs. 3 der Empfehlung des St. Ausschusses darf (wenn nach Durchführung aller o. e. Haltungsverbesserungen die Verhaltensstörungen dennoch fortdauern) allenfalls die Entfernung des Hakenteils des Oberschnabels, der über den intakten Unterschnabel hervorsteht, erlaubt werden.

Zur Erlaubnis betreffend das **Schwanzkürzen bei Kälbern:** Zur Gefahr iS von Rn. 21 Ziff. 1: Es geht um die Bekämpfung der Schwanzspitzenentzündung. – Zu den ursächlichen Faktoren iS von Rn. 21 Ziff. 2: (Mit)ursächlich sind an erster Stelle die zu hohen Besatzdichten (selbst die vom St. Aus-

24

25

schuss in der Empfehlung „Rinder" für Mastbullen genannten 3 qm/Tier werden in der Praxis oft nicht eingehalten); die zu geringe Strukturierung des Futters (was zu gegenseitigem Lutschen, Rütteln und Beißen am Schweif führt); das Fehlen von Anreizen zum Erkunden, insbes. Einstreu; ein ungeeigneter Spaltenboden ohne bequemen, d. h. eingestreuten Liegebereich (vgl. Empfehlung Anhang A Ziff. 7); Mängel bei Klima und Fütterung (vgl. *Grauvogl* u. a. S. 43). – Zum Ausschluss dieser Faktoren iS von Rn. 21 Ziff. 3: Gem. der Empfehlung des St. Ausschusses Anhang A Ziff. 8 wären erforderlich: Reduzierung der Besatzdichten; Vermeidung einer reizarmen Umgebung; Anreicherung der Nahrung mit Raufutter; Verbesserung der Bodenqualität, insbes. durch einen bequemen Liegebereich; Verbesserung der klimatischen und hygienischen Verhältnisse. Zahlreiche Untersuchungen haben ergeben, dass bei Rauhfuttergaben von 0,5–1 kg Stroh pro Tier und Tag die Verhaltensmerkmale „Lutschen, Rütteln, Beißen am Schweif" weniger werden und außerdem die Acetonämie seltener vorkommt (*Grauvogl* aaO). Ohne Glaubhaftmachung, dass alle diese Haltungsverbesserungen durchgeführt worden sind, kann folglich eine Erlaubnis zum Schwanzkürzen nicht erteilt werden (zu der insoweit unzureichenden AVV Nr. 4.2.2 s. § 2 Rn. 41 sowie § 16d Rn. 2 und Einf. Rn. 60). Zur tierschonendsten Methode iS von Rn. 21 Ziff. 6: Nur das bindegewebige Endstück darf gekürzt werden. Einzusetzen sind elastische Ringe bis zur Vollendung des dritten Lebensmonats.

26 Die Erlaubnis ist zu **befristen**, Abs. 3 S. 3. – Die durchführende Person muss die **Kenntnisse und Fähigkeiten** besitzen, deren es bedarf, um den Eingriff so tierschonend wie möglich vorzunehmen, Abs. 1 S. 3. – Problematisch ist, dass das Schnabelkürzen in der Praxis ohne **Betäubung** durchgeführt wird, obwohl es sich (weil die Schnäbel als Tastorgane bis zur Spitze innerviert und durchblutet sind) um einen mit Schmerzen verbundenen Eingriff iS von § 5 Abs. 1 S. 1 handelt. Bei solchen Eingriffen darf von einer Betäubung nur abgesehen werden, wenn dies in § 5 Abs. 2, Abs. 3 oder in einer Rechtsverordnung nach § 5 Abs. 4 ausdrücklich vorgesehen ist. Durch das ÄndG 1998 ist aber die früher bestehende Ausnahmebestimmung (vgl. § 5 Abs. 3 Nr. 6 aF) gestrichen worden, ohne dass dafür an anderer Stelle etwas Entsprechendes bestimmt worden wäre. Geltendem Recht widerspricht es daher, wenn Behörden Erlaubnisse zum betäubungslosen Schnabelkürzen erteilen; dies stellt zumindest eine Ordnungswidrigkeit dar, § 18 Abs. 1 Nr. 7, § 14 OWiG.

IX. Zur Verordnungsermächtigung nach Abs. 4

27 In **Abs. 4** ist vorgesehen, durch Rechtsverordnung die Kennzeichnung solcher Tiere vorzuschreiben, an denen Eingriffe stattgefunden haben, die (zB für potenzielle Käufer des Tieres) nicht offensichtlich erkennbar sind. Beispielhaft wird auf neurektomierte Pferde verwiesen (BT-Drucks. 13/7015 S. 18; s. auch § 3 Rn. 9–11). Der VO-Geber darf nur Regelungen erlassen, die zum Schutz der Tiere erforderlich sind (näher zu diesem Merkmal s. § 2a Rn. 8).

Geltungsbereich § 6 a TierSchG

X. Zu Abs. 5

Zu den Voraussetzungen s. Rn. 9. 28

XI. Ordnungswidrigkeiten und Straftaten

Ordnungswidrig nach § 18 Abs. 1 Nr. 8 handelt, wer vorsätzlich oder 29 fahrlässig einen gewebestörenden Eingriff iS von § 6 Abs. 1 S. 1 herbeiführt, obwohl entweder der Eingriff in § 6 Abs. 1 S. 2 und in Abs. 3 als solcher nicht vorgesehen ist (abschließende Regelung, s. Rn. 4) oder zwar unter bestimmten Voraussetzungen zugelassen ist, die aber nicht oder nicht vollständig erfüllt sind. – Ordnungswidrig nach § 18 Abs. 1 Nr. 8 handelt auch, wer einen Eingriff nach § 6 Abs. 1 S. 2 Nr. 1 oder Nr. 5 vornimmt, ohne Tierarzt zu sein, oder wer einen Eingriff nach § 6 Abs. 1 S. 2 Nr. 2, Nr. 3 oder Abs. 3 vornimmt, ohne die dazu notwendigen Kenntnisse und Fähigkeiten (d.h. das Wissen und die praktischen Fertigkeiten, die notwendig sind, um den Eingriff so tierschonend wie möglich durchzuführen) zu besitzen. Auch hier reicht Fahrlässigkeit aus (zB die fahrlässige Fehleinschätzung der eigenen Sachkunde). – Ordnungswidrig nach § 18 Abs. 1 Nr. 9 handelt, wer bei einer Organ- oder Gewebeentnahme zum Zweck der Transplantation oder des Anlegens von Kulturen usw. (vgl. § 6 Abs. 1 S. 2 Nr. 4) als Leiter des Vorhabens oder als dessen Stellvertreter nicht für die Einhaltung bestimmter Vorschriften aus § 9 sorgt, nämlich: für die erforderliche Qualifikation desjenigen, der den Eingriff durchführt (§ 9 Abs. 1 Sätze 1 und 3); für die erforderliche Betäubung des Tieres (§ 9 Abs. 2 Nr. 4); für die erforderliche Nachbehandlung, ggf. auch Tötung des Tieres (§ 9 Abs. 2 Nr. 8). Auch hier genügt Fahrlässigkeit. – Ordnungswidrig nach § 18 Abs. 1 Nr. 9a handelt, wer vorsätzlich oder fahrlässig eine Organ- oder Gewebeentnahme nicht, nicht richtig, nicht vollständig oder nicht rechtzeitig anzeigt. – Ordnungswidrig nach § 18 Abs. 1 Nr. 10 handelt, wer vorsätzlich oder fahrlässig entgegen § 6 Abs. 2 elastische Ringe verwendet. – Kommt es infolge eines solchen Verstoßes (oder auch durch ein Handeln, das zwar nicht unter § 18 Abs. 1 Nr. 8–10 fällt, gleichwohl aber gegen eine der Bestimmungen des § 6 verstößt) auf Seiten des betroffenen Tieres zu erheblichen Schmerzen, Leiden oder Schäden, so ist der Tatbestand des § 18 Abs. 1 Nr. 1 erfüllt, für den ebenfalls Fahrlässigkeit ausreicht. Tritt Vorsatz hinzu, so kann eine Straftat nach § 17 Nr. 2b oder auch Nr. 2a gegeben sein. – Wer zu einer Ordnungswidrigkeit Anstiftung oder Beihilfe leistet, wird wie ein Täter behandelt, § 14 OWiG. – Zum Höchstmaß der Geldbuße s. § 18 Abs. 3 sowie § 17 Abs. 2 OWiG.

§ 6 a [Geltungsbereich]

Die Vorschriften dieses Abschnittes gelten nicht für Tierversuche, für Eingriffe zur Aus-, Fort- oder Weiterbildung und für Eingriffe zur Herstellung, Gewinnung, Aufbewahrung oder Vermehrung von Stoffen, Produkten oder Organismen.

§ 7 TierSchG *Tierschutzgesetz*

Dient ein Eingriff iS des § 5 (s. dort Rn. 1) oder eine Gewebestörung iS des § 6 (s. dort Rn. 1) ausschließlich oder hauptsächlich einem der hier genannten Zwecke – also dem Erkenntnisgewinn zu einem noch nicht hinreichend gelösten wissenschaftlichen Problem, der Lehre oder der biotechnischen Produktion – so richtet sich die Zulässigkeit nicht nach den §§ 5 und 6, sondern nach den §§ 7ff. Dies gilt sowohl für das „Ob" der Maßnahme als auch für das dabei einzuhaltende Verfahren (s. auch § 6 Rn. 3 und Rn. 15).

Fünfter Abschnitt. Tierversuche

§ 7 [Voraussetzungen]

(1) Tierversuche im Sinne dieses Gesetzes sind Eingriffe oder Behandlungen zu Versuchszwecken

1. an Tieren, wenn sie mit Schmerzen, Leiden oder Schäden für diese Tiere oder
2. am Erbgut von Tieren, wenn sie mit Schmerzen, Leiden oder Schäden für die erbgutveränderten Tiere oder deren Trägertiere verbunden sein können.

(2) ¹Tierversuche dürfen nur durchgeführt werden, soweit sie zu einem der folgenden Zwecke unerläßlich sind:
1. Vorbeugen, Erkennen oder Behandeln von Krankheiten, Leiden, Körperschäden oder körperlichen Beschwerden oder Erkennen oder Beeinflussen physiologischer Zustände oder Funktionen bei Mensch oder Tier,
2. Erkennen von Umweltgefährdungen,
3. Prüfung von Stoffen oder Produkten auf ihre Unbedenklichkeit für die Gesundheit von Mensch oder Tier oder auf ihre Wirksamkeit gegen tierische Schädlinge,
4. Grundlagenforschung.

²Bei der Entscheidung, ob Tierversuche unerläßlich sind, ist insbesondere der jeweilige Stand der wissenschaftlichen Erkenntnisse zugrunde zu legen und zu prüfen, ob der verfolgte Zweck nicht durch andere Methoden oder Verfahren erreicht werden kann.

(3) ¹Versuche an Wirbeltieren dürfen nur durchgeführt werden, wenn die zu erwartenden Schmerzen, Leiden oder Schäden der Versuchstiere im Hinblick auf den Versuchszweck ethisch vertretbar sind. ²Versuche an Wirbeltieren, die zu länger anhaltenden oder sich wiederholenden erheblichen Schmerzen oder Leiden führen, dürfen nur durchgeführt werden, wenn die angestrebten Ergebnisse vermuten lassen, daß sie für wesentliche Bedürfnisse von Mensch oder Tier einschließlich der Lösung wissenschaftlicher Probleme von hervorragender Bedeutung sein werden.

(4) Tierversuche zur Entwicklung oder Erprobung von Waffen, Munition und dazugehörigem Gerät sind verboten.

(5) ¹Tierversuche zur Entwicklung von Tabakerzeugnissen, Waschmitteln und Kosmetika sind grundsätzlich verboten. ²Das Bundesministerium wird

Voraussetzungen § 7 TierSchG

ermächtigt, durch Rechtsverordnung mit Zustimmung des Bundesrates Ausnahmen zu bestimmen, soweit es erforderlich ist, um

1. konkrete Gesundheitsgefährdungen abzuwehren, und die notwendigen neuen Erkenntnisse nicht auf andere Weise erlangt werden können, oder
2. Rechtsakte der Europäischen Gemeinschaft durchzuführen.

Übersicht

	Rn.
I. Begriff des Tierversuchs; Abgrenzungen	1–5
1. Begriff	1–3
2. Abgrenzungen	4, 5
II. Mögliche Versuchszwecke nach Abs. 2 S. 1	6–10
III. Die Unerlässlichkeit des Tierversuchs nach Abs. 2 S. 2	11–19
IV. Beispiele für moderne Alternativen zum Tierversuch	20–34
1. Allgemeines	20–22
2. Toxikologie	23–28
3. Diagnostik	29
4. Biologische Arzneimittel, insbes. Impfstoffe und Immunseren	30
5. Weitere Bereiche	31–34
V. Ethische Vertretbarkeit (Abs. 3)	35–53
1. Abwägung nach Abs. 3 S. 1	35–46
2. Qualifizierte Abwägung nach Abs. 3 S. 2	47–50
3. Beispiele zur Nutzen-Schaden-Abwägung	51–53
VI. Spezielle Versuchsverbote nach Abs. 4 und Abs. 5	54–56
1. Versuche für Waffen	54
2. Versuche für Tabakerzeugnisse, Waschmittel und Kosmetika	55
3. Rechtsverordnung nach Abs. 5 S. 2	56

I. Begriff des Tierversuchs; Abgrenzungen

1. Begriff

Tierversuche nach Abs. 1 Nr. 1 sind Eingriffe oder Behandlungen zu 1 Versuchszwecken an Tieren, die mit Schmerzen, Leiden oder Schäden für diese Tiere verbunden sein können. – **Eingriffe** s. § 5 Rn. 1. – **Behandlungen** sind Beeinträchtigungen der körperlichen Integrität, die noch nicht die Schwelle zum Eingriff erreichen. Sie können sowohl direkt als auch indirekt, d.h. ohne dass der Körper des Tieres mit Händen oder Instrumenten berührt wird, vorgenommen werden. Beispiele für indirekte Behandlungen: Training, Konditionierung, Kälte- und Wärmeversuche, Versuche mit elektrischer Energie, Fütterungs- und Haltungsversuche. – **Zu Versuchszwecken** geschieht eine Handlung, wenn mit ihr eine wissenschaftliche Fragestellung, die noch nicht hinreichend geklärt ist, beantwortet werden soll. Es kommt also darauf an, dass ein über den gegenwärtigen Forschungsstand hinausrei-

§ 7 TierSchG *Tierschutzgesetz*

chender Erkenntnisgewinn angestrebt wird. Im Hintergrund des Vorhabens muss ein Fragezeichen stehen und es muss darum gehen, etwas Neues zu erarbeiten (vgl. *Rath* in: BMVEL, Durchführung von Tierversuchen, S. 59). Entscheidend ist die Willensrichtung des für das Vorhaben Verantwortlichen. Verfolgt dieser mehrere Zwecke gleichzeitig, so muss nach dem überwiegenden Zweck gefragt werden (*Rath* aaO). Keine Tierversuche liegen demnach vor: bei der Produktion von Stoffen nach bereits bekannten, ausreichend erprobten Verfahren (s. dazu § 10a); bei der erstmaligen Vorführung von Tieren im Zirkus; bei der Anwendung von neuartigen Reinigungsmaßnahmen an ölverschmutzten Seetieren; bei Heilbehandlungen mit neuartigen Methoden, sofern der Zweck der Therapie im Vordergrund steht (vgl. *L/M* § 7 Rn. 5). – Der Eingriff oder die Behandlung müssen potenziell geeignet sein, **Schmerzen, Leiden oder Schäden** auszulösen. Es braucht also nicht sicher festzustehen, dass es für das Tier zu derartigen Belastungen kommt; die diesbezügliche Möglichkeit reicht aus. Nicht unter die §§ 7ff. fallen demnach nur solche zu Versuchszwecken unternommene Vorhaben, bei denen von vornherein zweifelsfrei feststeht, dass sie zu keiner über ein schlichtes Unbehagen hinausreichenden Belastung für das Tier führen werden. – Zu Schmerzen, Leiden und Schäden s. § 1 Rn. 12–26. Erheblich brauchen die Folgen nicht zu sein, vielmehr reichen „einfache" Schmerzen, Leiden usw. aus. Auf die Zeitdauer der Belastung kommt es hier noch nicht an (anders erst bei der Frage nach der ethischen Vertretbarkeit, s. dazu Rn. 36). Es genügt also, dass das Vorhaben geeignet ist, eine nicht gravierende und nur kurzzeitige Beeinträchtigung des tierlichen Wohlbefindens auszulösen (Auch das Ausstatten von Wildtieren mit einem Sender zur Erforschung ihrer Lebensgewohnheiten stellt demgemäß einen Tierversuch dar). Angst bedeutet ebenfalls Leiden (s. dazu § 1 Rn. 22; vgl. ferner Art. 2 lit. d der EU-Tierversuchsrichtlinie 86/609/EWG). Bei Leiden ist auch an eine Einschränkung der Bewegungsfreiheit, an Stress und an depressive Zustände infolge langer Isolation von Artgenossen zu denken. Einen Schaden bildet auch der Tod (BVerwGE 105, 73, 82; *L/M* § 7 Rn. 13). – Maßstab ist die Vornahme der Behandlung am nicht betäubten Tier. Eingriffe an vorher narkotisierten Tieren, die noch in der Narkose getötet werden, sind Tierversuche iS der §§ 7ff., auch dann, wenn das Tier keine Schmerzen und Leiden erfährt; die Betäubung selbst ist bereits eine Schädigung und soll weitere Schäden vorbereiten (vgl. *L/M* § 7 Rn. 14; vgl. auch BT, Sten. Ber. 10/210 S. 16120).

2   Ein **Tierversuch nach Abs. 1 Nr. 2** liegt vor, wenn die Manipulation statt am lebenden Tier an Eizellen oder Embryonen vorgenommen wird und die Möglichkeit besteht, dass dadurch für das später entstehende Tier oder das Trägertier eine Ursache für Schmerzen, Leiden oder Schäden gesetzt wird. Als Anzeichen für Schäden, ggf. auch Leiden bei transgenen Tieren kommen u. a. in Betracht: kleiner Körperwuchs, inaktives Verhalten, zusammengekauerte Körperstellung, Fehlen des Fells (zB bei Nacktmäusen), angeborene Erkrankungen, Bluthochdruck, Immundefekte (vgl. BMVEL, Tierschutzbericht 1997, S. 109; zu weiteren Indizien für Schmerzen s. § 17 Rn. 52 und für Angst s. § 1 Rn. 22; zu Schäden s. § 1 Rn. 24). Die Erzeugung einer transgenen Linie ist damit, weil solche Folgen nicht ausgeschlossen werden können,

Voraussetzungen § 7 TierSchG

grunde gelegt werden soll, richtet sich nach den Angaben des Antragstellers (vgl. AVV, Anl. 1 zu Nr. 6.1.1 und Anl. 2 zu Nr. 7.1.3). Bei mehreren Zwecken entscheidet der Hauptzweck.

Ziff. 1 erster Halbsatz greift ein, wenn die angestrebte Erkenntnis einen 7 konkreten Vorteil für Prävention, Diagnose oder Therapie von Krankheiten, Leiden, Körperschäden oder körperlichen Beschwerden bringt. Krankheit ist ein regelwidriger Körper- oder Geisteszustand, durch den die Ausübung normaler psychophysischer Funktionen beeinträchtigt wird (BSGE 59, 119, 121). Leiden sind Beeinträchtigungen im Wohlbefinden, die über ein schlichtes Unbehagen hinausgehen (BGH NJW 1987, 1833, 1834). Demgemäß können Tierversuche zur Entwicklung, Herstellung oder Prüfung von Arzneimitteln hierher gerechnet werden. Ziff. 1 ist dagegen nicht erfüllt, wenn es nur um die Behandlung von Schönheitsfehlern (zB Haarausfall), um kosmetisch behebbare Beeinträchtigungen oder psychische Beschwerden ohne konkreten Krankheitscharakter geht (fragwürdig sind deshalb Tierversuche zur Entwicklung oder Prüfung von Botulinum-Toxin, das der Behebung von Faltenbildung dient). An einem zulässigen Zweck fehlt es außerdem, wenn die Erkenntnis für die Entwicklung usw. des Arzneimittels nicht notwendig ist, wenn hinsichtlich der Fragestellung bereits ein hinreichender Kenntnisstand vorhanden ist (zur Zweitanmelderregelung s. Rn. 19) oder wenn bereits ein vergleichbar wirksames und ausreichend geprüftes Präparat vorhanden ist, so dass der Tierversuch nicht einem medizinischen, sondern nur einem wirtschaftlichen oder patentrechtlichen Bedürfnis entspricht. – **Ziff. 1 zweiter Halbsatz** ist nur einschlägig, wenn für die physiologischen Zustände oder Funktionen, die erkannt oder beeinflusst werden sollen, eine medizinische Hilfestellung in Betracht kommt (vgl. *Lorz* § 7 Rn. 10). Diese einschränkende Auslegung entspricht dem o. a. Zweck des ÄndG 1986 (vgl. *Cirsovius* Teil C IV 3.3.1).

Nach Ziff. 2 sind Tierversuche zulässig, die dem Erkennen von Umwelt- 8 gefährdungen dienen – nicht dagegen Versuche, mit denen eine bereits erkannte Gefährdung abgewendet oder ein bereits eingetretener Schaden beseitigt werden soll (vgl. *L/M* § 7 Rn. 27; *Lorz* § 7 Rn. 11). Die amtl. Begr. z. ÄndG 1986 denkt insbesondere an den Fischtest zur Überprüfung des Verschmutzungsgrades von Abwässern, für den aber nach aktuellem Stand wissenschaftlicher Erkenntnis ausreichende Alternativen bestehen (s. Rn. 34). Um eine Umweltgefährdung handelt es sich, wenn konkrete Anhaltspunkte das Eintreten einer Beeinträchtigung, die über das generell bestehende Maß hinausgeht, als wahrscheinlich erscheinen lassen. Das Erforschen allgemeiner Umweltphänomene oder solcher Verunreinigungen, die bereits üblich geworden sind, fällt damit nicht unter Ziff. 2.

Die nach **Ziff. 3 erster Halbsatz** zulässige Stoffe- und Produkteprüfung 9 umfasst sowohl vorgeschriebene als auch freiwillige betriebsinterne Untersuchungen für die Entwicklung, die Herstellung oder das Inverkehrbringen von Stoffen und Produkten. Im Tierversuch dürfen nur solche Eigenschaften geprüft werden, die die menschliche oder tierliche Gesundheit gefährden können, die also Krankheit (s. Rn. 7), Leiden (s. Rn. 7), Körperschäden oder körperliche Beschwerden hervorrufen können. Soweit es sich um Stoffe oder Produkte handelt, die verzichtbar wären – sei es, weil sie nur Konsuminteressen befriedigen sollen, sei es, weil Produkte mit vergleichbarer Wirkung bereits geprüft und zugelassen worden sind – ist dies bei der ethischen Vertretbarkeit zu berücksichtigen (s. Rn. 45). – **Ziff. 3 zweiter Halbsatz** erlaubt Wirksamkeitsprüfungen für Schädlingsbekämpfungsmittel. Substanzen, die nur gegen sog. Lästlinge wie Mücken, Fliegen, Spinnen oÄ eingesetzt werden sollen, fallen nicht darunter.

10 Der **Grundlagenforschung nach Ziff. 4** geht es um die Erlangung von Erkenntnissen, ohne dass es notwendig auf deren konkrete praktische Verwertbarkeit ankäme (*Caspar* Tierschutz S. 482). Angesichts der vom Gesetzgeber des ÄndG 1986 gewollten „erheblichen Eingrenzung" gegenüber dem bis dahin geltenden § 8 Abs. 4 TierSchG 1972 (s. Rn. 6) wird man grundsätzlich verlangen müssen, dass sich der angestrebte Erkenntnisgewinn als Voraussetzung für einen biomedizinischen Fortschritt darstellt (biomedizinische Grundlagenforschung im Gegensatz zur biologischen Grundlagenforschung).

III. Die Unerlässlichkeit des Tierversuchs nach Abs. 2 S. 2

11 Unerlässlich bedeutet: **unumgänglich notwendig**. Unerlässlichkeit setzt daher voraus, dass der angestrebte Erkenntnisgewinn mit anderen Methoden oder Verfahren nicht erreicht werden kann („instrumentale Unerlässlichkeit"; demgegenüber wird die zur „finalen Unerlässlichkeit" gehörende Frage nach dem Nutzen-Schaden-Übergewicht bei Tierversuchen mit Wirbeltieren idR im Rahmen der ethischen Vertretbarkeit geprüft). Das Gesetz räumt damit den alternativen, tierverbrauchsfreien Methoden Vorrang ein. Ebenso Art. 7 Abs. 2 der EU-Tierversuchsrichtlinie 86/609/EWG: „Ein Versuch darf nicht vorgenommen werden, wenn zur Erreichung des angestrebten Ergebnisses eine wissenschaftlich zufriedenstellende, vertretbare und praktikable Alternative zur Verfügung steht, bei der kein Tier verwendet werden muss." – Von den drei Elementen des Verhältnismäßigkeitsgrundsatzes (Geeignetheit, Erforderlichkeit und Nutzen-Schaden-Abwägung als Verhältnismäßigkeit ieS) umfasst die Unerlässlichkeit die Geeignetheit und die Erforderlichkeit; Letztere wird im Sinne von „unbedingt nötig" oder „zwingend erforderlich" verstärkt. Dagegen hat die Nutzen-Schaden-Abwägung, soweit es um Tierversuche mit Wirbeltieren geht, ihren Platz in § 7 Abs. 3 bei der ethischen Vertretbarkeit (bei den Wirbellosen wird man jedoch das erforderliche Übergewicht des Nutzens gegenüber dem Schaden ebenfalls dem Abs. 2 S. 2 zuordnen müssen – als „finale Unerlässlichkeit").

12 An der **Geeignetheit des Tierversuchs** fehlt es u. a., wenn die Versuchsanordnung von Anfang an untauglich erscheint, die angestrebte Erkenntnis zu erbringen. Weitere denkbare Beispielsfälle: die wissenschaftliche Fragestellung (zB nach der Gefährlichkeit eines Stoffes oder einer Stoffkombination) ist bereits hinreichend beantwortet worden (zur Zweitanmelderproblematik s. Rn. 19); die Erkenntnis ist unnötig, um das Arzneimittel, mit dem das Versuchsvorhaben begründet wird, zu entwickeln und zuzulassen; mit dem Produkt, das mit Hilfe des Versuchs entwickelt werden soll, lässt sich

Voraussetzungen § 7 TierSchG

der vom Antragsteller bzw. Anzeigeerstatter vorgegebene Zweck nicht erreichen (also zB kein Beitrag zur Bekämpfung der Krankheit, um die es angeblich geht, leisten). – Geht es um Probleme, die dem Übertragen von Ergebnissen aus Tierversuchen auf den Menschen immanent sind, kann folgendermaßen differenziert werden: Steht von vornherein fest, dass sich die Ergebnisse nicht mit Gewinn auf die menschliche Erkrankung, um die es geht, übertragen lassen, so ist der Versuch ungeeignet; bleiben insoweit nur mehr oder minder große Zweifel, so betrifft dies die Wahrscheinlichkeit des erwartbaren Nutzens für die Allgemeinheit, die im Rahmen der ethischen Vertretbarkeit zu berücksichtigen ist.

Zentraler Bestandteil der **Prüfung der Unerlässlichkeit** ist die Frage, ob es zur Erreichung des angestrebten Ergebnisses eine „vertretbare" (Art. 7 Abs. 2 EU-Tierversuchsrichtlinie 86/609/EWG; vgl. auch Art. 6 Abs. 1 Europ. Versuchstierübereinkommen, EÜV), d. h. eine genügend aussagekräftige Alternative gibt. Die Pflicht zur Suche nach solchen Ersatz- und Ergänzungsmethoden trifft sowohl den Antragsteller/Anzeigeerstatter (vgl. dazu AVV Anl. 1 Ziff. 1.2.3) als auch die Genehmigungs- bzw. Überwachungsbehörde und die ihr angeschlossene § 15-Kommission. Sie entspricht dem international anerkannten Prinzip der „3R", „replace", „reduce", „refine": als erstes ist zu fragen, ob sich der Tierversuch durch eine Methode, die auf Tierverbrauch vollständig verzichtet oder sich auf den Einsatz sog. niedriger Organismen beschränkt, ersetzen lässt (replace); wo dies nicht möglich ist, geht es darum, wenigstens die Zahl der eingesetzten Versuchstiere so weit als möglich zu verringern (reduce); schließlich müssen auch die Belastungen, denen die Tiere während des Versuches und in der Haltung ausgesetzt sind, auf ein Minimum beschränkt werden (refine). Methoden, die diesem Prinzip der „3R" entsprechen, sind u. a.: der Einsatz von Mikroorganismen, von Zellkulturen (aus tierischen oder menschlichen Zellen), von Gewebe- oder Organkulturen, von isolierten Organen, von subzellulären Partikeln sowie biochemische, molekularbiologische, mikrobiologische und immunologische Methoden. Auch der Einsatz von Computermodellen zählt hierzu. Beispiele für solche Methoden s. Rn. 20–34. – Oftmals sind es mehrere Alternativmethoden, die erst zusammen (sozusagen als „Batterie") einen einzelnen Tierversuch ersetzen können; auch in diesem Fall ist der Tierversuch ersetzbar und damit nicht unerlässlich. – Die Alternativmethoden müssen nicht unbedingt das Potential besitzen, den Tierversuch im Verhältnis 1:1 zu ersetzen, indem sie genau dieselbe Erkenntnis liefern. Wichtig ist allein, dass sie mit Blick auf das „Ergebnis" (also zB auf ein bestimmtes Heilmittel, das zugelassen werden soll) „vertretbar" sind (vgl. Art. 7 Abs. 2 EU-Tierversuchsrichtlinie). Von besonderer Bedeutung ist dies bei Toxizitätsprüfungen: Hier sind Tierversuche nicht mehr unerlässlich, sobald es Alternativmethoden gibt, die (einzeln oder kombiniert) eine ebenso zuverlässige Risikobewertung mit Blick auf das zu prüfende Produkt gewährleisten.

13

Unerlässlich meint, dass für den Tierversuch eine **wissenschaftliche Notwendigkeit** bestehen muss. Entscheidend dafür ist zweierlei: zum einen muss die Fragestellung, um die es geht (und die der Antragsteller bzw. der Anzeigende ausformulieren sollte) noch ungelöst sein; sie darf also nicht bereits eine Antwort gefunden haben, zB durch die Forschungen anderer

14

§ 7 TierSchG *Tierschutzgesetz*

(s. dazu Rn. 19). Zum anderen darf es nach dem aktuellen Stand der wissenschaftlichen Erkenntnis weder eine Alternativmethode noch eine Kombination solcher Methoden geben, die vergleichbar aussagekräftig ist (instrumentale Unerlässlichkeit). – Unerlässlich meint dagegen nicht: „für die Vermarktung notwendig" (vgl. auch BMVEL, Tierschutzbericht 2003, S. 2: „das gemäß dem wissenschaftlichen Erkenntnisstand unerlässliche Maß"). Dass der Tierversuch als Zulassungsvoraussetzung durch Rechtsverordnung oder Verwaltungsvorschrift vorgeschrieben ist, kann für sich gesehen noch nicht seine Unerlässlichkeit begründen. Teilweise tragen die genannten Zulassungsregelungen diesem Gesichtspunkt Rechnung, indem sie für den Fall vorhandener Alternativen ausdrücklich das Abgehen von der Methode des Tierversuchs vorsehen oder wenigstens gestatten (vgl. dazu zB die allgemeinen Vorschriften des Europäischen und des Deutschen Arzneibuchs, die es ermöglichen, vorgeschriebene Tierversuche durch alternative Methoden zu ersetzen, wenn diese eine ebenso eindeutige Entscheidung hinsichtlich der Erfüllung der Anforderungen ermöglichen; vgl. dazu BMVEL, Tierschutzbericht 2003, XV 4.2; ähnlich auch die Normen über die Bewertung und Prüfung von Medizinprodukten und die Prüfnachweisverordnung zum Chemikaliengesetz). Aber auch dort, wo dies nicht ausdrücklich geregelt ist, gilt, dass Rechtsverordnungen und Verwaltungsvorschriften im Rang unterhalb des Gesetzes stehen. Sowohl § 7 Abs. 2 TierSchG als auch Art. 7 Abs. 2 der EU-Tierversuchsrichtlinie lassen Tierversuche nicht mehr zu, sobald für das angestrebte Ergebnis nach dem aktuellen Stand der wissenschaftlichen Erkenntnis eine vertretbare Alternative zur Verfügung steht.

15 „**Vertretbar**" bedeutet, dass die Alternativmethode einen für den Menschen relevanten, vergleichbaren Sicherheitslevel erbringen soll. Dazu ist nicht notwendig, dass sie „gleiche" Ergebnisse wie der Tierversuch erbringt (*Steiger u. Gruber* in: *Sambraus/Steiger* S. 726). Deswegen kann eine Alternativmethode oder eine Kombination mehrerer solcher Methoden auch dann vertretbar sein, wenn ihre Ergebnisse zwar von denen des Tierversuchs abweichen, sie aber dennoch eine gleichwertige oder sogar bessere Risikobewertung ermöglichen, etwa deswegen, weil bei ihnen mit menschlichen Zell-, Gewebe- und Organkulturen gearbeitet wird und sich deshalb ihre Ergebnisse problemloser auf menschliche Krankheiten übertragen lassen als die Resultate aus Tierexperimenten. – Dass eine vorhandene, genügend aussagekräftige alternative Methode oder Methodenkombination möglicherweise kostspieliger oder zeit- und arbeitsaufwändiger ist als der Tierversuch, vermag dessen Unerlässlichkeit nicht zu begründen. § 9 Abs. 2 Nr. 3, der für das deutsche Recht ausschließt, einem Tier aus derartigen Gründen Schmerzen, Leiden oder Schäden zuzufügen, bezieht sich nicht nur auf das „Wie" (iS von reduce und refine), sondern auch auf das „Ob" (iS von replace) der Tierversuche (s. dazu § 9 Rn. 10; vgl. auch *Caspar* Tierschutz S. 455). Darüber hinaus enthält diese Vorschrift einen allgemeinen Grundsatz, der auf jeden belastenden Umgang mit dem Tier anzuwenden ist (vgl. *L/M* § 9 Rn. 24; s. auch § 1 Rn. 41).

16 **Validierung** bedeutet die Bewertung der wissenschaftlichen Qualität einer Methode (vgl. *Hartung/Spielmann* ALTEX 12, 1995, 98 ff.). Um in nationale oder internationale Prüfrichtlinien aufgenommen zu werden, muss

Voraussetzungen **§ 7 TierSchG**

eine Alternativmethode in Labors auf ihre Reproduzierbarkeit und Relevanz im Vergleich zu dem Tierversuch getestet worden sein. Behördliche Anerkennung findet sie erst, wenn sich anhand von umfangreichen, kosten- und zeitaufwändigen Untersuchungen unter Einbeziehung zahlreicher Labors erwiesen hat, dass ihre Ergebnisse denen des entsprechenden Tierversuchs analog sind. Solche internationalen Studien können 10 und mehr Jahre dauern (zu den einzelnen Schritten vgl. *Gericke* Tierrechte 2/02, 14 f.). Ein besonderes Problem ist dabei, dass der Tierversuch, der ersetzt werden soll, selbst nie validiert wurde, mithin also an die tierversuchsfreien Methoden Anforderungen gestellt werden, denen die Tierversuche, die sie ersetzen sollen, zu keiner Zeit ausgesetzt waren und an denen viele von ihnen scheitern müssten. Hinzu kommt, dass es herkömmliche Tierversuche gibt, deren Ergebnisse so hohe Schwankungsbreiten aufweisen, dass sie von vornherein keinen tauglichen Vergleichsmaßstab abgeben; dies kann das paradoxe Ergebnis zur Folge haben, dass die Validierung einer Ersatzmethode an den Mängeln eben desjenigen Tierversuches scheitert, den sie ersetzen soll, obwohl sie möglicherweise genauer und verlässlicher wäre und ihre Durchsetzung damit nicht nur für den Tier-, sondern auch für den Verbraucherschutz einen Fortschritt bedeuten würde (s. dazu auch Rn. 24). – Angesichts dieser und anderer Hindernisse und wegen des hohen Zeit- und Geldaufwandes, den Validierungsstudien erfordern, müssen alternative Methoden, die sich nach einer Prüfung in verschiedenen nationalen Labors als ausreichend sicher und zuverlässig erwiesen haben, selbst dann dem Tierversuch vorgezogen werden, wenn sie noch nicht international validiert und in die entsprechenden Prüfrichtlinien aufgenommen sind (vgl. dazu *Steiger und Gruber* aaO S. 726). Ergibt sich also aus einem Gutachten der ZEBET oder einer vergleichbar kompetenten Einrichtung, dass sich die in Betracht kommende Alternative als wissenschaftlich zufriedenstellend erwiesen hat und dass sie (auch in Anbetracht der bekannten Mängel des zu ersetzenden Tierversuchs) ein vergleichbares Niveau an Sicherheit für den Menschen erbringt, so darf der Tierversuch nicht mehr stattfinden. Dies ist die Folge davon, dass das Tierschutzgesetz die Frage nach dem Vorhandensein vertretbarer Alternativen allein von dem objektiven Stand der wissenschaftlichen Erkenntnisse abhängig macht und nicht davon, welches Ausmaß an internationaler Anerkennung die jeweilige Methode erlangt und in welchem Umfang sie in die internationalen Prüf- und Zulassungsvorschriften Eingang gefunden hat. Die Praxis verfährt indes gegenteilig und führt Tierversuche so lange durch, bis auch die internationale Validierung erfolgreich abgeschlossen ist und die Prüfrichtlinien entsprechend geändert sind. Dies geschieht aber nicht mehr aus wissenschaftlicher Notwendigkeit, sondern aus Gründen der Vermarktung.

Gemäß dem im Verwaltungsrecht herrschenden **Untersuchungsgrundsatz** muss die Behörde das Vorhandensein vertretbarer Alternativen und ggf. deren Gleichwertigkeit von Amts wegen ermitteln (§ 24 VwVfG). In der Vergangenheit wurde zwar – mit Blick auf das Grundrecht der Forschungsfreiheit, Art. 5 Abs. 3 GG, und die fehlende Verankerung des Tierschutzes im Grundgesetz – die Auffassung vertreten, die Verwaltung habe sich insoweit auf eine „qualifizierte Plausibilitätskontrolle" der Darlegungen

17

des Antragstellers zu beschränken (so u. a. VG Düsseldorf AtD 1998, 235, 236; die Ausführungen des BVerfG in NVwZ 1994, 894 beschränkten sich dagegen auf die ethische Vertretbarkeit). Spätestens seit der Einbeziehung des Tierschutzes in die Staatszielbestimmung des Art. 20 a GG kann dies aber als überholt gelten: Die Belange des Tierschutzes haben seither Verfassungsrang und setzen damit auch dem Grundrecht der Forschungsfreiheit verfassungskonforme Schranken (s. dazu Art. 20 a GG Rn. 5). – Dass die Behörden die Unerlässlichkeit in Zukunft objektiv prüfen müssen, entspricht iÜ sowohl dem Willen des historischen Gesetzgebers (näher dazu § 8 Rn. 7, 9) als auch dem Gebot der richtlinien- und völkerrechtskonformen Auslegung des Gesetzes: Art. 7 Abs. 2 und Abs. 3 der EU-Tierversuchsrichtlinie knüpfen die Zulässigkeit von Tierversuchen allein daran, dass es objektiv (und nicht etwa nur nach dem Vortrag des Experimentators) an einer vertretbaren, gleichwertigen Alternative fehlt; dasselbe gilt für Art. 6 Abs. 1 EÜV.

18 **ZEBET-Gutachten.** Der enorme Aufschwung auf dem Gebiet der Ersatzmethoden hat dazu geführt, dass manche Tierversuche, die vor wenigen Jahren noch als unverzichtbar galten, heute bereits Geschichte sind. Dieser Prozess beschleunigt sich zunehmend. Ein vollständiges, zutreffendes Bild über den aktuellen Stand wissenschaftlicher Erkenntnisse kann deshalb idR nur von Einrichtungen geliefert werden, die sich professionell (und zugleich mit der nötigen Distanz zu den beteiligten wirtschaftlichen Interessen) mit dieser komplizierten Materie befassen. Die 1989 gegründete ZEBET im BgVV (Zentralstelle zur Erfassung und Bewertung von Ersatz- und Ergänzungsmethoden zum Tierversuch im Bundesinstitut für gesundheitlichen Verbraucherschutz und Veterinärmedizin) hat die Aufgabe, alternative Methoden zu erfassen, zu bewerten und ihre Anwendung zu erreichen. Zugleich ist sie Auskunftsstelle hierzu. Wenn Anhaltspunkte dafür vorliegen, dass es für den in Rede stehenden Tierversuch eine vertretbare Alternativmethode (oder eine Kombination solcher Methoden) geben könnte, wird man nach § 24 Abs. 1 VwVfG die für das Genehmigungs- bzw. Anzeigeverfahren zuständige Behörde als verpflichtet ansehen müssen, bei ZEBET oder bei einer vergleichbaren Einrichtung darüber eine Auskunft einzuholen. Die Behörde muss dann entweder selbst nach § 26 Abs. 1 S. 2 Nr. 2 VwVfG eine schriftliche sachverständige Äußerung anfordern oder aber dem Antragsteller unter Hinweis auf die AVV Anl. 1 Ziff. 1.2.3 die Vorlage eines entsprechenden Gutachtens aufgeben (vgl. dazu auch § 8 a Abs. 5). Internet-Adressen: „http://www.bfr.de", Stichwort ZEBET; „http://www.dimdi.de" (Datenbankrecherche); „http://www.bfr.bund.de".

19 Keine Unerlässlichkeit besteht bei **Doppel- und Wiederholungsversuchen.** Der Begriff der Unerlässlichkeit bezieht sich nicht auf sämtliche Zwecke, die vom Antragsteller/Anzeigeerstatter verfolgt werden, sondern nur auf die wissenschaftliche Fragestellung und das hierzu angestrebte Ergebnis (vgl. BMVEL, Tierschutzbericht 2003, S. 2). Deswegen fehlt es an der Unerlässlichkeit für einen (weiteren) Tierversuch, wenn die Fragestellung bereits von einer anderen Person oder Einrichtung beantwortet worden ist, mag diese auch der Verwertung ihrer Ergebnisse durch den Antragsteller/Anzeigeerstatter widersprechen oder sonst Hindernisse entgegensetzen. Ein

Voraussetzungen § 7 TierSchG

wiederholender Versuch dient hier nicht mehr dem Erkenntnisgewinn im Hinblick auf ein noch nicht hinreichend geklärtes wissenschaftliches Problem, sondern nur der Entwicklung und Vermarktung eines neuen Produkts; dies vermag aber für sich allein keine Unerlässlichkeit iS des Gesetzes zu begründen (s. Rn. 14). – Im Zulassungsverfahren für Chemikalien, Pflanzenschutzmittel, gentechnische Produkte, Futtermittel und Arzneimittel kann sich die Frage stellen, ob der Anmelder eines Produktes, welches mit einem bereits zugelassenen Produkt ganz oder teilweise baugleich ist (Zweit- oder Nachanmelder), zum Nachweis der Unbedenklichkeit bzw. der Wirksamkeit des Imitats die erforderlichen Unterlagen aufgrund eigener Versuchsreihen selbst herstellen muss, oder ob er stattdessen auf die bei der Zulassungsstelle oder einer Zentralstelle verbliebenen Prüfunterlagen des Erstanmelders verweisen kann. – Im Bereich des Chemikaliengesetzes gilt hierzu gem. § 20a Abs. 2 bis 4 ChemG Folgendes: Setzen die für eine Produktzulassung notwendigen Prüfnachweise Tierversuche voraus, so bedarf es der Vorlage solcher Nachweise nicht, soweit der Anmeldestelle bereits ausreichende Erkenntnisse aus einem anderen Zulassungsverfahren vorliegen. Liegt die Vorlage der Prüfnachweise durch den Erstanmelder bereits länger als zehn Jahre zurück, so ist ihre Verwertung zugunsten des Nachanmelders ohne weiteres möglich. Anderenfalls bedarf es zwar grds. der Zustimmung des Erstanmelders, doch führt dessen Widerspruch nur dazu, dass die Bearbeitung des Zulassungsverfahrens um denjenigen Zeitraum verzögert wird, den der Nachanmelder für die Beibringung eigener Prüfnachweise benötigen würde, und dass dem Erstanmelder ein selbständiger Kompensationsanspruch gegen den Nachanmelder in Höhe von 50% der von diesem durch die Verwertung ersparten Aufwendungen zuerkannt wird. Dieselbe Regelung gilt nach dem Biozid-Gesetz (BGBl. 2002 I S. 2076) auch für Biozid-Produkte. – Ähnliche Regelungen enthalten §§ 13, 14, 14a, 14b PflSchG und § 17 GenTG sowie § 16b Futtermittelverordnung. – Angesichts dieser Möglichkeit zur zwangsweisen Verwertung der Prüfnachweise des Erstanmelders können Wiederholungsversuche durch den Nachanmelder nicht als zulässig angesehen werden; dem entspricht die gesetzliche Voranfragepflicht für diejenigen, die Tierversuche zur Vorbereitung einer Anmeldung durchführen wollen. – Im Zulassungsverfahren nach dem Arzneimittelrecht ist zwar die Situation insoweit anders, als hier der Nachanmelder vor Ablauf der Zehn-Jahres-Frist auf die Unterlagen des Erstanmelders nur mit dessen schriftlicher Zustimmung Bezug nehmen kann (§ 24a AMG). Gleichwohl wird aber auch hier durch die Verweigerung der notwendigen Zustimmung ein wiederholender Tierversuch nicht zulässig, denn dieser Versuch würde nur der Zulassung und Vermarktung des neuen Produkts, nicht aber der Gewinnung einer neuen Erkenntnis im Hinblick auf ein noch ungelöstes Wissenschaftsproblem dienen (vgl. dazu *Ramsauer* in: *Caspar/Koch* S. 177 ff., 194).

§ 7 TierSchG *Tierschutzgesetz*

IV. Beispiele für moderne Alternativen zum Tierversuch

1. Allgemeines

20 Unter **in-vitro-Methoden** (lat.: im Reagenzglas) versteht man Testsysteme mit schmerzfreier Materie in Form von Zellen, Geweben, Organpräparaten, Mikroorganismen usw. Teilweise werden dem Begriff auch andere Systeme, zB Computermodelle, zugeordnet (die korrekte Bezeichnung hierfür lautet aber: in silico). Den Gegensatz dazu bilden in-vivo-Versuche (lat.: am Lebenden), die am lebenden Organismus stattfinden.

21 Bei den **Zellkulturen** unterscheidet man primäre Zellen und permanente Zelllinien: Erstere werden direkt aus dem Organismus entnommen, behalten ihre natürlichen Funktionen auch außerhalb bei, sterben aber nach einer gewissen Zeit ab; Letztere wachsen krebsartig, sind damit praktisch unbegrenzt lebensfähig, verlieren aber nach und nach ihre ursprünglichen Funktionen. In Zellkulturbanken (zB der Deutschen Sammlung von Mikroorganismen und Zellkulturen) werden Zigtausende verschiedener permanenter Linien aufbewahrt und können dort bestellt werden. – Da Zellen nicht isoliert sondern im Austausch leben, wurden **Co-Kulturen oder organtypische Kulturmodelle** entwickelt, mit denen sich selbst komplexe Strukturen des menschlichen Körpers nachbauen lassen. Fließzellkulturen werden verwendet, bei denen Nährstoffe und Sauerstoff ständig zugeführt und Stoffwechselprodukte entfernt werden. Eine große Rolle spielen auch gentechnisch veränderte Zellen, mit denen zB die Hormonkonzentration in Arzneimitteln bestimmt werden kann. Auch ist es möglich, die menschliche Haut mit ihren diversen Schichten verschiedener Zellen darzustellen. Sogar dreidimensionale Herz-, Leber- und Knorpelgewebe oder Blutgefäßwände können heute im Labor nachgebildet werden (vgl. *Siegel-Axel* et al. ALTEX 16, 1999, 117–122). Mehrere Hohlfasersysteme können mit unterschiedlichen Zelllinien beschickt und mit Silikonschläuchen sogar zu einem dem Körper ähnlichen Kreislauf verbunden werden (vgl. dazu *Marx* in: *Gruber/Spielmann* S. 90 ff.; *Ärzte* S. 6). – **Isolierte Organe getöteter Tiere** können mit bestimmten Lösungen durchströmt und so in ihrer Funktion noch für eine gewisse Zeit aufrechterhalten werden (vgl. *Ast* et al. ALTEX 19, 2002, 3–8; *Grosse-Siestrup* et al. ALTEX 19, 2002, 9–13; *Bäumer* et al. ALTEX 19, 2002, 57–63; *Finking* et al. ALTEX 17, 2000, 11–14; *Nogueira* et al. ALTEX 16, 1999, 90–94). – Mittels tierischer Organe, aber auch menschlicher Gewebe (zB aus Operationen) kann man **Gewebeschnitte** anfertigen und daran u. a. Stoffwechselleistungen und elektrische Phänomene studieren (vgl. *Olpe/Haas* ALTEX Nr. 2, 1985, 5–14). – Den Umstand, dass die **DNA niederer Organismen** wie Bakterien und Pilzen der von höheren Lebewesen grundsätzlich ähnlich ist, macht man sich beispielsweise bei Toxizitätsprüfungen (sog. Ames-Test), bei der Untersuchung auf erbgutschädigende Wirkungen und in der genetischen Grundlagenforschung zunutze (*Ärzte* S. 7). – **Computermodelle** ermöglichen es, Körperfunktionen als Ganzes mit all ihren Regulationsmechanismen zu erfassen. Mit computergestützten Methoden zur Wirkstoffentwicklung (Computer-Assisted-Drug-Development, CADD) werden neue pharmakologische Substanzen identifiziert und un-

Voraussetzungen § 7 TierSchG

wirksame oder toxische Stoffe ausgesondert. – Zur Diagnose von Infektionskrankheiten gibt es **moderne Analyseverfahren**, die präziser sind als der früher übliche Tierversuch. Zu nennen ist zB die Hochdruckflüssigkeitschromatographie (HPLC). Das Prinzip der Radioimmunoassays (RIA), Enzymimmunoassays (ELISA, d.h. Enzyme Linked Immuno Sorbent Assay) und Immunfluoreszenztests (IFT) beruht auf der Reaktion eines Antigens (d.h. eines körperfremden Stoffes) mit einem Antikörper, den der Organismus zur Abwehr von Fremdstoffen, zB bestimmter Viren bildet. Mit der Technik der Polymerasekettenreaktion (PCR) lassen sich DNA-Stücke als Träger der genetischen Information beliebig vermehren und so Zellen wie zB krankmachende Bakterien und Viren in winzigsten Mengen nachweisen (zum Ganzen vgl. *Ärzte* S. 8). – Angesichts dieser Vielfalt ist die Auffassung, dass man mit alternativen Methoden nur zelluläre und biochemische Details, nicht aber auch organismische, physiologische Zusammenhänge aufklären könne, in dieser Allgemeinheit nicht mehr haltbar (so aber noch *Haverich* in: Evang. Akademie Bad Boll, Tierversuche S. 16).

Die **rasante Entwicklung dieser Verfahren** macht deutlich, dass die Genehmigungs- bzw. Überwachungsbehörde in der Regel ein Sachverständigengutachten der ZEBET oder einer vergleichbaren Einrichtung benötigen wird, um zuverlässig beurteilen zu können, ob die von einem Antragsteller/Anzeigeerstatter behauptete Unerlässlichkeit des Tierversuchs noch dem aktuellen Stand der wissenschaftlichen Erkenntnisse entspricht oder nicht (s. Rn. 18; vgl. aber auch Tierschutzbericht 2003, XV 5.6.3.1: nur 11% der Anfragen an ZEBET im Jahr 2001 kamen von Behörden). Die Behörde muss insbesondere auch einkalkulieren, dass Wissenschaftler, die ihre Karriere mit Tierversuchen etabliert haben, nicht unbedingt mit allen neuen tierversuchsfreien Methoden, die in der Molekularbiologie und -genetik entwickelt wurden, ausreichend vertraut sind. Die heute mögliche Voraussage toxischer Eigenschaften von Stoffen beim Menschen mit Hilfe von Zellkulturen und anderen alternativen Verfahren erschien den klassischen Toxikologen bis vor wenigen Jahren noch völlig utopisch (vgl. dazu *Spielmann* in: Evang. Akademie Bad Boll, Tierversuche S. 127). 22

2. Toxikologie

Zur **Prüfung der akuten, oralen Giftigkeit** von Chemikalien sind mittlerweile die Acute-Toxic-Class-Method (ATC), die Up-and-Down-Procedure (UDP) und die Fixed-Dose- Procedure (FDP) validiert und von der OECD als Verfahren, die dem klassischen LD50-Test gleichwertig sind, anerkannt worden (BMVEL, Tierschutzbericht 2001, XIV 5.1). Dabei handelt es sich zwar um Prüfmethoden, bei denen ebenfalls Tiere verwendet werden, jedoch pro Substanz deutlich weniger (reduce) und zum Teil auch mit geringerer Belastung (refine). Wo dennoch weiterhin die veraltete LD50-Methode angewendet wird, geschieht dies, um die Vermarktung auch in solchen Weltregionen sicherzustellen, in denen diese Alternativmethoden noch keine Anerkennung gefunden haben; dies begründet aber keine wissenschaftliche Unerlässlichkeit und ist deshalb gesetzwidrig (s. Rn. 14). – Daneben gibt es auch Prüfverfahren, die ganz ohne Tierverbrauch auskommen: 23

§ 7 TierSchG *Tierschutzgesetz*

zB kann anhand von menschlichen oder anderen Säuger-Zellkulturen diejenige Substanzmenge ermittelt werden, bei der die Hälfte aller Zellen stirbt (sog. mittlere inhibitorische Konzentration, IC50); dasselbe geht mit Zellen aus Bier- oder Bäckerhefe (vgl. *Ärzte* S. 10; vgl. auch *Schlottmann* in: Evang. Akademie Bad Boll, Tierversuche S. 238: „Die akute Toxizität eines Stoffes lässt sich mittels einfachem Test auf Zellüberleben brauchbar vorhersagen"). Diese Methoden haben aber noch keinen Eingang in die Prüfvorschriften gefunden, weil die Stoffwechselleistungen und Sensibilitäten von Zellen im Vergleich zum Menschen zu unterschiedlich sind, um von den Behörden als Sicherheit in der Toxikologie anerkannt zu werden. Mit der gleichen Strenge hätte man dann aber auch die üblichen Tierversuche auf diesem Gebiet nicht anerkennen dürfen, denn die Probleme bei der Übertragbarkeit ihrer Ergebnisse sind ebenso gravierend (vgl. *Steiger u. Gruber* aaO S. 725; s. auch Rn. 52).

24 Zur **Prüfung der Schleimhautverträglichkeit** von Chemikalien wird im sog. Draize-Test die Testsubstanz in das Auge eines Kaninchens geträufelt; anschließend werden die Schäden beobachtet. Dieser Test ist, u. a. weil die Beurteilung der Augenschäden von der Subjektivität des Ablesers abhängt, für seine Unzuverlässigkeit bekannt: Anlässlich einer Untersuchung mit drei Stoffen in 24 US-Labors ist jeder der untersuchten Stoffe sowohl mit „nicht reizend" als auch mit „mittelgradig reizend" und sogar mit „stark reizend" bewertet worden. Als Alternativmethoden wurden u. a. entwickelt: ein Leuchtbakterientest, ein Rote-Blutkörperchen-Test, der HET-CAM-Test (dabei wird die Substanz an wenige Tage bebrüteten Hühnereiern geprüft), der Neuralrot-Aufnahme-Test (NRU), der Pollen-Wachstumstest (PGT) sowie die Untersuchung an isolierten Kaninchen-, Hühner- und Rinderaugen aus Schlachtabfällen. Ein Teil dieser Methoden , insbesondere der HET-CAM-Test und die Tests mit der Cornea von Rinder- und Hühneraugen, wird von den Behörden in Europa anerkannt, allerdings nur für die Einstufung als „stark reizend". Stoffe, die in diesen Tests keine oder nur eine schwache Reaktion zeigen, werden nach wie vor am Kaninchen getestet. Die schlechte Reproduzierbarkeit des Tierversuchs erwies sich als Hindernis für die Validierung der Ersatzmethoden (vgl. *Spielmann* in: *Gruber/Spielmann* S. 118 f.; s. auch Rn. 16).

25 Zur **Hautverträglichkeitsprüfung,** die in der Vergangenheit ebenfalls an Kaninchen sowie auch an Meerschweinchen vorgenommen wurde, sind in der EU zwei Alternativmethoden validiert und durch die Richtlinie 2000/33/EG in den Anhang V zur Richtlinie 67/548/EWG aufgenommen und damit anerkannt worden: TER und EPISKIN (vgl. BMVEL, Tierschutzbericht 2001, XIV 5.6.3.2); eine weitere ist in den USA anerkannt (CORROSITEX R). Prinzip dieser Methoden ist das Arbeiten mit künstlichen Hautkulturen, die auf der Co-Kultur menschlicher Keratinozyten und Fibroblasten basieren und mittlerweile weltweit kommerziell angeboten werden. – Zur Prüfung der Hautpenetration erscheint menschliche Haut aus Operationsmaterial am erfolgversprechendsten (vgl. *Spielmann* aaO S. 117; *Gysler* et al. ALTEX 16, 1999, 67–72; *Sauer* DudT 5/2002, 37, 38; zum weitgehenden Wegfall der Übertragbarkeitsproblematik beim Arbeiten mit menschlichem Zellmaterial s. auch Rn. 15).

Voraussetzungen § 7 TierSchG

Die **Phototoxizität** (d. h. die Schädigung, die ein auf die Haut aufgetrage- 26
ner Stoff nach UV-Bestrahlung auslöst) ist in der Vergangenheit regelmäßig
in Tierversuchen geprüft werden, deren Ergebnisse aber nur zu etwa 40%
mit den vom Menschen her bekannten Daten übereingestimmt haben
(*Spielmann* aaO S. 120). Als Alternativmethode ist der 3T3-NRU-PT-Test
validiert und in die OECD-Richtlinien sowie in den Anh. V der Richtlinie
67/548/EWG aufgenommen worden (BMVEL aaO S. 143; *Ärzte* S. 12).

Die **Reproduktionstoxizität** (d. h. die schädigende Wirkung chemischer 27
Stoffe auf die Frucht und die Nachkommen) wird weiterhin in Tierversuchen geprüft, trotz der bekannten schlechten Übertragbarkeit auf die Situation beim Menschen: Nur ein kleiner Prozentsatz derjenigen Substanzen,
die bei Versuchstieren embryoschädigende Wirkung zeigten, rufen auch
beim Menschen eine Schädigung der Frucht hervor (vgl. *Ärzte* aaO unter
Hinweis auf ZEBET Datenbank Nr. 273); umgekehrt war das für den Menschen extrem embryotoxisch wirkende Schlafmittel Thalidomid (Contergan)
in den üblichen Tierversuchen völlig unauffällig (vgl. *Spielmann* aaO S. 121;
ders. in Evang. Akademie Bad Boll, Tierversuche: „Die Übertragbarkeit für
Tierversuche auf den Menschen bei Schwangerschaft ist erschreckend
schlecht"). Mögliche Alternativmethoden: Embryo-Stammzell-Test (erwies
sich in Validierungsstudien als 100%-ig korrekt bei sehr stark embryo-
toxischen Stoffen), Limb-Bud-Micromass-Test, Hühnerembryotoxizitäts-
test, Froschei-Teratogenitätstest (in einem amerikanischen Validierungs-
programm als wiederholbar und zuverlässig erwiesen; es können aber
nur wasserlösliche Substanzen geprüft werden), Embryokultur, Hydra-Test
(vgl. *Ärzte* aaO; zum Embryo-Stammzell-Test vgl. auch *Seiler* et al. ALTEX
19 Suppl., 2002, 55–63).

Genotoxizität/Mutagenität (d. h. erbgutverändernde Eigenschaften). Zur 28
Identifizierung chemischer Stoffe mit genotoxischen Eigenschaften sind eine
große Zahl von in-vitro- und Kurzzeittests entwickelt worden, die beim
systematischen Vergleich mit in-vivo-Daten eine gute Korrelation zeigen
(*Spielmann* aaO S. 121, 122). Obwohl im Bereich der **Kanzerogenität** (d. h.
der Prüfung auf krebserregende Eigenschaften) die Aussagekraft der herkömmlichen Tierversuche mit Mäusen und Ratten für die Risikoabschät-
zung beim Menschen sehr gering ist, sind tierversuchsfreie Systeme auf diesem Gebiet noch nicht validiert. Da aber viele krebserregende Stoffe
gleichzeitig auch erbgutschädigend sind, kann ein Teil von ihnen mit den
o. e. in-vitro-Methoden zur Genotoxizität erkannt werden (*Ärzte* S. 14).
Auch der Transformationstest mit Primärkulturen aus Hamsterembryonen
oder permanenten Mäusezelllinien könnte hier eingesetzt werden. Prinzip:
unbehandelte Zellkulturen wachsen geordnet und bilden in der Schale eine
flache Schicht; bei Hinzufügung krebsbildender Substanzen verändert sich
das geordnete Wachstum und die Zellen überwuchern sich kreuz und quer.

3. Diagnostik

In der **mikrobiologischen Diagnostik** geht es darum, herauszufinden, ob 29
ein Mensch oder ein Tier sich mit einer bestimmten bakteriellen, viralen
oder parasitären Erkrankung infiziert haben. Die auf diesem Gebiet früher

§ 7 TierSchG
Tierschutzgesetz

üblichen und oft sehr schmerzhaften Tierversuche können heute sehr weitgehend durch in-vitro-Methoden zum Nachweis von Erregern bzw. Antikörpern ersetzt werden (vgl. dazu *Dimigen* in: *Caspar/Koch* S. 173: „Die Zeiten der mikrobiologischen Diagnostik an Tieren sind längst vorbei"). Besonders die Tierversuche im Rahmen der Psittakose-, Tollwut-, Listerien- und Newcastle-Krankheitsdiagnostik sowie der Nachweise von Q-Fieber sind weitestgehend durch andere Verfahren ersetzt (BMVEL, Tierschutzbericht 2001, XIV 4.10; vgl. auch *Cussler/Grune-Wolff* in: *Gruber/Spielmann* S. 200). Auch in der Tuberkulosediagnostik haben neue Verfahren (insbesondere die Kombination von Flüssigmedien mit festen Medien und neue Vorbehandlungsverfahren) die früheren Tierversuche ersetzt; eine Prüfung auf das Mycobacterium tuberculosis braucht heute nicht mehr am Meerschweinchen zu erfolgen (BMVEL aaO XIV 4.2; *Cussler/Grune-Wolff* aaO S. 198). Zur Diagnostik verschiedener anderer, insbesondere menschlicher Erkrankungen existieren ebenfalls moderne Methoden wie HPLC, RIA, ELISA und IFT. Die Bestimmung von Schwangerschaftshormonen darf ebenfalls nicht mehr mit Tieren (Krallenfröschen, Mäusen) erfolgen, sondern mit ELISA und anderen Antigen-Antikörper-Tests (*Ärzte* S. 15).

4. Biologische Arzneimittel, insbes. Impfstoffe und Immunseren

30 Biologische Arzneimittel (Biologica), insbes. Impfstoffe und Immunglobulinpräparate sind nach den Bestimmungen des Arzneibuchs besonders tierversuchsintensiv; denn nicht nur für die erstmalige Zulassung des Stoffes als solchem, sondern auch für das Inverkehrbringen jeder einzelnen Charge (d. h. jeder Produktionseinheit, die einem einheitlichen Herstellungsvorgang entstammt) werden Tierversuche verlangt. Diese sind zT äußerst belastend, da zB bei Infektionsversuchen Vergleichsgruppen mit infizierten Tieren ohne Impfung gebildet werden, die an der Infektion unter schweren Schmerzen sterben (Der Versuch ist „geglückt", wenn von der geimpften, infizierten Gruppe 80% gesund bleiben und von der ungeimpften infizierten Gruppe 80% sterben). – § 2 der Arzneibuchverordnung lässt aber zu allen vorgeschriebenen Tierversuchen Alternativmethoden zu, wenn sie eine ebenso eindeutige Entscheidung ermöglichen (vgl. BMVEL Tierschutzbericht 2003, XV 4.2). Für einige Krankheitserreger ist es gelungen, das Antigen zu finden, auf das der Organismus mit der Bildung von Antikörpern, die vor der Infektion schützen, reagiert. Mit einem ELISA (Definition s. Rn. 21) ist es möglich, die Bildung dieser protektiven Antikörper festzustellen, so dass auf eine ungeimpfte Kontrollgruppe, die durch die Infektion getötet wird, verzichtet werden kann (vgl. *Gruber* in: Evang. Akademie Bad Boll, Tierversuche S. 142; *Steiger und Gruber* aaO S. 728; *Spielmann* in: *Caspar/Koch* S. 156). – Zur Herstellung von Biologica eignen sich Primärkulturen und permanente Zelllinien. Auch das bebrütete Hühnerei stellt ein sehr gutes Wirtssystem zur Anzüchtung von Mikroorganismen dar (vgl. *Cussler/Hendriksen* in: *Gruber/Spielmann* S. 169, 170). Für die Herstellung von Immunseren durch Injektion des Giftes in die Blutbahn von Pferden, Ziegen und Schweinen gibt es ebenfalls Alternativen. – Der Test auf anomale Toxizität an Mäusen und Meerschweinchen hat eine sehr geringe Aus-

Voraussetzungen § 7 TierSchG

sagekraft, wie Untersuchungen u. a. am Paul Ehrlich Institut ergeben haben. Bei Biologica zur Anwendung beim Menschen konnte keine Übereinstimmung zwischen nachweislich mangelhaften Impfstoffchargen und dem Auftreten von Auffälligkeiten in diesem anomalen Toxizitätstest festgestellt werden. Diese Prüfungen sind sinnlos, da sie unter den in Europa verlangten Qualitätsnormen keinen Beitrag zur Arzneimittelsicherheit mehr leisten (vgl. BMVEL, Tierschutzbericht 2003, XV 5.2). – Für die Prüfung auf spezifische Toxizität wurde eine Anzahl möglicher Ersatzmethoden entwickelt (vgl. *Cussler/Hendriksen* aaO S. 173). Der Pyrogentest auf fieberauslösende Verunreinigungen, die aus Endo- und Exotoxinen von Bakterien stammen, braucht nicht mehr am Kaninchen stattzufinden. Er wurde vom Limulus-Test (LAL-Test) abgelöst, einem Endotoxinnachweis mit Amöbozyten aus dem Blut des Pfeilschwanzkrebses (zwar kein ‚replace', aber doch ein ‚refine'). Eine echte ‚replace'-Methode ist der mit Blut von humanen Spendern durchgeführte Vollbluttest, bei dem die weißen Blutkörperchen, wenn Pyrogene vorhanden sind, Interleukin-1 bilden, dessen Menge bestimmt werden kann; auf diese Weise können sowohl Endotoxine als auch Exotoxine nachgewiesen werden (vgl. *Hartung/Wendel* ALTEX 12, 1995, 70–75; BMVEL, Tierschutzbericht 2001, XIV 4.2). – Zu weiteren alternativen Prüfverfahren bei Biologica, insbes. bei der Wirksamkeitsprüfung vgl. *Cussler/Hendriksen* aaO S. 175 ff. Zu den Ergebnissen des 2. Paul-Ehrlich-Seminars über Tierschutzaspekte bei der Zulassung und Prüfung von immunologischen Arzneimitteln vgl. Ergebnisse, ALTEX Suppl. 1998. Zur Unschädlichkeits- und Wirksamkeitsprüfung von Diphtherie- und Tetanusimpfstoffen, zur Unschädlichkeitsprüfung von Keuchhustenimpfstoffen und zu Antilymphozyten-Seren vgl. BMVEL, Tierschutzbericht 2003, XV 4.2.

5. Weitere Bereiche

In der **Pharmakologie** wird mit computergestützten Methoden zur Wirkstoffentwicklung (Computer-Assisted-Drug-Discovery, CADD) festgestellt, welche Substanzen pharmakologisch aktiv werden können. Auf der Basis der „Schlüssel-Schloss-Hypothese", die besagt, dass ein Wirkstoff in einen biologischen Rezeptor passen muss wie ein Schlüssel ins Schloss, versucht CADD, Zusammensetzung und Strukturen pharmakologischer Wirkstoffe zu ermitteln, die optimal an einen Rezeptor passen. Auch zur Optimierung einer auf diese Weise gefundenen, pharmakologisch aktiven Leitsubstanz werden heute fast ausschließlich Computer eingesetzt. Ein entscheidender Vorteil dieses Ansatzes gegenüber dem Tierversuch ist, dass am Computer auch hypothetische Wirkstoffe analysiert werden können (vgl. *Steiger und Gruber* aaO S. 727). Die tierversuchsfreien molekularbiologischen Screeningverfahren haben bei der Suche nach neuen Arzneimitteln den Tierversuch weitgehend ersetzt (aber: keine Abnahme bei der Gesamtzahl der sicherheitstoxikologischen Tierversuche und starke Zunahme des Tierverbrauchs in der Grundlagenforschung wegen der Verwendung transgener Tiere; vgl. dazu *Spielmann* in: Evang. Akademie Bad Boll, Tierversuche S. 126). – Die chargenweise biologische Wertbestimmung von Insulin erfolgt nicht mehr mittels Mäuse- und Kaninchenversuchen, sondern mit Hilfe der

§ 7 TierSchG
Tierschutzgesetz

Hochdruckflüssigkeitschromatographie (HPLC). Ebenfalls chromatographische Methoden haben die früher im Tierversuch vorgenommenen Wertbestimmungen für die Hormone Somatotropin und Desmopressin ersetzt.

32 Für die **Produktion von monoklonalen Antikörpern (mAk)** bedarf es zwar noch insoweit eines Tierversuchs, als zur Gewinnung der weißen Blutkörperchen (die anschließend jeweils mit einer Krebszelle verschmolzen werden, wodurch antikörperproduzierende Hybridomzellen entstehen) eine mit einem Antigen immunisierte Maus verwendet werden muss. Die anschließende Vermehrung der Hybridome und die Gewinnung der Antikörper darf dagegen nicht mehr, wie früher, im Bauch der Aszites- (= Bauchhöhlenwassersucht)Maus durchgeführt werden – ein mit erheblichen Schmerzen verbundener Tierversuch, der den Tatbestand des § 17 Nr. 2b erfüllt (BMVEL, Tierschutzbericht 2001, XIV 1.3). Es gibt verschiedene erprobte Alternativen, u.a. die Produktion mit Hilfe von Hohlfaser-Bioreaktoren (Tecnomouse; hierzu und zu anderen Verfahren vgl. *Spielmann* in: *Caspar/Koch* S. 155; *Ärzte* S. 16; *Marx* et al. ATLA 25, 1997, 121–137). In der Schweiz und den Niederlanden ist deshalb das Verfahren mit der Aszites-Maus vollständig verboten. In Deutschland werden dagegen von dem grundsätzlich bestehenden Verbot noch drei Ausnahmen gemacht (vgl. BMVEL aaO): zur Diagnostik oder Therapie beim Menschen in Notfällen (d.h. unter den Voraussetzungen des rechtfertigenden Notstandes, § 34 StGB); zur Rettung von Hybridomen, wenn diese in der Zellkultur nicht mehr wachsen oder infiziert sind (dann müssten aber anstelle des Aszites-Verfahrens iS eines ‚refinement' auf die o. a. Weise neue Hybridome gebildet werden; vgl. auch *Gruber* in: Evang. Akademie Bad Boll, Tierversuche S. 141: „eigentlich kann jeder Bedarf mit der in-vitro-Produktion abgedeckt werden"); zur Erarbeitung neuer Fragestellungen (dies ist nach hier vertretener Auffassung unzulässig, s. Rn. 46). – Polyklonale Antikörper brauchen nicht mehr unbedingt aus dem Blut von immunisierten Kaninchen mittels Blutentnahmen gewonnen zu werden; als Alternative kommen u.a. Antikörper-Präparationen aus dem Eigelb immunisierter Hühner in Betracht (vgl. dazu *Spielmann* aaO S. 156; *Ärzte* S. 16; zur Haltung von Legehennen unter Laborbedingungen vgl. *Scharmann* ALTEX 13, 1996, 136–139).

33 Auch in der **Grundlagenforschung** sind zahlreiche alternative Verfahren entwickelt worden: u.a. kann man mit Nervenzellkulturen die Ausschüttung von Überträgerstoffen der Nervenzelle sowie deren pharmakologische Beeinflussung untersuchen; an Hirnschnitten von Ratten können unter Zusatz bestimmter Substanzen epileptische Erscheinungen und deren Beeinflussung mit den klassischen Antiepileptika studiert werden; an Kulturen von Krebszellen kann man die Ausbreitung und das Wachstum von Tumoren ermitteln und neue krebshemmende Medikamente testen; Co-Kulturen der verschiedenen Zellarten menschlicher Arterien lassen sich in der Arteriosklerose-Forschung einsetzen (vgl. *Siegel-Axel* et al. ALTEX 16, 1999, 117–122); in der Hirnforschung können mittels tomographischer Verfahren einzelne Bereiche des menschlichen Gehirns während bestimmter Leistungen bildlich dargestellt werden (weitere Beispiele bei *Ärzte* S. 20).

34 Der **Test mit lebenden Fischen oder Krebsen zur Prüfung von Chemikalien und Abwässern auf die Ökotoxizität** entspricht nicht mehr dem

Voraussetzungen § 7 TierSchG

aktuellen Stand der wissenschaftlichen Erkenntnisse. Zum einen gibt es Biotests wie den Daphnien-Kurzzeittest mit Wasserflöhen, den Algenvermehrungstest, den Leuchtbakterientest und den Genotoxizitätstest, die auf eine Reihe von Abwasserinhaltsstoffen empfindlicher reagieren als Fische. Zum anderen steht seit dem 1. 9. 2001 als genormtes alternatives Verfahren der Fisch-Ei-Test zur Verfügung. Dabei werden frisch besamte Eier des Zebrabärblings den vorgegebenen Abwasserverdünnungen ausgesetzt. Dieser Test ersetzt den früher üblichen Fischtest vollständig und ist jetzt auch in der 5. Verordnung zur Änderung der Abwasserverordnung v. 2. 7. 2002 (BGBl. I S. 2497) verankert. In Zukunft soll immer zunächst der Fisch-Ei-Test stattfinden und nur „im Überschreitungsfall" der bisherige Fischtest zusätzlich angewandt werden (so die Auskunft des Bundesministeriums für Umwelt, Naturschutz und Reaktorsicherheit v. 21. 8. 2002 an die Redaktion ALTEX). Die genannte Ausnahme ist allerdings unerklärlich, weil man den genauen Verschmutzungsgrad von Abwasser auch mittels einer chemischen Analyse feststellen kann; das Interesse der Abwasserproduzenten, dass die von ihnen verwendeten Substanzen unbekannt bleiben sollen, begründet keinesfalls eine Unerlässlichkeit iS von Abs. 2 S. 2 (zum Ganzen vgl. *Pluta* ALTEX 19, 2002, 28, 29; BMVEL Tierschutzbericht 2003, XV 4.1).

V. Ethische Vertretbarkeit (Abs. 3)

1. Abwägung nach Abs. 3 S. 1

Abs. 3 S. 1 verlangt eine **Nutzen-Schaden-Abwägung**. Am Besten stellt 35 man sich dazu eine Waage vor: in die eine Waagschale werden die durch den Versuch verursachten Schmerzen, Leiden und Schäden eingegeben, in die andere der mögliche oder wahrscheinliche Erkenntnisgewinn und der davon erwartete soziale Nutzen. Ethisch vertretbar ist das Versuchsvorhaben, wenn sich seine Durchführung gegenüber seiner Unterlassung als das kleinere Übel darstellt, wenn also der Nutzen den Schaden überwiegt (vgl. TVT Merkblatt Nr. 50 S. 2). Abstrakter formuliert das BVerfG, wenn es dem Gesetz die Forderung entnimmt, „im Bereich des Tierschutzes ethische Grundsätze und wissenschaftliche Erfordernisse miteinander in Einklang zu bringen" (BVerfGE 48, 389). – Erst durch die Aufnahme des Tierschutzes als Staatsziel ins Grundgesetz (Art. 20a GG nF) ist für diese Abwägung die notwendige verfassungsrechtliche Grundlage geschaffen worden.

Zur **Ermittlung des Schadens**, d. h. der Belastung der Tiere, bieten sich 36 folgende Fragen an: 1. Art und Ausmaß der zu erwartenden Schmerzen? Lässt sich aus den Einwirkungen, die stattfinden sollen und/oder aus den erwartbaren Symptomen auf geringe, mittelschwere oder schwere Schmerzen schließen? – 2. Art und Ausmaß der zu erwartenden Leiden (zB durch Angst, Einschränkung der Bewegungsfreiheit, Beschränkung oder Unterbindung physiologischer Bedürfnisse, Verhinderung des Sozialverhaltens uÄ)? Sind diese Leiden gering, mittelgradig oder schwer? – 3. Anzahl der davon betroffenen Tiere? (Ein Beispiel nach *Gelbke* in: Evang. Akademie Bad Boll, Tierversuche S. 164: zur Entwicklung eines neuen Pflanzen-

§ 7 TierSchG   *Tierschutzgesetz*

schutzmittels werden etwa 3000 erwachsene und ca. 7700 Jungtiere, darunter Beagle-Hunde, Meerschweinchen, Enten, Wachteln und Kaninchen, eingesetzt.) – 4. Zeitdauer der Belastungen? – 5. Wird der Tod der Tiere herbeigeführt (vgl. BVerwGE 105, 73, 82: Tod als schwerster Schaden)?

37 Zur **Ermittlung des Nutzens bei medizinisch begründeten Experimenten** können folgende Fragen gestellt werden: 1. Geht es um Entwicklung, Herstellung und/oder Zulassung eines Produkts oder Verfahrens zur Diagnose oder Heilung einer bestimmten Krankheit? – 2. Ist diese Krankheit leicht, mittelschwer oder schwer? – 3. Handelt es sich dabei um eine bisher nicht oder kaum beeinflussbare Krankheit? – 4. Bedeutung dieser Krankheit nach der Zahl der zu erwartenden Krankheitsfälle? – 5. Mit welchem Grad von Wahrscheinlichkeit werden die angestrebte Erkenntnis bzw. das Produkt/Verfahren zu ihrer Diagnose oder Heilung beitragen können (hierher gehört auch die Frage, ob und mit welcher Wahrscheinlichkeit erwartbar ist, dass sich die Versuchsergebnisse auf den Menschen übertragen lassen)? – 6. Sind bereits Produkte/Verfahren mit vergleichbaren Wirkungsmöglichkeiten vorhanden? Falls ja: Welcher darüber hinausgehende, zusätzliche Nutzen kann nach Art, Ausmaß und Grad der Wahrscheinlichkeit von dem neuen Produkt/Verfahren erwartet werden (Differenz-Nutzen; näher dazu Rn. 45)? – 7. Binnen welcher Zeitspanne lässt sich mit der Nutzbarmachung rechnen (vgl. TVT Merkblatt Nr. 50 S. 4)?

38 Zur **Ermittlung des Nutzens bei der Unbedenklichkeitsprüfung von anderen Stoffen und Produkten** kann gefragt werden: 1. Art und Ausmaß der von dem Stoff/Produkt ausgehenden Gesundheitsgefahren? Wahrscheinlichkeit, mit Hilfe des Tierversuchs diese Gefahren zu erkennen und auszuschalten (d.h. auch: Wahrscheinlichkeit, mit der sich die am Versuchstier gewonnenen Ergebnisse auf die Situation beim Menschen übertragen lassen)? – 2. Dient das Produkt einem vitalen, d.h. einem Erhaltungsinteresse des Menschen? Oder geht es lediglich um ökonomische oder kulturell entstandene Bedürfnisse, deren Befriedigung strenggenommen auch ausbleiben könnte, ohne dass es dadurch zu einer Gefährdung oder Minderung lebenswichtiger Errungenschaften käme (vgl. Caspar in: Caspar/Koch S. 70)? – 3. Sind Produkte mit vergleichbarer Wirkung bereits vorhanden und ausreichend geprüft (s. auch Rn. 45)? – 4. Geht es bei dem Tierversuch um die Abwehr von Gefahren und Nachteilen, die dem Menschen schicksalhaft drohen, oder um Gefahren, für die der Mensch selbst vermeidbare Ursachen gesetzt hat und setzt (zB bei Tierversuchen zum Erkennen von menschenverursachten Umweltgefährdungen oder zum Erkennen von Gefahren, die von Produkten ausgehen, auf die verzichtet werden könnte)?

39 Jedem Abwägungsvorgang muss eine gewissenhafte **Zusammenstellung des gesamten Abwägungsmaterials** vorangehen. Das Verwaltungsverfahren muss so ausgestaltet werden, dass es die möglichst vollständige und zutreffende Ermittlung und Sammlung aller abwägungsrelevanten Tatsachen gewährleistet. Dazu gehört u.a., dass die Behörde von dem Antragsteller/Anzeigeerstatter anstelle pauschaler Formulierungen und des Ankreuzens von Punktesystemen substantiierte, detaillierte Tatsachenangaben verlangen muss, sowohl zu den Belastungen als auch zum Nutzen. Denn häufig wer-

Voraussetzungen **§ 7 TierSchG**

den von den Antragstellern die Belastung der Versuchtiere zu niedrig und der medizinische Nutzen der erwarteten Ergebnisse zu optimistisch eingeschätzt (vgl. Arbeitsgruppe I in: Evang. Akademie Bad Boll, Tierversuche S. 202). – Bei Schmerzen bedarf es einer genauen Schilderung der beabsichtigten Einwirkungen und der zu erwartenden Symptome, denn die Einstufung als „gering", „mittelgradig" oder „schwer" (s. Rn. 36, 42, 43) kann sowohl von der Art, dem Ausmaß und der Dauer eines Eingriffs als auch vom Ausprägungsgrad und der Dauer der Symptome abhängen (zu Schmerzsymptomen s. § 17 Rn. 52). – Leiden können u. a. danach gewichtet werden, welche und wie viele derjenigen Bedürfnisse, die die jeweilige Tierart unter naturnahen Haltungsbedingungen zeigt, eingeschränkt werden, und in welchem Ausmaß und für welche Zeitspanne dies geschieht. Die EU-Kommission sagt: „Ist ein Tier nicht in der Lage, ein Bedürfnis zu befriedigen, so wird sein Befinden früher oder später darunter leiden" (EU-Legehennenmitteilung S. 6). Diese Erkenntnis ist von allgemeiner Bedeutung: Je mehr Bedürfnisse von Tieren eingeschränkt werden und je stärker die einzelne Einschränkung wiegt, umso eher wird der Schluss auf mittelgradiges, ggf. sogar schweres Leiden gerechtfertigt sein (näher dazu s. § 17 Rn. 70. Zu Verhaltens- und Funktionsstörungen als Ausdruck für erhebliche Leiden s. § 17 Rn. 58–69. Zu den Symptomen von Angst s. § 1 Rn. 22). – Ein häufiges Versäumnis in Antragsbegründungen ist, dass zwar die Leiden berücksichtigt werden, nicht aber auch die im Versuchsvorhaben eingeplante Tötung der Tiere als Schaden (vgl. *Fulda* in: BMVEL, Durchführung von Tierversuchen, S. 91). – Auch die Darlegungen zum erwartbaren Nutzen des Versuchs müssen substanziiert, schlüssig und nachprüfbar sein. Hier kann ebenfalls nicht genügen, allgemeine Erklärungen abzugeben und/oder vorgedruckte Formulare mit Punktsystemen durch Ankreuzen auszufüllen (vgl. *Caspar* in: *Caspar/Koch* S. 62). – Verbleiben auf Seiten der Behörde Zweifel an der Vollständigkeit und Richtigkeit des vom Antragsteller/Anzeigeerstatter vorgetragenen Abwägungsmaterials, so muss sie eigene Ermittlungen anstellen (§ 24 Abs. 1 VwVfG). Ggf. sind Augenscheine einzunehmen und Sachverständigengutachten einzuholen (§ 26 Abs. 1 S. 2 Nr. 2 VwVfG; allgemeine Grundsätze zur Auswahl von Gutachtern s. § 2 Rn. 44 und § 17 Rn. 85). Die § 15-Kommissionen können Antragsteller zum persönlichen Gespräch bitten (vgl. *Pfeiffer* in: Evang. Akademie Bad Boll, Tierversuche S. 196).

Abwägungsmaßstab sind die mehrheitlich konsensfähigen Gerechtigkeitsvorstellungen, die seit vielen Jahren eine „stete Fortentwicklung" im Sinne eines „wachsenden Tierschutzbewusstseins" erfahren haben (vgl. BT-Drucks. 6/2559, zit. n. *Gerold* S. 44 und BT-Drucks. 13/7015 S. 1). Mögliche Quellen zu ihrer Ermittlung sind u. a.: die Verlautbarungen der christlichen Kirchen zur Ethik der Mitgeschöpflichkeit; die sittlichen Wertungen, die sich aus der Entwicklung der Gesetzgebung ablesen lassen (s. auch Art. 20a GG); Meinungsumfragen (vgl. dazu *Haverich* in: Evang. Akademie Bad Boll, Tierversuche S. 17: Eine Mehrheit betrachten den Einsatz von Tierversuchen zur Sicherheitstestung von Chemikalien am Arbeitsplatz oder von Haushaltsprodukten für „nie gerechtfertigt"). – Wegen des gesetzlichen Bekenntnisses zur Mitgeschöpflichkeit (§ 1 S. 1) kann den Erklärungen, die

40

§ 7 TierSchG
Tierschutzgesetz

von kirchlicher Seite zum aktuellen Stand dieser Ethik herausgegeben werden, besondere Bedeutung zukommen (näher dazu § 1 Rn. 53 und Einf. Rn. 11–13; zum aktuellen Stand der ethischen Diskussion vgl. den von *Teutsch* alljährlich in der Dezember-Ausgabe von ALTEX verfassten Literaturbericht).

41 Einige **Grundsätze die diesen Abwägungsmaßstab konkretisieren können**: 1. „Eingriffe in das Wohlbefinden von Tieren sind umso strenger zu beurteilen, je gravierender sie für die betroffenen Tiere sind und je unerheblicher oder doch verzichtbarer für den Menschen; umgekehrt gilt, dass ein Eingriff umso eher zu tolerieren ist, je geringfügiger er für die Tiere und je notwendiger er im Interesse anderen Lebens ist" (*Teutsch* in: Der Tierschutzbeauftragte 1993, 63 f.). „Bei den strengen Maßstäben, die wir anlegen müssen, sind Versuche, jedenfalls soweit sie mit der Zufügung von Schmerzen verbunden sind, für andere als medizinische Zwecke ausgeschlossen" (so *Joseph Kardinal Höffner* in: Weltbild 8/1983). – 2. Der Schaden, der mit Hilfe der angestrebten Erkenntnis abgewehrt werden soll, muss deutlich schwerer wiegen als der Schaden, der den Tieren mit dem Versuch zugefügt wird (vgl. §§ 34 StGB, 904 BGB; demgegenüber ist § 228 BGB, der genügen lässt, dass der angerichtete Schaden nicht außer Verhältnis zu der abgewehrten Gefahr steht, hier nicht anwendbar, da zwischen den Rechtsgütern des Tierschutzgesetzes und den Gefahren, die mit Hilfe des Tierversuchs abgewehrt werden sollen, nicht der dort vorausgesetzte ursächliche Zusammenhang besteht). – 3. „Bis zum Beweis des Gegenteils sollte davon ausgegangen werden, dass Eingriffe vom Tier in gleicher oder ähnlicher Weise wahrgenommen werden wie vom Menschen. Manche beim Menschen als geringfügig eingestuften Eingriffe wie zB Injektionen oder Blutentnahmen können vom Tier sogar als erhebliche Belastung empfunden werden, da es die hiermit verbundene Angst nicht zu reflektieren vermag" (TVT Merkblatt Nr. 50 S. 3). Als Leitlinie sollte gelten: „Überbewertung der Unsicherheit des Wissens über Schmerz beim Tier mit dem Ziel, die Schmerzwahrnehmung in Frage zu stellen, ist logisch wie empirisch unbegründet" (TVT Merkblatt Nr. 32 S. 3). – 4. Die Interessen des Menschen können in Konfliktlagen zwar denen des Tieres vorgezogen werden, jedoch nur unter zwei Voraussetzungen: es muss sich um eine unausweichliche, anders nicht lösbare Kollisionslage handeln (s. dazu Rn. 11–34); und es müssen gleichrangige, d. h. gleichermaßen lebensnotwendige Interessen miteinander konkurrieren (vgl. *Höffe* in: *Händel* S. 88, 89). Nur bei Interessen, die gleichermaßen vital und lebensnotwendig sind, ist es möglich, zugunsten des Menschen abzuwägen und Tierversuche als erlaubt anzusehen (vgl. *Fulda* in: BMVEL, Durchführung von Tierversuchen, S. 81). Eingriffe in Leben und Gesundheit von Tieren sind daher nur dort möglich, wo es um die Bewahrung der gleichen Güter auf Seiten des Menschen und um die Vermeidung vergleichbar gewichtiger Nachteile für diese Güter geht. – 5. Bei der Güterabwägung zwischen menschlichem und tierlichem Wohlergehen muss auch bedacht werden, dass es sich bei den Leiden der Versuchstiere meist um etwas Sicheres handelt, während die angestrebte Leidensverminderung zugunsten des Menschen unsicher ist. Denn zum einen bleibt kontrovers, wie weit sich die Ergebnisse aus dem Tierversuch auf den Menschen übertragen lassen, und

Voraussetzungen § 7 TierSchG

zum anderen werden viele Tierversuche im Verhältnis zum steigenden Aufwand eher unergiebiger (vgl. *Höffe* in: *Händel* S. 89). – **6.** Werden Tiere statt zur Bekämpfung schicksalhafter Gefahren (wie Krankheit oder Tod) zur Abwendung von Risiken eingesetzt, die der Mensch selbst in zurechenbarer Weise herbeiführt, so lassen sich jedenfalls schwere Belastungen damit nicht legitimieren (Gedanke der Ingerenz, vgl. dazu *L/M* § 7 Rn. 58). Beispiele hierfür können Unbedenklichkeitsprüfungen für Produkte sein, die zwar ökonomischen und kulturellen, nicht aber Erhaltungsinteressen dienen. – **7.** Auch lebens- und gesundheitswichtige Produkte rechtfertigen dort keine schweren Eingriffe, wo bereits Produkte mit entsprechenden Wirkungsmöglichkeiten entwickelt und geprüft worden sind. Es macht einen ganz erheblichen Unterschied, ob pharmazeutische Produkte gegen Krankheitsbilder entwickelt werden, für die es bislang keine wirksame medikamentöse Behandlung gibt, oder ob ein neues Produkt auf den Markt gebracht werden soll, das lediglich der bereits vorhandenen Palette wirkungsgleicher Arzneimittel ein neues hinzufügt (*Caspar* aaO S. 72; s. auch Rn. 45). – **8.** Je größer die Zweifel an der Übertragbarkeit der Erkenntnisse aus dem Tierversuch auf den Menschen sind, desto geringer ist die Wahrscheinlichkeit seines Nutzens und desto weniger lassen sich mittelgradige oder gar schwere Belastungen rechtfertigen. Wegen der Artenspezifität und der Ungenauigkeit tiertoxikologischer Daten ist die Übertragbarkeit der Ergebnisse von Giftigkeitsprüfungen besonders fragwürdig (s. auch Rn. 52 und Art. 20a GG Rn. 10). – **9.** Primaten sind durch Tierversuche, insbes. aber auch die vorangehende Tierhaltung besonders schweren Belastungen ausgesetzt, so dass einiges dafür spricht, dass ihre Verwendung stets ethisch unvertretbar ist (vgl. dazu *Gruber* in: Evang. Akademie Bad Boll, Tierversuche S. 133).

Ein **Schema für die Abwägung** wird von der TVT vorgeschlagen. Danach sollen sowohl die Belastungen des Tieres als auch der Gewinn für Mensch/Tier in die Grade „gering", „mittel" und „schwer" eingestuft werden. Ist der Gewinn gering, so sind selbst geringe Belastungen unvertretbar, erst recht natürlich mittlere und schwere. Bei mittelmäßigem Gewinn sollen sowohl geringe als auch mittelgradige Belastungen zulässig sein, nicht aber schwere. Bei großem Gewinn sind ebenfalls sowohl geringe als auch mittelgradige Belastungen erlaubt; selbst schwere Belastungen werden in diesem Fall wohl für zulässig erachtet, doch müsse der Antragsteller dabei seinem Gewissen folgen und dürfe Argumente der philosophischen Ethik nicht außer Acht lassen (vgl. TVT-Merkblatt Nr. 50 S. 5). – Das Schema, das *Kluge/Goetschel* (vgl. § 7 Rn. 56) vorschlagen, weicht davon in zwei Punkten ab: schwere Belastungen sollen stets, also auch bei großem Gewinn, unvertretbar sein (dafür spricht insbesondere die durch Art. 20a GG veränderte Abwägungssituation, s. dazu Rn. 46). Bei mittelgradigen Belastungen wird zutreffend – sofern diese länger andauern oder sich wiederholen, vgl. dazu § 17 Nr. 2b – auf den strengeren Maßstab des Abs. 3 S. 2 verwiesen (s. dazu Rn. 47–50). 42

Zur **Einordnung der Belastungen** in die Kategorien „gering", „mittelgradig" und „schwer" sind **Schweregradtabellen** entwickelt worden, u.a. in der Schweiz und in den Niederlanden. Da die sittlichen Wertvorstellungen 43

§ 7 TierSchG
Tierschutzgesetz

zum Umgang mit dem Tier in Deutschland weitgehend dieselben sind wie in der Schweiz, liegt die Anwendung des vom dortigen Bundesamt für Veterinärwesen (BVET) herausgegebenen Belastungskatalogs nahe. Aus der Sicht des deutschen Rechts zu bemängeln ist dabei allerdings, dass bei der Einstufung der Belastung das Hauptaugenmerk auf den Schmerz und weniger auf das Leiden gelegt wird; zudem bleibt der Tod als Schaden unberücksichtigt, weil es einen dem deutschen Recht vergleichbaren Lebensschutz für Tiere in der Schweiz (noch) nicht gibt. Der Schweregrad, mit dem ein Versuch in der Tabelle eingruppiert wird, wird nach derjenigen Tiergruppe bestimmt, die die größte Belastung erfährt. – Mit Schweregrad I (= leichte Belastung) werden Eingriffe und Behandlungen bezeichnet, die nur eine leichte und kurzfristige Belastung auslösen, zB das Injizieren eines Arzneimittels unter Anwendung von Zwang. Schweregrad II (= mittlere Belastung) umfasst sowohl Eingriffe und Behandlungen mit zwar mittelgradigen, dafür aber nur kurzfristigen Belastungen, als auch solche Belastungen, die nur leicht, dafür aber mittel- bis langfristig sind. Beispiele: operatives Behandeln eines Knochenbruchs an einem Bein in Narkose, Kastration von weiblichen Tieren in Narkose. Mit Schweregrad III (= schwere Belastung) werden Eingriffe und Behandlungen erfasst, die entweder eine schwere bis sehr schwere, aber nur kurzfristige, oder aber eine mittelgradige, dafür aber mittel- bis langfristige Belastung zur Folge haben (zit. n. *Gruber* in: *Gruber/Spielmann* S. 288 f.); Beispiele hierfür sind tödlich verlaufende Versuche in nicht betäubtem Zustand sowie Krankheitsmodelle mit schwerwiegenden Symptomen (vgl. *Steiger u. Gruber* aaO S. 723). – Die TVT empfiehlt, den körperlichen Schmerz, die psychische Belastung (wie zB Angst vor Ungewohntem, Einschränkung der Bewegungsfreiheit, Beschränkung oder Unterbindung physiologischer Bedürfnisse) sowie die Störung des Sozialverhaltens (wie zB Einzelhaltung sozial lebender Tiere) jeweils mit „gering", „mittelschwer" und „schwer" zu bewerten und dabei zusätzlich auf die Zeitdauer der Belastung und die Zahl der betroffenen Tiere abzustellen (Merkblatt Nr. 50 S. 4). – Einen Bezug zwischen der Dauer der Belastung und der allgemeinen Lebenserwartung des Tieres stellt *Porter* her (vgl. dazu *Scharmann* ALTEX Nr. 19, 1993, 20–26).

44 Für die **Einordnung des Nutzens** stellt die TVT darauf ab, ob es um eine Erkrankung geht und ob diese leicht, mittelschwer oder schwer ist; ob sie bisher nicht oder kaum beeinflussbar war; ob die angestrebte Erkenntnis für die Verbesserung bei der Diagnose oder der Therapie lediglich wünschenswert oder wichtig oder gar dringend ist; ob mit einem Erfolg erst in nicht absehbarer Zeit oder aber schon bald gerechnet werden kann (Merkblatt Nr. 50 aaO). Von einem großen Gewinn für Mensch/Tier wird man demnach sprechen können, wenn die Erkenntnis (bzw. das Produkt oder Verfahren, das mit ihr hergestellt oder zugelassen werden soll) mit beachtlicher Wahrscheinlichkeit in naher Zukunft zu einem bedeutenden Fortschritt bei der Diagnose oder Therapie einer schweren Erkrankung, die bisher nicht oder kaum beeinflussbar war, führen wird. Ein mittelmäßiger Nutzen wird bejaht werden können, wenn es sich bei sonst gleicher Konstellation um eine mittelschwere Krankheit handelt. Als gering wird dagegen der Nutzen zu beurteilen sein, wenn es um Unbedenklichkeitsprüfungen für verzichtba-

Voraussetzungen **§ 7 TierSchG**

re Produkte geht (sei es, dass das Produkt keinen menschlichen Erhaltungsinteressen dient, sei es, dass es bereits vergleichbar wirksame, ausreichend geprüfte Produkte dieser Art gibt).

Bedarfsprüfungen (d. h. die Frage, ob für ein neues Produkt angesichts 45 bereits existierender, ausreichend geprüfter Substanzen überhaupt ein Bedarf besteht) waren bisher nicht Bestandteil der behördlichen Genehmigungsverfahren (vgl. dazu *Loge* in: Evang. Akademie Bad Boll, Tierversuche S. 207). Durch die Aufnahme des Tierschutzes als Staatsziel ins Grundgesetz hat sich die Rechtslage jedoch verändert. Tierschutz ist jetzt gemäß Art. 20a GG zu einem Verfassungsgut geworden, das gegenüber anderen Verfassungsgütern grundsätzlich gleichgeordnet und gleichgewichtig ist; dies gilt auch im Verhältnis zur Forschungs- und Lehrfreiheit nach Art. 5 Abs. 3 GG (s. dazu Art. 20a GG Rn. 5). Eingriffe, die zu Schmerzen und Leiden bei Tieren führen, lassen sich deswegen nicht mehr abstrakt sondern nur noch konkret rechtfertigen: ihr konkreter Nutzen muss größer sein als die von ihnen ausgehenden Belastungen. Zur Ermittlung dieses konkreten Nutzens gehört aber unabweislich auch die Frage, ob es vergleichbare Produkte bzw. Verfahren bereits gibt und – falls ja – wie groß der zusätzliche Nutzen ist, der von dem neuen Produkt ausgehen soll. Erst wenn auch dieser „Differenz-Nutzen" wenigstens als mittelmäßig eingestuft werden kann, lassen sich mit ihm leichte und mittelgradige Belastungen rechtfertigen (s. Rn. 42; vgl. auch *Lienemann* in: Evang. Akademie Bad Boll, Tierversuche S. 41: „überwältigender Konsens, dass Tierversuche für nicht lebensnotwendige Zwecke nicht mehr statthaft sind"). Zu schweren Belastungen s. Rn. 46.

Die **Zufügung schwerer Schmerzen oder Leiden** ist in aller Regel mit 46 den mehrheitlich konsensfähigen Gerechtigkeitsvorstellungen auch dort unvereinbar, wo der Versuch einen großen Gewinn für Mensch/Tier erwarten lässt. Dazu die Ethischen Grundsätze und Richtlinien für wissenschaftliche Tierversuche der Schweizerischen Akademie der Medizinischen Wissenschaften und der Naturwissenschaften, Ziff. 4.6: „Versuche, die dem Tier schwere Leiden verursachen, müssen vermieden werden, indem durch Änderung der zu prüfenden Aussage andere Versuchsanordnungen gewählt werden oder indem auf den erhofften Erkenntnisgewinn verzichtet wird" (zit. n. ALTEX 13, 1996, 3–6). Diese Forderung spiegelt den aktuellen Stand der mehrheitlichen Wertvorstellungen zum Mensch-Tier-Verhältnis in der Schweiz wider. In Deutschland sind diese Vorstellungen nicht anders, so dass auch hier solche Versuche als ethisch unvertretbar bewertet werden müssen (so zutreffend *Kluge/Goetschel* § 7 Rn. 56). Kirchliche Aussagen zur Ethik der Mitgeschöpflichkeit bestätigen diese Einschätzung (vgl. u. a. die Stellungnahme der EKD v. 22. 10. 1985 zum ÄndG 1986 in: Ausschuss für Ernährung, Landwirtschaft und Forsten, BT-Drucks. 10/165). Das „ganz neue Gewicht" (s. Art. 20a GG Rn. 6), das der Tierschutz durch seine Aufstufung zum Verfassungsgut erfahren hat, weist in dieselbe Richtung, zumal bedacht werden muss, dass die schweren Belastungen der Tiere meist sicher sind, der erhoffte große Nutzen dagegen nur mehr oder weniger wahrscheinlich. – Die Arbeitsgruppe für Tierschutzfragen an den Zürcher Hochschulen veröffentlicht eine jährlich aktualisierte Liste der Tierversuche, die

§ 7 TierSchG *Tierschutzgesetz*

demnach unzulässig sind (vgl. dazu ALTEX 14, 1997, 61–62; Update ALTEX 15, 1998, 77–78).

2. Qualifizierte Abwägung nach Abs. 3 S. 2

47 Das **Merkmal „erheblich"** dient der Ausgrenzung von Bagatellfällen (vgl. BGH NJW 1987, 1833, 1834; s. auch § 17 Rn. 50). Erhebliche Schmerzen oder Leiden sind solche, die mehr als nur geringfügig sind (vgl. BT-Drucks. 4/85, Initiativentwurf eines Tierschutzgesetzes v. 14. 12. 1961). Nur die leichten Belastungen iS der o. e. Schweregradtabelle (s. Rn. 43) fallen also in die Kategorie „unerheblich". Dagegen stellen Belastungen, die unabhängig von ihrer zeitlichen Dauer mittelgradig sind, weder Bagatellen dar, noch sind sie geringfügig. Sie sind damit als erheblich einzustufen. Erst recht gilt dies natürlich für die schweren. (Näher zur Erheblichkeit von Schmerzen s. § 17 Rn. 51, 52; zu erheblichen Leiden s. § 17 Rn. 53 und Rn. 58–70).

48 Zu **„länger anhaltend oder sich wiederholend"** s. § 17 Rn. 54.

49 **Wesentlichen Bedürfnissen von Mensch oder Tier** dient ein Versuch, wenn die angestrebte Erkenntnis der Bekämpfung einer schweren Erkrankung dient. Von **hervorragender Bedeutung** ist er, wenn sich von ihm mit hoher Wahrscheinlichkeit ein bedeutender Fortschritt bei der Diagnose oder Therapie erwarten lässt und die Krankheit bisher nicht oder nur kaum beeinflussbar war. Damit können „normale" Arzneimittel Tierversuche, die zu erheblichen, anhaltenden Schmerzen oder Leiden führen, nicht rechtfertigen, Chemikalien oder Umweltfragen ebenso wenig (vgl. *L/M* § 7 Rn. 62).

50 In der **biomedizinischen Grundlagenforschung** (s. Rn. 10) besteht an der Beantwortung einer Fragestellung ein wesentliches Bedürfnis, wenn diese sich als Vorfrage zur „Beantwortung lebenswichtiger Fragen" (so BT-Drucks. 10/3158 S. 23) darstellt. Auch hier muss es also um einen Weg zur Diagnose oder Therapie einer bisher nicht oder nur kaum beeinflussbaren, schweren Krankheit gehen. Von einer hervorragenden Bedeutung kann auch hier nur gesprochen werden, wenn sich von der erhofften Antwort mit hinreichender Wahrscheinlichkeit ein bedeutender Fortschritt auf diesem Gebiet erwarten lässt. – IdR lassen sich bei der Grundlagenforschung solche Wahrscheinlichkeiten nicht feststellen. Tierversuche, die mit erheblichen, anhaltenden Schmerzen oder Leiden verbunden sind, sind deshalb auf diesem Gebiet grds. nicht mit den mehrheitlichen Wert- und Gerechtigkeitsvorstellungen und mit Art. 20a GG vereinbar. Ein Nachteil für den wissenschaftlichen Fortschritt ist davon kaum zu befürchten, denn physiologische Zusammenhänge können ohnehin nur am möglichst unbelasteten Tier erfolgreich untersucht werden. Grundlagenforschung, die stattdessen mit schweren Belastungen einhergeht, ist deshalb von vornherein von zweifelhaftem Nutzen und erbringt jedenfalls keinen „großen Gewinn" (s. Rn. 42; vgl. auch *Heldmaier* in: Evang. Akademie Bad Boll, Tierversuche S. 218: „Es besteht ein Konsens, dass für den reinen Erkenntnisgewinn nur Tierversuche durchgeführt werden, bei denen Tiere nicht leiden oder nach Möglichkeit nur kurzfristig belastet werden"). – Für die nicht-medizinische, biologische Grundlagenforschung gilt damit erst recht, dass sie weder schwere

3. Beispiele zur Nutzen-Schaden-Abwägung

Bei **gentechnologischen Eingriffen/Behandlungen** muss auf der Schadensseite vor allem an die hohe Zahl von tot geborenen, nicht lebensfähig geborenen und von ungenutzt getöteten Tieren gedacht werden: Bei Tieren, die frisch in die Transgenität überführt worden sind, rechnet man, wenn die DNA-Insertionsmethode verwendet wird, mit 95% „Ausfall"; auch in der ersten und zweiten Folgegeneration kommen noch einmal hohe Prozentsätze an „Abfalltieren", die das fremde Gen nicht exprimieren und deswegen ungenutzt getötet werden, hinzu (vgl. dazu *Gruber* in: Evang. Akademie Bad Boll, Tierversuche S. 128; zu den noch höheren Verbrauchszahlen beim Klonen vgl. *Spielmann* ebenda S. 118). Wegen der Herstellung transgener Tierlinien hat die Zahl der verbrauchten Tiere in der Grundlagenforschung so stark zugenommen, dass auch bei der Gesamtzahl der Tierversuche ein deutlicher Anstieg konstatiert werden musste (s. § 16c Rn. 2). Die Manipulationen selbst sind mit Eingriffen verbunden, die jedenfalls zT als schwer eingestuft werden müssen (u.a. Injektionen und Implantationen bei den Spendertieren, Vasektomie bei den männlichen Tieren, die beim Ammentier die Scheinträchtigkeit auslösen sollen, operative Implantation der behandelten Zygoten in die Eileiter der Ammentiere). Diejenigen Tiere, die transgen geboren werden und lebensfähig sind, weisen oft Schäden auf, die auch mit Leiden verbunden sind. Genannt werden: Abnormitäten bei der Reproduktion, Gewichtsverluste, reduzierte Lebenserwartung, Missbildungen bis hin zu Gaumenspalten und Atrophien, morphologische Abweichungen, Abweichungen bei der Nahrungsaufnahme und im Verhaltensrepertoire (vgl. *Gruber* aaO; *Idel* in: *Caspar/Koch* S. 93 ff.; BMVEL, Tierschutzbericht 1997, S. 109, 110). – Auf der ‚Nutzenseite' ist zu bedenken, dass gentechnische Tierversuche trotz der extremen Verbrauchszahlen bisher unmittelbar noch zu keinen brauchbaren Therapien beim Menschen geführt haben (vgl. dazu *Lienemann* in: Evang. Akademie Bad Boll, Tierversuche S. 35). Auch der konkret angestrebte Erkenntnisgewinn, mit dem das Versuchsvorhaben im Antrag gerechtfertigt wurde, bleibt häufig aus (vgl. dazu *Idel* aaO S. 104: „Ist es vertretbar, wenn so häufig am Versuchsende konstatiert wird, ‚es war zwar ganz anders als erwartet, aber wir haben viel gelernt'?"). Ob Ergebnisse aus Versuchen mit transgenen Tieren irgendwann mit Gewinn auf menschliche Krankheiten übertragen werden können, ist ungewiss, denn die menschliche Erkrankung ist ein multifaktorielles Phänomen, das u.a. durch Alter, Geschlecht, Entwicklung, Ernährung, genetische Ausstattung und Umweltfaktoren beeinflusst wird und das mit dem künstlich hervorgerufenen Defekt am veränderten Versuchstier kaum verglichen werden kann. Durch die Verwendung von homozygoten Inzuchtstämmen lässt sich zwar die Wiederholbarkeit der Versuchsergebnisse im Labor gewährleisten, gleichzeitig aber auch voraussehen, dass die so gewonnenen Ergebnisse bei verschiedenen Menschen auch zu unterschiedlichen Resultaten führen werden (vgl. *Idel* aaO S. 103). – Beim Gene-Pharming

51

§ 7 TierSchG *Tierschutzgesetz*

muss auch an die Gefahr, dass dadurch Erreger vom Tier übertragen und humanpathogen werden, gedacht werden. – Zur Bewertung der Xeno-Transplantation gehören die Infektionsrisiken sowie der Umstand, dass Leber und Herz von Tieren eigene Proteine produzieren, die nicht mit dem menschlichen Körper in Einklang zu bringen sind. Deswegen und wegen anderer unvorhergesehener Wechselwirkungen werden die Aussichten auf einen erfolgreichen Einsatz dieser Therapie beim Menschen als sehr gering eingeschätzt (vgl. dazu *Nickel* in: Evang. Akademie Bad Boll, Tierversuche S. 46; *Gruber* ebenda S. 139: in der Schweiz gibt es zur Zeit keine Genehmigungen für Transplantationen von Schweineherzen auf Primaten). Auch muss an das Risiko, dass die Erreger tierischer Erkrankungen die Artengrenze überspringen und dadurch für den Menschen gefährlich werden können, gedacht werden (vgl. *Idel* aaO S. 109). – Besonders unvertretbar erscheinen Versuche, die darauf abzielen, mit Wachstumshormon-Genen die Produktivität von landwirtschaftlichen Nutztieren weiter zu steigern, denn die gewünschte Wirkung dieser Gene setzt das Umgehen der körpereigenen Selbstregulationsmechanismen beim Tier voraus, verursacht also Krankheiten und in der Folge erhöhten Medikamenteneinsatz. Vgl. dazu *Vernon Pursel,* der bis 1989 weltweit die meisten Gentransfers bei Schweinen durchgeführt hatte: „Die Manipulationen mit menschlichen Wachstumshormon-Genen waren zerstörerisch für die Gesundheit der Schweine. Kaum ein inneres Organ ist von Schäden verschont geblieben" (zit. nach *Idel* aaO S. 110). Auch der Einsatz von Resistenz-Genen, um die Tiere an eine nicht tiergerechte Umgebung bzw. an krankmachende Haltungsbedingungen anzupassen, erscheint mit den mehrheitlichen Wertvorstellungen und dem Konzept der Mitgeschöpflichkeit nicht vereinbar.

52 Bei **Toxizitätsprüfungen,** denen neue chemische Stoffe und Produkte regelmäßig unterzogen werden, ist der soziale Nutzen besonders fraglich. Daten und Erfahrungen aus menschlichen Vergiftungsfällen zeigen, dass sich die Ergebnisse aus tiertoxikologischen Prüfungen, bei denen an den Tieren meist völlig unrealistische Stoffmengen getestet worden sind, nicht unmittelbar auf den Menschen übertragen lassen (vgl. *Hahn* in: *Gruber/ Spielmann* S. 132). Dies liegt u. a. daran, dass die LD50-Werte stark artenspezifisch sind und meist über Zehnerpotenzen streuen, dass an den Tieren ausschließlich finale, unspezifische Symptome dokumentiert werden, dass die Tiere nicht behandelt werden und dass mögliche Spätschäden unerfasst bleiben. Ein Beispiel aus *Hahn* aaO: Bei dem Stoff Phenol erwies sich für einen erwachsenen Menschen eine Dosis von 140 mg pro kg Körpergewicht als tödlich und für ein Kind 10 mg; dagegen betrug die L(etale) D(osis) 50(%) für Mäuse 270, für Ratten 317, für Katzen 80, für Kaninchen 420 und für Hunde 500 mg pro kg Körpergewicht. Giftigkeitsprüfungen am Tier können damit sowohl zu einer Unter- als auch zu einer Überschätzung des Risikos für den Menschen führen. – Trotz der anerkannten alternativen Methoden für die Prüfung der oralen Giftigkeit (s. Rn. 23) finden LD 50 – bzw. LC 50-Tests weiterhin zur Prüfung der dermalen bzw. inhalativen Giftigkeit statt.

53 Die Fragestellungen in den verschiedenen Bereichen der **Neurobionik** lassen sich durch die tierexperimentelle Methodik nur unvollständig oder

Voraussetzungen § 7 TierSchG

gar nicht beantworten. Dies liegt zT daran, dass es hier um den ureigensten, ganz speziellen Bereich des Lebewesens Mensch geht, nämlich um sein besonders entwickeltes, zentrales Nervensystem und dessen Art, Informationen zu verarbeiten. Deshalb sind hier Rückschlüsse vom Gesamtorganismus selbst von hochentwickelten Säugetieren auf den Menschen nur selten möglich (vgl. *Bothe* in: *Caspar/Koch* S. 140). Methoden der Wahl sind hier u. a. die Computersimulation oder auch die Zell- und Organkultur.

VI. Spezielle Versuchsverbote nach Abs. 4 und Abs. 5

1. Versuche für Waffen

Gemeint sind in erster Linie Waffen iS des § 1 WaffG und Kriegswaffen 54 iS des § 1 KriegsWaffG (vgl. dazu die Kriegswaffenliste idF der 9. ÄndVO v. 26. 2. 1998, BGBl. I S. 385). Darüber hinaus sind Waffen alle Gegenstände, die nach ihrer Konstruktion dazu bestimmt sind, als Angriffs- oder Verteidigungsmittel zu dienen und die dabei erhebliche Verletzungen zufügen können (vgl. *Schönke/Schröder/Eser* § 244 StGB Rn. 3), also zB auch Gaspistolen, Tränengassprühdosen, Betäubungsmittel, Gifte und Säuren. Eine Unterscheidung von Angriffs- und Verteidigungswaffen ist nicht vorgesehen und in der Praxis wohl auch nicht möglich. Munition s. § 2 WaffG. Zugehöriges Gerät s. § 3 WaffG sowie ebenfalls die Kriegswaffenliste. – Verboten ist jeder Versuch, der der Entwicklung (Herstellung, Verbesserung) oder Erprobung (Testung) eines solchen Gegenstandes dient. Wird angegeben, der Versuch diene der Entwicklung von Schutz- und Heilmöglichkeiten gegen Waffeneinwirkungen oder zur Diagnostik von Erkrankungen, so greift das Verbot nur dann nicht ein, wenn dies der ausschließliche Versuchszweck ist (vgl. BT-Drucks. 10/5259 S. 40; *L/M* § 7 Rn. 64). Da es bei Schießübungen auf Tiere immer auch um die Testung der Wirkung der Waffen bzw. der Munition geht, fallen solche Übungen stets unter das Verbot (vgl. auch die Beispiele bei *Caspar* Tierschutz S. 226). – Ein vorsätzlicher oder fahrlässiger Verstoß ist eine Ordnungswidrigkeit nach § 18 Abs. 1 Nr. 11. Auch eine Ordnungswidrigkeit nach § 18 Abs. 1 Nr. 1 kann vorliegen, ebenso eine Straftat nach § 17.

2. Versuche für Tabakerzeugnisse, Waschmittel und Kosmetika

Was Tabakerzeugnisse und gleichgestellte Produkte sind, regelt § 3 55 LMBG. Die Gleichstellung in § 3 Abs. 2 LMBG erstreckt sich auch auf das Tierschutzrecht (vgl. *Kluge/Goetschel* § 7 Rn. 64). – Unter Waschmittel fallen auch die gem. § 2 WRMG gleichgestellten allgemeinen Reinigungsmittel. Neben Seifen, Textilwaschmitteln, Geschirrspülern, Haushaltsreinigern etc. werden auch Erzeugnisse erfasst, die zwar für einen anderen als den Reinigungszweck entwickelt worden sind, jedoch vom Verbraucher unmittelbar zur Reinigung verwendet werden können und erfahrungsgemäß auch werden. Hierzu zählen zB Lackverdünner auf Lösungsmittelbasis, Emulgatoren auf der Basis von grenzflächenaktiven Stoffen sowie Erzeugnisse, die im Zusammenhang mit Reinigungsvorgängen eingesetzt werden wie Weich-

§ 7 TierSchG   *Tierschutzgesetz*

spülmittel, Imprägnierungsmittel, Netzmittel, optische Aufheller u.a. – Kosmetika s. § 4 LMBG. Hier können Abgrenzungsschwierigkeiten zu Arzneimitteln auftreten: Dient das Produkt einem der in § 4 Abs. 1 erster Halbsatz LMBG genannten Zwecke, so kann es nach dem zweiten Halbsatz nur dann als Arzneimittel eingestuft werden, wenn es überwiegend (also nicht nur: unter anderem) dazu bestimmt ist, Krankheiten, Leiden, Körperschäden oder krankhafte Beschwerden zu lindern oder zu beseitigen. – Das Tierversuchsverbot für Kosmetika erfasst seit dem ÄndG 1998 sämtliche kosmetischen Mittel, also nicht nur die dekorativen, sondern auch die pflegenden wie zB Seife, Shampoo, Zahnpasta. Gleichgestellte Stoffe und Zubereitungen s. § 4 Abs. 2 LMBG. – Verboten sind nicht nur Tierversuche, die das Endprodukt betreffen, sondern auch Versuche mit Rohstoffen, Bestandteilen und Bestandteilskombinationen, die ausschließlich oder hauptsächlich in solchen Produkten Verwendung finden sollen. – Vom Wortlaut her scheinen von Abs. 5 zwar nur Entwicklungs-, nicht auch Erprobungsversuche umfasst zu sein. Der Gesetzeszweck steht aber einer solchen Einschränkung entgegen. Dem Gesetzgeber ging es in erster Linie um die Verhinderung der Giftigkeitsprüfungen, die über Jahrzehnte hinweg zur Haut- und Schleimhautverträglichkeit sowie zur Phototoxizität von Kosmetika uÄ unternommen worden waren und die in der Öffentlichkeit besondere Empörung hervorgerufen hatten. Auch in der 6. Richtlinie zur Änderung der EU-Kosmetikrichtlinie v. 14. 6. 1993 (ABl. EG Nr. L 151 S. 33), die (trotz ihrer späteren Änderung durch die 7. Richtlinie) das ÄndG 1998 beeinflusst hat, ist es um solche Erprobungsversuche gegangen. Sofern man dennoch ablehnt, auch die Giftigkeitsprüfungen dem Abs. 5 zu unterstellen, so fehlt es für diese Prüfungen jedenfalls an der ethischen Vertretbarkeit iS von Abs. 3 S. 1 (vgl. *L/M* § 7 Rn. 65; s. auch Rn. 44, 45). – Abs. 5 gilt im Gegensatz zu Abs. 3 auch für Nicht-Wirbeltiere (vgl. *L/M* § 7 Rn. 66). – Grundgedanke der Vorschrift: Bei den genannten Gegenständen handelt es sich um verzichtbare Produkte, sei es, dass sie von vornherein keinen Lebensnotwendigkeiten, sondern nur ökonomischen oder kulturellen Bedürfnissen dienen, sei es, dass vergleichbare Produkte in ausreichender Zahl bereits entwickelt und erprobt worden sind. In einem solchen Fall lässt sich der soziale Nutzen weiterer Tierversuche allenfalls als gering einstufen und rechtfertigt damit nicht einmal mehr die Zufügung geringer Belastungen (s. auch Rn. 42). – Verstöße sind ordnungswidrig nach § 18 Abs. 1 Nr. 11, ggf. auch nach Nr. 1. Auch eine Strafbarkeit nach § 17 kommt in Betracht.

3. Rechtsverordnung nach Abs. 5 S. 2

56 Eine Rechtsverordnung nach Abs. 5 S. 2 ist bislang nicht erlassen worden. Sie wird auch kaum ergehen können, denn sie müsste – über die in S. 2 ausdrücklich benannten Voraussetzungen hinaus – auch dem gesetzlichen Gebot der ethischen Vertretbarkeit nach Abs. 3 genügen, dürfte also Tierversuche nur zur Entwicklung und Erprobung solcher Produkte zulassen, die lebensnotwendig sind oder zumindest menschlichen Erhaltungsinteressen dienen und die nicht schon in vergleichbarer Version auf dem Markt vorhanden sind (s. Rn. 45; man kann diesen Gesichtspunkt auch als „finale

Genehmigung § 8 TierSchG

Unerlässlichkeit" bezeichnen). Darüber hinaus müssten die zugelassenen Prüfungen der Abwehr konkreter Gesundheitsgefahren dienen, vgl. S. 2 Nr. 1; auch davon kann bei Produkten, die zwar potentiell gefährlich, zugleich aber verzichtbar sind, nicht gesprochen werden. Zudem müsste feststehen, dass es um neue (also nicht schon irgendwo erzielte) Erkenntnisse geht und dass dafür keine vertretbaren, genügend aussagekräftigen Alternativmethoden zur Verfügung stehen („instrumentale Unerlässlichkeit").

§ 8 [Genehmigung]

(1) Wer Versuche an Wirbeltieren durchführen will, bedarf der Genehmigung des Versuchsvorhabens durch die zuständige Behörde.

(2) ¹Der Antrag auf Genehmigung eines Versuchsvorhabens ist schriftlich bei der zuständigen Behörde einzureichen. ²In dem Antrag ist
1. wissenschaftlich begründet darzulegen, daß die Voraussetzungen des Absatzes 3 Nr. 1 vorliegen,
2. nachzuweisen, daß die Voraussetzungen des Absatzes 3 Nr. 2 bis 4 vorliegen,
3. darzulegen, daß die Voraussetzungen des Absatzes 3 Nr. 5 vorliegen.
³Der Antrag muß ferner die Angaben nach § 8a Abs. 2 Nr. 1 bis 5 enthalten.

(3) Die Genehmigung darf nur erteilt werden, wenn
1. wissenschaftlich begründet dargelegt ist, daß
   a) die Voraussetzungen des § 7 Abs. 2 und 3 vorliegen,
   b) das angestrebte Versuchsergebnis trotz Ausschöpfung der zugänglichen Informationsmöglichkeiten nicht hinreichend bekannt ist oder die Überprüfung eines hinreichend bekannten Ergebnisses durch einen Doppel- oder Wiederholungsversuch unerläßlich ist;
2. der verantwortliche Leiter des Versuchsvorhabens und sein Stellvertreter die erforderliche fachliche Eignung insbesondere hinsichtlich der Überwachung der Tierversuche haben und keine Tatsachen vorliegen, aus denen sich Bedenken gegen ihre Zuverlässigkeit ergeben;
3. die erforderlichen Anlagen, Geräte und anderen sachlichen Mittel vorhanden sowie die personellen und organisatorischen Voraussetzungen für die Durchführung der Tierversuche einschließlich der Tätigkeit des Tierschutzbeauftragten gegeben sind;
4. eine den Anforderungen des § 2 entsprechende Unterbringung und Pflege einschließlich der Betreuung der Tiere sowie ihre medizinische Versorgung sichergestellt ist und
5. die Einhaltung der Vorschriften des § 9 Abs. 1 und 2 und des § 9a erwartet werden kann.

(4) ¹In dem Genehmigungsbescheid sind der Leiter des Versuchsvorhabens und sein Stellvertreter anzugeben. ²Wechselt der Leiter eines Versuchsvorhabens oder sein Stellvertreter, so hat der Genehmigungsinhaber diese Änderung der zuständigen Behörde unverzüglich anzuzeigen; die Genehmigung gilt weiter, wenn sie nicht innerhalb eines Monats widerrufen wird.

(5) ¹Die Genehmigung ist zu befristen. ²Im Falle des Absatzes 5a Satz 1 gilt die im Antrag genannte voraussichtliche Dauer des Versuchsvorhabens.

(5a) ¹Hat die Behörde über den Antrag nicht innerhalb einer Frist von drei Monaten, im Falle von Versuchen an betäubten Tieren, die noch unter dieser Betäubung getötet werden, nicht innerhalb einer Frist von zwei Monaten, schriftlich entschieden, so gilt die Genehmigung als erteilt. ²Die Frist von zwei Monaten kann von der zuständigen Behörde bei Bedarf nach Anhörung des Antragstellers auf bis zu drei Monate verlängert werden. ³Bei der Berechnung der Frist bleiben die Zeiten unberücksichtigt, während derer der Antragsteller trotz schriftlicher Aufforderung der Behörde den Anforderungen nach Absatz 2 nicht nachgekommen ist. ⁴Die Genehmigung nach Satz 1 kann nachträglich mit Auflagen versehen werden, soweit dies zur Erfüllung der Voraussetzungen des Absatzes 3 erforderlich ist.

(6) Wird die Genehmigung einer Hochschule oder anderen Einrichtung erteilt, so müssen die Personen, welche die Tierversuche durchführen, bei der Einrichtung beschäftigt oder mit Zustimmung des verantwortlichen Leiters zur Benutzung der Einrichtung befugt sein.

(7) ¹Der Genehmigung bedürfen nicht Versuchsvorhaben,
1. deren Durchführung ausdrücklich
   a) durch Gesetz, Rechtsverordnung oder durch das Arzneibuch oder durch unmittelbar anwendbaren Rechtsakt eines Organs der Europäischen Gemeinschaften vorgeschrieben,
   b) in einer von der Bundesregierung oder einem Bundesministerium mit Zustimmung des Bundesrates im Einklang mit § 7 Abs. 2 und 3 erlassenen allgemeinen Verwaltungsvorschrift vorgesehen oder
   c) auf Grund eines Gesetzes oder einer Rechtsverordnung oder eines unmittelbar anwendbaren Rechtsaktes eines Organs der Europäischen Gemeinschaften von einem Richter oder einer Behörde angeordnet oder im Einzelfall als Voraussetzung für den Erlaß eines Verwaltungsaktes gefordert

ist;
2. die als Impfungen, Blutentnahmen oder sonstige diagnostische Maßnahmen nach bereits erprobten Verfahren an Tieren vorgenommen werden und
   a) der Erkennung insbesondere von Krankheiten, Leiden, Körperschäden oder körperlichen Beschwerden bei Mensch oder Tier oder
   b) der Prüfung von Seren, Blutzubereitungen, Impfstoffen, Antigenen oder Testallergenen im Rahmen von Zulassungsverfahren oder Chargenprüfungen dienen.

²Der Genehmigung bedürfen ferner nicht Änderungen genehmigter Versuchsvorhaben, sofern
1. der Zweck des Versuchsvorhabens beibehalten wird,
2. bei den Versuchstieren keine stärkeren Schmerzen, Leiden oder Schäden entstehen,
3. die Zahl der Versuchstiere nicht wesentlich erhöht wird und
4. diese Änderungen vorher der zuständigen Behörde angezeigt worden sind; § 8a Abs. 2 und 5 gilt entsprechend.

Genehmigung § 8 TierSchG

Übersicht

	Rn.
I. Notwendigkeit einer Genehmigung nach Abs. 1	1, 2
II. Form und Inhalt des Antrags auf Genehmigung nach Abs. 2	3–5
III. Die Genehmigungsvoraussetzungen nach Abs. 3; Prüfungsbefugnis und Prüfungspflicht der Behörden und Gerichte	6–14
IV. Die Absätze 4, 5, 5 a und 6	15–18
V. Kein Genehmigungserfordernis bei Tierversuchen, die durch Gesetz oÄ ausdrücklich vorgeschrieben sind, Abs. 7 S. 1 Nr. 1	19–31
1. Gesetz	19
2. Rechtsverordnungen	20–24
3. Arzneibuch	25
4. Unmittelbar anwendbarer Rechtsakt eines Organs der EU	26
5. Allgemeine Verwaltungsvorschriften, Abs. 7 S. 1 Nr. 1 b	27–30
6. Einzelanordnung, Abs. 7 S. 1 Nr. 1 c	31
VI. Kein Genehmigungserfordernis bei Impfungen uÄ nach Abs. 7 S. 1 Nr. 2	32
VII. Unbedeutende Änderungen genehmigter Versuchsvorhaben nach Abs. 7 S. 2	33
VIII. Verfahrensrechtliches. Ordnungswidrigkeiten	34, 35

I. Notwendigkeit einer Genehmigung nach Abs. 1

Genehmigungspflichtig sind grds. alle Versuche, die an Wirbeltieren 1 durchgeführt werden; Ausnahmen gelten nur nach Abs. 7 S. 1 (s. Rn. 19–32). – Zum Begriff Tierversuch s. § 7 Rn. 1–5; dort auch zur Abgrenzung gegenüber anderen, nicht genehmigungspflichtigen Maßnahmen nach § 4 Abs. 3, § 6 Abs. 1 S. 2 Nr. 4, § 10 und § 10a. Zum Begriff Wirbeltier s. § 4 Rn. 1. Zu Versuchen mit wirbellosen Tieren s. § 8a Rn. 2. – Das Genehmigungserfordernis hängt nicht davon ab, ob und in welchem Ausmaß dem Tier tatsächlich Schmerzen, Leiden oder Schäden zugefügt werden. Es erstreckt sich insbesondere auch auf sog. finale Versuche (d. h. auf Versuche, bei denen das Tier vor Beginn der eigentlichen Experimentierhandlungen betäubt und später ohne vorheriges Wiedererwachen getötet wird). – Änderungen eines genehmigten Versuchsvorhabens bedürfen grds. einer neuen Genehmigung; eine Ausnahme gilt nach Abs. 7 S. 2 (s. Rn. 33).

Zuständige Behörde ist nach § 15 i. V. m. dem Landesrecht meist die 2 Mittelbehörde (Bezirksregierung, Regierungspräsidium, vgl. zB § 1 Nr. 2 Tierschutzzuständigkeitsverordnung BW). Zu Tierversuchen im Bereich der Bundeswehr s. § 15 Abs. 3 i. V. m. den Bestimmungen über die Durchführung des Tierschutzgesetzes im Geschäftsbereich des Bundesministers der Verteidigung, VMBl. 2000 S. 46 ff.

II. Form und Inhalt des Antrags auf Genehmigung nach Abs. 2

3   Der Antrag bedarf der **Schriftform**. **Notwendiger Inhalt** s. AVV Anlage 1. Vollständig ist ein Antrag nur, wenn er zu allen Punkten und Unterpunkten, die dort genannt sind, detaillierte, widerspruchsfreie und substantiierte (d. h. die einzelnen Tatsachen genau schildernde) Angaben enthält. Diese müssen schlüssig sein (d. h. die Genehmigungsvoraussetzungen nach Abs. 3 ausfüllen).

4   Der Antrag muss zu einem **Zeitpunkt** gestellt und die Genehmigung dem Antragsteller zugegangen sein, bevor mit dem ersten Tierversuch begonnen wird, da man sonst nicht mehr von der „Genehmigung eines Versuchsvorhabens" sprechen kann. Vorzeitiger Versuchsbeginn ist eine Ordnungswidrigkeit nach § 18 Abs. 1 Nr. 12 (s. Rn. 35; s. auch § 18 Rn. 20).

5   Für jedes Versuchsvorhaben ist ein **gesonderter Antrag notwendig**. Mehrere einzelne Versuche können aber ein einheitliches Vorhaben bilden, wenn sie u. a. durch dieselbe Fragestellung, denselben Erkenntnisgewinn und durch eine einheitliche Planung miteinander verbunden sind (vgl. AVV Nr. 6.1.3; *L/M* § 8 Rn. 7).

III. Die Genehmigungsvoraussetzungen nach Abs. 3; Prüfungsbefugnis und Prüfungspflicht der Behörden und Gerichte

6   Zur Genehmigungsvoraussetzung „ethische Vertretbarkeit" (§ 7 Abs. 3) hat die Rechtsprechung bisher idR die Auffassung vertreten, dass sich die Behörde auf eine formelle Prüfung im Sinne einer „qualifizierten Plausibilitätskontrolle" zu beschränken habe. Sie dürfe zwar prüfen, ob der Antragsteller einen widerspruchsfreien, schlüssigen und ausreichend substantiierten Tatsachenvortrag geleistet habe – mehr aber nicht. Insbesondere sei sie nicht befugt, die Wahrscheinlichkeit des angestrebten Versuchserfolges selbst zu beurteilen, hierzu eigene Ermittlungen anzustellen und bei der Nutzen-Schaden-Abwägung ihre Einschätzung an die Stelle der Einschätzung des Wissenschaftlers zu setzen und dabei auch auf außerwissenschaftliche Beurteilungsmaßstäbe zurückzugreifen (vgl. VG Berlin ZUR 1995, 201 ff. unter Berufung auf BVerfG NVwZ 1994, 894; das BVerfG hatte allerdings eine solche Gesetzesauslegung nur als naheliegend, nicht etwa als notwendig oder gar zwingend dargestellt, vgl. *Kluge/Goetschel* § 8 Rn. 9). Begründet wurde diese Rechtsprechung mit der fehlenden verfassungsrechtlichen Verankerung des Tierschutzes gegenüber der vorbehaltlos gewährleisteten (und deshalb nur zugunsten von Verfassungsgütern beschränkbaren) Freiheit von Forschung und Lehre, Art. 5 Abs. 3 GG. – Mit der Aufnahme des Tierschutzes als Staatsziel in das Grundgesetz durch Art. 20 a GG ist der Grund für diese Rechtsprechung entfallen. Staatsziele und die durch sie geschützten Rechtswerte sind den anderen Verfassungsprinzipien und Verfassungsgütern prinzipiell gleichgeordnet; dies gilt auch für den Fall

Genehmigung **§ 8 TierSchG**

einer Kollision mit vorbehaltlos gewährleisteten Grundrechten (vgl. dazu BT-Drucks. 12/6000 S. 65, 67; BVerwG NJW 1995, 2648, 2649). Deshalb kann bei der Abwägung zwischen Tierschutz und Forschungsfreiheit nicht mehr einem der beiden Güter von vornherein eine Dominanz zugesprochen werden. Vielmehr muss auf der Basis prinzipieller Gleichrangigkeit abgewogen werden, was voraussetzt, dass die Behörde die Umstände des Einzelfalles vollständig ermittelt und berücksichtigt und sich bei der Herstellung des angemessenen Ausgleichs an dem jeweiligen Grad der Zielbetroffenheit ausrichtet (s. dazu Art. 20a GG Rn. 5). Dies weist ihr umfassende Kontrollrechte und -pflichten zu und verbietet es, zentrale Rechtsbegriffe wie „Unerlässlichkeit" oder „ethische Vertretbarkeit" dem Amtsermittlungsgrundsatz ganz oder teilweise zu entziehen (vgl. § 24 VwVfG; vgl. auch *Obergfell* NJW 2002, 2296, 2298; *Kloepfer/Rossi* JZ 1998, 369, 377: „umfassende Prüfungsbefugnis").

Auch bei einer **historischen und systematischen Auslegung des Gesetzes** spricht alles für eine vollständige sachlich-inhaltliche Prüfungsbefugnis und -pflicht der Genehmigungsbehörde. – Im Verfahren zu dem ÄndG 1986 hatte der Bundestag zunächst gefordert, dass der Antragsteller die Voraussetzungen „Unerlässlichkeit" und „ethische Vertretbarkeit" glaubhaft machen müsse. Dem Bundesrat erschien dieser Vorschlag nicht weitgehend genug, so dass u. a. deswegen der Vermittlungsausschuss angerufen wurde. Wenn dessen Formulierungsvorschlag („wissenschaftlich begründet darlegen") schließlich von beiden Gesetzgebungsorganen akzeptiert wurde, so lässt dies den Schluss zu, dass damit nicht ein ‚Weniger', sondern eher ein ‚Mehr' gegenüber dem ursprünglich vorgeschlagenen „Glaubhaftmachen" gewollt war. Bestätigt wird diese Einschätzung durch den Vortrag des damaligen Mehrheitsvertreters im Bundesrat, des Berliner Bundessenators Scholz: Dieser erklärte in der entscheidenden Bundesratssitzung, die vom Bundestag vorgeschlagene schlichte Glaubhaftmachung sei zu wenig und deshalb tierschutzschädlich; deswegen stelle die jetzige Fassung des Gesetzes eine Verschärfung gegenüber der Glaubhaftmachung dar (Bundesrat, Sten. Ber. 566. Sitzung v. 27. 6. 1986 S. 195, 197; näher zum Ganzen *Kluge* NVwZ 1994, 869, 871; *Caspar* Tierschutz S. 459). – In die gleiche Richtung weist auch die systematische Auslegung, die auf die logische Vereinbarkeit mit anderen Normen abstellt: Die in § 15 Abs. 1 und 3 vorgesehenen Ethik-Kommissionen, die die Behörden bei der Abwägung der widerstreitenden Belange unterstützen und dabei ethische Grundsätze in das Genehmigungsverfahren einführen sollen, müssten leer laufen, wenn der Rückgriff auf außerwissenschaftliche Beurteilungsmaßstäbe verboten wäre und die Einschätzung des antragstellenden Wissenschaftlers nicht durch eine andere ersetzt werden dürfte. 7

Auch die **richtlinien- und völkerrechtskonforme Auslegung des Gesetzes** erfordert, dass die Behörde sich von der ethischen Vertretbarkeit des Vorhabens selbst überzeugt und darüber notfalls Beweis erhebt (vgl. *Harrer* in: *Caspar/Koch* S. 33 ff.). Nach Art. 12 Abs. 2 der EU-Tierversuchsrichtlinie 86/609/EWG hat die Behörde bei Versuchen, die mit erheblichen und möglicherweise länger anhaltenden Schmerzen verbunden sein können, „geeignete gerichtliche oder administrative Schritte zu veranlassen, wenn sie 8

§ 8 TierSchG *Tierschutzgesetz*

nicht davon überzeugt ist, dass der Versuch für grundlegende Bedürfnisse von Mensch und Tier von hinreichender Bedeutung ist". Die Behörde muss also überzeugt sein, und zwar sowohl von dem Fehlen vertretbarer Alternativmethoden (vgl. dazu Art. 7 Abs. 2 der Richtlinie) als auch von dem Übergewicht des Nutzens gegenüber dem Schaden. Das bedeutet, dass sie bei Zweifeln Beweismittel verlangen oder selbst Beweis erheben muss, und es bedeutet weiter, dass sie bei dennoch fortbestehenden Zweifeln die Genehmigung zu versagen hat. Da das nationale Gesetz den EU-Richtlinien gegenüber nachrangig ist, muss es, wenn es gültig sein soll, entsprechend ausgelegt werden. – Dem möglichen Einwand, die Richtlinie beziehe sich nicht auf die Grundlagenforschung und auch nicht auf die Lehre, ist mit dem Hinweis auf die inhaltsgleichen Art. 6 und Art. 9 Abs. 2 des Europäischen Versuchstierübereinkommens zu begegnen, die für jedes wissenschaftliche Verfahren mit Tieren gelten. Das Tierschutzgesetz muss völkerrechtskonform ausgelegt werden, d. h. so, dass es mit diesem für die Bundesrepublik verbindlichen Übereinkommen harmoniert.

9 Zur **Genehmigungsvoraussetzung der Unerlässlichkeit (§ 7 Abs. 2)** ist in der früheren Rechtsprechung ebenfalls angenommen worden, dass der Behörde nur eine beschränkte formelle Prüfungskompetenz zukomme (vgl. VG Düsseldorf AtD 1998, 235, 236; die o. e. Ausführungen des BVerfG bezogen sich jedoch nur auf die ethische Vertretbarkeit). Auch für diese Beschränkung gibt es seit der Änderung von Art. 20a GG keine Grundlage mehr. Im Gegenteil: Als verfassungsrechtlich geschütztes Staatsziel besteht für den Tierschutz Gleichrang mit allen anderen Verfassungsgütern, auch mit der Forschungsfreiheit, und in Konfliktlagen kann deshalb nicht abstrakt, sondern nur nach dem Ausmaß der konkreten Zielbetroffenheit abgewogen werden, was die vollständige Ermittlung und Zusammenstellung allen Abwägungsmaterials, also auch der in Betracht kommenden Alternativmethoden einschließlich ihrer Vor- und Nachteile, voraussetzt (s. dazu Art. 20a GG Rn. 5, 8 und 17). Die sich daraus ergebende sachlich-inhaltliche Prüfungspflicht der Behörde entspricht auch hier allgemeinen Auslegungsgrundsätzen (s. Rn. 7 und 8). – Im Rahmen ihrer Prüfungsbefugnis und Prüfungspflicht muss die Behörde deshalb von dem Antragsteller fordern, dass dieser sich mit allen für das jeweilige Sachgebiet entwickelten Alternativmethoden auseinandersetzt und darlegt, welche Auskünfte er dazu eingeholt hat (Datenbankrecherchen, ZEBET-Gutachten, Gutachten einer ähnlichen Einrichtung). Sie kann ihm die nachträgliche Vorlage eines Gutachtens aufgeben oder im Rahmen eigener Ermittlungen selbst ein solches einholen (§ 26 Abs. 1 Nr. 2 VwVfG und AVV Nr. 6.2.4; s. auch § 7 Rn. 18; zu Internet-Adressen von Datenbanken vgl. BMVEL, Tierschutzbericht 2003, XV 6). – Bleibt das Bestehen von vertretbaren Alternativen trotz aller Ermittlungen zweifelhaft, so ist die Genehmigung zu versagen; denn damit ein Tierversuch erlaubt werden kann „muss gewiss sein, dass in anderer Weise nicht vorgegangen werden kann" (BT-Drucks. 10/3158 S. 25; vgl. auch den Gesetzeswortlaut, „darf nur erteilt werden, wenn ..."). Es gilt hier dasselbe wie für die ethische Vertretbarkeit (vgl. das „Überzeugtsein" der Behörde, das nach Art. 12 Abs. 2 der EU-Richtlinie bzw. Art. 9 Abs. 2 Europ. Versuchstierübereinkommen Genehmigungsvoraussetzung ist).

Genehmigung § 8 TierSchG

Zur **Genehmigungsvoraussetzung des Abs. 3 Nr. 1 b** muss der An- 10
tragsteller darlegen, dass die wissenschaftliche Fragestellung noch ungeklärt
und das angestrebte Versuchsergebnis noch unbekannt ist. Alle zugänglichen Informationsmöglichkeiten müssen genutzt worden sein und die dabei
erhaltenen Informationen dargelegt werden (vgl. AVV Nr. 6.2.1.2.1). In Betracht kommen Datenbankrecherchen, Gutachten, Auskünfte der Anmeldestelle uÄ. Insbesondere muss, wer zur Vorbereitung einer Produktanmeldung oder -zulassung einen Tierversuch durchführen will, im Wege der
Voranfrage bei der für die Anmeldung zuständigen Stelle klären, ob bereits
ausreichende Erkenntnisse vorliegen (vgl. § 20a ChemG, §§ 13ff. Pflanzenschutz, § 17 GenTG, § 24a AMG, § 16b Futtermittelverordnung; vgl.
auch BMVEL, Tierschutzbericht 2001, XIV 4.4, 4.6, 4.7, 4.9). – Sind ausreichende Erkenntnisse irgendwo von irgendwem bereits erzielt worden, so ist
der (erneute) Tierversuch als Wiederholungsversuch grds. unzulässig. Dasselbe gilt, wenn ein Vorhaben mit gleicher Zielsetzung bereits genehmigt
worden ist, weil dann ein Doppelversuch vorliegt (vgl. BT-Drucks. 10/3158
S. 23). Die Behörde kann aber eine Ausnahme zulassen, wenn es unerlässlich
ist, das bereits bekannte Ergebnis mittels eines weiteren Versuches zu überprüfen. Unerlässlichkeit bedeutet, dass der erneute Tierversuch aus wissenschaftlichen Gründen unbedingt notwendig ist. Eine nur wirtschaftlich begründete Notwendigkeit (zB weil der Erstanmelder dem Antragsteller die
Zustimmung zur Verwendung seiner Prüfnachweise verweigert bzw. dafür
hohe Gegenleistungen verlangt) begründet keine Unerlässlichkeit iS des Gesetzes (s. auch § 7 Rn. 14). – In der amtl. Begr. zum ÄndG 1986 heißt es
demgegenüber, die Behörde habe zu entscheiden, „ob die Bedingungen für
den Zugang zu bereits bekannten Informationen dem Antragsteller zugemutet werden können" (BT-Drucks. 10/3158 S. 23). Mit dem Gesetzeswortlaut erscheint dies nicht vereinbar, da dort verlangt wird, dass das angestrebte Versuchsergebnis objektiv noch nicht hinreichend bekannt ist bzw.
die für einen Doppel- oder Wiederholungsversuch geforderte Unerlässlichkeit etwas anderes bedeutet als die wirtschaftliche Zumutbarkeit. – Zum
Vorgehen, wenn die für eine Produktzulassung notwendigen Prüfnachweise
bereits vorliegen, der Erstanmelder ihrer Verwertung aber nicht zustimmt, s.
§ 7 Rn. 19.

Die **erforderliche fachliche Eignung des Leiters und seines Stellvertre-** 11
ters nach Abs. 3 Nr. 2 bestimmt sich zunächst nach den Anforderungen,
die für die versuchsdurchführende Person gelten (§ 9 Abs. 1 und AVV
Nr. 9.1.1–9.1.4). Hinzu kommen zusätzliche Anforderungen mit Blick auf
die wahrzunehmende Überwachungsfunktion (AVV Nr. 6.2.2.1). – Von der
Zuverlässigkeit ist, wie sonst auch, auszugehen, solange keine Tatsachen
bekannt sind, die zu Bedenken Anlass geben (AVV Nr. 6.2.2.2). Solche Tatsachen sind u.a.: Verstöße gegen das Gesetz, Nichteinhaltung behördlicher
Auflagen, Verstöße gegen innerbetriebliche Weisungen. Ein einzelner Verstoß reicht aus, wenn er genügend schwer wiegt. Mehrere, für sich genommen jeweils leichte Verstöße können in der Summe eine ausreichende
Schwere begründen. Beispiele: Unterlassen vorgeschriebener Meldungen,
wiederholt unzureichende Darlegungen zu den Genehmigungsvoraussetzungen nach Abs. 3 Nr. 1, Verstöße gegen § 9a, unsorgfältiger Umgang mit

255

§ 8 TierSchG
Tierschutzgesetz

Forschungsgeldern, Abwesenheitszeiten in Widerspruch zur Überwachungsaufgabe, Beginn mit Tierversuchen vor Eintreffen der Genehmigung, Änderungen ohne neue Genehmigung bzw. ohne vorherige Anzeige nach Abs. 7 S. 2.

12 Die **sachlichen Mittel und die personellen und organisatorischen Voraussetzungen nach Abs. 3 Nr. 3** müssen so sein, dass jederzeit alle Maßnahmen gewährleistet sind, die nach dem aktuellen Stand der wissenschaftlichen Erkenntnisse zur Reduktion der eingesetzten Tierzahlen („reduce") und zur Verminderung der den Tieren zugefügten Belastungen („refine") möglich sind. Für den dazu nötigen Nachweis (vgl. Abs. 2 Nr. 2) dürfte eine Erklärung des Tierschutzbeauftragten nur in Ausnahmefällen genügen (vgl. aber AVV Nr. 6.2.2.3); die Behörde kann jedenfalls den Amtstierarzt oder einen amtlich anerkannten Sachverständigen mit einer Begutachtung der Personal- und Sachausstattung beauftragen und sollte dies im Zweifel auch tun. – Die Bestellung eines oder mehrerer Tierschutzbeauftragter muss nachgewiesen und das hierzu getroffene betriebliche Reglement vorgelegt werden.

13 **Abs. 3 Nr. 4** stellt klar, dass für Unterbringung und Pflege von Versuchstieren die Gebote aus § 2 ohne Einschränkung gelten. Das Versuchstier ist kein Tier minderen Rechts (*L/M* § 8 Rn. 26). Verstöße gegen § 2 in der Versuchstierhaltung begründen nicht nur ein Einschreiten nach § 16a S. 2 Nr. 1 und ggf. die Rücknahme bzw. den Widerruf der Genehmigung für die Tierhaltung nach § 11 Abs. 1 Nr. 1 (vgl. §§ 48, 49 VwVfG); sie führen darüber hinaus zwingend zur Versagung von Genehmigungen nach § 8. – In der Praxis herrscht vielfach das Missverständnis, dass es genüge, die Versuchstiere entsprechend den Leitlinien des Anhangs A zum Europäischen Versuchstierübereinkommen (EVÜ) bzw. des Anhangs I zur EU-Tierversuchsrichtlinie unterzubringen. Dabei wird jedoch verkannt, dass diese Bestimmungen nur eine Untergrenze iS eines tierschutzrechtlichen Minimalprogramms bilden und dass die höheren Anforderungen aus § 2 davon unberührt bleiben (s. § 2 Rn. 39). Vielfach wird auch angenommen, Gesichtspunkte wie Praktikabilität, Verfügbarkeit und Kostenersparnis hätten Vorrang vor den Verhaltensbedürfnissen der Versuchstiere; solange nicht nachgewiesen sei, dass die Tiere unter einer reizarmen Umgebung litten, seien Umweltanreicherungen nicht erforderlich (vgl. dazu die von *Gruber* wiedergegebenen Zitate bekannter Experimentatoren in: Evang. Akademie Bad Boll, Tierversuche S. 145). All dies ist mit § 2 Nr. 1 unvereinbar (s. insbes. § 2 Rn. 12, 15, 29–34). – Zu den gesetzlichen Anforderungen an eine verhaltensgerechte Unterbringung einzelner Versuchstierarten s. Anhang zu § 2 Rn. 58–68. Dort auch zu den einschlägigen Merkblättern der TVT und den Lösungen für mögliche Kollisionslagen zwischen Versuchszweck und Verhaltensbedürfnissen. Offenbar bestehen große Unterschiede zwischen den einzelnen Betrieben und Einrichtungen (vgl. dazu *Albus* in: Evang. Akademie Bad Boll, Tierversuche S. 228, zit. in Anhang zu § 2 Rn. 60). Angesichts der häufigen Gesetzesverstöße in diesem Bereich wird die Behörde ihrer Aufklärungspflicht nach § 24 Abs. 1 VwVfG nicht gerecht, wenn sie sich mit einer schriftlichen Erklärung des Tierschutzbeauftragten begnügt (so jedoch AVV Nr. 6.2.2.3). Zum „Nachweis" (vgl. Abs. 2 Nr. 2) ist zu-

Genehmigung **§ 8 TierSchG**

mindest eine Augenscheinseinnahme durch den Amtstierarzt erforderlich, in Zweifelsfällen auch ein ethologisches Gutachten.

Zu Abs. 3 Nr. 5. Die Einhaltung des § 9 Abs. 1 kann nur erwartet werden, wenn der Antragsteller in der Lage ist, Unterlagen vorzulegen, aus denen sich die erforderliche Qualifikation der versuchsdurchführenden Personen ergibt (vgl. AVV Nr. 9.1; vgl. auch BT-Drucks. 10/3158 S. 23: „Hierzu hat der Antragsteller der Behörde ausreichende Unterlagen vorzulegen"). – Die Einhaltung des § 9 Abs. 2 kann insbesondere nicht erwartet werden, wenn Anhaltspunkte dafür vorliegen (zB aufgrund eines nach § 26 Abs. 1 Nr. 2 VwVfG eingeholten ZEBET-Gutachtens), dass es eine Alternativmethode oder Kombination solcher Methoden geben könnte, die ohne Tiere bzw. mit weniger Tieren bzw. mit geringerer Belastung für die Tiere auskommt und die dennoch zu einem analogen Erkenntnisgewinn (bzw. bei Produktprüfungen zu einem vergleichbar hohen Sicherheitsniveau) führt. – Die Einhaltung von § 9a kann erwartet werden, wenn die Aufzeichnungen der letzten drei Jahre vorgelegt werden können (vgl. § 9a S. 5) und diese sich bei stichprobenartigen Überprüfungen als richtig und vollständig erweisen. 14

IV. Die Absätze 4, 5, 5 a und 6

Die **Anzeigepflicht nach Abs. 4 S. 2** dient der Durchsetzung von Abs. 3 Nr. 2. Folglich muss der Genehmigungsinhaber mit Bezug auf den neuen Leiter oder Stellvertreter die dort vorgesehenen Nachweise erbringen (s. Rn. 11). Gelingt dies nicht oder bestehen hinsichtlich der Zuverlässigkeit des Neuen Bedenken, so wird die Genehmigung widerrufen (vgl. *L/M* § 8 Rn. 31: Abs. 4 S. 2 als besonderer, zu den Tatbeständen des § 49 VwVfG hinzutretender Widerrufsgrund). – Unterbleibt die Anzeige oder erfolgt sie verspätet, so liegt eine Ordnungswidrigkeit nach § 18 Abs. 1 Nr. 13 vor, auch bei Fahrlässigkeit. Außerdem kann dies die Unzuverlässigkeit des Genehmigungsinhabers selbst begründen und zu einer Rücknahme oder einem Widerruf nach §§ 48, 49 VwVfG führen; denn die Zuverlässigkeit des Genehmigungsinhabers ist eine ungeschriebene Voraussetzung, die während der gesamten Dauer einer Genehmigung vorliegen muss. 15

Das **Erfordernis der Befristung nach Abs. 5 S. 1** wurde eingeführt, um sicherzustellen, dass die Behörde bei länger dauernden Versuchsvorhaben die Voraussetzungen für die Genehmigung im Lichte neuer wissenschaftlicher Erkenntnisse oder sonstiger Entwicklungen periodisch überprüft (BT-Drucks. 10/3158 S. 23). Für die Dauer der Frist gilt ebenfalls das Unerlässlichkeitsgebot. Das bedeutet hier: Je rasanter die Entwicklung von Alternativmethoden auf dem jeweiligen Sachgebiet ist und je eher deswegen mit Innovationen gerechnet werden kann, desto kürzer hat die Behörde die Frist zu fassen, um in einem neuen Genehmigungsverfahren prüfen zu können, ob es mittlerweile eine genügend aussagekräftige Alternativmethode bzw. Kombination solcher Methoden gibt. Die in AVV Nr. 6.4.3 genannte Drei-Jahres-Frist bildet deswegen eine Obergrenze, die nach Maßgabe dieser Erwägung unterschritten werden kann und muss. In Verlängerungs- 16

§ 8 TierSchG *Tierschutzgesetz*

verfahren (vgl. AVV Nr. 6.4.3 S. 2) ist demgemäß besonderer Wert auf die Prüfung der Unerlässlichkeit zu legen (auch darauf, ob die wissenschaftliche Fragestellung und das angestrebte Ergebnis noch immer unbekannt sind, s. Rn. 10).

17 Durch das ÄndG 1998 wurde **die fiktive Genehmigung nach Abs. 5 a** eingeführt. Damit sollte sichergestellt werden, dass über einen vollständigen Antrag in angemessener Zeit, d. h. spätestens nach drei Monaten, entschieden wird. Voraussetzung für den Eintritt der Genehmigungsfiktion ist deshalb ein Antrag, der hinsichtlich Eindeutigkeit und Vollständigkeit den Bestimmtheitsanforderungen genügt, die aus verwaltungsrechtlicher Sicht an eine Genehmigung zu stellen sind (vgl. BT-Drucks. 13/7015 S. 19). Das bedeutet: Vollständig in dem Sinn, dass er die Drei-Monats-Frist in Lauf setzen kann, ist ein Antrag nur, wenn er zu allen Punkten und Unterpunkten, die in AVV Anlage 1 aufgelistet sind, Angaben enthält, die detailliert, substantiiert, widerspruchsfrei und schlüssig sind (s. Rn. 3). Nur in diesem Fall kann der Antragsteller darauf vertrauen, dass die Behörde zügig entscheiden wird, und nur mit dieser Beschränkung wird man dem Ziel des Gesetzgebers („frühzeitige Rechtssicherheit, ohne das Tierschutzniveau zu senken", vgl. BT-Drucks. aaO) gerecht. – Ist ein vollständiger Antrag eingereicht worden, so gilt die Genehmigung nach drei Monaten als erteilt, wenn nicht vorher eine schriftliche Entscheidung oder eine schriftliche Aufforderung nach Satz 3 ergangen ist. Bei finalen Versuchen beträgt die Frist nur zwei Monate, kann aber von der Behörde nach Anhörung (die auch formlos, insbes. telefonisch erfolgen kann) bis auf drei Monate verlängert werden, ohne dass es dafür einer Begründung bedarf. – Die Frist wird ab demjenigen Zeitpunkt gehemmt (d. h. sie läuft nicht mehr weiter), in dem dem Antragsteller die schriftliche Aufforderung der Behörde zugeht, weitere Angaben zu machen oder Unterlagen vorzulegen. Die Behörde kann all das fordern, was der Antragsteller nach Abs. 2 wissenschaftlich begründet darzulegen bzw. nachzuweisen hat, also zB: Angaben dazu, welche Alternativmethoden er auf ihre Eignung überprüft hat; Einholung von Auskünften hierzu, etwa bei Datenbanken; Einholung und Vorlage eines Gutachtens der ZEBET oder einer ähnlichen Einrichtung bei Anhaltspunkten, dass es vertretbare Alternativmethoden geben könnte; Angaben und Unterlagen zum mutmaßlichen sozialen Nutzen des Versuchs; Belege darüber, welche Informationsquellen iS von Abs. 3 Nr. 1b ausgeschöpft worden sind; Angaben über etwaige Bemühungen, die Zustimmung des Erstanmelders zur Verwertung seiner Prüfunterlagen zu erhalten (vgl. § 7 Rn. 19); Zeugnisse und Urkunden über die Qualifikation des Leiters, des Stellvertreters und der versuchsdurchführenden Personen; Angaben und Nachweise, inwieweit bei der Tierhaltung nicht nur Anhang A zum Europ. Versuchstierübereinkommen und Anhang I zur EU-Tierversuchsrichtlinie, sondern auch die weitergehenden Anforderungen aus § 2 (wie sie zB in den TVT-Merkblättern zur tierschutzgerechten Haltung von Versuchstieren konkretisiert sind) eingehalten sind. Nach Erlass einer solchen Aufforderung läuft die Frist erst weiter, wenn die geforderten Angaben und Unterlagen vollständig bei der Behörde eingegangen sind. – Stellt sich nach Fristablauf heraus, dass eine fiktive Genehmigung erwirkt worden ist, obwohl es an der begründeten Darlegung

Genehmigung § 8 TierSchG

bzw. dem Nachweis einer der Voraussetzungen nach Abs. 3 gefehlt hat, so ist die Genehmigung dennoch wirksam. Die Behörde ist jedoch berechtigt, nachträglich diejenigen Auflagen zu verhängen, die zur Erfüllung der fehlenden Voraussetzungen erforderlich sind. Wegen des vom Gesetzgeber gewollten Ausnahmecharakters der Genehmigungsfiktion (vgl. BT-Drucks. aaO) wird man für den Regelfall eine entsprechende Ermessensreduzierung annehmen können. – Die Behörde kann eine rechtswidrige fingierte Genehmigung auch nach § 48 Abs. 1 VwVfG zurücknehmen (BT-Drucks. aaO). Auch insoweit kann das Ermessen wegen des o. e. Ausnahmecharakters reduziert sein, wenn es an einer der Genehmigungsvoraussetzungen nach Abs. 3 fehlt und diesem Mangel entweder nicht mit Auflagen abgeholfen werden kann oder aber der Antragsteller die entsprechenden Auflagen nicht erfüllt. – Es ist fraglich, ob Abs. 5 a mit Art. 20 a GG nF vereinbar ist: Die nunmehr bestehende umfassende Prüfungspflicht hinsichtlich der Unerlässlichkeit und der ethischen Vertretbarkeit (s. Rn. 6–9) zwingt die Behörde dazu, sich mit diesen Genehmigungsvoraussetzungen intensiver und deshalb zwangläufig auch länger zu befassen. Drei Monate erscheinen dafür kaum ausreichend. Zumindest müsste die Möglichkeit einer Fristverlängerung eingeführt werden.

Nach Abs. 6 dürfen bei Genehmigungserteilung an eine Hochschule 18 oder andere Einrichtung nur solche Personen Tierversuche durchführen, die zum Träger der Einrichtung in einem wirksamen Dienst- oder Arbeitsverhältnis stehen oder über eine schriftlich erteilte Befugnis des verantwortlichen Leiters des Versuchsvorhabens verfügen; diese Personen müssen schon im Antrag mit Namen und Berechtigungsgrund angegeben sein (vgl. AVV Anlage 1 Nr. 7). Sinn der Regelung u. a.: Kommt es durch die betreffende Person zu Verstößen, so kann sich die Einrichtung nicht damit entlasten, von ihrem Tätigwerden bzw. ihrer mangelnden Qualifikation nichts gewusst zu haben, denn in diesem Fall wäre gegen Abs. 6 verstoßen worden.

V. Kein Genehmigungserfordernis bei Tierversuchen, die durch Gesetz oÄ ausdrücklich vorgeschrieben sind, Abs. 7 S. 1 Nr. 1

1. Gesetz

Als **Gesetz iS von Abs. 7 S. 1. Nr. 1a** sieht das Abwasserabgabengesetz 19 in § 3 i. V. m. Teil A der Anlage noch immer den Fischtest vor. Diese Regelung verstößt gegen das Unerläßlichkeitsgebot, weil mit dem Fisch-Ei-Test ein gleichwertiges alternatives Verfahren zur Verfügung steht (s. § 7 Rn. 34). Es muss also immer zunächst der Fisch-Ei-Test stattfinden. Dass im Überschreitungsfall dennoch zusätzlich der Fischtest erfolgen soll (vgl. BMVEL, Tierschutzbericht 2003, XV 4.1), ist mit dem Grundsatz der Unerläßlichkeit nicht vereinbar, weil man den genauen Verschmutzungsgrad von Abwässern mittels chemischer Analyse zuverlässig ermitteln kann; das Geheimhaltungsinteresse, das die Abwasserproduzenten hinsichtlich der von ihnen verwendeten Substanzen haben mögen, vermag keine wissenschaftliche Unerlässlichkeit des Tierversuchs zu begründen.

§ 8 TierSchG *Tierschutzgesetz*

2. Rechtsverordnungen

20 Zum Erfordernis „ausdrücklich vorgeschrieben" heißt es in der amtl. Begr. zum ÄndG 1986: „Eine ausdrückliche Vorschrift iS von Abs. 7 Nr. 1 ist dann nicht gegeben, wenn die Rechtsvorschrift lediglich bestimmte Anforderungen an einen Stoff stellt – zB hinsichtlich der Unbedenklichkeit von Rückständen – und das Vorliegen dieser Anforderungen nur durch Tierversuch nachgewiesen werden kann" (BT-Drucks. 10/3158 S. 23). Es ist also nicht ausreichend, wenn lediglich die Prüfung von Stoffen oder Stoffkombinationen auf bestimmte Eigenschaften vorgeschrieben ist, mag es auch nach dem (tatsächlichen oder vermeintlichen) Stand der wissenschaftlichen Erkenntnisse so sein, dass dies nur mit Hilfe von Tierversuchen festgestellt werden kann. Notwendig ist vielmehr, dass in der Vorschrift der Tierversuch mit Wirbeltieren als Methode angeordnet und angegeben wird, für welche Fragestellungen er eingesetzt werden soll (vgl. dazu auch BVerwG NuR 1988, 64, 65). „Ausdrücklich" erfordert zudem, dass der Vorschrift eindeutig und mit vertretbarem Aufwand entnommen werden kann, wann und zu welchen Zwecken welche Tierversuche stattfinden sollen. Dies gilt für Gesetze, Rechtsverordnungen, Verwaltungsvorschriften und das Arzneibuch gleichermaßen.

21 **Rechtsverordnungen und Verwaltungsvorschriften müssen auf ihre Vereinbarkeit mit den Geboten der Unerlässlichkeit und der ethischen Vertretbarkeit geprüft werden,** denn sie stehen in der Normenhierarchie unter dem Gesetz und sind deshalb nur gültig, soweit sie mit diesem in Einklang stehen. Im Hinblick auf § 7 Abs. 2 und Abs. 3 muss die Rechtsverordnung bzw. Verwaltungsvorschrift daher sicherstellen, dass die vorgesehenen Tierversuche nur stattfinden, wenn sie sowohl unerlässlich als auch ethisch vertretbar sind. Sieht sie stattdessen Tierversuche ohne Rücksicht darauf vor, ob genügend aussagekräftige Alternativmethoden vorhanden sind bzw. ob der zu erwartende Nutzen die Belastungen für die Tiere überwiegt, so ist sie nichtig. Zur Nichtigkeit von Verwaltungsvorschriften s. Einf. Rn. 60. Die Nichtigkeit von Rechtsverordnungen wird von den Gerichten im dafür vorgesehenen Verfahren (u. a. Inzidentkontrolle) festgestellt.

22 **Genügt eine Verweisung auf EU-Richtlinien?** Manche Rechtsverordnungen beschränken sich darauf, hinsichtlich der Tierversuche, die durchgeführt werden sollen, auf eine EU-Richtlinie zu verweisen. Vgl. zB § 2 Nr. 1 Medizinprodukte-Verordnung vom 20. 12. 2001 (BGBl. I S. 3854): „Zur Bewertung der biologischen Verträglichkeit von Medizinprodukten sind biologische Sicherheitsprüfungen mit Tierversuchen durchzuführen, soweit sie … nach der Richtlinie 75/318/EWG des Rates vom 20. Mai 1975 …, zuletzt geändert durch Richtlinie 99/83 der Kommission vom 8. September 1999 … in der jeweils geltenden Fassung … erforderlich sind." Ob dieses Vorgehen noch dem gesetzlichen Gebot des ausdrücklichen Vorschreibens genügt, erscheint fraglich: Um zu erkennen, ob und welche Versuche gefordert sind, muss der Normadressat nicht nur die in Bezug genommene Richtlinie komplett lesen (weil Artikel oder Nummern in der Verweisungsvorschrift nicht genannt werden); er muss darüber hinaus auch alle Änderungsrichtlinien heranziehen und diese wegen der im EU-Recht

Genehmigung § 8 TierSchG

gebräuchlichen Quer- und Rückverweisungen zusammenschauend studieren. Dies erfordert einen erheblichen Aufwand und entspricht nicht den Geboten der Bestimmtheit und Rechtsklarheit, denen der Gesetzgeber mit der Formulierung „ausdrücklich vorgeschrieben" Beachtung verschaffen wollte. Bedenklich ist auch, dass durch diese Verweisungstechnik EU-Richtlinien den unmittelbar anwendbaren Rechtsakten nach Abs. 7 Nr. 1 a gleichgestellt werden, obwohl sie dies nicht sind (s. dazu Rn. 26).

Die **Prüfnachweisverordnung** (BGBl. 1994 I S. 1877) schreibt für Chemikalien zahlreiche Tierversuche vor, so in § 4 Nr. 2, 7 und 9, § 5 Nr. 2c und 4c, § 7 Nr. 2, 3, 8 und 9, § 8 Nr. 3, 4, 5, 6, 11 und 12 sowie in § 10 Nr. 5, 10 und 12. Kein „ausdrückliches Vorschreiben" enthalten dagegen diejenigen Vorschriften, die nur die Prüfung auf bestimmte Eigenschaften anordnen, ohne dafür den Tierversuch als Methode vorzugeben (vgl. zB § 4 Nr. 5 und Nr. 6). Soweit in § 2 Abs. 4 S. 1 auf die EU-Richtlinie 67/548/EWG vom 27. Juni 1967 „in ihrer jeweils jüngsten im Amtsblatt der EG veröffentlichten Fassung" verwiesen wird, s. die Bedenken in Rn. 22. – Nicht im Einklang mit § 7 Abs. 2 steht § 2 Abs. 4 S. 3 der Prüfnachweisverordnung, soweit dort die Anwendung alternativer Methoden nur zugelassen wird, wenn diese „international anerkannt" sind. Unerlässlich (iS von wissenschaftlich notwendig, s. dazu § 7 Rn. 14) ist der Tierversuch bereits dann nicht mehr, wenn eine alternative Methode oder Methodenkombination entwickelt und (zB in verschiedenen deutschen Labors) so überprüft worden ist, dass ihr bei objektiver wissenschaftlicher Beurteilung ein Sicherheitsniveau zugesprochen werden kann, das dem bisher üblichen Tierversuch vergleichbar ist. Ein weiteres Abwarten bis zur internationalen Anerkennung solcher Methoden betrifft dann nur noch Vermarktungsinteressen, die zwar schutzwürdig sein können, aber nicht unter den Begriff der wissenschaftlichen Unerlässlichkeit fallen. – Einen Verstoß gegen § 7 Abs. 3 enthält die Verordnung insoweit, als jeglicher Hinweis auf das gesetzliche Gebot der Nutzen-Schaden-Abwägung fehlt. 23

Bei Tierversuchen nach der **Pflanzenschutzmittelverordnung** v. 28. 7. 1987 (BGBl. III 7823-5-2), zuletzt geändert am 9. 11. 2001, ist gem. § 1 a Abs. 1 stets zu prüfen, ob für den Tierversuch eine genügend aussagekräftige, ausreichend geprüfte alternative Methode oder Methodenkombination zur Verfügung steht. Auch hier ist es nicht unerlässlich iS von § 7 Abs. 2, mit dem Einsatz solcher (zB auf nationaler Ebene validierter) Methoden zuzuwarten, bis ihre Validierung auch international vollendet und ihre Anerkennung durchgesetzt ist. Soweit auch in dieser Verordnung die vorgeschriebenen Tierversuche nur mittels Verweisung auf Anhang II und III der Richtlinie 91/414/EWG gekennzeichnet werden, s. die Bedenken in Rn. 22. Auch fehlt wieder jeglicher Hinweis auf das Gebot zur einzelfallbezogenen Nutzen-Schaden-Abwägung nach § 7 Abs. 3. 24

3. Arzneibuch

Das **Deutsche und das Europäische Arzneibuch** sind Sammlungen anerkannter pharmazeutischer Regeln über Qualität, Prüfung, Lagerung, Abgabe und Bezeichnung von Arzneimitteln und den bei ihrer Herstellung 25

§ 8 TierSchG *Tierschutzgesetz*

verwendeten Stoffen (vgl. § 55 AMG). Prüfungen, die den Einsatz von Tieren erfordern, werden fast ausschließlich in den Monographien des Europäischen Arzneibuches vorgeschrieben. Auch hier gilt, dass das Genehmigungserfordernis nach Abs. 7 S. 1 Nr. 1a nur entfällt, wenn der Tierversuch als Methode für eine bestimmte Fragestellung ausdrücklich angeordnet ist (s. Rn. 20). – In den Allgemeinen Vorschriften beider Arzneibücher ist festgehalten, dass auch andere Methoden als die vorgeschriebenen verwendet werden können, wenn sie vergleichbar aussagekräftig sind. „Können" bedeutet in diesem Fall „Müssen"; dies geht sowohl aus § 7 Abs. 2 wie auch aus Art. 7 Abs. 2 der EU-Tierversuchsrichtlinie hervor. Gem. § 7 Abs. 3 dürfen außerdem die vorgeschriebenen Tierversuche nur erfolgen, wenn der zu erwartende Nutzen die Belastungen für die Tiere überwiegt. – Zu den Fortschritten bei der Entwicklung und Validierung alternativer Methoden für die Prüfung von Diphterie-, Tetanus- und Keuchhustenimpfstoffen sowie Antilymphozyten-Seren vgl. BMVEL, Tierschutzbericht 2003, XV 4.2.

4. Unmittelbar anwendbarer Rechtsakt eines Organs der EU

26 Unmittelbar anwendbare Rechtsakte der EU sind in erster Linie Verordnungen, die vom Rat, vom Parlament gemeinsam mit dem Rat oder von der Kommission erlassen werden können, vgl. Art. 249 EGV. Verordnungen, die Tierversuche vorschreiben, gibt es zur Zeit nicht. – Die EU-Richtlinien sind demgegenüber Rechtsakte, die nur mittelbar anwendbar sind, denn sie werden gegenüber dem Bürger erst verbindlich, wenn sie durch Gesetz, Rechtsverordnung uÄ in das jeweilige nationale Recht umgesetzt worden sind. Deshalb ist es nicht möglich, aus EU-Richtlinien eine Genehmigungsfreiheit von Tierversuchen abzuleiten. Zur Problematik, wenn in Rechtsverordnungen oder Verwaltungsvorschriften pauschal auf EU-Richtlinien verwiesen wird (und diese Verweisung dann auch noch „dynamisch", d.h. mit Bezug auf Änderungsrichtlinien erfolgt), s. Rn. 22; es spricht einiges dafür, dass darin eine unzulässige Umgehung der differenzierten Regelung des Abs. 7 Nr. 1a gesehen werden muss.

5. Allgemeine Verwaltungsvorschriften, Abs. 7 S. 1 Nr. 1b

27 Das **Bundesverwaltungsgericht** hat gravierende Bedenken gegen die Verfassungsmäßigkeit von Abs. 7 S. 1 Nr. 1b geäußert. Zweifelhaft könne insbesondere sein, ob diese Bestimmung mit den Grundsätzen der Gesetzmäßigkeit der Verwaltung und der Gewaltenteilung in Einklang stehe. „Diese Grundsätze dürften es erfordern, dass der Gesetzgeber, wenn er die Ausübung grundrechtlicher Befugnisse von einer behördlichen Genehmigung abhängig macht, selbst bestimmt, unter welchen sachlichen Voraussetzungen die Genehmigungspflicht ausnahmsweise entfallen soll, und dass er eine solche Regelung nicht dem Ermessen der Verwaltung überlässt" (BVerwG NuR 1988, 64, 65). Darüber hinaus bestünden auch Bedenken hinsichtlich des Grundsatzes des Gesetzesvorbehalts, Art. 103 Abs. 2 GG.

28 **Solange die Verfassungsmäßigkeit dieser Vorschrift nicht vollständig geklärt ist** (das BVerwG hat die Frage offen gelassen, weil die verfahrensgegenständliche Arzneimittelprüfrichtlinie von 1971 bereits aus anderen Grün-

Genehmigung § 8 TierSchG

den nichtig war, s. Rn. 29), muss den genannten Bedenken zumindest durch eine restriktive Anwendung der Vorschrift Rechnung getragen werden. An das Erfordernis „ausdrücklich vorgesehen" sind strenge Anforderungen zu stellen: Die VV muss die Methode des Tierversuchs mit Wirbeltieren zur Klärung bestimmt bezeichneter Fragestellungen bestimmt und eindeutig anordnen. Sie muss dies so tun, dass für den Normadressaten leicht erkennbar ist, wann und zu welchem Zweck welche Tierversuche von ihm gefordert werden. Auch die Allgemeinheit muss in der Lage sein, aus ihr ohne großen Aufwand einen Überblick über die angeordneten Tierversuche zu gewinnen. Verweisungen auf EU-Richtlinien genügen diesen Anforderungen nicht (s. Rn. 22 und 26).

„**Im Einklang mit § 7 Abs. 2 und Abs. 3**" steht die VV nur, wenn sie 29 „sicherstellt" (so BVerwG aaO), dass vergleichbar aussagekräftige alternative Methoden vorgezogen werden und dass Tierversuche, deren Nutzen den Schaden nicht überwiegt, unterbleiben. Schreibt eine VV Tierversuche ohne Rücksicht auf diese gesetzlichen Schranken vor, so ist sie nichtig (BVerwG aaO).

Die nach dem o. e. BVerwG-Urteil neu erlassene **AVV zur Anwendung** 30 **der Arzneimittelprüfrichtlinien** v. 5. Mai 1995 (BAnz Nr. 96a v. 20. Mai 1995) sieht Tierversuche zur akuten und subakuten Toxizität, zur embryonal/fötalen und perinatalen Toxizität, zur Mutagenität, zur Kanzerogenität sowie Generationsversuche vor (Dritter Abschnitt II lit. A-E). Diese Prüfverfahren sind aber durch tierschonendere Verfahren zu ersetzen, "soweit dies nach dem jeweils gesicherten Stand der wissenschaftlichen Erkenntnisse für den Versuchszweck vertretbar und mit Rechtsakten der EG vereinbar ist". Außerdem dürfen sie nicht „gegen die Vorschriften des Tierschutzgesetzes verstoßen", müssen also u. a. ethisch vertretbar iS von § 7 Abs. 3 sein (Erster Abschnitt lit. C). – Zu Ersatzmethoden in den Bereichen akute Toxizität, Reproduktionstoxizität/Embryotoxizität, Teratogenität, Mutagenität und Kanzerogenität vgl. *Ärzte* S. 10–14; s. auch § 7 Rn. 23, 27, 28). – Untersuchungen zur Pharmakodynamik sollen Aufschluss über den Wirkungsmechanismus einer Prüfsubstanz sowie über deren pharmakologische Auswirkungen im Hinblick auf das vorgesehene Indikationsgebiet und den Gesamtorganismus geben (BMVEL, Tierschutzbericht 1997, S. 112). Zur Abgrenzung, inwieweit diese Versuche genehmigungsfrei nach Abs. 7 Nr. 1b sind, ist 1995 von Vertretern des BMG, BMVEL und des damaligen Bundesgesundheitsamts eine Empfehlung herausgegeben worden: Als genehmigungsfrei werden dort „insbesondere Untersuchungen am Tier zur Dosis- (bzw. Konzentrations-)Wirkungsbeziehung, Zeitwirkungsbeziehung oder Untersuchungen zum Wirkungsmechanismus sowie pharmakodynamische Untersuchungen zur Abklärung potenzieller Nebenwirkungen" angesehen (BMVEL aaO S. 113). In lit. F des einschlägigen Dritten Abschnitts der AVV zur Arzneimittelprüfrichtlinie sind aber pharmakodynamische Prüfungen am Tier nur als „das Ergebnis klinischer Hinweise" (im Gegensatz zu pharmakologischen Überlegungen) vorgesehen. Damit erscheint zweifelhaft, ob durch die AVV Tierversuche in einem so weiten Umfang, wie die o. a. Empfehlung dies meint, „ausdrücklich vorgesehen" sind.

6. Einzelanordnung, Abs. 7 S. 1 Nr. 1 c

31 Eine **richterliche Anordnung** kommt aufgrund der Beweisaufnahme-Regeln der ZPO, StPO oder VwGO in Betracht. – Eine **behördliche Anordnung** kann nur ergehen, wenn es dafür eine hinreichend bestimmte Ermächtigungsgrundlage in Form eines Gesetzes oder einer Verordnung gibt. Damit die Anforderungen aus Abs. 7 Nr. 1 a und 1 b nicht umgangen werden, ist eine einschränkende Auslegung von Nr. 1 c geboten (vgl. *Lorz* § 8 Rn. 20). Man wird deshalb fordern müssen, dass bereits das Gesetz bzw. die Verordnung (und nicht erst die darauf gestützte Anordnung der Behörde) den Tierversuch am Wirbeltier als Methode zur Klärung der betreffenden Fragestellung ausdrücklich, d. h. eindeutig und bestimmt, vorsieht (vgl. aber auch BT-Drucks. 10/3158 S. 24: Dort wird besonders an behördliche Überwachungsaufgaben im Bereich des Lebensmittel- und Wasserhaushaltsrechts gedacht, zugleich aber festgehalten, dass Richtlinien oder Hinweise auf allgemein oder international übliche Prüfungsmethoden, die Tierversuche vorsehen, nicht ausreichen). – Richter und Behörde sind bei ihren Anordnungen in jedem Fall an § 7 Abs. 2 und Abs. 3 gebunden, dürfen also keine Versuche anordnen, für die es vertretbare Alternativen gibt oder bei denen der Nutzen den Schaden nicht überwiegt (zB wegen Zweifeln an der Übertragbarkeit auf den Menschen). Außerdem müssen die §§ 8 a, 9 und 9 a beachtet werden.

VI. Kein Genehmigungserfordernis bei Impfungen uÄ nach Abs. 7 S. 1 Nr. 2

32 Von der **Privilegierung des Abs. 7 S. 1 Nr. 2** werden nur Eingriffe und Behandlungen erfasst, die zum einen vergleichsweise unbedenklich und alltäglich sind und zum anderen sich in vorgezeichneten Bahnen bewegen und nach erprobten Verfahren ablaufen (*L/M* § 8 Rn. 46). Hinzukommen muss, dass sich die Maßnahme auf eine Impfung, eine Blutentnahme oder eine Diagnose (d. h. Krankheitserkennung als Voraussetzung für eine Therapie) beschränkt. – Versuche zur Gewinnung und Zulassung neuer Impfstoffe oder zur Schaffung neuer Prüfmethoden für Seren bleiben damit eindeutig genehmigungspflichtig, ebenso Chargenprüfungen (vgl. *L/M* aaO; s. auch § 7 Rn. 30).

VII. Unbedeutende Änderungen genehmigter Versuchsvorhaben nach Abs. 7 S. 2

33 Will der Inhaber einer Tierversuchsgenehmigung **von dem, was genehmigt wurde, abweichen,** so muss er dazu grundsätzlich eine neue Genehmigung einholen; diese muss ihm zugegangen sein, bevor er mit der Abweichung beginnt (s. Rn. 4). – Eine Ausnahme hiervon gilt nach Abs. 7 S. 2, wenn es sich um eine nur unbedeutende Änderung handelt. Um dies annehmen zu können, müssen kumulativ die in Nr. 1–4 genannten Voraussetzungen erfüllt sein: – 1. Die Fragestellung und der angestrebte Erkennt-

Genehmigung § 8 TierSchG

nisgewinn müssen gleich bleiben; kommt es hier zu einer Veränderung, so bedarf es stets einer neuen Genehmigung. – **2.** Bei keinem der verwendeten Versuchstiere darf es als Folge der Änderung zu stärkeren Schmerzen, Leiden oder Schäden kommen; wird auch nur eines der Tiere stärker belastet, so ist die Änderung wesentlich und damit genehmigungspflichtig (vgl. *L/M* § 8 Rn. 49). – **3.** Die Zahl der Tiere darf sich gegenüber dem, was genehmigt wurde, nur unwesentlich erhöhen; bei 10% liegt mit Sicherheit eine wesentliche Erhöhung vor (vgl. *L/M* aaO; zu weitgehend demgegenüber AVV Nr. 7.3.1; vgl. auch BT-Drucks. 13/7015 S. 19: „nur geringfügige Erhöhung"). – **4.** Mit der Änderung darf erst begonnen werden, nachdem die Anzeige, die alle Angaben nach § 8a Abs. 2 enthalten muss, bei der Behörde eingegangen ist. – Zu den Befugnissen der Behörde, wenn ihr die Änderung als wesentlich erscheint oder wenn die Einhaltung des § 7 Abs. 2, Abs. 3 oder des § 9 Abs. 1, Abs. 2 nicht sichergestellt ist s. § 8a Abs. 5.

VIII. Verfahrensrechtliches. Ordnungswidrigkeiten

Liegen alle gesetzlichen Voraussetzungen nach Abs. 2 und Abs. 3 vor, so muss die Genehmigung erteilt werden. Der Antragsteller hat darauf einen **Anspruch.** – Gem. § 36 Abs. 1 VwVfG kann die Behörde diejenigen Nebenbestimmungen (zB Bedingungen und Auflagen) verhängen, die sie für erforderlich hält, um das Vorliegen aller Genehmigungsvoraussetzungen auch während der gesamten Geltungsdauer der Genehmigung sicherzustellen. Beispiele: Auflage, in bestimmten Zeitabständen neue Recherchen zu möglichen Alternativmethoden durchzuführen und der Behörde darüber zu berichten; Auflage, sich nach Ablauf einer bestimmten Frist erneut bei bestimmten Quellen zu vergewissern, ob das Versuchsergebnis noch immer unbekannt ist. – Rücknahme und Widerruf der Genehmigung richten sich nach den §§ 48, 49 VwVfG (s. auch Rn. 15). 34

Eine **Ordnungswidrigkeit** nach § 18 Abs. 1 Nr. 12 begeht: Wer einen Tierversuch durchführt, ohne vorher die erforderliche Genehmigung einzuholen bzw. obwohl ihm diese versagt wurde; wer mit dem ersten Teilakt des Versuchsvorhabens beginnt, bevor ihm die Genehmigung zugegangen ist; wer das Versuchsvorhaben fortsetzt, obwohl die in der Genehmigung genannte Frist abgelaufen oder die Genehmigung wirksam zurückgenommen oder widerrufen worden ist; wer eine bedeutende Änderung vornimmt, ohne vorher die dazu nötige neue Genehmigung eingeholt zu haben; wer eine unbedeutende Änderung vornimmt, ohne zuvor die Anzeige nach § 8 Abs. 7 S. 2 Nr. 4 erstattet zu haben. Täter ist in all diesen Fällen der Leiter bzw. sein Stellvertreter und derjenige, der das Vorhaben als Ganzes durchführt; Täter kann aber auch sein, wer nur einen einzelnen Teilakt leitet oder durchführt (vgl. *L/M* § 8 Rn. 50; s. auch § 18 Rn. 20 und Rn. 9). – Eine Ordnungswidrigkeit nach § 18 Abs. 1 Nr. 13 begeht, wer den Wechsel des Leiters oder Stellvertreters der Behörde nicht oder nicht unverzüglich anzeigt. – Zur möglichen Strafbarkeit s. § 17 Rn. 75. 35

§ 8 a TierSchG *Tierschutzgesetz*

§ 8 a [Anzeige]

(1) ¹Wer Tierversuche an Wirbeltieren, die nicht der Genehmigung bedürfen, oder an Cephalopoden oder Dekapoden durchführen will, hat das Versuchsvorhaben spätestens zwei Wochen vor Beginn der zuständigen Behörde anzuzeigen. ²Die Frist braucht nicht eingehalten zu werden, wenn in Notfällen eine sofortige Durchführung des Tierversuchs erforderlich ist; die Anzeige ist unverzüglich nachzuholen. ³Die in Satz 1 genannte Frist kann von der zuständigen Behörde bei Bedarf auf bis zu vier Wochen verlängert werden.

(2) In der Anzeige sind anzugeben:
1. der Zweck des Versuchsvorhabens,
2. die Art und bei Wirbeltieren zusätzlich die Zahl der für das Versuchsvorhaben vorgesehenen Tiere,
3. die Art und die Durchführung der beabsichtigten Tierversuche einschließlich der Betäubung,
4. Ort, Beginn und voraussichtliche Dauer des Versuchsvorhabens,
5. Name, Anschrift und Fachkenntnisse des verantwortlichen Leiters des Versuchsvorhabens und seines Stellvertreters sowie der durchführenden Person und die für die Nachbehandlung in Frage kommenden Personen,
6. bei Versuchsvorhaben nach § 8 Abs. 7 Nr. 1 der Rechtsgrund der Genehmigungsfreiheit.

(3) ¹Ist die Durchführung mehrerer gleichartiger Versuchsvorhaben beabsichtigt, so genügt die Anzeige des ersten Versuchsvorhabens, wenn in der Anzeige zusätzlich die voraussichtliche Zahl der Versuchsvorhaben angegeben wird. ²Am Ende eines jeden Jahres ist der zuständigen Behörde die Zahl der durchgeführten Versuchsvorhaben sowie bei Wirbeltieren Art und Zahl der insgesamt verwendeten Tiere anzugeben.

(4) Ändern sich nach Absatz 2 angegebene Sachverhalte während des Versuchsvorhabens, so sind diese Änderungen unverzüglich der zuständigen Behörde anzuzeigen, es sei denn, daß die Änderung für die Überwachung des Versuchsvorhabens ohne Bedeutung ist.

(5) Die zuständige Behörde hat Tierversuche zu untersagen, wenn Tatsachen die Annahme rechtfertigen, daß die Einhaltung der Vorschriften des § 7 Abs. 2 oder 3, des § 8 b Abs. 1, 2, 4, 5 oder 6 oder des § 9 Abs. 1 oder 2 nicht sichergestellt ist, und diesem Mangel nicht innerhalb einer von der zuständigen Behörde gesetzten Frist abgeholfen worden ist.

(6) Das Bundesministerium wird ermächtigt, durch Rechtsverordnung mit Zustimmung des Bundesrates die Anzeigepflicht nach Absatz 1 auf Versuche an sonstigen wirbellosen Tieren auszudehnen, soweit dies zum Schutz von Tieren, die auf einer den Wirbeltieren entsprechenden sinnesphysiologischen Entwicklungsstufe stehen, erforderlich ist.

Übersicht

	Rn.
I. Anzeigepflicht nach Abs. 1	1–4
II. Form, Frist und notwendiger Inhalt der Anzeige nach Abs. 1 und 2	5–7

Anzeige § 8 a TierSchG

	Rn.
III. Erleichterungen nach Abs. 3 und 4	8, 9
IV. Pflichten der Behörde nach Abs. 5	10–14
V. Ordnungswidrigkeiten	15–17

I. Anzeigepflicht nach Abs. 1

Eine **Anzeigepflicht nach Abs. 1** besteht für Tierversuche an Wirbeltieren, soweit die Versuche nach § 8 Abs. 7 S. 1 von der grundsätzlich bestehenden Genehmigungspflicht ausgenommen sind (s. § 8 Rn. 19–32). – Zum Begriff Tierversuch s. § 7 Rn. 1–5. Zum Begriff Wirbeltier s. § 4 Rn. 1. – Darüber hinaus sind auch Tierversuche mit Wirbellosen anzeigepflichtig, wenn sie Cephalopoden (= Kopffüßler, insbes. Kraken, Kalmare, Perlboote, Sepia) oder Dekapoden (= Zehnfußkrebse) betreffen. 1

Tierversuche mit anderen Wirbellosen als Cephalopoden oder Dekapoden unterliegen seit dem ÄndG 1998 keiner Anzeigepflicht mehr (bis dahin war dies der Fall, vgl. § 8a Abs. 1 idF des ÄndG 1986; die Herausnahme der meisten Wirbellosen aus diesem Schutz steht nicht in Einklang mit der Zielsetzung des ÄndG 1998, die einmal erreichten Tierschutzstandards beizubehalten, vgl. dazu BT-Drucks. 13/7015 S. 2). – Gleichwohl sind auch die Wirbellosen nicht ohne gesetzlichen Schutz: Nach § 7 Abs. 2 sind auch hier Tierversuche verboten, wenn sie nicht unerlässlich sind; § 9 Abs. 2 S. 1 und 2 gilt auch für Wirbellose; ebenso finden die dortigen Nummern 1, 2, 3 und 6 auf sie Anwendung; nach § 1 S. 2 erfolgen alle Tierversuche, deren Nutzen nicht schwerer wiegt als die zugefügten Belastungen, ohne vernünftigen Grund, was u. a. ein behördliches Einschreiten nach § 16a S. 2 Nr. 4 ermöglicht; nach § 18 Abs. 2 handelt ordnungswidrig, wer Wirbellosen durch einen rechtswidrigen Tierversuch vorsätzlich erhebliche Schmerzen, Leiden oder Schäden zufügt (zur Schmerzfähigkeit von Wirbellosen s. § 1 Rn. 16; zu Leiden s. § 1 Rn. 23a; zu Tod als Schaden s. § 1 Rn. 25 sowie BVerwGE 105, 73, 82). Die Überwachung dieser Ge- und Verbote kann ohne eine Anzeigepflicht jedoch kaum erfolgen. – Von der Verordnungsermächtigung nach Abs. 6 muss zum Ausgleich für den o. e. Rückschritt Gebrauch gemacht werden, sobald nach dem Stand der wissenschaftlichen Erkenntnisse ausreichende Anhaltspunkte dafür vorliegen, dass eine bestimmte Gattung von Wirbellosen auf einer den Wirbeltieren entsprechenden sinnesphysiologischen Entwicklungsstufe steht. 2

Eine **entsprechende Anwendung von § 8a** wird angeordnet: Durch § 10 Abs. 2 bei Eingriffen oder Behandlungen zur Aus-, Fort- oder Weiterbildung (s. dort Rn. 27); durch § 10a Sätze 2–4 bei biotechnischen und ähnlichen Maßnahmen (s. dort Rn. 7); durch § 8 Abs. 7 S. 2 bei unbedeutenden Änderungen genehmigter Versuchsvorhaben (s. dort Rn. 33). Zur Anzeigepflicht nach § 6 Abs. 1 S. 5–8 s. dort Rn. 18. 3

Anzeigepflichtige Person ist derjenige, der den Versuch im eigenen Namen durchführen will. Bei Handeln in fremdem Namen trifft die Verpflichtung denjenigen, in dessen Namen das Vorhaben stattfinden soll, idR 4

§ 8 a TierSchG *Tierschutzgesetz*

also die (natürliche oder juristische) Person, die Träger der Einrichtung, Inhaber der Firma usw. ist.

II. Form, Frist und notwendiger Inhalt der Anzeige nach Abs. 1 und 2

5   Eine bestimmte **Form** schreibt das Gesetz zwar nicht vor; nach AVV Anlage 2 wird aber als selbstverständlich vorausgesetzt, dass die Anzeige schriftlich erfolgt („Unterschrift des Anzeigenden").

6   Die **gesetzliche Zwei-Wochen-Frist** beginnt erst zu laufen, wenn die vollständig abgefasste Anzeige bei der nach § 15 zuständigen Behörde (s. dazu § 8 Rn. 2) eingegangen ist. Versuchsbeginn vor Fristablauf ist eine Ordnungswidrigkeit nach § 18 Abs. 1 Nr. 14 (s. dazu Rn. 15). – Eine Ausnahme gilt für Notfälle nach Abs. 1 S. 2. Ein Notfall liegt vor, wenn konkrete Tatsachen es als überwiegend wahrscheinlich erscheinen lassen, dass durch das Abwarten der Frist ein erheblicher, nicht wiedergutzumachender Schaden eintritt (Beispiel: Tierversuch in einem Ermittlungsverfahren, bei dem jedes weitere Abwarten zu einem unwiederbringlichen Erkenntnisverlust führen würde). Die Anzeige ist in diesem Fall aber unverzüglich, d. h. ohne schuldhaftes Zögern nachzuholen. – Die Behörde kann nach Abs. 1 S. 3 die Frist auf bis zu vier Wochen verlängern. Formlose Erklärung genügt. An den dafür nötigen Bedarf werden keine strengen Anforderungen gestellt (vgl. BT-Drucks. 13/7015 S. 31 und S. 43); zB kann eine vorübergehende besondere Geschäftsbelastung ausreichen, ebenso weitere Ermittlungen wie zB die Einholung einer Stellungnahme des Amtstierarztes oder eines Gutachtens (vgl. *Kluge/Goetschel* § 8 a Rn. 3).

7   Der **notwendige Inhalt der Anzeige** bestimmt sich nach Abs. 2 und nach dem, was die Behörde benötigt, um ihre Überwachungsaufgabe ordnungsgemäß erfüllen zu können (vgl. BT-Drucks. 10/3158 S. 24; vgl. auch AVV Anlage 2). – Bezüglich Abs. 2 Nr. 1 genügt nicht die pauschale Benennung eines der Zwecke aus § 7 Abs. 2. Vielmehr müssen die Fragestellung, der erhoffte Erkenntnisgewinn und die Gründe, weshalb damit einer dieser Zwecke erreicht werden soll, angegeben werden, also zB das Produkt, das mit Hilfe der Erkenntnis entwickelt, hergestellt oder zugelassen werden soll und dessen medizinischer oder sonstiger Nutzen. – Die Angaben nach Abs. 2 Nr. 2 und Nr. 3 müssen es der Behörde ermöglichen, das Ausmaß der Belastungen der Tiere zutreffend einzuschätzen, sowohl mit Blick auf die notwendige Nutzen-Schaden-Abwägung nach § 7 Abs. 3 als auch zur Prüfung, ob eine Alternative iS eines „replace", „reduce" oder „refine" nach den §§ 7 Abs. 2, 9 Abs. 2 in Betracht kommt. – Gemäß Abs. 2 Nr. 5 müssen für alle an dem Vorhaben beteiligten Personen (Leiter, Stellvertreter, Versuchsdurchführender, Nachbehandler) Namen, Anschrift und Fachkenntnisse angegeben werden. – Zu Abs. 2 Nr. 6 vgl. AVV Nr. 7.1.3: Die Vorschrift, die das Vorhaben nach § 8 Abs. 7 S. 1 ausdrücklich anordnet, muss genau (d. h. nach Artikel, Paragraf, Fundstelle im Arzneibuch usw.) bezeichnet werden. Verweist sie auf eine EU-Richtlinie (s. dazu § 8 Rn. 22), so muss auch die Bestimmung der Richtlinie, der zufolge das Vorhaben „ausdrücklich vorgeschrieben" sein soll, angegeben werden.

III. Erleichterungen nach Abs. 3 und Abs. 4

Eine **Erleichterung** gibt es nach **Abs. 3** für gleichartige Versuchsvorhaben. „Als gleichartig sind Versuchsvorhaben mit derselben Frage und Methode anzusehen, bei denen an derselben Art und der etwa gleichen Anzahl der Versuchstiere Routineuntersuchungen mit dem gleichen Material insbesondere zu diagnostischen Zwecken durchgeführt werden" (AVV 1988 Nr. 2.1.2; weshalb in AVV 2000 Nr. 7.1.2 bei sonst genau gleichgebliebenem Text das Wort „Routine-" weggelassen worden ist, ist unerklärlich, denn § 8 a Abs. 3 ist seit 1986 unverändert geblieben). Liegt ein solcher Fall vor, so genügt es, wenn in der Anzeige des ersten Vorhabens zusätzlich die voraussichtliche Zahl der weiteren gleichartigen Vorhaben angegeben wird. Am Ende des Jahres müssen dann die Zahl der tatsächlich stattgefundenen Vorhaben sowie die Art und die Zahl der insgesamt verwendeten Tiere mitgeteilt werden. 8

Eine weitere **Erleichterung** spricht **Abs. 4** aus. Grds. müssen Änderungen, die bei angezeigten Vorhaben stattfinden sollen, stets und unverzüglich angezeigt werden (Abs. 4 erster Halbsatz). Eine Ausnahme gilt nach Abs. 4 zweiter Halbsatz, wenn die Änderung für die Überwachung ohne Bedeutung ist, wenn sie also keinen der nach Abs. 5 zu prüfenden Punkte berührt. Stärkere Belastungen der Versuchstiere oder die Verwendung einer anderen Tierart müssen also, weil sie das Nutzen-Schaden-Verhältnis verändern können (vgl. § 7 Abs. 3) stets angezeigt werden. Gleiches gilt für jede Erhöhung der Zahl der Tiere: Auch sie berührt diese Relation und damit die ethische Vertretbarkeit (anders allerdings insoweit AVV Nr. 7.2: Anzeige nur bei einer wesentlichen, 10% übersteigenden Erhöhung der Tierzahl; wie hier *Kluge/Goetschel* § 8 a Rn. 6. Zur möglichen Unverbindlichkeit norminterpretierender Verwaltungsvorschriften, wenn die von ihnen vorgegebene Gesetzesauslegung unrichtig ist, s. § 2 Rn. 41). 9

IV. Pflichten der Behörde nach Abs. 5

Abs. 5 begründet für die Behörde die **Pflicht**, die dort genannten **gesetzlichen Voraussetzungen zu prüfen** und **einzuschreiten**, wenn eine davon „nicht sichergestellt ist". U. a. ist die Behörde damit „ermächtigt und verpflichtet, aus Gründen des Tierschutzes einzugreifen, wenn gegen ... die Beschränkung auf das unerlässliche Maß verstoßen wird" (BT-Drucks. 10/3158 S. 24). Alles, was bei den genehmigungspflichtigen Vorhaben nach dem Gesetz eine materielle Genehmigungsvoraussetzung darstellt, ist für die anzeigepflichtigen Vorhaben ein gesetzlicher Eingriffs- und Untersagungsgrund (vgl. *Papier* NuR 1991, 162, 165). 10

Vorschriften, auf die sich die behördliche Prüfung im Anzeigeverfahren erstrecken muss, sind: 1. § 7 Abs. 2 (s. dort Rn. 11–34). Zu fragen ist beispielsweise: Gibt es Alternativmethoden, die zu einem vergleichbaren Erkenntnisgewinn bzw. (bei der Produkteprüfung) zu einem vergleichbar hohen Sicherheitsniveau führen? Ist das angestrebte Ergebnis bereits von einem Anderen erzielt worden, so dass ein Doppel- oder Wiederholungsver- 11

§ 8 a TierSchG   *Tierschutzgesetz*

such vorliegt? **2.** § 7 Abs. 3 (s. dort Rn. 35–50, 52). Beispielhafte Fragen: Ist die Wahrscheinlichkeit, dass mit dem angestrebten Ergebnis ein Fortschritt bei der Bekämpfung einer Krankheit erzielt wird, so hoch, dass der Nutzen die Belastungen überwiegt? Ist das Ergebnis mit Wahrscheinlichkeit auf die Situation beim Menschen übertragbar? Gibt es vergleichbare Produkte und wie hoch ist ihnen gegenüber der zusätzliche Nutzen des mit dem Vorhaben angestrebten Produkts (s. auch § 7 Rn. 45)? **3.** Die Einhaltung der gesetzlichen Rahmenbedingungen für den Tierschutzbeauftragten nach § 8 b. **4.** Die Qualifikation der versuchsdurchführenden Person(en) nach § 9 Abs. 1 (s. dort Rn. 1–5). **5.** Die Einhaltung der Vorschriften in § 9 Abs. 2, die (in teilweiser Überlappung mit § 7 Abs. 2) das unerlässliche Maß im Hinblick auf die Versuchsdurchführung konkretisieren (s. dort Rn. 6–26).

12   Bei dieser Prüfung erscheint ein **Vorgehen in drei Schritten** empfehlenswert: Zuerst prüft die Behörde, ob Tatsachen vorliegen, aus denen sich die ernsthafte Möglichkeit ergibt, dass es an einer der o. e. gesetzlichen Voraussetzungen fehlen könnte; ein entsprechender Verdacht reicht aus, doch muss er auf konkrete Anhaltspunkte gestützt werden. Sodann gibt sie dem Anzeigenden auf, binnen einer bestimmten, angemessenen Frist diejenigen Angaben zu machen und Belege vorzulegen, deren es bedarf, um die zweifelhafte Voraussetzung sicherzustellen (d. h. die Behörde von ihrem Vorliegen zu überzeugen). Läuft die gesetzte Frist ab, ohne dass von dem Anzeigenden alle geforderten Angaben gemacht und Belege vorgelegt sind, so muss die Behörde das Vorhaben untersagen. Ermessen steht ihr dabei nicht zu. Die Untersagung ist ein Akt der gebundenen Verwaltung (vgl. *L/M* § 8 a Rn. 12; *Kluge/Goetschel* § 8 a Rn. 7). – Es heißt, in der behördlichen Praxis finde eine Prüfung der anzeigepflichtigen Versuche auf ihre Unerlässlichkeit sowie ethische Vertretbarkeit kaum statt (so *Caspar* Tierschutz S. 462); soweit dies zutrifft, ist die entsprechende Verwaltungspraxis gesetzwidrig und ein (weiterer) Beleg für die im Tierschutzrecht bestehende Waffenungleichheit zwischen Nutzerinteressen einerseits und Tierschutzbelangen auf der anderen Seite (näher dazu Einf. Rn. 38).

13   **Widerspruch zwischen Abs. 5 und § 8 Abs. 3 Nr. 1 a?** Ein denkbarer Widerspruch zwischen der umfassenden Prüfungspflicht der Behörde im Anzeigeverfahren nach § 8 a Abs. 5 und der (von der früheren Rechtsprechung überwiegend angenommenen) eingeschränkten behördlichen Prüfungsbefugnis im Genehmigungsverfahren nach § 8 Abs. 3 Nr. 1 a ist jedenfalls mit der Einführung des neuen Art. 20 a GG entfallen (s. Art. 20 a GG Rn. 5). Er war iÜ schon vorher ein Indiz, dass mit der genannten Rechtsprechung dem Gebot zur systematischen Gesetzesauslegung nicht ausreichend Rechnung getragen worden ist (vgl. *Caspar* aaO S. 463; s. auch § 8 Rn. 6–9).

14   Eine **gesetzliche Vermutung,** Tierversuche, die durch Rechtsverordnung, Verwaltungsvorschrift oÄ vorgeschrieben sind, seien damit auch unerlässlich und ethisch vertretbar, **gibt es nicht.** Sie verbietet sich schon deswegen, weil diese Vorschriften, um mit § 7 Abs. 2 in Einklang zu stehen, idR ausdrücklich den Vorrang alternativer Methoden vorsehen und dazu jeweils eine am aktuellen Stand der wissenschaftlichen Erkenntnisse ausgerichtete Einzelfallprüfung fordern (vgl. zB § 1 a Pflanzenschutzmittelver-

Tierschutzbeauftragte § 8 b TierSchG

ordnung oder den Ersten Abschnitt lit. C der AVV zur Anwendung der Arzneimittelprüfrichtlinien). Außerdem müssen sie, um nicht gegen § 7 Abs. 3 zu verstoßen, eine an den Umständen des Einzelfalles ausgerichtete Prüfung der ethischen Vertretbarkeit vorsehen (vgl. dazu BVerwG NuR 1988, 64, 66). Sie können damit die Behörde nicht von der Pflicht entbinden, diese Gesichtspunkte konkret zu überprüfen.

V. Ordnungswidrigkeiten

Eine **Ordnungswidrigkeit nach § 18 Abs. 1 Nr. 14** liegt vor, wenn das 15 Vorhaben nicht, nicht richtig (d.h. mit einer oder mehreren unrichtigen Angaben) oder nicht vollständig (d.h. ohne die gesamten Angaben, die nach Abs. 2 vorgeschrieben sind, vgl. auch AVV Anlage 2) angezeigt wird. Gleichgestellt ist der Fall der nicht rechtzeitigen Anzeige, der vorliegt, wenn bereits vor Ablauf der Zwei- bzw. Vier-Wochen-Frist mit dem ersten Versuch begonnen wird und dies schon zum Zeitpunkt der Erstattung der Anzeige voraussehbar war (Fahrlässigkeit genügt; zur Rechtfertigung durch einen Notfall s. Rn. 6). Neben dem Anzeigenden bzw. dem Inhaber der Einrichtung können der Leiter, sein Stellvertreter und derjenige, der einen Versuch unmittelbar durchführt, Tatbeteiligte iS des § 14 OWiG sein, so dass gegen sie ebenfalls eine Geldbuße verhängt werden kann. – Gleiches gilt für die nach Abs. 4 notwendige Änderungsanzeige, sofern es sich nicht um eine unbedeutende Änderung iS von Abs. 4 zweiter Halbsatz handelt (s. Rn. 9).

Ordnungswidrig nach § 18 Abs. 1 Nr. 15 handelt, wer in einem Fall 16 nach Abs. 3 die Zahl der durchgeführten Versuchsvorhaben oder die Art oder die Zahl der insgesamt verwendeten Wirbeltiere nicht, nicht richtig oder nicht rechtzeitig (d.h. spätestens am Ende des betreffenden Jahres) angibt.

Wird gegen eine vollziehbare Anordnung nach Abs. 5 verstoßen, so liegt 17 eine **Ordnungswidrigkeit** nach § 18 Abs. 1 Nr. 2 vor. – Verursacht ein formal (zB wegen Verletzung von Abs. 1, 2 oder 4) oder materiell (wegen Verletzung einer der in Abs. 5 genannten Vorschriften) unzulässiger Tierversuch einem Tier erhebliche Schmerzen, Leiden oder Schäden, so liegt eine Ordnungswidrigkeit nach § 18 Abs. 1 Nr. 1 (bzw. § 18 Abs. 2, wenn es sich um ein wirbelloses Tier handelt) vor, da unzulässige Tierversuche nie einen vernünftigen Grund bilden. – Bei länger anhaltenden oder sich wiederholenden Schmerzen oder Leiden ist der Straftatbestand des § 17 Nr. 2b erfüllt (s. auch § 17 Rn. 75).

§ 8b [Tierschutzbeauftragte]

(1) ¹Träger von Einrichtungen, in denen Tierversuche an Wirbeltieren durchgeführt werden, haben einen oder mehrere Tierschutzbeauftragte zu bestellen und die Bestellung der zuständigen Behörde anzuzeigen. ²In der Anzeige sind auch die Stellung und die Befugnisse des Tierschutzbeauftragten nach Absatz 6 Satz 3 anzugeben.

§ 8 b TierSchG *Tierschutzgesetz*

(2) ¹Zum Tierschutzbeauftragten können nur Personen mit abgeschlossenem Hochschulstudium der Veterinärmedizin, Medizin oder Biologie – Fachrichtung Zoologie – bestellt werden. ²Sie müssen die für die Durchführung ihrer Aufgaben erforderlichen Fachkenntnisse und die hierfür erforderliche Zuverlässigkeit haben. ³Die zuständige Behörde kann im Einzelfall Ausnahmen von Satz 1 zulassen.

(3) Der Tierschutzbeauftragte ist verpflichtet,
1. auf die Einhaltung von Vorschriften, Bedingungen und Auflagen im Interesse des Tierschutzes zu achten,
2. die Einrichtung und die mit den Tierversuchen und mit der Haltung der Versuchstiere befaßten Personen zu beraten,
3. zu jedem Antrag auf Genehmigung eines Tierversuchs Stellung zu nehmen,
4. innerbetrieblich auf die Entwicklung und Einführung von Verfahren und Mitteln zur Vermeidung oder Beschränkung von Tierversuchen hinzuwirken.

(4) Führt der Tierschutzbeauftragte selbst ein Versuchsvorhaben durch, so muß für dieses Versuchsvorhaben ein anderer Tierschutzbeauftragter tätig sein.

(5) Die Einrichtung hat den Tierschutzbeauftragten bei der Erfüllung seiner Aufgaben so zu unterstützen und von allen Versuchsvorhaben zu unterrichten, daß er seine Aufgaben uneingeschränkt wahrnehmen kann.

(6) ¹Der Tierschutzbeauftragte ist bei der Erfüllung seiner Aufgaben weisungsfrei. ²Er darf wegen der Erfüllung seiner Aufgaben nicht benachteiligt werden. ³Seine Stellung und seine Befugnisse sind durch Satzung, innerbetriebliche Anweisung oder in ähnlicher Form zu regeln. ⁴Dabei ist sicherzustellen, daß der Tierschutzbeauftragte seine Vorschläge oder Bedenken unmittelbar der in der Einrichtung entscheidenden Stelle vortragen kann. ⁵Werden mehrere Tierschutzbeauftragte bestellt, so sind ihre Aufgabenbereiche festzulegen.

Übersicht

	Rn.
I. Bestellungspflicht und Anzeige der Bestellung nach Abs. 1	1–5
II. Qualifikation und Zuverlässigkeit nach Abs. 2	6–9
III. Aufgaben des Tierschutzbeauftragten nach Abs. 3	10–13
IV. Eigene Tierversuche nach Abs. 4	14, 15
V. Pflichten der Einrichtung gegenüber dem Tierschutzbeauftragten nach Abs. 5 und 6	16, 17
VI. Haftung, Konsequenzen, wenn gegen Abs. 1–6 verstoßen wird	18, 19

I. Bestellungspflicht und Anzeige der Bestellung nach Abs. 1

1 Die **Pflicht zur Bestellung eines Tierschutzbeauftragten** entsteht, wenn die Durchführung mehrerer Tierversuche iS des § 7 an Wirbeltieren geplant ist und die Vorrichtungen dazu vorhanden sind (vgl. *L/M* § 8b Rn. 3). Zum

Tierschutzbeauftragte **§ 8 b TierSchG**

Begriff Tierversuch s. § 7 Rn. 1–5. Zum Begriff Wirbeltier s. § 4 Rn. 1. Mehrere Versuche sind auch dann geplant, wenn innerhalb ein- und desselben Projektes (zB einer Dissertation) mehrere einzelne Versuchshandlungen stattfinden sollen (vgl. *L/M* § 4 Rn. 9). Ob die Einrichtung öffentlich-rechtlich oder privatrechtlich ist, ist gleichgültig. – Die Bestellungspflicht trifft diejenige natürliche oder juristische Person, die Träger der Einrichtung ist. Für eine juristische Person handelt das nach der Satzung für derartige Aufgaben zuständige Organ. – Unterbleibt die Bestellung, so begehen der Träger bzw. das zuständige Organ eine Ordnungswidrigkeit nach § 18 Abs. 1 Nr. 16 (Fahrlässigkeit genügt). Außerdem können Tierversuche, die in der Einrichtung stattfinden sollen, gemäß § 8 Abs. 3 Nr. 3 nicht genehmigt werden, und gegen genehmigungsfreie Versuche muss nach § 8a Abs. 5 eingeschritten werden.

Die **Durchführung der Bestellung** erfolgt mittels Willenserklärung 2 oder durch Verwaltungsakt. Sie tritt neben das eventuell bestehende privatrechtliche Arbeits- oder öffentlich-rechtliche Dienstverhältnis und ist von dessen Bestehen, Wirksamkeit und Fortbestand unabhängig. Insbesondere kann auch jemand zum Tierschutzbeauftragten bestellt werden, der nicht Arbeitnehmer oder Beamter in der Einrichtung ist; mit Blick auf die Unabhängigkeit kann das sogar ein Vorteil sein. Auch kann die Bestellung zurückgenommen werden, ohne dass ein daneben bestehendes Arbeits- oder Dienstverhältnis ebenfalls beendet werden müsste.

Mehrere Tierschutzbeauftragte sind zB notwendig, wenn die Einrich- 3 tung über verschiedene Fachbereiche verfügt, in denen zu jeweils unterschiedlichen Fragestellungen Tierversuche durchgeführt werden, so dass die von Abs. 3 gewollte Beratung und Kontrolle mehrere Experten mit jeweils unterschiedlichen Spezialgebieten erforderlich macht. Auch aus quantitativen Gründen kann es notwendig sein, mehrere Beauftragte zu bestellen, wenn einer allein nicht die Gewähr zur Erfüllung der gesamten Verpflichtungen aus Abs. 3 bietet (zB wegen der Größe der Versuchstierhaltung, wegen mehrerer Versuchstierhaltungen, wegen der Anzahl oder des Umfangs der Versuchsvorhaben oder wegen der Belastung eines Beauftragten mit anderen innerbetrieblichen Aufgaben). Sind zu wenig Tierschutzbeauftragte bestellt, so begründet auch dieser Mangel das Genehmigungshindernis nach § 8 Abs. 3 Nr. 3 bzw. die Untersagungspflicht nach § 8a Abs. 5, denn auch in diesem Fall sind die personellen und organisatorischen Voraussetzungen für die Tätigkeit des Tierschutzbeauftragten nicht gegeben bzw. ist die Einhaltung des § 8b nicht sichergestellt.

Die Bestellung **ist der Behörde anzuzeigen.** Die Satzung oder Betriebs- 4 ordnung nach Abs. 6 S. 3 muss beigefügt werden.

Die **entsprechende Anwendung** von § 8b **ist angeordnet:** für das Töten 5 von Wirbeltieren zu wissenschaftlichen Zwecken (§ 4 Abs. 3); für Eingriffe oder Behandlungen zur Aus-, Fort- oder Weiterbildung (§ 10 Abs. 2 S. 1); für biotechnische und ähnliche Maßnahmen (§ 10a S. 4); für vollständige oder teilweise Organ- oder Gewebeentnahmen (§ 6 Abs. 1 S. 4). – Die Rechtsstellung des Tierschutzbeauftragten ist der des betrieblichen Umweltschutzbeauftragten nachgebildet, so dass bei ungeregelten Fragen Analogien zu den §§ 53 ff. BImSchG, 21a ff. WHG oder 54f. KrW-/AbfG in Erwägung gezogen werden können.

II. Qualifikation und Zuverlässigkeit nach Abs. 2

6 Die **notwendigen biomedizinischen Fachkenntnisse** müssen grds. durch einen der in Abs. 2 S. 1 vorgeschriebenen Studienabschlüsse nachgewiesen werden.

7 Neben diese abgeschlossene Hochschulausbildung müssen nach Abs. 2 S. 2 **spezielle versuchstierkundliche Fachkenntnisse** und – mit Blick auf Abs. 3 Nr. 2 – auch ethologische Kenntnisse treten, sowohl theoretischer als auch praktischer Art. (vgl. AVV Nr. 8.2, 6.2.2.1, 6.2.2.2, 9.1.1 und 9.1.2). Diese Kenntnisse und Fähigkeiten müssen über diejenigen, die für den Leiter des Versuchsvorhabens und für die versuchsdurchführenden Personen vorgeschrieben sind, hinausgehen, denn der Tierschutzbeauftragte soll diesen Personenkreis informieren, beraten und kontrollieren. Die speziellen Kenntnisse müssen sich insbesondere auch auf die Haltung der Versuchstiere erstrecken.

8 An die **Zuverlässigkeit** ist mit Blick auf die Funktionen, die der Tierschutzbeauftragte ausfüllen soll, ein strenger Maßstab anzulegen. Diese Funktionen werden beschrieben mit „eigenverantwortliche Selbstkontrolle", „innerbetriebliche Aufsichts- und Beratungsfunktion", „Gesprächs- und Ansprechpartner der Behörde" (vgl. BT-Drucks. 10/3158 S. 24), „Mittlerfunktion zwischen Anliegen des Tierschutzes und der Wissenschaft" (vgl. BMVEL, Tierschutzbericht 1997, S. 67). Die Zuverlässigkeit wird wie sonst auch vermutet, solange keine Tatsachen bekannt sind, die zu Zweifeln Anlass geben. Zweifelsbegründend wirken wegen der herausgehobenen Stellung des Beauftragten bereits solche Handlungen, Funktionen und Eigenschaften, die bei einem objektiven, unbefangenen Beobachter Unsicherheit hervorrufen können, ob diese Person willens und in der Lage ist, die ihr übertragenen Funktionen unabhängig und unparteilich auszuüben. – Zu Zweifeln Anlass geben zB: ein mittelschwerer oder mehrere leichte Verstöße gegen Bestimmungen, die dem Tierschutz dienen (Gesetze, Verordnungen, behördliche Auflagen uÄ); ein mittelschwerer oder mehrere leichte Verstöße gegen die Aufgaben aus Abs. 3; ein mittelschwerer oder mehrere leichte Verstöße bei Tierversuchen, die vom Tierschutzbeauftragten selbst durchgeführt worden sind (zu eigenen Tierversuchen s. Rn. 15); eine besonders enge Beziehung zu dem Leiter eines Versuchsvorhabens, das vom Tierschutzbeauftragten beaufsichtigt werden soll (zB Verwandtschaft, Vorgesetzter-Untergebenen-Verhältnis uÄ); Hilfen bei der Antragstellung, die über die Beratungs- und Kontrollaufgaben hinausgehen. – Bedenken gegen die Zuverlässigkeit können sich auch ergeben, wenn verschiedene Funktionen so miteinander verquickt werden, dass Beratender und zu Beratende bzw. Kontrollierender und zu Kontrollierende annähernd identisch werden (Beispiel nach *Caspar* Tierschutz S. 502: Der Tierschutzbeauftragte, der nach Abs. 3 die Versuchstierhaltung beaufsichtigen und die Behörde nach AVV Nr. 6.2.2.3 über deren Gesetzmäßigkeit informieren soll, besitzt dort zugleich eine leitende Funktion). – Liegen solche zweifelsbegründenden Tatsachen vor, so muss der Träger der Einrichtung den Nachweis führen, dass eine Zuverlässigkeit dennoch besteht; auch hierfür gilt der o. e. strenge Maßstab.

Tierschutzbeauftragte § 8 b TierSchG

Eine **Ausnahmegenehmigung** nach Abs. 2 S. 3 ist nur unter zwei Vor- 9
aussetzungen möglich: 1. Es muss ein Ausnahmefall vorliegen, der das
Abgehen von der Regel des Satzes 1 rechtfertigt; wirtschaftliche oder finanzielle Gründe genügen dafür grds. nicht, denn das Gesetz nimmt Kostenerhöhungen als Folge der Bestellung von Tierschutzbeauftragten in Kauf (vgl.
BT-Drucks. 10/3158 S. 17). – 2. Der Tierschutzbeauftragte muss trotz des
fehlenden Hochschulabschlusses alle Fachkenntnisse besitzen, die mit Blick
auf die Versuchsvorhaben, die er beaufsichtigen soll, zur Erfüllung der Aufgaben nach Abs. 3 erforderlich sind.

III. Aufgaben des Tierschutzbeauftragten nach Abs. 3

Nach **Abs. 3 Nr.** 1 hat der Tierschutzbeauftragte auf die Einhaltung aller 10
tierschutzrechtlichen Vorschriften einschließlich der der Genehmigung beigefügten Bedingungen und Auflagen zu achten. – Wegen des Gebotes der
Unerlässlichkeit (§ 7 Abs. 2 und § 9 Abs. 2) muss er bereits an der Planung,
der Vorbereitung und der Koordination der Versuchsvorhaben mitwirken
und erreichen, dass Alternativmethoden iS des „replace", „reduce" und
„refine" eingesetzt werden, soweit dies nach dem Stand der wissenschaftlichen Erkenntnisse möglich ist. Durch Anfragen bei der ZEBET lässt sich
feststellen, ob eine tierverbrauchsfreie Methode entwickelt und ausreichend
geprüft worden ist, die zu einem vergleichbar aussagekräftigen Ergebnis
bzw. einem vergleichbar hohen Sicherheitsniveau führt (§ 7 Abs. 2). Durch
Anfragen bei Behörden und Datenbanken lässt sich ermitteln, ob auf die
wissenschaftliche Fragestellung woanders bereits eine Antwort gefunden
worden ist (§ 8 Abs. 3 Nr. 1 b). Durch geeignete biometrische Verfahren
und Standardisierung der Versuchsbedingungen lässt sich die Tierzahl reduzieren (§ 9 Abs. 2; vgl. auch AVV Nr. 8.3 und *Dimigen* in: *Caspar/Koch*
S. 174). Maßnahmen iS eines „refine" sind zB: Bessere Anästhesieverfahren;
postoperative Applikation von Schmerzmitteln; schonendere Immunisierungsverfahren; Entwicklungen von Kriterien, wann der Versuch abzubrechen ist, weil die steigende Belastung für das Versuchstier den möglichen
weiteren Erkenntnisgewinn nicht mehr rechtfertigt. – Während der Durchführung der Versuche muss er anwesend, zumindest aber gut erreichbar sein
(vgl. *Dimigen* aaO). – Auch bei der Vorbereitung oder der Nachbehandlung
muss er eingreifen, wenn Tieren vermeidbare Leiden zugefügt werden (zB
wenn die Fristen für präoperatives Fasten statt nach der tatsächlichen Notwendigkeit nach dem Dienstplan des Personals definiert werden, vgl. dazu
Dimigen aaO S. 175). – Zu den Vorschriften, auf deren Einhaltung zu achten ist, kann auch Landesrecht gehören (vgl. zB § 3 Abs. 9 Hochschulgesetz
NRW: Verpflichtung der Hochschulen, Lehrmethoden zur Vermeidung der
Verwendung von Tieren zu entwickeln).

Nach **Abs. 3 Nr.** 2 muss der Tierschutzbeauftragte die Einrichtung und 11
alle mit den Tierversuchen befassten Personen (Leiter, Stellvertreter, Versuchsdurchführender, Nachbehandler, Pfleger) so beraten, dass alles, was an
Schmerz-, Leidens- und Schadensvermeidung möglich ist, auch tatsächlich
geschieht, auch dort, wo es zu höheren Kosten oder vermehrtem Arbeits-

§ 8 b TierSchG   Tierschutzgesetz

und Zeitaufwand führt (vgl. § 9 Abs. 2 S. 3 Nr. 3). – Im Bereich der Haltung der Versuchstiere muss er durchsetzen, dass nicht nur die Mindestanforderungen der Leitlinien des Anhangs A zum Europäischen Versuchstierübereinkommen eingehalten, sondern darüber hinausgehend die Grundbedürfnisse des § 2 Nr. 1 weitgehend befriedigt werden (s. § 2 Rn. 12, 15, 29–34; s. auch Anhang zu § 2 Rn. 58–68). Einschränkungen der Fortbewegung iS des § 2 Nr. 2 sind stets verboten, wenn sie zu Schmerzen führen, und iÜ unerlaubt, wenn sie Leiden oder Schäden auslösen, die vermeidbar wären (s. § 2 Rn. 34–37). Es gibt viele Maßnahmen, die das Leben der Versuchstiere verbessern können, ohne dass der für den Versuchszweck nötige Hygienestatus und die Standardisierung ernsthaft gefährdet werden. U.a.: Gemeinschaftshaltung in stabilen Gruppen mit Deckungs- und Rückzugsmöglichkeiten für das artgemäße Sozialverhalten; veränderbares Substrat für Nestbau und Erkundung; Strukturierung des Behältnisses für die Bewegung (vgl. *Dimigen* aaO; vgl. auch *Gruber* in: Evang. Akademie Bad Boll, Tierversuche S. 144, 145; *Albus* ebenda S. 228).

12   Zu der nach **Abs. 3 Nr. 3** vorgeschriebenen Stellungnahme vgl. AVV Nr. 8.5. Standardisierte Texte können den Verdacht begründen, dass der Tierschutzbeauftragte weniger informiert und beraten als vielmehr bei der Überwindung gesetzlicher Hürden nachgeholfen hat; dies begründet dann Zweifel an seiner Zuverlässigkeit, s. Rn. 8).

13   **Abs. 3 Nr. 4** entspricht der Erwartung des Gesetzgebers an die Tierschutzbeauftragten, „dass ihre Bestellung zu einer weiteren Einschränkung der Tierversuche führen wird" (vgl. BT-Drucks. 10/3158 S. 24). Der Beauftragte muss den Stand der Entwicklung und Prüfung von Alternativmethoden stets genau kennen und auf ihre Einführung innerhalb der Einrichtung hinwirken (zu dem Problem, dass Wissenschaftler der Versuchstierkunde häufig mit den auf den Gebieten der Molekularbiologie und -genetik entwickelten Methoden nicht ausreichend vertraut sind vgl. *Spielmann* in: Evang. Akademie Bad Boll, Tierversuche S. 127). Bei der Planung der Vorhaben hat er dazu ggf. konkrete Vorschläge zu unterbreiten. Bei Tiertötungen oder Eingriffen zur Aus-, Fort- oder Weiterbildung muss er sagen können, welche Alternativmethoden dazu entwickelt worden sind, an welchen Einrichtungen (zB Hochschulen) sie Anwendung finden und welche Ergebnisse und Erfahrungen dabei erzielt worden sind. Es versteht sich von selbst, dass er dazu einen steten Kontakt mit ZEBET und mit Unternehmen, Universitäten und Instituten, die alternative Methoden praktisch anwenden, unterhalten muss.

IV. Eigene Tierversuche nach Abs. 4

14   **Will der bisherige Tierschutzbeauftragte selbst einen Tierversuch durchführen, so muss der Träger der Einrichtung dafür einen anderen Beauftragten bestellen.** Tierschutzbeauftragter für ein bestimmtes Versuchsvorhaben kann nicht sein, wer an dem Vorhaben irgendwie (sei es als Leiter, Stellvertreter, Versuchsdurchführender, sei es in der Vorbereitungsphase als Gutachter, Assistent oÄ) mitgewirkt hat. Verstöße hiergegen können Zuverlässigkeitszweifel begründen (s. Rn. 8).

Tierschutzbeauftragte § 8 b TierSchG

Eigene Tierversuche sind zwar nicht unerlaubt, können aber uU bei ei- 15
nem objektiven Beobachter Zweifel begründen, ob der Beauftragte seine
Mittlerfunktion zwischen Wissenschaft und Tierschutz noch unabhängig
und unparteilich auszufüllen vermag (s. Rn. 8). Beispiele: Verstöße gegen
Vorschriften oder Auflagen (zB wiederholter Versuchsbeginn vor Eintreffen
der Genehmigung bzw. Ablauf der Anzeigefrist); besonders zahlreiche,
umfangreiche oder besonders belastende Tierversuche; Tierversuche, die
sich im Grenzbereich des ethisch Vertretbaren bewegen; Tierversuche, bei
denen es ersichtlich auch um eigene Vorteile, zB eine verbesserte berufliche
Stellung geht (zum Ganzen vgl. auch *Cirsovius* S. 162).

V. Pflichten der Einrichtung gegenüber dem Tierschutzbeauftragten nach Abs. 5 und 6

Zur **Unterstützungspflicht nach Abs. 5** gehört, dass der Tierschutzbe- 16
auftragte über alle (also auch die genehmigungsfreien) Versuchsvorhaben
rechtzeitig und detailliert unterrichtet wird. Er muss an ihrer Planung, Vorbereitung und Koordinierung teilnehmen können. Seine Vorschläge zur
Einführung von Alternativmethoden müssen in die Planung Eingang finden.
Da er bei allen Versuchen ein Anwesenheitsrecht hat (und zumindest erreichbar sein muss, s. Rn. 10), hat er auch das Recht, alle Beteiligten anzuhören und die zugehörigen Urkunden und Akten einzusehen. – Wegen seiner
Aufgaben im Bereich der Tierhaltung (s. Rn. 11) muss er dort jederzeit Beobachtungen und Untersuchungen durchführen und Proben entnehmen
können. – Weil er nicht nur an der Einführung, sondern auch an der Entwicklung von alternativen Methoden mitwirken soll (Abs. 3 Nr. 4), müssen
ihm dafür Räume sowie sachliche und personelle Mittel zur Verfügung gestellt werden. – Seine anderen Dienstpflichten sind so zu beschränken, dass
ihm für seine Aufgaben genügend Zeit und Kraft bleibt.

Abs. 6 regelt die **Unabhängigkeit** des Tierschutzbeauftragten. Weisungen 17
dürfen ihm nicht erteilt werden. Gegen das **Benachteiligungsverbot** kann
mit einer Kündigung oder Abberufung verstoßen werden, aber auch mit einer Versetzung, einem Beförderungsstopp, der Zuweisung ungewollter Tätigkeiten oder ungünstiger Arbeitszeiten, Räume u.a.m. Das für die Umweltschutzbeauftragten geltende Verbot der ordentlichen Kündigung (vgl.
§ 58 Abs. 2 BImSchG, § 21f Abs. 2 WHG und § 55 Abs. 3 KrW-/AbfG)
dürfte analog gelten (vgl. *Cirsovius* S. 169). – Der Tierschutzbeauftragte
muss jederzeit Zugang zur jeweils entscheidenden Stelle (zum Leiter des
Versuchsvorhabens, aber auch zu dem Organ, das generell entscheidet, ob
und in welchen Bereichen Tierversuche stattfinden) haben; dies schließt ein,
dass er dort angehört wird und die von ihm vorgetragenen Tatsachen und
Anregungen in die Entscheidung einfließen. – Eine Satzung oder Betriebs-
ordnung muss diese Fragen im o. g. Sinne regeln, und zwar im Detail und
nicht durch bloße Wiederholung des Gesetzeswortlauts. Bei mehreren Tierschutzbeauftragten muss sie deren Aufgabengebiete so abgrenzen, dass Zu-
ständigkeitsüberlagerungen und gegenseitige Blockaden vermieden werden.
– Seine gesamte Stellung muss so ausgestaltet sein, dass die erforderliche

§ 9 TierSchG *Tierschutzgesetz*

Unabhängigkeit gewährleistet ist; dagegen bestehen insbesondere Bedenken, wenn er nur ein befristetes Arbeitsverhältnis hat oder noch keine lange Betriebszugehörigkeit besteht. Hauptamtlichkeit fördert die Bewahrung der Unabhängigkeit (vgl. Arbeitsgruppe I in: Evang. Akademie Bad Boll, Tierversuche S. 204). Andererseits darf er nicht der Leitung der Einrichtung angehören, weil die dann bestehende Identität zwischen Kontrolliertem und Kontrollierendem der vom Gesetzgeber gewollten Aufsichtsfunktion (s. Rn. 8) widerspricht.

VI. Haftung, Konsequenzen, wenn gegen Abs. 1–6 verstoßen wird

18   Eine generelle **strafrechtliche Haftung des Tierschutzbeauftragten** wird in der Literatur abgelehnt. Sie kommt aber im Einzelfall in Betracht, wenn ein (durch eine andere Person begangener) Verstoß mitursächlich darauf zurückzuführen ist, dass der Tierschutzbeauftragte seine Pflichten aus Abs. 3 nicht erfüllt hat (vgl. *L/M* § 8 b Rn. 14; *Kluge/Goetschel* § 8 b Rn. 5). Das bedeutet: Begeht ein anderer – zB der Leiter, der Versuchsdurchführende, ein Pfleger – einen Verstoß, der eine vorsätzliche Ordnungswidrigkeit nach § 18 oder eine Straftat nach § 17 darstellt, so kann auf Seiten des Tierschutzbeauftragten wegen dessen Garantenstellung aus Abs. 3 Nr. 1 eine Beihilfe durch Unterlassen vorliegen. Bei einer fahrlässigen Ordnungswidrigkeit durch eine der genannten Personen kann gegen den Tierschutzbeauftragten wegen fahrlässiger Nebentäterschaft eine Geldbuße verhängt werden, wenn er bei ordnungsgemäßer Erfüllung seiner Aufgaben den Verstoß rechtzeitig hätte erkennen und verhindern können. Beispiele: Die Person hätte ihm schon vorher durch mangelnde Qualifikation oder Fehlleistungen auffallen müssen; der Verstoß beruht auf Mängeln in der Organisation, der sachlichen Ausstattung oder der Tierhaltung; der Verstoß wäre verhindert worden, wenn der Tierschutzbeauftragte bei der Planung und Vorbereitung mitgewirkt hätte bzw. während des Versuches erreichbar gewesen wäre.

19   **Verstöße gegen Abs. 1–6** (zB: keine Bestellung eines Beauftragten; Bestellung nur eines Beauftragten, obwohl mehrere notwendig wären; mangelnde Qualifikation des Beauftragten; mangelnde Zuverlässigkeit; Nichterfüllung von Aufgaben nach Abs. 3; Nichterfüllung von Pflichten aus Abs. 5 und 6) haben zur Konsequenz, dass Tierversuche, die in der Einrichtung stattfinden sollen, nicht genehmigt werden können (vgl. § 8 Abs. 3 Nr. 3) bzw. untersagt werden müssen (vgl. § 8a Abs. 5). Die Behörde weist den Träger der Einrichtung darauf hin (AVV Nr. 8.4). Denkbar ist auch, dass die Behörde gem. § 16a S. 1 i.V.m. § 8b Abs. 2 die Abberufung eines nicht genügend qualifizierten oder unzuverlässigen Tierschutzbeauftragten verlangt. – Zur Ordnungswidrigkeit nach § 18 Abs. 1 Nr. 16 s. Rn. 1, 5.

§ 9 [Durchführung]

(1) ¹Tierversuche dürfen nur von Personen durchgeführt werden, die die dafür erforderlichen Fachkenntnisse haben. ²Tierversuche an Wirbeltieren, ausgenommen Versuche nach § 8 Abs. 7 Nr. 2, dürfen darüber hinaus nur von Personen mit abgeschlossenem Hochschulstudium der Veterinärmedizin

Durchführung §9 TierSchG

oder der Medizin oder von Personen mit abgeschlossenem naturwissenschaftlichem Hochschulstudium oder von Personen, die auf Grund einer abgeschlossenen Berufsausbildung nachweislich die erforderlichen Fachkenntnisse haben, durchgeführt werden. ³Tierversuche mit operativen Eingriffen an Wirbeltieren dürfen nur von Personen mit abgeschlossenem Hochschulstudium
1. der Veterinärmedizin oder Medizin oder
2. der Biologie – Fachrichtung Zoologie –, wenn diese Personen an Hochschulen oder anderen wissenschaftlichen Einrichtungen tätig sind,

durchgeführt werden. ⁴Die zuständige Behörde läßt Ausnahmen von den Sätzen 2 und 3 zu, wenn der Nachweis der erforderlichen Fachkenntnisse auf andere Weise erbracht ist.

(2) ¹Tierversuche sind auf das unerläßliche Maß zu beschränken. ²Bei der Durchführung ist der Stand der wissenschaftlichen Erkenntnisse zu berücksichtigen. ³Im einzelnen gilt für die Durchführung folgendes:
1. Versuche an sinnesphysiologisch höher entwickelten Tieren, insbesondere warmblütigen Tieren, dürfen nur durchgeführt werden, soweit Versuche an sinnesphysiologisch niedriger entwickelten Tieren für den verfolgten Zweck nicht ausreichen. Versuche an Tieren, die aus der Natur entnommen worden sind, dürfen nur durchgeführt werden, soweit Versuche an anderen Tieren für den verfolgten Zweck nicht ausreichen.
2. Für den Tierversuch dürfen nicht mehr Tiere verwendet werden, als für den verfolgten Zweck erforderlich ist.
3. Schmerzen, Leiden oder Schäden dürfen den Tieren nur in dem Maße zugefügt werden, als es für den verfolgten Zweck unerläßlich ist; insbesondere dürfen sie nicht aus Gründen der Arbeits-, Zeit- oder Kostenersparnis zugefügt werden.
4. Versuche an Wirbeltieren dürfen vorbehaltlich des Satzes 4 nur unter Betäubung vorgenommen werden. Die Betäubung darf nur von einer Person, die die Voraussetzungen des Absatzes 1 Satz 1 und 2 erfüllt, oder unter ihrer Aufsicht vorgenommen werden. Ist bei einem betäubten Wirbeltier damit zu rechnen, daß mit Abklingen der Betäubung erhebliche Schmerzen auftreten, so muß das Tier rechtzeitig mit schmerzlindernden Mitteln behandelt werden, es sei denn, daß dies mit dem Zweck des Tierversuchs nicht vereinbar ist. An einem nicht betäubten Wirbeltier darf
a) kein Eingriff vorgenommen werden, der zu schweren Verletzungen führt,
b) ein Eingriff nur vorgenommen werden, wenn der mit dem Eingriff verbundene Schmerz geringfügiger ist als die mit einer Betäubung verbundene Beeinträchtigung des Befindens des Versuchstieres oder der Zweck des Tierversuchs eine Betäubung ausschließt.
An einem nicht betäubten Wirbeltier darf nur einmal ein erheblich schmerzhafter Eingriff oder eine erheblich schmerzhafte Behandlung durchgeführt werden, es sei denn, daß der Zweck des Tierversuchs anders nicht erreicht werden kann. Bei einem nicht betäubten Wirbeltier dürfen keine Mittel angewandt werden, durch die die Äußerung von Schmerzen verhindert oder eingeschränkt wird.

5. Wird bei einem Wirbeltier ein schwerer operativer Eingriff vorgenommen oder ist das Tier in einem mit erheblichen oder länger anhaltenden Schmerzen oder Leiden oder mit erheblichen Schäden verbundenen Tierversuch verwendet worden, so darf es nicht für ein weiteres Versuchsvorhaben verwendet werden, es sei denn, sein allgemeiner Gesundheitszustand und sein Wohlbefinden sind vollständig wiederhergestellt und der weitere Tierversuch
a) ist nicht mit Leiden oder Schäden und nur mit unerheblichen Schmerzen verbunden oder
b) wird unter Betäubung vorgenommen und das Tier wird unter dieser Betäubung getötet.
6. Bei Tierversuchen zur Ermittlung der tödlichen Dosis oder tödlichen Konzentration eines Stoffes ist das Tier schmerzlos zu töten, sobald erkennbar ist, daß es infolge der Wirkung des Stoffes stirbt.
7. Wirbeltiere, mit Ausnahme der Pferde, Rinder, Schweine, Schafe, Ziegen, Hühner, Tauben, Puten, Enten, Gänse und Fische, dürfen für Tierversuche nur verwendet werden, wenn sie für einen solchen Zweck gezüchtet worden sind. Die zuständige Behörde kann, soweit es mit dem Schutz der Tiere vereinbar ist, Ausnahmen hiervon zulassen, wenn für Versuchszwecke gezüchtete Tiere der betreffenden Art nicht zur Verfügung stehen oder der Zweck des Tierversuchs die Verwendung von Tieren anderer Herkunft erforderlich macht.
8. Nach Abschluß eines Tierversuchs ist jeder verwendete und überlebende Affe, Halbaffe, Einhufer, Paarhufer, Hund, Hamster sowie jede verwendete und überlebende Katze und jedes verwendete und überlebende Kaninchen und Meerschweinchen unverzüglich einem Tierarzt zur Untersuchung vorzustellen. Kann das Tier nach dem Urteil des Tierarztes nur unter Schmerzen oder Leiden weiterleben, so muß es unverzüglich schmerzlos getötet werden. Andere als in Satz 1 bezeichnete Tiere sind gleichfalls unverzüglich schmerzlos zu töten, wenn dies nach dem Urteil der Person, die den Tierversuch durchgeführt hat, erforderlich ist. Soll ein Tier am Ende eines Tierversuchs am Leben erhalten werden, so muß es seinem Gesundheitszustand entsprechend gepflegt und dabei von einem Tierarzt oder einer anderen befähigten Person beobachtet und erforderlichenfalls medizinisch versorgt werden.

(3) ¹Für die Einhaltung der Vorschriften der Absätze 1 und 2 ist der Leiter des Versuchsvorhabens oder sein Stellvertreter verantwortlich. ²Das gleiche gilt für die Erfüllung von Auflagen, die mit einer Genehmigung nach § 8 verbunden sind.

Übersicht

	Rn.
I. Qualifikation der versuchsdurchführenden Person(en) nach Abs. 1	1–5
II. Das unerlässliche Maß nach Abs. 2 S. 1 und 2	6, 7
III. Die Konkretisierungen des unerlässlichen Maßes nach Abs. 2 S. 3 Nr. 1, 2 und 3	8–10

Durchführung § 9 TierSchG

Rn.
IV. Das Betäubungsgebot nach Abs. 2 S. 3 Nr. 4 11–16
V. Das Wiederverwendungsverbot nach Abs. 2 S. 3 Nr. 5 17–19
VI. Letalversuche nach Abs. 2 S. 3 Nr. 6 .... 20, 21
VII. Beschränkung auf die Verwendung gezüchteter Versuchstiere nach Abs. 2 S. 3 Nr. 7 .... 22, 23
VIII. Behandlung nach Abschluss des Tierversuches nach Abs. 2 S. 3 Nr. 8 24–26
IX. Verantwortlichkeit des Leiters oder Stellvertreters nach Abs. 3 und nach § 18 Abs. 1 Nr. 17 .... 27, 28

I. Qualifikation der versuchsdurchführenden Person(en) nach Abs. 1

Durchführende Person ist, wer die Eingriffe oder Behandlungen am Tier selbst vornimmt. Der Durchführende kann mit dem Leiter oder dessen Stellvertreter identisch sein, muss es aber nicht. Abs. 1 gilt auch für Personen, die sich auf einzelne Teilakte eines Tierversuches beschränken. Wirken bei einzelnen Teilakten oder dem ganzen Versuch mehrere Personen zusammen, so gilt Abs. 1 für jeden von ihnen. – Vom Durchführenden zu unterscheiden ist der Assistent oder Gehilfe. Für ihn gilt Abs. 1 nicht, doch darf er Handlungen am Tier nur in Anwesenheit und unter unmittelbarer Anleitung des Durchführenden vornehmen. 1

Die **allgemeine Sachkunde nach Abs. 1 S. 1**, die die durchführende Person in jedem Fall besitzen muss, kann mit Hilfe folgender Fragen geprüft werden: **1.** Was für ein Eingriff soll stattfinden? An welcher Tierart? Führt die betreffende Person den ganzen Eingriff oder nur einzelne Teilakte davon durch? – **2.** Welche theoretischen Kenntnisse sind notwendig, um bei diesem Eingriff bzw. Teilakt das Auftreten von Schmerzen, Leiden und Schäden so weit wie möglich auszuschließen bzw. zu minimieren („replace", „reduce", „refine")? – **3.** Welche praktischen Fertigkeiten werden dazu benötigt? – **4.** Besitzt die durchführende Person nach ihrer Ausbildung oder beruflichen Erfahrung die Gewähr für diese Kenntnisse und Fertigkeiten? – **5.** Hat sie derartige Eingriffe (zB als Gehilfe) selbst schon erfolgreich vorgenommen, so dass auch von der sicheren Beherrschung der erforderlichen Techniken ausgegangen werden kann (vgl. AVV Nr. 9.1.1.1)? – In Betracht kommen insbesondere versuchstierkundliche Kurse, wenn sie Versuche von der jetzt in Rede stehenden Art umfasst haben, oder ein Berufsabschluss, bei dem die entsprechende tierexperimentelle Technik vermittelt wurde und für den entsprechende Kenntnisse und Erfahrungen nachgewiesen werden mussten (AVV Nr. 9.1.1.2). – Bei geringfügigen, alltäglichen Eingriffen nach § 8 Abs. 7 S. 1 Nr. 2 und bei Tierversuchen mit Wirbellosen reicht die Sachkunde nach S. 1 aus. Bei Tierversuchen mit Wirbeltieren treten die weiteren Voraussetzungen nach S. 2–4 hinzu, s. Rn. 3–5. 2

Als **zusätzliche Sachkunde für nicht operative Tierversuche an Wirbeltieren** muss nach Abs. 1 S. 2 ein abgeschlossenes Hochschulstudium der Veterinärmedizin, der Medizin oder einer anderen naturwissenschaftlichen Fachrichtung hinzutreten (Ausnahme nur bei Behandlungen nach § 8 Abs. 7 3

281

§ 9 TierSchG *Tierschutzgesetz*

S. 1 Nr. 2). Eine andere abgeschlossene Berufsausbildung, zB als Biologielaborant, genügt nur, wenn sich aus der Ausbildungs- und Prüfungsordnung ergibt, dass die für derartige Eingriffe notwendigen Kenntnisse und Fertigkeiten sowohl theoretisch als auch praktisch vermittelt und geprüft worden sind (vgl. AVV Nr. 9.1.1.2 und zum Nachweis Nr. 9.1.2). Die zusätzliche Sachkunde nach S. 2 tritt neben die allgemeine Sachkunde nach S. 1, d. h.: Auch der Hochschulabsolvent darf den Eingriff bzw. den Teilakt nur vornehmen, wenn er die nach S. 1 erforderlichen Kenntnisse und Fertigkeiten tatsächlich erworben hat und die anzuwendende Technik aufgrund vorangegangener Praxis beherrscht (s. Rn. 2).

4   **Zusätzliche Sachkunde** ist **für operative Eingriffe an Wirbeltieren** erforderlich. Operative Eingriffe sind alle instrumentellen Einwirkungen, bei denen die Haut oder darunter liegendes Gewebe eines lebenden Tieres mehr als punktförmig durchtrennt werden (AVV Nr. 9.1.3). Solche Eingriffe setzen einen der in Abs. 1 S. 3 genannten Hochschulabschlüsse voraus. Biologen sind dazu nur berechtigt, wenn sie der Fachrichtung Zoologie angehören und an einer Hochschule oder einer anderen (auch nichtstaatlichen, vgl. BVerfGE 48, 376) wissenschaftlichen Einrichtung tätig sind. – Auch hier müssen zu dem Bildungsabschluss die spezifischen Tierversuchskenntnisse, Fertigkeiten und Erfahrungen nach S. 1 hinzutreten (s. Rn. 2; vgl. auch *L/M* § 9 Rn. 16).

5   Eine **Ausnahmegenehmigung** nach Abs. 1 S. 4 setzt einen eigenen, darauf gerichteten Antrag des Trägers der Einrichtung voraus (vgl. AVV Anlage 3). Neben Angaben zur Art der Eingriffe und den betroffenen Tieren bedarf es des Nachweises, dass der Durchführende in gleicher Weise in der Lage ist, die Eingriffe vorzunehmen, wie sein in S. 2 bzw. S. 3 beschriebener Kollege (vgl. *Kluge/Goetschel* § 9 Rn. 2). Verbleiben hier Zweifel, so darf die Genehmigung nicht erteilt werden. „Crash-Kurse" zur Vermittlung der nötigen Kenntnisse und Fähigkeiten sind auf keinen Fall ausreichend, um die sach- und tierschutzgerechte Durchführung der Versuche zu gewährleisten (so zu Recht die Landestierärztekammer Hessen, DTBl. 2001, 676). – Zu dem Nachweis nach S. 4 muss die Prüfung nach S. 1 hinzutreten (s. Rn. 2), denn die Ausnahmegenehmigung kann nur die Ausbildungsabschlüsse nach S. 2 und 3 ersetzen, nicht dagegen die allgemeine Sachkunde nach S. 1.

II. Das unerlässliche Maß nach Abs. 2 S. 1 und 2

6   Das **„Ob" des unerlässlichen Maßes** betrifft die Frage, ob es anstelle des Tierversuchs ein alternatives Verfahren gibt, das ohne Tiere, mit sinnesphysiologisch niedriger entwickelten Tieren oder mit weniger Tieren auskommt und das dennoch zu einem vergleichbar aussagekräftigen Ergebnis führt bzw. ein für den Menschen vergleichbares Sicherheitsniveau schafft (instrumentale Unerlässlichkeit, vgl. *Steiger/Gruber* in: *Sambraus/Steiger* S. 726; zur finalen Unerlässlichkeit s. § 7 Rn. 11). Das **„Wie" des unerlässlichen Maßes** ist betroffen, wenn es eine Möglichkeit gibt, die wissenschaftliche Fragestellung mittels eines Verfahrens, das für das einzelne Tier mit weniger Schmerzen, Leiden oder Schäden verbunden ist, ausreichend sicher zu be-

antworten – Während das „Ob" hauptsächlich in § 7 Abs. 2 S. 2 geregelt ist, findet sich das „Wie" schwerpunktmäßig in § 9 Abs. 2 (insbes. in den Nummern 4–8). Von dieser Trennung wird aber auch abgewichen: § 9 Abs. 2 betrifft auch das „Ob", insbes. in den Nummern 1–3 (vgl. dazu *Kluge/Goetschel* § 9 Rn. 4). – Dass das „Ob" und das „Wie" in zwei Vorschriften geregelt ist, die einander teilweise überlappen, ist unschädlich, denn die Konsequenzen eines Verstoßes sind jeweils dieselben: ergibt sich bereits im Genehmigungs- bzw. Anzeigeverfahren, dass eine Methode des „replace", „reduce" oder „refine" nicht ausreichend berücksichtigt worden ist, so darf das Vorhaben nicht genehmigt werden bzw. ist zu untersagen (vgl. § 8 Abs. 3 Nr. 1a und Nr. 5; § 8a Abs. 5). Stellt sich eine solche Alternative erst später heraus, so wird sie auf dem Weg über § 16a S. 2 Nr. 4 i.V.m. § 7 Abs. 2 oder § 9 Abs. 2 nachträglich durchgesetzt (s. dazu auch § 16a Rn. 29). – Die Konkretisierungen, die die Nummern 1–7 zum unerlässlichen Maß enthalten, sind nicht abschließend (vgl. *L/M* § 9 Rn. 19). Zu beachten ist auch, dass Abs. 2 Sätze 1 und 2 und die Nummern 1, 2, 3 und 6 auch die Wirbellosen schützen (ebenso wie § 7 Abs. 2, s. § 8a Rn. 2).

Mit dem Hinweis auf den **Stand der wissenschaftlichen Erkenntnisse** in 7 Abs. 2 S. 2 verpflichtet das Gesetz die Behörde auch dazu, das genehmigte bzw. angezeigte Verfahren unter Beobachtung zu halten („Beobachtungspflicht", so *Kluge/Goetschel* § 9 Rn. 3). Stellt sich also später heraus, dass der Tierversuch nicht mehr unerlässlich ist (etwa weil das angestrebte Ergebnis bereits von einem anderen erzielt worden ist oder weil es inzwischen eine vertretbare Alternative iS der „3R" gibt), so muss über § 16a Satz 2 Nr. 4 darauf hingewirkt werden, dass der Antragsteller/Anzeigeerstatter sein Vorhaben diesem neuen Erkenntnisstand anpasst bzw. einstellt (s. dort Rn. 29).

III. Die Konkretisierungen des unerlässlichen Maßes nach Abs. 2 S. 3 Nr. 1, 2 und 3

Nach **Abs. 2 S. 3 Nr. 1** muss anstelle der im Genehmigungsantrag bzw. in 8 der Anzeige genannten Tierart auf Tiere ausgewichen werden, die in der zoologischen Systematik eine geringere Entwicklungshöhe aufweisen, wenn dies ohne wesentliche Beeinträchtigung des angestrebten Ergebnisses bzw. Sicherheitsniveaus möglich ist (vgl. dazu *Spielmann* in: Evang. Akademie Bad Boll, Tierversuche S. 129: Verzicht auf Studien an Hunden in der regulatorischen Toxikologie, besonders bei Pflanzenschutzmitteln). Hauptgrund ist die vom Gesetzgeber vermutete größere Schmerzsensibilität und Leidensfähigkeit höher entwickelter Tiere (vgl. BT-Drucks. 10/3158 S. 25). Wird von Anfang an dagegen verstoßen, so gelten § 8 Abs. 3 Nr. 5 bzw. § 8a Abs. 5; stellt sich der Verstoß erst später heraus, so wird nach § 16a S. 2 Nr. 4 dagegen vorgegangen. – Tiere aus der freien Wildbahn können sich nur begrenzt an die vorgegebenen Haltungs- und Versuchsbedingungen anpassen (vgl. BT-Drucks. 10/3158 aaO); der Tierversuch ist für sie also besonders belastend. Deshalb ist ihre Heranziehung nur unerlässlich, wenn die wissenschaftliche Fragestellung mit anderen Tieren nicht beantwortet werden kann; Kostengründe bilden keine Rechtfertigung (vgl. *L/M* § 9 Rn. 21). Werden solche Tiere herangezogen, so wirkt sich die erhöhte Belastung auf die Nutzen-Schaden-Abwägung aus; sie muss zumindest als mittelgradig, möglicherweise sogar als schwer eingestuft werden, woraus sich dann die fehlende ethische Vertretbarkeit des Versuchsvorhabens ergeben kann (s. § 7 Rn. 42, 46; zu Tierversuchen mit Primaten aus der freien Wildbahn vgl. *Gruber* in: Evang. Akademie Bad Boll, Tierversuche S. 133: „ganz extreme Belastungen").

9 Zu Abs. 2 S. 3 Nr. 2 s. Rn. 6 und 7.

10 Abs. 2 Nr. 3 betrifft zunächst das „Wie" des Tierversuchs: Gibt es eine Methode, die für das einzelne Tier mit weniger Belastungen verbunden ist, so muss sie angewendet werden, selbst dann, wenn sie gegenüber dem beantragten bzw. angezeigten Verfahren mehr Kosten, mehr Arbeit und/oder mehr Zeitaufwand verursacht. Auch bei der Vorbereitung und der Nachbehandlung muss alles getan werden, was die Leiden, Schmerzen oder Schäden vermindert, ohne Rücksicht auf den damit verbundenen Aufwand. – Dass eine Arbeits-, Zeit- oder Kostenersparnis außer Betracht bleiben muss, gilt aber genauso auch für das „Ob". Denn das unerlässliche Maß bezieht sich auf die Summe der durch einen Tierversuch verursachten Schmerzen, Leiden oder Schäden, und will diese so gering wie möglich halten; dies hängt gleichermaßen davon ab, ob der wissenschaftliche Zweck ohne Tiere, mit niedriger entwickelten Tieren, mit weniger Tieren oder mit weniger Belastung für das Einzeltier erreicht werden kann. Deswegen macht auch die amtl. Begr. zu § 9 insoweit keinen Unterschied, vgl. BT-Drucks. 10/3158 S. 25: „Dies hat zur Folge, dass sowohl die Zahl der Tierversuche und die Zahl der in einem Versuch verwendeten Tiere als auch das Ausmaß der dem Tier zugefügten Schmerzen, Leiden oder Schäden so gering wie möglich zu halten sind ... Es muss gewiss sein, dass in anderer Weise nicht vorgegangen werden kann". – Abs. 2 Nr. 3 enthält darüber hinaus einen allgemeinen Grundsatz, der auf jeden belastenden Umgang mit dem Tier Anwendung findet, also auch auf Haltung, Schlachtung, Ausbildung, Training, allgemeine Eingriffe und auf jede sonstige Nutzung (*L/M* § 9 Rn. 24). Dies zeigt u. a. der Erst-recht-Schluss: Wenn schon in einem Bereich, in dem die menschliche Handlungsfreiheit durch das vorbehaltlose Grundrecht der Forschungs- und Lehrfreiheit besonders stark geschützt ist, Kosten-, Arbeits- und Zeitgründe keine Rechtfertigung für zugefügte Schmerzen, Leiden oder Schäden bilden können, dann gilt dasselbe erst recht für Tiernutzungen, bei denen dem Nutzer „nur" Grundrechte mit Gesetzesvorbehalt zur Seite stehen.

IV. Das Betäubungsgebot nach Abs. 2 S. 3 Nr. 4

11 **Ausdrücklich und uneingeschränkt verboten** sind nach Abs. 2 S. 3 Nr. 4: **1.** Eingriffe am nicht betäubten Wirbeltier, die zu schweren Verletzungen führen (zB Herbeiführen von Knochenfrakturen, intensive großflächige Hautverbrennungen oder schwere operative Eingriffe, vgl. BT-Drucks. 10/3158 S. 25). – **2.** Die Anwendung von Mitteln, die die Äußerung von Schmerzen verhindern oder einschränken (zB Muskelrelaxantien oder

Durchführung **§ 9 TierSchG**

Paralytika wie Curare; das Durchtrennen von Stimmbändern, das außerdem unter das Verbot des § 6 Abs. 1 fällt).

Im Übrigen gilt der **Grundsatz des Betäubungszwangs**. IdR ist eine 12 Totalbetäubung notwendig, weil die örtliche Schmerzausschaltung meist nicht ausreicht (vgl. *L/M* § 9 Rn. 27). – Die Person, die die Betäubung durchführt, muss sowohl über eine abgeschlossene Ausbildung nach Abs. 1 S. 2 verfügen (Biologielaborant reicht hier nicht aus, vgl. AVV Nr. 9.2.2.1) als auch sachkundig nach Abs. 1 S. 1 sein (s. Rn. 2: bei den dortigen Fragen denkt man sich anstelle von „Eingriff" die angewandte Betäubungsmethode). Es besteht allerdings eine nicht erklärbare Diskrepanz zu § 5 Abs. 1 S. 2, wo die Betäubung warmblütiger Wirbeltiere sowie von Amphibien und Reptilien ausschließlich dem Tierarzt zugewiesen ist. – Von mehreren möglichen Betäubungsmethoden ist nur diejenige gesetzmäßig, die das Tier am wenigsten belastet („refinement", s. auch Rn. 10).

Zwei **Ausnahmen vom Betäubungszwang** werden nach Nr. 4 lit. b zu- 13 gelassen: 1. Wenn der Eingriff so geringfügig ist, dass der Schmerz, den seine betäubungslose Vornahme verursacht, weniger schwer wiegt als die Belastungen, die mit einer Betäubung verbunden wären. – 2. Wenn der angestrebte Zweck durch eine Betäubung des Tieres vereitelt würde („… ausschließt"); bloße Beeinträchtigungen für den erhofften Erkenntnisgewinn rechtfertigen also die Durchbrechung des Betäubungsgebots noch nicht.

Von der gesetzlichen **Schranke der ethischen Vertretbarkeit** stellt Nr. 4 14 jedoch nicht frei. Sie muss bei betäubungslosen Versuchen besonders sorgfältig geprüft werden (vgl. *L/M* § 9 Rn. 34, 36). Ihre Überschreitung ist jedenfalls anzunehmen, „wo entsprechende Eingriffe beim Menschen diesem unerträgliche Schmerzen verursachten" (BT-Drucks. 10/5259 S. 38); solche Versuche stehen stets in Widerspruch zu den mehrheitlichen Gerechtigkeitsvorstellungen (s. § 7 Rn. 40). Aber auch Versuche, die dem Tier schwere Leiden verursachen, müssen vermieden werden. Der dahingehende Grundsatz der beiden Schweizer Akademien (s. § 7 Rn. 46) gibt nicht nur für die Schweiz, sondern auch für Deutschland den Stand der überwiegend konsensfähigen Gerechtigkeitsvorstellungen wieder und markiert somit eine Grenze, die nicht nur ethisch, sondern über § 7 Abs. 3 auch rechtlich verbindlich ist (vgl. dazu *Zippelius* Methodenlehre § 3 II). – Erreichen die Schmerzen oder Leiden nicht diesen Schweregrad, sind sie aber gleichwohl erheblich (s. § 17 Rn. 50–53) und zudem länger anhaltend bzw. sich wiederholend, so gilt außerdem das Gebot der qualifizierten Abwägung nach § 7 Abs. 3 S. 2 (s. dort Rn. 47–50).

Schmerzlindernde Mittel müssen vor dem Abklingen der Betäubung 15 verabreicht werden, wenn anderenfalls mit dem Auftreten erheblicher Schmerzen zu rechnen ist. Auch hier lässt das Unerlässlichkeitsgebot eine Abweichung nur zu, wenn der angestrebte Zweck sonst vereitelt würde („… nicht vereinbar ist"), nicht also schon bei bloßer Beeinträchtigung. Droht eine solche Zweckvereitelung, so muss zusätzlich die ethische Vertretbarkeit geprüft werden; es gilt insoweit dasselbe wie in Rn. 14.

Ein **Wiederholungsverbot** gilt nach S. 5, wenn am nicht betäubten Wir- 16 beltier ein erheblich schmerzhafter Eingriff oder eine erheblich schmerz-

§ 9 TierSchG *Tierschutzgesetz*

hafte Behandlung durchgeführt worden ist. Ein erneuter derartiger Eingriff/Behandlung darf innerhalb des Versuchsvorhabens grds. nicht mehr stattfinden (die Wiederverwendung in einem neuen Versuchsvorhaben regelt Abs. 2 S. 3 Nr. 5). Grund: Für das Tier entstehen wegen der Erinnerung an das frühere Erlebnis zusätzliche Leiden. Ausnahme: Der Zweck würde nicht nur beeinträchtigt, sondern vereitelt („... anders nicht erreicht werden kann"). Zusätzlich stellt sich dann aber auch hier die Frage nach der ethischen Vertretbarkeit, s. Rn. 14.

V. Das Wiederverwendungsverbot nach Abs. 2 S. 3 Nr. 5

17   Abs. 2 S. 3 Nr. 5 enthält ein **grundsätzliches Verbot der Wiederverwendung** in einem erneuten Versuchsvorhaben (zur Mehrfachverwendung innerhalb desselben Tierversuchs s. Abs. 2 S. 3 Nr. 4 und Rn. 16). Voraussetzung ist, dass das Tier in dem ersten Versuch bereits einer schweren oder mittelgradigen Belastung ausgesetzt war, weil eine der folgenden Behandlungen stattgefunden hat: Ein schwerer operativer Eingriff (vgl. AVV Nr. 9.1.3); eine Zufügung erheblicher Schmerzen oder Leiden, auch wenn sie nicht länger anhaltend waren (Schmerzen s. § 1 Rn. 12–15; Leiden s. § 1 Rn. 17–23; erheblich s. § 17 Rn. 50–53); eine Zufügung länger anhaltender Schmerzen oder Leiden, auch wenn sie nicht erheblich waren (länger anhaltend s. § 17 Rn. 54); eine Zufügung erheblicher Schäden (Schäden s. § 1 Rn. 24–26).

18   Als **Ausnahme von dem Verbot** ist die Wiederverwendung erlaubt, wenn folgende drei Voraussetzungen sämtlich erfüllt sind: 1. Vollständige Wiederherstellung der physischen Gesundheit des Tieres. 2. Vollständige Wiederherstellung des psychischen Wohlbefindens, so dass keine abträglichen Folgen der ersten Verwendung (wie Verhaltensstörungen, Angstsymptome usw.) mehr zu erkennen sind. 3. Der erneute Versuch darf weder Leiden (auch keine unerheblichen; auch Angst oder negativer Stress sind Leiden) noch Schäden (auch keine unerheblichen) verursachen. Verursacht er Schmerzen, so ist er nur zulässig, wenn diese weder erheblich noch länger anhaltend sind (vgl. *L/M* § 9 Rn. 42). – Hinzukommen müssen auch hier die anderen gesetzlichen Voraussetzungen, insbes. nach § 7 Abs. 2 und § 7 Abs. 3.

19   Das ÄndG 1998 hat **Nr. 5 lit. b** eingefügt. Danach ist eine Wiederverwendung auch dann erlaubt, wenn es an der in Rn. 18 erwähnten 3. Voraussetzung zwar fehlt, das Tier jedoch noch vor der Entstehung von Schmerzen und Leiden vollständig betäubt und anschließend unter dieser Betäubung getötet wird. Die Voraussetzungen 1. und 2. müssen aber gleichwohl erfüllt sein, außerdem auch die anderen gesetzlichen Voraussetzungen.

VI. Letalversuche nach Abs. 2 S. 3 Nr. 6

20   Abs. 2 S. 3 Nr. 6 meint **Toxizitätsprüfungen zur Ermittlung der tödlichen Dosis oder Konzentration eines Stoffes**, wie sie u.a. bei Arzneimitteln und Chemikalien stattfinden. Der früher übliche LD-50-Test ist nicht mehr unerlässlich, da andere Methoden mit weniger Tieren validiert und

Durchführung **§ 9 TierSchG**

auch von der OECD anerkannt sind (ATC-, UDP- und FDP-Methode, s. § 7 Rn. 23). – Ethisch vertretbar können solche schwer belastenden Versuche allenfalls bei großem Nutzen sein (s. § 7 Rn. 42–44, 46). Daran fehlt es jedenfalls bei Produkten, die verzichtbar sind, sei es, weil sie von vornherein keinen Lebensnotwendigkeiten dienen, sei es, weil vergleichbar wirksame Substanzen bereits geprüft und zugelassen sind (zu den mehrheitlichen Wertvorstellungen bei Tierversuchen für verzichtbare Produkte s. § 7 Rn. 40; zur Bedarfsprüfung s. § 7 Rn. 45; zur Fragwürdigkeit des Nutzens von Giftigkeitsprüfungen wegen der Probleme bei der Übertragbarkeit s. § 7 Rn. 52 sowie *Hahn* in: *Gruber/Spielmann* S. 132).

Das **Tier muss schmerzlos getötet werden,** sobald erkennbar wird, dass 21 es stirbt; weitere Schmerzen und Leiden sollen ihm erspart werden (vgl. BT-Drucks. 10/3158 S. 34). Zum „Wie" der Tötung s. § 4 Rn. 4 und 5. – Es soll vorkommen, dass die verantwortlichen Versuchsleiter genau zu dieser Zeit unerreichbar sind, die Tiere deswegen nicht getötet werden und sich unter erheblichen Schmerzen und Leiden „selbst erlösen" müssen (vgl. *Gruber* in: Evang. Akademie Bad Boll, Tierversuche S. 143, 144). Der Leiter bzw. sein Stellvertreter sind in solchem Fall Täter einer Straftat nach § 17 Nr. 2 b, zumindest aber einer Ordnungswidrigkeit nach § 18 Abs. 1 Nr. 17 (für Letztere genügt Fahrlässigkeit).

VII. Beschränkung auf die Verwendung gezüchteter Versuchstiere nach Abs. 2 S. 3 Nr. 7

Wirbeltiere dürfen grds. für Tierversuche nur verwendet werden, wenn 22 sie **für einen solchen Zweck gezüchtet** worden sind. Wann dies der Fall ist, regelt AVV Nr. 9.2.1.3. Gründe für diese Regelung: Eigens für wissenschaftliche Zwecke gezüchtete Tiere sind in hohem Maß standardisiert (d. h. in vielen Eigenschaften einheitlich), was sowohl die Erfolgswahrscheinlichkeit erhöht als auch geringere Tierzahlen ermöglicht; außerdem soll die Verwendung streunender oder gestohlener Hunde und Katzen zu Versuchszwecken verhindert werden (vgl. BT-Drucks. 10/3158 S. 26). – Das ÄndG 1998 hat landwirtschaftliche Nutztiere (nämlich Pferde, Rinder, Schweine, Schafe, Ziegen, Hühner, Puten, Enten und Gänse) sowie Tauben und Fische aus diesem Schutz ausgenommen; bei diesen Tieren führe die Vorschrift zu unnötigem bürokratischen Aufwand, ohne dem Tierschutz zu dienen (BT-Drucks. 13/7015 S. 20).

Ausnahmen kann die Behörde nur in zwei Fällen zulassen: **1.** Wenn für 23 den Versuchszweck Tiere einer bestimmten Art benötigt werden, die weder aus einer inländischen Einrichtung iS des § 11 Abs. 1 S. 1 Nr. 1 noch aus einer Zucht- oder Liefereinrichtung iS des Art. 15 der EU-Tierversuchsrichtlinie 86/609/EWG noch aus einer Versuchstierzucht außerhalb der EU bezogen werden können (vgl. AVV Nr. 9.2.1.3). Dass der Bezug gezüchteter Tiere der benötigten Art höhere Kosten, mehr Zeit und/oder einen erhöhten Arbeitsaufwand erforderlich macht, rechtfertigt die Ausnahme nicht (vgl. *L/M* § 9 Rn. 47). – **2.** Wenn die wissenschaftliche Fragestellung nur mit Tieren beantwortet werden kann, die nicht für solche Zwecke gezüchtet und

§ 9 TierSchG *Tierschutzgesetz*

entsprechend standardisiert sind. – In beiden Fällen muss das Versuchsvorhaben (wie sonst auch) auf seine Unerlässlichkeit und ethische Vertretbarkeit überprüft werden („... soweit es mit dem Schutz der Tiere vereinbar ist"). Insbesondere bei Wildfängen oder bei kranken Tieren wird die Belastung leicht den Schweregrad III erreichen und kann dadurch ethisch unvertretbar werden (s. § 7 Rn. 42, 43, 46). Zu kranken Tieren vgl. auch § 3 Abs. 1 Nr. 2 und AVV Nr. 9.2.1.3.2. – Die Ausnahme muss ausdrücklich beantragt und begründet werden, vgl. AVV Nr. 9.2.1.3.1.

VIII. Behandlung nach Abschluss des Tierversuchs nach Abs. 2 S. 3 Nr. 8

24   Abs. 2 S. 3 Nr. 8 regelt die **Pflichten nach Abschluss des Versuchs**. Ein Tierversuch gilt als abgeschlossen, wenn an dem betreffenden Tier im Zusammenhang mit dem Versuchsvorhaben keine Beobachtungen mehr gemacht werden (vgl. AVV Nr. 9.2.2.3).

25   **Privilegierte Versuchstiere** sind Affen, Halbaffen, Einhufer (Pferde, Esel, Halbesel und Zebras), Paarhufer (wie Rinder, Schafe, Ziegen, Schweine, Kamele, Hirsche), Hunde, Katzen, Hamster, Kaninchen und Meerschweinchen. Sie sind nach Abschluss unverzüglich (d.h. ohne schuldhaftes Zögern, vgl. § 121 BGB) einem Tierarzt vorzustellen, der das Tier untersuchen muss (eine schuldhafte Verzögerung kann einen Verstoß gegen § 17 Nr. 2b oder § 18 Abs. 1 Nr. 1 und Nr. 17 darstellen, vgl. dazu *L/M* § 9 Rn. 50). Anschließend ist zu unterscheiden: Kann das Tier mit den Mitteln der Veterinärmedizin so weit wiederhergestellt werden, dass ein Weiterleben ohne Leiden und Schmerzen möglich ist, so darf es nicht getötet werden, denn wirtschaftliche Erwägungen allein sind kein vernünftiger Grund iS des § 17 Nr. 1 (s. dort Rn. 11 und 35); es ist stattdessen zu pflegen und zu beobachten, erforderlichenfalls medizinisch zu versorgen und verhaltensgerecht unterzubringen, vgl. S. 4 und § 2. Ist dagegen eine Genesung nicht möglich, so ist das Tier unverzüglich schmerzlos zu töten; zum „Wie" der Tötung s. § 4 Rn. 4 und 5.

26   Für **nicht privilegierte Versuchstiere** gilt dasselbe, jedoch mit dem Unterschied, dass hier dem Leiter des Vorhabens die Beurteilung obliegt, ob eine Genesung möglich ist oder der Tod die einzige Möglichkeit zur Vermeidung weiterer Schmerzen oder Leiden darstellt. Töten darf nur, wer die nötige Sachkunde nach § 4 Abs. 1 S. 3, Abs. 1a besitzt (vgl. AVV Nr. 9.2.2.4).

IX. Verantwortlichkeit des Leiters oder Stellvertreters nach Abs. 3 und nach § 18 Abs. 1 Nr. 17

27   Der im Genehmigungsantrag bzw. in der Anzeige angegebene **Leiter des Versuchsvorhabens** ist verantwortlich: 1. Für die Einhaltung von § 9 Abs. 1, also dafür, dass der Durchführende sowohl den nach Abs. 1 S. 2 oder 3 notwendigen Ausbildungsabschluss als auch die nach Abs. 1 S. 1 nötige Sachkunde hat. – 2. Für die Einhaltung von § 9 Abs. 2 S. 1 und 2, also

Aufzeichnungen **§ 9 a TierSchG**

zB dafür, dass der Versuch eingestellt bzw. angepasst wird, wenn sich herausstellt, dass die Erkenntnis woanders bereits gewonnen worden ist oder dass man mit einer Methode des „replace", „reduce" oder „refine" zu einem vergleichbar aussagekräftigen Ergebnis bzw. einem vergleichbar hohen Sicherheitsniveau gelangen könnte. – **3.** Für die Einhaltung aller Konkretisierungen des Unerlässlichkeitsgebotes nach § 9 Abs. 2 Nr. 1–8. – **4.** Für die Erfüllung der behördlichen Auflagen. – Kommt es zu einem Verstoß, so liegt auf Seiten des Leiters eine Ordnungswidrigkeit nach § 18 Abs. 1 Nr. 17 vor. Dies gilt sowohl bei eigenem Handeln, als auch dann, wenn ein anderer (zB der Durchführende oder ein Assistent) den Fehler gemacht hat, der Leiter ihn aber hätte voraussehen und verhindern können. Fahrlässigkeit genügt. – Jeder Verstoß kann außerdem Zweifel an der Zuverlässigkeit des Leiters bzw. an der künftigen Sicherstellung des § 9 Abs. 1 und 2 begründen (vgl. § 8 Abs. 3 Nr. 2 und Nr. 5). Mögliche Folgen: Verweigerung einer weiteren Genehmigung; Rücknahme oder Widerruf der laufenden Genehmigung; Verfügung nach § 16a S. 2 Nr. 4. – Hat der Verstoß erhebliche Schmerzen oder Leiden zur Folge, so kann auch eine Ordnungswidrigkeit nach § 18 Abs. 1 Nr. 1 oder eine Straftat nach § 17 Nr. 2b vorliegen.

An die Stelle des Leiters tritt sein **Stellvertreter,** soweit der Leiter diesem 28 die entsprechende Funktion übertragen hat oder verhindert war. Sorgt allerdings der Leiter nicht rechtzeitig dafür, dass bei seiner Verhinderung der Stellvertreter die Leitungspflichten übernehmen kann, so bleibt es bei seiner Verantwortung.

§ 9a [Aufzeichnungen]

¹ Über die Tierversuche sind Aufzeichnungen zu machen. ² Die Aufzeichnungen müssen für jedes Versuchsvorhaben den mit ihm verfolgten Zweck, insbesondere die Gründe für nach § 9 Abs. 2 Nr. 1 erlaubte Versuche an sinnesphysiologisch höher entwickelten Tieren, sowie die Zahl und Bezeichnung der verwendeten Tiere und die Art und Ausführung der Versuche angeben. ³ Werden Wirbeltiere verwendet, so ist auch ihre Herkunft einschließlich des Namens und der Anschrift des Vorbesitzers anzugeben; bei Hunden und Katzen sind zusätzlich Geschlecht und Rasse sowie Art und Zeichnung des Fells und eine an dem Tier vorgenommene Kennzeichnung anzugeben. ⁴ Die Aufzeichnungen sind von den Personen, die die Versuche durchgeführt haben, und von dem Leiter des Versuchsvorhabens zu unterzeichnen; der Unterschrift bedarf es nicht, wenn die Aufzeichnungen mit Hilfe automatischer Einrichtungen erstellt werden. ⁵ Die Aufzeichnungen sind drei Jahre lang nach Abschluß des Versuchsvorhabens aufzubewahren und der zuständigen Behörde auf Verlangen zur Einsichtnahme vorzulegen.

I. Zweck der Aufzeichnungspflicht. Anwendungsbereich

Die vorgeschriebenen Aufzeichnungen dienen dem **Zweck,** die behördli- 1 che Überwachung der Tierversuche und die Feststellung möglicher Gesetzes- und Auflagenverstöße zu erleichtern. Daneben dienen sie auch der

§ 9 a TierSchG *Tierschutzgesetz*

Selbstkontrolle: Der Leiter und der Durchführende sollen sich Rechenschaft ablegen, zB darüber, weshalb nicht andere Methoden angewendet worden sind, ob der Zweck die zugefügten Schmerzen und Leiden rechtfertigt, ob die Herkunft der Tiere dem Gesetz entspricht usw. Außerdem lassen sich die Versuchsergebnisse ohne Dokumentation kaum verwerten.

2   **Anwendungsbereich.** Die Aufzeichnungspflicht gilt für jeden Tierversuch iS des § 7, auch wenn er nicht genehmigungs- und nicht anzeigepflichtig ist, also auch für Versuche an Wirbellosen (vgl. *L/M* § 9a Rn. 2: für alle Tiere, denen Schmerz- und Leidensfähigkeit zuzusprechen ist oder bei denen Schäden vorkommen können). Für Eingriffe und Behandlungen zur Aus-, Fort- oder Weiterbildung ist die entsprechende Geltung von § 9a angeordnet (§ 10 Abs. 2 S. 1); ebenso für biotechnische und ähnliche Maßnahmen (§ 10a S. 4) und für Organ- oder Gewebeentnahmen (§ 6 Abs. 1 S. 4).

3   **Erzwingbar** sind die Aufzeichnungs-, Aufbewahrungs- und Vorlagepflichten unmittelbar durch Verfügungen nach § 16a S. 1 und durch die Verhängung von Bußgeld nach § 18 Abs. 1 Nr. 18 (s. Rn. 8). Außerdem begründet eine Verletzung der Pflichten aus § 9a Zuverlässigkeitszweifel iS von § 8 Abs. 3 Nr. 2 sowie Bedenken, ob die Einhaltung des § 9a künftig erwartet werden kann iS von § 8 Abs. 3 Nr. 5; sie kann somit dazu führen, dass eine weitere Genehmigung nach § 8 zu verweigern ist und die laufende Genehmigung nach § 49 Abs. 2 Nr. 3 VwVfG widerrufen wird.

II. Inhalt und Umfang der Aufzeichnungen. Aufbewahrung

4   **Pflichten nach S. 2, die für alle Tierversuche gelten.** Für jedes Versuchsvorhaben (s. dazu § 8 Rn. 5 und AVV Nr. 6.1.3) bedarf es einer gesonderten Aufzeichnung. – Zur Angabe des verfolgten Zwecks gehören die Bezeichnung der wissenschaftlichen Fragestellung, der erhoffte Erkenntnisgewinn sowie ggf. auch das Produkt oder Verfahren, das mit Hilfe des Tierversuchs entwickelt oder geprüft werden soll und sein erwarteter Nutzen iS des § 7 Abs. 2 S. 1. – Mit Blick auf das Gebot der Unerlässlichkeit nach § 7 Abs. 2 S. 2 soll angegeben werden, weshalb nicht auf niedriger entwickelte Tiere, zB Bakterien und Mikroorganismen ausgewichen werden konnte. Zur Unerlässlichkeit gehören noch weitere Angaben, da der Gesetzgeber mit „insbesondere" nur ein Regelbeispiel beschrieben hat. Notwendig sind Angaben, weshalb der angestrebte Zweck nicht mit einem tierverbrauchsfreien Verfahren oder mit weniger Tieren und geringeren Belastungen für das Einzeltier erreicht werden konnte. – Zahl und Bezeichnung der verwendeten Tiere sind gleichfalls anzugeben. – Die vorgeschriebenen Angaben zur Art und Ausführung der Versuche umfassen u.a. die Beschreibung der Eingriffe und Behandlungen sowie der dadurch ausgelösten Schmerzen, Leiden und Schäden (jeweils nach Ausmaß und zeitlicher Dauer), ebenso die Mitwirkung eines Tierarztes, bei Wirbeltieren auch die Lösung des Betäubungsproblems und die Gründe für eine etwaige Mehrfachverwendung. – Das Versuchsergebnis ist verständlich zu dokumentieren (vgl. *L/M* § 9a Rn. 4; *Kluge/Goetschel* § 9a Rn. 2).

Eingriffe u. Behandlungen z. Ausbildung **§ 10 TierSchG**

Bei Versuchen mit Wirbeltieren treten als weitere Pflichten nach S. 3 hinzu: Angaben über Herkunft und Vorbesitzer mit Namen und Anschrift; bei Hunden und Katzen zusätzlich Angaben zu Geschlecht und Rasse, zu Art und Zeichnung des Fells und zu einer am Tier vorgenommenen Kennzeichnung (um die Verwendung gestohlener oder streunender Tiere zu unterbinden, vgl. BT-Drucks. 10/3158 S. 26). 5

Aufzeichnungspflichtig nach S. 4 ist der Leiter bzw. sein Stellvertreter, soweit der Leiter ihm die Pflicht überträgt oder verhindert ist (s. § 9 Rn. 28). Daneben wird man auch den bzw. die Versuchsdurchführenden als aufzeichnungspflichtig ansehen müssen (vgl. das Unterschriftserfordernis; aA insoweit *L/M* § 9a Rn. 7). 6

Die **Pflicht zur Aufbewahrung** trifft den Inhaber der Genehmigung bzw. bei genehmigungsfreien Tierversuchen den Träger der Einrichtung. Die Drei-Jahres-Frist nach S. 5 beginnt erst zu laufen, wenn die letzte Aufzeichnung, die durch § 9a vorgeschrieben ist, vorgenommen wurde (vgl. *L/M* § 9a Rn. 6). 7

III. Ordnungswidrigkeiten nach § 18 Abs. 1 Nr. 18

Ordnungswidrig handeln der Leiter bzw. sein Stellvertreter und der Durchführende, wenn zu dem Vorhaben keine Aufzeichnungen gemacht werden („nicht"), wenn die Aufzeichnungen teilweise unrichtig sind („nicht richtig") oder wenn sie zu einem der vorgeschriebenen Punkte fehlen oder lückenhaft oder zu pauschal sind („nicht vollständig"). Zum richtigen Aufzeichnen gehört auch, die Unterlagen während des laufenden Vorhabens aufzubewahren und bei dessen Abschluss korrekt zusammenzufügen (vgl. *L/M* § 9a Rn. 7). – Eine Ordnungswidrigkeit liegt auch vor, wenn der Leiter oder der Durchführende nicht unterschrieben haben (Ausnahme: S. 4 zweiter Halbsatz). – Der Genehmigungsinhaber bzw. Träger der Einrichtung handelt ordnungswidrig, wenn er die Aufzeichnungen nicht oder nicht lange genug aufbewahrt oder sie trotz Verlangens der Behörde nicht vorlegt. (Die Nicht-Vorlage ist also stets eine Ordnungswidrigkeit, denn entweder wurden die Aufzeichnungen pflichtwidrig nicht gemacht, oder sie wurden nicht lange genug aufbewahrt, oder sie werden trotz entsprechender Möglichkeit nicht vorgelegt). 8

Sechster Abschnitt. Eingriffe und Behandlungen zur Aus-, Fort- oder Weiterbildung

§ 10

(1) ¹Zur Aus-, Fort- oder Weiterbildung dürfen Eingriffe oder Behandlungen an Tieren, die mit Schmerzen, Leiden oder Schäden verbunden sind, nur durchgeführt werden
1. an einer Hochschule, einer anderen wissenschaftlichen Einrichtung oder einem Krankenhaus oder

§ 10 TierSchG *Tierschutzgesetz*

2. im Rahmen einer Aus-, Fort- oder Weiterbildung für Heilhilfsberufe oder naturwissenschaftliche Hilfsberufe.

²Sie dürfen nur vorgenommen werden, soweit ihr Zweck nicht auf andere Weise, insbesondere durch filmische Darstellungen, erreicht werden kann. ³Der zuständigen Behörde ist auf Verlangen zu begründen, warum der Zweck der Eingriffe oder Behandlungen nicht auf andere Weise erreicht werden kann.

(2) ¹Auf Eingriffe oder Behandlungen zur Aus-, Fort- oder Weiterbildung sind die §§ 8a, 8b, 9 Abs. 1 und 2 und § 9a entsprechend anzuwenden. ² § 8a Abs. 1 Satz 1 ist mit der Maßgabe entsprechend anzuwenden, daß die Eingriffe oder Behandlungen vor Aufnahme in das Lehrprogramm oder vor Änderung des Lehrprogramms anzuzeigen sind. ³ § 9 Abs. 1 ist mit der Maßgabe entsprechend anzuwenden, daß die Eingriffe und Behandlungen nur durch die dort genannten Personen, in deren Anwesenheit und unter deren Aufsicht oder in Anwesenheit und unter Aufsicht einer anderen von der Leitung der jeweiligen Veranstaltung hierzu beauftragten sachkundigen Person durchgeführt werden dürfen.

(3) Für die Einhaltung der Vorschriften der Absätze 1 und 2 ist der Leiter der Aus-, Fort- oder Weiterbildung oder sein Stellvertreter verantwortlich.

Übersicht

	Rn.
I. Entstehungsgeschichte. Anwendungsbereich	1–5
1. Entstehungsgeschichte	1
2. Anwendungsbereich	2
3. Abgrenzung zum Tierversuch nach § 7	3
4. Abgrenzung zur Tiertötung nach § 1 S. 2, § 4 Abs. 3	4
5. Berechtigte Einrichtungen	5
II. Der Grundsatz der Unerlässlichkeit nach Abs. 1 S. 2 und nach Art. 25 Abs. 3 Europ. Versuchstierübereinkommen	6–9
III. Beispiele für tierverbrauchsfreie Verfahren in der Ausbildung von Medizinern, Veterinärmedizinern und Biologen	10–16
IV. Prüfungsbefugnis und Prüfungspflicht der Behörden und Gerichte	17–21
V. Gewissens- und Berufswahlfreiheit von Studierenden contra Lehrfreiheit von Hochschullehrern	22–25
VI. Das Begründungsverlangen nach Abs. 1 S. 3	26
VII. Entsprechend anwendbare Bestimmungen nach Abs. 2. Verantwortlichkeit nach Abs. 3	27, 28
VIII. Ordnungswidrigkeiten	29

Eingriffe u. Behandlungen z. Ausbildung § 10 TierSchG

I. Entstehungsgeschichte. Anwendungsbereich

1. Entstehungsgeschichte

Schon die nach dem damaligen preußischen Kultusminister *Gossler* benannte Verordnung vom 2. 2. 1885 enthielt für das Recht der Tierversuche einige Regelungen, die man als erste Konkretisierungen des Grundsatzes der Verhältnismäßigkeit bezeichnen kann. U.a. war dort bestimmt: „Versuche am lebenden Tier dürfen nur zu ernsten Forschungs- und wichtigen Unterrichtszwecken vorgenommen werden ... Versuche, welche ohne wesentliche Beeinträchtigung des Resultats an niederen Tieren gemacht werden können, dürfen nur an diesen und nicht an höheren Tieren vollzogen werden" (vgl. *Baumgartner* in: *Caspar/Koch* S. 12). – Nach § 7 Nr. 7 Reichstierschutzgesetz sollten Tierversuche zu Lehrzwecken nur zugelassen werden, „wenn andere Lehrmittel, zB Bild, Modell, Präparat, Film, nicht ausreichend sind". – Das Tierschutzgesetz von 1972 unterstellte in § 10 die Eingriffe zu Ausbildungszwecken den Schranken des § 9. – Mit dem ÄndG 1986 wurde dann der heutige § 10 Abs. 1 S. 2 eingefügt, der dem Grundsatz der Unerlässlichkeit nach § 7 Abs. 2 und § 9 Abs. 2 entspricht (vgl. BT-Drucks. 10/3158 S. 26: „Beschränkung auf das geringst mögliche Maß"). – In das ÄndG 1998 wurde auf Veranlassung des Bundesrats noch die besondere Begründungspflicht des Abs. 1 S. 3 aufgenommen; zur Begründung verwies der Bundesrat auf die unterschiedliche Praxis in den Hochschulen sowie darauf, „dass in manchen Universitäten auf Tierversuche in bestimmten Studiengängen und Studienabschnitten verzichtet wird" (vgl. BT-Drucks. 13/7015 S. 32; näher dazu Rn. 24). – Auch das 1990 ratifizierte Europäische Versuchstierübereinkommen (BGBl. 1991 II S. 740) enthält eine Regelung zu Ausbildungsversuchen: Diese sind nach Art. 25 Abs. 3 „auf das für den Zweck der Bildung oder Ausbildung unbedingt Notwendige zu beschränken" und „nur zulässig, wenn ihr Ziel nicht durch audiovisuelle Methoden mit vergleichbarer Wirksamkeit oder sonstige geeignete Mittel erreicht werden kann".

2. Anwendungsbereich

Eingriffe oder Behandlungen s. § 7 Rn. 1 und § 5 Rn. 1. – Ausbildung ist die Vermittlung von Lehrinhalten mit dem Ziel eines Berufsabschlusses; Fortbildung ist die Vermittlung von Lehrinhalten nach einem erfolgten Berufsabschluss, ohne dass dabei ein weiterer Bildungsabschluss angestrebt wird; Weiterbildung dient dem Erreichen eines weiterqualifizierenden Abschlusses, zB vom Arzt zum Facharzt (vgl. AVV Nr. 10.1.1.1–10.1.1.3; vgl. auch BT-Drucks. 10/3158 S. 34). – Nicht unter § 10 fallen Maßnahmen zur Forschung (s. Rn. 3), Handlungen im Rahmen der beruflichen Praxis und hobbymäßige Tätigkeiten, selbst wenn sie das Wissen erweitern (vgl. *L/M* § 10 Rn. 2). – Als Folge der Maßnahme muss der Eintritt von Schmerzen, Leiden oder Schäden mit an Sicherheit grenzender Wahrscheinlichkeit zu erwarten sein (AVV Nr. 10.1.5). Hier liegt ein Unterschied zu § 7, der schon eine entsprechende Möglichkeit ausreichen lässt. Erheblich

§ 10 TierSchG   *Tierschutzgesetz*

brauchen die Schmerzen, Leiden oder Schäden nicht zu sein, und auch auf ihre Zeitdauer kommt es nicht an. Insoweit gilt dasselbe wie zu § 7 (s. dort Rn. 1).

3. Abgrenzung zum Tierversuch nach § 7

3   Bei § 7 geht es um einen Erkenntnisgewinn zu einem noch nicht hinreichend gelösten wissenschaftlichen Problem, bei § 10 dagegen um die Demonstration eines bereits bekannten Effekts und/oder das Erlernen bestimmter Techniken (vgl. BMVEL, Tierschutzbericht 2001, XIV 1.3 und XV). Werden der Versuchs- und der Bildungszweck gleichzeitig verfolgt und bestehen Zweifel, welcher der beiden Zwecke objektiv vorrangig ist, so muss der Vorgang vollständig nach § 7 beurteilt werden (AVV Nr. 10.1.4); wegen des weitergehenden Schutzumfangs (Genehmigungspflicht) entspricht dies dem Gebot zu tierfreundlicher Auslegung (s. § 1 Rn. 1).

4. Abgrenzung zur Tiertötung nach § 1 S. 2, § 4 Abs. 3

4   Die Tötung eines Tieres ist der mit dem schwersten Schaden verbundene Eingriff; sie fällt unter § 10, wenn ein Tier getötet wird, um später an seinem Körper oder seinen Organen Experimente oder Präparationen durchzuführen (BVerwG NVwZ 1998, 853, 855). – Bis zum Erlass dieses Urteils war man in der Praxis überwiegend davon ausgegangen, dass sich § 10 nur auf Tiere beziehe, die im Zeitpunkt des Experimentierens oder Präparierens noch lebten und dass Tötungen zum Zweck der späteren Durchführung solcher Handlungen nur nach § 1 und § 4 TierSchG zu beurteilen seien (vgl. BMVEL, Tierschutzbericht 2001, XV; *Caspar* Tierschutz S. 438; *L/M* § 10 Rn. 4). – Für die Ansicht des Bundesverwaltungsgerichts spricht aber bereits der Wortlaut des Gesetzes: Eine Tötung ist zweifellos ein Eingriff, und in Abs. 1 wird nicht verlangt, dass Eingriff und Wissensvermittlung zeitlich und räumlich zusammenfallen müssen; vorausgesetzt wird lediglich ein „intentionaler Zusammenhang" (*Caspar* aaO S. 436); dieser liegt auch dann vor, wenn die Tötung das spätere Experimentieren oder Präparieren nur ermöglichen und vorbereiten soll. Hinzu kommt, dass § 10 Abs. 2 durch die dort in Bezug genommenen Vorschriften den betroffenen Tieren einen sehr viel weitergehenden Schutz zuteil werden lässt als § 1 S. 2 i.V.m. § 4 Abs. 3; dann aber entspricht es dem Gebot zu tierfreundlicher Auslegung des Gesetzes, diejenige Vorschrift anzuwenden, die den effektiveren Schutz gewährt (s. auch Art. 20a GG Rn. 17; zu dem genannten Auslegungsgrundsatz s. Rn. 3 und *L/M* § 1 Rn. 3). Der systematische Zusammenhang mit dem 1998 eingefügten § 4 Abs. 3 ist kein Gegenargument, denn diese Vorschrift regelt (wie § 4 insgesamt) nur das „Wie" und nicht zugleich auch das „Ob" der Tiertötung (vgl. *L/M* § 4 Rn. 2; *Kluge/Goetschel* § 10 Rn. 4). Wenn also das „Ob" solcher Tötungen nach zutreffender höchstrichterlicher Auffassung durch das ÄndG 1986 dem Schutzbereich des § 10 unterstellt worden war, hat das ÄndG 1998 mit seiner nur auf das „Wie" bezogenen Regelung daran nichts ändern können (zumal eine Verminderung des bis dahin beste-

Eingriffe u. Behandlungen z. Ausbildung § 10 TierSchG

henden Tierschutzniveaus nicht in der Absicht des Gesetzgebers gelegen hat, vgl. BT-Drucks. 13/7015 S. 2).

5. Berechtigte Einrichtungen

Ausbildungsversuche und Tötungen dürfen stattfinden: nach Abs. 1 S. 1 Nr. 1 an Hochschulen (Universitäten und Fachhochschulen); an wissenschaftlichen Einrichtungen, wenn sie auf Forschung und wissenschaftliche Lehre ausgerichtet sind; an Krankenhäusern. Staatlich brauchen die Hochschulen usw. nicht zu sein (vgl. BVerfGE 48, 376). Einrichtungen, die demgegenüber nur auf Vermittlung bereits feststehender Wissensinhalte ausgerichtet sind (wie Schulen, höhere Fachschulen, Berufsaufbauschulen, Abendschulen, Kollegs uÄ) sind nicht dazu berechtigt. – Unabhängig vom Ort der Durchführung können nach Abs. 1 S. 1 Nr. 2 Ausbildungsversuche und Tötungen zur Aus-, Fort- oder Weiterbildung für Heilhilfsberufe oder naturwissenschaftliche Hilfsberufe vorgenommen werden. Beispiele: Ausbildung zum medizinisch-, veterinärmedizinisch-, biologisch- oder pharmazeutisch-technischen Assistenten bzw. zur Assistentin. – Nach der Entschließung 86/C 331/01 des Rates vom 24. 11. 1986 (ABl. EG Nr. C 331 S. 1) sollen Eingriffe und Behandlungen grds. nur an Hochschulen und „anderen Einrichtungen gleicher Stufe" zulässig sein. Die Vereinbarkeit von Nr. 2 mit dieser Vorgabe erscheint fraglich.

II. Der Grundsatz der Unerlässlichkeit nach Abs. 1 S. 2 und nach Art. 25 Abs. 3 Europ. Versuchstierübereinkommen

An der **Unerlässlichkeit** nach Abs. 1 S. 2 (bzw. der unbedingten Notwendigkeit nach Art. 25 Abs. 3 Europ. Versuchstierübereinkommen) fehlt es, wenn es möglich ist, ein gleichwertiges Ergebnis mit Hilfe einer schonenderen Alternativmethode oder einer Kombination mehrerer solcher Methoden zu erreichen (vgl. *L/M* § 10 Rn. 9). Dass mit dem Umstieg von der eingefahrenen Praxis des Ausbildungsversuchs bzw. der Tötung auf tierverbrauchsfreie oder tierschonende Alternativen ein Mehraufwand an Arbeit, Zeit und/oder Kosten verbunden sein kann, rechtfertigt die Beibehaltung der bisherigen Eingriffe nicht (vgl. Abs. 2 S. 1 i.V.m. § 9 Abs. 2 S. 3 Nr. 3; s. dazu auch § 9 Rn. 10).

Welche **Zwecke (Ausbildungsziele)** mit einem Ausbildungsversuch oder einer Tötung erreicht werden sollen, ist in erster Linie der jeweiligen Ausbildungs- und Prüfungsordnung zu entnehmen. Innerhalb des von ihr vorgegebenen Rahmens kann auch der Ausbildungsleiter die Zwecke bestimmen. Häufig werden genannt: Anschauliche Wissensvermittlung; Erwerb von präparativ-anatomischen Fertigkeiten und von manueller Geschicklichkeit; Erlernen von praktischem wissenschaftlichem Arbeiten; Erlernen des Tierversuchs als Methode. Der letztgenannte Zweck kann allerdings wegen des grundsätzlichen Vorrangs, den das Gesetz nach § 7 Abs. 2 und § 9 Abs. 2 für Alternativmethoden vorsieht, keine Rechtfertigung bilden; vielmehr entspricht es dem Sinngehalt dieser Vorschriften, tierverbrauchsfreie Erkenntnismethoden überall dort praktisch zu lehren, wo sie in Gegenwart

§ 10 TierSchG *Tierschutzgesetz*

oder absehbarer Zukunft zu einem vergleichbaren Sicherheitsniveau für den Menschen führen können.

8   Als **tierverbrauchsfreie bzw. tierschonende Alternativen** kommen in Betracht: Filme und Videos, insbesondere über Versuche und Präparationen; Computersimulationen; Kunststoffmodelle, auch als Silikonmodelle für chirurgische Übungen; Plastination natürlich gestorbener Tiere; harmlose Selbstversuche; Verwendung natürlich gestorbener oder sowieso getöteter Tiere; Schlachthoforgane; in-vitro-Methoden (Beispiele s. Rn. 10–16). – Häufig bedarf es einer Kombination verschiedener Alternativen, insbesondere dann, wenn mehrere Ausbildungsziele zugleich erreicht werden sollen. – Die Beurteilung, ob eine Methode/Methodenkombination gegenüber dem Ausbildungsversuch bzw. der Tötung gleichwertig ist, muss aufgrund einer Gesamtschau erfolgen. Diese kann auch ergeben, dass zwar Nachteile für einen der angestrebten Zwecke verbleiben, diese Defizite aber dadurch aufgewogen werden, dass ein anderer Ausbildungszweck effektiver und nachhaltiger erreicht werden kann (Beispiele s. Rn. 10 und 14).

9   Als **Informationsquellen über tierverbrauchsfreie Lehrmethoden** kommen in Betracht: die Datenbank NORINA der Tierärztlichen Hochschule Oslo (http://oslovet.veths.no/NORINA/search.html); die im Aufbau befindliche Datenbank des European Resource Centre for Alternatives in higher Education der Universitäten von Edinburgh und Utrecht (http://www.eurca.org); die Publikation „Gelbe Liste Teil 4 – Tierverbrauchsfreie Verfahren in der Ausbildung von Biologen, Medizinern und Veterinärmedizinern, zu beziehen bei der Akademie für Tierschutz, Spechtstr. 1, 85579 Neubiberg (vgl. dazu *Betz* DudT 1/1998, 7 ff.); die gemeinsame Datenbank des Bundesverbands der Tierversuchsgegner und der Vereinigung ‚Ärzte gegen Tierversuche', www.datenbank-tierversuche.de (vgl. *Gericke/Rambeck* Tierrechte 2/01, 21).

III. Beispiele für tierverbrauchsfreie Verfahren in der Ausbildung von Medizinern, Veterinärmedizinern und Biologen

10   **Filme und Videoaufzeichnungen** gibt es mittlerweile über die meisten gebräuchlichen Versuche und Präparationen. Der Zweck der anschaulichen Wissensvermittlung kann damit häufig besser erreicht werden als im Ausbildungsversuch, weil mit Großaufnahmen, Zeitlupe, Zeitraffer, Wiederholung einzelner Sequenzen, hinzugefügten Graphiken und/oder Trickaufnahmen gearbeitet und so ein besseres Einprägen erzielt werden kann. Manuelle Fertigkeiten vermittelt der Film allerdings nicht. Jedoch ist einerseits daran zu denken, diesem Mangel durch eine Kombination mit anderen Methoden abzuhelfen (s. Rn. 11–15); andererseits können die Vorteile, die der Film für die Zwecke „Veranschaulichen" und „Einprägen" hat, geeignet sein, etwa verbleibende Nachteile in anderen Bereichen auszugleichen (zu dieser Gesamtschau s. Rn. 8. Vgl. auch die Beschreibung der üblichen Ausbildungsversuche durch *Rethorn* in: Evang. Akademie Bad Boll, Tierarzt S. 77: „Es waren immer nur wenige Tiere vorhanden, so dass nur einige Studenten die Versuche durchgeführt und die anderen zugeschaut haben ...

Eingriffe u. Behandlungen z. Ausbildung § 10 TierSchG

Von Videofilmen haben wahrscheinlich alle mehr, als wenn zehn Leute einen Versuch machen und die anderen nur dabeistehen").

Computersimulationen decken mittlerweile alle Themen im physiologischen Bereich ab. Sie sind häufig interaktiv, so dass die Studierenden einzelne Versuchsparameter selbst beeinflussen und auf diese Weise das Experiment am Bildschirm durchführen können. Bei einigen Programmen werden die Ergebnisse durch einen Zufallsmechanismus beeinflusst, so dass sie auch in ihrer Variabilität den Laborbedingungen entsprechen (vgl. *Satis,* Tiermissbrauch im Studium, S. 24). – Durch eine Kombination dreier verschiedener Programme können alle Teile des früher üblichen Froschversuches (nämlich die Präparation des Ischias-Nerven, des Ischias-Nerven zusammen mit dem Wadenmuskel und die Präparation des Froschherzens) ersetzt werden. In Untersuchungen mit Studierenden an der Universität Sheffield/UK konnte gezeigt werden, dass die mit diesen Programmen erzielten Lernerfolge sich nicht von denen unterschieden, die mittels des Tierversuchs erreicht worden waren (vgl. *Rusche/Sauer* in: *Gruber/Spielmann* S. 266). 11

Kunststoffmodelle zur Veranschaulichung können, wenn sie zB aus Silikon hergestellt sind, auch zur Übung chirurgischer Fingerfertigkeiten verwendet werden (vgl. *Ärzte* S. 19). 12

Mit dem Verfahren der **Plastination** können tote Tiere und deren Organe in einen gummiartigen, haltbaren Zustand überführt und so über Jahre hinweg verwendet werden; an diesen Modellen lässt sich die Komplexität des Organismus ebenso veranschaulichen (vgl. *Satis* aaO). 13

Ein Beispiel für **harmlose Selbstversuche** bildet der (1997 mit dem Felix-Wankel-Preis ausgezeichnete) Myograph, mit dem im Bereich der Nerv-Muskel-Physiologie fast 50 Lernziele erreicht werden können. Weitere – in die Gesamtschau (s. Rn. 8) einzubeziehende – Vorteile sind die höhere Einprägsamkeit des auf diese Weise Gelernten und das frühzeitige Kennenlernen von Apparaturen und Untersuchungstechniken, die für den späteren Beruf wichtig sein können (vgl. *Satis* S. 25). 14

Natürlich gestorbene, verunglückte oder aus tierärztlicher Indikation eingeschläferte Tiere können für anatomische Studien verwendet werden. ZB war es an der Universität Freiburg möglich, durch gute Kooperation mit örtlichen Tierarztpraxen und nach entsprechender Aufklärung der Halter einen ganzen Morphologiekurs mit ohnehin eingeschläferten Kleinsäugern zu versorgen. Ein Verstoß gegen das Tierkörperbeseitigungsgesetz liegt darin nicht (vgl. *Satis* S. 26 unter Berufung auf Erklärungen des Hessischen Wissenschaftsministeriums und des BMVEL). 15

Aus **vergleichenden wissenschaftlichen Untersuchungen** geht hervor, dass diese und andere Alternativmethoden bei richtiger Kombination sowohl für die Wissensvermittlung als auch für das handwerkliche Geschick gleichwertig sein können: *Greenfield* et al. berichteten von einem Vergleich der chirurgischen Fähigkeiten bei 36 Tiermedizinstudenten, von denen eine Gruppe an Hunden und Katzen, eine andere an Weichteilgewebemodellen gearbeitet hatte, und deren Leistungen jeweils gleich waren (zit. n. *Satis* S. 27). An einer anderen Studie nahmen 184 Studenten der Biologie teil, von denen die eine Gruppe mit präparierten Tieren und die andere mit Computerprogrammen arbeitete; am Ende erwiesen sich die Kenntnisse der Com- 16

§ 10 TierSchG *Tierschutzgesetz*

putergruppe als signifikant höher (*Morre, Ralph,* Journal of Educational Technology Systems 1992, 79 ff.). Nach *Samsel, Schmidt, Hall* et al. haben 110 Medizinstudenten, die zum Erlernen der Herz-Kreislauf-Physiologie sowohl mit einem Computerprogramm gearbeitet als auch an einem Tierversuch mit Hunden teilgenommen hatten, die erstgenannte Lehrmethode als besser geeignet bewertet (Advances in Physiology Education 1994, 36 ff.).

IV. Prüfungsbefugnis und Prüfungspflicht der Behörden und Gerichte

17 Vor der Aufnahme des Tierschutzes als Staatsziel ins Grundgesetz ist in der **früheren Rechtsprechung** überwiegend angenommen worden, dass allein der für eine Lehrveranstaltung zuständige Hochschullehrer über die Geeignetheit der in Betracht kommenden Lehrmethoden zu befinden habe. Zur Begründung wurde ausgeführt: „Die Postulate eines ethischen Tierschutzes haben keinen Verfassungsrang und bilden daher keine immanente Schranke für die Lehrfreiheit iS des Art. 5 Abs. 3 GG. § 10 Abs. 1 S. 2 TierSchG ist verfassungskonform dahin auszulegen, dass für die Entscheidung darüber, ob eine alternative Lehrmethode den Zweck einer Lehrveranstaltung erfüllen kann, ausschließlich die Einschätzung des Hochschullehrers, der die Veranstaltung durchführt, zugrunde zu legen ist" (VGH Kassel NJW 1994, 1608, 1609; vgl. auch VGH Mannheim VBlBW 1996, 356 ff. und VGH München NVwZ-RR 1993, 190; zur differenzierteren Rechtsprechung des BVerwG s. Rn. 23). – Durch die Änderung von Art. 20a GG haben die Postulate des ethischen Tierschutzes den vom VGH Kassel noch vermissten Verfassungsrang mittlerweile erlangt (vgl. dazu BT-Drucks. 14/8860 S. 3: „Dem ethischen Tierschutz wird damit Verfassungsrang verliehen"; s. auch Art. 20a GG Rn. 3). Damit können Konflikte zwischen Lehrfreiheit und Tierschutz nicht mehr in der Weise gelöst werden, dass einem der beiden Verfassungsgüter einseitig die Dominanz zuerkannt wird (vgl. *MdB Bachmaier,* BT Sten. Ber. 14/23657). Notwendig ist vielmehr eine einzelfallbezogene Abwägung, die so vollzogen werden muss, dass ein verfassungsmäßiger, d. h. verhältnismäßiger Ausgleich hergestellt wird.

18 Bei einer historischen, systematischen, völkervertrags- und verfassungskonformen **Auslegung** des Gesetzes spricht alles dafür, dass die nach § 15 zuständige **Behörde** sowohl das Recht als auch die Pflicht hat, **objektiv zu prüfen,** ob die angestrebten Ausbildungsziele durch eine alternative Methode oder eine Kombination solcher Methoden gleichwertig erreicht werden können oder nicht. – Historische Auslegung: Die mit dem ÄndG 1998 eingefügte Befugnis der Behörde, nach Abs. 1 S. 3 eine Begründung dafür zu verlangen, weshalb der angestrebte Zweck nicht durch tierverbrauchsfreie Methoden erreicht werden kann, ginge ins Leere, wenn ihr nicht auch ein entsprechendes Prüfungsrecht zustünde. – Systematische Auslegung: Könnte der Dozent selbst entscheiden, wann alternative Methoden dem Tierversuch bzw. dem Präparieren am extra dafür getöteten Tier gleichwertig sind und wann nicht, so führte dies im Rahmen von § 18 Abs. 1 Nr. 19 zu dem merkwürdigen Ergebnis, dass der Adressat einer Bußgeldnorm

selbst darüber zu befinden hätte, ob er dagegen verstoßen hat oder nicht. – Völkervertragskonforme Auslegung: Die in Art. 25 Abs. 3 Europ. Versuchstierübereinkommen ausgesprochene Verpflichtung, Tierversuche in der Ausbildung „auf das unbedingt Notwendige zu beschränken", ist objektiv abgefasst, setzt also voraus, dass es tatsächlich (und nicht nur nach der Einschätzung des Dozenten) an gleichwertigen Alternativen fehlt. Eine in einem internationalen Übereinkommen vorausgesetzte objektive Notwendigkeit kann nicht durch das nationale Recht einer der Vertragsparteien einseitig versubjektiviert werden. – Verfassungskonforme Auslegung: Nachdem der Tierschutz ein verfassungsrechtlich geschütztes Staatsziel geworden ist, ist für Abwägungen mit anderen Gütern der jeweilige Grad der Zielbetroffenheit entscheidend, was die objektive Ermittlung und Sammlung aller dafür relevanten Tatsachen und Gesichtspunkte voraussetzt (s. Art. 20 a GG Rn. 5 und Rn. 22–25).

Im Rahmen ihrer **Pflicht zur Amtsermittlung** (§ 24 VwVfG; s. auch § 8 Rn. 6) lassen sich für die Behörde zwei Situationen unterscheiden: 1. Falls es sich um einen Tierversuch oder eine Tiertötung handelt, der/die für den jeweiligen Ausbildungsgang an anderen Hochschulen/Einrichtungen bereits durch alternative Methoden ersetzt oder auch als verzichtbar eingestuft wird, ist zu fragen: Welche Hochschulen/Einrichtungen sind dazu übergegangen, diesen Eingriff zu ersetzen bzw. zu vermeiden? Welche Erfahrungen sind dabei gemacht worden? Werden die so zustande gekommenen Prüfungen auch in anderen Bundesländern anerkannt? Gibt es Erkenntnisse, dass die so geprüften Absolventen schlechtere Ärzte, Tierärzte oder Biologen geworden sind? – 2. Falls es um einen Eingriff geht, der für die betreffende Ausbildung noch überall für notwendig gehalten wird, lauten die Fragen, die sich die Behörde stellen sollte: Welche alternative Methoden(kombination) könnte hier in Betracht kommen? Sind davon im Hinblick auf alle Ausbildungsziele gleichwertige Ergebnisse zu erwarten? Falls nein: Wird ein Defizit, das für einen dieser Zwecke zu erwarten ist, dadurch aufgewogen, dass ein anderer Zweck besser und nachhaltiger erreicht wird als im Tierversuch bzw. mit der Tötung? Oder könnte dieses Defizit durch die Einbeziehung eines zusätzlichen Verfahrens in die Methodenkombination vermieden werden? – Die Behörde muss berücksichtigen, dass dem Beharren auf überkommenen Ausbildungsversuchen und Tiertötungen auch ein Kenntnismangel der Dozenten über den aktuellen Stand der Alternativmethodenforschung zugrunde liegen kann (vgl. dazu *Spielmann* in: Evang. Akademie Bad Boll, Tierarzt S. 107: Viele Physiologen beharrten auf ihrer Meinung von der Unverzichtbarkeit des Tierversuchs, weil ein Ersatz von Tierversuchen häufig Kenntnisse in modernen Methoden voraussetze, wie sie bei Tierärzten und Ärzten üblicherweise nicht vorhanden seien).

Auch die **ethische Vertretbarkeit** ist zu prüfen (vgl. die Verweisung in § 10 Abs. 2 S. 1 auf § 8a Abs. 5 und die dortige Bezugnahme auf § 7 Abs. 3; näher dazu *Caspar* NVwZ 1998, 814, 815; *Cirsovius* S. 188). Konsequenz: Für den Fall, dass auch bei Anwendung einer optimalen Alternativmethodenkombination Defizite für einen der Ausbildungszwecke verbleiben, ist der Tierversuch bzw. die Tiertötung nur dann ethisch vertretbar, wenn dieser Nachteil schwerer wiegt als die den Tieren mit dem Versuch bzw. der

§ 10 TierSchG *Tierschutzgesetz*

Tötung zugefügten Schmerzen, Leiden und/oder Schäden (zu dieser Nutzen-Schaden-Abwägung s. § 7 Rn. 35 und 40, 41).

21 Bleibt auch nach Ausschöpfung aller Ermittlungsmöglichkeiten **ungeklärt**, ob die in Betracht kommende Alternativmethodenkombination unausgeglichene Defizite für einen der Ausbildungszwecke erwarten lässt und ob diese Nachteile schwerer wiegen als die Belastungen der Versuchstiere, so ist der Tierversuch bzw. die Tiertötung **nicht zulässig**. Dafür spricht bereits der Wortlaut des Gesetzes („… dürfen nur vorgenommen werden, soweit ihr Zweck nicht …") und des Europ. Versuchstierübereinkommens (vgl. Art. 25 Abs. 3: „sie sind nur zulässig, wenn ihr Ziel nicht …"). In die gleiche Richtung weisen die Gesetzesmaterialien (vgl. die amtl. Begr. zu dem in § 10 Abs. 2 in Bezug genommenen § 9, BT-Drucks. 10/3158 S. 25: „Es muss gewiss sein, dass in anderer Weise nicht vorgegangen werden kann"). Die systematische Auslegung muss zusätzlich den (ebenfalls durch § 10 Abs. 2 in Bezug genommenen) § 8a Abs. 5 berücksichtigen, der verlangt, dass sowohl die Unerlässlichkeit als auch die ethische Vertretbarkeit „sichergestellt" sein müssen. Vgl. iÜ den aus § 1 ableitbaren Grundsatz „im Zweifel für das Tier" (s. § 1 Rn. 49).

V. Gewissens- und Berufswahlfreiheit von Studierenden contra Lehrfreiheit von Hochschullehrern

22 **Studierende** der Biologie, der Human- und der Veterinärmedizin haben in der Vergangenheit immer wieder die **Teilnahme an Praktika** mit Tierversuchen oder mit Organpräparaten von zuvor getöteten Tieren **abgelehnt und sich dabei auf ihr Gewissen berufen**. Häufige Folge war, dass sie notwendige Scheine nicht erlangen konnten und, sofern kein Wechsel an eine Hochschule ohne erzwungenen Tierverbrauch möglich war, das Studium aufgeben mussten. In diesem Fall war neben der Gewissensfreiheit nach Art. 4 Abs. 1 GG auch das Grundrecht auf Berufswahlfreiheit nach Art. 12 Abs. 1 GG betroffen. – In der Rechtsprechung wurde für den Bereich der Humanmedizin ein Anspruch auf Ermöglichung eines „tierverbrauchsfreien Physiologiepraktikums" bejaht, u.a. mit der Begründung, dass einige deutsche Universitäten bereits dazu übergegangen seien, ihren Studierenden dies anzubieten, und dass die so erworbenen Praktikumsscheine auch von den zuständigen Landesprüfungsämtern anerkannt würden. Zudem sei das Grundrecht der Lehrfreiheit des Hochschullehrers weniger schwer betroffen als die Gewissens- und Berufsfreiheit der Studierenden, da es nicht um die Lehrinhalte, sondern nur um die Methode ihrer Vermittlung gehe und sich Freiheitsgrenzen aus der institutionellen Ausbildungsaufgabe der Universität ergäben (vgl. VG Frankfurt/M NJW 1991, 768ff.; im Ergebnis bestätigt durch VGH Kassel NJW 1992, 2373). – Überwiegend wurde indes der Lehrfreiheit des Hochschullehrers der Vorrang zuerkannt: Die Grundrechte der Studierenden seien nur dann stärker betroffen, wenn es alternative Lehrmethoden gebe, die die geforderten Versuche bzw. Tötungen vollständig ersetzen könnten; die Frage aber, ob solche Alternativen den tierverbrauchenden Übungen gleichwertig seien, liege allein im wissen-

Eingriffe u. Behandlungen z. Ausbildung § 10 TierSchG

schaftlich-pädagogischen Beurteilungsspielraum der Dozenten und könne gerichtlich nur eingeschränkt überprüft werden (so für die Zeit vor In-Kraft-Treten des Art. 20a GG insbes. VGH Mannheim VBlBW 1996, 356, 357; vgl. auch VGH Kassel NJW 1994, 1608, 1609 und VGH München NVwZ-RR 1993, 190, 191. Zum Ganzen auch *von Loeper* ZRP 1996, 143f.; *Brandhuber* NWwZ 1993, 642; *Cirsovius* NuR 1992, 65 ff.).

Das **Bundesverwaltungsgericht** hat 1997 folgende **Grundsätze aufgestellt: 1.** Das Grundrecht der Gewissensfreiheit des Studierenden sei betroffen, wenn dieser eine ernsthafte Gewissensentscheidung gegen Tierversuche und gegen das Töten von Tieren zu Ausbildungszwecken getroffen habe. − **2.** Zur Lehrfreiheit des Hochschullehrers gehöre auch, im Rahmen der staatlichen Ausbildungsvorschriften selbst über Inhalt, Ablauf und methodische Ausgestaltung der Lehrveranstaltungen zu bestimmen. − **3.** Diese Lehrfreiheit werde durch den Tierschutz nicht eingeschränkt, weil dieser keinen Verfassungsrang habe und deshalb auch nicht in die Lösung des verfassungsrechtlichen Spannungsverhältnisses einzubeziehen sei (zur jetzt geänderten Verfassungslage s. Rn. 25). − **4.** Der Konflikt zwischen den kollidierenden Grundrechten müsse nach dem Grundsatz des schonendsten Ausgleichs und, wenn ein solcher nicht möglich sei, im Wege der Abwägung gelöst werden. − **5.** Dabei treffe den Studierenden eine Darlegungslast: Er müsse für jeden einzelnen Versuch frühzeitig darlegen, welche schonenden Alternativen es dazu gebe, an welchen Hochschulen oÄ diese angewendet würden und welche Erfahrungen damit gewonnen worden seien. Berufe er sich auf die Verfügbarkeit von sowieso-toten Tieren, so müsse er auch darlegen, auf welche Weise diese beigebracht werden könnten. − **6.** Würden diese Alternativen rechtzeitig und konkret benannt, so müsse die Hochschule sie prüfen und ggf. übernehmen, wenn dadurch die Durchführung der Übungen und das damit verfolgte Ausbildungsziel nicht gefährdet würde. Dies könne das Gericht durch Einholung von Sachverständigengutachten aufklären (BVerwG NVwZ 1998, 853 ff. im Gegensatz zu VGH Mannheim aaO; vgl. dazu *Caspar* NVwZ 1998, 814 ff.). 23

Die **tatsächliche Situation an den Hochschulen** ist sehr unterschiedlich. In der Humanmedizin verzichten mittlerweile 42% aller deutschen Fakultäten für das Physiologiepraktikum und 30% für das Biologiepraktikum auf jeglichen Tierverbrauch. Weitere 14% (Physiologie) bzw. 33% (Biologie) geben ihren Studierenden die Möglichkeit, Tätigkeiten mit Tierverbrauch zu umgehen. − Auch in der Veterinärmedizin gibt es einen Trend „weg vom Tierverbrauch". Insbesondere die Froschversuche im Physiologiepraktikum sind an den meisten Fakultäten abgeschafft. (s. Rn. 11). − In der Biologie (Sekundarstufe II und Diplom) werden allein für das zoologische Anfängerpraktikum etwa 40 000 Tiere jährlich getötet. Einige wenige Universitäten verzichten jedoch inzwischen darauf oder geben ihren Studierenden die Möglichkeit zu Alternativen (Bremen, Freiburg, Göttingen, evtl. auch Essen und Jena). Im tierphysiologischen Praktikum sind es mittlerweile zwölf Fakultäten, die auf einen Teilnahmezwang an Tierversuchen verzichten (dazu und zum Ganzen *Satis* S. 12–14). − In den Niederlanden, Schweden und Italien wird allen Studierenden die Möglichkeit gegeben, die Mitwirkung an tierverbrauchenden Übungen aus Gewissensgründen zu verweigern. 24

25 Die durch die Neufassung von Art. 20 a GG veränderte Rechtslage ist auch in diesem Zusammenhang von Bedeutung, hat doch das Bundesverwaltungsgericht seine Entscheidung ausdrücklich mit dem damals noch fehlenden Verfassungsrang des Tierschutzes begründet (s. Rn. 23). Die Abwägungssituation ist eine andere geworden, nachdem der Lehrfreiheit jetzt nicht mehr allein die Grundrechte der Gewissens- und der Berufsfreiheit, sondern auch noch das Verfassungsgut Tierschutz gegenüberstehen (zur Gleichrangigkeit des Tierschutzes mit den anderen Verfassungsprinzipien und zur dadurch bewirkten „Anreicherung und Ausdehnung" der Grundrechte der Studierenden vgl. *Kloepfer/Rossi* JZ 1998, 369, 373). Folge: Die Lehrfreiheit muss zurückstehen, wenn es objektiv (und nicht erst nach Einschätzung des Dozenten) eine Alternativmethodenkombination gibt, die einen gleichwertigen Ausbildungserfolg herbeiführt. Ob dies der Fall ist, muss (gemäß dem im Verwaltungsrecht allgemein herrschenden Amtsermittlungsgrundsatz, vgl. §§ 24, 26 VwVfG, § 86 VwGO) von Behörden und Gerichten selbstständig geprüft und notfalls mit Hilfe neutraler Gutachter aufgeklärt werden. Dabei ist auch zu bedenken, ob etwa verbleibende Defizite für einen Ausbildungszweck durch Vorteile für einen anderen oder durch die Einbeziehung einer weiteren zusätzlichen Alternative ausgeglichen werden können (s. Rn. 8). Bei dennoch verbleibenden Defiziten müssen diese sowohl mit den Belastungen für die Tiere als auch mit den Rechten der Studierenden abgewogen werden. Gründe, von einer vollständigen Ermittlung und Sammlung aller für diese Abwägung relevanten Tatsachen und Gesichtspunkte Abstand zu nehmen, sind jedenfalls seit der Grundgesetzänderung entfallen (s. auch Art. 20 a GG Rn. 22–25). – Verbleibt auch nach einer Beweisaufnahme ein non-liquet, so spricht alles dafür, der durch das Staatsziel angereicherten und ausgedehnten Gewissensfreiheit der Studierenden den Vorrang zu geben. Zu den für § 10 Abs. 1 allgemein geltenden Gesichtspunkten (s. Rn. 21) tritt hinzu, dass niemand gezwungen werden darf, an einer auch nur möglicherweise rechtswidrigen Veranstaltung teilzunehmen. Zu bedenken ist auch, dass der Dozent dem Studierenden quasi hoheitlich, nämlich im Rahmen der institutionellen Ausbildungsaufgabe der Universität gegenübertritt und dass in einem solchen Über-Unterordnungsverhältnis die Grundrechte wohl nicht „von oben nach unten" geltend gemacht werden sollten (vgl. dazu *Cirsovius* NVwZ 2002, 39 ff.; *ders.* NuR 1992, 65 ff.).

VI. Das Begründungsverlangen nach Abs. 1 S. 3

26 Ob die Behörde ein Begründungsverlangen ausspricht, steht in ihrem Ermessen. Bei Anhaltspunkten, dass es zu dem Ausbildungsversuch bzw. der Tiertötung eine gleichwertige Alternative oder Alternativenkombination geben könnte, wird das Ermessen gem. § 24 Abs. 1 VwVfG auf Null reduziert sein, besonders dann, wenn an anderen Hochschulen bereits mit diesen Alternativen gearbeitet wird. Das Verlangen richtet sich an den Leiter der Ausbildung oder seinen Stellvertreter (§ 10 Abs. 3; vgl. *Kluge/Goetschel* § 10 Rn. 17). Die Behörde kann es entweder formlos oder mittels Verwaltungsakts nach § 16a S. 1 aussprechen. Eine Frist kann eingeräumt werden; sie muss nicht lang sein, weil sich der Verantwortliche schon vorher Gedanken über die Unerlässlichkeit seines Vorhabens machen muss (vgl. *L/M* § 10 Rn. 13).

VII. Entsprechend anwendbare Bestimmungen nach Abs. 2. Verantwortlichkeit nach Abs. 3

Nach **Abs. 2 S. 1** gilt die Pflicht zur Anzeige und Änderungsanzeige (§ 8a 27 Abs. 1–4) entsprechend, jedoch mit einer Modifikation nach S. 2. Einbezogen ist auch § 8a Abs. 5, also auch die Pflicht zur Prüfung der ethischen Vertretbarkeit nach § 7 Abs. 3 (vgl. dazu *Caspar* NVwZ 1998, 814, 815; s. auch Rn. 20). Hat die Behörde aufgrund konkreter Tatsachen (insbesondere weil andere, ebenfalls angesehene Hochschulen auf den Ausbildungsversuch bzw. die Tötung verzichten) Bedenken hinsichtlich der Unerlässlichkeit und/oder der ethischen Vertretbarkeit und kann der Ausbildungsleiter diese Bedenken nicht innerhalb einer ihm gesetzten Frist ausräumen, so müssen der Versuch bzw. die Tötung nach Abs. 2 S. 1 i.V.m. § 8a Abs. 5 untersagt werden. – § 8b gilt ebenso. – § 9 Abs. 1 gilt gleichfalls, allerdings mit der Modifikation, dass es genügt, wenn die erforderliche Qualifikation auf Seiten des Leiters bzw. Stellvertreters vorhanden ist und dieser während der Versuchsdurchführung bzw. Tötung ständig anwesend ist und die Aufsicht führt. Nach S. 3 genügt auch die ständige Anwesenheit und Aufsicht einer anderen von der Leitung beauftragten Person, wenn sie die Sachkunde nach § 9 Abs. 1 S. 1 und die Qualifikationen nach § 9 Abs. 1 S. 2 und 3 bzw. die behördliche Ausnahmegenehmigung nach S. 4 besitzt. Zu den Prüfungsfragen, die sich die Behörde im Rahmen von § 9 Abs. 1 S. 1 stellen sollte, s. § 9 Rn. 2. – Über § 9 Abs. 2 muss das Gebot des unerlässlichen Maßes auch bezüglich der Zahl der betroffenen Tiere, ihrer Entwicklungshöhe und hinsichtlich des „Wie" des Versuchs beachtet werden. Die besonderen Konkretisierungen des Unerlässlichkeitsgrundsatzes nach Abs. 2 S. 3 Nr. 1–8 gelten ebenfalls. Zur Bedeutung von Nr. 3, wenn gleichwertige Alternativen zwar denkbar sind, aber mehr Kosten, Arbeit und/oder Zeit erfordern, s. Rn. 6 und § 9 Rn. 10). – Die Aufzeichnungen nach § 9a müssen ebenfalls gemacht, aufbewahrt und auf Verlangen vorgelegt werden.

Verantwortlich nach Abs. 3 ist derjenige, der das einzelne Aus-, Fort- 28 oder Weiterbildungsvorhaben leitet, also der Kursleiter, Übungsleiter oÄ (vgl. *L/M* § 10 Rn. 16). Im Verhinderungsfall ist es der Stellvertreter. Sorgt aber der Leiter nicht rechtzeitig für eine qualifizierte Stellvertretung, so bleibt es bei seiner Verantwortung (s. § 9 Rn. 28).

VIII. Ordnungswidrigkeiten

Der **Leiter oder sein Stellvertreter** begehen eine Ordnungswidrigkeit 29 nach § 18 Abs. 1 Nr. 19, wenn sie durch eigenes Tun vorsätzlich oder fahrlässig gegen eine der Vorschriften des Abs. 1 oder Abs. 2 verstoßen, aber auch dann, wenn Dritte (zB Personen, die den Ausbildungsversuch bzw. die

§ 10 TierSchG *Tierschutzgesetz*

Tötung unmittelbar durchführen) einen Verstoß begehen und der Leiter oder Stellvertreter dies durch rechtzeitiges Einschreiten hätten verhindern können („nicht für die Einhaltung ... sorgt"). – Beispiele: Ein Ausbildungsversuch oder eine Tiertötung werden durchgeführt, obwohl durch eine Alternativmethodenkombination die Ausbildungszwecke insgesamt (s. Rn. 8) gleichwertig erreicht werden könnten bzw. die insoweit verbleibenden Nachteile weniger schwer wiegen als die den Tieren zugefügten Leiden, Schmerzen und Schäden (s. Rn. 20); Ausbildungsversuch oder Tötung an einer Einrichtung, die nicht unter die in Abs. 1 S. 1 Nr. 1 genannten Ausbildungsinstitute fällt; auf ein behördliches Begründungsverlangen nach Abs. 1 S. 3 wird die Begründung nicht, nicht vollständig oder unrichtig gegeben; eine nach Abs. 2 Sätze 1 und 2 i.V.m. § 8a notwendige Anzeige unterbleibt oder wird nicht richtig, nicht vollständig oder nicht rechtzeitig vorgenommen; der nach Abs. 2 S. 1 i.V.m. § 8b notwendige Tierschutzbeauftragte wird nicht bestellt; die Person, die die Eingriffe oder Behandlungen beaufsichtigt, besitzt nicht die nach Abs. 2 S. 3 i.V.m. § 9 Abs. 1 vorgeschriebene Sachkunde und Qualifikation oder ist nicht ständig anwesend; bei der Durchführung des Versuchs wird gegen das „Wie des unerlässlichen Maßes nach Abs. 2 S. 1 i.V.m. § 9 Abs. 2 verstoßen; es wird gegen eine der Konkretisierungen des unerlässlichen Maßes nach § 9 Abs. 2 S. 3 Nr. 1–8 verstoßen; Aufzeichnungen nach Abs. 2 S. 1 i.V.m. § 9a werden nicht, nicht richtig oder nicht vollständig gemacht, nicht unterzeichnet, nicht lange genug aufbewahrt oder auf Verlangen nicht vorgelegt. – Bei Fahrlässigkeit ermäßigt sich das Höchstmaß der Geldbuße auf die Hälfte der angedrohten 5000 €, also auf 2500 € (§ 18 Abs. 3 i.V.m. § 17 Abs. 2 OWiG). – Die Ordnungswidrigkeit nach § 18 Abs. 1 Nr. 19 kann, wenn dem Tier erhebliche Schmerzen, Leiden oder Schäden zugefügt werden, mit einer Ordnungswidrigkeit nach § 18 Abs. 1 Nr. 1 oder Abs. 2 rechtlich zusammentreffen (Bußgeldrahmen dann bis 25000 € bzw. bei Fahrlässigkeit 12500 €, vgl. § 18 Abs. 3). Auch eine Straftat nach § 17 kann vorliegen; insbesondere fehlt es für eine Tiertötung an einem vernünftigen Grund nach § 17 Nr. 1, wenn die Ausbildungszwecke auch mit anderen Methoden gleichwertig erreicht werden können oder wenn die insoweit verbleibenden Nachteile weniger schwer wiegen als die den Tieren zugefügten Belastungen. – Wenn eine Behörde, der ein nach Abs. 1 S. 2, Abs. 2 rechtswidriges Vorhaben angezeigt wurde, untätig geblieben ist, schafft dies für die unmittelbar Tatbeteiligten weder einen Rechtfertigungs- noch einen Entschuldigungsgrund. Vielmehr stellt sich auf Seiten des zuständigen Amtsträgers dann die Frage einer strafbaren Beihilfe durch Unterlassen (s. § 17 Rn. 56 und § 18 Rn. 9).

Siebenter Abschnitt. Eingriffe und Behandlungen zur Herstellung, Gewinnung, Aufbewahrung oder Vermehrung von Stoffen, Produkten oder Organismen

§ 10a

¹Zur Herstellung, Gewinnung, Aufbewahrung oder Vermehrung von Stoffen, Produkten oder Organismen dürfen Eingriffe oder Behandlungen an Wirbeltieren, die mit Schmerzen, Leiden oder Schäden verbunden sein können, nur vorgenommen werden, wenn die Voraussetzungen des § 7 Abs. 2 und 3 vorliegen. ²Wer Eingriffe oder Behandlungen vornehmen will, hat diese spätestens zwei Wochen vor Beginn der zuständigen Behörde anzuzeigen. ³Die Behörde kann die Frist auf Antrag verkürzen. ⁴§ 8a Abs. 2 bis 5, die §§ 8b, 9 Abs. 1 Satz 1, Abs. 2, 3 Satz 1 und § 9a gelten entsprechend.

Übersicht

	Rn.
I. Anwendungsbereich, Abgrenzungen	1, 2
II. Unerlässlichkeit nach S. 1 i. V. m. § 7 Abs. 2	3–5
III. Ethische Vertretbarkeit nach S. 1 i. V. m. § 7 Abs. 3	6
IV. Entsprechend anwendbare Vorschriften nach S. 2–4	7, 8
V. Straftaten und Ordnungswidrigkeiten	9

I. Anwendungsbereich, Abgrenzungen

Geregelt werden Verfahren, die auf die Herstellung, Gewinnung, Aufbewahrung oder Vermehrung von Stoffen, Produkten oder Organismen gerichtet sind. Organismus ist hier jede biologische Einheit, die fähig ist, sich zu vermehren oder genetisches Material zu übertragen (§ 3 Nr. 1 GenTG). Gedacht wird insbesondere an die Gewinnung monoklonaler oder polyklonaler Antikörper, an die Aufbewahrung und Vermehrung von Organismen wie Viren, Bakterien, Protozoen, Pilzen, Helminthen, Arthropoden und an die Erhaltung und Vermehrung von Tumorzellen (AVV Nr. 11). Auch die Herstellung von Immunseren und anderen antikörperhaltigen Produkten durch labortechnische Verfahren werden erfasst, sofern sie routinemäßig durchgeführt werden (s. Rn. 2). – Im Rahmen des Verfahrens muss es zu Eingriffen oder Behandlungen an Wirbeltieren kommen. Eingriffe s. § 5 Rn. 1. Behandlungen s. § 7 Rn. 1. Wirbeltiere s. § 4 Rn. 1. – Die Eingriffe oder Behandlungen müssen potenziell geeignet sein, Schmerzen, Leiden oder Schäden auszulösen. Es gilt insoweit dasselbe wie bei § 7, also: Eine diesbezügliche Möglichkeit genügt; erheblich brauchen die Belastungen nicht zu sein; auch auf ihre Zeitdauer kommt es nicht an; einfache, kurzzeitige Belastungen der Tiere reichen aus. 1

§ 10a **greift nur ein**, wenn die Eingriffe oder Behandlungen nach bereits bekannten und ausreichend erprobten Verfahren ablaufen. Geht es dagegen 2

§ 10 a TierSchG *Tierschutzgesetz*

auch um Erkenntnissuche, d. h. auch um eine Antwort für ein noch nicht vollständig gelöstes Problem, so liegt ein Tierversuch vor, der nach den §§ 7 und 8 der Genehmigung bedarf. Dies ist auch dann der Fall, wenn mit einem Verfahren gearbeitet wird, mit dem noch nicht so viele praktische Erfahrungen gewonnen worden sind, dass man es bereits als routinemäßig ansehen kann (vgl. dazu *Baumgartner* in: *Caspar/Koch* S. 16). – Die Entwicklung einer transgenen Tierlinie ist nach diesen Maßstäben stets ein Tierversuch (s. § 7 Rn. 2 und BMVEL, Tierschutzbericht 1997, S. 110). Das Klonen ist ebenfalls ein Tierversuch, wenn mit Kerntransfertechniken gearbeitet wird; anders dagegen, wenn etablierte Verfahren des Embryonensplittings angewendet werden (s. § 7 Rn. 2 und BMVEL, Tierschutzbericht 2001, XIV 2). Pharmakodynamische Untersuchungen zur Entwicklung von Arzneimitteln sind Tierversuche, die grds. der Genehmigungspflicht nach § 8 Abs. 1 unterstehen; die Frage einer möglichen Genehmigungsfreiheit für weiterführende Versuche dieser Art richtet sich nicht nach § 10a, sondern nach § 8 Abs. 7 S. 1 Nr. 1b (s. § 8 Rn. 30; vgl. auch BMVEL, Tierschutzbericht 1997, S. 113, 114). – In Zweifelsfällen wird man die Eingriffe oder Behandlungen nach dem Gebot zu tierfreundlicher Auslegung der weitergehenden Schutzvorschrift des § 7 unterstellen müssen (vgl. AVV Nr. 10.1.4 zur ähnlichen Problematik bei § 10). – Geht es um die Vermittlung, Erweiterung oder Vertiefung der für einen Beruf notwendigen Kenntnisse und Fähigkeiten, so gilt § 10.

II. Unerlässlichkeit nach S. 1 i. V. m. § 7 Abs. 2

3   Das Produkt, das entwickelt und hergestellt werden soll, muss einem **Zweck nach § 7 Abs. 2 Nr. 1–4** dienen (s. § 7 Rn. 6–10).

4   An der **Unerlässlichkeit** fehlt es, wenn es eine Alternativmethode oder eine Kombination solcher Methoden gibt, die ohne oder mit weniger Tierverbrauch auskommen und die die Herstellung desselben oder eines (mit Blick auf den Zweck nach § 7 Abs. 2) gleichwertigen Produktes ermöglichen. Mehrkosten und/oder ein erhöhter Arbeits- und Zeitaufwand, die mit dem Einsatz dieser Methoden verbunden sind, müssen in Kauf genommen werden (s. § 7 Rn. 15). – Beispiel nach *Kluge/Goetschel* § 10a Rn. 7: Zwei Unternehmen entwickeln ein diagnostisches Produkt, mit dessen Hilfe die Pankreatitis (Bauchspeicheldrüsenentzündung) anhand von Stuhlproben erkannt werden kann. Unternehmen 1 verwendet dazu monoklonale Antikörper, die mittels Hybridomtechnologie, also ohne Tierverbrauch hergestellt werden. Unternehmen 2 arbeitet dagegen mit polyklonalen Antikörpern, die es durch Eingriffe an lebenden Tieren gewinnt. Unternehmen 2 verstößt damit gegen § 10a S. 1 i. V. m. § 7 Abs. 2, auch dann, wenn das von Unternehmen 1 tierverbrauchsfrei erzeugte Produkt nicht genau dasselbe ist, denn es ist im Hinblick auf den Diagnosezweck gleichwertig. Dass das Verfahren von Unternehmen 2 preisgünstiger ist, bildet keine Rechtfertigung (vgl. § 9 Abs. 2 S. 3 Nr. 3). Fraglich ist allerdings, ob Unternehmen 1 deswegen einen Unterlassungsanspruch nach § 1 UWG geltend machen kann (vgl. dazu BGHZ 140, 134, 138; BGH NJW 1996, 122 ff.; *Schindler* NJW 1996, 1802 ff.; *Kluge/Goetschel* aaO).

Eingriffe u. Behandlungen z. Herstellung v. Stoffen § 10 a TierSchG

Monoklonale Antikörper zur Abgabe an Dritte dürfen nur noch in 5
vitro hergestellt werden. Ihre Herstellung in vivo (d.h. in der Bauchhöhle
einer Aszites-Maus) entspricht nicht mehr dem Stand der wissenschaftlichen
Erkenntnisse und verstößt gegen § 17 Nr. 2 b (vgl. BMVEL, Tierschutzbericht 2001, XIV 1.3). Eine Ausnahme von dem Verbot kann nur unter den
Voraussetzungen des rechtfertigenden Notstandes anerkannt werden, d.h.
wenn zur Heilung eines Menschen Antikörper dringend benötigt werden,
die rechtzeitig weder mit einer in vitro Methode hergestellt noch von dritter
Seite bezogen werden können (s. § 7 Rn. 32; dort auch zur Unzulässigkeit
weiterer Ausnahmen).

III. Ethische Vertretbarkeit nach S. 1 i.V.m. § 7 Abs. 3

Zur ethischen Vertretbarkeit allgemein s. § 7 Rn. 35–50. Die Antikörper- 6
Herstellung im Aszites-Verfahren dürfte – außer in Fällen des rechtfertigenden Notstandes – stets ethisch unvertretbar sein, s. insbes. § 7 Rn. 42
und 46.

IV. Entsprechend anwendbare Vorschriften nach S. 2–4

Es besteht eine **Anzeigepflicht**. Die einzuhaltende Frist regelt Satz 2, den 7
notwendigen Inhalt § 8a Abs. 2 (s. auch § 8a Rn. 6, 7). Über S. 4 gilt auch
§ 8a Abs. 5, d.h.: hat die Behörde aufgrund konkreter Anhaltspunkte
Zweifel daran, dass das Vorhaben unerlässlich und ethisch vertretbar ist (zB
weil von einem anderen Unternehmen gleichwertige Produkte ohne oder
mit geringerem Tierverbrauch erzeugt werden; oder weil in Anbetracht
schon vorhandener, ähnlicher Produkte der zusätzliche Nutzen des neuen
Produkts nicht groß genug erscheint, um die Schmerzen, Leiden und Schäden der Tiere zu überwiegen, s. § 7 Rn. 45), so setzt sie dem Anzeigenden
eine Frist; können die Zweifel bis Fristablauf nicht ausgeräumt werden, so
hat sie das Vorhaben zu untersagen (gebundene Verwaltung, s. § 8a Rn. 12).
Andere entsprechend anzuwendende Vorschriften sind: § 8b (Tier- 8
schutzbeauftragter); § 9 Abs. 1 S. 1 (Sachkundeerfordernis, s. dazu § 9 Rn. 1
und 2); § 9 Abs. 2 (unerlässliches Maß; Konkretisierungen, s. § 9 Rn. 6–26);
§ 9 Abs. 3 S. 1 (Verantwortlichkeit, s. § 9 Rn. 27 und 28); § 9a. – Hat die
Behörde aufgrund konkreter Tatsachen Zweifel an der Einhaltung des § 8b,
des § 9 Abs. 1 S. 1 oder des § 9 Abs. 2, so verfährt sie ebenfalls nach § 8a
Abs. 5.

IV. Straftaten und Ordnungswidrigkeiten

Eine besondere Ordnungswidrigkeiten-Vorschrift gibt es nicht. Wenn 9
aber durch die Produktion oder durch vorbereitende Maßnahmen Tieren
erhebliche Schmerzen, Leiden oder Schäden zugefügt werden, so fehlt es an
einem vernünftigen Grund nach § 18 Abs. 1 Nr. 1, wenn gegen S. 1 i.V.m.
§ 7 Abs. 2 oder Abs. 3 oder gegen eine der nach S. 2–4 entsprechend an-

§ 11 TierSchG *Tierschutzgesetz*

wendbaren Vorschriften verstoßen wird. Es liegt dann eine Ordnungswidrigkeit nach § 18 Abs. 1 Nr. 1 vor. Sofern den Tieren anhaltende oder sich wiederholende Schmerzen oder Leiden zugefügt werden, handelt es sich um eine Straftat nach § 17 Nr. 2 b. Bei Tiertötungen kommt § 17 Nr. 1 in Betracht. – Dass die Behörde von den Verstößen Kenntnis hat und nicht einschreitet, begründet für den Täter weder eine Rechtfertigung noch eine Entschuldigung; auf Seiten des zuständigen Amtsträgers kann eine Beihilfe durch Unterlassen vorliegen (s. § 17 Rn. 56 und § 18 Rn. 9).

Achter Abschnitt. Zucht, Halten von Tieren, Handel mit Tieren

§ 11 [Erlaubnis]

(1) ¹Wer
1. Wirbeltiere
   a) nach § 9 Abs. 2 Nr. 7 zu Versuchszwecken oder zu den in § 6 Abs. 1 Satz 2 Nr. 4, § 10 Abs. 1 oder § 10a genannten Zwecken oder
   b) nach § 4 Abs. 3 zu dem dort genannten Zweck
   züchten oder halten,
2. Tiere für andere in einem Tierheim oder in einer ähnlichen Einrichtung halten,
2 a. Tiere in einem Zoologischen Garten oder einer anderen Einrichtung, in der Tiere gehalten und zur Schau gestellt werden, halten,
2 b. für Dritte Hunde zu Schutzzwecken ausbilden oder hierfür Einrichtungen unterhalten,
2 c. Tierbörsen zum Zwecke des Tausches oder Verkaufes von Tieren durch Dritte durchführen oder
3. gewerbsmäßig
   a) Wirbeltiere, außer landwirtschaftliche Nutztiere, züchten oder halten,
   b) mit Wirbeltieren handeln,
   c) einen Reit- oder Fahrbetrieb unterhalten,
   d) Tiere zur Schau stellen oder für solche Zwecke zur Verfügung stellen oder
   e) Wirbeltiere als Schädlinge bekämpfen
   will, bedarf der Erlaubnis der zuständigen Behörde. ²In dem Antrag auf Erteilung der Erlaubnis sind anzugeben:
1. die Art der betroffenen Tiere,
2. die für die Tätigkeit verantwortliche Person,
3. in den Fällen des Satzes 1 Nr. 1 bis 3 Buchstabe a bis d die Räume und Einrichtungen und im Falle des Satzes 1 Nr. 3 Buchstabe e die Vorrichtungen sowie die Stoffe und Zubereitungen, die für die Tätigkeit bestimmt sind.
³Dem Antrag sind Nachweise über die Sachkunde im Sinne des Absatzes 2 Nr. 1 beizufügen.

Erlaubnis § 11 TierSchG

(2) Die Erlaubnis darf nur erteilt werden, wenn
1. mit Ausnahme der Fälle des Absatzes 1 Satz 1 Nr. 2 c, die für die Tätigkeit verantwortliche Person auf Grund ihrer Ausbildung oder ihres bisherigen beruflichen oder sonstigen Umgangs mit Tieren die für die Tätigkeit erforderlichen fachlichen Kenntnisse und Fähigkeiten hat; der Nachweis hierüber ist auf Verlangen in einem Fachgespräch bei der zuständigen Behörde zu führen,
2. die für die Tätigkeit verantwortliche Person die erforderliche Zuverlässigkeit hat,
3. die der Tätigkeit dienenden Räume und Einrichtungen eine den Anforderungen des § 2 entsprechende Ernährung, Pflege und Unterbringung der Tiere ermöglichen und
4. in den Fällen des Absatzes 1 Satz 1 Nr. 3 Buchstabe e die zur Verwendung vorgesehenen Vorrichtungen und Stoffe oder Zubereitungen für eine tierschutzgerechte Bekämpfung der betroffenen Wirbeltierarten geeignet sind; dies gilt nicht für Vorrichtungen, Stoffe oder Zubereitungen, die nach anderen Vorschriften zu diesem Zweck zugelassen oder vorgeschrieben sind.

(2 a) [1] Die Erlaubnis kann, soweit es zum Schutz der Tiere erforderlich ist, unter Befristungen, Bedingungen und Auflagen erteilt werden. [2] Insbesondere kann angeordnet werden
1. die Verpflichtung zur Kennzeichnung der Tiere sowie zur Führung eines Tierbestandsbuches,
2. eine Beschränkung der Tiere nach Art, Gattung oder Zahl,
3. die regelmäßige Fort- und Weiterbildung,
4. das Verbot, Tiere zum Betteln zu verwenden,
5. bei Einrichtungen mit wechselnden Standorten die unverzügliche Meldung bei der für den Tätigkeitsort zuständigen Behörde,
6. die Fortpflanzung der Tiere zu verhindern.

(3) [1] Mit der Ausübung der Tätigkeit nach Absatz 1 Satz 1 darf erst nach Erteilung der Erlaubnis begonnen werden. [2] Die zuständige Behörde soll demjenigen die Ausübung der Tätigkeit untersagen, der die Erlaubnis nicht hat.

(4) Die Ausübung der nach Absatz 3 Satz 2 untersagten Tätigkeit kann von der zuständigen Behörde auch durch Schließung der Betriebs- oder Geschäftsräume verhindert werden.

(5) Wer gewerbsmäßig mit Wirbeltieren handelt, hat sicherzustellen, daß die für ihn im Verkauf tätigen Personen, mit Ausnahme der Auszubildenden, ihm gegenüber vor Aufnahme dieser Tätigkeit den Nachweis ihrer Sachkunde auf Grund ihrer Ausbildung, ihres bisherigen beruflichen oder sonstigen Umgangs mit Tieren oder ihrer entsprechenden Unterrichtung erbracht haben.

Übersicht

	Rn.
I. Allgemeines	1–3
II. Der Kreis der erlaubnispflichtigen Tätigkeiten nach Abs. 1 S. 1	4–14

§ 11 TierSchG *Tierschutzgesetz*

	Rn.
III. Der Antrag auf Erteilung der Erlaubnis nach Abs. 1 S. 2 und 3	15, 16
IV. Voraussetzungen für die Erlaubniserteilung nach Abs. 2	17–20
V. Erlaubniserteilung/Nebenbestimmungen nach Abs. 2 a/ Rücknahme/Widerruf	21–26
VI. Behördliches Einschreiten nach Abs. 3 und 4	27, 28
VII. Sachkundenachweis für das Verkaufspersonal nach Abs. 5	29
VIII. Ordnungswidrigkeiten	30

I. Allgemeines

1 **Zur Entstehungsgeschichte des § 11:** Das Tierschutzgesetz 1972 hat in § 11 einige Formen des Umgangs mit Tieren unter eine Anzeigepflicht gestellt. Durch das ÄndG 1986 wurde für diese und weitere Tätigkeiten ein Erlaubnisvorbehalt eingeführt. Mit dem ÄndG 1998 erweiterte der Gesetzgeber u. a. den Kreis der erlaubnispflichtigen Tätigkeiten und schuf außerdem die Möglichkeit, der Erlaubnis Nebenbestimmungen beizufügen. Für diejenigen Tätigkeiten, die 1998 erstmals unter Erlaubnisvorbehalt gestellt wurden, gilt eine Übergangsregelung (s. § 21).

2 **Nr. 12 der Allgemeinen Verwaltungsvorschrift (AVV)** enthält sowohl norminterpretierende Vorschriften (d. h. Regelungen darüber, wie die Rechtsbegriffe des Gesetzes ausgelegt werden sollen) als auch Ermessensrichtlinien. Die Behörden sind daran grundsätzlich gebunden (vgl. § 37 S. 2 BRRG, § 55 S. 2 BBG und die entsprechenden Bestimmungen der Landesbeamtengesetze). Von einer norminterpretierenden Richtlinie muss aber abgewichen werden, wenn die dort vorgegebene Auslegung unzutreffend ist. Im übrigen sind von Verwaltungsvorschriften Abweichungen möglich, soweit dies im Einzelfall durch besondere Gründe gerechtfertigt ist (vgl. u. a. BVerwGE 15, 155; 19, 48; 34, 278; 58, 45, 49; 61, 15. Zu diesem Problem s. auch § 2 Rn. 3, 41 und Einf. Rn. 60).

3 § 11 enthält zT **subjektive Berufszugangsbeschränkungen.** Diese sind mit Art. 12 Abs. 1 GG vereinbar (vgl. *L/M* § 11 Rn. 3; *Schiwy* § 11 „Allgemeines"; *Kluge/Goetschel* § 11 Rn. 1).

II. Der Kreis der erlaubnispflichtigen Tätigkeiten nach Abs. 1 S. 1

4 **Züchten und Halten von Wirbeltieren zu wissenschaftlichen Zwecken, Nr. 1.** „Züchten" wird üblicherweise definiert als die geplante Verpaarung von Tieren (vgl. BMVEL Qualzuchtgutachten S. 5; zu der weitergehenden Definition nach Art. 1 § 1 des Gesetzes zur Bekämpfung gefährlicher Hunde s. § 11b Rn. 2). IdR werden mit der Züchtung bestimmte Eigenschaften, Merkmale oder Merkmalskombinationen bei den Nachkommen angestrebt. Die Veränderung bereits existierender Tiere durch bio- oder gentechnische Maßnahmen ist keine Züchtung, ebenso wenig die Herstellung eines Tieres mit den Mitteln der Bio- oder Gentechnik (arg. ex § 11b Abs. 1); werden

Erlaubnis § 11 TierSchG

aber transgene Tiere verpaart, so stellt dies wieder ein Züchten dar. – „Halten" s. § 2 Rn. 4. Str. ist, ob hier der weite Begriff des Haltens gilt (so dass auch der Betreuer und der Betreuungspflichtige unter Nr. 1 fallen, s. dazu § 2 Rn. 5–7; bejahend *Hackbarth/Lückert* B X 1.2, verneinend *L/M* § 11 Rn. 5) – „Wirbeltiere" s. § 4 Rn. 1. – Züchten und Halten sind erlaubnispflichtig, wenn die Tiere (später) zu Tierversuchen iS der §§ 7ff., zu Organ- oder Gewebeentnahmen iS des § 6 Abs. 1 S. 2 Nr. 4, zu Lehrversuchen iS des § 10 oder zu biotechnischen oder ähnlichen Maßnahmen iS des § 10a eingesetzt werden sollen. Ausreichend ist auch, wenn sie getötet und ihre Körper oder Organe anschließend zu einem dieser Zwecke verwendet werden sollen. – Gewerbsmäßig braucht das Züchten oder Halten nicht zu sein. Auch Zuchten und Haltungen, die an Hochschulen oder an nicht gewerblich tätige Forschungseinrichtungen angeschlossen sind, sind erlaubnispflichtig, ebenso Liebhaberzuchten, Gelegenheitszuchten u.a.m. Ausreichend ist auch, dass lediglich ein Teil der Tiere zu einem der genannten Zwecke verwendet werden soll; generell fällt jedes Einzeltier, insbes. auch das schwächste oder schutzbedürftigste einer Gruppe, unter den ungeteilten Schutz des Gesetzes (vgl. dazu VGH Mannheim NuR 1994, 487ff., 489).

Tierheime und ähnliche Einrichtungen, Nr. 2. Ein Tierheim ist eine 5 Einrichtung, deren wesentliche Aufgabe die Aufnahme, pflegliche Unterbringung und ggf. Weitervermittlung von Fund- und Abgabetieren ist (vgl. BMVEL Tierschutzbericht 1997 S. 46; vgl. auch AVV Nr. 12.2.1.1: Einrichtungen, die auf Dauer angelegt sind und überwiegend der Aufnahme und Pflege von Fund- oder Abgabetieren dienen). – Ähnliche Einrichtungen sind Tierpensionen, Tierhotels uÄ, wo Tiere von ihren Eigentümern, Haltern oder Betreuern für eine gewisse Zeit untergebracht und später wieder abgeholt werden. – Dient eine Einrichtung dagegen ausschließlich oder ganz überwiegend der Unterbringung herrenloser, derelinquierter (§ 959 BGB) oder wilder Tiere (zB Igelauffangstationen, Auffangstationen für Seehunde, Greifvögel oÄ), so ist fraglich, ob man hier noch von einer Haltung „für andere" sprechen kann, da es dann an einem anderen Eigentümer, Halter, Betreuer etc. fehlt (vgl. aber *Lorz* § 11 Rn. 12: Danach soll auch die Gemeindepolizei „anderer" sein; dies erscheint zweifelhaft, da sie für die Allgemeinheit tätig wird). – Pferdepensionen von Landwirten, bei denen sich der Inhaber auch um Fütterung und Pflege kümmert, fallen nicht unter Nr. 2, ebenso wenig Gnadenhöfe, in denen landwirtschaftliche Nutztiere vom (bisherigen oder neuen) Eigentümer bis zu ihrem natürlichen Tod gehalten und gepflegt werden. – Halten umfasst hier auch das Betreuen und die Übernahme einer Betreuungspflicht (weiter Halterbegriff, vgl. *L/M* § 11 Rn. 8).

Zur-Schau-Stellung von Tieren, Nr. 2a. „Art und Umfang der Tier- 6 haltungen in zoologischen Gärten oder ähnlichen Einrichtungen erfordern es, solche Einrichtungen auch dann der Erlaubnispflicht zu unterstellen, wenn die Schaustellung der Tiere nicht gewerbsmäßig betrieben wird" (BT-Drucks. 13/7015 S. 21). Unter Nr. 2a fallen also insbesondere die nicht gewerblich betriebenen Tierschauen, Freizeitzoos uÄ (zu den gewerblichen s. Nr. 3d). – Ob ein nicht gewerblich betriebener Zirkus unter Nr. 2a fällt, ist streitig (verneinend AVV Nr. 12.2.1.2; bejahend *L/M* § 11 Rn. 9, 10).

311

§ 11 TierSchG *Tierschutzgesetz*

7 **Hundeausbildung zu Schutzzwecken, Nr. 2 b.** Eine Ausbildung zu Schutzzwecken findet statt, wenn der Hund anschließend Menschen oder Sachen, insbes. Gebäude, schützen soll (AVV Nr. 12.2.1.3.1). Die Ausbildung von Blindenhunden, Führhunden und Suchhunden fällt nicht unter den Erlaubnisvorbehalt, ebenso wenig die Ausbildung für die Hobbyhaltung (BT-Drucks. 13/7015 S. 21). Für Dritte erfolgt die Ausbildung, wenn der Hund anschließend an andere Personen abgegeben oder die Ausbildung im Auftrag des Tierhalters vorgenommen wird. Nicht ausreichend: Hundeausbildung in Hundesportvereinen unter Mitwirkung des Halters (AVV 12.2.1.3.2). – Zur Unterhaltung entsprechender Einrichtungen s. AVV Nr. 12.2.1.3.3.

8 **Tierbörsen, Nr. 2 c,** sind Veranstaltungen, bei denen Tiere durch Privatpersonen (oder Händler) feilgeboten oder untereinander getauscht werden. An dem Merkmal „durch Dritte" fehlt es, wenn von vornherein feststeht, dass nur ein zahlenmäßig kleiner, begrenzter und durch persönliche Beziehungen untereinander verbundener Personenkreis an der Veranstaltung teilnehmen wird (Bsp.: vereinsinterner Tauschabend). Die Erlaubnispflicht besteht hingegen, wenn der Teilnehmerkreis groß oder zahlenmäßig nicht begrenzt ist, ebenso dann, wenn die teilnehmenden Personen nicht persönlich miteinander verbunden sind (Bsp.: Verein vergibt Tagesmitgliedschaften). – Gewerbsmäßig braucht die Veranstaltung nicht zu sein. – Da Nr. 2 c auch Nicht-Wirbeltiere schützt, sind zB auch Börsen mit Spinnen erlaubnispflichtig. – Grundsätzlich bedarf es für jede einzelne Börse einer gesonderten Erlaubnis. Für wiederkehrende Veranstaltungen gleicher Art kann aber eine Erlaubnis für die Dauer von bis zu einem Jahr erteilt werden (AVV Nr. 12.1.4 und 12.1.3).

9 **Gewerbsmäßiges Handeln iS der Nr. 3.** Dies liegt vor, wenn eine Tätigkeit selbständig, planmäßig, fortgesetzt und mit der Absicht der Gewinnerzielung ausgeübt wird (AVV Nr. 12.2.1.5). – Für einzelne Fälle stellt die AVV in Nr. 12.2.1.5.1 Regelvermutungen auf: Danach ist eine Hundezucht gewerbsmäßig, wenn entweder mindestens drei fortpflanzungsfähige Hündinnen gehalten oder mindestens drei Würfe pro Jahr herbeigeführt werden (beachte den Unterschied zur alten AVV, in der noch „mehr als drei Zuchthündinnen" verlangt worden waren); eine Katzenzucht ist gewerbsmäßig, wenn entweder mindestens fünf fortpflanzungsfähige Katzen gehalten oder mindestens fünf Würfe pro Jahr erzeugt werden; weitere Regelvermutungen gelten für Kaninchen, Chinchillas, Meerschweinchen, Mäuse, Ratten, Hamster, Gerbils, Reptilien und bestimmte Vogelarten. Bei sonstigen Heimtieren ist eine Gewerbsmäßigkeit idR zu vermuten, wenn ein Verkaufserlös von mehr als 4000.– DM (= 2045 €) jährlich zu erwarten ist. Wird eine Haltung in unterschiedliche Einrichtungen aufgeteilt, so sind für die Beurteilung der Gewerbsmäßigkeit alle Tiere des Halters zusammenzuzählen. Nutzen mehrere Halter Räumlichkeiten, Ausläufe uÄ gemeinsam, so bestimmt sich die Erlaubnispflicht für jeden von ihnen nach der Gesamtzahl der Tiere. – Da es sich bei den in der AVV genannten Fällen um Regelvermutungen handelt, kann eine Gewerbsmäßigkeit auch gegeben sein, wenn zwar die erforderliche Tier- bzw. Wurfzahl noch nicht erreicht wird, gleichwohl aber alle Merkmale der o. a. Definition feststellbar sind. Dabei

Erlaubnis § 11 TierSchG

genügt für das Merkmal „planmäßig" auch, wenn sich der Handelnde auf eine bestimmte Gelegenheit oder einen befristeten Zeitraum beschränken will. „Fortgesetzt" handelt, wer mehrere Teilakte oder einen längeren Tätigkeitszeitraum einplant. „Mit der Absicht der Gewinnerzielung" wird auch derjenige tätig, der wider Erwarten Verluste erwirtschaftet oder dessen Gewinn den erhofften Umfang nicht erreicht.

Das gewerbsmäßige Züchten oder Halten von Wirbeltieren außer landwirtschaftlichen Nutztieren ist nach **Nr. 3a** erlaubnispflichtig. Züchten s. Rn. 4. Halten s. § 2 Rn. 4. Mit der Ausnahme „landwirtschaftliche Nutztiere" sind Arten gemeint, die in Mitteleuropa herkömmlich in der Landwirtschaft Verwendung finden und für die es deshalb in unserem Kulturkreis hinreichend gefestigte Vorstellungen über richtiges Züchten und Halten gibt, so dass jedermann die Möglichkeit hat, sich die erforderliche Sachkenntnis überall und jederzeit anzueignen (vgl. *L/M* § 11 Rn. 15). Straußenvögel und Pelztiere, insbesondere Nerze, Füchse, Nutrias und Chinchillas sind demgemäß keine landwirtschaftlichen Nutztiere iS von Nr. 3a (vgl. AVV Nr. 12.2.1.5.1 a. E.). Nicht unter die Ausnahme fallen auch die sog. neuartigen Nutztiere wie Damwild, Kängurus oder Kamele, denn auch für deren Haltung gibt es in unserem Kulturkreis keine hinreichend gefestigten Vorstellungen im o. g. Sinne, mögen sie auch in anderen Regionen seit langem als Nutztiere gebraucht werden. Wachteln haben wegen ihrer relativ kurzen Domestikationsdauer, ihrer Schreckhaftigkeit und der Aggressivität der Hähne noch weitgehend Wildtiercharakter (vgl. die entsprechende Einstufung in Art. 12 und Art. 35 der Schweizer Tierschutzverordnung); man sollte sie folgerichtig ebenfalls nicht zu den landwirtschaftlichen Nutztieren rechnen. – Die Ausnahme von der Erlaubnispflicht entfällt auch dann, wenn es sich zwar um herkömmliche landwirtschaftliche Nutztiere handelt, diese aber zu anderen als landwirtschaftlichen Zwecken (zB für Wissenschaft oder Sport) verwendet werden sollen. – Da „Landwirtschaft" nur stattfindet, wenn der Betrieb das für die Tiere benötigte Futter überwiegend selbst (d. h. auf eigenem Gelände oder Pachtland) erwirtschaftet, sollten industriell wirtschaftende Betriebe, bei denen der selbst bewirtschaftete Boden nicht die wesentliche Ernährungsgrundlage für den Tierbestand darstellt, nicht von der Erlaubnispflicht nach Nr. 3a ausgenommen werden (vgl. *L/M* § 11 Rn. 16).

Gewerbsmäßiger Handel mit Wirbeltieren, Nr. 3b. Handel bedeutet Ein- und Verkauf mit der Absicht, einen Gewinn zu erzielen. Wegen der Erfahrungen mit Tiertransporten wurde durch das ÄndG 1998 auch der Handel mit landwirtschaftlichen Nutztieren, insbes. also auch mit Schlachttieren unter Erlaubnisvorbehalt gestellt (BT-Drucks. 13/7015 S. 21). Die Voraussetzungen für einen gewerbsmäßigen Handel mit Tieren sind auch bei Agenturen erfüllt, die die Tiere nicht in ihre unmittelbare Obhut nehmen (vgl. AVV Nr. 12.2.1.5.2). Unter die Erlaubnispflicht fallen insbesondere auch sog. „Trans-Shipper", d. h. Agenturen, die im Auftrag verschiedener Zoohändler Fische in großen Stückzahlen aus dem Ausland, vor allem Südostasien, importieren, und diese Tiere dann direkt vom Flughafen an die Besteller ausliefern bzw. von diesen abholen lassen (Nachteile: lange Transportzeiten, keine fachkundige Annahme und Eingewöhnung der Tiere,

§ 11 TierSchG *Tierschutzgesetz*

hohes Risiko von Tierverlusten). – Ist der Betrieb „Landwirtschaft" (s. Rn. 10; also auch Wirtschaften auf überwiegend eigener Futtergrundlage erforderlich), so fallen Verkäufe von Tieren aus eigener Produktion nicht unter Nr. 3 b, ebenso wenig Einkäufe zur Zucht oder Mast. Dagegen begründen Zukäufe zur unmittelbaren weiteren Veräußerung dann eine Erlaubnispflicht, wenn sie 20% der eigenen Produktion übersteigen (AVV Nr. 12.2.1.5.2).

12 **Gewerbsmäßiger Reit- oder Fahrbetrieb, Nr. 3 c.** Einen Reitbetrieb unterhält, wer Reittiere (Pferde, Esel, Kamele, Lama usw.) anderen zum Reiten zur Verfügung stellt. Einen Fahrbetrieb unterhält, wer Reit- oder Zugtiere anderen zum Ziehen von Fahrzeugen oder Schiffen überlässt (gleichgültig, ob mit oder ohne Kutscher, mit oder ohne Fahrzeug, zum Personen- oder Sachtransport). – Die Gewerbsmäßigkeit wird vermutet, wenn mehr als ein Tier regelmäßig gegen Entgelt für Reit- oder Fahrzwecke bereitgehalten wird. Dies trifft auch auf Reitvereine zu, die nicht nur für ihre Mitglieder, sondern darüber hinaus regelmäßig für Dritte Pferde gegen Entgelt bereithalten (AVV Nr. 12.2.1.5.3; auch hier ist keine Umgehung des Gesetzes durch Vergabe von Tagesmitgliedschaften möglich). Unerheblich ist, wenn das Vermieten etc. nur einen geringen Anteil am betrieblichen Gesamtumsatz ausmacht (vgl. OLG Braunschweig AgrarR 75, 320). – Auch bei Nicht-Eingreifen der Regelvermutung aus AVV Nr. 12.2.1.5.3 liegt eine Gewerbsmäßigkeit vor, falls sich die vier Merkmale der o. a. Definition (Rn. 9) auf andere Weise feststellen lassen.

13 **Gewerbsmäßiges Zur-Schau-Stellen, Nr. 3 d.** Unter das Zur-Schau-Stellen fallen neben Zoos und Tierschauen auch Zirkusunternehmen. Zu Spendensammlungen, Tierzuchtschauen und Tiersportveranstaltungen s. AVV Nr. 12.2.1.5.4. (Andere als die dort genannten Tiersportveranstaltungen können gewerbsmäßig und damit erlaubnispflichtig sein.) Durch das ÄndG 1998 wurde die Erlaubnispflicht auf Unternehmen, die Tiere für solche Zwecke zur Verfügung stellen, ausgedehnt.

14 **Gewerbsmäßige Schädlingsbekämpfung, Nr. 3 e.** Die mit dem ÄndG 1998 eingeführte Erlaubnispflicht für gewerbliche Schädlingsbekämpfer soll sicherstellen, dass nur solche Personen, die die nach § 4 Abs. 1 S. 3 erforderliche Sachkunde haben, zugelassen werden, sowie dass nur solche Vorrichtungen und Stoffe zum Einsatz kommen, die dem Gebot größtmöglicher Schmerzvermeidung entsprechen (vgl. § 4 Abs. 1 S. 2) und zugleich für Mensch, Tier und Umwelt am wenigsten gefährlich sind (vgl. BT-Drucks. 13/7015 S. 21).

III. Der Antrag auf Erteilung der Erlaubnis nach Abs. 1 S. 2 und 3

15 Zum **notwendigen Inhalt des Antrags** s. Anl. 4, 5 und 6 zur AVV. Für Zirkusunternehmen s. das Musterformular der ArgeVet. – Der Antrag muss alle Angaben enthalten, die die Behörde benötigt, um die Erlaubnisvoraussetzungen nach Abs. 2 Nr. 1–4 sicher feststellen und die etwaige Notwendigkeit von Bedingungen, Auflagen usw. nach Abs. 2a beurteilen zu können. Insbes. sind die der Tätigkeit dienenden Räume und Einrichtungen so

Erlaubnis **§ 11 TierSchG**

genau zu beschreiben, dass die Behörde erkennen kann, ob dort eine den Anforderungen des § 2 Nr. 1 entsprechende Ernährung, Pflege und verhaltensgerechte Unterbringung sowie eine nach § 2 Nr. 2 ausreichende Bewegung möglich sind.

Die **verantwortliche Person** (vgl. Abs. 2 Nr. 2) muss im Antrag benannt und ihre Qualifikation beschrieben und belegt werden (s. Anl. 4, 5 und 6 zur AVV, dort jeweils Nr. 4, 5 und 6). Ist Träger des Unternehmens eine natürliche Person, so ist diese zugleich auch die verantwortliche Person (s. AVV Nr. 12.1.6), es sei denn, im Antrag wird ein Anderer benannt. Bei jur. Personen ergibt sich die Verantwortlichkeit aus der Satzung, in erster Linie aber ebenfalls aus der Benennung im Antrag (AVV aaO). Die verantwortliche Person muss sowohl rechtlich als auch tatsächlich in der Lage sein, all das, was sie im Umgang mit den Tieren und zu deren Schutz für erforderlich hält, betriebsintern durchzusetzen (anderenfalls Erlaubnisversagung bzw. Rücknahme oder Widerruf der Erlaubnis, vgl. dazu *Dietz* NuR 1999, 681, 683). Insbesondere bedarf es einer „regelmäßigen Anwesenheit von angemessener Dauer in den Betriebsteilen" (AVV aaO). Ggf. (zB großer Betrieb; verschiedene Betriebsstätten) sind mehrere Verantwortliche zu benennen. 16

IV. Voraussetzungen für die Erlaubniserteilung nach Abs. 2

Die **fachlichen Kenntnisse und Fähigkeiten** (= Sachkunde) der verantwortlichen Person nach Nr. 1 müssen sich auf alle Tierarten, mit denen umgegangen werden soll, erstrecken. – Kenntnisse sind insbes. nachzuweisen über: die Biologie der Tierart(en); die richtige Aufzucht, Fütterung, Haltung und Hygiene; die wichtigsten Krankheiten; die einschlägigen tierschutzrechtlichen Bestimmungen (AVV Nr. 12.2.2.3); die Grundbedürfnisse und Bewegungsbedürfnisse (vgl. *L/M* § 2 Rn. 41); Vergesellschaftungsmöglichkeiten und Unverträglichkeiten; artgerechte Pflege; Beeinflussung von Haltungsbedingungen durch Umweltfaktoren; Behandlungsmöglichkeiten der häufigsten Krankheiten. Die verantwortliche Person muss in der Lage sein, vorgefundene Unterbringungsmöglichkeiten zutreffend zu beurteilen, sowie Verhaltensstörungen zu erkennen und richtig zu interpretieren (vgl. *Renner* AtD 1998, 225, 226). – Die Fähigkeiten müssen sich auf den richtigen Umgang mit der jeweiligen Tierart erstrecken, insbes. auch auf Fangen, Fixieren, Füttern und Pflegen, beim Handel aber auch auf die richtige Kundenberatung (vgl. *Renner* aaO). – Bleiben Zweifel, so muss die Erlaubnis abgelehnt werden, denn die Sachkunde ist vom Antragsteller nachzuweisen. Verweist er dazu auf eine abgeschlossene Ausbildung oder auf einen bisherigen beruflichen Umgang, so muss geprüft werden, ob sich diese auf genau diejenigen Tierarten beziehen, um die es geht; denn Sachkunde für eine Tierart bedeutet noch nicht, dass sie sich auch auf andere Arten erstreckt (vgl. *Dietz* NuR 1999, 681, 683) – Nach Nr. 1 letzter Halbsatz können sowohl die Behörde als auch der Antragsteller jederzeit das Fachgespräch zur Erbringung des Nachweises verlangen. Zwar ist nach AVV Nr. 12.2.2.2 bei bestimmten, erfolgreich abgeschlossenen Ausbildungen die Sachkunde auch ohne Fach- 17 gespräch anzunehmen, jedoch nur „in der Regel", d. h.: Verbleiben zB bei erfolgreichem Berufsabschluss als Zoofachhändler Zweifel, weil sich der beabsichtigte Handel auch auf exotische Tiere oder Tiere aus den Bereichen Aquaristik oder Terraristik erstrecken soll, so kann und muss die Behörde das Fachgespräch verlangen (diese mit dem ÄndG 1998 geschaffene Möglichkeit entspricht einer langjährigen Forderung des Zentralverbandes Zoologischer Fachbetriebe Deutschlands e. V., vgl. *Renner* aaO). – Für das Fachgespräch kann sich die Behörde eines spezialisierten Amtstierarztes bedienen und ggf. weitere Sachverständige hinzuziehen. Die Prüfung kann auch in einem zoologischen Garten oder an einem anderen zum Nachweis der Fähigkeiten geeigneten Ort durchgeführt werden.

18   Die **Zuverlässigkeit (Nr. 2)** der verantwortlichen Person wird vermutet, wenn diese der Behörde bekannt ist und keine Tatsachen vorliegen, die zu Zweifeln Anlass geben (AVV Nr. 12.2.3.1). Anderenfalls können die Vorlage eines Führungszeugnisses und ggf. einer Auskunft aus dem Gewerbezentralregister verlangt werden. – An der erforderlichen Zuverlässigkeit fehlt es u. a. bei: Verurteilung wegen eines Verbrechens in den letzten fünf Jahren; Verurteilung wegen eines Vergehens in den letzten fünf Jahren, das einen Mangel an Zuverlässigkeit bezüglich Züchtung, Haltung oder Handel mit Tieren hat erkennen lassen; Verhängung von Bußgeldern wegen Verstößen gegen tierschutzrechtliche oder verwandte Vorschriften (AVV Nr. 12.2.3.2). – Es ist an den gewerberechtlichen Begriff der Zuverlässigkeit anzuknüpfen (vgl. VGH Kassel ESVGH 44, 151). Deshalb kann auch bereits ein einzelner Verstoß Zweifel an der Zuverlässigkeit begründen, wenn er genügend schwer wiegt. Auch andere Tatsachen können einen Zuverlässigkeitsmangel begründen, zB Geistesschwäche, Trunksucht, Drogenmissbrauch, Vermögensverfall, ein grober oder mehrere wiederholte Verstöße gegen nicht strafbewehrte Vorschriften oder Auflagen, die Nichteinhaltung gegebener Zusagen, auch im Zusammenhang mit früheren Erlaubnissen, uÄ. – Auch der (von der verantwortlichen Person möglicherweise personenverschiedene) Erlaubnisinhaber muss zuverlässig sein, vgl. § 35 GewO. Beispiel: Lässt er der verantwortlichen Person nicht den notwendigen Spielraum, so dass diese nicht durchsetzen kann, was sie zum Schutz der Tiere für erforderlich hält, so fehlt es an seiner Zuverlässigkeit, und es kommen die Rücknahme oder der Widerruf der Erlaubnis in Betracht (vgl. *Dietz* NuR 1999, 683: s. auch Rn. 26).

19   Die **Räume und Einrichtungen** (auch: Anlagen, Geräte, gesamte Organisation, vgl. *L/M* § 11 Rn. 32) müssen eine den **Anforderungen** des § 2 entsprechende Ernährung, Pflege und verhaltensgerechte Unterbringung aller Tiere ermöglichen **(Nr. 3)**. Der Antragsteller muss nachweisen, dass die einzelnen Grundbedürfnisse aus § 2 Nr. 1 weitgehend befriedigt werden können (s. § 2 Rn. 16–33) und dass Einschränkungen der Fortbewegung nicht so weit gehen, dass es dadurch bei den Tieren zu Schmerzen, vermeidbaren Leiden oder Schäden kommt (s. § 2 Rn. 34–37). – In AVV Nr. 12.2.4.1 wird besonders auf die einschlägigen Gutachten des BMVEL, der Länderministerien und die Checklisten der TVT hingewiesen. TVT-Checklisten für den Zoofachhandel gibt es für Zierfische (Nr. 37), Vögel (Nr. 44), Kleinsäuger (Nr. 46), Reptilien (Nr. 47), Amphibien (Nr. 53), Hunde/Katzen

Erlaubnis § 11 TierSchG

(Nr. 54) und Vogelspinnen (Nr. 66). Für Börsen gibt es TVT-Richtlinien betreffend Vögel (Nr. 67), Fische (Nr. 68) und Reptilien (Nr. 69) sowie für Kleintiermärkte (Nr. 87). Für die tierschutzgerechte Haltung von Versuchstieren gibt es Merkblätter für Schweine (Nr. 30), Legehennen (Nr. 31), Meerschweinchen (Nr. 38), Schafe/Ziegen (Nr. 42), Kaninchen (Nr. 55), Rhesusaffen (Nr. 60), für Ratten/Mäuse/Hamster (Nr. 18) sowie für Hunde/Katzen. Für den gewerblichen Handel mit Wirbeltieren s. auch die TVT-Empfehlung zur Hälterung von Speisefischen im Einzelhandel (Merkblatt Nr. 29). – All dies sind „antizipierte Sachverständigengutachten", die in gerichtlichen Verfahren jedenfalls im Wege des Urkundenbeweises verwertet werden können (vgl. dazu OVG Weimar NuR 2001,107, 109).

– Soweit die verschiedenen Gutachten für einzelne Bereiche abweichende Anforderungen aufstellen, ist auf die Konkretisierungen zu achten, die § 2 durch das Legehennenurteil des BVerfG erfahren hat (s. § 2 Rn. 12–15): Pflege des Wohlbefindens in einem weit verstandenen Sinn; keine Beschränkung auf ein tierschutzrechtliches Minimalprogramm; Förderung eines ethisch begründeten Tierschutzes bis zur Grenze des Übermaßverbots; kein Unterdrücken und kein erhebliches Zurückdrängen von Verhaltensbedürfnissen der Bereiche ‚Ernährung', ‚Pflege' und ‚Unterbringung', da es sich insoweit um Grundbedürfnisse iS des § 2 Nr. 1 handelt; keine Einschränkung der Fortbewegung, die zu Schmerzen, vermeidbaren Leiden oder Schäden führt (vgl. BVerfGE 101, 1, 32–38). Insbes. in Gutachten, die vor diesem Urteil entstanden sind, findet sich zT noch das vom Gericht verworfene „tierschutzrechtliche Minimalprogramm"; sie sind dann insoweit nicht mehr verbindlich. Im Zweifel sollte deshalb denjenigen Gutachten der Vorzug gegeben werden, die aktuell sind, die über den erforderlichen speziellen (insbesondere ethologischen) Sachverstand verfügen und die sowohl inhaltlich als auch personell die notwendige Distanz zu den beteiligten wirtschaftlichen Interessen aufweisen; dies erscheint bei den Checklisten und sonstigen Merkblättern der TVT besonders gewährleistet (s. auch § 2 Rn. 44). – Ob die örtlichen Verhältnisse diesen Anforderungen entsprechen, prüft der Amtstierarzt durch Inaugenscheinnahme (AVV aaO).

Die **Vorrichtungen, Stoffe und Zubereitungen für die Schädlingsbe-** 20 **kämpfung, Nr. 4,** sind nur dann tierschutzgerecht, wenn sie nach dem aktuellen Stand wissenschaftlicher Erkenntnis die am wenigsten schmerzhafte Tötungsmethode darstellen (Gebot zu größtmöglicher Schmerzvermeidung, s. § 4 Rn. 10) und zugleich andere als die zu bekämpfenden Tiere nicht gefährden. Vorschriften, die im Rang unter dem Gesetz stehen (Rechtsverordnungen, Gemeindesatzungen, Verwaltungsvorschriften) und die noch Bekämpfungsmethoden vorsehen, bei denen mehr als unvermeidbare Schmerzen entstehen, verstoßen gegen § 4 Abs. 1 S. 2 und sind nichtig. Sie sind damit keine „anderen Vorschriften" iS von Nr. 4 zweiter Halbsatz, d.h. sie entbinden die Behörde nicht von der Pflicht, den Einsatz der nach dem aktuellen Erkenntnisstand schonendsten Methode sicherzustellen (zur tierschutzgerechten Schädlingsbekämpfung s. auch § 17 Rn. 28–32 und § 13 Rn. 9).

317

V. Erlaubniserteilung/Nebenbestimmungen nach Abs. 2 a/ Rücknahme/Widerruf

21 Die **Erlaubnis** ist als begünstigender Verwaltungsakt zu erteilen, wenn alle Voraussetzungen nach Abs. 2 Nr. 1–4 bedenkenfrei feststehen (AVV Nr. 12.2.5.1). Das Risiko der Unaufklärbarkeit liegt also bei dem Antragsteller: Verbleiben hinsichtlich einer der Voraussetzungen Zweifel, die nicht behoben werden können, so ist die Erlaubnis zu versagen bzw. mit denjenigen Nebenbestimmungen zu erteilen, die zur Sicherstellung der betreffenden Voraussetzung erforderlich sind. – In den Bescheid werden u. a. aufgenommen: die verantwortliche Person; Art, Zeit und Ort der erlaubten Veranstaltung/Tätigkeit; Tierart(en), auf die sich der erlaubte Umgang bezieht, ggf. auch Höchstzahlen; Räume und Einrichtungen, in denen die Tätigkeit erlaubt wird; Nebenbestimmungen. – Zu artengeschützten Tieren vgl. AVV Nr. 12.1.1 und 12.2.5.1.

22 **Mögliche Nebenbestimmungen,** mit denen eine Erlaubnis versehen werden kann, sind: Befristungen (d. h. Bestimmungen, nach denen die Erlaubnis zu einem bestimmten Zeitpunkt beginnt, endet oder nur für einen bestimmten Zeitraum gilt), Bedingungen (d. h. Bestimmungen, nach denen der Eintritt oder Wegfall der Erlaubnis von dem ungewissen Eintritt eines zukünftigen Ereignisses abhängt), Auflagen (d. h. Bestimmungen, die ein Tun, Dulden oder Unterlassen vorschreiben). – Nach § 36 Abs. 1 VwVfG sind Nebenbestimmungen stets zulässig, wenn sie sicherstellen sollen, dass die Erlaubnisvoraussetzungen aus § 11 Abs. 2 erfüllt werden und bleiben (sie müssen zwingend während der gesamten Geltungsdauer erfüllt werden, vgl. dazu *Dietz* NuR 1999, 681, 684). – Darüber hinaus ermöglicht der mit dem ÄndG 1998 neu eingefügte Abs. 2a weitere Nebenbestimmungen, „soweit es zum Schutz der Tiere erforderlich ist". Satz 2 Nr. 1–6 enthält dafür nur einige wenige Beispiele, ist also nicht abschließend (vgl. BT-Drucks. 13/7015 S. 21; *Körner* AtD 2001, 302 ff.; weitere, ebenfalls nicht abschließende Beispiele s. AVV Nr. 12.2.5.2). In Betracht kommen insbesondere: Auflagen oder Bedingungen, die die weitgehende Befriedigung der Grundbedürfnisse nach § 2 Nr. 1, d. h. die ungestörte Vornahme der zu den Oberbegriffen ‚Ernährung', ‚Pflege' und ‚verhaltensgerechte Unterbringung' gehörenden Verhaltensabläufe sicherstellen (s. § 2 Rn. 16–33); Regelungen, die nach § 2 Nr. 2 unzulässige Bewegungseinschränkungen verhindern (s. § 2 Rn. 34–37); Regelungen, die vor (anderen) Schmerzen, Leiden oder Schäden bewahren (§ 1 S. 2); Regelungen, die die Einhaltung spezieller tierschutzrechtlicher Gebote oder Verbote (zB aus § 3 oder aus der Tierschutztransportverordnung) sicherstellen. – Auflagen nach Abs. 2a S. 2 Nr. 1 kommen besonders gegenüber wandernden Betrieben in Betracht (vgl. auch AVV aaO). Nach Nr. 5 kann dem wandernden Betrieb aufgegeben werden, den Eingang der Meldung bei der Behörde des Zielortes zu bewirken, noch bevor das erste Fahrzeug vom bisherigen Standort aus in Bewegung gesetzt wird; Auflagen nach Nr. 6 ergehen insbes. gegenüber Betrieben, die Probleme mit überzähligen Jungtieren haben (s. auch § 17 Rn. 33, 34). – Grenzen: Jede einzelne Nebenbestimmung muss den Zielen des Tierschutzes dienen (vgl. BT-

Erlaubnis **§ 11 TierSchG**

Drucks. 13/7015 S. 21); soweit sie zugleich andere Rechtsgüter mittelbar schützt, ist dies als Reflexwirkung zulässig, solange ihre hauptsächliche Zielrichtung der Schutz der Tiere bleibt (vgl. *Dietz* aaO S. 684). Sie muss erforderlich sein; daran fehlt es, wenn es für das angestrebte Ziel ein gleich wirksames, den Antragsteller aber weniger belastendes Mittel gibt. Und sie muss verhältnismäßig sein; daran fehlt es, wenn der dem Antragsteller zugefügte Schaden schwerer wiegt als der angestrebte Nutzen. – Innerhalb dieser Grenzen kann insbesondere alles angeordnet werden, was zur Einhaltung von § 2 in der Konkretisierung durch das Legehennenurteil des BVerfG (s. § 2 Rn. 12–15) erforderlich erscheint. Abs. 2a ermöglicht u.a. die Umsetzung der Empfehlungen der TVT (s. Rn. 19) und anderer (gleichermaßen sachkundiger und gegenüber den beteiligten Interessen unabhängiger) Stellen.

Ein **Vorbehalt zur nachträglichen Aufnahme von Auflagen** ist nach 23 Abs. 2a zwar nicht vorgesehen. Nach § 36 Abs. 1 letzter Halbsatz VwVfG ist er aber dennoch zulässig, wenn mit Tatsachenänderungen im Bereich der Erlaubnisvoraussetzungen nach Abs. 2 gerechnet werden muss (vgl. *Dietz* aaO S. 684. Beispiel: Auflagenvorbehalt für den Fall der Aufnahme weiterer Tierarten). – Ein Widerrufsvorbehalt (§ 36 Abs. 2 Nr. 3 VwVfG) ist in Abs. 2a ebenfalls nicht erwähnt; allerdings könnte man darin ein „Minus" gegenüber der ausdrücklich zugelassenen auflösenden Bedingung erblicken und so auch diese Art von Nebenbestimmung als zulässig ansehen (zum Stand der Diskussion vgl. *Dietz* aaO).

Bei **Tierbörsen** (s. Rn. 8) kann mit Auflagen und Bedingungen u.a. fol- 24 genden Gefahren bzw. Verstößen vorgebeugt werden: Zu kleine, überbesetzte oder unstabile Behältnisse; unzureichende hygienische oder raumklimatische Bedingungen; Veranstaltungen im Freien mit Tierarten, die hierfür nicht geeignet sind (Reptilien, tropische Tiere, Fische, bestimmte Vogelarten); fehlende Rückzugsmöglichkeiten für scheue Tiere; Angebot frisch importierter, nur mangelhaft an Gefangenschaftsbedingungen gewöhnter Wildtiere; Teilnahme gewerblicher Händler, ohne dass deren Erlaubnis das Handeltreiben auf Tierbörsen einschlösse; Abgabe von Tieren an Kinder und Jugendliche entgegen § 11c, oder an Personen ohne ausreichende Sachkunde entgegen § 2 Nr. 3. Besonders häufig sind Verstöße gegen Vorschriften der Tierschutztransportverordnung: Transport kranker oder verletzter Tiere, § 3 Abs. 1 TierSchTrV; Transport von Säugetieren, die vor weniger als 48 Std. geboren haben, § 3 Abs. 2 S. 1 TierSchTrV; Transport von nicht abgesetzten Säugetieren ohne Muttertier, zB Babymäusen und -ratten als Futtertiere, § 3 Abs. 2 S. 3 TierSchTrV; Transport in zu engen Räumen, § 4, oder in ungeeigneten Behältnissen, §§ 17–22 TierSchTrV; Transport von Hauskaninchen, Geflügel und Vögeln unter Verletzung der §§ 30–32 TierSchTrV; Transport von Fischen unter Verstoß gegen § 33 TierSchTrV. – Sinnvoll und möglich ist es, die Erlaubnis von der Vorlage einer Börsenordnung abhängig zu machen und diese in den Bescheid aufzunehmen (vgl. dazu die Börsenordnung des Ministeriums für Ernährung und Ländlichen Raum BW, die unter Mitarbeit des Deutschen Tierschutzbundes, des Bundesverbandes für fachgerechten Natur- und Artenschutz und des Verbandes Deutscher Vereine für Aquarien- und Terrarienkunde erarbeitet worden ist). – Weitere Beispiele für Auflagen: ausschließliche Zulassung solcher Aussteller, die zuvor die o. e. Börsenordnung unterschrieben und sich damit zu deren Einhaltung verpflichtet haben; Ausschluss von Teilnehmern bei Verstößen; ständige Anwesenheit der verantwortlichen Person oder ihres Stellvertreters; Schaffung von Möglichkeiten zur sicheren, temperaturgeschützten Aufbewahrung kranker, verletzter oder bereits gekaufter Tiere; Ausgangskontrollen, um den tierschutzgerechten Transport erworbener Tiere sicherzustellen; zeitliche Beschränkung des Publikumsverkehrs; Auflagen- und Widerrufsvorbehalt für den Fall, dass Räume und Einrichtungen nicht mehr den Anforderungen des § 2 entsprechen. – Gutachten und Richtlinien, die auf diese Weise umgesetzt werden können, sind u.a.: Die TVT-Merkblätter Nr. 67, 68, 69, 87 (s. Rn. 19); die Börsenrichtlinie des Bundesverbands für fachgerechten Natur- und Artenschutz e.V., BNA; die Gutachten des BMVEL über Mindestanforderungen an die Haltung von Papageien, Kleinvögeln, Reptilien und wildlebenden Tierarten (zum Ganzen: *Moritz*, TVT, Tierschutz bei Tierbörsen, S. 3 ff.; *Weins* ebenda S. 31 ff. mit Muster-Erlaubnis).

25 Bei **wandernden Zirkussen und Tierschauen** kann mit Auflagen und Bedingungen u.a. folgenden Gefahren bzw. Verstößen vorgebeugt werden: zu kleine oder überbelegte Käfige oder Wagen; fehlende Ausstattung und Strukturierung der Tierunterkünfte; fehlende Heizung für nicht winterfeste Arten; Einzelhaltung sozial lebender Arten; Anbindehaltung; fehlende Auslaufmöglichkeiten; schädliche oder unbiologische Dressurziele; Gewaltanwendung bei Ausbildung und Dressur; Futtermangel; Erkrankungen; schlechter Pflegezustand. – Zu den Tierarten, die nach den BMVEL-Zirkusleitlinien in Zirkussen nicht zugelassen werden sollen, s. Anhang zu § 2 Rn. 69. Darüber hinaus sollten für eine Tätigkeit an wechselnden Orten grundsätzlich nur Tierarten erlaubt werden, die auch unter solchen Bedingungen noch verhaltensgerecht untergebracht werden können, die sich ohne erhöhtes Risiko für Leiden und Schäden transportieren lassen und mit denen außerdem regelmäßig gearbeitet wird. Nach diesen Kriterien dürften – zusätzlich zu den in den BMVEL-Leitlinien genannten Arten – für wandernde Betriebe folgende Tierarten nicht mehr genehmigt werden: Robben, Flusspferde, Eisbären und Krokodile (da artgerechte Haltung, insbesondere in genügend großen Wasserbecken, nicht möglich); Giraffen, Strauße (da erforderliche Lauffläche nicht möglich und Tiere für häufige Transporte ungeeignet); Elefanten, Großbären und Großkatzen (vgl. die Differenzprotokolle der TVT, der Bundestierärztekammer und des Deutschen Tierschutzbundes zu den BMVEL-Leitlinien; vgl. weiter *Martin* AtD 1998, 338, 342; *Schmitz* AtD 1999, 206 ff.; s. auch Anhang zu § 2 Rn. 70). – Als Richtlinie für das, was gemäß Abs. 2 Nr. 3 und Abs. 2a durchgesetzt werden sollte, kann neben den BMVEL-Zirkusleitlinien und dem BMVEL-Säugetiergutachten insbesondere auch die Loseblatt-Sammlung in Merkblatt Nr. 39 der TVT für die tierschutzrechtliche Überprüfung von Zirkustieren dienen (vgl. dazu *Körner* AtD 2001, 302 ff.; zur Gewichtung dieser antizipierten Gutachten s. Rn. 19 und § 2 Rn. 44). – Um § 2 einzuhalten, müssten an denjenigen Standorten, an denen sich der Zirkus bzw. die Tierschau länger aufhält, die Käfigwagen und Stallzelte durch Außengehege erweitert werden (vgl.

Erlaubnis § 11 TierSchG

BMVEL-Zirkusleitlinien S. 10). Zu beachten ist auch, dass auf Tiere, die nicht täglich verhaltensgerecht beschäftigt werden, nicht die Zirkus-Leitlinien, sondern die erhöhten Anforderungen des Säugetiergutachtens Anwendung finden (vgl. BMVEL-Zirkusleitlinien S. 9; s. auch § 2 Anhang Rn. 69). – Verhaltensstörungen sind bei Zoo- und Zirkustieren besonders häufig und indizieren dann (wie sonst auch, s. § 17 Rn. 58–66) erhebliche Leiden iS des § 17 Nr. 2b oder § 18 Abs. 1 Nr. 1. – Verboten ist außerdem die Zufügung erheblicher Schmerzen, Leiden oder Schäden bei der Ausbildung (§ 3 Nr. 5) und die Verursachung „einfacher" Schmerzen, Leiden oder Schäden bei der Schaustellung (§ 3 Nr. 6). – Zum Zirkuszentralregister s. § 16 Rn. 12.

Rücknahme bzw. Widerruf der Erlaubnis richten sich nach § 48 bzw. 26 § 49 VwVfG. Soll eine Erlaubnis nachträglich eingeschränkt werden (zB durch Herausnahme einzelner Tierarten oder durch nachträgliche Beifügung von Nebenbestimmungen ohne vorherigen Auflagenvorbehalt), so kann dies eine teilweise Rücknahme bzw. einen teilweisen Widerruf darstellen. – Bei wandernden Unternehmen (insbes. Zirkussen, Tierschauen) ist dafür diejenige Behörde zuständig, in deren Bezirk sich der Betrieb z. Zt. der Entscheidung aufhält (AVV Nr. 12.1.5). – Eine Rücknahme nach § 48 Abs. 1 VwVfG kann ergehen, wenn die Erlaubnis von Anfang an rechtswidrig war: wenn zB von Anfang an die Sachkunde und/oder die Zuverlässigkeit gefehlt haben oder wenn die Räume und Einrichtungen schon zu Beginn nicht Abs. 2 Nr. 3 entsprochen haben (dies kann sich auch aus einer späteren Besichtigung ergeben, denn erfahrungsgemäß werden tierschutzgerechte Haltungsbedingungen nicht später durch mangelhafte ersetzt; vgl. dazu *Körner* AtD 2001, 302 ff.). Bei der Ausübung des Ermessens ist zu beachten, dass bei derartigen Erlaubnissen das öffentliche Interesse daran, dass rechtswidrige Bescheide nicht aufrechterhalten bleiben, grundsätzlich Vorrang vor Erwägungen des Vertrauensschutzes hat (vgl. *Körner* aaO). Ein Entschädigungsanspruch nach § 48 Abs. 3 VwVfG entfällt nicht nur bei Vorliegen eines der Tatbestände nach § 48 Abs. 2 S. 3, sondern auch dann, wenn das Vertrauen des Erlaubnisinhabers aus anderen Gründen nicht schutzwürdig war, zB weil er die tierschutzwidrigen Zustände seines Betriebes kannte oder kennen musste. – Ein Widerruf kommt in Betracht, wenn eine Auflage nicht erfüllt wird, § 49 Abs. 2 Nr. 2 VwVfG, oder wenn eine der Erlaubnisvoraussetzungen nachträglich wegfällt, § 49 Abs. 2 Nr. 3 VwVfG (Beispiele: Auswechselung der verantwortlichen Person gegen einen nicht Sachkundigen; Eintritt unzuverlässigkeitsbegründender Tatsachen; Räume oder Einrichtungen geraten in einen Zustand, der nicht mehr § 2 entspricht). Für die nötige Gefährdung des öffentlichen Interesses reicht aus, dass tierschutzwidrige Zustände drohen, denn der Tierschutz ist Staatsziel (Art. 20a GG). Auch hier entfällt ein Anspruch auf Ersatz des Vertrauensschadens nach § 49 Abs. 6 VwVfG, wenn das Vertrauen des Erlaubnisinhabers nicht schützenswert ist, zB weil er die tierschutzwidrigen Verhältnisse selbst in zurechenbarer Weise herbeigeführt hat (vgl. *Körner* aaO). – Aus Gründen der Verhältnismäßigkeit kann es geboten sein, sich auf eine Teil-Rücknahme bzw. einen Teilwiderruf zu beschränken, zB auf das Herausnehmen einzelner Tierarten aus der Erlaubnis oder auf nachträgliche Auflagen. – Rücknahme- und Wider-

§ 11 TierSchG *Tierschutzgesetz*

rufsbescheide können nach Maßgabe von § 80 Abs. 2 S. 1 Nr. 4 VwGO für sofort vollziehbar erklärt werden. Das besondere öffentliche Interesse kann mit der Fortdauer eines tierschutzwidrigen Zustandes oder mit drohenden Schmerzen, Leiden oder Schäden oder drohenden anderen Verstößen begründet werden (vgl. dazu *Dietz* aaO S. 685; *Körner* aaO). Die Anordnung muss aber, wie sonst auch, ausdrücklich ergehen und schriftlich begründet werden (vgl. § 80 Abs. 3 S. 1; Sonderfall s. S. 2).

VI. Behördliches Einschreiten nach Abs. 3 und 4

27 Wird eine erlaubnispflichtige Tätigkeit ohne Erlaubnis begonnen, oder wird sie trotz (unanfechtbarer oder für sofort vollziehbar erklärter) Rücknahme bzw. Widerrufs der Erlaubnis fortgesetzt, so ist sie „formell illegal". Die Behörde soll sie nach **Abs. 3 S. 2 untersagen;** dies kann bereits mit der Rücknahme usw. verbunden werden. „Soll" bedeutet wie immer „muss, außer in atypischen Ausnahmefällen" (vgl. BT-Drucks. 13/7015 S. 22; VG Stuttgart NuR 1999, 718, 719; *L/M* § 11 Rn. 38). Ein solcher Ausnahmefall liegt vor, wenn alle Erlaubnisvoraussetzungen offensichtlich erfüllt sind und der entsprechende Antrag auch bereits mit allen notwendigen Angaben und Unterlagen eingereicht ist.

28 Die Behörde hat, wenn die Untersagungsverfügung nach Abs. 3 entweder für sofort vollziehbar erklärt worden ist (vgl. dazu *Dietz* aaO 685: das besondere Vollzugsinteresse kann bei formeller Illegalität idR angenommen werden) oder wenn Bestandskraft eingetreten ist, zwei Möglichkeiten: 1. Sie kann diese Verfügung nach Maßgabe des jeweiligen Landesverwaltungsvollstreckungsgesetzes vollstrecken (also idR: Zwangsgeldfestsetzung; bei Erfolglosigkeit oder wenn von vornherein untunlich unmittelbarer Zwang). 2. Sie kann auch von der **Möglichkeit des Abs. 4 Gebrauch machen,** d. h. die Schließung der Betriebs- oder Geschäftsräume anordnen. Hierbei soll es sich nicht um eine Vollstreckungsmaßnahme handeln (so *Kluge/Goetschel* § 11 Rn. 23). Deshalb ist grundsätzlich anzuraten, die Betriebsschließung mittels Verwaltungsaktes ausdrücklich auszusprechen, diesen Verwaltungsakt gem. § 80 Abs. 2 S. 1 Nr. 4 VwGO für sofort vollziehbar zu erklären und anschließend (zB mit unmittelbarem Zwang, s. o.) zu vollstrecken.

VII. Sachkundenachweis für das Verkaufspersonal nach Abs. 5

29 Nach Abs. 5 muss, wer gewerbsmäßig mit Wirbeltieren handelt, sich selbst über die Kenntnisse und Fähigkeiten seines Verkaufspersonals einschl. des Hilfspersonals vergewissern. Deren Sachkunde muss sich auf die richtige Haltung, Pflege und Unterbringung einer jeden Tierart, mit der sie zu tun haben, erstrecken, insbesondere auch auf die unterschiedlichen Ansprüche und Lebensbedingungen, die Risiken einer Krankheitsübertragung und die auf den Tierhalter zukommenden Pflichten (vgl. BT-Drucks. 13/7015 S. 22). Der Nachweis der Sachkunde kann durch Unterlagen über eine erfolgreich abgeschlossene Ausbildung, über beruflichen oder sonstigen Umgang mit Tieren der betreffenden Art sowie durch ein Fachgespräch mit dem Ge-

schäftsinhaber erbracht werden. Er muss geführt sein, bevor die Person erstmals im Verkauf eingesetzt wird (vgl. *L/M* § 11 Rn. 41). – Abs. 5 gilt nicht für Auszubildende; diese dürfen aber nur beschränkt eingesetzt werden (vgl. AVV Nr. 12.2.7).

VIII. Ordnungswidrigkeiten

Ordnungswidrig nach § 18 Abs. 1 Nr. 20 handelt, wer vorsätzlich oder fahrlässig eine erlaubnispflichtige Tätigkeit ohne Erlaubnis ausübt, sei es, dass er eine Erlaubnis überhaupt nicht beantragt hat, sei es, dass er mit der Tätigkeit vor Zugang der beantragten Erlaubnis beginnt oder dass er die inhaltlichen Grenzen einer erteilten Erlaubnis überschreitet. Gleichgestellt ist der Fall, dass er eine solche Tätigkeit trotz (unanfechtbarer bzw. für sofort vollziehbar erklärter) Rücknahme oder Widerrufs der Erlaubnis fortsetzt. Außerdem handelt ordnungswidrig, wer einer (entweder bestandskräftigen oder für sofort vollziehbar erklärten) Auflage nach Abs. 2a zuwiderhandelt. Bußgeldrahmen 25 000 € (bei Fahrlässigkeit 12 500 €). – Ordnungswidrig nach § 18 Abs. 1 Nr. 20a handelt, wer sich nicht nach § 11 Abs. 5 die Sachkunde der für ihn im Verkauf tätigen Person vor deren erstmaligem Einsatz nachweisen lässt. Bußgeldrahmen hier 5000 € (bei Fahrlässigkeit 2500 €). – Bezieht sich die erlaubnispflichtige Tätigkeit auf artengeschützte Tiere, so kommt Tateinheit mit einer Ordnungswidrigkeit nach § 65 BNatSchG in Betracht. Bei einer Straftat nach § 66 BNatSchG ist § 21 OWiG zu beachten.

§ 11 a [Aufzeichnungen, Kennzeichnung]

(1) ¹Wer Wirbeltiere
1. nach § 9 Abs. 2 Nr. 7 zu Versuchszwecken oder zu den in § 6 Abs. 1 Satz 2 Nr. 4, § 10 Abs. 1 oder § 10a genannten Zwecken oder
2. nach § 4 Abs. 3 zu dem dort genannten Zweck

züchtet oder hält oder mit solchen Wirbeltieren handelt, hat über die Herkunft und den Verbleib der Tiere Aufzeichnungen zu machen und die Aufzeichnungen drei Jahre lang aufzubewahren. ²Dies gilt nicht, soweit für Wirbeltiere wildlebender Arten eine entsprechende Aufzeichnungspflicht auf Grund jagdrechtlicher oder naturschutzrechtlicher Vorschriften besteht.

(2) ¹Wer Hunde oder Katzen zur Abgabe oder Verwendung zu einem der in Absatz 1 Satz 1 genannten Zwecke züchtet, hat sie, bevor sie vom Muttertier abgesetzt werden, dauerhaft so zu kennzeichnen, daß ihre Identität festgestellt werden kann; Affen oder Halbaffen müssen nach dem Absetzen oder dem Entfernen aus dem Sozialverband entsprechend dauerhaft gekennzeichnet werden. ²Wer nicht gekennzeichnete Hunde, Katzen, Affen oder Halbaffen zur Abgabe oder Verwendung zu einem der in Absatz 1 Satz 1 genannten Zwecke erwirbt, hat den Nachweis zu erbringen, daß es sich um für solche Zwecke gezüchtete Tiere handelt und deren Kennzeichnung nach Satz 1 unverzüglich vorzunehmen.

§ 11 a TierSchG *Tierschutzgesetz*

(3) ¹Das Bundesministerium wird ermächtigt, durch Rechtsverordnung mit Zustimmung des Bundesrates Vorschriften über Art und Umfang der Aufzeichnungen und der Kennzeichnung zu erlassen. ²Es kann dabei vorsehen, daß Aufzeichnungen auf Grund anderer Rechtsvorschriften als Aufzeichnungen nach Satz 1 gelten.

(4) ¹Wer Wirbeltiere zur Verwendung als Versuchstiere oder zu den in § 6 Abs. 1 Satz 2 Nr. 4, § 10 Abs. 1 oder § 10a genannten Zwecken oder Wirbeltiere nach § 4 Abs. 3 zu dem dort genannten Zweck aus Drittländern einführen will, bedarf der Genehmigung durch die zuständige Behörde. ²Die Genehmigung ist zu erteilen, wenn nachgewiesen wird, daß die Voraussetzungen des § 9 Abs. 2 Nr. 7 erfüllt sind.

I. Die Aufzeichnungs-, Aufbewahrungs- und Vorlagepflicht nach Abs. 1

1 Die **Aufzeichnungspflicht** bezieht sich auf Wirbeltiere (s. § 4 Rn. 1), wenn diese zu einem der folgenden Zwecke verwendet werden sollen: Zu einem Tierversuch nach § 7, gleichgültig, ob dieser genehmigungspflichtig ist oder nicht; zu einer Organ- oder Gewebeentnahme nach § 6 Abs. 1 S. 2 Nr. 4; zur Aus-, Fort- oder Weiterbildung nach § 10 Abs. 1; zu Maßnahmen der biotechnischen Produktion nach § 10a. Ausreichend ist auch, dass das Tier getötet werden und anschließend an seinem Körper, seinen Organen oder Teilen davon einer der genannten Zwecke verwirklicht werden soll.

2 **Pflichtiger** ist, wer die Tiere entweder züchtet oder hält oder mit ihnen handelt. Züchten s. § 11 Rn. 4 und § 11b Rn. 2. Halten s. § 2 Rn. 4. Handel s. § 11 Rn. 11. – Die Pflicht trifft denjenigen, der die Tiere als Züchter, Halter oder Händler in unmittelbarem oder mittelbarem Besitz hat und damit die tatsächliche Herrschaft über sie ausübt. – Sie bezieht sich auf alle Wirbeltiere, die einem der genannten Zwecke dienen sollen, also auch auf solche, die nicht eigens für wissenschaftliche Zwecke gezüchtet sein müssen, weil sie landwirtschaftliche Nutztiere sind, vgl. § 9 Abs. 2 Nr. 7.

3 Die **Aufzeichnungen** müssen nach Form und Inhalt so erfolgen, dass sowohl die Herkunft als auch der Verbleib eines jeden einzelnen Tieres für die Behörde ohne weiteres nachvollziehbar ist (vgl. *Hackbarth/Lückert* X B 2.2; vgl. auch BT-Drucks. 10/3158 S. 27). Näheres regelt § 1 der Verordnung über Aufzeichnungen über Versuchstiere und deren Kennzeichnung v. 20. 5. 1988 (BGBl. I S. 639): In den Betriebs- oder Geschäftsräumen ist ein Kontrollbuch zu führen; dort ist jede Bestandsveränderung unverzüglich und dauerhaft einzutragen; dabei ist nach dem in § 1 der VO beschriebenen Muster vorzugehen; die Eintragungen müssen den §§ 239, 261 HGB entsprechen, also u.a. vollständig, richtig, zeitgerecht und geordnet vorgenommen werden.

4 Die **Pflicht zur Aufbewahrung** währt drei Jahre. Der Lauf dieser Frist beginnt mit dem Tag, an dem die letzte Eintragung vorgenommen wurde bzw. hätte vorgenommen werden müssen (etwa weil das Tier dann an einen anderen abgegeben worden oder der Tierversuch usw. beendet worden ist). – Die Pflicht, die Aufzeichnungen der Behörde auf deren Verlangen vorzu-

Aufzeichnungen, Kennzeichnung § 11 a TierSchG

legen, ergibt sich aus § 16 Abs. 3 S. 2. – Legt der Pflichtige trotz entsprechenden Verlangens der Behörde keine Aufzeichnungen vor, so ist in jedem Fall der Tatbestand einer Ordnungswidrigkeit erfüllt: Entweder § 18 Abs. 1 Nr. 21 (weil die Aufzeichnungen nicht, nicht richtig, oder nicht vollständig gemacht oder nicht aufbewahrt wurden) oder Nr. 26 (weil sie trotz Erstellung und Aufbewahrung nicht vorgelegt werden, was einen Verstoß gegen § 16 Abs. 3 S. 2 darstellt). – Abs. 1 gilt nicht, wenn das Jagd- oder Naturschutzrecht vergleichbare Pflichten vorsieht, vgl. insbes. § 5 Bundesartenschutzverordnung.

II. Die Kennzeichnungspflicht nach Abs. 2

Gekennzeichnet werden müssen Hunde und Katzen, weil in diesem Bereich noch immer gegen § 9 Abs. 2 Nr. 7 verstoßen wird (vgl. BT-Drucks. 10/3158 S. 27: „… da die Zahl der zu Versuchszwecken verwendeten Tiere oftmals die Zahl der in spezialisierten Einrichtungen gezüchteten Tiere übersteigt"). Gemäß dem Europ. Versuchstierübereinkommen wurden durch das ÄndG 1998 auch **Affen und Halbaffen** einbezogen. – Die Kennzeichnungspflicht trifft den Züchter unabhängig davon, ob er die Tiere selbst zu einem der in Abs. 1 S. 1 genannten Zwecke verwenden oder aber an Dritte hierfür abgeben will. Abgabe bedeutet Übertragung des unmittelbaren Besitzes; auf Inhalt und Wirksamkeit des zugrundeliegenden Rechtsgeschäfts kommt es nicht an. Unerheblich ist auch, wie viele Besitzer zwischen den Züchter und denjenigen, der später die Tiere iS von Abs. 1 S. 1 verwendet, treten. – Züchter ist der Inhaber oder (bei einer juristischen Person) der gesetzliche Vertreter des Züchtungsunternehmens. – Das „Wie" der Kennzeichnung regelt § 2 der Verordnung über Aufzeichnungen über Versuchstiere und deren Kennzeichnung: grds. Tätowierung an beiden Ohren, hilfsweise am linken Innenschenkel. Zur betäubungslosen Vornahme s. § 5 Abs. 2 Nr. 7 (s. auch § 5 Rn. 14). 5

Wer nicht gekennzeichnete Hunde, Katzen, Affen oder Halbaffen erwirbt und sie entweder selbst zu einem der in Abs. 1 S. 1 genannten Zwecke verwenden oder hierfür an Dritte abgeben will, den treffen zwei Pflichten: a) Er muss den Nachweis führen, dass es sich um Tiere handelt, die für solche Zwecke gezüchtet worden sind; b) er muss die Kennzeichnung unverzüglich (d.h. ohne schuldhaftes Zögern) nachholen (wobei er die Tiere, wenn sie bereits älter als zwei Wochen sind, vorher betäuben muss, vgl. § 5 Abs. 2 Nr. 7). 6

III. Abs. 3 und Abs. 4

Zu der in Abs. 3 vorgesehenen Rechtsverordnung s. Rn. 3 und Rn. 5. – Nach Abs. 4 braucht jeder, der Wirbeltiere, die (sei es von ihm selbst, sei es von Dritten) zu einem der in Abs. 1 S. 1 genannten Zwecke verwendet werden sollen, aus einem Nicht-EU-Staat nach Deutschland einführen will, eine Genehmigung durch die zuständige Behörde (vgl. auch AVV Nr. 13). Diese wird grds. nur erteilt, wenn der Importeur nachweisen (nicht etwa nur 7

§ 11 b TierSchG   *Tierschutzgesetz*

glaubhaft machen) kann, dass die Tiere im Ausland für die Verwendung im Rahmen von Tierversuchen gezüchtet worden sind. Beruft er sich stattdessen auf einen der Ausnahmetatbestände nach § 9 Abs. 2 Nr. 7 S. 2, so sind an deren Nachweis hohe Anforderungen zu stellen (vgl. *Kluge/Goetschel* § 11 a Rn. 6; s. auch § 9 Rn. 23).

IV. Ordnungswidrigkeiten

8 **Ordnungswidrigkeiten** enthalten § 18 Abs. 1 Nr. 21 und 21 a. – Nach Nr. 21 handeln der Züchter, Halter oder Händler ordnungswidrig, wenn sie entgegen Abs. 1 keine Aufzeichnungen machen („nicht"), wenn die Aufzeichnungen teilweise unrichtig sind („nicht richtig") oder wenn sie zu einem der vorgeschriebenen Punkte fehlen, lückenhaft oder zu pauschal sind („nicht vollständig"). Ebenso, wenn die Unterlagen nicht drei Jahre lang aufbewahrt werden (s. Rn. 4). – Eine Ordnungswidrigkeit liegt auch dann vor, wenn ein Tier, das nach Abs. 2 zu kennzeichnen ist, nicht, nicht in der vorgeschriebenen Weise oder nicht rechtzeitig gekennzeichnet wird (s. Rn. 5 u. 6). – Eine Ordnungswidrigkeit nach § Nr. 21 a begeht, wer ein Wirbeltier ohne Genehmigung nach Abs. 4 S. 1 einführt (s. Rn. 7).

§ 11 b [Qualzüchtung]

(1) Es ist verboten, Wirbeltiere zu züchten oder durch bio- oder gentechnische Maßnahmen zu verändern, wenn damit gerechnet werden muß, daß bei der Nachzucht, den bio- oder gentechnisch veränderten Tieren selbst oder deren Nachkommen erblich bedingt Körperteile oder Organe für den artgemäßen Gebrauch fehlen oder untauglich oder umgestaltet sind und hierdurch Schmerzen, Leiden oder Schäden auftreten.

(2) Es ist verboten, Wirbeltiere zu züchten oder durch bio- oder gentechnische Maßnahmen zu verändern, wenn damit gerechnet werden muß, daß bei den Nachkommen

a) mit Leiden verbundene erblich bedingte Verhaltensstörungen oder erblich bedingte Aggressionssteigerungen auftreten oder
b) jeder artgemäße Kontakt mit Artgenossen bei ihnen selbst oder einem Artgenossen zu Schmerzen oder vermeidbaren Leiden oder Schäden führt oder
c) deren Haltung nur unter Bedingungen möglich ist, die bei ihnen zu Schmerzen oder vermeidbaren Leiden oder Schäden führen.

(3) Die zuständige Behörde kann das Unfruchtbarmachen von Wirbeltieren anordnen, wenn damit gerechnet werden muß, daß deren Nachkommen Störungen oder Veränderungen im Sinne des Absatzes 1 oder 2 zeigen.

(4) Die Absätze 1, 2 und 3 gelten nicht für durch Züchtung oder bio- oder gentechnische Maßnahmen veränderte Wirbeltiere, die für wissenschaftliche Zwecke notwendig sind.

(5) Das Bundesministerium wird ermächtigt, durch Rechtsverordnung mit Zustimmung des Bundesrates

Qualzüchtung § 11 b TierSchG

1. die erblich bedingten Veränderungen, Verhaltensstörungen und Aggressionssteigerungen nach den Absätzen 1 und 2 näher zu bestimmen,
2. das Züchten mit Wirbeltieren bestimmter Arten, Rassen und Linien zu verbieten oder zu beschränken, wenn dieses Züchten zu Verstößen gegen die Absätze 1 und 2 führen kann.

Übersicht

	Rn.
I. Entstehungsgeschichte	1
II. Die Tatbestandsmerkmale der Qualzüchtung nach Abs. 1	2–7
III. Bio- oder gentechnische Maßnahmen nach Abs. 1	8–10
IV. Die speziellen Verbote nach Abs. 2	11–12a
V. Zuchtverbote und Empfehlungen aus dem Speziellen Teil des BMVEL-Qualzuchtgutachtens	13–17
VI. Weitere Fälle, in denen eine Verletzung von § 11 b Abs. 1 nahe liegt	18–23
VII. Das Unfruchtbarmachen nach Abs. 3	24
VIII. Die Ausnahme nach Abs. 4	25, 26
IX. Die Verordnungsermächtigung nach Abs. 5	27
X. Ordnungswidrigkeiten; behördliches Einschreiten	28, 29
XI. Europäisches Recht	30

I. Entstehungsgeschichte

Erstmals eingefügt wurde die Vorschrift mit dem ÄndG 1986. Durch 1 das ÄndG 1998 erfolgte u. a. eine Erweiterung um den Schutz vor bio- oder gentechnischen Maßnahmen. Das Gesetz zur Bekämpfung gefährlicher Hunde vom 12. 4. 2001 (BGBl. I S. 530) brachte eine Erweiterung von Abs. 2a sowie von Abs. 5. – Das von einer Sachverständigengruppe im Auftrag des BMVEL am 2. 6. 1999 vorgelegte „Gutachten zur Auslegung von § 11b TierSchG" (im Folgenden: Qualzuchtgutachten) bildet eine wichtige Entscheidungshilfe und Leitlinie für die Auslegung (vgl. Qualzuchtgutachten, Vorwort).

II. Die Tatbestandsmerkmale der Qualzüchtung nach Abs. 1

Züchten von Wirbeltieren. Wirbeltiere s. § 4 Rn. 1; gleichgültig ist, ob es 2 sich um Heimtiere, landwirtschaftliche Nutztiere, wildlebende Tiere oÄ handelt. – Unter Züchten versteht das Qualzuchtgutachten „die geplante Verpaarung von Tieren" (S. 5). Allerdings wird in Art. 1 § 1 des Gesetzes zur Bekämpfung gefährlicher Hunde ein weitergehender Zuchtbegriff verwendet: „... jede Vermehrung von Hunden". Da dieses Gesetz direkt an § 11b anknüpft (vgl. insbes. Art. 2 Nr. 2) liegt es nahe, auch hier diesen weiten Zuchtbegriff zugrunde zu legen und jede vom Menschen bewusst und gewollt herbeigeführte Vermehrung von Tieren als Züchten iS von § 11b anzusehen

327

(s. auch Rn. 21). – IdR werden mit der Züchtung bestimmte Eigenschaften, Merkmale oder Merkmalskombinationen bei den Nachkommen angestrebt. Inzuchten, d. h. Verpaarungen verwandter Tiere, sind ebenfalls Züchtungen (vgl. *Kluge/Goetschel* § 11 b Rn. 10). – Für die Tatbeteiligung gelten die allgemeinen Regeln, d. h. neben dem, der selbst züchtet, können auch Halter, Eigentümer und Vereine, die Zuchtziele festlegen oder Zuchttiere bewerten, Beteiligte iS des § 14 OWiG sein (s. auch § 18 Rn. 9).

3   **Nachzucht.** Kommt es infolge der Tathandlung zur Schädigung eines Fetus, der noch vor der Geburt (bzw. bei Vögeln vor dem Schlupf) abstirbt, so stellt sich die Frage, ab welchem Zeitpunkt hier von „Nachzucht" oder „Nachkommen" gesprochen werden kann. Die Biologie teilt die Entwicklung eines Organismus in drei Phasen ein: In die Primitiventwicklung, in die feinere Ausarbeitung von Form und Struktur und schließlich in die funktionelle Reifung und Integration der Organe. Jedenfalls mit dem Beginn der dritten Phase (diese setzt bei Säugetieren spätestens nach dem ersten Drittel der Gravidität und bei Vögeln etwa ab dem 6. bis 9. Bebrütungstag ein) entwickeln die Nachkommen Empfindungsfähigkeit. Ab diesem Zeitpunkt sind sie deshalb durch § 11b geschützt. Während also embryonaler Frühtod (d. h. Absterben in der ersten oder zweiten Phase) nicht erfasst wird, rechnen zur Nachzucht neben geschädigten Lebendgeburten auch solche Totgeburten und Feten, die erst nach dem o. e. Zeitpunkt absterben (Qualzuchtgutachten S. 4; vgl. auch *Herzog* in: DVG, Tierschutz und Tierzucht, S. 239, 242: Beginn der dritten Phase bei Säugetieren etwa 6–7 Wochen nach der Konzeption, spätestens jedoch nach dem ersten Drittel der Gravidität).

4   **Erblich bedingtes Fehlen, Untauglichkeit oder Umgestaltung von Körperteilen oder Organen.** Körperteile und Organe sind aus Zellen und Geweben zusammengesetzte Teile des Körpers, die genetisch festgelegte, für die Lebens- und Fortpflanzungsfähigkeit notwendige Funktionen zu erfüllen haben. Für den artgemäßen Gebrauch untauglich oder umgestaltet sind sie immer dann, wenn eine dieser Funktionen infolge der züchterischen Einflussnahme nicht mehr ausreichend erfüllt oder ausgeführt werden kann (vgl. Qualzuchtgutachten S. 7). – Auch negative, vom Züchter ungewollte Veränderungen an Organen oder Körperteilen, die mit Zuchtmerkmalen im Zusammenhang stehen, fallen, soweit sie mit Schmerzen, Leiden oder Schäden einhergehen, unter § 11b; gleiches gilt für negative Verhaltensänderungen von Tieren, sofern diese durch Zucht bedingt sind (Qualzuchtgutachten aaO; *Herzog* aaO S. 245).

5   **Schmerzen, Leiden oder Schäden als Folge.** Zu Schmerzen s. § 1 Rn. 12–15; zu Leiden s. § 1 Rn. 17–23; zu Schäden s. § 1 Rn. 24–26. Ein einzelner Schmerz, ein einzelnes Leiden oder ein einzelner Schaden reicht aus. Erheblichkeit braucht nicht gegeben zu sein; es genügen also Schmerzen, Leiden usw. als solche (vgl. Qualzuchtgutachten S. 6). Die Schmerzen, Leiden usw. brauchen auch nicht länger anhaltend zu sein. – Schmerz setzt keine unmittelbare Einwirkung auf das Tier voraus und muss auch nicht zu erkennbaren Abwehrreaktionen führen. – Unter Leiden fallen auch dauerhafte Entbehrungen bei der Befriedigung ererbter arttypischer Verhaltensbedürfnisse (vgl. Qualzuchtgutachten aaO). – Ein Schaden liegt bereits dann vor, wenn der Zustand eines Tieres dauerhaft auch nur geringfügig zum Negativen

verändert wird. Dies kann auf körperlicher oder psychischer Grundlage geschehen. Gleichzeitiges Leiden oder Schmerzempfinden muss nicht gegeben sein. Ausreichend sind zB zuchtbedingte geringfügige Gleichgewichts- oder Stoffwechselstörungen. Der maximale Schaden, den ein Lebewesen nehmen kann, ist sein Tod (vgl. Qualzuchtgutachten S. 6, 7; vgl. auch BVerwG NVwZ 1998, 853, 854). – Zuchtformen, bei denen nur durch besondere Maßnahmen und Eingriffe das Auftreten von Schmerzen, Leiden oder Schäden zuverlässig und nachhaltig verhindert werden kann, fallen ebenfalls unter § 11 b. Auch die vorbeugende Tötung eines Tieres, bevor dieses relevante Merkmale ausprägt, kann seine Einstufung als Qualzüchtung nicht verhindern (vgl. Qualzuchtgutachten aaO).

Vorhersehbarkeit. Für einen Verstoß gegen Abs. 1 reicht aus, wenn im Zeitpunkt der Züchtung mit derartigen negativen Folgen gerechnet werden muss. Der Tatbestand ist dann bereits mit der Züchtung vollendet, selbst wenn die Folgen später ausbleiben. – Gerechnet werden muss mit den negativen Folgen, wenn sie unter Berücksichtigung der im Zeitpunkt der Tathandlung vorliegenden objektiven Verhältnisse als eine nicht fern liegende, sondern realistische Möglichkeit erscheinen. Maßgebend dafür sind die objektiven Verhältnisse, die notfalls mittels Sachverständigengutachten zu klären sind. Das Verbot gilt unabhängig von der subjektiven Tatseite, also unabhängig davon, ob der Züchter selbst die Möglichkeit der schädigenden Folgen erkannt hat oder hätte erkennen müssen (*L/M* § 11 b Rn. 4). Wegen dieses objektiven Sorgfaltsmaßstabes kann er sich nicht auf fehlende subjektive Kenntnisse oder Erfahrungen berufen. – Vorhersehbar sind erbbedingte Folgen bei den Nachkommen auch dann, wenn ungewiss ist, ob sie erst nach einem Generationensprung in späteren Generationen auftreten (vgl. *Kluge/Goetschel* § 11 b Rn. 14).

Keine Rechtfertigungsmöglichkeit. Für Verstöße gegen Abs. 1 oder Abs. 2 gibt es keine Rechtfertigung durch einen **vernünftigen Grund.** Soweit einer dieser Tatbestände erfüllt ist, kann auch ein hohes menschliches oder wirtschaftliches Interesse die Züchtung bzw. die bio- oder gentechnische Maßnahme nicht rechtfertigen (vgl. *L/M* § 11 b Rn. 5; zu den unterschiedlichen Normgruppen im TierSchG s. auch § 1 Rn. 30, 31). Einzige Ausnahmen sind Abs. 4 sowie die Fälle des rechtfertigenden Notstands (§ 34 StGB, §§ 228, 904 BGB). Es ist insbesondere nicht möglich, an die Züchtung von Tieren, die der landwirtschaftlichen Produktion dienen, einen weniger strengen Maßstab anzulegen als in der Heimtierzucht (*Herzog* aaO S. 245).

III. Bio- oder gentechnische Maßnahmen nach Abs. 1

Unter **biotechnischen Maßnahmen** versteht man in der Tierzucht die Analyse sowie die Beeinflussung von Körperstrukturen und -funktionen mit Hilfe zell- und molekularbiologischer Verfahren. Diese Verfahren lassen sich in drei Hauptgruppen einteilen: 1. Zell- und fortpflanzungsbiologische Verfahren (insbes. künstliche Besamung, Beeinflussung der Geschlechtsreife, Embryotransfer, in-vitro-Produktion von Embryonen, Klonierung, Er-

§ 11 b TierSchG *Tierschutzgesetz*

zeugung von Chimären, Kombination von Chromosomensätzen oder Genomteilen), 2. molekulare Gendiagnostik sowie 3. In-vitro-Mutagenese und Gentransfer einschl. Gene-farming (vgl. *Geldermann* in: DVG, Tierschutz und Tierzucht, S. 25 ff.). – Beim Klonen ist zwischen Embryonensplitting und der Anwendung von Kerntransfertechniken zu unterscheiden; im letztgenannten Fall liegt stets ein genehmigungspflichtiger Tierversuch vor (s. § 7 Rn. 2).

9   **Gentechnische Maßnahmen** berühren den Zellkern und das in ihm gelegene Erbgut und sind auf dessen künstliche Veränderung ausgerichtet. Im Gegensatz zur Züchtung, wo das gesamte Erbgut zweier Individuen gekreuzt wird, werden hier einzelne Gene aus ihrem ursprünglichen Zusammenhang entfernt und in einen anderen eingefügt (vgl. *Idel* TU 1998, 83).

10 Im Unterschied zur Züchtung wird bei solchen Maßnahmen **auch das veränderte Tier selbst** vor einem Fehlen, einer Untauglichkeit oder Umgestaltung seiner Körperteile und Organe und hierdurch verursachten (einfachen) Schmerzen, Leiden oder Schäden geschützt (erst recht natürlich seine Nachkommen). – Werden gentechnisch veränderte Tiere verpaart, liegt wieder eine Züchtung vor (s. Rn. 2).

IV. Die speziellen Verbote nach Abs. 2

11 Auch wenn es nicht zu einer Untauglichkeit bzw. Umgestaltung von Körperteilen oder Organen kommt, wird § 11 b **Abs. 2 a** verletzt, wenn als Folge der Züchtung (oder der bio- oder gentechnischen Veränderung) damit gerechnet werden muss, dass es bei den Nachkommen zu erblich bedingten Verhaltensstörungen, die mit Leiden verbunden sind, oder zu erblich bedingten Aggressionssteigerungen kommt. – Zu Verhaltensstörungen s. § 17 Rn. 58–66. Sie sind idR mit Leiden verbunden und werden von der Rechtsprechung als Indikatoren für erhebliche Leiden angesehen (s. § 17 Rn. 53). – Erblich bedingte Aggressionssteigerungen erfüllen seit der Gesetzesänderung vom 12. 4. 2001 den Tatbestand auch dann, wenn sie nicht nachweislich mit Leiden einhergehen. Eine Legaldefinition findet sich in § 11 TierSchHundeV. Ein übersteigertes Angriffs- und Kampfverhalten iS dieser Vorschrift liegt bei Hunden vor, bei denen die Reizschwelle und damit die Angriffs- und Beißhemmung besonders niedrig ist, so dass sie ohne besondere Veranlassung oder Außenreiz in Angriffsverhalten übergehen (vgl. *Klindt* NuR 1996, 571, 574); ebenso, wenn der Hund einen Beschädigungswillen ohne Hemmung zeigt (vgl. BVerwG NVwZ 2000, 929, 931). An einer hinreichenden Steuerung durch artgemäße Signale fehlt es, wenn der Hund ohne biologisch nachvollziehbaren Grund und ohne Vorwarnung angreift und beißt; nicht grundlos sind zB Bisse zur Selbstverteidigung, zur Verteidigung der Aufsichtsperson oder bei Provokation. Als Indizien für ein hypertrophes, durch artgemäße Signale nicht hinreichend gesteuertes Aggressionsverhalten werden genannt: jeder Sozialkontakt wird mit Aggression und Beschädigungsbeißen beantwortet; eine Beißhemmung gegenüber Sozialpartnern, insbesondere Artgenossen, kann sich nicht entwickeln; biologisch notwendige Verhaltensweisen wie Welpenpflege oder Sexualverhalten

Qualzüchtung § 11 b TierSchG

werden durch die Aggression überdeckt und ausgeschaltet (vgl. Qualzuchtgutachten S. 32).

Das **Verbot nach Abs. 2b** ist erfüllt, wenn infolge der Züchtung damit gerechnet werden muss, dass jeder Sozialkontakt mit Artgenossen zu Beschädigungsbeißen oder zur Verursachung anderer Schmerzen, Leiden oder Schäden führen wird.

Haltungsbedingungen iS von Abs. 2c, die bei Hunden zu vermeidbaren Leiden führen, sind besonders die kontinuierliche Zwinger- oder Anbindehaltung (vgl. *Hackbarth/Lückert* B IV 10), möglicherweise aber auch schon der andauernde Leinen- und Maulkorbzwang (s. § 3 Rn. 53).

V. Zuchtverbote und Empfehlungen aus dem Speziellen Teil des BMVEL-Qualzuchtgutachtens

Im Qualzuchtgutachten heißt es: „**Zuchtverbote** werden empfohlen für Tiere, die Träger von Genen bzw. eindeutig erblich bedingten Merkmalen sind, welche für den Züchter direkt erkennbar oder diagnostisch zugänglich sind und bei der Nachzucht zu mit Schmerzen, Leiden oder Schäden verbundenen Merkmalen führen können. Dabei ist unerheblich, ob mit solchen Genen oder Merkmalen direkt oder indirekt gezüchtet wird" (S. 14). Über diese Verbote hinaus werden von den Gutachtern **weitere Empfehlungen** gegeben, insbesondere zur Festlegung von Grenzen der Merkmalsausprägung sowie zu Überwachung und Kennzeichnung.

Als **Verbote mit Bezug auf Hunde** werden ausgesprochen: Zuchtverbot für Tiere verschiedener Rassen mit blaugrauer Farbaufhellung (Begr.: u.a. Disposition zu Haarausfall und Hautentzündungen). Zuchtverbot für Tiere, die neben Schwanzveränderungen (Knick- und Korkenzieherschwanz, Schwanzverkürzung, Schwanzlosigkeit) auch Wirbeldefekte an weiteren Abschnitten der Wirbelsäule aufweisen. Zuchtverbot für Tiere, die mit Dermoidzysten behaftet sind. Zuchtverbot für verschiedene Collie-Zuchtlinien bei silbergrauer Farbaufhellung bzw. wenn der Hund bekannter Träger des Defektgens ist (Begr.: u.a. Disposition zu mangelhafter Blutgerinnung und zu Infektionen). Zuchtverbot für Nackthunde und Träger des Defektgens (Begr.: u.a. regelmäßig auftretende schwere Gebissanomalien). Zuchtverbot für Merle-Weisstiger (MM) und den Paarungstyp Tiger x Tiger (Mm x Mm), u.a. wegen hierdurch bedingten Einschränkungen der Seh- und Hörfähigkeit. Zuchtverbot für Tiere mit extremer Rundköpfigkeit, insbes. disproportionierter Verkürzung der Gesichtsknochen (Begr.: u.a. Atem- und Schluckbeschwerden und Störungen der Thermoregulation). Zuchtverbot für Tiere mit auswärts gerolltem unterem Augenlidrand (Begr.: unvollständiger Lidschluss, dadurch u.a. Tränenfluss). Zuchtverbot für Tiere mit einwärts gerolltem Augenlidrand (Begr.: u.a. hierdurch verursachte Horn- und Bindehautirritationen). Zuchtverbot für Tiere mit Hüftgelenkdysplasie. Zuchtverbot für Tiere, die einen der folgenden monogen vererbten Einzeldefekte zeigen, sowie für bekannte heterozygote Defektgenträger: Albinismus, Albinismus oculi, Augenlidkolobom, Verkürzung des Unterkiefers, Gesichtsspalten, Hämophilie A/Hämophilie B, Hörschäden, Keratis nigricans, Linsenluxation, Lipodystrophie, idiopathische Myoklonie, Pankreas-Atrophie, progressive Retina-Atrophie, Retinadysplasie, Zahnfehler. Zuchtverbot für Tiere, bei denen einer der folgenden oligo- oder polygen vererbten Defekte nachgewiesen ist: Collie-Augenanomalie, Kiefergelenkdysplasie, Perthes-Krankheit. – Ein auf bestimmte Hunderassen oder Zuchtlinien gerichtetes Zuchtverbot wegen Aggressionssteigerungen wird dagegen nicht ausgesprochen. Gefordert wird stattdessen ein Wesenstest für alle potenziellen Zuchttiere sowie ein Zuchtverbot für solche Tiere, die den Wesenstest nicht bestehen (zum Problem „gefährlicher Hund" s. Tierschutz-Hundeverordnung Einf. Rn. 3–5). – **Weitere Empfehlungen** lauten u. a.: Verzicht auf Korkenzieherrute im Rassestandard; Zucht gegen die Merkmalsausprägung „langer und gerader Rücken und ausgeprägte Kurzbeinigkeit"; genereller Verzicht auf Zucht mit dem Merle-Gen; Festlegung von Grenzwerten für Rundköpfigkeit und Verkürzung von Gesichtsknochen; Zuchtverbot gegen eine Übertypisierung zu schlaffer und faltiger Haut; Selektion gegen Schnellwüchsigkeit; grundsätzlicher Verzicht auf die Verpaarung von Verwandten, zumindest aber von engen Verwandten (vgl. Qualzuchtgutachten S. 15–35).

15   **Verbote mit Bezug auf Katzen:** Zuchtverbot für kurzschwänzige oder schwanzlose Manx- und Cymric-Katzen (Begr.: u. a. ist der Schwanz zum Ausbalancieren und als Kommunikationsmittel nötig). Zuchtverbot für weiße Tiere, deren Fellfarbe durch das Gen W determiniert ist (Begr.: Gefahr von Schwerhörigkeit bzw. Taubheit). Zuchtverbot für weiße Tiere mit Hör- oder Sehschäden. Zuchtverbot für Tiere mit Fd-Gen-determinierten Kippohren (Begr.: Ohren dienen als Signalgeber bei sozialen Kontakten). Zuchtverbot für Tiere, bei denen die Tasthaare fehlen (denn diese sind ein wesentliches Sinnesorgan der Katze). Zuchtverbot für Rex- und Sphinxkatzen, bei denen die Tasthaare stark verkürzt oder gekräuselt sind. Zuchtverbot bei Polydaktylie (d. h. bei überzähligen Zehen an den Pfoten). Zuchtverbot für extrem kurznasige Tiere. Zuchtverbot für brachyzephale, d. h. kurzköpfige Tiere mit Geburtsstörungen oder Anomalien im Bereich des Gesichtsschädels, insbes. verkürztem Oberkiefer, verengten Tränennasenkanälen oder verengten oberen Atemwegen. Zuchtverbot für Tiere mit einwärts gedrehtem Augenlidrand (Begr.: Irritationen der Horn- und Bindehaut). Zuchtverbote für Träger einer der folgenden Anomalien und bekannte Träger des Defektgens: Beidseitige Linsentrübung mit Sehstörungen, Chediak-Higashi-Syndrom, progressive neurale Funktionsstörungen, Hämophilie, Hernia cerebri, Zwerchfellhernie, Knickschwanz, Kängurubeine, lysosomale Speicherkrankheit, Muskeldystrophie, polyzystische Nierenerkrankung, progressive Retina-Atrophie, Zahnfehler. Zuchtverbot für Tiere mit einem der folgenden oligogen oder polygen vererbten Einzeldefekte: Gesichtsspalten, Hüftgelenkdysplasie, Key-Gaskell-Syndrom, Knochenbrüchigkeit sowie Bänderschwäche, Patellaluxation. – **Weitere Empfehlungen** lauten u. a.: kurzschwänzige Japanese Bobtail-Katzen sind vor der Zulassung zur Zucht auf eine gesteigerte Schmerzempfindlichkeit im Schwanzbereich sowie auf mögliche Wirbelverwachsungen zu untersuchen. Genanalyse bei weißen Katzen, sofern nicht ausgeschlossen werden kann, dass die Fellfarbe durch das Gen W determiniert ist (zu Gehörschäden bei weißen Katzen vgl. auch

Qualzüchtung § 11 b TierSchG

AG Kassel NStE Nr. 1 zu § 11 b TierSchG); audiometrische und ophtalmologische Untersuchung weißer bzw. vorwiegend weißer Katzen vor der Zulassung zur Zucht; Änderung des Rassestandards bei Rex- und Sphinx-Katzen zur Vermeidung von Tieren, bei denen die Tasthaare stark verkürzt oder gekräuselt sind; Verzicht auf Zucht mit Trägern des Merkmals „Kurzläufigkeit" (vgl. Qualzuchtgutachten S. 36–53; zum Ganzen vgl. auch *Betz* DudT 2/1999, 8).

Verbote mit Bezug auf Kaninchen: Verbot der Verpaarung Schecke x Schecke (Begr.: erhöhte Jungtiersterblichkeit und Konstitutionsschwäche). Zuchtverbot für Zwerg x Zwerg unter 1,0 kg Lebendgewicht für ausgewachsene Tiere (Begr.: homozygote Zwergkaninchen sind nicht lebensfähig, heterozygote Tiere weisen viele Krankheitsdispositionen auf). Verbot der Erzeugung von Typenschecken als Zwerge. Zuchtverbot für Kaninchen mit Zahnanomalien bzw. Störungen des Tränenabflusses. Zuchtverbot für Träger einer der folgenden Anomalien und bekannte Träger des Defektgens: Schüttellähmung, spastische Spinalparalyse, Spaltbildung im Rückenmark. Zuchtverbot für Widderkaninchen, deren Ohrspitzen in Kauerstellung den Boden berühren (Begr.: Bewegungseinschränkung und hohe Verletzungsgefahr). Zuchtverbot für Tiere mit extremer Rundköpfigkeit oder Verkürzung eines Kiefers (Begr.: u. a. findet infolge der Kieferverkürzung kein ausreichender Abrieb der Schneidezähne statt). – **Weitere Empfehlungen** lauten u. a.: Vermeidung der Verpaarung von Verwandten, zumindest aber von engen Verwandten; Festlegung einer maximalen Ohrlänge, die so zu wählen ist, dass Bewegungseinschränkung und Verletzungsgefahr nicht gegeben sind (vgl. Qualzuchtgutachten S. 54–60). 16

Verbote mit Bezug auf Vögel: Zuchtverbot für seidenfiedrige **Tauben** (Begr.: eingeschränktes Flugvermögen bzw. Flugunfähigkeit). Verbot der Verpaarung von Tauben, die beide Träger des „Almond"-Gens oder des „Dominant-Opal"-Gens sind (Begr.: prä- und postnatale Jungtierverluste; häufiges starkes Kopfzittern). Zuchtverbot für Tauben mit sicht- und/oder atmungsbehindernden Schnabelwarzen und Augenringen. Zuchtverbot für Tauben mit erweiterten Kropfsäcken oder Hängekröpfen (Begr.: Kropfwandentzündungen infolge Fehlgärung und Fäulnisbildung von Kropfinhalt). Zuchtverbot für Tauben mit Anzeichen degenerativer Gelenkerkrankungen. Zuchtverbot für Tauben mit extremer Schnabelverkürzung oder Schnabelmissbildung. Zuchtverbot für Bodenpurzler (Begr.: eingeschränktes Flugvermögen bzw. Flugunfähigkeit). Zuchtverbot für durch Federhauben oder Federwirbel sichtbehinderte Haustauben. – Zuchtverbot für **Enten** mit Anzeichen degenerativer Gelenkerkrankungen und/oder Gleichgewichtsstörungen. – Zuchtverbot für **Hühner** mit Ohrbommeln (Begr.: hohe Embryonalsterblichkeit und signifikant gesteigerte Jungtiermortalität). Verbot der Verpaarung von Hühnern, die in beiden Geschlechtern den Krüper-Faktor, der eine Verkürzung der Läufe bewirkt, besitzen (Begr.: hohe Embryonalsterblichkeit). Zuchtverbot für durch Federhauben sichtbehinderte Haushühner. – Verbot der Verpaarung von **Zebrafinken**, die beide das Gen für die Ausbildung einer Federhaube oder das „Dominant-Pastell"-Gen oder das „Wangen"-Gen besitzen (Begr.: die beiden erstgenannten Gene stellen bei Homozygotie einen Letalfaktor dar und das „Wangen"-Gen 17 führt zu gehäuften Anomalien des optischen Apparats). – Verbot der Verpaarung von **Japanischen Mövchen**, die beide das Gen für die Ausbildung einer Federhaube oder einer Federrossette besitzen (Begr.: beide Gene stellen bei Homozygotie einen Letalfaktor dar). Zuchtverbot für Japanische Mövchen mit der Kombination Federhaube und Federrossette (Begr.: eingeschränktes Flugvermögen). – Verbot der Verpaarung von **Kanarienvögeln**, die beide das Gen für die Ausbildung einer Federhaube, das Gen für „intensive Gefiederfärbung" oder das Gen für „dominant weiße Gefiederfärbung" tragen (Begr.: diese Gene führen bei Homozygotie zu häufigem Embryonaltod). Zuchtverbot für rezessiv-weiße Kanarienvögel (Begr.: genetisch determinierte Störung des Vitamin-A-Stoffwechsels). Zuchtverbot für durch Federhauben bzw. übermäßige periokuläre Befiederung sichtbehinderte Kanarienvögel. Verbot der Verpaarung mangelhaft befiederter Kanarienvögel untereinander. – **Weitere Empfehlungen** lauten u. a.: Begrenzung der Fußbefiederung bei **Tauben** auf ein Ausmaß, welches Verhaltens- und Lokomotionsbeeinträchtigungen vermeidet. Bezüglich der bei diversen Taubenrassen züchterisch geförderten unphysiologischen Stellung der Hintergliedmassen mit gestreckten Intertarsalgelenken wird „dringend empfohlen", nicht auf Merkmale zu züchten, die zu einer erhöhten Belastungsanfälligkeit führen. Bei Flugrollertauben Selektion auf vermindertes Flugrollverhalten, da Rollertauben grundsätzlich auch zu normalem Schlagflug befähigt sein müssen. Begrenzung von Federhauben und Federwirbelbildungen bei Tauben auf ein Ausmaß, welches keine Verhaltensbeeinträchtigungen in sich bergen darf. Schau-**Wellensittiche** dürfen nicht apathisch und nicht sichtbehindert sein. Sind bei einem Wellensittich-Zuchtpaar in der Nachzucht „feather duster" (= abnormales Federwachstum) aufgetreten, müssen die Elterntiere und auch die nicht geschädigten Nachkommen aus der Zucht genommen werden. Die Wammenausbildung bei Toulouser **Gänsen** darf nur einen Ausprägungsgrad erreichen, durch den Fortbewegung, Fortpflanzung und andere Funktionskreise des Normalverhaltens nicht beeinträchtigt werden. Eine bei **Enten** als Zuchtziel angestrebte extrem aufrechte Körperhaltung darf keine Disposition zu Schmerzen, Leiden oder Schäden in sich bergen, und es ist vorrangig auf den Erhalt der vollen Funktionalität von Körperteilen und Organen sowie harmonischen Körperbau zu achten. Bei **Hühnern**, insbes. Krüpern und Chabos, müssen Übertypisierungen hinsichtlich einer extremen Laufverkürzung mit daraus resultierenden Beeinträchtigungen arttypischer Verhaltensabläufe vermieden werden. Federhaubengrößen müssen auf ein Ausmaß beschränkt werden, welches das Verhalten nicht beeinträchtigt. Federbildungen unterhalb des Schnabelansatzes und an der Kehle müssen so beschaffen sein, dass eine Einschränkung des Sehfeldes ausgeschlossen werden kann. Die Fußbefiederung ist auf ein Ausmaß zu begrenzen, das Verhalten und Lokomotion nicht beeinträchtigt. Das Erzielen von Überlängen des Schwanzgefieders durch tierschutzwidrige Haltungsbedingungen (zB bei der Haltung von Onagadori-Hähnen in „Schrankkäfigen" auf Sitzstangen, weil bei Auslaufhaltung das Federwachstum stagnieren und die Federn in normalem Zyklus gemausert würden) ist unzulässig. Bei **Zebrafinken** sind übertypisierte Haubenbildungen, die zu Sichtbehinderungen führen, zu vermeiden, ebenso bei **Japani-**

Qualzüchtung § 11 b TierSchG

schen Mövchen. Auch bei der Zucht von **Kanarienvögeln** mit Federhaube oder mit Langfiedrigkeit ist zu beachten, dass eine Einschränkung des Gesichtsfeldes ausgeschlossen sein muss. Bezüglich „gebogener" Positurkanarienvögel (u. a. Gibber Italicus und Bossu Belge) wird „dringend empfohlen", nicht auf Merkmale zu züchten, die Symptome einer erhöhten Belastungsanfälligkeit darstellen (zB ständiges Stehen mit durchgedrückten Intertarsalgelenken und senkrechter Körperhaltung mit nach vorn gebogenem Hals). Wachstumsanomalien der Zehenkrallen (Korkenzieherkrallen) durch tierschutzwidrige Haltungsbedingungen, insbes. durch Sitzgelegenheiten mit zu geringem Durchmesser zu begünstigen, ist unzulässig (vgl. Qualzuchtgutachten S. 61–108; zum Ganzen vgl. auch *Möbius* DudT 5/1998, 22 f.).

VI. Weitere Fälle, in denen eine Verletzung von § 11 b Abs. 1 nahe liegt

Zahlreiche **Fälle von Qualzuchten** werden von *Bartels/Wegner* in: 18 „Fehlentwicklungen in der Haustierzucht" beschrieben. Folgende Beispiele, die sich zT mit den Verboten und Empfehlungen in Rn. 14 – 17 überschneiden, seien erwähnt: Zwergkaninchen (S. 3); extrem verzwergte Hunde mit Tendenzen zu Wasserköpfen und persistierenden Fontanellen (S. 5, 80); vollfleischige Schweine mit rasanten täglichen Zunahmen und hierdurch bedingter Krankheitsanfälligkeit und Beinschwäche (S. 9, 10; s. auch Rn. 19); Puten mit überbetonter Brustmuskulatur und dadurch hervorgerufener Unfähigkeit zu normaler Fortpflanzung (S. 9, 12; s. auch Rn. 21); großwüchsige, schwergewichtige und dadurch flugunfähige Gänse-, Enten- und Hühnerrassen (S. 9); große, breit- oder rundköpfige Schauwellensittiche mit Lethargie und Erkrankungsdispositionen (S. 10); auf „Doppellendigkeit" selektierte Fleischrinder mit regelmäßigen Schwergeburten und Kaiserschnittentbindungen (S. 11; vgl. dazu auch *Wegner* in: *Sambraus/Steiger* S. 557); Hunde und Katzen mit übertriebener Brachyzephalie (Kurzköpfigkeit) und/oder starker Gesichtsfaltenbildung (S. 13, 15); Haubenhühner und -tauben mit blasig aufgetriebenen Stirnbeinen (S. 15, 16); Goldfische mit Schädelveränderungen, abnorm verkleinerter Mundöffnung, gestauchter Wirbelsäule und/oder Blasenaugen, Teleskopaugen oder senkrecht nach oben stehenden Augen (S. 18, 24; vgl. dazu auch *Kölle/Hoffmann* in: DVG, Tierschutz und Tierzucht, S. 178); schwanzlose Kaulhühner mit erhöhter Kükenmortalität (S. 23); Broiler mit enormen täglichen Zunahmen und dadurch bewirkten Beinverdrehungen und Dyschondroplasie (S. 26; s. auch u. Rn. 22); Goldfische (insbes. Schleierschwänze und Triangel-Guppys) und Zuchtkarpfen mit überproportional vergrößerten Flossen (S. 28, 29; vgl. auch *Kölle/Hoffmann* aaO); Goldfische mit Epidermiswucherungen auf dem Kopf, sog. Kappenfische, Löwenköpfe oder Bullenköpfe (S. 36; vgl. auch *Kölle/Hoffmann* aaO); Angorakaninchen, Goldhamster und Meerschweinchen mit exzessiver Haarfülle (S. 37); Wellensittiche mit abnormem Federwachstum (S. 38); Hausenten mit Federhauben und hierdurch verursachten Abweichungen in der Schädel- und Hirnanatomie (S. 40; vgl. auch *Bartels* et al. in: DVG, Tierschutz und Tierzucht, S. 154 ff.); struppfiedrige, weitgehend flugunfähige Hühner (S. 48); Lockengänse mit eingeschränkter Vitalität und Fruchtbarkeit (S. 48); Nackthunde und Nacktkatzen (S. 49); farbverblasste Pelztiermutanten (S. 58); weiße, dadurch taube Hedlund-Nerze (S. 66); Appaloosa-Pferde mit Disposition zur Nachtblindheit (S. 66); Laufenten, die infolge unphysiologischer Stellung der Intertarsalgelenke „Weinflaschen auf Beinen" genannt werden (S. 71); gestreckte und gebogene Positurkanarienvögel mit hoher Erregbarkeit und schlechter Fruchtbarkeit (S. 71); zitterhalsige Haustauben (S. 72); hyperaggressive Hunde (S. 75 ff.).

19 **Qualzucht beim Schwein.** Die einseitige Züchtung auf beschleunigtes Wachstum, hohe Fleischfülle und hohen Magerfleischanteil bewirkt beim Mastschwein das gehäufte Auftreten von Belastungsmyopathien und Osteochondrosen. – Belastungsmyopathien äußern sich in Form von Todesfällen infolge von Herzinsuffizienz und kardiogenem Schock sowie in Muskeldegenerationen und -nekrosen und Fleischqualitätsmängeln. 15–30% der deutschen Schlachtschweine liefern minderwertiges PSE-Fleisch. Allein auf dem Transport sterben in Deutschland 0,5% der Tiere (zum Vergleich: In Dänemark züchtet man seit etwa zehn Jahren auf Stressresistenz unter Inkaufnahme kleinerer Koteletts mit der Folge, dass die Schlachttiertransportsterblichkeit dort mit 0,03% weniger als ein Zehntel beträgt; auch in England, Italien, den Niederlanden und Portugal ist sie deutlich niedriger; vgl. *Bickhardt* in: DVG, Tierschutz und Tierzucht, S. 97, 106). – Osteochondrosen entstehen, weil der beschleunigte Fleischansatz im 4. und 5. Lebensmonat mit täglichen Zunahmen von bis zu einem Kilogramm das jugendliche Skelett, das erst mit drei bis vier Jahren ausgereift wäre, überfordert. Folgen sind Schmerzvermeidungshaltungen, Bewegungsstörungen, Lahmheit („leg weakness") und später irreparable Arthrosen. – Eine wesentliche Ursache für diese Situation ist die Praxis vieler deutscher Handelsketten, Mastschweine nur dann in Markenfleischprogramme aufzunehmen, wenn sie im Alter von 175 Tagen 100 kg Lebendmasse mit einem Magerfleischanteil von über 52% und einem Kotelett-Durchmesser von über 57 mm aufweisen. Dieses Ziel ist nur noch durch Hybridzucht zu erreichen, bei der fruchtbare und relativ robuste Mutterlinien mit vollfleischigen, stressempfindlichen Vaterlinien kombiniert werden. – Die genannten negativen Folgen sind Schäden und verursachen großenteils auch Schmerzen. Erforderlich sind deshalb zumindest folgende Maßnahmen: 1. Vollständiger Verzicht auf Zuchttiere, die homozygote oder heterozygote Träger des an der Belastungsmyopathie beteiligten MHS-Gens sind; keine Zucht mehr mit Schweinen, die homo- oder heterozygot den mutierten Ryanodin-Rezeptor RYR 1 aufweisen. – 2. Einführung einer Leistungsprüfung und Zuchtwertschätzung hinsichtlich der Gliedmaßengesundheit; – 3. Vernünftige Begrenzung der Fleischfülle und des Magerfleischanteils (vgl. zum Ganzen: *Wendt* AtD 2001, 131 ff.; *Bickhardt* TU 1998, 129 ff.; *ders.* in: DVG, Tierschutz und Tierzucht, S. 98, 99; *Martens* in: Evang. Akademie Bad Boll, Tierversuche S. 97, 99; *von Wenzlawowicz* TU 1998, 122 ff.; *Idel* TU 1998, 84; *L/M* § 11 b Rn. 22; *Wegner* in: *Sambraus/Steiger* S. 558).

20 **Qualzucht bei der Milchkuh.** Die einseitige Leistungszucht auf hohe jährliche Milchmengenleistungen (der Durchschnitt lag 1994 bei 6000 l pro Jahr und beträgt jetzt bereits 7000 l; vgl. Bundestierärztekammer DTBl.

Qualzüchtung § 11 b TierSchG

2001, 1222) hat bei Milchkühen zu einem starken Anstieg der vorzeitigen Abgänge infolge von Stoffwechsel- und Fruchtbarkeitsstörungen, Labmagenverlagerungen sowie Klauen-, Gliedmaßen- und Eutererkrankungen geführt. Mitursächlich sind Fütterungsfehler (hohe Kraftfutter- und niedrige Raufutteranteile) und Haltungsmängel (nicht oder nicht ausreichend eingestreute Liegebereiche trotz hoher Verletzungsanfälligkeit der Euter; Immunsuppression durch hohe Besatzdichten, fehlende Bewegung und mangelnde Klima- und Temperaturreize). – Zwischen 1960 und 1995 ist die jährliche Milchmengenleistung pro Kuh um 55% erhöht worden. In der gleichen Zeit haben sich die vorzeitigen Abgänge infolge von Fruchtbarkeitsstörungen um 51%, von Klauen- und Gliedmaßenschäden um 367% und von Eutererkrankungen um 600% erhöht (vgl. *Sommer* in: DVG, Tierschutz und Tierzucht, S. 83; *ders.* in: DudT 1/1994, 26, 28). In Hochleistungsherden leidet mittlerweile jede dritte bis vierte Kuh an akuten oder chronischen Euterentzündungen, denn die enorme Milchleistung wird aus gewaltig vergrößerten Drüsen erbracht, die anfällig für Traumatisierungen, Verschmutzungen und Erregereintritt sind. Diese Entzündungen sind zweifellos schmerzhaft (*Wegner* in: *Sambraus/Steiger* S. 556, 557). Labmagenverlagerungen betreffen in manchen Beständen bereits 25% der Tiere. – Dieser Trend in der Zucht ist zugleich extrem unwirtschaftlich: Die durchschnittliche Nutzungsdauer von Kühen in Hochleistungsherden beträgt etwa 3,6 Jahre, weil viele Tiere wegen Krankheit oder Sterilität vorzeitig geschlachtet werden. Demgegenüber liegt die mittlere Nutzungsdauer einer Kuh bei altersbedingtem Abgang bei etwa 8,6 Jahren. Bei vorzeitigem Abgang entgehen also dem Landwirt fünf Jahre Nutzungsdauer, d.h. bis zu 40000 kg Milch; hinzu kommen die Kosten für tierärztliche Behandlungen und Bestandsergänzung. – § 11 b erfordert ein Abgehen von den bisherigen Zuchtzielen zugunsten einer Selektion auf Langlebigkeit, hohe Lebensleistung, Krankheitsresistenz und flache Laktationskurven (vgl. *Lotthammer* TU 1999, 544 ff.; *Winckler/Breves* TU 1998, 119 ff.; *Wegner* aaO).

Qualzucht bei der Pute. Puten werden auf schnelles Wachstum, hohes 21 Endgewicht und Überbetonung der Brustmuskulatur gezüchtet. Während ein wilder Truthahn mit ca. 26 Wochen ein Endgewicht von 7 kg erreicht, wiegt ein B.U.T Big 6-Truthahn bei Mastende nach 22 Wochen ca. 21 kg und hat einen Brustmuskelanteil (ohne Haut und Knochen) von 23–28% seines Lebendgewichts. – Folgen: Analog zum Schwein entstehen Myopathien. Zudem führt der hohe Brustmuskelanteil zu einer Verlagerung des Körperschwerpunkts nach vorn-unten. Dies bewirkt u.a. die Unfähigkeit zu normaler Fortpflanzung. Gleichzeitig werden die Oberschenkel durch das hohe Gewicht nach außen gedrückt und die Kniegelenke unphysiologisch belastet, so dass Gelenk-, Knochen- und Knorpelschäden epidemische Ausmaße annehmen und die Mehrzahl der Tiere chronisch leidet (vgl. *Wegner* in: *Sambraus/Steiger* S. 560). – Nach Untersuchungen, die in der Schweiz durchgeführt worden sind, haben 85–97% der B.U.T. 9-Hähne und der B.U.T. Big 6-Hähne bei Mastende keine normale Beinstellung und Fortbewegung mehr und leiden an tibialer Dyschondroplasie (= unvollständige Verknöcherung der Unterschenkelknochen). Zusätzlich zu der be-

§ 11 b TierSchG *Tierschutzgesetz*

hinderten Lokomotion treten weitere Verhaltensstörungen auf: Erhöhte Sitzstangen können nicht mehr auf natürliche Weise erreicht werden; wegen der Brustbreite lassen sich nicht mehr alle Körperteile mit dem Schnabel erreichen und arttypisch putzen; das häufige gewichtsbedingte Liegen auf der feuchten Einstreu bedingt die Bildung von Brustblasen (bei 20–35% der Tiere, vgl *Burdick* et al. S. 88). – Die zuchtbedingte Umgestaltung von Organen führt somit zu vielfältigen Schäden, die zum Teil mit Schmerzen verbunden sind. – Ob Vermehrungsbetriebe, die sich auf den Import von Eiern bestimmter Zuchtlinien beschränken und diese ausbrüten lassen, damit bereits Züchtung iS von Abs. 1 betreiben, hängt von der Definition des Begriffs „Züchten" ab: Verneinen wird man es, wenn man als Züchten nur die geplante Verpaarung von Tieren gelten lässt, denn diese wird in ausländischen Betrieben vorgenommen; bejahen wird man es, wenn man darunter jede vom Menschen bewusst und gewollt herbeigeführte Vermehrung von Tieren versteht (s. Rn. 2). – Erforderlich ist eine Beschränkung auf langsam wüchsige Robustrassen und Zuchtlinien mit weniger hohem Endgewicht und geringerem Brustmuskelanteil (vgl. dazu die Beispiele bei *Hirt* TU 1998, 137 und 139). Die tatsächliche Entwicklung verläuft indes gegenteilig: Bei der B.U.T. Big 6 plus Hybride hat der Brustfleischanteil um weitere 5% zugenommen (vgl. *Hirt* aaO; vgl. auch *Oester/Fröhlich* in: *Sambraus/Steiger* S. 209, 210; *Burdick* et al. S. 88; *Wegner* aaO).

22 **Qualzucht beim Masthuhn.** – Auch bei Masthühnern („Broilern") wird vorrangig auf hohes Jugendkörpergewicht, extrem schnelles Muskelwachstum und die Ausbildung großer Muskelpartien an Brust und Schenkel gezüchtet. Unter intensiver Kurzmast erreichen männliche Broiler in 35 Tagen durchschnittliche Lebendgewichte von 1,4 bis 1,6 kg, das entspricht täglichen Zunahmen von 40 bis 47 g. – Folgen: Skelettanomalien (die schnell wachsenden Tiere zeigen häufig eine Abknickung in Höhe des sechsten Brustwirbels, wobei dieser Wirbel verlagert und verdreht ist; dies bedingt dann eine schmerzhafte Einengung des Wirbelkanals); Beinschäden durch Knorpelstörungen und Knochenverformungen, weil das Knochenwachstum mit dem rasanten Muskelwachstum nicht Schritt halten kann; Herz-Kreislauf-Erkrankungen und zahlreiche Fälle von plötzlichem Herztod; zunehmende Verfettung (die Durchschnittswerte für Broiler nach sechs Wochen liegen bei 1,5–3,5% Abdominalfett, bei männlichen Legehybriden dagegen bei nur 0,2%). – „Innerhalb von fünf Wochen erreichen die Tiere das 40fache ihres Ausgangsgewichts. Herz und Knochen können bei dieser rasanten Fleischzunahme nicht mithalten, verkrüppelte Beine und Kreislaufstörungen sind die Folge" (aus: „Für ein Ethos der Mitgeschöpflichkeit", Wort der Kirchenleitung der Nordelbischen Evang.-Luth. Kirche zum 4. 10. 1998, zit. n. AKUT S. 48). – Durch die Umgestaltung von Organen kommt es neben den beschriebenen Schäden und Schmerzen zu Störungen im Verhalten: Schon im Alter von 5 Wochen verbringen Broiler mehr als 80% ihrer Zeit nur noch mit Sitzen und Liegen (Legehybriden dagegen nur 20%); Körperpflegeverhalten fällt mehr und mehr aus; der hohe Anteil an Sitzen und Liegen bewirkt Brustblasen und Brustbeindeformationen (s. auch § 17 Rn. 65). – § 11b erfordert die Verwendung von weniger schnellwüchsigen

Rassen. ZB haben Tiere aus den Herkünften ISA JA 57 und Sasso 551 geringere Tageszunahmen und dementsprechend weniger Schmerzen und Schäden. Weitere Abhilfe brächte die Erhöhung der Bewegungsaktivität durch Anreize zum Erkunden, durch Sitzstangen und geringere Besatzdichten (vgl. *Löhnert* et al. DtW 1996, 92 ff.; *Burdick* et al. S. 60/61; *Gerken* in: DVG, Tierschutz und Tierzucht, S. 116 ff.; *Reiter* et al. in: DVG, Tierschutz und Tierzucht, S. 162 ff.; *Wegner* aaO S. 560).

Qualzucht bei der Legehenne. Vorrangige Zuchtziele sind hohe Eizahl 23 und hohes Eigewicht (Legeleistung des asiatischen Bankivahuhnes: 6–12 Eier/Jahr; Legeleistung einer Hofhenne 1935: 108 Eier/Jahr; Legeleistung einer heutigen Hybridhenne 270–300 Eier/Jahr). – Folgen (die auch durch einseitige Ernährung, reizarme Umgebung und mangelnde Bewegung mitverursacht werden) sind u.a.: Fettlebersyndrom (Tiere aus Käfighaltung zeigen einen hohen Anteil an Leberrupturen); Knochenschwäche und Knochenverformungen; Bindegewebs- und Muskelschwäche; erhöhte Aggressivität bei Selektion auf Frühreife; zahlreiche Verhaltensstörungen (zu den häufigsten Todesursachen bei Käfighaltung s. auch TierSchNutztV, Vor §§ 12–17 Rn. 14). Möglicherweise besteht eine positive Korrelation zwischen hoher Legeleistung einerseits und Neigung zum Federpicken andererseits, insbesondere bei gleichzeitiger Selektion auf leichtes Körpergewicht. – Abhilfe: Haltungsbedingungen iS des § 2 Nr. 1 können viele dieser Folgen vermeiden oder abmildern (zu den Grundbedürfnissen s. TierSchNutztV § 13 Rn. 4–8). Einen großen Einfluss auf das Verhindern von Federpicken während der Aufzucht haben ein zum Staubbaden und Futtersuchen geeignetes Substrat, Beleuchtungsprogramme, die der Zuchtlinie angepasst sind sowie das Vorhandensein von erhöhten Sitzstangen (vgl. *Oester/Fröhlich* in: *Sambraus/ Steiger* S. 205).

VII. Das Unfruchtbarmachen nach Abs. 3

Nach **Abs. 3** kann die zuständige Behörde (s. § 15) das Unfruchtbarmachen anordnen. Gem. § 1 S. 2 muss dazu das im konkreten Fall schonendste Mittel gewählt werden; dies muss sowohl die Entscheidung über Kastration oder Sterilisation als auch die Auswahl der Methode steuern (zu den Nachteilen von Kastrationen bei Hunden vgl. *Etscheidt* Tierärztl. Praxis 2001, 152, 161).

VIII. Die Ausnahme nach Abs. 4

Der Begriff **Züchtung** ist vom **Tierversuch** abzugrenzen. Die Erzeugung einer transgenen Linie ist stets ein Tierversuch, der nach § 8 Abs. 1 der vorherigen Genehmigung bedarf; erst die Weiterzucht der transgenen Tiere ab der dritten Generation richtet sich nach den Zuchtvorschriften der §§ 11 ff. und damit auch nach § 11 b (vgl. BMVEL, Tierschutzbericht 1997, S. 110; s. auch § 7 Rn. 2). – Das Klonen fällt nur dann nicht unter die §§ 7 ff., wenn es durch Embryonensplitting geschieht; bei der Anwendung von Kerntransfertechniken liegt dagegen stets ein Tierversuch vor. Auch das

Embryonensplitting kann einen genehmigungspflichtigen Versuch darstellen; dies ist der Fall, wenn das Verfahren mit Abweichungen von der bereits erprobten Technik, die bei den Tieren zu erhöhten Schmerzen, Leiden oder Schäden führen können, oder im Rahmen eines übergeordneten tierexperimentellen Ansatzes durchgeführt wird (vgl. AVV Nr. 5.1; s. auch § 7 Rn. 2).

26 „**Für wissenschaftliche Zwecke notwendig**" muss die Züchtung oder die bio- oder gentechnische Maßnahme sein, wenn sie trotz Verstoßes gegen Abs. 1 oder Abs. 2 erlaubt sein soll. Im einzelnen ist dazu erforderlich: **1.** Es muss ein wissenschaftlicher Zweck verfolgt, d. h. ein über den gegenwärtigen Forschungsstand hinausreichender Erkenntnisgewinn im Hinblick auf eine noch nicht geklärte wissenschaftliche Fragestellung angestrebt werden (s. § 7 Rn. 1). **2.** Dieser Zweck muss sich einem der Sachgebiete nach § 7 Abs. 2 zuordnen lassen (s. § 7 Rn. 6–10). **3.** Die Züchtung bzw. die bio- oder gentechnische Maßnahme muss dazu unerlässlich sein; daran fehlt es, wenn sich der wissenschaftliche Zweck auch mit einer Alternativmethode oder einem Bündel solcher Methoden erreichen lässt, mögen diese auch mit einem erhöhten Kosten-, Arbeits- und/oder Zeitaufwand verbunden sein (s. § 7 Rn. 11–19). **4.** Sie muss auch ethisch vertretbar sein, d. h. ihr Nutzen muss die verursachten Schmerzen, Leiden und/oder Schäden überwiegen (s. § 7 Rn. 35–45). Nachdem der Tierschutz durch Art. 20a GG Verfassungsrang erlangt hat, müssen Begriffe wie „notwendig" oder „unerlässlich" sowohl instrumental (d. h. iS einer Prüfung alternativer Methoden) als auch final (d. h. iS einer Güter- und Interessenabwägung und eines Nutzen-Schaden-Übergewichts) ausgelegt werden. **5.** Kommt es als Folge der Züchtung bzw. der bio- oder gentechnischen Maßnahme auf Seiten der Tiere zu länger anhaltenden oder sich wiederholenden erheblichen Schmerzen oder Leiden, so ist dies nur rechtmäßig, wenn auch die Voraussetzungen für eine „qualifizierte ethische Vertretbarkeit" nach § 7 Abs. 3 S. 2 bejaht werden können (s. § 7 Rn. 47–50). **6.** Die Zufügung schwerer Schmerzen oder Leiden ist auch hier in aller Regel ethisch nicht vertretbar (s. § 7 Rn. 46; vgl. auch *Kluge/ Goetschel* § 11b Rn. 27).

IX. Die Verordnungsermächtigung nach Abs. 5

27 Durch **Rechtsverordnung nach Abs. 5** können die Qualzuchten nach Abs. 1 und Abs. 2 näher bestimmt sowie das Züchten mit bestimmten Arten, Rassen und Linien verboten oder beschränkt werden (vgl. dazu § 11 TierSchHundeV). Der Verordnungsgeber könnte damit im Heimtierbereich das Qualzuchtgutachten umsetzen und für den Nutztierbereich vergleichbare Anforderungen festlegen. Er muss sich (wie bei § 2a) darauf beschränken, den vom Gesetz vorgezeichneten Interessenausgleich nachzuzeichnen und zu konkretisieren, ohne ihn durch eigene Abwägungen zu ersetzen. Insbesondere ist zu beachten, dass für Nutztiere dieselben strengen Maßstäbe gelten wie für Heimtiere und dass es für Qualzuchten keine Rechtfertigung durch einen vernünftigen Grund geben kann (s. Rn. 7).

Abgabeverbot an Kinder § 11 c TierSchG

X. Ordnungswidrigkeiten; behördliches Einschreiten

Ordnungswidrigkeit. Der vorsätzliche Verstoß gegen Abs. 1 oder Abs. 2 wird mit Geldbuße bis zu 25 000 € geahndet (§ 18 Abs. 1 Nr. 22, Abs. 3; bei Fahrlässigkeit s. § 17 Abs. 2 OWiG). Für vorsätzliches Handeln ist ausreichend, dass der Täter mit der Möglichkeit des Eintritts der verbotenen Folge (zB mit der ernsthaften Möglichkeit, dass es zu einer Organumgestaltung und einem hierdurch verursachten Schmerz, Leid oder Schaden kommen könnte) gerechnet hat, mag er gleichwohl auf ihr Ausbleiben gehofft und vertraut haben. Fahrlässiges Handeln liegt vor, wenn er diese Möglichkeit zwar nicht erkannt hat, sie aber hätte erkennen können. – Sind erhebliche Schmerzen, Leiden oder Schäden eingetreten, so kann auch eine Ordnungswidrigkeit nach § 18 Abs. 1 Nr. 1 sowie (bei anhaltender Dauer) eine Straftat nach § 17 Nr. 2b vorliegen. Zu beachten ist, dass § 18 Abs. 1 Nr. 22 die Sanktion weit nach vorne verlegt: Der Bußgeldtatbestand ist bereits mit der Züchtung bzw. der bio- oder gentechnischen Maßnahme vollendet, selbst wenn die zu erwartenden negativen Folgen noch nicht eingetreten sind bzw. ganz ausbleiben. Zur Einziehung s. § 19. 28

Bei begangenen oder drohenden bevorstehenden Verstößen findet außerdem § 16a S. 1 Anwendung (s. dort Rn. 1–8). – Ist jemand Inhaber einer Erlaubnis nach § 11, so kann ein von ihm vorsätzlich oder fahrlässig zu verantwortender Verstoß gegen § 11b Anlass sein, die Erlaubnis nach § 49 Abs. 2 Nr. 3 VwVfG zu widerrufen. – Steht ein Verstoß im Zusammenhang mit einem erlaubnisfrei ausgeübten Gewerbe, so kommt auch eine Gewerbeuntersagung nach § 35 GewO durch die hierfür zuständige Behörde in Betracht. 29

XI. Europäisches Recht

Nach **Nr. 20 des Anhangs zur Richtlinie 98/58/EG** des Rates v. 20. 7. 1998 über den Schutz landwirtschaftlicher Nutztiere (ABl. EG Nr. L 221 S. 23) gilt: „Natürliche oder künstliche Zuchtmethoden, die den Tieren Leiden oder Schäden zufügen oder zufügen können, dürfen nicht angewendet werden. Diese Bestimmung schließt nicht die Anwendung bestimmter Verfahren aus, die vermutlich nur geringe oder vorübergehende Leiden oder Verletzungen verursachen, oder die Maßnahmen erforderlich machen, die vermutlich keinen dauerhaften Schaden verursachen, sofern dies gemäß den einzelstaatlichen Vorschriften zulässig ist." Damit verstoßen Nutztierzuchten, die voraussehbar zu Schmerzen, zu anhaltenden Leiden oder zu dauerhaften Schäden bei den Tieren führen, auch gegen die Mindestvorgaben des europäischen Rechts (s. Rn. 19–23; zum Verhältnis zwischen solchen Richtlinien und dem nationalen Tierschutzrecht s. auch § 2 Rn. 39). 30

§ 11 c [Abgabeverbot an Kinder]

Ohne Einwilligung der Erziehungsberechtigten dürfen Wirbeltiere an Kinder oder Jugendliche bis zum vollendeten 16. Lebensjahr nicht abgegeben werden.

§ 12 TierSchG *Tierschutzgesetz*

1 **Zweck der Vorschrift.** Wenn Kinder oder Jugendliche gegen den Willen ihrer Erziehungsberechtigten ein Tier erwerben, so ist dessen verhaltensgerechte Unterbringung und artgemäße Ernährung und Pflege (§ 2) wegen des Widerstandes der Sorgerechtsinhaber gegen den Erwerb nicht gewährleistet (vgl. *L/M* § 11 c Rn. 1; vgl. auch Art. 6 des Europ. Heimtierübereinkommens).

2 **Begriffe.** Wirbeltiere s. § 4 Rn. 1; die frühere Unterscheidung warmblütig/kaltblütig ist seit dem ÄndG 1998 entfallen. Besonders häufig sind Verstöße bei Kleintieren wie Mäusen, Hamstern etc. Bedauerlich ist, dass infolge der Beschränkung auf Wirbeltiere jedes Kind problemlos mit seinem Taschengeld (giftige) Spinnen, Skorpione oder andere Wirbellose erwerben kann. – Einwilligung meint die vorherige Zustimmung, vgl. § 183 BGB. Sie kann noch nicht darin gesehen werden, dass das Kind oder der Jugendliche über das nötige Taschengeld zum Einkauf des Tieres verfügt. – Zustimmen muss der Inhaber des Personensorgerechtes. – Abgabe ist das Übertragen des unmittelbaren Besitzes. Auf Inhalt und Wirksamkeit des zugrundeliegenden Rechtsgeschäfts kommt es nicht an. Neben einem Verkauf werden also auch Schenkung, Vermietung, Leihe usw. erfasst. – Die Vorschrift ist verletzt, wenn der Jugendliche im Zeitpunkt der Besitzerlangung noch nicht das 16. Lebensjahr vollendet hat.

3 **Rechtsfolgen eines Verstoßes.** Der Abgebende begeht eine Ordnungswidrigkeit nach § 18 Abs. 1 Nr. 23 (Fahrlässigkeit genügt, zB fahrlässige Fehleinschätzung des Alters des Empfängers). Der schuldrechtliche Vertrag ist, wenn er eine Verpflichtung zur Abgabe an das Kind bzw. den Jugendlichen begründet, nichtig, § 134 BGB. Gleiches gilt für die Übereignung.

Neunter Abschnitt. Verbringungs-, Verkehrs- und Haltungsverbot

§ 12

(1) Wirbeltiere, an denen Schäden feststellbar sind, von denen anzunehmen ist, dass sie durch tierschutzwidrige Handlungen verursacht worden sind, dürfen nicht gehalten oder ausgestellt werden, soweit dies durch Rechtsverordnungen nach Absatz 2 Nr. 4 oder 5 bestimmt ist.

(2) ¹Das Bundesministerium wird ermächtigt, durch Rechtsverordnung mit Zustimmung des Bundesrates, soweit es zum Schutz der Tiere erforderlich ist,

1. das Verbringen von Tieren oder Erzeugnissen tierischer Herkunft aus einem Staat, der nicht der Europäischen Gemeinschaft angehört, in das Inland (Einfuhr) von der Einhaltung von Mindestanforderungen hinsichtlich der Tierhaltung oder des Tötens von Tieren und von einer entsprechenden Bescheinigung abhängig zu machen sowie deren Inhalt, Form, Ausstellung und Aufbewahrung zu regeln,
2. die Einfuhr bestimmter Tiere von einer Genehmigung abhängig zu machen,

Verbringungs-, Verkehrs- und Haltungsverbot § 12 TierSchG

3. das Verbringen bestimmter Tiere aus dem Inland in einen anderen Staat zu verbieten,
4. das Verbringen von Wirbeltieren in das Inland oder das Halten, insbesondere das Ausstellen von Wirbeltieren im Inland zu verbieten, wenn an den Tieren zum Erreichen bestimmter Rassemerkmale tierschutzwidrige Handlungen vorgenommen worden sind oder die Tiere erblich bedingte körperliche Defekte, Verhaltensstörungen oder Aggressionssteigerungen im Sinne des § 11 b Abs. 1 oder 2 Buchstabe a aufweisen oder soweit ein Tatbestand nach § 11 b Abs. 2 Buchstabe b oder c erfüllt ist,
5. das Halten von Wirbeltieren, an denen Schäden feststellbar sind, von denen anzunehmen ist, daß sie den Tieren durch tierschutzwidrige Handlungen zugefügt worden sind, zu verbieten, wenn das Weiterleben der Tiere nur unter Leiden möglich ist,
6. vorzuschreiben, daß Tiere oder Erzeugnisse tierischer Herkunft nur über bestimmte Zollstellen mit zugeordneten Überwachungsstellen eingeführt oder ausgeführt werden dürfen, die das Bundesamt für Verbraucherschutz und Lebensmittelsicherheit im Einvernehmen mit dem Bundesministerium der Finanzen im Bundesanzeiger bekannt gemacht hat; das Bundesministerium der Finanzen kann die Erteilung des Einvernehmens auf Mittelbehörden seines Geschäftsbereichs übertragen.

²Eine Rechtsverordnung nach Satz 1 Nr. 1 bis 5 kann nicht erlassen werden, soweit Gemeinschaftsrecht oder völkerrechtliche Verpflichtungen entgegenstehen.

Übersicht

Rn.

I. Das Haltungs- und Ausstellungsverbot nach Abs. 1 1–3
   1. Entstehungsgeschichte 1
   2. Tatbestandsmerkmale 2
   3. Rechtsfolgen 3
II. Die Rechtsverordnungen nach Abs. 2 4–10

I. Das Haltungs- und Ausstellungsverbot nach Abs. 1

1. Entstehungsgeschichte

In der Fassung des Tierschutzgesetzes von 1972 enthielt § 12 das unmittelbar wirkende gesetzliche Verbot, Wirbeltiere, die durch tierschutzwidrige Handlungen geschädigt waren, in den Geltungsbereich dieses Gesetzes zu verbringen oder dort gewerbsmäßig in den Verkehr zu bringen oder gewerbsmäßig zu halten, wenn ihr Weiterleben infolge der Schäden nur unter Leiden möglich war. Auch im ÄndG 1998 war für solche Tiere ein Haltungs- und Ausstellungsverbot bestimmt. Mit der Änderung durch Art. 2 Nr. 2 des Gesetzes zur Bekämpfung gefährlicher Hunde v. 12. 4. 2001 wurde jedoch klargestellt, „dass die Entscheidung über ein Haltungsverbot dem Verordnungsgeber überlassen bleibt" (BT-Drucks. 14/4451 S. 10). Der Bundesrat hatte zwar versucht, ein unmittelbar kraft Gesetzes geltendes

§ 12 TierSchG *Tierschutzgesetz*

Haltungs- und Ausstellungsverbot durchzusetzen, verbunden mit der Möglichkeit, durch Rechtsverordnung Ausnahmen hiervon zu bestimmen; er konnte sich aber nicht durchsetzen (vgl. BT-Drucks. 14/4451 S. 14, 18). – Abs. 1 enthält damit kein unmittelbar wirkendes gesetzliches Verbot mehr, sondern nur noch eine Ermächtigungsgrundlage zum Erlass einer Rechtsverordnung.

2. Tatbestandsmerkmale

2   Wirbeltier s. § 4 Rn. 1. – An dem Tier müssen sich Schäden feststellen lassen (s. § 1 Rn. 24). Ein einzelner physischer oder psychischer Schaden genügt. Beispiele: kupiertes Ohr, kupierter Schwanz, Wunde, Prellung, unnatürliche Aggression, voroperiertes Versuchstier. Auch Verhaltensstörungen oder andere Anomalien sind Schäden. – Die dafür vermutlich ursächliche Handlung muss tierschutzwidrig sein. Dies kann sich daraus ergeben, dass gegen eine Spezialvorschrift des Tierschutzgesetzes, insbes. gegen die §§ 2, 3, 6 oder 11b verstoßen wurde, aber auch daraus, dass die Schadenszufügung ohne vernünftigen Grund erfolgt ist, vgl. § 1 S. 2. Auch ein Verstoß gegen eine Rechtsverordnung reicht aus. Auf Verschulden kommt es nicht an, ebenso wenig darauf, wer den Verstoß begangen hat. Ist die schadensverursachende Handlung im Ausland vorgenommen worden, so ist ausreichend, dass mit ihr objektiv gegen eine dieser Vorschriften verstoßen worden ist, mag diese Vorschrift auch wegen des ausländischen Tatorts nicht unmittelbar anwendbar sein. – Anzunehmen ist eine solche Verursachung, wenn sie aufgrund konkreter Anhaltspunkte nahe liegt. Entscheidend hierfür kann insbesondere die Art des Schadens sein. Weder bedarf es einer an Sicherheit grenzenden noch einer überwiegenden Wahrscheinlichkeit. Ausreichend ist bereits, dass kein Anhaltspunkt für eine andere Entstehung des Schadens verbleibt (vgl. *Lorz* § 12 Rn. 9).

3. Rechtsfolgen

3   Durch Rechtsverordnung nach Abs. 2 Nr. 4 oder Nr. 5 kann das Halten und das Ausstellen solcher Tiere verboten werden. Zweck einer solchen Regelung ist, keinen Anreiz für weitere derartige Vorschädigungen entstehen zu lassen und der Gefahr einer negativen Vorbildwirkung entgegenzuwirken. Diese Gefahr besteht sicherlich beim Ausstellen (= Zur-Schau-Stellen, s. § 3 Rn. 31). Dagegen müsste sich ein Verbot des Haltens aus Gründen der Verhältnismäßigkeit auf das gewerbsmäßige Halten, insbesondere das Aufkaufen und Weiterveräußern solcher Tiere beschränken, da hauptsächlich davon die o. e. Gefahren ausgehen (vgl. dazu *Kluge/von Loeper* § 12 Rn. 14–16).

II. Die Rechtsverordnungen nach Abs. 2

4   Rechtsverordnungen nach Abs. 2 sind nur möglich, soweit es „**zum Schutz der Tiere erforderlich**" ist (s. § 2a Rn. 8). Daraus ergeben sich u. a. folgende Anforderungen: 1. Alleinige Zielrichtung der Verordnung muss

Verbringungs-, Verkehrs- und Haltungsverbot § 12 TierSchG

der Tierschutz sein, d. h. der Schutz von Tieren vor vermeidbaren Schmerzen, Leiden oder Schäden sowie der Schutz vor nicht verhaltensgerechter Unterbringung, nicht artgemäßer Ernährung oder Pflege. Andere Rechtsgüter oder Interessen dürfen allenfalls als Reflexwirkung mittelbar geschützt werden; sobald aber ihr Schutz iS eines nicht nur nachrangigen Zweitziels angestrebt wird, bedarf es hierfür einer anderen Ermächtigung (vgl. *Dietz* NuR 1999, 681, 683; *L/M* § 12 Rn. 7; s. auch § 2 a Rn. 8). – 2. Eine Obergrenze für die Verwirklichung tierschützender Grundsätze wird nicht durch das Tierschutzgesetz bestimmt, sondern erst durch die Grundrechte der Halter und Nutzer. Diese dürfen nicht übermäßig eingeschränkt werden. Die einzelnen Regelungen müssen den ethisch begründeten Tierschutz bis zu dieser durch das Übermaßverbot gezogenen Grenze fördern (vgl. zu dem insoweit gleichlautenden § 2 a BVerfGE 101, 1, 36). Der Verordnungsgeber darf sich damit zwar auf Mindestanforderungen, nicht aber auf ein tierschutzrechtliches Minimalprogramm beschränken (BVerfGE aaO 33). – 3. Alle Regelungen der Verordnung müssen auf zutreffenden, vollständig ermittelten Tatsachen beruhen, dem aktuellen ethologischen Kenntnisstand Rechnung tragen und einer ordnungsgemäßen Güter- und Pflichtenabwägung entsprechen, die der Aufwertung des Tierschutzes durch Art. 20a GG Rechnung trägt. – 4. Abwägungen, die bereits vom Gesetzgeber vorgenommen worden sind, dürfen vom Verordnungsgeber zwar nachgezeichnet und konkretisiert, nicht aber zu Lasten der Tiere verändert oder neu durchgeführt werden. Die Verordnung muss zweifelsfrei dem besseren Schutz der Tiere dienen (vgl. *Kluge/von Loeper* § 12 Rn. 17; s. auch § 2 a Rn. 9).

Die **Ermächtigung nach Nr. 1** enthält eine Legaldefinition des Begriffes 5 „Einfuhr". – Erzeugnisse tierischer Herkunft sind zB: Körper toter Tiere; Körperteile einschl. Trophäen; Fleisch; Felle, Häute oder Pelze; Tierkonserven; Verarbeitungsprodukte wie Lederwaren, Schildpatt uÄ – Beispiele für Verordnungen nach Nr. 1 sind § 37 Abs. 1 Nr. 5 und § 37 Abs. 2 TierSchTrV (vgl. dazu auch die EU-Richtlinie zur Kälberhaltung, RL 91/629/EWG v. 19. 11. 1991 Art. 8; die EU-Richtlinie zur Schweinehaltung, RL 91/630/EWG v. 19. 11. 1991, ebenfalls Art. 8; die EU-Schlachtrichtlinie RL 93/119/EG v. 22. 12. 1993, Art. 15 Abs. 2). – Eine abschließende Regelung tierschutzrechtlich motivierter Einfuhrbeschränkungen enthält Abs. 2 nicht. Zu Einfuhrbeschränkungen aus Gründen des Artenschutzes vgl. insbes. die EU-Artenschutzverordnung Nr. 338/97 v. 9. 12. 1996 über den Schutz von Exemplaren wildlebender Tier- und Pflanzenarten (ABl. EG 1997 Nr. L 61 S. 1 ff.) sowie das Bundesnaturschutzgesetz.

Die **Ermächtigung nach Nr. 2** erfasst ebenso wie Nr. 1 auch die 6 Durchfuhr, denn diese ist Einfuhr mit nachfolgender Ausfuhr. **Nr. 3** betrifft das Verbringen in jeden anderen Staat, also auch in einen EU-Mitgliedstaat.

Nach **Nr. 4** ist es möglich, bei Wirbeltieren das Halten, das Ausstellen 7 und das Verbringen ins Inland (sei es aus einem EU-Mitgliedstaat oder einem Drittstaat) zu verbieten, wenn einer der folgenden Tatbestände erfüllt ist: An dem Tier sind aus modischen Gründen tierschutzwidrige Handlungen vorgenommen worden (zu „tierschutzwidrig" s. Rn. 2); das Tier stellt eine Qualzucht nach § 11 b Abs. 1 dar (s. dort Rn. 2–10); das Tier weist erblich bedingte Verhaltensstörungen oder Aggressionssteigerungen nach § 11 b

§ 12 TierSchG *Tierschutzgesetz*

Abs. 2 lit. a auf (s. dort Rn. 11; s. auch § 3 Rn. 52); an dem Tier ist einer der Tatbestände nach § 11 b Abs. 2 lit. b oder c erfüllt (s. dort Rn. 12, 12 a).

7a Nr. 4 enthält **keinen Verstoß gegen Gemeinschafts- oder Völkerrecht** (vgl. Abs. 2 S. 2). Zwar stellt das Verbringungsverbot eine Einfuhrbeschränkung iS des Art. 28 EG-Vertrag (EGV) dar, und es lässt sich auch vertreten, in dem Haltungs- und Ausstellungsverbot eine Maßnahme gleicher Wirkung zu sehen (vgl. *Ziekow* NuR 1999, 674, 677). Die vorgesehenen Verbote sind jedoch nach Art. 30 EGV gerechtfertigt, denn sie dienen dem Schutz von Tieren auf dem deutschen Staatsgebiet und sind dazu sowohl geeignet als auch erforderlich und verhältnismäßig. – Im einzelnen: **1.** Der Schutzbereich des Art. 30 EGV umfasst nicht nur die Existenz von Tieren, sondern auch deren Wohlbefinden und Unversehrtheit. Deshalb kann ein EU-Mitgliedstaat Tätigkeiten unterbinden, die für Tiere mit Leiden verbunden sind oder deren natürliches Verhalten beeinflussen können (vgl. *Schwarze/Becker* EU-Kommentar Art. 30 Rn. 18). Der notwendige Bezug des Verbotes zum eigenen Staatsgebiet ergibt sich hier daraus, dass sich als Folge der Verbringung Tiere im Inland befinden, die zum Zweck der Erreichung eines vermeintlichen Rassestandards oder durch Züchtung beschädigt worden sind, und dass dieser im Ausland herbeigeführte Zustand im Inland perpetuiert wird. Zugleich erwächst aus der Verbringung, der Haltung und/oder Ausstellung solcher Tiere die Gefahr einer negativen Vorbildwirkung, die zu Schädigungen anderer Tiere im Inland führen kann. Eine „mehr oder weniger" aktuelle Gefahr für den bezweckten Tierschutz reicht für Maßnahmen nach Art. 30 EGV aus (vgl. dazu EuGH Rs. C 67/97, Slg. 1998 I – 8053, 8066). – **2.** Die Verbote sind auch geeignet und erforderlich, da weniger belastende Alternativen, die der Perpetuierung dieses rechtswidrigen Zustandes und der Gefahr der negativen Vorbildwirkung mit gleicher Effektivität begegnen könnten, nicht ersichtlich sind. Dies gilt nicht nur für das Haltungs- und Ausstellungsverbot (so aber *Ziekow* aaO 680), sondern auch für das Verbot der Verbringung ins Inland, denn wenn die Tiere erst einmal im Land sind, können Haltungsverbote nicht immer durchgesetzt werden (wo sollen die Tiere hin?). Außerdem besteht bei erlaubter Einfuhr solcher Tiere das erhebliche Restrisiko eines „Kupiertourismus" mit Hunden und eines sich bildenden Schwarzmarkts. Art. 30 EGV lässt grundsätzlich alle Maßnahmen zu, mit denen einer Gefahr wirksam und vollständig begegnet werden kann. – **3.** Das Verbringungs- und das Ausstellungsverbot ist auch verhältnismäßig ieS, zumal das Verbot der Tierschädigung aus modischen Gründen nicht nur dem nationalen, sondern auch dem europäischen Tierschutzstandard entspricht (vgl. dazu Art. 5 und Art. 10 des Europäischen Heimtier-Übereinkommens). Der freie Warenverkehr mit Tieren, die entgegen einem transnational vereinbarten Tierschutzstandard geschädigt worden sind, kann keinen Vorrang gegenüber dem Tierschutz genießen. Allerdings kann ein Haltungsverbot, das sich nicht auf gewerbsmäßige Haltungsformen (insbes. den gewerblichen Ein- und Verkauf) beschränkt, einen unverhältnismäßigen Eingriff in Art. 14 GG und überdies einen Verstoß gegen Art. 20 a GG darstellen (vgl. dazu *Kluge/von Loeper* § 12 Rn. 14–16).

8 Auch der **Ermächtigung nach Nr. 5** steht Art. 28 EGV nicht entgegen. Das Interesse, dass durch tierschutzwidriges Vorverhalten geschädigte Tiere, die sich im Inland befinden, nicht leiden sollen, gehört zu den Schutzgütern des Art. 30 EGV, und ein gleich effektives, den freien Warenverkehr weniger beeinträchtigendes Mittel ist nicht ersichtlich. – Im Licht von Art. 20a GG und des § 1 S. 2 wird man allerdings das Merkmal „Leiden" dahin auszulegen haben, dass nur nicht behebbare Leiden ein Haltungsverbot rechtfertigen können (vgl. dazu *Kluge/von Loeper* § 12 Rn. 19; s. auch o. Rn. 2, 3).

Auf der **Ermächtigung nach Nr. 6** beruhen die §§ 33a und 36a TierSchTrV (vgl. BR-Drucks. 1005/98 S. 14, 15). Zur besseren Kontrollierbarkeit ist es erforderlich, die Ein- und Ausfuhr auf bestimmte, personell und sachlich entsprechend ausgestattete Grenzübergänge zu beschränken (vgl. BT-Drucks. 13/7015 S. 23). 9

Mit **Abs. 2 S. 2** wird etwas Selbstverständliches klargestellt: Keine Regelung darf gegen Gemeinschaftsrecht (insbesondere den EG-Vertrag sowie Verordnungen und Richtlinien der EU) und gegen das Völkerrecht verstoßen. Bei EU-Verordnungen und EU-Richtlinien ist aber stets zu prüfen, ob diese nur einen Mindeststandard aufstellen, der vom nationalen Gesetz- und Verordnungsgeber im Interesse der Tiere überschritten werden darf. – Ein- und Ausfuhrbeschränkungen, die durch Art. 30 EGV oder durch sog. zwingende Erfordernisse iS der Cassis-de-Dijon-Formel des EuGH (Rs. 120/78, Slg. 1979, 649) gerechtfertigt sind, stellen idR auch keinen Verstoß gegen das GATT dar, weil dort vom Grundsatz des freien Warenverkehrs dieselben Ausnahmen vorgesehen sind (vgl. dazu *Nentwich* in: *Harrer/Graf* S. 108 f.). 10

Zehnter Abschnitt. Sonstige Bestimmungen zum Schutz der Tiere

§ 13

(1) ¹Es ist verboten, zum Fangen, Fernhalten oder Verscheuchen von Wirbeltieren Vorrichtungen oder Stoffe anzuwenden, wenn damit die Gefahr vermeidbarer Schmerzen, Leiden oder Schäden für Wirbeltiere verbunden ist; dies gilt nicht für die Anwendung von Vorrichtungen oder Stoffen, die auf Grund anderer Rechtsvorschriften zugelassen sind. ²Vorschriften des Jagdrechts, des Naturschutzrechts, des Pflanzenschutzrechts und des Seuchenrechts bleiben unberührt.

(2) Das Bundesministerium wird ermächtigt, durch Rechtsverordnung mit Zustimmung des Bundesrates zum Schutz des Wildes Maßnahmen anzuordnen, die das Wild vor vermeidbaren Schmerzen oder Schäden durch land- oder forstwirtschaftliche Arbeiten schützen.

(3) ¹Das Bundesministerium wird ermächtigt, im Einvernehmen mit dem Bundesministerium für Wirtschaft und Technologie und dem Bundesministerium für Umwelt, Naturschutz und Reaktorsicherheit durch Rechtsverordnung mit Zustimmung des Bundesrates, soweit es zum Schutz der Tiere erforderlich ist, das Halten von Tieren wildlebender Arten, den Handel mit

§ 13 TierSchG *Tierschutzgesetz*

solchen Tieren sowie ihre Einfuhr oder ihre Ausfuhr aus dem Inland in einen Staat, der der Europäischen Gemeinschaft nicht angehört (Ausfuhr) zu verbieten, zu beschränken oder von einer Genehmigung abhängig zu machen. ²Als Genehmigungsvoraussetzung kann insbesondere gefordert werden, daß der Antragsteller die für die jeweilige Tätigkeit erforderliche Zuverlässigkeit und die erforderlichen fachlichen Kenntnisse und Fähigkeiten besitzt und nachweist sowie daß eine den Anforderungen des § 2 entsprechende Ernährung, Pflege und Unterbringung der Tiere sichergestellt ist. ³In der Rechtsverordnung können ferner Anforderungen an den Nachweis der erforderlichen Zuverlässigkeit und der erforderlichen fachlichen Kenntnisse und Fähigkeiten nach Satz 2 festgelegt sowie das Verfahren des Nachweises geregelt werden.

Übersicht

	Rn.
I. Das Verbot nach Abs. 1	1–5
II. Das Verhältnis von Abs. 1 zu anderen Rechtsvorschriften, insbes. aus dem Jagd-, Naturschutz-, Pflanzenschutz- und Seuchenrecht	6, 7
III. Einzelne Sachgebiete	8–13
IV. Die Ermächtigungsgrundlage nach Abs. 2	14, 15
V. Die Ermächtigungsgrundlage nach Abs. 3	16–18
VI. Ordnungswidrigkeiten und Straftaten	19

I. Das Verbot nach Abs. 1

1 **Zweck der 1986 eingefügten Vorschrift** ist die Schaffung einer Rechtsgrundlage, um gegen die Verwendung von Vorrichtungen und Stoffen vorgehen zu können, die dem Fangen, Fernhalten oder Verscheuchen von Wirbeltieren dienen sollen, jedoch nicht den Anforderungen des Tierschutzes genügen (BT-Drucks. 10/3158 S. 28).

2 **Nur das „Wie", nicht auch das „Ob" des Fangens, Fernhaltens oder Verscheuchens von Wirbeltieren** wird hier geregelt. Ob die Maßnahme rechtmäßig ist, bestimmt sich nach anderen Vorschriften, zB – wenn das Tier getötet werden soll – nach § 17 Nr. 1. Beispiel: Ob man einen Fisch töten darf, richtet sich danach, ob hierfür ein vernünftiger Grund besteht (grds. ja, wenn die Verwendung als notwendiges Nahrungsmittel den einzigen Zweck bildet; nein, wenn es daneben auch um Sport, Wettkampf, Lust am Herausangeln oÄ geht, s. dazu § 17 Rn. 22, 23); wie die Tötung erfolgen darf, bestimmt sich nach § 4 Abs. 1 TierSchG i. V. m. §§ 1 Abs. 2 Nr. 4, 13 Abs. 5 TierSchlV und, wenn der Fisch vorher gefangen wird, nach § 13 Abs. 1.

3 **„Fangen"** bedeutet, dass ein Tier lebend in die Gewalt des Menschen gebracht wird. Mit **„Fernhalten"** wird bezweckt, dass Tiere einen bestimmten Ort nicht aufsuchen bzw. sich bestimmten Objekten nicht annähern können. **„Verscheuchen"** bedeutet Vertreiben von einem bestimmten Ort. – Wirbeltiere s. § 4 Rn. 1. – **„Vorrichtungen"** sind Geräte und andere Einrichtungen. Beispiele: Elektrozäune, Stacheldraht, Fallen, Schlingen, Gru-

Sonstige Bestimmungen zum Schutz der Tiere § 13 TierSchG

ben, Netze, Reusen, Angelhaken, Ultraschallgeräte, Magnetfelder u.a.m. „**Stoffe**" können auch flüssig oder gasförmig sein. Beispiele: Duftstoffe, Vergrämungsmittel, Klebfallen (vgl. *Hackbarth/Lückert* B XII 1.2; *L/M* § 13 Rn. 11). – Ein „**Anwenden**" liegt vor, sobald der Täter die Vorrichtung bzw. den Stoff so aufgestellt oder angebracht hat, dass es keines weiteren menschlichen Zutuns mehr bedarf, um den Erfolg des Fangens, Fernhaltens oder Vertreibens eintreten zu lassen. In diesem Zeitpunkt ist der Tatbestand bereits vollendet (vgl. § 18 Abs. 1 Nr. 25); unerheblich ist, ob und wann der gewünschte Erfolg eintritt, also ein Tier in die Falle geht usw. Dagegen sind bloße Vorbereitungshandlungen wie das Herstellen, Feilbieten oder Erwerben noch nicht tatbestandsmäßig.

„**Gefahr**" bedeutet einen Zustand, der die ernsthafte, nahe liegende Möglichkeit einer Verletzung begründet (vgl. dazu *Schönke/Schröder/Heine* Vor §§ 306 ff. StGB Rn. 5, „konkrete Gefahr": Zustand, bei dem die nicht fern liegende Möglichkeit einer Verletzung besteht, so dass der Eintritt des schädlichen Erfolges nach allgemeinem Erfahrungswissen und unter Berücksichtigung aller Umstände des Einzelfalles nahe liegt; vgl. auch BGH NStZ 1996 83 f.: Das Ausbleiben oder der Eintritt des Schadens hängt nur vom Zufall ab). – Zu Schmerzen bzw. Leiden bzw. Schäden s. § 1 Rn. 12–16 bzw. 17–23 bzw. 24–26. – Geschützt sind alle Wirbeltiere, also auch diejenigen, die unbeabsichtigt durch die Vorrichtungen und Stoffe Schäden erleiden können. Der Verwender muss somit bedenken, welche Tiere in die Falle, Grube oder Reuse, welche Fische möglicherweise an die Angel geraten (*L/M* § 13 Rn. 13). 4

„**Vermeidbar**" sind die Schmerzen, Leiden oder Schäden immer dann, wenn sie nicht dem Verhältnismäßigkeitsgrundsatz und damit nicht einem vernünftigen Grund entsprechen (s. § 1 Rn. 30). Der Verhältnismäßigkeitsgrundsatz kann hier in drei Aspekte untergliedert werden. – Erster Aspekt „Erforderlichkeit": Daran fehlt es, wenn es zum Fangen usw. ein gleichwirksames aber ungefährliches oder jedenfalls weniger gefährliches Mittel gibt. In diesem Fall darf der Handelnde das gefährlichere Mittel (Vorrichtung, Stoff) nicht anwenden, auch dann nicht, wenn es zeit- und arbeitssparender und/oder billiger sein sollte (vgl. § 9 Abs. 2 S. 3 Nr. 3, allg. Rechtsgedanke; s. dazu § 1 Rn. 41). – Zweiter Aspekt „Verhältnismäßigkeit ieS", d.h. „Nutzen-Schaden-Abwägung": Gegenüberzustellen sind der Nutzen des angestrebten Fangs (also zB die Schwere und Wahrscheinlichkeit des zu erwartenden Schadens, wenn das Tier nicht gefangen wird; die Bedeutung der davon betroffenen Rechtsgüter) und der Schaden, der von dem angewendeten Mittel ausgeht (d.h. die Schwere der zugefügten Schmerzen, Leiden oder Schäden einschl. Tod; die Zahl der betroffenen Tiere; die Wahrscheinlichkeit, dass es dazu kommen wird; die Dauer des Leidens usw.). Der Nutzen muss somit den Schaden überwiegen. Daran fehlt es zB, wenn Tieren Schmerzen, Leiden oder Schäden zugefügt werden, nur um geringe Sachschäden zu vermeiden. – Dritter Aspekt: „Verhältnismäßigkeit ieS durch Abwägung verschiedener Handlungsalternativen". Hier ist von Bedeutung, ob es ein ungefährliches oder weniger gefährliches Mittel gibt, das den angestrebten Zweck zwar ebenfalls erreichen kann, jedoch weniger schnell, weniger sicher und/oder weniger wirksam. In diesem Fall bedarf es einer wei- 5

349

§ 13 TierSchG *Tierschutzgesetz*

teren Gegenüberstellung, nämlich einer Gewichtung der Einbuße an Zwecksicherheit einerseits und den (durch die Wahl des effektivsten Mittels verursachten) Belastungen andererseits. Wiegen letztere schwerer als erstere, so muss sich der Handelnde auf das weniger tierschädliche Mittel beschränken, auch dann, wenn es effektivere gibt (s. § 1 Rn. 42).

II. Das Verhältnis von Abs. 1 zu anderen Rechtsvorschriften, insbes. aus dem Jagd-, Naturschutz-, Pflanzenschutz- und Seuchenrecht

6 Nach dem **Gesetzeswortlaut** könnte man meinen, Vorschriften anderer Rechtsgebiete, die das Fangen, Fernhalten oder Verscheuchen regeln, seien vom Tierschutz freigestellt. Dies wäre aber unzutreffend, denn auch diese Vorschriften sind **materielles Tierschutzrecht** (s. dazu Einf. Rn. 23). Sie müssen „den materiellen Gehalt des Abs. 1 aufweisen" und den betreffenden Tieren einen „vergleichbaren Schutzstatus" gewähren (so *L/M* § 13 Rn. 2, schon vor Einführung des Staatsziels Tierschutz). Gesetz- und Verordnungsgeber sind daher gehalten, derartige Spezialvorschriften „an Abs. 1 anzulehnen" (*L/M* aaO).

7 Daraus ergeben sich **Konsequenzen für die Auslegung jagdrechtlicher, seuchenrechtlicher usw. Vorschriften:** Innerhalb der Grenzen der möglichen Wortbedeutung müssen sie tierschutzfreundlich iS des Abs. 1 ausgelegt werden. Seit der Einführung von Art. 20 a GG lässt sich dies auch mit dem Gebot zu verfassungskonformer Auslegung begründen. Auch diese Vorschriften gestatten also von mehreren gleich wirksamen Fang-, Fernhaltungs- und Vertreibungsmethoden nur diejenige, die für die Tiere am ungefährlichsten ist; sie erlauben das Fangen usw. nur, wenn der Nutzen den Schaden überwiegt; sie verpflichten jeden, sich auf eine weniger effektive Methode zu beschränken, wenn die damit verbundene Einbuße an Zwecksicherheit weniger schwer wiegt als die Belastungen, die für die Tiere mit der Wahl effektiverer Mittel verbunden sind (s. Rn. 5, drei Aspekte des Verhältnismäßigkeitsgrundsatzes).

III. Einzelne Sachgebiete

8 Bestimmte **Fangmethoden bei der Jagd** sind nach § 19 BJagdG absolut verboten (so zB Vogelleim, Fallen, Angelhaken, Netze, Reusen uÄ beim Fang oder Erlegen von Federwild; Schlingen, Selbstschussgeräte, Tellereisen bei jeder Art von Wild). Im Übrigen dürfen Fanggeräte nur verwendet werden, wenn sicher ist, dass sie entweder unversehrt fangen oder sofort töten, § 19 Abs. 1 Nr. 9 BJagdG. – Die üblichen Lebendfallen können die Unversehrtheit der gefangenen Tiere nicht in jedem Fall sicher gewährleisten und entsprechen damit nicht dem Gesetz. In einer Lebendfalle gerät das Tier wegen der plötzlichen Auswegslosigkeit und Enge des Kastens oder der Röhre häufig in eine extreme Stresssituation, die in anhaltendes, erhebliches Leiden ausmünden kann, zumal dann, wenn noch Hunger, Durst, Hitze oder Kälte hinzukommen. Insbes. bei Wieseln muss der Lebendfang abgelehnt werden, weil die Tiere in solchen Stress geraten, dass sie häufig den

Erschöpfungstod sterben. Fallen, die ganz oder teilweise Sicht nach draußen ermöglichen, können außerdem zu Verletzungen bei Befreiungsversuchen führen. Des Weiteren kommt es beim Herantreten des Fängers und der Entnahme aus der Falle zu erheblichem Stress. Schließlich können sich auch bei der Tötung von lebend gefangenem Raubwild tierschutzrelevante Probleme ergeben (vgl. *Krug/König* in: TVT-Merkblatt Nr. 34 S. 7). – Auch Totschlagfallen widersprechen § 19 Abs. 1 Nr. 9 BJagdG, sofern sie nicht die sofortige Tötung des Tieres gewährleisten (vgl. *Herling* DtW 1993, 156–159). Daran fehlt es insbesondere bei Fallentypen, die auf Tritt oder Druck reagieren (vgl. dazu *Herling, Herzog, Krug* in: *Sambraus/Steiger* S. 744; BMVEL-Schädlingsgutachten 1991 S. 128). Bei vielen Fallen, die in Gebrauch sind, ist vorhersehbar, dass zu große oder zu kleine Tiere, Tiere in „falscher Körperhaltung" oder überhaupt „falsche Tiere" den Mechanismus auslösen und anschließend durch Brüche, Quetschungen, Befreiungsversuche etc. schwer leiden (vgl. *Herling, Herzog, Krug* aaO). Oft fehlt es auch an Fangbunkern mit genau definierten Einlassöffnungen, wie sie notwendig wären, um das Fangen von „falschen" Tieren, insbesondere Haustieren auszuschließen – Die normale Jägerprüfung vermittelt außerdem keine ausreichende Sachkunde für die Fallenjagd, so dass es einer speziellen Fallenfängerprüfung bedürfte, die vor Prüfungskommissionen bei den Regierungspräsidien stattfinden sollte (so das BMVEL-Schädlingsgutachten S. 129). – Wegen der Schwierigkeit, die strengen Anforderungen des § 19 Abs. 1 Nr. 9 BJagdG zu gewährleisten, sollte der Vertrieb auf zuvor geprüfte und als unbedenklich beurteilte Fallen beschränkt werden („Fallen-TÜV", vgl. *Krug/König* aaO; vgl. auch den entsprechenden Erlass des Hess. Ministeriums für Landwirtschaft, Forsten und Naturschutz v. 21. 10. 1996).

Da es bei der **Schädlingsbekämpfung** idR um die Tötung von Tieren geht, richtet sich das „Ob" solcher Maßnahmen nach § 17 Nr. 1 (s. dort Rn. 28, 29; s. insbes. das Gebot, vorrangig die Ursachen für die Vermehrung von Schadorganismen auszuschalten). Ergibt sich, dass die Bekämpfung als solche einem vernünftigen Grund entspricht, so ist das „Wie" der einzelnen Tötungen nach § 4 Abs. 1 und, wenn die Tiere gefangen werden, auch nach § 13 Abs. 1 zu beurteilen. Diese Anforderungen gelten auch dann, wenn Spezialvorschriften eingreifen (s. Rn. 6, 7). – Die übliche Mausefalle soll „das größte Tierschutzproblem beim Fang von Säugern darstellen" (so *Krug/König* in: TVT-Merkblatt Nr. 34 S. 4). Dies deswegen, weil der schnell tötende Genickschlag nicht garantiert werden kann, wie sich an der häufig festzustellenden Fortbewegung der gefangenen Tiere mit den Fallen zeigt. Werden Lebendfallen verwendet, so sterben die gefangenen Mäuse und Wühlmäuse häufig an Stress – wenn nicht, ergeben sich weitere Probleme bei der Tötung (vgl. u. a. § 4 Abs. 1 S. 3). Besonders tierschutzwidrig sind Fallen, die durch Ertränken töten. Als Lösung wird vorgeschlagen: Vertrieb von Fanggeräten nur nach vorheriger Überprüfung, Standardisierung und Zulassung (so *Krug/König* aaO). – Bei Fallen gegen Schadnager außerhalb des menschlichen Wohnbereichs ist überdies der Artenschutz nicht gewährleistet: Der Fang von Spitzmäusen und selbst Schläfern in Mausefallen sowie von Maulwürfen in Wühlmausfallen ist nicht auszu-

§ 13 TierSchG *Tierschutzgesetz*

schließen. – Beim Fang des Bisams verstoßen Tötungen durch Ertränken sowohl gegen Abs. 1 als auch gegen § 17 Nr. 2 b (s. § 17 Rn. 30). Fehlfänge können und müssen durch die Anlage von Fangbunkern ausgeschlossen werden. – Zu Fallen gegen Waschbär, Mauswiesel, Hermelin und Iltis s. § 17 Rn. 30; zum Wiesel s. auch o. Rn. 8. – Reusen sind lebensgefährlich für Otter, Biber, Vögel wie Haubentaucher und luftabhängige Fische. Netze zum Abfischen zu hoher Bestände können wegen des Beifangs unverhältnismäßig sein.

10 Eigentümern und Nutzungsberechtigten ist der **Fang von Wildtieren in befriedeten Bezirken** meist durch das Landesrecht erlaubt (vgl. zB § 3 Abs. 4 LJagdG BW). Dieser Tierfang durch Jedermann verursacht große tierschutzrechtliche Probleme, u. a. wegen Fehlens eines vernünftigen Grundes, wegen fehlender Sachkunde der Fänger und Töter, wegen Verwendung schmerzverursachender Fallentypen sowie wegen unbeabsichtigter Fänge von Haustieren. – Da das Bundesrecht und damit auch das Tierschutzgesetz Vorrang gegenüber dem Landesrecht hat (Art. 31 GG), sind solche Tötungen rechtswidrig, soweit sie nicht einem vernünftigen Grund nach § 17 Nr. 1 entsprechen (daran fehlt es u. a., wenn es nur um die Abwendung von geringfügigen Sachschäden oder von solchen Schäden geht, die auch durch andere, zB bauliche Maßnahmen vermieden werden könnten). Das Sachkundeerfordernis nach § 4 Abs. 1 S. 3 ist immer einzuhalten. Fallen dürfen nur verwendet werden, wenn sie neben § 19 Abs. 1 Nr. 9 BJagdG auch den drei Aspekten des Verhältnismäßigkeitsgrundsatzes nach § 13 Abs. 1 (s. Rn. 5) entsprechen. – Da sich der Tierfang im menschlichen Siedlungsbereich der Überprüfung durch die Behörden weitgehend entzieht, werden folgende Verbesserungen empfohlen: Vertrieb von Fallen nur nach sachkundiger Begutachtung (Fallen-TÜV); Verbot aller anderen Fallen, insbes. aber von Eigenkonstruktionen; gleiche Schonzeiten wie nach dem Jagdrecht, damit abhängige Jungtiere nicht wegen Tötung des Muttertieres verhungern müssen; Sachkundenachweis für Käufer; Abgabe zugelassener Fallentypen nur mit Hinweisen auf Fangsicherheit, Artenschutz und Tierschutzbestimmungen (vgl. *Krug/König* aaO S. 6, 7).

11 Beim **Fang von Tieren aufgrund behördlicher Anordnung** muss neben § 17 Nr. 1 und § 4 Abs. 1 auch § 13 Abs. 1 beachtet werden, entweder unmittelbar oder im Rahmen der angewendeten Spezialvorschrift (s. Rn. 6, 7). So erlaubt zB § 17 Abs. 2 IfSG nur Maßnahmen, die „erforderlich" sind, d. h. die dem Grundsatz der Verhältnismäßigkeit in all seinen Aspekten entsprechen (s. Rn. 5). Gleiches gilt für Verfügungen und Verordnungen, die aufgrund des Polizeirechts ergehen (vgl. zB § 3 PolG BW). Zum vernünftigen Grund bei Tötungsaktionen gegen Stadttauben s. § 17 Rn. 32. – Nach § 24 PflSchG dürfen Pflanzenschutzgeräte keine schädlichen Auswirkungen auf die Gesundheit von Mensch oder Tier haben. Handelt es sich dabei um Geräte, die dem Fangen, Fernhalten oder Verscheuchen dienen, so können diese nur dann als unschädlich eingestuft werden, wenn sie den Anforderungen des § 13 Abs. 1 entsprechen (s. Rn. 5). Dies hat die Biologische Bundesanstalt bei der Aufnahme in die Pflanzenschutzgeräteliste zu beachten (§§ 26–28 PflSchG). – Nach dem BNatSchG dürfen wildlebende Tiere grds. nicht gefangen werden (Tiere der besonders geschützten Arten nur

mit behördlicher Ausnahmegenehmigung, vgl. §§ 42, 43 BNatSchG; bei anderen Tieren bedarf es eines vernünftigen Grundes, § 41 BNatSchG). Dies betrifft das „Ob" des Fangens. Das „Wie" muss auch hier dem materiellen Gehalt des § 13 Abs. 1 entsprechen (s. Rn. 6, 7).

Beim **Fang von Tieren zu wissenschaftlichen Zwecken** müssen sich insbesondere auch diejenigen Belastungen, die den Tieren anschließend zugefügt werden, im Rahmen des Erforderlichen und Verhältnismäßigen halten. Daran fehlt es zB, wenn Ringe oder Halsmarkierungen so angelegt werden, dass sie einwachsen, dass sich zwischen Körper und Material Verunreinigungen ansammeln oder dass die Tiere durch den Ring festhängen. Gleiches gilt für das Auftragen von Farbmarkierungen, die zu Aggressionen von Artgenossen und zum Ausschluss aus dem Sozialverband führen können. Derartige Fehler betreffen das „Ob" der Maßnahme. Bezüglich des „Wie" gilt § 13 Abs. 1. In diesem Rahmen müssen grundsätzlich auch die Beschränkungen aus § 19 BJagdG als allgemeine Ausprägungen des Verhältnismäßigkeitsgrundsatzes beachtet werden (also keine Lebendfallen, bei denen das Tier nicht mit Sicherheit unversehrt bleibt, vgl. § 19 Nr. 9; zum Ganzen vgl. *Krug/König* TVT-Merkblatt Nr. 34 S. 5). 12

Für den **Fang von Fischen aus Binnengewässern** gilt § 13 Abs. 1 ebenfalls, entweder unmittelbar oder im Rahmen der Landesgesetze, die anhand des höherrangigen Bundesrechts auszulegen sind. Die Belastungen, die dem Fisch beim Angeln zugefügt werden, sind idR nicht erforderlich, weil schonendere Methoden zur Verfügung stehen (s. Rn. 5). Zur Frage, ob Angeln den Tatbestand des § 17 Nr. 2 b erfüllt, s. dort Rn. 22. – Die **Hochseefischerei** richtet sich u. a. nach der Seefischerei-BußgeldVO v. 16. 6. 1998 (BGBl. I S. 1355). In diesem Bereich bestehen besonders viele tierschutzrelevante Probleme: U. a. fehlt es mit Bezug auf das gefangene Einzeltier oft am vernünftigen Grund nach § 17 Nr. 1 (Beifang; untermaßige Tiere); die Tötung geschieht nicht im Einklang mit dem Gebot zu größtmöglicher Schmerzvermeidung, sondern regelmäßig durch Ersticken, Zerquetschen uÄ; das Sachkundeerfordernis des § 4 Abs. 1 S. 3 läuft leer, wenn das Personal infolge des ausgeübten Zeitdrucks außerstande ist, seine Sachkunde zugunsten einer möglichst schmerzlosen Tötung einzusetzen; der Artenschutz ist nicht gewährleistet (zB Beifang von Meeressäugern, Übernutzung der Bestände; vgl. zum Ganzen *Krug/König* aaO S. 10). 13

IV. Die Ermächtigungsgrundlage nach Abs. 2

Begriffe. Wild sind wildlebende Tiere, die dem Jagdrecht unterliegen (§ 1 Abs. 1 BJagdG). Sie sind in § 2 BJagdG aufgezählt, wobei das Landesrecht noch weitere Tierarten bestimmen kann. – Zu Schmerzen s. § 1 Rn. 12–16, zu Schäden § 1 Rn. 24–26. – Vermeidbar sind Schmerzen und Schäden durch land- und forstwirtschaftliche Arbeiten immer dann, wenn sie sich durch Schutzvorkehrungen irgendwelcher Art verhindern lassen. Kommt es dadurch zu einer Beeinträchtigung des jeweiligen Arbeitsvorgangs, so gilt als Grundsatz, dass Kostenbelastungen durch Tierschutz hingenommen werden müssen (vgl. *L/M* § 13 Rn. 15); dasselbe gilt grds. auch für Mehrarbeit 14

§ 13 TierSchG *Tierschutzgesetz*

und erhöhten Zeitaufwand (vgl. § 9 Abs. 2 S. 3 Nr. 3, allg. Rechtsgedanke; s. dazu auch § 1 Rn. 41). Führen die Schutzmaßnahmen zu anderen Beeinträchtigungen, so muss abgewogen werden zwischen dem Ausmaß der Belastung für den Menschen einerseits und dem Grad sowie der Wahrscheinlichkeit der Schmerzen oder Schäden, die dadurch verhindert werden sollen, auf der anderen Seite.

15 **Beispiel:** Der Gesetzgeber hatte in erster Linie die Gefährdung von Rehkitzen durch technische Einrichtungen wie Mähmaschinen im Auge. Hiergegen sollte durch Regelungen eingegriffen werden, die Wildschutzvorrichtungen zB akustischer, mechanischer oder optischer Art an Maschinen oder auf Arealen, von denen solche Gefahren für Tiere ausgehen, vorschreiben (amtl. Begr. zu § 13 TierSchG 1972, zit. nach *Gerold* S. 52). Bewährt und einfach ist es, rechtzeitig Wildscheuchen aufzustellen (vgl. *L/M* § 13 Rn. 15). Auch kann daran gedacht werden, dass bei waldnahen Grundstücken immer eine Person vor der Mähmaschine hergeht und liegende Tiere dadurch rechtzeitig entdeckt. – Obwohl die Ermächtigungsgrundlage schon seit 1972 besteht, ist eine Rechtsverordnung bislang nicht erlassen worden.

V. Die Ermächtigungsgrundlage nach Abs. 3

16 **Begriffe.** Wildlebende Tiere sind solche, die in Europa oder anderswo in Freiheit vorkommen, sei es auch auf begrenztem Raum (vgl. *L/M* § 13 Rn. 24). Es kommt nur darauf an, dass das jeweilige Tier einer solchen Art angehört. Nicht erforderlich ist, dass es selbst der Wildnis entnommen wurde. Es kann also auch vom Menschen gezüchtet oder aufgezogen worden sein. – Haltung ist hier im weiteren Sinne zu verstehen, umfasst also auch das Betreuen und die Übernahme einer entsprechenden Pflicht (s. dazu § 2 Rn. 4–7). Handel meint den Ein- und Verkauf mit der Absicht der Gewinnerzielung. Einfuhr bedeutet das Verbringen von Tieren aus einem Staat, der nicht der EU angehört, in das Inland (vgl. § 12 Abs. 2 Nr. 1). Ausfuhr meint das Umgekehrte.

17 **Anlass für die Vorschrift** war die Einsicht des Gesetzgebers, dass insbesondere exotische Tiere unter den hiesigen Klimaverhältnissen nicht oder nur unter erheblichen Schwierigkeiten gehalten werden können (BT-Drucks. 10/3158 S. 28). Deshalb können mit Blick auf bestimmte Tierarten Haltung, Handel, Ein- und Ausfuhr total verboten oder eingeschränkt werden. Es ist aber auch möglich, die genannten Tätigkeiten unter Genehmigungsvorbehalt zu stellen. Als Genehmigungsvoraussetzungen können dann gefordert werden: Zuverlässigkeit, Sachkunde sowie das Vorhandensein von Räumen und Einrichtungen, die eine den Anforderungen des § 2 entsprechende Ernährung, Pflege und Unterbringung der Tiere sicherstellen (vgl. die Parallele zu § 11 Abs. 2 Nr. 1–3). Es können auch Anforderungen für den Nachweis der Zuverlässigkeit und der Sachkunde bestimmt und das Verfahren hierfür geregelt werden. Dabei sind auch Regelungen möglich, die die Mitwirkung von Fachverbänden und Sachverständigen beim Sachkundenachweis vorsehen (BT-Drucks. 13/7015 S. 23).

Sonstige Bestimmungen zum Schutz der Tiere § 13 a TierSchG

Die Ermächtigungsgrundlage erlaubt **nur Regelungen, die zum Schutz** 18
der Tiere erforderlich sind. Die Regelungen müssen also bezwecken, den
Schutz dieser Tiere bei Haltung, Handel, Ein- und Ausfuhr zu verbessern
und dabei ein Tierschutzniveau zu verwirklichen, das deutlich über ein bloßes
Minimalprogramm hinausgeht (s. § 2a Rn. 8). Sie müssen insbesondere
die Unterdrückung oder starke Zurückdrängung von Verhaltensbedürfnissen,
die unter § 2 Nr. 1 fallen, verhindern und im Rahmen von § 2 Nr. 2
dem zumeist starken Bewegungsbedürfnis dieser Tiere Rechnung tragen.
Die Verordnung darf das vom Gesetz vorgegebene Schutzniveau konkretisieren
und auch erhöhen, nicht aber einschränken (s. § 2a Rn. 9). – Eine
Verordnung ist noch nicht ergangen.

VI. Ordnungswidrigkeiten und Straftaten

Eine **Ordnungswidrigkeit** nach § 18 Abs. 1 Nr. 25 begeht, wer vorsätz- 19
lich oder fahrlässig gegen § 13 Abs. 1 S. 1 verstößt. Ist allerdings die Anwendung
der Vorrichtungen oder Stoffe durch ein spezielles Gesetz zugelassen
(das gem. Art. 20a GG verfassungskonform in Anlehnung an § 13 Abs. 1
ausgelegt werden muss, s. Rn. 6, 7), so kommt es darauf an, ob der Verstoß
gegen dieses Spezialgesetz als Ordnungswidrigkeit ausgestaltet ist. – Sind
einem Wirbeltier Schmerzen, Leiden oder Schäden zugefügt worden, so muss
(wie immer) geprüft werden, ob auch eine Ordnungswidrigkeit nach § 18
Abs. 1 Nr. 1 oder Abs. 2 vorliegt oder ob sogar eine Straftat nach § 17 Nr. 1
oder Nr. 2 verwirklicht wurde. – Für die noch zu erlassenden Rechtsverordnungen
gilt § 18 Abs. 1 Nr. 3 b.

§ 13 a

(1) ¹Das Bundesministerium wird ermächtigt, zur Verbesserung des Tierschutzes
durch Rechtsverordnung mit Zustimmung des Bundesrates Anforderungen
an freiwillige Prüfverfahren zu bestimmen, mit denen nachgewiesen
wird, daß serienmäßig hergestellte Aufstallungssysteme und Stalleinrichtungen
zum Halten landwirtschaftlicher Nutztiere und beim Schlachten
verwendete Betäubungsgeräte und -anlagen über die Anforderungen dieses
Gesetzes und die Mindestanforderungen der auf Grund dieses Gesetzes
erlassenen Rechtsverordnungen hinausgehen. ²Es hat hierbei insbesondere
Kriterien, Verfahren und Umfang der freiwilligen Prüfverfahren sowie Anforderungen
an die Sachkunde der im Rahmen derartiger Prüfverfahren tätigen
Gutachter festzulegen.

(2) ¹Das Bundesministerium wird ermächtigt, durch Rechtsverordnung
mit Zustimmung des Bundesrates, so weit es zum Schutz der Tiere erforderlich
ist, die Verwendung serienmäßig hergestellter Stalleinrichtungen zum
Halten landwirtschaftlicher Nutztiere sowie von beim Schlachten verwendeter
Betäubungsgeräte oder -anlagen von einer Zulassung oder Bauartzulassung
abhängig zu machen sowie die näheren Voraussetzungen hierfür und
das Zulassungsverfahren zu regeln. ²Dabei können insbesondere Art, Inhalt
und Umfang der vorzulegenden Unterlagen oder durchzuführenden Prüfungen
näher bestimmt werden.

§ 13 a TierSchG *Tierschutzgesetz*

Übersicht

	Rn.
I. Prüf- und Bewilligungsverfahren im europäischen Ausland	1–4
II. Die Ermächtigungsgrundlage nach Abs. 2	5–8
III. Die Ermächtigungsgrundlage nach Abs. 1	9, 10
IV. Die freiwillige Gebrauchswertprüfung bei der Deutschen Landwirtschaftsgesellschaft (DLG)	11, 12

I. Prüf- und Bewilligungsverfahren im europäischen Ausland

1 **Vorbemerkung.** Abs. 1 ist durch das ÄndG 1998, Abs. 2 erst durch Art. 2 Nr. 4 des Gesetzes zur Bekämpfung gefährlicher Hunde v. 12. 4. 2001 eingefügt worden. Der Bundesrat hatte schon im Gesetzgebungsverfahren 1998 ein obligatorisches Prüf- und Zulassungsverfahren verlangt und zur Begründung darauf hingewiesen, dass „in der Schweiz ein derartiges Verfahren bereits seit 1982 erfolgreich durchgeführt" werde (BT-Drucks. 13/7015 S. 35). Deshalb ist es sinnvoll, das Schweizer Verfahren hier näher zu betrachten.

2 **Das Prüfverfahren in der Schweiz.** Art. 5 des Schweizer Tierschutzgesetzes sieht vor, dass serienmäßig hergestellte Aufstallungssysteme und Stalleinrichtungen nur angepriesen und verkauft werden dürfen, wenn sie zuvor ein Prüfverfahren durchlaufen haben und vom Bundesamt für Veterinärwesen (BVet) bewilligt worden sind (vgl. auch Art. 27 bis 30 der Schweizer Tierschutzverordnung). Geprüft wird, ob die Systeme und Einrichtungen den „Anforderungen einer tiergerechten Haltung" entsprechen. Was das ist, wird in Art. 1 Abs. 1 der Schweizer Tierschutzverordnung definiert: „Tiere sind so zu halten, dass ihre Körperfunktionen und ihr Verhalten nicht gestört werden und ihre Anpassungsfähigkeit nicht überfordert wird. Fütterung, Pflege und Unterkunft sind angemessen, wenn sie nach dem Stand der Erfahrung und den Erkenntnissen der Physiologie, Verhaltenskunde und Hygiene den Bedürfnissen der Tiere entsprechen." Die Prüfung findet entweder vor der Prüfstelle für Großvieh (Sitz: Tänikon/Thurgau) oder der Prüfstelle für Hauskaninchen und Hausgeflügel (Sitz: Zollikofen/Bern) statt. In einer ersten Prüfungsstufe wird die Einhaltung der in der Schweizer Tierschutzverordnung genannten Mindestanforderungen (zB Flächen, Anzahl der Tränken, Sitzstangenlänge) geprüft. Weil man aber weiß, dass die Einhaltung dieser Mindestanforderungen noch nicht die Tiergerechtheit garantiert, schließt sich als zweite Stufe eine „praktische Prüfung auf Tiergerechtheit" (d. h. auf die Einhaltung der Anforderungen von Art. 1 Abs. 1 der Tierschutzverordnung) an. Dabei werden u. a. Verhaltensabläufe daraufhin untersucht, ob sie nach Form, Sequenz, Dauer, Häufigkeit und/oder Ausprägungsgrad von dem, was das Tier in einem geeigneten, tiergerechten Referenzsystem zeigt, abweichen. Je nach Prüfungsergebnis sind drei abschließende Entscheidungen möglich: Bewilligung (bei Einhaltung der Mindestanforderungen und des Art. 1 Tierschutzverordnung); Bewilligung mit Auflagen (bei behebbaren Mängeln); Ablehnung (bei Mängeln, die nicht behebbar sind oder trotz entsprechender Hinweise nicht behoben werden; vgl. zum Ganzen: *Oester/Troxler* in: KTBL-Schrift 377 S. 71–79).

Sonstige Bestimmungen zum Schutz der Tiere § 13 a TierSchG

Zwei Beispiele. 1. Ein einstreuloser Großgruppenkäfig für Legehennen 3 wurde auf das Staubbadeverhalten der Tiere überprüft. Als Referenzsystem (= System, in dem sich die Tiere normal verhalten können und ihre Körperfunktionen nicht gestört werden) diente eine Volièrenhaltung. Nach insgesamt 28 Stunden Beobachtung mittels Videokamera ergab sich, dass das Staubbaden im Großgruppenkäfig nicht nur in seiner Form und Dauer, sondern auch in der Häufigkeit und der tageszeitlichen Verteilung gestört war. Die Bewilligung wurde abgelehnt. – **2.** Das Verrutschen von Kälbern auf verschiedenen perforierten Böden (Holz-, Beton- und Kunststoffrost sowie Aluminiumlochblech) wurde untersucht und mit der Standfestigkeit von Kälbern auf Tiefstreu (= diejenige Bodenart, die die beste Standsicherheit gewährleistet) verglichen. Holzrost und Lochblech erwiesen sich dabei als besonders rutschgefährlich; bei Betonspaltenböden wurden am häufigsten Blutungen an den Beinen gefunden; aber auch auf Kunststoffspaltenboden zeigten noch 51,4% der untersuchten Klauen einen entsprechenden Befund (gegenüber 8,3% auf Tiefstreu). Folge: Keine Bewilligung für Holzspaltenböden und Lochblechböden; Bewilligung für Kunststoff- und Betonspaltenböden, jedoch mit der Auflage, sie nur im Bereich der Tränke zu verwenden (vgl. *Oester/Troxler* aaO S. 78, 79).

Das Prüfverfahren in Schweden. Auch dort müssen neue Techniken und 4 Methoden, bevor sie in der landwirtschaftlichen Tierhaltung eingesetzt werden dürfen, eine obligatorische Prüfung nach Tiergesundheits- und Tierschutzgesichtspunkten durchlaufen. Das jeweilige Verfahren beginnt mit einem Antrag des Herstellers, Importeurs oder Landwirts. Anschließend finden in staatlichem Auftrag an der Universität für Agrarwissenschaften klinische, ethologische und physiologische Untersuchungen statt. Die Ergebnisse werden in einem Gutachten niedergelegt. Auf dessen Grundlage entscheidet dann das Landwirtschaftsamt über die Genehmigung (vgl. *Ekesbo/van der Weghe* in: KTBL-Schrift 377 S. 55–70). – Beispiele für Systeme und Einrichtungen, die auf diesem Weg abgelehnt wurden: Käfighaltungssysteme für abgesetzte Ferkel; Ultraschalleinrichtungen zur Bekämpfung von Mäusen und Ratten in Tierställen; mechanische Kükenzähler; Käfige für Masthähnchen; Anwendung von Flüssigmist beim Neu- oder Umbau von Anbindeställen für Rinder; elektrische Kuhtrainer. – Die Autoren *Ekesbo* und *van der Weghe* betonen, dass es durch dieses Verfahren möglich gewesen sei, Haltungsmethoden, die in anderen europäischen Ländern zu Krankheiten, Tierschutzproblemen und erhöhtem Medikamenteneinsatz geführt hätten, in Schweden bereits im Vorfeld zu verhindern. Dies sei u. a. eine wesentliche Voraussetzung dafür gewesen, dass man schon 1986 Antibiotika als Wachstumsförderer habe verbieten und zugleich restriktive Regeln für ihre Rezeptverschreibung einzuführen können.

II. Die Ermächtigungsgrundlage nach Abs. 2

Abs. 2 enthält die an das BMVEL gerichtete **Ermächtigung zur Einfüh-** 5 **rung eines obligatorischen Prüf- und Bewilligungsverfahrens** für seriennmäßig hergestellte Stalleinrichtungen und Betäubungsgerätschaften. Gere-

§ 13 a TierSchG *Tierschutzgesetz*

gelt werden kann: dass solche Anlagen nur nach vorheriger Zulassung in Verkehr gebracht und an Tieren verwendet werden dürfen; welche Voraussetzungen für eine Zulassung nachzuweisen sind; das Verfahren, in dem diese Voraussetzungen geprüft werden; Art, Inhalt und Umfang der dafür von dem Antragsteller vorzulegenden Unterlagen; Art, Inhalt und Umfang der Prüfungen, die durchgeführt werden. In Zweifelsfragen kann sich der Verordnungsgeber an dem Schweizer Verfahren, das als Modell für Abs. 2 anzusehen ist, orientieren (vgl. die entsprechenden Vorstellungen des Bundesrats in BT-Drucks. 13/7015 S. 35, die in der 14. Legislaturperiode – ebenfalls auf Veranlassung des Bundesrats, vgl. BT-Drucks. 14/4451 S. 15, 18 – Gesetz geworden sind).

6   **Begriffe:** Stalleinrichtungen sind diejenigen Teile des Stalles, mit denen Tiere häufig in Berührung kommen, zB Fütterungs- und Tränkeeinrichtungen, Bodenbeläge, Kotroste, Abschrankungen, Anbindevorrichtungen, Legenester, Sitzstangen uÄ (vgl. BT-Drucks. 13/7015 S. 35 in Anlehnung an Art. 27 Schweizer Tierschutzverordnung). Der Begriff schließt Aufstallungssysteme als Kombinationen aus Stalleinrichtungen (zB Käfige, Boxen, Stände, Ställe) ein. – Serienmäßig hergestellt ist ein Gegenstand, wenn er wiederholt und in den wesentlichen Punkten gleich verfertigt wird, namentlich hinsichtlich Abmessungen, Konstruktion, Form, Materialien und Oberflächenbeschaffenheit (vgl. dazu die Richtlinien des Schweizer BVet für das Bewilligungsverfahren v. 15. 10. 1981). – Landwirtschaftliche Nutztiere s. Art. 1 S. 2 ETÜ.

7   Die Verordnung muss **„zum Schutz der Tiere erforderlich"** sein. Das bedeutet, dass (analog zu dem Schweizer Bewilligungsverfahren, s. Rn. 2) eine zweistufige Prüfung vorgesehen werden muss: Auf einer ersten Stufe ist die Einhaltung der Mindestanforderungen, die durch Rechtsverordnungen (insbes. die Tierschutz-Nutztierhaltungsverordnung) vorgeschrieben sind, festzustellen. Auf einer zweiten Stufe muss darüber hinausgehend die Vereinbarkeit der Haltungseinrichtung mit § 2 bzw. der Betäubungsanlage mit den §§ 4, 4 a untersucht werden, denn es ist möglich, dass Rechtsverordnungen das Gesetz unzureichend konkretisieren und hinter seinen Anforderungen zurückbleiben (vgl. BVerfGE 101, 1 ff.; vgl. auch *L/M* § 13 a Rn. 1: „Diskrepanz der durch Haltungsverordnungen festgelegten Mindestbedingungen und den Anforderungen an eine tiergerechte Haltung in § 2"). – Für Haltungseinrichtungen bedeutet das u. a., dass sie nur bewilligt werden dürfen, „wenn zu erwarten steht, dass Verhaltensstörungen, Körperschäden und Erkrankungen haltungsbedingt mit großer Wahrscheinlichkeit nicht auftreten werden" (BT-Drucks. 13/7015 S. 35). Ähnlich wie in der Schweiz müssen die Verhaltensabläufe der Tiere untersucht und mit einem geeigneten Referenzsystem, in dem die Tiere sich normal verhalten können, verglichen werden (s. dazu § 2 Rn. 9, „Bedarfsdeckungs- und Schadensvermeidungskonzept"). Nach § 2 Nr. 1 müssen zumindest diejenigen Verhaltensbedürfnisse, die sich den Funktionskreisen „Nahrungserwerbsverhalten", „Erkundungsverhalten", „Ruheverhalten", „Eigenkörperpflege (Komfortverhalten)", „Sozialverhalten" und „Fortpflanzungsverhalten (einschl. Mutter-Kind-Verhalten)" zuordnen lassen, im Wesentlichen befriedigt werden. Ergibt die Prüfung, dass einzelne hierzu gehörende Verhaltensab-

Sonstige Bestimmungen zum Schutz der Tiere § **13 a TierSchG**

läufe unterdrückt oder erheblich zurückgedrängt werden oder dass sie sich nach Ausprägungsgrad, Form, Sequenz, Dauer, Häufigkeit und/oder tageszeitlicher Verteilung von dem Referenzsystem deutlich unterscheiden, so ist die Unterbringung nicht verhaltensgerecht (vgl. dazu *Oester/Troxler* aaO S. 75). Gleiches gilt, soweit es ernstliche Anhaltspunkte für Schmerzen, vermeidbare Leiden oder Schäden als Folge der eingeschränkten Möglichkeit zur Fortbewegung gibt (§ 2 Nr. 2), oder soweit vermehrt Verletzungen oder Schäden, insbes. am Integument (d. h. an der Haut mit ihren Anhangsorganen) festzustellen sind. – Betäubungsanlagen müssen insbesondere auch den §§ 3, 13 TierSchlVO entsprechen, d. h. weder bei der Zuführung zur Betäubungsanlage, noch bei der Vorbereitung der Betäubung und bei der Betäubung selbst darf es zu Schmerzen oder vermeidbaren Leiden kommen. Hinsichtlich der Ängste und Aufregungen, die in der Praxis auftreten, müssen Verfahren eingeführt werden, die diese so weit wie möglich ausschließen. Gem. § 13 Abs. 1 TierSchlVO muss die Betäubung sofort und sicher zu einer Totalausschaltung des Empfindungs- und Wahrnehmungsvermögens führen. Dieser Zustand muss – ebenfalls mit Sicherheit – bis zum Eintritt des Todes fortdauern, so dass ein vorheriges Wiedererwachen ausgeschlossen werden kann.

Viele der **Empfehlungen des St. Ausschusses** sprechen sich inzwischen ebenfalls dafür aus, neue Haltungsmethoden und -konzepte „unter dem Aspekt von Gesundheit und Wohlergehen des Tieres eingehend zu prüfen" und ihren Eingang in die landwirtschaftliche Praxis vom positiven Ausgang einer solchen Prüfung abhängig zu machen (vgl. u. a. Art. 9 Nr. 2 der Empfehlung „Hausgänse", Art. 9 Nr. 2 der Empfehlung „Pekingenten", Art. 8 Nr. 2 der Empfehlung „Moschusenten", Art. 7 lit. a der Empfehlung „Rinder"). Dies spricht dafür, dass das BMVEL von der Ermächtigung des Abs. 2 bald Gebrauch machen sollte. 8

III. Die Ermächtigungsgrundlage nach Abs. 1

Abs. 1 enthält die an das BMVEL gerichtete **Ermächtigung zur Einführung eines freiwilligen Prüfverfahrens** für serienmäßig hergestellte Stalleinrichtungen (einschl. Aufstallungssysteme) und Betäubungsgerätschaften. Im Unterschied zu Abs. 2 darf sich diese Verordnung aber nicht auf das beschränken, was „zum Schutz der Tiere erforderlich ist", sondern muss „zur Verbesserung des Tierschutzes" Systeme vorsehen, die „über die Anforderungen dieses Gesetzes und die Mindestanforderungen der auf Grund dieses Gesetzes erlassenen Rechtsverordnungen hinausgehen". – Unter dieses anspruchsvolle Programm fällt eine Haltungseinrichtung erst dann, wenn sie dreierlei erfüllt: **1.** Sie muss den Mindestanforderungen der einschlägigen Rechtsverordnung (zB der Tierschutz-NutztierhaltungsVO) entsprechen (s. Rn. 7, erste Prüfungsstufe); **2.** sie muss den möglicherweise darüber hinausgehenden Anforderungen „dieses Gesetzes", also insbes. des § 2 entsprechen (s. Rn. 7, zweite Prüfungsstufe); **3.** sie muss zumindest in einigen tierschutzrelevanten Teilbereichen noch eine darüber hinausgehende Qualität erreichen. – In Kurzfassung lautet das Programm von Abs. 1 also: „Rechtsver- 9

§ 13 a TierSchG *Tierschutzgesetz*

ordnung + § 2 + verbesserte Tierschutzqualität" (*Kluge/von Loeper* § 13 a Rn. 9).

10 **Begriffe** s. Rn. 6. – Geregelt werden kann: welche Voraussetzungen ein Haltungssystem erfüllen muss, um der Formel „Rechtsverordnung + § 2 + verbesserte Tierschutzqualität" zu entsprechen; das Prüfverfahren zur Feststellung dieser Voraussetzungen; die Sachkunde der dabei tätigen Gutachter u. a. m. – Die Überschreitung der durch Verordnung und Gesetz festgelegten Anforderungen muss zumindest einige tierschutzrelevante Teilbereiche betreffen; diese dürfen nicht unwesentlich sein, denn das Prädikat „besserer Tierschutz", mit dem die erfolgreich geprüften Einrichtungen ausgestattet werden, schafft einen Vertrauenstatbestand, der nicht enttäuscht werden darf (vgl. *Kluge/von Loeper* § 13 a Rn. 12). – Zu den Gutachtern müssen insbesondere Verhaltensforscher (zB Zoologen der entsprechenden Fachrichtung; Fachtierärzte für Ethologie oder für Tierschutz) gehören, wobei deren Votum nicht durch Angehörige anderer Wissensgebiete überstimmt werden darf.

IV. Die freiwillige Gebrauchswertprüfung bei der Deutschen Landwirtschaftsgesellschaft (DLG)

11 **Das bisherige Verfahren.** Eine freiwillige Gebrauchswertprüfung für Stalleinrichtungen gibt es bei der Deutschen Landwirtschaftsgesellschaft (DLG) bereits seit 1953. 1998 hat man sich entschlossen, hierbei Tierschutzaspekte stärker zu berücksichtigen. Dazu wurde ein Fachausschuss „Tiergerechtheit" gebildet, der zur Hälfte aus Mitgliedern der Bundesforschungsanstalt für Landwirtschaft (FAL) besteht und der die DLG-Prüfungskommissionen bei der Planung, ggf. auch der Durchführung der Prüfungen und der Beurteilung der Ergebnisse beraten und unterstützen soll (vgl. dazu *Hesse, Knierim* et al., DtW 106, 138–141).

12 **Zu den Anforderungen des Fachausschusses „Tiergerechtheit".** Der Ausschuss hat auf Ersuchen des BMVEL allgemeine Anforderungen an freiwillige Prüfungen auf Tiergerechtheit erarbeitet (vgl. DLG-Merkblatt Nr. 321 „Tiergerechtheit auf dem Prüfstand"). Entgegen ihrem Anspruch reichen diese Kriterien jedoch weder zur Vorbereitung einer Rechtsverordnung nach Abs. 2 noch einer solchen nach Abs. 1 aus. Dies liegt in erster Linie daran, dass sie sich ersichtlich auf die erste Prüfungsstufe, nämlich auf die Vereinbarkeit der Einrichtungen mit der einschlägigen Rechtsverordnung, beschränken; die zweite Prüfungsstufe (nämlich die Vereinbarkeit mit den möglicherweise darüber hinausgehenden Anforderungen aus § 2) scheint außer Betracht zu bleiben, und eine dritte Prüfungsstufe, wie sie für Abs. 1 erforderlich wäre (nämlich das Überschreiten der Anforderungen aus Verordnung und Gesetz in einzelnen tierschutzrelevanten Teilbereichen) fehlt völlig. Hinzu kommt, dass man es im Gegensatz zur Praxis in der Schweiz bei der DLG offenbar unterlässt, bei der Prüfung einzelner Verhaltensabläufe auf Referenzsysteme, in denen das jeweilige Verhalten normal und ungestört abläuft, zurückzugreifen. Das Bedarfskonzept würde es erfordern, das Verhalten der untersuchten Tiere mit einer Referenzgruppe, die unter naturnahen Bedingungen lebt, zu vergleichen und anhand dieses

Vergleichs mögliche Abweichungen festzustellen (s. § 2 Rn. 9). Bei der DLG lehnt man stattdessen „Systemvergleiche" ab und beschränkt sich auf die Heranziehung von „praxisüblichen Referenzsystemen", ohne Rücksicht darauf, ob der jeweilige Verhaltensablauf dort ebenfalls bereits gestört oder zurückgedrängt ist (vgl. *Bertram/Herrmann* in: KTBL-Schrift Nr. 377 S. 87, 88; ebenso *Hesse/Knierim* aaO S. 141). Auf diese Weise lässt sich nicht klären, ob für das jeweilige System „zu erwarten steht, dass Verhaltensstörungen ... mit großer Wahrscheinlichkeit nicht auftreten werden", wie es der Bundesrat für eine Zulassung zu Recht fordert (vgl. BT-Drucks. 13/7015 S. 35). Möglicherweise werden in dem DLG-Prüfverfahren außerdem Nachteile, die im Verhaltensbereich festgestellt worden sind, mit tatsächlichen oder vermeintlichen Vorteilen in anderen Bereichen (Hygiene, Leistung, Wirtschaftlichkeit) verrechnet, was ebenfalls mit § 2 nicht vereinbar wäre (s. dort Rn. 15 und Rn. 32).

Elfter Abschnitt. Durchführung des Gesetzes

§ 14 [Zollstellen]

(1) ¹Das Bundesministerium der Finanzen und die von ihm bestimmten Zollstellen wirken bei der Überwachung der Einfuhr und Ausfuhr von Tieren mit. ²Die genannten Behörden können

1. Tiere sowie deren Beförderungsmittel, Behälter, Lade- und Verpackungsmittel bei der Einfuhr zur Überwachung anhalten,
2. den Verdacht von Verstößen gegen Verbote und Beschränkungen dieses Gesetzes oder der nach diesem Gesetz erlassenen Rechtsverordnungen, der sich bei der Abfertigung ergibt, den zuständigen Behörden mitteilen,
3. in den Fällen der Nummer 2 anordnen, daß die Tiere auf Kosten und Gefahr des Verfügungsberechtigten der zuständigen Behörde vorgeführt werden.

(2) ¹Das Bundesministerium der Finanzen regelt im Einvernehmen mit dem Bundesministerium durch Rechtsverordnung ohne Zustimmung des Bundesrates die Einzelheiten des Verfahrens nach Absatz 1. ²Es kann dabei insbesondere Pflichten zu Anzeigen, Anmeldungen, Auskünften und zur Leistung von Hilfsdiensten sowie zur Duldung der Einsichtnahme in Geschäftspapiere und sonstige Unterlagen und zur Duldung von Besichtigungen vorsehen.

Einfuhr ist das Verbringen aus einem Staat, der nicht der EU angehört, in 1 das Inland (vgl. § 12 Abs. 2 Nr. 1). **Ausfuhr** meint das Umgekehrte. § 14 erfasst damit vorwiegend das Tätigwerden der Zollstellen an oder in der Nähe von Drittlandgrenzen.

Zweck der Vorschrift ist nicht allein die Durchsetzung von Einfuhrver- 2 boten oder -beschränkungen, wie sie sich aus Rechtsverordnungen nach § 12 Abs. 2 oder § 13 Abs. 3 ergeben können. Zweck ist auch, zu vermeiden, dass Personen, die für Tiere verantwortlich sind, sich durch Standortver-

§ 14 TierSchG *Tierschutzgesetz*

legungen den Maßstäben der tierschützenden Regelungen entziehen (vgl. *Hackbarth/Lückert* B XIII 1.1; im Sinne einer allg. Überwachungsaufgabe auch *L/M* § 14 Rn. 2; vgl. auch Abs. 1 Nr. 2 der sich auf alle Verbote und Beschränkungen dieses Gesetzes und seiner Rechtsverordnungen bezieht). Zu den besonders wichtigen Aufgaben der Zollverwaltung gehört die Überwachung von Tiertransporten (vgl. BMVEL, Tierschutzbericht 2001, IX 2).

3 **Überwachung** iS von Abs. 1 S. 1 meint aufgrund dieser Zwecksetzung: Alle Maßnahmen, die geeignet, erforderlich und verhältnismäßig (ieS) sind, um Verstöße gegen tierschutzrechtliche Vorschriften aller Art im Zusammenhang mit der Ein- oder Ausfuhr von Tieren aufzudecken und festzustellen. Welche Maßnahmen hier in Betracht kommen, ergibt sich u. a. aus Abs. 2 S. 2: Kontrollen jeglicher Art; Aufforderung zu Anzeigen, Anmeldungen und Auskünften; Aufforderung zu Hilfsdiensten (zB Vorlage von Papieren, Öffnung von Transportfahrzeugen und Behältnissen); Einsichtnahme in Papiere und Unterlagen; Besichtigung von Fahrzeugen, Behältnissen und Tieren; Zusammenwirken mit dem Amtstierarzt bei der Untersuchung von Tieren. Ergänzend gilt das ZollVG, vgl. dort insbes. § 1 Abs. 3 und § 10. – Die einschlägige Dienstanweisung (Vorschriftensammlung der Finanzverwaltung Teil SV 08 62 Nr. 2) sieht vor, Sendungen lebender Tiere, die nicht vom Amtstierarzt untersucht werden müssen, darauf zu überprüfen, ob ohne weiteres erkennbare Schäden vorliegen, die möglicherweise auf tierschutzwidrige Handlungen zurückzuführen sind oder sonst die Einschaltung des Amtstierarztes gebieten können (vgl. *L/M* § 15 Rn. 2).

4 **Spezielle Befugnisse** der Zollstellen nennt Abs. 1 S. 2. Zur Ergänzung kann auch auf die §§ 1 Abs. 3, 10 ZollVG zurückgegriffen werden (vgl. *Kluge* § 14 Rn. 1). – Das Anhalten nach Nr. 1 bezieht sich zwar nur auf die Einfuhr, doch ergibt sich aus der allgemeinen Überwachungspflicht nach Abs. 1 S. 1 (s. Rn. 3) eine entsprechende Befugnis auch gegenüber Ausführenden. – Ein Verdacht nach Nr. 2 besteht, wenn Anhaltspunkte es als möglich erscheinen lassen, dass gegen (irgend)eine tierschutzrechtliche Norm verstoßen worden ist. Das dann bestehende Recht der Zollstelle, den Amtstierarzt oder die nach § 15 zuständige Behörde zu informieren, kann nach der o. e. Dienstanweisung zur Pflicht werden (vgl. *L/M* § 14 Rn. 5). – Die gemäß Nr. 3 bei Bestehen eines Verdachts nach Nr. 2 mögliche Anordnung, die Tiere auf Kosten und Gefahr des Verfügungsberechtigten der zuständigen Behörde nach § 15 vorzuführen, kann durch Verwaltungsakt ergehen und dann nach §§ 6 ff. VwVG vollstreckt werden. – Weitere Befugnisse ergeben sich aus der allgemeinen Überwachungsaufgabe nach Abs. 1 S. 1 (s. Rn. 3).

5 Ergeben sich im Zusammenhang mit der allgemeinen Überwachung oder den speziellen Befugnissen **Beweismittel,** die dem Nachweis einer Straftat oder Ordnungswidrigkeit dienen können, so sind diese sicherzustellen und – soweit sie nicht freiwillig herausgegeben werden – zu beschlagnahmen, § 94 StPO, § 46 OWiG (vgl. auch dazu die Dienstanweisung: Bei Verdacht einer tierschutzwidrigen Handlung sind angehaltene Tiere nur im Einvernehmen mit dem Amtstierarzt oder der nach § 15 zuständigen Behörde freizugeben

Zuständige Behörden § 15 TierSchG

oder bis zur etwaigen weiteren Veranlassung durch die Behörde dem Beteiligten oder einem Dritten unter Verfügungsverbot zu überlassen; vgl. *L/M* § 14 Rn. 4).

Eine **Rechtsverordnung nach Abs. 2** ist noch nicht ergangen. Die behördlichen Befugnisse nach S. 2 bestehen auch ohne eine solche; dasselbe gilt für die Befugnisse, die sich aus der Überwachungsaufgabe nach Abs. 1 S. 1 ergeben. Die Rechtsverordnung könnte allerdings diese Pflichten näher konkretisieren und durch Verweisung auf § 18 Abs. 1 Nr. 3 b als Bußgeldtatbestände ausstatten.

6

§ 15 [Zuständige Behörden]

(1) ¹Die Durchführung dieses Gesetzes und der auf Grund dieses Gesetzes erlassenen Rechtsverordnungen obliegt den nach Landesrecht zuständigen Behörden. ²Die nach Landesrecht zuständigen Behörden berufen jeweils eine oder mehrere Kommissionen zur Unterstützung der zuständigen Behörden bei der Entscheidung über die Genehmigung von Tierversuchen. ³Die Mehrheit der Kommissionsmitglieder muß die für die Beurteilung von Tierversuchen erforderlichen Fachkenntnisse der Veterinärmedizin, der Medizin oder einer naturwissenschaftlichen Fachrichtung haben. ⁴In die Kommissionen sind auch Mitglieder zu berufen, die aus Vorschlagslisten der Tierschutzorganisationen ausgewählt worden sind und auf Grund ihrer Erfahrungen zur Beurteilung von Tierschutzfragen geeignet sind; die Zahl dieser Mitglieder muß ein Drittel der Kommissionsmitglieder betragen. ⁵Die zuständige Behörde unterrichtet unverzüglich die Kommission über Anträge auf Genehmigung von Versuchsvorhaben und gibt ihr Gelegenheit, in angemessener Frist Stellung zu nehmen.

(2) Die zuständigen Behörden sollen im Rahmen der Durchführung dieses Gesetzes oder der auf Grund dieses Gesetzes erlassenen Rechtsverordnungen den beamteten Tierarzt als Sachverständigen beteiligen.

(3) ¹Im Bereich der Bundeswehr obliegt die Durchführung dieses Gesetzes und der auf Grund dieses Gesetzes erlassenen Rechtsvorschriften den zuständigen Dienststellen der Bundeswehr. ²Das Bundesministerium der Verteidigung beruft eine Kommission zur Unterstützung der zuständigen Dienststellen bei der Entscheidung über die Genehmigung von Versuchsvorhaben. ³Die Mehrheit der Kommissionsmitglieder muß die für die Beurteilung von Tierversuchen erforderlichen Fachkenntnisse der Veterinärmedizin, der Medizin oder einer naturwissenschaftlichen Fachrichtung haben. ⁴In die Kommission sollen auch Mitglieder berufen werden, die aus Vorschlagslisten der Tierschutzorganisationen ausgewählt worden sind und auf Grund ihrer Erfahrungen zur Beurteilung von Tierschutzfragen geeignet sind. ⁵Die zuständige Dienststelle unterrichtet unverzüglich die Kommission über Anträge auf Genehmigung von Versuchsvorhaben und gibt ihr Gelegenheit, in angemessener Frist Stellung zu nehmen. ⁶Die Sicherheitsbelange der Bundeswehr sind zu berücksichtigen. ⁷Sollen Tierversuche im Auftrag der Bundeswehr durchgeführt werden, so ist die Kommission hiervon ebenfalls zu unterrichten und ihr vor Auftragserteilung Gelegenheit zur Stel-

lungnahme zu geben; Absatz 1 bleibt unberührt. [8] Die für die Genehmigung des Versuchsvorhabens zuständige Landesbehörde ist davon in Kenntnis zu setzen. [9] Die zuständige Dienststelle der Bundeswehr sendet auf Anforderung die Stellungnahme zu.

Übersicht

	Rn.
I. Tierschutzbehörden, Abs. 1 S. 1	1–3
II. Tierversuchskommissionen („Ethikkommissionen"), Abs. 1 S. 2–5	4–9
III. Der Amtstierarzt als Sachverständiger, Abs. 2	10
IV. Bundeswehr, Abs. 3	11–13

I. Tierschutzbehörden, Abs. 1 S. 1

1 Weil das Tierschutzgesetz und seine Rechtsverordnungen von den Ländern als eigene Angelegenheit ausgeführt werden, ist es grds. **Sache der Länder,** die Einrichtung der Behörden und das Verwaltungsverfahren zu regeln (vgl. Art. 83, 84 Abs. 1 GG). Dem trägt Abs. 1 S. 1 Rechnung. – Die Länder haben idR durch Rechtsverordnung festgelegt, welche Behörden zur Ausführung welcher tierschutzrechtlicher Vorschriften zuständig sein sollen (Beispiel Bad.-Württ.: Verordnung des Ministeriums Ländlicher Raum über Zuständigkeiten nach dem Tierschutzrecht v. 25. 3. 1999, GBl. S. 166). Zuständig ist danach regelmäßig die untere Verwaltungsbehörde (Kreisverwaltungsbehörde, Landratsamt; die „Veterinärbehörde" oder das „Veterinäramt" bildet meist einen Teil dieser Behörden). Verwaltungsaufgaben im Zusammenhang mit Tierversuchen sind häufig den Mittelbehörden (Regierungspräsidium, Regierungspräsident, Bezirksregierung) übertragen. Einige wenige Zuständigkeiten sind auch bei dem für Tierschutz zuständigen Ministerium angesiedelt. – Die demnach zuständige Behörde (zB das Veterinäramt im Landratsamt) nennt man „Tierschutzbehörde". Sie untersteht den Weisungen der höheren (Regierungspräsidium) und der obersten (Landesministerium) Tierschutzbehörde.

2 Das **Verwaltungsverfahren** richtet sich (soweit sich nicht aus dem Tierschutzgesetz, seinen Rechtsverordnungen und der nach § 16 d erlassenen AVV spezielle Regelungen ergeben) nach dem Verwaltungsverfahrensgesetz (VwVfG), dem Verwaltungszustellungsgesetz (VwZG) und dem Verwaltungsvollstreckungsgesetz (VwVG) des Landes. – Die zuständigen Behörden haben die Möglichkeit, ehrenamtliche Ausschüsse oder Beiräte zu ihrer Beratung einzurichten (vgl. dazu §§ 81 bis 93 VwVfG). Zur Durchführung einzelner Aufgaben können sie auch andere Stellen einschalten (zB für die Sachkundeprüfungen nach § 2 a Abs. 2 Nr. 3 a, nach § 4 Abs 1 a, nach § 11 Abs. 2 Nr. 1 TierSchG; nach § 13 TierSchTrV; nach § 4 TierSchlV). Sog. Tierschutzinspektoren sind ehrenamtliche Mitarbeiter von Tierschutzvereinen, die mit der Tierschutzbehörde zusammenarbeiten, indem sie ihr ihre Beobachtungen schildern und eventuelle Beweismittel vorlegen und sie dadurch in ihren Aufgaben unterstützen.

Zuständige Behörden § 15 TierSchG

Auch **andere Behörden** müssen zuweilen tierschutzrechtliche Vorschrif- 3
ten prüfen und anwenden. Beispiel: Für die Genehmigung der Errichtung
und des Betriebs einer Anlage nach § 4 BImSchG (vgl. Anhang Nr. 7 der 4.
BImSchV) ist die Immissionsschutzbehörde zuständig. Diese darf die Genehmigung nicht aussprechen, wenn der Betrieb der Anlage gegen „andere
öffentlich-rechtliche Vorschriften" verstößt, vgl. § 6 Abs. 1 Nr. 2 BImSchG.
Zu diesen Vorschriften gehören auch das Tierschutzgesetz, insbesondere
§ 2, und die aufgrund von § 2a ergangenen Rechtsverordnungen. Wird diese
Prüfung unterlassen oder die Genehmigung erteilt, obwohl die Anlage gegen eine dieser Vorschriften verstößt, so ist die Genehmigung verfahrensfehlerhaft bzw. rechtswidrig. Ähnlich ist die Situation bei der Erteilung von
Baugenehmigungen. – Dazu, dass aufgrund der Querschnittsaufgabe des
Art. 20a GG auch bei der Auslegung anderer Rechtsvorschriften (vgl. zB
§ 17 Abs. 2 IfSG, „erforderliche Maßnahmen") tierschutzrechtliche Belange
beachtet werden müssen, s. Art. 20a Rn. 17 und Rn. 22–25.

II. Tierversuchskommissionen („Ethikkommissionen"), Abs. 1 S. 2–5

Grundgedanke der Tierversuchskommissionen, die nach Abs. 1 S. 2 den 4
für die Entscheidung über die Genehmigung von Tierversuchen zuständigen
Behörden beigeordnet werden müssen, ist folgender: Durch das ÄndG 1986
sind die Genehmigungsvoraussetzungen für Versuchsvorhaben erheblich
verschärft worden; daraus ergeben sich erhöhte Anforderungen an das Spezialwissen der Behörden; zu deren sachverständiger Unterstützung sollen
daher diese Kommissionen eingerichtet werden (vgl. BT-Drucks. 10/3158
S. 28). Gebräuchlich ist der Ausdruck „Ethikkommission".
Die Kommissionen haben idR **sechs Mitglieder** zuzügl. Stellvertreter 5
(AVV Nr. 14.1.1). – Die Mehrheit dieser Mitglieder muss über Fachkenntnisse auf den Gebieten der Veterinärmedizin, der Medizin oder einer naturwissenschaftlichen Fachrichtung – gedacht ist hierbei zB an Biochemie, Toxikologie oder Zoologie – verfügen (vgl. BT-Drucks. 10/3158 S. 28; in AVV
Nr. 14.1.4.2 wird zum Nachweis ein abgeschlossenes Hochschulstudium
gefordert). Diese Mitglieder müssen darüber hinaus aufgrund ihrer beruflichen Erfahrung in der Lage sein, Tierversuche zu beurteilen (AVV aaO).
Dies bedeutet aber nicht, dass sie notwendigerweise selbst Tierversuche
durchführen müssen; ausreichend und erforderlich ist nur, dass sie im Zusammenhang mit einer auch nur zeitweise ausgeübten beruflichen Tätigkeit
so viel Erfahrung gewonnen haben, dass sie die Unerlässlichkeit und die
ethische Vertretbarkeit von Versuchsvorhaben zu beurteilen vermögen. –
Ein Drittel muss aus Vorschlagslisten der Tierschutzorganisationen ausgewählt werden. Dies ist nur eine Mindestvoraussetzung, d.h. es könnten auch
drei oder vier der o.e. sechs Mitglieder aus solchen Listen stammen. Allerdings müssten diese Listen dann auch Fachwissenschaftler iS der AVV
Nr. 14.1.4.2 enthalten, so dass das entsprechende Mehrheitserfordernis eingehalten werden kann (vgl. dazu *L/M* § 15 Rn. 12). In der Praxis wird das
Fachwissenschaftler-Erfordernis stattdessen häufig dahin ausgelegt, dass die
Mehrheit der Mitglieder aus Vorschlagslisten von Wissenschaftsorganisatio-

nen oÄ zu stammen hätten, was jedoch vom Gesetz nicht gefordert wird. – Sind genügend Fachwissenschaftler (aus welchen Vorschlagslisten auch immer) und Vertreter von Tierschutzorganisationen bestellt, so können auch weitere geeignete Personen ausgewählt werden, zB Philosophen, Theologen, Juristen (vgl. *L/M* § 15 Rn. 14).

6   **Einzelne Punkte, zu denen die Kommission insbesondere Stellung nehmen soll,** sind in AVV Nr. 14.1.3.1 aufgezählt: Ob das Versuchsvorhaben zu einem der in § 7 Abs. 2 genannten Zwecke unerlässlich ist (d. h. zB: Bedarf es der angestrebten Erkenntnis, um ein bestimmtes Produkt oder Verfahren zu entwickeln? Dient Letzteres einem der Zwecke des § 7 Abs. 2?). – Ob der verfolgte Zweck nicht durch andere Methoden oder Verfahren erreicht werden kann (d. h. zB: Gibt es eine Alternativmethode oder eine Kombination solcher Methoden, mit der sich die angestrebte Erkenntnis ebenfalls gewinnen lässt? Ist es im Bereich einer Toxizitätsuntersuchung möglich, mit solchen Methoden zu einer Risikobewertung zu gelangen, die ein vergleichbar hohes Sicherheitsniveau schafft?). – Ob die zu erwartenden Schmerzen, Leiden oder Schäden ethisch vertretbar sind (d. h. zB: Ist der Nutzen des Produktes oder Verfahrens, das entwickelt werden soll, so groß, dass er die zutreffend und vollständig ermittelten Belastungen für die Versuchstiere überwiegt? Hierher gehört nach der hier vertretenen Ansicht auch eine Bedarfsprüfung dahingehend, welchen „Differenznutzen" das Produkt usw. mit Blick auf schon vorhandene, ähnlich wirksame und ausreichend geprüfte Substanzen erwarten lässt. Ebenso bedarf es einer sorgfältigen Ermittlung, welche Schmerzen, Leiden oder Schäden nach Art, Ausmaß und Zahl der davon betroffenen Tiere zu erwarten sind). – Ob bei einem quälerischen Versuch nach § 7 Abs. 3 der zu erwartende Nutzen nach Art, Ausmaß und Wahrscheinlichkeit so hoch einzustufen ist, dass auch die erforderliche qualifizierte ethische Vertretbarkeit bejaht werden kann. – Ob das Vorhaben nicht auch mit sinnesphysiologisch niedriger entwickelten Tierarten und/oder mit weniger Tieren ohne wesentliche Einbuße des Erkenntnisgewinns durchgeführt werden könnte. – Ob auch bei der Art und Weise der einzelnen Versuchsschritte das unerlässliche Maß jeweils gewahrt ist.

7   Das **Verfahren vor der Kommission** richtet sich nach ihrer Geschäftsordnung sowie nach AVV Nr. 14.2 und nach den §§ 88 bis 93 VwVfG. Die Tierschutzbehörde leitet den Kommissionsmitgliedern unverzüglich alle vollständigen Anträge nebst Anlagen anonymisiert zu (AVV Nr. 14.2.1). Zwischen dem Zeitpunkt des Zugangs und der Abgabe der Stellungnahme der Kommission soll eine Frist von vier Wochen liegen. Die Kommission fasst ihre Beschlüsse mit Stimmenmehrheit; bei Stimmengleichheit entscheidet die Stimme des Vorsitzenden (§ 91 VwVfG). Ablehnende Stellungnahmen bedürfen der Begründung (AVV Nr. 14.2.3). Ein Minderheitsvotum sollte ebenfalls zur Kenntnis der Behörde gebracht werden (vgl. *L/M* § 15 Rn. 17). – Die Behörde ist nicht an das Votum der Kommission gebunden, muss aber, wenn sie abweichend entscheidet, uU dem BMVEL berichten (§ 15 a).

8   Eine **erweiterte Prüfungspflicht** besteht nach der Einführung des Staatsziels Tierschutz. Die Tierversuchskommissionen können sich nicht mehr,

wie in der Vergangenheit teilweise üblich, darauf beschränken, nur zu einzelnen der in Rn. 6 beschriebenen Fragen Stellung zu nehmen – etwa dazu, ob der beantragte Versuch mit weniger Tieren, mit sinnesphysiologisch niedriger entwickelten Tieren oder mit einer geringeren Belastung der Tiere möglich wäre. Seit der verfassungsrechtlichen Verankerung des Tierschutzes besteht für eine solche Praxis kein Raum mehr (s. Art. 20a GG Rn. 5 und Rn. 22–25; § 8 Rn. 6–9).

Einzelne **Mängel des Verfahrens der Ethikkommissionen** sind anlässlich 9 der Tagung „Tierversuche und Tierschutz" in Bad Boll, 23.–25. März 2001, kritisiert worden: Die Stellungnahmen seien für die Behörde unverbindlich; teilweise wirkten Kommissionsmitglieder mit, obwohl sie an dem Versuchsvorhaben selbst beteiligt seien; es fehle an einer paritätischen Besetzung; die Sprache in den Anträgen sei oft nicht einmal für Naturwissenschaftler verständlich; die Fristen zwischen dem Zugang der Unterlagen bei den einzelnen Mitgliedern und den anschließenden Sitzungen seien zu kurz (vgl. Arbeitsgruppe I in: Evang. Akademie Bad Boll, Tierversuche S. 203, 204). – Einem Teil dieser Mängel könnte schon nach geltendem Recht, also auch ohne Gesetzesänderung, abgeholfen werden: Die Regeln über ausgeschlossene und befangene Personen (§§ 20, 21 VwVfG) finden auch auf Ausschüsse nach §§ 88ff. VwVfG Anwendung, so dass ein Mitglied nicht mitwirken kann, wenn es an dem betreffenden Vorhaben selbst beteiligt oder sonst besonders interessiert ist; eine paritätische Besetzung wäre möglich, wenn auch die Tierschutzorganisationen Fachwissenschaftler in ihre Vorschlagslisten aufnehmen und die Genehmigungsbehörden das Drittel-Erfordernis nicht als Ober- sondern zutreffend als Untergrenze auffassen würden; Anträge mit unverständlicher Sprache genügen von vornherein nicht den Anforderungen des Gesetzes und der AVV, Anlage 1; eine Frist von zumindest drei Wochen zwischen Zugang der Unterlagen und Sitzungsbeginn sollte mit Blick auf den Amtsermittlungsgrundsatz (§ 24 VwVfG) eingehalten werden, weil die einzelnen Kommissionsmitglieder sonst mangels ausreichender Vorbereitungszeit ihre gesetzliche Aufgabe, die Behörde sachverständig zu unterstützen (s. Rn. 4), nicht wahrnehmen können.

III. Der Amtstierarzt als Sachverständiger, Abs. 2

Sachverständigengutachten werden u.a. benötigt: Zur Feststellung, ob 10 eine Tierhaltung verhaltensgerecht ist, § 2 Nr. 1; zur Feststellung von Verhaltensstörungen und anderen Indikatoren als Anzeichen für erhebliche Leiden, §§ 17 Nr. 2b, 18 Abs. 1 Nr. 1; zur Feststellung, ob ein Tier mangels Erfüllung der Anforderungen des § 2 erheblich vernachlässigt ist oder schwerwiegende Verhaltensstörungen aufzeigt, § 16a S. 2 Nr. 2; zur Feststellung, ob ein Tier nur unter nicht behebbaren erheblichen Schmerzen, Leiden oder Schäden weiterleben kann, § 16a S. 2 Nr. 2 letzter Halbsatz; zur Beurteilung, ob ein Eingriff tierärztlich indiziert ist, § 6 Abs. 1 Nr. 1a; zur Beurteilung, ob ein Tierversuch unerlässlich und ethisch vertretbar ist, § 7 Abs. 2, Abs. 3, usw. – Nach Abs. 2 sollen (d.h. müssen, soweit kein Ausnahmefall vorliegt) beamtete Tierärzte herangezogen werden (vgl. *L/M* § 15

§ 15 TierSchG *Tierschutzgesetz*

Rn. 22). – Das Prinzip „Der richtige Gutachter für das richtige Sachgebiet" kann einen Ausnahmefall begründen, wenn der Amtstierarzt kein Ethologe ist und es um die Feststellung hauptsächlich ethologischer Sachverhalte (zB von Verhaltensstörungen oder einer nicht verhaltensgerechten Unterbringung) geht. In diesem Fall sollte der Gutachter Fachtierarzt für Ethologie oder für Tierschutz oder Zoologe mit der entsprechenden Fachrichtung sein (vgl. die Hervorhebung der „wissenschaftlich gesicherten Erkenntnisse der Verhaltensforschung" bei der Anwendung von § 2 durch BT-Drucks. 10/3158 S. 18). Außerdem muss sich die Behörde bzw. das Gericht davon überzeugen, dass der herangezogene Gutachter mit seinen Kenntnissen und Methoden den aktuellen Stand der Ethologie repräsentiert, zB durch seine aktive Teilnahme an den fachwissenschaftlichen Diskussionen oÄ (vgl. die Prinzipien zur richtigen Gutachterauswahl, § 2 Rn. 44). – Ein weiteres Problem kann auftreten, wenn ein Amtstierarzt im Auftrag der Staatsanwaltschaft oder des Gerichts einen möglicherweise tierschutzwidrigen Sachverhalt in seinem Bezirk begutachten soll, der ihm – falls einer der Tatbestände des § 17 oder § 18 verwirklicht worden ist – den Vorwurf des unzureichenden oder verspäteten Einschreitens eintragen könnte (zur Garantenstellung von Amtsträgern s. § 17 Rn. 56). Ist aus diesem Grund eine Befangenheit nicht ausschließbar, so sollte ein anderer Gutachter beauftragt werden.

IV. Bundeswehr, Abs. 3

11 Für Tiere im Bereich der Bundeswehr ist diese **selbst zuständig,** Abs. 3 S. 1. Damit sind nicht nur Tiere gemeint, die im Eigentum des Bundes stehen; zB fallen auch die in Kasernen eingesetzten Hunde einer privaten Wach- und Schließgesellschaft oder Tiere, die privat in Kasernen gehalten werden, darunter. Welche Dienststelle für die Anwendung des Tierschutzgesetzes und seiner Rechtsverordnungen jeweils zuständig ist, regelt der Erlass vom 2. 1. 1995 (Ministerialblatt des BMVg 1995 S. 61). – Wird an einem Tier im Bereich der Bundeswehr eine Ordnungswidrigkeit begangen, zB nach § 18, so richtet sich die Zuständigkeit nach der „Verordnung über die Zuständigkeit der Wehrbereichsverwaltungen für die Verfolgung und Ahndung von Ordnungswidrigkeiten nach dem Tierschutzgesetz v. 3. 7. 1990 (BGBl. I S. 1399).

12 Führt die Bundeswehr **selbst einen Tierversuch** durch, so muss die für die Entscheidung über die Genehmigung nach dem o. a. Erlass zuständige Dienststelle eine Stellungnahme der Tierversuchskommission der Bundeswehr einholen, Abs. 3 S. 2–6. Für diese Kommission, die vom BMVg berufen wird, gilt grds. dasselbe wie für die Kommissionen nach Abs. 1 (s. Rn. 4–9; allerdings ist kein Mindestanteil von Mitgliedern aus Vorschlagslisten der Tierschutzorganisationen vorgesehen).

13 Gibt die Bundeswehr einem zivilen Forschungsinstitut den **Auftrag zur Durchführung eines Versuches,** so muss dieses bei der nach § 15 Abs. 1 zuständigen Behörde (idR Regierungspräsidium, s. Rn. 1) die dafür notwendige Genehmigung nach § 8 beantragen; die Behörde entscheidet aufgrund der Stellungnahme ihrer eigenen Tierversuchskommission. Da-

rüber hinaus muss aber nach Abs. 3 S. 7–9 auch eine Stellungnahme der bundeswehreigenen Tierversuchskommission eingeholt werden, und zwar noch vor der Auftragserteilung an das zivile Institut („wegen der besonderen Sensibilität der Öffentlichkeit gegenüber Tierversuchen der Bundeswehr", so BT-Drucks. 13/7015 S. 23). Diese Stellungnahme wird dem zuständigen Regierungspräsidium zur Kenntnis gebracht, so dass diesem bei seiner Entscheidung die Voten zweier Tierversuchskommissionen vorliegen.

§ 15 a [Unterrichtung bei Fällen grundsätzlicher Bedeutung]

Die nach Landesrecht zuständigen Behörden unterrichten das Bundesministerium über Fälle grundsätzlicher Bedeutung bei der Genehmigung von Versuchsvorhaben, insbesondere über die Fälle, in denen die Genehmigung von Versuchsvorhaben mit der Begründung versagt worden ist, daß die Voraussetzungen des § 7 Abs. 3 nicht erfüllt waren, oder in denen die Kommission nach § 15 Abs. 1 oder der Tierschutzbeauftragte Bedenken hinsichtlich des Vorliegens dieser Voraussetzungen erhoben hat.

Zweck der Unterrichtungspflicht ist es, eine größere Transparenz der Genehmigungspraxis zu schaffen, sowie es dem Bundesminister zu ermöglichen, bei Bedarf auf die Erarbeitung von Leitlinien für die Genehmigung von Tierversuchen hinzuwirken (BT-Drucks. 10/3158 S. 28). 1

Nur genehmigungspflichtige Versuchsvorhaben können eine Unterrichtungspflicht begründen, nicht auch anzeigepflichtige. – Dafür, ob ein Fall von grundsätzlicher Bedeutung vorliegt, nennt das Gesetz drei Fallgruppen: 1. Die Versagung der Genehmigung mit der Begründung, dass das Vorhaben nicht ethisch vertretbar iS des § 7 Abs. 3 sei. – 2. Bedenken, die der Tierschutzbeauftragte mit dieser Begründung erhebt. – 3. Bedenken der Tierversuchskommission hinsichtlich der ethischen Vertretbarkeit; diese müssen in ihrem Beschluss zum Ausdruck kommen, entweder im Tenor (Ablehnung) oder in der Begründung (Zustimmung trotz Bedenken). – Auch in anderen Fällen kann eine grundsätzliche Bedeutung vorliegen, denn die unter „insbesondere" geschilderten Fallgruppen bilden nur Regelbeispiele. Mögliche Fälle: Vorhaben, die, wenn sie öffentlich bekannt würden, gesellschaftliche Diskussionen größeren Ausmaßes nach sich ziehen würden; Vorhaben, die so oder ähnlich häufiger vorkommen und ersichtlich uneinheitlich bewertet werden (vgl. *L/M* § 15 a Rn. 4). – Ob der Bundesminister diese Fälle der Tierschutzkommission nach § 16 b vorlegt, bleibt ihm überlassen, ist aber anzuraten (vgl. *L/M* § 15 a Rn. 6). 2

§ 16 [Behördliche Aufsicht, Auskunftspflichtige]

(1) Der Aufsicht durch die zuständige Behörde unterliegen
1. Nutztierhaltungen einschließlich Pferdehaltungen,
2. Einrichtungen, in denen Tiere geschlachtet werden,
3. Einrichtungen, in denen

a) Tierversuche durchgeführt werden,
b) Eingriffe oder Behandlungen an Tieren zur Aus-, Fort- oder Weiterbildung vorgenommen werden,
c) Eingriffe oder Behandlungen an Wirbeltieren zur Herstellung, Gewinnung, Aufbewahrung oder Vermehrung von Stoffen, Produkten oder Organismen vorgenommen werden,
d) Wirbeltiere zu den in § 6 Abs. 1 Satz 2 Nr. 4 genannten Zwecken verwendet werden oder
e) Wirbeltiere zu wissenschaftlichen Zwecken oder zur Aus-, Fort- oder Weiterbildung getötet werden,
4. Betriebe nach § 11 Abs. 1 Satz 1,
5. Einrichtungen und Betriebe,
a) die gewerbsmäßig Tiere transportieren,
b) in denen Tiere während des Transports ernährt, gepflegt oder untergebracht werden,
6. Zirkusbetriebe, die nicht gewerbsmäßig betrieben werden,
7. Tierhaltungen, die auf Grund einer nach § 13 Abs. 3 erlassenen Rechtsverordnung einer Genehmigung bedürfen.

(1a) [1] Wer nach § 11 Abs. 1 Nr. 2a und 3 Buchstabe d und § 16 Abs. 1 Nr. 6 Tiere an wechselnden Orten zur Schau stellt, hat jeden Ortswechsel spätestens beim Verlassen des bisherigen Aufenthaltsortes der zuständigen Behörde des beabsichtigten Aufenthaltsortes nach Maßgabe des Satzes 2 anzuzeigen. [2] Für den Inhalt der Anzeige gilt § 11 Abs. 1 Satz 2 entsprechend.

(2) Natürliche und juristische Personen und nicht rechtsfähige Personenvereinigungen haben der zuständigen Behörde auf Verlangen die Auskünfte zu erteilen, die zur Durchführung der der Behörde durch dieses Gesetz übertragenen Aufgaben erforderlich sind.

(3) [1] Personen, die von der zuständigen Behörde beauftragt sind, sowie in ihrer Begleitung befindliche Sachverständige der Kommission der Europäischen Gemeinschaft und anderer Mitgliedstaaten der Europäischen Gemeinschaft (Mitgliedstaaten) dürfen im Rahmen des Absatzes 2
1. Grundstücke, Geschäftsräume, Wirtschaftsgebäude und Transportmittel des Auskunftspflichtigen während der Geschäfts- oder Betriebszeit betreten,
2. zur Verhütung dringender Gefahren für die öffentliche Sicherheit und Ordnung
a) die in Nummer 1 bezeichneten Grundstücke, Räume, Gebäude und Transportmittel außerhalb der dort genannten Zeiten,
b) Wohnräume des Auskunftspflichtigen
betreten; das Grundrecht der Unverletzlichkeit der Wohnung (Artikel 13 des Grundgesetzes) wird insoweit eingeschränkt,
3. geschäftliche Unterlagen einsehen,
4. Tiere untersuchen und Proben, insbesondere Blut-, Harn-, Kot- und Futterproben, entnehmen,
5. Verhaltensbeobachtungen an Tieren auch mittels Bild- oder Tonaufzeichnungen durchführen.

Behördliche Aufsicht, Auskunftspflichtige § 16 TierSchG

² Der Auskunftspflichtige hat die mit der Überwachung beauftragten Personen zu unterstützen, ihnen auf Verlangen insbesondere die Grundstücke, Räume, Einrichtungen und Transportmittel zu bezeichnen, Räume, Behältnisse und Transportmittel zu öffnen, bei der Besichtigung und Untersuchung der einzelnen Tiere Hilfestellung zu leisten, die Tiere aus den Transportmitteln zu entladen und die geschäftlichen Unterlagen vorzulegen. ³ Der Auskunftspflichtige hat auf Verlangen der zuständigen Behörde in Wohnräumen gehaltene Tiere vorzuführen, wenn der dringende Verdacht besteht, daß die Tiere nicht artgemäß oder verhaltensgerecht gehalten werden und ihnen dadurch erhebliche Schmerzen, Leiden oder Schäden zugefügt werden und eine Besichtigung der Tierhaltung in Wohnräumen nicht gestattet wird.

(4) Der zur Auskunft Verpflichtete kann die Auskunft auf solche Fragen verweigern, deren Beantwortung ihn selbst oder einen der in § 383 Abs. 1 Nr. 1 bis 3 der Zivilprozeßordnung bezeichneten Angehörigen der Gefahr strafgerichtlicher Verfolgung oder eines Verfahrens nach dem Gesetz über Ordnungswidrigkeiten aussetzen würde.

(4a) ¹ Wer

1. als Betreiber einer Schlachteinrichtung oder als Gewerbetreibender im Durchschnitt wöchentlich mindestens 50 Großvieheinheiten schlachtet oder
2. Arbeitskräfte bereitstellt, die Schlachttiere zuführen, betäuben oder entbluten,

hat der zuständigen Behörde einen weisungsbefugten Verantwortlichen für die Einhaltung der Anforderungen dieses Gesetzes und der auf Grund dieses Gesetzes erlassenen Rechtsverordnungen zu benennen. ² Wer eine Tierhaltung, eine Einrichtung oder einen Betrieb nach Absatz 1 Nr. 1, 3, 5 oder 6 betreibt oder führt, kann durch die zuständige Behörde im Einzelfall verpflichtet werden, einen weisungsbefugten sachkundigen Verantwortlichen für die Einhaltung der Anforderungen dieses Gesetzes und der darauf beruhenden Verordnungen zu benennen. ³ Dies gilt nicht für Betriebe, die der Erlaubnispflicht nach § 11 Abs. 1 unterliegen.

(5) ¹ Das Bundesministerium wird ermächtigt, durch Rechtsverordnung mit Zustimmung des Bundesrates, soweit es zum Schutz der Tiere erforderlich ist, die Überwachung näher zu regeln. ² Es kann dabei insbesondere

1. die Durchführung von Untersuchungen einschließlich der Probenahme,
2. die Maßnahmen, die zu ergreifen sind, wenn Tiertransporte diesem Gesetz oder den auf Grund dieses Gesetzes erlassenen Rechtsverordnungen nicht entsprechen,
3. Einzelheiten der Duldungs-, Unterstützungs- und Vorlagepflichten,
4. Pflichten zur Aufzeichnung und zur Aufbewahrung von Unterlagen und
5. die zentrale Erfassung von Tierschauen und Zirkusbetrieben mit Tierhaltung, sofern die Tätigkeit an wechselnden Standorten ausgeübt wird (Zirkuszentralregister),

regeln.

(6) ¹ Personenbezogene Daten dürfen erhoben werden, soweit dies durch dieses Gesetz vorgesehen oder ihre Kenntnis zur Erfüllung der Aufgaben

nach diesem Gesetz oder auf Grund dieses Gesetzes erlassener Rechtsverordnungen für die erhebende Stelle notwendig ist. ²Das Bundesministerium wird ermächtigt, mit Zustimmung des Bundesrates durch Rechtsverordnung die hiernach zu erhebenden Daten näher zu bestimmen und dabei auch Regelungen zu ihrer Erhebung bei Dritten, Speicherung, Veränderung, Nutzung und Übermittlung zu treffen. ³Im übrigen bleiben das Bundesdatenschutzgesetz und die Datenschutzgesetze der Länder unberührt.

(7) ¹Bestehen bei der zuständigen Behörde erhebliche Zweifel, ob bei bestimmungsgemäßem Gebrauch serienmäßig hergestellte Aufstallungssysteme und Stalleinrichtungen zum Halten landwirtschaftlicher Nutztiere und beim Schlachten verwendete Betäubungsgeräte und -anlagen den Anforderungen dieses Gesetzes sowie der auf Grund dieses Gesetzes erlassenen Rechtsverordnungen entsprechen, kann dem Hersteller oder Anbieter aufgegeben werden, auf seine Kosten eine gutachterliche Stellungnahme einer einvernehmlich zu benennenden unabhängigen Sachverständigenstelle oder Person beizubringen, soweit er nicht auf den erfolgreichen Abschluß einer freiwilligen Prüfung nach Maßgabe einer nach § 13a Abs. 1 erlassenen Rechtsverordnung verweisen kann. ²Satz 1 gilt nicht, soweit Stalleinrichtungen oder Betäubungsgeräte oder -anlagen auf Grund einer Rechtsverordnung nach § 13a Abs. 2 zugelassen sind.

Übersicht

	Rn.
I. Besondere Aufsicht nach Abs. 1	1
II. Anzeige des Ortswechsels nach Abs. 1a	2
III. Die Auskunftspflicht nach Abs. 2, Abs. 4	3–5
IV. Die Duldungs- und Mitwirkungspflichten nach Abs. 3	6–10
V. Die Absätze 4a–7	11–13

I. Besondere Aufsicht nach Abs. 1

1   Abs. 1 nennt **Betriebe und Einrichtungen, die vom Gesetz unter besondere behördliche Aufsicht gestellt werden.** Besondere Aufsicht bedeutet, dass diese Einrichtungen einer routinemäßigen Kontrolle unterliegen, während andere Tierhaltungen nur bei konkreten Verdachtsmomenten (zB einer Anzeige) überprüft werden. Allerdings sind die in Abs. 2 und 3 genannten Pflichten nicht auf Einrichtungen iS von Abs. 1 beschränkt; sie treffen vielmehr jeden, der möglicherweise Adressat einer tierschutzrechtlichen Anordnung, insbesondere nach § 16a, werden kann, insbesondere also jeden Tierhalter (vgl. AG Germersheim AgrarR 1999, 219: Keine Freistellung für Hobbytierhaltungen; s. auch Rn. 3). – **Nr. 1, Nutztierhaltungen.** Nach Art. 1 S. 2 ETÜ werden Nutztiere zur Erzeugung von Nahrungsmitteln, Wolle, Häuten oder Fellen oder zu anderen landwirtschaftlichen Zwecken gezüchtet oder gehalten. Folglich unterliegen auch die Haltungen von Pelztieren, Straussen, Damwild oÄ der besonderen Aufsicht. Nicht darunter fallen reine Liebhaberhaltungen. Durch das ÄndG 1998 wurde indes klargestellt, dass Pferdehaltungen aller Art, also auch Pferdepensionen und Hobbyhaltungen,

einbezogen sind (vgl. BT-Drucks. 13/7015 S. 23). – **Nr. 2**, Schlachteinrichtungen. Es kommt weder auf die Art der geschlachteten Tiere an, noch darauf, ob das Schlachten im Rahmen einer wirtschaftlichen Unternehmung erfolgt (im Gegensatz zu § 2 Nr. 7 TierSchlV). ZB unterliegt auch die Schlachteinrichtung, die im Rahmen des Lehrbetriebs einer (Hoch)Schule unterhalten wird, der besonderen Aufsicht. Hausschlachtungen nach § 2 Nr. 6 TierSchlV fallen dagegen nicht unter Nr. 2 (vgl. *L/M* § 16 Rn. 9). – **Nr. 3** betrifft alle wissenschaftlichen, medizinischen und pharmazeutischen Forschungs- und Lehreinrichtungen sowie Produktionsstätten, die Eingriffe an Tieren durchführen, die nicht der Therapie des Tieres selbst dienen. – **Nr. 4** erfasst alle Betriebe, die nach § 11 Abs. 1 S. 1 einer Erlaubnis bedürfen. Auf Gewerbsmäßigkeit kommt es dabei nur im Rahmen von § 11 Abs. 1 S. 1 Nr. 3 an. – **Nr. 5** erfasst gewerbliche Tiertransportbetriebe (vgl. § 2 Nr. 10 TierSchTrV); dass der Tiertransport alleiniger Unternehmensgegenstand sein müsste, wird nicht verlangt (vgl. *Kluge* § 16 Rn. 2; zu „gewerbsmäßig" s. auch § 11 Rn. 9); einbezogen sind auch Transport- und Versorgungsstationen, unabhängig davon, ob sie gewerbsmäßig betrieben werden. – **Nr. 6** meint die nicht gewerbsmäßigen Zirkusse (gewerbsmäßige fallen bereits unter Nr. 4 i.V.m. § 11 Abs. 1 S. 1 Nr. 3 d). – **Nr. 7**, Grundgedanke: „An die Haltung von Tieren wildlebender Arten sind besonders hohe Anforderungen zu stellen. Deshalb sollen die Haltung, der Handel und das Verbringen der Aufsicht durch die zuständige Behörde unterliegen" (BT-Drucks. 13/7015 S. 23). Eine Rechtsverordnung nach § 13 Abs. 3 steht allerdings noch aus.

II. Anzeige des Ortswechsels nach Abs. 1a

Nach Abs. 1a müssen (gewerbliche und nicht gewerbliche) Zirkusse, **2** Zoos und Tierschauen jeden **Ortswechsel rechtzeitig anzeigen**. Die Anzeige an die für den nächsten Aufenthaltsort zuständige Behörde muss abgegeben sein, noch bevor sich das erste Fahrzeug vom bisherigen Standort aus in Richtung auf den Zielort in Bewegung setzt. Ihr Inhalt muss § 11 Abs. 1 S. 2 entsprechen (vgl. dazu AVV Nr. 12.1.1 i.V.m. Anlage 6): Es müssen alle Tiere nach Art und jeweiliger Zahl angegeben werden; es muss die für den Betrieb/Betriebsteil verantwortliche Person benannt und deren berufliche Qualifikation nachgewiesen sein; die einer Räume und Einrichtungen (einschl. Käfige, Wagen, Zelte) müssen so genau beschrieben sein, dass beurteilt werden kann, ob eine den Anforderungen des § 2 Nr. 1 entsprechende Ernährung, Pflege und Unterbringung ermöglicht wird (vgl. § 11 Abs. 1 S. 2 Nr. 3 i.V.m. Abs. 2 Nr. 3). – Eine Ordnungswidrigkeit nach § 18 Abs. 1 Nr. 25a liegt vor, wenn die Anzeige vorsätzlich oder fahrlässig nicht, nicht richtig, nicht vollständig oder nicht rechtzeitig erstattet wird.

III. Die Auskunftspflicht nach Abs. 2, Abs. 4

Die Auskunftspflicht nach Abs. 2 ist nicht auf die Einrichtungen nach **3** Abs. 1 und deren Inhaber beschränkt. Sie **trifft vielmehr jede Einrichtung und jede Person**, die Adressat einer tierschutzrechtlichen Anordnung wer-

§ 16 TierSchG *Tierschutzgesetz*

den kann, insbesondere also jeden Tierhalter, -betreuer und Betreuungspflichtigen nach § 2, aber auch andere Personen, die mit Tieren Umgang haben, zB Mitarbeiter, Zeugen, Sachverständige. Nur diese weite Auslegung wird der Zielsetzung des § 1 gerecht (vgl. VG Stuttgart, NuR 1999, 233, 234 und 718, 719; AG Germersheim AgrarR 1999, 219: „eigenständige, von Abs. 1 unabhängige Verpflichtung jeder natürlichen Person"; *L/M* § 16 Rn. 17). – Dasselbe gilt für die Duldungs- und Mitwirkungspflichten nach Abs. 3.

4 Der **Umfang der Auskunftspflicht** wird durch die behördliche Überwachungsaufgabe bestimmt, d. h. die Behörde kann alle Auskünfte, die sie zur Erfüllung ihrer Aufgaben benötigt, verlangen (vgl. *L/M* § 16 Rn. 17). Dazu gehören insbesondere Informationen, die notwendig sind, um mögliche tierschutzwidrige Zustände kennen zu lernen und rasch und wirksam abzustellen (vgl. BT-Drucks. 10/3158 S. 37). U. a.: Angaben zu Haltung, Pflege, Unterbringung oder Tötung von Tieren; Auskünfte über Zu- und Abgänge von Tieren und die Gründe hierfür; bei Tierversuchen alle aktuellen Daten iS der §§ 7 bis 9 a; bei erlaubnispflichtigen Betrieben die Aktualisierung aller für das Erlaubnisverfahren wesentlichen Daten; bei Tiertransporteuren die Vorlage der Transportpläne und Nachweise über deren Vollzug; bei Zirkussen Angaben zu Aufenthaltsdauer, nächstem Gastspielort, Beginn und Dauer von Tourneen, üblichem Sitz, Winterquartier, Tierarten und -zahlen, Mitführen artengeschützter Tiere, Größe und Ausstattung einzelner Wagen und Einrichtungen einschließlich des Winterquartiers, Vorlage von CITES-Bescheinigungen. Im Rahmen des Verhältnismäßigkeitsgrundsatzes können auch die unverwechselbare Kennzeichnung von Tieren und die Führung eines Tierbestandsbuches verlangt werden (vgl. VG Stuttgart NuR 1999 aaO). – Eine Gefahrenlage wie nach Abs. 3 S. 1 Nr. 2 oder S. 3 braucht für das Auskunftsverlangen nicht zu bestehen. – Die Behörde kann die Auskünfte formlos einholen (§ 26 Abs. 1 VwVfG). Sie kann aber auch durch Verwaltungsakt bestimmte Auskünfte fordern und diese Verpflichtung mittels Androhung und Festsetzung von Zwangsgeld vollstrecken. Die Möglichkeit, bei nicht, nicht richtiger oder nicht vollständiger Auskunftserteilung ein Bußgeld nach § 18 Abs. 1 Nr. 26 zu verhängen, besteht in beiden Fällen.

5 Ein **Auskunftsverweigerungsrecht** nach Abs. 4 kann immer nur in Bezug auf einzelne Fragen geltend gemacht werden; es berechtigt nicht dazu, Antworten insgesamt zu verweigern. Der Pflichtige kann die Auskunft auf solche Fragen verweigern, deren (wahrheitsgemäße) Beantwortung ihn selbst oder einen seiner in § 383 Abs. 1 Nr. 1–3 ZPO bezeichneten Angehörigen (Verlobten; Ehegatten; früheren Ehegatten; in gerader Linie Verwandten oder Verschwägerten; in Seitenlinie bis zum dritten Grad Verwandten oder bis zum zweiten Grad Verschwägerten) der Gefahr der Verfolgung wegen einer Straftat oder Ordnungswidrigkeit aussetzen würde. – Bei diesbezüglichen Anhaltspunkten soll die Behörde entsprechend belehren. Ist dies nicht geschehen, so ist die Aussage im Verwaltungsverfahren gleichwohl verwertbar; unverwertbar ist sie aber im Straf- oder Bußgeldverfahren, soweit dieses sich gegen den Auskunft Erteilenden bzw. seinen Angehörigen richtet.

IV. Die Duldungs- und Mitwirkungspflichten nach Abs. 3

Die **Duldungspflicht nach Abs. 3 S. 1 Nr.** 1 betrifft nicht nur den Hausrechtsinhaber, sondern auch jede andere Person ist verpflichtet, das Betreten oder Befahren von Grundstücken, Geschäftsräumen, Wirtschaftsgebäuden und Transportmitteln durch die Beauftragten der Behörde und die in ihrer Begleitung befindlichen Sachverständigen während der Geschäfts- und Betriebszeiten zu dulden. Es bedarf hierzu weder einer richterlichen Anordnung iS des Art. 13 Abs. 2 GG noch einer Gefahr iS des Art. 13 Abs. 7 GG (vgl. dazu BVerfGE 32, 54 ff., 77; *Kluge* § 16 Rn. 6). Zum Kreis der verpflichteten Einrichtungen und Personen s. Rn. 3. Ausreichend und erforderlich ist, dass die Maßnahme der Erlangung derjenigen Informationen dient, die die Behörde zur Erfüllung ihrer tierschutzrechtlichen Aufgaben benötigt (s. Rn. 4), und dass dabei der Grundsatz der Verhältnismäßigkeit gewahrt wird.
– Grundstück ist jeder abgegrenzte Teil der Erdoberfläche einschl. des zugehörigen Erdkörpers und Luftraums. Gebäude ist jedes mit dem Grund und Boden dauernd oder vorübergehend verbundene ober- oder unterirdische Bauwerk, das geeignet und bestimmt ist, zum Schutz von Menschen, Tieren oder Sachen zu dienen (also auch Zelte, Hundehütten, Zwinger, Käfigwagen uÄ). Wirtschaftsgebäude dienen nicht zur Wohnung von Menschen (anderenfalls gilt Nr. 2 b, s. Rn. 7). Geschäftsräume sind Räume, die hauptsächlich für eine geschäftsmäßige Tätigkeit genutzt werden (d.h. für eine selbständige Tätigkeit, die der Handelnde in gleicher Weise zu wiederholen und dadurch zu einem dauernden oder wiederkehrenden Bestandteil seiner Beschäftigung zu machen beabsichtigt, vgl. BGH DB 1985, 2040; einer Gewinnerzielungsabsicht bedarf es nicht). Transportmittel s. § 2 Nr. 3 TierSchTrV. – Macht der Tierhalter geltend, er verfüge nicht über bestimmte Geschäfts- oder Betriebszeiten, so ist Abs. 3 Nr. 1 dahin auszulegen, dass sich das Betretensrecht auf die üblichen Geschäfts- oder Betriebszeiten erstreckt (vgl. VG Stuttgart NuR 1999, 232, 234: Montag bis Freitag von 9 bis 17 Uhr).
– Die Behörde kann den Verpflichteten durch schriftlichen Verwaltungsakt nach § 16 a S. 1 förmlich zur Duldung des Betretens zu einem bestimmten, angegebenen Zeitpunkt verpflichten, unmittelbaren Zwang androhen und die Verpflichtung anschließend mit unmittelbarem Zwang vollstrecken (vgl. VG Stuttgart NuR 1999, 718, 720). Grundsätzlich muss sie dann aber (wenn sie nicht die Bestandskraft abwarten will) ihre Verfügung nach § 80 Abs. 2 Nr. 4, Abs. 3 S. 1 oder S. 2 VwGO für sofort vollziehbar erklären. – Bei Gefahr im Verzug können sowohl die Duldungsverpflichtung als auch die Anordnung des sofortigen Vollzuges mündlich („Notstandsmaßnahme", vgl. § 80 Abs. 3 S. 2 VwGO) ausgesprochen und geleisteter Widerstand sofort anschließend durch unmittelbaren Zwang (idR mit Vollzugshilfe der Polizei) überwunden werden. Eine solche Gefahr liegt vor, wenn bei Einhaltung des o. e. „gestreckten" Vollstreckungsverfahrens mit weiteren Verstößen oder auch mit der Fortdauer eines bereits begonnenen Verstoßes bzw. dem Eintritt eines unmittelbar drohenden Verstoßes gerechnet werden muss.

Die **Duldungspflicht nach Abs. 3 S. 1 Nr. 2** betrifft Räumlichkeiten nach Nr. 1, sofern diese außerhalb der dort genannten Zeiten betreten werden sollen (lit. a), sowie Wohnräume (lit. b). – Wohnräume sind Räumlichkeiten, die der Berechtigte (Eigentümer, dinglich Berechtigter, Mieter oÄ) der allgemeinen Zugänglichkeit entzogen und zur Stätte seines persönlichen (Gegensatz: geschäftsmäßigen, s. Rn. 6) Lebens und Wirkens gemacht hat, in denen sich also das Privatleben abspielt (vgl. BVerfGE 97, 222, 266). Hier darf ein Betreten gegen den Willen des Berechtigten nur zur Verhütung dringender Gefahren für die öffentliche Sicherheit und Ordnung erfolgen. Zu den Schutzgütern der öffentlichen Sicherheit gehört das gesamte geschriebene Recht, also auch alle Vorschriften des Tierschutzgesetzes und seiner Rechtsverordnungen. Die vom Gesetz geforderte dringende Gefahr liegt vor, wenn sich aus konkreten Anhaltspunkten die hinreichende Wahrscheinlichkeit (und nicht bloß entfernte Möglichkeit) ergibt, dass in der betreffenden Wohnung eine Verletzung einer tierschutzrechtlichen Norm entweder bereits stattfindet oder aber für die Zukunft unmittelbar bevorsteht. Haben sich die diesbezüglichen Anhaltspunkte noch nicht zu einer solchen Wahrscheinlichkeit verdichtet, so kann stattdessen nach Abs. 3 S. 3 vorgegangen werden (BT-Drucks. 13/7015 S. 22). – Abs. 3 S. 1 Nr. 2 entspricht dem Gesetzesvorbehalt der zweiten Alternative des Art. 13 Abs. 7 GG. Einer richterlichen Anordnung bedarf es für Maßnahmen, die dem Zweck der Informationsbeschaffung dienen, nicht, denn eine Durchsuchung iS des Art. 13 Abs. 2 GG liegt nur vor, wenn Behördenvertreter ziel- und zweckgerichtet nach bestimmten Personen oder Sachen suchen (vgl. *Kluge* § 16 Rn. 6). Aber selbst für Durchsuchungen bedarf es keiner vorherigen Einschaltung des Richters, wenn Gefahr im Verzug ist, sei es, dass ein Tier bereits anhaltend leidet bzw. nicht verhaltensgerecht untergebracht ist, sei es, dass der Eintritt von Schmerzen, Leiden oder Schäden oder auch ein anderer Normverstoß so nahe bevorsteht, dass die mit einer richterlichen Entscheidung verbundene Verzögerung nicht verantwortet werden kann (vgl. Art. 13 Abs. 2 GG). – Neben dem „gestreckten Vollstreckungsverfahren" (d. h.: Duldungsverfügung; Anordnung der sofortigen Vollziehbarkeit; Androhung unmittelbaren Zwangs; Anwendung) kann bei Gefahr im Verzug nach Maßgabe des jeweiligen Landesverwaltungsvollstreckungsgesetzes der unmittelbare Zwang auch im Wege des Sofortvollzuges angewendet werden. Ein solcher Sofortvollzug muss aber auf Verlangen schriftlich bestätigt werden, § 37 Abs. 2 VwVfG; dabei ist dann darzulegen, dass und weshalb die Voraussetzungen dafür vorlagen. – Ist der Hausrechtsinhaber nicht erreichbar, so kann die Wohnung bei entsprechender Gefahr auch im Wege der unmittelbaren Ausführung, d. h. ohne vorangegangenen oder gleichzeitigen Verwaltungsakt betreten werden (vgl. VG München NuR 2002, 507, 509; *Kluge* aaO). – Die Behörde ist in all diesen Fällen für das Betreten selbst zuständig, wird sich aber, soweit unmittelbarer Zwang angewendet werden soll, der Vollzugshilfe der Polizei bedienen.

8   Die **weiteren Duldungspflichten nach Abs. 3 S. 1 Nr. 3, 4 und 5:** zum Kreis der verpflichteten Personen s. Rn. 3. Gefordert werden kann u. a.: Einsichtnahme in geschäftliche Unterlagen, d. h. in jede Aufzeichnung, die sich auf die geschäftsmäßige Tätigkeit bezieht und nicht allein dem privaten Bereich zuzuordnen ist, zB Bücher und Belege der kaufmännischen Buchführung, Tierbestandsbücher, Transportpläne usw.; Duldung, dass die Behörde

und die sie begleitenden Sachverständigen Tiere untersuchen, Proben entnehmen, Verhaltensbeobachtungen (auch Langzeitbeobachtungen) vornehmen und (zB mit Video) aufzeichnen.

Die **Pflicht zur aktiven Mitwirkung nach Abs. 3 S. 2** trifft ebenfalls jeden Auskunftspflichtigen (s. Rn. 3). Er muss den Beauftragten der Behörde auf Verlangen diejenige Unterstützung leisten, die erforderlich ist, damit die Behörde ihre tierschutzrechtlichen Aufgaben erfüllen (insbesondere also mögliche Verstöße gegen das Tierschutzgesetz rasch aufklären) kann. Die Pflichten, die S. 2 aufzählt, sind dafür nur Beispiele („insbesondere"). Die Pflicht zur Unterstützung schließt die Duldung der entsprechenden Maßnahme ein: Wenn also zB der Auskunftspflichtige der Behörde einen Raum oder ein Transportmittel öffnen muss, muss er auch das Betreten dieser Räumlichkeiten durch die Amtsträger dulden. – Auch diese Pflichten können sowohl formlos geltend gemacht als auch (gestützt auf § 16 a S. 1) durch Verwaltungsakt ausgesprochen und in diesem Fall mittels Verwaltungszwang durchgesetzt werden. 9

Zusätzlich besteht die **Pflicht zur aktiven Mitwirkung nach Abs. 3 S. 3.** Bestehen Anhaltspunkte, die es als wahrscheinlich erscheinen lassen, dass in einer Wohnung Tiere unter Verletzung von § 2 gehalten und ihnen dadurch erhebliche (nicht notwendig auch anhaltende oder sich wiederholende) Schmerzen, Leiden oder Schäden zugefügt werden, und verweigert der Berechtigte die Besichtigung dieser Tierhaltung, so kann die Behörde die Vorführung der Tiere unter bestimmten bezeichneten Umständen (Ort, Zeit, Sicherungsmaßnahmen) anordnen. Auch diese Pflicht kann durch Verwaltungsakt ausgesprochen, nach Maßgabe von § 80 Abs. 2 Nr. 4, Abs. 3 VwGO für sofort vollziehbar erklärt und mittels (auch mehrfacher) Zwangsgeldfestsetzung vollstreckt werden. Der dazu notwendige dringende Verdacht erfordert einen geringeren Grad an Wahrscheinlichkeit als die dringende Gefahr nach Abs. 3 S. 1 Nr. 2 (vgl. BT-Drucks. 13/7015 S. 22; s. Rn. 7); zB kann eine Anzeige ausreichen, eventuell auch eine anonyme. Wird die Vorführung trotz entsprechender Anordnung verweigert, so kann sich durch dieses Verhalten der Verdacht zur dringenden Gefahr iS des Abs. 3 S. 1 Nr. 2 verdichten: die Wohnung kann dann zwangsweise betreten werden (s. Rn. 7). – Ein Mitwirkungsverweigerungsrecht analog Abs. 4 ist für Abs. 3 S. 2 und S. 3 nicht anzuerkennen, da Abs. 4 eine nicht erweiterungsfähige Ausnahmevorschrift darstellt. 9a

Die **vorsätzliche oder fahrlässige Zuwiderhandlung** gegen eine der Duldungs- oder Mitwirkungspflichten nach Abs. 3 S. 2 ist eine Ordnungswidrigkeit nach § 18 Abs. 1 Nr. 26. (Die Duldungspflichten nach S. 1 sind Bestandteil der Unterstützungspflicht nach S. 2.) Darauf, ob die Behörde die betreffende Pflicht vorher formlos geltend gemacht oder aber mittels Verwaltungsakts ausgesprochen hat, kommt es nicht an. 10

V. Absätze 4a–7

Abs. 4a S. 1 verpflichtet bestimmte Betriebe bzw. Gewerbetreibende zur **Benennung eines weisungsbefugten Verantwortlichen.** Dieser kann dann von der Behörde (neben dem Inhaber) mit Verfügungen nach den §§ 16, 16a (und eventuell auch mit Bußgeldbescheiden) in Anspruch genommen wer- 11

§ 16 TierSchG *Tierschutzgesetz*

den. Der Verantwortliche muss die nach § 4 Abs. 1 S. 3, Abs. 1 a TierSchG bzw. nach § 4 TierSchlV nötige Sachkunde besitzen und hat im Betrieb bzw. in der Arbeitsgruppe für die Einhaltung aller Vorschriften des Tierschutzgesetzes und seiner Rechtsverordnungen, insbes. der Tierschutz-Schlachtverordnung, zu sorgen. Seine Rechte und Pflichten entsprechen etwa denen eines Tierschutzbeauftragten nach § 8 b. – Nach Nr. 1 trifft die Pflicht zur Benennung die Betreiber kommunaler und privater Schlachthöfe sowie andere Gewerbetreibende (Metzger), die im Durchschnitt wöchentlich mindestens 50 Großvieheinheiten schlachten (also zB 50 Rinder > 300 kg Lebendgewicht, 250 Schweine > 100 kg Lebendgewicht usw., vgl. Anlage 1 zur TierSchlV; die durchschnittliche Zahl wird nach dem Jahresmittel des Vorjahres ermittelt, vgl. BT-Drucks. 13/7015 S. 24; besteht noch kein Vorjahreswert, muss das Wochenmittel aus dem Schlachtvorhaben geschätzt werden). In Metzgerschlachthöfen, in denen handwerkliche Metzger mit eigenem Personal schlachten, findet Nr. 1 auf jeden einzelnen Metzger Anwendung (vgl. *L/M* § 16 Rn. 28). – Nach Nr. 2 gilt die Verpflichtung auch für denjenigen, der (etwa aufgrund eines Werkvertrages) eine Arbeitskolonne (zB Kopfschlächter) bereitstellt, unabhängig von der Zahl der wöchentlich geschlachteten Tiere: Er muss der Behörde ein Mitglied dieser Kolonne als weisungsbefugten Verantwortlichen benennen. Dass dann in einem Schlachtbetrieb uU mehrere weisungsbefugte Verantwortliche gleichzeitig tätig sind, nimmt das Gesetz in Kauf. – Nach **Abs. 4 a S. 2** kann die Behörde die Inhaber anderer Einrichtungen, die nach Abs. 1 der besonderen Aufsicht unterliegen, dazu verpflichten, ebenfalls weisungsbefugte, sachkundige Verantwortliche zu benennen.

12 Durch **Rechtsverordnung nach Abs. 5** kann die Überwachung näher geregelt werden, soweit dies zum Schutz der Tiere erforderlich ist (näher zu diesem Merkmal s. § 2 a Rn. 8). Die in S. 2 genannten Regelungen sind nicht abschließend, sondern beispielhaft („insbesondere"). – Nach S. 2 Nr. 5 könnte das BMVEL ein Zirkuszentralregister einführen, „weil dies für eine wirkungsvolle, länderübergreifende Überwachung dringend erforderlich ist" (so der Bundesrat, BT-Drucks. 13/7015 S. 37). Dieses Register, auf das alle Tierschutzbehörden Zugriff haben sollten, müsste u. a. enthalten: Die dem jeweiligen Betrieb erteilten Erlaubnisse, insbes. die genehmigten Tierarten, ihre jeweils zulässige Zahl und Anordnungen zur Art ihrer Unterbringung; behördlich veranlasste Sachverständigengutachten nach Gegenstand und Ergebnis; Auflagen und Fristsetzungen sowie etwaige Feststellungen zu deren Erfüllung oder Nichterfüllung; tierschutzrelevante Bußgeld- und Strafverfahren der letzten fünf Jahre (näher dazu *Martin* AtD 1998, 338 ff.). – Bis zum Erlass dieser Rechtsverordnung könnten die Länder mittels Verwaltungsvorschrift Länderregister nach dem Vorbild der hessischen Zirkus-Datei schaffen (*Martin* aaO); datenschutzrechtlichen Bedenken könnte Rechnung getragen werden, indem man nur den Zirkusnamen und die dem Betrieb zugeteilte Registernummer, nicht aber auch die verantwortliche(n) Person(en) aufnimmt.

13 **Abs. 6** ist eine im Hinblick auf die §§ 3 und 4 Bundesdatenschutzgesetz notwendige Norm (vgl. BT-Drucks. 13/7015 S. 38). – **Abs. 7 S. 1** soll für die

Behördliche Anordnungen § 16 a TierSchG

Hersteller und Anbieter von serienmäßigen Aufstallungssystemen usw. einen Anreiz schaffen, ihr Produkt der freiwilligen Prüfung nach § 13 a Abs. 1 zu unterziehen (s. dort Rn. 9 und 10). Bei Systemen, die nicht bereits nach § 13 a Abs. 1 oder Abs. 2 geprüft worden sind, hat die Behörde die Möglichkeit, den Hersteller oder Anbieter mittels Verwaltungsakts zu verpflichten, eine gutachterliche Stellungnahme einer einvernehmlich zu benennenden, unabhängigen Sachverständigenstelle über die Vereinbarkeit des Systems mit dem Tierschutzgesetz und seinen Rechtsverordnungen beizubringen und die Kosten hierfür zu tragen.

§ 16 a [Behördliche Anordnungen]

¹Die zuständige Behörde trifft die zur Beseitigung festgestellter Verstöße und die zur Verhütung künftiger Verstöße notwendigen Anordnungen. ²Sie kann insbesondere

1. im Einzelfall die zur Erfüllung der Anforderungen des § 2 erforderlichen Maßnahmen anordnen,
2. ein Tier, das nach dem Gutachten des beamteten Tierarztes mangels Erfüllung der Anforderungen des § 2 erheblich vernachlässigt ist oder schwerwiegende Verhaltensstörungen aufzeigt, dem Halter fortnehmen und so lange auf dessen Kosten anderweitig pfleglich unterbringen, bis eine den Anforderungen des § 2 entsprechende Haltung des Tieres durch den Halter sichergestellt ist; ist eine anderweitige Unterbringung des Tieres nicht möglich oder ist nach Fristsetzung durch die zuständige Behörde eine den Anforderungen des § 2 entsprechende Haltung durch den Halter nicht sicherzustellen, kann die Behörde das Tier veräußern; die Behörde kann das Tier auf Kosten des Halters unter Vermeidung von Schmerzen töten lassen, wenn die Veräußerung des Tieres aus rechtlichen oder tatsächlichen Gründen nicht möglich ist oder das Tier nach dem Urteil des beamteten Tierarztes nur unter nicht behebbaren erheblichen Schmerzen, Leiden oder Schäden weiterleben kann,
3. demjenigen, der den Vorschriften des § 2, einer Anordnung nach Nummer 1 oder einer Rechtsverordnung nach § 2 a wiederholt oder grob zuwidergehandelt und dadurch den von ihm gehaltenen oder betreuten Tieren erhebliche oder länger anhaltende Schmerzen oder Leiden oder erhebliche Schäden zugefügt hat, das Halten oder Betreuen von Tieren einer bestimmten oder jeder Art untersagen oder es von der Erlangung eines entsprechenden Sachkundenachweises abhängig machen, wenn Tatsachen die Annahme rechtfertigen, daß er weiterhin derartige Zuwiderhandlungen begehen wird; auf Antrag ist ihm das Halten oder Betreuen von Tieren wieder zu gestatten, wenn der Grund für die Annahme weiterer Zuwiderhandlungen entfallen ist,
4. die Einstellung von Tierversuchen anordnen, die ohne die erforderliche Genehmigung oder entgegen einem tierschutzrechtlichen Verbot durchgeführt werden.

§ 16 a TierSchG *Tierschutzgesetz*

Übersicht

	Rn.
I. Anordnungen nach S. 1	1–9
II. Anordnungen nach S. 2 Nr. 1	10–14
III. Fortnahme, Unterbringung, Veräußerung und ggf. Tötung von Tieren nach S. 2 Nr. 2	15–23
IV. Untersagung von Haltung oder Betreuung nach S. 2 Nr. 3	24–27
V. Anordnung der Einstellung von Tierversuchen nach S. 2 Nr. 4	28, 29
VI. Ordnungswidrigkeiten	30

I. Anordnungen nach S. 1

1   Erfährt die Behörde von einem Vorgang, Zustand oder Geschehensablauf (auch: einer Handlung, Tätigkeit), der/die gegen eine Norm des Tierschutzrechts verstoßen, so trifft sie mittels Verwaltungsakts die **zur Beseitigung dieses Verstoßes notwendige(n) Anordnung(en)**. Zu den Normen des Tierschutzrechts gehören: sämtliche Bestimmungen des Tierschutzgesetzes, also neben § 2 und den speziellen Ge- und Verboten der §§ 3 ff., insbesondere auch § 1 S. 2 (vgl. dazu OVG Schleswig AtD 1999, 38, 40); ebenso alle aufgrund des Tierschutzgesetzes erlassenen Rechtsverordnungen. – Die Einfügung von § 16 a durch das ÄndG 1986 diente u. a. der „Anpassung der Vorschriften über die Durchführung des Gesetzes an neuere Bundesgesetze mit sicherheits- bzw. ordnungsrechtlichem Charakter, zB AMG, LMBG, BSeuchG" (so BT-Drucks. 10/3158 S. 37) bzw. IfSG. Konsequenz: Bei Fragen, die in § 16 a nicht ausdrücklich geregelt sind, kann auf die allgemeinen Grundsätze des Ordnungsrechts zurückgegriffen werden (s. Rn. 2–7).

2   Der Behörde obliegt daneben die **Verhütung künftiger Verstöße**. Aus dem Wortlaut und dem ordnungsrechtlichen Charakter von § 16 a folgt u. a., dass die Behörde nicht abzuwarten braucht, bis ein Verstoß gegen das Tierschutzrecht stattgefunden hat. Bei entsprechender Gefahr wird sie auch präventiv tätig, d. h.: Ist ein tierschutzwidriger Vorgang in absehbarer Zeit mit Wahrscheinlichkeit zu erwarten, so trifft sie diejenigen Anordnungen, die zur Abwendung dieser Gefahr nötig sind. Dabei gilt der elastische Gefahrbegriff des Polizei- und Ordnungsrechts, d. h.: an die Wahrscheinlichkeit des Schadenseintritts sind umso geringere Anforderungen zu stellen, je größer und schwerer der möglicherweise eintretende Schaden wiegt (vgl. BVerwG NJW 1974, 815); Schaden in diesem Sinne ist die Verletzung tierschutzrechtlicher Normen. – Haben sich im Verantwortungsbereich einer Person bereits gleichartige oder ähnliche Verstöße ereignet, so kann mangels gegenteiliger Anhaltspunkte von einer Wiederholungsgefahr ausgegangen werden.

3   Der **richtige Adressat der Anordnung** kann mit Hilfe der Regeln zur Feststellung von Störern im Ordnungsrecht ermittelt werden. Die Behörde erlässt daher normalerweise ihren Verwaltungsakt gegenüber demjenigen, der durch sein Handeln (auch: pflichtwidriges Unterlassen) für den Vorgang

Behördliche Anordnungen § 16 a TierSchG

ursächlich geworden ist bzw. zu werden droht (Verhaltensstörer). Bei Verstößen gegen § 2 wendet sie sich an den Halter, Betreuer und/oder Betreuungspflichtigen. In Betracht kommt auch die Inanspruchnahme einer Person als Zustandsstörer, zB als Besitzer oder Eigentümer der Räumlichkeiten, in denen der Vorgang stattfindet, oder der Sache, deren Zustand die Gefahr begründet. Es ist sogar möglich, unbeteiligte Personen als sog. Notstandspflichtige ausnahmsweise in Anspruch zu nehmen; dies geschieht dann, wenn bei einer unmittelbar bevorstehenden oder schon eingetretenen, fortdauernden Störung die rechtzeitige Inanspruchnahme des Verhaltens- oder Zustandsstörers nicht möglich ist und die eigenen Mittel der Behörde nicht ausreichen (vgl. zB § 9 PolG BW). – Unter mehreren Verhaltens- und Zustandsstörern besteht Auswahlermessen. Die Behörde soll denjenigen in Anspruch nehmen, der die Gefahr bzw. Störung am schnellsten, wirksamsten und mit dem geringsten Aufwand, also am effektivsten beseitigen kann. Lässt sich nach diesen Kriterien keine Auswahl treffen, hält man sich an den Verhaltensstörer. – Auch gegen tierschutzwidrige Vorgänge, die im Ausland stattzufinden drohen, kann eingeschritten werden, sofern ein Tun oder garantiepflichtwidriges Unterlassen im Inland für diese Gefahr ursächlich wird (wichtig zB für Tiertransporte: Einschreiten gegen den Versender, Spediteur usw., wenn diese durch ihr Verhalten im Inland eine nicht hinwegdenkbare Ursache dafür setzen, dass es nach Überschreitung der Grenze zu tierschutzwidrigen Zuständen kommt; vgl. *Kluge* § 16a Rn. 14).

Notwendige Anordnungen sind diejenigen, die dem Grundsatz der Verhältnismäßigkeit entsprechen, d. h.: sie müssen geeignet, erforderlich und verhältnismäßig ieS sein (vgl. zB § 5 PolG BW). „Erforderlich" bedeutet, dass von mehreren Maßnahmen, die die Beendigung bzw. Verhütung des Verstoßes mit gleicher Sicherheit erwarten lassen, diejenige zu wählen ist, die den Einzelnen und die Allgemeinheit voraussichtlich am wenigsten belastet. „Verhältnismäßig ieS" meint die Relation zwischen Nutzen und Schaden: Unverhältnismäßigkeit liegt vor, wenn der Nachteil, den die Anordnung dem Betroffenen auferlegt, schwerer wiegt als der Verstoß, der damit beendet bzw. verhindert werden soll. 4

Ob die Behörde, wenn sie von einem bereits eingetretenen oder einem mit hinreichender Wahrscheinlichkeit drohenden Verstoß Kenntnis erhält, ein **Entschließungsermessen** hat (d.h. ein Ermessen, ob sie überhaupt dagegen einschreiten soll), ist streitig. Gegen ein solches Ermessen und damit für eine grundsätzliche Pflicht zum Tätigwerden spricht der Wortlaut des Gesetzes („trifft die ... notwendigen Anordnungen" statt „kann ... treffen"), insbesondere aber auch die vom Bundesrat (s. Rn. 1) gezogene Parallele zum Arzneimittelgesetz (gegen ein Entschließungsermessen zu Recht *Kluge* § 16a Rn. 11 und DtW 2001, 90, 91 unter Hinweis auf die wortgleiche Regelung in § 69 AMG; *Basikow/Struwe* AtD 2002, 31, 33; *Caspar/Cirsovius* NuR 2002, 22, 26; *Sadler* VwVG § 9 Rn. 10; dafür OVG Bremen NuR 1999, 227, 229 und *L/M* § 16a Rn. 8). – Auch wer ein Entschließungsermessen bejaht, muss jedenfalls eine Ermessensreduzierung auf Null, die zu einem Einschreiten verpflichtet, annehmen, wenn der tierschutzwidrige Vorgang den Straftatbestand des § 17 Nr. 2b objektiv (d.h. unabhängig davon, ob auch vorsätzlich und mit Unrechtsbewusstsein gehandelt wird) erfüllt; denn 5

§ 16 a TierSchG Tierschutzgesetz

mit den Grundsätzen der allgemeinen Werteordnung wäre es unvereinbar, einen Vorgang zwar einerseits als Verstoß gegen einen Straftatbestand zu bewerten, andererseits aber der zuständigen Behörde dennoch einen Ermessensspielraum hinsichtlich des „Ob" ihres Einschreitens einzuräumen (vgl. OVG Koblenz AtD 1998, 346 ff., 350). Auch bei großer, anders nicht abzuwendender Gefahr für das Tier oder bei gravierenden Verstößen wird idR eine Ermessensreduzierung auf Null angenommen (vgl. *L/M* aaO). – Darüber hinaus spricht aber vieles dafür, jedenfalls im Regelfall eine Verpflichtung zum Einschreiten anzunehmen; d. h., es müssen besondere Gründe vorliegen, um ein Untätigbleiben zu rechtfertigen; in diese Richtung weist auch Art. 20 a GG als „Abwägungshilfe für die vollziehende Gewalt im Sinne einer Schutzgutförderung" (*Kluge* § 16 a Rn. 12 unter Hinweis auf BVerwG NVwZ 1998, 1080, 1081).

6   Das **Auswahlermessen,** das das „Wie" des Einschreitens, also die Wahl des Handlungsmittels betrifft, wird durch den Grundsatz der Verhältnismäßigkeit geleitet und beschränkt. – In der Begründung ihres Verwaltungsakts (VA) nach § 39 VwVfG muss die Behörde u. a. zum Ausdruck bringen, dass sie ihren Ermessensspielraum erkannt und genutzt hat. Deshalb empfiehlt sich, darzulegen, welches die Gründe für die ergriffene Maßnahme waren. Es darf nicht erkennbar werden, dass sie dabei von falschen oder unvollständig ermittelten Tatsachen ausgegangen ist oder Erwägungen, die dem Gesetzeszweck widersprechen, angestellt hat. Auch sollte deutlich gemacht werden, dass sie sich mit möglichen anderen, weniger belastenden Handlungsalternativen auseinandergesetzt und diese mit zutreffender Begründung, zB wegen nicht ausreichender Effektivität, abgelehnt hat. Sie muss auch das Ausmaß der wirtschaftlichen und sonstigen Belastung, die von ihrer Anordnung für den Adressaten ausgeht, zutreffend eingeschätzt haben, ebenso die Schwere des Verstoßes und die möglichen Nachteile, um deren Abwendung es geht und die bei einem Untätigbleiben oder bei einer Beschränkung auf weniger effektive Handlungsalternativen gedroht hätten. – Eine grundsätzlich richtige Ermessensausübung liegt vor, wenn die Behörde dem Tierschutz gegenüber den finanziellen Interessen des Halters Vorrang einräumt (vgl. VG Stuttgart RdL 1998, 110; s. auch § 1 Rn. 41 zum allgemeinen Rechtsgedanken des § 9 Abs. 2 S. 3 Nr. 3).

7   **Sachlich zuständig** ist nach § 15 Abs. 1 i. V. m. dem Landesrecht meist das Veterinäramt. In vielen Bundesländern ist es den unteren Verwaltungsbehörden (Landratsamt, Stadtkreis) eingegliedert. Erscheint bei Gefahr im Verzug sein rechtzeitiges Tätigwerden nicht erreichbar, so trifft die Ordnungsbehörde und bei deren Verhinderung der Polizeivollzugsdienst die notwendigen vorläufigen Maßnahmen (vgl. zB § 2 Abs. 1 PolG BW). – Die Anordnung muss **inhaltlich hinreichend bestimmt** sein (§ 37 Abs. 1 VwVfG). Der Adressat muss möglichst aus dem Tenor, jedenfalls aber aus der Begründung des Bescheids ersehen können, was er tun soll oder nicht tun darf (vgl. VGH München RdL 1978, 82, 83; VG Stuttgart NuR 1999, 232, 233: Konkretisierung in der Begründung ausreichend). Grundsätzlich reicht aus, wenn der VA den zu erreichenden bzw. zu vermeidenden Erfolg hinreichend bestimmt bezeichnet und das Mittel dafür dem Adressaten überlässt; dies genügt jedenfalls bei Verboten (vgl. BGHZ 129, 40; BVerw-

GE 84, 338, 339). Wird aber ein Erfolg verlangt, zu dessen Herbeiführung es sehr unterschiedliche Wege gibt, so kann es erforderlich sein, auch hinreichend bestimmt aufzuzeigen, welche der in Betracht kommenden Maßnahmen erwartet wird (vgl. VGH München aaO). Andererseits muss dem Adressaten aber eine Auswahlmöglichkeit belassen werden, wenn es verschiedene gleichwertige Wege zur Herstellung eines tierschutzkonformen Zustandes gibt. – Gesetzeswiederholende Verfügungen, die eine schon durch das Gesetz normierte Pflicht wiederholen, sind zwar zulässig (s. bei § 16 Rn. 3–9), müssen aber das Verlangte hinreichend bestimmt bezeichnen. Vorteile dieses Vorgehens: Die mittels VA ausgesprochene Pflicht kann anschließend mit Verwaltungszwang durchgesetzt werden, und nach Eintritt der Bestandskraft ist dem Adressaten der Einwand, er sei dazu nicht verpflichtet, abgeschnitten. – Zur **Anhörung** s. § 28 Abs. 1–3 VwVfG. Grundsätzlich ist der Adressat vorher (und sei es auch nur mündlich oder telefonisch) anzuhören, und dabei müssen ihm die entscheidungserheblichen Tatsachen, soweit er sie nicht schon kennt, mitgeteilt werden. Bei Gefahr im Verzug oder wenn ein zwingendes öffentliches Interesse entgegensteht (zB weil er den Zweck der Maßnahme bei vorheriger Anhörung vermutlich vereiteln würde; weitere Ausnahmen s. § 28 Abs. 2 VwVfG) kann man aber davon absehen und die Anhörung im Widerspruchsverfahren nachholen.

Die **Anordnung der sofortigen Vollziehbarkeit** kann nach § 80 Abs. 2 Nr. 4, Abs. 3 VwGO ergehen. Die Gefahr, dass ohne ein sofortiges Handeln anhaltende (nicht notwendig: erhebliche) Schmerzen, Leiden oder Schäden fortdauern, begründet idR das notwendige besondere öffentliche Vollzugsinteresse, ebenso die Gefahr, dass ein bereits eingetretener Missstand, zB ein Verstoß gegen § 2, sonst bis zum Eintritt der Bestandskraft weiter fortdauert (vgl. VG Stuttgart NuR 1999, 232, 233; 235, 236). Erst recht gilt dies, wenn mit weiteren Verstößen noch vor Eintritt der Bestandskraft gerechnet werden muss (vgl. VG Stuttgart NuR 1999, 718, 720). Verfügungen, die die gesetzlichen Duldungs- und Mitwirkungspflichten nach § 16 Abs. 3 konkretisieren, können idR für sofort vollziehbar erklärt werden, weil Kontrollen ihren Zweck häufig nur erfüllen, wenn sie den Tierhalter unvorbereitet treffen (vgl. VG Stuttgart aaO). – Die Anordnung der sofortigen Vollziehbarkeit muss idR schriftlich ausgesprochen und begründet werden. Dabei reicht eine Bezugnahme auf die Begründung des VA nicht aus; vielmehr müssen die o. e. Gefahren, die den Sofortvollzug begründen sollen, angegeben werden. Bei Gefahr im Verzug ist aber nach § 80 Abs. 3 S. 2 VwGO die Anordnung auch mündlich unter der Bezeichnung als Notstandsmaßnahme oÄ möglich (Achtung! § 80 Abs. 3 S. 2 entbindet nur von der Notwendigkeit der schriftlichen Begründung; eine mündliche Anordnung der sofortigen Vollziehung nebst mündlicher Begründung als Notstandsmaßnahme bleiben erforderlich, vgl. OVG Münster RdL 1980, 49, 50). – Nach § 37 Abs. 2 S. 2 VwVfG ist ein mündlich ergangener VA schriftlich zu bestätigen, wenn hieran ein berechtigtes Interesse besteht und der Betroffene dies unverzüglich verlangt; auch ohne diese Voraussetzungen kann die Behörde eine solche Bestätigung vornehmen. Es ist dann darauf zu achten, die mündlich ausgesprochene Anordnung der sofortigen Vollziehbarkeit nebst Begründung in diese Bestätigung aufzunehmen.

9 Es gibt **kein einklagbares Recht auf ein Einschreiten der Behörde**, denn die Vorschriften des Tierschutzrechts sind nicht drittschützend (vgl. VGH Mannheim NJW 1997, 1798: Kein Anspruch des Räumungsgläubigers, dass die Tierschutzbehörde die vom Schuldner auf dem Grundstück untergebrachten Tiere entgegennimmt und unterbringt).

II. Anordnungen nach S. 2 Nr. 1

10 Die Gebote und Verbote des § 2 sind unmittelbar aus sich heraus verbindliches Recht, das auch ohne (auf Grund von § 2a erlassene) Rechtsverordnungen von Haltern, Betreuern und Betreuungspflichtigen zu beachten und von den Behörden anzuwenden ist. Eine **Anordnung zur Erfüllung der Anforderungen des § 2 Nr. 1** ergeht, wenn in einer Tierhaltung eines derjenigen Verhaltensbedürfnisse, die sich den Oberbegriffen „Ernährung", „Pflege" oder „verhaltensgerechte Unterbringung" zuordnen lassen, unangemessen zurückgedrängt wird (vgl. BVerfGE 101, 1, 38). Dazu rechnen die Bedürfnisse der Funktionskreise „Nahrungserwerbsverhalten", „Ruheverhalten", „Eigenkörperpflege (Komfortverhalten)", „Fortpflanzungsverhalten (Mutter-Kind-Verhalten)" sowie „Sozialverhalten". Dagegen rechnet der Funktionskreis der Fortbewegung oder Lokomotion zu § 2 Nr. 2 (s. dort Rn. 34). Unangemessen zurückgedrängt ist ein Verhaltensbedürfnis jedenfalls dann, wenn der jeweilige Verhaltensablauf verunmöglicht oder in schwerwiegender Weise eingeschränkt wird (vgl. BVerfG aaO: Die Störung des gleichzeitigen Ruhens in der herkömmlichen Legehennenkäfighaltung begründete die Nichtigkeit von § 2 Abs. 1 Nr. 2 HhVO 1987, und die Störung des gleichzeitigen Fressens die Nichtigkeit von § 2 Abs. 1 Nr. 7; auf die von den Haltern zur vermeintlichen Rechtfertigung vorgetragenen wirtschaftlichen und wettbewerblichen Interessen ist das Gericht nicht eingegangen). Die Voraussetzungen für ein Eingreifen sind damit gegeben, sobald eines der durch § 2 Nr. 1 geschützten Verhaltensbedürfnisse gravierend zurückgedrängt wird bzw. dies mit hinreichender Wahrscheinlichkeit zu erwarten ist. Auf Schmerzen oder Leiden kommt es hier nicht an (s. § 2 Rn. 15). – Zu den weiteren Anforderungen des § 2 Nr. 1 und zur Konkretisierung des Gesetzes durch Verordnungen, Richtlinien, amtliche Gutachten und Empfehlungen von Verbänden s. § 2 Rn. 16–33 und 39–44. – Richtige Adressaten der behördlichen Anordnung sind Halter, Betreuer und/oder Betreuungspflichtiger. Zum Auswahlermessen s. Rn. 3. – Die Anordnung muss hinreichend bestimmt sein. Nicht ausreichend wäre die bloße Wiederholung des Gesetzeswortlauts. Die Angabe eines herbeizuführenden Erfolges („... sämtliche Ponys vor Wind, Kälte und Nässe zu schützen ...") reicht dann nicht aus, wenn es dazu aus Sicht des Adressaten völlig verschiedene Wege gibt (vgl. VGH München 1978, 82, 83). In Betracht kommen insbesondere Anordnungen zur Besatzdichte, zur Fläche von Ställen, Buchten, Boxen und Ständen, zur Ausgestaltung des Bodens und der Liegeflächen, zu Beschäftigungsmaterial, zu Rückzugs- und Deckungsmöglichkeiten usw. – Weitere Beispiele aus der Rspr.: Untersagung der Verwendung von Säulen- und Wandbildaquarien mit Anordnung der sofortigen Vollziehbarkeit

Behördliche Anordnungen **§ 16 a TierSchG**

(VG Berlin 1 A 22/99); Untersagung von Sichtkontakt von Kampffischmännchen bei der Hälterung in Zierfischhandlungen wegen Stresswirkung infolge des andauernden Zwangs zu Imponiergehabe (RegPräs. Düsseldorf v. 29. 5. 1990, Az. 264210); Anordnung zur Vergesellschaftung eines allein gehaltenen Tieres (VG Stuttgart RdL 1999, 53); Abschrankungen der Verkaufsanlage, in der Tiere gehalten werden, so dass Kunden keinen unmittelbaren Zugang zu den Käfigen und Terrarien haben und diese insbesondere nicht berühren können (VGH Mannheim NuR 1994, 487 ff.); s. auch die Beispiele im Anhang zu § 2 Rn. 54, 56.

Eine **Anordnung zur Erfüllung der Anforderungen des § 2 Nr. 2** ergeht, wenn die (Fort-)Bewegung des Tieres so eingeschränkt ist, dass ihm Schmerzen, vermeidbare Leiden oder Schäden entstehen. Eine Vermeidbarkeitsprüfung findet also nur bei Leiden bzw. Schäden, nicht dagegen bei Schmerzen statt (s. § 2 Rn. 35). Ist die Bewegungseinschränkung nur eine von mehreren Ursachen dafür (zB weil auch die Züchtung und/oder die Bodenbeschaffenheit mitspielen), so begründet dies gleichwohl einen Verstoß gegen § 2 Nr. 2, denn es genügt, dass die Einschränkung der Fortbewegung nicht hinweggedacht werden kann, ohne dass die Schmerzen, Leiden usw. entfielen oder sich verminderten (s. § 2 Rn. 35). 11

Anordnung zur Erfüllung der Anforderungen des § 2 Nr. 3. Bei Fehlen der nach § 2 Nr. 3 notwendigen Kenntnisse oder Fähigkeiten kann u. a. die Bestellung eines sachkundigen Betreuers angeordnet werden. 12

Rechtsverordnungen, die aufgrund von § 2a ergangen sind, ändern an der unmittelbaren Geltung von § 2 nichts. Wenn also zB in einer Tierhaltung trotz Einhaltung aller Bestimmungen der einschlägigen Rechtsverordnung Grundbedürfnisse unangemessen zurückgedrängt werden, so muss die Behörde die zur Einhaltung von § 2 Nr. 1 gebotenen Maßnahmen anordnen, auch wenn diese über die Mindestanforderungen der Rechtsverordnung hinausgehen; ebenso bei Bewegungseinschränkungen, die gegen § 2 Nr. 2 verstoßen (s. § 2 Rn. 3, 40). 12a

Eine für eine Anlage (zB zur Nutztierhaltung) ausgesprochene **bau- oder immissionsschutzrechtliche Genehmigung** kann ein nachträgliches Einschreiten nach S. 2 Nr. 1 nur dann ausschließen oder beschränken, wenn der Inhalt des Genehmigungsbescheides unmissverständlich erkennen lässt, dass das Vorhaben auf seine Vereinbarkeit mit dem Tierschutzgesetz und seinen Rechtsverordnungen hin untersucht und als damit in Einklang stehend befunden worden ist; bleibt zweifelhaft, ob eine solche Prüfung stattgefunden hat, so gilt § 16a uneingeschränkt (wichtig zB für ein Einschreiten gegen genehmigte Käfigbatteriehaltungen, vgl. dazu *Kluge* § 16a Rn. 17). – Aber auch bei vorangegangener tierschutzrechtlicher Überprüfung bleiben nachträgliche Anordnungen möglich, wenn damit einer geänderten Sachlage, neuen Rechtsnormen oder neuen wissenschaftlichen Erkenntnissen Rechnung getragen werden soll; ebenso dann, wenn die Anordnung nicht das „Ob", sondern nur das „Wie" der genehmigten betrieblichen Tätigkeit betrifft. Wird stattdessen die Einstellung des Betriebs als Ganzes angestrebt, ohne dass dies mit neuen Tatsachen, Rechtsnormen etc. begründet werden kann, so bedarf es einer Rücknahme der Genehmigung (vgl. §§ 48, 49 VwVfG; s. auch TierSchNutztV § 17 Rn. 3). 13

§ 16 a TierSchG *Tierschutzgesetz*

14 **Exkurs: Möglichkeiten zur Durchsetzung des Tierschutzgesetzes auf Tierbörsen.** **1.** Es kann eine Allgemeinverfügung an alle Personen ergehen, die auf einer bestimmten Börse als Aussteller auftreten wollen (§ 35 VwVfG; zur Bekanntgabe §§ 41, 43 VwVfG). Darin werden alle Anordnungen aufgenommen, die zur Verhütung von Rechtsverstößen, die mit hinreichender Wahrscheinlichkeit erwartet werden müssen, geeignet, erforderlich und verhältnismäßig erscheinen, § 16a S. 1 (Die Annahme von *Zellner/Körner* in AtD 1999, 284 ff., dies sei nicht möglich, weil aufgrund von § 16a erst nach dem Eintritt von Rechtsverletzungen eingeschritten werden könne, steht mit dem Wortlaut und dem ordnungsrechtlichen Gehalt der Vorschrift nicht in Einklang, s. Rn. 2). – **2.** Der Erlaubnis nach § 11 wird die Auflage beigefügt, dass der Veranstalter eine bestimmte Börsenordnung erlassen und durchsetzen muss (s. § 11 Rn. 24 sowie *Weins* in: TVT, Tierschutz auf Tierbörsen, S. 30, 34). Stellt der überwachende Amtstierarzt fest, dass einzelne Aussteller hiergegen verstoßen, so erinnert er den Veranstalter an die Pflicht, die Börsenordnung mittels Weisung und notfalls mittels Hausrechts durchzusetzen (*Zellner/Körner* aaO 285; *Haut* in: TVT aaO 9, 13). – **3.** Gegen einzelne Aussteller wird mittels Anordnung nach § 16a S. 1, S. 2 Nr. 1 vorgegangen, zB bei zu kleinen, überfüllten oder verdreckten Käfigen/Transportboxen, bei fehlenden Rückzugsmöglichkeiten der Tiere, bei Vergesellschaftung unverträglicher Exemplare, bei fehlender Ausstattung und Strukturierung der Käfige, bei Verstößen gegen die TierSchTrV usw. Beispiele für Anordnungen: Blickdichtes Verschließen des Käfigs auf drei Seiten bei scheuen, exotischen Vögeln oder Reptilien; Wegstellen beunruhigter Tiere in einen ruhigen Bereich; Mindestanforderungen an Käfiggröße und Ausstattung; Reduzierung der Besatzdichte; Transportverbot (vgl. *Moritz* in: TVT aaO 3 ff.). Die Anordnung sofortiger Vollziehbarkeit, die stets notwendig ist, wenn vor Bestandskraft vollstreckt werden soll (Ausnahme: Sofortvollzug bei Gefahr im Verzug nach Maßgabe des Landesrechts, vgl. zB § 21 LVwVG BW), kann mit der ansonsten zu befürchtenden Fortdauer von Schmerzen, Leiden oder anderen tierschutzrechtlichen Missständen, zB Verstößen gegen § 2, begründet werden. Bei Gefahr im Verzug kann sie auch mündlich unter der Bezeichnung als Notstandsmaßnahme ergehen (vgl. § 80 Abs. 3 S. 2 VwGO). Zwangsmittel sind, da Zwangsgeld häufig untunlich sein wird, idR die Ersatzvornahme und der unmittelbare Zwang (vgl. *Zellner/Körner* aaO). – **4.** Anzeigen gegen einzelne Aussteller bei Staatsanwaltschaft oder Bußgeldstelle des Veranstaltungsortes, zweckmäßigerweise unter Beifügung einer gutachterlichen Stellungnahme des überwachenden Amtstierarztes.

III. Fortnahme, Unterbringung, Veräußerung und ggf. Tötung von Tieren nach S. 2 Nr. 2

15 Voraussetzungen für Fortnahme und Unterbringung sind: 1. Die Anordnung, eine Fortnahme, eine pflegliche Unterbringung und ggf. auch eine Veräußerung oder Tötung von Tieren zu dulden und die Kosten hierfür zu tragen, kann gegenüber jeder Person ergehen, die das Tier hält, betreut oder zu betreuen hat (Halter iwS, vgl. VG Hannover AtD 1996, 229; *L/M* § 16a Rn. 16; s. auch bei § 2 Rn. 4–6). Mehrere dieser Personen können auch gleichzeitig in Anspruch genommen werden. – **2.** Das Tier muss mangels Erfüllung (einer oder mehrerer) Anforderungen des § 2 entweder erheblich vernachlässigt sein oder schwerwiegende Verhaltensstörungen aufzeigen. Erheblich bzw. schwerwiegend bedeutet hier: Nach Art oder Dauer gewichtig (denn im Gegensatz zu § 17 Nr. 2b wird das Zeitmoment hier nicht durch ein gesondertes Tatbestandsmerkmal erfasst, so dass die Dauer ohne weiteres in die Erheblichkeit einfließt; es genügt also zB, wenn einzelne Gebote aus § 2 für einen längeren Zeitraum und/oder in besonders intensiver Form verletzt worden sind; vgl. *Kluge* § 16a Rn. 21). Dies muss durch ein Gutachten, d.h. eine schriftlich niedergelegte sachverständige Beurteilung des Amtstierarztes bestätigt sein (uU können Aktenvermerke ausreichen; offen gelassen von OVG Münster RdL 1980, 49, 50). Zu Verhaltensstörungen s. § 17 Rn. 59–66). – **3.** Die Wegnahme und Unterbringung müssen geeignet, erforderlich und verhältnismäßig ieS sein. – Darauf, ob die Vernachlässigung durch Tun (zB falsche Ernährung, Unterbringung) oder Unterlassen (zB gebotener Pflegemaßnahmen) herbeigeführt worden ist, kommt es nicht an, ebenso wenig darauf, ob der Halter schuldhaft gehandelt hat. Auch zu Schmerzen, Leiden oder Schäden auf Seiten des Tieres braucht es (noch) nicht gekommen zu sein; vielmehr genügt die diesbezügliche Gefahr. Lassen sich solche negativen Folgen indes feststellen, so ist dies ein besonders starkes Indiz für eine vorangegangene erhebliche Vernachlässigung. – Auch wenn nur einige Tiere vernachlässigt sind, ist es im Interesse eines wirksamen Tierschutzes möglich, dem Halter alle Tiere wegzunehmen (vgl. VG Stuttgart NuR 1998, 218 und TU 1999, 349).

Abs. 2 Nr. 2 enthält die **Ermächtigung zu einer Mehrzahl von Verwaltungsakten:** Fortnahme- und Unterbringungsanordnung mit anschließenden, uU auch gleichzeitigen Vollstreckungsakten (s. Rn. 17); Anordnung der Veräußerung (s. Rn. 18); Kostenerstattungsbescheid (s. Rn. 19); eventuell Tötungsanordnung (s. Rn. 20). 16

Fortnahme- und Unterbringungsanordnung: 1. Die Behörde ordnet gegenüber dem Halter iwS an, die Wegnahme und Unterbringung bestimmt bezeichneter Tiere auf seine Kosten zu dulden; zugleich gibt sie ihm auf, innerhalb einer gesetzten Frist bestimmte, den Anforderungen des § 2 entsprechende Haltungsbedingungen sicherzustellen; sinnvoll ist der zusätzliche Hinweis, dass die Tiere anderenfalls veräußert werden. – **2.** Diese Anordnung kann nach Maßgabe des jeweiligen Landesverwaltungsvollstreckungsgesetzes mit unmittelbarem Zwang vollstreckt werden (vgl. zB §§ 26, 28 LVwVG BW). Dazu muss sie aber, wenn nicht ihre Bestandskraft abgewartet werden soll, für sofort vollziehbar erklärt werden (§ 80 Abs. 2 Nr. 4, Abs. 3 VwGO), zB mit der Begründung, dass angesichts des Ausmaßes der Vernachlässigung der Tiere mit der Fortnahme nicht bis zum Eintritt der Bestandskraft gewartet werden kann. – **3.** Ist die zeitliche Verzögerung, die mit einem gestreckten Vollstreckungsverfahren verbunden ist (schriftliche Fortnahme-Anordnung; Erklärung sofortiger Vollziehbarkeit (mit Begründung); Androhung des Zwangsmittels nebst Fristsetzung; Fristablauf; Anwendung unmittelbaren Zwangs), wegen des Zustandes der Tiere oder der 17

Gefahr weiterer Verstöße nicht zu verantworten, so kann die zwangsweise Wegnahme im Wege des Sofortvollzugs auch ohne vorausgehenden VA erfolgen (allerdings muss in einigen Ländern die Pflicht zur Duldung von Fortnahme und Unterbringung vor oder gleichzeitig mit der Zwangsanwendung wenigstens mündlich ausgesprochen werden; auf Schriftform, Androhung und Fristsetzung kann aber bei Gefahr im Verzug verzichtet werden, vgl. § 21 LVwVG BW). Auf Verlangen muss dann aber später eine schriftliche Bestätigung erfolgen, § 37 Abs. 2 VwVfG, in der darzulegen ist, dass die Voraussetzungen für die Fortnahme und den Sofortvollzug vorlagen. – **4.** Ist der Halter iwS abwesend oder nicht zu ermitteln oder seine Inanspruchnahme unmöglich oder unzweckmäßig, so wird die Wegnahme bei entsprechender Dringlichkeit durch unmittelbare Ausführung vollzogen (vgl. OVG Frankfurt/O NuR 1999, 231, 232). Der Verantwortliche (und zur Kostentragung Verpflichtete) wird in diesem Fall erst durch eine spätere Mitteilung oder durch den auf Kostenerstattung gerichteten Leistungsbescheid konkretisiert (in diesem Bereich ist manches streitig. Nach wohl hM reicht es bei drohender dringender Gefahr und Abwesenheit des Wohnungsinhabers aus, die Wohnung zu betreten und Tiere im Wege der unmittelbaren Ausführung wegzunehmen, pfleglich unterzubringen und die Kosten anschließend mittels Leistungsbescheid einzufordern, vgl. VG München NuR 2002, 507, 509 und *Kluge* § 16a Rn. 24, 50; dem Pflichtigen muss aber die für ihn vorgenommene Maßnahme mitgeteilt werden, wobei die Rechtsprechung für diese „nachträgliche Störerbestimmung" eine Frist von vier Tagen für ausreichend gehalten hat, vgl. OVG Münster DVBl. 1973, 925). – **5.** Müssen zum Zweck der Wegnahme Räume betreten und durchsucht werden, so ist dazu grundsätzlich beim Amtsgericht des jeweiligen Ortes eine entsprechende Anordnung einzuholen. Diese Notwendigkeit entfällt aber gem. Art. 13 Abs. 2 GG bei Gefahr im Verzug, insbesondere wenn der damit verbundene zeitliche Aufschub den Erfolg der Maßnahme ernsthaft gefährden würde (vgl. dazu *Beck* AtD 1997, 283 ff.; vgl. auch *Basikow/Struwe* AtD 2002, 31 ff., die der zuweilen geäußerten Meinung, dass bei Einspruch des Wohnungsinhabers die Wohnung ohne richterliche Anordnung nicht betreten werden dürfe, zu Recht entgegentreten). Davon zu unterscheiden ist die Frage, ob der Amtstierarzt die Vollzugshilfe der Polizei in Anspruch nehmen sollte; dies ist zumindest dann zu empfehlen, wenn mit Widerstand gerechnet werden muss, insbes. also in den Fällen des Sofortvollzuges s. Ziff. 3.

18 Die **Veräußerung** wird ebenfalls durch VA angeordnet. Zulässig ist sie, wenn der Halter iwS innerhalb der gesetzten Frist nicht nachgewiesen hat, eine den Anforderungen des § 2 entsprechende Haltung sicherzustellen. Zulässig ist sie auch, wenn die anderweitige Unterbringung nicht möglich ist; die Behörde muss sich aber zuvor ernsthaft bemüht haben, eine geeignete Einrichtung zu finden. – Weitere Voraussetzung ist, dass die auf Duldung der Fortnahme gerichtete Verfügung entweder bereits bestandskräftig oder für sofort vollziehbar erklärt worden ist; ist die Wegnahme im Wege des Sofortvollzuges oder der unmittelbaren Ausführung erfolgt, so kommt es darauf an, dass die dafür notwendigen Voraussetzungen vorgelegen haben. – Angeordnet wird, dass der Betroffene die Veräußerung zu dulden hat.

Behördliche Anordnungen § **16 a TierSchG**

Auch diese Anordnung kann nach § 80 Abs. 2 Nr. 4, Abs. 3 VwGO für sofort vollziehbar erklärt werden, etwa mit der Begründung, dass bei einer Fortdauer der Unterbringung bis zur Bestandskraft die Kosten den Erlös bei weitem übersteigen würden. Die Veräußerung erfolgt durch öffentliche Versteigerung oder (wenn deren Kosten den zu erwartenden Erlös übersteigen oder sie aussichtslos erscheint) durch freihändigen Verkauf. Der Erlös wird an den Halter iwS herausgegeben, jedoch erst nach Abzug aller Kosten.

Von dem Halter iwS können mittels **Kostenerstattungsbescheid** die 19 Kosten für Hin- und Rücktransport, für Ernährung, Pflege und Unterbringung sowie für medizinisch indizierte tierärztliche Behandlungen verlangt werden; ein Betrag von 12,50 € für Hunde und 6 € für Katzen pro Tag dürfte derzeit angemessen sein. – Voraussetzung ist auch hier, dass die auf Duldung der Fortnahme und Unterbringung gerichtete Anordnung entweder bestandskräftig oder für sofort vollziehbar erklärt worden ist. Gleichgestellt ist der Fall, dass die Fortnahme im Wege des Sofortvollzugs oder der unmittelbaren Ausführung stattgefunden hat und die Voraussetzungen dafür vorgelegen haben. – Wird ein zuerst nur mündlich ausgesprochener, auf Fortnahme und Unterbringung gerichteter VA später schriftlich bestätigt, so sollte schon aus Gründen der Beweissicherung unbedingt darauf geachtet werden, darin die Anordnung der sofortigen Vollziehbarkeit nebst ihrer Begründung aufzunehmen (vgl. OVG Münster RdL 1980, 49, 50. Zum Ganzen eingehend *Beck* AtD 1997, 283 ff. und 1999, 297 ff., dort auch Musterverfügungen).

Bei Vorliegen der Voraussetzungen für eine Veräußerung kann die **Tö-** 20 **tung des Tieres als ultima ratio** angeordnet werden, wenn die Veräußerung aus rechtlichen oder tatsächlichen Gründen nicht möglich ist. Rechtliche Hindernisse können sich aus dem IfSG oder dem TierSG ergeben; nach AVV Nr. 15.1 soll bereits genügen, wenn bei schlachtbaren Tieren die Verwertung zur Lebensmittelgewinnung (zB wegen Anwendung verbotener Substanzen) untersagt ist, jedoch erscheint zweifelhaft, ob damit den Anforderungen aus Art. 20a GG ausreichend Rechnung getragen wird. Eine Unmöglichkeit aus tatsächlichen Gründen kommt in Betracht, wenn das Tier trotz nachweisbarer, geeigneter Vermittlungsversuche weder verkauft noch verschenkt noch abgegeben werden kann; in diese Vermittlung müssen sowohl die Medien als auch andere Fachbehörden und die Tierschutzorganisationen einbezogen werden (vgl. AVV Nr. 15.1 und 15.2). – Weil die Tötung nur „als letzte in Betracht kommende Maßnahme" (AVV aaO) veranlasst werden darf, scheidet sie aus, wenn eine verhaltensgerechte Unterbringung durch die Behörde oder durch Dritte möglich wäre und lediglich an dem dafür notwendigen Aufwand an Arbeit, Zeit und/oder Kosten scheitert (s. auch § 1 Rn. 41; vgl. weiter AG Landau, Az. 1 C 466/86: Die Kosten, die durch die Unterbringung eines Tieres entstehen, sind kein vernünftiger Grund, es zu töten); desgl., solange noch eine Chance besteht, durch Einschaltung von Medien, Behörden und Tierschutzorganisationen eine Unterbringung zu finden (vgl. auch VG Frankfurt/M NVwZ 2001, 1320: Tötung eines gefährlichen Hundes nur, wenn er nachgewiesenermaßen so gefährlich ist, „dass sein Weiterleben nur unter so weit reichenden

§ 16 a TierSchG *Tierschutzgesetz*

Sicherheitsvorkehrungen möglich gewesen wäre, dass es nur um den Preis eines nicht behebbaren, dauernden und erheblichen Leidens einzurichten gewesen wäre"). Nach der Aufnahme des Tierschutzes als Staatsziel ins Grundgesetz durch Art. 20 a GG müssen die Voraussetzungen, unter denen eine Tötung „als äußerste Möglichkeit der tierschützerischen Intention des Gesetzes" (VG Frankfurt/M aaO) zugelassen werden kann, deutlich strenger ausgelegt werden, als dies in der Vergangenheit zT der Fall war; Tötungen aus Kostengründen sind unzulässig (vgl. *Kluge* § 16a Rn. 36). – Eine Tötung wegen erheblicher Schmerzen, Leiden oder Schäden scheidet aus, solange sich diese mit den Möglichkeiten der Veterinärmedizin beheben oder abmildern lassen; die dazu notwendigen Aufwendungen begründen keine Unbehebbarkeit. – Die Tötung muss gegenüber dem Halter iwS durch VA angeordnet werden. Die Voraussetzungen für eine Anordnung der sofortigen Vollziehbarkeit nach § 80 Abs. 2 Nr. 4, Abs. 3 VwGO dürften hier regelmäßig nicht vorliegen, sodass die Bestandskraft des Bescheides abgewartet werden muss, bevor das Tier getötet wird.

21   Notwendige Fortnahmen scheitern oft an der zeit- und arbeitsaufwändigen **Suche nach geeigneten Unterbringungsmöglichkeiten.** Der Bundesrat hat deshalb im Verfahren zum ÄndG 1998 (erfolglos) vorgeschlagen, durch einen neuen § 16 Abs. 5 Nr. 6 die Voraussetzungen für eine bundesweit zentrale Erfassung von geeigneten Unterbringungseinrichtungen zu schaffen, weil dies eine unverzügliche Vermittlung und artgerechte Unterbringung der Tiere sichere (BT-Drucks. 13/7015 S. 37, 38). Solange es an einer derartigen förmlichen Rechtsgrundlage fehlt, wäre wenigstens auf Landesebene die Einrichtung computergestützter Dateien denkbar, in die solche Einrichtungen mit Einverständnis des jeweiligen Trägers aufgenommen würden und auf die jede Tierschutzbehörde Zugriff hätte. – Zur Zeit prüft eine Arbeitsgruppe der Länder unter dem Vorsitz Niedersachsens geeignete Anlaufstellen und sammelt Informationen hierzu. – Zoos und Tierparke verweigern häufig die Errichtung solcher Unterbringungsstationen unter Hinweis auf die damit verbundenen Aufwendungen; sie sollten aber daran erinnert werden, dass sie durch die Abgabe überzähliger Jungtiere an gewerbliche Händler eine Mitverantwortung tragen, wenn später diese Tiere zB in schlecht geführten Zirkussen beschlagnahmt werden müssen (vgl. dazu *Martin* AtD 1998, 338, 344).

22   Zur **Fortnahme im Ordnungswidrigkeiten-Verfahren** s. § 19 Rn. 9–14. Sofern die rechtlichen Voraussetzungen dafür vorliegen, hat die Beschlagnahme nach den §§ 19 TierSchG, 46 OWiG, 111b StPO den Vorteil, dass durch die Möglichkeit zur Notveräußerung nach § 111l StPO ein relativ schneller Verkauf der Tiere erreicht werden kann, was hohe Unterbringungskosten vermeiden hilft. Im Wege der Anordnung nach § 16a S. 2 Nr. 2 wird man dagegen vorgehen, wenn eine Ordnungswidrigkeit iS des § 19 nicht sicher nachweisbar ist oder die Voraussetzungen für eine Einziehung aus anderen Gründen (zB wegen des Verhältnismäßigkeitsgrundsatzes) nicht hochgradig wahrscheinlich erscheinen.

23   **Fehler im Verwaltungsverfahren,** die in der Vergangenheit nicht selten zur Aufhebung der Anordnungen durch die Verwaltungsgerichte geführt haben, sind u. a.: Fehlende lückenlose Ermittlung und Beweissicherung

(durch Fotos, Zeugenaussagen, zeitnahe Protokollvermerke über Ermittlungsergebnisse, tierärztliche Gutachten, aus denen sich die rechtlichen Voraussetzungen für die Fortnahme hinreichend eindeutig ergeben; besonders wichtig können Fotodokumentationen und zeitnah erstattete Sachverständigengutachten sein, vgl. VG München NuR 2002, 507, 508); fehlende ausdrückliche Anordnung der sofortigen Vollziehbarkeit nebst gesonderter Begründung; Nicht-Aufnahme dieser Anordnung nebst Begründung in spätere schriftliche Bestätigungen von zunächst mündlich ergangenen Verwaltungsakten (mit der Folge, dass sie sich kaum mehr beweisen lässt). Diese Fehler lassen sich vermeiden.

IV. Untersagung von Haltung oder Betreuung nach S. 2 Nr. 3

Voraussetzungen für die Untersagung sind: 1. Potenzielle Adressaten sind auch hier alle Personen, die Halter im weiteren Sinne sind (also Halter, Betreuer, Betreuungspflichtiger; darunter fällt auch der Tiertransporteur, s. § 2 Rn. 6). – **2.** Eine Zuwiderhandlung gegen § 2 liegt u. a. vor, wenn bei den gehaltenen Tieren ein Verhaltensbedürfnis iS von § 2 Nr. 1 unterdrückt oder in schwerwiegender Weise eingeschränkt wurde oder wenn einem Tier durch Einschränkung der Möglichkeit zur Bewegung Schmerzen, vermeidbare Leiden oder Schäden zugefügt wurden. Das Unterlassen gebotener Maßnahmen in den Bereichen ‚Ernährung' oder ‚Pflege' begründet gleichfalls einen Verstoß (zum Verhältnis von § 2 zu Richtlinien, Rechtsverordnungen, Empfehlungen, amtlichen Gutachten s. § 2 Rn. 40–44). Wird die Untersagung auf die Zuwiderhandlung gegen einen VA nach S. 2 Nr. 1 gestützt, so muss dieser, wenn Widerspruch oder Klage dagegen eingereicht worden ist, für sofort vollziehbar erklärt worden sein (allerdings wird in einem solchen Fall idR auch ein Verstoß gegen das Gesetz, nämlich gegen § 2 vorliegen). Ausreichend ist auch ein Verstoß gegen eine Rechtsverordnung nach § 2a. – **3.** Eine wiederholte Zuwiderhandlung liegt bereits ab zwei Verstößen vor. Ist nur eine einmalige Zuwiderhandlung nachweisbar, so kommt es darauf an, ob sie grob war. Bei einem vorsätzlichen Verstoß gegen eine Strafvorschrift ist dies stets zu bejahen (vgl. für das Merkmal „gröblich" im Waffenrecht BVerwGE 101, 24, 32f.). Bei nicht strafbaren Verstößen kommt es u. a. auf die Intensität und Dauer des Verstoßes, auf die Größe der herbeigeführten Gefahren, auf das Ausmaß und die Dauer der verursachten Schmerzen, Leiden und Schäden, auf den Grad des Verschuldens usw. an. – **4.** Erheblich bedeutet auch hier: gravierend, gewichtig oder beträchtlich (s. § 17 Rn. 50–53). Wegen der Schwierigkeit, dies im Einzelfall nachzuweisen, reichen auch „einfache" Schmerzen oder Leiden aus, wenn sie länger anhalten (vgl. BT-Drucks. 13/7015 S. 24; s. auch § 17 Rn. 54). Sind dagegen nur Schäden feststellbar, so müssen diese erheblich sein. Es genügt, wenn sich solche Beeinträchtigungen bei einem Teil der Tiere des betroffenen Bestandes feststellen lassen (vgl. VG Stuttgart NuR 1998, 218 und TU 1999, 349; *L/M* § 16a Rn. 21). – **5.** Tatsachen, die die Gefahr weiterer Zuwiderhandlungen begründen, können zB in der Zahl und/oder der Schwere der bisherigen Verstöße liegen. Zur Begründung der Untersagung kann es dann sinn-

§ 16 a TierSchG   *Tierschutzgesetz*

voll sein, die Verstöße aufzulisten. Eine Kette von Verfehlungen gegen § 2 rechtfertigt die Annahme weiterer Verstöße auch dann, wenn es in der Zwischenzeit einzelne, kurzfristige Verbesserungen in der Tierhaltung gegeben hat (VG Stuttgart NuR 1999, 236, 237). Die Tatsachen müssen die Annahme rechtfertigen, dass es ohne die Untersagung zu weiteren Zuwiderhandlungen kommen wird (vgl. *Kluge* § 16 a Rn. 43).

25 Der **Verhältnismäßigkeitsgrundsatz** ist auch hier zu beachten: Die Behörde untersagt dem Halter iwS das Halten oder Betreuen von Tieren einer bestimmten oder jeder Art, soweit dies zur Verhütung weiterer Verstöße geeignet, erforderlich und verhältnismäßig ieS ist. Der Begriff des Betreuens umfasst auch das Transportieren (vgl. BT-Drucks. 13/7015 S. 24). – Mildere Handlungsalternativen, mit denen sich die Behörde ausweislich der Begründung ihres Bescheids erkennbar auseinandergesetzt haben sollte, sind u. a.: Abhängigmachen der weiteren Haltung oder Betreuung vom Nachweis bestimmter Kenntnisse und Fähigkeiten; Wegnahme und zeitweilige Unterbringung nach S. 2 Nr. 2 bei begründeter Hoffnung, dass der Halter iwS eine tierschutzgerechte Haltung in absehbarer Zeit gewährleisten wird; Beschränkung der Untersagung auf landwirtschaftliche Nutztiere, auf bestimmte Höchstzahlen u. a. m. – Eine totale Untersagung ist verhältnismäßig, wenn weitere Verstöße drohen und die milderen Handlungsalternativen zur Abwendung dieser Gefahr nicht genügend effektiv erscheinen. Die Schwere des Eingriffs wird durch die Möglichkeit nach S. 2 Nr. 3 letzter Halbsatz abgemildert (Wiedergestattung, wenn der Halter iwS nachweist, dass der Grund für die Annahme weiterer Zuwiderhandlungen weggefallen ist; verbleiben aber insoweit Zweifel, so ist die Wiedergestattung nicht möglich).

26 **Handlungsmittel** (vgl. *Beck* AtD 1999, 297 ff.). Die Anordnung lautet etwa: „Ihnen wird das Halten folgender Tiere (nähere Bezeichnung) bzw. von Tieren jeder Art untersagt." Sinnvoll ist, damit die Anordnung zur Auflösung des Tierbestandes und zur Vorlage von Nachweisen über den Verbleib der Tiere zu verbinden (vgl. VG Stuttgart NuR 1999, 234: eine Frist von zehn Tagen ab Zustellung wurde für ausreichend gehalten). Um Scheinübergaben an Verwandte uÄ zu verhindern, kann zusätzlich angeordnet werden: „Die Abgabe der o. g. Tiere darf nur an Personen erfolgen, die mindestens drei Tage vor der Abgabe der Behörde zu benennen sind und die den Nachweis erbracht haben, eine Ernährung, Pflege und Unterbringung entsprechend den Anforderungen des § 2 sicherstellen zu können." Für den Fall des fruchtlosen Ablaufes der gesetzten Frist kann angedroht werden, die Tiere zu beschlagnahmen und im Wege der Ersatzvornahme auf Kosten des Halters iwS zu veräußern; die voraussichtlichen Kosten sollten dabei angegeben werden (vgl. zB §§ 20, 25 LVwVG BW; vgl. auch VG Stuttgart aaO). – Die Beschlagnahme richtet sich hier nicht nach S. 2 Nr. 2, sondern stellt einen Vollstreckungsakt dar (vgl. VG Stuttgart NuR 1998, 218). Sie setzt daher voraus, dass die Untersagung und die Anordnung zur Auflösung des Tierbestandes entweder bestandskräftig oder nach § 80 Abs. 2 Nr. 4, Abs. 3 VwGO für sofort vollziehbar erklärt sind. Die Anordnung der sofortigen Vollziehbarkeit lässt sich u. a. mit der sonst zu befürchtenden Fortdauer der Schmerzen, Leiden oder Schäden oder anderer tier-

schutzrechtlicher Missstände begründen. – Auch die Veräußerung der Tiere darf nur nach Bestandskraft oder nach Anordnung der sofortigen Vollziehbarkeit durchgeführt werden. – Soweit zur Beschlagnahme Räume durchsucht werden müssen, bedarf es dazu grundsätzlich einer richterlichen Durchsuchungsanordnung, außer bei Gefahr im Verzug (s. Rn. 17). – Der Erlös einer Veräußerung wird an den Halter iwS herausgegeben, allerdings erst nach Abzug der Kosten für Veräußerung sowie für Unterbringung, Pflege, Ernährung und medizinisch indizierte tierärztliche Behandlung.

Zur Möglichkeit eines Verbots des Haltens und des berufsmäßigen Umgangs mit Tieren im Rahmen eines Strafverfahrens s. §§ 20, 20 a. 27

V. Anordnung der Einstellung von Tierversuchen nach S. 2 Nr. 4

Ohne die erforderliche Genehmigung werden Tierversuche u. a. in folgenden Fällen durchgeführt: Beginn mit einem genehmigungspflichtigen Versuchsvorhaben ohne Genehmigung oder vor Zugang des Genehmigungsbescheides; Fortsetzung eines befristet genehmigten Versuchsvorhabens trotz Fristablauf; Fortsetzung eines genehmigten Versuchsvorhabens trotz wirksamer Rücknahme bzw. wirksamen Widerrufs der Genehmigung; Überschreitung der inhaltlichen Grenzen einer Genehmigung (auch: Verstoß gegen eine Auflage). Die Genehmigungsfiktion nach § 8 Abs. 5 a tritt nicht ein, wenn die Darlegungen im Antrag unvollständig oder unsubstantiiert sind, so dass nicht ohne Nachlieferung über eine Genehmigung entschieden werden kann (s. § 8 Rn. 17). 28

Bei der Frage, ob ein Tierversuch **entgegen einem tierschutzrechtlichen Verbot** durchgeführt wird, muss zwischen genehmigten und genehmigungsfreien Versuchen unterschieden werden. – Ist ein Versuchsvorhaben genehmigungspflichtig und ist eine wirksame Genehmigung erteilt worden, so entfaltet diese grds. eine Legalisierungswirkung, d.h. der Adressat handelt nur rechtswidrig, wenn er die Grenzen der Genehmigung überschreitet, wenn er gegen Auflagen oder Bedingungen verstößt oder wenn er solche Vorschriften verletzt, die trotz Genehmigung ständig auf ihre Einhaltung überprüft werden müssen, insbesondere § 9 Abs. 1 und Abs. 2. Ansonsten muss bei tierschutzrechtlichen Verstößen geprüft werden, ob die Genehmigung zurückgenommen oder widerrufen werden kann, vgl. §§ 48, 49 VwVfG. – Danach ist auch gegenüber Tierversuchen, die genehmigt worden sind und sich innerhalb der Grenzen der Genehmigung halten, eine nachträgliche Verfügung möglich, wenn sich später herausstellt, dass die Voraussetzungen nach § 9 Abs. 1 oder die Unerlässlichkeit nach § 9 Abs. 2 S. 1 und 2 nicht oder nicht mehr gegeben sind. Dasselbe gilt, wenn gegen eine der Konkretisierungen des Unerlässlichkeitsgebotes nach § 9 Abs. 2 S. 3 Nr. 1–8 verstoßen wird. Die Legalisierungswirkung der Genehmigung immunisiert nicht gegen nachträgliche Eingriffe bei Fehlen oder Wegfall einer dieser Voraussetzungen, da es sich insoweit um Vorschriften handelt, die die Behörde ständig unter Beobachtung halten muss (vgl. *Kluge/Goetschel* § 9 Rn. 3 und § 16a Rn. 47; s. auch § 9 Rn. 7) – Ist das Versuchsvorhaben genehmigungsfrei, so greift S. 2 Nr. 4 ein, sobald gegen irgendeine formelle 29

§ 16 b TierSchG — *Tierschutzgesetz*

(zB Anzeigepflicht nach § 8 a) oder materielle Vorschrift (zB § 7 Abs. 2, Abs. 3 oder § 9 Abs. 1, Abs. 2) verstoßen wird. – Bei anzeigepflichtigen Vorhaben gibt es damit ein Nebeneinander von § 16 a S. 2 Nr. 4 und von § 8 a Abs. 5, denn: Bestehen konkrete Anhaltspunkte, dass eine der dort aufgelisteten Vorschriften verletzt ist, und kann der Verantwortliche trotz behördlicher Aufforderung und Fristsetzung nicht den Nachweis führen, dass die Einhaltung der betreffenden Vorschrift sichergestellt ist, so muss die Behörde das Vorhaben nach § 8 a Abs. 5, der gegenüber § 16 a S. 2 Nr. 4 Vorrang hat, untersagen (gebundene Verwaltung, s. dort Rn. 11).

VI. Ordnungswidrigkeiten

30 Ordnungswidrig nach § 18 Abs. 1 Nr. 2 handelt, wer vorsätzlich oder fahrlässig einer (entweder bestandskräftigen oder für sofort vollziehbar erklärten) Anordnung nach § 16 a S. 2 Nr. 1, 3 oder 4 zuwiderhandelt (s. § 18 Rn. 18). Tateinheit kommt insbesondere mit § 18 Abs. 1 Nr. 1 in Betracht. Bei Tateinheit mit § 17 s. § 21 OWiG.

§ 16 b [Tierschutzkommission]

(1) ¹Das Bundesministerium beruft eine Tierschutzkommission zu seiner Unterstützung in Fragen des Tierschutzes. ²Vor dem Erlaß von Rechtsverordnungen und allgemeinen Verwaltungsvorschriften nach diesem Gesetz hat das Bundesministerium die Tierschutzkommission anzuhören.

(2) Das Bundesministerium wird ermächtigt, durch Rechtsverordnung ohne Zustimmung des Bundesrates das Nähere über Zusammensetzung, Berufung der Mitglieder, Aufgaben und Geschäftsführung der Tierschutzkommission zu regeln.

1 Bereits vor dem TierSchG 1972 gab es beim Bundesministerium einen „Beirat für Tierschutz", der sich aus Vertretern von Tierschutzorganisationen, Wissenschaft und Tiermedizin zusammensetzte. Mit dem ÄndG 1986 wurde eine förmliche Rechtsgrundlage für eine solche **beratende Kommission** geschaffen. – Zu ihren Aufgaben vgl. BT-Drucks. 10/3158 S. 29: „Die Kommission soll den Bundesminister in Fragen des Tierschutzes, insbesondere vor dem Erlass einschlägiger Rechtsverordnungen, beraten. Sie soll ... auch von sich aus Fragen des Tierschutzes aufgreifen können." – Rechtsverordnungen und Verwaltungsvorschriften müssen nach Abs. 1 S. 2 vor ihrem Erlass der Kommission vorgelegt werden. Der Minister ist zwar nicht an die Zustimmung der Kommission gebunden. Er muss aber ihr Votum vor seiner Entscheidung zur Kenntnis nehmen, sich mit ihren Argumenten auseinandersetzen und begründen, weshalb er diesem oder jenem Argument nicht folgt. Nur dann kann von einer „Beratung" in dem o. g. Sinne, d. h. von einem Dialog zwischen Kommission und Ministerium die Rede sein. – Bei Erlass der Hennenhaltungsverordnung (HhVO) von 1987 ist dagegen verstoßen worden, weil der Verordnungsentwurf erst nach seiner Verabschiedung durch den Minister und nach der Zuleitung an den Bundesrat der

Verordnungsermächtigung zur Meldepflicht § 16 c **TierSchG**

Kommission vorgelegt wurde; deren ablehnendes Votum hatte mithin keine Chance mehr, die ministerielle Entscheidung is einer Beratung zu beeinflussen (vgl. dazu *Erbel* DÖV 1989, 338, 340: „schwerwiegender Verfahrensmangel").

Aufgrund von Abs. 2 ist die **Tierschutzkommissionsverordnung** v. 23. 6. 1987 (BGBl. I S. 1557), zuletzt geändert durch Verordnung v. 29. 10. 2001 (BGBl. I S. 2785) erlassen worden. Sie regelt u. a. die Zusammensetzung des zwölfköpfigen Gremiums (vier Sachverständige überregionaler Tierschutzverbände, ein Sachverständiger eines überregionalen Tierhalterverbandes, ein Sachverständiger der Deutschen Forschungsgemeinschaft, je ein Wissenschaftler aus dem Bereich der Geisteswissenschaften, der Verhaltenskunde, der Tierhaltung, der biomedizinischen Grundlagenforschung, der Medizin und der Veterinärmedizin). Die Berufung erfolgt für vier Jahre. Die Mitglieder wählen aus ihrer Mitte mit einfacher Mehrheit den Vorsitzenden. Über § 8 Abs. 2 der Verordnung gelten die §§ 83 bis 86 und 89 bis 93 VwVfG, d. h. u. a. Verschwiegenheitspflicht; Beschlussfassung mit Stimmenmehrheit; bei Stimmengleichheit entscheidet die Stimme des Vorsitzenden.

2

§ 16 c [Verordnungsermächtigung zur Meldepflicht von Tierversuchen]

Das Bundesministerium wird ermächtigt, durch Rechtsverordnung mit Zustimmung des Bundesrates Personen und Einrichtungen, die Tierversuche an Wirbeltieren durchführen oder die Wirbeltiere nach § 4 Abs. 3, § 6 Abs. 1 Satz 2 Nr. 4, § 10 oder § 10 a verwenden, zu verpflichten, in bestimmten, regelmäßigen Zeitabständen der zuständigen Behörde Angaben über Art, Herkunft und Zahl der verwendeten Tiere und über den Zweck und die Art der Versuche oder sonstigen Verwendungen zu melden und das Melde- und Übermittlungsverfahren zu regeln.

Die **Verordnungsermächtigung** ist mit dem ÄndG 1986 (damals als § 9 a Abs. 2) ins Gesetz eingefügt worden, um das „Anliegen der Öffentlichkeit, Zugang zu statistischen Informationen über Tierversuche zu erhalten", zu berücksichtigen (BT-Drucks. 10/3158 S. 26). Das ÄndG 1998 hat die Meldepflichten auf alle wissenschaftlichen Vorhaben mit Wirbeltieren erstreckt. Gleichzeitig wurde der Inhalt der Meldung um Angaben zur Herkunft der Tiere erweitert und der Standort der Regelung verändert. – Meldepflichtig sind: Tierversuche an Wirbeltieren nach § 7 (auch wenn sie nicht der Genehmigung nach § 8 bedürfen); Tötungen von Wirbeltieren zu wissenschaftlichen Zwecken nach § 4 Abs. 3; Organ- und Gewebeentnahmen nach § 6 Abs. 1 S. 2 Nr. 4; Eingriffe und Behandlungen zur Aus-, Fort- oder Weiterbildung nach § 10; biotechnische und ähnliche Maßnahmen nach § 10 a. – Anzugeben sind: Art und Zahl der von der Einrichtung verwendeten Tiere; ihre Herkunft; Zweck und Art der durchgeführten Versuche bzw. der sonstigen Verwendungen. Die Angaben müssen gegenüber der durch das Landesrecht bestimmten Behörde gemacht werden. – Die Zielsetzung des ÄndG 1998, „den gesamten Verbrauch an Wirbeltieren im Rahmen wis-

1

§ 16 d TierSchG *Tierschutzgesetz*

senschaftlicher Untersuchungen, im Rahmen der Aus-, Fort- oder Weiterbildung oder der Produktion von Stoffen oder Organismen transparent zu machen" (BT-Drucks. 13/7015 S. 24) würde eigentlich erfordern, auch die als „überzählig" getöteten und die bei der Haltung oder auf dem Transport gestorbenen Wirbeltiere der Meldepflicht zu unterstellen (vgl. dazu *Fikuart* DTBl. 2002, 492, 493: Bis zu 90% der für Versuche gezüchteten Tiere können im Versuch nicht verwendet werden und werden als Ausschuss getötet, ohne in der Statistik zu erscheinen).

2   Die **Versuchstiermeldeverordnung** vom 4. 11. 1999 (BGBl. I S. 2156) setzt die Ermächtigung in der seit 1998 geltenden Fassung um. Sie regelt u. a. den Zeitpunkt der Meldung (bis zum 31. 3. für das vorangegangene Kalenderjahr) und das zu verwendende Formblatt. – Die gemeldete Zahl der Versuchstiere in Deutschland betrug 1996 1,51 Mio., 1997 1,49 Mio., 1998 1,53 Mio., 1999 1,59 Mio., 2000 1,83 Mio. und 2001 2,13 Mio. (der stetige Anstieg seit 1997 wird mit der zunehmenden Verwendung transgener Tiere in der Grundlagenforschung erklärt, vgl. DTBl. 2002, 42; die Zunahme von 1999 auf 2000 hängt auch mit der seit 1. 1. 2000 erweiterten Meldepflicht zusammen, s. Rn. 1).

§ 16 d [Verwaltungsvorschriften]

Das Bundesministerium erläßt mit Zustimmung des Bundesrates die allgemeinen Verwaltungsvorschriften, die zur Durchführung dieses Gesetzes und der auf Grund dieses Gesetzes erlassenen Rechtsverordnungen erforderlich sind.

1   Die **Ermächtigung** ist im Licht des Art. 84 Abs. 2 GG dahin zu verstehen, dass die Allgemeinen Verwaltungsvorschriften (AVV) von der Bundesregierung als Kollegium zu erlassen sind (vgl. BMVEL, Tierschutzbericht 2001, II 1.6 unter Hinweis auf BVerfGE 100, 249ff.; vgl auch *Kluge* § 16 d Rn. 1). Die AVV vom 9. 2. 2000 (BAnz Nr. 36a v. 22. 2. 2000) sind also nur dann gültig zustande gekommen, wenn sämtliche Mitglieder der Bundesregierung von der anstehenden Entscheidung in Kenntnis gesetzt worden sind und Gelegenheit zur Mitwirkung hatten; auch muss eine Mehrheit dem Beschluss zugestimmt haben (vgl. *Kluge* aaO).

2   **Einzelne Bestimmungen der AVV** sind norminterpretierende Verwaltungsvorschriften, d. h. sie enthalten Vorgaben zur Auslegung der Rechtsbegriffe des Tierschutzgesetzes. Eine solche Vorschrift ist nur rechtmäßig, soweit die von ihr vorgegebene Interpretation zutreffend ist, was notfalls von den Gerichten überprüft wird (vgl. *Schmalz* Allg. Verwaltungsrecht Rn. 725). Damit entbinden die AVV weder die Behörde noch den handelnden Amtsträger von der Pflicht, zu prüfen, ob die dort gemachten Vorgaben zur Auslegung und Anwendung des Gesetzes richtig sind; soweit dies nicht der Fall ist, entsteht ein Widerspruch zwischen der Gesetzesbindung und der internen Bindung an die Dienstanweisung, der notfalls nach den Regeln der Remonstrationspflicht gelöst werden muss (vgl. § 38 Abs. 2 BRRG und die entsprechenden Normen im jeweiligen LBG; s. auch Einf. Rn. 60). – Soweit die AVV Regelungen zur Ermessensausübung enthalten, beziehen

sich diese idR nur auf die typischen Fälle, so dass unter Berücksichtigung der Besonderheiten des Einzelfalles davon abgewichen werden kann (vgl. *Schmalz* aaO Rn. 726).

§ 16e [Bericht der Bundesregierung]

Die Bundesregierung erstattet dem Deutschen Bundestag alle zwei Jahre einen Bericht über den Stand der Entwicklung des Tierschutzes.

Die Pflicht zur Vorlage eines Tierschutzberichts im Zwei-Jahres-Turnus ist auf Veranlassung des Landwirtschafts-Ausschusses in das ÄndG 1986 aufgenommen worden (vgl. BT-Drucks. 10/5259 S. 41). Sie soll die hohe Bedeutung des Tierschutzes verdeutlichen und sicherstellen, dass sich der Bundestag zumindest alle zwei Jahre mit den Entwicklungen auf diesem Rechtsgebiet auseinandersetzt; die Bundesregierung muss zu diesem Zweck den Zustand des Tierschutzes auf allen wesentlichen Bereichen ermitteln und umfassend dokumentieren (vgl. *Kluge* § 16 e). – Der Bericht muss objektiv sein und auf Schönfärberei verzichten (vgl. *L/M* § 16e Rn. 3). Er muss umfassend unterrichten, darf also insbesondere solche Bereiche, in denen der Vollzug des Gesetzes noch defizitär ist, weder aussparen noch unvollständig darstellen. Zu Recht bemängelt *Kluge* aaO, dass in den bisher erschienenen Berichten zu wenig auf die Probleme der Tierschutzbehörden bei der Anwendung von § 16a eingegangen wird, obwohl hier eine der wesentlichen Ursachen für die vorhandenen Vollzugsdefizite liegt.

§ 16f [Amtshilfe innerhalb der EG]

(1) Die zuständigen Behörden

1. erteilen der zuständigen Behörde eines anderen Mitgliedstaates auf begründetes Ersuchen Auskünfte und übermitteln die erforderlichen Schriftstücke, um ihr die Überwachung der Einhaltung tierschutzrechtlicher Vorschriften zu ermöglichen,

2. überprüfen die von der ersuchenden Behörde mitgeteilten Sachverhalte und teilen ihr das Ergebnis der Prüfung mit.

(2) Die zuständigen Behörden erteilen der zuständigen Behörde eines anderen Mitgliedstaates unter Beifügung der erforderlichen Schriftstücke Auskünfte, die für die Überwachung in diesem Mitgliedstaat erforderlich sind, insbesondere bei Verstößen oder Verdacht auf Verstöße gegen tierschutzrechtliche Vorschriften.

(3) Die zuständigen Behörden können, soweit dies zum Schutz der Tiere erforderlich oder durch Rechtsakte der Europäischen Gemeinschaft vorgeschrieben ist, Daten, die sie im Rahmen der Überwachung gewonnen haben, den zuständigen Behörden anderer Länder und anderer Mitgliedstaaten, dem Bundesministerium und der Kommission der Europäischen Gemeinschaft mitteilen.

§§ 16 g–16 i TierSchG *Tierschutzgesetz*

§ 16 g [Übertragung von Zuständigkeiten auf oberste Landesbehörden]

¹Der Verkehr mit den zuständigen Behörden anderer Mitgliedstaaten und der Kommission der Europäischen Gemeinschaft obliegt dem Bundesministerium. ²Es kann diese Befugnis durch Rechtsverordnung mit Zustimmung des Bundesrates auf die zuständigen obersten Landesbehörden übertragen. ³Ferner kann es im Einzelfall im Benehmen mit der zuständigen obersten Landesbehörde dieser die Befugnis übertragen. ⁴Die obersten Landesbehörden können die Befugnis nach den Sätzen 2 und 3 auf andere Behörden übertragen.

§ 16 h [Geltung für EWR-Staaten]

Die §§ 16 f und 16 g gelten entsprechend für Staaten, die – ohne Mitgliedstaaten zu sein – Vertragsstaaten des Abkommens über den Europäischen Wirtschaftsraum sind.

§ 16 i [Schlichtung von Rechtsstreitigkeiten durch Schiedsspruch; Rechtsmittel]

(1) ¹Ist eine von der zuständigen Behörde getroffene Maßnahme, die sich auf die Durchführung von Tiertransporten aus anderen Mitgliedstaaten bezieht, zwischen ihr und dem Verfügungsberechtigten streitig, so können beide Parteien einvernehmlich den Streit durch den Schiedsspruch eines Sachverständigen schlichten lassen. ²Die Streitigkeit ist binnen eines Monats nach Bekanntgabe der Maßnahme einem Sachverständigen zu unterbreiten, der in einem von der Kommission der Europäischen Gemeinschaft aufgestellten Verzeichnis aufgeführt ist. ³Der Sachverständige hat das Gutachten binnen 72 Stunden zu erstatten.

(2) ¹Auf den Schiedsvertrag und das schiedsrichterliche Verfahren finden die Vorschriften der §§ 1025 bis 1065 der Zivilprozeßordnung entsprechende Anwendung. ²Gericht im Sinne des § 1062 der Zivilprozeßordnung ist das zuständige Verwaltungsgericht, Gericht im Sinne des § 1065 der Zivilprozeßordnung das zuständige Oberverwaltungsgericht. ³Abweichend von § 1059 Abs. 3 Satz 1 der Zivilprozeßordnung muß der Aufhebungsantrag innerhalb eines Monats bei Gericht eingereicht werden.

1   Gemeinsame Kommentierung der §§ 16 f–i. Die §§ 16 f, g und i wurden durch Art. 2 Nr. 7 des Gesetzes zur Änderung veterinärrechtlicher, lebensmittelrechtlicher und tierzuchtrechtlicher Vorschriften v. 18. 12. 1992 (BGBl. I S. 2022, 2028) eingefügt. Sie dienen der Verwirklichung eines europäischen Wirtschaftsraums ohne Binnengrenzen, in dem die Kontrollen nicht mehr an den Grenzen der Mitgliedstaaten untereinander, sondern im wesentlichen am Abgangs- und Bestimmungsort der Waren sowie an den Außengrenzen der Gemeinschaft stattfinden sollen (vgl. BT-Drucks. 12/3201 S. 26).

2   Nach § 16 f Abs. 1, Abs. 2 muss die nach § 15 zuständige Behörde der Behörde eines anderen EU-Mitgliedstaates auf deren Ersuchen Amtshilfe leis-

ten. Wenn die Behörde des anderen EU-Mitgliedstaates zur Überwachung der Einhaltung tierschutzrechtlicher Vorschriften Auskünfte und/oder Schriftstücke aus dem Bereich der nach § 15 zuständigen Behörde benötigt, muss diese nach Abs. 1 Nr. 1 alle Auskünfte geben und alle Schriftstücke übermitteln, die erforderlich sind, damit die ersuchende Behörde ihre Überwachungsaufgabe erfüllen kann. Dabei ist der Begriff der Überwachung nicht eng auszulegen: Anlass hierfür besteht immer dann, wenn tatsächliche Anhaltspunkte einen vergangenen, gegenwärtigen oder drohend bevorstehenden Verstoß gegen tierschutzrechtliche Vorschriften des nationalen oder europäischen Rechts als möglich erscheinen lassen (vgl. *L/M* § 16f Rn. 4). – Benötigt die ersuchende Behörde für ihre Überwachungsaufgabe Informationen über einen Sachverhalt im Zuständigkeitsbereich der Behörde iS des § 15, so muss diese auf Ersuchen diesen Sachverhalt überprüfen und das Ergebnis der Prüfung mitteilen, § 16f Abs. 1 Nr. 2. – § 16f Abs. 3 ermächtigt zur Weitergabe von Daten (auch personenbezogener Daten iS von § 3 Abs. 1 und § 4 Abs. 1 BDSG) an die Behörden anderer Bundesländer und EU-Mitgliedstaaten, an das Bundesministerium und an die EU-Kommission, soweit dies zum Schutz der Tiere erforderlich ist (d.h. soweit es zur Verhinderung, Beendigung oder Aufklärung von Vorgängen, mit denen gegen nationale oder europäische Tierschutzvorschriften verstoßen wurde oder wird, notwendig ist; auch hier genügen bereits Anhaltspunkte, die einen solchen Verstoß als möglich erscheinen lassen).

§ 16g trägt Art. 32 GG Rechnung. Danach ist den deutschen Verwaltungsbehörden grundsätzlich ein unmittelbarer Verkehr mit Behörden anderer EU-Mitgliedstaaten und mit der EU-Kommission nicht gestattet (zu der Ausnahme nach § 16f s. Rn. 2; vgl. auch *Kluge* § 16f Rn. 1). Zuständig dafür ist das BMVEL, das diese Befugnis entweder generell durch Rechtsverordnung nach S. 2 oder im Einzelfall durch Organisationsakt nach S. 3 auf die obersten Landesbehörden der Bundesländer übertragen kann. Diese können die Befugnis weiter nach unten delegieren.

§ 16h stellt im Rahmen der §§ 16f und g den EU-Mitgliedstaaten die Vertragsstaaten des Europäischen Wirtschaftsraums (zur Zeit Island, Liechtenstein und Norwegen) gleich.

Die Ausgangslage für § 16i Abs. 1 ist folgende: Hinsichtlich eines Tiertransportes, der – bevor er Deutschland erreicht hat – in einem anderen EU-Mitgliedstaat durchgeführt worden ist (er muss nicht notwendig dort begonnen haben), trifft die nach § 15 zuständige Behörde nach § 41 TierSchTrV oder nach § 16a. 1 TierSchG eine oder mehrere Anordnungen, die sie zur Abwendung eines drohend bevorstehenden oder zur Beendigung eines bereits eingetretenen Verstoßes für erforderlich hält. Der Verfügungsberechtigte (zB Absender, Beförderer) kann hiergegen mit den üblichen Rechtsbehelfen (Widerspruch, Anfechtungsklage, Antrag auf vorläufigen Rechtsschutz nach § 80 Abs. 5 VwGO oder § 123 VwGO) vorgehen. Stattdessen können sich die Behörde und der Verfügungsberechtigte aber auch darauf einigen, den Streit durch den Schiedsspruch eines Sachverständigen aus dem von der EU-Kommission hierzu aufgestellten Verzeichnis beilegen zu lassen. In diesem Fall muss der Streit spätestens binnen einen Monates nach Bekanntgabe der Anordnung dem Sachverständigen unter-

§ 17 TierSchG *Tierschutzgesetz*

breitet werden. Dieser ist gehalten, sein Gutachten innerhalb einer Frist von höchstens 72 Stunden abzugeben. Die Parteien müssen sich nach diesem Gutachten richten (vgl. Art. 9 Abs. 3 der EU-Tiertransportrichtlinie 91/628/EWG). – Abweichend von der EU-Richtlinie sieht **Abs. 2** mit Blick auf Art. 19 Abs. 4 GG die Durchführung eines schiedsrichterlichen Verfahrens in entsprechender Anwendung der §§ 1025 bis 1065 ZPO vor (näher dazu *L/M* § 16 i Rn. 3 ff. und *Kluge* § 16 i).

Zwölfter Abschnitt. Straf- und Bußgeldvorschriften

§ 17 [Straftaten]

Mit Freiheitsstrafe bis zu drei Jahren oder mit Geldstrafe wird bestraft, wer
1. ein Wirbeltier ohne vernünftigen Grund tötet oder
2. einem Wirbeltier
   a) aus Roheit erhebliche Schmerzen oder Leiden oder
   b) länger anhaltende oder sich wiederholende erhebliche Schmerzen oder Leiden

zufügt.

Übersicht

	Rn.
A. Strafbare Tiertötung nach § 17 Nr. 1	1–11 a
I. Tatbestand	1–4
II. Rechtswidrigkeit/Rechtfertigung durch allgemeingültige Rechtfertigungsgründe oder spezielle Gesetze	5–7
III. Rechtswidrigkeit/Rechtfertigung aus vernünftigem Grund	8–11
IV. Schuld/Weitere Voraussetzungen der Strafbarkeit	11 a
B. Anhang zu § 17 Nr. 1. Rechtmäßigkeit und Rechtswidrigkeit von Tiertötungen, geordnet nach Sachgebieten	12–46
I. Jagd	12–19
II. Fischerei	20–24
III. Seuchenbekämpfung	25–27
IV. Schädlingsbekämpfung	28–32
V. Tötung überzähliger Tiere	33–35
VI. Schlachten uÄ	36–41
VII. Einige weitere Sachgebiete	42–46
C. Strafbare quälerische Tiermisshandlung nach § 17 Nr. 2 b	47–85
I. Tatbestand	47–57
II. Verhaltensstörungen als Indikatoren für erhebliche Leiden, insbesondere in Tierhaltungen	58–66

Straftaten **§ 17 TierSchG**

	Rn.
III. Andere Möglichkeiten zur Feststellung erheblicher Leiden, insbesondere in Tierhaltungen	67–70
IV. Rechtswidrigkeit	71–77
V. Vorsatz/Schuld/Strafbarkeit	78–82
VI. Einige weitere Probleme in Ermittlungs- und Strafverfahren nach § 17	83–85
D. Anhang zu § 17 Nr. 2 b. Beispielsfälle	86–101
I. Verhaltensstörungen in intensiven Tierhaltungen	86–98
II. Einige weitere Beispielsfälle, in denen erhebliche Leiden angezeigt sein können	99–101
E. Strafbare rohe Tiermisshandlung nach § 17 Nr. 2 a	102–104

A. Strafbare Tiertötung nach § 17 Nr. 1

I. Tatbestand

Verboten ist das **Töten eines Wirbeltieres**. Mit Tod ist der Hirntod gemeint. Auch die schmerzlose Tötung erfüllt den Tatbestand. Zum Begriff Wirbeltier s. § 4 Rn. 1. Der Versuch der Tiertötung ist nicht nach § 17 Nr. 1 strafbar, kann aber, wenn dem Tier dabei erhebliche Schmerzen, Leiden oder Schäden zugefügt werden, einen der Tatbestände der §§ 17 Nr. 2 b, 18 Abs. 1 Nr. 1 und/oder 18 Abs. 2 erfüllen. 1

Tötung durch aktives Tun liegt vor, wenn das Handeln des Täters nicht hinweggedacht werden kann, ohne dass der Erfolg in seiner konkreten Gestalt entfiele (Formel von der „conditio sine qua non", vgl. *Schönke/ Schröder/Lenckner* Vor §§ 13 ff. StGB Rn. 73). Eine solche Kausalität ist auch dann gegeben, wenn das Tier zwar ohne Zutun des Täters ebenfalls gestorben wäre, aber zu einem späteren Zeitpunkt oder auf andere Weise (Beispiele: Tötung eines todkranken Tieres; Tötung eines Schlachttieres). Ausreichend ist auch die sog. kumulative Kausalität, die vorliegt, wenn das Handeln nur eine von mehreren Ursachen für den Tod gesetzt hat (Beispiel: Das vom Täter angegriffene Tier wird nur verletzt, stirbt aber später infolge eines Behandlungsfehlers des Tierarztes). Hingegen fehlt der Kausalzusammenhang, wenn die Handlung nicht bis zum Erfolgseintritt fortwirkt, weil ein späteres, unabhängig von ihr eingetretenes Ereignis eine neue Ursachenreihe eröffnet, die im Wege der „überholenden Kausalität" allein den Erfolg herbeiführt (Beispiel nach *Kluge/Ort/ Reckewell* § 17 Rn. 24: Das vergiftete Tier wird von einem Dritten, der mit dem Täter nichts zu tun hat, erschossen, noch bevor das Gift zu wirken beginnt). 2

Eine **Tötung durch Unterlassen** setzt voraus, dass der Täter aufgrund einer Garantenstellung „rechtlich dafür einzustehen hat, dass der Erfolg nicht eintritt" (§ 13 Abs. 1 StGB; s. auch Rn. 55–57). Diese Garantenstellung kann sich u. a. ergeben: Aus Gesetz (zB für den Halter, Betreuer und 3

§ 17 TierSchG *Tierschutzgesetz*

Betreuungspflichtigen nach § 2 Nr. 1); aus tatsächlicher Gewährübernahme (zB aus einer vertraglichen oder sonstigen Zusage, für das Tier zu sorgen; ein Gefälligkeitsverhältnis genügt, vgl. *L/M* § 17 Rn. 6); aus „Ingerenz" (d. h. daraus, dass der Täter durch vorangegangenes Tun das Tier in Lebensgefahr gebracht hat, zB durch Anfahren); aus Sachherrschaft (d. h. aus der Verantwortlichkeit für eine Sache, deren Zustand das Tier in Gefahr bringt). Hat der Täter eine Garantenstellung, so begeht er eine Tötung durch Unterlassen, wenn er eine ihm mögliche Handlung unterlässt, die den Erfolg abgewendet hätte (d. h. die nicht hinzugedacht werden kann, ohne dass der Erfolg in seiner konkreten Gestalt entfiele). Häufige Fälle: Tötung durch unzureichende Versorgung mit Futter und/oder Wasser; Tötung durch Unterlassung gebotener Pflegemaßnahmen; Nicht-Einschalten eines Tierarztes trotz objektiver Notwendigkeit; Tötung durch Verweigerung angemessener Unterkünfte oder durch Verwahrlosenlassen der Unterkunft (näher dazu *Kluge/Ort/Reckewell* § 17 Rn. 101–108).

4 Der Täter muss vorsätzlich handeln. **Vorsatz** ist Wissen und Wollen der zum gesetzlichen Tatbestand gehörenden Merkmale, d. h. der Täter muss den Erfolg „Tod des Tieres" als mögliche Folge seines Handelns voraussehen und billigend in Kauf nehmen. – Zum Wissen gehört auch, dass er die Kausalität seines Handelns für den konkreten Erfolg in den wesentlichen Zügen vorhergesehen hat; allerdings sind Abweichungen des tatsächlichen vom vorgestellten Kausalverlauf bedeutungslos, wenn sich der tatsächliche Verlauf noch innerhalb des nach allgemeiner Lebenserfahrung Voraussehbaren hält und keine andere Bewertung rechtfertigt (Beispiel nach *Kluge/ Ort/Reckewell* § 17 Rn. 118: Täter transportiert Pfeilgiftfrösche in derart engen und unzureichenden Behältnissen, dass er mit dem Tod einiger Tiere durch Erdrücken oder Verdursten rechnet; tatsächlich sterben die Tiere, weil sie sich im Stress gegenseitig vergiften). – Bei einer Tötung durch Unterlassen muss der Täter auch die Umstände, die seine Garantenstellung und seine Möglichkeit zur Erfolgsabwendung begründen, kennen. – Für das Wollen reicht ein „Billigen im Rechtssinne", ein „sich Abfinden" aus, das auch dann vorliegen kann, wenn dem Täter der Tod des Tieres zwar unerwünscht ist, er aber eher zu seiner Hinnahme bereit ist als zum Verzicht auf die Vornahme der Handlung (Beispiel: der Täter weiß, dass seine Art der Tierhaltung zum Tod einzelner Tiere führen kann; dies ist ihm zwar unerwünscht, erscheint ihm aber als das kleinere Übel gegenüber der notwendigen Änderung der Haltungsbedingungen). Vorsatz ist gegeben, „wenn der Täter sich auch durch die naheliegende Möglichkeit des Erfolgseintritts nicht von der Tatausführung hat abhalten lassen und sein Verhalten den Schluss rechtfertigt, dass er sich um des von ihm erstrebten Zieles willen mit dem Risiko der ernstgenommenen Tatbestandsverwirklichung abgefunden hatte, also eher zur Hinnahme dieser Folge bereit war als zum Verzicht auf die Vornahme der Handlung" (vgl. *Schönke/Schröder/Cramer/Sternberg-Lieben* § 15 StGB Rn. 82–84). Je naheliegender also die Möglichkeit des Erfolgseintritts nach den (dem Täter bekannten) Umständen ist, desto eher ist davon auszugehen, dass er sich mit ihm abgefunden hat. – Krankheit oder Überforderung des Täters stehen der Annahme von Vorsatz nicht entgegen (Beispiel: Alkoholkranker oder sonst überforderter Landwirt vernachlässigt

Straftaten § 17 TierSchG

seine Tiere so sehr, dass einzelne von ihnen zu Tode kommen; vorsätzliches Handeln, jedoch ggf. Strafmilderung nach § 21 oder im Extremfall Schuldunfähigkeit nach § 20 StGB).

II. Rechtswidrigkeit/Rechtfertigung durch allgemeingültige Rechtfertigungsgründe oder spezielle Gesetze

Die **allgemeingültigen Rechtfertigungsgründe** sind vor dem vernünftigen Grund zu prüfen. – Notwehr nach § 32 StGB, kommt nach hM nur in Betracht, wenn das Tier von einem Menschen als Werkzeug für einen Angriff benutzt wird; die Verteidigung gegen Tiere, die von sich aus angreifen, richtet sich dagegen nach § 228 BGB (vgl. *Schönke/Schröder/Lenckner/Perron* § 32 StGB Rn. 3; aA Leipziger Kommentar/*Spendel* § 32 StGB Rn. 38 ff. und *Kluge/Ort/Reckewell* § 17 Rn. 139). – Notstand nach § 34 StGB und § 228 BGB sowie § 904 BGB können als Rechtfertigungsgründe eingreifen, soweit nicht Sondervorschriften weitere Bedingungen für die Tiertötung festlegen (vgl. *L/M* § 17 Rn. 12). Grundgedanke der Notstandsregelungen ist, dass das Recht in Konfliktfällen die Inanspruchnahme fremder Rechtsgüter zulassen muss, wenn dies im Vergleich zu dem sonst eintretenden Schaden als das geringere Übel erscheint, wobei ein Notstand jedoch nur dann vorliegt, wenn es um die Erhaltung bedrohter, nicht dagegen um die Schaffung neuer Werte geht (vgl. *Schönke/Schröder/Lenckner/Perron* § 34 StGB Rn. 1). – Die Einwilligung des Eigentümers oder Verfügungsberechtigten hat dagegen keine rechtfertigende Wirkung, weil das Rechtsgut „Leben" bzw. „Wohlbefinden des Tieres" nicht zu ihrer Disposition steht. – Nach den allgemein anerkannten Regeln der Strafrechtsdogmatik bilden weder die Sozialadäquanz noch das erlaubte Risiko einen Rechtfertigungsgrund (vgl.: *Schönke/Schröder/Lenckner* Vor §§ 32 ff. StGB Rn. 107 a, 107 b).

Tötungsbefugnisse aus dem Polizei- und Ordnungsrecht i.V.m. § 16 a S. 2 Nr. 2 dritter Halbsatz. Die Tötung eines gefährlichen Tieres kann in drei Fällen gerechtfertigt sein: 1. Wenn eine von dem Tier (zB einem ausgebrochenen Raubtier) ausgehende gegenwärtige, konkrete Gefahr nicht anders als durch eine sofortige Tötung abgewendet werden kann. Häufig wird es aber möglich sein, das Tier zu betäuben und einzufangen; in solchem Fall ist die Tötung unverhältnismäßig und rechtswidrig. Falls die Gefahr auch vom Halter des Tieres ausgeht, kommt in Betracht, das Tier zu beschlagnahmen und (wenn bei seiner Herausgabe an den bisherigen Halter die Voraussetzungen für eine Beschlagnahme erneut entstehen würden) einzuziehen, vgl. zB §§ 33, 34 PolG BW. – 2. Wenn das sichergestellte Tier individuell so gefährlich ist, dass es keine Möglichkeit einer Unterbringung gibt, ohne dass die Gründe für die Sicherstellung fortbestehen oder erneut entstehen würden (an den Nachweis sind im Licht von Art. 20a GG strenge Anforderungen zu stellen; insbesondere muss die gesteigerte Gefährlichkeit wissenschaftlich einwandfrei nachgewiesen sein und die Vermittlung an einen anderen, mit der nötigen Sachkunde ausgestatteten Halter sich als unmöglich erwiesen haben, vgl. OVG Münster NuR 2001, 651, 652 und *Klu-*

ge/Ort/Reckewell § 17 Rn. 144; s. auch AVV Nr. 15.1, 15.2 sowie § 16a Rn. 20). – **3.** Evtl. unter dem Gesichtspunkt der Erlösung von erheblichen, nicht behebbaren Leiden, wenn im Einzelfall festgestellt werden kann, dass das Tier (zB infolge Fehlzucht, Aggressionsdressur uÄ) so gefährlich ist, dass es nicht mehr artgerecht, sondern nur noch in einer Weise gehalten werden kann, die mit anhaltenden, erheblichen Leiden verbunden wäre (zu den Anforderungen an den entsprechenden Nachweis und zur Anwendung von § 16a S. 2 Nr. 2 dritter Halbsatz auf die Tötung sichergestellter gefährlicher Hunde vgl. VG Frankfurt/M NVwZ 2001, 1320, 1322). – Demgegenüber sind Tötungen aus Kostengründen (etwa, weil die Tiere nicht weitervermittelt werden können) nicht zulässig. Die für eingezogene, nicht verwertbare Sachen bestehende Möglichkeit zur Vernichtung (zB § 34 Abs. 3 PolG BW) ist auf Tiere nicht anwendbar. Zwar können landesrechtliche Vorschriften Tötungsbefugnisse vorsehen, doch müssen diese dem Maßstab der bundesrechtlichen Regelung in § 17 Nr. 1 und § 16a S. 2 Nr. 2 dritter Halbsatz entsprechen und dürfen nicht darüber hinausgehen (vgl. auch TierSchHundeV, Vorbem. Rn. 2).

7 **Tötungen aufgrund spezieller Gesetze** (s. auch Rn. 9). Es gibt **spezielle Vorschriften** im Tierschutzgesetz, die Tiertötungen, aber auch Schmerz- und Leidenszufügungen unter bestimmten Voraussetzungen und innerhalb bestimmter Grenzen zulassen und damit auch rechtfertigen (zB die §§ 7 bis 10a). – Zu entsprechenden Vorschriften aus anderen Sachgebieten s. insbes. Rn. 12–19 (Jagd), Rn. 20–24 (Fischerei), Rn. 25–27 (Seuchenbekämpfung) und Rn. 28–31 (Schädlingsbekämpfung).

III. Rechtswidrigkeit/Rechtfertigung aus vernünftigem Grund
(s. auch § 1 Rn. 27–55)

8 **Anwendungsbereich und Inhalt.** Der vernünftige Grund bezieht sich innerhalb von § 17 nur auf die Tötung nach Nr. 1, nicht dagegen auch auf die Misshandlung nach Nr. 2a und Nr. 2b (näher dazu Rn. 73). – Er bildet einen Rechtfertigungsgrund (vgl. BayObLG NuR 1994, 512; BayObLG RdL 1977, 303, 304; *L/M* § 1 Rn. 60; *Hackbarth/Lückert* B XIV 2.2; *Caspar* NuR 1997, 578). Er beruht auf dem Prinzip des überwiegenden Interesses (auch: Mehr-Nutzen-als-Schaden-Prinzip); dieses lässt sich mit der Zwecktheorie erklären, nach der eine Tat nicht rechtswidrig ist, wenn sie sich als Anwendung des rechten Mittels zur Verfolgung eines rechtlich anerkannten Zwecks darstellt (vgl. *Schönke/Schröder/Lenckner* Vor §§ 32 ff. StGB Rn. 7). – Dem Gedanken der Güterabwägung entsprechend stellt sich der vernünftige Grund als eine Ausprägung des Verhältnismäßigkeitsgrundsatzes dar (vgl. dazu BVerfGE 36, 47, 57; BVerfGE 48, 376, 378; *L/M* § 1 Rn. 77; *Caspar* Tierschutz S. 364). Die Prüfung umfasst damit – neben der Frage, ob mit der Handlung überhaupt ein nachvollziehbarer, billigenswerter Zweck verfolgt worden ist (vgl. BayObLG NJW 1993, 2760; s. auch § 1 Rn. 32) – die einzelnen Elemente des Verhältnismäßigkeitsgrundsatzes, nämlich die Geeignetheit, die Erforderlichkeit (auch: Übermaßverbot, Ausweichprinzip, s. § 1 Rn. 39–42) und die Verhältnismäßigkeit ieS (auch: Nutzen-Schaden-

Relation; s. § 1 Rn. 43–49). Bei der Abwägung der widerstreitenden Güter und Belange sind die Wertungen des Gesetzes und, soweit sich aus ihnen noch kein eindeutiges Ergebnis ableiten lässt, die mehrheitlichen Wert- und Gerechtigkeitsvorstellungen als Maßstab heranzuziehen. Dies kommt auch mit der gebräuchlichen Formel vom Abstellen auf den „Standpunkt des gebildeten, für den Gedanken des Tierschutzes aufgeschlossenen und einem ethischen Fortschritt zugänglichen Deutschen" zum Ausdruck (*Lorz* §§ 17, 18 Anh. Rn. 27; *Drossé* MdR 1986, 711, 713; s. § 1 Rn. 50–55). Es kann dazu führen, dass tradierte, früher kritiklos hingenommene Nutzungsarten und Umgangsformen als nicht mehr vernünftig/rechtfertigend gelten, wenn sie aufgrund geänderter ethischer Einstellungen mit den gegenwärtigen Wertvorstellungen zur Mensch-Tier-Beziehung nicht mehr in Einklang stehen (vgl. dazu OLG Hamm NStZ 1985, 275).

Soweit **Sondervorschriften** für das betreffende Sachgebiet regeln, unter welchen Voraussetzungen und innerhalb welcher Grenzen Tieren Schmerzen, Leiden oder Schäden einschl. Tod zugefügt werden dürfen, kann der vernünftige Grund hierzu keinen erweiternden Auffangtatbestand bilden. Der Täter muss, um rechtmäßig zu handeln, sowohl die Voraussetzungen als auch die Grenzen der jeweiligen Vorschrift einhalten. Tut er das nicht, so handelt er rechtswidrig, ohne dass dieses Ergebnis durch eine Berufung auf einen angeblich vernünftigen Grund korrigiert werden könnte (Beispiele nach *L/M* § 17 Rn. 12: Die Tötung von Kormoranen bestimmt sich abschließend nach dem Bundes- und Landesnaturschutzrecht. Die Vorschriften über den Jagdschutz nach §§ 23 ff. BJagdG lassen sich weder über § 34 StGB noch über den vernünftigen Grund erweitern). 9

Die **Unterscheidung zwischen „Ob" und „Wie" der Tiertötung** findet sich an mehreren Stellen des Gesetzes. Einzelne Vorschriften betreffen nur das „Wie", zB die §§ 4 und 4a TierSchG sowie die meisten Bestimmungen der Tierschutzschlachtverordnung. Da aber ein vernünftiger Grund, der das „Ob" einer Tiertötung rechtfertigen soll, nur vorliegen kann, wenn für einen nachvollziehbaren, billigenswerten Zweck auch das rechte Mittel eingesetzt wurde (Zwecktheorie, s. Rn. 8), spricht einiges dafür, ihn zu verneinen, wenn das angewendete Mittel bereits für sich gesehen gegen das Gesetz oder gegen eine Rechtsverordnung verstößt. Die Konsequenz dieser Betrachtungsweise wäre eine deutliche Ausdehnung des Anwendungsbereichs des § 17 Nr. 1. Beispiel: Wird bei einer Schlachtung, die Ernährungszwecken dient und damit an sich gerechtfertigt ist, vorsätzlich gegen § 4a oder gegen eine Vorschrift aus der Tierschutzschlachtverordnung verstoßen, so läge damit nicht nur eine Ordnungswidrigkeit nach § 18 Abs. 1 Nr. 6 bzw. § 18 Abs. 1 Nr. 3b i.V.m. § 15 TierSchlV vor, sondern auch eine Straftat nach § 17 Nr. 1, weil für den rechten Zweck das falsche Mittel angewendet wurde und deswegen ein vernünftiger Grund entfällt. 10

Ökonomische Gründe werden zwar häufig als vernünftig herangezogen. Sie sind jedoch zur Ausfüllung des Begriffs ‚vernünftiger Grund' nicht ausreichend, weil bei Anlegung eines allein ökonomischen Maßstabs die Grundkonzeption des Tierschutzgesetzes als eines ethisch ausgerichteten Tierschutzes aus den Angeln gehoben würde (OLG Frankfurt/M NStZ 1985, 130). Ausdrückliche Ausgestaltung findet dieser Gedanke in § 9 Abs. 2 11

§ 17 TierSchG

S. 3 Nr. 3 (s. § 9 Rn. 10 und § 1 Rn. 41). – Dies muss auch beachtet werden, wenn ökonomische Gründe in Form anderer, zB hygienischer oder gar ökologischer Erwägungen vorgebracht werden. So ist im Streit um die Rechtmäßigkeit der Käfigbatteriehaltung von Legehennen immer wieder angeführt worden, Haltungsformen mit freier Beweglichkeit der Tiere seien unhygienisch und bei Ausläufen ins Freie sogar ökologisch bedenklich. Bei praktischen Untersuchungen stellte sich dann heraus, dass diese Bedenken entweder auf die mangelnde Sachkunde der (mit den artgerechten Haltungsformen wenig vertrauten) Halter, die intensive Aufzucht der Tiere oder die unveränderte Übernahme der kosten- und arbeitssparenden Betriebsabläufe aus der intensiven in die extensive Haltung zurückzuführen waren. Folgerichtig konstatierte die EU-Kommission, dass alternative Formen der Legehennenhaltung zwar Nachteile haben könnten – aber nur, „wenn eine gute Betriebsführung nicht dauerhaft gewährleistet ist" (näher dazu s. Tierschutz-NutztierhaltungsVO Vor §§ 12–17 Rn. 11). Die dazu nötigen Aufwendungen an Arbeit, Zeit und Geld einsparen zu wollen, ist ein ökonomisches Motiv.

IV. Schuld/Weitere Voraussetzungen der Strafbarkeit

11a   Zu Schuld und weiteren Voraussetzungen s. Rn. 79–82.

B. Anhang zu § 17 Nr. 1. Rechtmäßigkeit und Rechtswidrigkeit von Tiertötungen, geordnet nach Sachgebieten

I. Jagd

12   Die Tötung eines Tieres bei der **Jagdausübung** ist nach § 1 Abs. 4 BJagdG gerechtfertigt, wenn folgende Voraussetzungen eingehalten werden: **1.** Die Tötung darf nur durch den zur Jagdausübung Berechtigten erfolgen. – **2.** Das Tier muss „Wild" sein, vgl. § 2 BJagdG (nicht darunter fallen zB Haustaube, Bisam, Amsel, Star; weil diese Tiere auch nicht unter § 23 BJagdG fallen, ist ihr Abschuss verboten und kann zudem einen Verstoß gegen § 45 Abs. 1 WaffG darstellen, vgl. dazu *Belgard* RdL 1983, 146). – **3.** Die örtlichen und zeitlichen Jagdbeschränkungen müssen gewahrt sein (zB kein Verstoß gegen Schonzeiten; keine Jagdausübung im befriedeten Besitztum, vgl. dazu BayObLG NuR 1994, 512, 513); Abschussregelungen dürfen nicht überschritten werden. – **4.** Die sachlichen Jagdverbote sind einzuhalten. Bei Verstoß gegen eines der Verbote nach § 19 BJagdG oder gegen weitere landesrechtliche Verbote entfällt die Rechtfertigung der Tiertötung, so dass neben einer Ordnungswidrigkeit nach § 39 BJagdG auch eine Straftat nach § 17 Nr. 1 vorliegt (vgl. *Kluge/Ort/Reckewell* § 17 Rn. 153a; s. auch Rn. 10). – **5.** Das Gebot zu größtmöglicher Schmerzvermeidung muss eingehalten sein, vgl. § 4 Abs. 1 S. 2 TierSchG i.V.m. § 44a BJagdG.

13   Verstöße gegen das **Gebot zu größtmöglicher Schmerzvermeidung (§ 4 Abs. 1 S. 2)** können u. a. mit Jagdmethoden begangen werden, bei denen auf

Straftaten **§ 17 TierSchG**

in der Bewegung befindliches Wild geschossen wird, insbesondere Treib-, Drück- und Bewegungsjagden. Die tierschonendste Jagdmethode ist immer der gezielte Tötungsschuss auf das stehende Ziel, weil er für das Tier plötzlich und überraschend kommt und es unter Vermeidung von Schmerzen schnell und sicher tötet. Daraus ergibt sich die generelle Fragwürdigkeit von Bewegungsjagden: Während ein sicherer Schütze ein unbewegtes Ziel in über 95% der Fälle sicher treffen kann, sinkt bei Zielen, die sich bewegen, die Trefferquote rapide ab, nicht selten auf unter ein Drittel der abgegebenen Schüsse; entsprechend höher liegt dann der Anteil angeschossener Tiere, die erst im Rahmen einer schmerz- und leidvollen Nachsuche getötet werden oder von selbst langsam sterben (vgl. *Herling, Herzog, Krug* in: *Sambraus/Steiger* S. 744; vgl. auch BMVEL Schädlingsgutachten S. 118: „Bei der Jagd muss jeweils dasjenige Mittel zur Tötung angewandt werden, das dem Tier am wenigsten Schmerzen oder Leiden zufügt"). – Nicht mit § 4 Abs. 1 S. 2 vereinbar erscheinen auch Schrotschüsse auf bewegliche Ziele, insbes. Vogelzüge: Die abgefeuerte Menge der Schrotkugeln erweitert sich trichterförmig mit der Zunahme der Entfernung und bewirkt bei fliegenden Vogelgruppen, dass ein erheblicher Teil der Tiere nicht tödlich getroffen wird, sondern Verwundungen oder Verstümmelungen erleidet und erst nach längerem Todeskampf stirbt bzw. als Krüppel weiterlebt (vgl. *Sojka* AgrarR 1994, 376; vgl. auch BMVEL-Schädlingsgutachten S. 128: „Der Schrotschuss auf Einzeltiere in Vogelschwärme ist zu verbieten, da hier ein Missverhältnis von getöteten zu verletzt entkommenen Tieren nicht auszuschließen ist"); Schätzungen zufolge werden bei der Jagd auf Vögel mittels Schrotschuss bis zu 30% der Vögel „krankgeschossen" (vgl. *Schmidt* DudT 2/2001, 38, 39; zu Umweltschäden infolge der Verwendung von Bleischrot vgl. auch *Oberth* DudT 3/1996, 32 ff.). – Der Einsatz von Jagdhunden erscheint unter demselben rechtlichen Gesichtspunkt nur gerechtfertigt, wenn er nach dem Schuss (oder bei der Nachsuche gem. § 22a BJagdG) erfolgt. Dagegen verursacht der Hundeeinsatz vor dem Schuss, insbes. bei Bracken-, Drück- und Bewegungsjagden, häufig unnötige Schmerzen und auch Leiden: Es kommt zu hoher Stressbelastung des aufgestöberten Wildes (auch mit bedenklichen Folgen für die Fleischhygiene, vgl. dazu *Krug* AtD 1996, 134 ff.); der Schuss auf flüchtige Tiere ist unsicher (s. o.); es kommt zu Beunruhigung anderer, nicht zu bejagender Tiere; das Töten einzelner Tiere durch die Hunde kann nicht ausgeschlossen werden, ebenso wenig Selbstverletzungen des Wildes infolge von Panikreaktionen (vgl. *Krug* aaO 139, 140; s. auch § 3 Rn. 43). – Auch bei der Jagd mit abgerichteten Greifvögeln werden den zu bejagenden Tieren Schmerzen zugefügt, die idR mit schonenderen Methoden vermeidbar wären. Die Ausnutzung der natürlichen Grausamkeit des Tötungsgeschehens ist kein Mittel, das dem Verhältnismäßigkeitsgrundsatz entspricht. Der Mensch ist kein Raubtier, sondern verfügt aufgrund seines Verstandes über schonendere Mittel (vgl. *Herling, Herzog, Krug* aaO). Ob man den §§ 15, 22 Abs. 4 BJagdG oder dem § 3 BWildSchV eine gesetzliche Zulassung dieser Art der Bejagung entnehmen kann, erscheint zweifelhaft, zumal das Tierschutzrecht und damit das Gebot aus § 4 Abs. 1 S. 2 durch die Bestimmungen des Jagdrechts unberührt bleibt, vgl. § 44a BJagdG. – Eine Anpassung des BJagdG an § 4 Abs. 1 S. 2 erscheint wünschenswert.

§ 17 TierSchG *Tierschutzgesetz*

14 Ein problematisches Mittel ist die **Fallenjagd**, weil nach § 19 Abs. 1 Nr. 9 BJagdG nur Fanggeräte verwendet werden dürfen, von denen mit Sicherheit gewährleistet ist, dass sie entweder unversehrt fangen oder sofort töten. Beides kann aber häufig nicht gewährleistet werden (s. dazu § 13 Rn. 8).

15 Die **Jagd auf ausgesetzte, zuvor von Menschenhand aufgezogene Tiere** wie Fasane, Rebhühner, Enten etc. ist nicht weidgerecht, da den Tieren die notwendigen natürlichen Fluchtinstinkte zumindest teilweise fehlen, weil sie im Menschen eher den Vertrauten als den Feind erblicken und deshalb für den Jagenden eine mehr oder weniger wehrlose Beute darstellen (*Sojka* RdL 1984, 283 ff.). Fraglich ist auch, ob es sich bei diesen Tieren noch um „Wild" iS von § 1 Abs. 1 BJagdG handelt. Zudem dient ihre Bejagung keiner ökologischen Ausgleichsfunktion, sondern ist „Schiesssport auf lebende Ziele" (*Herling, Herzog, Krug* aaO S. 738; gegen das „Auffüllen" der Reviere mit gezüchteten und kurzfristig ausgewilderten Tieren s. auch EKD-Texte 41 S. 21). Auch hier wären klarstellende Regelungen in einem novellierten BJagdG sinnvoll.

16 Zum **Fang von Wildtieren in befriedeten Bezirken** s. § 13 Rn. 10.

17 **Jagdschutz gegenüber Haustieren** setzt nach § 23 BJagdG voraus, dass es sich um „wildernde Hunde und Katzen" handelt. Der Jagdausübungsberechtigte missbraucht daher seine Befugnis zur Tötung, wenn er einen Hund oder eine Katze tötet, die offensichtlich keine gegenwärtige Gefahr für das Wild bedeuten (*Lorz/Metzger/Stöckel* § 23 BJagdG Rn. 16). Außerdem muss der Verhältnismäßigkeitsgrundsatz gewahrt bleiben. Landesgesetze, die diesen Grundsätzen nicht genügen, verstoßen gegen Art. 20a GG und auch gegen § 23 BJagdG und § 17 Nr. 1 TierSchG und sind deswegen ungültig (vgl. *Herling, Herzog, Krug* aaO S. 747). Im Schadensersatzprozess mit dem Halter trägt der tötende Jäger die Beweislast, dass der Hund konkret dem Wild nachgestellt hat (vgl. AG Gelnhausen, 9. 1. 2002, 51 C 160/01; *Kluge/Ort/Reckewell* § 17 Rn. 151). – Nach § 29 Abs. 1 Nr. 2 LJagdG BW dürfen Hunde nur getötet werden, wenn sie erkennbar dem Wild nachstellen und dieses gefährden können; hinzukommen muss, dass sie weder eingefangen werden können noch auf sonstige Weise erreicht werden kann, dass die dazu gehörenden Begleitpersonen nach nur kurzfristiger Unterbrechung wieder auf sie einwirken können. Voraussetzungen sind also: **1.** Der Hund muss sich im Jagdbezirk aufhalten (nicht etwa im befriedeten Besitztum, vgl. BayObLG NuR 1993, 176). – **2.** Es dürfen weder Sicht-, noch Ruf- noch sonstige Kontaktmöglichkeiten zu einer Begleitperson bestehen. – **3.** Der Hund muss „in flagranti" beim tatsächlichen Wildern angetroffen werden (früheres Wildern reicht nicht aus, vgl. OLG Karlsruhe NuR 1990, 141). – **4.** Der Hund muss das Wild gefährden können (zB nach Größe, Rasse, Örtlichkeit, erkennbaren Reaktionen und sonstigen Begleitumständen; vgl. dazu *Mehrkens* RdL 1984, 281). – **5.** Ein Einfangen muss ausgeschlossen sein (der Jäger muss den Hund ansprechen, bloßes Nachlaufen genügt nicht). – **6.** Der Jäger hat sich von all diesen Voraussetzungen zu vergewissern, bevor er schießt. – **7.** Kennt er den Eigentümer oder Halter, so ist ein Abschuss ohne vorherige Abmahnung unverhältnismäßig. – Für das Töten von Katzen fordert § 29 Abs. 1 Nr. 3 LJagdG BW, dass die Katze im Jagdbezirk streunt und dabei in einer Entfernung von mehr als 500 m zum

Straftaten **§ 17 TierSchG**

nächsten bewohnten Gebäude angetroffen wird. Von „Streunen" kann erst gesprochen werden, wenn sich die Katze nach ihrem äußeren (Pflege-) Zustand keinem bestimmten Tierhalter mehr zuordnen lässt (vgl. LG Itzehoe NJW 1987, 2019). Nur verwilderte Katzen sind streunende Katzen, nicht etwa auch freilaufende Hauskatzen (vgl. *Hecking-Veltman/Tenter/ Daugschies* Der prakt. Tierarzt 82: 8, 563). Hinzukommen muss nach § 23 BJagdG, dass die Katze wildert, d. h. erkennbar solchen Tierarten nachstellt, die Wild iS des § 2 BJagdG sind. Weiter muss hinzukommen, dass mildere Mittel (zB Einfangen) ausscheiden. Landesrechtliche Bestimmungen, die das Töten unter erleichterten Voraussetzungen (zB bei geringerer Entfernung zum nächsten bewohnten Gebäude oder ohne die Voraussetzung des Streunens) erlauben, dürften unverhältnismäßig sein, s. o. – In Fallen gefangene Hunde und Katzen dürfen nicht getötet werden, sondern sind als Fundsachen zu behandeln (vgl. § 29 Abs. 2 LJagdG BW). – Da viele dieser Beschränkungen in der Praxis nicht selten unbeachtet bleiben, sollte durch eine Änderung von § 23 BJagdG die nötige Rechtsklarheit hergestellt werden.

Krankgeschossenes Wild muss nach § 22a BJagdG sofort getötet werden, 18 um es vor weiteren Schmerzen oder Leiden zu bewahren. Das Betreten des Nachbarreviers ist zu diesem Zweck zulässig, im Eilfall auch ohne vorherige Benachrichtigung des Jagdausübungsberechtigten (vgl. zB § 17 Abs. 2 Nr. 4 LJagdG BW).

Zur **Ausbildung von Tieren als Jagdhelfer** s. § 3 Rn. 40 und 45–51. 19

II. Fischerei

Die **Seefischerei** wird durch das Seefischereigesetz v. 6. 7. 1998 und die 20 Seefischerei-Bußgeldverordnung v. 16. 6. 1998 geregelt. Danach hat der berufsmäßig Fische Fangende die Berechtigung zu ihrer Tötung. Ein Gebot zur vorherigen Betäubung wird nicht angenommen (vgl. § 4 Abs. 1 S. 1 [„sonst"] und § 1 Abs. 2 Nr. 4 TierSchlV; vgl. auch *Lorz* § 4 Rn. 8). Es besteht aber auch hier ein Gebot zur größtmöglichen Schmerzvermeidung. Hiergegen wird in der Praxis mannigfach verstoßen (s. § 13 Rn. 13). Auch gegenüber dem sog. Beifang wird das Gebot, Schmerzen, Leiden und Schäden so weit als möglich zu vermeiden, häufig nicht beachtet (näher dazu *Krug/König* in: TVT-Merkblatt Nr. 34 S. 10).

In den **Binnengewässern** besitzt grds. der Eigentümer des Gewässer- 21 grundstücks nach § 958 Abs. 2 BGB das Recht, Fische zu fangen und sich anzueignen. Die landesrechtlichen Fischereigesetze gestalten dieses Recht näher aus, regeln Schonzeiten und Mindestmaße, verbieten bestimmte gefährliche oder leidensverursachende Praktiken und regeln auch die Übertragbarkeit des Fischereirechtes. Die Tötung eines Fisches zur Nahrungsmittelgewinnung kann damit als gerechtfertigt gelten, wenn 1. der Aneignungsberechtigte handelt, 2. wenn er die zeitlichen und sachlichen Fischereiverbote aus dem Landesrecht einhält und 3. wenn er sich auch an das Gebot zu größtmöglicher Schmerzvermeidung nach § 4 Abs. 1 S. 2 hält. Ähnlich wie im Jagdrecht (s. Rn. 12) bewirkt ein Verstoß gegen ein solches

§ 17 TierSchG *Tierschutzgesetz*

Verbot, dass neben der einschlägigen Ordnungswidrigkeit auch eine Straftat nach § 17 Nr. 1 angenommen werden kann.

22 **Angeln** fügt den Fischen erhebliche, anhaltende Leiden zu und verwirklicht damit neben § 17 Nr. 1 auch § 17 Nr. 2b (vgl. OLG Celle NStZ 1993, 291; OVG Bremen NuR 1999, 227, 228; AG Hamm NStZ 1988, 466; StA Bückeburg 3 Js 3376/90, zit. nach OVG Bremen; s. auch Rn. 54). Bei den Fischen kommt es zu einem „Overstress", der u.a. durch beschleunigten Herzschlag, erkennbare Panikstimmung und Erhöhung des Cortisolspiegels im Blut festgestellt werden konnte. Nach wissenschaftlichen Untersuchungen sterben etwa 30% der Fische, die geangelt und wieder zurückgesetzt wurden, später an den Folgen des Stresses (vgl. Evang. Akademie Bad Boll, Tiere im Sport, S. 194, 219, 220; zur Rechtswidrigkeit des Angelns aus Freude am Drill vgl. auch *Drossé* AgrarR 2002, 111). – Eine Rechtfertigung aufgrund des Aneignungsrechts wird für möglich gehalten, solange es ausschließlich darum geht, ein Nahrungsmittel für den menschlichen Verzehr zu gewinnen und der Fisch erstmalig in den menschlichen Gewahrsam gebracht werden soll (vgl. BVerwG NuR 2001, 454, 455: „Es kann dahinstehen, ob Angeln als Fischereimethode bei weidgerechter Ausführung zur Gewinnung von Nahrung herkömmlicherweise als durch einen vernünftigen Grund gerechtfertigt angesehen werden kann. Soweit ein solcher Rechtfertigungsgrund für die Leidenszufügung anzuerkennen sein sollte, bezieht er sich ... allenfalls auf das erstmalige Habhaftwerden eines Fisches für Nahrungszwecke des Menschen und ist in dieser allgemeinen Bedeutung auch darauf beschränkt").

23 **Wettfischen.** Der Erwerb des Fisches für Nahrungszwecke des Menschen muss den alleinigen Grund für das Angeln bilden. Wird daneben auch ein sportlicher Zweck verfolgt, insbesondere der Zweck, in einem Wettbewerb Sieger und Platzierte zu ermitteln, so fehlt es an einem vernünftigen Grund, denn solche Zwecke können weder die Tötung noch die Zufügung von Schmerzen und Leiden rechtfertigen (vgl. AG Hamm NStZ 1988, 466; AG Offenburg 2 Ds 257/87 und StA Bremen 604 Js 30992/88, zit. nach *Drossé* AgrarR 1989, 257, 259; Evang. Akademie Bad Boll, Tiere im Sport, S. 194; *Drossé* ebenda S. 197, 198). – Wird als Ziel einer anglerischen Gemeinschaftsveranstaltung angegeben, einen angeblich vorhandenen Überbestand bestimmter Fischarten in dem Gewässer reduzieren zu wollen („Hegefischen"), so genügt für das Fehlen eines vernünftigen Grundes bereits, dass die Veranstaltung *auch* dem sportlichen Wettkampf dient (AG Offenburg aaO). Hinzu kommt, dass es sich beim Hegefischen regelmäßig um einen konstruierten Grund handelt, da Fischhege und Wettfischen unvereinbare Gegensätze bilden. Wettfischen ist schon seiner Natur nach nicht geeignet, Hegeziele zu erreichen: Der behauptete Überbestand und dessen angebliche biologische oder limnologische Schädlichkeit bleiben regelmäßig unbewiesen; Hege würde ein planvolles, systematisches, regelmäßiges und vor allem dauerhaftes Vorgehen mit den Mitteln der Berufsfischerei erfordern; demgegenüber finden Wettfischveranstaltungen punktuell statt und richten sich nach Ort, Zeitpunkt und Ablauf primär nach sportlichen und organisatorischen Gesichtspunkten statt nach dem Ziel, die Verhältnisse eines Gewässers dauerhaft zu verändern (vgl. dazu StA Hanau NuR 1991, 501; *Drossé*

Straftaten **§ 17 TierSchG**

AgrarR 1989, 257, 261). – Ähnlich ist die Situation, wenn vorgegeben wird, die gefangenen Fische zur Gewässerbewirtschaftung in ein anderes Gewässer umsetzen zu wollen: Die Behauptung, in dem zu befischenden Gewässer herrsche ein Überbestand und das zu besetzende Gewässer leide an einem Mangel der betr. Fischart, kann regelmäßig nicht bewiesen werden. Zudem ist das Umsetzen fischereibiologisch bedenklich, weil dadurch eine Faunenverfälschung und ein Einschleppen von Krankheitserregern verursacht werden können (vgl. *Drossé* aaO). – Die Verarbeitung der Fische zu Fischmehl oder Tierfutter ist ebenfalls kein ausreichender vernünftiger Grund (vgl. BVerwG NuR 2001, 455); zudem kann dies kaum glaubhaft als ausschließlicher Zweck einer Gemeinschaftsveranstaltung ausgegeben werden. – Amtsträger, die Fischereiveranstaltungen genehmigen, obwohl damit erkennbar auch sportliche Zwecke verfolgt werden, können sich der Beihilfe durch positives Tun (bzw. durch Unterlassen bei Nicht-Einschreiten) schuldig machen (vgl. StA Bremen aaO). – Auf einen unvermeidbaren Verbotsirrtum können sich Veranstalter und Teilnehmer heute nicht mehr berufen, auch nicht, wenn eine behördliche Genehmigung ausgesprochen worden ist (vgl. *Drossé* aaO).

Einzelne rechtswidrige Angelmethoden. Am Erfordernis des erstmaligen Habhaftwerdens eines Fisches (BVerwG aaO) fehlt es insbesondere, wenn Fische, die sich bereits in der Hand des Menschen befinden, in einen Angelteich eingesetzt werden, um dem Angler das Vergnügen des alsbaldigen Herausangelns zu bieten („Angelzirkus"). Dies erfüllt den Tatbestand des § 17 Nr. 2 b und ist rechtswidrig (vgl. OVG Koblenz AtD 1998, 346, 348; bestätigt durch BVerwG aaO). Eine Rechtfertigung durch behördliche Genehmigung oder behördliches Dulden scheidet aus, denn § 17 Nr. 2 b steht mangels ausdrücklicher gesetzlicher Anordnung nicht zur Disposition der Behörden (vgl. OLG Celle NStZ 1993, 291, 292; s. auch Rn. 74). Bedenklich ist es auch, wenn das Herausangeln nach einer Schonzeit von zwei Monaten erfolgt, denn auch in diesem Fall kann nicht davon gesprochen werden, dass das Angeln dem erstmaligen Habhaftwerden des Fisches diene; außerdem dürfte angesichts verfügbarer schonenderer Methoden § 4 Abs. 1 S. 2 verletzt sein. – Die Lebendhälterung gefangener Fische im Setzkescher oder anderen Gefäßen verursacht erhebliche Leiden, die auch bei einem Zeitraum von weniger als zwei Stunden als „länger anhaltend" einzustufen sind (vgl. OLG Düsseldorf NStZ 1994, 43; LG Düsseldorf MDR 1991, 278; AG Düsseldorf NStZ 1991, 192; aA AG Rinteln AgrarR 2000, 354 m. abl. Anm. *Drossé*). Seit der Veröffentlichung der Entscheidung des OLG Düsseldorf dürfte ein unvermeidbarer Verbotsirrtum hier ebenfalls nicht mehr in Betracht kommen (vgl. *L/M* § 17 Rn. 43). – Das Angeln mit dem lebenden Köderfisch verwirklicht gleichfalls § 17 Nr. 2 b: Dem Köderfisch wird ein Haken in das Muskelgewebe oder durch die Lippen geführt; durch seine Versuche, zu entkommen, vergrößert er noch die ihm zugefügte Wunde (*Drossé* in: Evang. Akademie Bad Boll aaO S. 198). Zudem wird er in seinem Bestreben, sich fortzubewegen und geschützte Stellen im Uferbereich aufzusuchen, gehindert und gerät dadurch in eine Stresssituation, die jedenfalls bei 15–30 Min. Dauer anhaltendes, erhebliches Leiden darstellt (vgl. LG Mainz MDR 1988, 622 und

1080). Eine Rechtfertigung dafür gibt es nicht, zumal für den Fang von Raubfischen andere Möglichkeiten wie zB die Verwendung von Kunstködern zur Verfügung stehen (LG Mainz aaO). Sieben Bundesländer haben demgemäß die Verwendung lebender Köderfische bereits ausdrücklich verboten; gegenteilige Regelungen in anderen Ländern (vgl. zB § 3 Abs. 3 S. 2 LFischVO BW) können § 17 Nr. 2 b nicht einschränken (vgl. Art. 31 GG). – Rechtswidrig ist das Angeln auch dann, wenn nicht das schonendste, d.h. das am wenigsten tierschädliche Mittel eingesetzt wird. Verstöße hiergegen liegen beispielsweise vor: Bei einer Verwendung von Widerhaken ohne zwingende Notwendigkeit; bei Verwendung von korrosionsbeständigen Haken; beim Anlanden ohne Unterfangkescher; bei Verwendung des „Gaffs" trotz anderer Landungsmöglichkeit; bei einer Zulassung von Anglern ohne vorherige Schulung und Prüfung („Urlaubsberechtigungsschein"), zumal in solchem Fall gegen § 4 Abs. 1 S. 3 verstoßen wird; bei der Zulassung von Kindern unter 16 Jahren zur Angelfischerei ohne verantwortliche Begleitung eines sachkundigen Fischereischeininhabers (vgl. Evang. Akademie Bad Boll aaO S. 194, 221).

III. Seuchenbekämpfung

25 Die **Zweite BSE-Schutzverordnung** vom 21. 3. 1998 (BGBl. I S. 565), mit der die pauschale Tötung sämtlicher Rinder, die aus Großbritannien und der Schweiz nach Deutschland importiert worden waren, angeordnet wurde, war durch die Ermächtigungsgrundlagen in § 79 Abs. 1 Nr. 2 i.V.m. §§ 18, 24 Abs. 1 und 24 Abs. 2 Tierseuchengesetz (TierSG) nicht gedeckt und damit nichtig (vgl. BVerwG NJW 2001, 1592; VGH Mannheim AgrarR 2000, 161). Dabei kann offen bleiben, ob es sich bei BSE (= Bovine Spongiforme Enzephalopathie) überhaupt um eine Tierseuche iS des Tierseuchengesetzes handelt (vgl. dazu *Büge* AgrarR 2000, 159 mit Hinweisen auf die unterschiedliche Rechtsprechung zu dieser Frage). Jedenfalls waren die betroffenen Rinder als Gruppe weder ansteckungsverdächtig iS des § 24 Abs. 1 TierSG noch war ihre Tötung iS des § 24 Abs. 2 TierSG zur Beseitigung von Infektionsherden erforderlich. – Ein Ansteckungsverdacht, wie er für eine Rechtfertigung nach § 24 Abs. 1 TierSG erforderlich gewesen wäre, hätte gem. § 1 Abs. 2 Nr. 7 TierSG eine mit konkreten Anhaltspunkten begründbare Wahrscheinlichkeit vorausgesetzt, dass die Importrinder den Ansteckungsstoff (d.h. das infizierte Tiermehl) typischerweise, jedenfalls aber zu einem erheblichen Teil bereits aufgenommen hatten. Dagegen sprach aber, dass sich die ca. 5200 betroffenen Tiere wegen des seit März 1990 bestehenden Importverbots bereits seit mindestens sieben Jahren im Bundesgebiet befanden und nur bei fünf von ihnen ein BSE-Verdacht aufgetreten war. Die Inkubationszeit von BSE wird allgemein mit drei bis fünf oder vier bis sechs Jahren angegeben (vgl. VGH Mannheim aaO mN). Zudem gehörten die betroffenen Tiere überwiegend Robust- bzw. Extensivrassen an, die im Freien aufgewachsen und daher weitestgehend ohne Tiermehlzusatz ernährt worden waren (vgl. BVerwG aaO). – Für eine Tötungsanordnung nach § 24 Abs. 2 TierSG wäre sowohl der Nachweis eines tatsächlichen, nicht nur

potenziellen Infektionsherdes als auch das erkennbare Risiko unmittelbarer horizontaler Übertragung innerhalb der Tierbestände notwendig gewesen (vgl. BVerwG aaO; VGH Mannheim aaO; vgl. auch OVG Frankfurt/O. NVwZ 1997, 811: Anwendbarkeit von § 24 Abs. 2 TierSG nur bei Seuchen mit leichter Übertragbarkeit). – Schließlich war die angeordnete Tötung der ganzen Gruppe auch unverhältnismäßig, da weniger einschneidende Alternativen (insbes. Beobachtung durch die Veterinärbehörden sowie Schlacht- und Verbringungsverbote, vgl. OVG Koblenz RdL 1997, 335) ausreichend gewesen wären. – Aufgrund dieser ganz überwiegenden Rechtsprechung sind zwar diejenigen Tiere, deren Halter der Tötungsanordnung widersprochen und ihren Widerspruch aufrechterhalten haben, nicht getötet worden, wohl aber zwischen 4000 und 5000 Rinder, deren Halter keinen Widerstand geleistet und Entschädigungszahlungen aus der Tierseuchenkasse entgegengenommen hatten. – Auf den Gesichtspunkt, dass durch diese Zwangstötungen möglicherweise wertvolles Untersuchungsmaterial zur Erforschung der BSE-Krankheit vernichtet worden ist, machen *Büge/Tünnesen-Harmes* aufmerksam (NVwZ 1997, 564). Von diesen Autoren wird auch die Vermutung geäußert, es sei dem damaligen Verordnungsgeber wohl weniger um Verbraucherschutz und Schutz von Tierbeständen gegangen als vielmehr „um die Bedienung der Interessen der Fleischwirtschaft ohne Rücksicht auf die Folgen für die als Sündenbock dienenden Robustrinderhalter und ihre Extensivtierhaltung" (AgrarR 1998, 1 ff.). – Zur Tötung der sog. „Geburtskohorte" des an BSE erkrankten Rindes vgl. OVG Weimar NVwZ 2002, 231 ff.

Bei der **Schweinepest** werden im Seuchenfall nicht nur erkrankte und infizierte, sondern auch zahlreiche gesunde Tiere getötet. Zumindest diese Präventivtötungen und erst recht die weiteren Tötungen im Rahmen von marktregulierenden Aufkaufaktionen könnten durch Impfungen vermieden werden. Mittlerweile gibt es Marker-Impfstoffe, die eine Unterscheidung der Impfantikörper von den Feldvirusantikörpern zulassen (vgl. *Piontkowski/Leyk* AtD 1998, 179, 180). Die Erfolge, die mit systematischen Gebietsimpfungen während des Seuchenzuges 1982–1986 in Niedersachsen und Nordrhein-Westfalen erreicht wurden (vgl. *Küttler* TU 1999, 119 ff.), belegen, dass der Verzicht auf das Impfen nicht auf veterinärmedizinischen, sondern ausschließlich auf ökonomischen Überlegungen beruht. Damit aber gibt es für die Tötungen von Tieren aus nicht befallenen Beständen keinen vernünftigen Grund (s. Rn. 11). Angesichts der extremen Kosten der Seuchenzüge von 1997/98 von 1,6 Mrd. DM fordert jetzt auch der Europäische Rechnungshof ein Umdenken und den Einsatz von Marker-Impfstoffen (DtW 2000, 386; vgl. auch *Grünwoldt* TU 2000, 10). Die Zeit bis zur allgemeinen Zulassung solcher Impfstoffe könnte möglicherweise durch Feldversuche, die nach § 17c TierSG zulässig sind, überbrückt werden (vgl. *Piontkowki/Leyk* aaO). Auch der Bundesrat fordert, dass im Krisenfall zumindest Suppressiv- und Schutzimpfungen erlaubt werden sollten (DTBl. 2001, 775; vgl. auch DTBl. 2000, 1046: Zwei Marker-Impfstoffe von der EU-Kommission zugelassen). – Überdies ist die Schweinepest eine behandelbare und im Regelfall keineswegs tödlich verlaufende Krankheit, was auch bei erkrankten Tieren die Tötung rechtlich zweifelhaft erscheinen lässt.

§ 17 TierSchG *Tierschutzgesetz*

Erkrankungen, die heilbar sind und sich zudem durch Impfung vermeiden lassen, stellen keinen vernünftigen Grund für eine Tötung dar (s. auch Rn. 40).

27 Hinsichtlich der **Maul- und Klauenseuche (MKS)** wird durch Art. 13 Abs. 1 der Richtlinie 85/511/EWG festgelegt, dass die Mitgliedstaaten dafür Sorge tragen müssen, dass der Gebrauch von Impfstoffen verboten wird (der EuGH sieht darin weder einen Verstoß gegen höherrangiges Gemeinschaftsrecht noch gegen den Verhältnismäßigkeitsgrundsatz, vgl. NVwZ 2001, 1145 f.). Diese Politik des „Tötens statt Impfens" ist umso unverständlicher, als früher mit Erfolg gegen MKS geimpft wurde. Dass einzelne Staaten (USA, Japan) Fleischimporte geimpfter Tiere ablehnen, ist kein vernünftiger Grund für Massenschlachtungen, die durch rechtzeitiges Impfen vermieden werden könnten. Zudem gibt es einen Test, der die Antikörper geimpfter von denen infizierter Tiere unterscheidet (vgl. DudT 3/2001 S. 15; DTBl. 2001, 1369). – Die o. e. Richtlinie ist durch die Verordnung zum Schutz gegen die Maul- und Klauenseuche (MKS-Verordnung) umgesetzt worden (BGBl. I 1994 S. 187 und 2001 S. 1654). Schon vor der Aufnahme des Tierschutzes als Staatsziel ins Grundgesetz hat der VGH München „gewisse Zweifel" geäußert, ob die in den §§ 3 ff. dieser Verordnung vorgesehenen Ausnahmeregelungen von dem grundsätzlichen Impfverbot „in Ansehung der Grundrechte der Tierhalter, insbesondere deren Eigentumsgrundrecht aus Art. 14 GG, nicht als zu eng angesehen werden müssen" Die Politik der Nicht-Impfung werde offensichtlich im Interesse des Fleischexports einer Impfpolitik vorgezogen. Zumindest für Tiergruppen, die dafür von vornherein nicht in Betracht kämen, zB Zuchttiere, Zootiere, Tiere von Gnadenhöfen usw. erscheine die Zulassung von Ausnahmen denkbar; dem Restrisiko, dass auch solche Tiere unerkannt das Virus aufnehmen und weitertragen könnten, lasse sich durch Isolierung der betreffenden Bestände ausreichend begegnen (VGH München NVwZ 2001, 828, 829). – Nachdem das Verbot, Tiere nicht ohne vernünftigen Grund zu töten, über Art. 20a GG Verfassungsrang erlangt hat, und nachdem feststeht, dass wirtschaftliche Erwägungen für einen vernünftigen Grund nicht ausreichen (s. Rn. 11), erscheint die Fortsetzung der bisherigen Politik des Tötens statt Impfens und die Beibehaltung der restriktiven Praxis bei der Erteilung von Ausnahmegenehmigungen als verfassungswidrig. Dazu, dass die EU-Richtlinie kein Hindernis für großzügigere Ausnahmeregelungen bildet vgl. ebenfalls VGH München aaO. – Die Bundestierärztekammer fordert als Maßnahmenbündel gegen MKS: Not- und Ringimpfungen im Seuchenfall; Wiedereinführung der vorbeugenden Impfung; Reduzierung der Tiertransporte; Förderung solcher Betriebe, die gleichzeitig züchten und mästen (vgl. DtW 2001, 226). Die Fachgruppe „Virologie und Viruskrankheiten" der Deutschen Veterinärmedizinischen Gesellschaft (DVG) stellt u. a. fest: „Wirksame Impfstoffe aus inaktivierten Viren gegen eine Vielzahl von MKS- Sero- und Subtypen stehen zur Verfügung … Die Einstellung der allgemeinen Schutzimpfung gegen die MKS erfolgte aus wirtschaftlichen Erwägungen und nicht wegen mangelnder Wirksamkeit oder möglicher Impfschäden" (DTBl. 2001, 582; zur Schutzimpfung vgl. auch DTBl. 2001, 621).

IV. Schädlingsbekämpfung

Regelungen zur Schädlingsbekämpfung finden sich u. a. im Infektionsschutzgesetz (IfSG) sowie in Vorschriften des Natur- und Pflanzenschutzrechts und im Polizei- und Ordnungsrecht. Soweit diese Gesetze Maßnahmen gegen Tiere einschließlich von Tötungen zulassen, stellen sie dafür regelmäßig drei Mindestvoraussetzungen auf: 1. Von den Tieren muss eine Gefahr ausgehen, d. h. ein Zustand, der mit hinreichender Wahrscheinlichkeit zu einem bedeutenden Schaden führen kann; diese Gefahr muss mit konkreten Tatsachen belegt werden. – 2. Ob und in welchem Ausmaß Bekämpfungsmaßnahmen erfolgen dürfen, ist auch hier nach dem Verhältnismäßigkeitsgrundsatz zu beurteilen (vgl. zB § 17 Abs. 2 IfSG: „erforderliche Maßnahmen"). In die dazu notwendige Güterabwägung sind das Leben, die Unversehrtheit und das Wohlbefinden der betroffenen Tiere künftig mit demjenigen Gewicht einzustellen, das ihnen nach der Anerkennung des Tierschutzes als Staatsziel durch Art. 20a GG zukommt. – 3. Auch das „Wie" der Schädlingsbekämpfung muss verhältnismäßig sein, d. h. so schonend erfolgen, wie dies nach dem aktuellen Stand der wissenschaftlichen Erkenntnisse möglich ist; dazu müssen auch bereits zugelassene Methoden und Verfahren überprüft und ggf. geändert werden („Daueraufgabe", so BMVEL, Tierschutzbericht 1999, S. 57). Weitere Rechtmäßigkeitsvoraussetzungen kommen je nach Einzelgesetz hinzu. – Untergesetzliche Normen wie zB Polizeiverordnungen müssen, um mit der jeweiligen gesetzlichen Ermächtigungsgrundlage vereinbar zu sein, ebenfalls diesen Anforderungen genügen.

Zur **Konkretisierung des Verhältnismäßigkeitsgrundsatzes** finden sich im **BMVEL-Schädlingsgutachten** wichtige Prinzipien, die für jede Art von Schädlingsbekämpfung Geltung beanspruchen können: 1. Vor einer Tötungsmaßnahme muss eine (zumindest lokale) Überpopulation der betreffenden Tierart nachgewiesen sein; bloße Vermutungen genügen nicht. – 2. Maßnahmen zur Verminderung können erst dann verhältnismäßig sein, wenn nachgewiesen ist (und nicht nur vermutet wird), dass infolge der Überpopulation gravierender Schaden an bedeutenden Rechtsgütern regelhaft auftritt oder ernsthaft droht (und nicht nur möglich erscheint; vgl. Gutachten S. 127). – 3. Von Verminderungen sollte völlig Abstand genommen werden, wenn die betreffenden Tierarten ohnehin bestandsrückläufig sind (vgl. Gutachten S. 127). – 4. Es gilt der „Vorrang der ökologischen Regulation", d. h. bevor Tötungsmaßnahmen eingeleitet werden, muss in jedem Fall geprüft werden, welche Umweltbedingungen für den hohen Bestand verantwortlich sind, und es müssen die Ursachen abgestellt werden, die die Übervermehrung oder lokale Ansammlung der betreffenden Tiere begünstigen (vgl. S. 116, 127). – 5. Solange andere Maßnahmen zur Schadensabwehr ausreichen (insbes. Vergrämungs- und Abschreckungsmethoden, aber auch bauliche Maßnahmen, zB zur Sicherung von Bauwerken, Vorräten oÄ), fehlt es an der Erforderlichkeit von Tötungen (vgl. S. 117, 131). – 6. Tötungsaktionen sind unverhältnismäßig, solange der von ihnen ausgehende Nutzen den angerichteten Schaden nicht überwiegt. Vielfach ist der von solchen Aktionen ausgehende Nutzen gering, denn „es ist nach wie vor offensichtlich vielen mit Verminderungsmaßnahmen befassten Menschen unklar, dass Reduzierungen in aller Regel die natürlichen innerartlichen Regulationsmechanismen außer Funktion setzen und zu einer ständigen Ankurbelung der Vermehrung führen" (S. 130). – 7. Im Rahmen der Nutzen-Schaden-Relation fallen auf der Schadensseite nicht nur der Tod der bekämpften Tiere, sondern auch ihre Leiden und die mit der Maßnahme verbundenen Risiken für andere Tiere und Umweltgüter ins Gewicht (zB bewirken die zur Rattenbekämpfung üblicherweise eingesetzten Blutgerinnungshemmer, sog. Antikoagulantien, ein innerliches Verbluten, das mehrere Tage dauert und möglicherweise mit anhaltenden Leiden verbunden ist; das schließt eine Bekämpfung zwar nicht aus, bindet sie aber an den vorherigen Nachweis einer schweren, anders nicht abwendbaren Gefahr, die gegen diese Leiden aufgewogen werden muss). – Ist die Tötung nach diesen Kriterien zulässig, so gilt nach § 4 Abs. 1 S. 2 auch hier das Gebot zu größtmöglicher Schmerzvermeidung, d. h. es darf nur dasjenige Mittel zur Tötung eingesetzt werden, das nach dem aktuellen Stand der wissenschaftlichen Erkenntnisse am wenigsten Schmerzen oder Leiden hervorruft (vgl. S. 117; s. auch § 4 Rn. 10). – Tötungen durch Privatpersonen dürfen nicht zugelassen werden, solange nicht sichergestellt ist, dass jede dieser Personen die nach § 4 Abs. 1 S. 3 erforderliche Sachkunde besitzt (s. § 4 Rn. 11). – Führt eine Verminderungsmaßnahme voraussehbar zu anhaltenden, erheblichen Schmerzen oder Leiden bei den betroffenen Tieren, so erfüllt dies den Tatbestand des § 17 Nr. 2 b und ist damit nur unter den Voraussetzungen des Notstandes, § 228 BGB und § 34 StGB, zulässig (Beispiele: Phosphorverbindungen zur Nagetierbekämpfung lassen die Tiere unter starken, offenbar mit Schmerzen verbundenen Krämpfen sterben, vgl. S. 35; Schrotschüsse auf Vogelschwärme führen voraussehbar dazu, dass ein erheblicher Teil der Tiere nur verletzt wird und anschließend einen qualvollen Tod erleidet; Totschlagfallen verursachen nicht selten schwere Verletzungen, vgl. S. 128).

30 **Zu einzelnen, im BMVEL-Schädlingsgutachten behandelten Säugetierarten.** – Tierarten, die keine oder nur geringe Schäden auslösen, sind eher „Lästlinge" als „Schädlinge"; ihre Tötung dürfte „im Licht des geschärften Tierschutzbewusstseins unserer Tage" (vgl. Gutachten S. 3) stets unverhältnismäßig sein. U. a. gilt dies für Maulwurf, Waschbär, Mauswiesel, Hermelin, Iltis, Steinmarder, Feldhamster, Waldmaus und Nutria (vgl. S. 112). – Beim Rotfuchs ist die Tollwutbekämpfung mit Erfolg auf eine Durchimpfung der Bestände mittels in Ködern ausgebrachter Vaccine-Kapseln umgestellt worden (vgl. S. 39); für die früher übliche Baubegasung gibt es damit keine Rechtfertigung mehr. – Beim Waschbär führt der Fang mit beköderten Totschlagfallen zu erheblichen Schmerzen, weil das Tier jede Beute und damit auch den Köder zuerst mit der Pfote betastet und deshalb beim dadurch ausgelösten Zuschlagen der Falle meist nicht tödlich erfasst wird; demgegenüber sind schwere Schäden, die durch das Tier verursacht würden, nicht nachgewiesen (vgl. S. 41, 42, 112; s. auch Rn. 14 sowie § 13 Rn. 8). – Beim Mauswiesel, Hermelin und Iltis (übliche Methode: Lebendfang in Falle; anschließendes Totschlagen) fehlt es ebenfalls an einem Nachweis, schwerer, nur durch Tötungen abwendbarer Schäden (vgl. S. 42–

Straftaten § 17 TierSchG

46). – Bei der Bejagung des Wildschweins wird wegen der Fraß- und Wühlschäden in der Praxis von den Prinzipien der Weidgerechtigkeit abgegangen (Abschuss auch bei Nacht; Abschuss an der Lockfütterung; Durchführung von Drück- und Bewegungsjagden). Das Einzäunen waldnaher Kulturen mit sog. Feldschutzzäunen wäre demgegenüber ein weniger tierschädliches Mittel und könnte die Schäden für die Landwirtschaft zuverlässig verhindern (vgl. S. 49, 50). – Beim Rothirsch und beim Reh wird die Bestandsverminderung unter Hinweis auf Verbiss-Schäden gefordert. Tierschutzgerecht ist indes nur eine Bejagung, bei der der erste Schuss tödlich ist (vgl. S. 54). Auf Jagdmethoden, die dies nicht sicherstellen, muss verzichtet werden (s. auch Rn. 13). – Der Feldhamster gehört zu den bestandsrückläufigen Tierarten und darf schon aus diesem Grund nicht bekämpft werden (s. Rn. 29); abgesehen davon sind die üblichen Methoden (Rattenschlagfallen; Baubegasung mit Phosphorverbindungen; Ausgießen der Baue mit Wasser) angesichts der nur geringen Schäden, die das in seinen Lebensmöglichkeiten ohnehin zunehmend eingeschränkte Tier verursacht, nicht zu rechtfertigen (vgl. S. 55). – Bei der Rötel- und der Schermaus werden überwiegend Phosphorwasserstoff erzeugende Mittel eingesetzt, die erhebliche Schmerzen/ Leiden verursachen. Junge Obstbäume lassen sich demgegenüber vor Schermausfraß schützen, indem ihre Wurzelballen vor der Pflanzung mit Maschendraht umhüllt werden, der die Wurzeln durchwachsen lässt und mit den Jahren zerfällt (vgl. S. 59). – Beim Bisam ist die Bekämpfung durch Rechtsverordnung vorgeschrieben. Grund ist seine Wühltätigkeit, die zum Einbruch von Uferböschungen, anderen Bauwerken und Deichen (außer Seedeichen) führen kann. Reusenfallen, in denen das unter Wasser einschwimmende Tier ertrinkt, verstoßen aber angesichts des damit verbundenen, 5 bis 10 Minuten währenden Todeskampfes gegen § 17 Nr. 2b (so auch der Bundesrat, BT-Drucks. 13/7015 S. 39, der in diesem Zusammenhang die unzureichende Berücksichtigung der Vorschriften des Tierschutzgesetzes in Verwaltungs- und Genehmigungsverfahren nach dem Jagd-, dem Pflanzenschutz-, dem Naturschutz- und dem Seuchenrecht ausdrücklich beklagt). Zu fordern ist in erster Linie die bisamsichere Uferverbauung besonders gefährdeter Gewässerabschnitte und die Beschränkung der Bekämpfung auf jene baulich nicht zu sichernden Bereiche, in denen Bisamschäden aus wirklich gewichtigen Gründen nicht hingenommen werden können. Die großflächige künstliche Bestandsverminderung gemäß der bisherigen Bekämpfungsideologie hat dagegen zu verstärkter Vermehrung und Zuwanderung geführt (vgl. S. 61, 62; s. auch § 13 Rn. 9). – Vor der Feldmaus können Deiche durch Schafhaltung (Kurzrasigkeit) und Felder durch modernen Zwischenfruchtbau geschützt werden (vgl. S. 64). – Gegenüber der Ratte ist die wirksamste Vorbeugemaßnahme das rattensichere Bauen (Betonfundamente, ausbetonierte Keller und Stallräume), das Verschlossenhalten von Vorräten und Abfällen sowie das tägliche Verdichten und Abdecken von Müll (vgl. S. 69). Zu den üblicherweise verwendeten Antikoagulantien und der Notwendigkeit, Gefahren und Leiden sorgfältig abzuwägen s. Rn. 29). – Der Nutria verursacht nur geringen Schaden. – Beim Wildkaninchen können durch die Art des Bejagens (statt Einzelabschuss: Treibjagd, Beizjagd mit Habicht, Baujagd mit Frettchen, Fallen; unweidmännisches Jagen im

§ 17 TierSchG *Tierschutzgesetz*

Scheinwerferlicht; Abschuss von Muttertieren in der Setzzeit; Baubegasung) anhaltende, erhebliche Schmerzen oder Leiden iS des § 17 Nr. 2 b auftreten. Die in einigen Bundesländern zugelassene Tötung durch den nicht jagdberechtigten Grundstücksbesitzer kann gegen § 4 Abs. 1 S. 3 verstoßen (vgl. S. 76).

31 **Zu einzelnen im BMVEL-Schädlingsgutachten behandelten Vogelarten.** Der artengeschützte Kormoran wird zwar von der Berufsfischerei als Schädling angesehen. Indes erbeutet er hauptsächlich die fischereiwirtschaftlich wenig bedeutsamen Weißfischarten. Als mildere Maßnahme gegenüber einem Abschuss kommt die Ablenkungsfütterung an Nahrungsteichen in Betracht (vgl. Gutachten S. 77). – Gegen den Fischfraß von Graureihern können Ufersicherungen, Ablenkungsfütterung, bei kleineren Anlagen auch sachgemäß ausgeführte Totalüberspannungen helfen (vgl. S. 78, 79). – Höckerschwan, Türkentaube, Elster, Gimpel und andere Finkenarten lösen keine oder allenfalls geringe nachweisbare Schäden aus (vgl. S. 113); Verminderungsmaßnahmen sind deshalb hier nicht gerechtfertigt. – Bei Stockenten sollten in erster Linie Aussetzungsaktionen (Hochbrut-Flugenten) vermieden werden, an Badegewässern ggf. auch das Füttern. Eine zusätzliche Bestandsreduzierung erscheint nicht notwendig. Besondere Probleme verursacht hier der Schrotschuss: Nach vorliegenden deutschen Untersuchungen ist der Anteil von tot aufgefundenen Enten, in deren Gewebe Schrotbleie gefunden wurden, erheblich (vgl. S. 82; s. auch Rn. 13). – Bei Fasanen wäre es sinnvoll, anstelle des Tötens auf Auswilderungsaktionen zu verzichten (s. auch Rn. 15). – Bei der Silbermöwe ist die Befürchtung einer Verschleppung von Krankheitserregern unbewiesen geblieben. Fraßschäden können durch die Abdeckung des Fangguts vermieden werden. Der Besuch von Kläranlagen und Mülldeponien lässt sich durch die sachgerechte Überspannung der Becken mit weitmaschigen Netzen oder Nylonschnüren bzw. durch die umgehende Überlagerung der Frischaufschüttungen mit Erdreich verhindern bzw. verringern (vgl. S. 85, 86). – Für die Lachmöwe gilt dasselbe. Schäden und Infektionsgefahren in Fischzuchten können durch sachgerechte Überdeckung der Zuchtteiche weitgehend verhindert werden. Eine Bestandslenkung ist idR nicht nötig (vgl. S. 88, 89). – Zur verwilderten Haustaube s. Rn. 32. – Bei der Ringeltaube erfolgt die Bejagung praktisch nur mit der Schrotflinte, was beim Beschuss von Einzeltieren in Schwärmen ein Missverhältnis von getöteten zu verletzt entkommenen Tieren nicht ausschließt (vgl. S. 94) und dann gegen § 17 Nr. 2 b verstößt (s. auch Rn. 13). – Bei der Wacholderdrossel sind keine Schäden nachgewiesen, die Verminderungsmaßnahmen rechtfertigen würden (vgl. S. 97). – Der Haussperling und die Saatkrähe gehören zu den Arten mit rückläufiger Bestandsentwicklung (vgl. S. 100, 107). – Der Beschuss von Starenschwärmen mit Schrot-Garben ist strikt abzulehnen (vgl. S. 102). – Für den Abschuss oder Fallenfang von Rabenkrähen gibt es ebenfalls keine Rechtfertigung, auch nicht aus Gründen der Flugsicherheit, da insoweit biotopverändernde Maßnahmen möglich sind (vgl. S. 105).

32 Für Tötungsaktionen zur **Bestandsregulierung von verwilderten Haustauben ("Stadttauben")** gibt es keinen vernünftigen Grund, denn sie sind weder geeignet noch erforderlich noch verhältnismäßig ieS – An der Geeig-

netheit fehlt es, weil Tötungen die Populationen nur vorübergehend verringern. Die Reduzierung wird durch eine Erniedrigung der Ei- und Nestlingsmortalität und durch eine erhöhte Lebenserwartung der Überlebenden sofort wieder wettgemacht (vgl. *Haag-Wackernagel* in: *Sambraus/ Steiger* S. 776, 778). Schon nach wenigen Monaten haben die Taubenschwärme wieder ihre ursprüngliche Größe erreicht (vgl. *Nordrhein-West- fälisches Ministerium für Umwelt und Naturschutz, Landwirtschaft und Verbraucherschutz*: Tauben in unseren Städten). – An der Erforderlichkeit fehlt es, weil als milderes und sogar effektiveres Mittel die Errichtung von Taubenschlägen, vorzugsweise in Dachstühlen von Altbauten, in Betracht kommt. In diesen Schlägen erhalten die Tauben Futter und ein Nistplatzangebot, und die Gelege werden durch einen ehrenamtlichen „Taubenwart" regelmäßig ausgetauscht und durch Gipseier ersetzt. Zusätzliche positive Effekte: Der Taubenkot wird zu einem großen Teil im Schlag abgesetzt und kann dort umweltschonend beseitigt werden; durch tierärztliche Gesundheitskontrollen lässt sich die Gesundheit des Taubenbestandes sicherstellen. Hinzu kommt eine kontrollierte Fütterung, die sich (unter Einbindung des Potentials engagierter Fütterer) auf ausgewiesene Futterplätze in der Gemeinde beschränkt. Dieses in NRW entwickelte und in zahlreichen Städten erfolgreich praktizierte integrative Gesamtkonzept ist effektiv und außerdem wirtschaftlicher als die hohen Ausgaben für Tötungsaktionen, die von einzelnen Kommunen über Jahre hinweg immer wieder aufgewendet wurden und werden (vgl. *NRW-Ministerium* aaO; vgl. auch *Hess* Tierrechte 1/01, 28). – An der Verhältnismäßigkeit ieS fehlt es bei Tötungen u.a. auch deswegen, weil Stadttauben meist ganzjährig brüten, so dass die Nestlinge getöteter Elterntiere voraussehbar erfrieren oder verhungern und dadurch anhaltenden, erheblichen Leiden iS des § 17 Nr. 2b ausgesetzt sind. – Sinnvoll wäre das Einwirken auf Brieftaubenzüchterverbände, deren Mitglieder zT durch Überanstrengung der Tiere (zu junge Tauben, zu weite Strecken, „Reisen auf Witwerschaft") und durch das Aussperren zu spät heimkehrender Tiere zur Vergrößerung der Bestände verwilderter Haustauben beitragen. – Als Schädlinge iS des § 13 IfSG (vormals Bundesseuchengesetz) dürfen Tauben nicht eingestuft werden: Die von ihnen ausgehende gesundheitliche Gefährdung ist nicht größer als die durch Zier- und Wildvögel sowie durch Nutz- und Liebhabertiere (vgl. *Bundesgesundheitsamt*, Merkblatt zum Problem der verwilderten Haustauben, Berlin 1994; die Nicht- Einstufung als Schadtiere ist durch Schreiben des Bundesinstituts für gesundheitlichen Verbraucherschutz und Veterinärmedizin vom 26. 2. 1998 und 20. 7. 2001 an die Bundesarbeitsgruppe Stadttauben bestätigt worden, vgl. dazu *Kluge/Ort/Reckewell* § 17 Rn. 157).

V. Tötung überzähliger Tiere

Für die **Tötung überzähliger Zootiere** fehlt es von vornherein an einem 33 vernünftigen Grund, wenn gegen das Verbot des widersprüchlichen Verhaltens verstoßen wird: Eine Einrichtung kann sich nicht auf einen angeblichen Überschuss an Tieren und die damit einhergehende Unmöglichkeit einer verhaltensgerechten Unterbringung berufen, wenn sie diese Notlage rechtzeitig hätte vorhersehen und vermeiden können. Deshalb sollte „eine Vermehrung von Zootieren grundsätzlich nur ermöglicht werden, wenn auch für die Nachkommen eine artgemäße Unterkunft gesichert ist" (BMVEL, Tierschutzbericht 1999, S. 38). Der Tierschutzbericht empfiehlt, dieser Forderung durch die verschiedenen Verfahren der Geburtenkontrolle (kontrollierte Zucht, Sterilisierung, zeitweiliges Aussetzen der Zucht, Festlegung eines bestimmten Zuchtturnus für die einzelnen Zoos) Rechnung zu tragen. Es müsse in Kauf genommen werden, dass nur einige Arten – und diese zum Teil auch nicht jedes Jahr – vermehrt würden. – Das entgegenstehende Papier des Verbandes der Zoodirektoren (vgl. DER SPIEGEL 9/2000, 222) enthält demgegenüber keine zutreffende Konkretisierung des vernünftigen Grundes. Insbesondere wird übersehen, dass nicht vernünftig iS des § 17 Nr. 1 sein kann, was den mehrheitlichen Wert- und Gerechtigkeitsvorstellungen widerspricht (s. § 1 Rn. 50–52). Auch stellen die vom BMVEL zur Überschussverhinderung empfohlenen Maßnahmen im Rahmen der notwendigen Güterabwägung das kleinere Übel dar (vgl. *Kluge/Ort/Reckewell* § 17 Rn. 170). – Ist trotz kontrollierter Zucht eine nicht vorhersehbare Überschusssituation entstanden, so kann im Einzelfall ein vernünftiger Grund gegeben sein, der aber „sehr sorgfältig geprüft werden muss" (BMVEL aaO). Mindestvoraussetzungen sind: **1.** Es müssen alle zumutbaren Bemühungen für eine verhaltensgerechte Unterbringung, auch durch eine Erweiterung der eigenen Haltungssysteme, unternommen worden sein (vgl. § 9 Abs. 2 S. 3 Nr. 3, allg. Rechtsgedanke: Das Ziel, notwendige Aufwendungen an Geld, Zeit und/oder Arbeitskraft einzusparen, rechtfertigt Tötungen grds. nicht). **2.** Es müssen alle Anstrengungen für eine anderweitige Unterbringung unternommen worden sein: Geboten ist u. a. der wiederholte Versuch der Abgabe an alle anderen in Betracht kommenden Einrichtungen (vgl. *L/M* Anh. § 1 Rn. 93). **3.** In die Vermittlungsversuche müssen auch die Medien, Fachbehörden sowie die Tierschutzorganisationen einbezogen werden (arg. ex AVV Nr. 15.2). **4.** Der Betrieb muss alles getan haben, um das Entstehen einer solchen Konfliktsituation wenigstens für die Zukunft zu vermeiden. – Keinesfalls dürfen ältere Tiere getötet werden, um jüngeren Platz zu machen, die in erster Linie dazu benutzt werden sollen, Besucher anzulocken (vgl. dazu *L/M* aaO: Darin läge auch ein Verstoß gegen § 3 Nr. 6). Auch die Tötung von Tierjungen, weil sie einem bestimmten, nicht benötigten Geschlecht angehören, ist stets rechtswidrig.

34 Für die **Tötung von Zirkustieren** gilt nichts anderes. – Eine **Tötung von Tieren im Tierheim** kann nicht mit der Unmöglichkeit der Weitervermittlung und der dadurch bewirkten Reduzierung der Aufnahmekapazität begründet werden (vgl. *Kluge/Ort/Reckewell* § 17 Rn. 173).

35 Bei der **Tötung von Versuchstieren, die nicht mehr gebraucht werden**, ist zu unterscheiden: **1.** Ist die Tötung für den Versuchszweck unerlässlich (zB wegen einer notwendigen Sektion) und ethisch vertretbar (zum Tod als Schaden vgl. BVerwGE 105, 73, 82), dann ist sie gerechtfertigt; bei genehmigungspflichtigen Versuchen muss sie allerdings von der Genehmigung mitumfasst sein. **2.** Gerechtfertigt ist sie auch überall dort, wo sie vom Gesetz angeordnet wird, vgl. zB § 9 Abs. 2 S. 3 Nr. 6 oder Nr. 8. Nach der letztgenannten Vorschrift ist aber eine Tötung nicht schon dann gestattet, wenn die Heilung mit hohem Kosten-, Arbeits- und/oder Zeitaufwand verbunden wäre, sondern nur, wenn sie nach den Regeln der ärztlichen Kunst nicht möglich ist (s. § 9 Rn. 25, 26). **3.** Eindeutig rechtswidrig sind Tötungen noch in der Narkose, um damit die Vorstellungspflicht nach § 9 Abs. 2 S. 3 Nr. 8 zu umgehen. **4.** Wirtschaftliche Gründe (insbesondere die Kosten für Unterbringung, Ernährung und Pflege) rechtfertigen eine Tötung grds. nicht, da sie zur Ausfüllung des Begriffs „vernünftiger Grund" nicht ausreichen (vgl. OLG Frankfurt/M NStZ 1985, 130; s. Rn. 11). **5.** Auch die Erschöpfung der Haltungskapazitäten des Unternehmens bildet grds. keinen vernünftigen Grund (s. Rn. 33). Soll ein Tier getötet werden, weil die Abgabe an eine sachkundige Person, die eine verhaltensgerechte Unterbringung gewährleisten kann, nicht für möglich gehalten wird, so müssen zuvor alle in Betracht kommenden Vermittlungsmöglichkeiten erfolglos ausgeschöpft sein, insbes.: Medienhinweise, Einschaltung von Fachbehörden, Tierschutzorganisationen (vgl. AVV Nr. 15.1 und 15.2 entsprechend; vgl. auch *Albus* in: Evang. Akademie Bad Boll, Tierversuche S. 228: Die Firma Aventis unterhält ein Adoptionsprogramm für Beagle-Hunde, die nicht mehr in Versuchen eingesetzt werden. Interessenten werden über verschiedene Medien angesprochen). Außerdem muss alles unternommen werden, um das Entstehen überzähliger, nicht weitervermittelbarer Versuchstiere wenigstens für die Zukunft auszuschließen (Tötungen ohne solche Vorkehrungen sind widersprüchliches Verhalten, s. Rn. 33). – Das in der Praxis weitgehend übliche Töten überzähliger Versuchstiere aus Kostengründen, obwohl ihnen ein Weiterleben ohne Schmerzen und Leiden medizinisch ermöglicht werden könnte, entspricht damit keinem vernünftigen Grund (s. auch § 16c Rn. 1).

VI. Schlachten uÄ

Schlachtzahlen. In der Bundesrepublik werden **jährlich etwa geschlachtet:** 4,3 Mio. Rinder, 44,3 Mio. Schweine, 2,1 Mio. Schafe und Ziegen sowie 12 600 Pferde. Auf dem Geflügelfleischsektor kommen hinzu: 367,6 Mio. Jungmasthühner, 31,3 Mio. Suppenhühner, 30,8 Mio. Puten, 13,8 Mio. Enten, 0,4 Mio. Gänse und rund 1600 Perlhühner (Zahlen für 2002 aus: BMVEL, Tierschutzbericht 2003, XI. 2). 36

Das **Töten von Tieren zur Fleischgewinnung** wird ganz überwiegend für zulässig gehalten (vgl. *L/M* § 17 Rn. 19 u. § 1 Rn. 21). Mittelbar kann man dies auch dem Fleischhygienegesetz entnehmen, in dessen § 1 ganz selbstverständlich von Fleisch, das „zum Genuss für Menschen bestimmt ist", gesprochen wird. Indes können Lebensbeschränkungen des Tieres durch einen vernünftigen Grund nur gerechtfertigt werden, wenn sie „im Rahmen der Erhaltungsinteressen des Menschen" stattfinden (so die amtl. Begr. zu § 1 TierSchG 1972, zit. nach *Gerold* S. 46). Tiertötungen entsprechen mithin nur dann einem vernünftigen Grund, wenn sie um vitaler Interessen des Menschen willen erforderlich sind, nicht dagegen, wenn sie erfolgen, um weniger gewichtige Belange zu befriedigen. – Daraus ergeben sich Fragen: Inwieweit kann bei der derzeitigen Luxusversorgung mit Fleisch das 37

Schlachten noch uneingeschränkt als vernünftiger Grund für das Töten von Tieren gelten (vgl. *Schwabenbauer* DtW 1992, 8, 9)? Inwieweit führen neuere wissenschaftliche Erkenntnisse über die gesundheitlichen Vorteile einer vegetarischen oder zumindest fleischarmen Ernährung dazu, einen vernünftigen Grund jedenfalls für die üblich gewordenen Schlachtmengen zu verneinen? Ist das Töten sehr junger Tiere, deren Schlachtreife noch künstlich beschleunigt wurde (durch bewegungsarme Haltungsformen, durch Züchtung auf abnormen Fleischansatz, nicht selten auch durch Einsatz von Antibiotika uÄ), zur Wahrung vitaler menschlicher Erhaltungsinteressen tatsächlich notwendig? (Masthühner werden mit 5–6 Wochen geschlachtet, Puten mit 12–22 Wochen, Mastschweine mit 5–6 Monaten, Kälber mit 4 Monaten und Mastrinder mit 18 Monaten.) Wie vernünftig sind subventionierte Fleischexporte in unterversorgte Länder, wenn dort eher pflanzliche, auf regionalen Märkten erworbene Nahrungsmittel benötigt würden und von außen kommende Eingriffe die Bemühungen um den Aufbau eigener, ortsangepasster landwirtschaftlicher Strukturen eher gefährden (vgl. *Burdick* et al. S. 119)? – Auch hier gilt: Einem vernünftigen Grund kann nur entsprechen, was noch mit den mehrheitlichen Wert- und Gerechtigkeitsvorstellungen in der Gesellschaft vereinbar ist. Danach lassen sich zwar Schlachtungen als eine in der Öffentlichkeit weit verbreitete und anerkannte Tiernutzung und als Ausdruck einer historisch-kulturellen Gewohnheit ansehen (vgl. *Caspar* NuR 1997, 577, 582). Fragen drängen sich aber auch hier auf: Ist der Fleischkonsum bei der Mehrheit der Verbraucher nicht eher auf ein Verdrängen als auf ein bewusstes Akzeptieren der Vorgänge in den Schlachtbetrieben zurückzuführen? Ist das resignierende Tolerieren eines vermeintlich unabänderlichen Zustandes durch die Allgemeinheit wirklich Ausdruck mehrheitlicher Gerechtigkeitsvorstellungen? Entsprechen die gebräuchlichen Massenschlachtungen noch diesen Vorstellungen, wenn in Umfragen 50% der Befragten erklären, sie möchten ihren Fleischkonsum auf zwei Mal in der Woche beschränken (Emnid-Institut im Auftrag von chrismon – das evangelische Online-Magazin, http://www.chrismon.de/ctexte/2002/7/7-umfrage.html)?

38 Die Grenze sind **mehrheitliche Wert- und Gerechtigkeitsvorstellungen.** Vorgänge, die dazu in Widerspruch stehen, können keinem vernünftigen Grund entsprechen (s. auch § 1 Rn. 50–55). Deshalb würde sich zB das Töten von Hunden, Katzen, Affen oder Halbaffen zu Ernährungszwecken oder des Fells wegen in unserem Kulturkreis auch ohne das ausdrückliche Verbot in § 1 Abs. 1 S. 4 Fleischhygienegesetz nicht rechtfertigen lassen. Die Tötung eines Igels, um ihn zu verspeisen, ist ebenfalls zu Recht als strafbar angesehen worden (vgl. AG Nürtingen, 20. 11. 1998, 170 Js 97228/98). Auf die strafrechtliche Fragwürdigkeit der Tötung von Straußen, Kängurus und anderen Exoten, weil diese nicht zu unserer gewachsenen einheimischen Fleischproduktion gehören, weisen *Kluge/Ort/Reckewell* hin (§ 17 Rn. 165). Auch in BVerfG NJW 2002, 663, 664 ist hinsichtlich der Tierschlachtungsrechtfertigung auf die „Essgewohnheiten" abgestellt worden. – Werden neben dem Ernährungszweck noch andere Zwecke mitverfolgt, die Tiertötungen nicht rechtfertigen können (zB sportlicher Wettkampf, Unterhaltung, gesellschaftlicher Anlass), so fehlt es für den Vorgang insgesamt an

einem vernünftigen Grund (Beispiele sind Tiertötungen bei Wettfischen, Stierkämpfen uÄ). – Zum „Wie" der Tötung s. § 4 und § 4a. Zur Frage, inwieweit Verstöße in diesem Bereich auf das „Ob" und damit auf den vernünftigen Grund durchschlagen können s. Rn. 10.

Eintagsküken/„Herodes"-Kälber. Die in Zuchtbetrieben übliche Praxis, von den etwa 70 Mio. jährlich geborenen Legehybridhühnern die männlichen Küken unmittelbar nach der Geburt auszusondern und mit Gas oder im Homogenisator (= Muser) zu töten, ist gesetzwidrig; dies gilt unabhängig vom Stand der Forschungsvorhaben, die auf eine Früherkennung und Aussortierung männlich determinierter Eier gerichtet sind. Diese Tötungen geschehen ausschließlich aus ökonomischen Gründen, die aber zur Ausfüllung des Begriffs ‚vernünftiger Grund' nicht ausreichen (vgl. OLG Frankfurt/M NStZ 1985, 130; s. Rn. 11) Die männlichen Küken der Legerassen werden getötet, weil sie langsamer Fleisch ansetzen als die auf besonders rasches Fleischwachstum gezüchteten Mastrassen; dabei würde eine Verlangsamung des Fleischwachstums der Nahrungsmittelqualität und damit letztendlich der menschlichen Gesundheit zugute kommen, wie sich u.a. an den deutlich geringeren Werten beim Abdominalfett zeigt (Mastbroiler 2,1%, männliche Legehybriden 0,2%; vgl. dazu *Gerken* in: DVG „Tierschutz und Tierzucht" S. 121). Eine Produktionsweise, die von vornherein darauf angelegt ist, 50% der gezüchteten Tiere ungenutzt als Abfall zu entsorgen, widerspricht in extremer Weise sowohl den mehrheitlichen Wertvorstellungen als auch dem Staatsziel Tierschutz und dem durch § 1 S. 1 anerkannten Eigenwert des Tieres (vgl. *Caspar* NuR 1997, 577, 582). – Eine ähnliche Situation besteht, wenn Kälber im Alter von unter 21 Tagen prämienbegünstigt getötet werden, um das Fleisch anschließend zu entsorgen oder zu Tierfutter zu verarbeiten („Herodes"-Prämie). Auch hier wird nur aus ökonomischen Gründen, nämlich zur Entlastung des Rindfleischmarktes getötet, was für einen vernünftigen Grund nicht ausreichen kann (vgl. *Caspar* aaO 582). Landwirte und Transporteure, die neugeborene Kälber im Alter von weniger als 14 Tagen zu diesem Zweck nach Frankreich transportieren, verstoßen zumindest gegen §§ 3 Abs. 2, 42 Abs. 1 Nr. 1 TierSchTrV i.V.m. § 18 Abs. 1 Nr. 3a TierSchG.

Eine **Tötung von Nutztieren im landwirtschaftlichen Betrieb** kann einem vernünftigen Grund entsprechen, wenn das Tier an anhaltenden, erheblichen Schmerzen oder an einer schweren Krankheit leidet und nach tierärztlichem Urteil keine Aussicht auf Heilung besteht. – Rechtfertigung auch, wenn von einem erkrankten Tier eine anders nicht behebbare Ansteckungsgefahr für den übrigen Bestand ausgeht (bei anzeigepflichtiger Seuche Zuziehung des Veterinäramts). – Hält man das Schlachten in dem üblich gewordenen Umfang für gerechtfertigt (s. Rn. 37), so kann es auch gerechtfertigt sein, ein hierzu bestimmtes, krankes Tier zu töten, wenn seine Verwendung zur Nahrungsmittelgewinnung ausgeschlossen ist. – Nicht zulässig ist dagegen die Tötung eines gesunden oder zwar kranken aber heilbaren Tieres allein deswegen, weil es bestimmte Rasse-, Zucht- oder Qualitätsstandards nicht erfüllt (vgl. auch TVT-Merkblatt Nr. 75 „Töten von Nutztieren durch Halter oder Betreuer"; zum „Wie" der Tötung vgl. TierSchlV, § 1 Rn. 1, § 13).

§ 17 TierSchG — Tierschutzgesetz

41 **Rinder-Massentötung zur Marktbereinigung.** In der Verordnung Nr. 2777/2000 der EU-Kommission vom 18. 12. 2000 über „außerordentliche Stützungsmaßnahmen für den Rindfleischmarkt" ist vorgesehen, dass die Mitgliedstaaten den Landwirten den Ankauf aller über 30 Monate alten Rinder zum früheren, vor Ausbruch der BSE-Krise üblichen Marktpreis anbieten; die gekauften Tiere sollten „mit anschließender unschädlicher Beseitigung aus der Fleischerzeugung herausgenommen werden". Auch diese Tötungen erfolgen also aus rein ökonomischen Gründen (Marktentlastung, Preisstützung) und entsprechen somit weder einem vernünftigen Grund nach § 17 Nr. 1 noch dem Eigenwert des Tieres nach § 1; nachgeschobene Nebenzwecke wie der erst später beschlossene Export des Fleisches in das notleidende Nordkorea ändern daran nichts, da der Hauptzweck für die Rechtfertigung ausschlaggebend ist (s. dazu § 1 Rn. 32). – Ob die EU-Verordnung den Mitgliedstaaten den Ankauf und die anschließende Vernichtung zur gemeinschaftsrechtlichen Pflicht macht (und damit dem entgegenstehenden nationalen Recht vorgeht), wird bezweifelt. Die Äußerung von EU-Agrarkommissar Fischler vor dem Europäischen Parlament am 23. 1. 2001 („keine Zwangsmaßnahme, sondern ein Angebot an die Mitgliedstaaten und ihre Bauern") spricht eher dagegen; ebenso die Aussage, die Bundesregierung habe sich erst „nach Abwägung aller Faktoren für eine Beteiligung an dieser Maßnahme entschieden" (so BMVEL, Tierschutzbericht 2001, X 1).

VII. Einige weitere Sachgebiete

42 Die **Verfütterung lebender Wirbeltiere an andere Tiere** dürfte häufig den Tatbestand des § 17 Nr. 2 b erfüllen, denn die Beutetiere sind in den Behältnissen, in die sie eingesetzt werden, dem Zugriff hilflos ausgesetzt und erleben den Fütterungsakt bei vollem Bewusstsein und in völliger Ausweglosigkeit, während sie in der freien Natur die Chance haben, sich dem Fang durch Flucht oder Verbergen zu entziehen (vgl. *Sojka* RdL 1992, 31, 32). Auch kommt ein Verstoß gegen §§ 4 Abs. 1 S. 1, 18 Abs. 1 Nr. 5 in Betracht, weil Wirbeltiere grundsätzlich nur unter Betäubung getötet werden dürfen. Eine Rechtfertigung kann nur angenommen werden, wenn eine Fütterung mit frisch-toten Beutetieren biologisch unmöglich ist. Bequemlichkeit und/oder Schaulust rechtfertigen keinesfalls (vgl. *Kluge/Ort/Reckewell* § 17 Rn. 179). – Bei Greifvögeln und Eulen ist eine Lebendverfütterung grundsätzlich nicht erforderlich (vgl. BMVEL-Gutachten über Mindestanforderungen an die Haltung von Greifvögeln und Eulen 1999, S. 3). – Auch bei Schlangen kann die Fütterung mit toten Säugetieren, wenn sie (wie nach § 17 Nr. 2 b geboten) ernsthaft versucht wird, in der Mehrzahl der Fälle erfolgreich verlaufen (vgl. *Kirmair* AtD 1998, 42, 45). Der Einsatz lebender Wirbeltiere ist für diese besonders belastend, da der Tod nicht immer sofort eintritt und zudem die meisten Schlangengifte gewebszerstörend wirken und damit schmerzhaft sind. Bei manchen Riesenschlangen kann das Erdrücken längere Zeit dauern. – Gerechtfertigt können Lebendverfütterungen sein, wenn sie zur Vorbereitung für das Auswildern geschützter Tiere unabdingbar sind; evtl. auch dann, wenn einzelne Tiere nur lebende Futtertiere akzeptieren und vorangegangene Bemühungen, sie mit frisch-toten Beutetieren zu füttern, erfolglos verlaufen sind.

Ob es für das **Töten von Pelztieren** heute noch einen vernünftigen 43 Grund gibt, wird zu Recht angezweifelt, denn „die Notwendigkeit, sich hierzulande ausgerechnet mit Hilfe von Pelzbekleidung gegen Kälte zu schützen, besteht nicht mehr" (EKD-Texte 41 S. 22). Der Ethik der Mitgeschöpflichkeit, die nach § 1 S. 1 den Maßstab für die Auslegung des Gesetzes und damit auch des vernünftigen Grundes bildet, widerspricht das Töten von Tieren zur Gewinnung von Luxusprodukten (in diesem Sinn die Stellungnahmen sowohl der EKD, „gänzlich unannehmbar", als auch des Kommissariats der Deutschen Bischöfe, „nicht zu verantworten", bei der Anhörung zum ÄndG 1986, vgl. BT, Ausschuss für Ernährung, Landwirtschaft und Forsten, Drucks. 10/165).

Im Rahmen der **Zwangsräumung von Grundstücken** gibt es keinen 44 vernünftigen Grund, Tiere aus dem Besitz des Räumungsschuldners zu töten. Tiere können nicht als „bewegliche Sachen" nach § 885 Abs. 2–4 ZPO behandelt werden, weil sie nicht in das genau abgestimmte System dieser Vorschriften hineinpassen (vgl. OLG Karlsruhe NJW 1997, 1789). Zwar ist denkbar, dass der Gerichtsvollzieher die Tiere von dem zu räumenden Grundstück entfernt und sie dem Schuldner oder dessen Beauftragten übergibt, falls eine dieser Personen anwesend und sowohl bereit als auch in der Lage ist, die Tiere entgegenzunehmen und für die Erfüllung der Pflichten aus § 2 einzustehen. Fehlt es daran jedoch, so kommt weder in Betracht, die Tiere nach § 885 Abs. 3 ZPO in das Pfandlokal zu schaffen oder anderweit in Verwahrung zu bringen, noch sie nach Maßgabe von § 885 Abs. 4 ZPO zu verkaufen, zu verschenken oder bei Fehlen eines Marktwertes zu töten; denn diese Vorschriften sind für die Lagerung und Verwertung von Mobiliar passend, nicht aber für die artgerechte Unterbringung und Betreuung lebender Tiere (so OLG Karlsruhe aaO; *Geißler* DGVZ 1995, 145, 146 f.; aA *Braun* JZ 1997, 574 ff.). Dass der Gerichtsvollzieher die Tiere einfach „ins Freie entlässt", ist auch nicht möglich, denn dies würde eine bewusst herbeigeführte Störung der öffentlichen Sicherheit und Ordnung bedeuten. Die Übergabe des im Übrigen geräumten Grundstücks mit den Tieren an den Gläubiger scheidet ebenfalls aus, da dieser dafür einen Titel auf Herausgabe der Tiere an sich selbst benötigte. Der Gerichtsvollzieher muss sich deshalb darauf beschränken, die nach § 15 zuständige Veterinärbehörde von dem Räumungstermin zu unterrichten: Ist sie bereit, die Tiere entgegenzunehmen und nach § 2 unterzubringen, so kann er räumen, anderenfalls nicht. Ein Anspruch des Gläubigers gegen die Veterinärbehörde auf diese Mitwirkung ist verneint worden (vgl. VGH Mannheim NJW 1997, 1798 gegen VG Freiburg DGVZ 1997, 185).

Bei **Hunden** kann die Tötung einzelner Welpen gerechtfertigt sein, wenn 45 das Muttertier nicht alle Jungtiere großziehen kann (vgl. *L/M* Anh. § 1 Rn. 37). Wie immer bei der Tötung überzähliger Tiere scheitert aber die Rechtfertigung am Verbot des widersprüchlichen Verhaltens, wenn rechtzeitig Vorsorgemaßnahmen (zB Suche nach Ammen bzw. die Aufzucht von Hand) möglich gewesen wären und unterlassen worden sind. Außerdem

§ 17 TierSchG *Tierschutzgesetz*

müssen vor einer Tötung alle Möglichkeiten, die Hunde an andere zu vermitteln, ergebnislos ausgeschöpft worden sein. Zuchtordnungen mit weitergehenden Tötungsvorschriften sind gesetzwidrig. – Tötungen wegen Fehlfarben oder wegen unerwünschten Geschlechts sind stets rechtswidrig (vgl. *L/M* aaO; vgl. auch *Exner* DudT 1996, 12). – Dazu, dass Hunde und Katzen nicht zur Fleisch- oder Fellgewinnung getötet werden dürfen s. Rn. 38.

46 Tötungen zur **Erlösung von schweren, nicht behebbaren Schmerzen oder Leiden** sind gerechtfertigt. Es muss aber objektiv feststehen, dass das Tier anhaltend und erheblich leidet und dass eine Heilung aus veterinärmedizinischen Gründen (und nicht etwa nur aus Kostengründen) unmöglich ist. Das setzt idR ein tierärztliches Urteil voraus. Tötung, ohne sich zuvor von diesen Voraussetzungen vergewissert zu haben, ist rechtswidrig (vgl. OLG Karlsruhe NJW 1991, 116).

C. Strafbare quälerische Tiermisshandlung nach § 17 Nr. 2b
(zu § 17 Nr. 2a s. Rn. 102 ff.)

I. Tatbestand

47 Die Vorschrift ist verfassungsgemäß. Insbesondere genügt sie dem **Gebot der Bestimmtheit gesetzlicher Straftatbestände** nach Art. 103 Abs. 2 GG (so BGH NJW 1987, 1833; OLG Düsseldorf NJW 1980, 411; OLG Frankfurt/M NJW 1980, 409; aA *Kloepfer* AgrarR 1986, 38; *Deselaers* AgrarR 1979, 209; *Gündisch* AgrarR 1978, 91). Sie erfasst ohne Einschränkung auch den Bereich der Intensivhaltung von Nutztieren (Massentierhaltung) und stellt hierfür eine strafrechtliche Regelung dar, die einer Ergänzung im Verordnungsweg weder bedürftig noch zugänglich ist. Die vereinzelt gebrauchte Argumentation – „weil der Gesetzgeber von 1972 die damals gebräuchlichen Formen der Massentierhaltung gekannt und dennoch nicht ausdrücklich verboten hat, können sie auch nicht gegen § 17 Nr. 2b verstoßen" (in diesem Sinne etwa *Kloepfer* aaO) – ist unzutreffend: Daraus, dass eine Tierhaltungsform bei Gesetzeserlass allseits bekannt war, ist nicht zu schließen, dass sie vom materiellen Geltungsanspruch einzelner Bestimmungen des Gesetzes, insbes. von § 17 Nr. 2b, ganz oder auch nur teilweise freigestellt werden sollte (so BGH aaO 1834).

48 **Schmerzen** s. § 1 Rn. 12–15. Dort auch zur Schmerzfähigkeit. – Ein einzelner Schmerz genügt, um den Tatbestand zu verwirklichen (vgl. *L/M* § 1 Rn. 19). – In der Praxis wird häufig übersehen, dass das Gesetz bei allen Wirbeltieren ein dem Menschen ähnliches Schmerzempfinden voraussetzt (vgl. dazu die Bundesregierung in BT-Drucks. 6/2559, zit. nach *Gerold* S. 66: „Wirbeltiere ... haben somit ein hochdifferenziertes Schmerzleitungssystem und ein ausgeprägtes Schmerzempfindungsvermögen"; s. auch § 5 Abs. 2 Nr. 1). Auch bei Fischen wird eine Schmerzfähigkeit angenommen (vgl. § 13 Abs. 5 TierSchlV).

49 **Leiden** s. § 1 Rn. 17–23. Angst ist ebenfalls Leiden (vgl. *L/M* § 1 Rn. 36). – Trotz der Verwendung des Begriffs im Plural genügt auch hier ein einzel-

Straftaten § 17 TierSchG

nes Leiden. – Leidensmöglichkeit und Leidensfähigkeit werden auch hier vom Gesetz grundsätzlich als vorhanden vorausgesetzt, zumindest bei den Wirbeltieren und den Cephalopoden und Dekapoden (vgl. § 8 Abs. 1; vgl. auch § 18 Abs. 2, der auch die Wirbellosen einschließt). Die oft anzutreffende Beurteilung „Man weiß nicht, ob das Tier leidet" widerspricht damit nicht nur dem allgemeinen Empfinden und dem Stand der wissenschaftlicher Erkenntnisse, sondern auch den gesetzlichen Wertungen (vgl. *Kluge/ Ort/Reckewell* § 17 Rn. 57).

Das Merkmal „**erheblich**" dient zur Ausgrenzung von Bagatellfällen (so 50 BGH NJW 1987, 1833, 1834). Strafbar soll nur sein, was Tieren „mehr als geringfügige Schmerzen oder Leiden" zufügt (vgl. BT-Drucks. 4/85, Initiativentwurf eines Tierschutzgesetzes der Interparlamentarischen Arbeitsgemeinschaft). „Erheblich" ist deshalb synonym mit „beträchtlich", „gravierend", „gewichtig" (BGH aaO). Der Rechtsbegriff findet sich auch in anderen gesetzlichen Bestimmungen, zB bei § 184c Nr. 1 StGB. Erforderlich ist eine nach Art, Intensität und Dauer gewichtige Beeinträchtigung des tierlichen Wohlbefindens; geringfügige Beeinträchtigungen sind demgegenüber unerheblich. Maßgebend ist eine Bewertung der Gesamtumstände. Auch die Entwicklungshöhe kann eine Rolle spielen. Offensichtlichkeit ist nicht erforderlich (vgl. *L/M* § 17 Rn. 31; *Hackbarth/Lückert* B XIV 2.3). – Da es nur um die Abgrenzung von Bagatellfällen und geringfügigen Beeinträchtigungen geht, ist es unzulässig, an die Feststellung der Erheblichkeit übertrieben hohe Anforderungen zu stellen (vgl. *Kluge/Ort/Reckewell* § 17 Rn. 85).

Ob ein Tier **erhebliche Schmerzen** hat, kann u.a. aus der Art und dem 51 Umfang der Einwirkung geschlossen werden, der es ausgesetzt wird. Der gesetzlichen Gleichsetzung des menschlichen mit dem tierlichen Schmerzbegriff entspricht es, davon auszugehen, dass Einwirkungen, die von einem Menschen als beträchtlich schmerzhaft empfunden werden, auch beim (Wirbel-)Tier gravierende Schmerzempfindungen auslösen. Dies folgt nicht nur aus dem allgemeinen Volkswissen („Quäle nie ein Tier zum Scherz, denn es fühlt wie du den Schmerz"), sondern auch aus dem Stand der wissenschaftlichen Erkenntnis: Die Nozizeptoren sind bei allen Wirbeltieren in nahezu allen Organen vorhanden und sowohl die feingeweblichen Strukturen als auch die bei der Schmerzleitung auftretenden physiologischen Prozesse sind bei Mensch und Tier gleich. Nicht zuletzt daraus resultiert, dass die Tiermedizin von der früher entwickelten Humanmedizin die meisten Benennungen für homologe Organe übernehmen konnte und dass Heilmittel zunächst im Tierversuch geprüft werden, bevor sie beim Menschen zur Anwendung gelangen (vgl. *Sambraus* in: *Sambraus/Steiger* S. 32).

Darüber hinaus gibt es **Indizien (Symptome)**, mit deren Hilfe auf das 52 Vorhandensein und die Erheblichkeit von Schmerzen geschlossen werden kann. Als solche kommen in Betracht: Lautäußerungen, Verhaltensänderungen, veränderte Bewegungsabläufe, Veränderungen in der Körperhaltung, vegetative Veränderungen. – Beispiele für **Lautäußerungen:** Jaulen, Winseln, Grunzen, Zähneknirschen sind bei Tieren meist nur bei stärkeren Schmerzzuständen wahrzunehmen (vgl. TVT-Merkblatt Nr. 32). Gleiches

427

§ 17 TierSchG *Tierschutzgesetz*

gilt für Schreien, Heulen, tonloses Stöhnen – Folgende **Verhaltensänderungen** können erhebliche Schmerzen anzeigen: Sichzurückziehen der Tiere (zB Lichtscheue bei Kaninchen), Sichabsondern von der Gruppe, Änderung der Rangordnung, verminderte soziale wie motorische Aktivität, aber auch geändertes Verhalten bis hin zur Aggression. Die Vernachlässigung der eigenen Körperpflege, die am schlechteren Pflegezustand erkennbar wird, ist ebenfalls ein starkes Symptom. Auch die gesteigerte Hinwendung zu den schmerzenden Regionen, zB durch Hinschauen, Belecken, Kratzen, Scheuern, bis zu massivem Vorgehen wie Schlagen und Beißen der Region oder Sichdaraufniederwerfen kann Schmerzen anzeigen. Besonders zu beachten sind Veränderungen in der Art oder Geschwindigkeit des Aufstehens oder Sichniederlegens (TVT Merkblatt aaO). Weiter werden genannt: Zusammenpressen des Maules, gestörte Bewegungsabläufe wie Lahmen oder Aufbuckeln, verringerte Bewegungsaktivitäten, Immobilisation, gesteigerte Unruhe, insbes. häufiges Aufstehen und Niederlegen, Drehen und Krümmen des Körpers, Versuche, die vermutete Ursache des Schmerzes „wegzuschleudern", „wegzulecken" oder „wegzuschlagen", Aggression, Flucht oder Fluchtversuche, Teilnahmslosigkeit, verlangsamte Reaktionen, Abschalten des optischen und/oder akustischen Apparats, verminderte oder verweigerte Futteraufnahme. – **Veränderungen in der Körperhaltung** können ebenfalls Indikatoren für erheblichen Schmerz sein: Versuche, die schmerzende Region zu entlasten; abnorme Bauch- oder Seitenlage oder Vermeidung dieser Lagen; hundesitzartige Stellungen; Anspannen der Bauchdecke; Aufkrümmung der Wirbelsäule; abnorme Haltung von Thorax, Hals oder Kopf; Entlastung schmerzender Gliedmaßenabschnitte; andere abnorme Körperhaltungen oder -stellungen (TVT Merkblatt aaO). – **Vegetative Veränderungen,** die auf erhebliche Schmerzen hindeuten, können sein: Gefäßerweiterungen der verletzten oder entzündeten Gebiete, Erweiterung der Pupillen, Öffnen der Lippenspalten, starkes Schwitzen, Erbrechen, Oligurie, Erhöhung der Herz- und Atemfrequenz sowie des Blutdrucks, veränderte Körpertemperatur, häufiges Absetzen von Kot und Harn in kleinen Mengen, Mattigkeit, Abmagerung trotz ausreichender Futteraufnahme, glanzlose Augen. – Schon **ein einziges dieser Indizien** kann je nach Ausmaß, Intensität und Dauer ausreichen, um erhebliche Schmerzen anzuzeigen; erst recht natürlich mehrere. Unzulässig ist es, an den Nachweis erheblicher Schmerzen einen unüblich scharfen Maßstab anzulegen, wie dies beispielsweise mit Punktesystemen geschieht, wenn danach erst eine Vielzahl von Symptomen als ausreichend angesehen wird. Unzulässig ist auch, festgestellte Indizien (zB aus dem Verhaltensbereich) mit dem Fehlen anderer, nicht nachgewiesener Symptome (zB aus dem vegetativen Bereich) zu verrechnen. Generell gilt: „Überbewertung der Unsicherheit des Wissens über Schmerz beim Tier mit dem Ziel, die Schmerzwahrnehmung in Frage zu stellen, ist logisch wie empirisch unbegründet" (TVT-Merkblatt aaO). – Zu bedenken ist auch, dass verschiedene Tierarten ihre Schmerzen zT sehr verschieden äußern. Typische Beutetiere zeigen häufig keine oder nur geringe Schmerzäußerungen, trotz vorhandener starker Schmerzen: Besonders Schafe sind „stille Dulder"; Kaninchen reagieren eher mit Bewegungs- und Teilnahmslosigkeit, Hockhaltung, fehlender Futter- und Wasseraufnahme sowie bei Berührung mit Lautäußerung; Vögel lassen zT selbst bei offensichtlichen Schmerzreizen keine sichtbaren Reaktionen erkennen und verharren in Bewegungslosigkeit. Manche Tiere nehmen in der Rückenlage sogar operative Eingriffe unbetäubt hin, was aber nicht zu der Schlussfolgerung verleiten darf, dass sie dabei keinen Schmerz empfänden. – Tabellen zu tierartspezifischen Schmerzsymptomen finden sich bei *Bernatzky* in: *Sambraus/Steiger* S. 49 ff. – Zu der früher vertretenen, heute aber überholten Meinung, junge Tiere seien weniger schmerzempfindlich, s. § 5 Rn. 7.

Erhebliche Leiden werden, besonders wenn sie durch die Art der 53 Haltung eines Tieres bedingt sind, durch Verhaltensstörungen angezeigt (s. Rn. 58–66). Dabei ist auch an den Ausfall von Verhalten, zB von Körperpflege-, Erkundungs- oder Spielverhalten sowie an reduziertes Bewegungsverhalten zu denken (vgl. *Baum, Bernauer-Münz, Buchholtz* et al., Der Tierschutzbeauftragte 2/1998, 3 ff.). Auch durch eines oder mehrere der in Rn. 52 beschriebenen Schmerzsymptome können erhebliche Leiden angezeigt werden, ebenso durch die Ausdrucksmittel für Angst (s. § 1 Rn. 22). Daneben kommen auch andere, insbesondere physiologische und pathologische Parameter in Betracht (s. Rn. 67–69). Nicht zuletzt kann auch aus der Art, dem Ausmaß und der Zeitdauer, mit dem/der ein Bewegungs- oder ein anderes Bedürfnis unterdrückt wird, auf erhebliche Leiden geschlossen werden (s. Rn. 70; dazu, dass erhebliche Leiden nicht unmittelbar gemessen, sondern nur mit Hilfe solcher Indikatoren festgestellt werden können, s. § 1 Rn. 20, 21). Auch hier gilt, dass ein einziges Indiz ausreichen kann und dass es unzulässig ist, festgestellte Indizien (zB aus dem Verhaltensbereich) mit dem Fehlen anderer, nicht nachgewiesener (zB pathologischer) Symptome zu verrechnen (vgl. *Kluge/Ort/Reckewell* § 17 Rn. 85; s. auch Rn. 67, 68).

Länger anhaltende Schmerzen oder Leiden. Nicht die Handlung des 54 Täters, sondern der tatbestandsmäßige Erfolg, d. h. die dem Tier entstandenen Schmerzen oder Leiden, muss länger anhalten oder sich wiederholen. – Eine mäßige Zeitspanne reicht dafür aus (vgl. BayObLG, Beschl. v. 30. 9. 1977 RReg. 4 St 143/77). Dabei ist nicht auf das Zeitempfinden des Menschen abzustellen, sondern auf das wesentlich geringere Vermögen des Tieres, physischem oder psychischem Druck standhalten zu können (OLG Hamm NStZ 1985, 275). Deshalb können uU schon wenige Minuten ausreichend sein (vgl. *Hackbarth/Lückert* B XIV 2.4). Je schlimmer die Schmerzen oder Leiden sind, eine desto kürzere Zeitspanne genügt (vgl. *L/M* § 17 Rn. 41). – Einzelfälle aus der Rechtsprechung: Das OLG Hamm hält für möglich, dass ein nur zehn Minuten währender Erziehungsversuch an einem Hund mittels eines Stachelhalsbandes ausreicht (NStZ 1985 aaO). Das OLG Celle beurteilt schon den Zeitraum von einer halben bis einer Minute, der für den „Drill" beim Angeln anzusetzen ist, als länger anhaltend (NStZ 1993, 291); Gleiches soll für einen mit erheblichem Stress verbundenen Transport von Fischen gelten, selbst wenn der eigentliche Transportvorgang nur ein bis zwei Minuten währt (OLG Celle NStZ-RR 1997, 381). Das OLG Düsseldorf hat für die Lebendhälterung von Fischen in Setzkeschern eine Zeit von zwei Stunden, ggf. auch weniger, als anhaltend und damit

§ 17 TierSchG *Tierschutzgesetz*

strafwürdig angesehen (NStZ 1994, 43, 44). Eine kurzzeitige Stressbelastung von Fischen, die sich anschließend in Symptomen äußert, die eine Woche lang währen, ist auf jeden Fall ausreichend (OVG Koblenz AtD 1998, 346, 348). – Im Prinzip müsste die Dauer eines Leidenszustandes auch für die Beurteilung seines Gewichts und damit seiner Erheblichkeit mitbestimmend sein. Dem steht jedoch entgegen, dass der Zeitfaktor hier durch ein eigenständiges Tatbestandsmerkmal erfasst wird und nicht doppelt verwertet werden darf. Demgemäß hat es der BGH abgelehnt, in die Beurteilung, ob das Leiden von Käfighennen erheblich sei, die lebenslange Dauer dieser Haltungsform einzubeziehen: Durch das Merkmal „länger anhaltend" sei das Zeitmoment abschließend erfasst (vgl. BGH NJW 1987, 1833, 1835; vgl. aber auch *Lorz* NStZ 1987, 511 und *von Loeper* NStZ 1987, 512 mit folgendem beachtlichen Gegenargument: Wenn für das Merkmal „länger anhaltend" bereits eine mäßige Zeitspanne ausreichend ist, dann wird der Unwertgehalt, der in einem lebenslangen Leiden liegt, hierdurch allenfalls zum Teil konsumiert; der zusätzliche zeitliche Gesichtspunkt, der in der lebenslangen Dauer des Leidens liegt, müsse deshalb sehr wohl in die quantitative Komponente der Erheblichkeit einfließen). – Sich wiederholende Schmerzen oder Leiden liegen vor, wenn das Tier den Schmerz bzw. das Leiden (auch die Angst) mehrmals durchlebt.

55 **Tatbegehung durch Tun/Tatbegehung durch Unterlassen.** Für eine Tatbestandsverwirklichung durch Tun bedarf es auch hier einer kausalen Handlung des Täters, die für den tatbestandsmäßigen Erfolg eine nicht hinwegdenkbare Bedingung setzt, die also nicht hinweggedacht werden kann, ohne dass der Erfolg in seiner konkreten Gestalt entfiele (s. Rn. 2). – Möglich ist aber auch eine Tatbegehung durch Unterlassen, wenn der Täter für das Wohlbefinden des Tieres rechtlich einzustehen hat (§ 13 StGB). Diese Garantenstellung kann sich u. a. ergeben: aus Gesetz (zB aus § 2 Nr. 1 für alle dort genannten Personen; aus § 22a BJagdG für den Jäger); aus Gewährübernahme (insbesondere durch die Zusage an den Halter, Betreuungspflichtigen oder Betreuer, für das Tier zu sorgen; Gefälligkeit genügt); aus vorangegangenem, gefahrschaffenden Tun; aus Sachherrschaft (zB als Inhaber des Betriebes, in dem Tiere leiden); aus einer beruflichen oder amtlichen Stellung (s. Rn. 56); aus Verantwortlichkeit für fremdes Tun (zB als Personensorgeberechtigter). Täter ist in diesem Fall, wer durch das Unterlassen einer ihm möglichen Handlung eine nicht hinwegdenkbare Bedingung dafür setzt, dass die Schmerzen oder Leiden entstehen oder fortdauern oder gesteigert werden. Häufige Fälle sind (wie bei § 17 Nr. 1 auch): Schmerz- oder Leidenszufügung durch Verwahrlosung der Tierunterkünfte, nicht ausreichende Wasserversorgung, nicht ausreichende Futterversorgung, Unterlassung gebotener Pflegemaßnahmen (zB Klauenpflege, Fellpflege, Behandlung bei Moderhinke), Nicht-Zuziehung eines Tierarztes trotz objektiver Notwendigkeit, Fehlen eines Unterstandes bei Freilandhaltung, Nichteinschreiten gegen tierquälerische Handlungen eines Anderen (vgl. die zahlreichen Rechtsprechungsnachweise bei *Kluge/Ort/Reckewell* § 17 Rn. 104–108).

56 **Garantenstellung von Amtsträgern, insbes. Amtstierärzten.** Der nach § 15 zuständige Amtsträger kann sich wegen Unterlassens strafbar machen,

sei es als Mittäter, sei es wegen Beihilfe nach § 27 StGB. – Zwei Fallgestaltungen sind zu unterscheiden: 1. Der Amtsträger als Überwachergarant: Unterlässt es der zuständige Amtsträger, eine von Anfang an rechtswidrige oder später rechtswidrig gewordene Genehmigung, die einen tierschutzwidrigen Vorgang oder Zustand erlaubt, zurückzunehmen oder zu widerrufen, obwohl die rechtlichen Voraussetzungen hierfür vorliegen und ihm auch bekannt sind, so kann das Untätigbleiben eine strafbare Beihilfe darstellen (vgl. *L/M* § 17 Rn. 45; *Horn/Hoyer* JZ 1991, 703, 705; *Horn* NJW 1981, 1, 6). – 2. Der Amtsträger als Beschützergarant: Aus den §§ 16, 16a wird eine besondere Schutzpflicht des Amtstierarztes im Hinblick auf das Wohlbefinden der Tiere seines Zuständigkeitsbereichs hergeleitet (vgl. dazu *Iburg* NuR 2001, 77, 78). Ebenso wie die Umweltrechtsgüter den Umweltbehörden anvertraut sind (vgl. *Pfohl* NJW 1994, 418, 421), ist auch der zuständige Amtsträger der Veterinärbehörde „auf den Posten gestellt" und muss für einen unversehrten Fortbestand der seiner Zuständigkeit unterstellten Güter Sorge tragen (vgl. *Pfohl* in: *Martin/Meilinger* S. 20, 21; *Iburg* aaO; zu der nach hM bestehenden Beschützergarantenstellung von Amtsträgern im Umweltstrafrecht vgl. *Schönke/Schröder/Cramer/Heine* Vor §§ 324 ff. StGB Rn. 30, 39; zur Gleichstellung des Tierschutzes mit dem Umweltschutz s. Art. 20a GG Rn. 8). Eine Garantenstellung, die zumindest bei dienstlicher Kenntniserlangung von Tiermisshandlungen eine Rechtspflicht zum Einschreiten begründet, ist umso mehr anzunehmen, als gerade die schutzlose Kreatur auf staatlichen Schutz besonders angewiesen ist. – Ein Untätigbleiben wird aber erst dann strafrechtlich relevant, wenn das Ermessen ein Einschreiten gebietet (so *Iburg* aaO, der eine solche Ermessenreduzierung zutreffend immer dann annimmt, „wenn eine erhebliche Beeinträchtigung des Wohlbefindens eines Tieres besteht"); keine Strafbarkeit dagegen, solange sich der Amtsträger im Rahmen des eingeräumten Ermessens bewegt (vgl. *Pfohl* aaO; *ders.* NJW 1984, 421. Zum Ganzen auch *Horn/Hoyer* aaO; *Winkelbauer* JZ 1986, 1119; *Horn* aaO). Eine „Ermessenreduzierung auf Null", d.h. auf ein Einschreiten, ist stets gegeben, wenn ein Vorgang tatbestandsmäßig und rechtswidrig gegen § 17 Nr. 2b verstößt (so OVG Koblenz AtD 1998, 346, 350; s. auch § 16a Rn. 5). – Zur Garantenstellung eines auf einem Schlacht- und Viehhof beschäftigten Tierarztes, wenn Schlachttieren beim Abtransport Schmerzen und Leiden zugefügt werden, vgl. BayObLG NuR 1996, 637: Nur dann, wenn dem Schlachthofbetreiber die Tierbetreuung obliegt und er diese Verpflichtung auf den Tierarzt übertragen hat.

Garantenstellung von Kraftfahrern. Der Kraftfahrer, der ein Tier anfährt und verletzt und es anschließend unversorgt liegen lässt, kann sich nach § 17 Nr. 2b strafbar machen. Seine Garantenstellung ergibt sich aus dem vorangegangenen Tun, auch wenn der Unfall unvermeidbar war. Die Zuführung des Tieres zu einem Tierarzt ist zumutbar, trotz Zeitverlust, Verschmutzungen usw. (vgl. *Kluge/Ort/Reckewell* § 17 Rn. 113). – § 142 StGB kommt in Betracht, wenn das verletzt liegengelassene Tier im Fremdeigentum steht. Auch bei Kleintieren ist nach der Neufassung von § 251 Abs. 2 BGB die für das Tatbestandsmerkmal „Unfall" nötige Schadenshöhe von 25 € und mehr idR gegeben (s. Einf. Rn. 55). 57

II. Verhaltensstörungen als Indikatoren für erhebliche Leiden, insbesondere in Tierhaltungen

58 Die **Feststellung**, ob Tiere in einem Haltungssystem erheblich leiden, kann in **zwei Stufen** erfolgen: Auf einer ersten Stufe wird ermittelt, ob und inwieweit die Tiere in der Ausübung ihrer angeborenen Verhaltensweisen eingeschränkt werden; diese Einschränkungen indizieren Leiden als solche. Auf einer zweiten Stufe wird anschließend geprüft, ob es Anzeichen dafür gibt, dass diese Leiden erheblich sind. Als solche Anzeichen sind anerkannt: „Anomalien, Funktionsstörungen oder generell spezifische Indikatoren im Verhalten der Tiere, die als schlüssige Anzeichen und Gradmesser eines Leidenszustandes taugen" (BGH NJW 1987, 1833, 1835; der BGH hat diesen zweistufigen Ansatz allerdings nur als „nicht denkfehlerhaft" bezeichnet, so dass auch andere Formen des Nachweises möglich sind; s. dazu Rn. 70).

59 Für die **richterliche Praxis** sind damit Verhaltensstörungen die wichtigsten Indikatoren zur Feststellung erheblicher Leiden in Tierhaltungen. – Eine Verhaltensstörung ist eine im Hinblick auf Modalität, Intensität oder Frequenz erhebliche und andauernde Abweichung vom Normalverhalten *(Sambraus* in: *Sambraus/Steiger* S. 59). Damit stellen sich vor allem drei Fragen: 1. Was ist der Maßstab für normales Verhalten, d.h. an welcher Norm (Referenzgruppe) soll das Verhalten der Tiere gemessen werden? 2. Worin können die Abweichungen im Einzelnen bestehen? 3. In welche Fallgruppen lassen sich die erheblichen und andauernden Abweichungen einteilen?

60 **Maßstab für das Normalverhalten** sind diejenigen Verhaltensabläufe, die von Tieren der betreffenden Art, Rasse und Altersgruppe unter natürlichen oder naturnahen Haltungsbedingungen gezeigt werden. Naturnahe Haltungsbedingungen sind solche, die sowohl die freie Beweglichkeit als auch den vollständigen Gebrauch aller Organe ermöglichen und in denen alle Stoffe und Umweltreize vorhanden sind, deren das Tier zur Auslösung seiner natürlichen, angeborenen Verhaltensabläufe bedarf. Beispiele: Das Verhalten von Hennen in Käfigen ist an der Referenzgruppe „Hennen in Freilandhaltung" zu messen; für intensiv gehaltene Rinder bildet die Referenzgruppe „Rinder auf Tiefstreu" oder „Rinder auf der Weide" den Maßstab; das Verhalten von Kaninchen in Käfigen wird damit verglichen, wie sich „Kaninchen im Freiland" verhalten, usw. (vgl. dazu *Bammert* et al., TU 1993, 269, 276ff.; *Sambraus* in: *Sambraus/Steiger* S. 123; näher zu diesem Bedarfsdeckungs- und Schadensvermeidungskonzept s. § 2 Rn. 9–11).

61 **Abweichungen von diesem Normalverhalten** können sich bei Tieren, die unter intensiven Haltungsbedingungen leben, in verschiedener Hinsicht ergeben: Aus der Modalität des einzelnen Verhaltensmusters; aus der Häufigkeit, mit der ein Verhalten ausgeführt wird; aus seiner Intensität; aus seiner Verteilung auf die verschiedenen Tageszeiten; aus dem Objekt, an dem es stattfindet; aus seiner Dauer; aus der Sequenz, in der die einzelnen Verhaltenselemente aufeinander folgen (vgl. *Knierim* in: KTBL-Schrift 377 S. 43; *Buchenauer* ebenda S. 17, 21). Auch die Verselbständigung von Ver-

haltenselementen, d.h. ihre Entkoppelung aus demjenigen Funktionskreis, dem sie üblicherweise zugeordnet sind, stellt eine Störung dar (*Buchholtz* TU 1994, 532ff.). Folgende **Fallgruppen von Verhaltensstörungen**, die erhebliche Leiden 62 anzeigen, können gebildet werden (vgl. dazu *Buchenauer* aaO S. 21; *Baum, Bernauer-Münz, Buchholtz* et al. S. 3ff.): **1.** Fremd- oder selbstschädigendes Verhalten, zB Schwanzbeißen, Ohrenbeißen, Federpicken, Urintrinken. **2.** Stereotypien, zB Zungenrollen, Zungenspielen, Stangenbeißen, stereotypes Laufen oder Weben. **3.** Leerlaufhandlungen, zB Leerkauen, Scheinwiederkäuen, Scheinsandbaden. **4.** Apathien, insbes. bewegungsloses Stehen oder Sitzen in unnatürlicher Haltung. **5.** Handlungen am nicht-adäquaten Objekt, zB Belecken, Beknabbern, Benagen, Besaugen von Stallgefährten, Einrichtungsgegenständen oder auch eigenen Körperteilen. **6.** Ausfall oder starke Reduktion der Eigenkörperpflege **7.** Ausfall oder starke Reduktion des Erkundungsverhaltens. **8.** Ausfall oder starke Reduktion des Spielverhaltens bei Jungtieren. **9.** Zusammenbruch des artspezifischen tagesperiodischen Aktivitätsmusters, insbes. Auflösung der bei vielen Tierarten zweigipfeligen tagesperiodischen Aktivitätsverteilung in der Form, dass durch kurzfristigen Wechsel von Aktivitätsschüben und Ruhephasen der Eindruck der Ruhelosigkeit entsteht.

Verhaltensstörungen können als **Ausdruck einer Überforderung des** 63 **Anpassungsvermögens des Tieres** und damit als erhebliche Leiden gewertet werden, insbesondere dann, wenn sie als Folge fehlenden Bewegungsraums oder fehlender, das Normalverhalten auslösender Reize (zB Einstreu, Erkundungs- oder Beschäftigungsmaterial) auftreten. Dafür gibt es eine naheliegende Erklärung: In der Wildform, aber auch während der späteren Domestikation haben sich die Tiere über Jahrtausende hinweg einer hohen Bewegungsnotwendigkeit, wie sie in extensiver Haltung besteht, angepasst: Für das Huhn war immer eine hohe Frequenz an Scharren und Picken nötig, um täglich satt zu werden; das Schwein musste zu diesem Zweck täglich viele Stunden intensiv wühlen; die Sau musste rechtzeitig vor dem Werfen wärmende Nester für ihren Nachwuchs bauen usw. Die modernen Haltungssysteme machen all dies (vor allem mit hohem Energieeinsatz und Kraftfutter) unnötig. Dennoch besteht aber die im Laufe der Evolution hinweg erworbene hohe Handlungsbereitschaft der Tiere zu den genannten Verhaltensformen unvermindert fort, denn Verhalten, das über Jahrtausende hinweg sich herausgebildet hat, lässt sich nicht binnen weniger Jahrzehnte abbauen oder gar „wegzüchten". Sofern deshalb das Haltungssystem die für die normalen Verhaltensabläufe notwendigen Reize und Stoffe bzw. den nötigen Bewegungsraum nicht bietet, nimmt die Bereitschaft des Tieres zu, auch auf weniger adäquate Reize zu reagieren und letztlich sogar gänzlich ungeeignete Ersatzobjekte anzunehmen bzw. im Extremfall die Verhaltensweise im Leerlauf auszuführen. – In ähnlicher Weise lassen sich diejenigen Anomalien erklären, zu denen es nicht infolge Reizmangels, sondern wegen Reizüberflutung (zB durch zu hohe Besatzdichten, zu große Gruppen, fehlende Rückzugsmöglichkeiten, andauernden Lärm etc.) kommt. – Nach einer früher teilweise verwendeten Definition war eine Verhaltensstörung mit organischer Selbst- oder Fremdschädigung verbun-

§ 17 TierSchG *Tierschutzgesetz*

den. Indes treten viele derjenigen Störungen, die heute als Anzeichen erheblicher Leiden anerkannt sind, ohne sichtbare physische Beschädigungen auf (bzw. die physischen Folgeschäden zeigen sich erst langfristig und bleiben infolge der üblich gewordenen frühzeitigen Schlachtung unentdeckt), so dass diese Definition heute nicht mehr ausreicht (vgl. *Buchenauer* aaO S. 21).

64   Residual-reaktive Störungen. Verhaltensstörungen, die durch beengte, reiz- und bewegungsarme Haltungsformen erworben worden sind, können uU auch dann fortbestehen, wenn die auslösende Ursache längst abgestellt, die Haltungsform also den Bedürfnissen angepasst ist (vgl. *Sambraus* in: *Sambraus/Steiger* S. 65). Beispiel: Küken zeigen bei hoher Besatzdichte, fehlender oder geringer Einstreu und Fehlen einer (natürlichen oder künstlichen) Glucke schon ab dem ersten Lebenstag Pickschläge auf die Daunenspitzen der Artgenossen und ab dem siebten Tag gegenseitiges Reißen an den Federn (*Martin* in: KTBL-Schrift 342, 108 ff.; KTBL-Schrift 299, 246 ff.); das so erworbene Federpicken kann bei diesen Tieren fortbestehen, selbst wenn sie später in verbesserte Haltungsbedingungen verbracht werden. Erklärung: chronische Unter- oder Überforderungen des Gehirns in der Aufzucht (nämlich Unterforderung durch räumliche Einengung, fehlende Reize und soziale Isolation; Überforderung durch hohe Besatzdichten, Lärm und fehlende Rückzugsräume) können zu neuro-morphologischen Veränderungen im Gehirn führen, die die normalen Reifungsprozesse verhindern oder verzögern und früh erworbene Störungen zum Dauerzustand werden lassen (*Stauffacher* in: KTBL-Schrift 344, 9 ff.). Auch gibt es, besonders bei Stereotypien, einen Selbststimulationseffekt, der möglicherweise mit der Freisetzung körpereigener Endorphine erklärbar ist und der ebenfalls bewirken kann, dass Verhaltensstörungen „residual-reaktiv" werden, d. h. auch nach dem Wegfall der auslösenden Ursache weiterbestehen. Es wäre deshalb unzutreffend, aus dem Fortbestehen der jeweiligen Störung trotz nachträglich verbesserter Haltungsumgebung den Schluss auf eine Nicht-Ursächlichkeit der früheren, beschränkenden Haltungsbedingungen zu ziehen (vgl. dazu *Sambraus* aaO S. 65; zu dem Gedanken, dass einmal erworbene Störungen fortdauern können, s. auch EU-Legehennenmitteilung S. 8: „Die Bereitstellung von Streu in der Aufzuchtperiode trägt wesentlich dazu bei, das Risiko von Federpicken bei ausgewachsenen Tieren zu verringern").

65   Bloße Änderungen im Verhalten – zB vermehrtes Sitzen oder Liegen, verlängertes Sichputzen anstelle anderer Aktivitäten, wie sie unter naturnahen Bedingungen gezeigt würden – werden gelegentlich als gelungene Anpassung bewertet. Aber auch derartiges „Nicht-Verhalten" kann je nach Schweregrad und Dauer dem gestörten Verhalten zuzuordnen sein; insbesondere gilt dies dann, wenn es unphysiologisch ist, d. h. auf lange Sicht zu Störungen der Körperfunktion führt und damit Selbstaufbau, Selbsterhaltung und Fortpflanzung gefährdet (*Stauffacher* aaO). Beispiele: Die vermehrten Liegezeiten von Masthähnchen im Vergleich zu männlichen Legehybriden begünstigen Knochenschwäche und Brustblasenbildung; die Bewegungsarmut von Hennen in Käfigen bewirkt Knochenschwäche und begünstigt Frakturen.

Straftaten **§ 17 TierSchG**

Schon **eine einzelne Verhaltensstörung** kann, je nach Schweregrad und 66
Dauer, für die Feststellung, dass erhebliche Leiden vorliegen, ausreichen.
Häufig liegen zwar mehrere der Kriterien (s. Rn. 62) zugleich vor; notwendig ist dies aber nicht (vgl. *Baum, Bernauer-Münz. Buchholtz* et al. S 7). –
Da das Ziel des Gesetzes der Erhalt des tierlichen Wohlbefindens ist, dürfen
keine überhöhten Anforderungen an die Feststellung der Erheblichkeit gestellt werden. Unvertretbar ist es deshalb, die Indizwirkung, die von dem
Vorliegen einer oder mehrerer dieser Störungen ausgeht, mit der Abwesenheit anderer, nicht vorgefundener Anomalien zu verrechnen (s. auch Rn. 67,
68).

III. Andere Möglichkeiten zur Feststellung erheblicher Leiden, insbesondere in Tierhaltungen

Auch **Funktionsstörungen** können in Verbindung mit Verhaltensano- 67
malien als Anzeichen und Gradmesser eines Leidenszustandes herangezogen
werden (s. Rn. 58). In Betracht kommen u. a.: Veränderungen der Herzfrequenz; neuroendokrine Veränderungen, insbes. des Cortisol- und/oder
Catecholamingehalts; hormonell bedingte Stoffwechselveränderungen; organische Veränderungen als Folge lang andauernder Stresseffekte, zB Vergrößerung der Nebennieren bei Säugern. – Bei der Erfassung hormoneller Reaktionen muss allerdings zweierlei bedacht werden: Hormone werden auch
bei langdauernder Einwirkung von Stressoren nicht ständig, sondern episodisch ausgeschüttet und zirkulieren deshalb zu verschiedenen Zeitpunkten
in unterschiedlichen Mengen im Blut; beispielsweise findet eine Erhöhung
der Cortisolausschüttung nicht gleichmäßig während aller Sekretionsepisoden und auch nicht unbedingt synchron bei allen Tieren statt; bei einer Messung zum „falschen" Zeitpunkt können deshalb vorhandene Reaktionen unentdeckt bleiben. Außerdem sind Corticoide und Catecholamine für den
Nachweis chronischer Belastungen nur sehr eingeschränkt geeignet, weil
hier selbst unter andauernden, belastenden Haltungsbedingungen in der Regel nach anfänglicher Reaktion physiologische Adaptationsprozesse stattfinden, die aber nicht gleichbedeutend mit einer psychischen Anpassung
sein müssen (vgl. *Knierim* in: KTBL-Schrift 377 S. 45, 46). – Das Hypophysen-Nebennieren-Syndrom ist zwar symptomatisch für Stress, doch kann
aus seiner Abwesenheit nicht zugleich auf eine stressfreie Situation geschlossen werden. Denn Stress ist nicht durch ein einzelnes Syndrom definiert,
sondern ein unspezifischer Sammelname für an jeder Stelle des lebenden
Systems angreifende Belastungen, welche die zur Wiederherstellung des
Systemgleichgewichts verfügbaren Kräfte übersteigen (vgl. *Leyhausen* NJW
1981, 1308, 1309). Folglich kann zwar das Vorhandensein von Stress mit
Hilfe einer Vielzahl unterschiedlicher Indikatoren belegt werden; nicht
möglich ist es aber, einzelne vorhandene Symptome mit anderen, nicht
nachgewiesenen zu verrechnen und so auf Stressfreiheit zu schließen. – Wegen dieser und anderer Unsicherheiten ist eine Interpretation physiologischer Befunde nur in Verbindung mit dem Verhalten sinnvoll (vgl. *Knierim*
aaO), d. h.: Physiologische Parameter können die Indizwirkung, die von

§ 17 TierSchG *Tierschutzgesetz*

Verhaltensstörungen ausgeht, verstärken und erhärten, nicht aber widerlegen.

68 Zu den **pathologischen Parametern**, die erhebliche Leiden anzeigen können, gehören Mortalität und Morbidität, insbesondere die systembedingten Erkrankungen und Verletzungen. Dabei ist allerdings zu bedenken, dass Schäden statt auf das Haltungssystem auch auf fehlerhaftes Management oder eine inadäquate Aufzucht zurückgehen können. Beispiel nach *Knierim* aaO S. 47: Legehennen, die ohne Sitzstangen aufgezogen worden sind, können bei späterer Volièrenhaltung Knochenbrüche durch missglücktes Anfliegen erhöhter Einrichtungen erleiden; dies spricht aber nicht gegen das Volièrensystem als solches, sondern für eine Aufzucht, die sich an den späteren Haltungsbedingungen ausrichtet (s. auch § 14 Abs. 1 Nr. 4 TierSchNutztVO). Zu bedenken ist weiter, dass Tiere ebenso wie Menschen schwer leiden können, ohne dass sich dies in Form sichtbarer Erkrankungen niederschlägt. Verfehlt wäre es deshalb, aus der Abwesenheit bestimmter (vermuteter) Krankheits- oder Verletzungsanzeichen auf das Nichtvorhandensein erheblicher Leiden zu schließen, zumal Wohlbefinden mehr ist als die bloße Abwesenheit von Krankheit (s. § 1 Rn. 17, 21). Ebenso wie die physiologischen können deshalb auch die pathologischen Parameter nur herangezogen werden, um die Feststellungen des Verhaltensbereichs zu ergänzen und zu erhärten, nicht aber zu ihrer Widerlegung.

69 **Leistung und Leiden.** Hohe Produktionsleistungen, die Tiere dank züchterischer Maßnahmen und energiereicher Fütterung erbringen, lassen sich nicht als Beleg für gleichzeitiges Wohlbefinden werten oder gar gegen Verhaltensstörungen aufrechnen. Denn so, wie der leidende Mensch mitunter an Körpergewicht zunimmt, können auch Tiere, selbst wenn sie in schlechtester Behausung gehalten werden, oft gute, regelmäßige Zunahmen zeigen (vgl. *Grauvogl* u.a. S. 19). Kälber zeigen selbst dann noch höchste Mastleistungen, wenn sie in nur 50 cm breiten Kisten gehalten werden und als Ruheposition nur die Kauerlage einnehmen können (vgl. *Bogner* in: *Fölsch/Nabholz* Tierhaltung Band 13 S. 42). Milchkühe in Hochleistungsherden erbringen heute 7000 l und mehr an jährlicher Leistung, weisen aber zugleich in großer Zahl schmerzhafte Euterentzündungen, Labmagenverlagerungen sowie Stoffwechsel- und Fruchtbarkeitsstörungen auf (vgl. *Wegner* in: *Sambraus/Steiger* S. 556); das physiologische Regulationsvermögen dieser Tiere ist derart überfordert, dass sie bereits nach drei Laktationen als verbraucht und schlachtreif gelten, obwohl sie normalerweise erst mit sieben Jahren voll ausgewachsen und dann zu den höchsten Milchleistungen aus dem Grundfutter fähig wären. Verletzte Hühner, bei denen vom Verletzungsgrad her kein Zweifel darüber bestehen kann, dass sie starke Schmerzen haben und leiden, weisen in vielen Fällen eine nicht von der Norm abweichende Legeleistung auf (*Fölsch* Tierärztliche Praxis 1977, 69ff.). Die Legeleistung sinkt selbst dann kaum ab, wenn man den Hennen nur noch wenig mehr Platz gibt, als es dem biologischen Minimum entspricht (vgl. AG Leverkusen AgrarR 1979, 230 gegen den Gutachter *Petersen*, der die gute Legeleistung als Beleg für Wohlbefinden heranziehen wollte). – Allerdings können plötzliche Leistungseinbrüche (zB stark rückläufige Wachstumskurven oder Legeleistungen) einen schlechten Befindenszustand

Straftaten **§ 17 TierSchG**

andeuten; das Gegenteil ist jedoch kein Indikator für gutes Befinden (in diesem Sinne auch die EU-Kommission, Mitteilung „Kälber" und Mitteilung „Legehennen", jeweils S. 4).

Auch ohne zusätzliche Indizien (Verhaltensstörungen uÄ) kann schon das bloße **Ausmaß der Verhaltensrestriktionen**, denen ein Tier unterworfen wird, ausreichen, um erhebliche Leiden anzunehmen. Denn: „Ist ein Tier nicht in der Lage, ein Bedürfnis zu befriedigen, so wird sein Befinden früher oder später darunter leiden" (EU-Legehennenmitteilung S. 6). Aus dieser allgemein gültigen Erkenntnis folgt: Je stärker ein angeborener Verhaltensablauf durch eine Tierhaltungsform zurückgedrängt wird, desto eher muss man das dadurch verursachte Leiden jenseits der Bagatellgrenze ansiedeln und als erheblich einstufen. Erst recht gilt dies, wenn mehrere oder gar zahlreiche Verhaltensabläufe in dieser Weise betroffen sind. Eine solche „einstufige" (weil auf weitere Indikatoren verzichtende) Leidensfeststellung steht nicht in Widerspruch zu BGH NJW 1987, 1833, 1835, denn der BGH hat dort in seiner Funktion als Revisionsgericht den zweistufigen Prüfungsansatz des Untergerichts lediglich als „nicht denkfehlerhaft" bezeichnet, andere Methoden aber keineswegs verworfen (vgl. auch VG Frankfurt NVwZ 2001, 1320, 1322: „erhebliche Leiden stellen die dauernde Entbehrung angeborener Verhaltensbedürfnisse dar"). 70

IV. Rechtswidrigkeit

Die **allgemeingültigen Rechtfertigungsgründe** gelten auch hier. Insbesondere kommen die Vorschriften über den Notstand (§ 34 StGB; §§ 228, 904 BGB) in Betracht (Beispiel: Zufügung anhaltender, erheblicher Schmerzen durch notwendige tierärztliche Behandlung). 71

Darüber hinaus gibt es **spezielle Gesetze**, die für einzelne Sachgebiete die Zufügung von Schmerzen und/oder Leiden unter bestimmten Voraussetzungen und innerhalb bestimmter Grenzen zulassen. Beispiele aus dem Tierschutzgesetz sind die §§ 7ff. (Tierversuche), § 6 (zB die Gewebeentnahmen nach Abs. 1 S. 2 Nr. 4 oder die Unfruchtbarmachung nach Abs. 1 S. 2 Nr. 5), § 5 Abs. 3 u.a. Diese Gesetze regeln die Rechtfertigung abschließend, d.h. hält der Täter ihre Voraussetzungen und Grenzen ein, so ist er gerechtfertigt; fehlt es dagegen an einer Voraussetzung oder überschreitet er eine Grenze, so handelt er rechtswidrig. 72

Keine Rechtfertigung durch einen vernünftigen Grund. Der vernünftige Grund kann zwar Tiertötungen nach Nr. 1 rechtfertigen, nicht dagegen Tiermisshandlungen nach Nr. 2a oder 2b (wie hier: VGH Kassel NuR 1997, 296, 298; OLG Celle [3. Strafsenat] NStZ-RR 1997, 381, NuR 1997, 619; OLG Celle [1. Strafsenat] NStZ 1993, 291, NuR 1994, 514; *L/M* § 17 Rn. 48; *Kluge/von Loeper* § 1 Rn. 48 ff.; *Kluge/Ort/Reckwell* § 17 Rn. 25; *Hackbarth/Lückert* B XIV 2.4; *Caspar* Tierschutz S. 358 ff.; *ders.* NuR 1997, 577 ff.; *Pfohl* in: *Martin/Meilinger* S. 25; *Maisack* ebenda S. 161 ff.; *Schultze-Petzold* DtW 1978, 330 f.; *ders.* in: *Fölsch/Nabholz* Tierhaltung Band 13 S. 17; *v. Loeper* AgrarR 1980, 233 ff. Offengelassen in OVG Koblenz AtD 1998, 346, 349. AA: OLG Koblenz NStZ-RR 2000, 155, wobei aber der 73 dort entschiedene Fall über § 228 BGB lösbar gewesen wäre, vgl. *Metzger* in: *Erbs/Kohlhaas* T 95 § 17 Rn. 32; OLG Frankfurt/M NStZ 1985, 130; LG Freiburg NStZ 1995, 350; *Dietlein* NStZ 1994, 21; *Meyer-Ravenstein* NuR 1993, 152 ff.; *ders.* MDR 1990, 867; *v. Pückler* AgrarR 1992, 7 ff.; *Bettermann* Teil 1 S 8, 11). – § 17 Nr. 2a und 2b sind keine offenen Tatbestände, die vom Gesetzgeber unter einen allgemeinen Abwägungsvorbehalt gestellt worden sind, sondern Verbotsnormen, deren tatbestandliche Fassung bereits ein Abwägungsergebnis enthält und deren Verletzung deshalb nur durch die allgemeingültigen Rechtfertigungsgründe und spezielle Gesetze gerechtfertigt werden kann. Dafür spricht u.a. die amtl. Begr. zum Tierschutzgesetz 1972, die „jede tierquälerische Handlung wegen der relativen Wehrlosigkeit des Tieres als besonders verwerflich und strafwürdig" einstuft, wohingegen die Tiertötung nur strafwürdig sei, „soweit sie ohne vernünftigen Grund erfolgt" (zit. nach *Gerold* S. 55). Auch der Wortlaut des Gesetzes entspricht genau dieser vom historischen Gesetzgeber gewollten Differenzierung: Denn hätte der Gesetzgeber die Tiermisshandlung genauso unter den allgemeinen Abwägungsvorbehalt des vernünftigen Grundes stellen wollen wie die Tiertötung, so hätte er die Worte „ohne vernünftigen Grund" vor die Klammer gezogen, anstatt sie ausdrücklich auf § 17 Nr. 1 zu beschränken. Dass insoweit lediglich ein redaktionelles Versehen stattgefunden haben könnte (so noch *Lorz* 4. Aufl. Anh. §§ 17, 18 Rn. 32; anders *L/M* 5. Aufl. aaO), ist nicht nur nach der amtl. Begründung unwahrscheinlich; dagegen spricht auch, dass in allen seither erfolgten Novellierungen des Gesetzes keine entsprechende „Berichtigung" erfolgt ist. Besondere Bedeutung für die historische Gesetzesauslegung kommt den Ausführungen von *Schultze-Petzold* zu, der als Tierschutzreferent im damaligen BML das Gesetz von 1972 maßgebend mitgestaltet hat: Nach seiner Auffassung ist mit § 17 Nr. 2b der rechtfertigenden Wirkung des vernünftigen Grundes eine absolute Grenze gesetzt worden (vgl. DtW 1978, 330 f.; *ders.* in: *Fölsch/Nabholz* Tierhaltung Band 13 S. 17: „Selbstverständlich muss ein neuzeitliches Tierschutzrecht der rechtfertigenden Wirkung des vernünftigen Grundes eine Grenze setzen. Keinesfalls dürfen danach Einschränkungen des Schutzanliegens von Tieren so weitgehend sein, dass den Tieren dadurch länger anhaltende oder sich wiederholende erhebliche Schmerzen oder Leiden zugefügt werden"). – Auch der systematische Zusammenhang mit § 18 legt diese Auslegung nahe: Weil durch § 18 Abs. 1 Nr. 1 schon kurzzeitige erhebliche Schmerzen und Leiden sanktioniert werden und sogar Fahrlässigkeit ausreicht, bedarf es dort einer sehr viel weitergehenden Rechtfertigungsmöglichkeit als für den restriktiver gefassten, nur vorsätzlich begehbaren § 17 Nr. 2. Mit den mehrheitlichen Wert- und Gerechtigkeitsvorstellungen, die in der quälerischen Tiermisshandlung nach Nr. 2b eine Tat von besonderer Schwere erblicken, wäre es zudem unvereinbar, dieses Delikt einem wesentlich weitergehenden Rechtfertigungsvorbehalt zu unterstellen als beispielsweise die Sachbeschädigung nach § 303 StGB (vgl. dazu *Grauvogl* u.a. S. 11, der eine INFAS-Umfrage aus dem Jahr 1970 zitiert, wonach die Tierquälerei von der Bevölkerung als eine der strafwürdigsten Handlungen überhaupt angesehen wird). – Fälle, die rechtfertigungsbedürftig erscheinen, lassen sich zwanglos den allgemeingültigen Rechtfertigungsgründen

Straftaten **§ 17 TierSchG**

oder speziellen Gesetzen zuordnen (s. in Rn. 71, 72 die Beispiele „tierärztliche Behandlung" und „Unfruchtbarmachung", die von *Lorz* 4. Aufl. aaO noch als Beleg für die Notwendigkeit eines Generalvorbehalts angeführt worden waren).

Die Frage, ob eine **behördliche Genehmigung** Tiermisshandlungen und 74 -tötungen rechtfertigen kann, ist differenziert zu beurteilen. 1. Als Grundsatz gilt: Eine bestehende Genehmigung kann ein Handeln, das einen Straf- oder Bußgeldtatbestand verwirklicht, nur rechtfertigen, wenn das betreffende Gesetz „verwaltungsakzessorisch" ausgestaltet ist, d. h. wenn der Gesetzgeber in irgendeiner Form (zB durch Worte wie „unbefugt", „unter Verletzung verwaltungsrechtlicher Pflichten" oÄ vgl. §§ 324, 324a, 326 StGB) zum Ausdruck gebracht hat, dass das durch den jeweiligen Tatbestand geschützte Rechtsgut zur Disposition der zuständigen Verwaltungsbehörde stehen soll. Im Gegensatz zu einigen Normen des Umweltstrafrechts sind die Tatbestände des Tierschutzgesetzes idR nicht verwaltungsakzessorisch, sondern haben eine vom Verhalten der Behörden unabhängige Existenz (vgl. *Schindler* NStZ 2001, 124, 126). Dies gilt insbesondere für § 17 Nr. 2b (vgl. OLG Celle NStZ 1993, 291, 292). 2. Demgegenüber sehen einzelne Normen des Tierschutzgesetzes für belastende Eingriffe Genehmigungen vor und binden diese an bestimmte Voraussetzungen und Grenzen. Beispiele: § 4a Abs. 2 Nr. 2 (Schächten); § 6 Abs. 3 (Teilamputationen); § 8 Abs. 1 (Tierversuche). Hat der Gesetzgeber in dieser Weise ein Rechtsgut der Verfügungsmacht der Behörde unterstellt, dann entfaltet die vorgesehene Genehmigung, wenn und solange sie wirksam ist (vgl. §§ 44, 48, 49 VwVfG) und der Täter ihre Voraussetzungen und Grenzen einhält, eine rechtfertigende Kraft; dies gilt dann auch im Rahmen des § 17. 3. Von solchen gesetzlich geregelten Ausnahmen abgesehen bleibt es jedoch dabei, dass die Behörden nicht generell über die Rechtsgüter des Tierschutzgesetzes disponieren können. Das gilt insbesondere, wenn für Anlagen, in denen Tiere genutzt oder geschlachtet werden, bau- oder immissionsschutzrechtliche Genehmigungen benötigt werden. Zwar muss die Genehmigungsbehörde dabei auch die Vorschriften des Tierschutzgesetzes und seiner Rechtsverordnungen beachten (vgl. § 6 Abs. 1 Nr. 2 BImSchG, „andere öffentlich-rechtliche Vorschriften"). Dies darf aber nicht dahin missverstanden werden, dass auf diese Weise alle Normen des Tierschutzgesetzes (quasi durch die Hintertür) verwaltungsakzessorisch gemacht und der behördlichen Verfügungsmacht unterstellt worden wären (s. auch Rn. 76). Kontrollfunktionen von Verwaltungsbehörden bedeuten nicht, dass diesen damit auch die Dispositionsbefugnis über die betroffenen Rechtsgüter anvertraut wäre (OLG Celle aaO; *Kluge/Ort/Reckewell* § 17 Rn. 148; vgl. auch *L/M* HennenVO Rn. 17).

Bei **Tierversuchen** ist demgemäß zu unterscheiden: Wenn den Tieren im 75 Rahmen eines nach § 8 genehmigungspflichtigen Versuchs Schmerzen, Leiden oder Schäden (einschließlich Tod) zugefügt werden, so ist der Täter gerechtfertigt, wenn 1. eine wirksame Genehmigung erteilt wurde, 2. der jeweilige Vorgang von der Genehmigung mitumfasst ist und 3. die Voraussetzungen und Grenzen der Genehmigung eingehalten sind. Keine Rechtfertigung also: bei Fehlen, Nichtigkeit, Rücknahme, Widerruf oder Fristablauf der Genehmigung; bei Nichteinhaltung von Bedingungen oder

§ 17 TierSchG *Tierschutzgesetz*

Auflagen; bei Überschreitung der Grenzen der Genehmigung und bei Vorgängen, die nicht mehr von deren Inhalt umfasst sind; bei Verletzung solcher Vorschriften, die trotz Genehmigung ständig auf ihre Einhaltung überprüft werden müssen, insbesondere § 9 Abs. 1 und Abs. 2 (s. dazu § 9 Rn. 7 und § 16a Rn. 29). Fälle, in denen die Genehmigung von Anfang an rechtswidrig ist, sind über die Lehre von der eingeschränkten Verwaltungsakzessorietät zu lösen, d. h. keine Rechtfertigung bei missbräuchlicher Erlangung der Genehmigung nach § 48 Abs. 2 S. 3 VwVfG, etwa durch Täuschung, Drohung oder Kollusion (vgl. *Kluge/Ort/Reckewell* § 17 Rn. 145, 148). Analoges gilt für das nach § 4a Abs. 2 Nr. 2 genehmigungspflichtige Schächten und die nach § 6 Abs. 3 genehmigungspflichtigen Amputationen. – Ein nach § 8a anzeigepflichtiger Tierversuch ist dagegen nur rechtmäßig, wenn alle formellen und materiellen Voraussetzungen der §§ 7ff. eingehalten sind, also neben den Vorschriften über Inhalt und Form der Anzeige nach § 8a Abs. 1–4 auch die gesamten durch § 8a Abs. 5 in Bezug genommenen Gesetze. Dies gilt auch für Versuche, die nach § 8 Abs. 7 Nr. 1c von einem Richter angeordnet worden sind. Rechtswidrigkeit also beispielsweise: Bei Nichteinhaltung des unerlässlichen Maßes, § 7 Abs. 2, bei fehlender ethischer Vertretbarkeit, § 7 Abs. 3, bei fehlender Sachkunde oder Qualifikation, § 9 Abs. 1 oder bei Verstoß gegen eine der Konkretisierungen des Unerlässlichkeitsgebotes in § 9 Abs. 2 Nr. 1–8. Behördliches Dulden oder behördliche Untätigkeit rechtfertigen nicht (vgl. OLG Celle NStZ 1993, 291, 292). – Gleiches gilt für die anderen anzeigepflichtigen Vorhaben nach § 10 und § 10a.

76 **Käfigbatteriehaltungen von Legehennen** können durch die bau- oder immissionsschutzrechtlichen Genehmigungen, über die die Halter zumeist verfügen, nicht gerechtfertigt sein, denn die Vorschriften des Tierschutzgesetzes sind weder durch das Bundesimmissionsschutzgesetz noch durch die Bauordnungen der Länder zu verwaltungsakzessorischen Normen herabgestuft worden; nur das Tierschutzgesetz selbst könnte eine solche Relativierung seines Geltungsbereichs anordnen (zB durch Begriffe wie „unbefugt" oÄ, s. Rn. 74). Der Gedanke von der „Einheit der Rechtsordnung" ändert daran nichts, denn er besagt nur, dass ein durch Gesetz für rechtens erklärtes Verhalten nicht wegen Verstoßes gegen ein anderes Gesetz rechtswidrig sein kann; verstößt aber eine Käfiganlage gegen § 17 oder gegen § 2 TierSchG, so steht sie auch mit dem Bundesimmissionsschutzgesetz oder der Landesbauordnung nicht in Einklang, denn sie verletzt dann zugleich eine der dort in Bezug genommenen „anderen öffentlich-rechtlichen Vorschriften" (vgl. § 6 Abs. 1 Nr. 2 BImSchG; § 59 Abs. 1 LBOBW). Der Vorrang des Straf- und Nebenstrafrechts gegenüber Verwaltungsakten ergibt sich iÜ auch aus § 44 Abs. 2 Nr. 5 VwVfG. – Soweit der Halter auf die Rechtmäßigkeit seines genehmigten Betriebs vertraut hat, kann ihm allenfalls ein Verbotsirrtum zugute gehalten werden (s. Rn. 79; vgl. auch *L/M* HennenVO Rn. 17).

77 **Rechtsverordnungen, Satzungen oder Verwaltungsvorschriften** können Verstöße ebenfalls nicht rechtfertigen, denn sie stehen in der Normenhierarchie unter dem Gesetz. Gleiches gilt für allgemeine Gutachten zu Tierhaltungsformen.

V. Vorsatz/Schuld/Strafbarkeit

Für den **Vorsatz** ist erforderlich, aber auch ausreichend, dass der Täter 78
diejenigen Umstände für möglich hält und billigend in Kauf nimmt, die die
Erheblichkeit der Schmerzen bzw. Leiden und deren anhaltende Dauer begründen. Auch muss er mit der Möglichkeit rechnen, dass sein Handeln
dafür ursächlich ist. Für den Unterlassungstäter muss die Kenntnis der Umstände hinzukommen, die seine Garantenstellung und die Möglichkeit zur
Erfolgsabwendung begründen. – Ein Irrtum über einen dieser Tatumstände
lässt nach § 16 Abs. 1 StGB den Vorsatz entfallen. Vorsatzausschließend
wirkt auch der Erlaubnistatbestandsirrtum, d. h. die irrige Annahme eines
Sachverhalts, der, wenn er vorläge, die Voraussetzungen eines Rechtfertigungsgrundes (s. Rn. 71, 72) vollständig erfüllen würde. Dagegen lässt der
bloße Erlaubnisirrtum, d. h. die irrige Annahme, gerechtfertigt zu sein, obwohl der dem Täter bekannte Sachverhalt die dazu notwendigen Voraussetzungen nicht erfüllt, den Vorsatz unberührt. – Zum Wollenselement des
Vorsatzes s. Rn. 4. – Bei fahrlässiger Tatbegehung kommt eine Strafbarkeit
nicht in Betracht, doch ist zu prüfen, ob nicht eine Ordnungswidrigkeit
nach § 18, insbesondere Abs. 1 Nr. 1, verwirklicht wurde.

Verbotsirrtum. Fehlt dem Täter die Einsicht, Unrecht zu tun, und ist er 79
nicht in der Lage, diesen Irrtum zu vermeiden, so handelt er ohne Schuld
(§ 17 S. 1 StGB). – Die Anforderungen, die von der Rechtsprechung an die
Unvermeidbarkeit eines solchen Verbotsirrtums gestellt werden, sind streng
(vgl. *Maurach/Zipf* § 38 Rn. 38). Dies gilt besonders für den Bereich des
Kernstrafrechts, zu dem das bereits 1871 in das Strafgesetzbuch eingefügte
Tierquälereiverbot gerechnet werden kann. Es gelten höhere Anforderungen
als bei der Fahrlässigkeit (vgl. BGHSt 21, 26). Von dem Täter wird verlangt,
sein Gewissen anzuspannen, seine geistigen Erkenntniskräfte einzusetzen,
Zweifel durch Nachdenken oder Erkundigungen zu beseitigen und anstelle
seiner eigenen Überzeugungen die Wertvorstellungen der Allgemeinheit
zugrunde zu legen (vgl. BGHSt 4, 1, 5). Ausreichend ist, wenn der Täter in
der Lage ist, wenigstens laienhaft zu erkennen, dass sein Tun nach dem
Willen der Rechtsordnung mit Blick auf das verletzte Rechtsgut nicht sein
darf. Dass er darüber hinaus auch das Strafbare seines Handelns erkennen
kann, ist nicht notwendig (vgl. *Maurach/Zipf* § 38 Rn. 12). Für den Betreiber einer tierquälerischen Anlage reicht es deshalb aus, dass er erkennen
kann, dass seine Haltungsform nicht verhaltensgerecht ist und damit gegen
§ 2 Nr. 1 verstößt, den Schluss auf eine Verletzung von § 17 braucht er
(soweit er hinsichtlich aller Tatbestandsmerkmale vorsätzlich handelt, s.
Rn. 78) nicht zu ziehen. – Dass Normverletzungen von Behörden geduldet
oder von politischen Organisationen oder Verbänden empfohlen werden,
macht einen Verbotsirrtum noch nicht unvermeidbar (vgl. BayObLG GA
1956, 127). Der Täter kann sich auch nicht auf eine uneinheitliche Praxis von
Genehmigungsbehörden berufen, noch darf er blind auf die Meinung seines
Verbandes vertrauen; stattdessen muss er über die mögliche Rechtswidrigkeit seines Handelns näher nachdenken und sein Verhalten diesen Erkenntnissen und nicht seinen geschäftlichen oder persönlichen Interessen anpas-

§ 17 TierSchG   *Tierschutzgesetz*

sen (vgl. OLG Düsseldorf NStZ 1994, 43, 45). Folglich begründet auch eine Rechtsverordnung, die Tierhaltungsformen unter Verletzung von § 2 oder gar § 17 Nr. 2 b erlaubt (s. Rn. 77; s. auch § 2 Rn. 40), nicht in jedem Fall einen unvermeidbaren Verbotsirrtum (vgl. *L/M* § 17 Rn. 47). – Eine gewerbe-, bau- oder immissionsschutzrechtliche Genehmigung, die für eine tierquälerische Tätigkeit oder Anlage erteilt worden ist, kann allenfalls dann einen Verbotsirrtum begründen, wenn sie nach ihrem Inhalt und ihrer Begründung die tierschutzrechtlichen Aspekte erkennbar berücksichtigt und würdigt; auch in diesem Fall ist ein Irrtum aber vermeidbar, wenn die Voraussetzungen für ihre Rücknahme oder ihren Widerruf vorliegen und der Täter dies erkennen konnte (vgl. *Schindler* NStZ 2001, 124, 127; *Kluge/Ort/Reckewell* § 17 Rn. 124). – Die Folgen eines vermeidbaren Verbotsirrtums regelt § 17 S. 2 StGB.

80   **Inlandstat/Auslandstat.** Das deutsche Strafrecht gilt uneingeschränkt für Inlandstaten, § 3 StGB. Eine Tat ist im Inland begangen, wenn entweder der Ort der Handlung oder der Ort des tatbestandsmäßigen Erfolgs im Inland liegen, vgl. § 9 Abs. 1 StGB. Auch deutsche Luftfahrzeuge und Schiffe sind Inland, § 4 StGB (wichtig zB für Hochseeangeln). Begeht jemand vom Inland aus eine Anstiftung oder Beihilfe zu einer Tiertötung oder Tiermisshandlung, so gilt für ihn das deutsche Recht, mag auch die Haupttat (d. h. die Handlung des Haupttäters und der tatbestandsmäßige Erfolg) komplett im Ausland liegen und dort nicht mit Strafe bedroht sein, § 9 Abs. 2 S. 2 StGB (vgl. *Tröndle/Fischer* § 9 StGB Rn. 5; s. auch das Beispiel u. Rn. 99). – Auslandstaten werden nach deutschem Strafrecht geahndet, wenn der Täter Deutscher ist und die Tat am Tatort mit Strafe bedroht ist oder der Tatort keiner Strafgewalt unterliegt, § 7 Abs. 2 Nr. 1 StGB. Dabei ist für eine Strafbarkeit nach § 17 Nr. 2 b ausreichend, dass das Tatortrecht die Tiermisshandlung als solche unter Strafe stellt; auf die ausländische Rechtsprechung zu dem in Rede stehenden Vorgang kommt es nicht an.

81   **Rechtsfolgen.** Die Strafe ist entweder Geldstrafe von fünf bis 360 Tagessätzen (§ 40 StGB) oder Freiheitsstrafe von einem Monat bis zu drei Jahren (§ 38 Abs. 2 StGB). Mit der Anhebung der Höchststrafe von zwei auf drei Jahre wollte der Gesetzgeber die Möglichkeit eröffnen, die Tötung oder Misshandlung eines Tieres härter zu bestrafen als die Sachbeschädigung, § 303 StGB, um so der veränderten Stellung des Tieres im Rechtsgefüge Rechnung zu tragen (amtl. Begr. zum ÄndG 1998, BT-Drucks. 13/7015 S. 24; übersehen wurde aber der Wertungswiderspruch zu § 242 StGB: Höchststrafe für einfachen Diebstahl fünf Jahre). Umso unverständlicher erscheint, dass trotz der Strafbarkeit der versuchten Sachbeschädigung (vgl. § 303 Abs. 2 StGB) der Versuch des § 17 straflos geblieben ist (entgegen dem Entwurf der SPD, BT-Drucks. 13/2523 S. 11; vgl. auch *Ofensberger* in: Evang. Akademie Bad Boll S. 7). – Weitere mögliche Rechtsfolgen sind u. a. Einziehung (s. dazu § 19) und Tierhaltungsverbot (s. dazu § 20).

82   **Konkurrenzen.** Wenn ein Täter mehrere Straftatbestände verwirklicht, so stellt sich zunächst die Frage, ob dies durch ein- und dieselbe Handlung oder durch mehrere rechtlich selbständige Handlungen geschehen ist. Im ersten Fall liegt Tateinheit, im zweiten Tatmehrheit vor. Dabei können mehrere Einzelakte eine natürliche Handlungseinheit bilden, wenn ihnen ein

Straftaten **§ 17 TierSchG**

einheitlich gefasster Entschluss zugrunde liegt und sie miteinander in einem engen zeitlich-räumlichen Zusammenhang stehen. Beruhen sie dagegen auf jeweils neuen Entschlüssen, so sind sie idR rechtlich selbständige Handlungen. – In Tateinheit mit § 17 kann insbesondere § 303 StGB stehen, wenn das gequälte oder getötete Tier nicht dem Täter gehört, denn § 90a BGB lässt den strafrechtlichen Güterschutz unberührt (vgl. BayObLG NJW 1993, 2760; BayObLG NJW 1992, 2306; *Tröndle/Fischer* § 242 StGB Rn. 2; *Schönke/Schröder/Stree* § 303 StGB Rn. 3; Leipziger Kommentar/*Wolff* § 303 StGB Rn. 3). – Tateinheit ist außerdem möglich mit Diebstahl und Unterschlagung, §§ 242, 246, 248a StGB; mit Jagd- und Fischwilderei, §§ 292, 293 StGB, denn diese Tatbestände schützen mit dem Aneignungsrecht ein anderes Rechtsgut; mit Umweltdelikten nach §§ 324 ff. StGB; mit Straftaten gegen das Artenschutzrecht, § 66 BNatSchG; mit § 38 BJagdG, denn wenn die Tötung eines Tieres jagdrechtlich unzulässig ist, verwirklicht sie auch § 17 Nr. 1 (s. Rn. 12). – Denkbar ist auch, dass der Täter die verschiedenen Alternativen des § 17 mehrmals verwirklicht. Auch dann stellt sich die Frage nach Tateinheit und Tatmehrheit. Beispiele: Quält und tötet der Täter ein Tier, so verwirklicht er damit sowohl § 17 Nr. 2b als auch § 17 Nr. 1; Tateinheit bei einheitlicher Entschlussfassung, Tatmehrheit dagegen, wenn der Tötungsentschluss erst später gefasst wurde. Wird ein- und dasselbe Tier mehrmals gequält, so gilt ebenfalls: Tatmehrheit, wenn jede Quälerei aufgrund eines neuen Entschlusses erfolgte, ansonsten Tateinheit. Werden mehrere Tiere geschädigt, so wird häufig Tatmehrheit vorliegen, es sei denn, alle Schädigungen stellen sich aufgrund einheitlicher Entschlussfassung und eines engen zeitlich-räumlichen Zusammenhanges als natürliche Handlungseinheit dar. Dasselbe gilt auch, wenn durch das Unterlassen gebotener Handlungen verschiedene Tiere oder Tierherden zu Schaden kommen: Tateinheit, wenn die verletzten Pflichten zeitgleich oder nahezu zeitgleich hätten erfüllt werden müssen, ansonsten Tatmehrheit (näher dazu und mit Beispielen *Kluge/Ort/Reckewell* § 17 Rn. 200). – Bei Tateinheit mit § 18 oder einer anderen Ordnungswidrigkeit gilt § 21 OWiG, d.h. es wird nur das Strafgesetz angewendet; eine Ahndung mit Geldbuße erfolgt nur, wenn eine Strafe nicht verhängt wird. Bei Tatmehrheit behält dagegen die Ordnungswidrigkeit ihre selbständige Bedeutung.

VI. Einige weitere Probleme in Ermittlungs- und Strafverfahren nach § 17

Tierschutzrechtliche Strafanzeigen können schriftlich oder mündlich bei Polizei, Staatsanwaltschaft oder Amtsgericht eingereicht werden. Sie können von Behörden, Amtstierärzten, aber auch von Privatpersonen und Vereinen erstattet werden und sollten eine möglichst genaue Beschreibung des „Wer, Wo, Was, Wann, Wie" enthalten. Die Angabe bzw. Beifügung von Beweismitteln (insbes. Zeugen, Fotos) ist zwar nicht zwingend, aber erfolgsfördernd. Sinnvoll sind auch Angaben, woraus der Anzeigende auf das Vorliegen erheblicher Schmerzen oder Leiden schließt (Verhaltensstörungen, Körperhaltung, Lautäußerungen, Zurückdrängung von Bedürfnissen usw.). Eine Liste der wichtigen Angaben enthält die Broschüre „Inhalt tierschutzrelevanter Strafanzeigen", Hrsg. Niedersächsisches Ministerium für Ernährung, Landwirtschaft und Forsten, Calenberger Str. 2, 30169 Hannover (vgl. auch *Hackbarth/Lückert* Anhang II). – Auch anonyme Anzeigen können den zur Einleitung eines Ermittlungsverfahrens nötigen Anfangsverdacht begründen, insbesondere wenn sie sich nicht in pauschalen Behauptungen erschöpfen sondern detaillierte Sachverhaltsbeschreibungen enthalten (vgl. Nr. 8 der Richtlinien für das Straf- und Bußgeldverfahren: „Auch bei namenlosen Anzeigen prüft der Staatsanwalt, ob ein Ermittlungsverfahren einzuleiten ist").

84 Tierschutzstrafverfahren enden oft unbefriedigend, wenn **Fehler im Ermittlungsverfahren** gemacht werden, die später nicht mehr korrigierbar sind. Besonders wichtig ist die eindeutige Dokumentation der strafbaren Situation (vgl. *Kluge/Ort/Reckewell* § 17 Rn. 79). Das bedeutet u. a.: Bestehen Anhaltspunkte für eine Tiermisshandlung, so ist es sinnvoll, sofort eine Beschlagnahme des Tieres/der Tiere nach §§ 94 ff. StPO durchzuführen (bei Gefahr im Verzug durch die Staatsanwaltschaft bzw. deren Hilfsbeamte, sonst aufgrund eines richterlichen Durchsuchungs- und Beschlagnahmebeschlusses); anschließend sollte das Tier durch den Amtstierarzt (bei Verhaltensstörungen möglichst durch einen Fachtierarzt für Ethologie, ggf. auch Fachtierarzt für Tierschutz) untersucht werden; wichtig ist, dass dieser seine Beobachtungen so niederlegt, dass er auch in der oft sehr viel später stattfindenden Hauptverhandlung als Zeuge oder Sachverständiger darüber berichten kann. Ohne eine sofortige (amts-)tierärztliche Untersuchung und die Niederlegung ihrer Ergebnisse wird die spätere Einlassung der Verteidigung, es sei alles nicht so schlimm gewesen, oft nur schwer zu widerlegen sein (dazu *Iburg* DtW 2000, 88 ff.). – Geht es um die Zustände in einer Tierhaltung, so sollte frühzeitig ein Ethologe (Biologe, Zoologe, Fachtierarzt für Ethologie, ggf. für Tierschutz) zugezogen werden, der in der Hauptverhandlung aussagen kann. Aus Gründen der Beweissicherung sollte die Besichtigung des Tieres bzw. des Betriebes durch den Amtstierarzt und/oder weitere Sachverständige dem Beschuldigten nach Möglichkeit vorher nicht (oder allenfalls kurzfristig) bekannt gegeben werden; Kontrollen erfüllen ihren Zweck nur, wenn sie den zu Kontrollierenden unvorbereitet treffen (vgl. VG Stuttgart NuR 1999, 718, 720). – Es sollte mit den Mitteln moderner Aufzeichnung, also auch mit Videoaufnahmen gearbeitet werden (vgl. *Kluge/Ort/Reckewell* aaO).

85 **Der richtige Gutachter für das richtige Sachgebiet.** Erhebliche Leiden in Tierhaltungen werden von der Rechtsprechung primär anhand von Anomalien oder anderen Indikatoren im Verhalten der Tiere beurteilt (s. Rn. 58 ff.). Dazu ist in erster Linie die Verhaltenskunde (Ethologie) aufgerufen. Dabei reicht es aus, wenn das Vorliegen solcher Leiden nach den Beurteilungsgrundsätzen der Ethologie als der Wissenschaft, die sich mit dem Verhalten der Tiere befasst, sicher ist; einer zusätzlichen Bestätigung durch die Veterinärmedizin bedarf es nicht (vgl. OLG Frankfurt/M NStZ 1985, 130; LG Darmstadt NStZ 1984, 173). – Wenn gegenüber Verhaltensstörungen, die festgestellt werden konnten, eingewandt wird, dass noch nicht genügend geklärt sei, welche der Verhaltens- und Bewegungsbedürfnisse eines

Straftaten **§ 17 TierSchG**

Tieres als essentiell zu gelten hätten, so ist dies nicht entscheidend (vgl. OLG Frankfurt/M NJW 1980, 409); denn jeder gestörte Verhaltensablauf kann indizieren, dass das Tier erheblich leidet, und die Unterscheidung gestörten und normalen Verhaltens richtet sich nach dem Bedarfsdeckungs- und Schadensvermeidungskonzept (s. Rn. 60). – Bei der Auswahl von Gutachtern unterscheidet man zwischen Grundlagenethologen (d. h. Biologen, Zoologen, Fachtierärzten für Ethologie) und Vertretern der angewandten Ethologie (dies können auch „normale" Veterinärmediziner, zB Fachtierärzte für Tierschutz sein). Während die Disziplinen der Biologie, der Zoologie und der Veterinärmedizin in ihrem Ansatz vom Tier und seinen Bedürfnissen ausgehen, beschäftigen sich die Agrar- und die Tierzuchtwissenschaften vorrangig mit der Nutzung des Tieres durch den Menschen. Deshalb werden zur Beurteilung von Befindlichkeiten vorzugsweise die Vertreter der erstgenannten Disziplinen als Gutachter herangezogen; allerdings gibt es auch agrarwissenschaftliche Fakultäten, die einen Schwerpunkt auf die artgerechte Tierhaltung legen (zB die GhK Kassel). – Bei der Gutachterauswahl darf die Frage nach der notwendigen Distanz zu den beteiligten wirtschaftlichen Interessen nicht vernachlässigt werden. Wissenschaftler, deren Forschungen von Unternehmen oder Verbänden finanziert werden, die an einem bestimmten Ausgang des Verfahrens interessiert sein könnten, sollten nicht als Gutachter berufen werden. – Auf mögliche Interessenkonflikte, in die Tierärzte bei der Beurteilung von Sachverhalten im Einzugsgebiet der eigenen Praxis gestürzt werden können, weist *Franzky* hin (Evang. Akademie Bad Boll, Tiere im Sport, S. 142). Zur Heranziehung des Amtstierarztes s. auch § 15 Rn. 10. – Geprüft werden sollte auch, ob der Gutachter jeweils seine Methoden offen legt und ob diese mit dem Bedarfsdeckungs- und Schadensvermeidungskonzept und dem aktuellen Erkenntnisstand in der Grundlagenethologie übereinstimmen (s. dazu das in § 2 Rn. 9 a. E. beschriebene Beispiel). Auch sollte darauf geachtet werden, dass er seine Prämissen darlegt, damit festgestellt werden kann, ob diese mit den Wertentscheidungen des Gesetzes in Einklang stehen. – Zu den Fragen, die sich der Rechtsanwender bei der Auswahl von Sachverständigen und der Würdigung ihrer Gutachten stellen sollte s. auch § 2 Rn. 44.

D. Anhang zu § 17 Nr. 2b. Beispielsfälle

I. Verhaltensstörungen in intensiven Tierhaltungen (s. auch Rn. 66)

Mastschweine und abgesetzte Ferkel, die in intensiven Haltungen auf perforierten Böden, knappem Raum und ohne Einstreu gehalten sowie mit konzentrierten Futtermitteln gefüttert werden, zeigen u. a. folgende Verhaltensstörungen: Schwanz-/Ohrenbeißen, Reiben von Nasenbein/Schnauze, Hyperaktivität, Analmassage und Bauchmassage (vgl. *Buchenauer* in: KTBL-Schrift 377, S. 12, 22; s. auch Anhang zu § 2 Rn. 1–3). – Als wirtschaftlich besonders einschneidende Anomalie stellt sich das Schwanzbeißen dar, das in Buchten ohne Einstreu und mit Vollspaltenboden besonders

86

häufig beobachtet werden kann und für das es folgende Erklärung gibt: Exogene Reize (hervorgerufen u. a. durch zu große Gruppen, hohe Besatzdichten, ein ungünstiges Stallklima und andauernde Langeweile) versetzen das Tier in Erregung; normalerweise reagiert das Schwein seine Erregung über „Maultätigkeiten" ab, also durch Kauen, Beißen, Wühlen, Rütteln uÄ; in den alten Ställen konnte dies an der vorhandenen Einstreu geschehen; die heute üblichen Vollspaltenbodenställe werden aber nicht mehr eingestreut, sondern bestehen praktisch nur aus Beton und Eisen; den Schweinen bleibt damit nur die Möglichkeit, den Buchtgenossen zu bebeißen, und sie beginnen damit an dessen Schwanz; ist es dabei erst einmal zum Austritt von Blut gekommen, so sieht sich der Beißer dadurch gleichsam „belohnt"; zugleich wird die Situation auch für andere Buchtgenossen attraktiv, die nun ebenfalls das verletzte Tier bedrängen (vgl. *Sambraus* in: Bad Boll, Tierarzt S. 38, 49). Eine Erhebung in 330 Betrieben mit mehr als 90 000 Schweinen hat ergeben, dass das Vorkommen von Schwanzbeißen und daraus resultierendem Kannibalismus umso mehr ansteigt, je weniger Stroh den Tieren als Material zum Sichbeschäftigen zur Verfügung steht (*Müller* in: *von Loeper, Martin* et al., Tierhaltung Bd. 15 S. 105). – Das Ohrenbeißen kann auf die gleiche Weise erklärt werden. – Die Analmassage bei Schweinen bzw. Bauchmassage bei Ferkeln sowie das Reiben von Nasenbein/Schnauze beruht ebenfalls auf dem Fehlen von Einstreu und lässt sich als umgeleitetes Wühlverhalten interpretieren (vgl. *Sambraus* aaO S. 40).

87 Bei **Sauen in Kastenständen** lassen sich folgende Verhaltensstörungen feststellen: Leerkauen (d. h. stundenlange Kaubewegungen, ohne Futter oder andere Objekte im Maul zu haben), Stangenbeißen (d. h. stundenlanges Bebeißen der Stangen über dem Trog, zT immer an derselben Stelle, zT auch mit langsamen Bewegungen von einer Seite zur anderen), Nasenrückenreiben sowie (anfängliche) Hyperaktivität, gefolgt von (späterer) Apathie (s. auch Anhang zu § 2 Rn. 3). – Leerkauen und Stangenbeißen lassen sich ebenfalls mit dem Fehlen von Einstreu und der fehlenden Möglichkeit zum Wühlen, Erkunden, Beißen und Kauen erklären, ebenso das Nasenrückenreiben (vgl. *Sambraus* aaO S. 40, 45). – Für das erstmalige Verbringen in den Kastenstand wird folgender Ablauf beschrieben: Die Jungsau wehrt sich zunächst gegen die ungewohnte räumliche Einengung, schreit und wirft sich wiederholt gegen die Abtrennungen; dann folgt eine Phase der Apathie mit teilnahmslosem Sitzen oder Liegen; in einer dritten Phase versucht das Tier dann, alle erreichbaren Gegenstände in der Bucht zu beriechen, zu beknabbern und zu bekauen; in der vierten Phase hat sich daraus eine Verhaltensstörung (in diesem Fall das Stangenbeißen) entwickelt (vgl. *Wechsler* in: KTBL-Schrift 351, S. 9–17). – Apathie äußert sich bei Sauen insbesondere im „Trauern" (d. h. in teilnahmslosem, hundeartigem Sitzen mit herabhängendem Kopf und verlangsamten, reaktiven Körperbewegungen). – Wird die Sau in der Abferkelbucht in einem Metallkäfig oder mit einem Gurt fixiert, so zeigt sie ebenfalls Sichwehren, vor allem aber Nestbauverhalten, das, weil kein Stroh vorhanden ist, an die Buchteinrichtung umorientiert wird (*Wechsler* in: *Sambraus/Steiger* S. 177). Später mündet ihr Verhalten in Apathie. Die Unmöglichkeit, den Liegeplatz auch nur zum Koten und Harnen zu verlassen, stellt sich als erzwungenes Nichtverhalten dar und führt

Straftaten **§ 17 TierSchG**

dazu, dass die Sau ihre Ausscheidungen möglichst lange zurückhält. – Vom Wissenschaftlichen Veterinärausschuss der EU sind die Folgen der Haltung im Kastenstand bzw. Abferkelkäfig so zusammengefasst worden: ausgeprägte Stereotypien, abnormales Verhalten, Aggression, gefolgt von Inaktivität und Reaktionslosigkeit, Knochen- und Muskelschwäche, Herz-Kreislauf-Schwäche, Harnwegs-, Gesäuge- und Gebärmutterinfektionen (vgl. EU-SVC-Report Schweine, S. 146).

Bei **Kälbern** werden unter restriktiven Haltungsbedingungen (d. h. bei Haltung in Einzelboxen, aber auch bei Gruppenhaltung mit hoher Besatzdichte auf Spaltenböden ohne Einstreu) u. a. folgende Verhaltensstörungen beobachtet: Gegenseitiges Besaugen, Saugen an Einrichtungsgegenständen, übertriebenes Selbstbelecken, orale Stereotypien, gestörtes Explorations-, Bewegungs- und Spielverhalten (s. auch TierSchNutztV, Vor §§ 5–11, Rn. 3–5). – Saugen am inadäquaten Ersatzobjekt findet statt, wenn weder Mutter- noch Ammenkühe zur Verfügung stehen und bei der Fütterung mit Milchaustauscher dem Saugbedürfnis nicht ausreichend Rechnung getragen wird. Die tägliche Nahrungsaufnahme verkürzt sich in diesem Fall von (6 × 10 =) 60 Minuten Saugen an der Mutter auf (2 × 3 =) 6 Minuten Fütterung aus dem Eimer. Der Saugreflex bleibt ungestillt und richtet sich anschließend gegen Einrichtungsgegenstände, Artgenossen, uU auch gegen den eigenen Körper (vgl. *Sambraus* in: *Sambraus/Steiger* S. 107, 120). Um diese Störung wenigstens zu reduzieren, müssen Tränkeeinrichtungen mit Nuckeln verwendet werden; die Größe der Nuckelöffnungen sollte so sein, dass die Kälber mindestens 10 bis 15 Minuten pro Zwei-Liter-Mahlzeit saugen (vgl. AGKT S. 34; s. auch § 11 Nr. 5 TierSchNutztV). – Übertriebenes, teilweise auch stereotyp stattfindendes Selbstbelecken wird auf das Fehlen nötiger Umweltreize, auf fehlenden Raum zur Bewegung und/oder mangelnden Sozialkontakt zurückgeführt (vgl. EU-SVC-Report Kälber S. 13). – Orale Stereotypien wie Schein-Wiederkäuen, Leerkauen, Zungenrollen und Zungenspielen sind ebenfalls Anzeichen, dass das Tier mit seiner Haltungsumgebung nicht zurecht kommt; die Störungen werden sowohl auf den Mangel an Raufutter als auch auf mangelnde Umweltreize, mangelnden Sozialkontakt und/oder zu große räumliche Enge zurückgeführt (vgl. EU-SVC-Report Kälber aaO). – Nach einer Zeit des Eingesperrtseins können sowohl beeinträchtigtes Bewegungsverhalten (als Folge einer bereits eingetretenen motorischen Störung) als auch übertriebenes lokomotorisches Spielverhalten (als „rebound-effect") beobachtet werden (vgl. EU-SVC-Report Kälber S. 14). Die andauernde Unmöglichkeit zur Exploration (mangels vorhandener Umweltreize) kann sowohl Interesselosigkeit und Apathie als auch übertriebenes Explorationsverhalten (insbesondere bei nachträglicher Bereitstellung der vermissten Stimuli) zur Folge haben (vgl. EU-SVC-Report Kälber aaO).

Mastrinder, die intensiv gehalten werden, sind häufig angebunden oder befinden sich dicht gedrängt in einstreulosen Gruppenbuchten auf Vollspaltenboden (s. auch Anh. zu § 2 Rn. 7). Folgende Verhaltensstörungen treten dabei auf: gegenseitiges Besaugen bzw. Ansaugen (wichtigste Ursachen: Reizverarmung durch eintönige Umwelt, zu hohe Besatzdichten, Fehlen ausreichender Mengen an Raufutter, ungestillter Sauginstinkt, insbes.

nach Eimertränke; vgl. *Grauvogl* u. a. S. 67). – Schwanzbesaugen, Belutschen der Stalleinrichtung, Zungenspielen (Hauptursache: Zu wenig Gras, Heu und Stroh als Futter; bei ausschließlicher Fütterung mit aufbereitetem Futter und Kraftfutter ist die Zeit der Futteraufnahme bis zur Sättigung zu kurz; vgl. *Sambraus* in: *Sambraus/Steiger* S. 124). – Leerwiederkäuen (Ursache: Raufuttermangel, vgl. *Grauvogl* u. a. S. 69). – Pferdeartiges Aufstehen (Ursachen bei Anbindehaltung: Straffe Anbindung, kurze Standflächen, ungünstig montierte Gegenstände, die die Ausführung des Kopfschwungs unhindern; vgl. *Rist/Schragel* S. 30, 71. Ursachen in Gruppenbuchten: Harte Liegeflächen, Spaltenboden, hohe Besatzdichte; vgl. *Sambraus* aaO; *Burdick* et al. S. 74). – Verlängerte Steh- und Liegezeiten wegen der Schwierigkeiten beim Aufstehen und Abliegen; abgebrochene Abliege- und Aufstehversuche (Ursachen: wie oben). – Hornreiben an Stallwand oder -einrichtung (Ursache: Frustrierter Bewegungsdrang, denn Mastrinder sind bei der Schlachtung noch recht jung und haben einen entsprechend großen Bewegungsbedarf; vgl. *Sambraus* in: Bad Boll, Tierarzt S. 48). – Auch Funktionsstörungen und pathologische Veränderungen lassen sich feststellen, u. a.: Verletzungen durch Schwanzbenagen; Verletzungen durch Tritte auf Extremitäten, Hodensack und Schwanz, was auf unbedecktem Spaltenboden einem Hammer-Amboss-Effekt gleichkommt; Liegeschwielen, Schürfungen, Entzündungen und Abszesse als Folge des ständigen Liegens auf nicht eingestreutem Boden (zu diesen und weiteren Verletzungen vgl. *Burdick* et al. S. 76).

90 Bei **Kühen in dauernder Anbindehaltung** treten viele der für Mastrinder typischen Verhaltensstörungen ebenfalls auf, jedenfalls bei straffer Anbindung, starren Halsrahmen, kurzen und schmalen Standflächen, nicht ausreichender Einstreu und fehlender Bewegung. Zu den o. e. pathologischen Veränderungen kommen Verletzungen der Zitzen hinzu, die durch das Liegen auf dem Gitterrost, durch Hängenbleiben und durch Tritte verursacht werden (vgl. *Burdick* et al. S. 75; s. auch Anh. zu § 2 Rn. 8, 9).

91 **Pferde** in Einzelhaltung oder Pferde, die unter Bewegungs- oder Beschäftigungsmangel leiden, können u. a. folgende Verhaltensstörungen aufweisen: Koppen (d. h. Luftschlucken, entweder nach Aufsetzen der Zähne auf die Krippe oder andere Einrichtungsgegenstände oder frei), Weben (d. h. wechselseitiges Belasten der Vorderextremitäten, begleitet von Pendelbewegungen des Kopfes), Barrenwetzen, Gitterbeißen, Schlagen an die Wände, exzessives Scharren, Benagen und Belecken von Gegenständen, Fortbewegungsstereotypien, Sichnichtlegen, Headshaking (vgl. *Buchenauer* S. 22; *Pollmann* S. 13; *Zeeb* in: *Sambraus/Steiger* S. 171; s. auch Anh. zu § 2 Rn. 38–44). – Darüber hinaus leiden Pferde vielfach unter Verletzungen und Krankheiten, die auf falsche Haltungsbedingungen und/oder einen zu frühen Nutzungsbeginn zurückzuführen sind. Ihr durchschnittliches Abgangsalter liegt bei nur 8,5 Jahren; dem steht eine mögliche Lebenserwartung von etwa 28 Jahren gegenüber. Hauptsächliche Abgangsursachen sind Gliedmaßenerkrankungen, gefolgt von Krankheiten der Atemwege und Verdauungsstörungen (*Pollmann* S. 2). Die meisten dieser Erkrankungen werden durch Haltungsfehler verursacht und können bei Fahrlässigkeit jedenfalls eine Ordnungswidrigkeit nach § 18 Abs. 1 Nr. 1 begründen: Zu früher Nut-

zungsbeginn (bei den meisten Pferderassen ist die körperliche Entwicklung erst ab einem Alter von fünf Jahren so weit abgeschlossen, dass sie durch Leistungsanforderungen nicht mehr beeinträchtigt wird; dennoch ist Training mit zwei- und dreijährigen Jungpferden üblich; Rennpferde gehen bereits mit zwei Jahren die ersten Rennen); zu früher Hufbeschlag (bei Pferden unter zwei Jahren wachsen die Hufbeine noch rasant; Beschlag verursacht hier Blutabschnürung und „Bulbi" in den Strahlbeinen, weil sich der jugendliche Knochen bei Gefäßerweiterung durch Stau schneller abbaut als bei erwachsenen Pferden); Bockhufe, steile Hufe, Zwanghufe uÄ (verursacht u. a. durch Fohlenhaltung im Stall auf weichem Untergrund statt im Freien, in der Herde und auf hartem Boden); Durchblutungsstörungen wegen Stehenlassen (*Strasser* in: DVG, Tierschutz und Tierzucht, S. 186 spricht hier von vorsätzlicher Schädigung, da bekannt sei, dass bei Pferden ohne Beinbewegung keine Durchblutung stattfinde); zu schneller Wiedereinsatz nach Verletzung; Diskrepanz zwischen dem physiologisch notwendigen Luft- und Bewegungsbedarf und den Gegebenheiten der Boxenhaltung (vgl. BMVEL, Leitlinien zur Beurteilung von Pferdehaltungen, Tabelle S 9: Auslauf und Weidegang obligatorisch, jedenfalls für Stuten mit und ohne Fohlen sowie Jährlinge/Jungpferde; zum Ganzen vgl. Strasser S. 184–186). – Neben den möglichen strafrechtlichen Konsequenzen aus den §§ 17 und 18 ist auch daran zu denken, dass Käufer, die infolge solcher Haltungs- und Nutzungsfehler einen teuren Pflegefall erworben haben, Gewährleistungsrechte nach § 437 BGB geltend machen können.

Kaninchen in dauernder Käfighaltung zeigen vielfältige Verhaltensstörungen: Gitternagen am Käfigdraht, Scharren in den Käfigecken und Lecken an inadäquaten Objekten (Hauptursache: Ernährung mit energiereichen Pellets statt mit grob strukturiertem Futter; dadurch Mangel an Beschäftigung). Unvollständig ausgeführte Bewegungsformen und afunktionale Aktivitätsschübe, dabei zusammenhangloses Aneinanderreihen von Verhaltensweisen aus verschiedensten Funktionskreisen (Ursache: Unmöglichkeit zu artgemäßer Fortbewegung). Deutlich weniger entspanntes Liegen; modifizierte Liegestellungen zur Schonung der Pfotenunterseiten (Ursache: Gitterrostboden als ungeeignete Liegefläche). Veränderter Zirkadianrythmus. Abweichungen im Nestbauverhalten, insbesondere hektisches Rein- und Raushopsen aus dem Nistkasten sowie unzweckmäßiges Hin- und Hertragen von Nestmaterial. Fellfressen. Einnahme abnormer Stellungen zur Pfotenschonung (Ursache: Wunde Läufe durch ständiges Stehen auf dem Gitterrostboden). Kauern mit dem Kopf vor dem Nistkasten (Ursache: Weil sich die Zibbe vor den Saugversuchen der Jungtiere nicht zurückziehen kann, versucht sie auf diese Weise, die Jungen zeitweise am Herauskommen zu hindern). – Häufige Funktionsstörungen bzw. pathologische Veränderungen sind: Pododermatitis (wunde Läufe), Knochengewebshypoplasie, Wirbelsäulenverkrümmungen, gehäufte Frakturen durch Knochenschwäche, Störungen in der Bewegungskoordination bis hin zum Verlust der Hoppelfähigkeit (zum Ganzen vgl. *Drescher* in: DVG, Ethologie und Tierschutz, S. 104, 105; *Loeffler, Drescher, Schulze*, TU 1991, 471, 477: s. auch Anhang zu § 2 Rn. 11–14). – Die Landestierärztekammer Hessen beschreibt die Folgen der einstreulosen Käfighaltung so: „Verletzungen der Pfoten und

§ 17 TierSchG *Tierschutzgesetz*

durch den Bewegungsmangel verursachte Verkrümmungen der Wirbelsäule treten häufig auf. Durch die beengte reizarme Haltung kommt es zu Kannibalismus und Selbstverstümmelung" (DTBl. 2002, 56).

93 Die häufigsten Verhaltensstörungen von **Enten unter intensiven Haltungsbedingungen** sind: Pulkbildung mit der Gefahr des gegenseitigen Totdrückens, Leerlaufhandlungen, Federrupfen und Kannibalismus (s. auch Anh. zu § 2 Rn. 18, 19). – Besonders bei jungen Entenküken reichen schon geringe Anlässe aus, um die Tiere so zu erschrecken, dass sie panikartig in eine Ecke flüchten, dort übereinander stürzen und sich gegenseitig verletzen, zT sogar ersticken. Ursachen dieser Pulkbildung sind die unüberschaubaren Gruppengrößen, das Fehlen erwachsener Tiere während der Aufzucht sowie der Mangel an adäquaten Umweltreizen; all das verhindert, dass die Tiere lernen, auf Umgebungsveränderungen jeweils adäquat zu reagieren (*Fölsch/Simantke/Hörning* S. 28). – Wegen der üblichen trockenen Pelletfütterung vollführen die Enten einen Teil ihres Nahrungserwerbsverhaltens im Leerlauf (zB durch Seihen des Wassers aus der Tränkeeinrichtung, obwohl keinerlei Nahrungspartikel darin vorkommen). – Bei Fehlen einer Badegelegenheit wird Leerlaufbaden gezeigt, d. h. die Bewegungsmuster des Badeverhaltens finden vor dem Trinkgefäß im Leerlauf statt (vgl. *Simantke/ Fölsch* S. 11). Weitere Störungen wie starkes Kopfschütteln und hastiges Gefiederputzen können hinzukommen. Weil die Bürzeldrüse bei fehlender Badegelegenheit nicht genügend Sekret zum Einfetten des Gefieders produziert und das Federkleid deshalb trocken und struppig wird, bemüht sich die Ente verstärkt aber erfolglos, ihr Gefieder sauber zu halten, indem sie sich fast ohne Unterlass putzt (vgl. *Fölsch/Simantke/Hörning* aaO). – Federrupfen, das sich bis zum Kannibalismus steigern kann, tritt in Intensivhaltungen besonders häufig auf. Als Hauptursache dafür werden Störungen im Bereich der Futteraufnahme angesehen. Durch die ausschließliche Fütterung mit Pellets verkürzt sich die Zeit der Nahrungsaufnahme auf etwa 8,5% des Lichttages (gegenüber 60% unter naturnahen Bedingungen). Das arteigene Beschäftigungs- und Manipulationsbedürfnis bleibt unbefriedigt und richtet sich gegen die Stallgenossen. Gefördert wird das Entstehen dieser Störung durch hohe Besatzdichten und große Tiergruppen; abmildern könnte man sie durch Stroheinstreu (vgl. *Koopmann/Knierim* S. 177; *Fölsch/Simantke/ Hörning* S. 29). – Erwachsene Zuchtenten beknabbern gegenseitig ihre Geschlechtsteile und fügen sich dadurch zT erhebliche Verletzungen zu. Auch diese Störung wird auf die reizarme Umgebung und die mangelnde Möglichkeit, sich dauerhaft mit strukturiertem Futter zu beschäftigen, zu baden und zu schwimmen zurückgeführt (vgl. *Koopmann/Knierim* S. 179). – Dass diese Anomalien durch Schnabelkürzen, Kürzen der Krallen und Dunkelstallhaltung in ihren Auswirkungen begrenzt werden, mindert nicht ihre Indizwirkung dafür, dass die Tiere erheblich leiden und ihr Anpassungsvermögen an die Haltungsumgebung überfordert ist.

94 Bei **Masthühnern unter intensiven Haltungsbedingungen** können u. a. folgende Verhaltensstörungen beobachtet werden: Federpicken, Kannibalismus, Verlust der arteigenen, zweiphasigen Tagesperiodik, unnatürlich hohe Sitz- und Liegezeiten, gesteigerte Unruhe, Stereotypien. – Zu den Ursachen für das Federpicken s. Anh. zu § 2 Rn. 22 sowie § 6 Rn. 22. Abhil-

Straftaten § 17 TierSchG

fe: Grundfutter und Körner zum Picken; Erkundungsanreize; Stallstrukturen, zB Sitzstangen; mäßige Besatzdichten. – Kannibalismus kann sich aus Federpicken entwickeln, aber auch aus Störungen im Sozialverhalten, insbesondere wegen Fehlens der Möglichkeit zur gleichzeitigen Nahrungsaufnahme und der Möglichkeit, bei Auseinandersetzungen Unterlegenheitsgesten zu zeigen und dem Gegner auszuweichen. Abhilfe: Tier-Fressplatz-Verhältnis von 1:1; überschaubare Gruppen; Ausweichmöglichkeiten; i. Ü. wie oben. – Bei Dauerlicht und Nicht-Einhaltung einer achtstündigen, ununterbrochenen Dunkelphase verteilen sich alle Verhaltensweisen gleichförmig auf die gesamten 24 Stunden, d. h. das arteigene tagesperiodische Aktivitätsmuster bricht zusammen (vgl. dazu *Baum, Bernauer-Münz, Buchholtz* et al. S. 3). – Die Sitz und Liegezeiten steigen gegen Ende der fünfwöchigen Mastdauer auf etwa 80% des Gesamtverhaltens an (vgl. *Gerken* in: DVG, Tierschutz und Tierzucht, S. 122); Brustblasen und Hautentzündungen nehmen infolge des ständigen Liegens auf der feuchten Einstreu stark zu; Eigenkörperpflege und andere Aktivitäten fallen mehr und mehr aus. Abhilfe: Erleichterung der Fortbewegung durch Beschäftigungs- und Erkundungsanreize, Sitzstangen mit Rampen, mäßige Besatzdichten. – Restriktiv gefütterte Elterntiere zeigen Stereotypien, Aggressionen und vermehrtes Feder-, Objekt- und Leerlaufpicken (vgl. *Hörning* S. 13; *Gerken* S. 124; EU-SCAHAW-Report Masthühner S. 115: „unakzeptable Wohlbefindensprobleme"). Abhilfe: viel Grundfutter, Bewegungsmöglichkeit und Erkundungsanreize. – Trotz der Jugend der Tiere (Schlachtung idR bereits nach 5–6 Lebenswochen) treten zahlreiche haltungs- und zuchtbedingte Krankheiten und Funktionsstörungen auf: u. a. Perosis, tibiale Dyschondroplasie, Spondylolisthesis, Knochenmarksentzündungen, Epiphysiolyse, plötzlicher Herztod, Aszites-Syndrom, Fettleber-Nieren-Syndrom, Veränderungen an den Respirationsorganen, Ödeme, geringere Knochenfestigkeit, dadurch bedingt zahlreiche Brüche (vgl. *Hörning* S. 14 ff.). Abhilfe: Zucht auf langsameres Wachstum, Schaffung von Bewegungsanreizen durch Beschäftigung mit dem Futter und mäßige Besatzdichte, Schaffung von Erkundungsanreizen durch entsprechende Stallstrukturen.

Bei **Legehennen in Batteriekäfigen** sind an Verhaltensstörungen u. a. 95 festgestellt worden: Sandbadebewegungen im Leerlauf, Pick- und Scharrbewegungen an ungeeigneten Ersatzobjekten, verkürzte Ruhezeiten, erhöhte Furchtsamkeit, Unterschlupf- und Fluchtversuche anlässlich der Eiablage, Nestbaubewegungen im Leerlauf, Bewegungsstereotypien. Zu den häufigsten Funktionsstörungen gehören als Folge der erzwungenen Bewegungslosigkeit: Osteoporose und Skelettanomalien („Käfiglähme"), Fettleber, Herzversagen, Anämie, Sauerstoffunterversorgung des Blutes und Gleichgewichtsstörungen. Hinzu kommen schwere Gefiederschäden bis hin zur Zerstörung (vgl. *Buchholtz/Fölsch/Martin*, Ethologisches Gutachten im Verfahren vor dem BVerfG, 2 BvF 3/90). – Der Wiss. Veterinärausschuss der EU hat als Nachteile der Käfighaltung u. a. aufgelistet: Die Verhaltensweisen Gehen, Rennen, Aufbaumen, Fliegen, Sich Verbergen, Flügelstrecken, Flügelschlagen seien verhindert; andere artgemäße Verhaltensabläufe wie das Staubbaden, das Nestbauverhalten, das Scharren und das Picken seien zum Teil ebenfalls verhindert und im übrigen verändert; die Tiere müss-

451

§ 17 TierSchG *Tierschutzgesetz*

ten bei niedriger Lichtintensität gehalten werden, um Federpicken und Kannibalismus nicht außer Kontrolle geraten zu lassen; durch Bepickt-Werden und Reibung an den Käfigwänden könnten schlimme Federverluste entstehen; unterlegene Tiere hätten nicht die Möglichkeit, sich Angriffen, Verletzungen und Tötungen durch dominante Tiere zu entziehen (EU-SVC-Report Legehennen S. 100). – Die EU-Kommission ist aufgrund dessen zu der Feststellung gelangt: „Es ist klar, dass der Batteriekäfig wegen seiner kleinen Größe und seines sterilen Umfelds das Wohlbefinden der Hennen erheblich beeinträchtigt ... Aufgrund des sterilen Lebensumfelds in Batteriekäfigen lässt sich das Befinden der darin gehaltenen Hennen nicht einfach durch Vergrößerung des Platzangebots je Tier verbessern" (EU-Legehennenmitteilung S. 7, 9). Sie begründet ihre Einschätzung u. a. mit folgenden Störungen: Nestbau, Aufbaumen, Scharren, Sandbaden und Bewegungen im Allgemeinen würden verhindert bzw. modifiziert; die Tiere zeigten ein stereotypes Verhalten; sie seien zunehmend verängstigt; ihre Knochen seien infolge des Bewegungsmangels schwach; eine Henne mit extrem schwachen Flügelknochen sei krank (EU-Legehennenmitteilung S. 3, 9). – Das Bundesverfassungsgericht hat die o. e. Feststellung der EU-Kommission als zusammenfassende Bewertung der Legehennen-Mitteilung wörtlich zitiert und hervorgehoben, diese Mitteilung enthalte als amtliches Dokument die „aktuellen wissenschaftlichen Erkenntnisse über die Grundbedürfnisse von Hennen in der Käfighaltung" (BVerfGE 101, 1, 38, 41). Dennoch wird zT angenommen, das Gericht habe in seinem Urteil keine relevanten Hinweise zu den Tatbestandsmerkmalen „Leiden" und „erheblich" in den §§ 17 und 18 abgeben wollen (so *Robbers*, Rechtliche Anforderungen an Übergangsfristen in der Legehennenhaltung, Studie im Auftrag des BMVEL, 10. 4. 2001). Man wird aber (selbst bei Berücksichtigung der oft unterschiedlichen Terminologie von Gemeinschaftsrecht und deutschem Strafrecht) in dem Hinweis des Gerichts zumindest eine überragende Auslegungshilfe sehen müssen, die die Zuordnung der herkömmlichen Käfighaltung zu den Tatbestandsmerkmalen des § 17 Nr. 2b als sehr nahe liegend erscheinen lässt (so zutreffend *Kluge/Ort/Reckewell* § 17 Rn. 67. Im gleichen Sinne auch *Schindler* NStZ 2001, 124, 126; *Maisack* ZRP 2001, 198, 201; *von Loeper* DÖV 2001, 370, 371; *L/M* HennenVO Rn. 13). Einen tatbestandsmäßigen Verstoß gegen § 17 Nr. 2b nehmen u. a. an: Generalstaatsanwaltschaft Frankfurt/M (8. 3. 2001, Zs 31369/00), Generalstaatsanwaltschaft Dresden (17. 3. 2000, AR 102/00) und Generalstaatsanwaltschaft Zweibrücken (14. 3. 2000, 4060 E – 1/00). – Zur Legehennenhaltung s. auch die Kommentierung zu den §§ 12–15, 17 TierSchNutztV.

96 **Mastputen in der konventionellen Intensivhaltung** zeigen hochsignifikant mehr Artgenossen-Picken (in Form von Federpicken, Federausrupfen und Kannibalismus) als bei extensiver Haltung (vgl. *Bircher/Schlup* Teil 2 S. 13, 69; s. auch Anh. zu § 2 Rn. 25–28). Ursachen: Durch die übliche Fütterung mit energiereichen Pellets bleibt das arteigene nahrungsbezogene Beschäftigungsbedürfnis der Tiere unbefriedigt. Die Einstreu wird als Pick- und Erkundungsobjekt infolge Verkotung und Durchfeuchtung bei hoher Besatzdichte rasch uninteressant; demgegenüber bildet das Gefieder des dicht nebenan liegenden Artgenossen, das wegen seiner Verschmutzung

schwarz-weiß kontrastiert, ein attraktives Pickobjekt. Abhilfemöglichkeiten bei Stallhaltung: Strukturierung des Stalles, insbes. durch Strohballen, Sitzstangen uÄ (vgl. auch St. Ausschuss, Empfehlung Puten Art. 11 Abs. 3); Gewährung von strukturiertem, ballaststoffreichen Futter; Verringerung der Gruppengrößen und Besatzdichten (vgl. dazu *Ellerbrock* et al. S. 58: Bei Besatzdichten mit nicht mehr als zwei Hähnen pro qm Stallbodenfläche ab der 10. Lebenswoche verringert sich aggressives Picken signifikant im Vergleich zu solchen Tiergruppen, die mit höheren Besatzdichten gehalten werden); saubere, trockene Einstreu. – Als Funktionsstörungen und pathologische Merkmale, die auf anhaltende, erhebliche Leiden und zT auch Schmerzen hinweisen, können festgestellt werden: Brustblasen (bei ca. 20–35% der Tiere, vgl. *Burdick* et al. S. 88); Sohlengeschwüre (bei feuchter Einstreu als Folge hoher Besatzdichte); Umfangsvermehrungen der Fersengelenke; tibiale Dyschondroplasie und dadurch verursachte Beeinträchtigungen der Fortbewegung. Hinsichtlich der meisten dieser Störungen ließ sich bei einem Anstieg der Besatzdichte über den o. a. Wert hinaus eine signifikante Steigerung verzeichnen (vgl. *Ellerbrock* et al. S. 59). – Die Landestierärztekammer Hessen stellt fest: „Die intensiven Haltungsbedingungen und das derzeitig vorhandene Zuchtmaterial führen oft zu Atemwegserkrankungen, Kannibalismus, Erkrankungen des Skelett- und des Herz-Kreislauf-Systems sowie zu Brustblasenveränderungen" (DTBl. 2002, 56).

Pelztiere. Bei Farmnerzen in Käfigen sind Stereotypien häufig. Sie treten u. a. in Form von ruhelosem Hin- und Herlaufen am Gitter oder in Gestalt spezieller Dreh- oder Sprungbewegungen auf (vgl. *Ludwig/ Kugelschafter* S. 11). Hinzu kommen Selbstbeschädigungen in Form von Fell- und Schwanzbeißen oder Schwanzsaugen (vgl. *Wiepkema/de Jonge* in: *Sambraus/Steiger* S. 239). Tiere, die zusammen gehalten werden, beißen sich manchmal auch gegenseitig. Oft kauen Nerze am Schwanz, der dadurch wund wird und blutet. Manchmal beißen sich die Tiere ganze Stücke des Schwanzes ab. Verbreitet ist außerdem das Auffressen von lebenden Jungtieren nach der Geburt (vgl. *Haferbeck* S. 22 ff.). – Bei Füchsen in Käfigen treten ebenfalls Stereotypien und Kannibalismus auf. Häufig lassen sich auch extremes Angstverhalten sowie apathisches in der Ecke Liegen beobachten (vgl. *Haferbeck* S. 26). – Beim Chinchilla stellt das Fellfressen oder Fellbeißen eine gravierende Verhaltensstörung dar. – Die Landestierärztekammer Hessen stellt fest, dass ohne strukturierte Gehege eine artgemäße Haltung von Pelztieren nicht einmal annähernd möglich sei (DTBl. 2002, 56; zur Pelztierhaltung s. auch Anh. zu § 2 Rn. 45–52).

Wachteln in Käfigen zeigen u. a. Leerlaufstaubbaden auf dem Gitterboden oder über dem Futtertrog (vgl. *Schmid* in: *Weber,* Tiergerechte Haltungssysteme, S. 123; Köhler DGS Magazin 27/1997, 42). Wegen der fehlenden Möglichkeit, eine Deckung aufzusuchen, würden die Tiere bei schreckverursachenden Ereignissen normalerweise steil auffliegen, was aber durch die geringe Käfighöhe verhindert wird; damit entfällt die Möglichkeit, die Stresshormone durch Tarnen bzw. Flüchten auf natürliche Weise abzubauen, so dass der Stresszustand andauert. Weil die Zugvögel ihren Zugtrieb nicht ausleben können, gibt es nicht wenige Tiere, die die ganze Nacht hindurch auf ihrem imaginären Weg in den Süden flattern. Die Enge

§ 17 TierSchG *Tierschutzgesetz*

der Käfige und das Fehlen von Beschäftigungsmöglichkeiten bewirkt heftige aggressive Auseinandersetzungen mit Kopf-, Haut- und Augenverletzungen bis hin zu Kannibalismus; das unterlegene Tier kann sich diesen Angriffen mangels Deckung nicht entziehen. Bei Dauerbeleuchtung mit nur kurzen Dunkelphasen kommt es zum Zusammenbruch der tagesperiodischen Aktivitätsverteilung. – Das relativ frühe Schlachtdatum (Mastwachteln nach 6, Legewachteln nach 30 Lebenswochen; mögliche Lebensdauer demgegenüber 8 Jahre) verhindert zT, dass diese Leiden in Form von äußeren Schäden manifest werden. Zur Wachtelhaltung s. auch Anhang zu § 2 Rn. 29–32.

II. Einige weitere Beispielsfälle, in denen erhebliche Leiden angezeigt sein können

99   Auf **Tiertransporten** wird man bei einem Verstoß gegen eine Vorschrift der Tierschutztransportverordnung häufig davon ausgehen können, dass den betroffenen Tieren dadurch erhebliche Leiden zugefügt werden; denn die Bestimmungen dieser Verordnung sind Mindestanforderungen, bei deren Verletzung sich die jedem Transport innewohnende Gefahr, dass es zu solchen Leiden kommt, idR realisiert. – Aber auch bei Einhaltung aller Vorschriften kann es zu gravierenden Beeinträchtigungen im Wohlbefinden kommen, zB durch unsachgemäße Fütterung. Beispiel: Schafe können erst vier Stunden nach ihrer Fütterung getränkt werden; wird das nicht eingehalten und ihnen stattdessen das Wasser zusammen mit dem Futter angeboten, dann trinken sie nicht; die nachfolgende Verdauung ist wegen des Wassermangels dann nicht möglich, und es kommt zu erheblichen Schmerzen im Verdauungstrakt und starkem, qualvollen Durst (vgl. *Otto* in: *Martin/Meilinger* S. 188). – Dazu, dass schon die Dauer eines Transportes erhebliche Leiden bewirken kann, insbesondere bei internationalen Schlachttier-Ferntransporten s. TierSchTrV Einf. Rn. 4, 5. – Wenn der Amtstierarzt mit dem Unterschreiben der internationalen Transportbescheinigung eine Beihilfe zur Zufügung solcher Leiden begeht, dann liegt für ihn eine Inlandstat nach §§ 27, 9 Abs. 2 StGB vor (s. TierSchTrV Einf. Rn. 6). Auch der Landwirt, der seine Tiere hier verladen lässt, und der vom Inland aus handelnde Spediteur können wegen einer Inlandstat belangt werden, wenn sie Beihilfe zu einem im Ausland mit erheblichen Leiden verbundenen Transport leisten.

100   **Leiden in mangelhaften Freilandhaltungen.** Rinder brauchen einen Witterungsschutz, der allen Tieren Schutz vor Regen, Schnee und Wind gibt und einen wärmedämmenden Untergrund hat; anderenfalls kommt es bei nasskalter Witterung, d.h. niedrigen Temperaturen, Regen und Wind zu Unterkühlungen, die zu erheblichen Leiden führen. Dies gilt grundsätzlich auch für Galloways. – Auch Schafe und Pferde benötigen einen Witterungsschutz (s. auch Anhang zu § 2 Rn. 44). Längerer Aufenthalt im Freiland ohne Witterungsschutz kann bei nasskalter Witterung § 17 Nr. 2b verwirklichen (zum Ganzen vgl. *Kluge/Ort/Reckewell* § 17 Rn. 75, 76; *Zeeb* in: *Sambraus/Steiger* S. 170).

Weitere Fälle. Bei Hunden, die trotz hochsommerlicher Temperaturen 101 ungeschützt im Auto zurückgelassen werden, kann es schon nach relativ kurzer Zeit zu erheblichen Leiden kommen (vgl. *Petermann* AtD 1997, 36 ff.). – Bei Schafen kann Hinken, verursacht durch vernachlässigte Klauenpflege oder durch Moderhinke, zu erheblichem Leiden führen, wenn sie deswegen der Herde kaum noch folgen können und der Verlust des Schutzes der Herde Panik auslöst (vgl. *Kluge/Ort/Reckewell* § 17 Rn. 71). Dazu, dass diese Tiere still, d. h. häufig ohne eindeutig wahrnehmbare Anzeichen leiden s. Rn. 52). – In Zoohandlungen können die Tiere starkem Stress ausgesetzt sein, wenn sie in engen, strukturlosen Käfigen oder Behältnissen gehalten werden und deswegen bei der Annäherung von Kunden ihren Drang zur Flucht oder zum Sichverbergen nicht ausleben können (vgl. VGH Mannheim NuR 1994, 487). Dies kann jedenfalls dann zu anhaltenden, erheblichen Leiden führen, wenn keine Maßnahmen getroffen werden, um allzu dichten Annäherungen von Kunden oder gar Berührungen der Behältnisse vorzubeugen. – Weitere Beispiele bei *Kluge/Ort/Reckewell* § 17 Rn. 74 ff. und o. Rn. 13, 14, 20, 22–24, 30–32, 42.

E. Strafbare rohe Tiermisshandlung nach § 17 Nr. 2 a

Auch diese Tatbestandsalternative setzt die **Zufügung erheblicher** 102 **Schmerzen oder Leiden** voraus (s. Rn. 48–53). Im Unterschied zu Nr. 2 b wird aber das Zeitmoment nicht durch ein besonderes Tatbestandsmerkmal erfasst; deshalb kann und muss hier die Dauer des Belastungszustandes in die Beurteilung der Erheblichkeit einbezogen werden (s. auch § 3 Rn. 29, 61 und § 18 Rn. 12).

Aus Rohheit handelt ein Täter, wenn er seine Tat aus einer gefühllosen, 103 fremde Leiden missachtenden Gesinnung heraus begeht (vgl. BGHSt 3, 109). Der Täter muss im Zeitpunkt seines Handelns das notwendig als Hemmschwelle wirkende Gefühl für den Schmerz bzw. das Leiden des misshandelten Tieres verloren haben, das sich in gleicher Lage bei jedem menschlich und verständig Denkenden eingestellt hätte (ebenso, wenn er dieses Gefühl zwar noch hat, sich aber darüber hinwegsetzt). Dabei braucht es sich nicht um eine dauernde Charaktereigenschaft zu handeln; ein nur vorübergehender Zustand genügt. Ausreichend ist auch, wenn der Täter nur unter Alkoholeinfluss entsprechend handelt (vgl. OLG Hamm NStZ 1985, 275; BayObLG RdL 1981, 249, 250; *Tröndle/Fischer* § 225 StGB Rn. 9). – Das Verfolgen eines legalen, vernünftigen Zweckes steht der Annahme von Rohheit nicht entgegen, wenn der Täter dabei das zur Zweckerreichung erforderliche Maß überschreitet und dem Tier hierdurch erhebliche Schmerzen oder Leiden zufügt. Deshalb kann Rohheit auch vorliegen, wenn er zwar aus Gründen einer wirtschaftlichen Tierhaltung handelt, dabei aber das Maß des Erforderlichen oder Angemessenen überschreitet (vgl. BayObLG NJW 1974, 1341). Allgemein übliches Fehlverhalten in einer Branche schützt den Täter nicht. – Ebenso schließt ein Handeln aus einem menschlich verständlichen Affekt die Rohheit nicht aus, wenn die Schmerz- oder Leidenszufügung in ihrem Ausmaß dasjenige übersteigt, was dem verständig

§ 18 TierSchG   *Tierschutzgesetz*

Denkenden noch nachvollziehbar erscheint. – Nr. 2 a kann auch durch pflichtwidriges Unterlassen verwirklicht werden, zB durch Liegenlassen eines schwer verletzten Tieres oder durch Unterlassung einer nach § 22 a BJagdG gebotenen Nachsuche. – Maßgebend sind stets die gesamten Tatumstände einschließlich derer, die der Tat vorausgegangen sind oder ihr nachfolgen. – Beispiele aus der Rechtsprechung (vgl. *Kluge/Ort/Reckewell* § 17 Rn. 35): Sexuelle Handlungen an Tieren, die zu Verletzungen führen; Tathandlungen im Zusammenhang mit Hundekämpfen; grundlose Verletzung durch äußerlich aggressives Tun; besonders schwere Missachtung von Bestimmungen der Tierschutztransportverordnung; Misshandlung zu angeblichen Ausbildungszwecken.

104   **Vorsatz** bezüglich des Merkmals „Rohheit" hat der Täter, wenn er die Tatsachen, die die Rohheit seines Handelns begründen, kennt bzw. für möglich hält und in Kauf nimmt. Die Wertung „ich handle roh" braucht er nicht zu vollziehen. – Als Anstifter oder Gehilfe kann auch strafbar sein, wer selbst nicht roh handelt, aber die entsprechenden Begleitumstände kennt.

§ 18 [Ordnungswidrigkeiten]

(1) Ordnungswidrig handelt, wer vorsätzlich oder fahrlässig

1. einem Wirbeltier, das er hält, betreut oder zu betreuen hat, ohne vernünftigen Grund erhebliche Schmerzen, Leiden oder Schäden zufügt,
2. einer vollziehbaren Anordnung nach § 8 a Abs. 5, § 11 Abs. 3 Satz 2 oder § 16 a Satz 2 Nr. 1, 3 oder 4 zuwiderhandelt,
3. einer
   a) nach § 2 a oder
   b) nach den §§ 4 b, 5 Abs. 4, § 6 Abs. 4, § 11 a Abs. 3 Satz 1, § 11 b Abs. 5 Nr. 2, § 12 Abs. 2, § 13 Abs. 2 oder 3, §§ 13 a, 14 Abs. 2, § 16 Abs. 5 Satz 1 oder § 16 c

   erlassenen Rechtsverordnung zuwiderhandelt, soweit sie für einen bestimmten Tatbestand auf diese Bußgeldvorschrift verweist,
4. einem Verbot nach § 3 zuwiderhandelt,
5. entgegen § 4 Abs. 1 ein Wirbeltier tötet,
6. entgegen § 4 a Abs. 1 ein warmblütiges Tier schlachtet,
7. entgegen § 5 Abs. 1 Satz 1 einen Eingriff ohne Betäubung vornimmt oder, ohne Tierarzt zu sein, entgegen § 5 Abs. 1 Satz 2 eine Betäubung vornimmt,
8. einem Verbot nach § 6 Abs. 1 Satz 1 zuwiderhandelt oder entgegen § 6 Abs. 1 Satz 3 einen Eingriff vornimmt,
9. entgegen § 6 Abs. 1 Satz 4 in Verbindung mit § 9 Abs. 3 Satz 1 nicht für die Einhaltung der Vorschriften des § 9 Abs. 1 Satz 1 oder 3 oder Abs. 2 Nr. 4 oder 8 sorgt,
9 a. entgegen § 6 Abs. 1 Satz 5, 6, 7 oder 8 einen Eingriff nicht, nicht richtig, nicht vollständig oder nicht rechtzeitig anzeigt,
10. entgegen § 6 Abs. 2 elastische Ringe verwendet,

11. entgegen § 7 Abs. 4 oder 5 Satz 1 Tierversuche durchführt,
12. Versuche an Wirbeltieren ohne die nach § 8 Abs. 1 erforderliche Genehmigung durchführt,
13. entgegen § 8 Abs. 4 Satz 2 eine Änderung nicht oder nicht rechtzeitig anzeigt,
14. entgegen § 8a Abs. 1, 2 oder 4 ein Vorhaben oder eine Änderung nicht, nicht richtig, nicht vollständig oder nicht rechtzeitig anzeigt,
15. entgegen § 8a Abs. 3 Satz 2 die Zahl der Versuchsvorhaben oder die Art oder die Zahl der verwendeten Tiere nicht, nicht richtig oder nicht rechtzeitig angibt,
16. entgegen § 8b Abs. 1 Satz 1, auch in Verbindung mit § 4 Abs. 3, keinen Tierschutzbeauftragten bestellt,
17. entgegen § 9 Abs. 3 Satz 1 nicht für die Einhaltung der Vorschriften des § 9 Abs. 1 oder 2 oder entgegen § 9 Abs. 3 Satz 2 nicht für die Erfüllung einer vollziehbaren Auflage sorgt,
18. entgegen § 9a Aufzeichnungen nicht, nicht richtig oder nicht vollständig macht, nicht unterzeichnet, nicht aufbewahrt oder nicht vorlegt,
19. entgegen § 10 Abs. 3 nicht für die Einhaltung der Vorschriften des § 10 Abs. 1 oder 2 sorgt,
20. eine Tätigkeit ohne die nach § 11 Abs. 1 Satz 1 erforderliche Erlaubnis ausübt oder einer mit einer solchen Erlaubnis verbundenen vollziehbaren Auflage zuwiderhandelt,
20a. entgegen § 11 Abs. 5 nicht sicherstellt, daß eine im Verkauf tätige Person den Nachweis ihrer Sachkunde erbracht hat,
21. entgegen § 11a Abs. 1 Satz 1 Aufzeichnungen nicht, nicht richtig oder nicht vollständig macht oder nicht aufbewahrt oder entgegen § 11a Abs. 2 Tiere nicht, nicht in der vorgeschriebenen Weise oder nicht rechtzeitig kennzeichnet,
21a. ein Wirbeltier ohne Genehmigung nach § 11a Abs. 4 Satz 1 einführt,
22. Wirbeltiere entgegen § 11b Abs. 1 oder 2 züchtet oder durch bio- oder gentechnische Maßnahmen verändert,
23. entgegen § 11c ein Wirbeltier an Kinder oder Jugendliche bis zum vollendeten 16. Lebensjahr abgibt,
24. (aufgehoben),
25. entgegen § 13 Abs. 1 Satz 1 eine Vorrichtung oder einen Stoff anwendet,
25a. entgegen § 16 Abs. 1a Satz 1 eine Anzeige nicht, nicht richtig, nicht vollständig oder nicht rechtzeitig erstattet,
26. entgegen § 16 Abs. 2 eine Auskunft nicht, nicht richtig oder nicht vollständig erteilt oder einer Duldungs- oder Mitwirkungspflicht nach § 16 Abs. 3 Satz 2, auch in Verbindung mit einer Rechtsverordnung nach § 16 Abs. 5 Satz 2 Nr. 3, zuwiderhandelt oder
27. (aufgehoben).

(2) Ordnungswidrig handelt auch, wer, abgesehen von den Fällen des Absatzes 1 Nr. 1, einem Tier ohne vernünftigen Grund erhebliche Schmerzen, Leiden oder Schäden zufügt.

(3) Die Ordnungswidrigkeit kann in den Fällen des Absatzes 1 Nr. 1, 2, 3 Buchstabe a, Nr. 4 bis 9, 11, 12, 17, 20, 22, 25 und 27 und des Absatzes 2

mit einer Geldbuße bis zu fünfundzwanzigtausend Euro, in den übrigen Fällen des Absatzes 1 mit einer Geldbuße bis zu fünftausend Euro geahndet werden.

Übersicht

	Rn.
I. Allgemeines zum Bußgeldverfahren	1–10
II. Der Tatbestand des Abs. 1 Nr. 1	11–17
III. Die Tatbestände des Abs. 1 Nr. 2–26	18–20
IV. Der Tatbestand des Abs. 2	21–24

I. Allgemeines zum Bußgeldverfahren

1   Die **sachliche Zuständigkeit der Verwaltungsbehörde** bestimmt sich gemäß § 36 Abs. 1 Nr. 1 OWiG nach dem Landesrecht. ZB ist nach der Baden-Württembergischen Tierschutzzuständigkeitsverordnung zur Anwendung des Tierschutzgesetzes und seiner Verordnungen in erster Linie die untere Verwaltungsbehörde (Landratsamt; Bürgermeisteramt des Stadtkreises) zuständig, für Verfahren im Zusammenhang mit der Verwendung von Tieren zu wissenschaftlichen Zwecken jedoch das Regierungspräsidium (vgl. § 1 Nr. 2, Nr. 3 TierSchZuVO BW). – Die **örtliche Zuständigkeit** richtet sich gemäß § 37 Abs. 1 Nr. 1 OWiG in erster Linie danach, wo die Ordnungswidrigkeit begangen worden ist, d. h. nach dem Ort, an dem der Täter tätig wurde bzw. im Falle des Unterlassens hätte tätig werden müssen oder an dem der zum Tatbestand gehörende Erfolg eingetreten ist (§ 7 OWiG; s. auch § 17 Rn. 80). – Ordnungswidrigkeiten, die im Ausland begangen wurden, können nur verfolgt werden, wenn das Gesetz dies bestimmt (vgl. § 5 OWiG). Jedoch liegt eine Inlandstat vor, wenn entweder die zum Tatbestand gehörende Handlung im Inland begangen wurde (mag auch der Tatererfolg im Ausland eingetreten sein; wichtig zB bei Tiertransporten), oder wenn der zum Tatbestand gehörende Erfolg im Inland eingetreten ist bzw. nach der Vorstellung des Täters hätte eintreten sollen (mag auch die dafür ursächliche Handlung im Ausland vorgenommen sein; vgl. *Göhler* OWiG § 7 Rn. 6; *L/M* § 18 Rn. 11). Bei Beteiligung an einer Ordnungswidrigkeit (d. h. bei einer Handlung, die im Strafrecht als Mittäterschaft, Anstiftung oder Beihilfe zu werten wäre) gilt für den Tatort § 7 Abs. 2 OWiG.

2   **Verhältnis Verwaltungsbehörde/Staatsanwaltschaft.** Die Verwaltungsbehörde gibt das Verfahren an die Staatsanwaltschaft ab, wenn Anhaltspunkte für eine Straftat gegeben sind, d. h. wenn konkrete Tatsachen dafür vorliegen, dass ein Straftatbestand (insbesondere § 17) rechtswidrig und schuldhaft verwirklicht worden sein könnte (vgl. *Göhler* OWiG § 41 Rn. 4). Dies gilt auch dann, wenn die Behörde selbst an einer Straftat zweifelt, denn bei Vorliegen entsprechender Anhaltspunkte ist allein die Staatsanwaltschaft zuständig, darüber zu entscheiden, ob ein Anfangsverdacht iS des § 152 Abs. 2 StPO besteht und demgemäß ein Ermittlungsverfahren einzuleiten ist. Verneint sie ihn, so gibt sie das Verfahren an die Verwaltungsbehörde zurück, § 41 Abs. 2 OWiG. Bejaht sie ihn, so führt sie das Ermittlungs-

Ordnungswidrigkeiten **§ 18 TierSchG**

verfahren auch unter dem rechtlichen Gesichtspunkt der Ordnungswidrigkeit durch. – Erkennt die Staatsanwaltschaft am Ende eines Ermittlungsverfahrens, dass zwar keine Straftat, wohl aber eine Ordnungswidrigkeit in Betracht kommt, so kann sie die Einstellung auf die Straftat beschränken und das Verfahren zur Verfolgung der Ordnungswidrigkeit an die Verwaltungsbehörde abgeben, § 43 Abs. 1 OWiG.

Die **Voraussetzungen** dafür, dass ein **Bußgeldbescheid** erlassen werden 3 kann, sind: **1.** Der Sachverhalt muss aufgeklärt sein. – **2.** Die Behörde muss die objektiven und subjektiven Tatbestandsmerkmale des Bußgeldtatbestandes für erwiesen halten. – **3.** Dem Betroffenen muss Gelegenheit zur Äußerung gegeben worden sein, vgl. § 55 OWiG. – **4.** Es darf kein Verfolgungshindernis (zB Verjährung) vorliegen (vgl. dazu *Kluge/Ort/Reckewell* § 18 Rn. 4, 19).

Für das **Verfahren vor der Verwaltungsbehörde** gelten gemäß § 46 4 Abs. 1 OWiG grundsätzlich die Vorschriften der StPO, also zB für Beschlagnahmen die §§ 94 ff. und 111 b ff. und für Durchsuchungen die §§ 102 ff. StPO. Der Verhältnismäßigkeitsgrundsatz ist zu beachten; angesichts einer Bußgeldandrohung von 25 000 Euro sind aber etwaige Beschränkungen aus dem Gesichtspunkt „Schwere der Tat" eher gering (so *Kluge/Ort/Reckewell* § 18 Rn. 8 unter Hinweis auf LG Hanau, 3 Js 3212/98 Qs). – Wer wegen des Verdachts einer Ordnungswidrigkeit Anzeige erstattet hat, muss von der Verwaltungsbehörde unter Angabe der Gründe beschieden werden, wenn diese das Verfahren einstellt oder dem Antrag auf Einleitung eines Verfahrens keine Folge gibt, vgl. § 46 Abs. 1 OWiG i.V.m. § 171 StPO. Gegen eine solche Entscheidung ist Dienstaufsichtsbeschwerde möglich (vgl. *Göhler* § 46 OWiG Rn. 20).

Den **notwendigen Inhalt des Bußgeldbescheides** regelt § 66 OWiG. 5 Mängel führen hier nur dann zu einer Unwirksamkeit (mit der Folge, dass die Geldbuße nicht beigetrieben werden kann), wenn sie besonders schwerwiegend sind. Beispiele: Die Tat muss nach Zeit, Ort, beteiligten Personen und Begleitumständen so beschrieben sein, dass sie von anderen historischen Vorgängen abgegrenzt werden kann; ist das der Fall, so führen fehlende oder falsche Angaben zu Tatzeit und/oder Tatort nicht zur Unwirksamkeit. Der Betroffene muss zweifelsfrei identifizierbar sein; ist das geschehen, dann sind mangelhafte Angaben zu seinen Personalien unbeachtlich. Nicht zu einer Unwirksamkeit führen auch: falsche rechtliche Würdigung, fehlende oder falsche Angabe der Bußgeldvorschrift, mangelhafte Bezeichnung der Beweismittel, fehlende Rechtsmittelbelehrung, fehlende Kostenentscheidung, fehlende Zuständigkeit (näher dazu *Kluge/Ort/Reckewell* § 18 Rn. 8–14; *Göhler* § 66 OWiG Rn. 38 ff.). – Dies ändert indes nichts daran, dass auf die Einhaltung aller Anforderungen des § 66 OWiG geachtet werden sollte.

Wird **Einspruch** eingelegt, so findet zunächst ein Zwischenverfahren vor 6 der Behörde statt, in dem diese u.a. darüber entscheidet, ob sie den Bußgeldbescheid aufrechterhält oder zurücknimmt. Nimmt sie ihn nicht zurück, so übersendet sie die Akten an die Staatsanwaltschaft, die sie, wenn sie nicht ihrerseits einstellt oder weitere Ermittlungen durchführt, dem Richter beim Amtsgericht vorlegt (§ 69 OWiG). Im gerichtlichen Verfahren ist die Behörde gemäß § 76 OWiG zu beteiligen, d. h. u. a.: Sie ist anzuhören; der Termin zur Hauptverhandlung muss ihr mitgeteilt werden; ihr Vertreter erhält in der Hauptverhandlung auf Verlangen das Wort; ihre Vertreter können Zeugen oder Sachverständige sein (vgl. *Göhler* § 76 OWiG Rn. 11, 12).

7   Die **Geldbuße** beträgt bei den meisten Tatbeständen des § 18 im Höchstmaß 25 000 €. Bei einzelnen Ziffern des Abs. 1 (nämlich bei Nr. 3 b, 9 a, 10, 13, 14, 15, 16, 18, 19, 20 a, 21, 21 a, 23, 25 a und 26) liegt die Obergrenze bei 5000 €. Nach § 17 Abs. 4 OWiG kann das gesetzliche Höchstmaß überschritten werden, soweit dies erforderlich ist, um den wirtschaftlichen Vorteil, den der Täter aus der Ordnungswidrigkeit gezogen hat, abzuschöpfen; dies kommt insbesondere bei Verstößen in Betracht, die in intensiven Tierhaltungen oder auf Tiertransporten oder bei Tierversuchen begangen werden. Die Geldbuße soll den wirtschaftlichen Vorteil, den der Täter aus der Tat gezogen hat, übersteigen (§ 17 Abs. 4 S. 1). Hat der Täter im Rahmen von Absatz 1 nur fahrlässig gehandelt, verringert sich das Höchstmaß jeweils auf die Hälfte, also auf 12 500 € bzw. 2500 €, vgl. § 17 Abs. 2 OWiG. – Für die Zumessung der Geldbuße sind nach § 17 Abs. 3 OWiG maßgebend: die Bedeutung der Ordnungswidrigkeit (zB Schwere der zugefügten Leiden oder Schäden, ihre Dauer, Zahl der betroffenen Tiere, Fernwirkungen); der Vorwurf, der den Täter trifft (zB Vorsatz; Grad der Fahrlässigkeit; Vortaten; Nachtatverhalten); wirtschaftliche Verhältnisse (diese können bei Bußen bis 250 € unberücksichtigt bleiben, vgl. OLG Düsseldorf DAR 2000, 534; *Göhler* § 17 OWiG Rn. 24.

8   Auf eine mögliche **Verjährung** muss bei Ordnungswidrigkeiten immer besonders geachtet werden. Die Verjährungsfrist beträgt grundsätzlich drei Jahre (vgl. § 31 Abs. 2 Nr. 1 OWiG); die nach Abs. 3 im Höchstmaß nur mit 5000 € bedrohten Ordnungswidrigkeiten (s. Rn. 7) verjähren allerdings schon nach zwei Jahren (§ 31 Abs. 2 Nr. 2 OWiG). Zahlreiche Unterbrechungstatbestände, nach deren Eintritt die Verjährungsfrist neu zu laufen beginnt, regelt § 33 OWiG. Zu beachten ist aber auch die absolute Verjährung, die nach sechs bzw. vier Jahren eintritt (vgl. § 33 Abs. 3 S. 2 OWiG).

9   Bei **Beteiligung mehrerer** gilt nach § 14 OWiG ein einheitlicher Täterbegriff. Man muss aber zwischen Beteiligung und fahrlässiger Nebentäterschaft unterscheiden: 1. Beteiligung an der Ordnungswidrigkeit eines anderen setzt voraus, dass sowohl der andere als auch der Beteiligte vorsätzlich handeln. Als Beteiligung iS des § 14 OWiG gelten dann alle Teilnahmeformen, die im Strafrecht als Mittäterschaft, Anstiftung oder Beihilfe zu werten wären. Wegen des geltenden einheitlichen Täterbegriffes ist es überflüssig, den Tatbeitrag des Beteiligten streng in eine dieser strafrechtlichen Kategorien einzuordnen. Gegen jeden Beteiligten kann eine Geldbuße verhängt werden, deren Höhe sich nach der Bedeutung seiner Tatbeteiligung und dem Vorwurf, der ihm zu machen ist, richtet. Enthält der Tatbestand besondere persönliche Merkmale, die die Möglichkeit der Ahndung begründen, so ist ausreichend, wenn sie bei einer der Personen, die an der Tatbestandsverwirklichung vorsätzlich mitwirken, vorliegen (vgl. *Göhler* OWiG § 14 Rn. 1–8 sowie 11). Werden in einer Tierhaltung, auf einem Tiertransport oder in einer Schlachteinrichtung Ordnungswidrigkeiten begangen, so kann auch der für die Genehmigung oder Überwachung zuständige Amts-

Ordnungswidrigkeiten **§ 18 TierSchG**

träger wegen seiner Garantenstellung (s. § 17 Rn. 56) Beteiligter sein. Dies kann er evtl. gegenüber Verwaltungsvorschriften oder Weisungen, die ihm das Einschreiten verwehren, geltend machen (s. Einf. Rn. 60). – **2.** Bei Ordnungswidrigkeiten, die auch fahrlässig begehbar sind (vgl. § 18 Abs. 1), gibt es darüber hinaus die fahrlässige Nebentäterschaft, d. h.: Jeder, der durch sein Handeln oder sein garantiepflichtwidriges Unterlassen fahrlässig eine nicht hinwegdenkbare Bedingung für den tatbestandsmäßigen Erfolg gesetzt hat, kann als fahrlässiger Nebentäter mit einer Geldbuße belangt werden. Die Tatbestandsverwirklichung wird auch nicht dadurch in Frage gestellt, dass ein anderer an den fahrlässig in Gang gesetzten Geschehensablauf anknüpft und den Tatbestand dann seinerseits vorsätzlich verwirklicht; denn es reicht aus, dass der fahrlässig gesetzte Tatbeitrag nur eine von mehreren Ursachen für den verbotenen Erfolg bildet (vgl. *Göhler* aaO Rn. 4). Ein Beispiel nach *L/M* Vor § 17 Rn. 14: Der Sorgeberechtigte unterlässt es fahrlässig, den seiner Sorge Unterstellten daran zu hindern, ein Wirbeltier zu töten: Ordnungswidrigkeit nach § 18 Abs. 1 Nr. 1, da fahrlässige Tierschädigung durch pflichtwidriges Unterlassen; wird das Wirbeltier betäubungslos getötet, so liegt auch eine Ordnungswidrigkeit nach § 18 Abs. 1 Nr. 4 vor; zu Beteiligung und Nebentäterschaft s. auch Rn. 16). § 14 Abs. 1 S. 2 OWiG gilt allerdings für die fahrlässige Nebentäterschaft nicht, d. h.: Enthält der Tatbestand besondere persönliche Merkmale, welche die Möglichkeit der Ahndung begründen, so kann nur (Neben-)Täter sein, wer diese Merkmale erfüllt.

Bei **Ordnungswidrigkeiten, die von Bediensteten im Rahmen eines Unternehmens begangen werden** (zB bei intensiver Tierhaltung, Versuchstierhaltung, Tiertransporten, Tierversuchen), kann unter bestimmten Voraussetzungen auch gegen den Unternehmer selbst eine Geldbuße verhängt werden: 1. Dies gilt zunächst, wenn die Voraussetzungen einer Beteiligung nach § 14 OWiG oder eine fahrlässige Nebentäterschaft nachgewiesen werden können (insbes. auch durch Unterlassen, denn der Unternehmer besitzt eine Garantenstellung dafür, dass Tiere, die sich in seinem Betrieb befinden, nicht leiden und nicht geschädigt werden; s. § 17 Rn. 55, 56). – 2. Außerdem kann gegen den Betriebsinhaber nach § 130 OWiG eine Geldbuße festgesetzt werden, wenn er vorsätzlich oder fahrlässig Aufsichtsmaßnahmen unterlassen hat, die im Falle ihrer Durchführung den Verstoß des Bediensteten verhindert oder wesentlich erschwert hätten (vgl. *L/M* Vor § 17 Rn. 15). Zu diesen Maßnahmen gehören: Sorgfalt bei der Einstellung und Aufgabenübertragung; richtige Anleitung; Versorgung mit ordnungsgemäß funktionierenden, den Fähigkeiten des Bediensteten angepassten Geräten; regelmäßige Überwachung; Organisation des Betriebes so, dass Verstöße so weit wie möglich im Vorfeld erkannt und verhindert werden; Bestellung, sorgfältige Auswahl und Überwachung von Aufsichtspersonen (vgl. § 130 Abs. 1 S. 2 OWiG). – 3. Gegen eine juristische Person, eine Personenhandelsgesellschaft oder einen Verein ist eine Geldbuße möglich, wenn ein Organ, Vorstandsmitglied oder vertretungsberechtigter Gesellschafter im Zusammenhang mit den ihm übertragenen Pflichten gehandelt hat und wenn dadurch entweder Pflichten der juristischen Person usw. verletzt worden sind oder diese bereichert worden ist, § 30 OWiG.

§ 18 TierSchG   *Tierschutzgesetz*

II. Der Tatbestand des Abs. 1 Nr. 1

11   Der **Täter** muss Halter, Betreuer oder Betreuungspflichtiger sein (vgl. aber § 14 Abs. 1 S. 2 OWiG: Bei Tatbeteiligung mehrerer genügt es, wenn das persönliche Merkmal nur bei einem Tatbeteiligten vorliegt; s. auch Rn. 9). Zu den Begriffen s. § 2 Rn. 4–7. Es genügt, wenn der Täter im Rahmen eines Gefälligkeitsverhältnisses mit der Obhut beauftragt wurde. Auch kann er selbst das Obhutsverhältnis hergestellt haben (Beispiel nach *Kluge/Ort/Reckewell* § 18 Rn. 21: Dem Betroffenen ist eine Katze zugelaufen, die er auf seinem Grundstück füttert und tränkt). Der Tierarzt ist Betreuungspflichtiger (wichtig zB bei fahrlässigem Kunstfehler).

12   Der **verbotene tatbestandsmäßige Erfolg** besteht darin, dass dem gehaltenen bzw. betreuten Wirbeltier erhebliche Schmerzen, Leiden oder Schäden zugefügt werden. Wirbeltier s. § 4 Rn. 1. Schmerzen s. § 1 Rn. 12–16. Leiden s. § 1 Rn. 17–23a. Schäden s. § 1 Rn. 24–26 (zum Tod als Schaden vgl. auch BVerwG NVwZ 1998, 853, 855; *L/M* § 18 Rn. 12). Erheblich s. § 17 Rn. 50–53. – Im Gegensatz zu § 17 Nr. 2 b wird der Zeitfaktor hier nicht durch ein eigenständiges Tatbestandsmerkmal erfasst. Damit fließt neben der Intensität auch die Dauer der Schmerzen, Leiden oder Schäden in die Beurteilung der Erheblichkeit ein. Auch Schmerzen oder Leiden, die für sich gesehen geringfügig erscheinen, können damit erheblich werden, wenn sie sich wiederholen oder eine zumindest mäßige Zeitspanne andauern (s. auch § 17 Rn. 54). – Es bedarf einer kausalen Handlung des Täters, die für den negativen Erfolg eine nicht hinwegdenkbare Bedingung setzt; sie kann auch nur eine von mehreren Ursachen darstellen (s. auch § 17 Rn. 2). Tatbegehung durch Unterlassen ist ebenfalls möglich: Für den Halter, Betreuer und Betreuungspflichtigen ergibt sich die Garantenstellung für Leben und Wohlbefinden schon aus dem Gesetz, nämlich aus § 2 Nr. 1. Daneben kommen auch Garantenstellungen aus tatsächlicher Gewährübernahme, vorangegangenem gefahrschaffendem Tun oder amtlicher bzw. beruflicher Stellung in Betracht (s. § 17 Rn. 3, Rn. 55–57).

13   **Ohne vernünftigen Grund** s. § 1 Rn. 27–55 und § 17 Rn. 8, 9, 11. Zur Frage der rechtfertigen Wirkung einer behördlichen Genehmigung s. § 17 Rn. 74–76.

14   **Fahrlässiges Handeln** genügt. Es liegt vor, wenn der Täter die Sorgfalt, zu der er nach den Umständen oder seinen persönlichen Fähigkeiten verpflichtet und imstande ist, außer Acht lässt, und deshalb entweder die Tatbestandsverwirklichung nicht erkennt oder voraussieht (unbewusste Fahrlässigkeit) oder diese Möglichkeit zwar erkennt, aber ernsthaft und nicht nur vage darauf vertraut, sie werde sich nicht verwirklichen (bewusste Fahrlässigkeit; bei nur vagem Vertrauen kommt Vorsatz in Betracht, s. § 17 Rn. 4). – Den Tatbestand verwirklicht also, wer nach den bekannten und erkennbaren Umständen damit rechnen musste, dass sein Handeln zu nicht gerechtfertigten, erheblichen Schmerzen, Leiden oder Schäden bei dem Tier führen konnte. Beim Unterlassen muss hinzukommen, dass er auch die seine Garantenstellung begründenden Umstände und die Möglichkeit, den tatbestandsmäßigen Erfolg zu verhindern, erkennen konnte. – Die Fahrlässigkeit

kann auch darin liegen, dass jemand mit einer Tätigkeit beginnt bzw. eine Aufgabe übernimmt, für die seine Kenntnisse und Fähigkeiten erkennbar nicht ausreichen. Wer beispielsweise ein Wirbeltier tötet oder daran mitwirkt, ohne die nach § 4 Abs. 1 S. 3 vorgeschriebenen Kenntnisse und Fähigkeiten zu besitzen, handelt schon aus diesem Grund fahrlässig und kann sich nicht darauf berufen, die konkret eingetretenen Folgen seines Handelns nicht vorhergesehen zu haben. – Wer vorsätzlich handelt, verwirklicht den Tatbestand erst recht.

Abs. 1 Nr. 1 ist Auffangtatbestand gegenüber § 17 – einmal dann, wenn 15
sich zwar die Erheblichkeit, nicht aber auch die anhaltende Dauer der Schmerzen oder Leiden nachweisen lässt, zum anderen auch dann, wenn Vorsatz zwar unbewiesen bleibt, Fahrlässigkeit aber jedenfalls vorliegt. Insbesondere kann die fahrlässige Wirbeltiertötung nach dieser Vorschrift geahndet werden (vgl. *L/M* § 18 Rn. 12, 13; s. auch Rn. 12).

Bei **Beteiligung mehrerer** iS des § 14 OWiG (d.h.: der unmittelbare 16
Handelnde handelt vorsätzlich; der Beteiligte handelt ebenfalls vorsätzlich, so dass sein Handeln nach den Regeln des Strafrechts als Mittäterschaft, Anstiftung oder Beihilfe zu bewerten wäre, s. Rn. 9) genügt es, wenn einer von ihnen Halter, Betreuer oder Betreuungspflichtiger ist, vgl. § 14 Abs. 1 S. 2 OWiG. – Darüber hinaus kann Nebentäter sein, wer durch sein fahrlässiges Handeln oder pflichtwidriges Unterlassen eine von mehreren Bedingungen für den tatbestandsmäßigen Erfolg setzt; er muss dann aber seinerseits (auch) Halter, Betreuer oder Betreuungspflichtiger sein, denn den Fall der fahrlässigen Nebentäterschaft erfasst § 14 Abs. 1 S. 2 OWiG nicht (vgl. *Göhler* OWiG § 14 Rn. 4).

Einige **Beispiele** aus der **Rechtsprechung**: Transport einer erkrankten, 17
transportunfähigen Kuh ohne vorherige Zuziehung des Tierarztes; bedingt durch die Vorerkrankung und die Belastungen des Transports kommt es zu einer Transporttetanie (vgl. BayObLG RdL 1998, 51 f.) – Fast tägliches Massieren und Hochbinden frisch kupierter Hundeohren (vgl. BayObLG NJW 1993, 2760). – Zurücklassen eines Hundes im Fahrzeug bei warmer Witterung; je nach Außentemperatur und Belüftungsmöglichkeit kann bereits ab 15–30 Minuten erhebliches Leiden eintreten (vgl. *Petermann* AtD 1997, 36 ff.).

III. Die Tatbestände des Abs. 1 Nr. 2–26

Abs. 1 Nr. 2 setzt voraus, dass einer der folgenden Verwaltungsakte 18
(Anordnungen) erlassen wurde: Untersagung von Tierversuchen nach § 8a Abs. 5 (gleichgestellt: Untersagung eines Versuchs oder einer Tiertötung zu Ausbildungszwecken nach § 10 Abs. 2 S. 1 i.V.m. § 8a Abs. 5; Untersagung einer biotechnischen oder ähnlichen Maßnahme nach § 10a S. 4 i.V.m. § 8a Abs. 5); Untersagung der Aufnahme oder Weiterführung einer erlaubnispflichtigen Tätigkeit nach § 11 Abs. 3 S. 2; Gebots- oder Verbotsverfügung, durch die eine oder mehrere Pflichten aus § 2 Nr. 1, 2 oder 3 ausgesprochen werden (§ 16a S. 2 Nr. 1; darunter fallen auch Anordnungen, die auf Grund einer Rechtsverordnung nach § 2a ergehen); Untersagung des Haltens oder Betreuens nach § 16a S. 2 Nr. 3; Einstellung von Tierversuchen nach § 16a S. 2 Nr. 4. – Die Anordnung muss hinreichend bestimmt sein (§ 37 Abs. 1

§ 18 TierSchG *Tierschutzgesetz*

VwVfG; s. auch § 16a Rn. 7 u. 10). – Der Täter muss der Anordnung vorsätzlich oder fahrlässig zuwiderhandeln; dies kann durch Tun oder durch Unterlassen geschehen. – Die Anordnung muss im Zeitpunkt der Zuwiderhandlung vollziehbar sein. Dies ist einmal dann der Fall, wenn sie bestandskräftig ist; ausreichend ist aber auch, dass sie für sofort vollziehbar erklärt worden ist (vgl. § 80 Abs. 2 Nr. 4, Abs. 3 VwGO). Erhebt also der Adressat gegen die Anordnung rechtzeitig Widerspruch oder Klage (vgl. §§ 69, 74 VwGO), so kann eine Zuwiderhandlung nur geahndet werden, wenn die Anordnung für sofort vollziehbar erklärt worden ist. – Nicht erforderlich ist dagegen, dass die Behörde den Betroffenen schon in der Anordnung auf die Möglichkeit des Abs. 1 Nr. 2 hinweist oder gar die Verhängung eines Bußgeldes für den Fall der Zuwiderhandlung androht (schaden kann es aber auch nicht). – Abs. 1 Nr. 2 ist verfassungsgemäß und genügt insbesondere dem Bestimmtheitsgebot nach Art. 103 Abs. 2 GG (vgl. BVerfG NJW 1989, 1663; *L/M* § 18 Rn. 15).

19 Abs 1 Nr. 3a meint Rechtsverordnungen, die auf Grund von § 2a ergangen sind. Dazu gehören u. a. die Tierschutz-NutztierhaltungsVO, die Tierschutz-HundeVO, die TierschutztransportVO sowie Teile der Tierschutz-SchlachtVO. Soweit einzelne Bestimmungen dieser Verordnungen auf andere Ermächtigungsgrundlagen gestützt sind, wird in der jeweiligen Ordnungswidrigkeiten-Vorschrift auf Nr. 3b Bezug genommen (vgl. § 16 Abs. 2 TierSchNutztV, § 12 Abs. 2 TierSchHundeV, § 42 Abs. 2 TierSchTrV und § 15 Abs. 2 TierSchlV). – **Abs 1 Nr. 3b** erfasst Rechtsverordnungen aufgrund von § 4b (hierunter fallen die meisten Bestimmungen der TierSchlV), von § 5 Abs. 4, § 6 Abs. 4, § 11a Abs. 3 S. 1, § 11b Abs. 5 Nr. 2, § 12 Abs. 2, § 13 Abs. 2, Abs. 3, §§ 13a, 14 Abs. 2, § 16 Abs. 5 S. 1 oder § 16c. – Notwendig ist, dass der Täter einem Gebot oder Verbot in der Rechtsverordnung vorsätzlich oder fahrlässig zuwiderhandelt; außerdem bedarf es einer Bestimmung innerhalb der Rechtsverordnung, die den Verstoß gegen die betreffende Vorschrift als Ordnungswidrigkeit iS von Abs. 1 Nr. 3a oder 3b einstuft (vgl. zB § 16 TierSchNutztV, § 12 TierSchHundeV, § 42 TierSchTrV, § 15 TierSchlV). – Der Unterschied zwischen den Verordnungen nach § 2a und den anderen Verordnungen betrifft zum einen das Höchstmaß der Geldbuße nach Abs. 3 und zum anderen die Möglichkeit zur Einziehung von Beziehungsgegenständen nach § 19.

20 **Abs. 1 Nr. 4–26.** Auch für diese Ordnungswidrigkeiten reicht Fahrlässigkeit aus. – Zu **Nr. 4** s. § 3. – Zu **Nr. 5** s. § 4 Rn. 12 u. 20. – Zu **Nr. 6** s. § 4a Rn. 29. Ordnungswidrig handelt nicht nur, wer ohne Erlaubnis schächtet, sondern auch, wer die Grenzen der Erlaubnis überschreitet oder ihre Auflagen missachtet. Tatbeteiligter nach § 14 OWiG ist zB, wer lebende Tiere verkauft oder anliefert, obwohl er weiß, dass sie geschächtet werden sollen, oder wer Räume oder Geräte dafür zur Verfügung stellt (vgl. AG Balingen NJW 1982, 1006). – Zu **Nr. 7** s. § 5, dort insbesondere Rn. 18. Zum betäubungslosen Schnabelkürzen s. § 6 Rn. 26 – Zu **Nr. 8** s. § 6, dort insbesondere Rn. 29. Beispiele für Verstöße gegen § 6 Abs. 1 S. 1: Kupieren von Hundeohren, Kupieren der Kämme von Zuchthähnen, Flügelstutzen bei Vögeln, Voroperieren von Versuchstieren durch Züchter, Kalt- oder Heißbrand beim Rind, Rüsselkrampen beim Schwein, Entfernung der Stinkdrüsen beim

Skunk, Eröffnung des Leibeshöhle beim weiblichen Stör zur Gewinnung von Kaviar. – Zu **Nr. 9, 9 a und 10** s. § 6 Rn. 29. – Zu **Nr. 11** s. § 7 Rn. 54 u. 55. – Zu **Nr. 12** s. § 8 Rn. 35. Wenn mit einem genehmigungspflichtigen Versuchsvorhaben begonnen wird, obwohl der Genehmigungsbescheid noch nicht erlassen und zugegangen ist, bildet die wissenschaftliche Reputation des dafür verantwortlichen Versuchsleiters keinen Grund, nach § 47 Abs. 1 OWiG von einer Verfolgung abzusehen; wiederholte Verstöße begründen außerdem Zuverlässigkeitszweifel iS von § 8 Abs. 3 Nr. 2. Bei der Bemessung der Geldbuße ist auch an die Abschöpfung des wirtschaftlichen Vorteils zu denken, vgl. § 17 Abs. 4 OWiG. – Zu **Nr. 13** s. § 8 Rn. 15 u. 35. – Zu **Nr. 14** s. § 8 a Rn. 15. – Zu **Nr. 15** s. § 8 a Rn. 16. Der Nachweis, dass die Angaben unrichtig sind, kann mit Zeugenaussagen, Tierbestandsbüchern und auch mit Hilfe der nach § 9 a vorgeschriebenen Aufzeichnungen erbracht werden. Verstöße begründen Zuverlässigkeitszweifel iS des § 8 Abs. 3 Nr. 2. – Zu **Nr. 16** s. § 8 b Rn. 1, 5 und § 4 Rn. 19. – Zu **Nr. 17** s. § 9 Rn. 27. – Zu **Nr. 18** s. § 9 a Rn. 8. – Zu **Nr. 19** s. § 10 Rn. 29. In der Praxis wird häufig übersehen, dass das Töten von Tieren, deren Körper oder Organe anschließend für ein Ausbildungsexperiment oder eine Präparation verwendet werden sollen, ebenfalls unter § 10 fällt (vgl. BVerwG NVwZ 1998, 853, 855; s. § 10 Rn. 4). Folglich unterliegen auch diese Eingriffe der Anzeigepflicht nach § 10 Abs. 2 i. V. m. § 8 a und der Aufzeichnungspflicht nach § 10 Abs. 2 i. V. m. § 9 a. – Zu **Nr. 20** s. § 11 Rn. 30. – Zu **Nr. 20a**, die erst ab dem 1. 5. 2000 gilt, s. ebenfalls § 11 Rn. 30. – Zu **Nr. 21 und Nr. 21 a** s. § 11 a Rn. 8. – Zu **Nr. 22** s. § 11 b Rn. 28. Nach der Veröffentlichung des BMVEL-Qualzuchtgutachtens im Januar 2000 wird man bei Züchtungen, die diesen Empfehlungen widersprechen, einen zumindest fahrlässigen Verstoß gegen § 11 b Abs. 1 annehmen können. Dasselbe gilt, wenn noch immer mit Schweinen gezüchtet wird, die homo- oder heterozygot den mutierten Ryanodin-Rezeptor (RYR 1) aufweisen, obwohl die so entstehenden Tiere eine höhere Stressanfälligkeit (Belastungsmyopathie) haben (vgl. dazu *Martens* in: Evang. Akademie Bad Boll, Tierversuche S. 97, 99). – Zu **Nr. 23** s. § 11 c. – Zu **Nr. 25** s. § 13 Rn. 19. – Zu **Nr. 25 a** s. § 16 Rn. 2. – Zu **Nr. 26 erste Alternative** („Auskunft nicht, nicht richtig der nicht vollständig erteilt") s. § 16 Rn. 3–5. Es kommt nicht darauf an, ob die Behörde das Auskunftsverlangen, dem der Täter zuwiderhandelt, formlos oder aber förmlich, d. h. durch Verwaltungsakt, ausgesprochen hat. – Zu **Nr. 26 zweite Alternative** („oder einer Duldungs- oder Mitwirkungspflicht ... zuwiderhandelt") s. § 16 Rn. 10. Bereits ein verbales Zutrittsverbot, das gegenüber einem Betreten nach § 16 Abs. 3 S. 1 Nr. 1 oder 2 ausgesprochen wird, reicht aus; erst recht natürlich geleisteter Widerstand (vgl. *L/M* § 16 Rn. 25).

IV. Der Tatbestand des Abs. 2

Täter kann jeder sein, im Unterschied zu Abs. 1 Nr. 1. Bei Täterschaft 21 durch Unterlassen bedarf es einer entsprechenden Garantenstellung (s. § 17 Rn. 3, Rn. 55–57).

Zu den einzelnen Begriffen: Tier ist jedes Tier, also auch das wirbellose. 22 Schmerzen s. § 1 Rn. 12–16. Leiden s. § 1 Rn. 17–23 a. Schäden s. § 1 Rn. 24–

26 (zum Tod als Schaden s. Rn. 12). Erheblich s. § 17 Rn. 50–53; dazu dass sich die Erheblichkeit hier auch aus der Dauer der Schmerzen, Leiden oder Schäden ergeben kann, s. Rn. 12. Ohne vernünftigen Grund s. § 1 Rn. 27–55 und § 17 Rn. 8, 9, 11.

23 **Vorsatz.** Der verbotene Erfolg muss durch vorsätzliches Handeln bzw. vorsätzliches garantiepflichtwidriges Unterlassen herbeigeführt worden sein (vgl. § 10 OWiG). Zur Kausalität s. § 17 Rn. 2, zum Vorsatz s. § 17 Rn. 4 und Rn. 78.

24 Abs. 2 kann als **Auffangtatbestand** dienen, einmal gegenüber § 17 Nr. 2b (wenn zwar die Erheblichkeit der Schmerzen oder Leiden, nicht aber auch deren Dauer nachgewiesen ist), aber auch gegenüber Abs. 1 Nr. 1 (bei Handeln einer Person, die nicht Halter usw. ist). – Seine besondere Bedeutung liegt darin, dass auch wirbellose Tiere geschützt sind. Soweit deren Schmerz- und Leidensfähigkeit bezweifelt wird (s. § 1 Rn. 16 und 23a), kann ihnen doch zumindest ein Schaden zugefügt werden, denn dafür genügt jede Beeinträchtigung der Unversehrtheit, auch wenn sie nicht nachweislich von Schmerzen oder Leiden begleitet wird. Weil auch der Tod ein Schaden ist, kann zB die unnötige Tötung von Ameisen oder Spinnen den Tatbestand erfüllen; einen vernünftigen Grund wird es dafür nur selten geben (vgl. *A. Hirt*, Der vernünftige Grund, S. 5). – Weitere Beispiele: Grillen von lebenden Hummern (zwar auch Verstoß gg. § 13 Abs. 8 TierSchlV, jedoch ist diese Vorschrift nicht über § 15 dieser VO bußgeldbewehrt); „Fly-Killer" (Leuchtstoffröhren zum Anlocken und Töten von Insekten), jedenfalls wenn sie so aufgestellt sind, dass auch nützliche Insekten getötet werden, zB im Freien; Leuchtreklamen, an denen nützliche Insekten in großer Zahl verbrennen (vgl. *Kluge/Ort/Reckewell* § 18 Rn. 34); Tötung von Kaulquappen durch rechtswidriges Zuschütten von Teichen (vgl. den Fall nach OLG Stuttgart NStZ 1994, 590; dort wurde die Wirbeltiereigenschaft von Kaulquappen verneint, § 18 Abs. 2 allerdings mit Blick auf § 21 OWiG nicht geprüft).

§ 19 [Einziehung]

Tiere, auf die sich eine Straftat nach § 17 oder eine Ordnungswidrigkeit nach § 18 Abs. 1 Nr. 1, 2, Nr. 3, soweit die Ordnungswidrigkeit eine Rechtsverordnung nach §§ 2a, 5 Abs. 4, § 11b Abs. 5 Nr. 2 oder § 12 Abs. 2 Nr. 4 oder 5 betrifft, Nr. 4, 8, 9, 12, 17, 19, 21a, 22, 23, 24 oder 27 bezieht, können eingezogen werden.

Übersicht

	Rn.
I. Bedeutung der Vorschrift im Kontext mit den §§ 74 ff. StGB und den §§ 22 ff. OWiG	1, 2
II. Voraussetzungen für eine Einziehung von Tieren	3–7
III. Rechtsfolgen der Einziehung	8
IV. Zum Ablauf eines Einziehungsverfahrens	9–14
V. Beschlagnahme und Einziehung im Straf- bzw. Ordnungswidrigkeitenverfahren oder Wegnahme im Verwaltungsverfahren?	15

Einziehung § 19 TierSchG

I. Bedeutung der Vorschrift im Kontext mit den §§ 74 ff. StGB und den §§ 22 ff. OWiG

Die **Einziehung** ist auf Beziehungsgegenstände erweitert. Nach den §§ 74 ff. StGB ist bei einer vorsätzlich begangenen Straftat die Einziehung von Tieren (= Gegenstände iS des Strafrechts, vgl. dazu *Tröndle/Fischer* § 242 StGB Rn. 2) möglich. Voraussetzung ist aber nach § 74 Abs. 1 StGB, dass das Tier entweder durch die Straftat hervorgebracht wurde (Tatprodukt, „productum sceleris") oder dass es zu deren Begehung oder Vorbereitung gebraucht worden oder bestimmt gewesen ist (Tatwerkzeug, „instrumentum sceleris"). Als Beispiel für letzteres lässt sich an den Hund denken, der an einer Katze, Ente oder einem anderen Kleintier „scharf" gemacht worden ist. Nicht ausreichend ist dagegen für § 74 Abs. 1 StGB, dass das Tier lediglich den Beziehungsgegenstand der Straftat bildet (vgl. dazu die Definition bei *Schönke/Schröder/Eser* § 74 StGB Rn. 12a: Passives Objekt der Tat, dessen Verwendung sich jeweils in dem Gebrauch erschöpft, auf dessen Verhinderung der betreffende Tatbestand abzielt). Tiere, die von einer Straftat nach § 17 betroffen sind, sind regelmäßig nur solche Beziehungsgegenstände. Hier setzt deshalb die Hauptbedeutung von § 19 ein: Er erweitert die §§ 74 ff. StGB, indem er bei Tieren, die entgegen dem Verbot des § 17 getötet oder misshandelt worden sind, die Einziehung auch als bloße Beziehungsgegenstände zulässt. 1

Bei bestimmten Ordnungswidrigkeiten ist die Einziehung zulässig. Nach den §§ 22 ff. OWiG können zwar bei einer vorsätzlichen oder fahrlässigen Ordnungswidrigkeit Gegenstände – auch bloße Beziehungsgegenstände – eingezogen werden, jedoch nur dort, wo das Gesetz dies ausdrücklich zulässt (§ 22 Abs. 1 OWiG). Hier liegt die weitere Bedeutung von § 19: Er lässt bei bestimmten, enumerativ aufgezählten Ordnungswidrigkeiten nach § 18 die Einziehung der Tiere, auf die sich die Tat bezieht, zu. Das Weitere regeln die §§ 22 Abs. 2, Abs. 3, 24, 26, 27 und 29 OWiG. 2

II. Voraussetzungen für eine Einziehung von Tieren

Voraussetzung für § 19 erste Alternative („**Straftat**") ist, dass ein Wirbeltier entgegen § 17 Nr. 1 getötet wurde oder dass ihm entgegen § 17 Nr. 2 erhebliche Schmerzen oder Leiden zugefügt wurden. Der Täter muss dabei zumindest rechtswidrig und mit sog. „natürlichen" Vorsatz (= Wissen und Wollen aller gesetzlichen Tatbestandsmerkmale) gehandelt haben. – Die zweite Alternative („**Ordnungswidrigkeit**") greift ein, wenn eine der aufgezählten Ordnungswidrigkeiten nach § 18 Abs. 1 tatbestandsmäßig, rechtswidrig sowie entweder vorsätzlich oder fahrlässig verwirklicht wurde. – Zur Situation, wenn der Täter zwar vorsätzlich bzw. fahrlässig, im Übrigen aber ohne Schuld gehandelt hat, s. Rn. 6. 3

Die **Einziehung als Strafe bzw. Buße** ist in § 74 Abs. 4, Abs. 2 Nr. 1 StGB bzw. in § 22 Abs. 2 Nr. 1 OWiG geregelt. Sie setzt voraus, dass das Tier z. Zt. der Entscheidung (Urteil, Bußgeldbescheid) dem Täter oder Teilnehmer gehört oder zusteht. „Gehören" bedeutet Alleineigentum (ausrei- 4 chend auch: Sicherungs- oder Vorbehaltseigentum, vgl. dazu BGHSt 19, 123; 24, 222; 25, 10; aA zT die Lit., vgl. *Schönke/Schröder/Eser* § 74 StGB Rn. 24). Miteigentum oder Gesamthandseigentum reicht nur aus, wenn auch der/die andere(n) Mit- oder Gesamthandseigentümer Täter oder Teilnehmer ist/sind (zB im Weg der Beihilfe durch Unterlassen). Gehört das Tier einer juristischen Person, so muss diese die Tat im Einziehungsverfahren gegen sich gelten lassen, wenn der Täter als allein- oder gesamtvertretungsberechtigtes Organ in Wahrnehmung von Angelegenheiten des Vertretenen gehandelt hat (§ 75 StGB und § 29 OWiG; vgl. dort auch die ähnlichen Regelungen für Vereine, Personenhandelsgesellschaften u.a.).

5 Die **Einziehung als Sicherungsmaßnahme zum Schutz vor Gefahren (Sicherungseinziehung)** ist in § 74 Abs. 4, Abs. 2 Nr. 2 StGB bzw. in § 22 Abs. 2 Nr. 2 OWiG geregelt. Sie kann einmal bei genereller Gefährlichkeit des Tieres stattfinden. Hauptanwendungsfall ist aber die mit konkreten Anhaltspunkten (insbesondere dem Tat- und Nachtatverhalten des Täters) begründbare Gefahr, dass es zu irgendeiner weiteren Straftat oder Ordnungswidrigkeit durch den Täter oder durch Dritte mit Beziehung auf das Tier bzw. die Tiere kommen könnte (vgl. *Tröndle/Fischer* § 74 StGB Rn. 16). Besteht eine diesbezügliche ernsthafte Möglichkeit, so ist die Einziehung möglich; sie ist dann nicht Strafe bzw. Buße, sondern Sicherungsmaßnahme. Daraus ergeben sich wichtige Konsequenzen: a) Auf die Eigentumsverhältnisse am Tier kommt es jetzt grds. nicht mehr an (zur Verfahrensbeteiligung von Dritteigentümern vgl. §§ 431 ff. StPO, zu ihrer Entschädigung vgl. § 74 f StGB bzw. § 28 OWiG); b) sofern der Täter eine ganze Gruppe oder Herde von Tieren vernachlässigt oder misshandelt hat, kann die gesamte Gruppe oder Herde beschlagnahmt und eingezogen werden, selbst dann, wenn sich die Symptome und Indikatoren für erhebliche Schmerzen oder Leiden nur bei einem Teil der Tiere zeigen (denn die Tat bezog sich auf die gesamte Tiergruppe, und die Gefahr betrifft ebenfalls alle gleich; vgl. dazu *Kluge/Ort/Reckewell* § 19 Rn. 14); c) die Sicherungseinziehung ist auch dann möglich, wenn der Täter ohne Schuld gehandelt hat (s. Rn. 6).

6 Dass der Täter **ohne Schuld** gehandelt hat (zB wegen Schuldunfähigkeit, wegen eines unvermeidbaren Verbotsirrtums, wegen eines Entschuldigungs- oder eines Strafaufhebungsgrundes; weil er zwar bei Anlegung eines objektiven Sorgfaltsmaßstabes fahrlässig gehandelt hat, nicht aber nach seinen individuellen Kenntnissen und Fähigkeiten), steht einer Sicherungseinziehung nicht entgegen, vgl. § 74 Abs. 3 StGB bzw. § 22 Abs. 3 OWiG). Gleiches gilt, wenn die Tat bereits verjährt ist (§ 76a Abs. 2 Nr. 1 StGB, § 27 Abs. 2 Nr. 1 OWiG). Stehen diese Hindernisse schon bei Abschluss des Ermittlungsverfahrens fest, so beantragt die Staatsanwaltschaft das selbständige Einziehungsverfahren nach den §§ 440 ff. StPO bzw. die Bußgeldbehörde erlässt einen selbständigen Einziehungsbescheid nach §§ 27, 87 Abs. 3 OWiG (vgl. *Beck* AtD 1997, 283, 284).

7 Der **Verhältnismäßigkeitsgrundsatz** ist zu beachten, sowohl bei einer Einziehung als Strafe/Buße wie auch bei einer Sicherungseinziehung (vgl. § 74b StGB bzw. § 24 OWiG). Konsequenzen: Der Richter bzw. Verwaltungsbeamte muss im Urteil bzw. Bußgeldbescheid deutlich machen, dass er seinen Ermessensspielraum gesehen und genutzt hat (vgl. dazu BayObLG

Einziehung § 19 TierSchG

NJW 1998, 3287). Er muss sich mit weniger einschneidenden Handlungsalternativen auseinandersetzen, soweit diese als gleichermaßen effektiv in Betracht kommen (zB Vorbehalt der Einziehung, Anweisung zum Verkauf der Herde und zu einem Nachweis über ihren Verbleib, Einziehung bei Nichtbefolgung; vgl. § 74b Abs. 2 StGB bzw. § 24 Abs. 2 OWiG; vgl. auch BayObLG aaO). Und er muss in eine Folgenabwägung eintreten: Auf der einen Seite stehen u. a. die Erheblichkeit des begangenen Verstoßes sowie die Schwere und die Wahrscheinlichkeit der möglichen künftigen Verstöße und die damit einhergehenden Schmerzen, Leiden und Schäden für die Tiere; auf der anderen Seite geht es um die wirtschaftlichen Folgen, die die Einziehung für den Täter hat, ggf. auch um die Belastungen, die für einzelne Tiere durch eine Herausnahme aus ihrem bisherigen Sozialverband entstehen. Allerdings müssen wirtschaftliche Gründe hinter dem Ziel, rechtswidrige Tötungen sowie Schmerz- und Leidenszufügungen künftig sicher zu vermeiden, grds. zurücktreten (Beispiele für verhältnismäßige Einziehungen bei *Kluge/Ort/ Reckewell* § 19 Rn. 17; weitere Beispiele s. Rn. 11).

III. Rechtsfolgen der Einziehung

Mit Rechtskraft des die Einziehung aussprechenden Urteils bzw. Buß- 8 geldbescheids **geht das Eigentum am Tier auf den Staat** (idR das Land) **über**. Bisherige Eigentumsrechte (einschl. Mit- und Gesamthandseigentum) erlöschen (§ 74e Abs. 1 StGB, § 26 Abs. 1 OWiG). Sofern sich die Tiere noch beim Täter oder Teilnehmer befinden, erfolgt die Vollstreckung gem. §§ 63ff. StrafvollstreckungsO bzw. § 90 Abs. 3 OWiG. – Eine Verwertung erfolgt idR durch Veräußerung, ggf. auch durch Verschenken. Für eine Tötung beschlagnahmter und eingezogener Tiere gilt, wie sonst auch, dass dies nur aus vernünftigem Grund geschehen darf, § 17 Nr. 1. Ein solcher kann bei nicht schlachtbaren Tieren idR nur angenommen werden, wenn das Tier nach veterinärmedizinischem Urteil nur noch unter erheblichen, nicht behebbaren Schmerzen oder Leiden weiterleben kann. Die Ausnahmevorschrift des § 16a S. 2 Nr. 2 zweitletzte Alternative (Tötung, wenn Veräußerung nicht möglich, s. dazu § 16a Rn. 20) ist auf die Situation nach einer Einziehung nicht analog anwendbar (so *Kluge/Ort/Reckewell* § 19 Rn. 29).

IV. Zum Ablauf eines Einziehungsverfahrens
(Vgl. dazu auch die Darstellungen bei *Beck* AtD 1997, 283 ff., sowie *Kluge/Ort/Reckewell* § 19 Rn. 19–31)

Maßnahmen bei Bestehen eines Anfangsverdachts. Sobald zureichende 9 tatsächliche Anhaltspunkte für eine Straftat bzw. Ordnungswidrigkeit vorliegen (vgl. § 152 Abs. 2 StPO, § 46 Abs. 1 OWiG), kann die Staatsanwaltschaft bzw. die für das Bußgeldverfahren zuständige Behörde beim Amtsgericht einen Durchsuchungs- und Beschlagnahmebeschluss beantragen; bei Gefahr im Verzug können sie beides auch selbst anordnen (§§ 94, 98, 102, 103, 105 Abs. 1 StPO und § 46 Abs. 1 und 2 OWiG). Durch-

§ 19 TierSchG *Tierschutzgesetz*

suchung, Beschlagnahme und Untersuchung der Tiere müssen schnell und sorgfältig erfolgen, da häufig schon in diesem Stadium die Weichen für Erfolg oder Misserfolg des ganzen Verfahrens gestellt werden (zB umfassendes Fotografieren des gesamten Stall- und Aufenthaltsbereiches der Tiere, insbesondere auch der Verletzungen und anderer Schmerz- und Leidenssymptome; zeitnahe tierärztliche Untersuchung; Dokumentation der dabei erzielten Untersuchungsergebnisse, zumindest durch Aktenvermerke; Festhalten von Zeugenaussagen; vgl. zum Ganzen *Iburg* DtW 2000, 88, 89).

10 Sobald aufgrund der Ermittlungsergebnisse und/oder anderer Anhaltspunkte ein **hoher Grad an Wahrscheinlichkeit** dafür bejaht werden kann, dass die Voraussetzungen einer Einziehung einschl. ihrer Verhältnismäßigkeit vorliegen, kann (auch ohne das Vorliegen der Voraussetzungen der §§ 94, 98 StPO) ein Beschlagnahmebeschluss nach § 111b Abs. 1 StPO herbeigeführt werden. Zuständigkeit: Richter, bei Gefahr im Verzug aber auch Staatsanwaltschaft bzw. Bußgeldbehörde (vgl. § 111e StPO, § 46 Abs. 2 OWiG). Form: Grds. schriftlich; bei nur mündlicher Beschlussfassung muss später ein Aktenvermerk darüber angefertigt werden (vgl. *Beck* aaO; *Meyer-Goßner* § 98 StPO Rn. 8). Anhörung: Grds. vorher, es sei denn, der Zweck der Beschlagnahme würde dadurch gefährdet. Vorteil dieses Beschlusses: Ab jetzt gilt ein Veräußerungsverbot (vgl. § 111c Abs. 5 StPO); außerdem kommt eine Notveräußerung in Betracht (vgl. § 111l StPO). Weiterer Vorteil: uU kann man die Tiere vorläufig bei dem Betroffenen belassen, die Beschlagnahme aber durch Siegel kenntlich machen (§ 111c Abs. 1 StPO) und dort die Notveräußerung durchführen, ohne die Tiere vorher anderweitig unterbringen zu müssen.

11 Die **Notveräußerung nach § 111l StPO** wird vom Rechtspfleger der Staatsanwaltschaft bzw. von der Bußgeldbehörde (§ 46 Abs. 2 OWiG) angeordnet, wenn – was insbesondere bei Großtieren, exotischen Heimtieren oÄ nahe liegt – die Unterbringung, Fütterung und Pflege mit unverhältnismäßigen Kosten oder Schwierigkeiten (zB beim Auffinden einer geeigneten Unterkunft) verbunden ist. Die Verwertung erfolgt dann zwar grds. durch Gerichtsvollzieherversteigerung (vgl. § 111l Abs. 5 StPO, §§ 814ff. ZPO); der Rechtspfleger bzw. die Behörde können aber, wenn die Versteigerung nicht sinnvoll erscheint oder zu lange dauert, nach § 825 ZPO den freihändigen Verkauf zu einem (vorher gutachterlich ermittelten) Schätzpreis, ggf. (falls dies zur Herstellung eines Zustandes, der § 2 TierSchG entspricht, erforderlich ist) auch zu einem nur symbolischen Preis anordnen (vgl. dazu die Beispiele bei *Kluge/Ort/Reckewell* § 19 Rn. 22–25: Verkauf eines beschlagnahmten Flußpferdes für 500.– DM an eine Tierschutzorganisation zwecks Rückführung in einen Naturpark in Afrika; Verkauf einer Stute zum symbolischen Preis von 100.– DM an einen Tierschutzverein zur pfleglichen Unterbringung und zur Vermeidung der Schlachtung). – Nach der Notveräußerung tritt der Erlös an die Stelle des Tieres, so dass auf dessen Einziehung zu erkennen ist.

12 Gegen diese Anordnungen kann der Betroffene **Antrag auf richterliche Entscheidung** stellen. Aufschiebende Wirkung hat dieser Antrag nicht, es sei denn, das Gericht ordnet sie ausdrücklich an (§ 111l Abs. 6 StPO, § 46

Verbot der Tierhaltung § 20 **TierSchG**

Abs. 1 OWiG). – Die Kosten für die Beförderung, Unterbringung, Fütterung und Pflege der Tiere fallen dem Betroffenen zur Last (§ 465 StPO, § 107 Abs. 3 Nr. 10a OWiG).

Der **Ausspruch der Einziehung** erfolgt im Tenor des Urteils oder Strafbefehls bzw. des Bußgeldbescheids. Zum selbständigen Einziehungsverfahren s. §§ 440, 436, 438 StPO bzw. §§ 27, 87 Abs. 3 OWiG. Hat bereits eine Notveräußerung stattgefunden, so wird auf Einziehung des Erlöses erkannt. 13

Ein **Verzicht des Betroffenen** („Ich verzichte auf Rückgabe") ist zwar keine Übereignung nach § 929 BGB, bewirkt aber, dass (wegen des darin liegenden Verzichts auf eine förmliche Entscheidung über die Einziehung) die Rechtsfolgen des § 74e StGB bzw. des § 26 OWiG sofort und nicht erst mit Rechtskraft des Urteils bzw. Bußgeldbescheids eintreten. Für den Betroffenen hat dies den Vorteil, dass ihm die von jetzt an entstehenden weiteren Unterbringungs-, Pflege und Fütterungskosten nicht mehr zur Last fallen, was einen Anreiz bieten kann. Für die Staatskasse kann dies uU ein Nachteil sein (vgl. *Kluge/Ort/Reckewell* aaO Rn. 27). – Zur Verfahrensbeteiligung Dritter als Allein-, Mit- oder Gesamthandseigentümer oder als dinglich Berechtigte vgl. §§ 431ff. StPO, § 46 Abs. 1 OWiG; zu ihrer Entschädigung als Nicht-Tatbeteiligte vgl. § 74f StGB und § 28 OWiG). 14

V. Beschlagnahme und Einziehung im Straf- bzw. Ordnungswidrigkeitenverfahren oder Wegnahme im Verwaltungsverfahren?

Im Rahmen des **Vorgehens angesichts einer mangelhaften Tierhaltung** kann sich für die nach § 15 zuständige Behörde die Frage stellen, ob man besser nach § 16a S. 2 Nr. 2 oder aber im Rahmen eines Straf- oder Ordnungswidrigkeitenverfahrens nach § 19 i.V.m. §§ 111b ff. StPO vorgehen soll. Die dargestellten Möglichkeiten des Straf- und Ordnungswidrigkeitenverfahrens erscheinen effektiver, insbesondere wegen der Möglichkeit, durch eine an die Beschlagnahme nach § 111b StPO anschließende Notveräußerung nach § 111l StPO hohe, möglicherweise nicht beitreibbare Kosten einzusparen. Fehlt es aber an den notwendigen „dringenden Gründen" für eine Straftat bzw. Ordnungswidrigkeit oder für die weiteren Einziehungsvoraussetzungen (Eigentum des Täters an den Tieren oder Gefahr iSv. § 74 Abs. 2 Nr. 2 StGB bzw. § 22 Abs. 2 Nr. 2 OWiG; Verhältnismäßigkeit), so bleibt nur der Weg der behördlichen Fortnahme nach § 16a (eingehend dazu *Beck* AtD 1997, 283, 285). 15

§ 20 [Verbot der Tierhaltung]

(1) Wird jemand wegen einer nach § 17 rechtswidrigen Tat verurteilt oder nur deshalb nicht verurteilt, weil seine Schuldunfähigkeit erwiesen oder nicht auszuschließen ist, so kann ihm das Gericht das Halten von sowie den Handel oder den sonstigen berufsmäßigen Umgang mit Tieren jeder oder ei-

§ 20 TierSchG *Tierschutzgesetz*

ner bestimmten Art für die Dauer von einem Jahr bis zu fünf Jahren oder für immer verbieten, wenn die Gefahr besteht, daß er weiterhin eine nach § 17 rechtswidrige Tat begehen wird.

(2) ¹Das Verbot wird mit Rechtskraft des Urteils wirksam. ²In die Verbotsfrist wird die Zeit, in welcher der Täter in einer Anstalt verwahrt wird, nicht eingerechnet. ³Ergibt sich nach der Anordnung des Verbots Grund zu der Annahme, daß die Gefahr, der Täter werde nach § 17 rechtswidrige Taten begehen, nicht mehr besteht, so kann das Gericht das Verbot aufheben, wenn es mindestens sechs Monate gedauert hat.

(3) Wer einem Verbot nach Absatz 1 zuwiderhandelt, wird mit Freiheitsstrafe bis zu einem Jahr oder mit Geldstrafe bestraft.

Übersicht

	Rn.
I. Allgemeines	1–3
II. Voraussetzungen für das Haltungs-, Handels- und/oder Umgangsverbot	4–6
III. Inhalt und Wirksamwerden des Verbots; Abhilfeverfahren	7–11
IV. Der Straftatbestand des § 20 Abs. 3	12–14

I. Allgemeines

1 **Zweck der Vorschrift** ist es, Personen, die eine Straftat an Tieren begangen haben und zu solchen Straftaten neigen, vom Umgang mit Tieren fernzuhalten, um die Tiere vor derartigen Tätern zu schützen (vgl. BT-Drucks. 10/3158 S. 29). § 20 ist somit eine Maßregel der Besserung und Sicherung und dient dem präventiven Tierschutz (vgl. *Schiwy* § 20).

2 Als **andere Maßnahmen, die in dieselbe Richtung zielen,** kommen in Betracht: Das strafrechtliche Berufsverbot nach § 70 StGB (vgl. aber *Kluge/Ort/Reckewell* § 20 Rn. 1: § 20 als Spezialgesetz, das für den Bereich des berufsmäßigen Umgangs und Handels mit Tieren § 70 StGB verdrängt); das verwaltungsrechtliche Verbot nach § 16a S. 2 Nr. 3, das sich neben dem Halten auch auf das Betreuen von Tieren erstrecken kann (s. § 16a Rn. 24–26); die Möglichkeiten, bei einem nach § 11 Abs. 1 erlaubnispflichtigen Umgang mit Tieren die Erlaubnis zu versagen, sie nach §§ 48, 49 VwVfG zurückzunehmen oder zu widerrufen sowie gegen einen ohne Erlaubnis begonnenen oder fortgesetzten Umgang mit Tieren nach § 11 Abs. 3 S. 2 einzuschreiten (s. § 11 Rn. 26, 27); die Gewerbeuntersagung nach § 35 GewO.

3 Das Verbot nach § 20 kann **nur durch Urteil** (nicht durch Strafbefehl, vgl. § 407 Abs. 2 StPO) ausgesprochen werden. Die in Rn. 2 beschriebenen Möglichkeiten der Verwaltungsbehörde lassen das Recht und ggf. die Pflicht des Richters hierzu unberührt.

II. Voraussetzungen für das Haltungs-, Handels- und/oder Umgangsverbot

Voraussetzung ist, dass der Betroffene **tatbestandsmäßig, rechtswidrig** 4
und vorsätzlich gegen § 17 (gleichgültig, ob gegen Nr. 1, Nr. 2a oder
Nr. 2b) **verstoßen** hat und deshalb **verurteilt** wird. Eine Verurteilung liegt
auch dann vor, wenn Erziehungsmaßregeln oder Zuchtmittel nach §§ 9 ff.
JGG ausgesprochen werden oder wenn gem. § 60 StGB von Strafe abgesehen wird (vgl. dazu *L/M* § 20 Rn. 5; *Schönke/Schröder/Stree* § 70 StGB
Rn. 8). – Unschädlich ist, wenn eine Verurteilung lediglich wegen erwiesener oder nicht auszuschließender Schuldunfähigkeit nach § 20 StGB unterbleibt (ob eine fehlende Verantwortlichkeit nach § 3 JGG das Verbot ebenfalls ermöglicht, ist str.; bejahend *Lorz* § 20 Rn. 7, verneinend *Kluge/Ort/
Reckewell* § 20 Rn. 6). In diesem Fall ergeht zwar ein Freispruch, doch wird
das Haltungs-, Handels- und/oder Umgangsverbot gleichzeitig im Urteil
angeordnet. Erkennt allerdings die Staatsanwaltschaft schon bei Abschluss
der Ermittlungen, dass eine Schuldfähigkeit nicht nachweisbar sein wird, so
kann sie keine Anklage erheben, denn dies setzt hinreichenden Tatverdacht
(d.h. hinreichende Wahrscheinlichkeit, dass es zu einem Schuldspruch
kommen wird) voraus. In diesem Fall läge zwar die Einleitung eines Sicherungsverfahrens mit dem Ziel einer selbständigen Anordnung des Verbots
nahe, doch ist dies mangels entsprechender gesetzlicher Vorschriften nicht
möglich (vgl. OLG Karlsruhe NuR 1989, 144). Übrig bleibt dann nur, dass
das Vormundschaftsgericht durch geeignete, erforderliche und verhältnismäßige Anordnungen den Betroffenen vom künftigen Umgang mit Tieren
fern hält. – Die Verurteilung wegen Vollrausches nach § 323a StGB mit § 17
als Rauschtat ermöglicht den Ausspruch des Verbots, da auch hier die Verurteilung nach § 17 nur deswegen nicht erfolgt, weil eine (rauschbedingte)
Schuldunfähigkeit erwiesen oder nicht auszuschließen ist.

Es muss **wahrscheinlich erscheinen**, dass der Täter **weiterhin eine nach** 5
§ 17 rechtswidrige Tat begehen wird. Die damit verlangte „einfache"
Wahrscheinlichkeit ist zwar mehr als bloße Möglichkeit, jedoch weniger als
hochgradige Wahrscheinlichkeit (wie sie vorliegen muss, wenn das Gesetz
„dringende Gründe" fordert, vgl. zB §§ 111a, 111b, 112, 126a StPO). Ob
diese einfache Wahrscheinlichkeit bejaht werden kann, richtet sich nach der
Gesamtheit der bekannten Umstände, also u.a. nach dem Tat- und Nachtatverhalten, nach früheren Straftaten und Ordnungswidrigkeiten, nach sonstigen Verhaltensweisen und nach persönlichen Eigenschaften. – Die strengen
Anforderungen, die das Strafgesetzbuch für die besonders belastenden Maßregeln der Unterbringung (§ 63 StGB) und des Berufsverbots (§ 70 StGB)
aufstellt, gelten hier nicht: Weder wird verlangt, dass sich die Gefahr aus
dem Zustand des Täters ergeben müsse, noch ist notwendig, dass mehrere
erhebliche rechtswidrige Taten zu befürchten sind. Deshalb kann auch bereits ein einzelner, nicht besonders schwer wiegender Verstoß gegen § 17
ausreichen, und auch der zu befürchtende weitere Verstoß braucht nicht
notwendig von besonderer Schwere zu sein (vgl. *Kluge/Ort/Reckewell* § 20
Rn. 10–12).

§ 20 TierSchG
Tierschutzgesetz

6 Dritte Voraussetzung ist die **Erforderlichkeit und Verhältnismäßigkeit ieS** des Verbots. – Hinsichtlich der Erforderlichkeit ist zu fragen: Ist das Verbot nach seiner Art (betr. Haltung, Handel und/oder berufsmäßigen Umgang), seinem Ausmaß (betr. eine Art, mehrere Arten oder alle Arten von Tieren) und seiner Zeitdauer nötig, um die Gefahr, dass es zu einer weiteren rechtswidrigen Tat nach § 17 kommen wird, effektiv und sicher zu bekämpfen? Daran fehlt es, wenn zur Abwendung der Gefahr ein gleich sicheres, für den Betroffenen aber weniger einschneidendes Mittel zur Verfügung steht. – Hinsichtlich der Verhältnismäßigkeit ieS dürfen nach § 62 StGB, der allen strafrechtlichen Maßregeln vorangestellt ist, die Folgen für den Betroffenen zum Grad der von ihm ausgehenden Gefahren (d.h. der Schwere der Schmerzen, Leiden und Schäden einschließlich des Todes der Tiere durch die etwaige weitere Tat und dem Grad der insoweit bestehenden Wahrscheinlichkeit) nicht außer Verhältnis stehen. Hierbei ist zu berücksichtigen, dass der Gesetzgeber dem Anliegen, weitere Tiertötungen sowie Leidens- und Schmerzzufügungen durch eine Person, die bereits einmal wegen § 17 verurteilt werden musste, zu verhindern, einen hohen Rang beimisst. Ein Verbot, das zur Bekämpfung einer solchen Gefahr erforderlich ist, wird deshalb in aller Regel auch verhältnismäßig sein (vgl. *Kluge/Ort/Reckewell* § 20 Rn. 10). – Der Richter muss in den Gründen seiner Entscheidung erkennen lassen, dass er seinen Ermessensspielraum gesehen und genutzt hat und dass er sich mit möglichen milderen Handlungsalternativen auseinandergesetzt sowie auch die Folgenabwägung vorgenommen hat. – Dass der Täter den Betrieb, in dem er die Tat begangen hat, inzwischen aufgegeben hat, steht dem Verbot nicht entgegen; ebenso wenig, dass bereits seitens der Behörde ein Verbot, zB nach § 16a Satz 2 Nr. 3, ergangen ist (vgl. *L/M* § 20 Rn. 11).

III. Inhalt und Wirksamwerden des Verbots; Abhilfeverfahren

7 **Folgende Tätigkeiten** können bei Vorliegen der o. e. Voraussetzungen verboten werden: 1. Das Halten von Tieren (d.h. die Ausübung einer tatsächlichen Bestimmungsmacht im eigenen Interesse und für eigene Rechnung, s. dazu § 2 Rn. 4; nicht hingegen das Betreuen, die Ausübung einer nur zeitweiligen Aufsicht, der bloße Erwerb und das Behalten von Eigentum sowie die bloße Nutzung). 2. Der Handel mit Tieren (d.h. der Ein- und Verkauf mit der Absicht, einen Gewinn zu erzielen). 3. Der sonstige berufsmäßige Umgang (d.h. jeder Umgang mit Tieren, der in einem zeitlich/räumlichen sowie sachlichen Zusammenhang mit einer beruflichen Betätigung steht, zB als Tierpfleger, Tierhüter, Tieraufseher, Angestellter in Tierheimen oder Zoohandlungen, Stallbursche, Reitlehrer, Tierartist, Lkw-Fahrer oder -begleiter bei Tiertransporten, Pferdetrainer, Landwirt, selbst wenn nur Katzen zum Schutz von Vorräten gehalten werden, Tierversuche Durchführender oder daran Mitwirkender, Metzger u.a.m.).

8 Welche **Arten von Tieren** das Verbot umfassen soll, richtet sich danach, was für die effektive und sichere Beseitigung der von dem Täter ausgehenden Gefahr notwendig ist. Das Verbot muss sich nicht auf solche Tiergat-

Verbot der Tierhaltung **§ 20 TierSchG**

tungen beschränken, die der Täter bereits geschädigt hat. Auch ein auf alle Tiere bezogenes Verbot ist möglich. – Das Gericht sollte die Art bzw. die Arten, auf die es das Verbot beschränkt, mit Blick auf § 20 Abs. 3 so bestimmt wie möglich bezeichnen. Zoologische Begriffe können Unklarheiten vermeiden helfen. Allerdings machen allgemein gehaltene Bezeichnungen wie „Großvieh", „Pelztiere", „Versuchstiere", „landwirtschaftliche Nutztiere" das Verbot nicht unwirksam; sie können aber dazu führen, dass in einem späteren Strafverfahren nach § 20 Abs. 3 in Grenzfällen zugunsten des Täters entschieden werden muss.

Auch die **Zeitdauer** (ein Jahr bis fünf Jahre) richtet sich nach dem, was 9 für eine effektive Gefahrbekämpfung erforderlich ist. Für ein lebenslanges Verbot gelten strenge Maßstäbe.

Das **Verbot wird erst mit Rechtskraft des Urteils wirksam.** Kann so 10 lange nicht gewartet werden, so ist ein vorläufiges Verbot nach § 20a auszusprechen, ggf. auch im Urteil. Die Verbotsfrist beginnt erst ab Rechtskraft zu laufen. Soll die Zeit, in der das vorläufige Verbot wirksam war, dabei berücksichtigt werden, kann dies mangels einer gesetzlichen Anrechnungsvorschrift nur in der Weise geschehen, dass das Gericht im Urteil eine entsprechend kürzere Verbotsfrist festsetzt.

Ein **Abhilfeverfahren** ist nach Abs. 2 S. 3 vorgesehen. Voraussetzungen: 11 Es müssen Umstände vorliegen, die ergeben, dass jetzt keine Wahrscheinlichkeit mehr besteht, dass der Täter eine weitere rechtswidrige Tat nach § 17 begehen wird (dazu bedarf es einer intensiven Überprüfung unter Einsatz von Gerichtshelfern nach § 160 Abs. 3 StPO, vgl. dazu *Kluge/Ort/Reckewell* § 20 Rn. 20); die dafür maßgeblichen Gründe dürfen erst nach dem Urteil eingetreten sein; die Mindestdauer von sechs Monaten darf nicht unterschritten werden.

IV. Der Straftatbestand des § 20 Abs. 3

Strafbar macht sich, wer einem Verbot nach § 20 Abs. 1, das an ihn 12 selbst gerichtet ist, zuwiderhandelt. Da diese Strafvorschrift weniger klar abgefasst ist als der (im Fall eines Berufsverbots nach § 70 StGB geltende) § 145c StGB, bestehen Möglichkeiten für eine Umgehung. ZT kann hier jedoch durch Gesetzesauslegung ohne Verstoß gegen das strafrechtliche Analogieverbot entgegengewirkt werden. Zwei Beispiele: Lässt der von dem Verbot Betroffene die Tiere durch einen Dritten halten, den er aber in Wahrheit durch eigene Weisungen steuert (Strohmann), so bleibt er selbst Halter, denn er besitzt kraft seiner Weisungsmöglichkeiten nach wie vor die Bestimmungsmacht über die Tiere und übt sie auch im eigenen Interesse und für eigene Rechnung aus. Behauptet der Betroffene, die in seinem Besitz befindlichen Tiere nur für einen Dritten zu betreuen, so lässt sich uU die angebliche Haltereigenschaft des vorgeschobenen Dritten mit Hilfe von Indizien widerlegen. Solche Indizien können sein: zu große räumliche Entfernung des Dritten von den Tieren (zB 50 km, vgl. das bei *Kluge/Ort/Reckewell* § 20 Rn. 21 zitierte Beispiel); fehlende Kenntnisse und Fähigkeiten nach § 2 Nr. 3 auf Seiten des Dritten; fehlende Weisungsabhängigkeit

§ 20 a TierSchG *Tierschutzgesetz*

des Betroffenen von dem Dritten; fehlende Fähigkeit des Dritten, für die Tiere aufzukommen (vgl. das Halter-Merkmal „für eigene Rechnung", s. § 2 Rn. 4) u. a. m. Der Strohmann bzw. der vorgeschobene Halter können in solchen Fällen wegen Beihilfe, § 27 StGB strafbar sein.

13   Die **Schuld** erfordert hier Vorsatz (§ 15 StGB). Die rechtsirrige Annahme, Tiere der gehaltenen Art seien von dem Verbot nicht mitumfasst, kann sich, wenn der Inhalt des Verbots insoweit Unklarheiten zulässt, zugunsten des Täters auswirken. Dagegen ist die Annahme, trotz eines Haltungsverbots die Tierhaltung über einen weisungsabhängigen Dritten fortsetzen zu dürfen, ein bloßer Verbotsirrtum nach § 17 StGB, der idR vermeidbar ist. Dasselbe gilt für die Annahme, man sei bloßer Betreuer, obwohl man in Wahrheit die Bestimmungsmacht im eigenen Interesse und für eigene Rechnung ausübt. – Die Verjährungsfrist beträgt drei Jahre und beginnt mit dem Ende des verbotswidrigen Umgangs zu laufen (§§ 78 Abs. 3 Nr. 5, 78a StGB). – Konkurrenzen: Begeht der Täter im Rahmen der verbotenen Haltung bzw. des Handels oder Umgangs eine weitere Straftat nach § 17, so besteht idR Tatmehrheit.

14   **Wohin mit den Tieren, die entgegen § 20 gehalten werden?** Eine Einziehung nach § 74 Abs. 1 StGB scheitert daran, dass die Tiere weder Produkte noch Werkzeuge der Tat, sondern bloße Beziehungsgegenstände sind. § 19 greift nicht ein, denn die §§ 20, 20a sind dort nicht genannt. – Möglich sind indes eine Beschlagnahme und Einziehung nach dem Polizei- und Ordnungsrecht des Landes, vgl. zB §§ 33, 34 PolG BW: Die verbotswidrige, gegen § 20 Abs. 3 verstoßende Haltung ist eine fortdauernde Störung der öffentlichen Sicherheit, selbst wenn keine weiteren Straftaten oder Ordnungswidrigkeiten hinzutreten; die Einziehung durch die allgemeine Polizeibehörde kommt in Betracht, weil die beschlagnahmten Tiere, solange das Verbot fortbesteht, nicht an den Täter zurückgegeben werden können, ohne dass die Störungslage erneut eintritt; eine Vernichtung (vgl. § 34 Abs. 3 PolG BW) ist allerdings nicht möglich, weil das Landesrecht Tötungsbefugnisse nur vorsehen kann, soweit diese dem Maßstab der bundesrechtlichen Regelung in § 16a S. 2 Nr. 2 dritter Halbsatz entsprechen und nicht darüber hinausgehen (s. § 17 Rn. 6 u. § 16a Rn. 20). – Neben einem durch Urteil ausgesprochenen Verbot nach § 20 kommt auch ein behördliches Tierhaltungsverbot nach § 16a S. 2 Nr. 3, gefolgt von einer Wegnahme und Veräußerung der Tiere, in Betracht (s. § 16a Rn. 24–26). Denn wenn die Voraussetzungen des § 20 erfüllt sind, lassen sich idR auch ein grober Verstoß gegen § 2 (der gegenüber § 17 ein „minus" darstellt) sowie die hierdurch verursachten Schmerzen, Leiden oder Schäden und die Gefahr weiterer Zuwiderhandlungen bejahen (zum Ganzen vgl. *Iburg* DtW 2000, 88, 91).

§ 20a [**Vorläufiges Verbot der Tierhaltung**]

(1) Sind dringende Gründe für die Annahme vorhanden, daß ein Verbot nach § 20 angeordnet werden wird, so kann der Richter dem Beschuldigten durch Beschluß das Halten von sowie den Handel oder den sonstigen be-

Vorläufiges Verbot der Tierhaltung **§ 20 a TierSchG**

rufsmäßigen Umgang mit Tieren jeder oder einer bestimmten Art vorläufig verbieten.

(2) Das vorläufige Verbot nach Absatz 1 ist aufzuheben, wenn sein Grund weggefallen ist oder wenn das Gericht im Urteil ein Verbot nach § 20 nicht anordnet.

(3) Wer einem Verbot nach Absatz 1 zuwiderhandelt, wird mit Freiheitsstrafe bis zu einem Jahr oder mit Geldstrafe bestraft.

Dringende Gründe für die Annahme eines Verbots nach § 20 erfordern: 1. Dringender Tatverdacht iS des § 112 StPO, d. h. es muss hochgradig wahrscheinlich sein, dass der Betroffene als Täter oder Teilnehmer wegen einer Straftat nach § 17 verurteilt werden wird (bzw. dass seine Verurteilung nur an einer möglichen Schuldunfähigkeit scheitert, s. § 20 Rn. 4). – 2. Hohe Wahrscheinlichkeit für die weiteren Voraussetzungen nach § 20 Abs. 1, also dafür, dass die Gefahr einer weiteren rechtswidrigen Tat nach § 17 besteht und dass das Verbot deswegen nicht unverhältnismäßig ist. – 3. Hohe Wahrscheinlichkeit, dass das Gericht auch im Urteil ein Verbot nach § 20 aussprechen wird. – Ebenso wie bei § 20 ist es auch hier nicht erforderlich, dass der Betroffene im Zeitpunkt der Entscheidung noch Tiere hält. 1

Sind diese Voraussetzungen erfüllt, so dürfte das **Ermessen** des Gerichtes idR auf einen Erlass des vorläufigen Verbots reduziert sein (vgl. *L/M* § 20a Rn. 4). 2

Zuständig ist im Ermittlungsverfahren das Amtsgericht auf Antrag der Staatsanwaltschaft (§ 162 StPO); nach Erhebung der öffentlichen Klage das mit der Sache befasste Gericht. Die Entscheidung ergeht nach Anhörung des Betroffenen (§ 33 StPO) durch Beschluss. Dieser muss dem Betroffenen bekannt gemacht werden (Verkündung bei Anwesenheit, Zustellung bzw. Zugang bei Abwesenheit, vgl. § 35 Abs. 1, Abs. 2 StPO). Anfechtbar ist er mit einfacher Beschwerde, der eine aufschiebende Wirkung nicht zukommt (§§ 304, 307 StPO). 3

Zur **Aufhebung** des vorläufigen Verbots s. Abs. 2. 4

Zur **Strafbarkeit nach Abs. 3** s. die hier entsprechend geltenden Erläuterungen zu § 20 Rn. 12–14. – Der Betroffene, der entgegen dem Verbot Tiere hält bzw. mit ihnen handelt oder berufsmäßig umgeht, macht sich ab demjenigen Zeitpunkt strafbar, in dem ihm der Beschluss entweder verkündet worden oder zugegangen ist (§ 35 Abs. 1, Abs. 2 StPO). Das vorläufige Verbot endet mit dem Erlass des aufhebenden Beschlusses bzw. der Verkündung des Urteils, sofern dieses kein endgültiges Verbot vorsieht, anderenfalls mit Rechtskraft des Urteils, das das endgültige Verbot ausgesprochen hat. – Eine Entschädigung kommt auch dann, wenn das Verbot nach Abs. 2 später wieder aufgehoben wird, nicht in Betracht, da § 20a in den Katalog des § 2 Abs. 2 StrEG nicht aufgenommen worden ist. 5

Dreizehnter Abschnitt. Übergangs- und Schlußvorschriften

§ 21 [Genehmigung, Erlaubnis]

¹Die Erlaubnis nach § 11 Abs. 1 Satz 1 gilt demjenigen, der am 31. Mai 1998
1. Wirbeltiere
   a) nach § 9 Abs. 2 Nr. 7 zu den in § 6 Abs. 1 Satz 2 Nr. 4, § 10 Abs. 1 oder § 10 a genannten Zwecken oder
   b) nach § 4 Abs. 3 zu dem dort genannten Zweck
   züchtet oder hält,
2. Tiere in einem Zoologischen Garten oder einer anderen Einrichtung, in der Tiere gehalten und zur Schau gestellt werden, hält,
3. für Dritte Hunde zu Schutzzwecken ausbildet oder hierfür Einrichtungen unterhält,
4. mit Wirbeltieren handelt, soweit sie landwirtschaftliche Nutztiere sind,
5. Tiere zum Zweck ihres Zurschaustellens zur Verfügung stellt oder
6. Wirbeltiere als Schädlinge bekämpft,

vorläufig als erteilt. ²Die vorläufige Erlaubnis erlischt,
1. wenn nicht bis zum 1. Mai 1999 die Erteilung einer endgültigen Erlaubnis beantragt wird,
2. im Falle rechtzeitiger Antragstellung mit Eintritt der Unanfechtbarkeit der Entscheidung über den Antrag.

Die in Satz 1 aufgezählten Tätigkeiten sind erst durch das ÄndG 1998 unter Erlaubnispflicht gestellt worden. Deshalb bedurfte es einer Übergangsregelung zugunsten derer, die sie bereits vorher, d. h. am 31. 5. 1998 ausgeübt hatten. Ihnen gibt das Gesetz eine vorläufige Erlaubnis. – Diese Erlaubnis ist aber erloschen, wenn der Betroffene nicht bis zum 1. 5. 1999 bei der Behörde einen Antrag auf Erlaubnis mit den erforderlichen Angaben (s. dazu AVV, Anlage 4, 5 und 6) eingereicht hat. Im Falle rechtzeitiger Antragstellung erlischt sie mit Unanfechtbarkeit der darüber ergangenen Entscheidung. – Wer seine Tätigkeit trotz Erlöschens der vorläufigen Erlaubnis und ohne dass ihm eine Erlaubnis nach § 11 erteilt worden wäre, fortsetzt, handelt ordnungswidrig nach § 18 Abs. 1 Nr. 20; außerdem soll ihm die Weiterführung verboten werden, § 11 Abs. 3 S. 2.

§ 21 a [Rechtsverordnungen zur Durchführung von Rechtsakten der EG]

Rechtsverordnungen nach diesem Gesetz können auch zur Durchführung von Rechtsakten der Europäischen Gemeinschaft auf dem Gebiet des Tierschutzes erlassen werden.

Hier wird klargestellt: Wenn aufgrund einer an anderer Stelle ausgesprochenen gesetzlichen Ermächtigung (s. insbesondere § 2a) eine Rechtsver-

Inkrafttreten **§§ 21 b, 22 TierSchG**

ordnung erlassen wird, können damit auch Rechtsakte der EU, insbesondere EU-Richtlinien umgesetzt werden. – Da § 21a keine eigenständige Ermächtigungsgrundlage ist, stellt seine Nichterwähnung in einer Rechtsverordnung keine Verletzung des Zitiergebotes nach Art. 80 Abs. 1 S. 3 GG dar (vgl. BVerfGE 101, 1, 44).

§ 21 b [Rechtsverordnungen ohne Zustimmung des Bundesrates]

¹Das Bundesministerium kann Rechtsverordnungen nach diesem Gesetz bei Gefahr im Verzuge oder, wenn ihr unverzügliches Inkrafttreten zur Durchführung von Rechtsakten der Europäischen Gemeinschaft erforderlich ist, ohne die Zustimmung des Bundesrates erlassen. ²Sie treten spätestens sechs Monate nach ihrem Inkrafttreten außer Kraft. ³Ihre Geltungsdauer kann nur mit Zustimmung des Bundesrates verlängert werden.

Rechtsverordnungen aufgrund von § 2a oder anderer Ermächtigungsgrundlagen des Tierschutzgesetzes können grundsätzlich nur mit Zustimmung des Bundesrats ergehen. Hiervon macht § 21b zwei Ausnahmen: Einmal bei Gefahr im Verzug, zum anderen, wenn das unverzügliche In-Kraft-Treten der Verordnung zur Durchführung von Rechtsakten der EU erforderlich ist. Die Rechtsverordnung tritt dann aber automatisch sechs Monate nach ihrem In-Kraft-Treten wieder außer Kraft, wenn nicht ihre Geltungsdauer zuvor mit Zustimmung des Bundesrates verlängert worden ist.

§ 22 [Inkrafttreten]

Das Gesetz in seiner ursprünglichen Fassung ist am 1. 10. 1972 in Kraft getreten. Das ÄndG 1998 ist am 1. 6. 1998 in Kraft getreten. Für einige wenige Vorschriften gelten auf Grund von Art. 1 und 3 des ÄndG spätere Daten: § 4 Abs. 1 a gilt erst seit dem 1. 11. 1998 und § 11 Abs. 5 (einschl. der zugehörigen Bußgeldvorschrift in § 18 Abs. 1 Nr. 20 a) seit dem 1. 5. 2000.

Tierschutz-Hundeverordnung

vom 2. Mai 2001 (BGBl. I S. 838)

Einführung

Allgemeines. Nach der amtl. Begr. geht es darum, „bestimmte Mindestvoraussetzungen, deren Einhaltung für den Schutz der Tiere unerlässlich ist, sowie Anforderungen, die für das Wohlbefinden der Tiere wesentlich sind, in einer neuen Rechtsverordnung näher zu regeln". Weiter heißt es, die seit dem Erlass der Verordnung über das Halten von Hunden im Freien vom 6. Juni 1974 gewonnenen Erkenntnisse und Erfahrungen in der Hundehaltung erforderten den Erlass von Regelungen für alle Hunde, unabhängig davon, wo sie gehalten würden. Dem Hund müsse die Befriedigung wesentlicher Grundbedürfnisse, insbesondere des Bedürfnisses nach Bewegung und des Gemeinschaftsbedürfnisses, auch in der Zwinger- und Anbindehaltung ermöglicht werden (BR-Drucks. 580/00 S. 1, 8). – Ermächtigungsgrundlage für die meisten Bestimmungen der Verordnung (VO) ist § 2a Abs. 1 TierSchG. Ausnahmen: § 10 beruht auf § 12 Abs. 2 S. 1 Nr. 4 TierSchG und § 11 auf § 11b Abs. 5 TierSchG. – Die VO lässt die Befugnis der zuständigen Behörde unberührt, Maßnahmen nach § 16a S. 2 Nr. 1 i.V.m. § 2 Nr. 1 und 2 TierSchG anzuordnen (vgl. BR-Drucks. aaO). Deshalb kann die Behörde auch weitergehende, über die Vorgaben der VO hinausreichende Anordnungen nach § 16a TierSchG treffen (vgl. *Metzger* in: *Erbs/Kohlhaas* T 95a Vorbem. Rn. 1; s. auch TierSchG § 16a Rn. 12a). Die Grundregeln des höherrangigen Tierschutzgesetzes, insbes. des § 2 bleiben für die Auslegung der einzelnen Bestimmungen der VO bedeutsam (vgl. *Kluge/von Loeper* TierSchHundeV Anm. 1).

Den **Schutz vor gefährlichen Hunden** regelt in erster Linie nicht die VO, sondern das Polizei- und Ordnungsrecht der Länder (s. aber auch § 11). Soweit Landesgesetze oder -verordnungen die Tötung gefährlicher Hunde vorsehen, müssen sie sich an den Maßstab halten, den § 17 Nr. 1 und § 16a S. 2 Nr. 2 dritter Halbsatz TierSchG dafür aufstellen: Die Tötung darf immer nur das äußerste Mittel sein (vgl. *Metzger* in: *Erbs/Kohlhaas* T 95a Vorbem. Rn. 4). Sowohl die Aggressionssteigerung als auch deren Nichttherapierbarkeit müssen im Einzelfall sicher nachgewiesen sein; feststehen muss zudem, dass der Hund nicht an eine sachkundige Person, die seine Gefährlichkeit zu beherrschen vermag, abgegeben werden kann, oder dass sein Weiterleben nur unter so weit reichenden Sicherheitsvorkehrungen möglich wäre, dass es nur um den Preis eines nicht behebbaren, dauernden und erheblichen Leidens einzurichten wäre (vgl. VG Frankfurt/M NVwZ 2001, 1320, 1322; *Etscheidt* Tierärztl. Praxis 2001, 152, 160). Auf die Unmöglichkeit einer Veräußerung oder Vermittlung kann sich die Behörde nicht berufen, solange sie nicht alle dafür in Betracht kommenden Möglichkeiten einschl. von Medienhinweisen und der Einschaltung anderer Fachbehörden und Tierschutzorganisationen ergebnislos ausgeschöpft hat (vgl. AVV Nr. 15.1 u. 15.2; s. auch § 16a TierSchG Rn. 20 u. § 17 Rn. 6).

3 In den Ländern sind **Rechtsverordnungen** („**Gefahrhundeverordnungen**") erlassen worden. Sinnvoll erscheint dabei die Aufstellung von Verhaltenskatalogen, in denen diejenigen Merkmale definiert werden, die eine erhöhte Gefährlichkeit eines Hundes indizieren können: Wiederholtes gefahrdrohendes Anspringen, Hetzen und Reißen von Tieren, Beißvorfälle ohne biologisch nachvollziehbaren Grund und ohne Vorwarnung, Training auf besondere Angriffslust und Kampfbereitschaft, Zucht durch gezielte Auswahl von besonders aggressiven Tierindividuen. Darüber hinaus sind aber in den meisten Länderverordnungen auch „Rassekataloge" aufgestellt worden. Dabei wird von der Vermutung ausgegangen, dass bestimmte Rassen sowie Kreuzungen untereinander oder mit anderen Hunden stets (d. h. auch ohne Vorliegen eines der o. e. Merkmale) gesteigert aggressiv und gefährlich sind. Ein Teil der Bundesländer hat diese Vermutungen mit Bezug auf einzelne Rassen sogar unwiderleglich ausgestaltet; andere Länder lassen dagegen bei allen Rassen und Kreuzungen die Widerlegung der Gefährlichkeitsvermutung zu, insbesondere mit Hilfe von Wesenstests (zB Baden-Württemberg, Mecklenburg-Vorpommern, Niedersachsen und Sachsen). Als belastende Rechtsfolgen, die an eine (vermutete oder tatsächliche) Gefährlichkeit eines Hundes anknüpfen, werden u. a. angeordnet: Kennzeichnung, Leinen- und Maulkorbzwang, Warnschildpflicht, Zucht- und Handelsverbot, Pflicht zur Unfruchtbarmachung, Haltungsverbot, im äußersten Fall auch Wegnahme und Tötung. – Neben diese Länderverordnungen treten bundesrechtliche Regelungen: Art. 1 § 2 Abs. 1 des Gesetzes zur Bekämpfung gefährlicher Hunde vom 12. 4. 2001 sieht vor, dass Hunde der Rassen Pitbull-Terrier, American Staffordshire-Terrier, Staffordshire-Bullterrier und Bullterrier sowie deren Kreuzungen untereinander oder mit anderen Hunden nicht importiert werden dürfen. Zu § 11 TierSchHundeV s. dort.

4 Die **Gefährlichkeit** von Hunden kann nur **nach rasseneutralen Kriterien beurteilt** werden (insbesondere nach einem Verhaltens- und Merkmalskatalog, s. Rn. 3) – so zu Recht die Forderung des 22. Deutschen Tierärztetags in Würzburg (vgl. DtW 2000, 383). Dafür sprechen einerseits zoologische Erkenntnisse, andererseits aber auch das Ziel einer effektiven Gefahrenabwehr. – In der Zoologie und der Tierverhaltensforschung besteht weitestgehend Einigkeit darüber, dass ein Hund nicht allein aufgrund seiner Rassezugehörigkeit als Gefahr eingestuft werden kann und dass übersteigert aggressives Verhalten von Hunden einer monokausalen Erklärung nicht zugänglich ist (vgl. *Eichelberg* DtW 2000, 91; *Wollenteit* NuR 2001, 620, 621 mN). Jedes Lebewesen ist ein Produkt aus seiner Genetik, seiner Umwelt sowie seinen Lern- und Lebenserfahrungen. Seine Beurteilung allein aufgrund der Genetik und ohne Berücksichtigung der Lebensumstände ist naturwissenschaftlich unhaltbar. Demgemäß liegen wissenschaftliche Erkenntnisse, wonach übersteigertes Angriffsverhalten ein rassespezifisches

Einführung **TierSchHundeV**

Problem sei, nicht vor. Beobachtet werden konnte lediglich, dass es innerhalb bestimmter Rassen Zuchtlinien gibt, die bei Haltungsfehlern oder entsprechender Dressur leichter und schneller gesteigert aggressiv und kampfbereit werden können. Dieses Problem betrifft indes die inkriminierten Rassen nicht stärker als andere und würde überdies nur ein Vorgehen gegen die einzelne Zuchtlinie und nicht gegen die Rasse als ganzes legitimieren (vgl. *Wollenteit* aaO). – Die meisten Rasselisten gehen zudem an der Realität vorbei, wie insbesondere Untersuchungen, die im Auftrag des Deutschen Städtetages durchgeführt wurden, zeigen: Danach werden die Statistiken über Beißvorfälle von Schäferhunden, Mischlingen, Rottweilern, Dobermännern, Boxern und Doggen angeführt, während Vertreter derjenigen Rassen, die in den o. e. Verordnungen als besonders gefährdend zusammengestellt worden sind, nur äußerst marginal auftreten (vgl. *Eichelberg* aaO 92; *Unshelm/Rehm/Heidenberger* DtW 1993, 383 ff.; Dtsch. Städtetag, Reihe A, DST-Beiträge zur Kommunalpolitik Heft 17, 1992 und Heft 24, 1997; vgl. auch die von *Beduhn* AtD 2000, 103, 105 beschriebene Biss-Statistik im Landkreis Uecker-Randow). Soweit dennoch eine (gemessen an der Zahl der gehaltenen Tiere) überproportionale Beteiligung bestimmter Rassen an Beißvorfällen angenommen wird, darf nicht außer Betracht bleiben, dass gerade diese „Kampfhunde"-rassen bevorzugt von einer kleinen Gruppe unseriöser Halter erworben und abgerichtet werden; das Fehlverhalten dieser Haltergruppe führt naheliegend zu einer Steigerung der Auffälligkeit der gehaltenen Tiere, ohne dass daraus der Schluss gezogen werden dürfte, dass diese Rassen aus genetischen Gründen aggressiv vorgeprägt wären (vgl. *Wollenteit* aaO 623). In solchen Fällen ist es die Unzuverlässigkeit des Halters, die ein Einschreiten möglich und erforderlich macht, und nicht die Rasse des Tieres. – Bei konsequenter Anwendung des o. e. Verhaltens- und Merkmalskatalogs hätte insbesondere auch der tragische Unglücksfall vom 26. 6. 2000 in Hamburg verhindert werden können, denn die beiden angreifenden Hunde waren zuvor schon mehrfach wegen grundloser, plötzlicher Beißattacken auf andere Hunde aktenkundig geworden (vgl. *Feddersen-Petersen* DtW 2001, 94, 100).

Mit **Urteil des BVerwG v. 3. 7. 2002** sind die Hunderegelungen in der 5 Niedersächsischen Gefahrtierverordnung für nichtig erklärt worden (vgl. NVwZ 2003, 95; DTBl. 2002, 834). Dort war u. a. für Hunde bestimmter Rassen ein Haltungs-, Zucht- und Vermehrungsverbot angeordnet worden; für bereits vorhandene Hunde war eine Ausnahmegenehmigung vorgesehen, wenn der Hund einen Wesenstest bestanden hatte, seine Haltung sicher war und sein Halter über die persönliche Eignung und die notwendige Sachkunde verfügte; Hunde, die den Wesenstest nicht bestanden, mussten getötet werden (vgl. § 1 Abs. 1, 2 und 3 NdsGefTVO). Das BVerwG hat dazu folgendes ausgeführt: Zwar bestehe für bestimmte Rassen derzeit der Verdacht, dass von ihnen erhöhte Gefahren ausgingen. In der Wissenschaft sei jedoch umstritten, welche Bedeutung diesem Faktor neben zahlreichen anderen Ursachen (Erziehung und Ausbildung des Hundes, Sachkunde und Eignung des Halters, situative Einflüsse) für die Auslösung von aggressivem Verhalten zukomme. Damit aber begründe die Rassezugehörigkeit einen bloßen Gefahrenverdacht. Dieser rechtfertige kein Einschreiten der Sicherheitsbehörden in Form einer Rechtsverordnung auf der Grundlage der polizeilichen Generalermächtigung. – Das BVerwG hat sich damit den o. e. Bedenken weitgehend angeschlossen und klargestellt, dass die Rassezugehörigkeit eines Hundes für sich allein weder eine konkrete noch eine abstrakte Gefahr iS des Polizei- und Ordnungsrechts begründet. Regelungen, die allein an die Zugehörigkeit eines Hundes zu einer bestimmten Rasse anknüpften, dienten nicht der Gefahrenbekämpfung sondern der Gefahrenvorsorge, über deren Zulässigkeit nicht der Verordnungs- sondern der Gesetzgeber zu entscheiden habe. – Diese Rechtsprechung kann auch nicht ohne Einfluss auf die Prüfung der Verhältnismäßigkeit bleiben: Gesetze, die nur an einen Gefahrenverdacht anknüpfen, dürfen keine so weitgehenden Eingriffe (zB in das Grundrecht auf Eigentum, Art. 14 GG) vorsehen wie gesetzliche Regelungen, die an eine bereits bestehende ordnungsrechtliche Gefahr anknüpfen.

6   **Die frühere Rechtsprechung zu rassespezifischen Gefährlichkeitsvermutungen** war uneinheitlich. Einige Gerichte haben selbst dort, wo solche Vermutungen unwiderlegbar ausgestaltet waren, keinen Verstoß gegen höherrangiges Recht angenommen (vgl. BayVerfGH NVwZ-RR 1995, 262, 266; RhPfVerfGH NVwZ 2001, 1273; OVG Hamburg NVwZ 2001, 1311). Andere Gerichte haben darin einen Verstoß gegen den Grundsatz der Gleichbehandlung (Art. 3 Abs. 1 GG) und den Grundsatz der Verhältnismäßigkeit gesehen und verlangt, dass Gefährlichkeitsvermutungen zumindest widerlegbar sein müssten (vgl. VGH Kassel NVwZ 2000, 1438 und NVwZ-RR 2002, 650, 652; OVG Bremen NVwZ 2000, 1435; OVG Lüneburg NVwZ-RR 2001, 742). Das OVG Lüneburg hat in einem widerlich ausgestalteten Rassekatalog, der u. a. den Dobermann und den Rottweiler, nicht aber auch den Deutschen Schäferhund zu den vermutet gefährlichen Hunden rechnete, einen Gleichheitsverstoß gesehen. Auch das OVG Schleswig sah in Gefährlichkeitsvermutungen, die nur an die Rasse anknüpfen, einen Verstoß gegen Art. 3 Abs. 1 GG (NVwZ 2001, 1300; ähnlich VGH Mannheim NVwZ 1999, 1016, 1018 mit gewichtigen Argumenten gegen BayVerfGH aaO). – Aus dem Urteil des OVG Schleswig: „Insgesamt lässt sich den ethologischen und zoologischen Fachveröffentlichungen als nahezu einhellige Auffassung entnehmen, dass die Zugehörigkeit zu einer Rasse nicht gleichbedeutend ist mit der Gefährlichkeit des Hundes. Bestimmte Rassen können zwar aufgrund ihrer morphologischen Eigenschaften und ihrer angeborenen Talente für spezielle Aufgaben geeigneter sein als andere und damit auch ‚geeigneter', das Potenzial für einen ‚gefährlichen' Hund bereit zu stellen. Keine der Rassen ist aber von sich aus gefährlich, sondern vielmehr nur das Hundeindividuum, das über Rassegrenzen hinweg Verhaltensweisen entwickelt, die Gefahren für Menschen und andere Tiere in sich bergen. Dabei setzt sich das Verhalten eines Hundes aus der angeborenen Verhaltensbereitschaft und erlernten Verhaltensweisen zusammen, so dass ein Hund nie gefährlich geboren, sondern erst (unabhängig von seiner Rassezugehörigkeit) durch den Menschen dazu manipuliert wird ... Danach ist es wissenschaftlich unhaltbar, alle Individuen einer Rasse auf Grund verallgemeinernder Beurteilung als ‚gefährlich' einzustufen ... Die Rassezugehörigkeit kann nicht als taugliches Differenzierungskriterium iS von Art. 3 GG angesehen werden, da sie keine sachgerechte Anknüpfung für die Ge-

fährlichkeit des Tieres bietet und damit die Auswahl der Hunde anhand der Rasseliste für den Zweck der Gefahrenabwehr nicht geeignet ist" (NVwZ 2001, 1303).

Die **Lösung des Problems „gefährlicher Hund"** kann demgemäß nur in 7 Regelungen liegen, die (jeweils anhand konkreter, gefahrbegründender Verhaltensweisen und Merkmale, s. Rn. 3) eine Beurteilung des Paares Mensch-Hund und des Hundeindividuums ermöglichen und, daran anknüpfend, diejenigen Maßnahmen anordnen, die zur Bekämpfung einer so erkannten Gefahr geeignet, erforderlich und verhältnismäßig sind.

Von der vielfach angeordneten **Wesensprüfung** hängt die Einstufung als 8 gefährlich oder ungefährlich und vielfach auch die Entscheidung über Tod oder Leben des Tieres ab. Es liegt auf der Hand, dass hier mit besonderer Sorgfalt vorgegangen werden muss. Dem Urteil des VG Frankfurt/M (NVwZ 2001, 1320, 1322) lassen sich als Grundsätze entnehmen: Durchführung in der Öffentlichkeit; Dauer nicht etwa nur zehn Minuten sondern ca. eine Stunde; Prüfung nur durch Gutachter, die gegenüber der Behörde einen Sachkundenachweis erbracht haben; Berücksichtigung der Ausnahmesituation für den Hund und der Abwesenheit von vertrauten Bezugspersonen; Prüfung, ob ein etwa gezeigtes aggressives Verhalten wirklich im Wesen des Tieres seine Ursache hat, oder aber in der besonderen Situation, seiner zwangsweisen Vergesellschaftung sowie der Konfrontation mit tatsächlich aggressiven Tieren (vgl. auch *Etscheidt* Tierärztl. Praxis 2001, 152, 160).

§ 1 Anwendungsbereich

(1) **Diese Verordnung gilt für das Halten und Züchten von Hunden** *(Canis lupus* f. familiaris).

(2) **Die Vorschriften dieser Verordnung sind nicht anzuwenden**
1. während des Transportes,
2. während einer tierärztlichen Behandlung, soweit nach dem Urteil des Tierarztes im Einzelfall andere Anforderungen an die Haltung notwendig sind,
3. bei einer Haltung zu Versuchszwecken im Sinne des § 7 Abs. 1 des Tierschutzgesetzes oder bei Eingriffen oder Behandlungen zu den in § 6 Abs. 1 Satz 2 Nr. 4, § 10 Abs. 1 oder § 10a des Tierschutzgesetzes genannten Zwecken, soweit für den verfolgten wissenschaftlichen Zweck andere Anforderungen an die Haltung unerlässlich sind.

Zu Abs. 1. Die VO gilt für jede Form der Hundehaltung, gleichgültig ob 1 privat oder gewerblich. Sie erfasst u. a.: Hundeausbildungsstätten, Hundehandlungen, Hundezuchten, Tierheime (s. aber § 9), Tierversuchsanstalten und Versuchstierhaltungen (s. aber Abs. 2 Nr. 3), Zirkusunternehmen, zoologische Gärten, Haltungen von Diensthunden und auch die Hundehaltung in Wohnungen.

Zu Abs. 2 Nr. 1 und Nr. 2. Zur Hundehaltung während eines Transports 2 s. TierSchTrV. – Während einer tierärztlichen Behandlung sind Abweichungen von der VO zulässig, soweit sie nach dem Urteil des Tierarztes zur Un-

TierSchHundeV *Tierschutz-Hundeverordnung*

terstützung der Genesung oder zum Schutz anderer Hunde vor Erkrankungen erforderlich sind.

3 **Zu Abs. 2 Nr. 3.** Nach § 11 Abs. 1 Nr. 1 TierSchG bedürfen Haltungen von Hunden zu wissenschaftlichen Zwecken einer Genehmigung. Im Genehmigungsverfahren muss der Halter der Behörde nachweisen, dass die Räume und Einrichtungen den Anforderungen des § 2 TierSchG und der VO entsprechen, vgl. § 11 Abs. 2 Nr. 3 TierSchG (vgl. auch BMVEL, Tierschutzbericht 2003, III 2.8: „Für Versuchshunde gelten grds. die Bestimmungen der Tierschutz-Hundeverordnung"). Will er dabei von einer oder mehreren Bestimmungen der VO abweichen, so erfordert dies neben der wissenschaftlich begründeten Darlegung des Versuchszweckes den Nachweis, dass jede der geplanten Abweichungen nach Art und Ausmaß unerlässlich, d. h. unumgänglich notwendig ist, um den Versuchszweck nicht zu gefährden (vgl. *Metzger* in: *Erbs/Kohlhaas* T 95 a Rn. 10: „Ausnahme nur so weit, als der wissenschaftliche Zweck es erzwingt"). – Der Regierungsentwurf hatte vorgesehen, die Entscheidung über die Unerlässlichkeit von abweichenden Anforderungen „dem Urteil des für die Haltung Verantwortlichen" zu überlassen. Dagegen mit Recht der Bundesrat: „Das kann keine objektive Beurteilung sein" (BR-Drucks. 580/00 Beschluss, Anl. S. 1). Die Behörde muss folgerichtig die Unerlässlichkeit der einzelnen Abweichungen gem. § 24 Abs. 1 VwVfG prüfen, notfalls mit Hilfe von Sachverständigengutachten, § 26 Abs. 1 Nr. 2 VwVfG (dazu, dass für das Merkmal der Unerlässlichkeit nicht mehr die früher übliche „qualifizierte Plausibilitätskontrolle" ausreicht s. TierSchG § 8 Rn. 9). – Während des Tierversuches und auch in der diesem unmittelbar vorausgehenden Adaptationsphase können von der VO abweichende Haltungsanforderungen zum Zweck der Standardisierung und Konditionierung unerlässlich sein; ihre unumgängliche Notwendigkeit muss dann einzeln dargelegt werden und einer Überprüfung durch die Behörde standhalten. Sollen Abweichungen schon während der Vorratshaltung stattfinden, so sind an den Nachweis ihrer Unerlässlichkeit besonders strenge Anforderungen zu stellen (ohnehin dürfen nach dem Wortlaut von Nr. 3 Hunde, die nicht zu Tierversuchen, sondern zu anderen wissenschaftlichen Zwecken bestimmt sind, erst „bei" den jeweiligen Eingriffen oder Behandlungen abweichend gehalten werden, also nicht schon während der Vorratshaltung; kritisch dazu *Kloepfer/Rossi* NuR 2002, 133 ff.). – Keinesfalls ist es möglich, Versuchshundehaltungen nur an den Vorgaben des Anhangs A des Europ. Übereinkommens zum Schutz der Versuchstiere (und des gleichlautenden Anhangs zur EU-Tierversuchsrichtlinie) oder den Veröffentlichungen der GV-SOLAS auszurichten, da diese Bestimmungen lediglich einen nicht unterschreitbaren Mindestrahmen setzen. Ziele wie Standardisierung oder Sicherstellung eines besonderen Hygienestatus lassen sich auch bei Einhaltung der (die Verhaltensbedürfnisse weitaus besser berücksichtigenden) Empfehlungen der TVT in dem von dort herausgegebenen Merkblatt zur tierschutzgerechten Haltung von Versuchstieren „Hund und Katze" erreichen. Weitergehende Abweichungen von § 2 TierSchG und von den Anforderungen der VO sind idR nicht unerlässlich. – Mehrkosten, andere wirtschaftliche Gesichtspunkte oder Aspekte des Umweltschutzes begründen keine Unerlässlichkeit für eine

Abweichung von der VO (vgl. *Metzger* aaO; *Kloepfer/Rossi* NuR 2002, 133, 137; s. auch Anh. zu § 2 TierSchG Rn. 58–62, dort auch zu Anh. IV der Multilateralen Konsultation v. 27.–30. Mai 1997).

§ 2 Allgemeine Anforderungen an das Halten

(1) ¹Einem Hund ist ausreichend Auslauf im Freien außerhalb eines Zwingers oder einer Anbindehaltung sowie ausreichend Umgang mit der Person, die den Hund hält, betreut oder zu betreuen hat (Betreuungsperson), zu gewähren. ²Auslauf und Sozialkontakte sind der Rasse, dem Alter und dem Gesundheitszustand des Hundes anzupassen.

(2) ¹Wer mehrere Hunde auf demselben Grundstück hält, hat sie grundsätzlich in der Gruppe zu halten, sofern andere Rechtsvorschriften dem nicht entgegenstehen. ²Von der Gruppenhaltung kann abgesehen werden, wenn dies wegen der Art der Verwendung, dem Verhalten oder dem Gesundheitszustand des Hundes erforderlich ist. ³Nicht aneinander gewöhnte Hunde dürfen nur unter Aufsicht zusammengeführt werden.

(3) Einem einzeln gehaltenen Hund ist täglich mehrmals die Möglichkeit zum länger dauernden Umgang mit Betreuungspersonen zu gewähren, um das Gemeinschaftsbedürfnis des Hundes zu befriedigen.

(4) ¹Ein Welpe darf erst im Alter von über acht Wochen vom Muttertier getrennt werden. ²Satz 1 gilt nicht, wenn die Trennung nach tierärztlichem Urteil zum Schutz des Muttertieres oder des Welpen vor Schmerzen, Leiden oder Schäden erforderlich ist. ³Ist nach Satz 2 eine vorzeitige Trennung mehrerer Welpen vom Muttertier erforderlich, sollen diese bis zu einem Alter von acht Wochen nicht voneinander getrennt werden.

Grundsätzliches. § 2 gilt für jede Art von Hundehaltung, also unabhängig 1 davon, ob Haltung im Freien, in Räumen, in Zwingern oder Anbindehaltung stattfindet. Er tritt (ebenso wie § 3 und § 8) zu den Anforderungen aus den §§ 4, 5, 6 bzw. 7 hinzu. – Die Pflichten treffen den Halter iwS, also auch den Betreuer und den Betreuungspflichtigen (s. auch TierSchG § 2 Rn. 4–6).

Zu Abs. 1, Auslauf. Der Verordnungsgeber rechnet das Bedürfnis nach 2 Bewegung und das Gemeinschaftsbedürfnis zu den wesentlichen Grundbedürfnissen, deren Befriedigung jedem Hund in jeder Haltungsform ermöglicht werden muss (vgl. amtl. Begr., BR-Drucks. 580/00 S. 8). Den gleichen Rang nimmt das Erkundungsbedürfnis ein (vgl. BR-Drucks. 580/00 S. 9, „... müssen ausreichende sensorische Reize geboten werden"). Jedes Zurückdrängen dieser Bedürfnisse gefährdet nicht nur das Wohlbefinden des Tieres, sondern auch die Sicherheit des Menschen, denn Hunde, die isoliert und reizarm in Zwingern aufwachsen, werden schwierig und oftmals auch bissig und zeigen später häufig situativ unangemessenes, übersteigertes Angriffswie Abwehrverhalten (vgl. *Feddersen-Petersen* DtW 2001, 94, 99). Demgemäß fordert die amtl. Begr. zu Recht, den Auslauf mindestens zweimal täglich im Freien (d.h. nicht in Räumen nach § 5) zu gewähren und dabei als Untergrenze eine Zeitdauer von einer Stunde täglich einzuhalten (BR-Drucks. aaO). Beim Auslauf muss der Hund im Freien frei laufen können;

TierSchHundeV *Tierschutz-Hundeverordnung*

das Hinauslassen auf den Balkon oder einen Hinterhof genügt nicht (vgl. *Metzger* in: *Erbs/Kohlhaas* T 95 a § 2 Rn. 2).

3   **Zu Abs. 1 und Abs. 3, Sozialkontakt.** Dem einzeln gehaltenen Hund muss der Mensch die Artgenossen ersetzen, durch Spielen, Körper- und Lautkontakt die Sicherheit des Rudels bieten und ihm gleichzeitig seinen Platz in der Rangordnung zuweisen (vgl. BR-Drucks. 580/00 Beschluss, Anl. S. 2, 3). Nach übereinstimmender Einschätzung des *Verbandes für das Deutsche Hundewesen (VDH)*, der *Bundestierärztekammer (BTK)* und der *TVT* ist für den mehrmals täglichen Umgang mit Betreuungspersonen bei einem erwachsenen Hund ein zeitlicher Rahmen von mindestens zwei Stunden vorzusehen, bei Welpen und Junghunden entsprechend mehr (*VDH* Stellungnahme v. 15. 8. 2000 S. 3; *TVT* Stellungnahme v. 16. 8. 2000 S. 2; *BTK* Stellungnahme v. 17. 8. 2000 S. 2). – Aber auch bei Gruppenhaltung ist täglicher Sozialkontakt zu einer Betreuungsperson notwendig, da ungenügende Kontaktmöglichkeiten zum Sozialpartner Mensch bei allen Hunden, unabhängig von ihrer Haltungsform, zu Verhaltensauffälligkeiten führen können (vgl. BR-Drucks. 580/00 S. 9). Dies spricht dafür, Hunde nur auf Grundstücken zu halten, auf denen sich zumindest tagsüber regelmäßig Betreuungspersonen aufhalten (vgl. *Deutscher Tierschutzbund* Stellungnahme v. 14. 8. 2000 S. 3). Junge Hunde bis zu einem Alter von einem Jahr haben einen besonders großen Bedarf an Umgang mit Betreuungspersonen und bedürfen einer ausreichenden Befriedigung ihres Spieltriebs und ihres Neugierverhaltens (vgl. BR-Drucks. 580/00 S. 10).

4   **Zu Abs. 2, Gruppenhaltung.** Hunde sind Rudeltiere, d.h. Alleinsein ist ihnen wesensfremd (vgl. BR-Drucks. 580/00 Beschluss, Anl. S. 2). Mehrere Hunde auf einem Grundstück dürfen deshalb grds. nur als Gruppe gehalten werden (nicht ausr.: Einzelzwinger mit Sicht- und Hörkontakt). Nur bei „zwingenden Gründen" soll nach der amtl. Begr. (BR-Drucks. 580/00 S. 10) eine Einzelhaltung erlaubt sein. Genannt werden: Geschlechtsreife Hunde, die nicht länger als zwei Monate jährlich auf demselben Grundstück gehalten werden; läufige Hündinnen zur Vermeidung einer Trächtigkeit; tragende Hündinnen im letzten Drittel ihrer Trächtigkeit; säugende Hündinnen; Hunde, die für eine bestimmte Tätigkeit ausgebildet sind oder ausgebildet werden, wenn die Tätigkeit oder Ausbildung eine Einzelhaltung unerlässlich macht (nach Einschätzung von *BTK* und *VDH* gibt es aber Tätigkeiten oder Ausbildungen, die eine Einzelhaltung erforderlich machen, nicht; vgl. Stellungnahmen aaO). Bei unverträglichen Hunden setzt Einzelhaltung voraus, dass Sozialisierungsversuche, ggf. unter sachkundiger Begleitung, unternommen wurden und fehlgeschlagen sind (vgl. BR-Drucks. aaO).

5   **Zu Abs. 4 S. 1, Trennung vom Muttertier.** Bei großrahmigen Hunden mit starken Würfen werden die Welpen von unseriösen Züchtern häufig zur Minimierung der Kosten schon mit sechs Wochen abgegeben, was für die spätere Entwicklung der Tiere in höchstem Maße problematisch ist (vgl. *BTK* Stellungnahme aaO). Ausnahmen von S. 1 dürfen deshalb nur zugelassen werden, wenn sie wegen Krankheit der Mutterhündin oder der Welpen nach dem schriftlichen Gutachten eines Tierarztes erforderlich sind. Vorzeitig abgesetzte Welpen sollen (d.h. müssen, sofern nicht ein Ausnahmefall vorliegt) bis zu einem Alter von acht Wochen zusammen bleiben.

§ 3 Anforderungen an die Betreuung bei gewerbsmäßigem Züchten

Wer gewerbsmäßig mit Hunden züchtet, muss sicherstellen, dass für jeweils bis zu zehn Zuchthunde und ihre Welpen eine Betreuungsperson zur Verfügung steht, die die dafür notwendigen Kenntnisse und Fähigkeiten gegenüber der zuständigen Behörde nachgewiesen hat.

Züchten s. TierSchG § 11 Rn. 4 und § 11b Rn. 2. Gewerbsmäßig s. TierSchG § 11 Rn. 9. Die AVV stellt hierzu Regelvermutungen auf: Gewerbsmäßig züchtet, wer drei oder mehr fortpflanzungsfähige Hündinnen hält. Darauf, wie viele dieser Hündinnen gleichzeitig trächtig sind bzw. Welpen führen, kommt es nicht an; entscheidend ist allein, dass sie fortpflanzungsfähig sind. Sind in einer Haltung weniger als drei fortpflanzungsfähige Hündinnen vorhanden, so liegt gleichwohl Gewerbsmäßigkeit vor, wenn pro Jahr drei oder mehr Würfe abgesetzt werden (AVV Nr. 12.2.1.5.1; dort auch zur Rechtslage, wenn ein Halter die Tiere in unterschiedlichen Einrichtungen hält bzw. wenn mehrere Halter Räumlichkeiten, Ausläufe etc. gemeinsam nutzen). – Bei bis zu zehn fortpflanzungsfähigen Hündinnen kann die Betreuungsperson mit der verantwortlichen Person iS von § 11 Abs. 2 TierSchG identisch sein, sofern diese den Sachkundenachweis zu führen vermag. Bei elf oder mehr fortpflanzungsfähigen Hündinnen muss dagegen zusätzliches sachkundiges Personal eingestellt werden. – Die Kenntnisse und Fähigkeiten der Betreuungsperson müssen sich sowohl auf die Tiergesundheit als auch auf das Tierverhalten beziehen; gerade wenn eine große Anzahl von Hunden betreut werden soll, sind daran besondere Anforderungen zu stellen (vgl. BR-Drucks. 580/00 S. 10). Zum Nachweis vgl. AVV Nr. 12.2.2.3. – Es sollte erkannt werden, dass die ersten acht bis zwölf Lebenswochen eines Welpen entscheidenden Einfluss auf dessen Wesensentwicklung haben und dass in dieser Zeit die Weichen dafür gestellt werden, ob er als erwachsener Hund ausgeglichen, umweltsicher und gut an Menschen und Artgenossen sozialisiert ist oder nicht. Fehler in der Welpenbetreuung sind deshalb nicht nur tierschutzrelevant, sondern gefährden auch die öffentliche Sicherheit. Deshalb erscheint es mit dem Pflegegebot aus § 2 Nr. 1 TierSchG kaum vereinbar, dass nach der VO bei zehn Hündinnen und einer durchschnittlichen Wurfstärke von fünf Welpen theoretisch insgesamt 60 Hunde von einer einzigen Betreuungsperson versorgt werden dürfen (vgl. dazu die Forderung der *BTK* Stellungnahme S. 3: „Jede vollbeschäftigte Betreuungsperson darf nicht mehr als fünf Würfe mit Muttertier betreuen").

§ 4 Anforderungen an das Halten im Freien

(1) ¹Wer einen Hund im Freien hält, hat dafür zu sorgen, dass dem Hund
1. eine Schutzhütte, die den Anforderungen des Absatzes 2 entspricht, und
2. außerhalb der Schutzhütte ein witterungsgeschützter, schattiger Liegeplatz mit wärmegedämmtem Boden

zur Verfügung stehen. ²Während der Tätigkeiten, für die ein Hund ausgebildet wurde oder wird, hat die Betreuungsperson dafür zu sorgen, dass dem

TierSchHundeV *Tierschutz-Hundeverordnung*

Hund während der Ruhezeiten ein witterungsgeschützter und wärmegedämmter Liegeplatz zur Verfügung steht.

(2) ¹Die Schutzhütte muss aus wärmedämmendem und gesundheitsunschädlichem Material hergestellt und so beschaffen sein, dass der Hund sich daran nicht verletzen und trocken liegen kann. ²Sie muss so bemessen sein, dass der Hund

1. sich darin verhaltensgerecht bewegen und hinlegen und
2. den Innenraum mit seiner Körperwärme warm halten kann, sofern die Schutzhütte nicht beheizbar ist.

1 Zu Abs. 1 S. 1 und Abs. 2. Adressat der Verpflichtung ist der Halter ieS (s. TierSchG § 2 Rn. 4). Hundehaltung im Freien liegt vor, wenn der Hund nicht nur vorübergehend außerhalb eines geschlossenen Raumes (d. h. eines Raumes, der an allen Seiten durch Wände und oben durch ein Dach begrenzt ist und damit Schutz vor Nässe, Feuchtigkeit und Zugluft bietet) gehalten wird. Auch ein überdachter Zwinger ist Haltung im Freien, solange er nicht an allen Seiten Wände aufweist (letzterenfalls gilt § 5). Wird der Hund zeitlich wechselnd an unterschiedlichen Stellen untergebracht, entscheidet das Gesamtbild (vgl. OLG Köln RdL 1997, 245; *Metzger* in *Erbs/Kohlhaas* T 95a § 4 Rn. 2). In Grenzfällen ist zu fragen, ob der Unterbringungsort ähnliche Verhältnisse wie das Freie bietet (zB ja bei Campingzelt, nein bei Zirkuszelt; vgl. *Metzger* aaO Rn. 3). – Schutzhütte und Liegeplatz müssen dem Hund die Möglichkeit geben, auf niedrige oder hohe Außentemperaturen angemessen zu reagieren und nachteiligen Witterungseinflüssen auszuweichen (vgl. BR-Drucks. 580/00 S. 10). Die Hütte nach Abs. 2 muss folglich gegen Nässe, Feuchtigkeit, Zugluft, Kälte und Hitze schützen. Daraus lassen sich als Anforderungen ableiten: Wärmedämmendes Material, also nicht Blech oder Zement; Wände, die isolieren; Öffnung, die von der Wetterseite abgewandt und gegen Wind und Niederschlag abgesichert ist; Ablaufmöglichkeit für Flüssigkeiten; keinesfalls genügt ein Kfz (vgl. VG Stuttgart NuR 1998, 217). Die Hütte muss räumlich so bemessen sein, dass der Hund darin aufrecht stehen, sich umdrehen, ungehindert aufstehen und ohne Beeinträchtigung ruhen kann (vgl. BR-Drucks. 580/00 S. 11; *Metzger* aaO Rn. 7); dient sie mehreren Hunden gleichzeitig, so müssen alle gleichzeitig diese Verhaltensweisen ohne Behinderung ausführen können. Damit der Hund sich warm halten kann, dürfen Hütte und Öffnung nicht zu groß sein, es sei denn, die Hütte ist beheizbar. – Zusätzlich zur Hütte bedarf es einer witterungsgeschützten, schattigen Fläche mit wärmegedämmtem Boden, die nicht nur das Liegen, sondern auch die teilweise Befriedigung des Bewegungsbedürfnisses ermöglichen soll (vgl. BR-Drucks. aaO), also dementsprechend größer sein muss. Der Hund muss wählen können, ob er die Hütte oder den Liegeplatz nutzt.

2 Zu Abs. 1 S. 2. Verpflichteter ist hier die Betreuungsperson, d. h. der Halter, Betreuer oder zur Betreuung Verpflichtete (s. § 2 Abs. 1; s. auch TierSchG § 2 Rn. 4–6). Die Vorschrift bezieht sich auf Hunde, die zu Arbeiten überwiegend im Freien eingesetzt werden, wie zB Rettungshunde, Hütehunde oder Hunde, die Menschen auf Reisen begleiten (vgl. BR-Drucks.

580/00 S. 11). Ihnen muss sowohl während der Ausbildung als auch während der Arbeit ein witterungsgeschützter, wärmegedämmter Liegeplatz zur Verfügung stehen.

§ 5 Anforderungen an das Halten in Räumen

(1) ¹Ein Hund darf nur in Räumen gehalten werden, bei denen der Einfall von natürlichem Tageslicht sichergestellt ist. ²Die Fläche der Öffnungen für das Tageslicht muss bei der Haltung in Räumen, die nach ihrer Zweckbestimmung nicht dem Aufenthalt von Menschen dienen, grundsätzlich mindestens ein Achtel der Bodenfläche betragen. ³Satz 2 gilt nicht, wenn dem Hund ständig ein Auslauf ins Freie zur Verfügung steht. ⁴Bei geringem Tageslichteinfall sind die Räume entsprechend dem natürlichen Tag-Nacht-Rhythmus zusätzlich zu beleuchten. ⁵In den Räumen muss eine ausreichende Frischluftversorgung sichergestellt sein.

(2) Ein Hund darf in Räumen, die nach ihrer Zweckbestimmung nicht dem Aufenthalt von Menschen dienen, nur dann gehalten werden, wenn die benutzbare Bodenfläche den Anforderungen des § 6 Abs. 2 entspricht.

(3) Ein Hund darf in nicht beheizbaren Räumen nur gehalten werden, wenn

1. diese mit einer Schutzhütte nach § 4 Abs. 2 oder einem trockenen Liegeplatz, der ausreichend Schutz vor Luftzug und Kälte bietet, ausgestattet sind und
2. außerhalb der Schutzhütte nach Nummer 1 ein wärmegedämmter Liegebereich zur Verfügung steht.

Zu Abs. 1. Räume sind an allen Seiten von Wänden umgeben und haben oben ein Dach; anderenfalls liegt Haltung im Freien vor, s. § 4. Gem. S. 1 dürfen keine fensterlosen Räume verwendet werden, da es bei ständig im Dunkeln gehaltenen Hunden zu erheblichen Verhaltensstörungen kommen kann (vgl. BR-Drucks. 580/00 S. 11). Nach S. 2 müssen die Fensteröffnungen grundsätzlich mindestens ein Achtel der Bodenfläche betragen (s. aber auch § 13 Abs. 2). Solange dies nicht der Fall ist, ist gem. S. 4 für eine zusätzliche künstliche Beleuchtung entsprechend dem natürlichen Tag-Nacht-Rhythmus zu sorgen (vgl. *TVT* Stellungnahme S. 3: „Mindestens 100 Lux ... in einschlägigen Anforderungen an die Haltung von Hunden als Versuchstiere werden über 300 Lux gefordert").

Zu Abs. 2. Ob Räume nicht dem Aufenthalt von Menschen dienen, richtet sich nach der Zweckbestimmung desjenigen, der die Sachherrschaft über sie ausübt. In solchen Räumen müssen die Flächenvorgaben des § 6 Abs. 2 eingehalten werden. Dies gilt auch für in den Räumen befindliche Versuchstierkäfige und -boxen, sofern nicht der Nachweis geführt werden kann, dass der Versuchszweck geringere Flächen unerlässlich macht (s. zu § 1 Abs. 2 Nr. 3); die Praxis verfährt vielfach gegenteilig und verwendet aus Gründen der Arbeitswirtschaftlichkeit und zur Kosteneinsparung deutlich geringere Maße (nach Anh. A Tab. 7 und 8 des Europ. Versuchstierübereinkommens für Käfige zwischen 0,75 und 1,75 qm bzw. für Boxen zwischen 0,5 und 2 qm je Hund; s. auch TierSchG Anh. zu § 2 Rn. 59).

TierSchHundeV *Tierschutz-Hundeverordnung*

3 Zu Abs. 3. In Räumen, deren Innentemperaturen mit denen im Freien vergleichbar sein können, benötigt der Hund eine Schutzhütte nach § 4 Abs. 2 und, außerhalb davon, einen wärmegedämmten Liegebereich. Ein Verzicht auf die Schutzhütte zugunsten eines trockenen, Schutz vor Luftzug und Kälte bietenden Liegeplatzes (Abs. 3 Nr. 1 zweite Alternative) ist möglich, wenn die Hunde nur in der warmen Jahreszeit in solchen Räumen gehalten werden und der notwendige Schutz gegen Feuchtigkeit, Zugluft, Boden- und Wandkälte auch ohne Schutzhütte sichergestellt werden kann (vgl. BR-Drucks. aaO). – Verpflichteter ist jeweils der Halter ieS (vgl. TierSchG § 2 Rn. 4). – Weil fehlende Abwechslung und mangelnde Sozialkontakte zu Verhaltensstörungen führen können, hatte der Agrarausschuss des Bundesrats empfohlen, in § 5 Abs. 1 folgenden Satz einzuführen: „Der freie Blick aus dem Gebäude muss für den Hund gewährleistet sein" (vgl. BR-Drucks. 580/1/00 S. 4). Der Satz wurde jedoch nicht in die VO aufgenommen, was als Widerspruch zu § 6 Abs. 3 S. 5 empfunden werden kann.

§ 6 Anforderungen an die Zwingerhaltung

(1) Ein Hund darf in einem Zwinger nur gehalten werden, der den Anforderungen nach den Absätzen 2 bis 4 entspricht

(2) ¹In einem Zwinger muss

1. dem Hund entsprechend seiner Widerristhöhe folgende uneingeschränkt benutzbare Bodenfläche zur Verfügung stehen, wobei die Länge jeder Seite mindestens der doppelten Körperlänge des Hundes entsprechen muss und keine Seite kürzer als zwei Meter sein darf:

Widerristhöhe cm	Bodenfläche mindestens m²
bis 50	6
über 50 bis 65	8
über 65	10,

2. für jeden weiteren in demselben Zwinger gehaltenen Hund sowie für jede Hündin mit Welpen zusätzlich die Hälfte der für einen Hund nach Nummer 1 vorgeschriebenen Bodenfläche zur Verfügung stehen,
3. die Höhe der Einfriedung so bemessen sein, dass der aufgerichtete Hund mit den Vorderpfoten die obere Begrenzung nicht erreicht.

²Abweichend von Satz 1 Nr. 1 muss für einen Hund, der regelmäßig an mindestens fünf Tagen in der Woche den überwiegenden Teil des Tages außerhalb des Zwingers verbringt, die uneingeschränkt benutzbare Zwingerfläche mindestens sechs Quadratmeter betragen.

(3) ¹Die Einfriedung des Zwingers muss aus gesundheitsunschädlichem Material bestehen und so beschaffen sein, dass der Hund sie nicht überwinden und sich nicht daran verletzen kann. ²Der Boden muss trittsicher und so beschaffen sein, dass er keine Verletzungen oder Schmerzen verursacht und leicht sauber und trocken zu halten ist. ³Trennvorrichtungen müssen so beschaffen sein, dass sich die Hunde nicht gegenseitig beißen können. ⁴Mindestens eine Seite des Zwingers muss dem Hund freie Sicht nach außen

§ 6 Anforderungen an die Zwingerhaltung

ermöglichen. ⁵Befindet sich der Zwinger in einem Gebäude, muss für den Hund der freie Blick aus dem Gebäude heraus gewährleistet sein.

(4) In einem Zwinger dürfen bis zu einer Höhe, die der aufgerichtete Hund mit den Vorderpfoten erreichen kann, keine Strom führenden Vorrichtungen, mit denen der Hund in Berührung kommen kann, oder Vorrichtungen, die elektrische Impulse aussenden, vorhanden sein.

(5) Werden mehrere Hunde auf einem Grundstück einzeln in Zwingern gehalten, so sollen die Zwinger so angeordnet sein, dass die Hunde Sichtkontakt zu anderen Hunden haben.

(6) Hunde dürfen in einem Zwinger nicht angebunden gehalten werden.

Grundsätzliches. § 6 regelt nur das „Wie" der Zwingerhaltung. „Ob" sie 1
zulässig ist, muss nach den §§ 1 und 2 TierSchG beurteilt werden. Zwingerhaltung kann zu Schäden iS von § 1 S. 2 TierSchG führen (vgl. die Beispiele bei *Metzger* in: *Erbs/Kohlhaas* T 95 a § 6 Rn. 1: Beeinträchtigung der Lernfähigkeit durch fehlenden Kontakt zum Führer; Schädigung der Gesundheit infolge eingeschränkter Bewegungsmöglichkeit). Reine Zwingeraufzucht führt bei spärlichem Menschenkontakt vorhersehbar zu Verhaltensabweichungen oder gar Verhaltensstörungen, die Schäden darstellen und darüber hinaus Leiden indizieren (vgl. *Feddersen-Petersen* in: *Sambraus/Steiger* S. 252). § 6 bildet dafür keinen vernünftigen Grund (zum Verhältnis Rechtsverordnung/Gesetz s. TierSchG § 1 Rn. 35). Empfohlen wird deshalb, den Zwinger nur als Nachtquartier und als vorübergehenden Aufenthaltsort zu nutzen (vgl. *Metzger* aaO). Wegen der Einschränkung der Bedürfnisse nach Bewegung, Gemeinschaft und Erkundung dürfte eine andauernde Zwingerhaltung auch mit dem Pflegegebot aus § 2 Nr. 1 TierSchG unvereinbar sein. Zur Befugnis der Behörde, gem. § 16a S. 1 und S. 2 Nr. 1 TierSchG Anordnungen zu treffen, die über die Vorgaben der VO hinausgehen, s. Einf. Rn. 1. – Adressat der Pflichten ist der Halter ieS (s. TierSchG § 2 Rn. 4).

Zu Abs. 1. Zwinger ist ein eingefriedeter Auslauf für Hunde. Darauf, ob 2
er überdacht oder offen ist, kommt es nicht an. Lediglich dann, wenn zusätzlich zu einer vollständigen Überdachung an allen Seiten Wände vorhanden sind, handelt es sich um einen Raum nach § 5, für den jedoch über § 5 Abs. 2 § 6 Abs. 2 ebenfalls gilt. – Haltung im Zwinger liegt vor, wenn der Hund an wenigstens zwei Tagen in der Woche mindestens die Hälfte des Tages im Zwinger verbringt (arg. ex Abs. 2 S. 2, vgl. *Metzger* aaO § 6 Rn. 2). – Je nachdem, ob sich der Zwinger im Freien oder in einem Raum befindet, ist zusätzlich § 4 bzw. § 5 einzuhalten; in Zweifelsfällen gilt die jeweils strengere Bestimmung, insbes. also das Schutzhüttegebot des § 4 (vgl. *Metzger* aaO Rn. 2 und 12).

Zu Abs. 2. Die kleinste Seite des Zwingers muss mindestens der doppel- 3
ten Körperlänge (Nasen-Steiß-Länge) des Hundes entsprechen und darf zwei Meter nicht unterschreiten. Die verfügbare Fläche muss in Abhängigkeit von der Widerristhöhe 6, 8 oder 10 qm betragen; die Bodenfläche der Schutzhütte darf darauf nicht angerechnet werden (vgl. BR-Drucks. 580/00 S. 11). Zur erforderlichen Bodenfläche bei mehreren Hunden s. Abs. 2 Nr. 2 d. h. jeder „weitere" Hund bekommt zusätzlich die Hälfte der Mindestflä-

che. Für eine Hündin mit Welpen muss das 1,5fache zur Verfügung stehen („jede"). – Für Diensthunde, die regelmäßig an mindestens fünf Tagen in der Woche den überwiegenden Teil des Tages außerhalb des Zwingers verbringen, wird nach S. 2 eine Fläche von 6 qm für ausreichend gehalten (BR-Drucks. aaO; krit. dazu *VDH* Stellungnahme S. 4).

4   Zu Abs. 3–6. Nach Abs. 3 muss das Überwinden der Einfriedung durch Überspringen, Überklettern oder Untergraben ausgeschlossen sein. Um dem Hund ein Minimum an Abwechslung zu bieten, muss ihm im Zwinger freie Sicht nach außen ermöglicht werden, möglichst auf ein Gelände, das von Menschen oder Tieren frequentiert wird (vgl. BR-Drucks. 580/00 S. 12). Bei Zwingerhaltung in Gebäuden muss der freie Blick aus dem Gebäude heraus gewährleistet sein. – Ist nach § 2 Abs. 2 S. 2 eine Abweichung vom Gebot der Gruppenhaltung statthaft (bei mehreren Hunden auf demselben Grundstück nur bei „zwingenden Gründen", s. § 2), so muss nach Abs. 5 durch eine entsprechende Anordnung der Zwinger ein Mindestmaß an Sozialkontakt ermöglicht werden (vgl. amtl. Begr. aaO); fehlender Sichtkontakt kann gerade in diesen Fällen zu Verhaltensstörungen, zB notorischem Bellen, führen (vgl. *TVT* Stellungnahme S. 3). Ggf. kann in Fällen des Abs. 2 S. 2 davon abgewichen werden, wenn die Befriedigung des Sozialbedürfnisses durch den Dienstbetrieb gewährleistet ist. – Nach Abs. 6 gilt im Zwinger ein Anbindeverbot. Eine Kombination von Zwinger- und Anbindehaltung ist damit untersagt. Der VO-Entwurf v. 21. 7. 2000 hatte darüber hinaus ein Verbot von Halsbändern vorgesehen, was zur Unfallverhütung und damit für die Gesundheit der Tiere sinnvoll gewesen wäre (vgl. *TVT* Stellungnahme S. 4). – Der *VDH* fordert, Junghunde und Welpen, die allein im Zwinger gehalten werden, langsam daran zu gewöhnen: Bis zum vollendeten dritten Lebensmonat sollten sie dort nicht länger als zwei Stunden pro Tag zubringen; danach könne der Aufenthalt im Zwinger monatlich um je eine Stunde täglich verlängert werden (Stellungnahme S. 5). Zur Unvereinbarkeit dauernder Zwingerhaltung mit § 2 Nr. 1 TierSchG s. o.

§ 7 Anforderungen an die Anbindehaltung

(1) Ein Hund darf in Anbindehaltung nur gehalten werden, wenn die Anforderungen der Absätze 2 bis 5 erfüllt sind.

(2) Die Anbindung muss

1. an einer Laufvorrichtung, die mindestens sechs Meter lang ist, frei gleiten können,
2. so bemessen sein, dass sie dem Hund einen seitlichen Bewegungsspielraum von mindestens fünf Metern bietet,
3. so angebracht sein, dass der Hund ungehindert seine Schutzhütte aufsuchen, liegen und sich umdrehen kann.

(3) [1]Im Laufbereich dürfen keine Gegenstände vorhanden sein, die die Bewegungen des Hundes behindern oder zu Verletzungen führen können. [2]Der Boden muss trittsicher und so beschaffen sein, dass er keine Verletzungen oder Schmerzen verursacht und leicht sauber und trocken zu halten ist.

§ 7 Anforderungen an die Anbindehaltung

(4) Es dürfen nur breite, nicht einschneidende Brustgeschirre oder Halsbänder verwendet werden, die so beschaffen sind, dass sie sich nicht zuziehen oder zu Verletzungen führen können.

(5) ¹Es darf nur eine Anbindung verwendet werden, die gegen ein Aufdrehen gesichert ist. ²Das Anbindematerial muss von geringem Eigengewicht und so beschaffen sein, daß sich der Hund nicht verletzen kann.

(6) Bei Begleitung einer Betreuungsperson während der Tätigkeiten, für die der Hund ausgebildet wurde oder wird, kann er abweichend von Absatz 1 nach Maßgabe der Absätze 4 und 5 an einer mindestens drei Meter langen Anbindung angebunden werden.

(7) Die Anbindehaltung ist verboten bei
1. einem Hund bis zu einem Alter von zwölf Monaten,
2. einer tragenden Hündin im letzten Drittel der Trächtigkeit,
3. einer säugenden Hündin,
4. einem kranken Hund, wenn ihm dadurch Schmerzen, Leiden oder Schäden zugefügt würden.

Grundsätzliches. § 7 regelt nur das „Wie" der Anbindehaltung (Ausnahme: Abs. 7). „Ob" sie zulässig ist, muss hauptsächlich nach den §§ 1 und 2 TierSchG beurteilt werden. Durch die Einschränkung der Bewegung und die Eintönigkeit können Schäden entstehen (vgl. *Metzger* in: *Erbs/ Kohlhaas* T 95a § 7 Rn. 1). Außerdem kann es zu Leiden kommen (erkennbar u. a. an Verhaltensstörungen, die sogar erhebliche Leiden anzeigen). Die zuständige Behörde hat die Befugnis und ggf. auch die Pflicht, aufgrund von § 16a S. 2 Nr. 1 i.V.m. § 2 Nr. 2 TierSchG einzuschreiten. Der Nutzungszweck „Wachhund" kann zwar einen vernünftigen Grund iS von „unvermeidbar" (vgl. § 2 Nr. 2 TierSchG) bilden, jedoch nur im Rahmen des Erforderlichen und Verhältnismäßigen (also zB nicht, wenn eine andere Haltungsform möglich wäre und nur wegen des damit verbundenen Kosten-, Arbeits- und/oder Zeitaufwandes unterbleibt; s. dazu TierSchG § 1 Rn. 41). Anhaltende, erhebliche Leiden sind ohnehin stets rechtswidrig (s. TierSchG § 17 Rn. 73). Zur Befugnis der Behörde, gem. § 16a S. 2 Nr. 1 TierSchG Anordnungen zu treffen, die über die Vorgaben dieser VO hinausgehen, s. Einf. Rn. 1. – Adressat der Pflichten ist grds. der Halter ieS; Abs. 6 wendet sich darüber hinaus an die Betreuungsperson, d. h. auch an den Betreuer und den zur Betreuung Verpflichteten. 1

Zu Abs. 1. Anbindehaltung liegt vor, wenn der Hund den überwiegenden Teil des Tages (also mehr als die Hälfte) angebunden verbringt (vgl. BR-Drucks. 580/00 S. 12). Angebunden ist der Hund, wenn die Anbindevorrichtung an einem unbeweglichen Gegenstand festgemacht ist; bei Verbindung mit einem Menschen spricht man dagegen von „angeleint" (vgl. *Metzger* aaO Rn. 2). – Zusätzlich zu § 7 gelten je nach Sachlage § 4 oder § 5. In Zweifelsfällen gilt die jeweils strengere Bestimmung, insbes. das Schutzhüttengebot nach § 4. Außerdem gilt – wie stets – § 2. Die Kombination von Anbinde- und Zwingerhaltung ist ausgeschlossen, s. § 6 Abs. 6. 2

Zu Abs. 2 und 3. Es muss eine Laufvorrichtung (Laufseil, Laufstange, Laufdraht) von mindestens 6 m Länge verwendet werden; eine Anbindung 3

495

ohne Laufvorrichtung an Hütten, Pfählen usw. ist nicht zulässig (vgl. BR-Drucks. 580/00 aaO). – Der (von der Laufvorrichtung her gesehen) seitliche Bewegungsspielraum muss mindestens 5 m betragen. Ist er also auf einer Seite eingeschränkt, so muss dies durch eine entsprechende Erweiterung auf der anderen Seite ausgeglichen werden. – Die Anbindung darf weder das Liegen noch das Sichumdrehen noch das Aufsuchen der Schutzhütte behindern. – Um das Ziel des Abs. 3 zu erreichen, muss die Schutzhütte an der Grenze des Laufbereichs aufgestellt werden, so dass der Hund sie jederzeit ohne Beeinträchtigung aufsuchen kann, in seinen Bewegungen durch sie jedoch nicht behindert wird.

4 **Zu Abs. 4.** Brustgeschirre und Halsbänder müssen vier Voraussetzungen gleichzeitig erfüllen, um zulässig zu sein: Breite; kein Einschneiden (und erst recht kein Einstechen, also keine Stachelhalsbänder); keine Gefahr des Sich-Zuziehens (also insbes. keine Würgehalsbänder); keine Verletzungsgefahr (d. h. u. a.: Gewährleistung, dass auch durch ständiges Zerren keine Scheuerstellen entstehen; vgl. BR-Drucks. aaO). Verstoß also bereits dann, wenn eine dieser Negativ-Eigenschaften festgestellt werden kann. *VDH, TVT* und *Deutscher Tierschutzbund* empfehlen, wegen Verletzungsgefahr Halsbänder vollständig durch Brustgeschirre zu ersetzen.

5 **Zu Abs. 5.** Es muss ausgeschlossen sein, dass sich die Anbindung durch Bewegungen des Hundes verkürzt. Zur Frage nach dem zulässigen Eigengewicht kann auf § 3 Abs. 2 S. 3 der früheren HundeVO (bei Ketten Drahtstärke der Glieder max. 3,2 mm) zurückgegriffen werden (vgl. *Metzger* aaO Rn. 8).

6 **Zu Abs. 6.** Die Ausnahme greift nur ein, wenn der Hund eine Betreuungsperson (vgl. § 2 Abs. 1) begleitet, diese also zusammen mit ihm unterwegs ist, sich ständig in seiner Nähe aufhält und ggf. für ihn da ist; außerdem muss der Hund mitgenommen worden sein, um ausgebildet zu werden bzw. um eine Tätigkeit auszuführen, für die er ausgebildet wurde. – In dieser Zeit gelten Abs. 2 und 3 nicht; es ist also keine Laufvorrichtung nötig, jedoch muss die Anbindung mindestens 3 m lang sein (zum Unterschied Anbinden/Anleinen s. o. zu Abs. 1). Abs. 4 und Abs. 5 gelten uneingeschränkt. – Die Anbindehaltung eines Hundes im Zirkus fällt nicht unter Abs. 6, muss also auch den Absätzen 2 und 3 voll entsprechen (vgl. BR-Drucks. 580/00 S. 13).

7 **Zu Abs. 7.** Es gelten folgende Verbote (die aber gegenüber § 2 Nr. 2 TierSchG nicht abschließend sind, s. o. „Grundsätzliches"): Keine Anbindung von Hunden bis zum Alter von 12 Monaten; keine Anbindung von tragenden Hündinnen im letzten Drittel der Trächtigkeit (d. h. etwa ab dem 40. Tag der Trächtigkeit, vgl. *Metzger* aaO Rn. 14); keine Anbindung säugender Hündinnen vor dem vollständigen Absetzen der Welpen; keine Anbindung, wenn der Hund eine Krankheit (= gestörtes Allgemeinbefinden, vgl. § 2 Nr. 2 TierSchTrV) hat und deswegen mit Schmerzen, Leiden oder Schäden als Folge einer Anbindung gerechnet werden muss.

§ 8 Fütterung und Pflege

(1) ¹Die Betreuungsperson hat dafür zu sorgen, dass dem Hund in seinem gewöhnlichen Aufenthaltsbereich jederzeit Wasser in ausreichender Menge und Qualität zur Verfügung steht. ²Sie hat den Hund mit artgemäßem Futter in ausreichender Menge und Qualität zu versorgen.

(2) Die Betreuungsperson hat
1. den Hund unter Berücksichtigung des der Rasse entsprechenden Bedarfs regelmäßig zu pflegen und für seine Gesundheit Sorge zu tragen;
2. die Unterbringung mindestens einmal täglich und die Anbindevorrichtung mindestens zweimal täglich zu überprüfen und Mängel unverzüglich abzustellen;
3. für ausreichende Frischluft und angemessene Lufttemperaturen zu sorgen, wenn ein Hund ohne Aufsicht in einem Fahrzeug verbleibt;
4. den Aufenthaltsbereich des Hundes sauber und ungezieferfrei zu halten; Kot ist täglich zu entfernen.

Zu Abs. 1. Verpflichteter ist die Betreuungsperson (vgl. § 2 Abs. 1). Dem 1 Hund muss jederzeit Wasser zur Verfügung stehen. Gefüttert werden sollte der erwachsene Hund mindestens einmal täglich, der Welpe mehrmals täglich (vgl. BR-Drucks. 580/00 S. 13; vgl. auch *TVT*, Stellungnahme S. 4: Welpen viermal). Dem Hinweis in der amtl. Begr., dass eine Umstellung der Hunde auf vorwiegend vegetarisches Futter als nicht artgerecht abzulehnen sei, wird von der *BTK* widersprochen: „Eine vegetarische Ernährung kann artgerecht gestaltet und akzeptabel sein, sofern die Besonderheiten des Nährstoffbedarfs sowie die Nahrungsprägung bei Hunden berücksichtigt werden" (*BTK* Stellungnahme S. 4 mN).

Zu Abs. 2. Adressat ist hier ebenfalls die Betreuungsperson. Nr. 1 ver- 2 pflichtet auch dazu, für eine angemessene tierärztliche Versorgung und für Gesundheitsprophylaxe (zB Impfung, Entwurmung, Schutz vor Parasiten) zu sorgen. Überprüfen iS von Nr. 2 meint, sich vom Zustand der Vorrichtungen zu überzeugen. Mängel sind alle Abweichungen von dem Zustand, wie er durch die VO und durch § 2 TierSchG vorausgesetzt wird (vgl. *Metzger* in: *Erbs/Kohlhaas* T 95a § 8 Rn. 4). Zu Nr. 3 heißt es in der amtl. Begr., dass Hunde nicht längere Zeit ohne Aufsicht in einem Fahrzeug verbleiben sollten, insbesondere nicht in Personenwagen (vgl. dazu auch VG Stuttgart NuR 1998, 217). Zu Nr. 4 gehört auch die tägliche Säuberung der Futter- und Tränkebehälter und die Vermeidung von Bedingungen, die den Hund einem erhöhten Risiko parasitärer Infektionen aussetzen (vgl. BR-Drucks. aaO).

§ 9 Ausnahmen für das vorübergehende Halten

Die zuständige Behörde kann von den Vorschriften des § 2 Abs. 2 und 3 sowie § 6 Abs. 1 in Verbindung mit Abs. 2 für das vorübergehende Halten von Hunden in Einrichtungen, die Fundhunde oder durch Behörden eingezogene Hunde aufnehmen, befristete Ausnahmen zulassen, wenn sonst die weitere Aufnahme solcher Hunde gefährdet ist.

TierSchHundeV *Tierschutz-Hundeverordnung*

Die Behörde kann für Einrichtungen, die Fundhunde oder behördlich eingezogene (auch nach § 16a S. 2 Nr. 2 TierSchG fortgenommene) Hunde vorübergehend aufnehmen, befristete Ausnahmen von den Geboten des § 2 Abs. 2 und Abs. 3 sowie des § 6 Abs. 1, Abs. 2 zulassen, wenn nur auf diesem Weg die notwendige Aufnahme weiterer solcher Hunde erreicht werden kann (die Behörde muss aber selbst Vorkehrungen treffen, um Sonderfälle dieser Art zu vermeiden, vgl. *Kluge/von Loeper* TierSchHundeV § 9 Rn. 12).

§ 10 Ausstellungsverbot

¹Es ist verboten, Hunde, bei denen Körperteile, insbesondere Ohren oder Rute, zum Erreichen bestimmter Rassemerkmale vollständig oder teilweise amputiert wurden, auszustellen oder Ausstellungen solcher Hunde zu veranstalten. ²Das Ausstellungsverbot nach Satz 1 gilt nicht, sofern der Eingriff vor dem 1. September 2001 und in Übereinstimmung mit den Vorschriften des Tierschutzgesetzes in der zum Zeitpunkt des Eingriffs geltenden Fassung vorgenommen wurde.

Ermächtigungsgrundlage ist § 12 Abs. 2 S. 1 Nr. 4 TierSchG. Adressat des Verbots ist jeder, der einen teilamputierten Hund ausstellt oder eine Ausstellung mit solchen Hunden (auch: Zuchtschau) veranstaltet. – Das vollständige oder teilweise Amputieren von Körperteilen zum Erreichen bestimmter Rassemerkmale ist jetzt ausnahmslos verboten (vgl. § 6 Abs. 1 i.V.m. § 5 Abs. 3 idF des ÄndG 1998). Zur Umgehung des Verbotes werden aber Hunde zT ins Ausland verbracht und dort an Schwanz, Ohren oÄ kupiert, oder es werden aus dem Ausland kupierte Hunde ins Inland verbracht. Diesen Handlungen soll vorgebeugt werden (vgl. BR-Drucks. 580/00 S. 14). – Eine Ausnahme gilt nach S. 2, wenn der Eingriff zu einem Zeitpunkt stattgefunden hat, als er nach deutschem Tierschutzrecht noch erlaubt war (d.h. bei Kupieren von Ruten vor dem 1. 6. 1998 und bei Kupieren von Ohren vor dem 1. 1. 1987). Nicht unter das Verbot fallen außerdem Hunde, die im Einklang mit § 6 Abs. 1 S. 2 Nr. 1a oder b TierSchG kupiert worden sind. – Im Regierungsentwurf war zusätzlich ein Haltungsverbot vorgesehen. Der Bundesrat hatte dies jedoch abgelehnt, da die betroffenen Tiere in der Konsequenz getötet werden müssten; hierfür fehle es aber an einem vernünftigen Grund, weil ihr schmerz- und leidensfreies Weiterleben möglich sei. Tierschutzwidrige Amputationen seien nach dem Tierschutzgesetz ohnehin zu ahnden (BR-Drucks. 580/00 Beschluss, Anl. S. 7; s. auch TierSchG § 12 Rn. 3). – Zur Nachbehandlung ohrkupierter Hunde vgl. BayObLG NJW 1993, 2760.

§ 11 Aggressionssteigerung nach § 11b Abs. 2 des Tierschutzgesetzes

¹Eine Aggressionssteigerung im Sinne des § 11b Abs. 2 des Tierschutzgesetzes liegt bei Hunden vor, die ein übersteigertes Angriffs- und Kampfverhalten aufweisen, das durch artgemäße Signale nicht hinreichend gesteuert

wird. ²Das Verpaaren von Hunden mit anderen Caniden ist verboten. ³Bei Pitbull-Terriern, Staffordshire Bullterriern, American Staffordshire Terriern und Bullterriern sowie Kreuzungen mit diesen Tieren ist vom Vorliegen einer derartigen Aggressionssteigerung auszugehen.

Zu S. 1. Ermächtigungsgrundlage ist § 11b Abs. 5 TierSchG. Der in § 11b Abs. 2 TierSchG verwendete Begriff „Aggressionssteigerung" wird hier definiert (s. dazu TierSchG § 11b Rn. 11).   1

Zu S. 2. Das Verpaaren von Hunden mit Wölfen, Schakalen etc. ist verboten, weil bei deren Nachkommen idR mit einer übersteigerten Aggressivität gerechnet wird (vgl. BR-Drucks. 580/00 Beschluss, S. 8). Bei einem Verstoß liegt eine Ordnungswidrigkeit nach § 18 Abs. 1 Nr. 22 TierSchG vor.   2

Zu S. 3. Wer mit einem Hund züchtet, der einer dieser vier Rassen angehört oder eine Kreuzung daraus darstellt (nicht ausreichend: Züchten mit dem Abkömmling einer Kreuzung und einem anderen Hund), muss damit rechnen, dass bei den Nachkommen erblich bedingte Aggressionssteigerungen auftreten. Er handelt damit ordnungswidrig nach § 18 Abs. 1 Nr. 22 TierSchG i.V.m. § 11b Abs. 2 lit. a TierSchG. Die Behörde kann nach § 11b Abs. 3 TierSchG das Unfruchtbarmachen anordnen. – Die hier aufgestellte Gefährlichkeitsvermutung ist nicht widerlegbar, auch nicht durch das Bestehen eines Wesenstests (vgl. BR-Drucks. 580/00 Beschluss, S. 8). Zur Problematik von Gefährlichkeitsvermutungen, die allein an die Rassezugehörigkeit anknüpfen, s. Einf. Rn. 3–5. Allerdings lässt sich vertreten, dass Züchtungs- und Einfuhrverbote einen weniger schwerwiegenden Eingriff darstellen als Haltungsverbote, die in letzter Konsequenz eine Tötung zur Folge haben können. – Zur Frage der Kompetenz des Bundes für diese Regelung vgl. einerseits *Kloepfer/Rossi* NuR 2002, 133, 139; andererseits *Kluge* § 16a Rn. 8a.   3

§ 12 Ordnungswidrigkeiten

(1) Ordnungswidrig im Sinne des § 18 Abs. 1 Nr. 3 Buchstabe a des Tierschutzgesetzes handelt, wer vorsätzlich oder fahrlässig

1. entgegen § 2 Abs. 4 Satz 1 einen Welpen vom Muttertier trennt,
2. entgegen § 3 nicht sicherstellt, dass für jeweils bis zu zehn Zuchthunde und ihre Welpen eine dort genannte Betreuungsperson zur Verfügung steht,
3. entgegen § 4 Abs. 1 Satz 1 Nr. 1 oder Satz 2 nicht dafür sorgt, dass dem Hund eine Schutzhütte oder ein Liegeplatz zur Verfügung steht,
4. entgegen § 5 Abs. 1 Satz 1 oder Abs. 2 oder 3, § 6 Abs. 1 oder 6 oder § 7 Abs. 1 oder 7 einen Hund hält oder
5. entgegen § 8 Abs. 2 Nr. 2 einen Mangel nicht oder nicht rechtzeitig abstellt.

(2) Ordnungswidrig im Sinne des § 18 Abs. 1 Nr. 3 Buchstabe b des Tierschutzgesetzes handelt, wer vorsätzlich oder fahrlässig entgegen § 10 Satz 1 einen Hund ausstellt oder eine Ausstellung veranstaltet.

Allgemeines. Für alle Ordnungswidrigkeiten reicht Fahrlässigkeit aus. – Soweit sich die verletzte Vorschrift nur an den Halter ieS (s. TierSchG § 2   1

TierSchHundeV *Tierschutz-Hundeverordnung*

Rn. 4) richtet, kommt es zwar darauf an, dass dieser den Tatbestand verwirklicht. Nach § 14 Abs. 1 OWiG handelt aber auch derjenige ordnungswidrig, der sich (ohne selbst Halter zu sein) an einer Ordnungswidrigkeit des Halters beteiligt (s. auch TierSchG § 18 Rn. 9). – Zur Höhe der Sanktionen s. § 18 Abs. 3 TierSchG. – Die Einziehung des Hundes/der Hunde, auf die sich die Ordnungswidrigkeit bezieht, ist nach § 19 TierSchG möglich.

2   Zu Abs. 1 Nr. 1. Ein Verstoß liegt vor, wenn ein Welpe im Alter von acht Wochen oder weniger vom Muttertier getrennt wird, ohne dass dies nach tierärztlichem Urteil zum Schutz vor Schmerzen, Leiden oder Schäden erforderlich ist.

3   Zu Abs. 1 Nr. 2. Ordnungswidrig handelt der gewerbsmäßige Züchter, wenn keine oder (gemessen an der Zahl der fortpflanzungsfähigen Hündinnen) zu wenig Betreuungspersonen zur Verfügung stehen. Ein Verstoß liegt auch vor, wenn die Betreuungsperson die notwendigen Kenntnisse und Fähigkeiten nicht gegenüber der Behörde nachgewiesen hat, da sie dann keine „dort genannte Betreuungsperson" iS von § 3 ist.

4   Zu Abs. 1 Nr. 3. Ordnungswidrig handelt der Halter, wenn bei Hundehaltung im Freien dem Hund keine Schutzhütte zur Verfügung steht. Ein Verstoß liegt aber auch dann vor, wenn zwar eine Hütte vorhanden ist, diese aber nicht den Anforderungen des Abs. 2 entspricht (vgl. die ausdrückliche Bezugnahme von Abs. 2 in § 4 Abs. 1 S. 1 Nr. 1). – Ordnungswidrig iS von § 4 Abs. 1 S. 2 handelt die Betreuungsperson (d.h. der Halter, Betreuer oder zur Betreuung Verpflichtete, vgl. § 2 Abs. 1), wenn dem Hund während der Ausbildung bzw. der Tätigkeit, für die er ausgebildet wurde oder wird, kein Liegeplatz, der vor Feuchtigkeit, Zugluft, Hitze und Kälte schützt, zur Verfügung steht (vgl. auch *Metzger* in: *Erbs/Kohlhaas* T 95a § 4 Rn. 5, 14).

5   Zu Abs. 1 Nr. 4. Einen Verstoß gegen § 5 Abs. 1 S. 1 begeht, wer einen Hund in einem fensterlosen Raum hält (vgl. aber auch § 13 Abs. 2). Gegen § 5 Abs. 2 verstößt der Halter, wenn er bei einer Hundehaltung in Räumen, die nicht dem Aufenthalt von Menschen dienen, die Anforderungen des § 6 Abs. 2 zur benutzbaren Bodenfläche nicht einhält. Ein Verstoß gegen § 5 Abs. 3 liegt vor, wenn bei einer Hundehaltung in nicht beheizbaren Räumen die Schutzhütte entweder ganz fehlt oder nicht den Anforderungen des § 4 Abs. 2 entspricht (ein Liegeplatz anstelle der Schutzhütte genügt nur, wenn sich die Haltung in den Räumen auf die warme Jahreszeit beschränkt und der Liegeplatz sowohl trocken ist als auch ausreichend Schutz vor Luftzug und Kälte bietet; vgl. BR-Drucks. 580/00 S. 11). – Gegen § 6 Abs. 1 verstößt der Halter, wenn bei Zwingerhaltung eine der Anforderungen aus § 6 Abs. 2, 3 oder 4 nicht eingehalten wird. Gegen § 6 Abs. 6 verstößt, wer einen Hund im Zwinger anbindet. – Gegen § 7 Abs. 1 verstößt, wer einen Hund in Anbindehaltung hält und dabei eine der Anforderungen aus Abs. 2, 3, 4 oder 5 nicht erfüllt. Gegen § 7 Abs. 7 verstößt, wer einem der dortigen Verbote zuwiderhandelt

6   Zu Abs. 1 Nr. 5. Die Betreuungsperson (vgl. § 2 Abs. 1) handelt ordnungswidrig, wenn sie einen Mangel der Unterbringung oder der Anbindevorrichtung nicht unverzüglich (d.h. ohne schuldhaftes Zögern, § 121 BGB) abstellt, obwohl sie den Mangel erkannt hat oder bei einmal täglicher Über-

prüfung der Unterbringung bzw. zweimal täglicher Überprüfung der Anbindevorrichtung hätte erkennen können. **Andere Ordnungswidrigkeiten.** Der Verstoß gegen § 10 S. 1 ist gem. Abs. 2 eine Ordnungswidrigkeit nach § 18 Abs. 1 Nr. 3 b TierSchG. Auch hier kann der Hund nach § 19 TierSchG eingezogen werden. – Wichtige andere Gebote und Verbote sind in § 12 nicht erwähnt: § 2 Abs. 1, 2 und 3 sowie Abs. 4 S. 3; § 4 Abs. 1 S. 1 Nr. 2; § 5 Abs. 1 S. 2, 4 und 5; § 6 Abs. 5; § 7 Abs. 6; § 8 Abs. 1 und Abs. 2 Nr. 1, 3 und 4. Es bestehen aber dennoch Möglichkeiten, Verstöße gegen diese Vorschriften sowie Verstöße gegen andere, unmittelbar aus § 2 TierSchG ableitbare Pflichten zu ahnden: **1.** Die Behörde kann die entsprechende Pflicht durch Verwaltungsakt nach § 16a S. 2 Nr. 1 TierSchG aussprechen und nach Maßgabe von § 80 Abs. 2 Nr. 4, Abs. 3 VwGO für sofort vollziehbar erklären; anschließende Zuwiderhandlungen sind damit Ordnungswidrigkeiten nach § 18 Abs. 1 Nr. 2 TierSchG. – **2.** Soweit einem Hund erhebliche Schmerzen oder Leiden zugefügt werden, kann eine Ordnungswidrigkeit nach § 18 Abs. 1 Nr. 1 oder Abs. 2 TierSchG vorliegen; wurde dabei gegen eine Norm der VO verstoßen, so scheidet die Berufung auf einen vernünftigen Grund von vornherein aus. – **3.** Werden dem Hund anhaltende oder sich wiederholende erhebliche Schmerzen oder Leiden zugefügt, so findet § 17 Nr. 2 b TierSchG Anwendung. – **4.** Auch andere Ordnungswidrigkeitstatbestände können bei Verletzung einer der o. e. Pflichten in Betracht kommen, zB § 18 Abs. 1 Nr. 8 TierSchG (bei einem Verstoß gegen § 6 Abs. 1 S. 1 TierSchG) oder nach § 18 Abs. 1 Nr. 22 TierSchG (bei einem Verstoß gegen § 11 i. V. m. § 11 b Abs. 2 lit. a TierSchG).

§ 13 Übergangsvorschrift

(1) Für Züchter, die eine Erlaubnis nach § 11 Abs. 1 Nr. 3 Buchstabe a des Tierschutzgesetzes am 14. Mai 2001 haben, gilt § 3 ab dem 1. September 2002.

(2) Wer einen Hund am 14. Mai 2001 in einem Raum hält, der nicht der Anforderung des § 5 Abs. 1 Satz 1 entspricht, muss das Einhalten dieser Anforderung spätestens bis zum 1. September 2004 sicherstellen.

(3) Abweichend von § 6 Abs. 1 in Verbindung mit Abs. 2 oder 3 Satz 5 sowie Abs. 5 dürfen Hunde noch bis zum 31. August 2004 in Zwingern gehalten werden, die am 31. August 2001 bereits in Benutzung genommen worden sind und die die Anforderungen des § 4 Abs. 2 der Verordnung über das Halten von Hunden im Freien vom 6. Juni 1974 (BGBl. I S. 1265), geändert durch Artikel 2 des Gesetzes vom 12. August 1986 (BGBl. I S. 1309), erfüllen.

(4) Abweichend von § 10 Satz 1 dürfen Hunde noch bis zum 1. Mai 2002 ausgestellt werden.

§ 14 Inkrafttreten, Außerkrafttreten

[1] Diese Verordnung tritt am 1. September 2001 in Kraft. [2] Gleichzeitig tritt die Verordnung über das Halten von Hunden im Freien vom 6. Juni 1974 (BGBl. I S. 1265), geändert durch Artikel 2 Nr. 1 des Gesetzes vom 12. August 1986 (BGBl. I S. 1309), außer Kraft.

Verordnung zum Schutz landwirtschaftlicher Nutztiere und anderer zur Erzeugung tierischer Produkte gehaltener Tiere bei ihrer Haltung (Tierschutz-Nutztierhaltungsverordnung – TierSchNutztV)*

Vom 25. Oktober 2001 (BGBl. I S. 2758),
Verordnung zur Änderung der Tierschutz-Nutztierhaltungsverordnung** vom 28. Februar 2002 (BGBl. I S. 1026)

Übersicht

	S.
Abschnitt 1. Allgemeine Bestimmungen	504
§ 1 Anwendungsbereich	504
§ 2 Begriffsbestimmungen	505
§ 3 Allgemeine Anforderungen an Haltungseinrichtungen	506
§ 4 Allgemeine Anforderungen an Überwachung, Fütterung und Pflege	509

---

* Diese Verordnung dient der Umsetzung folgender Richtlinien:
1. Richtlinie 98/58/EG des Rates vom 20. Juli 1998 über den Schutz landwirtschaftlicher Nutztiere (ABl. EG Nr. L 221 S. 23);
2. Richtlinie 91/629/EWG des Rates vom 19. November 1991 über Mindestanforderungen für den Schutz von Kälbern (ABl. EG Nr. L 340 S. 28), zuletzt geändert durch Entscheidung der Kommission 97/182/EG vom 24. Februar 1997 (ABl. EG Nr. L 76 S. 30).

Die Verpflichtungen aus der Richtlinie 98/34/EG des Europäischen Parlaments und des Rates vom 22. Juni 1998 über ein Informationsverfahren auf dem Gebiet der Normen und technischen Vorschriften (ABl. EG Nr. L 204 S. 37), geändert durch die Richtlinie 98/48/EG des Europäischen Parlaments und Rates vom 20. Juli 1998 (ABl. EG Nr. L 217 S. 18), sind beachtet worden

** Diese Verordnung dient der Umsetzung folgender Rechtsakte:
1. Richtlinie 88/166/EWG des Rates vom 7. März 1988 betreffend das Urteil des Gerichtshofs in der Rechtssache 131/86 (Nichtigerklärung der Richtlinie 86/113/EWG des Rates vom 25. März 1986 zur Festsetzung von Mindestanforderungen zum Schutz von Legehennen in Käfigbatteriehaltung) (ABl. EG Nr. L 74 S. 83),
2. Richtlinie 98/58/EG des Rates vom 20. Juli 1998 über den Schutz landwirtschaftlicher Nutztiere (ABl. EG Nr. L 221 S. 23),
3. Richtlinie 1999/74/EG des Rates vom 19. Juli 1999 zur Festlegung von Mindestanforderungen zum Schutz von Legehennen (ABl. EG Nr. L 203 S. 53).

Die Verpflichtungen aus der Richtlinie 98/34/EG des Europäischen Parlaments und des Rates vom 22. Juni 1998 über ein Informationsverfahren auf dem Gebiet der Normen und technischen Vorschriften (ABl. EG Nr. L 204 S. 37), geändert durch die Richtlinie 98/48/EG des Europäischen Parlaments und des Rates vom 20. Juli 1998 (ABl. EG Nr. L 217 S. 18), sind beachtet worden.

TierSchNutztV

Tierschutz-NutztierhaltungsV

	S.
Abschnitt 2. Anforderungen an das Halten von Kälbern	512
§ 5 Allgemeine Anforderungen an das Halten von Kälbern	515
§ 6 Allgemeine Anforderungen an das Halten von Kälbern in Ställen	516
§ 7 Besondere Anforderungen an das Halten von Kälbern im Alter von bis zu zwei Wochen in Ställen	519
§ 8 Besondere Anforderungen an das Halten von Kälbern im Alter von über zwei bis zu acht Wochen in Ställen	520
§ 9 Besondere Anforderungen an das Halten von Kälbern im Alter von über acht Wochen in Ställen	522
§ 10 Platzbedarf bei Gruppenhaltung	523
§ 11 Überwachung, Fütterung und Pflege	525
Abschnitt 3. Anforderungen an das Halten von Legehennen	527
§ 12 Anwendungsbereich	536
§ 13 Anforderungen an Haltungseinrichtungen für Legehennen	536
§ 14 Überwachung, Fütterung und Pflege von Legehennen	544
§ 15 Anlagen zur Erprobung neuer Haltungseinrichtungen	546
Abschnitt 4. Ordnungswidrigkeiten und Schlussbestimmungen	546
§ 16 Ordnungswidrigkeiten	546
§ 17 Übergangsregelungen	548
§ 18 Inkrafttreten, Außerkrafttreten	552

Abschnitt 1. Allgemeine Bestimmungen

§ 1 Anwendungsbereich

(1) Diese Verordnung gilt für das Halten von Nutztieren zu Erwerbszwecken.

(2) Die Vorschriften dieser Verordnung sind nicht anzuwenden
1. auf die vorübergehende Unterbringung von Tieren während Wettbewerben, Ausstellungen, Absatzveranstaltungen sowie kultureller Veranstaltungen;
2. während einer tierärztlichen Behandlung, soweit nach dem Urteil des Tierarztes im Einzelfall andere Anforderungen an das Halten zu stellen sind;
3. während eines Tierversuchs im Sinne des § 7 Abs. 1 des Tierschutzgesetzes, soweit für den verfolgten Zweck andere Anforderungen an das Halten unerlässlich sind.

1 Zu Abs. 1. Zum Begriff „Halten" s. TierSchG § 2 Rn. 4–7. Der Bezug zur Richtlinie 98/58/EG über den Schutz landwirtschaftlicher Nutztiere (EU-Nutztier-Richtlinie, ABl. EG Nr. L 221 S. 23) legt nahe, dass das Halten hier grds. auch das Betreuen umfasst (sog. weiter Halterbegriff, s. TierSchG § 2 Rn. 7; vgl. Art. 2 Nr. 2 der Nutztier-Richtlinie: „jede natürliche oder juristische Person, die ständig oder vorübergehend für die Tiere verantwortlich ist oder die Tiere versorgt"). Das schließt nicht aus, dass sich einzelne Tatbestände der VO nur an den Halter ieS (vgl. TierSchG § 2 Rn. 4) wen-

den. – Nutztiere s. § 2. – Erwerbszwecke liegen vor, wenn ein Tier zur Erzielung von Gewinn oder für eine Tätigkeit gehalten wird, für die ein Entgelt vereinbart oder üblich ist (vgl. § 12 Abs. 1 DVAuslG).

Zu Abs. 2 Nr. 1. Die Ausnahme beruht auf dem Gedanken, dass bei einer nur kurzzeitigen, anlassbezogenen Unterbringung das Tier nicht leiden wird, wenn einzelne Anforderungen der VO nicht eingehalten sind. Demgemäß ist das Merkmal „vorübergehend" eng auszulegen: Je mehr die anlassbezogene Unterbringung hinter den Vorgaben der Verordnung zurückbleibt, desto kürzer ist der Zeitraum, für den dies toleriert werden kann. Bei starken Einschränkungen wird sich der zulässige Zeitraum mithin auf wenige Stunden beschränken; bei ganz geringfügigen Abweichungen wird man dagegen auch mehrere Tage hinnehmen können (s. auch TierSchG § 1 Rn. 1, Gebot zur tierfreundlichen Auslegung). – Die Ausnahme „Absatzveranstaltungen" ist auf Veranlassung des Bundesrates eingefügt worden (vgl. BR-Drucks. 317/01, Beschluss S. 1); in der Nutztier-Richtlinie ist sie nicht vorgesehen. 2

Zu Abs. 2 Nr. 2. Während einer tierärztlichen Behandlung sind Abweichungen von der VO zulässig, soweit sie nach tierärztlichem Urteil zur Unterstützung der Genesung oder zum Schutz anderer Tiere vor Erkrankungen erforderlich sind. 3

Zu Abs. 2 Nr. 3. Gemäß § 11 Abs. 1 Nr. 1 TierSchG ist das Halten von Wirbeltieren zu Versuchs- oder anderen wissenschaftlichen Zwecken genehmigungsbedürftig. Um eine Genehmigung zu erhalten, muss der Halter nachweisen, dass die Räume und Einrichtungen den Anforderungen des § 2 und der aufgrund von § 2a ergangenen Verordnungen entsprechen (vgl. § 11 Abs. 2 Nr. 3 TierSchG). Soll dabei von einer oder mehreren Bestimmungen dieser VO abgewichen werden, so erfordert dies sowohl die wissenschaftlich begründete Darlegung des Versuchszwecks als auch den Nachweis (vgl. § 8 Abs. 2 S. 2 Nr. 2 i.V.m. Abs. 3 Nr. 4 TierSchG), dass die geplante Abweichung nach Art und Ausmaß unerlässlich, d.h. unumgänglich notwendig ist, um den Versuchszweck nicht zu gefährden; der Versuchszweck muss die Abweichung erzwingen (zur Prüfungspflicht der Behörde s. auch TierSchG § 8 Rn. 9 sowie TierSchHundeV zu § 1 Abs. 2 Nr. 3). – Die Zulässigkeit solcher Abweichungen wird von der VO auf die Zeit „während eines Tierversuches" beschränkt. Dieser beginnt mit dem ersten Eingriff oder der ersten Behandlung zu Versuchszwecken. Die davon zu unterscheidende Vorratshaltung wird von der Ausnahme also nicht erfasst. – Im Unterschied zu § 1 Abs. 2 Nr. 3 TierSchHundeV werden hier Abweichungen von der VO bei der Haltung von Tieren die anstatt für Tierversuche iS des § 7 Abs. 1 für andere wissenschaftliche Zwecke verwendet werden sollen, nicht zugelassen. 4

§ 2 Begriffsbestimmungen

Im Sinne dieser Verordnung sind

1. **Nutztiere:** landwirtschaftliche Nutztiere sowie andere warmblütige Wirbeltiere, die zur Erzeugung von Nahrungsmitteln, Wolle, Häuten oder Fellen oder zu anderen landwirtschaftlichen Zwecken gehalten werden;

2. **Haltungseinrichtungen:** Gebäude und Räume (Ställe) oder Behältnisse sowie sonstige Einrichtungen zur dauerhaften Unterbringung von Tieren;
3. **Kälber:** Hausrinder im Alter von bis zu sechs Monaten;
4. **Legehennen:** legereife Hennen der Art Gallus gallus, die zur Erzeugung von Eiern, die nicht für Vermehrungszwecke bestimmt sind, gehalten werden.

Nutztiere iS der VO sind nach Nr. 1 alle warmblütigen Wirbeltiere, die zur Erzeugung von Nahrungsmitteln, Wolle, Häuten oder Fellen oder zu anderen landwirtschaftlichen Zwecken gehalten werden. Unter diese Definition fallen auch die Pelztiere (obwohl sie eher den Wildtieren zuzuordnen sind, s. dazu TierSchG Anh. zu § 2 Rn. 46; vgl. auch AVV Nr. 12.2.1.5.1). Das Pferd wird von der Verordnung nur erfasst, soweit es zu landwirtschaftlichen Zwecken gehalten wird (vgl. amtl. Begr., BR-Drucks. 317/01 S. 15). – Wechselwarme Tiere wie Fische, Reptilien und Amphibien fallen nicht unter die VO. Ihre Haltung ist unmittelbar nach § 2 TierSchG zu beurteilen. Die Nutztier-Richtlinie setzt aber auch für sie Mindestanforderungen, die nicht unterschritten werden dürfen (vgl. dort Art. 2; s. auch TierSchG § 2 Rn. 39). – Die Vorschriften des ersten Abschnitts sind allgemeine Bestimmungen, die für alle Nutztiere gelten, unabhängig davon, ob in den nachfolgenden Abschnitten weitere Spezialvorschriften für die betreffende Tierart aufgestellt sind oder nicht. – Zu Nr. 4 s. auch § 12.

§ 3 Allgemeine Anforderungen an Haltungseinrichtungen

(1) Nutztiere dürfen vorbehaltlich der Vorschriften der Abschnitte 2 und 3 nur in Haltungseinrichtungen gehalten werden, die den Anforderungen der Absätze 2 bis 6 entsprechen.

(2) Haltungseinrichtungen müssen

1. nach ihrer Bauweise, den verwendeten Materialien und ihrem Zustand so beschaffen sein, dass eine Verletzung oder sonstige Gefährdung der Gesundheit der Tiere so sicher ausgeschlossen wird, wie dies nach dem Stand der Technik möglich ist;
2. mit Fütterungs- und Tränkeinrichtungen ausgestattet sein, die so beschaffen und angeordnet sind, dass jedem Tier Zugang zu einer ausreichenden Menge Futter und Wasser gewährt wird und dass Verunreinigungen des Futters und des Wassers sowie Auseinandersetzungen zwischen den Tieren auf ein Mindestmaß begrenzt werden;
3. so ausgestattet sein, dass den Tieren, soweit für den Erhalt der Gesundheit erforderlich, ausreichend Schutz vor widrigen Witterungseinflüssen geboten wird und die Tiere, soweit möglich, vor Beutegreifern geschützt werden, wobei es im Fall eines Auslaufes ausreicht, wenn den Nutztieren Möglichkeiten zum Unterstellen geboten werden.

(3) Ställe müssen

1. mit Vorrichtungen ausgestattet sein, die jederzeit eine zur Inaugenscheinnahme der Tiere ausreichende Beleuchtung und einen Zugriff auf alle

§ 3 Allgem. Anforderungen an Haltungseinrichtungen TierSchNutztV

Nutztiere durch die mit der Fütterung und Pflege betrauten Personen ermöglichen;

2. erforderlichenfalls ausreichend wärmegedämmt und so ausgestattet sein, dass Zirkulation, Staubgehalt, Temperatur, relative Feuchte und Gaskonzentration der Luft in einem Bereich gehalten werden, der für die Tiere unschädlich ist.

(4) Sofern Lüftungsanlagen, Fütterungseinrichtungen, Förderbänder oder sonstige technische Einrichtungen verwendet werden, muss durch deren Bauart und die Art ihres Einbaus sichergestellt sein, dass die Lärmimmission im Aufenthaltsbereich der Tiere auf ein Mindestmaß begrenzt ist.

(5) Für Haltungseinrichtungen, in denen bei Stromausfall eine ausreichende Versorgung der Tiere mit Futter und Wasser nicht sichergestellt ist, muss ein Notstromaggregat bereitstehen.

(6) In Ställen, in denen die Lüftung von einer elektrisch betriebenen Anlage abhängig ist, müssen eine Ersatzvorrichtung, die bei Ausfall der Anlage einen ausreichenden Luftaustausch gewährleistet, und eine Alarmanlage zur Meldung eines solchen Ausfalles vorhanden sein.

Allgemeines. Bei der Auslegung der §§ 3 und 4, aber auch aller nachfolgenden Vorschriften der VO ist zu bedenken, dass damit die Pflichten aus § 2 TierSchG als der „Grundvorschrift für die Tierhaltung" (*Lorz* NuR 1986, 234) konkretisiert werden. In § 2 Nr. 1 TierSchG geht es um die „Pflege des Wohlbefindens der Tiere in einem weit verstandenen Sinn" (BVerfGE 101, 1, 32). Der Verordnungsgeber darf sich nicht auf ein „tierschutzrechtliches Minimalprogramm" beschränken, sondern muss „entsprechend dem in §§ 1, 2 TierSchG vom Gesetzgeber vorgezeichneten Interessenausgleich einen ethisch begründeten Tierschutz fördern, ohne die Rechte der Tierhalter übermäßig einzuschränken" (BVerfGE 101, 1, 33, 36). Entsprechend weit (d.h. tierfreundlich) sind die Vorgaben der Verordnung auszulegen. Sie stellen Mindestanforderungen dar, die nicht – auch nicht um wichtiger Nutzungsziele willen – eingeschränkt werden können (vgl. auch *Kluge/von Loeper* TierSchNutztV Anm. 5). 1

Zu Abs. 1. „Vorbehaltlich der Vorschriften der Abschnitte 2 und 3" bedeutet: Die §§ 3 und 4 gelten für alle Tiere iS von § 2 Nr. 1, also sowohl für Kälber und Legehennen, für die in Abschnitt 2 bzw. 3 noch weitere Spezialvorschriften hinzukommen, als auch für alle anderen Nutztiere, zB Schweine, Milchkühe, Mastrinder, Kaninchen, Enten, Gänse, Puten, Wachteln, Strauße, landwirtschaftlich genutzte Pferde, Pelztiere usw. 2

Zu Abs. 2 Nr. 1, Gefahrvermeidungsgebot. Schon die Gefahr (d.h. die nach allgemeinem Erfahrungswissen ernsthafte, nicht fernliegende Möglichkeit), dass es durch die Bauweise, das Material und/oder den Zustand der Haltungseinrichtung zu einer Verletzung oder sonstigen Beeinträchtigung der Gesundheit der Tiere kommen kann, muss ausgeschlossen sein, soweit der Stand der Technik dies ermöglicht. Vollspaltenböden lassen sich mit dieser strengen Anforderung kaum in Einklang bringen. Zumindest müssen die Öffnungen der Spalten bzw. Löcher so klein sein, dass ein Durchtreten oder Verkanten der Klauen der Tiere nicht möglich ist. Wird also zB bei der Überprüfung einer Schweinehaltung festgestellt, dass die Tiere Quetschun- 3 gen, Schürfungen oder Wunden im Klauenbereich oder andere Klauen- oder Gliedmaßenerkrankungen aufweisen, so steht die Bauweise des Bodens dieses Stalles nicht in Einklang mit dem Gefahrvermeidungsgebot des Abs. 2 Nr. 1 und es besteht Anlass für ein Einschreiten der Behörde nach § 16 a S. 2 Nr. 1 TierSchG, zumal es Übergangsfristen hier nicht gibt (s. auch TierSchG Anh. zu § 2 Rn. 3). Gleiches gilt, wenn bei Rinderhaltung Verletzungen durch Verkanten der Gliedmaßen und Gelenke, Gelenkentzündungen, Gelenkvereiterungen, Klauenverletzungen, Druckstellen oder Wunden festgestellt werden (s. TierSchG Anh. zu § 2 Rn. 9); wenn es bei Kaninchenkäfighaltung zu Pododermatitis kommt (s. TierSchG Anh. zu § 2 Rn. 13); wenn auf Rostböden gehaltene Enten Verletzungen, Entzündungen, Druckstellen, Nekrosen oder anomale Beinstellungen aufweisen (s. TierSchG Anh. zu § 2 Rn. 19). Zu Kälbern auf Spaltenböden s. § 6 Rn. 2. – Zu einer gefahrfreien Bauweise gehört auch, dass die Liegeflächen der Tiere so gestaltet sein müssen, dass weder Hautabschürfungen und Druckstellen noch Schwanz- oder sonstige Verletzungen zu befürchten sind (zu Hautschäden bei Schweinen s. TierSchG Anh. zu § 2 Rn. 3; zu Schwanzverletzungen bei Rindern s. TierSchG Anh. zu § 2 Rn. 9). – Gefordert wird insbesondere auch ein ausreichender Brandschutz (vgl. BR-Drucks. 317/01 S. 16). Dazu gehören u.a. Vorrichtungen, die es den Tieren im Brandfall ermöglichen, rasch ins Freie zu gelangen. – Maßgebend dafür, ob diese und andere Gefahren hinreichend sicher ausgeschlossen sind, sind nicht die „allgemein anerkannten Regeln der Technik" (wie es der Regierungsentwurf zunächst vorgesehen hatte), sondern der „Stand der Technik" (wie es der Bundesrat „als grundlegenden Standard für einen ambitionierten und fortschrittlichen Tierschutz" durchgesetzt hat). Gemeint ist damit „der Entwicklungsstand fortschrittlicher Verfahren, Einrichtungen und Betriebsweisen, der die praktische Eignung einer Maßnahme zur Begrenzung von Schäden für die Tiere gesichert erscheinen lässt". Bei der Bestimmung dieses Technikstands sind „insbesondere vergleichbare Verfahren, Einrichtungen oder Betriebsweisen heranzuziehen, die mit Erfolg im Betrieb erprobt worden sind" (BR-Drucks. 317/01, Beschluss S. 2). In der Konsequenz bedeutet das: Gefahren, die durch die Bauweise von Böden oder anderen Einrichtungsteilen verursacht werden, sind bereits dann vermeidbar, wenn andere, gefahrvermindernde Bauweisen entwickelt und in einigen Betrieben erfolgreich getestet worden sind; es darf dann nicht etwa gewartet werden, bis die entsprechende Technik in DIN-Vorschriften Aufnahme gefunden hat oder gar bis sie sich allgemein durchgesetzt hat, zumal dies auch von wirtschaftlichen Gesichtspunkten abhängen kann (vgl. dazu die amtl. Begr. zur KälberVO von 1992, BR-Drucks. 612/92 S. 13: „Bei der Beurteilung ob Gesundheitsschäden vermeidbar sind, sollen insbesondere die Anforderungen des Tierschutzgesetzes, nicht aber wirtschaftliche Gesichtspunkte in den Vordergrund gestellt werden").

4   **Zu Abs. 2 Nr. 2, Fütterungs- und Tränkeinrichtungen.** Bei sozial lebenden Tieren gehört zum Gebot der angemessen artgemäßen Ernährung nach § 2 Nr. 1 TierSchG auch, den Tieren grundsätzlich zu ermöglichen, ihr Futter gleichzeitig aufzunehmen (vgl. BVerfGE 101, 1, 38; näher dazu TierSchG § 2 Rn. 19). Auch das Gebot, Auseinandersetzungen zwischen

§ 4 *Allgemeine Anforderungen*   TierSchNutztV

den Tieren auf ein Mindestmaß zu begrenzen, erfordert ein Tier-Fressplatz-Verhältnis von 1:1, zumindest wenn rationiert gefüttert wird. – Dem Gebot zur Begrenzung von Auseinandersetzungen entspricht es auch, den Stall in Liegezonen sowie Fress- und Aktivitätsbereiche aufzuteilen, da viele Auseinandersetzungen dadurch entstehen, dass aktive und ruhende Tiere einander stören.

Zu Abs. 2 Nr. 3, Witterungsschutz, Schutz vor Beutegreifern. Der 5 Schutz vor widrigen Witterungseinflüssen erfordert bei Freilandhaltung einen Witterungsschutz, der allen Tieren das gleichzeitige Unterstehen ermöglicht und ihnen Schutz vor Nässe, Kälte, Sonneneinstrahlung und Zugluft bietet. – Der Schutz vor Beutegreifern ist besonders bei Geflügel wichtig. Deckung bieten u. a. Bäume, Büsche, Drahtgitter, überdachte Bauwerke oder Wagen. Schutzfunktion hat auch der Hahn. Gutachten, die auf eine angeblich erhöhte Mortalitätsrate in Freilandhaltungen abstellen, sollten stets darauf überprüft werden, wie viele der getöteten Tiere auf Beutegreifer zurückzuführen waren und somit durch die Herstellung von Haltungsbedingungen nach Nr. 3 vermeidbar gewesen wären.

Zu Abs. 3, Beleuchtung, Luftqualität. Für einzelne Tierarten gibt es be- 6 reits spezielle Vorschriften über Tageslicht sowie eine bestimmte Lichtstärke und -dauer (s. § 6 Abs. 2 Nr. 3 und § 13 Abs. 3). – Ebenso sind vereinzelt Höchstgrenzen für die Schadgasbelastung festgelegt worden (s. § 6 Abs. 5 und § 13 Abs. 4). Wenn die Lungen von Mastschweinen bei der Fleischuntersuchung als „untauglich" eingestuft werden müssen, ist dies ein deutlicher Hinweis darauf, dass in der betreffenden Haltung eine schädliche Gaskonzentration geherrscht hat (s. auch TierSchG Anh. zu § 2 Rn. 3).

§ 4 Allgemeine Anforderungen an Überwachung, Fütterung und Pflege

(1) ¹Wer Nutztiere hält, hat vorbehaltlich der Vorschriften der Abschnitte 2 und 3 sicherzustellen, dass
1. für die Fütterung und Pflege der Tiere ausreichend viele Personen mit den hierfür erforderlichen Kenntnissen und Fähigkeiten vorhanden sind;
2. das Befinden der Tiere mindestens einmal täglich durch direkte Inaugenscheinnahme von einer für die Fütterung und Pflege verantwortlichen Person überprüft wird und dabei vorgefundene tote Tiere entfernt werden;
3. soweit erforderlich, unverzüglich Maßnahmen für die Behandlung, Absonderung in geeignete Haltungseinrichtungen mit trockener und weicher Einstreu oder Unterlage oder die Tötung kranker oder verletzter Tiere ergriffen werden sowie ein Tierarzt hinzugezogen wird;
4. alle Tiere täglich entsprechend ihrem Bedarf mit Futter und Wasser in ausreichender Menge und Qualität versorgt sind;
5. vorhandene Beleuchtungs-, Lüftungs- und Versorgungseinrichtungen mindestens einmal täglich, Notstromaggregate und Alarmanlagen in technisch erforderlichen Abständen auf ihre Funktionsfähigkeit überprüft werden;

6. bei einer Überprüfung nach Nummer 5 oder sonstige an Haltungseinrichtungen festgestellte Mängel unverzüglich abgestellt werden oder wenn dies nicht möglich ist, bis zu ihrer Behebung andere Vorkehrungen zum Schutz der Gesundheit und des Wohlbefindens der Tiere getroffen werden und die Mängel spätestens behoben sind, bevor neue Tiere eingestallt werden;
7. Vorsorge für eine ausreichende Versorgung der Tiere mit Frischluft, Licht, Futter und Wasser für den Fall einer Betriebsstörung getroffen ist;
8. der betriebsbedingte Geräuschpegel so gering wie möglich gehalten und dauernder oder plötzlicher Lärm vermieden wird;
9. die tägliche Beleuchtungsintensität und Beleuchtungsdauer bei Tieren, die in Ställen untergebracht sind, für die Deckung der ihrer Art entsprechenden Bedürfnisse ausreichen und bei hierfür unzureichendem natürlichen Lichteinfall der Stall entsprechend künstlich beleuchtet wird;
10. die Haltungseinrichtung sauber gehalten wird, insbesondere Ausscheidungen so oft wie nötig entfernt werden, und Gebäudeteile, Ausrüstungen und Geräte, mit denen die Tiere in Berührung kommen, in angemessenen Abständen gereinigt und erforderlichenfalls desinfiziert werden.

[2]Satz 1 Nr. 2 gilt nicht, soweit die Tiere in einer Weise gehalten werden, die eine tägliche Versorgung durch den Menschen unnötig macht. [3]Derart gehaltene Tiere sind in solchen Abständen zu kontrollieren, dass Leiden vermieden werden.

(2) [1]Wer Nutztiere hält, hat unverzüglich Aufzeichnungen über das Ergebnis der täglichen Überprüfung des Bestandes sowie alle medizinischen Behandlungen dieser Tiere und über die Zahl der bei jeder Kontrolle vorgefundenen verendeten Tiere, insbesondere über Anzahl und Ursache von Tierverlusten, zu führen. [2]Diese Aufzeichnungen sind entbehrlich, soweit entsprechende Aufzeichnungen auf Grund anderer Rechtsvorschriften zu machen sind. [3]Die Aufzeichnungen nach Satz 1 sind ab dem Zeitpunkt der jeweiligen Aufzeichnung mindestens drei Jahre aufzubewahren und der zuständigen Behörde auf Verlangen vorzulegen.

1 **Zu Abs. 1 Nr. 1, Pflegekräfte.** Ein Beispiel für die Nichteinhaltung dieser Vorschrift bildet die Praxis der industriellen Käfighennenhaltung. Dort werden üblicherweise bis zu 40 000 Legehennen von einer einzigen Arbeitskraft betreut (vgl. EU-SVC-Report Legehennen S. 82; vgl. auch *Hinrichs/ Becker* Alternativen S. 7). Überwachung und Pflege beschränken sich regelmäßig darauf, moribunde und verendete Tiere aus den Käfigen zu nehmen. Für diese Tätigkeit wird in größeren Betrieben ein Zeitbedarf zwischen 0,0022 und 0,0027 Minuten pro Tier und Tag angesetzt (vgl. *Nordhues/ Behrens* in: Jahrbuch für die Geflügelwirtschaft 1997, S. 178–191). Für die nach Abs. 1 Nr. 2 vorgeschriebene direkte Inaugenscheinnahme wäre jedoch pro Tiergruppe (d.h. pro 4er bzw. 5er Käfig) ein Zeitaufwand von zumindest 8 Sekunden pro Tag erforderlich. Bei Anlagen mit 5er Käfigen ergibt dies eine Mindestzeit von 1,6 Sekunden pro Tier und Tag, bei Anlagen mit 4er Käfigen 2,0 Sekunden pro Tier und Tag. Damit werden für jeweils 40 000 Hennen nicht eine sondern drei Arbeitskräfte gebraucht, die ausschließlich für die Überwachung der Tiere zur Verfügung stehen müssen

(vgl. EU-SVC-Report aaO S. 69 und S. 100: „Die Überwachung von Hennen in Käfigen erfordert besondere Sorgfalt"; zur Rechtswidrigkeit der o. e. Praxis vgl. auch *Harrer* Kurzgutachten vom 12. 10. 1998). – Zu den Kenntnissen und Fähigkeiten der mit Fütterung und Pflege betrauten Personen s. TierSchG § 2 Rn. 38.

Zu Abs. 1 Nr. 2, tägliche Überprüfung. Wie die tägliche Inaugenscheinnahme der Tiere zu erfolgen hat, beschreibt der St. Ausschuss zum Europ. Tierhaltungsübereinkommen in seinen Empfehlungen. Ein Beispiel bildet Art. 7 der Empfehlung für das Halten von Haushühnern: „Bei der Kontrolle muss berücksichtigt werden, dass das gesunde Tier seinem Alter, seiner Rasse und seinem Typ entsprechende Lautäußerungen und Aktivitäten, klare glänzende Augen, eine gute Körperhaltung, lebhafte Bewegungen bei entsprechender Störung, saubere gesunde Haut, ein intaktes Gefieder, intakte Beine und Füße und eine effektive Fortbewegung sowie ein aktives Fress- und Trinkverhalten aufweist. Bei Tieren, die keinen gesunden Eindruck machen oder bei Tieren, die Verhaltensänderungen aufweisen, muss der Tierbetreuer unverzüglich Schritte zur Ermittlung der Ursache ergreifen und geeignete Abhilfemaßnahmen treffen." Ähnlichlautende Bestimmungen finden sich in: Empfehlung Rinder Art. 3 und 4; Empfehlung Schweine Art. 7 und 8; Empfehlung Moschusenten Art. 6 und 7; Empfehlung Pekingenten Art. 7 und 8; Empfehlung Kaninchen Art. 7, usw. (zur Verbindlichkeit dieser Empfehlungen s. TierSchG § 2 Rn. 42) – Die *Bundestierärztekammer* stellt fest, dass die Inaugenscheinnahme mindestens zweimal täglich vorgenommen werden sollte, da eine einmalige Kontrolle pro Tag für viele denkbare Situationen zu knapp bemessen sei (*BTK* Stellungnahme zu § 4 Abs. 1 Nr. 2). Für Kälber ist dies bereits vorgeschrieben, s. § 11 Nr. 1. Für andere Tierarten kann sich eine entsprechende Pflicht unmittelbar aus § 2 Nr. 1 TierSchG ergeben und dann über § 16a S. 2 Nr. 1 TierSchG durchgesetzt werden. – Die Inaugenscheinnahme muss direkt erfolgen, nicht etwa unter Verwendung eines Spiegels (vgl. BR-Drucks. 429/01 S. 15).

Zu Abs. 1 Nr. 3, Umgang mit kranken und verletzten Tieren. Zwischen Behandlung, Absonderung und Tötung muss eine Rangfolge eingehalten werden, die sich sowohl aus § 1 S. 2 TierSchG als auch aus Nr. 4 des Anhangs zur EU-Nutztier-Richtlinie ergibt: Erster Schritt: Stellt der Betreuer Anzeichen für eine Krankheit oder Verletzung fest, so trifft er unverzüglich erste Versorgungsmaßnahmen. Soweit es zur Heilung oder zum Schutz anderer Tiere erforderlich ist, muss er das erkrankte oder verletzte Tier in einer geeigneten Haltungseinrichtung mit trockener und weicher Einstreu oder Unterlage unterbringen. Zweiter Schritt: Reichen diese Maßnahmen nicht aus, so muss so rasch wie möglich ein Tierarzt hinzugezogen werden; nach Nr. 4 des Anhangs zur Richtlinie besteht diese Verpflichtung ohne Rücksicht auf den wirtschaftlichen Wert des Tieres und gilt auch für Tiere, die zur Schlachtung bestimmt sind. Dritter Schritt: Eine Tötung darf erst erfolgen, wenn nach den Regeln der veterinärmedizinischen Kunst dem Tier ein Weiterleben ohne andauernde, erhebliche Schmerzen oder Leiden nicht ermöglicht werden kann. – Aus Abs. 1 Nr. 3 folgt, dass entsprechend ausgestattete Stalleinrichtungen zur Absonderung kranker Tiere bereitgehalten werden müssen. Größe und Anzahl richten sich nach der voraussichtlichen Ausfallrate. ZB sollte bei Legehennenhaltungen eine Fläche von mindestens 5% der vorhandenen Stallfläche verfügbar sein.

4 **Zu Abs. 1 Nr. 4, Fütterung und Tränkung.** Die Futter- und Wasserversorgung muss neben dem physiologischen auch dem ethologischen Bedarf entsprechen. Deshalb bedarf es einer Darreichungsform, die die zum Funktionskreis „Nahrungserwerbsverhalten" gehörenden Verhaltensabläufe ermöglicht und so auch das mit der Nahrungssuche und -aufnahme verbundene Beschäftigungsbedürfnis befriedigt (s. auch TierSchG § 2 Rn. 17, 18).

5 **Zu Abs. 1 Nr. 9, Beleuchtung,** bedauert die *Bundestierärztekammer,* dass nicht für alle Ställe ein ausreichender natürlicher Lichteinfall vorgeschrieben wurde (*BTK* Stellungnahme aaO; s. auch die für einzelne Tierarten hierzu erlassenen Regelungen o. § 3 Rn. 6). – Die Beleuchtungsintensität und -dauer müssen zur Deckung der Bedürfnisse der Tierart ausreichen. Maßstab dafür ist nach dem Bedarfsdeckungs- und Schadensvermeidungskonzept (s. dazu TierSchG § 2 Rn. 9) das Normalverhalten der jeweiligen Tierart unter naturnahen Bedingungen, d. h.: Die Beleuchtung muss so sein, dass die Tiere ihre angeborenen Verhaltensabläufe so zeigen können wie in naturnaher Haltung. Allerdings hängt dies nicht allein von der Intensität und der Dauer der Beleuchtung ab, sondern auch von der zur Verfügung stehenden Fläche, von den Umweltreizen, dem Beschäftigungsmaterial, der Anwesenheit eines Sozialpartners sowie der Strukturierung des Stalles.

6 **Zu Abs. 1 S. 2.** Hier ist in erster Linie an Tiere gedacht, die im Freien auf großen Flächen, insbesondere auf Almen gehalten werden.

7 **Ordnungswidrig** handelt der Halter gemäß § 16 Abs. 1 Nr. 1–6 bei Verstößen gegen § 4 Abs. 1 S. 1 Nr. 2, Nr. 3, Nr. 4, Nr. 5, Nr. 6 und Nr. 7. Fahrlässigkeit genügt. Täter kann zwar nur der Halter ieS sein (vgl. dazu TierSchG § 2 Rn. 4); andere Personen können aber nach Maßgabe von § 14 Abs. 1 OWiG Beteiligte sein und dann ebenfalls mit Geldbuße belegt werden. – Die vorsätzliche oder fahrlässige Nichterfüllung der Aufzeichnungs-, Aufbewahrungs- oder Vorlagepflicht nach Abs. 2 S. 1 und 3 ist ordnungswidrig nach § 16 Abs. 2. – Zur Möglichkeit der Behörde, andere, nicht unmittelbar bußgeldbewehrte Pflichten durch vollziehbare Anordnung nach § 16a S. 2 Nr. 1 TierSchG auszusprechen und dadurch die Anwendung von § 18 Abs. 1 Nr. 2 TierSchG zu eröffnen s. § 16 Rn. 3.

Abschnitt 2. Anforderungen an das Halten von Kälbern

Vorbemerkung zu den §§ 5–11

1 Die §§ 5 bis 11 entsprechen der **früheren Kälberhaltungsverordnung** (Verordnung zum Schutz von Kälbern bei der Haltung idF der Bekanntmachung v. 22. 12. 1997, BGBl. I S. 3328), allerdings mit einigen bedeutsamen, vom Bundesrat durchgesetzten materiellen Änderungen (vgl. BR-Drucks. 317/01, Beschluss). Die Regelungen dienen der Umsetzung der Richtlinie 91/629/EWG des Rates v. 19. 11. 1991 über Mindestanforderungen für den

Vorbemerkung zu den §§ 5–11 TierSchNutztV

Schutz von Kälbern (ABl. EG Nr. L 340 S. 28), geändert durch Richtlinie 97/2/EG des Rates v. 20. 1. 1997 (ABl. EG Nr. L 25 S. 24), zuletzt geändert durch Entscheidung der Kommission 97/182/EG vom 24. 2. 1997 (ABl. EG Nr. L 76 S. 30). – Soweit Vorschriften aus der alten VO übernommen worden sind, kann zur Auslegung auf deren amtl. Begr. zurückgegriffen werden (vgl. BR-Drucks. 612/92, 612/1/92 und 612/92, Beschluss; BR-Drucks. 865/97, 865/1/97 und 865/97, Beschluss).

Ermächtigungsgrundlagen der §§ 5 bis 11 sind § 2a Abs. 1 Nr. 1, 2, 3 und 4 i. V. m. § 2 Nr. 1 und 2 TierSchG. Einige wenige Vorschriften beruhen auf § 16 Abs. 5 S. 1 und 2 Nr. 3 und 4 TierSchG. Außerdem wird die Empfehlung, die der St. Ausschuss für das Halten von Rindern am 21. 11. 1988 verabschiedet hat, „berücksichtigt" (vgl. amtl. Begr., BR-Drucks. 317/01 S. 14). 2

Die **grundsätzliche Unterscheidung zwischen den Grundbedürfnissen und dem Bedürfnis nach Fortbewegung**, die das BVerfG in seinem Legehennen-Urteil getroffen hat, ist auch hier von Bedeutung (vgl. BVerfGE 101, 1, 36–38; s. TierSchG § 2 Rn. 12–15). Zu den Grundbedürfnissen rechnen diejenigen Verhaltensbedürfnisse, die den in § 2 Nr. 1 TierSchG genannten Oberbegriffen „Ernährung", „Pflege" und „verhaltensgerechte Unterbringung" zuzuordnen sind, insbesondere also die Verhaltensabläufe der Funktionskreise „Nahrungserwerbsverhalten", „Ruhen", „Eigenkörperpflege" sowie „Fortpflanzungsverhalten und Mutter-Kind-Verhalten" (vgl. auch amtl. Begr. zu § 13, BR-Drucks. 429/01 S. 15); demgegenüber wird die Bewegung (Lokomotion) des Tieres – wie das Gericht betont „als einziges seiner Bedürfnisse" (BVerfGE aaO 37) – dem deutlich schwächeren Schutz des § 2 Nr. 2 TierSchG unterstellt. Folge: Wird die Fortbewegung des Tieres eingeschränkt, so ist dies nach § 2 Nr. 2 erst rechtswidrig, wenn es dadurch zu Schmerzen, vermeidbaren Leiden oder Schäden kommt; wird hingegen ein Grundbedürfnis unangemessen zurückgedrängt (d. h. unterdrückt oder stark beeinträchtigt, s. dazu TierSchG § 2 Rn. 32), so ist § 2 Nr. 1 TierSchG verletzt, ohne dass noch nachgewiesen werden muss, ob und ggf. wie sehr das Tier darunter leidet. 3

Über die **Grundbedürfnisse** finden sich wesentliche Aussagen im EU-SVC-Report Kälber, in der EU-Kälbermitteilung und in der Empfehlung des St. Ausschusses für das Halten von Rindern (dort insbes. Anh. C, „Besondere Bestimmungen für Kälber", angenommen am 8. 6. 1993). – Beim Nahrungserwerb muss dem starken Bedürfnis der Kälber, an Zitzen oder zitzenähnlichen Objekten zu saugen, Rechnung getragen werden. Vom St. Ausschuss wird deshalb „die Versorgung mit Milch über einen Sauger anstelle eines Eimers dringend empfohlen" (vgl. Empfehlung Anh. C Nr. 8). Artgemäßes Nahrungserwerbsverhalten setzt außerdem voraus, dass Kälbern ab der zweiten Lebenswoche strukturiertes Raufutter (Heu, Stroh) zur Verfügung steht, am besten ganztägig und zur freien Aufnahme (vgl. auch AGKT S. 36). – Zum Ruhen nehmen Kälber u.a. die Seitenlage mit ausgestreckten Beinen ein. Deshalb sollte die Liegefläche in der Breite „nicht weniger und vorzugsweise mehr als die Widerristhöhe des Tieres betragen" und ihre Länge der „Körperlänge, gemessen am aufrecht stehenden Tier vom ausgestreckten Kopf bis zum Schwanzansatz plus 40 cm" entsprechen 4

(Empfehlung Anh. C Nr. 4; die hier empfohlenen Boxenmaße orientieren sich ersichtlich allein am Bedarf des Tieres zum ungestörten Sich-Legen und Liegen; für Eigenkörperpflege und Sozialverhalten ist eine darüber hinausgehende Fläche notwendig). „Kälberbuchten sind angemessen einzustreuen" (EU-Kälbermitteilung S. 9). Auch „für ältere Kälber sollte die Liegefläche geeignetes formbares, sauberes und trockenes Einstreumaterial in ausreichender Höhe aufweisen" (Empfehlung Anh. C Nr. 6). – Zur Eigenkörperpflege gehört u. a., dass das Kalb auch seine hinteren Körperteile belecken kann. Wird ihm dies durch Einzelboxenhaltung unmöglich gemacht, so kann als Folge davon stereotypes, exzessives Lecken der erreichbaren Körperteile mit Haarballenbildungen (Bezoare) im Vormagen auftreten (vgl. EU-SVC-Report Kälber S. 23). – Wegen ihres starken Bedürfnisses nach Sozialkontakt unternehmen einzeln gehaltene Kälber heftige Anstrengungen, um mit Artgenossen in Sicht- und Berührungskontakt zu gelangen. Durch die frühe Wegnahme der Mutter und die mutterlose Aufzucht wird das natürliche Mutter-Kind-Verhalten unmöglich gemacht. Als Ausgleich dazu ist ungehinderter sozialer Kontakt mit anderen Kälbern besonders wichtig.

5   **Bedürfnis nach Fortbewegung.** Bewegung ist insbesondere für die Entwicklung einer gesunden Knochen- und Muskelmasse unerlässlich (vgl. EU-Kälbermitteilung S. 4). Das Bedürfnis, zu gehen, zu laufen und zu Bewegungsspielen ist bei Kälbern, wie bei den meisten jungen Säugern, sehr groß. Es zeigt sich u. a. am „rebound-effect", d. h. daran, dass Kälber, wenn sie einige Zeit in Boxen eingesperrt waren, nach ihrer Freilassung deutlich vermehrte Lokomotion zeigen (vgl. EU-SVC-Report Kälber S. 23; anders nur, wenn nach einer langen Zeit der Boxenhaltung infolge von Muskel- und Knochenschwäche bereits motorische Störungen entstanden sind).

6   Zu **Verhaltensstörungen** als Folge restriktiver Haltungsbedingungen s. § 17 Rn. 88.

7   Die **Befugnis der zuständigen Behörde,** Maßnahmen nach § 16a S. 2 Nr. 1 TierSchG oder nach anderen Vorschriften anzuordnen, bleibt von dieser Verordnung unberührt (vgl. auch die amtl. Begr. zur früheren KälberhaltungsVO, BR-Drucks. 612/92 S. 10). Stellt also die nach § 15 TierSchG zuständige Behörde fest, dass in einer Kälberhaltung – trotz Einhaltung der §§ 5 bis 11 – Grundbedürfnisse unangemessen zurückgedrängt werden bzw. dass es als Folge von Bewegungseinschränkungen bei den Tieren zu Schmerzen, vermeidbaren Leiden oder Schäden kommt (vgl. TierSchG § 2 Nr. 1 bzw. Nr. 2), so bleibt sie berechtigt und verpflichtet, gem. § 16a S. 2 Nr. 1 TierSchG alle Maßnahmen anzuordnen, die zur Erfüllung der Anforderungen des § 2 TierSchG erforderlich erscheinen, selbst wenn dabei im Einzelfall über die in dieser VO festgesetzten Mindestanforderungen hinausgegangen wird. Eine Verpflichtung der Behörde zu einem Einschreiten muss zumindest angenommen werden, wenn Grundbedürfnisse stark zurückgedrängt sind oder wenn sich Verhaltensstörungen feststellen lassen (s. TierSchG § 16a Rn. 5).

§ 5 Allgemeine Anforderungen an das Halten von Kälbern

¹ Kälber dürfen, unbeschadet der Anforderungen des § 3, nur nach Maßgabe der folgenden Vorschriften sowie der §§ 6 bis 10 gehalten werden:
1. Kälber dürfen nicht mehr als unvermeidbar mit Harn oder Kot in Berührung kommen; ihnen muss im Stall ein trockener, weicher Liegebereich zur Verfügung stehen.
2. Maulkörbe dürfen nicht verwendet werden.
3. Kälber dürfen nicht angebunden oder sonst festgelegt werden.

² Satz 1 Nr. 3 gilt nicht, wenn die Kälber in Gruppen gehalten werden, und zwar für jeweils längstens eine Stunde im Rahmen des Fütterns mit Milch- oder Milchaustauschertränke, und die Vorrichtungen zum Anbinden oder zum sonstigen Festlegen den Kälbern keine Schmerzen oder vermeidbare Schäden bereiten.

„Unbeschadet der Anforderungen des § 3" bedeutet: Die Regelungen der §§ 5–11 treten nicht an die Stelle dieser Anforderungen, sondern sie gelten zusätzlich (s. § 3 Rn. 2). 1

Der **Liegebereich** nach S. 1 Nr. 1 muss nicht nur sauber und trocken, sondern auch weich sein. Rinder sind Hartbodengänger, aber Weichbodenlieger (vgl. *Grauvogl* u. a. S. 39). Deshalb gehört zu einer angemessen verhaltensgerechten Unterbringung von Kälbern besonders, „entsprechend den Anforderungen des Tieres eine weiche Unterlage als Liegefläche zur Verfügung zu stellen" (BR-Drucks. 317/01, Beschluss S. 3). – Um artgemäß ruhen zu können, muss der Untergrund nicht nur weich, sondern auch verformbar sein. Deshalb „sollte die Liegefläche eingestreut werden" (*Grauvogl* u. a. aaO). Zwar kann nach Auffassung des Bundesrats „neben einer Einstreu auch anderes, geeignetes Material (Matten u. a. m.) benutzt werden" (BR-Drucks. aaO). Dies steht aber nicht in Einklang mit der Empfehlung des St. Ausschusses in Anh. C Nr. 6: „Für bis zu zwei Wochen alte Kälber muss und für ältere Kälber sollte die Liegefläche geeignetes formbares, sauberes und trockenes Einstreumaterial in ausreichender Höhe aufweisen." „Sollen" bedeutet stets „Müssen, sofern nicht ein Ausnahmefall vorliegt, der eine Abweichung rechtfertigt" (vgl. zB VG Stuttgart NuR 1999, 719; *L/M* § 11 Rn. 38; s. auch TierSchG § 2 Rn. 42). Da der Kot der mit Milchaustauscher gefütterten Kälber einen Flüssigkeitsgehalt von über 90% aufweist, ist saugfähige Einstreu, die regelmäßig gewechselt oder erneuert wird, schon zur Gewährleistung der Trockenheit des Liegeplatzes unverzichtbar; außerdem erfüllt nur sie die Anforderung der Verformbarkeit in ausreichendem Maß. Keinesfalls ausreichend wäre daher, lediglich den Spaltenboden im Liegebereich mit Gummi zu ummanteln. – Eine Rangfolge, welche Bodenbeschaffenheit dem artgemäßen Ruheverhalten von Rindern am besten bzw. am schlechtesten entspricht, findet sich bei *Pollmann*: Trockener Sand oder Sägemehl > Stroh oder Fasertorf > Luft- oder Kunststoffmatratze > Kies > Stampflehm > Holzpflaster > Gummimatte > Beton (*Pollmann*, Anforderungen von Nutztieren an die Haltung, Rinder, S. 13). Auch danach reichen gummiummantelter Spaltenboden oder Gummimatten (= zweitschlechteste Lösung) nicht aus, um von artgemäßem Liegen sprechen zu können. 2

3 **Maulkörbe und Anbindehaltung** sind nach S. 1 Nr. 2 und 3 verboten. Das nach S. 2 ausnahmsweise zulässige Fixieren gruppengehaltener Kälber während und nach dem Tränken dient der Vermeidung des gegenseitigen Besaugens. Es lässt sich auf etwa 20 Minuten beschränken, wenn der Saugtrieb zusätzlich durch Vorlage von Kraftfutter und Heu abgebaut wird (vgl. *Bogner/Grauvogl* S. 179; dort auch zur Notwendigkeit, die Fresszeiten zu verlängern und für rohfaserreiche Rationen zu sorgen).

4 **Ordnungswidrig** nach § 16 Abs. 1 Nr. 7 bzw. Nr. 8 handelt, wer entgegen § 5 S. 1 Nr. 2 einen Maulkorb verwendet oder entgegen § 5 S. 1 Nr. 3 ein Kalb anbindet oder sonst festlegt. Täter kann auch sein, wer nicht Halter ieS ist. Fahrlässigkeit genügt. Der für die Überwachung eines Betriebs zuständige Beamte, der weiß, dass dort Kälber angebunden werden, und gleichwohl untätig bleibt, handelt wegen seiner Garantenstellung ebenfalls ordnungswidrig (vgl. auch TierSchG § 18 Rn. 9 u. § 17 Rn. 56). Zur Möglichkeit der Behörde, die Pflicht aus S. 1 Nr. 1 durch vollziehbare Anordnung nach § 16 a S. 2 Nr. 1 TierSchG auszusprechen und einen anschließenden Verstoß nach § 18 Abs. 1 Nr. 2 TierSchG zu ahnden s. § 16 Rn. 3.

§ 6 Allgemeine Anforderungen an das Halten von Kälbern in Ställen

(1) Kälber dürfen in Ställen nur gehalten werden, wenn diese den Anforderungen der Absätze 2 bis 7 entsprechen.

(2) Ställe müssen
1. so gestaltet sein, dass die Kälber ungehindert liegen, aufstehen, sich hinlegen, eine natürliche Körperhaltung einnehmen, sich putzen sowie ungehindert Futter und Wasser aufnehmen können;
2. mit einem Boden ausgestattet sein,
    a) der im ganzen Aufenthaltsbereich der Kälber und in den Treibgängen rutschfest und trittsicher ist,
    b) der, sofern er Löcher, Spalten oder sonstige Aussparungen aufweist, so beschaffen ist, dass von diesen keine Gefahr der Verletzung von Klauen oder Gelenken ausgeht und der Boden der Größe und dem Gewicht der Kälber entspricht,
    c) bei dem, sofern es sich um einen Spaltenboden handelt, die Spaltenweite höchstens 2,5 Zentimeter, bei elastisch ummantelten Balken oder bei Balken mit elastischen Auflagen höchstens drei Zentimeter beträgt, wobei diese Maße infolge von Fertigungsungenauigkeiten bei einzelnen Spalten um höchstens 0,3 Zentimeter überschritten werden dürfen, und die Auftrittsbreite der Balken mindestens acht Zentimeter beträgt,
    d) der im ganzen Liegebereich so beschaffen ist, dass er die Erfordernisse für das Liegen erfüllt, insbesondere dass eine nachteilige Beeinflussung der Gesundheit der Kälber durch Wärmeableitung vermieden wird;
3. mit Lichtöffnungen und mit einer Kunstlichtanlage ausgestattet sein, die sicherstellen, dass bei einer möglichst gleichmäßigen Verteilung im Aufenthaltsbereich der Kälber eine Lichtstärke von mindestens 80 Lux erreicht wird.

§ 6 Allgemeine Anforderungen   TierSchNutztV

(3) Außenwände, mit denen Kälber ständig in Berührung kommen können, müssen ausreichend wärmegedämmt sein.

(4) Seitenbegrenzungen bei Boxen müssen so durchbrochen sein, dass die Kälber Sicht- und Berührungskontakt zu anderen Kälbern haben können.

(5) Im Aufenthaltsbereich der Kälber sollen je Kubikmeter Luft folgende Werte nicht überschritten sein:

Gas	Kubikzentimeter
Ammoniak	20
Kohlendioxid	3000
Schwefelwasserstoff	5.

(6) ¹Im Liegebereich der Kälber soll die Lufttemperatur 25 Grad Celsius nicht überschreiten sowie während der ersten zehn Tage nach der Geburt eine Temperatur von 10 Grad Celsius, danach eine Temperatur von 5 Grad Celsius nicht unterschreiten. ²Die relative Luftfeuchte soll zwischen 60 und 80 Prozent liegen.

(7) Die Absätze 3, 5 und 6 gelten nicht für Ställe, die als Kaltställe oder Kälberhütten vorwiegend dem Schutz der Kälber gegen Niederschläge, Sonne und Wind dienen.

Zu Abs. 2 Nr. 1, Ruhen und Eigenkörperpflege. Zum Liegen in natürlicher Körperhaltung gehört bei Kälbern auch das Einnehmen der Seitenlage mit gestreckten Beinen. Die Breite der Liegefläche muss deshalb zumindest der Widerristhöhe des Tieres entsprechen; ihre Länge muss wegen der Vor- und Rückwärtsbewegungen beim Abliegen und Aufstehen die Körperlänge des Kalbes deutlich übersteigen (vgl. St. Ausschuss, Empfehlung Anh. C Nr. 4, zit. Vor §§ 5–11 Rn. 4). – Zum Sich Putzen gehört bei Kälbern das Belecken des ganzen Körpers einschließlich der hinteren Teile; wird dies infolge räumlicher Enge unmöglich gemacht, so kann das Tier mit exzessivem, stereotypen Belecken derjenigen Körperteile, die es erreichen kann, reagieren (vgl. EU-SVC-Report Kälber S. 23; s. auch § 17 Rn. 88). 1

Zu Abs. 2 Nr. 2a, b und c, Bodengestaltung. Der Boden muss nach Nr. 2a und 2b so gestaltet sein, dass schon die Gefahr (d.h. die nach allgemeinem Erfahrungswissen ernsthafte, nicht fernliegende Möglichkeit), dass es als Folge seiner Beschaffenheit zu Verletzungen an Klauen oder Gelenken kommen kann, ausgeschlossen ist (s. auch § 3 Rn. 3). – Spaltenböden aus Holz genügen dieser Anforderung nicht, denn sie werden durch den Kot der Kälber sehr glatt und sind dann nicht mehr rutschfest iS von Nr. 2a; außerdem kann es an den Spalten durch Abnutzung zu trichterartigen Einziehungen mit entsprechender Verletzungsgefahr kommen (vgl. *Sambraus* in: *Sambraus/Steiger* S. 119). Auf Holzspaltenböden gehaltene Kälber zeigen vermehrt Verletzungen an den Karpalgelenken (vgl. EU-SVC-Report Kälber S. 62). – Spaltenböden aus Beton führen bei jungen Kälbern zu vermehrten Hautverletzungen an den Beinen. Hinzu kommt, dass Kälber, die so gehalten werden, weniger Bewegung und mehr gegenseitiges Besaugen zeigen als bei Haltung auf Einstreu; mit zunehmendem Körpergewicht kommt es außerdem zu Schwierigkeiten beim Abliegen und einer abneh- 2 menden Häufigkeit der Abliegeversuche (vgl. EU-SVC-Report aaO). Damit ist fraglich, ob Spaltenböden überhaupt mit der Anforderung der gefahrfreien Bodenbeschaffenheit vereinbar sind. – Fehlt es an eingestreuten Liegebereichen, so tritt eine weitere Verletzungsgefahr hinzu: Der Schwanz der Tiere rutscht beim Liegen in eine Spalte; tritt infolge der hohen Besatzdichte ein anderes Tier darauf, so entsteht ein Hammer-Amboss-Effekt, und es kommt zu Verletzungen und Wundinfektionen bis hin zur Schwanzspitzennekrose. Selbst Spaltenböden mit abgerundeten oder gummiüberzogenen Rändern können dieser Gefahr nicht ausreichend begegnen (vgl. EU-SVC-Report S. 62, 63; vgl. auch TierSchG § 6 Abs. 3 Nr. 2: „Unerlässlich" ist in solchem Fall nicht das Kürzen des Schwanzes, sondern das Umstellen auf eingestreute Liegebereiche). – Lochböden sind jedenfalls bei Jungtieren bis 200 kg Körpergewicht abzulehnen (vgl. *Sambraus* in: *Sambraus/Steiger* aaO). – Zu der nach Nr. 2c ausnahmsweise zulässigen Überschreitung der Spaltenweiten von 2,5 cm bzw. 3 cm um maximal weitere 0,3 cm darf es nur infolge von Fertigungsungenauigkeiten kommen (also nicht infolge von Abnutzung).

3 **Zu Abs. 2 Nr. 2 d, Gestaltung des Liegebereichs.** Zu den Erfordernissen für das Liegen gehört nicht allein der Schutz vor Wärmeableitung (vgl. „insbesondere"). Notwendig ist außerdem, dass die zum Liegen vorgesehene Fläche „bequem" ist (vgl. EU-Kälberhaltungsrichtlinie Anhang Nr. 10 S. 3). Dies erfordert dreierlei: Trockenheit, Weichheit (vgl. § 5 S. 1 Nr. 1) und Verformbarkeit des Untergrunds. Für Rinder ist eine verformbare, sich den Konturen der Körperunterseite anpassende und dadurch eine gleichmäßige Druckverteilung herstellende Liegefläche sogar wichtiger als die Wärmedämmung (so *Bogner/Grauvogl* S. 187; vgl. dazu auch *Pollmann* S. 13). Allein Einstreu kann alle diese Anforderungen gleichzeitig erfüllen (vgl. St. Ausschuss, Empfehlung Anh. C Nr. 6; s. auch § 5 Rn. 2).

4 **Zu Abs. 2 Nr. 3, Licht.** Fensteröffnungen, die natürliches Licht in den Stall lassen, müssen in Ställen, die noch vor dem 1. 1. 1994 für die Kälberhaltung in Benutzung genommen worden sind, erst ab 1. 1. 2008 eingebaut sein (vgl. die Übergangsregelung in § 17 Abs. 1); in allen anderen Ställen sind sie bereits jetzt Pflicht. Ihre Fläche sollte zumindest 1/20 der Stallgrundfläche betragen (vgl. BR-Drucks. 612/1/92 S. 2). – Das einfallende Tageslicht muss (notfalls zusammen mit Kunstlicht) im Aufenthaltsbereich der Kälber eine Lichtstärke von mindestens 80 Lux bei möglichst gleichmäßiger Verteilung erreichen. In Ställen, die noch bis zum 1. 1. 2008 ohne Fensteröffnungen betrieben werden dürfen, muss das Kunstlicht allein diese Lichtstärke herbeiführen. Grund für die Regelung: Der natürliche Tag-Nacht-Rythmus ist für heranwachsende Tiere von besonderer Bedeutung (vgl. BR-Drucks. 612/92 S. 17). Für das Wohlbefinden des Tieres, insbes. aus verhaltensphysiologischer Sicht, ist natürliches Licht erforderlich (vgl. BR-Drucks. 612/1/92 S. 2). Kälber in schlecht beleuchteten Ställen weisen vermehrt Stereotypien auf, möglicherweise weil ihnen kein Explorationsverhalten ermöglicht wird; außerdem zeigen sie exzessive Furchtsamkeit (vgl. EU-SVC-Report Kälber S. 22). Zur Beleuchtungsdauer s. § 11 Nr. 9.

5 **Abs. 4, durchbrochene Seitenbegrenzungen.** Hier wird Art. 3 Abs. 3a S. 3 der EU-Richtlinie zur Kälberhaltung umgesetzt. Für Ställe, in denen

§ 7 Besondere Anforderungen TierSchNutztV

schon vor dem 1. 1. 1998 legal (d. h. im Einklang mit der damals geltenden VO) mit der Kälberhaltung begonnen worden ist, gilt gemäß § 17 Abs. 2 eine Übergangsfrist bis zum 31. 12. 2003.

Zu Abs. 5, Schadgase. Zum Begriff „sollen" s. TierSchG § 2 Rn. 42 und o. § 5 Rn. 2. Die zugelassenen Schadgaskonzentrationen sind möglicherweise zu hoch, um noch dem Gebot der Unschädlichkeit nach § 3 Abs. 3 Nr. 2 zu entsprechen (vgl. auch BR-Drucks. 612/92 S. 17: Kälber sind gegen schädliche Gaskonzentrationen „hochgradig empfindlich"). 20 ppm Ammoniak gelten als „kaum hinzunehmen" (*L/M* KälberVO Rn. 3 und *Grauvogl* u. a. S. 39). Bezüglich von Schwefelwasserstoff hält die Bayerische Landesanstalt für Tierzucht (BLT) allenfalls 2 ppm für hinnehmbar; nach *Grauvogl* „will der fachmännische Stalleinrichter hier überhaupt keine andere Zahl als die Null vor dem Komma sehen" (*ders.* aaO S. 21, 22).

Zu Abs. 6, Temperatur. Kälber sind auch „gegen starke Temperaturschwankungen, niedrige oder extrem hohe Temperaturen, Zugluft und extreme Luftfeuchte hochgradig empfindlich" (BR-Drucks. 612/92 S. 17). Insbesondere in zu warmen, schlecht gelüfteten Kuhställen mit hoher Luftfeuchtigkeit können durch Infektionskrankheiten hohe Verluste entstehen (vgl. *Rist/Schragel* S. 153). Im EU-SVC-Report Kälber (S. 71) werden auch Empfehlungen zum Raumvolumen abgegeben: Für Kälber unter 6 Wochen 6 cbm pro Kalb, für Kälber über 6 Wochen 15 cbm.

Zu Abs. 7, Kaltställe. Kälber, die in Offenställen, Kaltställen oder Kälberhütten gehalten werden, sind durch die Klimareize ausgesprochen robust und zeigen höhere Zunahmen als bei Stallhaltung (vgl. *Rist/Schragel* S. 153 mit Beispielen aus der Praxis). Bei dieser Form der Haltung ist eine ausreichende, isolierende Tiefstreu erforderlich (vgl. BR-Drucks. 612/92 S. 18).

Ordnungswidrig nach § 16 Abs. 1 Nr. 9 handelt der Halter bei Verstößen gegen § 6 Abs. 2 Nr. 1 oder Nr. 2a oder Nr. 2c. Fahrlässigkeit genügt (s. auch § 16).

§ 7 Besondere Anforderungen an das Halten von Kälbern im Alter von bis zu zwei Wochen in Ställen

Kälber im Alter von bis zu zwei Wochen dürfen nur in Ställen gehalten werden, wenn

1. **ihnen eine mit Stroh oder ähnlichem Material eingestreute Liegefläche und**
2. **bei Einzelhaltung eine Box, die innen mindestens 120 Zentimeter lang, 80 Zentimeter breit und 80 Zentimeter hoch ist,**

zur Verfügung stehen.

Die amtl. Begr. zur früheren KälberVO nennt für die Notwendigkeit von Einstreu bei sehr jungen Kälbern vier Gründe: Die noch nicht beendete Klauenhärtungsphase, das noch nicht vollständig ausgebildete Wärmeregulierungsvermögen, die Notwendigkeit von Beschäftigungsmaterial und die durch Einstreu bewirkte Verringerung der Leck- und Saugaktivitäten (vgl. BR-Drucks. 612/92 S. 15). Mindestens die beiden letztgenannten Gründe gelten in gleicher Weise auch für ältere Kälber (vgl. deswegen die Empfehlung Anh. C Nr. 6 des St. Ausschusses, zit. § 5 Rn. 2). – „Ähnliches Material" kann nur ein Material sein, das formbar und von lockerer Struktur ist und damit die Befriedigung der ethologischen Bedürfnisse einschließlich des Beschäftigungsbedürfnisses ermöglicht (vgl. St. Ausschuss aaO; vgl. auch die Einstreu-Definition, die die EU in anderem Zusammenhang, nämlich in Art. 1 Abs. 2c der Richtlinie 1999/74/EG zur Legehennenhaltung gibt: Material mit lockerer Struktur, das die Befriedigung der ethologischen Bedürfnisse ermöglicht). Gummimatten sind dafür nicht ausreichend, wie schon daraus hervorgeht, dass damit nicht „eingestreut" wird. – Nr. 2 legt das Mindestmaß für Boxen fest, das von innen gemessen wird und nicht unterschritten werden darf. – Ordnungswidrig nach § 16 Abs. 1 Nr. 9 handelt, wer als Halter vorsätzlich oder fahrlässig gegen Nr. 1 oder Nr. 2 verstößt. Zur Beteiligung anderer s. § 14 Abs. 1 OWiG.

§ 8 Besondere Anforderungen an das Halten von Kälbern im Alter von über zwei bis zu acht Wochen in Ställen

(1) Kälber im Alter von über zwei bis zu acht Wochen dürfen einzeln in Boxen nur gehalten werden, wenn

1. die Box
   a) bei innen angebrachtem Trog mindestens 180 Zentimeter,
   b) bei außen angebrachtem Trog mindestens 160 Zentimeter
   lang ist und
2. die frei verfügbare Boxenbreite bei Boxen mit bis zum Boden und über mehr als die Hälfte der Boxenlänge reichenden Seitenbegrenzungen mindestens 100 Zentimeter, bei anderen Boxen mindestens 90 Zentimeter beträgt.

(2) ¹Kälber im Alter von über zwei bis zu acht Wochen dürfen vorbehaltlich des § 10 in Gruppen nur gehalten werden, wenn bei rationierter Fütterung alle Kälber der Gruppe gleichzeitig Futter aufnehmen können. ²Satz 1 gilt nicht bei Abruffütterung und technischen Einrichtungen mit vergleichbarer Funktion.

1 **Abs. 1 erlaubt die Einzelhaltung in Boxen** bis zum Alter von acht Wochen zu (vgl. demgegenüber Art. 16a Abs. 2 Schweizer TierschutzVO: obligatorische Gruppenhaltung bereits ab zwei Wochen). – Die vorgeschriebenen Boxenmaße orientieren sich ausschließlich an der zum Liegen, Sichlegen und Aufstehen erforderlichen Fläche; ein „Mindestmaß an Fortbewegung", wie es der Verordnungsgeber erreichen will (vgl. BR-Drucks. 612/92 S. 15) wird damit nicht ermöglicht.

2 **Verstoß gegen § 2 Nr. 1 TierSchG durch unangemessenes Zurückdrängen von Grundbedürfnissen?** Durch die Einzelhaltung wird das artgemäße Sozialverhalten erheblich zurückgedrängt. Das Bedürfnis von Kälbern nach sozialem Kontakt mit Artgenossen ist sehr stark, insbesondere nachdem ihnen die Mutter weggenommen wurde. Werden sie dennoch in Einzelboxen gehalten, so zeigen sie unermüdliche Anstrengungen, um andere Kälber wenigstens zu sehen und zu berühren (vgl. EU-SVC-Report

S. 24). Normales Sozialverhalten setzt voraus, frei mit den Artgenossen interagieren zu können; durchbrochene Seitenbegrenzungen der Boxen (vgl. § 6 Abs. 4) sind dafür kein Ersatz.

Ein **Verstoß gegen § 2 Nr. 2 TierSchG** liegt ebenfalls nahe, denn die 3 Fortbewegung der Kälber ist in den Boxen nahezu vollständig aufgehoben, und es gibt deutliche Anzeichen, dass es dadurch zu Leiden und Schäden kommt, die bei Gruppenhaltung vermeidbar wären. Wie fast alle jungen Säuger haben Kälber das starke Bedürfnis, zu laufen, zu rennen und zu spielen; ein Indiz dafür ist der zu beobachtende „rebound-effect" (s. Vor §§ 5–11 Rn. 5 und EU-SVC-Report S. 59: Kälber verbringen sehr viel Zeit mit Gehen und Rennen, wenn ihre Einzelhaltung zu einem Zeitpunkt beendet wird, in dem ihre Gehfähigkeit noch nicht beeinträchtigt ist). Bei Kälbern in Einzelboxen mit Spaltenböden können im Vergleich zu gruppengehaltenen Kälbern auf Heu deutlich höhere Ausschüttungen von Stresshormonen, u. a. Cortisol festgestellt werden. Sie zeigen auch mehr orale Stereotypien (wie exzessives Selbst-Belecken, Zungenspielen, Zungenrollen) als Kälbergruppen auf Stroh. Der Wissenschaftliche Veterinärausschuss hält es durch diese und andere Ergebnisse für erwiesen, dass Einzelhaltung zu einer Beeinträchtigung im Wohlbefinden (= Leiden, s. TierSchG § 1 Rn. 17) führt, die signifikant zurückgeht, sobald Gruppenhaltung und Einstreu gewährt werden (vgl. EU-SVC-Report S. 56, 57). Vgl. auch EU-Kälbermitteilung S. 5: „Kälber in Gruppenhaltung zeigen nur geringes Konkurrenzverhalten (das zu Schädigungen führen kann), und sie gedeihen eindeutig besser bei erleichterter Sozialisierung. Kälber in Einzelhaltung versuchen unentwegt, andere Kälber zu sehen und zu berühren." Auch die amtl. Begr. von 1992 räumt ein, dass bei Kälbern ab zwei Wochen „aus verhaltenswissenschaftlichen Gründen" die Gruppenhaltung der Einzelhaltung „vorzuziehen" sei (BR-Drucks. 612/92 S. 16).

Der **Gefahr des gegenseitigen Besaugens in Gruppenhaltung** kann mit 4 anderen Mitteln als durch Einzelhaltung begegnet werden: Verwendung von Tränkeeimern mit Gummisaugern (vgl. § 11 Nr. 5); mehrmals tägliches Füttern; Beschäftigungsanreize durch Raufutter, Einstreu und strukturierte Umgebung; notfalls zeitweiliges Fixieren am Fressgitter nach § 5 S. 2. – Die vereinzelt vertretene These, Gruppenhaltung führe inhärent zu höheren Krankheitsraten, wird vom Wissenschaftlichen Veterinärausschuss zurückgewiesen: Entsprechende Studien seien nicht verlässlich, wenn darin versäumt werde, auch andere Risikofaktoren wie Besatzdichte, Fütterungssystem, sachkundige Betreuung und Vorsorge korrekt zu analysieren (vgl. EU-SVC-Report S. 71). Untersuchungen aus Österreich und den Niederlanden haben ergeben, dass gut geführte Gruppenhaltungen auf dem Gebiet der Krankheitsvorsorge ebenso gute oder bessere Resultate erzielen können als Einzelhaltungen (vgl. EU-SVC-Report S. 61). Zwar erfordert Gruppenhaltung vom Halter mehr Kenntnisse und Fähigkeiten als Einzelhaltung; jedoch setzt der Gesetzgeber die für tiergerechte Haltungsformen nötige Sachkunde als selbstverständlich voraus, s. § 4 Abs. 1 Nr. 1 sowie § 2 Nr. 3 TierSchG.

Zu Abs. 2. Allen Kälbern muss grundsätzlich die gleichzeitige Aufnahme 5 des Futters ermöglicht werden, jedenfalls bei rationierter Fütterung. Dies ist

TierSchNutztV

Bestandteil des Gebots zu angemessen artgemäßer Ernährung nach § 2 Nr. 1 TierSchG (s. TierSchG § 2 Rn. 19; vgl. BVerfGE 101, 1, 38). Abs. 2 trägt dem allerdings nur teilweise Rechnung, indem er Ausnahmen bei Abruffütterung und technischen Einrichtungen mit vergleichbarer Funktion vorsieht. In § 2 Nr. 1 TierSchG findet sich für diese Ausnahmen kein Anhalt. Zumindest müssen sich die Kälber in der Zeit, in der sie nicht automatengefüttert werden, mit Raufutter beschäftigen können.

6 **Ordnungswidrig** nach § 16 Abs. 1 Nr. 9 handelt, wer Kälber entgegen § 8 Abs. 1 hält (d. h. Boxen verwendet, die – innen gemessen – nicht mindestens 180 bzw. 160 cm lang und 100 bzw. 90 cm breit sind). Ebenfalls ordnungswidrig ist der Verstoß gegen Abs. 2 S. 1, vgl. § 16 Abs. 1 Nr. 10. Fahrlässigkeit genügt. Andere Personen als der Halter können Beteiligte nach § 14 Abs. 1 OWiG sein.

§ 9 Besondere Anforderungen an das Halten von Kälbern im Alter von über acht Wochen in Ställen

(1) ¹ Kälber im Alter von über acht Wochen dürfen nur in Gruppen gehalten werden. ² Dies gilt nicht, wenn

1. in dem Betrieb jeweils nicht mehr als drei nach ihrem Alter oder ihrem Körpergewicht für das Halten in einer Gruppe geeignete Kälber vorhanden sind,
2. mittels tierärztlicher Bescheinigung nachgewiesen wird, dass ein Kalb aus gesundheitlichen oder verhaltensbedingten Gründen einzeln gehalten werden muss, oder
3. andere Haltungsanforderungen für die Dauer einer Quarantäne zur Vermeidung von Ansteckungsrisiken notwendig sind.

(2) ¹ Kälber im Alter von über acht Wochen dürfen vorbehaltlich des § 10 in Gruppen nur gehalten werden, wenn bei rationierter Fütterung alle Kälber der Gruppe gleichzeitig Futter aufnehmen können. ² Satz 1 gilt nicht bei Abruffütterung oder technischen Einrichtungen mit vergleichbarer Funktion.

(3) Kälber, die nach Absatz 1 nicht in Gruppen gehalten werden müssen, dürfen einzeln in Boxen nur gehalten werden, wenn

1. die Box
   a) bei innen angebrachtem Trog mindestens 200 Zentimeter,
   b) bei außen angebrachtem Trog mindestens 180 Zentimeter lang ist und
2. die frei verfügbare Boxenbreite bei Boxen mit bis zum Boden und über mehr als die Hälfte der Boxenlänge reichenden Seitenbegrenzungen mindestens 120 Zentimeter, bei anderen Boxen mindestens 100 Zentimeter beträgt.

1 **Zu Abs. 1, Gruppenhaltung.** Ab dem Alter von acht Wochen ist Gruppenhaltung nach S. 1 vorgeschrieben, denn „die Gemeinschaftsbedürfnisse dieser Kälber können idR nur bei Gruppenhaltung befriedigt werden" (BR-Drucks. 612/92 S. 16; dazu, dass dies auch auf Kälber ab zwei Wochen zu-

trifft und zu entsprechenden Konsequenzen führen müsste s. § 8 Rn. 2 und 3). – Nach S. 2 Nr. 1 entfällt die Pflicht zur Gruppenhaltung nur, wenn es in dem Betrieb nicht mehr als drei Tiere gibt, die sich nach Alter oder Körpergewicht für eine Gruppe eignen (vgl. BR-Drucks. 317/01, Beschluss S. 3: „Bereits drei Tiere können zusammen in einer Gruppe gehalten werden ... es gibt keinen vernünftigen Grund, warum ein Landwirt, der nur drei Kälber einer Altersklasse besitzt, diese nicht in einer Gruppe halten soll"). Dabei ist zu beachten, dass Kälber nicht unbedingt genau gleich alt und gleich schwer sein müssen, um für das Halten in einer Gruppe geeignet zu sein. Es gibt Erfahrungen, wonach auch Kälber verschiedener Altersstufen als Gruppe gehalten werden können, zumindest dann, wenn bei größeren Unterschieden ein Kälberschlupf für die jüngeren bzw. leichteren Tiere eingerichtet und für ein Tier/Fressplatzverhältnis von 1:1 gesorgt wird (vgl. *Rist/Schragel* S. 161; *AGKT* S. 37). – Die Ausnahme nach S. 2 Nr. 2 setzt das Vorliegen einer schriftlichen tierärztlichen Bescheinigung voraus. – Eine Quarantäne nach S. 2 Nr. 3 ist eine von der Veterinärbehörde angeordnete Isolierung und Beobachtung von Tieren (vgl. *Wiesner/Ribbeck* „Quarantäne"). Voraussetzung für die Einzelhaltung nach Nr. 3 ist also, dass eine entsprechende behördliche Verfügung ergangen ist.

Zu Abs. 2, gleichzeitige Futteraufnahme. Zum artgemäßen Bedürfnis 2 von sozial lebenden Tieren, ihr Futter gleichzeitig aufzunehmen, s. § 8 Rn. 5.

Durch die nach Abs. 3 vorgesehenen Boxenmaße (jeweils von innen 3 gemessen) soll gewährleistet werden, dass jedes Kalb in Seitenlage mit ausgestreckten Beinen liegen und dass es die für das Abliegen und Aufstehen nötigen Bewegungen ohne Behinderung ausführen kann. Ergibt sich im Einzelfall, dass die Box dafür nicht groß genug ist, so muss die nach § 15 TierSchG zuständige Behörde größere Flächen anordnen, vgl. § 16a S. 2 Nr. 1 i.V.m. § 2 Nr. 1 TierSchG; denn das artgemäße, ungestörte Ruhen gehört zu den besonders wichtigen Grundbedürfnissen (vgl. BVerfGE 101, 1, 36–38). – Ist die Box zu schmal, um dem Kalb zu ermöglichen, auch seine hinteren Körperteile zu putzen, so ist damit das Bedürfnis zur Eigenkörperpflege unangemessen zurückgedrängt; auch dies bildet einen Verstoß gegen § 2 Nr. 1 TierSchG, dem über § 16a S. 2 Nr. 1 TierSchG abzuhelfen ist. Dazu die EU-Kommission: „Das bei in Einzelboxen gehaltenen Kälbern häufig beobachtete exzessive Putzen in Form des Sich-Beleckens könnte darauf zurückzuführen sein, dass das Kalb bei dieser Haltungsform nicht in der Lage ist, seine hinteren Körperteile zu putzen, und sich deshalb verstärkt den erreichbaren Körperteilen zuwendet" (EU-Kälbermitteilung S. 5; zu dieser und anderen Verhaltensstörungen s. auch TierSchG § 17 Rn. 88).

Ordnungswidrig handelt der Halter bei einem vorsätzlichen oder fahr- 4 lässigen Verstoß gegen Abs. 1 S. 1, gegen Abs. 2 S. 1 und/oder gegen Abs. 3, vgl. § 16 Abs. 1 Nr. 9 und 10.

§ 10 Platzbedarf bei Gruppenhaltung

(1) ¹Kälber dürfen vorbehaltlich des Absatzes 2 in Gruppen nur gehalten werden, wenn für jedes Kalb eine uneingeschränkt benutzbare Bodenfläche zur Verfügung steht, die nach Maßgabe des Satzes 2 mindestens so bemessen

ist, dass es sich ohne Behinderung umdrehen kann. ²Entsprechend seinem Lebendgewicht muss hierbei jedem Kalb mindestens eine uneingeschränkt benutzbare Bodenfläche nach folgender Tabelle zur Verfügung stehen:

Lebendgewicht in Kilogramm	Bodenfläche je Tier in Quadratmeter
bis 150	1,5
von 150 bis 220	1,7
über 220	1,8.

(2) Kälber dürfen in einer Gruppe bis zu drei Tieren nur in einer Bucht gehalten werden, die im Falle
1. von Kälbern im Alter von zwei bis acht Wochen 4,5 Quadratmeter,
2. von Kälbern von über acht Wochen 6 Quadratmeter
Mindestbodenfläche hat.

1 Zu den Bodenflächen nach Abs. 1. Für die Gruppenhaltung werden hier Mindestflächen je Tier vorgeschrieben, die je nach Gewicht 1,5, 1,7 oder 1,8 qm je Kalb betragen müssen. Diese Maße sind an der zum Sich-Umdrehen, Sich-Legen und Liegen erforderlichen Fläche ausgerichtet (Produkt aus Widerristhöhe x Körperlänge x 1,1, vgl. EU-Kälbermitteilung S. 9). Eine Fortbewegung ist dabei allenfalls in Form einiger kleiner Gehschritte möglich. Laufen, Rennen und Bewegungsspiele sind unmöglich, ebenso eine Trennung von Liege- und Standplatz.

2 Verstoß gegen § 2 TierSchG? Diese geringen Flächen legen einen Verstoß gegen § 2 Nr. 2 TierSchG nahe. Das Bedürfnis zum Laufen, Rennen und Spielen ist bei jungen Rindern sehr groß; wird es auf Dauer unterdrückt so entstehen hierdurch Leiden, die vermeidbar wären, wenn größere Flächen zur Verfügung gestellt würden (zum Bewegungsdrang s. § 8 Rn. 3; zu dem Zusammenhang zwischen Bedürfnisunterdrückung und Leiden s. TierSchG § 1 Rn. 21). – Für einen Verstoß gegen § 2 Nr. 1 TierSchG spricht u. a., dass die vorgesehenen Flächen nicht ausreichen, um allen Kälbern das gleichzeitige ungestörte Ruhen in ausgestreckter Seitenlage zu ermöglichen, weil die Tiere angesichts der räumlichen Enge und der fehlenden Trennung von Liege- und Aktivitätsbereich ständig befürchten, getreten zu werden, was auf dem nicht eingestreuten Untergrund zu schmerzhaften Verletzungen führt; sie nehmen aus diesem Grund schon von sich aus deutlich weniger die ausgestreckte Seitenlage ein (vgl. EU-SVC-Report S. 22; zum ungestörten, gleichzeitigen Ruhen s. TierSchG § 2 Rn. 13). Wegen der fehlenden Trennung von Liege- und Standplatz und der Wässerigkeit des Kotes (Flüssigkeitsgehalt > 90%) kann das für die Körperpflege wichtige Liegen auf trockenem Untergrund (vgl. § 5 Nr. 1) bei diesen Flächenmaßen allenfalls mit trockener, saugfähiger Einstreu sichergestellt werden, nicht dagegen durch den praxisüblichen Spaltenboden und auch nicht durch perforierte Gummimatten.

3 Nach **Abs. 2** darf die Gesamtfläche der Bucht bei Kleingruppen von bis zu drei Tieren die Mindestfläche von 4,5 qm (wenn die Tiere zwei bis acht Wochen alt sind) bzw. 6 qm (wenn sie über acht Wochen alt sind) nicht unterschreiten.

Ordnungswidrig nach § 16 Abs. 1 Nr. 10 handelt der Halter, der vor- 4
sätzlich oder fahrlässig gegen § 10 Abs. 1 S. 1 oder Abs. 2 verstößt.

§ 11 Überwachung, Fütterung und Pflege

Wer Kälber hält, hat, unbeschadet der Anforderungen des § 4, sicherzustellen, dass

1. eine für die Fütterung und Pflege verantwortliche Person das Befinden der Kälber bei Stallhaltung mindestens zweimal täglich überprüft;
2. Kälbern spätestens vier Stunden nach der Geburt Biestmilch angeboten wird;
3. für Kälber bis zu einem Gewicht von 70 Kilogramm der Eisengehalt der Milchaustauschertränke mindestens 30 Milligramm je Kilogramm, bezogen auf einen Trockensubstanzgehalt von 88 Prozent, beträgt und bei Kälbern, die mehr als 70 Kilogramm wiegen, eine ausreichende Eisenversorgung erfolgt, wodurch bei den Kälbern ein auf die Gruppe bezogener durchschnittlicher Hämoglobinwert von mindestens 6 mmol/l Blut erreicht wird;
4. jedes über zwei Wochen alte Kalb jederzeit Zugang zu Wasser in ausreichender Menge und Qualität hat;
5. jedes Kalb täglich mindestens zweimal gefüttert wird, dabei ist dafür Sorge zu tragen, dass dem Saugbedürfnis der Kälber ausreichend Rechnung getragen wird;
6. Kälbern spätestens vom achten Lebenstag an Raufutter oder sonstiges rohfaserreiches strukturiertes Futter zur freien Aufnahme angeboten wird;
7. bei Stallhaltung Mist, Jauche oder Gülle in zeitlich erforderlichen Abständen aus dem Liegebereich entfernt werden oder dass regelmäßig neu eingestreut wird;
8. Anbindevorrichtungen mindestens wöchentlich auf beschwerdefreien Sitz überprüft und erforderlichenfalls angepasst werden;
9. die Beleuchtung
   a) täglich für mindestens zehn Stunden im Aufenthaltsbereich der Kälber eine Lichtstärke von 80 Lux erreicht und
   b) dem Tagesrhythmus angeglichen ist und möglichst gleichmäßig verteilt wird.

Zu Nr. 1. Die in Nr. 1 vorgeschriebene mindestens zweimal tägliche 1
Überprüfung muss auch an Sonn- und Feiertagen stattfinden (vgl. BR-Drucks. 612/92 S. 19).

Zu Nr. 2. Nr. 2 dient der Umsetzung der EU-Richtlinie zur Kälberhal- 2
tung, Anh. Nr. 15: „Kälber müssen so schnell wie möglich nach der Geburt, auf jeden Fall innerhalb der ersten sechs Lebensstunden Rinderkolostralmilch erhalten." Dies sollte unter Bedingungen geschehen, die die Aufnahme von Abwehrstoffen erleichtern, „also vorzugsweise durch Säugen bei der Mutter" (EU-Kälbermitteilung S. 8). Für die Ausbildung des Immunsystems wird darüber hinaus empfohlen, das Kalb in den ersten drei Tagen,

mindestens aber 24 Stunden lang frei an der Mutter saugen zu lassen, zumal die Kolostralmilch ohnehin nicht anderweitig verwertet werden kann (vgl. *Rist/Schragel* S. 151; *AGKT* S. 35).

3 **Zu Nr. 3.** Bei Kälbern bis 70 kg muss der Eisengehalt der Milchaustauschertränke mindestens 30 Milligramm je Kilogramm betragen; bei einem Trockensubstanzgehalt von 88% entspricht dies 34 mg je kg Trockensubstanz. Höhere Werte wären aber notwendig, denn erst ab einer Zufuhr von ca. 50 mg je kg Milchaustauscher ist mit einer ausreichenden Eisenversorgung zu rechnen (vgl. *Sambraus* in: *Sambraus/Steiger* S. 121). – Der vorgeschriebene Hämoglobinwert von 6 mmol/l Blut ist ebenfalls sehr niedrig. Natürlich aufwachsende Kälber haben einen Wert von mindestens 7 mmol/l Blut. Geringere Werte sind Ausdruck von Eisenmangel und bewirken Schwächung und gestörtes Wohlbefinden.

4 **Zu Nr. 4.** Der jederzeitige Zugang zu Wasser in ausreichender Menge und Qualität wird beispielsweise durch eine Wassertränke mit selbsttätigem Zulauf, die ständig zur Verfügung steht, erreicht (vgl. *AGKT* S. 35).

5 **Zu Nr. 5.** Die Verpflichtung, bei der Fütterung dem Saugbedürfnis der Kälber ausreichend Rechnung zu tragen, ist auf Veranlassung des Bundesrats eingefügt worden. In der Begründung heißt es: „Gerade junge Kälber neigen in der Gruppenhaltung dazu, sich gegenseitig zu besaugen ... Sowohl durch die Verabreichung der Tränke als auch über Ersatzmaßnahmen kann hier Vorbeuge getroffen werden" (BR-Drucks. 317/01, Beschluss S. 3). – Bei der früher üblichen zweimal täglichen Tränkung mit Milch oder Milchaustauscher aus einem Eimer ohne Saugstutzen blieb der arteigene Saugtrieb unbefriedigt, denn der Eimer war in zweimal 3 Min. ausgetrunken, während das bei seiner Mutter aufwachsende Kalb dort etwa sechsmal jeweils 10 Min. saugt. Folgen des Saugdefizits waren gegenseitiges Besaugen, Besaugen von Einrichtungsgegenständen, Zungenspielen u. a. m. (vgl. *Sambraus* aaO S. 120; s. auch TierSchG § 17 Rn. 88). Künftig muss das Saugen durch geeignete Maßnahmen so erschwert werden, dass die Aufnahme der vorgesehenen Milchmenge länger dauert, wobei 10 Min. je Fütterung erreicht werden sollten (vgl. *Sambraus* aaO; *Rist/Schragel* S. 161; vgl. auch St. Ausschuss, Empfehlung Anh. C Nr. 8, zit. Vor §§ 5–11 Rn. 4). In Betracht kommen Abruftränken, ggf. auch Tränkeeimer mit Saugstutzen und jeweils geringer Durchlassöffnung. – Andere „Ersatzmaßnahmen" sind: Häufigere Fütterungszeiten, Vorlage von Raufutter, Einstreu als Beschäftigungsmaterial.

6 **Zu Nr. 6.** Die Verpflichtung, Kälbern spätestens vom achten Lebenstag an Raufutter oder sonstiges rohfaserreiches strukturiertes Futter zur freien Aufnahme anzubieten, beruht ebenfalls auf einer Initiative des Bundesrates. Zur Begründung wird ausgeführt: „Rinder sind Wiederkäuer. Um eine physiologische Entwicklung der Ausbildung des komplizierten Vormagensystems eines Kalbes zu gewährleisten, ist die freie Aufnahme von Raufutter oder sonstigem rohfaserreichem strukturiertem Futter unerlässlich. Des Weiteren dient ein ständiges Raufutterangebot der Beschäftigung der Tiere und wirkt einem gegenseitigen Besaugen der Kälber untereinander (Stereotypie) entgegen." Zugleich wird eingeräumt, dass die nach der früheren KälberVO zulässige Begrenzung des Raufutterangebotes dazu diente, bei Mast-

kälbern sog. helles Kalbfleisch zu erzeugen, und dass dies keinen vernünftigen Grund darstelle, den Tieren Leiden durch Raufutterentzug zuzufügen (BR-Drucks. 317/01, Beschluss S. 4). – Am besten eignet sich Heu, weil es auch wertvolle Mineralstoffe und Eisen enthält.
Zu Nr. 8. Mit Anbindevorrichtungen sind Einrichtungen iS von § 5 S. 2 gemeint.   7
Zu Nr. 9. Die Nr. 9 beruht auf der Erkenntnis, dass der natürliche Tag- 8 Nacht-Rhythmus bei heranwachsenden Tieren von besonderer Bedeutung ist (vgl. BR-Drucks. 612/92 S. 17). Kälber in schlecht beleuchteten Ställen zeigen exzessive Furchtsamkeit und weisen vermehrt Stereotypien auf, möglicherweise bedingt durch die Unmöglichkeit zu Explorationsverhalten (vgl. EU-SVC-Report S. 22). – Die vorgeschriebenen 80 Lux müssen täglich während mindestens 10 Stunden im Aufenthaltsbereich der Tiere erreicht werden. Sie müssen dem Tagesrhythmus angeglichen und möglichst gleichmäßig verteilt sein.
Ordnungswidrigkeiten sind nach § 16 Abs. 1 Nr. 1, 11, 12, 13, 14, 15, 16 9 folgende Verstöße: Der Verstoß gegen Nr. 1 (mindestens zweimal täglich Überprüfung); gegen Nr. 3 (wenn beim Kalb < 70 kg der vorgeschriebene Eisengehalt der Milchaustauschertränke von mindestens 30 mg/kg bzw. beim Kalb > 70 kg die ausreichende Eisenversorgung, angezeigt durch den vorgeschriebenen Hämoglobinwert, nicht sichergestellt ist); gegen Nr. 4 (für jedes Kalb über zwei Wochen Trinkwasser ad libitum); gegen Nr. 5 (zweimal tägliche Fütterung in einer Weise, die dem Saugbedürfnis Rechnung trägt); gegen Nr. 6 (spätestens ab dem achten Lebenstag Angebot von Raufutter oder sonstigem rohfaserreichen strukturierten Futter ad libitum); gegen Nr. 8 (wöchentliche Überprüfung der Anbindevorrichtungen; Anpassung); gegen Nr. 9a (Sicherstellung von 80 Lux für mindestens 10 Stunden täglich). – Es genügt jeweils Fahrlässigkeit.

Abschnitt 3. Anforderungen an das Halten von Legehennen

Vorbemerkung zu den §§ 12–15

Übersicht

	Rn.
I. Die Entwicklung der Käfigbatteriehaltung von Legehennen in Deutschland	1–5
II. Das Urteil des BVerfG v. 6. 7. 1999	6–8
III. Die ausgestalteten Käfige nach der EU-Legehennenrichtlinie	9, 10
IV. Hygienische oder tierschutzrechtliche Nachteile in Boden- oder Freilandhaltungen?	11–16

I. Die Entwicklung der Käfigbatteriehaltung von Legehennen in Deutschland

1   **Frühe Proteste/Das Gutachten von 1974.** Die Haltung von Legehennen in Käfigbatterien hat schon früh zu Protesten bei Fachleuten und Laien geführt. Der Frankfurter Zoodirektor Prof. Dr. Grzimek sprach 1974 von „KZ-Hühnerhaltung" und „KZ-Eiern" (erlaubte Formulierung, so das OLG Düsseldorf RdL 1977, 42 ff.). In einem vom damaligen Bundeslandwirtschaftsministerium (BML) an einen interdisziplinären Ausschuss vergebenen Gutachten beschränkten sich die Vertreter der Agrarwissenschaften und der Veterinärmedizin zwar darauf, „offene Fragen" zu konstatieren, die „durch wissenschaftliche Untersuchungen noch geklärt werden müssten". Die drei Vertreter der Verhaltenswissenschaft stellten hingegen fest, dass nahezu alle angeborenen Verhaltensweisen der Legehennen in den Käfigen beeinträchtigt und verändert seien; dadurch komme es zu extrem gesteigerten Handlungen am Ersatzobjekt, Leerlaufhandlungen, Bewegungsstereotypien, Übersprunghandlungen und gesteigerter Aggressivität. „Die derzeit üblichen Praktiken der Käfighaltung erfüllen den Tatbestand der Tierquälerei in hohem Ausmaß", so die Gutachter (*BMVEL*, Gutachten über tierschutzgerechte Haltung von Nutzgeflügel in neuzeitlichen Haltungssystemen, 1974, Teil I S. 2 und Teil II S. 9).

2   **Erste Entscheidungen der Gerichte.** In den 70er und 80er Jahren waren zahlreiche Staatsanwaltschaften und Gerichte mit der Käfighaltung befasst. Sie wurde – ganz überwiegend – als grundsätzlich strafbare Tierquälerei bewertet, weil sie den Tieren anhaltende, erhebliche Leiden zufüge (vgl. u. a.: OLG Frankfurt/M NJW 1980, 409 f. m. Anm. *von Loeper*; OLG Düsseldorf NJW 1980, 411 f.; OLG Frankfurt/M. NStZ 1985, 130; LG Düsseldorf RdL 1980, 189 ff.; LG Darmstadt NStZ 1984, 173 ff.; AG Leverkusen AgrarR 1979, 229 f.; StA Stuttgart, zit. in: *Sojka* RdL 1979, 256, 257). Zu Verurteilungen kam es aber idR nicht, weil die Gerichte der Auffassung waren, die Angeklagten hätten die Strafbarkeit ihres Tuns angesichts der jahrelangen Üblichkeit dieser Haltungsform nicht erkennen können, zumal die Inbetriebnahme entsprechender Ställe genehmigt und staatlich subventioniert worden sei (vgl. dazu *Schindler* NJW 1996, 1802, 1803).

3   Wegen des hohen Rationalisierungseffekts der Käfige hat es eine starke **Konzentration in der Legehennenhaltung** gegeben: Befanden sich 1977 noch 29% aller Legehennen in Grossbetrieben mit mehr als 50 000 Hennenplätzen, so waren es 1996 in den alten Bundesländern schon 43,11% und in den neuen Ländern sogar 78,63%. Ende 1998 verfügten acht personell und finanziell eng miteinander verflochtene Unternehmen über etwa 60% des gesamten Bestandes an Lege- und Junghennen (vgl. *Gnekow-Metz* S. 6; *Hinrichs/Becker* Alternativen S. 4). Parallel dazu hat es einen dramatischen Rückgang der bäuerlichen und privaten Hennenhalter gegeben: In den alten Bundesländern hat sich ihre Zahl zwischen 1975 und 1996 von 609 000 auf 173 500 verringert; in den neuen Ländern hat allein von 1992 bis 1996 eine Abnahme von 71 700 auf 46 400 stattgefunden (vgl. Jahrbücher für die Geflügelwirtschaft 1982 S. 25 und 2000 S. 91).

Vorbemerkung zu den §§ 12–15 TierSchNutztV

Der Bericht von Celle. Mehrjährige wissenschaftliche Untersuchungen, 4
die im Auftrag des BMVEL an einem Institut der Forschungsanstalt für
Landwirtschaft (FAL) in Celle durchgeführt wurden, ließen den mit der
Auswertung der Arbeiten beauftragten Schweizer Verhaltensforscher Prof.
Dr. *Beat Tschanz* im Mai 1981 zu der Schlussfolgerung kommen, dass den
Käfighennen unzweifelhaft erhebliche Leiden zugefügt würden: „Das Un-
genügen der Umgebung eines Batteriekäfigs ist mit den Ergebnissen der in
Celle durchgeführten Untersuchungen so eindeutig nachgewiesen, dass es
keiner weiteren Erhebungen bedarf, um das Verbot dieses Haltungssystems
zu begründen. Wenn die zuständigen Instanzen nicht bereit sind, den nun
vorliegenden Befunden entsprechende Entscheide zu fällen, dann lässt sich
das nicht mehr mit dem Fehlen von sachlichen Grundlagen begründen"
(*Tschanz* in: Legehennenhaltung, Landbauforschung Völkenrode, Sonderheft 60 [1981], 210). In ihrem Abschlussbericht sah die FAL gleichwohl von
einer entsprechenden Empfehlung an die Politik ab.

In einem **Strafverfahren gegen zwei Käfighalter vor dem LG Darm-** 5
stadt ereignete sich Folgendes: Ein vom Gericht als Gutachter eingesetzter
Agrarwissenschaftler besichtigte die Betriebe der Angeklagten, nachdem
diese aus ihren Käfigen jeweils ein Tier herausgenommen und außerdem
überwiegend für die Einstellung jüngerer, noch relativ unverbrauchter Tiere
gesorgt hatten. Der Gutachter gelangte so zu dem Ergebnis, die Hennen
zeigten entgegen der allgemeinen Erwartung einen guten Zustand des Gefieders. Seine Forschungen hätten außerdem ergeben, dass sie sich eigentlich
nur sehr wenig bewegen wollten: Gewähre man ihnen in Käfigen eine Fläche von 400–500 qcm, dann sei „die Annahme der Unterdrückung einer gewollten Bewegungsaktivität nicht aufrechtzuerhalten" und „der daraus her-
geleitete Leidenszustand nicht haltbar". Das LG stellte in seinem Urteil
zwar dennoch fest, dass den Hennen Leiden, starke Frustrationen und äußerste Einschränkungen zugefügt würden; ob diese Leiden aber erheblich
und damit strafwürdig seien, habe nicht bewiesen werden können (LG
Darmstadt AgrarR 1985, 356). Der BGH sah darin „keinen Rechtsfehler"
und verwarf die von der Staatsanwaltschaft eingelegte Revision (BGH NJW
1987, 1833 m. Anm. *Lorz* NStZ 1987, 511 und *von Loeper* NStZ 1987, 512).
Wenige Wochen später legte der damalige Bundeslandwirtschaftsminister
Kiechle dem Bundesrat die Hennenhaltungsverordnung (HhVO) 1987 vor,
mit der für legal erklärt wurde, die Hennen weiterhin auf einer Fläche von
nur 450 qcm/Tier (= 73% eines DIN A4 Blattes) zu halten. Der Bundesrat
gab seine Zustimmung, obwohl der Vertreter des Landes Niedersachsen zu
Protokoll gab, die Verordnung erfülle nicht die Anforderungen, „die unter
dem Gesichtspunkt des Tierschutzes zu stellen sind" und selbst der Vertreter der Bundesregierung die Meinung vertrat, dass jede Henne „über eine
Käfiggrundfläche von mindestens 600 qcm verfügen" müsse (BR, Prot. d.
583. Sitzung v. 27. 11. 1987 S. 440f.). Nachdem diese Verordnung am 1. 1.
1988 in Kraft getreten war, stellte die Landesregierung von Nordrhein-
Westfalen im Jahr 1990 beim BVerfG den Antrag, die Gültigkeit im Wege
der abstrakten Normenkontrolle zu überprüfen.

II. Das Urteil des BVerfG v. 6. 7. 1999

6 Das BVerfG hat die HhVO von 1987 für nichtig erklärt, weil jedenfalls zwei in § 2 Nr. 1 TierSchG angesprochene Grundbedürfnisse, nämlich **das artgemäße Ruhebedürfnis und das artgemäße Bedürfnis, gleichzeitig Nahrung aufnehmen zu können,** unangemessen zurückgedrängt worden seien. Mit § 2 Abs. 1 Nr. 2 S. 1 der HhVO sei gegen § 2 Nr. 1 TierSchG verstoßen worden, weil schon der bloße Vergleich der durchschnittlichen Körpermaße einer leichten Legehenne von 47,6 × 14,5 cm mit der vorgesehenen Käfigbodenfläche von 450 qcm/Tier ergebe, dass den Hennen nicht einmal ein ungestörtes gleichzeitiges Ruhen, d. h. eine Befriedigung ihres Schlafbedürfnisses ermöglicht werde. Darüber hinaus sei auch § 2 Abs. 1 Nr. 7 S. 1 der HhVO nichtig, weil ein Vergleich der Körperbreite von 14,5 cm mit der dort vorgesehenen Futtertroglänge von nur 10 cm pro Henne zeige, dass die Hennen nicht, wie es ihrem artgemäßen Bedürfnis entspreche, gleichzeitig ihre Nahrung aufnehmen könnten. Damit aber ergebe allein schon die Kontrolle anhand numerischer Größen, dass die genannten beiden Vorschriften der HhVO nicht der gesetzlichen Ermächtigung des § 2a Abs. 1 i. V. m. § 2 Nr. 1 TierSchG genügten. Deswegen hätten auch die übrigen in § 2 der HhVO getroffenen Bestimmungen ihren vollziehbaren Regelungsgehalt verloren. Die Nichtigkeit der anderen Vorschriften der Verordnung ergebe sich aus Art. 80 Abs. 1 S. 3 GG (Zitiergebot). Auf die – von der Bundesregierung und der Geflügelwirtschaft geforderte – Verrechnung der Grundbedürfnisse mit Erwägungen der Wirtschaftlichkeit und des Wettbewerbs hat sich das Gericht in seinem Urteil nicht eingelassen (vgl. BVerfGE 101, 1, 2, 37, 38).

7 Ob neben dem artgemäßen Ruhebedürfnis und dem artgemäßen Bedürfnis zur gleichzeitigen Nahrungsaufnahme **auch weitere artgemäße Bedürfnisse** durch die HhVO unangemessen zurückgedrängt waren, konnte der Senat – angesichts der bereits anhand numerischer Größen festgestellten und damit besonders eindeutig belegbaren Verstöße – offen lassen. Dennoch zählt er diese Bedürfnisse beispielhaft auf („wie insbesondere das Scharren und Picken, die ungestörte und geschützte Eiablage, die Eigenkörperpflege, zu der auch das Sandbaden gehört, oder das erhöhte Sitzen auf Stangen"), ordnet sie dem Schutzbereich des § 2 Nr. 1 TierSchG zu („unangemessen zurückgedrängt") und gibt dem Verordnungsgeber auf, sie ebenfalls vor unangemessener Zurückdrängung zu bewahren (vgl. *Metzger* in: *Erbs/Kohlhaas* T 95 c Rn. 4). Dabei verweisen die Richter insbesondere auf die Mitteilung der EU-Kommission vom 11. 3. 1998 über den Schutz von Legehennen in verschiedenen Haltungssystemen (KOM 1998/135 endg., 98/0092 (CNS); vgl. auch BT-Drucks. 13/11371 S. 5 ff.): Dort seien die aktuellen wissenschaftlichen Erkenntnisse über die Grundbedürfnisse von Hennen in der Käfighaltung wiedergegeben, die der Verordnungsgeber beachten müsse. Als zusammenfassende Bewertung sei dort ausgeführt: „Es ist klar, dass der Batteriekäfig wegen seiner kleinen Größe und seines sterilen Umfelds das Wohlbefinden der Hennen erheblich beeinträchtigt" (BVerfGE 101, 1, 37–41; zu den Konsequenzen des Urteils für die Auslegung von § 2 TierSchG s. dort Rn. 12–15).

Vorbemerkung zu den §§ 12–15   TierSchNutztV

Erfüllung der Vorgaben des Urteils durch die ÄndVO vom 28. 2. 2002. 8
Die von Bundesverbraucherschutzministerin *Künast* am 5. 6. 2001 vorgelegte und vom Bundesrat am 19. 10. 2001 gebilligte Verordnung trägt diesen Vorgaben im wesentlichen Rechnung, insbesondere durch § 13 Abs. 2. Danach können neue Käfigbatterien nicht mehr in Betrieb genommen werden, auch dann nicht, wenn es sich um sog. ausgestaltete Käfige handelt (s. u. III). Für bereits in Betrieb genommene Anlagen gelten Übergangsfristen (vgl. § 17).

III. Die ausgestalteten Käfige nach der EU-Legehennenrichtlinie

Die Richtlinie 1999/74/EG vom 19. 7. 1999 (ABl. EG Nr. L 203 S. 53) 9
sieht vor, dass auch nach dem 1. 1. 2002 noch neue Käfige in Betrieb genommen werden dürfen, wenn dort einschl. eines Nestraumes eine Bodenfläche von mindestens 750 qcm/Tier (das entspricht etwa 120% eines DIN A4 Blattes) angeboten wird. Ein Teilbereich dieser sog. ausgestalteten Käfige (mutmaßlich zwischen 100 und 250 qcm, genaue Vorgaben fehlen) soll mit Einstreu zum Picken und Scharren ausgestattet werden. Außerdem sind Sitzstangen vorgesehen. Die Käfighöhe beträgt 45 cm. Die Käfige dürfen, wie bisher auch, in Reihen neben- und übereinander, d. h. als Batterien angeordnet werden. Wer vor dem 1. 1. 2002 eine Käfiganlage entsprechend den Vorgaben der früheren Richtlinie 88/166/EWG vom 7. 3. 1988 (ABl. EG Nr. L 74 S. 83) in Betrieb genommen hat, darf diese noch bis zum 31. 12. 2011 weiterbetreiben, muss aber ab dem 1. 1. 2003 eine etwas größere Bodenfläche (550 qcm/Tier) und Vorrichtungen zum Kürzen der Krallen zur Verfügung stellen.

Die Unzulässigkeit der Inbetriebnahme neuer Batteriekäfige in 10
Deutschland, auch wenn es sich dabei um sog. ausgestaltete Käfige handelt, ergibt sich nicht erst aus § 13 Abs. 2 der VO, sondern schon aus § 2 Nr. 1 TierSchG. Das liegt daran, dass es auch in diesen Käfigen wegen der äußerst knapp bemessenen Fläche und Höhe mehrere der vom BVerfG aufgezählten artgemäßen Bedürfnisse in erheblichem Ausmaß (und damit unangemessen) zurückgedrängt würden (zum Verhältnis von § 2 zur EU-Richtlinie s. TierSchG § 2 Rn. 39). Im Einzelnen: Die artgemäße Nahrungsaufnahme durch „Scharren und Picken" (BVerfGE 101, 1, 38) erfolgt beim Huhn typischerweise im Gehen und Erkunden (vgl. *L/M* HhVO Rn. 11). Allein schon deswegen kann es auf einer Einstreufläche, die nur 100–250 qcm je Tier beträgt, nicht stattfinden, denn bereits zum Stehen benötigt das Huhn 428 qcm (vgl. BVerfGE 101, 1, 2). Hinzu kommt, dass das artgemäße Nahrungserwerbsverhalten vielfältige Pickaktivitäten umfasst (s. § 13 Rn. 5); die meisten davon sind im ausgestalteten Käfig ebenfalls nicht möglich (vgl. *Hörning/ Fölsch* AtD 2000, 296, 297). Wird dem Huhn aber die arttypische Nahrungssuche unmöglich gemacht, so können seine Pickaktivitäten auf Artgenossen umorientiert werden und in Verletzungen oder sogar Kannibalismus resultieren (vgl. St. Ausschuss, überarbeitete Empfehlung in Bezug auf Haushühner v. 28. 11. 1995 S. 4). – Eine ungestörte und geschützte Eiablage kann in den Käfigen nicht stattfinden, wenn nur ein Nestraum von ca. 150 qcm je

531

TierSchNutztV   Tierschutz-NutztierhaltungsV

Tier zur Verfügung steht. Da die Eiablage häufig in derselben Zeitspanne erfolgt, steigen die legegestimmten Hennen dort übereinander, stoßen sich gegenseitig und beschädigen ihr Gefieder (vgl. *Hörning/Fölsch* aaO). Zu einer artgemäßen Eiablage gehören zahlreiche Verhaltensabläufe (s. § 13 Rn. 8); die meisten davon lassen sich auf einem Nestplatz von solch geringer Größe und bei fehlender Nesteinstreu nicht verhaltensgerecht ausführen. – Zur Eigenkörperpflege rechnet bei Hühnern auch das Flügelschlagen (ein „essentielles Bedürfnis", so die erste Empfehlung des St. Ausschusses für das Halten von Legehennen v. 21. 11. 1986 S. 1; ein „Grundbedürfnis", so die EU-Legehennenmitteilung S. 6). Da die Henne dafür eine Fläche von 860– 1980 qcm je Tier benötigt (vgl. EU-SVC-Report Legehennen S. 30), ist Flügelschlagen im ausgestalteten Käfig nicht möglich. Auch andere für die Körperpflege wichtige Streck- und Schüttelbewegungen werden durch die räumliche Enge stark eingeschränkt. Zwar lassen sie sich zu Beginn des Käfigaufenthaltes teilweise dennoch feststellen, nehmen dann aber stark ab, weil die Tiere gelernt haben, dass sie wegen des Anstoßens der Flügelenden mit Schmerzen verbunden sind. Werden Hennen später aus dem Käfig herausgenommen, zeigen sie für einige Zeit verstärktes Flügelschlagen und Kopfstrecken (ein „rebound effect", mit dem das Fortbestehen des Bedürfnisses belegt werden kann; zum Ganzen vgl. *Hörning/Fölsch* Gutachten S. 43). – Auch das Sandbaden, das der Gefiederpflege, insbes. der Entfernung von altem Fett und der Parasitenabwehr dient, besteht aus einer Reihe genetisch fixierter Verhaltensabläufe (s. § 13 Rn. 7). Weil auf der o. e. Einstreufläche allenfalls Vorbereitungs- und Intentionsbewegungen, nicht aber auch die befriedigenden Endhandlungen (nämlich das Einschleudern des Substrats in das Gefieder und das anschließende Herausschütteln) stattfinden können, zeigt ein Teil der Tiere in ausgestalteten Käfigen Sandbadebewegungen auf dem Drahtgitterboden, was als eine das Gefieder und die Füße schädigende Verhaltensstörung angesehen werden muss (vgl. *Hörning/Fölsch* AtD 2000, 296, 297; vgl. auch die Untersuchung von *Petermann* AtD 2001, 136, 137: Pro Henne standen 120 qcm Staubbadefläche zur Verfügung, also etwas weniger als eine Postkarte). – Erhöhtes Sitzen auf Stangen setzt voraus, dass die Tiere, die durchschnittlich 38 cm groß sind, dort einen Ruhe-, Ausweich- und Rückzugsraum gegenüber der am Boden verbleibenden Gruppe zur Verfügung haben. Bei Stangen, die (wegen der Käfighöhe von nur 45 cm) wenige Zentimeter über dem Boden angeordnet sind, ist dies unmöglich (vgl. *Rusche* DudT 4/1999, 33). – Auch ein artgemäßes Sozialverhalten kann in den Käfigen nicht stattfinden, denn die permanente Reduzierung der Individualdistanz führt zu einem ständigen „crowding", das insbesondere die Ausbildung einer Rangordnung unterdrückt. – Nicht einmal aus einer rein wirtschaftlichen Perspektive lassen sich diese Beschränkungen begründen: Die Erzeugerkosten je Ei aus ausgestalteten Käfigen liegen bei 12 Pf; in der Volièrenhaltung sind sie nur ganz geringfügig höher, nämlich 12,4 Pf (vgl. *Damme* in: Jahrbuch für die Geflügelwirtschaft, 2001, S. 197–207; vgl. auch *Brade* TU 2000, 185, 189: Kostensteigerung bei Einführung ausgestalteter Käfige gegenüber herkömmlichen Käfigen 1–2 Pf/Ei; „damit nähern sich die Kosten der Eiererzeugung in der Käfighaltung denen in der Volièrenhaltung an").

IV. Hygienische oder tierschutzrechtliche Nachteile in Boden- oder Freilandhaltungen?

Die **EU-Kommission** erklärt zu den angeblichen Nachteilen, die den 11 alternativen Haltungsformen von den Befürwortern der Käfighaltung häufig vorgehalten werden, sie sei zu dem Schluss gelangt, dass die Hennen in den gängigen Batteriekäfigen unzulänglich geschützt seien. Anschließend fährt sie wörtlich fort: „Ferner gibt es Anhaltspunkte dafür, dass Hennen auch in anderen Haltungssystemen schlecht geschützt sind, wenn eine gute Betriebsführung nicht dauerhaft gewährleistet ist" („... that the welfare of hens may be poor in other systems of rearing, if a high standard of management is not maintained"; Vorschlag für eine Richtlinie des Rates zur Festlegung von Mindestanforderungen zum Schutz von Legehennen v. 11. 3. 1998, KOM 1998, 135 endg. S. 2). Nach Einschätzung der Kommission lassen sich also alle Tierschutz- und Hygieneprobleme, die in Haltungsformen mit freier Bewegungsmöglichkeit auftreten können, durch ein gutes Stallmanagement und eine tiergerechte Aufzucht lösen bzw. vermeiden. Aber selbst diejenigen Nachteile, zu denen es bei Fehlern in der Betriebsführung (zB überhöhten Besatzdichten und Herdengrößen, fehlenden Rückzugsräumen, schlechtem Einstreumanagement oder nicht artgemäß aufgezogenen Junghennen) kommen kann, werden von ihr nicht gravierender eingeschätzt als die Belastungen, die mit der Käfighaltung inhärent, d.h. selbst bei guter Betriebsführung verbunden sind. – Bei Vergleichen zwischen den Haltungssystemen dürfen außerdem die Folgen der jahrzehntelangen einseitigen Ausrichtung auf die Käfighaltung nicht übersehen werden: Eine verfahrenstechnische Weiterentwicklung der alternativen Haltungssysteme hat lange Zeit kaum stattgefunden; Gelder sind hauptsächlich in die Forschung mit Käfigen geflossen; in der Ausbildung sind den Landwirten notwendige Kenntnisse kaum mehr vermittelt worden; vielen Haltern fehlt heute das entsprechende Erfahrungswissen; die Junghennenaufzucht findet immer noch weitgehend in Käfigen statt und muss erst noch an die anderen Haltungsformen angepasst und optimiert werden (zur Bedeutung einer an die späteren Haltungsbedingungen angepassten Aufzucht vgl. auch § 14 Abs. 1 Nr. 4).

Die These, in alternativen Haltungen herrsche eine höhere **Mortalität** 12 (vgl. *Ellendorff* dgs-intern 48/96), ist unbewiesen, da es an systematischen epidemiologischen Vergleichsuntersuchungen in kommerziell betriebenen Hühnerhaltungen weitgehend fehlt. Laborversuche und staatliche Legeleistungsprüfungen erlauben zwar Aussagen über das Geschehen unter Versuchsbedingungen, lassen aber kaum Rückschlüsse auf die tatsächlichen Zustände in der betrieblichen Praxis zu. Soweit in anderen Ländern vergleichende Untersuchungen in kommerziellen Betrieben stattgefunden haben (Niederlande/Schweiz), hat sich gezeigt, dass die Verlustzahlen in Haltungen mit freier Beweglichkeit sowohl höher als auch niedriger sein können, je nach Qualität der Aufzucht und der Betriebsführung (vgl. EU-SVC-Report S. 61: Eine erste Untersuchung an insgesamt 66 NL-Herden während 415 Tagen hat bei den Tieren in den Volieren eine Mortalität von 6,7% erbracht, bei den Käfighennen hingegen 9,2%; zwei weitere Untersuchungen haben eine Mortalität in den Volièren zwischen 6,4 und 6,7% und in den Käfigen zwischen 5,6 und 9,8% ergeben; zu weiteren Untersuchungen vgl. *Blokhuis* in: Jahrbuch für die Geflügelwirtschaft 1997 S. 37; *Oester/Fröhlich* ebenda S. 23, 26; *van Horne/Niekerk* DGS-Magazin 6/1998, 14 ff.).

13 Tierverluste durch **Federpicken und Kannibalismus** können auch in alternativen Haltungsformen auftreten, wenn nicht durch tiergerechte Aufzucht und Managementmaßnahmen vorgebeugt wird. Dazu *Tschanz*: „Verluste durch Kannibalismus treten, wie wir aus eigenen Untersuchungen wissen, dann auf, wenn Hennen in strukturarmen Räumen bei großer Besatzdichte gehalten werden. Bestehen hingegen genügend Möglichkeiten, sich Angriffen und Schädigungen durch Flucht oder Aufsuchen einer Deckung zu entziehen, treten keine Verluste auf ... Die Aussage, Käfighaltung sei hinsichtlich Kannibalismus der Auslauf- und Bodenhaltung überlegen, gilt also nur in Abhängigkeit von dem, was Hennen in Auslauf- und Bodenhaltung an Raum und Deckung geboten wird" (*ders.* in: *Landbauforschung Völkenrode* S. 204, 205). Zu Recht betont die EU-Kommission in diesem Zusammenhang die Bedeutung einer tiergerechten Aufzucht: „Die Bereitstellung von Streu in der Aufzuchtperiode trägt wesentlich dazu bei, das Risiko von Federpicken bei ausgewachsenen Tieren zu verringern" (EU-Legehennenmitteilung S. 8). Werden Junghennen stattdessen ohne (oder mit zu wenig) Einstreu, ohne Sitzstangen und in zu großen Gruppen bei hohen Besatzdichten aufgezogen, so kann ihr Pickverhalten von Anfang an fehlgeleitet werden und sich, anstatt auf Einstreu oder Körner, auf die Federn und Körper der Artgenossen richten; erst recht bei Jungtieraufzucht in Käfigen (vgl. *Martin* in: KTBL-Schrift 342, 108 ff., 111); hat aber ein Jungtier einmal eine solche Verhaltensstörung erworben, so behält es sie häufig auch nach seiner Verbringung in artgerechtere Haltungsformen bei. – Vergleichende Untersuchungen in kommerziellen Betrieben fehlen im übrigen auch hier weitgehend. Experimentelle Untersuchungen belegen, dass es sehr darauf ankommen kann, die für das jeweilige Haltungssystem passende Zuchtlinie zu finden und zu verwenden (vgl. dazu *Lange* in: DGS-Magazin 40/1996, S. 34 ff.: Bei den untersuchten weißen Hühnern lagen die Todesfälle in den Volièren deutlich niedriger als in den Käfigen; bei den braunen war es umgekehrt. Vgl. weiter die Untersuchung von *Svedberg* in: EU-SVC-Report S. 49: Die Zahl der Todesfälle durch Kannibalismus in Boden- und Käfighaltungen war annähernd gleich). – Da Haltungsformen mit wenig Einstreu und Drahtgitterböden in besonderem Maße dazu „einladen", das Pickverhalten auf die Artgenossen umzuorientieren (vgl. dazu St. Ausschuss, Empfehlung in Bezug auf Haushühner 1995 S. 4), herrscht in Käfighaltungen üblicherweise Halbdunkel (vgl. EU-SVC-Report S. 100: „Eine niedrige Lichtintensität ist notwendig, um Federpicken und Kannibalismus unter Kontrolle zu halten"). Stehen Hennen in Kleinkäfigen besonders dicht beieinander, so kommt ein sog. „super-crowding-effect" hinzu, d. h. die Tiere zeigen scheinbar weniger Aggressivität untereinander als bei größeren Abständen, weil sie die Körperteile der Artgenossen nicht mehr richtig zu erkennen vermögen (vgl. dazu DGS-Magazin 31/2001, S. 24, 28: „Fachleute halten fest, dass Kloakenkannibalismus in Batterien deshalb kaum vorkäme,

weil Beobachtungsabstand und Zugriffsmöglichkeiten der Tiere untereinander zu gering seien"). Ohne diese Zwangsmaßnahmen, die mit einer „Pflege des Wohlbefindens der Tiere in einem weit verstandenen Sinn" (BVerfGE 101, 1, 32) nicht zu vereinbaren sind, wären die Verluste in der Käfighaltung bedeutend höher als in den alternativen Haltungen.

Zur Frage, welche **Krankheiten** in den verschiedenen Haltungsformen mit welcher Häufigkeit auftreten, fehlt es ebenfalls an systematischen Praxiserhebungen. Bei gutem Management ist der Gesundheitsstatus von Hühnerherden, die sich frei bewegen können, keinesfalls schlechter als in Käfigen (vgl. dazu EU-Legehennen-Mitteilung S. 10). Zwar können in einstreuhaltigen Systemen Parasiten auftreten. Diese verursachen jedoch erst dann Gesundheitsprobleme, wenn sie auf ein gestörtes Immunsystem der Tiere treffen (vgl. EU-SVC-Report S. 43). Verschiedene Merkmale der guten Betriebsführung bei alternativer Haltung wirken hier abwehrstärkend, insbesondere Tageslicht, Bewegung, Auseinandersetzung mit Klimareizen und Temperaturunterschieden. Auch ist es möglich, durch eine tiergerechte Aufzucht frühzeitig eine gewisse Immunität, zB gegen Kokzidienbefall, auszubilden. Demgegenüber ist das Immunsystem von Hennen, die bewegungsarm in Käfigen gehalten werden, schwach. Ihr schlechter Gesundheitszustand zeigt sich u. a. an der Knochenschwäche, der erhöhten Furchtsamkeit und dem Fettlebersyndrom (vgl. EU-SVC-Report S. 46, 109). Häufigste Todesursachen in Käfigen sind Herzversagen, Anämie, Arthritis, Peritonitis, Leberrupturen und „Käfiglähme" – fast alles Leiden und Schäden, die auch auf die dauernde Einschränkung der artgemäßen Bewegung zurückgehen und durch die Wahl einer Haltungsform, die die freie Bewegung ermöglicht, vermieden werden könnten (vgl. § 2 Nr. 2 TierSchG). 14

Zur **Equalität** stellt die EU-Kommission fest: „Es gibt keine Kontaminationsunterschiede zwischen Nesteiern und Eiern aus Batteriekäfigen" (EU-Legehennenmitteilung S. 10). Mehrjährige Untersuchungen in der Schweiz haben für Eier aus alternativen Systemen weder Medikamentenrückstände noch (im Vergleich zu Käfigeiern) erhöhte Keimbelastungen ergeben. Das Risiko einer Verschmutzung mit Kot ist im Käfig eher größer, weil dort die Eier über den mit Kotresten bedeckten Gitterboden abrollen, während in gut eingestreuten Legenestern im Normalfall kein Kontakt zwischen Ei und Hühnerkot stattfindet. Zudem wurden in Freilandeiern neben einem höheren Eigewicht und besserer Schalenstabilität (vgl. dazu EU-SVC-Report S. 56) auch höhere Vitamingehalte und ein besseres Fettsäuremuster ermittelt, vermutlich infolge der Aufnahme von Grünfutter (*Majchrzak/Elmadfa* Ernährung 21, 1997, 492–495; *Scharf/Elmadfa* Ernährung 22, 1998, 99–102). Anlässlich einer Untersuchung der Universität Wien konnten in Freilandeiern gegenüber Eiern aus Bodenhaltungen und Käfigen sowohl die höchsten Vitamin-A-Werte als auch ein höherer Carotinoidgehalt festgestellt werden (vgl. *Sojka* TU 1998, 173). 15

Die **Staubemissionen** einer Käfigbatteriehaltung sind zwar – bezogen auf den einzelnen Tierplatz – geringer als in Systemen mit Einstreu; infolge der hohen Tierdichte ist aber dennoch die Gesamtbelastung in einer Legebatterie deutlich höher als in einem extensiven Betrieb. Ferner gibt es für Boden- und Volièrenhaltungen Techniken zur Verminderung der Staubkonzentration 16 durch Befeuchten der Einstreu (zur früheren Vernachlässigung derartiger Weiterentwicklungen s. Rn. 11). – Die Belastung durch **Schadgase** wie Ammoniak lässt sich durch den Einsatz von Kotbändern, ggf. mit Bandentlüftung, sowie regelmäßige Entmistung reduzieren. – Überhöhten Nährstoffeinträgen bei der Freilandhaltung kann man durch Bepflanzung des Auslaufs mit heckenartigen Strukturen, Anlage von Wechselweiden, Angliederung eines teilweise befestigten Schlechtwetterauslaufs in Stallnähe etc. vorbeugen.

§ 12 Anwendungsbereich

Legehennen, die zu Erwerbszwecken gehalten werden, dürfen, unbeschadet der Anforderungen der §§ 3 und 4, nur nach Maßgabe der Vorschriften dieses Abschnitts gehalten werden.

Die §§ 12 bis 15 gelten überall dort, wo Legehennen (vgl. § 2 Nr. 4) zu Erwerbszwecken gehalten werden, unabhängig von der Größe des Bestandes. Nicht erfasst wird die Haltung von Jungtieren sowie von Zucht- und Elterntieren. Für diese Tiere gelten unmittelbar die Vorgaben des Tierschutzgesetzes, insbesondere des § 2 (konkretisiert durch BVerfGE 101, 1 ff.), die Empfehlung des Ständigen Ausschusses in Bezug auf Haushühner und die §§ 3 und 4 dieser Verordnung (vgl. amtl. Begr., BR-Drucks. 429/01 S. 14). Da jedoch § 13 Abs. 2 Nr. 2 eine zutreffende Konkretisierung der Vorgaben aus § 2 Nr. 1 TierSchG enthält, müssen seine Anforderungen auch auf die Haltung von Elterntieren und von Junghennen (dort mit Ausnahme des vorgeschriebenen Bereichs zur Eiablage) Anwendung finden (vgl. *Kluge/von Loeper* TierSchNutztV Rn. 12).

§ 13 Anforderungen an Haltungseinrichtungen für Legehennen

(1) Legehennen dürfen nur in Haltungseinrichtungen gehalten werden, die den Anforderungen der Absätze 2 bis 9 entsprechen.

(2) Haltungseinrichtungen müssen

1. eine Fläche von mindestens 200 Zentimetern mal 150 Zentimetern sowie eine Höhe von mindestens 200 Zentimetern, vom Boden aus gemessen, aufweisen;
2. so ausgestattet sein, dass alle Legehennen artgemäß fressen, trinken, ruhen, staubbaden sowie zur Eiablage einen gesonderten Bereich, dessen Bodenoberfläche nicht aus Drahtgitter besteht, (Nest) aufsuchen können.

(3) [1] Gebäude müssen nach Maßgabe des § 14 Abs. 1 Nr. 2 so beleuchtet sein, dass sich die Tiere untereinander erkennen und durch die mit der Fütterung und Pflege betrauten Personen in Augenschein genommen werden können. [2] Gebäude, die nach dem 13. März 2002 in Benutzung genommen werden, müssen mit Lichtöffnungen versehen sein, deren Fläche mindestens 3 Prozent der Grundfläche entspricht und die so angeordnet sind, dass eine möglichst gleichmäßige Verteilung des Lichts gewährleistet wird. [3] Die zuständige Behörde kann bei bestehenden Gebäuden Ausnahmen von Satz 2 zulassen, wenn eine Ausleuchtung des Einstreu- und Versorgungsbereiches

§ 13 Anforderungen an Haltungseinrichtungen TierSchNutztV

in der Haltungseinrichtung durch natürliches Licht auf Grund fehlender bautechnischer Maßnahmen nicht oder nur mit unverhältnismäßig hohem Aufwand erreicht werden kann und eine dem natürlichen Licht so weit wie möglich entsprechende künstliche Beleuchtung sichergestellt ist.

(4) Gebäude müssen mit einer Lüftungsvorrichtung, die den allgemein anerkannten Regeln der Technik entspricht, ausgestattet sein, die die Einhaltung von Mindestluftraten sicherstellt, wobei der Ammoniakgehalt der Luft im Aufenthaltsbereich der Tiere zehn Kubikzentimeter je Kubikmeter Luft nicht überschreiten soll und 20 Kubikzentimeter je Kubikmeter Luft dauerhaft nicht überschreiten darf.

(5) [1] Auslaufflächen müssen mindestens so groß sein, dass sie von allen Tieren gleichzeitig genutzt und eine geeignete Gesundheitsvorsorge getroffen werden kann. [2] Sie müssen im Bedarfsfall mit Tränken ausgestattet sein.

(6) [1] Für je neun Legehennen muss, unbeschadet des Absatzes 2 Nr. 1, in einer Haltungseinrichtung mindestens eine Fläche von einem Quadratmeter, deren Seitenlängen an keiner Stelle weniger als 30 Zentimeter betragen sowie über eine lichte Höhe von mindestens 45 Zentimeter verfügen, vorhanden sein (nutzbare Fläche). [2] Flächen unter Futter- und Tränkeeinrichtungen, Sitz- und Anflugstangen sowie Vorrichtungen zum Krallenabrieb, die von den Legehennen über- oder unterquert werden können, sind Teil der nutzbaren Fläche. [3] Der Boden der nutzbaren Fläche darf ein Gefälle von höchstens 14 Prozent aufweisen und muss so beschaffen sein, dass die Legehennen einen festen Stand finden können. [4] Kombinierte Ruhe- und Versorgungseinrichtungen mit parallel verlaufenden Laufstegen, unter und über denen eine lichte Höhe von mindestens 45 Zentimetern vorhanden ist, können bei der Berechnung der Besatzdichte mit der abgedeckten Fläche berücksichtigt werden, sofern auf den Laufstegen ein sicheres Fußen gewährleistet ist und ruhende und fressende Tiere sich gegenseitig nicht stören. [5] Ein Bereich der Einstreu kann nur zur nutzbaren Fläche gerechnet werden, wenn er den Legehennen täglich während der gesamten Hellphase uneingeschränkt zugänglich ist. [6] In Haltungseinrichtungen, in denen die nutzbare Fläche sich auf mehreren Ebenen befindet, dürfen je Quadratmeter Stallgrundfläche nicht mehr als 18 Legehennen gehalten werden. [7] Es dürfen nicht mehr als 6000 Legehennen ohne räumliche Trennung gehalten werden.

(7) Haltungseinrichtungen müssen ausgestattet sein mit

1. Fütterungsvorrichtungen, die so verteilt und bemessen sind, dass alle Legehennen gleichermaßen Zugang haben, wobei die Kantenlänge der Futtertröge je Legehenne bei Verwendung von Längströgen zehn Zentimeter und bei Verwendung von Rundtrögen vier Zentimeter nicht unterschreiten darf;
2. Tränkevorrichtungen, die so verteilt sind, dass alle Legehennen gleichermaßen Zugang haben, wobei bei Verwendung von Rinnentränken eine Kantenlänge von mindestens zweieinhalb Zentimetern und bei Verwendung von Rundtränken eine Kantenlänge von mindestens einem Zentimeter je Legehenne vorhanden sein muss und bei Verwendung von Nippel- oder Bechertränken für bis zu zehn Legehennen mindestens zwei Tränkstellen und für jeweils zehn weitere Legehennen eine zusätzliche Tränkstelle vorhanden sein müssen;

3. einem Einzelnest von 35 Zentimetern mal 25 Zentimetern für jeweils höchstens sieben Legehennen oder einem Gruppennest mit einer Fläche von mindestens einem Quadratmeter für höchstens 120 Legehennen, das den Legehennen während der täglichen Legephase uneingeschränkt zur Verfügung steht und jeder Legehenne eine ungestörte Eiablage ermöglicht;
4. einem Bereich mit Einstreu, der den Legehennen täglich mindestens während zwei Drittel der Hellphase uneingeschränkt zugänglich sein muss, von mindestens einem Drittel der von den Legehennen begehbaren Grundfläche, mindestens aber von 250 Quadratzentimetern je Legehenne;
5. Sitzstangen, die nicht über dem Bereich der Einstreu angebracht sein dürfen und einen waagerechten Achsenabstand von mindestens 30 Zentimetern zur nächsten Sitzstange und von mindestens 20 Zentimetern zur Wand einhalten und bei einer Länge von mindestens 15 Zentimetern je Legehenne ein gleichzeitiges Ruhen aller Legehennen ermöglichen;
6. einer besonderen Vorrichtung zum Krallenabrieb, soweit der Krallenabrieb nicht auf andere Weise ausreichend sichergestellt ist.

(8) In Haltungseinrichtungen, in denen sich die Legehennen zwischen verschiedenen Ebenen frei bewegen können, dürfen höchstens vier Ebenen übereinander angeordnet sein, wobei der Abstand zwischen den Ebenen mindestens 45 Zentimeter lichte Höhe betragen muss und die Ebenen so angeordnet oder gestaltet sein müssen, dass kein Kot durch den Boden auf die darunter gelegenen Ebenen fallen kann.

(9) [1]Haltungseinrichtungen mit Zugang zu einem abgetrennten Scharrraum (Kaltscharrraum) oder mit Zugang zu einem Auslauf im Freien müssen mit mehreren Zugängen, die mindestens 35 Zentimeter hoch und 40 Zentimeter breit und über die gesamte Länge einer Außenwand verteilt sind, ausgestattet sein. [2]Für je 500 Legehennen müssen Zugangsöffnungen von zusammen mindestens 100 Zentimetern Breite zur Verfügung stehen. [3]Die zuständige Behörde kann im Einzelfall eine Einschränkung der Zugangsöffnungen zwischen Stall und Kaltscharrraum bis auf 100 Zentimeter für 1000 Legehennen erlauben, wenn die Sicherstellung des Stallklimas auf Grund fehlender technischer Einrichtungen nur mit unverhältnismäßigem Aufwand erreicht werden kann.

Übersicht

	Rn.
I. Anforderungen nach Abs. 2 Nr. 1	1–3
II. Anforderungen nach Abs. 2 Nr. 2	4–8
III. Anforderungen nach Abs. 3–9	9–15
IV. Ordnungswidrigkeiten	16

I. Anforderungen nach Abs. 2 Nr. 1

1 Mit den **Vorgaben zur Mindestfläche (2 m × 1,50 m) und zur Mindesthöhe (2 m)**, die für jede Haltungseinrichtung gelten, werden den Hennen raumgreifende Bewegungen wie zB das Flügelschlagen ermöglicht. Die Fortbewegung, insbesondere das Laufen, Rennen und Fliegen, bleibt dage-

gen eingeschränkt (amtl. Begr., BR-Drucks. 429/01 S. 15). Dies entspricht der Unterscheidung, die der Gesetzgeber in § 2 Nr. 1 und Nr. 2 TierSchG getroffen hat: Danach sind die Grundbedürfnisse der Bereiche „Ernährung", „Pflege" und „verhaltensgerechte Unterbringung" im Wesentlichen zu befriedigen („weitestgehend", wie in dem Entwurf des BMVEL v. 3. 7. 2000 für eine neue HhVO zur Begründung des dort vorgesehenen § 6 zutreffend formuliert wurde); die zugehörigen Verhaltensabläufe dürfen nicht, jedenfalls aber nicht stark eingeschränkt werden. Demgegenüber ist die Möglichkeit des Tieres zur Fortbewegung „als einziges seiner Bedürfnisse" weitergehenden Einschränkungsmöglichkeiten unterworfen (BVerfGE 101, 1, 37): Beschränkungen der Fortbewegung werden erst rechtswidrig, wenn sie bei den Tieren zu Schmerzen, vermeidbaren Leiden oder Schäden führen (s. auch TierSchG § 2 Rn. 30, 31, 34). – Das Flügelschlagen gehört ebenso wie das Flügelstrecken zu den Grundbedürfnissen (vgl. EU-Legehennenmitteilung S. 7). Es ist ein Teil der Eigenkörperpflege (vgl. *Hörning/Fölsch* Gutachten S. 55). Zur Fläche, die dafür benötigt wird s. Vor §§ 12–15 Rn. 10). – Zum Schutz der Grundbedürfnisse gehört auch, raumgreifende Bewegungen zumindest in solchem Ausmaß zu ermöglichen, wie dies notwendig ist „um Probleme wie Knochenschwäche zu vermeiden" (EU-Legehennenmitteilung aaO). Da Hennen auch in ausgestalteten Kleinkäfigen eine verringerte Festigkeit (Osteoporose) der Bein- und Flügelknochen und infolgedessen Skelettanomalien (Käfiglähme) aufweisen (vgl. *Hörning/Fölsch* AtD 2000, 296, 297), dienen die vorgegebenen Flächen- und Höhenmaße nicht nur den Grundbedürfnissen des Verhaltensbereichs, sondern auch der Erhaltung der Gesundheit (vgl. EU-Legehennenmitteilung S. 3: „Eine Henne mit extrem schwachen Flügelknochen ist krank").

Aufbaumen. Die vorgeschriebene Höhe von 2 m (vom Boden aus gemessen) ist auch notwendig, um das Aufbaumen zu ermöglichen. Dieses Verhalten, das als Bestandteil des artgemäßen Ruhens gilt und damit der Pflege iS von § 2 Nr. 1 TierSchG zugeordnet werden kann, könnte bei einer geringeren Höhe nicht ausgeübt werden; denn dazu müssen Sitzstangen in solcher Höhe angebracht werden, dass sich das ruhende Tier aus der am Boden befindlichen Gruppe zurückziehen bzw. gegenüber von dort kommenden Angriffen fliehen und Deckung suchen kann. 2

Großkäfige bleiben möglich. Abs. 2 Nr. 1 macht Käfighaltungen nicht unmöglich, beschränkt sie aber zum Schutz der Grundbedürfnisse auf Großkäfige. Die dazu geäußerte Ansicht, der Verordnungsgeber sei verpflichtet gewesen, neben solchen Großkäfigen auch kleinräumige Batteriekäfige weiterhin zu erlauben (so *Löwer*, Rechtsgutachten für den Zentralverband der deutschen Geflügelwirtschaft, S. 25 ff.), findet im Gesetz keine Stütze. Zwar wird in § 2a Abs. 1 Nr. 2 TierSchG der Begriff „Käfige" erwähnt, doch umfasst dies nach allgemeinem Sprachgebrauch jede durch Gitterstäbe und Drahtgitter begrenzte Haltungseinrichtung, also auch Großkäfige und Volieren, so dass der Verordnungsgeber berechtigt war, die Zulassung von Hühnerkäfigen auf solche Einrichtungen zu beschränken. Für einen davon abweichenden „normativen Sprachgebrauch" (*Löwer* aaO S. 25) findet sich in der Entstehungsgeschichte des Tierschutzgesetzes kein Anhaltspunkt: In der amtl. Begr. zur Vorläufernorm des jetzigen § 2a, näm- 3 lich des § 13 TierSchG 1972, wird der Begriff „Käfig" an keiner Stelle erwähnt; stattdessen wird auf die Notwendigkeit zur „Aufrechterhaltung essentieller Funktionskreise des arteigenen angeborenen Verhaltensinventars der Tiere" hingewiesen (amtl. Begr. zu § 13 TierSchG 1972, zit. n. *Gerold* S. 52). Dazu aber gehören sowohl das Flügelschlagen („essentiell", so die Empfehlung des St. Ausschusses für das Halten von Legehennen v. 21. 11. 1986 S. 1) als auch die zur Vermeidung von Käfiglähme notwendigen raumgreifenden Bewegungen. Folgerichtig entnimmt das BVerfG dem § 2a Abs. 1 Nr. 2 TierSchG, dass der Gesetzgeber zwar grundsätzlich bereit sei, eine Käfighaltung zuzulassen – jedoch nur eine solche, die den Anforderungen aus § 2 TierSchG gerecht wird, in der also die Grundbedürfnisse der Bereiche „Ernährung", „Pflege" und „verhaltensgerechte Unterbringung" (s. dazu TierSchG § 2 Rn. 31) im Wesentlichen befriedigt werden. Die von *Löwer* vertretene gegenteilige Ansicht, dass es darauf nicht ankomme, weil der Gesetzgeber alle im Jahr 1972 angewandten und bekannten Tierhaltungssysteme ohne Rücksicht auf deren Verhaltensgerechtheit in seinen Willen aufgenommen habe, ist vom BGH bereits in anderem Zusammenhang zurückgewiesen worden (vgl. BGH NJW 1987, 1833, 1834: „Wohl war bei der Einbringung des Gesetzentwurfs die Intensivhaltung von Nutztieren eine bereits vielfach geübte, allseits bekannte Praxis. Daraus ist jedoch nicht zu schließen, dass diese Form der Tierhaltung vom Geltungsanspruch der materiellen Vorschriften des Tierschutzgesetzes ... ganz oder auch nur teilweise freigestellt werden sollte". Zum Ganzen s. auch *Hirt/Schmid/Walter/ Maisack* S. 1 ff.). Nicht zuletzt auch aufgrund des ausdrücklichen Hinweises des BVerfG auf die (gegenüber dem Ruhen und dem gleichzeitigen Fressen) „weiteren artgemäßen Bedürfnisse" iS des § 2 Nr. 1 (nämlich Picken, Scharren, Eigenkörperpflege, Sandbaden usw. vgl. BVerfGE 101, 1, 38) kann keinem Zweifel unterliegen, dass der Verordnungsgeber sowohl berechtigt als auch verpflichtet war, die zum Schutz und zur Befriedigung dieser Bedürfnisse notwendigen Flächen- und Höhenmaße verbindlich vorzuschreiben.

II. Anforderungen nach Abs. 2 Nr. 2

4   Hier wird vorgeschrieben, welche **Grundbedürfnisse** die Legehennen in der Haltungseinrichtung ausführen können müssen (vgl. BR-Drucks. 429/01 S. 15)

5   „**Artgemäß fressen**" meint neben der Deckung des physiologischen Bedarfs auch, dass die zum Funktionskreis „Nahrungsaufnahme" gehörenden Verhaltensabläufe ermöglicht werden müssen (s. TierSchG § 2 Rn. 18). Dazu gehören beim Huhn: Gehen, Erkunden, Suchen, Scharren sowie vielfältige Pickaktivitäten wie Ziehen, Reißen, Hacken und Bearbeiten veränderbarer Nahrungsbestandteile mit dem Schnabel. Fehlen dem Tier Nahrungsobjekte, die dazu geeignet sind, so richtet sich sein Picken überwiegend auf die Federn der Artgenossen. Je reichhaltiger und reizreicher dagegen die Nahrungsbedingungen sind, desto größer ist die Wahrscheinlichkeit, dass Federpicken vermieden wird (vgl. *Baden-württembergisches Ministerium für Ernährung und Ländlichen Raum*, Empfehlungen S. 14; St. Aus-

schuss, Empfehlung in Bezug auf Haushühner 1995 Art. 2 Abs. 1 c). Stroh ist nötig, denn wenn als Einstreu nur Sand gegeben wird, so ist nur ein Minimum an Picken und Scharren möglich, und eine zusätzliche Nahrungsaufnahme oder -bearbeitung (wie bei Stroh) entfällt (vgl. *Hörning/Fölsch* AtD 2000, 296, 297). Federpicken kann nicht mit Kleinkäfigen, „Supercrowding" (s. Vor §§ 12–15 Rn. 13) und Sand vermieden werden, sondern nur mit reizreichen, reichhaltigen Nahrungsbedingungen.

„**Artgemäß ruhen**" erfordert, dass jedem Tier mindestens eine Fläche zur Verfügung steht, die den Körperabmessungen einer Henne in der Ruhelage entspricht (d. h. 47,6 cm × 14,5 cm bei leichten Legehennen, bei schweren entsprechend mehr; vgl. dazu BVerfGE 101, 1, 2, 38). 6

Artgemäßes Staubbaden umfasst folgende Verhaltenselemente: Die Tiere wühlen sich mit dem Hals in lockeres Substrat wie Staub, Sand oder Erde ein; dabei werden Flügel und Beine ausgestreckt; durch kräftige Scharrbewegungen werden kleine Teilchen aufgeworfen und rieseln durch das Gefieder; anschließend wird das Material mit kräftigen Schüttelbewegungen wieder herausgeschleudert. Dieses Verhalten wird zT synchron ausgeführt (Staubbaden wirkt „ansteckend"), und der gesamte Vorgang wird mehrmals wiederholt. Erst die Endphase, also das Hineinrieselnlassen und das Herausschleudern, verschafft dem Tier Befriedigung. Auf kleinen, mit Sand uÄ belegten Flächen in ausgestalteten Kleinkäfigen wären nur Vorbereitungshandlungen (wie Scharren, Picken, Anhäufen eines Walls) möglich. Diese bewirken Frustration, wenn die Endhandlungen wegen räumlicher Enge oder aus Mangel an geeignetem Substrat nicht stattfinden können. – Die Motivation, im Staub zu baden, ist nach wie vor besonders groß, selbst bei Tieren, die auf Drahtgitterböden gehalten werden. Tiere, die aufgrund fehlender Voraussetzungen keine Möglichkeit zu einem Staubbad haben, versuchen dies auf dem Gefieder von anderen Tieren zu tun (St. Ausschuss, Empfehlung 1995 Art. 2 Abs. 1 d). 7

Zur **artgemäßen Eiablage** gehören auch Nestsuch- und Nestbauverhalten (Inspizieren verschiedener Nester, Manipulation am Nestmaterial, Ausmulden, Drehbewegungen). Steht ein angemessener Nestplatz nicht zur Verfügung, so können Verhaltensanomalien wie zB langes stereotypes Herumlaufen auftreten (St. Ausschuss, Empfehlung 1995 Art. 2 Abs. 1 f). Die Bodenoberfläche des Nests darf nicht aus Drahtgitter bestehen; hierunter fällt auch mit Plastik ummantelter Draht. Der Perforationsanteil eines Nestes soll unter 80% liegen (vgl. BR-Drucks. 429/01 S. 15). 8

III. Anforderungen nach Abs. 3–9

Abs. 3. In der amtl. Begr. wird von einer Mindestlichtstärke von 20 Lux ausgegangen. Allerdings ist zu bezweifeln ob dies ausreicht, um den Tieren ein normales Aktivitätsniveau zu ermöglichen. Warmtonlampen sind zu bevorzugen (vgl. BR-Drucks. 429/01 S. 16; St. Ausschuss, Empfehlung 1995 Art. 14 Abs. 1). Die Mindestlichtstärke muss gleichmäßig in allen Bereichen, in denen sich Hühner aufhalten, erreicht werden (vgl. Nr. 3 S. 1 des Anhangs zur Richtlinie 1999/74/EG). – Gebäude, die erst nach dem 13. 3. 2002 für eine Legehennenhaltung in Benutzung genommen werden (mögen sie auch 9 vorher anderen Zwecken, zB der Unterbringung anderer Tiere gedient haben), müssen Tageslichteinfall gewährleisten. Die Lichtöffnungen müssen mindestens 3% der Grundfläche betragen (vgl. auch § 6 Abs. 2 Nr. 3 und § 5 TierSchHundeV). Bei bestehenden, bislang anders genutzten Gebäuden kann die nach § 15 TierSchG zuständige Behörde nach S. 3 Ausnahmen zulassen, wenn der für die Schaffung der Lichtöffnungen notwendige Aufwand auch unter Berücksichtigung der Bedeutung, die Tageslicht für das Wohlbefinden der Tiere hat, unverhältnismäßig wäre. Gedacht wird an Fälle, in denen der Einbau von Lichteinfallsöffnungen nicht ohne massive Eingriffe an der Gebäudesubstanz möglich ist (vgl. BR-Drucks. 429/1/01 S. 2). – Dass mit Abs. 3 nur eine relativ niedrige Lichtintensität vorgeschrieben wird, hat seinen Grund darin, dass bei hellem Licht ein Anstieg des Federpickens befürchtet wird. Es sollte jedoch bedacht werden, dass Hennenhaltung im Halbdunkel eine bloße Symptombekämpfung darstellt, weil die Ursachen für das Federpicken in erster Linie in unzureichenden Bedingungen für das arttypische Nahrungssuch- und Nahrungsaufnahmeverhalten liegen und deshalb durch die artgerechte Gestaltung dieses Bereichs, auch schon während der Aufzucht, bekämpft werden müssen (s. Rn. 5).

10 **Abs. 4** dient neben der Umsetzung von Nr. 10 des Anhangs der Richtlinie 98/58/EG auch der Durchführung von Art. 12 Abs. 2 der Empfehlung des St. Ausschusses 1995: Danach dürfen die Tiere Gasen wie zB Ammoniak, Schwefelwasserstoff, Kohlendioxyd, Kohlenmonoxyd „nicht in Konzentrationen ausgesetzt sein, die ihnen Unbehagen verursachen oder schädlich für deren Gesundheit sind". Dass der Ammoniakgehalt der Luft 10 ppm nicht überschreiten soll, bedeutet, dass er diesen Wert nur überschreiten darf, wenn ein Ausnahmefall vorliegt, der eine Abweichung von der Regel rechtfertigt (s. auch TierSchG § 2 Rn. 42). Deshalb kann für die zuständige Behörde schon dann, wenn die Soll-Grenze von 10 ppm Ammoniak nicht eingehalten wird (zB bei wiederholten Kontrollen), Anlass für eine Anordnung nach § 16a S. 2 Nr. 1 TierSchG bestehen. Umgekehrt ist ein einmaliges, kurzzeitiges Überschreiten der 20 ppm-Grenze noch hinzunehmen („dauerhaft"). Als Maßnahmen zur Reduzierung von Emissionen kommen in Betracht: Regelmäßiger Abtransport des Kotes (Kotschieber, Kotbänder), Belüftung der Kotbänder, Vermeidung nasser Stellen durch Einstreupflege u. a. m.

11 Mit **Abs. 5** soll Art. 4 Abs. 1 Nr. 3b ii der Richtlinie 1999/74/EG umgesetzt werden. Es ist dafür Sorge zu tragen, dass zB über eine Wechselweide eine wirkungsvolle Gesundheitsvorsorge getroffen werden kann (vgl. BR-Drucks. 429/1/01 S. 3). Zum Schutz vor widrigen Witterungsbedingungen und Raubtieren s. § 3 Abs. 2 Nr. 3.

12 **Abs. 6** lässt in Umsetzung von Art. 4 Abs. 1 Nr. 4 der Richtlinie 1999/74/ EG eine maximale Besatzdichte von 9 Legehennen je qm nutzbarer Fläche zu. Pro Henne müssen also mindestens 1111 qcm nutzbare Fläche zur Verfügung stehen. – Als Mindestanforderungen an die nutzbare Fläche werden im Einklang mit Art. 2 Abs. 2d der Richtlinie genannt: Die Seitenlängen dürfen an keiner Stelle weniger als 30 cm betragen; darüber muss stets, also auch bei Anordnung mehrerer Ebenen übereinander (Voliere), eine lichte

Höhe von mindestens 45 cm erreicht werden; die Bodenneigung darf 14% nicht überschreiten; der Einstreubereich darf nur dann dazugerechnet werden, wenn er allen Hennen täglich während der gesamten Hellphase (ca. 16 Stunden, vgl. § 14 Abs. 1 Nr. 2) uneingeschränkt zugänglich ist. Wird also zB der Einstreubereich während eines Teils der Hellphase verschlossen (was nach Maßgabe von Abs. 7 Nr. 4 zulässig ist), so muss die verbleibende Fläche so groß sein, dass auch ohne ihn die 1111 qcm/Tier erreicht werden. – Die Nestfläche nach Abs. 7 Nr. 3 ist nicht Teil der nutzbaren Fläche (vgl. Art. 2 Abs. 2d der Richtlinie 1999/74/EG). – Sind kombinierte Ruhe- und Versorgungseinrichtungen mit parallel verlaufenden Laufstegen vorhanden, so können sie bei der Berechnung der zulässigen Besatzdichte mit der abgedeckten Fläche berücksichtigt werden, wenn die Voraussetzungen, die S. 4 dafür aufstellt, erfüllt sind. – Die Anforderungen des Abs. 6 gelten ausdrücklich „unbeschadet des Abs. 2 Nr. 1". Insbesondere die dort vorgeschriebenen 2m Höhe, vom Boden der Haltungseinrichtung aus gemessen, müssen überall eingehalten werden. – S. 6 bestimmt für Volièren eine Obergrenze von 18 Tieren pro qm Stallgrundfläche. – S. 7 sieht für alle Haltungen eine Begrenzung der Gruppengröße vor. – Zeigen sich trotz Einhaltung all dieser Anforderungen Verhaltensstörungen, so können nach § 16a S. 2 Nr. 1 TierSchG im Einzelfall auch Anordnungen erlassen werden, die über die Vorgaben der Verordnung hinausgehen (zB Reduzierung der Besatzdichten und/oder Herdengrößen. Vgl. auch Vor §§ 5–11 Rn. 7; die Ausführungen gelten entsprechend).

Abs. 7 dient der Umsetzung von Art. 4 der Richtlinie 1999/74/EG. – 13 Nach Nr. 1 und 2 dürfen Fütterungs- und Tränkanlagen nicht so angeordnet sein, dass bestimmten Legehennen der Zugang unmöglich gemacht oder erschwert wird (vgl. BR-Drucks. 429/01 S. 16). – Nach Nr. 3 steht in einem Einzelnest von 35 × 25 cm für je 7 Hennen ein Nestplatz von durchschnittlich 125 qcm pro Tier zur Verfügung; im Gruppennest von 1 qm, das für 120 Hennen ausreichen soll, sind es nur ca. 83 qcm. Zu den Geboten aus § 2 Nr. 1 TierSchG gehört, die ungestörte Eiablage zu ermöglichen (vgl. BVerfGE 101, 1, 38). Ist dies wegen des geringen Platzangebots im Nest und weil mehrere Hennen gleichzeitig legegestimmt sind nicht der Fall (Indizien: Hennen steigen im Nest übereinander, Hennen stören sich gegenseitig bei der Eiablage, Nester werden von einem Teil der Tiere nicht angenommen, Eier werden ‚verlegt'), so können nach § 16a S. 2 Nr. 1 TierSchG im Einzelfall Vergrößerungen und/oder Verbesserungen der Nestflächen angeordnet werden. – Bei der Einstreu iS von Nr. 4 muss es sich um „Material mit lockerer Struktur, das es den Hennen ermöglicht, ihre ethologischen Bedürfnisse zu befriedigen" handeln (vgl. Art. 2 Abs. 2c der Richtlinie 1999/74/EG). Für die ethologischen Bedürfnisse im Bereich des Funktionskreises „Nahrungsaufnahme" (s. Rn. 5) ist Stroh am besten geeignet. Durch eine gepflegte Tiefstreumatratze kann ein mikrobielles Milieu gefördert werden, welches Krankheitskeime und Parasitenstadien durch die entstehende Wärme abtöten kann (vgl. *Hörning/Fölsch* Gutachten S. 39). Ist der Einstreubereich während eines Teils der Hellphase unzugänglich, so kann er auf die nutzbare Fläche nicht angerechnet werden, s. Rn. 12). Der Einstreubereich muss ein Drittel der von den Hennen begehbaren Grundfläche,

TierSchNutztV *Tierschutz-NutztierhaltungsV*

mindestens aber 250 qcm je Tier umfassen – Die Sitzstangen nach Nr. 5 dürfen keine scharfen Kanten haben (vgl. Art. 4 Abs. 1 Nr. 1 d der Richtlinie). Sie müssen das gleichzeitige, ungestörte Ruhen aller Legehennen ermöglichen (zu Zweifeln, ob die vorgeschriebenen 15 cm dazu ausreichen vgl. *Hörning/Fölsch* Gutachten S. 27). Wo dies nicht der Fall ist, können nach § 16 a S. 2 Nr. 1 TierSchG im Einzelfall die notwendigen Anordnungen getroffen werden. – Die Vorrichtungen zum Krallenabrieb nach Nr. 6 müssen so beschaffen sein, dass die Tiere sich die Ledersohlenhaut nicht verletzen (vgl. BR-Drucks. 429/01 S. 17).

14   **Abs. 8** entspricht Art. 4 Abs. 1 Nr. 3 a der Richtlinie. Volièrenhaltungen dürfen also höchstens vier Ebenen übereinander haben. Eine Obergrenze für die Besatzdichte ergibt sich nicht nur aus Abs. 6 S. 1 sondern auch aus S. 6 (nicht mehr als 18 Tiere je qm Stallgrundfläche).

15   **Abs. 9.** Ein Kaltscharrraum bietet mehrere Vorteile: Er fördert die Aktivitäten und damit das Wohlbefinden der Tiere; er stärkt das Immunsystem durch Bewegung, Temperatur- und Klimareize; er führt zu einer Entlastung des Stallbereichs von Staub und Schadgasen. Nach S. 3, der auf Veranlassung des Bundesrats eingefügt worden ist, kann eine Einschränkung der Zugangsöffnungen zwischen Stall und Kaltscharrraum bis auf 100 cm für 1.000 Legehennen erlaubt werden.

IV. Ordnungswidrigkeiten

16   Ordnungswidrig nach § 16 Abs. 1 Nr. 17 handelt der Halter, wenn er gegen Abs. 3, gegen Abs. 7 Nr. 2, 3, 5 oder 6, gegen Abs. 8 oder gegen Abs. 9 verstößt. Fahrlässigkeit genügt. Wer nicht Halter ist, kann Beteiligter iS des § 14 Abs. 1 OWiG sein.

§ 14 Überwachung, Fütterung und Pflege von Legehennen

(1) Wer Legehennen hält, hat sicherzustellen, dass
1. jede Legehenne jederzeit Zugang zu geeignetem Tränkwasser hat;
2. bei Verwendung künstlicher Beleuchtung die künstliche Beleuchtung für mindestens acht Stunden während der Nacht zurückgeschaltet wird, wobei während der Dunkelphase die Beleuchtungsstärke weniger als 0,5 Lux betragen soll, sofern dies die natürliche Beleuchtung zulässt, und eine ausreichende Dämmerphase vorzusehen ist, die den Legehennen die Einnahme ihrer Ruhestellung ohne Verletzungsgefahr ermöglicht;
3. die Haltungseinrichtung jeweils zwischen dem Ausstallen und dem nächsten Einstallen der Legehennen gereinigt wird, wobei sämtliche Gegenstände, mit denen die Tiere in Berührung kommen, zusätzlich desinfiziert werden;
4. nur solche Legehennen eingestallt werden, die während ihrer Aufzucht an die Art der Haltungseinrichtung gewöhnt worden sind.

(2) Wer Legehennen hält, hat über deren Legeleistung unverzüglich Aufzeichnungen zu machen. § 4 Abs. 2 Satz 2 und 3 gilt entsprechend.

Abs. 1 Nr. 1 verlangt, dass jedem Tier zu jeder Zeit Wasser zur freien 1
Aufnahme zur Verfügung steht. **Abs. 1 Nr. 2** dient u. a. der Umsetzung von Art 14 Abs. 2 der Empfehlung 2
des St. Ausschusses 1995. Danach ist eine ununterbrochene Dunkelperiode
von etwa einem Drittel des Tages notwendig, damit die Tiere ruhen können
und Probleme wie Immunsuppression und Augenanomalien vermieden
werden. Deshalb bedarf es einer Mindestdunkelzeit von zusammenhängend
acht Stunden mit vorgeschalteter Dämmerphase.
Zu Abs. 1 Nr. 4. Da die Gewöhnung der Legehennen an die Besonder- 3
heiten der verschiedenen Haltungssysteme schon im Junghennenstadium
entscheidend für das spätere Vermeiden von tierschutzrelevanten Missständen ist, dürfen nur solche Legehennen eingestallt werden, die während
ihrer Aufzucht an die Art der späteren Haltungseinrichtung gewöhnt wurden (vgl. BR-Drucks. 429/01 S. 17; s. auch Vor §§ 12–15 Rn. 13). Nach Sinn
und Zweck der Vorschrift bedeutet „Gewöhnen", dass die Junghennen
vom Kükenstadium bis zur Legereife unter denselben verhaltensgerechten
Bedingungen gehalten werden müssen, wie sie von der Verordnung für
Adulttiere vorgesehen sind, insbesondere also mit Einstreu und Sitzstangen; keinesfalls reicht aus, diese Bedingungen erst kurze Zeit vor Beginn der
Legeperiode herzustellen, denn Gewöhnung erfordert Langfristigkeit. Deshalb sollten Aufzuchten ohne (oder mit zu wenig) Einstreu und ohne
Sitzstangen nicht mehr hingenommen werden. Die Anforderungen aus § 13
Abs. 2 Nr. 2 gelten für sie zwar nicht unmittelbar, wohl aber über § 2
Nr. 1 TierSchG, der dadurch konkretisiert wird (s. § 12). Wenn Junghennen ohne Einstreu und Sitzstangen aufgezogen werden, erwerben sie Verhaltensstörungen, insbesondere Federpicken, die sie später selbst unter
besseren Umweltbedingungen beibehalten können; erst recht gilt dies für
Jungtiere bei Käfigaufzucht. Werden solche Aufzuchtbedingungen festgestellt, so sind Anordnungen nach §§ 2 Nr. 1, 16 a S. 2 Nr. 1 TierSchG nicht
zuletzt auch im Interesse der späteren Halter notwendig. Wenn Junghennen
trotz Einstreu und Sitzstangen mit Federpicken beginnen, ist es geboten, die
Attraktivität der Einstreu (zB durch dort verteiltes Körnerfutter) und der
Rückzugsräume zu erhöhen und ggf. die Besatzdichten und Gruppengrößen
zu verringern. – Die Übergangsfrist nach § 17 Abs. 6 ist zum 31. 12. 2002
abgelaufen.
Ordnungswidrigkeiten nach § 16 Abs. 1 Nr. 18, 19 und 20 sind Verstöße gegen Abs. 1 Nr. 1, Abs. 1 Nr. 3 und Abs. 1 Nr. 4. Fahrlässigkeit 4
genügt. Wer nicht Halter ist, kann nach § 14 Abs. 1 OWiG Beteiligter
sein. – Ordnungswidrig iS von § 16 Abs. 2 sind vorsätzliche oder fahrlässige Verstöße gegen die Aufzeichnungspflicht nach Abs. 2 S. 1 oder
gegen die Aufbewahrungs- und Vorlagepflicht nach Abs. 2 S. 2 i.V. m.
§ 4 Abs. 2 S. 3; ebenso Verstöße gegen die Aufzeichnungspflichten aus § 4
Abs. 2 S. 1 und die darauf bezogenen Aufbewahrungs- und Vorlagepflichten.

§ 15 Anlagen zur Erprobung neuer Haltungseinrichtungen

¹Die zuständige Behörde kann im Einzelfall für längstens drei Jahre zur Erprobung von neuartigen Haltungseinrichtungen Ausnahmen von einzelnen Bestimmungen mit Ausnahme des § 13 Abs. 2 Nr. 2 zulassen, wenn sichergestellt ist, dass in der Haltungseinrichtung ein artgemäßes Verhalten möglich ist. ²Dabei ist sicherzustellen, dass die Legehennen über ausreichende Möglichkeiten zum erhöhten Sitzen, Flattern und Aufbaumen verfügen und dass die sonstigen Vorgaben der Richtlinie 1999/74/EG des Rates vom 19. Juli 1999 zur Festlegung von Mindestanforderungen zum Schutz von Legehennen (ABl. EG Nr. L 203 S. 53) nicht unterschritten werden.

Neuartige Haltungseinrichtungen, die von einzelnen Bestimmungen der VO abweichen, können für längstens drei Jahre zur Erprobung zugelassen werden, wenn sie folgenden Bedingungen entsprechen: 1. Die Anforderungen des § 13 Abs. 2 Nr. 2 müssen auch dort in vollem Umfang erfüllt sein (s. § 13 Rn. 5–8). – 2. Es muss sichergestellt sein, dass in der Einrichtung ein artgemäßes Verhalten möglich ist, d. h. dass die Verhaltensbedürfnisse der Bereiche „Ernährung", „Pflege" und „verhaltensgerechte Unterbringung" (vgl. § 2 Nr. 1 TierSchG) im Wesentlichen befriedigt werden. – 3. Die Legehennen müssen dort sowohl erhöht sitzen als auch aufbaumen können. Durch die gleichzeitige Erwähnung beider Begriffe wird klargestellt, dass Sitzstangen in solcher Höhe angebracht werden müssen, dass ein Ruhe- und Rückzugsraum gegenüber der am Boden befindlichen Gruppe geschaffen und verhindert wird, dass die auf den Stangen sitzenden Hennen vom Boden aus bepickt werden können. – 4. Es muss das Flügelschlagen möglich sein (zu der dazu notwendigen Fläche s. Vor §§ 12–15 Rn. 10). – Ausgestaltete Käfige mit nur 750 qcm/Tier und 45 cm Höhe können nicht nach § 15 zur Erprobung zugelassen werden, da sie weder das Flügelschlagen noch (bei Sitzstangen, die wenige cm über dem Boden angebracht sind) das Aufbaumen ermöglichen und auch sonst nicht § 13 Abs. 2 Nr. 2 entsprechen. Ohnehin fallen unter den Begriff „neuartige Haltungseinrichtungen" nicht Haltungsformen, die die VO verbietet bzw. unter Gewährung von Übergangsfristen abschafft (vgl. *Kluge/von Loeper* TierSchNutztV Rn. 15). – Von einer Erprobung kann nicht gesprochen werden, wenn neuartige Haltungsformen dauerhaft gewerbsmäßig installiert werden sollen (Indizien: Höhe der Investition, Zahl der eingestallten Tiere).

Abschnitt 4. Ordnungswidrigkeiten und Schlussbestimmungen

§ 16 Ordnungswidrigkeiten

(1) Ordnungswidrig im Sinne des § 18 Abs. 1 Nr. 3 Buchstabe a des Tierschutzgesetzes handelt, wer vorsätzlich oder fahrlässig

1. entgegen § 4 Abs. 1 Satz 1 Nr. 2 oder § 11 Nr. 1 nicht sicherstellt, dass das Befinden der Tiere überprüft wird und tote Tiere entfernt werden,

2. entgegen § 4 Abs. 1 Satz 1 Nr. 3 nicht sicherstellt, dass eine Maßnahme ergriffen oder ein Tierarzt hinzugezogen wird,
3. entgegen § 4 Abs. 1 Satz 1 Nr. 4 nicht sicherstellt, dass alle Tiere täglich mit Futter und Wasser in ausreichender Menge und Qualität versorgt sind,
4. entgegen § 4 Abs. 1 Satz 1 Nr. 5 nicht sicherstellt, dass eine dort genannte Einrichtung, ein Notstromaggregat oder eine Alarmanlage überprüft wird,
5. entgegen § 4 Abs. 1 Satz 1 Nr. 6 nicht sicherstellt, dass ein Mangel abgestellt oder eine Vorkehrung getroffen wird und der Mangel zu dem dort genannten Zeitpunkt behoben ist,
6. entgegen § 4 Abs. 1 Satz 1 Nr. 7 nicht sicherstellt, dass Vorsorge getroffen ist,
7. entgegen § 5 Satz 1 Nr. 2 einen Maulkorb verwendet,
8. entgegen § 5 Satz 1 Nr. 3 ein Kalb anbindet oder sonst festlegt,
9. entgegen § 6 Abs. 1 in Verbindung mit Abs. 2 Nr. 1 oder 2 Buchstabe a oder c, §§ 7, 8 Abs. 1 oder § 9 Abs. 1 Satz 1 oder Abs. 3 ein Kalb hält,
10. entgegen § 8 Abs. 2 Satz 1, § 9 Abs. 2 Satz 1 oder § 10 Abs. 1 Satz 1 oder Abs. 2 Kälber in Gruppen hält,
11. entgegen § 11 Nr. 3 nicht sicherstellt, dass der Eisengehalt der Milchaustauschertränke mindestens 30 Milligramm je Kilogramm beträgt oder eine ausreichende Eisenversorgung erfolgt,
12. entgegen § 11 Nr. 4 nicht sicherstellt, dass ein Kalb jederzeit Zugang zu Wasser hat,
13. entgegen § 11 Nr. 5 nicht sicherstellt, dass ein Kalb gefüttert wird,
14. entgegen § 11 Nr. 6 nicht sicherstellt, dass das dort genannte Futter angeboten wird,
15. entgegen § 11 Nr. 8 nicht sicherstellt, dass Anbindevorrichtungen überprüft und angepasst werden,
16. entgegen § 11 Nr. 9 Buchstabe a nicht sicherstellt, dass die dort genannte Beleuchtungsdauer und Lichtstärke gewährleistet ist,
17. entgegen § 13 Abs. 1 in Verbindung mit Abs. 3 oder 7 Nr. 2, 3, 5 oder 6, Abs. 8 oder Abs. 9 eine Legehenne hält,
18. entgegen § 14 Abs. 1 Nr. 1 nicht sicherstellt, dass Legehennen Zugang zu Tränkwasser haben,
19. entgegen § 14 Abs. 1 Nr. 3 nicht sicherstellt, dass eine Haltungseinrichtung gereinigt oder ein dort genannter Gegenstand desinfiziert wird oder
20. entgegen § 14 Abs. 1 Nr. 4 nicht sicherstellt, dass nur dort genannte Legehennen eingestallt werden.

(2) Ordnungswidrig im Sinne des § 18 Abs. 1 Nr. 3 Buchstabe b des Tierschutzgesetzes handelt, wer vorsätzlich oder fahrlässig entgegen § 4 Abs. 2 Satz 1 oder 3 auch in Verbindung mit § 14 Abs. 2 Satz 2, oder § 14 Abs. 2 Satz 1 eine Aufzeichnung nicht, nicht richtig, nicht vollständig oder nicht rechtzeitig macht, nicht oder nicht mindestens drei Jahre aufbewahrt oder nicht oder nicht rechtzeitig vorlegt.

Zu den **einzelnen Bestimmungen**, die nach Abs. 1 und Abs. 2 bußgeldbewehrt sind, s. die jeweilige Kommentierung (meist letzte Rn.). Fahrlässig- 1

TierSchNutztV

keit genügt. Ordnungswidrigkeiten nach Abs. 1 können mit Geldbuße bis zu 25 000 Euro, solche nach Abs. 2 mit Buße bis zu 5000 Euro geahndet werden (vgl. § 18 Abs. 3 TierSchG). Liegt nur Fahrlässigkeit vor, so vermindert sich das Höchstmaß auf die Hälfte (vgl. § 17 Abs. 2 OWiG).

2 **Täter/Beteiligter.** Einzelne Tatbestände setzen voraus, dass der Handelnde ein besonderes persönliches Merkmal hat (meist Halter, s. dazu TierSchG § 2 Rn. 4). Wer dieses Merkmal nicht hat, kann aber dennoch als Beteiligter nach § 14 Abs. 1 OWiG ordnungswidrig handeln (was dann aber – im Unterschied zu Rn. 1 – voraussetzt, dass vorsätzlich gehandelt wurde).

3 Einzelne wichtige **Vorschriften sind in § 16 nicht genannt** und damit nicht unmittelbar bußgeldbewehrt. Die nach § 15 zuständige Behörde hat aber die Möglichkeit, zur Durchsetzung dieser Pflichten Anordnungen nach § 16a S. 2 Nr. 1 TierSchG zu erlassen (denn bei den Bestimmungen dieser VO handelt es sich idR um Konkretisierungen der allgemeinen Pflichten aus § 2 TierSchG). Ist eine solche Anordnung bestandskräftig oder nach Maßgabe von § 80 Abs. 2 Nr. 4, Abs. 3 VwGO für sofort vollziehbar erklärt, so bildet der vorsätzliche oder fahrlässige Verstoß gegen sie eine Ordnungswidrigkeit nach § 18 Abs. 1 Nr. 2 TierSchG. Dasselbe gilt für Anordnungen, die unmittelbar auf § 2 TierSchG gestützt werden (vgl. BR-Drucks. 429/01 S. 18). – Im übrigen gilt auch hier: Werden einem Tier erhebliche Schmerzen, Leiden oder Schäden zugefügt, so liegt darin eine Ordnungswidrigkeit nach § 18 Abs. 1 Nr. 1 oder Abs. 2. Der Verstoß gegen eine der Pflichten aus der VO bewirkt, dass ein Sich-Berufen auf einen angeblich vernünftigen Grund nicht mehr möglich ist. – Sind die erheblichen Schmerzen oder Leiden länger anhaltend oder wiederholen sie sich, so ist der Straftatbestand des § 17 Nr. 2b TierSchG erfüllt.

§ 17 Übergangsregelungen

(1) Abweichend von § 6 Abs. 2 Nr. 3, soweit die Ausstattung mit Lichtöffnungen betroffen ist, dürfen Kälber noch bis zum 1. Januar 2008 in Ställen gehalten werden, die vor dem 1. Januar 1994 in Benutzung genommen worden sind.

(2) Abweichend von § 6 Abs. 4 dürfen Kälber noch bis zum 31. Dezember 2003 in Ställen gehalten werden, die bis zum 31. Dezember 1997 in Benutzung genommen worden sind und den bis zu diesem Zeitpunkt geltenden Vorschriften der Kälberhaltungsverordnung entsprechen.

(3) Abweichend von § 13 dürfen Legehennen in Haltungseinrichtungen, die vor dem 13. März 2002 bereits genehmigt oder in Benutzung genommen worden sind, noch bis zum 31. Dezember 2011 gehalten werden, wenn diese so beschaffen sind, dass je Legehenne

1. eine uneingeschränkt nutzbare und horizontal bemessene Käfigfläche von mindestens 750 Quadratzentimetern vorhanden ist, wobei bei der Flächenberechnung je Legehenne 150 Quadratzentimeter Nestfläche berücksichtigt werden, sofern diese über die Eiablage hinaus genutzt werden kann, unmittelbar an eine nutzbare Fläche anschließt, eine lichte Höhe von mindestens 45 Zentimetern vorhanden ist, die Rückzugsmöglichkeit

zur Eiablage uneingeschränkt erhalten bleibt und die Grundfläche dieser Käfige jeweils mindestens 2000 Quadratzentimeter beträgt;
2. ein uneingeschränkt nutzbarer Futtertrog mit einer Länge von mindestens zwölf Zentimetern und
3. ein Nest, ein Einstreubereich, in dem das Picken und Scharren möglich ist sowie geeignete Sitzstangen mit einem Platzangebot von mindestens 15 Zentimetern zur Verfügung stehen;
4. eine geeignete Vorrichtung zum Kürzen der Krallen vorhanden ist.

(4) Abweichend von § 13 dürfen Legehennen in Haltungseinrichtungen, die vor dem 13. März 2002 bereits in Benutzung genommen worden sind, noch bis zum 31. Dezember 2006 gehalten werden, wenn diese so beschaffen sind, dass

1. je Legehenne eine uneingeschränkt nutzbare und horizontal bemessene Käfigfläche von mindestens 550 Quadratzentimetern oder, im Fall eines Durchschnittsgewichts der gehaltenen Legehennen von mehr als zwei Kilogramm, von mindestens 690 Quadratzentimetern vorhanden ist;
2. je Legehenne ein uneingeschränkt nutzbarer Futtertrog mit einer Länge von mindestens zwölf Zentimetern oder, im Fall eines Durchschnittsgewichts der gehaltenen Legehennen von mehr als zwei Kilogramm je Legehenne, ein uneingeschränkt nutzbarer Futtertrog mit einer Länge von mindestens 14,5 Zentimetern zur Verfügung steht;
3. bei Verwendung von Nippeltränken oder Tränknäpfen sich mindestens zwei Tränknäpfe oder Nippeltränken in Reichweite jeder Legehenne befinden oder jeder Käfig mit einer Rinnentränke ausgestattet ist, deren Länge der des Futtertroges nach Nummer 2 entspricht;
4. die lichte Höhe über mindestens 65 Prozent der Käfigfläche mindestens 40 Zentimeter und an keiner Stelle weniger als 35 Zentimeter beträgt;
5. der Neigungswinkel des Bodens 14 Prozent nicht überschreitet und durch die Bodenbeschaffenheit des Käfigs sichergestellt ist, dass die nach vorn gerichteten Krallen beider Ständer nicht abrutschen können und
6. eine geeignete Vorrichtung zum Kürzen der Krallen vorhanden ist.

(5) Abweichend von § 13 dürfen Legehennen noch bis zum 31. Dezember 2002 in Haltungseinrichtungen gehalten werden, die am 6. Juli 1999 bereits in Benutzung genommen worden waren, wenn diese Käfige den Anforderungen des Absatzes 4 Nr. 3 bis 5 entsprechen und so beschaffen sind, daß je Legehenne eine uneingeschränkt nutzbare und horizontal bemessene Käfigfläche von mindestens 450 Quadratzentimetern oder, im Fall eines Durchschnittsgewichts der gehaltenen Legehennen von mehr als zwei Kilogramm, von mindestens 550 Quadratzentimetern vorhanden ist.

(6) Abweichend von § 14 Abs. 1 Nr. 4 dürfen noch bis zum 31. Dezember 2002 Legehennen eingestallt werden.

(7) Abweichend von § 13 dürfen Legehennen in Haltungseinrichtungen, die den Voraussetzungen für die Kennzeichnung der Eier als aus Volierenhaltung, Bodenhaltung oder Freilandhaltung nach Anhang II der Verordnung (EWG) 1274/91 der Kommission vom 15. Mai 1991 mit Durchführungsvorschriften für die Verordnung (EWG) Nr. 1907/90 des Rates über

TierSchNutztV

Tierschutz-NutztierhaltungsV

bestimmte Vermarktungsnormen für Eier (ABl. EG Nr. L 121 S. 11) entsprechen und die vor dem 13. März 2002 bereits in Benutzung genommen worden sind, noch bis zum 31. Dezember 2005 gehalten werden.

1 **Die Übergangsregelungen nach Abs. 1–7.** Zu den Übergangsfristen nach Abs. 1 und 2 s. § 6 Rn. 4 und 5. – Nach Abs. 3 wird die Hennenhaltung in sog. ausgestalteten Käfigen noch bis zum 31. 12. 2011 erlaubt, wenn die betreffende Einrichtung vor dem 13. 3. 2002 entweder genehmigt oder legal in Benutzung genommen worden ist und den Anforderungen nach Nr. 1–4 entspricht. – Nach Abs. 4 dürfen sog. herkömmliche Käfige, die vor dem 13. 3. 2002 legal in Benutzung genommen worden sind, noch bis 31. 12. 2006 weiter benutzt werden, wenn sie den Anforderungen nach Nr. 1–6 entsprechen: Nr. 1 sieht vor, dass ab 1. 1. 2003 je Legehenne 550 bzw. 690 qcm Käfigbodenfläche gewährt werden müssen; nach Nr. 2 muss die Futtertroglänge je Henne 12 bzw. 14,5 cm betragen; zudem muss nach Nr. 6 eine geeignete Vorrichtung zum Kürzen der Krallen vorhanden sein. – Die in Abs. 5 für herkömmliche Käfige zusätzlich vorgesehene Übergangsfrist ist abgelaufen. – Zur Übergangsfrist nach Abs. 6 s. § 14 Rn. 3. – Die Übergangsfrist nach Abs. 7 ist auf Veranlassung des Bundesrats eingefügt worden: Bereits vor dem 13. 3. 2002 in Benutzung genommene alternative Haltungssysteme, die mindestens die zur Kennzeichnung der Eier als aus Volieren-, Boden- oder Freilandhaltung erforderlichen Anforderungen nach der Verordnung (EWG) 1274/91 erfüllen, dürfen übergangsweise noch bis zum 31. 12. 2005 weiter betrieben werden; danach müssen auch sie allen Anforderungen der VO entsprechen.

2 **Zur Verfassungsmäßigkeit der Absätze 3 und 4.** Bei der Neuregelung der Legehennenhaltung war dem Verordnungsgeber aufgegeben, entsprechend dem in den §§ 1 und 2 TierSchG vom Gesetzgeber vorgezeichneten Interessenausgleich einen ethisch begründeten Tierschutz zu fördern, ohne die Rechte der Tierhalter übermäßig einzuschränken (vgl. BVerfGE 101, 1, 36). Den danach gebotenen Ausgleich zwischen den Belangen des Tierschutzes (insbesondere den Geboten zur verhaltensgerechten Unterbringung und zur Ermöglichung der artgemäßen Bewegung) und den rechtlich geschützten Interessen der Tierhalter (insbesondere der Berufsfreiheit und dem Eigentumsschutz) hat er in Abs. 3 und 4 gemäß dem Grundsatz der Verhältnismäßigkeit vorgenommen. Dabei ist von Bedeutung, dass der ethische Tierschutz nicht mehr nur ein Gemeinschaftsgut von hohem Rang ist, sondern gemäß der Staatszielbestimmung des Art. 20a GG mittlerweile Verfassungsrang erlangt hat. Zu den Unterzielen dieses Staatsziels gehört der Schutz der Tiere vor nicht artgemäßer Haltung (s. Art. 20a GG Rn. 3). Um dieses Ziel zu erreichen, war der Ausschluss der Haltung von Legehennen in Kleinkäfigen einschl. sog. ausgestalteter Batteriekäfige erforderlich (s. Vor §§ 12–15 Rn. 10). Er war auch verhältnismäßig, zumal den Haltern die Umstellung der Produktion durch Übergangsfristen ermöglicht und zusätzlich durch flankierende Maßnahmen (zB Absatzförderung und Kennzeichnungsregelungen für artgerecht erzeugte Eier) erleichtert wird. In die Abwägung waren auch die Wert- und Gerechtigkeitsvorstellungen der Bevölkerung einzubeziehen, denen jede Art von Käfighennenhaltung wider-

spricht (s. dazu auch TierSchG § 1 Rn. 55; zur möglicherweise geminderten Schutzwürdigkeit des Vertrauens der Halter s. auch Rn. 4).
Die **Umsetzung von Abs. 3 und Abs. 4** kann durch Anordnungen nach § 16a S. 2 Nr. 1 TierSchG erfolgen. Dies gilt jedenfalls dann, wenn der bau- oder immissionsschutzrechtliche Genehmigungsbescheid keine ausdrücklichen Feststellungen zur Vereinbarkeit des Betriebes mit dem Tierschutzgesetz enthält; im Übrigen aber auch dann, wenn die Anordnung nur auf das „Wie" und nicht zugleich auch auf das „Ob" des Betriebes abzielt (s. TierSchG § 16a Rn. 13). Aufgrund des Hinweises in § 1 Abs. 3 HhVO 1987 musste jeder Halter stets mit solchen Anordnungen rechnen. – Außerdem kommt auch eine Rücknahme der Bau- oder der immissionsschutzrechtlichen Genehmigung nach § 48 Abs. 1 VwVfG in Betracht. Zwar verweist das BVerfG in seinem Legehennenurteil auf den gesetzlichen Bestandsschutz, wie er durch § 79 Abs. 2 S. 1 BVerfGG gewährt wird (vgl. BVerfGE 101, 1, 45). Dieser bewirkt jedoch keine Unantastbarkeit, sondern stellt lediglich klar, dass Genehmigungen, die aufgrund einer für nichtig erklärten Rechtsvorschrift erlassen worden sind, nicht ebenfalls automatisch der Nichtigkeit anheimfallen; sie gelten fort, aber nur „mit der Kraft und Schwäche", die sie „nach allgemeinen Grundsätzen haben" (vgl. *Maunz/Schmidt-Bleibtreu/ Klein/Ulsamer* BVerfGG § 79 Rn. 26; *Benda/Klein* Rn. 1167 und 1169; *Pestalozza* § 20 Rn. 77). Zu diesen allgemeinen Grundsätzen gehört auch § 48 Abs. 1 VwVfG, der durch § 79 Abs. 2 BVerfGG keine Einschränkung erfährt (dazu eingehend *Kopp/Ramsauer* VwVfG § 48 Rn. 32). – Die Voraussetzungen des § 48 Abs. 1 VwVfG sind zumindest mit dem Ablauf der vorgesehenen Übergangsfristen erfüllt; insbesondere sind die Genehmigungen rechtswidrig, da sie von Anfang an, ebenso wie die deswegen für nichtig erklärte HhVO 1987, gegen den bereits seit 1972 bestehenden § 2 Nr. 1 TierSchG verstoßen haben (vgl. auch *Metzger* in: *Erbs/Kohlhaas* T 95c Rn. 9; zu § 48 Abs. 4 vgl. insbesondere BVerwGE 70, 356 und 92, 730).

Entschädigungsforderungen der Batteriebetreiber, die auf § 48 Abs. 3 VwVfG gestützt werden, können aller Wahrscheinlichkeit nach nicht durchdringen. Zwar hat im Falle der Rücknahme einer rechtswidrigen Genehmigung die Behörde dem Betroffenen den entstandenen Vertrauensschaden auszugleichen – jedoch nur, „soweit sein Vertrauen unter Abwägung mit dem öffentlichen Interesse schutzwürdig ist" (§ 48 Abs. 3 S. 1 VwVfG). Zahlreiche Gesichtspunkte sprechen gegen ein solch schutzwürdiges Vertrauen auf Seiten der Halter: Die HhVO 1987 ist bereits bei ihrem Erlass ausdrücklich als „Übergangsregelung" bezeichnet worden, so dass von Anfang an mit einer baldigen Änderung der zugelassenen Haltungsbedingungen gerechnet werden musste (vgl. amtl. Begr., BR-Drucks. 219/87 S. 9). Der Bundesrat hat noch in derselben Sitzung, in der er seine Zustimmung erteilt hat, gefordert, dass die bisher praktizierte Käfighaltung „baldmöglichst" durch bessere Haltungssysteme abgelöst werden solle (BR-Drucks. 219/87 Beschluss; vgl. auch BR-Prot., 583. Sitzung v. 27. 11. 1987: „Übergangslösung" ... „erfüllt nicht die Anforderungen, die unter dem Gesichtspunkt des Tierschutzes zu stellen sind"). Hinweise auf die rechtliche Fragwürdigkeit und die lediglich transitorische Natur der Verordnung waren in den Tierschutzberichten der Bundesregierung immer wieder zu lesen (zB

TierSchNutztV

BT-Drucks. 11/3846 S. 13, 14, BT-Drucks. 13/7016 S. 22ff. und BT-Drucks. 14/600 S. 23ff.). Die Empfehlung des St. Ausschusses, auf deren Anhang A Nr. 2 und Nr. 5 das BVerfG sein Urteil zusätzlich zu § 2 TierSchG stützt, ist schon 1986 veröffentlicht und den Berufsverbänden zugänglich gemacht worden. Das Tierschutzgesetz erlaubt überdies nur dem Sachkundigen das Halten von Tieren (s. TierSchG § 2 Rn. 38); wer aber die vorgeschriebenen Kenntnisse über das artgemäße Tierverhalten hat, für den konnte zu keiner Zeit zweifelhaft sein, dass Käfigbatteriehaltung keine Form der verhaltensgerechten Unterbringung von Hennen war.

5 Im Rahmen von § 48 Abs. 3 S. 1 VwVfG muss auch das starke **öffentliche Interesse** daran, dass „baldmöglichst" (BR-Drucks. 219/87 Beschluss) gesetzmäßige Zustände in der Legehennenhaltung einkehren, berücksichtigt werden. In ihrer Legehennenmitteilung hat die EU-Kommission festgestellt, dass das Wohlbefinden der Hennen in den Batteriekäfigen erheblich beeinträchtigt sei, und das BVerfG sieht in dieser Feststellung die „zusammenfassende Bewertung" eines amtlichen Dokumentes, das „die aktuellen wissenschaftlichen Erkenntnisse über die Grundbedürfnisse von Hennen in der Käfighaltung, die der Verordnungsgeber beachten muss", wiedergebe (BVerfGE 101, 1, 40, 41). Beeinträchtigungen im Wohlbefinden sind Leiden, erhebliche Beeinträchtigungen folglich erhebliche Leiden iS des Straftatbestandes des § 17 Nr. 2b TierSchG (zum Leidensbegriff s. TierSchG § 1 Rn. 17; zu den Verhaltens- und Funktionsstörungen, die bei Legehennen in Batteriekäfigen festgestellt werden können s. § 17 Rn. 95; dazu, dass mit einer bloßen Vergrößerung der Bodenfläche noch keine Verbesserung erreicht werden kann, s. EU-Legehennenmitteilung S. 7; zur Tatbestandsmäßigkeit iS des § 17 Nr. 2b TierSchG vgl. auch *L/M* HennenVO Rn. 13). Damit hat das BVerfG dem öffentlichen Interesse an einer schnellen Beseitigung der Batteriekäfighaltung ein besonders hohes Gewicht beigelegt – völlig unabhängig von der Frage, ob den Haltern ein strafrechtliches Verschulden zur Last gelegt werden kann oder nicht (s. dazu auch Vor §§ 12–15 Rn. 2). Entschädigungsleistungen dafür, dass man Tieren nach Ablauf einer Übergangsfrist von fünf Jahren keine erheblichen Beeinträchtigungen im Wohlbefinden mehr zufügen darf, können weder durch § 48 Abs. 3 VwVfG noch durch Art. 12 Abs. 1 und 14 Abs. 1 GG veranlasst sein.

§ 18 Inkrafttreten, Außerkrafttreten

Diese Verordnung tritt am Tag nach der Verkündung in Kraft. Gleichzeitig mit Inkrafttreten dieser Verordnung treten außer Kraft:
1. die Kälberhaltungsverordnung in der Fassung der Bekanntmachung vom 22. Dezember 1997 (BGBl. I S. 3328) und
2. die Schweinehaltungsverordnung in der Fassung der Bekanntmachung vom 18. Februar 1994 (BGBl. I S. 311), geändert durch die Verordnung vom 2. August 1995 (BGBl. I S. 1016).

Verordnung zum Schutz von Tieren beim Transport (Tierschutztransportverordnung – TierSchTrV)

idF der Bekanntmachung vom 11. Juni 1999 (BGBl. I S. 1337), geändert durch Artikel 377 der Siebenten Zuständigkeitsanpassungs-Verordnung vom 29. Oktober 2001 (BGBl. I S. 2785) und durch Art. 11 des Gesetzes zur Neuorganisation des gesundheitlichen Verbraucherschutzes und der Lebensmittelsicherheit vom 6. August 2002 (BGBl. I S. 3082)

Einführung

Verordnung, EU-Recht und Europäisches Übereinkommen. Durch 1 das Inkrafttreten der Verordnung zum Schutz von Tieren beim Transport (Tierschutztransportverordnung – TierSchTrV) am 1. 3. 1997 (BGBl. I S. 348) wurden drei bis dahin geltende nationale Rechtsverordnungen abgelöst: Die Verordnung zum Schutz von Tieren beim grenzüberschreitenden Transport v. 29. 3. 1983 (BGBl. I S. 409), die Verordnung zum Schutz von Tieren bei der Beförderung in Behältnissen v. 20. 12. 1988 (BGBl. I S. 2413) und die Verordnung zum Schutz kranker oder verletzter Tiere vor Belastungen beim Transport v. 22. 6. 1993 (BGBl. I S. 1078). Zugleich wurden durch die Tierschutztransportverordnung (nachf.: VO) die Richtlinien der EU zum Tiertransport in nationales Recht umgesetzt: Die Richtlinie 91/628/EWG v. 19. 11. 1991 über den Schutz von Tieren beim Transport sowie zur Änderung der Richtlinien 90/425/EWG und 91/496 EWG (ABl. EG Nr. L 340 S. 17) und die dazu ergangenen Änderungsrichtlinien v. 13. 7. 1992 (ABl. EG Nr. L 243 S. 27) und v. 29. 6. 1995 (ABl. EG Nr. L 148 S. 52) sowie zwei Veterinärkontrollrichtlinien (90/425/EWG und 91/496/EWG). – Die amtl. Begründung zur VO findet sich in BR-Drucks. 836/96. – Die Erste Änderungsverordnung ist am 1. 3. 1999 in Kraft getreten (BGBl. I S. 181); amtl. Begründung s. BR-Drucks. 1005/98. – Weitere wichtige Regelwerke auf europäischer Ebene: Die Verordnung (EG) Nr. 1255/97 v. 25. 6. 1997, die die Anforderungen an Aufenthaltsorte festlegt, in denen Nutztiere während langer Transporte entladen, untergebracht und versorgt werden müssen (ABl. EG Nr. L 174 S. 1); die Verordnung (EG) Nr. 411/98 v. 16. 2. 1998, die zusätzliche Tierschutzvorschriften für Straßenfahrzeuge zur Beförderung von Tieren während mehr als acht Stunden enthält (ABl. EG Nr. L 52 S. 8); die Verordnung (EG) 615/98 v. 18. 3. 1998, die die Auszahlung der Exporterstattungen von der Einhaltung tierschutzrechtlicher Bestimmungen bis zum Zeitpunkt der ersten Entladung der Tiere im Bestimmungsdrittland abhängig macht und entsprechende Kontrollen vorsieht (ABl. EG Nr. L 82 S. 19). – Die VO dient (ebenso wie die EU-Tiertrans-

TierSchTrV *Tierschutztransportverordnung*

portrichtlinie) auch der Umsetzung des Europäischen Übereinkommens v. 13. 12. 1968 über den Schutz von Tieren beim internationalen Transport (Europ. Tiertransportübereinkommen, ratifiziert durch Bundesgesetz v. 12. 7. 1973, BGBl. II S. 721).

2   **Ermächtigungsgrundlage** für die meisten Vorschriften der VO ist § 2a Abs. 2 TierSchG. Einzelne Vorschriften stützen sich auf § 12 Abs. 2 S. 1 Nr. 1 TierSchG (vgl. § 37 Abs. 1 Nr. 5 und Abs. 2) und auf § 12 Abs. 2 S. 1 Nr. 6 TierSchG (vgl. § 33 a und § 36 a). Auf § 16 Abs. 5 TierSchG beruht § 34 Abs. 2 S. 1, Abs. 4 und Abs. 5.

3   Im **EU-Tiertransportbericht** sind von der EU-Kommission schwere Mängel bei der Umsetzung der EU-Tiertransportrichtlinie festgestellt worden. Seitens des Europäischen Lebensmittel- und Veterinäramts (LVA), das hierzu umfangreiche Kontrollen durchgeführt habe, sei auf die „geringe Priorität" hingewiesen worden, die die Mitgliedstaaten dem Vollzug dieser Richtlinie einräumten (S. 4). Als Hauptergebnisse der Kontrollen weist der Bericht aus: Ungeeignete Fahrzeuge für den Tiertransport auf der Straße; unzulässige Transportpläne; Nichteinhaltung der Fahrzeitbeschränkungen; unsachgemäßer Umgang mit Tieren; Verbringung nicht transportfähiger Tiere; unzureichende Belüftung von Straßenfahrzeugen; Überladung; Schwierigkeiten bei der Kontrolle der Zulassungen der Tiertransportunternehmer (S. 4, 5). Weil die zuständigen Behörden der Mitgliedstaaten einschl. Deutschlands regelmäßig Transportpläne genehmigten, die den Anforderungen der Richtlinie nicht entsprächen, seien Tiere u. a. über extrem lange Zeiträume befördert und dabei nur unzureichend getränkt und gefüttert worden (S. 10). Überladungen kämen häufig vor, insbes. bei Schweinen. Von einigen Märkten würden besonders schlimme Fälle von unsachgemäßem Umgang und sogar Grausamkeit gemeldet (S. 11). – Die Kommission stützt sich bei ihrer Einschätzung auf Berichte der Mitgliedstaaten, Kontrollberichte des LVA und bei ihr eingegangene Beschwerden von Nichtregierungsorganisationen (NRO).

4   **Leiden auf Tiertransporten.** Schon ein normaler, nur kurze Zeit dauernder Transport stellt für die meisten Tiere eine große Belastung dar. Als Stressoren wirken u. a.: Die Trennung von vertrauten Pflegern, Artgenossen und Stallungen, die ungewohnten Belastungen beim Be- und Entladen, die Einschränkung der Bewegungsmöglichkeit und des natürlichen Erkundungs- und Ausruhverhaltens, die permanente Unterschreitung der Individual- und Fluchtdistanz bei Rangauseinandersetzungen mit unbekannten Artgenossen sowie die nicht artentsprechenden Fütterungs- und Tränkintervalle (vgl. BMVEL, Tierschutzbericht 2001, IX; *Bolliger* S. 215). Bei Pferden, Rindern und Schafen kommt hinzu, dass die Tiere während des Transports ständig versuchen, im Stehen die auf sie einwirkenden Flieh- und Schubkräfte mit hohem Kraftaufwand auszugleichen, was nach einiger Zeit zu Erschöpfung führt. Ihren natürlichen, fünf bis zehn Stunden täglich währenden Fresszeiten kann auf dem Transport nicht Rechnung getragen werden. – Dauert eine Verbringung mehr als vier oder gar acht Stunden, so muss davon ausgegangen werden, dass sich Belastung, Anstrengung und Aufregung zu Leiden steigern (s. TierSchG § 1 Rn. 17). Dies liegt daran, dass die Tiere solche Belastungen nur teilweise und nur für eine begrenzte

Einführung TierSchTrV

Zeit kompensieren können (vgl. *Fikuart* in: *Sambraus/Steiger* S. 496, 497; *ders.* in: TVT-Nachrichten 2/2001, 8). Bei Rindern kommt es zu stressbedingten Folgen wie stark erhöhten Krankheits- und Todesraten bei Kälbern, Aborten bei tragenden Kühen und Veränderung der Fleischqualität bei Schlachtbullen (vgl. *Fikuart* aaO S. 503). Schlachtschweinetransporte sind durch besonders hohe Mortalitätsraten (teilweise 10% und mehr) gekennzeichnet, und bei Schafen ist es gemäß Expertenmeinung beinahe unmöglich, Ferntransporte tierverträglich durchzuführen (vgl. *Fikuart* aaO S. 504). Ähnlich wie Menschen leiden Tiere nicht erst dann, wenn körperliche Schmerzen, Verletzungen oder gar Todesfälle auftreten; verletzte oder transporttote Tiere bilden deshalb immer nur die „Spitze eines Eisbergs" (vgl. *von Mickwitz* in: *Geiger* S. 111, 113).

Erhebliche Leiden auf internationalen Schlachttier-Ferntransporten. 5
Je nach Höhe der von der EU ausbezahlten Exporterstattungen werden aus Deutschland jedes Jahr zwischen 100 000 und 200 000 Schlachtrinder von Viehhändlern aufgekauft, eingesammelt und anschließend auf den Transport in andere Kontinente, vorwiegend in Länder des Nahen Ostens und Nordafrikas geschickt. Dabei hält es der *Bundesverband der beamteten Tierärzte (BbT)* für erwiesen, „dass selbst die gutwilligsten Viehexport- und Transportunternehmen sowie deren Mitarbeiter trotz aller Auflagen der Behörden einen tierschutzgerechten Transport über Land und Meer zu den Schlachthöfen des Nahen Ostens oder Nordafrikas derzeit nicht gewährleisten können; die Gründe dafür sind einerseits die nicht beeinflussbaren Wartezeiten im Verkehrsstau, an den Grenzen und in den Häfen, andererseits die Bedingungen des Schiffstransports und der Entladung in den Bestimmungshäfen" (vgl. *BbT,* Stellungnahme „Internationale Schlachttiertransporte", ATD 1996, 293). Bei den mehrere Tage dauernden Ferntransporten zu den Verladehäfen am Mittelmeer (u. a. Rasa, Koper, Triest, Sète, Marseille) kommen zu dem „normalen" Transportstress (s. Rn. 4) weitere, erhebliche Belastungen hinzu: Unvermeidliche Standzeiten, wechselnde, zT hohe Außentemperaturen, wiederholtes Ent- u. Beladen, unregelmäßiges Tränken, Füttern und Pflegen. Da die Tiere diese Belastungen über solch lange Zeiträume nicht mehr kompensieren können, muss zumindest bei solchen Transporten davon ausgegangen werden, dass die Leiden die Schwelle zur Erheblichkeit übersteigen, auch ohne zusätzliche Misshandlungen (vgl. *Fikuart* aaO S. 497; s. auch TierSchG § 17 Rn. 50). Dabei müssen auch die Ursachen für die besondere Transportempfindlichkeit moderner landwirtschaftlicher Nutztiere in die Betrachtung einbezogen werden: Die einseitige Zucht auf bestimmte Leistungsmerkmale, die auf Kosten von Robustheit und Anpassungsfähigkeit gegangen ist; das mangelnde Training der Muskulatur als Folge der bewegungsarmen Haltungsbedingungen; das mangelnde Training des Verdauungsapparats infolge der Einförmigkeit und Gleichmäßigkeit der Ernährung; die Unfähigkeit, sich Umweltveränderungen stressfrei anzupassen, weil die frühere Haltungsumgebung eintönig, abwechslungslos und ohne Umweltreize gewesen ist (vgl. *TVT,* Tierschutzgerecht transportieren, S. 11; indirekt werden die erheblichen Leiden bei Langzeittransporten auch im EU-SCAHAW-Report Tiertransporte bestätigt, vgl. dort 12.1, 1: „Einige Stunden nach Transportbeginn wird das Wohlergehen schlechter, je länger

TierSchTrV *Tierschutztransportverordnung*

die Reise dauert. Deshalb sollten Transporte von Tieren, die dies nicht gewohnt sind, so weit wie möglich vermieden werden oder so kurz wie möglich sein"). – Kommt dann zu all diesen Belastungen noch ein längerer, mehrere Tage oder gar Wochen dauernder Schiffstransport hinzu, so ist kein Zweifel mehr möglich, dass die Summe des Leidens auch bei ausgewachsenen Rindern und Schafen als erheblich iS von § 17 Nr. 2b TierSchG eingestuft werden muss, selbst dann, wenn sich weitere Misshandlungen im Einzelfall nicht belegen lassen. Anzeichen dafür dass die Leiden die Schwelle zur Erheblichkeit überschreiten, sind u. a.: Ein deutlicher Anstieg der Zahl der Blutergüsse bei Rindern mit zunehmender Transportdistanz als Hinweis darauf, dass die Tiere die Belastungen nicht mehr ausgleichen und Eigenschäden nicht mehr abwenden können; Gewichtsverluste; besonders hohe Verlustraten auf Schiffstransporten; Stresssymptome wie Zittern, Erstarren, häufiges Absetzen von Kot und Harn in kleinen Mengen, ungewohnte Lautäußerungen, Erschöpfungszustände (vgl. *Bolliger* S. 216 ff.). – Die von der EU-Kommission zitierten Berichte des LVA und verschiedener Nichtregierungsorganisationen (s. Rn. 3) bestätigen darüber hinaus, dass es in den Verladehäfen des nördlichen Mittelmeeres nach wie vor regelmäßig zu zusätzlichen tierschutzwidrigen Vorgängen kommt, die viele Tiere betreffen und keineswegs nur Einzelfälle darstellen. Dazu gehören: Überladene, nicht tiergerechte Transporter; Weitertransport schwer verletzter oder kranker Tiere; schmerzverursachende Maßnahmen im Zusammenhang mit der Verladung; unzureichende Versorgung in den Häfen und auf den Schiffen; mangelhafte Belüftung trotz hoher Außentemperaturen; Nichteinhaltung vorgeschriebener Fütterungs- und Tränkintervalle sowie Ruhepausen. Selbst wenn man die subjektiven Aspekte, die in manchen dieser Berichte mitenthalten sind, streicht, ergibt die verbleibende Substanz, dass einem beträchtlichen Teil der Tiere hierdurch weitere erhebliche Leiden zugefügt werden (vgl. *Bolliger* S. 256, 267 mwN). – Die bisher vergeblichen Bemühungen, den Schiffstransport wenigstens auf vorher kon-trollierte, in eine Positivliste aufgenommene Schiffe zu begrenzen, bestätigen die berichteten Missstände (vgl. BMVEL, Tierschutzbericht 2001, IX, 2; *Altmann* ATD 2000, 294). Die Überquerung des Mittelmeers mit Fähren ist nach zutreffender Einschätzung des LVA ebenfalls nicht mit den Grundsätzen eines modernen Tierschutzes vereinbar, da die Tiere dann tagelang in den Abteilen der Straßenfahrzeuge auf engem Raum eingepfercht bleiben und Notfallversorgungen äußerst schwierig sind (vgl. *Kimpfel-Neumaier* ATD 1999, 42, 43). – An dem „tierschutzrechtlichen Niemandsland", in das die Tiere nach dem Verlassen der EU-Häfen geraten (vgl. *Altmann* aaO), haben auch die in der Verordnung (EG) Nr. 615/98 vorgesehenen Kontrollen bei der Entladung im Drittland nichts ändern können, zumal sie gem. Art. 3 Abs. 1 u. 3 der Verordnung nur stattfinden, wenn der Amtstierarzt dies beim Verlassen des Gemeinschaftsgebietes durch Eintrag in die Zollpapiere ausdrücklich angeordnet hat oder wenn das Transportmittel danach gewechselt worden ist; sie erfassen nur einen Bruchteil der exportierten Tiere, vermitteln damit kein repräsentatives Bild und lassen auch den Weitertransport im Drittland außer Betracht.

6   **Beihilfe durch den Amtstierarzt?** – Der *BbT* vertritt aus diesen Gründen in der o. e. Stellungnahme die Ansicht, dass ein tierschutzgerechter

Einführung TierSchTrV

Schlachttiertransport von Kontinent zu Kontinent derzeit nicht möglich sei und der Amtstierarzt in Gefahr gerate, sich wegen Beihilfe zur Misshandlung der Tiere strafbar zu machen, wenn er unter diesen Umständen die internationale Transportbescheinigung (vgl. Anlage 6 zu § 34 Abs. 6) unterschreibe. Die Stellungnahme schließt mit dem Aufruf: „Solange internationale Schlachttiertransporte nicht in Übereinstimmung mit § 1 Tierschutzgesetz durchgeführt werden, empfehlen wir allen mit der Abfertigung dieser Transporte beauftragten beamteten/amtlichen Tierärzten, ihre Unterschrift unter die Transportbescheinigung für Tiere, die außerhalb Europas geschlachtet werden sollen, zu verweigern." (*BbT*, Stellungnahme, ATD 1996, 293; vgl. auch *BbT* ATD 1997, 79.) – Die rechtliche Würdigung des *BbT* erscheint zutreffend. Der mögliche Einwand, die Verweigerung einer Transportbescheinigung komme nur in Betracht, wenn besondere Umstände des Einzelfalls eine Unzuverlässigkeit des Transportführers oder eine Ungeeignetheit der Transportmittel oder -strecken nahe legten, verkennt, dass die Leiden der transportierten Tiere allein schon wegen der Dauer und der regelmäßigen Begleitumstände der interkontinentalen Ferntransporte die Schwelle zur Erheblichkeit iS von § 17 Nr. 2b TierSchG überschreiten und zweifellos auch längere Zeit anhalten (s. Rn. 5). Mit seiner Unterschrift leistet der Amtstierarzt dazu einen kausalen Beitrag, ohne den der Transport nicht stattfinden könnte (vgl. § 34 Abs. 6). Soweit es (etwa wenn anstelle von § 17 Nr. 2b „nur" § 18 Abs. 1 Nr. 1 TierSchG für anwendbar gehalten wird) auf das Vorliegen eines vernünftigen Grundes ankommt, bildet die von dem Beförderer als Hauptzweck angestrebte Exportsubvention unzweifelhaft keinen solchen (s. auch Rn. 7 und TierSchG § 17 Rn. 11). – Für den sog. doppelten Gehilfenvorsatz (§ 27 StGB) reicht aus, dass der Amtstierarzt die mit solchen Ferntransporten regelmäßig verbundenen Belastungen der Tiere kennt und weiß, dass sie deren Wohlbefinden nicht nur geringfügig, sondern anhaltend und erheblich beeinträchtigen; zugleich weiß er auch um die fördernde, in diesem Fall sogar kausale Wirkung seiner Unterschriftsleistung. Unerheblich ist, dass er nicht weiß oder wissen kann, wann und durch wen welchem der transportierten Tiere anlässlich des Transportes welche weiteren Leiden zugefügt werden. Der Gehilfenvorsatz braucht sich weder auf die Person eines bestimmten Haupttäters noch auf die näheren Begleitumstände der Haupttat zu erstrecken. Unerheblich ist auch eine gleichzeitig zum Ausdruck gebrachte innere Distanz zu den beschriebenen Vorgängen, denn Beihilfe begeht auch, wer die von ihm geförderten Tatfolgen nicht will. Auch dass die Haupttat häufig im Ausland begangen wird, ändert nichts daran, dass die Beihilfehandlung (d.h. die Unterschrift unter die Transportfähigkeits- und die Ladebescheinigung) im Inland stattfindet; sie stellt sich deshalb, selbst wenn der die Tiere unmittelbar misshandelnde Haupttäter im Ausland handelt und deswegen straffrei bleibt, gem. § 9 Abs. 2 StGB als Inlandstat dar, für deren Beurteilung das deutsche Strafrecht gilt (vgl. § 3 StGB; näher dazu *Otto* ATD 1996, 294 ff.). – Damit ist der für die Abfertigung internationaler, insbes. interkontinentaler Schlachttier-Ferntransporte zuständige Amtstierarzt berechtigt und ggf. auch verpflichtet, unter Berufung auf die damit regelmäßig verbundenen, erheblichen Leiden der Tiere seine Unterschrift unter die Transportbescheinigung und auch die Abstempelung des Transportplans abzulehnen. Hat er aus diesen Gründen Bedenken gegen eine ihm von vorgesetzter Stelle erteilte, entgegengesetzte Anordnung, so muss er diese zunächst seinem unmittelbaren und bei Erfolglosigkeit dem nächsthöheren Vorgesetzten vortragen (vgl. § 38 Abs. 2 BRRG u. die entsprechenden Bestimmungen der Landesbeamtengesetze; zur strafrechtlichen Garantenstellung des Amtstierarztes vgl. auch *Iburg* NuR 2001, 77, 78 und TierSchG § 17 Rn. 56). Wird die Anordnung auf diesem Weg aufrechterhalten, darf er sie dennoch nicht befolgen, wenn, wie hier angenommen, das aufgetragene Verhalten den Tatbestand der Beihilfe zur quälerischen Tiermisshandlung erfüllt und er dies erkennt (so auch *BbT* aaO, *Otto* aaO; dort auch zu der Frage, wann der Amtstierarzt unter Berufung auf die Menschenwürde berechtigt sein kann, angewiesene Verhaltensweisen abzulehnen, wenn diese nicht nur seinem Gewissen, sondern auch seinem nach § 1 Bundestierärzteordnung objektiv vorgegebenen und subjektiv gelebten Berufsbild widersprechen; s. auch Einf. Rn. 60).

7   **Exporterstattungen.** Aufgrund der Verordnung des Rates v. 27. 6. 1968 über die gemeinsame Marktordnung für Rindfleisch (VO 805/68/EWG, ABl. EG Nr. L 148 S. 24 ff.) wird seit 1989 neben dem Fleischexport auch die Ausfuhr lebender Zucht- und Schlachtrinder mit Subventionen gefördert. Diese Exporterstattungen bilden den eigentlichen Grund für die Ferntransporte: Während vor ihrer Einführung nur rund 3000 Rinder und Kälber pro Jahr in Drittstaaten exportiert wurden, stieg ihre Zahl 1990 auf 129 000 und bis 1995 kontinuierlich auf einen Höchststand von 660 000. Nach einem kurzfristigen Rückgang 1998 wurden zwischen Juli 1999 und Mai 2000 wieder über 340 000 Rinder aus der EU exportiert, in der Hauptsache Jungbullen aus Deutschland und Irland nach Ägypten und in den Libanon (vgl. *Bolliger* aaO S. 255, 256 mN). – Exporterstattungen bilden keinen vernünftigen Grund für die Leiden, die den Tieren zugefügt werden (vgl. § 1 S. 2 und § 18 Abs. 1 Nr. 1 TierSchG; s. auch Rn. 8). Überdies verfehlen diese Subventionen ihr politisches Ziel einer Marktentlastung, weil die Viehhändler zugleich in großen Mengen Rinder und Kälber zu Niedrigstpreisen in Osteuropa aufkaufen und in die EU einführen und außerdem die Aufzucht von Bullen weiterhin mit Prämien gefördert wird. Andere vorgegebene Ziele der Beförderer (etwa die Befriedigung der spezifischen Nachfrage nach Schächtfleisch oder die Ausnutzung vorhandener Schlachtkapazitäten in den Bestimmungsländern) können den Begriff des vernünftigen Grundes ebenfalls nicht ausfüllen (vgl. u. a. §§ 4, 4a TierSchG). Dass anstelle von Lebendvieh Fleisch selbst auf große Entfernungen und unter klimatisch schwierigen Bedingungen einwandfrei transportiert und gewinnbringend verkauft werden kann, beweist zudem die seit Jahren übliche Ausfuhr von koscherem Fleisch aus der EU nach Israel. – Der Bundesrat hat mit Blick auf diesen Sachverhalt und wegen der erheblichen Leiden der Tiere die Bundesregierung wiederholt aufgefordert, die alsbaldige Aufhebung dieser Subventionen durchzusetzen (BR-Drucks. 816/94 und 838/96), bisher allerdings ohne Erfolg. Im Oktober 2001 hat auch das Europäische Parlament die Abschaffung der Exporterstattungen für lebende Schlachtrinder und die Streichung der entsprechenden Haushaltsansätze verlangt (vgl.

Einführung TierSchTrV

BMVEL, Tierschutzbericht 2003, IX). Der Export lebender Schlachtrinder nach Libanon und Ägypten wird dennoch weiterhin subventioniert.

Transportzeitbeschränkung. Da bereits nach vier, zumindest aber nach 8 acht Stunden Transportzeit davon ausgegangen werden muss, dass die meisten Tiere leiden (s. Rn. 4), haben sowohl der Bundesrat als auch das Europäische Parlament wiederholt gefordert, die Dauer von Tiertransporten ohne Verlängerungsmöglichkeit auf acht Stunden zu begrenzen (BR-Drucks. 816/94 und BR-Drucks. 836/1/96 S. 7; ABl. EG Nr. C 20 v. 24. 1. 1994, S. 63; ABl. EG Nr. C 56 v. 6. 3. 1995, S. 53). Die Bundesregierung hat 1994 sogar im Alleingang eine entsprechende Verordnung verabschiedet, auf deren Erlass dann aber verzichtet, nachdem die EU-Kommission im Notifizierungsverfahren mit einer Klage vor dem EuGH gedroht hatte. Die EU-Tiertransportrichtlinie erlaubt zwar seit der Änderung v. 29. 6. 1995, dass die Mitgliedstaaten auf ihrem Gebiet eine nicht verlängerbare Transportdauer von acht Stunden vorsehen, jedoch nur, wenn sowohl der Versand- als auch der Bestimmungsort ausschließlich im eigenen Hoheitsgebiet liegen (Kap. VII Nr. 9 des Anhangs; vgl. auch § 24 Abs. 1). – Das Verlangen nach einer absoluten Transportzeitbegrenzung stellt eine berechtigte und notwendige Konkretisierung von § 1 S. 2 TierSchG dar, denn danach dürfen Tieren Leiden, selbst wenn sie noch nicht die Erheblichkeitsschwelle erreichen, nur aus vernünftigem Grund zugefügt werden; für Schlachttiertransporte, die über den nächstgelegenen Schlachthof hinausgehen, gibt es aber nur wirtschaftliche Erwägungen, die nach feststehender Rechtsprechung nicht ausreichen, den Begriff des vernünftigen Grundes auszufüllen (s. dazu TierSchG § 17 Rn. 11 und § 1 Rn. 41). Zudem erhöht sich mit der Transportdistanz und der Größe der transportierten Tiergruppen das ohnehin bestehende Seuchenverbreitungsrisiko; erhöhter Transportstress geht außerdem zu Lasten der Fleischqualität und damit des Verbraucherschutzes. – Der Europäische Gerichtshof (EuGH) hat jedoch mit Blick auf die EU-Tiertransportrichtlinie das österreichische Bundesgesetz über den Transport von Tieren auf der Strasse v. 21. 5. 1994 (BGBl. Nr. 120/1994), mit dem alle Schlachttiertransporte auf eine Gesamtdauer von 6 Stunden und auf eine Entfernung von nicht mehr als 130 km begrenzt worden waren, für ungültig erklärt, soweit davon auch Transporte mit ausländischem Versand- und/oder Bestimmungsort betroffen waren; lediglich für rein nationale Transporte seien die EU-Mitgliedsstaaten berechtigt, eine solche absolute Transportzeitbegrenzung einführen (EuGH, Urt. v. 11. 5. 1999, Rechtssache C-350/97 Monses gg. Verwaltungssenat für Kärnten; vgl. auch *Drossé I.* DudT 4/1999, 6, 7). – Damit muss von einer insgesamt unbefriedigenden, „gespaltenen" Rechtslage ausgegangen werden: Aus den §§ 1 S. 2, 16a S. 1 TierSchG und aus Art. 20a GG (Schutz vor vermeidbaren Leiden, s. dort Rn. 3) ergibt sich einerseits die Verpflichtung, Schlachttiertransporte im Rahmen des EU-rechtlich Möglichen, d.h. bei nationalem Versand- und Bestimmungsort, auf diejenigen Entfernungen zu begrenzen, die zum Schlachten unbedingt erforderlich sind, d. h. idR nur bis zum nächsten Schlachthof, jedenfalls aber auf acht Stunden; andererseits würde eine entsprechende Begrenzung von internationalen Transporten eine Änderung der Richtlinie voraussetzen, auf die hingewirkt werden müsste, insbesondere

559

TierSchTrV *Tierschutztransportverordnung*

auch unter Hinweis auf das Tierschutzprotokoll im Vertrag von Amsterdam (s. auch Einf. Rn. 28–30).

9   Anordnungen, die über die VO hinausgehen. Die VO lässt die Befugnis der zuständigen Behörde unberührt, im Einzelfall Maßnahmen nach § 16a S. 2 Nr. 1 TierSchG anzuordnen (amtl. Begr., BR-Drucks. 836/96 S. 45). Die Behörde kann damit im Einzelfall tierschutzrechtliche Anforderungen vorschreiben, die über die VO hinausgehen, soweit dies beispielsweise notwendig ist, um die Grundbedürfnisse der Tiere (§ 2 Nr. 1 TierSchG) zu schützen oder um zu verhindern, dass es durch Einschränkungen der Bewegungsmöglichkeit bei den Tieren zu Schmerzen, vermeidbaren Leiden oder Schäden kommt (zu „vermeidbar" s. auch TierSchG § 2 Rn. 37).

Übersicht*

	S.
Abschnitt 1. Allgemeine Vorschriften	562
§ 1 Anwendungsbereich	562
§ 2 Begriffsbestimmungen	562
§ 3 Verbote	564
§ 4 Grundsätze	566
§ 5 Verladen	567
§ 6 Ernähren und Pflegen	571
§ 7 Anforderungen an Transportmittel	572
§ 8 Bescheinigungen	574
§ 9 Planung	574
§ 10 Transporterklärung	574
§ 11 Erlaubnis und Registrierung	575

---

* Diese Verordnung dient der Umsetzung folgender Rechtsakte:
1. Richtlinie 90/425/EWG des Rates vom 26. Juni 1990 zur Regelung der veterinärmedizinischen und tierzüchterischen Kontrollen im innergemeinschaftlichen Handel mit lebenden Tieren und Erzeugnissen im Hinblick auf den Binnenmarkt (ABl. EG Nr. L 224 S. 29), zuletzt geändert durch Richtlinie 92/118/EWG vom 15. März 1993 (ABl. EG Nr. L 62 S. 49),
2. Richtlinie 91/496/EWG des Rates vom 15. Juli 1991 zur Festlegung von Grundregeln für die Veterinärkontrollen von aus Drittländern in die Gemeinschaft eingeführten Tieren und zur Änderung der Richtlinien 89/662/EWG, 90/425/EWG und 90/675/EWG (ABl. EG Nr. L 268 S. 56), zuletzt geändert durch die Beitrittsakte in der Fassung des Ratsbeschlusses vom 1. Januar 1995 (ABl. EG Nr. L 1 S. 1),
3. Richtlinie 91/628/EWG des Rates vom 19. November 1991 über den Schutz von Tieren beim Transport sowie zur Änderung der Richtlinien 90/425/EWG und 91/496/EWG (ABl. EG Nr. L 340 S. 17), zuletzt geändert durch Verordnung (EG) Nr. 1255/97 (ABl. EG Nr. L 174 S. 1),
4. Richtlinie 91/629/EWG des Rates vom 19. November 1991 über Mindestanforderungen für den Schutz von Kälbern (ABl. EG Nr. L 340 S. 28),
5. Richtlinie 91/630/EWG des Rates vom 19. November 1991 über Mindestanforderungen für den Schutz von Schweinen (ABl. EG Nr.L 340 S. 33),
6. Richtlinie 93/119/EG des Rates vom 22. Dezember 1993 über den Schutz von Tieren zum Zeitpunkt der Schlachtung oder Tötung (ABl. EG Nr. L 340 S. 21).

Einführung TierSchTrV

S.

§ 11a Widerruf, Rücknahme und Ruhen der Erlaubnis 576
§ 12 Kennzeichnung 577
§ 13 Sachkunde 577
§ 14 Schienentransport 579
§ 15 Schiffstransport 580
§ 16 Lufttransport 581

Abschnitt 2. Transport in Behältnissen 581
§ 17 Allgemeine Anforderungen 581
§ 18 Besondere Anforderungen an Behältnisse 581
§ 19 Nachnahmeversand 582
§ 20 Pflichten des Absenders 582
§ 21 Pflichten des Beförderers 583
§ 22 Maßnahmen bei Ankunft der Tiere 583

Abschnitt 3. Besondere Vorschriften zum Schutz von Nutztieren 584
§ 23 Raumbedarf und Pflege 584
§ 24 Begrenzung von Transporten 586
§ 25 Straßentransport 589
§ 26 Kranke oder verletzte Nutztiere 590
§ 27 Transportunfähige Nutztiere 591
§ 28 Vor dem Transport erkrankte oder verletzte Nutztiere 593
§ 29 Während des Transports erkrankte oder verletzte Nutztiere ... 594

Abschnitt 4. Besondere Vorschriften zum Schutz anderer Tiere 594
§ 30 Hauskaninchen, Hausgeflügel und Stubenvögel 594
§ 31 Haushunde und Hauskatzen 595
§ 32 Sonstige Säugetiere und sonstige Vögel 595
§ 33 Wechselwarme Wirbeltiere und wirbellose Tiere 596

Abschnitt 5. Grenzüberschreitender Transport 597
§ 33a Ausfuhr über bestimmte Überwachungsstellen 597
§ 34 Verbringen nach einem anderen Mitgliedstaat, Ausfuhr 597
§ 35 Ausfuhruntersuchung 601
§ 36 Anzeige der Ankunft 601
§ 36a Einfuhr über bestimmte Überwachungsstellen 602
§ 37 Einfuhrdokumente 602
§ 38 Anforderungen an die Einfuhr 602
§ 39 Einfuhruntersuchung 603
§ 40 Grenzübertrittsbescheinigung 604

Abschnitt 6. Befugnisse der Behörde, Ordnungswidrigkeiten 604
§ 41 Befugnisse der Behörde 604
§ 42 Ordnungswidrigkeiten 606

Abschnitt 7. Schlussbestimmungen 608
§ 43 Übergangsvorschriften 608
§ 44 Änderung von Vorschriften 609
§ 45 Inkrafttreten, Außerkrafttreten 609

Abschnitt 1. Allgemeine Vorschriften

§ 1 Anwendungsbereich

(1) Diese Verordnung regelt den Schutz von Tieren beim Transport.
(2) Diese Verordnung gilt nicht für
1. den nicht gewerblichen Transport von Heimtieren, die von einer natürlichen Person begleitet werden,
2. den nicht gewerblichen Transport sonstiger Tiere mit Ausnahme der §§ 2 bis 7 Abs. 1, 2 Satz 2 und Abs. 3 Nr. 1 und 2, § 13 Abs. 1, §§ 14 bis 33 sowie 41 und 42,
3. den nicht gewerblichen Transport von Tieren im Rahmen jahreszeitlich bedingter Wanderhaltung oder
4. Tiere, die auf fremdflaggigen Schiffen befördert werden, die durch das deutsche Küstenmeer oder den Nord-Ostsee-Kanal fahren.

(3) Auf den Transport von Fischen sind § 4 Abs. 2 Satz 2 und 3, Abs. 3 und 4 Satz 2 und 3, §§ 5, 6 Abs. 3, § 7 Abs. 1 Nr. 6 und 7, § 17 Satz 3 sowie § 20 Abs. 3 und 4 erster Halbsatz nicht anzuwenden.

Die VO gilt grundsätzlich für den Transport von Tieren aller Arten (vgl. BR-Drucks. 836/96 S. 47). Beispielsweise erfasst sie auch den Transport eines Pferdes zum Turnier uÄ, den Transport eines Schlachttieres durch den Metzger, den Transport von Tieren zu Märkten oder Börsen etc. – Die Ausnahme nach Abs. 2 Nr. 1 ist in Anlehnung an Art. 1 Abs. 2 lit. a der EU-Tiertransportrichtlinie auszulegen: Danach fällt der Transport eines einzelnen Heimtiers nicht unter die VO, wenn er von einer natürlichen Person, die das Tier während des Transportes betreut, begleitet wird; dasselbe gilt für Transporte von Heimtieren, die ihren Besitzer auf einer privaten Reise begleiten. („Heimtier" s. Art. 1 Abs. 1 Europ. Heimtierübereinkommen). – Gem. Abs. 2 Nr. 2 werden auf den nicht gewerblichen Transport sonstiger Tiere die meisten Vorschriften der VO angewandt. Ausnahmen bilden lediglich im Bereich des ersten Abschnitts die §§ 7 Abs. 2 S. 1 und Abs. 3 Nr. 3, die §§ 8–12 und § 13 Abs. 2–8; nicht angewandt werden außerdem die Abschnitte 5 (§§ 33a bis 40) und 7 (§§ 43 ff.). – Abs. 2 Nr. 3 meint zB die Sömmerung von Weidetieren. – In Abs. 3 werden diejenigen Bestimmungen, die auf Fische nicht anzuwenden sind, aufgezählt. Zur Geltung von § 13 s. dort.

§ 2 Begriffsbestimmungen

Im Sinne dieser Verordnung sind:
1. Nutztiere:
   Einhufer und Tiere der Gattung Rind, Schaf, Ziege und Schwein, soweit sie Haustiere sind;
2. Kranke oder verletzte Tiere:
   Tiere mit gestörtem Allgemeinbefinden oder einer Verletzung, die mit erheblichen Schmerzen, Leiden oder Schäden verbunden ist;

3. Transportmittel:
   Teile von Straßenfahrzeugen, Schienenfahrzeugen, Schiffen oder Luftfahrzeugen, die für den Transport von Tieren benutzt werden, sowie Behältnisse zum Transport von Tieren;
4. Verladen:
   das Verbringen in ein oder aus einem Transportmittel;
5. Transport:
   das Befördern von Tieren in einem Transportmittel einschließlich des Verladens;
6. Aufenthaltsort:
   ein Ort, an dem der Transport zum Zwecke des Ruhens, Fütterns oder Tränkens der Tiere unterbrochen wird;
7. Umladeort:
   ein Ort, an dem der Transport zum Zwecke des Umladens der Tiere von einem Transportmittel in ein anderes unterbrochen wird;
8. Versandort:
   a) der Ort, an dem ein Tier erstmals in ein Transportmittel verladen wird,
   b) zugelassene Märkte und Sammelplätze, wenn der Ort, an dem die Tiere erstmals verladen wurden, weniger als 50 Kilometer von diesen Märkten oder Sammelplätzen entfernt ist,
   c) andere als in Buchstabe b genannte Märkte und Sammelplätze, an denen die Tiere entladen und mindestens acht Stunden lang untergebracht, getränkt und gefüttert werden, ausgenommen ein Aufenthalts- oder Umladeort oder
   d) alle Orte, an denen die Tiere entladen und mindestens 24 Stunden lang untergebracht, getränkt, gefüttert und soweit notwendig behandelt werden, ausgenommen ein Aufenthalts- oder Umladeort;
9. Bestimmungsort:
   der Ort, an dem ein Tier endgültig von einem Transportmittel entladen wird, ausgenommen ein Aufenthalts- oder Umladeort;
10. Beförderer:
    wer im Rahmen seiner wirtschaftlichen Unternehmung Tiere befördert;
11. Transportführer:
    wer den Transport für sich selbst oder den Beförderer begleitet;
12. Grenzkontrollstelle:
    amtliche Überwachungsstelle für die Durchführung der Dokumentenprüfung, Nämlichkeitskontrolle und physischer Untersuchung von Tieren und Waren an der Grenze zu einem Drittland oder in einem Hafen oder Flughafen.

Einhufer nach Nr. 1 sind neben Pferden auch Esel, Maulesel und Maultiere. – Anzeichen für ein gestörtes Allgemeinbefinden iS von Nr. 2 sind u. a.: Anhaltende ungewöhnliche Unruhe; allgemeine Teilnahmslosigkeit; nachhaltige Verweigerung der Futteraufnahme; erheblich von den Normalwerten abweichende Körpertemperatur; erheblich beschleunigter Puls; erheblich beschleunigte Atmung ohne körperliche Belastung; erkennbare Schwächezustände (vgl. BR-Drucks. 836/96 S. 48; einer dieser Indikatoren kann ausreichen). Zur Frage, wann Schmerzen erheblich sind, s. § 17 Rn. 51, 52

TierSchTrV *Tierschutztransportverordnung*

(Knochenbrüche reichen immer aus, vgl. *TVT*, Tierschutzgerecht transportieren I, S. 4; ebenso tiefe oder stark blutende Wunden); zu erheblichen Leiden s. § 17 Rn. 53; zu erheblichen Schäden s. § 1 Rn. 24, 25 und § 17 Rn. 50. – Nach Nr. 4 umfasst das Verladen sowohl das Ein- als auch das Ausladen der Tiere. Nach Nr. 5 sind beide Vorgänge Bestandteil des Transports. Konsequenz: Vorgeschriebene Versorgungsintervalle beginnen zu laufen, wenn das Einladen anfängt (und nicht erst, wenn das Transportfahrzeug abfährt); 24stündige Ruhezeiten an Aufenthaltsorten fangen erst an, wenn die Entladung abgeschlossen ist, und das Wiederbeladen darf erst nach dem vollständigen Ablauf der Ruhezeit beginnen. – Beförderer iS von Nr. 10 ist, wer als Inhaber einer wirtschaftlichen Unternehmung an der Entscheidung, dass ein bestimmter Tiertransport durchgeführt wird, zumindest mitwirkt (vgl. BayObLG NuR 2002, 184: Nicht schon der Verleiher des Transportfahrzeugs; dieser kann aber Beteiligter nach § 14 Abs. 1 S. 1 OWiG sein). Das Unternehmen braucht kein Transportbetrieb zu sein: Beförderer ist auch, wer als Landwirt, Metzger oÄ für seinen Betrieb einen Transport durchführt (vgl. BR-Drucks. 836/96 S. 49).

§ 3 Verbote

(1) ¹Es ist verboten, kranke oder verletzte Wirbeltiere zu befördern oder befördern zu lassen. ²Dies gilt nicht für den Transport von Tieren

1. zur tierärztlichen Behandlung oder wenn der Transport sonst zur Vermeidung weiterer Schmerzen, Leiden oder Schäden notwendig ist,
2. auf tierärztliche Anweisung zu diagnostischen Zwecken oder
3. im Rahmen nach § 8 des Tierschutzgesetzes genehmigter oder nach § 8a des Tierschutzgesetzes angezeigter Tierversuche.

³Die §§ 26 bis 29 bleiben unberührt.

(2) ¹Junge Säugetiere, bei denen der Nabel noch nicht vollständig abgeheilt ist, insbesondere Kälber im Alter von weniger als 14 Tagen, sowie Säugetiere, die voraussichtlich während des Transports gebären, sich in der Geburt befinden oder die vor weniger als 48 Stunden geboren haben, dürfen nicht befördert werden. ²Satz 1 gilt nicht

1. für Fohlen,
2. wenn der Transport zur Vermeidung von Schmerzen, Leiden oder Schäden der Tiere notwendig ist oder
3. wenn Säugetiere, die sich in der Geburt befinden, zur Schlachtstätte befördert werden, sofern sie ein ungestörtes Allgemeinbefinden aufweisen und ein Tierarzt schriftlich die Transportfähigkeit bescheinigt hat. § 28 Abs. 1 bis 3 gilt entsprechend.

³Säugetiere, die noch nicht vom Muttertier abgesetzt sind oder die noch nicht an das selbständige Aufnehmen von Futter und Trank gewöhnt sind, dürfen nur gemeinsam mit dem Muttertier befördert werden.

1   Das Verbot nach Abs. 1. Zu „krank" bzw. „verletzt" s. § 2 Nr. 2. Nach Art. 3 Abs. 1 lit. b S. 2, 3 der EU-Richtlinie dürfen auch Tiere, die nur leicht erkrankt oder leicht verletzt sind, nicht befördert werden, wenn befürch-

§ 3 Verbote TierSchTrV

tet werden muss, dass durch den Transport weitere Leiden verursacht werden. Grund des Verbots ist, dass sich Krankheiten und Verletzungen während eines Transports idR verschlimmern. Das EU-SCAHAW hält eine Transportunfähigkeit immer dann für gegeben, wenn ein Tier nicht ohne Hilfe stehen und gehen und dabei jedes seiner Beine gleichmäßig belasten kann (vgl. Report Tiertransporte 12.1, 3). Kann also das Tier nicht alle vier Extremitäten gleichmäßig belasten, so muss es als transportunfähig eingestuft werden; ebenso, wenn unter Berücksichtigung von Art und Dauer des Transports zu erwarten ist, dass später ein solcher Zustand eintreten wird (s. auch § 27 Rn. 1). – Ausnahmen: Tierärztliche Behandlung oÄ (Abs. 1 Nr. 1); Transporte auf tierärztliche Anweisung zu Diagnosezwecken (Abs. 1 Nr. 2); Transporte kranker Versuchstiermutanten, soweit der Versuch als solcher nach den §§ 7ff. TierSchG zulässig und der Transport dazu unerlässlich ist (Abs. 1 Nr. 3; die Ausnahme steht insoweit mit der EU-Richtlinie nicht in Einklang, als nach deren Art. 3 Abs. 1 lit. b S. 3 ii der Transport kranker oder verletzter Tiere nur zu behördlich genehmigten Tierversuchen erfolgen darf). – Zur richtlinienkonformen Auslegung von § 26 s. dort.

Das Verbot nach Abs. 2. Nach S. 1 dürfen Jungtiere mit noch nicht vollständig abgeheiltem Nabel nicht transportiert werden. Dies gilt für alle Säugetierarten. Verboten ist insbesondere der Transport von Kälbern im Alter unter 14 Tagen, aber auch von älteren Kälbern, wenn der Nabel beispielsweise infolge einer Krankheit noch nicht eingetrocknet ist (vgl. *TVT*, Tierschutzgerecht transportieren I, S. 5). Auch Ferkel unter vier Wochen und Lämmer unter einer Woche sollten nicht transportiert werden (vgl. EU-SCAHAW-Report Tiertransporte, 12.2, 14; bei Ferkeln unter 10 Wochen, Fohlen unter vier Monaten, Lämmern unter 20 kg und allen Kälbern sollten lt. Report die Transporte nur unter Bedingungen stattfinden, die über die gesetzlichen Mindeststandards hinausgehen). – Ein trächtiges Tier darf nicht befördert werden, wenn es voraussichtlich, d. h. im Sinne einer ernsthaften Möglichkeit, während des Transports gebären wird. Tragende Tiere sollten damit während eines Zeitraums vor dem vorgesehenen Geburtstermin, dessen Dauer mindestens 10% der Tragezeit entspricht, nicht befördert werden (vgl. EU-Tiertransportbericht S. 17). Das Lebensmittel- und Veterinäramt (LVA) der EU hat demgegenüber im Hafen von Marseille wiederholt kalbende Färsen aus Deutschland festgestellt, deren Ferntransport trotz fortgeschrittener Trächtigkeit vom zuständigen Amtstierarzt abgefertigt worden war (vgl. *Kimpfel-Neumaier* ATD 1999, 42). Bei Rindern, die länger als sieben Monate trächtig sind, sind Transporte über große Entfernungen riskant und sollten nicht mehr genehmigt werden. Für die Zeit nach der Geburt empfiehlt die EU-Kommission, Transporte mindestens eine Woche lang zu untersagen (EU-Tiertransportbericht S. 17). – Nach S. 2 Nr. 1 gilt eine Ausnahme für Fohlen (Grund: Ausnutzung der „Fohlenrosse" der Mutterstute). Die weitere Ausnahme nach S. 2 Nr. 2 meint Transporte, die zu therapeutischen Zwecken erfolgen oder sonst im Interesse des Tieres erforderlich sind (vgl. BR-Drucks. 836/96 S. 50). Durch die Ausnahme nach S. 2 Nr. 3 soll ermöglicht werden, Kühe mit Geburtskomplikationen zur Schlachtung zu befördern, um keinen Kaiserschnitt oÄ durchführen zu müssen. Allerdings ist eine solche Ausnahme in Art. 3 der EU-Richtlinie nicht vorgesehen, so dass ihre Vereinbarkeit mit dem EU-Recht in Frage steht. – Nach S. 3 dürfen saugende Jungtiere, die noch nicht an die Aufnahme von Wasser und von festem Futter gewöhnt sind, ebenfalls nicht transportiert werden, außer das Muttertier befindet sich ebenfalls auf dem Fahrzeug und während entsprechender Pausen wird dem Jungtier Gelegenheit zum Saugen gegeben (vgl. *TVT* aaO I S. 5). Ohne Muttertier ist ein Jungtier demnach erst transportfähig, wenn es so weit an die Aufnahme von Wasser und Festfutter gewöhnt ist, dass es ohne Muttermilch auskommen kann. Da § 3 auch für nicht gewerbliche Transporte gilt (vgl. § 1 Abs. 2 Nr. 2), ist beispielsweise auch der Transport von Baby-Mäusen oder Baby-Ratten zu Tierbörsen oder zur Lebendverfütterung an privat gehaltene Schlangen verboten (vgl. *Moritz* in: *TVT*, Tierschutz bei Tierbörsen, S. 6).

3   **Ordnungswidrig** nach § 42 Abs. 1 Nr. 1 handelt, wer vorsätzlich oder fahrlässig ein Tier entgegen § 3 Abs. 1 S. 1 oder § 3 Abs. 2 S. 1 befördert (Beförderer, Transportführer) oder befördern lässt (s. § 42 Rn. 1).

§ 4 Grundsätze

(1) Ein Wirbeltier darf nur befördert werden, sofern sein körperlicher Zustand den geplanten Transport erlaubt und für den Transport sowie die Übernahme des Tieres am Bestimmungsort die erforderlichen Vorkehrungen getroffen sind.

(2) [1] Während eines Transports muß dem Wirbeltier genügend Raum zur Verfügung stehen. [2] Werden mehrere Wirbeltiere befördert, so muß jedem Tier ein uneingeschränkt benutzbarer Raum zur Verfügung stehen, der so bemessen ist, daß alle Tiere in ihrer natürlichen aufrechten Haltung stehen sowie alle Tiere mit Ausnahme erwachsener Pferde gleichzeitig liegen können, wenn nicht zur Vermeidung von Schmerzen, Leiden oder Schäden der Tiere andere Erfordernisse bestehen. [3] Bei der Bemessung des uneingeschränkt benutzbaren Raumes müssen die Art, das Gewicht, die Größe, das Alter, der jeweilige Zustand der Tiere und die Dauer des Transports berücksichtigt sein.

(3) [1] Bei einem Wirbeltier, das während eines Transports erkrankt oder verletzt wird, haben der Beförderer und der Transportführer unverzüglich eine Notbehandlung durchzuführen oder zu veranlassen, soweit dies auf Grund der Belastungen des Tieres erforderlich ist. [2] Soweit notwendig, sind die Tiere tierärztlich zu behandeln oder unter Vermeidung von Schmerzen oder Leiden zu töten. [3] Für Nutztiere, die während eines Transports erkranken oder sich verletzen, gilt § 29.

(4) [1] Der Beförderer und der Transportführer haben sicherzustellen, daß die Wirbeltiere unbeschadet der zum Ernähren und Pflegen der Tiere erforderlichen Pausen unverzüglich und unter Vermeidung von Schmerzen, Leiden oder Schäden an ihren Bestimmungsort befördert werden. [2] Bei einem Aufenthalt von mehr als zwei Stunden sind gegebenenfalls notwendige Vorkehrungen zum Ernähren und Pflegen der Wirbeltiere zu treffen; soweit notwendig, sind die Tiere zu entladen und unterzubringen. [3] Am Bestimmungsort sind die Tiere unverzüglich zu entladen.

§ 5 *Verladen* **TierSchTrV**

Zu Abs. 1. Es gilt das Gebot, die Belastungen der Tiere zu minimieren 1
(vgl. BR-Drucks. 836/96 S. 50). Der Transport darf das Wohlbefinden der
Tiere nicht mehr als unvermeidbar beeinträchtigen (vgl. auch Art. 5 lit. A
Nr. 1 b der EU-Richtlinie und § 1 S. 2 TierSchG).

Zu Abs. 2. Die Tiere müssen so viel Raum zur Verfügung haben, dass sie 2
in aufrechter Haltung normal stehen und sich normal verhalten können; zudem müssen sie sich (mit Ausnahme erwachsener Pferde) alle gleichzeitig
hinlegen können (BR-Drucks. 836/96 S. 50). Die Liegefläche muss so bemessen sein, dass die Tiere bequem und ohne die Gefahr, von Artgenossen
getreten zu werden, liegen können (vgl. EU-SCAHAW-Report Tiertransporte 12.3, 23) Soweit die in Anlage 4 zu § 23 Abs. 1 vorgegebenen Mindestbodenflächen dafür im Einzelfall nicht ausreichen, muss die Behörde
gem. §§ 16 a S. 2 Nr. 1, 2 Nr. 1 TierSchG eine geringere Ladedichte anordnen (s. Einf. Rn. 9). Beispiel: 40 kg schwere Schafe benötigen zum Liegen
0,31 bzw. 0,37 qm, je nach dem, ob sie geschoren oder ungeschoren sind
(vgl. EU-SCAHAW-Report Tiertransporte 12.3, 27); folglich sind die in
Anlage 4 Nr. 3.1.2 vorgesehenen 0,26 qm (+ 5% bei ungeschorenen Tieren)
nicht ausreichend. Weiteres Beispiel: Schweine, deren Gewicht deutlich über
120 kg liegt, können bei den von Anlage 4 Nr. 4.1.2 vorgegebenen 0,70 qm/
Tier nicht ungestört nebeneinander liegen. – Zum Anbinden während der
Fahrt s. § 5 Rn. 5.

Zu Abs. 4. Da die Belastungen mit zunehmender Transportdauer über- 3
proportional zunehmen (s. Einf. Rn. 4, 5), ist der Beförderer verpflichtet, die
Tiere ohne schuldhaftes Zögern an den Bestimmungsort zu bringen und zu
entladen (Beschleunigungsgrundsatz); deshalb müssen auch gem. Abs. 1 die
für die rasche Übernahme der Tiere am Bestimmungsort erforderlichen
Vorkehrungen schon vor Transportbeginn getroffen sein. – Es gibt Beförderer, die ihr Fahrzeug nach Ankunft im Schlachthof als „Stauraum" missbrauchen, die Entladung also verzögern. Zwar ist der darin liegende Verstoß
gegen Abs. 4 nicht unmittelbar bußgeldbewehrt (kritisch dazu *Fikuart* AtD
1999, 165). Da aber längere Standzeiten zu vermeidbaren Leiden führen,
kommt eine Sanktionierung nach § 18 Abs. 1 Nr. 1 TierSchG in Betracht,
außerdem auch ein Vorgehen nach §§ 16 a S. 2 Nr. 1, 2 Nr. 1, 18 Abs. 1
Nr. 2 TierSchG und ggf. ein Widerruf der Erlaubnis wegen nachträglicher
Unzuverlässigkeit. Bei Schweinen wirken sich lange Standzeiten selbst bei
optimalen Temperaturbedingungen belastend aus; die Herzfrequenz steigt
auf Werte, die deutlich über dem während des Transports erreichten Ruhewert liegen und zeigt damit an, dass die Tiere leiden (vgl. *von Wenzlawowicz* et al., Berl.Münch.Tierärztl. Wschr. 1994, 237, 239).

§ 5 Verladen

(1) ¹Wirbeltiere dürfen nur unter Vermeidung von Schmerzen, Leiden oder Schäden verladen werden. ²Insbesondere dürfen hierbei
1. Säugetiere nicht am Kopf, an den Ohren, an den Hörnern, an den Beinen, am Schwanz oder am Fell hochgehoben oder gezogen und
2. Vögel nicht am Kopf oder am Gefieder hochgehoben

werden. ³Dies gilt nicht für die Anwendung anerkannter tierartspezifischer Fixationsmaßnahmen.

(2) ¹Der Beförderer und der Transportführer haben sicherzustellen, daß
1. für das Verladen der Tiere geeignete Vorrichtungen wie Brücken, Rampen oder Stege (Verladeeinrichtungen) verwendet werden, die mindestens den Anforderungen nach Anlage 1 entsprechen,
2. die Bodenfläche der Verladeeinrichtung so beschaffen ist, daß ein Ausrutschen der Tiere verhindert wird,
3. Verladeeinrichtungen mit einem Seitenschutz versehen sind, der so beschaffen ist, daß die Tiere ihn nicht überwinden, keine Gliedmaßen herausstrecken und sich nicht verletzen können, und
4. mechanische Vorrichtungen, in denen Säugetiere hängend verladen werden, nicht verwendet werden.

²Satz 1 gilt nicht beim Transport in Behältnissen. ³Satz 1 Nr. 3 gilt nicht, wenn die Verladehöhe weniger als 50 Zentimeter beträgt und die Tiere einzeln geführt werden.

(3) ¹Treibhilfen dürfen nur zum Leiten der Tiere verwendet werden. ²Die Anwendung elektrischer Treibhilfen ist verboten. ³Abweichend von Satz 2 ist die Anwendung elektrischer Treibhilfen bei gesunden und nicht verletzten über einem Jahr alten Rindern und über vier Monate alten Schweinen, die die Fortbewegung verweigern, zulässig. ⁴Sie dürfen nur insoweit und in solchen Abständen angewendet werden, wie dies zum Treiben der Tiere unerläßlich ist; dabei müssen die Tiere Raum zum Ausweichen haben. ⁵Die Stromstöße dürfen nur auf der Hinterbeinmuskulatur und mit einem Gerät verabreicht werden, das auf Grund seiner Bauart die einzelnen Stromstöße automatisch auf höchstens zwei Sekunden begrenzt.

(4) ¹Werden warmblütige Wirbeltiere verschiedener Arten in demselben Transportmittel befördert, so sind sie nach Arten zu trennen. ²Dies gilt nicht für Tiere, bei denen die Trennung eine Belastung darstellen könnte. ³Tiere, die gegenüber anderen Tieren nachhaltig Unverträglichkeiten zeigen, oder gegen die sich nachhaltig aggressives Verhalten richtet, sind getrennt zu befördern. ⁴Werden Tiere verschiedenen Alters in demselben Transportmittel befördert, so sind ausgewachsene Tiere und Jungtiere voneinander getrennt zu halten. ⁵Satz 4 gilt nicht für säugende Tiere mit nicht abgesetzter Nachzucht oder Säugetiere, die noch nicht an das selbständige Aufnehmen von Futter und Trank gewöhnt sind. ⁶Werden Tiere in Gruppen verladen, sollen deren Gewichtsunterschiede 20 vom Hundert – bezogen auf das schwerste Tier – nicht überschreiten.

(5) ¹Anbindevorrichtungen dürfen nur verwendet werden, wenn den Tieren hierdurch keine vermeidbaren Schmerzen, Leiden oder Schäden entstehen können. ²Sie müssen so beschaffen sein, daß sie den zu erwartenden Belastungen standhalten und die Tiere Futter und Wasser aufnehmen sowie, mit Ausnahme erwachsener Pferde, sich niederlegen können. ³Tiere dürfen nicht an Hörnern oder Nasenringen angebunden werden.

(6) Wirbeltiere dürfen in Transportmitteln nicht zusammen mit Transportgütern verladen werden, durch die Schmerzen, Leiden oder Schäden der Tiere verursacht werden können.

Zu Abs. 1. Für das Verladen (also das Ein- und Ausladen, vgl. § 2 Nr. 4) 1
gilt ebenfalls das Gebot, die Belastungen der Tiere zu minimieren. Die Aufzählung einzelner Verbotstatbestände in S. 2 ist nur beispielhaft gemeint („insbesondere"; vgl. BR-Drucks. 836/96 S. 51). Verboten ist grds. jede Maßnahme, die beim Ein- oder Ausladen zu Schmerzen, Leiden oder Schäden führt, da sich der Zweck des Verladens auch ohne derartige Belastungen erreichen lässt, sofern mit sachkundigem Personal und ohne Hektik gearbeitet wird und die Treibgänge und Verladeeinrichtungen tiergerecht ausgestaltet sind. – Beim Einfangen, Einpacken und Verladen von Masthähnchen wird dagegen besonders häufig verstoßen: Es wird unter hohem Zeitdruck gearbeitet (Aufladeraten von bis zu 8500 Tieren pro Stunde); beim Ergreifen der Tiere an den Extremitäten und dem Tragen von mehreren Tieren in einer Hand kommt es zu Verletzungen der Flügel und zu Frakturen an Füßen, Ober- und Unterschenkeln, die mit erheblichen Schmerzen und Leiden verbunden sind und durch Blutungen die Schlachtkörperqualität nachteilig beeinflussen. – „Hähnchenfangmaschinen" bestehen meist aus mehreren senkrecht angeordneten rotierenden Walzen, die sich gegeneinander in Richtung eines Förderbandes bewegen und die Tiere mit langen, flexiblen Gummifingern erfassen und auf das Förderband setzen. In einer gutachterlichen Stellungnahme des Instituts für Tierhygiene und Tierschutz der Tierärztl. Hochschule Hannover v. 12. 2. 1998 heißt es dazu u. a.: Gegenüber dem praxisüblichen Handfang komme es zu weniger Verletzungen im Bereich der Beine; etwa gleich geblieben seien aber die Verletzungsraten im Bereich der Flügel; bei zu hohen Laufgeschwindigkeiten der Förderbänder könne es zu einer starken psychischen und physischen Belastung der Tiere kommen; eine vorschriftsmäßige Tierdichte in den Transportcontainern könne nur bei sehr großer Erfahrung des Verladepersonals eingehalten werden. Auch diese Technik führt also voraussehbar zu Verletzungen und Leiden, die sich mit einem höheren Arbeits- und Zeitaufwand beim Verladen vermeiden ließen (s. dazu auch TierSchG § 1 Rn. 41). An dem o. e. Gutachten ist problematisch, dass es sich nur am „praxisüblichen Handfang" ausrichtet statt auch an den Anforderungen des Gesetzes und der VO.

Zu Abs. 2. Für das Verladen geeignete Vorrichtungen sind solche, die das 2
selbständige Vorwärtsgehen der Tiere fördern. Neben den Anforderungen nach Anlage 1 (insbes. keine Neigungswinkel > 20 Grad) gehören dazu: Alle Gänge müssen rutschfest, breit genug und möglichst ohne Stufen sein; die Treibstrecke soll nach vorn klar einsehbar und nach den Seiten durch blickdichte Wände abgeschirmt sein; Engstellen, Hindernisse, Pfützen, querliegende Rohre etc. können ein Scheuen der Tiere bewirken und sind zu vermeiden; der Fahrzeuginnenraum soll beim Einladen heller sein als der Treibweg; die Ladeklappe darf nicht enger sein als die Rampe; scharfe Kanten, Ecken und Vorsprünge sind zu beseitigen; bei ebenerdigen Rampen lässt sich das Verladen am einfachsten ausführen. Beim Treiben sollte jede Stock grds. nur als verlängerter Arm eingesetzt werden; ein häufiger Fehler ist das Treiben zu großer Gruppen (*TVT*, Tierschutzgerecht transportieren I, S. 14, 15). Falsch ist auch ein Treiben unter Zeitdruck oder in lauter, hektischer Atmosphäre oder mit Hilfe unsachgemäß eingesetzter Schlagstempel.

– Der nach Nr. 3 erforderliche Seitenschutz sollte, um Verletzungen zu verhindern, bei Schweinen bis 70 cm und bei Rindern bis 110 cm über dem Boden geschlossen gefertigt sein (vgl. *von Wenzlawowicz* et al., RFL 1995, 123, 124); um ein Überspringen zu vermeiden, sollte er bei Kälbern 100 cm und bei Rindern, aber auch Schafen und Pferden 130 cm hoch sein (*TVT aaO* II S. 4, 17, 25).

3   **Zu Abs. 3.** Ein Elektrotreiber-Einsatz kommt allenfalls bei gesunden, unverletzten, über einem Jahr alten Rindern oder über vier Monate alten Schweinen in Betracht. – Weitere Zulässigkeitsvoraussetzung ist aber, dass er unerlässlich ist. Dies ist praktisch nie der Fall, denn: „Auf einer guten Treibstrecke benötigt man keinen Elektrotreiber" (*TVT* aaO I S. 14; vgl. auch EU-SCAHAW-Report Tiertransporte S. 36: „Elektrische Treiber können nen starken Schmerz und starke Angst hervorrufen, und ihre Benutzung geht mit schlechter Fleischqualität einher, sowohl bei Schweinen als auch bei anderen Tierarten"). Ist die Treibstrecke tiergerecht und das Personal sachkundig, so kann das Ziel, die Tiere in bzw. aus dem Lkw zu bringen, stets mit schonenderen Mitteln erreicht werden. Der damit möglicherweise verbundene Mehraufwand an Arbeit, Zeit und/oder Kosten begründet keine Unerlässlichkeit (s. TierSchG § 1 Rn. 41). – Der Elektrotreibereinsatz widerspricht auch dem Verbraucherschutz: Bei Schweinen führt er zum Anstieg der Herzfrequenz und einer extremen Stresshormonausschüttung, die unmittelbar den Anteil an PSE-Fleisch erhöht (vgl. *von Mickwitz* et al., Schweinezucht u. Schweinemast 1993, S. 28, 29); bei Rindern bewirkt vermehrte Erregung vor dem Schlachten ebenfalls nachteilige Fleischqualitätsabweichungen (vgl. *Troeger* in: *Sambraus/Steiger* S. 513, 514). – Vgl. auch S. 3 letzter Halbsatz und S. 4: Kein Einsatz bei fehlender Ausweichmöglichkeit; nur Geräte, die durch eine automatische Abschaltung des Stroms nach spätestens zwei Sekunden eine längere Stromeinwirkung verhindern.

4   **Zu Abs. 4.** Voneinander zu trennen sind: Unterschiedliche Tierarten; Tiere, die nachhaltige Aggressionen zeigen oder ihnen ausgesetzt sind; Jungtiere von ausgewachsenen Tieren (Ausnahmen: Muttertiere und gesäugte Jungtiere); Tiere mit mehr als 20% Gewichtsunterschied; nicht kastrierte männliche Nutztiere von weiblichen Tieren (vgl. § 23 Abs. 4). – Der Grundsatz, Belastungen zu minimieren (s. § 4) kann weitere Trennungen vorschreiben. So sollten Schweinegruppen oder Gruppen von erwachsenen männlichen Rindern aneinander gewöhnt sein und nicht mit Tieren aus anderen Ställen oder Höfen vermischt werden, weder vor noch während dem Transport (Gefahr von Rangkämpfen, Verletzungen, Stress, Überhitzung); auch bei Pferden, Kälbern und Widdern kann das Mischen mit unbekannten Tieren nachteilige Effekte haben (vgl. EU-SCAHAW-Report Tiertransporte 6.6). Bei Schlachttieren sollte eine Tiergruppe möglichst vom Maststall bis zur Tötungsbucht auf dem Schlachthof als Einheit transportiert werden (vgl. *TVT* aaO I S. 12). Die gegenteilige Praxis vieler Beförderungsunternehmen, die auf einer einzigen Fahrt möglichst viele Tiergruppen aus verschiedenen Höfen aufladen, ohne Rücksicht auf den Stress durch Standzeiten und Gruppenvermischungen, beeinträchtigt den Tier- und den Verbraucherschutz (u. a. Fleischqualitätsmängel infolge Erregung der Schlachttiere).

Zu Abs. 5. Tiere auf dem Straßentransport sollten während der Fahrt 5
nicht angebunden sein. Wenn zur Verladung eine Anbindung notwendig ist,
muss sie vor der Abfahrt gelöst werden (EU-SCAHAW- Report 12.3, 31
unter Hinweis auf die Notwendigkeit von geeigneten Boxen oder Ställen auf
den Fahrzeugen).
Ordnungswidrigkeiten. Nahezu alle wichtigen Gebote und Verbote sind 6
bußgeldbewehrt, § 42 Abs. 1 Nr. 2.

§ 6 Ernähren und Pflegen

(1) Der Beförderer hat sicherzustellen, daß der Transport zum Ernähren und Pflegen der Wirbeltiere unter Berücksichtigung von Anzahl und Art der Tiere sowie der Dauer des Transports von ausreichend vielen Personen mit den hierfür notwendigen Kenntnissen und Fähigkeiten begleitet wird. Dies gilt nicht, wenn

1. die Tiere in Behältnissen befördert werden, die über geeignete Fütterungs- und auslaufsichere Tränkvorrichtungen verfügen, und Nahrung und Flüssigkeit für einen mindestens doppelt so langen Transport wie den geplanten beigegeben sind,
2. der Transportführer diese Verpflichtung des Beförderers übernimmt oder
3. der Absender einen Beauftragten bestimmt hat, der das Ernähren und Pflegen der Tiere an geeigneten Aufenthaltsorten sicherstellt.

(2) ¹Der Beförderer hat sich zu vergewissern, daß
1. der Empfänger die für die Übernahme der Tiere notwendigen Vorkehrungen und,
2. im Falle eines Transports nach Absatz 1 Satz 2 Nr. 3, der Absender die notwendigen Vorkehrungen zum Ernähren und Pflegen der Tiere während des Transports

getroffen hat. ²Ist es im Falle eines Transports nach Absatz 1 Satz 2 Nr. 1 nicht möglich, die Behältnisse einzusehen, so hat sich der Beförderer in den Fällen, in denen der Absender die Tiere in die Behältnisse verbringt, schriftlich bestätigen zu lassen, daß die Anforderungen nach Absatz 1 Satz 2 Nr. 1 von diesem erfüllt sind.

(3) ¹Im Rahmen ihrer Verpflichtung nach Absatz 1 haben der Beförderer, der Transportführer oder der Beauftragte des Absenders sicherzustellen, daß die Wirbeltiere unter Beachtung der Anforderungen der Anlage 2 ernährt und gepflegt werden. ²Sofern in Anlage 2 oder in § 30 oder 31 nichts anderes bestimmt ist, ist hierbei sicherzustellen, daß Säugetiere und Vögel während des Transports spätestens nach jeweils 24 Stunden gefüttert und spätestens nach jeweils 12 Stunden getränkt werden. ³Die nach den Sätzen 1 und 2 einzuhaltenden Fristen können im Einzelfall um höchstens zwei Stunden überschritten werden, wenn dies für die Tiere weniger belastend ist. ⁴Das Füttern und Tränken kann entfallen, wenn die Tiere während des Transports jederzeit Zugang zu Nahrung und Flüssigkeit haben.

(4) Für das Ernähren und Pflegen der Tiere muß eine geeignete Beleuchtung vorhanden sein.

TierSchTrV *Tierschutztransportverordnung*

1   **Zu Abs. 1.** Grds. ist der Beförderer (vgl. § 2 Nr. 10) verantwortlich für die Ernährung und Pflege während des Transports; er muss deshalb dafür sorgen, dass der Transport von einer ausreichenden Anzahl sachkundiger Betreuer begleitet wird. Ausnahmen: Bei Beförderung in Behältnissen, die für die doppelte Transportzeit eine Vorrats-Versorgung gewährleisten (Nr. 1); wenn der Transportführer (vgl. § 2 Nr. 11) diese Verpflichtung übernommen hat (Nr. 2); wenn der Absender einen Beauftragten zur Ernährung und Pflege an geeigneten Aufenthaltsorten bestimmt hat (Nr. 3).

2   **Zu Abs. 2.** Auch bei Vorliegen einer der Ausnahmen nach Abs. 1 muss sich der Beförderer iS von Abs. 2 S. 1 Nr. 1 und Nr. 2 vergewissern. Nach S. 2 muss er sich – wenn die Beförderung in nicht einsehbaren Behältnissen erfolgt – die ausreichende Vorratsversorgung vom Absender schriftlich bestätigen lassen.

3   **Zu Abs. 3.** Für Nutztiere (vgl. § 2 Nr. 1) gelten beim Transport in Spezialfahrzeugen, die den Anforderungen von § 24 Abs. 3 genügen, die Ernährungs-, Pflege- und Ruheintervalle nach Anlage 2. Außerhalb des Geltungsbereichs von Anlage 2 (d.h. beim Transport anderer Tiere oder wenn das Fahrzeug nicht § 24 Abs. 3 entspricht) gilt gemäß S. 2, dass Säugetiere und Vögel zumindest alle 12 Stunden zu tränken und alle 24 Stunden zu füttern sind (Spezialvorschriften s. § 30 oder § 31; vgl. aber auch EU-SCAHAW-Report Tiertransporte 8.6: Schweine haben nach acht oder mehr Stunden Transportzeit das starke Bedürfnis, zu fressen und zu trinken; bei Schafen besteht jedenfalls nach 12 Stunden ein starkes Bedürfnis zum Fressen). Diese Fristen können nach S. 3 geringgradig (maximal zwei Stunden) überschritten werden, wenn dies im Interesse der Tiere liegt, zB wenn bei Überschreitung des Intervalls um diesen Zeitraum der Bestimmungsort erreicht wird (vgl. BR-Drucks. 836/96 S. 52).

4   **Ordnungswidrigkeiten.** Nach § 42 Abs. 1 Nr. 2 sind bußgeldbewehrt: Abs. 3 S. 1 (Nichteinhaltung der Fütterungs- und Tränkintervalle und der Ruhepausen nach Anlage 2; Überschreitung der dort zugelassenen Transportzeiten) und S. 2 (Verletzung der 12- bzw. 24-Stunden-Frist für Tränkung bzw. Fütterung); nach § 42 Abs. 1 Nr. 3 außerdem Abs. 2 S. 1 Nr. 2 und S. 2.

§ 7 Anforderungen an Transportmittel

(1) [1]Wirbeltiere dürfen nur in Transportmitteln befördert werden, die so beschaffen sind, daß die Tiere sich nicht verletzen können. [2]Transportmittel müssen insbesondere
1. aus gesundheitsunschädlichem Material hergestellt sein,
2. sich in technisch und hygienisch einwandfreiem Zustand befinden,
3. allen Transportbelastungen sowie Einwirkungen durch die Tiere ohne eine für die Gesundheit der Tiere nachteilige Beschädigung standhalten,
4. den Tieren Schutz vor schädlichen Witterungseinflüssen und starken Witterungsschwankungen bieten,
5. bezüglich des Luftraums den Transportbedingungen und der jeweiligen Tierart angepaßt sein,

§ 7 Anforderungen an Transportmittel **TierSchTrV**

6. über Einrichtungen verfügen, die gewährleisten, daß für die Tiere jederzeit eine ausreichende Lüftung sichergestellt ist,
7. über einen rutschfesten Boden verfügen, der
   a) stark genug ist, das Gewicht der beförderten Tiere zu tragen,
   b) so beschaffen ist, daß die Tiere sich nicht verletzen können, auch wenn der Boden nicht dicht gefugt ist oder Löcher aufweist,
   c) mit einer ausreichenden Menge Einstreu zur Aufnahme der tierischen Abgänge bedeckt ist, sofern der gleiche Zweck nicht durch ein anderes Verfahren erreicht wird,
8. so beschaffen sein, daß die Tiere nicht entweichen und sich nicht verletzen können, auch wenn sie einzelne Körperteile herausstrecken,
9. über Türen, Deckel oder Ladeklappen verfügen, die sicher schließen und die sich nicht selbsttätig öffnen können.

(2) ¹Der Beförderer muß ferner sicherstellen, daß Transportmittel an gut sichtbarer Stelle der Außenseite mit der Angabe „lebende Tiere" oder einer gleichbedeutenden Angabe sowie mit einem Symbol für lebende Tiere versehen sind. ²Die Transportmittel müssen leicht zu reinigen und zu desinfizieren sein.

(3) Transportfahrzeuge müssen
1. soweit notwendig über Vorrichtungen verfügen, an denen
   a) Trennwände befestigt werden können,
   b) Tiere sicher angebunden werden können,
2. ausgenommen Transporte in Behältnissen nach § 6 Abs. 1 Satz 2 Nr. 1 so konstruiert sein, daß jedes einzelne Säugetier im Bedarfsfall von einer Person erreicht werden kann,
3. mit einem festen Dach oder einer wasserdichten Plane versehen sein. Dies gilt nicht für den Transport von Geflügel auf offenen Lastwagen, wenn technische Einrichtungen verfügbar sind, mit denen die Tiere bei ungünstiger Witterung, insbesondere vor Nässe oder niedrigen Temperaturen, geschützt werden können.

Zu Abs. 1. Nach S. 1 darf weder durch die Konstruktion noch durch die Ausstattung der Transportmittel (vgl. § 2 Nr. 3) eine Verletzungsgefahr entstehen. Darüber hinaus müssen auch Gefahrenquellen, die (zwar keine Verletzungen, aber andere) Schmerzen, Leiden oder Schäden herbeiführen können, ausgeschlossen sein; dies folgt aus S. 2 Nr. 1–9 sowie aus § 1 S. 2 TierSchG (vgl. *L/M* TierSchTrV § 7 Rn. 2, „Vorsorgegrundsatz"; vgl. auch BR-Drucks. 836/96 S. 53: „Konstruktion und Ausstattung der Transportmittel sollen jede vermeidbare Gefahr für das Wohlbefinden der Tiere ausschließen"). Beispiel: Bei Schaftransporten dürfen Spalten zwischen Rampe und Seitenwänden sowie zwischen Rampe und Fahrzeug nicht breiter als 1,5 cm sein, da die Tiere sonst mit ihren schlanken Gliedmaßen hängen bleiben können (vgl. *TVT,* Tierschutzgerecht transportieren II S. 20). 1

Zu Abs. 2. Täter eines Verstoßes gegen Abs. 2 S. 1 i.V.m. § 42 Abs. 1 Nr. 4 ist nur der Beförderer (vgl. § 2 Nr. 10); wer nicht Beförderer ist kann aber Beteiligter iS von § 14 Abs. 1 OWiG sein (vgl. BayObLG NuR 2002, 184 ff.). 2

TierSchTrV *Tierschutztransportverordnung*

3   Zu Abs. 3 Nr. 2. Die Konstruktion des Transportfahrzeuges und die Ladedichte müssen ermöglichen, dass jedes einzelne Säugetier auf dem Fahrzeug von einer Person, insbes. dem Tierarzt, erreicht, individuell untersucht und wenn nötig behandelt werden kann. Dagegen wird u. a. verstoßen, wenn die Innenhöhe zu gering ist, wenn einzelne Tiere durch andere verdeckt sein können oder wenn sich die Tiere in Behältnissen oder Kästen befinden (vgl. EU-SCAHAW-Report Tiertransporte 12.1, 4, 5). Eine Ausnahme erlaubt die VO nur für Transporte in Behältnissen mit Vorratsversorgung für die doppelte Transportzeit, § 6 Abs. 1 S. 2 Nr. 1. In der Praxis wird dieses Gebot häufig nicht eingehalten.

4   **Ordnungswidrigkeiten** bilden Verstöße gegen Abs. 1 S. 1 (s. § 42 Abs. 1 Nr. 1; es reicht aus, dass aufgrund der Beschaffenheit des Transportmittels die Gefahr einer Verletzung besteht) und gegen Abs. 2 S. 1 (vgl. § 42 Abs. 1 Nr. 4; s. auch Rn. 2).

§ 8 Bescheinigungen

¹Behördliche Bescheinigungen nach dieser Verordnung müssen der zuständigen Behörde im Original oder im Falle des § 40 Satz 3 in beglaubigter Kopie vorgelegt werden und in deutscher Sprache ausgestellt oder mit einer amtlich beglaubigten deutschen Übersetzung versehen sein. ²Bescheinigungen über Transporte, die für einen anderen Mitgliedstaat bestimmt sind, müssen zusätzlich in einer Amtssprache dieses Mitgliedstaates ausgestellt sein. ³Satz 1 gilt entsprechend für die Transporterklärung und den Transportplan.

§ 9 Planung

Der Beförderer muß den Transport so planen und solche Vorkehrungen treffen, daß die Tiere während des Transports auch dann mindestens in ihrer Art und ihrer Entwicklung angemessenen Zeitabständen gefüttert und getränkt werden können, wenn aus unvorhersehbaren Umständen der Transport nicht wie geplant durchgeführt werden kann.

§ 10 Transporterklärung

Der Beförderer und der Transportführer haben sicherzustellen, daß beim Transport von Wirbeltieren eine Erklärung mitgeführt wird, die folgende Angaben (Transporterklärung) enthält:
1. Herkunft und Eigentümer der Tiere,
2. Versandort und Bestimmungsort sowie
3. Tag und Uhrzeit des Verladebeginns.

Die Transporterklärung ist immer mitzuführen, auch dann, wenn nach § 34 Abs. 1 ein Transportplan mitgeführt werden muss oder wenn die geforderten Angaben bereits nach anderen Vorschriften vorgesehen sind (zB nach der ViehverkehrsVO).

§ 11 Erlaubnis und Registrierung

(1) Gewerbliche Beförderer von Wirbeltieren bedürfen der Erlaubnis der zuständigen Behörde.

(2) Im Inland ansässige gewerbliche Beförderer haben bei dem Antrag auf Erteilung der Erlaubnis nach Absatz 1 folgende Angaben zu machen:
1. Name und Anschrift des Beförderers,
2. Art der Wirbeltiere, deren Transport beabsichtigt ist, sowie
3. Art, Anzahl und amtliches Kennzeichen, verfügbare Ladefläche, Art der Fütterungs-, Tränk- und Belüftungseinrichtungen der Transportfahrzeuge.

(3) ¹Die Erlaubnis wird im Inland ansässigen gewerblichen Beförderern erteilt, wenn
1. die für die Tätigkeit verantwortliche Person zuverlässig im Hinblick auf den Tierschutz ist und
2. die der Tätigkeit dienenden Einrichtungen und Transportmittel den Anforderungen dieser Verordnung entsprechen.

²Die Erlaubnis kann mit Auflagen und unter Bedingungen erteilt werden. ³Die zuständige Behörde erfaßt die Betriebe, denen eine Erlaubnis erteilt wurde, unter Erteilung einer Registriernummer in einem Register. ⁴Die Registernummer ist zwölfstellig und wird aus der für die Gemeinde des Betriebes vorgesehenen amtlichen Schlüsselnummer des vom Statistischen Bundesamt herausgegebenen Gemeindeschlüsselverzeichnisses sowie einer vierstelligen Betriebsnummer gebildet.

(4) Die Erlaubnis, die die zuständige Behörde eines anderen Mitgliedstaates entsprechend den Bestimmungen des Artikels 5 Abschnitt A Nr. 1 Buchstabe a Doppelbuchstabe ii der Richtlinie 91/628/EWG des Rates vom 19. November 1991 über den Schutz von Tieren beim Transport sowie zur Änderung der Richtlinien 90/425/EWG und 91/496/EWG (ABl. EG Nr. L 340 S. 17), zuletzt geändert durch Verordnung (EG) Nr. 1255/97 des Rates vom 25. Juni 1997 (ABl. EG Nr. L 174 S. 1), einem in ihrem Zuständigkeitsbereich ansässigen oder einem gewerblichen Beförderer, der in einem Drittland ansässig ist, erteilt hat, steht der Erlaubnis nach Absatz 1 gleich.

(5) Änderungen im Hinblick auf die Angaben nach Absatz 2 sind der zuständigen Behörde unverzüglich anzuzeigen.

(6) Eine amtlich beglaubigte Kopie der Erlaubnis ist in jedem Transportfahrzeug mitzuführen.

Zu Abs. 1. Von diesem durch die Erste ÄndVO 1999 eingeführten Erlaubnisvorbehalt werden alle gewerbsmäßigen Tiertransporteure unabhängig von ihrem Geschäftssitz erfasst (vgl. amtl. Begr., BR-Drucks. 1005/98 S. 13). Auch der im Ausland ansässige Beförderer muss also, wenn er in oder durch Deutschland Tiere transportieren will und gewerbsmäßig handelt, eine Erlaubnis vorlegen können. Ermächtigungsgrundlage ist § 2a Abs. 2 S. 2 Nr. 6 TierSchG. – Gewerblicher Beförderer ist, wer gewerbsmäßig befördern will (vgl. L/M § 11 TierSchTrV Rn. 1). Gewerbsmäßig handelt, wer die Tätigkeit selbständig, planmäßig, fortgesetzt und mit der Absicht der Gewinnerzielung ausübt (s. auch TierSchG § 11 Rn. 9 und AVV Nr. 12.2.1.5).

1

TierSchTrV *Tierschutztransportverordnung*

2 **Zu Abs. 2 und 3.** Erlaubnisvoraussetzungen sind: **1.** Tierschutzrechtliche Zuverlässigkeit der verantwortlichen Person. Bereits ein einzelner Verstoß gegen eine tierschutzrechtliche oder ähnliche Bestimmung kann Zweifel an der Zuverlässigkeit begründen, wenn er genügend schwer wiegt; ebenso mehrere, für sich genommen zwar jeweils leichte, in der Summe aber schwer wiegende Verstöße (s. auch TierSchG § 11 Rn. 18) – **2.** Sämtliche Einrichtungen und Transportmittel müssen allen Anforderungen der VO entsprechen; verbleibende Zweifel gehen zu Lasten des Beförderers (s. auch TierSchG § 11 Rn. 19). – Die Behörde kann der Erlaubnis Auflagen und Bedingungen beifügen, insbesondere solche, die gewährleisten sollen, dass die Voraussetzungen der Erlaubnis bei ihrer Erteilung erfüllt sind und während ihrer gesamten Geltungsdauer erhalten bleiben (zu Auflagen und Bedingungen s. auch TierSchG § 11 Rn. 22).

3 **Zu Abs. 4.** Auch gewerbliche Beförderer mit Sitz in einem Drittland brauchen eine Erlaubnis (vgl. Art. 5 Abschnitt A Nr. 1 lit. a, ii der EU-Tiertransportrichtlinie). Im Regierungsentwurf zur Ersten ÄndVO war vorgesehen, ihnen an der Grenze auf Antrag die Erlaubnis allein aufgrund bestimmter, schriftlich abgegebener Erklärungen zu erteilen; dies wurde aber vom Bundesrat wegen der darin liegenden Benachteiligung der inländischen Beförderer abgelehnt (vgl. BR-Drucks. 1005/98, Beschluss S. 2).

4 **Ordnungswidrigkeiten.** Wer als gewerblicher Beförderer ohne Erlaubnis ein Wirbeltier befördert, handelt ordnungswidrig nach § 42 Abs. 1 Nr. 6 (bloßes Nicht-Mitführen einer beglaubigten Kopie der Erlaubnis entgegen Abs. 6 reicht nicht aus); der Transportführer und andere Personen können Beteiligte nach § 14 Abs. 1 OWiG sein.

§ 11 a Widerruf, Rücknahme und Ruhen der Erlaubnis

(1) ¹Die zuständige Behörde kann das Ruhen der Erlaubnis bis zur Beseitigung der Rücknahme- oder Widerrufsgründe anordnen, wenn

1. die Voraussetzungen für einen Widerruf oder eine Rücknahme vorliegen oder
2. Auflagen nicht, nicht richtig oder nicht rechtzeitig erfüllt oder Fristen nicht eingehalten werden

und Tatsachen die Annahme rechtfertigen, daß der Mangel innerhalb einer angemessenen Frist behoben werden kann. ²Die Bestimmungen des Verwaltungsverfahrensrechts betreffend die Aufhebung von Verwaltungsakten bleiben unberührt.

(2) **Die zuständige Behörde macht den Widerruf und die Rücknahme der Erlaubnis im Bundesanzeiger bekannt.**

Die Rücknahme der Erlaubnis richtet sich nach § 48, der Widerruf nach § 49 VwVfG. Da die Voraussetzungen der Erlaubnis während ihrer gesamten Geltungsdauer erfüllt sein müssen, kommt insbesondere ein Widerruf wegen nachträglich eingetretener Unzuverlässigkeit der verantwortlichen Person oder auch des Beförderers selbst in Betracht, vgl. § 49 Abs. 2 Nr. 3

§ *13 Sachkunde*   **TierSchTrV**

VwVfG (s. auch TierSchG § 11 Rn. 26). Zusätzlich gibt § 11a Abs. 1 S. 1 Nr. 1 der Behörde die Möglichkeit, als milderes Mittel gegenüber dem Beförderer das Ruhen der Erlaubnis anzuordnen, wenn der Mangel, der den Rücknahme- oder Widerrufsgrund bildet, behebbar erscheint. Eine Minderung der Befugnisse aus dem VwVfG ist damit nicht verbunden. – Nach Abs. 1 S. 1 Nr. 2 kann das Ruhen der Erlaubnis auch bei einem Auflagenverstoß oder bei Nichteinhaltung einer Frist angeordnet werden, unabhängig davon, ob auch die Voraussetzungen für einen Widerruf nach § 49 Abs. 2 Nr. 2 VwVfG erfüllt sind. – Das Ruhen setzt die Erlaubnis außer Kraft. Wenn also ein Beförderer, dessen Erlaubnis ruht, dennoch ein Wirbeltier befördert, so handelt er ohne Erlaubnis und begeht eine Ordnungswidrigkeit nach § 42 Abs. 1 Nr. 6.

§ 12 Kennzeichnung

Der Beförderer und der Transportführer haben sicherzustellen, daß die Wirbeltiere oder die Behältnisse, in denen sie befördert werden, so gekennzeichnet sind, daß während des Transports die Nämlichkeit der Tiere oder der Behältnisse festgestellt werden kann.

§ 13 Sachkunde

(1) ¹Wer Tiere befördert, muß über die hierfür notwendigen Kenntnisse und Fähigkeiten (Sachkunde) verfügen. ²Satz 1 gilt nicht für Transporte in Behältnissen nach § 6 Abs. 1 Satz 2 Nr. 1.

(2) ¹Im Inland ansässige gewerbliche Beförderer haben sicherzustellen, daß ein Transport von Nutztieren und Hausgeflügel mindestens von einer Person durchgeführt oder begleitet wird, die im Besitz einer gültigen Bescheinigung der zuständigen Behörde oder der sonst nach Landesrecht beauftragten Stelle (zuständige Stelle) über ihre Sachkunde (Sachkundebescheinigung) ist, die diese Sachkundebescheinigung während des Transports mitführt. ²Satz 1 gilt nicht für Transporte in Behältnissen nach § 6 Abs. 1 Satz 2 Nr. 1.

(3) ¹Die Sachkundebescheinigung wird von der zuständigen Stelle auf Antrag erteilt, wenn die Sachkunde im Rahmen einer erfolgreichen Prüfung nach Maßgabe der Absätze 4 und 5 nachgewiesen worden ist oder die Voraussetzungen des Absatzes 7 erfüllt sind. ²Die Sachkundebescheinigung bezieht sich auf die Tierkategorie, auf die sich die Prüfung nach Absatz 4 oder die Ausbildung nach Absatz 7 erstreckt hat.

(4) ¹Auf Antrag führt die zuständige Stelle eine Prüfung der Sachkunde bezogen auf die im Antrag benannten Tierkategorien durch. ²Die Prüfung besteht aus einem theoretischen und einem praktischen Teil. ³Sie wird im theoretischen Teil schriftlich und mündlich abgelegt. ⁴Die Prüfung erstreckt sich auf folgende Prüfungsgebiete:
1. im Bereich der Kenntnisse:
   a) Grundkenntnisse der Anatomie und Physiologie,
   b) tierschutzrechtliche Vorschriften,

c) Ernähren und Pflegen von Tieren, insbesondere deren Bedarf und Verhalten,
d) Eignung und Kapazität der verschiedenen Transportmittel und
e) Maßnahmen zum Nottöten und Notschlachten von Tieren;
2. im Bereich der Fertigkeiten:
a) Vorbereitung, Organisation und Durchführung von Tiertransporten,
b) Beurteilen der Transportfähigkeit von Tieren,
c) Führen und Treiben von Tieren und
d) bei milchgebenden Kühen, Schafen und Ziegen zusätzlich Melken von Tieren.

(5) Die Prüfung ist bestanden, wenn jeweils im theoretischen und praktischen Teil mindestens ausreichende Leistungen erbracht worden sind.

(6) Eine Wiederholung der Prüfung ist frühestens nach drei Monaten zulässig.

(7) Die zuständige Stelle kann von einer Prüfung absehen, wenn

1. der erfolgreiche Abschluß eines Hochschulstudiums oder Fachhochschulstudiums im Bereich der Landwirtschaft oder Tiermedizin,
2. eine bestandene Abschlußprüfung in den Berufen Fleischer, Landwirt, Pferdewirt, Tierpfleger, Tierwirt oder anderer anerkannter Berufsabschlüsse oder Nachweise, die die erforderliche Sachkunde voraussetzen, oder
3. die regelmäßige Durchführung von gewerblichen Tiertransporten ohne Beanstandung wegen des Verstoßes gegen tierschutzrechtliche Bestimmungen seit mindestens drei Jahren vor Inkrafttreten dieser Verordnung

nachgewiesen wird und keine Bedenken hinsichtlich der erforderlichen fachlichen Kenntnisse und Fähigkeiten bestehen.

(8) Die Sachkundebescheinigung ist zu entziehen, wenn Personen wiederholt oder grob Anforderungen dieser Verordnung zuwidergehandelt haben und Tatsachen die Annahme rechtfertigen, daß dies auch weiterhin geschieht.

1   **Zu Abs. 1.** Jeder, der ein Tier befördert, muss über die notwendige Sachkunde verfügen; das gilt auch für den nicht gewerblichen Transport (vgl. § 1 Abs. 2 Nr. 2).

2   **Zu Abs. 2.** Für den gewerblichen Transport von Nutztieren (vgl. § 2 Nr. 1) und Hausgeflügel (vgl. § 2 Nr. 1 TierSchlV) bedarf es darüber hinaus einer besonderen, von der nach Landesrecht zuständigen Behörde erteilten Sachkundebescheinigung (für den Transport von Fischen bedarf es also keiner solchen Bescheinigung, wohl aber der Sachkunde nach Abs. 1). Der Beförderer muss sicherstellen, dass der Transport stets von mindestens einer Person durchgeführt oder begleitet wird, die diese Sachkundebescheinigung besitzt und mitführt. Einzige Ausnahme: Transport in Behältnissen mit gewährleisteter Vorsorge-Versorgung nach § 6 Abs. 1 S. 2 Nr. 1. Bei Verstoß liegt eine Ordnungswidrigkeit nach § 42 Abs. 1 Nr. 8 vor. Täter kann zwar nur der Beförderer (vgl. § 2 Nr. 10) sein; andere Personen, insbesondere Transportführer, können aber Beteiligte nach § 14 Abs. 1 OWiG sein.

Zu Abs. 3 und 4. Die Sachkundebescheinigung wird grds. nur aufgrund einer erfolgreichen Prüfung erteilt. Welche Kenntnisse und Fertigkeiten dabei nachgewiesen werden müssen, regelt Abs. 4 S. 4 (Beispiele für sinnvolle Prüfungsfragen und Lösungen vgl. *TVT, Tierschutzgerecht transportieren* III S. 1 ff.). 3

Zu Abs. 7. Nach Nr. 1 und 2 kann die Behörde die Sachkundebescheinigung ausnahmsweise auch ohne Prüfung erteilen, wenn bestimmte, erfolgreiche Berufs- oder Ausbildungsabschlüsse nachgewiesen werden und keine Bedenken hinsichtlich der erforderlichen fachlichen Kenntnisse und Fähigkeiten bestehen (krit. dazu *Fikuart* DTBl. 1999, 470). Solche Bedenken sind aber begründet, wenn unsicher ist, ob im Rahmen der nachgewiesenen Ausbildung etc. im Hinblick auf die betroffene Tierkategorie wirklich alle Kenntnisse und Fertigkeiten vermittelt und geprüft worden sind, auf die sich die Sachkundeprüfung nach Abs. 4 S. 4 erstreckt. – Eine weitere Ausnahme enthält Nr. 3 – Als Ausnahmevorschrift ist Abs. 7 eng auszulegen; bei Zweifeln an einer der erforderlichen Kenntnisse oder Fertigkeiten nach Abs. 4 S. 4 darf die Sachkundebescheinigung nicht ohne Prüfung erteilt werden. 4

Zu Abs. 8. Die Sachkundebescheinigung ist zu entziehen, wenn der Inhaber entweder mindestens zwei, für sich genommen jeweils leichte Verstöße oder einen groben Verstoß gegen die Anforderungen der Verordnung begangen hat und die Annahme einer Wiederholungsgefahr begründet erscheint (gebundener Verwaltungsakt, d. h. der Behörde steht kein Ermessen zu). Daraus folgt, dass sich die behördliche Prüfung von vornherein auch darauf erstrecken muss, ob bei dem Antragsteller ein derartiger Sachverhalt gegeben ist; bejahendenfalls ist die Bescheinigung zu verweigern (argumentum a maiore ad minus). 5

Vorbemerkung zu den §§ 14, 15 und 16

Hier handelt es sich um ergänzende Regelungen. Auch für Schienen-, Schiffs- und Lufttransporte gelten also die gesamten allgemeinen Vorschriften des Abschnittes 1. Ebenso gelten auch die Vorschriften der Abschnitte 2 bis 7, soweit nicht für die jeweilige Transportart ausdrücklich Ausnahmen vorgesehen oder Sonderregelungen angeordnet sind.

§ 14 Schienentransport

(1) ¹Tiere dürfen nur in gedeckten Wagen befördert werden. ²Die Wagen müssen eine hohe Fahrtgeschwindigkeit zulassen.

(2) ¹Der Beförderer und der Transportführer haben sicherzustellen, daß Einhufer angebunden befördert werden, und zwar so, daß sie bei Querverladung zu derselben Seite des Wagens schauen oder bei Längsverladung sich gegenüberstehen. ²Satz 1 gilt nicht, sofern die Tiere im Transportmittel in Einzelboxen untergebracht werden. ³Fohlen und halfterungswohnte Tiere müssen nicht angebunden werden.

(3) Die Wirbeltiere oder die Behältnisse, in denen sich Wirbeltiere befinden, müssen so verladen sein, daß sich ein Begleiter zwischen ihnen bewegen kann.

(4) Bei der Zugbildung und Verschubbewegung sind heftige Stöße der Wagen zu vermeiden.

§ 15 Schiffstransport

(1) Der Beförderer und der Transportführer haben sicherzustellen, daß beim Schiffstransport auf offenem Deck die Tiere
1. in Behältnissen untergebracht sind, die vor Verrutschen gesichert sind, oder
2. in Vorrichtungen untergebracht sind, die Schutz vor schädlichen Witterungseinflüssen und Schutz vor Seewasser bieten.

(2) Bei vorhergesagten extremen Witterungsverhältnissen, die zu Verletzungen und Schäden der Tiere führen können, dürfen Transporte nicht durchgeführt werden.

(3) Für die Betreuung der Tiere muß eine sachkundige, weisungsbefugte Person zur Verfügung stehen, die Notversorgung leisten kann.

(4) Der Beförderer und der Transportführer haben sicherzustellen, daß die Tiere angebunden oder in Verschlägen, Buchten oder Behältnissen untergebracht werden.

(5) Verschläge, Buchten und Behältnisse, in denen Tiere untergebracht sind, müssen jederzeit einsehbar und zugänglich sowie ausreichend beleuchtet und belüftet sein.

(6) ¹Der Beförderer hat sicherzustellen, daß alle Teile des Schiffes, in denen Tiere untergebracht sind, über ein wirksames Abflußsystem für flüssige tierische Abgänge verfügen. ²Das Abflußsystem ist in hygienisch einwandfreiem Zustand zu halten.

(7) Ein Instrument, mit dem Tiere im Bedarfsfall unter Vermeidung von Schmerzen oder Leiden getötet werden können, ist mitzuführen.

(8) Der Beförderer hat sicherzustellen, daß das Schiff
1. für die Dauer des Seetransports mit ausreichenden Vorräten an Trinkwasser, wenn das Schiff nicht über ein Trinkwasseraufbereitungssystem verfügt, und geeignetem Futter bestückt ist und
2. über geeignete Einrichtungen mit trockener und weicher Einstreu verfügt, in denen kranke oder verletzte Tiere abgesondert und gegebenenfalls behandelt werden können.

(9) ¹Die Absätze 1 und 2 gelten nicht für den Schiffstransport von Tieren in Schienen- oder Straßenfahrzeugen. ²Bei diesem Transport müssen die Fahrzeuge, in denen die Tiere untergebracht sind, fest verzurrt und die Tiere so untergebracht sein, daß zu jedem Tier ein direkter Zugang besteht.

§ 16 Lufttransport

(1) Luftfahrtunternehmen müssen Tiere beim Lufttransport entsprechend den Bestimmungen der IATA Richtlinien für den Transport von lebenden Tieren in der vom Bundesministerium für Umwelt, Naturschutz und Reaktorsicherheit bekanntgemachten Fassung (BAnz. Nr. 151a vom 15. August 1998) befördern.

(2) Gegen zu hohe oder zu niedrige Temperaturen oder starke Luftdruckschwankungen im Tierbereich sind die notwendigen Maßnahmen zu treffen.

(3) § 15 Abs. 7 gilt für Frachtflugzeuge entsprechend.

Abschnitt 2. Transport in Behältnissen

§ 17 Allgemeine Anforderungen

¹Behältnisse, in denen sich Wirbeltiere befinden, dürfen beim Verladen nicht gestoßen, geworfen oder gestürzt werden. ²Sie sind so zu verladen, daß sie nicht verrutschen können. ³Die Behältnisse müssen sich außer während des Verladens von Geflügel stets in aufrechter Stellung befinden.

Nach dem Anhang zur EU-Tiertransportrichtlinie gelten für den Transport in Behältnissen einige Gebote, die über den Wortlaut des § 17 hinausgehen. Die entsprechenden Gebote können aber den Allgemeinen Vorschriften der VO, insbesondere dem Vorsorgegrundsatz (s. § 7) entnommen werden (Pflicht zur richtlinienkonformen Auslegung). – Im einzelnen gilt nach Anhang Kap. I Nr. 2c: Behältnisse müssen so gebaut sein, dass sie nicht nur verletzungssicher sind, sondern den Tieren auch kein unnötiges Leiden verursacht wird (s. o. zu § 7 Abs. 1); Behältnisse sind mit einem Symbol für lebende Tiere zu kennzeichnen und müssen ein Zeichen tragen, das die Position der Tiere anzeigt; Behältnisse müssen die Überwachung und Betreuung der Tiere ermöglichen; Behältnisse müssen so aufgestellt sein, dass die Luftzufuhr nicht beeinträchtigt wird; Behältnisse müssen „beim Transport" (also auch beim Be- und Entladen vgl. Art 2 Abs. 2 lit. b der Richtlinie) stets aufrecht stehen (s. auch Nr. 30, 32 und 34b des Anhangs).

§ 18 Besondere Anforderungen an Behältnisse

¹Der Absender hat sicherzustellen, daß außer beim Lufttransport und den damit im Zusammenhang stehenden Landtransporten die Tiere nur in Behältnissen befördert werden, die den Anforderungen der Anlage 3 entsprechen, und daß, soweit in der Anlage Mindest- oder Höchstzahlen je Behältnis vorgeschrieben sind, diese eingehalten werden. ²Übernimmt der Beförderer das Verbringen der Tiere in die Behältnisse, so hat dieser dies sicherzustellen.

TierSchTrV *Tierschutztransportverordnung*

Die in Anlage 3 vorgegebenen Mindestbodenflächen, Mindesthöhen sowie Höchst- und Mindestzahlen je Behältnis sind einzuhalten. Ein Verstoß durch den Absender bzw. im Fall von S. 2 den Beförderer ist eine Ordnungswidrigkeit nach § 42 Abs. 1 Nr. 2 (Andere, denen dieses persönliche Merkmal fehlt, können nach § 14 Abs. 1 OWiG Beteiligte sein). – Die Behörde kann im Einzelfall gem. § 4 Abs. 2 i. V. m. § 16a S. 2 Nr. 1 TierSchG mehr Bodenfläche, mehr Höhe oder eine geringere Tierzahl je Behältnis anordnen, wenn dies erforderlich ist, um zu gewährleisten, dass sich alle Tiere in ihrer aufrechten Haltung normal verhalten und sich alle gleichzeitig ungestört nebeneinander hinlegen können (vgl. BR-Drucks. 836/96 S. 50 sowie Einf. Rn. 9).

§ 19 Nachnahmeversand

[1] Tiere dürfen mit Nachnahme nicht in das Ausland versandt werden. [2] Der Absender darf Tiere nur dann mit Nachnahme versenden, wenn sie schriftlich bestellt worden sind und der Empfänger schriftlich zugesichert hat, daß die Tiere sofort nach ihrem Eintreffen angenommen werden. [3] Haben Absender und Empfänger eine Erlaubnis nach § 11 des Tierschutzgesetzes, oder handeln sie gewerbsmäßig mit landwirtschaftlichen Nutztieren, so kann der Empfänger diese schriftliche Zusicherung für einen Zeitraum von jeweils höchstens 12 Monaten im voraus erteilen. [4] Die Bestellung bedarf dann nicht der Schriftform.

Die Bestimmung stellt sicher, dass dem Anliegen des Tierschutzes auch beim Nachnahmeversand entsprochen wird; zugleich trägt sie der Berufsfreiheit (Art. 12 GG) Rechnung (vgl. BVerfGE 36, 47). In das Ausland dürfen Tiere nicht mit Nachnahme versandt werden. Bei Inlandsversendung müssen zuvor eine schriftliche Bestellung und eine schriftliche Abnahmezusicherung des Bestellers vorliegen. Bei Verstoß liegt eine Ordnungswidrigkeit nach § 42 Abs. 1 Nr. 12 vor. Eine Einschränkung gilt nach S. 3, sofern Absender und Empfänger im Besitz einer Erlaubnis nach § 11 TierSchG sind (weil es sich dann um von der Behörde als zuverlässig beurteilte Geschäftspartner handelt, vgl. BR-Drucks. 836/96 S. 57).

§ 20 Pflichten des Absenders

(1) [1] Tiere dürfen nur versandt werden, wenn sich der Absender von der Richtigkeit der Empfängeranschrift überzeugt hat. [2] Auf der Sendung müssen die zustellfähigen Anschriften des Absenders und Empfängers angegeben sein. [3] Der Absender muß den Empfänger vor der Absendung über die Absende- und voraussichtliche Ankunftszeit, den Bestimmungsort sowie über die Versandart unterrichten.

(2) Der Absender hat sicherzustellen, daß nur solche Behältnisse verwendet werden, die die Tiere vor vorhersehbaren schädlichen Witterungseinflüssen schützen, oder sicherzustellen, daß während des Transports auf andere Weise der gleiche Schutz gewährt wird.

§ 22 Maßnahmen bei Ankunft der Tiere **TierSchTrV**

(3) Der Absender hat sicherzustellen, daß Tiere, deren Beförderung voraussichtlich 12 Stunden oder länger dauert, vor dem Einladen oder der Annahme durch den Beförderer gefüttert und getränkt werden; die Tiere dürfen nicht überfüttert werden.

(4) Der Absender hat sicherzustellen, daß die Tiere im Behältnis in der Lage sind, beigegebenes Futter und Trinkwasser auch während eines etwa notwendigen Rücktransports in ausreichender Menge aufzunehmen; außerdem hat er auf der Sendung Angaben über Art und Zahl der Tiere sowie über die Fütterung im Notfall zu machen.

(5) Der Absender hat sicherzustellen, daß bei Nichtabnahme einer Sendung der etwa notwendige Rücktransport spätestens mit Ablauf des Freitags oder vor Feiertagen abgeschlossen werden kann.

Abs. 1 konkretisiert den Beschleunigungsgrundsatz (s. § 4 Rn. 3). 1

Zu Abs. 4. Ob und wann Tiere während eines Transportes gefüttert und 2 getränkt werden müssen, regeln die Anlage 2 (für Nutztiertransporte in Fahrzeugen nach § 24 Abs. 3), § 30 (für Hauskaninchen, Hausgeflügel und Stubenvögel), § 31 (für Haushunde und -katzen) und § 6 Abs. 3 S. 2 für Säugetiere und Vögel im übrigen. Außerdem gilt das Gebot zu angemessener Ernährung nach § 2 Nr. 1 TierSchG für alle, also zB auch für wechselwarme Tiere. Muss einem Behältnis nach diesen Vorschriften Futter und Trinkwasser beigegeben werden, so treffen den Absender die Pflichten nach Abs. 4. Darüber hinaus gelten sie stets, wenn Tiere in Behältnissen mit Vorrats-Versorgung transportiert werden.

Zu Abs. 5. Der Absender muss sicherstellen, dass unzustellbare Tiere 3 rechtzeitig vor Beginn des Wochenendes an ihn zurückgelangen. Die Absendung muss also spätestens am Mittwoch vorgenommen sein.

Ordnungswidrigkeiten. Alle Pflichten nach § 20 sind bußgeldbewehrt, 4 vgl. § 42 Abs. 1 Nr. 13. Wer nicht Absender ist, kann nach § 14 Abs. 1 OWiG Beteiligter sein.

§ 21 Pflichten des Beförderers

Der Beförderer hat sicherzustellen, daß Wirbeltiere vor schädlichen Witterungseinflüssen geschützt werden, wenn diese für den Absender nicht vorhersehbar waren.

§ 22 Maßnahmen bei Ankunft der Tiere

(1) Wird die Abnahme verweigert oder wird die Sendung nicht abgeholt, so sind die Wirbeltiere, soweit notwendig, vom Beförderer zu ernähren und zu pflegen; sie sind mit der nächsten Möglichkeit an den Absender zurückzubefördern.

(2) Sendungen von Wirbeltieren, die beim ersten Zustellversuch nicht ausgeliefert werden können, sind bei nächster Gelegenheit, spätestens nach Ablauf von sechs Stunden, erneut zuzustellen oder mit der nächsten Möglichkeit zurückzubefördern.

TierSchTrV *Tierschutztransportverordnung*

Für die nach Abs. 1 notwendige Ernährung und Pflege (s. Anl. 2 bzw. §§ 30, 31 bzw. § 6 Abs. 3 S. 2) kann der Beförderer vom Absender nach Maßgabe der §§ 677, 679, 683, 670 BGB Aufwendungsersatz verlangen.

Abschnitt 3. Besondere Vorschriften zum Schutz von Nutztieren

§ 23 Raumbedarf und Pflege

(1) [1] Wer Nutztiere befördert, muß die Anforderungen der Anlage 4 an die Abtrennung der Tiere sowie die Mindestbodenfläche einhalten; er darf jedoch den Tieren nicht mehr als die doppelte Mindestbodenfläche nach Spalte 2 zur Verfügung stellen. [2] Geschlechtsreife männliche Rinder dürfen in Gruppen nur befördert werden, wenn die Höhe des Transportmittels bei Straßentransporten auf höchstens 50 Zentimeter über dem Widerrist begrenzt ist. [3] Bei Straßen- und Schienentransporten ist die Mindestfläche

1. bei Schweinen und bis zu 24 Monaten alten Pferden um mindestens 20 vom Hundert,
2. bei anderen Nutztieren um mindestens 10 vom Hundert

zu vergrößern, wenn bei einer Transportdauer von über acht Stunden während des Transports Außentemperaturen von mehr als 25 °C in dem zu durchfahrenden Gebiet zu erwarten sind.

(2) Der Beförderer hat sicherzustellen, daß

1. milchgebende Kühe, Schafe und Ziegen in Abständen von längstens jeweils 15 Stunden gemolken werden,
2. Schafen während des Transports Futter zur freien Aufnahme zur Verfügung steht,
3. enthornte Rinder von horntragenden Rindern getrennt befördert werden, falls dies zur Vermeidung einer Verletzungsgefahr notwendig ist,
4. Einhufer, mit Ausnahme halfterungewohnter Fohlen und in Einzelboxen beförderter Einhufer, Halfter tragen,
5. beschlagenen Einhufern, die nicht in Einzelboxen, nicht angebunden oder nicht in abgetrennten Ständen befördert werden, die Eisen der Hinterhufe abgenommen werden.

(3) Einhufer dürfen nicht mehrstöckig verladen befördert werden.

(4) [1] Geschlechtsreife männliche Nutztiere müssen von weiblichen Tieren der gleichen Art getrennt befördert werden. [2] Geschlechtsreife Eber sind von gleichgeschlechtlichen Artgenossen getrennt zu befördern. [3] Das gleiche gilt für Hengste, sofern nicht auf andere Weise eine Verletzungsgefahr ausgeschlossen werden kann.

1 **Anforderungen nach Abs. 1 i.V.m. Anlage 4.** Beim Transport von Nutztieren (vgl. § 2 Nr. 1) sind die in Anl. 4 genannten Mindestbodenflächen einzuhalten. Die VO sieht an verschiedenen Stellen Erhöhungen vor: Um 10% bei Rindern auf Schiffen im letzten Drittel der Trächtigkeit, vgl. Anl. 4 Nr. 2.2 und EU-Tiertransportrichtlinie, Anhang Kap. VI B; um 5%

bei Schafen mit einer durchschnittlichen Vlieslänge von über 2 cm, vgl. Anl. 4 Nr. 3.1.2; bei Langzeittransporten für alle Tiere um 10% und für Schweine und bis zu 24 Monate alte Pferde um 20%, wenn ein Gebiet durchfahren wird, in dem (auch nur zeitweise) mehr als 25 Grad C zu erwarten sind, vgl. Abs. 1 S. 3 Nr. 1 und 2 (bei Schafen wäre in solchem Fall ebenfalls eine Flächenvergrößerung um 20% notwendig, vgl. *TVT*, Tierschutzgerecht transportieren II S. 18). – Die Gruppengrößen, die in Anl. 4 genannt sind dürfen nicht überschritten werden. Nach Nr. 2.1.1 müssen beim Straßentransport von Rindern folgende Gruppen jeweils durch eine stabile Trennvorrichtung abgetrennt werden: Bis zu 15 Kälber; bis zu 6 erwachsene Rinder bei Querverladung; bis zu 8 erwachsene Rinder bei anderer Verladung. Dass diese Höchstwerte nur für den Straßentransport angeordnet sind, ist unverständlich, da beim Schienentransport dieselben Beschleunigungskräfte auf die Tiere einwirken können (vgl. *Fikuart* DTBl. 1999, 470). Bei Schafen sind nach Nr. 3.1.1 Gruppen von bis zu 50 erlaubt; der Vorsorgegrundsatz (s. § 7) würde hier allerdings eine Beschränkung auf 15 erforderlich machen (vgl. *TVT* aaO II S. 18). – Nach S. 1 zweiter Halbsatz ist es verboten, den Tieren mehr als das Doppelte der von Anl. 4 vorgesehenen Mindestbodenfläche zur Verfügung zu stellen, weil sie sonst durch Fahrtbewegungen hin- und hergeworfen werden könnten. – Die Höhenbegrenzung nach S. 2 dient der Vermeidung von Verletzungen, die durch gegenseitiges Bespringen bei geschlechtsreifen männlichen Rindern entstehen können. Da jedoch diese Gefahr bei Schienen- und Schiffstransporten ebenso besteht, ist die Beschränkung dieser Regelung auf Straßentransporte mit dem Vorsorgegrundsatz nach § 7 kaum vereinbar (vgl. dazu BR-Drucks. 1005/98 S. 14; *Fikuart* DTBl. 1999 aaO).

Durchsetzbarkeit größerer Mindestflächen und weitergehender Anforderungen? Mit Ausnahme von Pferden muss allen Tieren nach § 4 Abs. 2 S. 2 diejenige Fläche zur Verfügung stehen, die zum gleichzeitigen gefahrlosen Liegen erforderlich ist. Dazu sind für 40 kg schwere Schafe 0,31 qm bzw. wenn sie nicht geschoren sind 0,37 qm erforderlich (vgl. EU-SCAHAW-Report Tiertransporte, 12.3, 27). – Pferde müssen, wenn sie vor Verletzungen bewahrt werden sollen, in separaten Boxen transportiert werden, wobei die Boxenlänge der Länge des Körpers + 0,6 m und die Boxenbreite der Körperbreite + 0,4 m entsprechen sollte (EU-SCAHAW-Report 12.3, 24; s. auch § 7 Rn. 1, Vorsorgegrundsatz). – Bei Rindern führen die üblichen Ladedichten dazu, dass einzelne Tiere niedergehen, anschließend erfolglose und erschöpfende Aufstehversuche machen und von benachbarten Tieren getreten und hierdurch verletzt werden; deswegen genügen auch hier die Flächenvorgaben der Anl. 4 nicht den Anforderungen aus § 4 Abs. 2 S. 2 (vgl. *TVT* aaO II S. 5). Bei Schweinen haben Ladedichten von mehr als 200 kg Lebendgewicht pro qm nicht nur Leiden, sondern auch einen besonders negativen Einfluss auf die Fleischqualität zur Folge (vgl. *von Wenzlawowicz*, Der Fortschrittliche Landwirt 12/1996, S. 5, 6). – Der Agrar- und der Rechtsausschuss des Bundesrats hatten aus diesen Gründen am 20. 1. 1997 gefordert, die Flächen jedenfalls bei einer erwartbaren Transportdauer von mehr als acht Stunden generell zu vergrößern, und zwar bei ausgewachsenen Pferden und Ponys um 10% und bei allen anderen Nutztieren um

20%. Begründung: Die in Anl. 4 vorgesehenen Flächen ermöglichten bei Langzeittransporten nicht, dass alle Tiere gleichzeitig liegen bzw. liegende Tiere ungehindert wieder aufstehen könnten; für die Sicherstellung eines tierschonenden Transportes sei die vorgeschlagene Vergrößerung der Mindestfläche „zwingend erforderlich" (vgl. BR-Drucks. 836/1/96 S. 6; Zurückweisung des Vorstoßes durch den Finanzausschuss). – Zumindest die Vorgaben aus dem Report des EU-SCAHAW müssten als Ausdruck des aktuellen Standes der wissenschaftlichen Erkenntnisse durchgesetzt werden, sei es über § 34 Abs. 2 S. 2, sei es mittels Verfügung gem. § 16 a S. 2, 2 Nr. 1 TierSchG.

3   **Zu Abs. 2.** Das in Nr. 1 vorgesehene Melkintervall von 15 Stunden steht in Widerspruch zu Art. 11 Abs. 2 des Europ. Tiertransportübereinkommens („Milchgebende Kühe sind in Abständen von nicht mehr als 12 Stunden zu melken"). – Nr. 2 ist auf Veranlassung des Bundesrats eingefügt worden (vgl. BR-Drucks. 836/1/96 S. 7: „Es hat sich gezeigt, dass Schafe nur dann Wasser aufnehmen, wenn sie vorher gefressen haben"). Das Futter muss so angeboten werden, dass es erkennbar von allen Tieren gleichzeitig erreichbar ist. – Bei Nr. 3 und 4 ist zu bedenken, dass Pferde gemäß dem Vorsorgegrundsatz (s. § 7 Rn. 1) generell nur in Einzelboxen transportiert werden sollten (vgl. EU-SCAHAW-Report 12.3, 24).

4   **Zu Abs. 4.** Zur Vermeidung von Verletzungen müssen geschlechtsreife Tiere nach Geschlecht getrennt befördert werden. Eber müssen jeweils einzeln befördert werden, auch bei Wurfgeschwistern, da sich unter Transportbedingungen das Sozialverhalten ändern kann (vgl. BR-Drucks. 836/96 S. 59).

5   **Ordnungswidrigkeiten.** Verstöße gegen Abs. 1 S. 1 und 2, Abs. 2, Abs. 3 und Abs. 4 sind Ordnungswidrigkeiten nach § 42 Abs. 1 Nr. 1 und 2 (zu der Möglichkeit, Verstöße gegen andere Verpflichtungen über § 18 Abs. 1 Nr. 1 oder Nr. 2 TierSchG zu ahnden, s. § 42).

§ 24 Begrenzung von Transporten

(1) ¹Liegen der Versandort und der Bestimmungsort im Inland, dürfen Nutztiere zur Schlachtstätte nicht länger als acht Stunden befördert werden. ²Dies gilt nicht, wenn die Transportdauer aus unvorhersehbaren Umständen überschritten wird.

(2) ¹Bei anderen als in Absatz 1 genannten Nutztiertransporten haben der Beförderer und der Transportführer nach einer Transportdauer von höchstens acht Stunden sicherzustellen, daß die Nutztiere entladen und im Rahmen einer 24-stündigen Ruhepause gefüttert und getränkt werden, und zwar an einem Aufenthaltsort, der von der zuständigen Behörde nach Maßgabe der Verordnung (EG) Nr. 1255/97 in der jeweils geltenden Fassung zugelassen worden ist. ²Die zuständigen obersten Landesbehörden teilen dem Bundesministerium für Verbraucherschutz, Ernährung und Landwirtschaft die Zulassung von Aufenthaltsorten und die jeweilige Zulassungsnummer sowie die Rücknahme oder den Widerruf von Zulassungen mit. ³Dieses gibt die nach Artikel 3 Abs. 3 der Verordnung (EG) Nr. 1255/97 in den Mitgliedstaa-

§ 24 *Begrenzung von Transporten* TierSchTrV

ten zugelassenen Aufenthaltsorte sowie die Rücknahme oder den Widerruf der Zulassung im Bundesanzeiger bekannt.

(3) Die Absätze 1 und 2 gelten nicht bei Straßentransporten nach Artikel 1 der Verordnung (EG) Nr. 411/98, sofern die Nutztiere nach Maßgabe der Bestimmungen der Anlage 2 befördert werden.

(4) Die Absätze 1 bis 3 gelten nicht für den Lufttransport.

(5) Auf den Schienen- und Seetransport finden die Vorschriften der Absätze 2 und 3 in Verbindung mit Anlage 2 über das Entladen und die Ruhepausen keine Anwendung.

Zu Abs. 1. Findet der Transport von Nutztieren zur Schlachtstätte nur im Inland statt (d.h.: Versand- und Bestimmungsort liegen in Deutschland), so sieht Abs. 1 eine Transportzeitbegrenzung von acht Stunden vor. Dies gilt indes nur für den Schlachttiertransport auf Normalfahrzeugen, hingegen nicht, wenn der Transport auf einem sog. Pullmann-Fahrzeug nach der Verordnung (EG) Nr. 411/98 stattfindet, vgl. Abs. 3. Von der Möglichkeit, für inländische Schlachttiertransporte eine ausnahmslose Transportzeitbegrenzung einzuführen (vgl. EU-Richtlinie Anhang Kap. VII Nr. 9) ist also in Deutschland kein Gebrauch gemacht worden. 1

Zu Abs. 2. Bei anderen Transporten, insbesondere solchen mit ausländischem Versand- und/oder Bestimmungsort, müssen die Nutztiere nach acht Stunden einen (nach Maßgabe der Verordnung EG Nr. 1255/97 zugelassenen) Aufenthaltsort erreicht haben und dort entladen und während einer 24-stündigen Ruhepause gefüttert und getränkt werden. 2

Zu Abs. 3. Für Fahrzeuge, auf denen Tiere länger als acht Stunden befördert werden sollen (sog. Pullmann-Fahrzeuge), gelten die Anforderungen der Verordnung (EG) Nr. 411/98 v. 16.2.1998 (ABl. EG Nr. L 52 S. 8). Diese sind: 1. Einstreu; 2. Futtervorräte und Fütterungsvorrichtungen; 3. direkter Zugang zu jedem Tier (dieses Erfordernis gilt gem. § 7 Abs. 3 Nr. 2 eigentlich für alle Transportfahrzeuge, wird aber in der Praxis häufig nicht beachtet, auch nicht beim Transport in Pullmann-Fahrzeugen); 4. Belüftung mit einem System, das stets betrieben werden kann, unabhängig davon, ob sich das Fahrzeug in Bewegung befindet oder nicht; 5. Trennwände; 6. Tränkvorrichtungen und Wasservorräte. – Bei Verwendung solcher Fahrzeuge bestimmen sich die zulässige Transportdauer und die notwendigen Tränk- und Fütterungsintervalle sowie Ruhepausen nach Anlage 2. Dabei muss stets beachtet werden, dass das Be- und Entladen Bestandteil des Transports ist (§ 2 Nr. 5; vgl. auch Art. 2 Abs. 2 lit. b der EU-Tiertransportrichtlinie). Die Transportphase (und somit die Frist für das erste Versorgungsintervall) beginnt deshalb nicht erst mit der Abfahrt, sondern bereits mit dem Einladen des ersten Tieres (vgl. EU-SCAHAW-Report Tiertransporte 12.1, 2). Von der vorgeschriebenen 24-stündigen Ruhezeit darf weder die Zeit für das Entladen am Aufenthaltsort noch die Zeit für das Wiedereinladen abgezogen werden (vgl. auch BR-Drucks. 836/96 S. 59, 60: „abgeladen und für mindestens 24 Stunden untergebracht"). 3

Zu Anlage 2. Nach Nr. 1 dürfen Kälber, Lämmer und Ferkel höchstens neun Stunden lang befördert werden. Anschließend sind sie mindestens eine Stunde lang zu tränken. Handelt es sich dabei um Saugkälber, so erfordert 4 deren Versorgung mit Tränkeeimern einen hohen personellen und zeitlichen Aufwand, für den eine Stunde idR nicht ausreicht; zudem müssten die Tiere, um eine ausreichende, gleichmäßige Versorgung zu gewährleisten, entladen werden (vgl. *TVT,* Tierschutzgerecht transportieren I S. 20). Deshalb spricht vieles dafür, den selbständigen Transport von Kälbern gem. § 3 Abs. 2 S. 3 erst zuzulassen, wenn sie sich ohne Muttermilch und Milchersatz mit Raufutter und Wasser selbständig ernähren können (zu den Schwierigkeiten bei der Auslegung dieser Vorschrift vgl. auch EU-Tiertransportbericht S. 17). Nach einer weiteren maximal 9 Stunden währenden Transportphase müssen die Jungtiere dann an einem Aufenthaltsort angekommen sein, der nach der Verordnung (EG) Nr. 1255/97 (ABl. EG Nr. L 174 S. 1) zugelassen ist. Dort sind sie zu entladen und während einer Ruhepause von 24 Stunden zu tränken und zu füttern. – Nach **Nr.** 2 dürfen Schweine über 30 kg für eine Transportphase von höchstens 24 Stunden befördert werden, wenn sie jederzeit Zugang zu Trinkwasser haben (zu den Zweifeln, ob dies angesichts der Enge der Fahrzeuge, der ausgeprägten sozialen Hierarchie und der besonderen Stressempfindlichkeit der Tiere gewährleistet werden kann vgl. *Bolliger* S. 250; dazu, dass Schweine bereits nach acht Stunden das starke Bedürfnis haben, zu fressen, vgl. EU-SCAHAW-Report Tiertransporte 8.6). Danach sind sie an einem zugelassenen Aufenthaltsort zu entladen und während einer 24 Stunden währenden Ruhepause zu tränken und zu füttern. – Zu Pferdetransporten s. **Nr.** 3 (vgl. auch EU-SCAHAW-Report 12.4, 37: Auf der gesamten Reise sollte Heu ad libitum zur Verfügung stehen). – Nach **Nr.** 4 sind bei Transporten von erwachsenen Rindern und Schafen 14 Stunden Transportzeit mit einer anschließenden, mindestens eine Stunde währenden Tränk- und Fütterungspause und Einstreuergänzung erlaubt; nach weiteren 14 Stunden muss dann ein zugelassener Aufenthaltsort erreicht sein, an dem die Tiere entladen werden und eine Ruhepause von 24 Stunden mit Tränkung und Fütterung erhalten. – Das EU-SCAHAW weist darauf hin, dass diese Regelung besonders für Schafe unzureichend ist: Schafe haben zumindest nach 12stündiger Transportdauer das starke Bedürfnis, zu fressen. Indes kann es sein, dass sie erst zwei oder drei Stunden nach dem Fressen zu trinken beginnen, so dass bei einer nur einstündigen Pause die Gefahr einer anschließenden Dehydrierung mit entsprechenden Leiden besteht (vgl. Report 8.6). – Das EU-SCAHAW schlägt vor, auf das Entladen an den Aufenthaltsorten künftig zu verzichten, dafür aber deutlich größere Mindestbodenflächen vorzusehen (zB 0,6 qm je 100-kg-Schwein, 0,38 bzw. 0,44 qm je 40-kg-Schaf und 2,03 qm je 500-kg-Rind) und durch kürzere Transportintervalle und längere Ruhephasen die Belastungen für die Tiere zu vermindern (vgl. Report 12.1, 7 und 12.4, 34). Es muss aber bedacht werden, dass nur das Abladen eine ordnungsgemäße Versorgung sämtlicher Tiere sicherzustellen vermag und dass nur bei entladenen Tieren zuverlässig festgestellt werden kann, ob sie auch weiterhin transportfähig sind (vgl. *Fikuart* in: *Sambraus/Steiger* S. 502). Außerdem kann das Energie-Defizit, in das die Tiere bei längeren Transporten ohne Rücksicht auf die Transportbedingungen geraten (weil sie zum Balance-Halten ständig Muskelarbeit aufwenden, ohne dies durch Futteraufnahme ausgleichen zu können), nur dadurch halbwegs ausgeglichen werden, dass sie 24 Stunden lang außerhalb des Fahrzeuges und auf Einstreu ruhen können. – Bei Einhaltung der Bestimmungen von Abs. 3 und Anlage 2 können Tiertransporte über viele Tage hinweg fortgesetzt werden; eine absolute Zeitgrenze für Tiertransporte ist nicht vorgesehen. Dabei ist aber nicht genügend bedacht worden, dass Transporte, die acht Stunden oder länger währen, auch in Pullmann-Fahrzeugen zu Leiden iS des § 1 S. 2 führen, weil die Tiere die Belastungen des Transports nur für eine begrenzte Zeit kompensieren können und danach leiden; mehrtägige Transporte bedeuten erhebliche Leiden (s. Einf. Rn. 4 und 5; vgl. auch EU-SCAHAW-Report 12.1, 1 und 12.4, 33).

Zu Abs. 5. Schienen- und Seetransporte sollen, wenn sie einmal begonnen haben, ohne zwischenzeitliches Entladen durchgeführt werden können. – Abs. 5 darf aber nicht dazu missbraucht werden, bei Tieren, die per Lkw auf Fährschiffe verbracht und dort weitertransportiert werden (sog. roll on/roll off-Verfahren), die vorgesehenen Ruhezeiten zu umgehen. Die Zeit des Weitertransports auf der Fähre ist keine Ruhezeit und das Transportschiff ist kein Aufenthaltsort iS der Verordnung EG Nr. 1255/97. Wird durch den Lkw-Transport zur Fähre, das Verladen und den anschließenden Weitertransport das zulässige Transportintervall, das seit dem Ende der letzten Ruhepause zu laufen begonnen hat, überschritten, so müssen folglich die Tiere vor ihrer Verbringung auf die Fähre an einem zugelassenen Aufenthaltsort ausgeladen und während der vorgeschriebenen 24-Stunden-Ruhepause getränkt und gefüttert werden. Die gegenteilige Praxis, die bei internationalen Rindertransporten die Zeit des Fährtransportes als „Neutralzeit" wertet, verkennt, dass nach Sinn und Zweck von Abs. 3 Rinder auf keinen Fall länger als 29 Stunden (nämlich 14 + 1 + 14, vgl. Anlage 2 Nr. 4) auf dem Transportfahrzeug verbleiben dürfen und dass Transportzeiten auf Fähren sehr belastend sind (zum Ganzen vgl. *Fikuart* TVT-Nachrichten 2/2001, 8 f.).

5

Ordnungswidrigkeiten nach § 42 Abs. 1 Nr. 1 und 2 sind: Verstöße gegen Abs. 1 S. 1 (inländischer Schlachttiertransport auf Normalfahrzeug länger als acht Stunden); Verstöße gegen Abs. 2 (Transport auf Normalfahrzeug, ohne nach acht Stunden am zugelassenen Aufenthaltsort anzukommen, zu entladen und die 24-stündige Ruhepause nebst Tränkung und Fütterung zu gewähren); Verstöße gegen § 6 Abs. 3 S. 1 i.V.m. Anlage 2 (Überschreitung der nach Anl. 2 Nr. 1–4 vorgegebenen Transportphasen; Nichteinhaltung oder Unterschreitung der vorgegebenen Tränk- und Fütterungszeiten; Nichteinhaltung oder Unterschreitung der i.V.m. dem Ausladen vorgegebenen Ruhezeiten nebst Tränkung und Fütterung).

6

§ 25 Straßentransport

(1) Nutztiere dürfen in Straßenfahrzeugen, die zum gewerblichen Transport eingesetzt werden, nur befördert werden, wenn an gut sichtbarer Stelle die Fläche und die Höhe des für die Tiere uneingeschränkt verfügbaren Raumes angegeben ist.

(2) In Straßenfahrzeugen zum mehrstöckigen Verladen dürfen Nutztiere nur befördert werden, wenn die Straßenfahrzeuge über eine Vorrichtung zum schnellen Entladen der Tiere in Notfällen verfügen.

(3) Wenn anhand des Transportplans erkennbar ist, daß unter Berücksichtigung der im Straßenverkehr geltenden Sozialvorschriften bei Einsatz nur eines Fahrers der Transport nicht ohne Einhaltung einer Ruhezeit durchgeführt werden kann, hat der Beförderer einen zweiten Fahrer einzusetzen.

(4) Der Transportführer hat seine Fahrweise den Straßen- und Verkehrsverhältnissen in der Weise anzupassen, daß keine zusätzlichen Belastungen für die Nutztiere auftreten.

1 Zu Abs. 1. Es soll ermöglicht werden, bei Kontrollen die Einhaltung der vorgeschriebenen Mindestbodenflächen und Höhen auch ohne ein Ausladen der Tiere zu überprüfen. Folglich müssen an die Festlegung der Fläche strenge, präzise Maßstäbe angelegt werden. Insbesondere sind Flächen, die für die Tiere nicht voll nutzbar sind (zB die Fläche über vorstehenden Radkästen oder Bereiche, in denen die Mindesthöhe nicht eingehalten ist), von der Gesamtfläche abzuziehen. Das Schild muss an der Außenseite des Zugwagens bzw. Anhängers so augenfällig montiert sein, dass es auch ohne gezielte Suche sogleich wahrgenommen werden kann. Bei Verstoß liegt eine Ordnungswidrigkeit nach § 42 Abs. 1 Nr. 1 vor. Täter kann sein, wer befördert oder befördern lässt, wer also an der Entscheidung, dass der Transport durchgeführt wird, zumindest mitwirkt. Neben dem Beförderer kann damit auch der Transportführer Täter sein; andere Personen kommen (je nach ihrer Entscheidungsmacht) als Täter oder Beteiligte nach § 14 Abs. 1 OWiG in Betracht (vgl. BayObLG NuR 2002, 184 ff.).

2 Zu Abs. 2–4. Nach Abs. 2 muss dafür gesorgt werden, dass auch nach Verkehrsunfällen und in anderen Notfällen (zB wenn infolge einer Schräglage des Fahrzeugs die Ladeklappe klemmt) ein schnelles Entladen möglich ist. Bei Verstoß: Ordnungswidrigkeit nach § 42 Abs. 1 Nr. 1. – Abs. 3 nimmt auf die Verordnung (EWG) Nr. 3820/85 (ABl. EG Nr. L 370 S. 1) Bezug: Danach müssen Fahrer idR schon nach acht, spätestens jedoch nach 10 Stunden Lenkzeit eine Ruhezeit von zumindest acht zusammenhängenden Stunden nehmen. Eine hierdurch verursachte Standzeit widerspräche aber dem Beschleunigungsgrundsatz (s. § 4 Rn. 3). Um derartige Standzeiten zu vermeiden, ist für solche Transporte ein zweiter Fahrer einzusetzen. Bei Verstoß: Ordnungswidrigkeit nach § 42 Abs. 1 Nr. 16. – Abs. 4 soll Belastungen aufgrund der Fahrweise, insbesondere durch rasches Beschleunigen, starkes Bremsen und schnelles Kurvenfahren, verhindern (vgl. BR-Drucks. 836/96 S. 60, 61).

§ 26 Kranke oder verletzte Nutztiere

Kranke oder verletzte Nutztiere dürfen zur Schlachtung nur befördert werden, wenn dies zur Vermeidung weiterer Schmerzen, Leiden oder Schäden erforderlich ist, es sei denn, die Tiere sind transportunfähig.

Kranke oder verletzte Nutztiere dürfen nur zur Schlachtung befördert werden. Auch dies ist nur erlaubt, soweit sie transportfähig sind. Ein Transport zu anderen Zwecken ist erst wieder zulässig, wenn die Tiere gesund sind (vgl. BR-Drucks. 836/96 S. 61). – Die Vorschrift muss richtlinienkonform ausgelegt werden: Art. 3 Abs. 1 lit. b der EU-Tiertransportrichtlinie verbietet den Transport kranker oder verletzter Tiere und erlaubt eine Ausnahme nach lit. i nur für „leicht verletzte oder leicht erkrankte Tiere, denen der Transport keine unnötigen Leiden verursachen würde"; folglich kann auch nach § 26 nur der Transport leicht erkrankter bzw. leicht verletzter Tiere erlaubt sein; auch dieser muss unterbleiben, wenn die Gefahr besteht, dass es durch den Transport zu weiteren Leiden kommt (vgl. auch EU-SCAHAW-Report Tiertransporte 12.1, 3 sowie § 3 Rn. 1). – Hinzukommen muss, dass Transport und Schlachtung „zur Vermeidung weiterer Schmerzen, Leiden oder Schäden erforderlich" sind.

§ 27 Transportunfähige Nutztiere

(1) [1] Transportunfähig sind Nutztiere, die auf Grund ihrer Krankheit oder Verletzung nicht in der Lage sind, aus eigener Kraft ohne schmerzhafte Treibhilfen in das Transportmittel zu gelangen oder bei denen auf Grund ihres Zustandes abzusehen ist, daß sie dieses aus eigener Kraft nicht wieder verlassen können. [2] Transportunfähig sind insbesondere
1. festliegende Nutztiere und Nutztiere, die nach Ausgrätschen nicht oder nur unter starken Schmerzen gehen können,
2. Nutztiere mit Gliedmaßen- oder Beckenfrakturen oder anderen Frakturen, die die Bewegung sehr behindern oder starke Schmerzen verursachen.

[3] Die Sätze 1 und 2 gelten nicht für festliegende Nutztiere, die auf Grund ihres geringen Körpergewichts ohne Zufügung von Schmerzen, Leiden oder Schäden von einer Person auf das Transportmittel getragen werden können.
[4] Außerdem gelten insbesondere Nutztiere als transportunfähig, die
1. große, tiefe Wunden haben,
2. starke Blutungen aufweisen,
3. ein stark gestörtes Allgemeinbefinden zeigen oder
4. offensichtlich längere Zeit unter anhaltenden starken Schmerzen leiden.

(2) [1] Bestehen Zweifel über die Transportfähigkeit eines kranken oder verletzten Nutztieres, so ist ein Tierarzt hinzuzuziehen. [2] Stellt dieser die Transportfähigkeit fest, so hat er dies schriftlich zu bescheinigen.

Zu Abs. 1. Transportunfähigkeit liegt vor, wenn ein Nutztier krank oder 1 verletzt ist und deswegen entweder überhaupt nicht oder nur unter Einsatz schmerzhafter Treibhilfen imstande ist, das Transportmittel aus eigener Kraft zu betreten (ein Elektrotreiber ist eine solche Treibhilfe, da er Schmerzen iS von § 1 S. 2 TierSchG auslöst, vgl. dazu EU-SCAHAW-Report 6.6: „severe fear and pain"). Ausreichend ist auch, wenn aufgrund der Krankheit oder Verletzung vorausehbar ist, dass das Tier am Ende des Transports (unter Berücksichtigung der Dauer und der Belastungen) nur noch mit Elektrotreiber-Einsatz oder anderen schmerzhaften Maßnahmen dazu zu bringen sein wird, das Transportmittel aus eigener Kraft zu verlassen (vgl. auch EU-SCAHAW-Report 12.1, 9: Transportunfähigkeit, wenn ein Tier nicht ohne Hilfe stehen sowie gehen und dabei alle vier Gliedmaßen belasten kann). – Die Beispiele nach S. 2 und S. 4 sind nicht abschließend; es gibt auch andere Belastungen, die zur Transportunfähigkeit führen können (vgl. BR-Drucks. 836/96 S. 61). Die Unfähigkeit, alle vier Extremitäten gleichmäßig zu belasten, reicht in jedem Fall aus. – Indikatoren, die ein stark gestörtes Allgemeinbefinden iS von S. 4 Nr. 3 anzeigen, können u. a. sein: Erhebliche Abweichungen von den Normalwerten bei Körpertemperatur, Atem- und Pulsfrequenz (zu den Normalwerten für Rinder, Schweine, Schafe und Pferde vgl. *TVT*, Tierschutzgerecht transportieren, II S. 2, 7, 15, 21); nachhaltige Verweigerung der Futteraufnahme; Veränderungen bei der Körperhaltung (vgl. *TVT* aaO II S. 15 und 22 für Schafe bzw. Pferde); Bewegungs- und Verhaltensänderungen; Kreislaufschwäche (bei Schweinen erkennbar anhand von roten Flecken auf der Haut, deutlich hervortretenden Ohrvenen, schnappender, sehr schneller Atmung, offenem Maul, deutlich geweiteten Nasenöffnungen); nicht oder kaum belastete Gliedmaßen (weitere Beispiele vgl. *TVT* aaO I S. 8 f.). Das Vorliegen eines dieser Indikatoren kann ausreichen. – Transportunfähige Nutztiere dürfen nicht befördert werden, auch nicht zur Schlachtung oder anderweitigen Tötung. Unzulässig ist insbesondere, ein transportunfähiges Tier auf das Fahrzeug zu ziehen, mit einem Wagen zu rollen oder auf eine andere Weise dorthin zu bringen (vgl. BR-Drucks. 836/96 S. 61). Einzige Ausnahmen: Transporte sehr leichter Tiere nach S. 3 und Transporte zum Zweck der tierärztlichen Behandlung (s. § 3 Abs. 1).

2   **Zu Abs. 2.** Untersuchungen zur Transportfähigkeit müssen erfolgen: 1. Bei diesbezüglichen Anhaltspunkten (aus Abs. 2 geht hervor, dass bei Zweifeln so lange von einer Transportunfähigkeit ausgegangen werden muss, bis der hinzugezogene Tierarzt das Tier untersucht und seine Transportfähigkeit schriftlich bescheinigt hat); – 2. bei Tiertransporten in Drittländer (vgl. § 34 Abs. 8); – 3. bei Einfuhr an der Grenze, §§ 38, 39; – 4. bei Ausfuhr an der Grenze, § 35; – 5. in den Aufenthaltsorten, bevor die Tiere diese verlassen, vgl. Art. 6 der Verordnung EG Nr. 1255/97. – Das EU-SCAHAW weist darauf hin, dass die Untersuchung auch ergeben kann, dass das Tier zwar transportfähig ist, aber nur für eine kürzere Reise als geplant bzw. nur unter Bedingungen, die über die gesetzlichen Minimalkonditionen hinausgehen müssen (vgl. Report 11.4). Es hält tierärztliche Untersuchungen zur Transportfähigkeit vor jedem Transport, der länger als acht Stunden dauern soll, für notwendig. Nach acht Stunden Transportdauer sollte dann durch die verantwortliche Person eine Untersuchung zur Fortdauer der Transportfähigkeit stattfinden; diese Untersuchungen sollten dann alle 4 bis 5 Stunden wiederholt werden. Transporte bei denen nicht jedes Tierindividuum auf dem Fahrzeug untersucht werden kann, sollten von vornherein auf acht Stunden beschränkt werden (vgl. Report 12.1, 3 und 5).

3   **Ordnungswidrigkeiten.** Da transportunfähige Nutztiere krank oder verletzt sind, liegt bei einem Verstoß gegen § 27 eine Ordnungswidrigkeit nach § 42 Abs. 1 Nr. 1 i. V. m. § 3 Abs. 1 S. 1 vor. Zur richtlinienkonformen Auslegung von § 3 s. dort Rn. 1. Erfährt das Tier durch den Transport erhebliche Leiden, so kommt eine Ordnungswidrigkeit nach § 18 Abs. 1 Nr. 1 TierSchG hinzu (vgl. BayObLG RdL 1998, 51 f.)

§ 28 Vor dem Transport erkrankte oder verletzte Nutztiere

(1) ¹Der Absender und der Transportführer haben sicherzustellen, daß kranke oder verletzte Nutztiere unter größtmöglicher Schonung befördert werden. ²Die Nutztiere dürfen nur zu der am schnellsten erreichbaren zur Schlachtung kranker oder verletzter Nutztiere bestimmten Schlachtstätte befördert werden. ³Der Transport soll in der Regel zwei Stunden nicht überschreiten. ⁴Es ist verboten, kranke oder verletzte Nutztiere länger als drei Stunden zu befördern oder befördern zu lassen. ⁵Abweichend von Satz 4 dürfen Nutztiere, die von Inseln stammen, auf denen es keine Schlachtstätte nach Satz 2 gibt, bis zu fünf Stunden befördert werden.

(2) Bei Bedarf sind geeignete Einrichtungen, insbesondere Hebebühnen oder Abgrenzungen auf Transportmitteln, zur Vermeidung von Belastungen der Nutztiere einzusetzen durch
1. den Absender beim Treiben und Befördern innerhalb des Herkunftsbetriebs,
2. den Transportführer beim Verladen und beim Transport.

(3) Der Absender oder der Beförderer, sofern dieser die Schlachtung veranlaßt, hat sicherzustellen, daß kranke oder verletzte Nutztiere nur befördert werden, wenn sichergestellt ist, daß sie nach Ankunft an der Schlachtstätte unverzüglich geschlachtet werden.

(4) ¹Kann ein krankes oder verletztes Nutztier das Transportmittel nicht aus eigener Kraft ohne schmerzhafte Treibhilfen verlassen, so hat der Transportführer sicherzustellen, daß es unverzüglich in dem Transportmittel notgeschlachtet oder dort anderweitig getötet wird. ²Die Lage des Nutztieres darf nicht verändert werden, es sei denn,
1. um ihm Linderung zu verschaffen,
2. um die Notschlachtung oder anderweitige Tötung zu ermöglichen oder
3. auf tierärztliche Anordnung.

³Die Sätze 1 und 2 gelten nicht für Nutztiere, die auf Grund ihres geringen Körpergewichts von einer Person ohne Zufügung von Schmerzen, Leiden oder Schäden aus dem Transportmittel getragen werden können.

Zu Abs. 1. Die Vorschrift setzt voraus, dass das kranke bzw. verletzte Tier nach § 26 transportiert werden darf. Dies erfordert, dass die Krankheit bzw. Verletzung nur leicht ist und das Tier noch ohne Hilfe stehen und gehen und alle vier Gliedmaßen gleichmäßig belasten kann (s. § 3 Rn. 1 und EU-SCAHAW-Report Tiertransporte 12.1, 3). § 28 regelt nur das „Wie" dieses Transports. Bei einem Verstoß gegen S. 4 liegt eine Ordnungswidrigkeit nach § 42 Abs. 1 Nr. 1 vor.

Zu Abs. 4. Hat sich der Zustand des Tieres während des Transportes so verschlechtert, dass es das Fahrzeug aus eigener Kraft nicht oder nur unter Einsatz von Elektrotreibern oder anderer schmerzhafter Treibhilfen verlassen kann, so ist insbesondere verboten, es durch Ziehen, Rollen oder mittels eines Liegendtransports zur Schlachtstätte zu transportieren (vgl. BR-Drucks. 836/96 S. 62). Lageveränderungen sind nur unter den engen Voraussetzungen von S. 2 Nr. 1, 2 oder 3 erlaubt. Eine Ausnahme gilt nach S. 3

TierSchTrV *Tierschutztransportverordnung*

nur für leichte Tiere. Außerdem besteht Anlass, zu prüfen, ob eine Ordnungswidrigkeit nach § 42 Abs. 1 Nr. 1 i. V. m. § 3 Abs. 1 S. 1 begangen wurde (ja, wenn der Eintritt dieses Zustandes bei Transportbeginn voraussehbar war, § 27 Abs. 1) – Wenn die Schlachtung vorgesehen und rechtlich zulässig ist, muss das Tier ohne schuldhaftes Zögern (vgl. § 121 BGB) an Ort und Stelle notgeschlachtet oder anderweitig getötet werden. (Zum „Wie" der Notschlachtung s. TierSchG § 4a Rn. 4; von mehreren nach § 13 Abs. 6 Anlage 3 TierSchlV in Betracht kommenden Betäubungs- und Tötungsverfahren ist dasjenige zu wählen, das die Einhaltung der Anforderungen aus § 13 Abs. 1 TierSchlV am sichersten gewährleistet. Zum „Wie" der anderweitigen Tötung s. TierSchG § 4 Rn. 4 und 5) – Verstöße gegen S. 1 und 2 bilden eine Ordnungswidrigkeit nach § 42 Abs. 1 Nr. 17.

§ 29 Während des Transports erkrankte oder verletzte Nutztiere

¹ Wenn ein Nutztier während des Transports so schwer erkrankt oder sich so schwer verletzt, daß ein weiterer Transport mit erheblichen Belastungen für das Tier verbunden sein würde, hat der Transportführer sicherzustellen, daß es unverzüglich tierärztlich behandelt oder in dem Transportmittel notgeschlachtet oder anderweitig getötet wird. ² § 28 Abs. 4 gilt entsprechend.

Die Vorschrift greift ein, wenn ein Nutztier während des Transports so schwer verletzt wird oder erkrankt, dass der Weitertransport mit erheblichen Belastungen, zB Schmerzen oder Leiden verbunden wäre. Die Gleichstellung „unverzügliche tierärztliche Behandlung oder Notschlachtung oder anderweitige Tötung" ist allerdings nur möglich, wenn das Tier zur Schlachtung bestimmt ist; anderenfalls muss Art. 12 des Europ. Tiertransportübereinkommens beachtet werden, wonach die tierärztliche Behandlung Vorrang hat und die Schlachtung nur „soweit notwendig" erfolgen darf, d. h. wenn die Schmerzen bzw. Leiden unbehebbar sind. Zum „Wie" der Notschlachtung oder anderweitigen Tötung s. § 28 Rn. 2. – Ein Verstoß gegen § 29 ist eine Ordnungswidrigkeit nach § 42 Abs. 1 Nr. 17, ebenso jede nach § 28 Abs. 4 S. 2 verbotene Lageveränderung.

Abschnitt 4. Besondere Vorschriften zum Schutz anderer Tiere

§ 30 Hauskaninchen, Hausgeflügel und Stubenvögel

(1) ¹ Der Absender hat sicherzustellen, daß Hauskaninchen, Hausgeflügel außer Küken, die innerhalb von 60 Stunden nach dem Schlupf den Empfänger erreichen, und Stubenvögel während eines Transports jederzeit ihren Flüssigkeits- und Nährstoffbedarf decken können. ² Dies gilt – außer bei Stubenvögeln – nicht, wenn die Fahrtzeit weniger als 12 Stunden beträgt.

(2) Beim Transport von Eintagsküken hat der Absender sicherzustellen, daß im Tierbereich eine Temperatur von 25 bis 30 °C herrscht.

Ist beim Transport von Hauskaninchen oder Hausgeflügel (vgl. § 2 Nr. 1 TierSchlV) mit einer Transportdauer von 12 Stunden oder mehr zu rechnen (auch wegen eines etwa notwendigen Rücktransports, vgl. § 20 Abs. 4), so müssen die Tiere während des Transports jederzeit ihren Flüssigkeits- und Nährstoffbedarf decken können. – Für Stubenvögel (d. h. Vögel, die als Heimtiere gehalten werden und nicht Hausgeflügel sind) gilt dies unabhängig von der erwartbaren Transportdauer, also auch auf kurzen Transporten. – Küken vom Hausgeflügel können in den ersten 60 Lebensstunden ihren Bedarf noch aus dem Dottersack decken, weshalb vertretbar ist, sie während dieser Zeit nicht zu füttern und zu tränken (vgl. BR-Drucks. 836/96 S. 63). Ihrem besonderen Wärmebedürfnis ist aber nach Abs. 2 Rechnung zu tragen. – Sowohl Abs. 1 S. 1 als auch Abs. 2 sind bußgeldbewehrt, vgl. § 42 Abs. 1 Nr. 2. Täter ist der Absender, der die Erfüllung der Gebote sicherstellen muss. Andere, zB der Beförderer und/oder der Transportführer können nen Beteiligte nach § 14 Abs. 1 OWiG sein.

§ 31 Haushunde und Hauskatzen

(1) ¹Der Beförderer und der Transportführer haben sicherzustellen, daß
1. Haushunde und Hauskatzen spätestens nach jeweils acht Stunden getränkt werden,
2. läufige Hündinnen von Rüden getrennt befördert werden.
²Abweichend von Satz 1 Nr. 1 kann diese Frist um höchstens zwei Stunden überschritten werden, wenn dies weniger belastend für die Tiere ist. ³Das Tränken kann entfallen, wenn die Tiere jederzeit Zugang zu Wasser haben.

(2) ¹Haushunde und Hauskatzen unter acht Wochen dürfen nicht ohne das Muttertier befördert werden. ²Dies gilt nicht, wenn der Transport zur Vermeidung von Schmerzen, Leiden oder Schäden der Tiere erforderlich ist.

Abs. 1 S. 1 wendet sich im Unterschied zu § 30 nicht an den Absender, sondern an den Beförderer (vgl. § 2 Nr. 10) und den Transportführer (§ 2 Nr. 11). Nur diese können Täter einer Ordnungswidrigkeit nach § 42 Abs. 1 Nr. 2 i. V. m. § 31 Abs. 1 S. 1 sein. Andere können nach § 14 Abs. 1 OWiG Beteiligte sein. – Täter einer Ordnungswidrigkeit nach § 42 Abs. 1 Nr. 1 i. V. m. § 31 Abs. 2 S. 1 kann sein, wer das Tier befördert oder befördern lässt, d. h. wer an der Entscheidung, dass ein bestimmter Tiertransport durchgeführt wird, zumindest mitwirkt (vgl. BayObLG NuR 2002, 184, 185).

§ 32 Sonstige Säugetiere und sonstige Vögel

(1) Sonstige Säugetiere und sonstige Vögel dürfen nur transportiert werden, wenn sie in geeigneter Weise auf den Transport vorbereitet wurden.

(2) Sonstige Säugetiere und sonstige Vögel dürfen nur befördert werden, wenn schriftliche Anweisungen über Fütterung und Tränkung sowie über eine erforderliche Betreuung mitgeführt werden.

(3) Sonstige Säugetiere und sonstige Vögel, die unter das Übereinkommen über den internationalen Handel mit gefährdeten Arten freilebender Tiere

TierSchTrV *Tierschutztransportverordnung*

und Pflanzen (CITES) fallen, sind entsprechend den CITES-Leitlinien für den Transport und die entsprechende Vorbereitung von freilebenden Tieren und wildwachsenden Pflanzen in der vom Bundesministerium für Umwelt, Naturschutz und Reaktorsicherheit bekanntgemachten Fassung (BAnz. Nr. 80a vom 29. April 1997) zu befördern und zu betreuen.

(4) [1]Sonstigen Säugetieren und sonstigen Vögeln sollen Beruhigungsmittel nicht verabreicht werden. [2]Falls deren Verabreichung unvermeidbar ist, muß sie unter Aufsicht eines Tierarztes durchgeführt werden. [3]Dem Begleitdokument müssen genaue Angaben über die Verabreichung von Beruhigungsmitteln sowie Anweisungen über das Ernähren und Pflegen entnommen werden können.

(5) Geweihtragende Tiere dürfen während der Bastzeit nicht befördert werden.

(6) [1]Meeressäugetiere müssen von einer sachkundigen Person betreut werden. [2]Behältnisse, in denen Meeressäugetiere befördert werden, dürfen nicht gestapelt werden.

(7) [1]Sonstige Vögel dürfen nur in abgedunkelten Behältnissen befördert werden. [2]Den Tieren muß jedoch soviel Licht zur Verfügung stehen, daß sie sich orientieren und Futter und Wasser aufnehmen können.

1   Zu Abs. 1. Sonstige Säugetiere sind alle, die nicht Nutztiere (vgl. § 2 Nr. 1) und nicht Hauskaninchen, Haushunde oder Hauskatzen (vgl. §§ 30, 31) sind; sonstige Vögel sind alle, die nicht Hausgeflügel (vgl. § 2 Nr. 1 TierSchlV) oder Stubenvögel sind (vgl. auch EU-Tiertransportrichtlinie, Anhang Kap. IV Nr. 34 a). Da für diese zum großen Teil nicht domestizierten Tiere der Transport eine noch größere Belastung darstellt, müssen sie nach Abs. 1 in geeigneter Weise darauf vorbereitet werden, zB durch Gewöhnung an das vorgesehene Transportbehältnis, an die Nähe des Menschen usw. (vgl. BR-Drucks. 836/96 S. 63; vgl. auch *TVT*-Merkblatt Nr. 49, Empfehlungen zum tierschutzgerechten Transport von Heimtieren).

2   Zu Abs. 5–7. Während der Bastzeit sind Geweihe von Cerviden außerordentlich schmerzempfindlich, weshalb ein Transport in dieser Zeit nicht zugemutet werden darf. Den besonderen Ansprüchen von Meeressäugern kann nur durch ständige Betreuung entsprochen werden. Vögel müssen zur Vermeidung von Stressreaktionen in abgedunkelten Behältnissen befördert werden – aber nicht in völliger Dunkelheit, da sie dann weder Futter noch Wasser aufnehmen. Die Tiere müssen mit besonderer Vorsicht verpackt und verladen werden (vgl. BR-Drucks. 836/96 S. 63, 64).

3   **Ordnungswidrigkeiten** sind Verstöße gegen Abs. 2, Abs. 5 und Abs. 7 S. 1, § 42 Abs. 1 Nr. 1.

§ 33 Wechselwarme Wirbeltiere und wirbellose Tiere

(1) [1]Der Absender hat sicherzustellen, daß wechselwarme Wirbeltiere und wirbellose Tiere in Behältnissen befördert werden. [2]§ 32 Abs. 3 gilt entsprechend.

§ 34 Verbringen nach einem anderen Mitgliedstaat, Ausfuhr TierSchTrV

(2) ¹Fische dürfen nur in Behältnissen befördert werden, deren Wasservolumen den Tieren ausreichende Bewegungsmöglichkeiten bietet. ²Abweichend von Satz 1 dürfen Aale auch in ausreichend feuchter Verpackung befördert werden. ³Unverträgliche Fische sowie Fische erheblich unterschiedlicher Größe müssen voneinander getrennt werden. ⁴Der Absender hat sicherzustellen, daß den besonderen Wasserqualitäts- und Temperaturansprüchen der einzelnen Arten Rechnung getragen wird. ⁵Insbesondere muß eine ausreichende Sauerstoffversorgung der Tiere sichergestellt sein.

Reptilien, Amphibien, Fische uÄ dürfen nur in Behältnissen befördert werden; dasselbe gilt für Wirbellose. Da die Gebote von § 2 Nr. 1 und Nr. 2 TierSchG auch für den Transport gelten, muss ihren arteigenen Bedürfnissen „in jedem Fall Rechnung getragen werden" (BR-Drucks. 836/96 S. 64). Dies gilt besonders für das Bedürfnis nach einer angemessenen Temperatur und Schutz vor plötzlichen Temperaturschwankungen. – Zweifelhaft ist, ob die Beförderung von Aalen in ausreichend feuchter Verpackung ohne genaue zeitliche Begrenzung den Anforderungen von § 2 TierSchG entspricht. – Weitere Informationen vgl. *TVT*-Merkblatt Nr. 29, Empfehlungen zur Hälterung von Speisefischen im Einzelhandel, und Nr. 49, Empfehlungen zum tierschutzgerechten Transport von Heimtieren. – Sowohl Abs. 1 S. 1 als auch Abs. 2 S. 1 sind bußgeldbewehrt, vgl. § 42 Abs. 1 Nr. 1 und 2.

Abschnitt 5. Grenzüberschreitender Transport

§ 33 a Ausfuhr über bestimmte Überwachungsstellen

(1) ¹Die Ausfuhr von Nutztieren ist nur über Zollstellen mit zugeordneten Grenzkontrollstellen oder sonstigen Ausgangsstellen zulässig, die das Bundesamt für Verbraucherschutz und Lebensmittelsicherheit im Einvernehmen mit dem Bundesministerium der Finanzen im Bundesanzeiger bekanntgemacht hat. ²Das Bundesministerium der Finanzen kann die Erteilung des Einvernehmens auf Mittelbehörden seines Geschäftsbereichs übertragen.

(2) ¹Der Ausführer von Nutztieren hat der Grenzkontrollstelle oder sonstigen Ausgangsstelle die voraussichtliche Ankunft des Transports unter Angabe von Art und Anzahl der Nutztiere mindestens einen Werktag vorher anzuzeigen. ²Die zuständige Behörde kann Ausnahmen zulassen.

§ 34 Verbringen nach einem anderen Mitgliedstaat, Ausfuhr

(1) ¹Der Beförderer hat sicherzustellen, daß beim grenzüberschreitenden Transport von Nutztieren, der voraussichtlich länger als acht Stunden dauert, ein Transportplan mitgeführt wird, der die jeweils aktuellen Angaben nach dem Muster der Anlage 5 enthält. ²Dem Transportplan sind Unterlagen beizufügen, aus denen die Einhaltung der Anforderungen dieser Verordnung für die gesamte Dauer des Transports nachvollziehbar zu entnehmen ist.

TierSchTrV *Tierschutztransportverordnung*

(2) ¹Der Beförderer hat der zuständigen Behörde des Versandortes den Transportplan vor Beginn des Transports vorzulegen. ²Diese prüft den Transportplan auf Plausibilität. ³Bei Nichtvorlage des Transportplanes oder dem Vorliegen von Anhaltspunkten dafür, daß die geplante Route nicht geeignet ist, die Einhaltung der Anforderungen der Verordnung über die gesamte Transportdauer sicherzustellen und mit an Sicherheit grenzender Wahrscheinlichkeit anzunehmen ist, daß Verstöße gegen die Tierschutzanforderungen zu erwarten sind, ist der geplante Transport durch die zuständige Behörde zu untersagen.

(3) Der Transportführer hat in den Transportplan einzutragen, wann und wo die Nutztiere gefüttert und getränkt wurden.

(4) Der Beförderer hat nach der Rückkehr der zuständigen Behörde des Versandortes den vollständig ausgefüllten Transportplan vorzulegen.

(5) Der Beförderer hat das Original oder eine Zweitausfertigung des Transportplans, die auch die Angaben nach Absatz 3 enthält, drei Jahre lang aufzubewahren.

(6) Der Beförderer hat sicherzustellen, daß beim Transport von Nutztieren zum Zwecke der Ausfuhr eine dem Muster der Anlage 6 entsprechende Bescheinigung (Transportbescheinigung) mitgeführt wird.

(7) Die Transportbescheinigung wird ungültig, wenn die Tiere nicht innerhalb von 24 Stunden seit Unterzeichnung des Abschnitts A der Transportbescheinigung in das Transportmittel verbracht worden sind.

(8) Die Tiere dürfen für einen Transport nach Absatz 6 nur in das Transportmittel verbracht werden, wenn die zuständige Behörde des Versandortes ihre Transportfähigkeit festgestellt und in Abschnitt A der Transportbescheinigung bestätigt hat.

(9) Abweichend von Absatz 6 brauchen Transporte von Renn- und Turnierpferden sowie von Nutztieren, die an internationalen Ausstellungen teilnehmen, nicht von einer Transportbescheinigung begleitet zu sein.

1 Zu Abs. 1. Ein grenzüberschreitender Transport von Nutztieren (§ 2 Nr. 1) liegt vor, wenn irgendeine Grenze (sei es in einen EU-Mitgliedstaat, sei es in einen Drittstaat) überschritten werden soll. Ist voraussehbar, dass ein solcher Transport (einschl. der Zeit für das Be- und Entladen, vgl. § 2 Nr. 5 und BR-Drucks. 836/96 S. 65) länger als acht Stunden dauern wird, muss ein Transportplan mitgeführt werden. Dieser muss dem Muster der Anlage 5 entsprechen, also alle dort vorgesehenen Angaben enthalten. Nach S. 2 müssen dem Transportplan weitere Unterlagen beigefügt werden: U. a. über die Eignung der Transportroute, die Funktionsfähigkeit der Versorgungsstationen (es ist Aufgabe des Beförderers, darüber Garantien einzuholen) sowie die technischen Einrichtungen in den Bestimmungsorten für die Entladung und Weiterbehandlung der Tiere (vgl. BR-Drucks. 836/96 Beschluss, S. 9).

2 Zu Abs. 2, Transportplan. Der Beförderer (vgl. § 2 Nr. 10) muss den vollständig ausgefüllten Transportplan vor Transportbeginn der zuständigen Behörde des Versandorts (vgl. § 2 Nr. 8) vorlegen. Darin sind alle Schritte der Fahrt einzeln darzulegen (vgl. Anl. 5): U. a. Abreise- und Ankunftszeit,

§ 34 Verbringen nach einem anderen Mitgliedstaat, Ausfuhr **TierSchTrV**

Fütterungs- und Tränkungspausen, Fahrtunterbrechungen an Aufenthaltsorten, Wechseln des Transportmittels (vgl. EU-Tiertransportbericht S. 7). Bei Ferntransporten muss er insbes. auch den Bestimmungsort (vgl. § 2 Nr. 9), die gesamte Strecke dorthin, das vorgesehene Transportschiff, das Ausladen und Versorgen im Hafen vor Beginn des Schiffstransportes (s. auch § 24 Rn. 5), die dort vorhandenen Stallungen etc. angeben. – Bei Unvollständigkeit oder fehlender Plausibilität des Transportplans muss der Amtstierarzt das Abstempeln verweigern; die zuständige Behörde hat den Transport zu untersagen (gebundene Verwaltung, d. h. es besteht kein Ermessen; vgl. auch *Kimpfel-Neumaier* AtD 1999, 42).

Grundsätze zur Plausibilitätsprüfung nach Abs. 2 S. 2 und S. 3: 3
1. Nicht nur Verstöße, die bereits stattgefunden haben, begründen eine Untersagung, sondern auch künftige Verstöße, wenn konkrete Anhaltspunkte eine diesbezügliche Wahrscheinlichkeit begründen. – 2. Im Rahmen der Transportplanprüfung endet die Reichweite der Verordnung nicht an den Grenzen der Bundesrepublik oder der EU (vgl. S. 3, „Einhaltung der Anforderungen der Verordnung über die gesamte Transportdauer"); vielmehr führen auch Verstöße, die erst jenseits der deutschen oder der EU-Grenzen begangen werden und die im Zeitpunkt der Abstempelung bereits voraussehbar sind, dazu, dass der geplante Transport untersagt werden muss. – 3. Es kommt nicht darauf an, wer die zu erwartenden Verstöße begehen wird; es genügt also auch die Wahrscheinlichkeit, dass während des Transports Ausländer im Ausland, zB in den Verladehäfen des nördlichen Mittelmeers, Verstöße begehen werden. Zu den Quellen, die hierfür herangezogen werden können, s. u. – 4. Hinsichtlich des erforderlichen Grades an Wahrscheinlichkeit reicht bereits ein begründeter Verdacht aus (vgl. BR-Drucks. 836/96 Beschluss, S. 6: „Die Behörde ist verpflichtet, den Transport zu untersagen, sofern belegbar Anhaltspunkte vorliegen, die den Verdacht einer tierschutzwidrigen Handlung während des Transportes aufkommen lassen.") – 5. Ein Ermessen ist weder dem amtlichen Tierarzt noch der Behörde eingeräumt: Der Tierarzt muss seinen Stempel verweigern und die Behörde muss den Transport untersagen, wenn ausreichende Anhaltspunkte den Verdacht im o. g. Sinne begründen, dass es auf dem Transport bis zur Entladung am Bestimmungsort zu einem oder gar mehreren Verstößen kommen wird. – Die EU-Kommission (Tiertransportbericht S. 10) rügt in diesem Zusammenhang, „dass die zuständigen Behörden der Mitgliedstaaten regelmäßig Transportpläne genehmigen, die den Anforderungen der Richtlinie nicht entsprechen (Deutschland, Niederlande, Frankreich und Spanien)". – Zur Frage, mit welcher Wahrscheinlichkeit auf bestimmten Transportstrecken bzw. in bestimmten Verladehäfen regelmäßig oder häufig mit Verstößen gerechnet werden muss, kommen neben den Kontrollberichten des Europäischen Lebensmittel- u. Veterinäramts (LVA) auch die Berichte und Beschwerden von Nichtregierungsorganisationen (NRO's) in Betracht. Die EU-Kommission stützt ihre Einschätzungen ausdrücklich auch auf Berichte und Beschwerden der „EUROGROUP for Animal Welfare", der „Royal Society for the Prevention of Cruelty to Animals", der Niederländischen Tierschutzgesellschaft, der Internationalen Liga für den Schutz von Pferden, der „Animal's Angels", der Organisation „Compassion in World

TierSchTrV *Tierschutztransportverordnung*

Farming" und des Deutschen Tierschutzbundes (EU-Tiertransportbericht S. 8; s. auch Einf. Rn. 3) – Aus § 1 S. 2 TierSchG kann für alle Transporte die Verpflichtung hergeleitet werden, die jeweils tierverträglichste Transportstrecke und das tierverträglichste Transportmittel zu wählen. Danach müssten Schienentransporte wo immer möglich den Straßentransporten vorgezogen werden, denn Untersuchungen haben ergeben, dass letztere bei Rindern und Schweinen doppelt so hohe und bei Schafen gar viermal höhere Verlustraten aufweisen als entsprechende Beförderungen per Bahn (vgl. *Fikuart/von Holleben/Kuhn* S. 35; vgl. auch EU-SCAHAW-Report 12.4, 35). Wirtschaftliche Gründe, die zur Wahl einer belastenderen Strecke bzw. eines belastenderen Transportmittels führen, bilden keinen vernünftigen Grund für die damit verbundenen Leiden (s. TierSchG § 1 Rn. 41 und § 17 Rn. 11).

4 Zu Abs. 3. Der Transportführer (§ 2 Nr. 11) muss neben den Fütterungs- und Tränkzeiten und -orten auch eintragen, wann und wo die vorgeschriebenen Ruhepausen eingelegt wurden (vgl. BR-Drucks. 836/96 S. 65).

5 Zu Abs. 4 und 5. Die Aufbewahrungs- und Vorlagepflichten (auch nach Abs. 2 S. 1) stützen sich auf § 16 Abs 5 Nr. 3 und 4 TierSchG.

6 Zu Abs. 6–8, Transportbescheinigung. Ausfuhr liegt vor, wenn Tiere (sei es direkt, sei es über das Gebiet anderer EU-Mitgliedstaaten) in einen nicht der EU angehörenden Staat verbracht werden (s. TierSchG § 13 Abs. 3 S. 1). Auf einem solchen Nutztiertransport muss neben dem Transportplan auch eine dem Muster der Anlage 6 entsprechende, vollständig ausgefüllte Internationale Tiertransport-Bescheinigung mitgeführt werden. Diese besteht aus zwei Teilen: In Teil A bescheinigt der amtliche Tierarzt die Transportfähigkeit der Tiere, auch unter Berücksichtigung von Art und Dauer des Transports (s. § 27; vgl. EU-SCAHAW-Report 11.4: Es muss auch geprüft werden, ob die Tiere nur für eine kürzere Reise transportfähig sind bzw. ob sie für den Transport bessere als die gesetzlichen Minimalkonditionen benötigen); mit der Unterzeichnung der Ladebescheinigung in Teil B bestätigt er, dass die Tiere unter von ihm gebilligten Umständen verladen worden sind. – Für die Unterzeichnung der Ladebescheinigung gelten dieselben Grundsätze wie für die Plausibilitätsprüfung des Transportplans, denn der amtliche Tierarzt kann eine Verladung nicht billigen, wenn bereits Verstöße gegen die Verordnung oder das Gesetz stattgefunden haben oder wenn belegbare Anhaltspunkte den Verdacht eines künftigen Verstoßes durch den Beförderer, Transportführer oder Dritte im In- oder Ausland aufkommen lassen (s. Rn. 3). – Zur Frage, ob der amtliche Tierarzt bei interkontinentalen oder sonst besonders belastenden Ferntransporten eine Mitwirkung unter Berufung auf § 17 Nr. 2 b TierSchG i. V. m. § 27 StGB generell verweigern kann und muss, s. Einf. Rn. 6. Zum Vorgehen, wenn die Transportbescheinigung fehlt oder nicht vollständig ausgefüllt oder nicht unterzeichnet ist s. § 41 Abs. 3.

7 Ordnungswidrigkeiten. Wer als Beförderer nicht sicherstellt, dass ein vollständig ausgefüllter Transportplan bzw. eine vollständig ausgefüllte Transportbescheinigung mitgeführt wird, handelt ordnungswidrig nach § 42 Abs. 1 Nr. 5 Fall zwei bzw. Fall drei. Der Irrtum über die Notwendigkeit des jeweiligen Dokumentes ist vorsatzausschließender Tatbestandsirrtum

§ 36 Anzeige der Ankunft   TierSchTrV

(vgl. BayObLG NStZ-RR 1996, 341), doch reicht auch Fahrlässigkeit aus. Wer an dem Transport mitwirkt, ohne selbst Beförderer zu sein (zB als Transportführer, Absender oder Verkäufer), kann als Beteiligter nach § 14 Abs. 1 OWiG mit Bußgeld belegt werden, wenn er seinerseits vorsätzlich gehandelt hat (vgl. BayObLG aaO). – Ordnungswidrig nach § 42 Abs. 1 Nr. 18 handelt, wer als Transportführer notwendige Angaben nach Abs. 3 nicht, nicht richtig oder nicht vollständig einträgt. Ordnungswidrig nach § 42 Abs. 1 Nr. 19 handelt der Beförderer, wenn er entgegen Abs. 5 den Transportplan nicht oder nicht lange genug aufbewahrt. Zur Beteiligung Dritter s. § 14 Abs. 1 OWiG. – Auf Seiten des amtlichen Tierarztes, der einen Transportplan abstempelt und/oder eine Transportbescheinigung unterzeichnet, obwohl ein Verstoß gegen die VO vorliegt bzw. belegbare Anhaltspunkte den Verdacht eines künftigen Verstoßes begründen, kann eine Beihilfe zur Ordnungswidrigkeit, aber auch zur Straftat nach § 17 Nr. 2 b vorliegen. Auch der Tatbestand der Falschbeurkundung im Amt (§ 348 StGB) kann erfüllt sein.

§ 35 Ausfuhruntersuchung

¹Bei der Ausfuhr unterliegen Nutztiertransporte, die bis zum Erreichen der Außengrenze der Europäischen Gemeinschaft länger als acht Stunden befördert wurden, einer Ausfuhruntersuchung. ²Die Ausfuhr ist nur zulässig, wenn die zuständige Behörde der Grenzkontrollstelle oder die zuständige Veterinärbehörde des Ausgangsortes in einer Untersuchung festgestellt hat, daß die Bestimmungen dieser Verordnung eingehalten und die Tiere transportfähig sind.

Nutztiertransporte, die eine EU-Außengrenze erreichen und bereits länger als acht Stunden gedauert haben (gerechnet seit Transportbeginn am Versandort, nicht etwa seit der letzten längeren Unterbrechung, vgl. Art. 5 A Nr. 2 lit. d ii der EU-Richtlinie), unterliegen dort einer Ausfuhruntersuchung. Weitertransport also nur, wenn die Tiere auf ihre Transportfähigkeit untersucht und diese (auch im Hinblick auf die noch zu erwartende Transportdauer, vgl. § 27 Abs. 1 S. 1 zweite Alt.; s. dort Rn. 1) festgestellt worden ist (vgl. BR-Drucks. 836/96 S. 66). Kein Weitertransport außerdem, wenn eine Bestimmung der VO nicht eingehalten wird oder wenn belegbar Anhaltspunkte vorliegen, die den Verdacht aufkommen lassen, dass es nach Grenzübertritt (sei es durch den Transportführer oder durch Dritte) zu einem Verstoß kommen wird (vgl. BR-Drucks. 836/96 Beschluss, S. 6).

§ 36 Anzeige der Ankunft

(1) ¹Wer im Rahmen seines Gewerbes Tiere aus einem anderen Mitgliedstaat empfängt, hat der für den Bestimmungsort zuständigen Behörde die voraussichtliche Ankunftszeit unter Angabe der Art und der Zahl der Tiere mindestens einen Werktag vorher anzuzeigen. ²Die Anzeigepflicht nach Satz 1 gilt nicht bei Tieren, deren Ankunft nach der Binnenmarkt-Tierseuchenschutzverordnung anzuzeigen ist.

(2) ¹Der Einführer von Tieren hat der Grenzkontrollstelle die voraussichtliche Ankunft des Transports unter Angabe von Art und Anzahl der Tiere mindestens einen Werktag vorher anzuzeigen. ²Die zuständige Behörde kann Ausnahmen zulassen. ³Die Anzeigepflicht nach Satz 1 gilt nicht bei Tieren, deren Ankunft nach der Binnenmarkt-Tierseuchenschutzverordnung anzuzeigen ist.

§ 36a Einfuhr über bestimmte Überwachungsstellen

¹Die gewerbliche Einfuhr von Tieren oder Fleisch von Nutztieren, Hausgeflügel oder Hauskaninchen ist nur über Zollstellen mit zugeordneten Grenzkontrollstellen zulässig, die das Bundesamt für Verbraucherschutz und Lebensmittelsicherheit im Einvernehmen mit dem Bundesministerium der Finanzen im Bundesanzeiger bekanntgemacht hat. ²Das Bundesministerium der Finanzen kann die Erteilung des Einvernehmens auf Mittelbehörden seines Geschäftsbereichs übertragen.

§ 37 Einfuhrdokumente

(1) Bei der Einfuhr von Tieren muß der Transport begleitet sein von
1. einer Transporterklärung,
2. einer Erklärung, in der sich der Beförderer zur Einhaltung der Vorschriften dieser Verordnung verpflichtet,
3. einem Transportplan, soweit dies nach § 34 Abs. 1 vorgeschrieben ist,
4. einer Transportbescheinigung, soweit dies nach § 34 Abs. 6 vorgeschrieben ist, und
5. einer Bescheinigung der zuständigen Behörde des Herkunftslandes, in der bestätigt wird, daß die Tiere mindestens entsprechend den tierschutzrechtlichen Bestimmungen der Europäischen Gemeinschaft gehalten wurden, sofern es sich um Kälber oder Schweine handelt.

(2) Bei der gewerblichen Einfuhr von Fleisch von Nutztieren, Hausgeflügel oder Hauskaninchen muß der Transport von einer Bescheinigung der zuständigen Behörde des Ursprungslandes begleitet sein, in der bestätigt wird, daß das Fleisch von Tieren stammt, die im Schlachthof vor und bei der Schlachtung oder Tötung mindestens entsprechend den einschlägigen Bestimmungen der Richtlinie 93/119/EG des Rates vom 22. Dezember 1993 über den Schutz von Tieren zum Zeitpunkt der Schlachtung oder Tötung (ABl. EG Nr. L 340 S. 21) behandelt wurden.

§ 38 Anforderungen an die Einfuhr

Die Einfuhr von Tieren ist nur zulässig, wenn die erforderlichen Einfuhrdokumente nach § 37 mitgeführt werden und die zuständige Behörde in einer Untersuchung nach § 39 festgestellt hat, daß die Bestimmungen dieser Verordnung eingehalten und die Tiere transportfähig sind.

Kommentierung s. § 39.

§ 39 Einfuhruntersuchung

(1) ¹Bei der Einfuhr und der Durchfuhr prüft die zuständige Behörde bei der Grenzkontrollstelle durch Besichtigung der Tiere und der Transportmittel sowie durch Dokumentenprüfung und Nämlichkeitskontrolle, ob die tierschutzrechtlichen Bestimmungen eingehalten sind. ²Die Nämlichkeitskontrolle wird nach Maßgabe der Anlage 7 durchgeführt.

(2) ¹Festgestellte Mängel sowie bei der Feststellung angeordnete Maßnahmen trägt die zuständige Behörde in die Transportbescheinigung ein. ²Wird nach Satz 1 eine Eintragung vorgenommen oder enthält die Transportbescheinigung bereits eine entsprechende Eintragung, so sendet die für den Ort des Grenzübertrittes zuständige Behörde eine Ablichtung der Transportbescheinigung an das Bundesamt für Verbraucherschutz und Lebensmittelsicherheit.

(3) Abweichend von Absatz 1 unterliegen Tiere aus Drittländern, die Vertragspartei des Abkommens über den Europäischen Wirtschaftsraum sind, bei der Einfuhr außer der Dokumentenprüfung einer nur stichprobenartigen Besichtigung und Nämlichkeitskontrolle.

Einfuhr bedeutet das Verbringen von Tieren aus einem Staat, der nicht der EU angehört, in das Inland (s. TierSchG § 12 Abs. 2 S. 1 Nr. 1). Durchfuhr ist eine Kombination aus Ein- und Ausfuhr. – Die §§ 38 und 39 legen fest, dass bei der Einfuhr von Tieren eine Untersuchung durch die zuständige Behörde bei der Grenzkontrollstelle stattfinden muss (egal, ob die Tiere nach dem Grenzübertritt im Inland verbleiben sollen oder zur Durchfuhr bestimmt sind). Die Prüfung erstreckt sich auf drei Gegenstände: 1. Die Transportfähigkeit aller Tiere (s. § 27 Rn. 1 und 2); – 2. die Einhaltung aller Vorschriften dieser Verordnung; – 3. die Identität der transportierten Tiere mit denen, die in den begleitenden Bescheinigungen angegeben sind. Die Einfuhr ist nur zulässig, sofern alle Tiere transportfähig und alle Vorschriften eingehalten sind (vgl. BR-Drucks. 836/96 S. 67). Auch ein Verstoß im Drittstaat ist also beachtlich, wenn er noch festgestellt werden kann (mag auch die VO dort nicht unmittelbar gelten). Prüfungsmittel sind: Besichtigung der Tiere, Besichtigung der Transportmittel, Dokumentenprüfung (vgl. § 37) und Nämlichkeitskontrolle (vgl. Anlage 7). Werden Mängel festgestellt, so trifft die Behörde nach § 41 Abs. 3 diejenigen Anordnungen, die zur alsbaldigen Behebung der Mängel und zur Abwendung einer Wiederholungsgefahr erforderlich sind. Außerdem teilt sie die Mängel und die getroffenen Anordnungen dem Bundesamt mit. – Ein besonderes Problem stellt der Transport von Schlachtpferden (zur Zeit etwa 150 000 jährlich) aus Osteuropa nach Italien und Frankreich dar. Nichtregierungsorganisationen (NRO's) berichten, dass die Gesetze in den Ausfuhr- und Transitländern unzureichend sind. Viele Pferde, die die Grenzen der EU erreichen, sind erschöpft, schlecht getränkt und nicht gefüttert. Die Fahrzeuge sind oft ungeeignet, es kommt zu Überladungen; die Mindestanforderungen der EU-Tiertransportrichtlinie werden nicht eingehalten. Die EU-Kommission hat diese Erfahrungen bestätigt (vgl. EU-Tiertransportbericht S. 9). Als Abhilfemaßnahmen schlägt sie vor: Nur noch getrennte Beförderung der Pferde

TierSchTrV *Tierschutztransportverordnung*

in separaten Boxen oder Verschlägen (vgl. auch EU-SCAHAW-Report 12.3, 24); Höchstzahlbegrenzung pro Straßenfahrzeug; Transporte nur bei Temperaturen zwischen 0 und 30 Grad und Feuchtigkeit < 80%; obligatorisches Ausladen und mindestens 24-stündige Ruhepause bei Erreichen des Hoheitsgebiets der Union (vgl. EU-Tiertransportbericht S. 16). Nach den §§ 27, 38, 39, 41 Abs. 3 Nr. 2 ist zu prüfen, inwieweit diese oder andere Maßnahmen zum Teil bereits nach geltendem Recht angeordnet werden können.

§ 40 Grenzübertrittsbescheinigung

[1] Im Falle eines Transports von Tieren, die nicht der Einfuhruntersuchung auf Grund des Tierseuchengesetzes unterliegen und bei dem die Untersuchungen nach § 39 zu dem Ergebnis führen, daß er den Bestimmungen der Verordnung entspricht, stellt die Grenzkontrollstelle dem Verfügungsberechtigten hierüber eine Bescheinigung aus, die in einer Entscheidung vorgeschrieben ist, die die Europäische Gemeinschaft auf Grund des Artikels 7, 8 oder 28 der Richtlinie 91/496/EWG des Rates vom 15. Juli 1991 zur Festlegung von Grundregeln für die Veterinärkontrollen von aus Drittländern in die Gemeinschaft eingeführten Tieren und zur Änderung der Richtlinien 89/662/EWG, 90/425/EWG, 90/675/EWG (ABl. EG Nr. L 268 S. 56) in der jeweils geltenden Fassung erlassen und die das Bundesministerium für Verbraucherschutz, Ernährung und Landwirtschaft im Bundesanzeiger bekanntgemacht hat. [2] Hat der Beförderer oder der Transportführer bei der Dokumentenprüfung eine Bescheinigung vorgelegt, so ist ihm hiervon eine beglaubigte Kopie auszuhändigen. [3] Im Falle der Aufteilung einer Sendung an der Grenzkontrollstelle wird dem Beförderer eine der Anzahl der durch die Teilung entstandenen Transporte entsprechende Anzahl an Bescheinigungen nach den Sätzen 1 und 2 ausgestellt.

Abschnitt 6. Befugnisse der Behörde, Ordnungswidrigkeiten

§ 41 Befugnisse der Behörde

(1) Transporte können jederzeit angehalten und kontrolliert werden.

(2) Transporte dürfen nur aufgehalten werden, wenn dies zur Vermeidung von Schmerzen, Leiden oder Schäden der Tiere erforderlich ist, es sei denn, es ist eine dringende Gefahr für die öffentliche Sicherheit oder Ordnung abzuwenden.

(3) Stellt die zuständige Behörde einen Verstoß gegen die Bestimmungen dieser Verordnung fest, oder stellt sie fest, daß ein Verstoß gegen § 24 droht, so kann sie insbesondere anordnen, daß

1. der weitere Transport oder die Rücksendung der Tiere zum Versandort auf dem kürzesten Wege erfolgt, sofern der körperliche Zustand der Tiere dies erlaubt,

§ 41 Befugnisse der Behörde TierSchTrV

2. die Tiere untergebracht und versorgt werden, bis eine den Anforderungen dieser Verordnung entsprechende Weiterbeförderung der Tiere sichergestellt ist, oder
3. die Tiere geschlachtet oder unter Vermeidung von Schmerzen oder Leiden getötet werden.

(4) Im Falle der Rücksendung informiert die zuständige Grenzkontrollstelle die für eine Einfuhr der betreffenden Tiere in Frage kommenden Grenzkontrollstellen über die Zurückweisung der Sendung unter Angabe der festgestellten Verstöße und erklärt die Transportbescheinigung für ungültig.

(5) Der Beförderer und der Transportführer haben die Maßnahmen nach den Absätzen 1, 3 und 4 zu dulden, die mit diesen Maßnahmen beauftragten Personen zu unterstützen und die geschäftlichen Unterlagen vorzulegen.

Zu Abs. 1. Die Tierschutzbehörde (zB nach § 4 Abs. 2 Tierschutzzuständigkeitsverordnung BW die untere Verwaltungsbehörde) und die Polizei können Tiertransporte jederzeit (also nicht nur an der Grenze oder bei bestehenden Verdachtsmomenten) anhalten und kontrollieren. Die Tierschutzbehörde muss sich dazu der Amtshilfe der Polizei bedienen. – Abs. 2 steht nicht entgegen, denn „Aufhalten" meint größere Verzögerungen (vgl. BR-Drucks. 835/96 S. 68). 1

Zu Abs. 2. Verzögerungen, wie sie zB durch ungenügende Vorbereitung von Kontrollen oder nicht sachkundige Kontrolleure entstehen können, sollen vermieden werden. Zur öffentlichen Sicherheit rechnen aber auch die Bestimmungen der Verordnung. Bei Anhaltspunkten, dass ein Verstoß vorliegt bzw. droht, sind deshalb diejenigen Verzögerungen, die zur Aufklärung bzw. Beseitigung dieser Störung erforderlich und verhältnismäßig erscheinen, hinzunehmen. 2

Zu Abs. 3. Die Vorschrift ergänzt die Befugnisse aus § 16a TierSchG. – Stellt die Behörde fest, dass gegen (irgend)eine Bestimmung der VO verstoßen wurde oder wird, so trifft sie gegenüber dem Beförderer und/oder Transportführer diejenige Anordnung, die zur Beendigung des Verstoßes und zur Beseitigung einer Wiederholungsgefahr geeignet, erforderlich und verhältnismäßig erscheint (vgl. auch Art. 9 Abs. 1 der EU-Richtlinie). Die unter „insbesondere" aufgezählten Maßnahmen (zB Rücksendung zum Versandort; Ausladen, Unterbringung und Versorgung der Tiere; Schlachtung) sind nicht abschließend sondern nur beispielhaft. Die Anordnung der Schlachtung oder Tötung kommt (wie sonst auch) nur als ultima ratio, d.h. wenn alle anderen Mittel erfolglos ausgeschöpft sind oder aussichtslos erscheinen, in Betracht. – Besteht „nur" die Gefahr, dass es erstmals zu einem Verstoß kommen wird, so ist zu unterscheiden: Betrifft der drohende Verstoß die Vorschrift des § 24, so schreitet die Behörde nach § 41 Abs. 3 ein. Betrifft er dagegen eine andere Vorschrift (oder auch nur die allgemeinen Pflichten aus § 2 TierSchG), so ergeht die zur Beseitigung dieser Gefahr geeignete, erforderliche und verhältnismäßige Anordnung auf Grund von § 16a S. 2 Nr. 1 TierSchG (s. TierSchG § 16a Rn. 2); denn die meisten Bestimmungen der VO sind auf § 2a Abs. 2 TierSchG gestützt (s. Einf. Rn. 1) und konkretisieren damit die Anforderungen des 3

§ 2 TierSchG (wichtige Konsequenz: eine Zuwiderhandlung gegen eine solche Anordnung ist eine Ordnungswidrigkeit nach § 18 Abs. 1 Nr. 2 TierSchG; s. dort Rn. 18).

4 Zu Abs. 5. Die Duldungs- und Mitwirkungspflichten können sowohl formlos als auch durch Verwaltungsakt geltend gemacht werden (s. TierSchG § 16 Rn. 9). Abs. 5 räumt der Behörde auch das Recht ein, eine Ersatzvornahme anzuordnen, wenn die verantwortliche Person einer Anordnung nicht nachkommt (vgl. BR-Drucks. 836/96 S. 68 und Art. 9 Abs. 2 der EU-Richtlinie).

§ 42 Ordnungswidrigkeiten

(1) Ordnungswidrig im Sinne des § 18 Abs. 1 Nr. 3 Buchstabe a des Tierschutzgesetzes handelt, wer vorsätzlich oder fahrlässig
1. entgegen § 3 Abs. 1 Satz 1 oder Abs. 2 Satz 1, § 7 Abs. 1 Satz 1, § 14 Abs. 1 Satz 1, § 23 Abs. 1 Satz 2 oder Abs. 3, § 24 Abs. 1 Satz 1, § 25 Abs. 1 oder 2, § 28 Abs. 1 Satz 4, § 31 Abs. 2 Satz 1, § 32 Abs. 2, 5 oder 7 Satz 1 oder § 33 Abs. 2 Satz 1 ein Tier befördert oder befördern läßt,
2. einer Vorschrift des § 5 Abs. 1 Satz 1, Abs. 2 Satz 1, Abs. 3 oder 4 Satz 1, 3 oder 4, Abs. 5 Satz 3 oder Abs. 6, § 6 Abs. 3 Satz 1 oder 2, § 14 Abs. 2 Satz 1, § 16 Abs. 1 in Verbindung mit Kapitel 8 der IATA Richtlinien für den Transport von lebenden Tieren, § 18, § 23 Abs. 1 Satz 1, Abs. 2 oder 4, § 24 Abs. 2, § 30 Abs. 1 Satz 1 oder Abs. 2, § 31 Abs. 1 Satz 1 oder § 33 Abs. 1 Satz 1 über das Verladen, Befördern, Ernähren oder Pflegen der Tiere zuwiderhandelt,
3. entgegen § 6 Abs. 2 Satz 1 Nr. 2 sich nicht vergewissert, daß der Absender die notwendigen Vorkehrungen getroffen hat oder entgegen § 6 Abs. 2 Satz 2 sich nicht schriftlich die Erfüllung der Anforderungen bestätigen läßt,
4. entgegen § 7 Abs. 2 Satz 1 nicht sicherstellt, daß ein Transportmittel mit einer dort vorgeschriebenen Angabe versehen wird,
5. entgegen § 10 oder § 34 Abs. 1 oder 6 nicht sicherstellt, daß eine Transporterklärung, ein Transportplan oder eine Transportbescheinigung mitgeführt wird,
6. ohne Erlaubnis nach § 11 Abs. 1 ein Wirbeltier befördert,
7. entgegen § 12 nicht sicherstellt, daß ein Wirbeltier oder Behältnis in der vorgeschriebenen Weise gekennzeichnet ist,
8. entgegen § 13 Abs. 2 Satz 1 nicht sicherstellt, daß ein Transport von mindestens einer Person mit Sachkundebescheinigung durchgeführt oder begleitet wird,
9. entgegen § 15 Abs. 1 nicht sicherstellt, daß ein Tier in der vorgeschriebenen Weise untergebracht ist,
10. entgegen § 15 Abs. 6 Satz 1 nicht sicherstellt, daß alle Teile eines Schiffes über ein wirksames Abflußsystem verfügen,
11. entgegen § 15 Abs. 7, auch in Verbindung mit § 16 Abs. 3, ein Instrument nicht mitführt,
12. entgegen § 19 Satz 1 oder 2 ein Tier versendet,

13. einer Vorschrift des § 20 über die Pflichten bei der Versendung von Tieren zuwiderhandelt,
14. entgegen § 21 nicht sicherstellt, daß ein Wirbeltier geschützt wird,
15. einer Vorschrift des § 22 über Maßnahmen bei der Ankunft von Tieren zuwiderhandelt,
16. entgegen § 25 Abs. 3 einen zweiten Fahrer nicht einsetzt,
17. einer Vorschrift des § 28 Abs. 4 Satz 1 oder 2, auch in Verbindung mit § 29 Satz 2, oder § 29 über den Umgang mit kranken oder verletzten Tieren beim Transport zuwiderhandelt,
18. entgegen § 34 Abs. 3 die dort genannten Angaben nicht, nicht richtig oder nicht vollständig einträgt oder
19. entgegen § 34 Abs. 5 einen Transportplan nicht oder nicht für die vorgeschriebene Dauer aufbewahrt.

(2) Ordnungswidrig im Sinne des § 18 Abs. 1 Nr. 3 Buchstabe b des Tierschutzgesetzes handelt, wer vorsätzlich oder fahrlässig
1. entgegen § 33 a ein Nutztier ausführt,
2. entgegen § 36 Abs. 1 Satz 1 oder Abs. 2 Satz 1 eine Anzeige nicht, nicht richtig, nicht vollständig oder nicht rechtzeitig erstattet oder
3. entgegen § 36 a ein Tier oder Fleisch einführt.

Täter ist bei einer Ordnungswidrigkeit nach Abs. 1 Nr. 1, wer ein Tier 1 befördert oder befördern lässt und dabei vorsätzlich oder fahrlässig gegen eine der genannten Vorschriften verstößt. Personen, die in diesem Sinne „befördern", sind der Beförderer (vgl. § 2 Nr. 10) und der Transportführer (vgl. § 2 Nr. 11). „Befördern lässt" derjenige, der an der Entscheidung, dass ein bestimmter Tiertransport durchgeführt wird, zumindest mitwirkt (vgl. BayObLG NuR 2002, 184, 185). Wer nicht zu diesem Personenkreis gehört, aber dennoch an dem Verstoß mitwirkt, kann zwar nicht Täter, wohl aber Beteiligter nach § 14 Abs. 1 OWiG sein; letztere Vorschrift setzt allerdings voraus, dass vorsätzlich gehandelt wurde. – Die in Abs. 1 Nr. 2–19 und in Abs. 2 genannten Vorschriften wenden sich zT an jedermann, zT aber auch nur an Personen, die Träger bestimmter persönlicher Merkmale sind (insbes. Beförderer und/oder Transportführer). Wird gegen eine solche Vorschrift verstoßen, so ist zu unterscheiden: Täter eines vorsätzlichen oder fahrlässigen Verstoßes kann nur derjenige sein, der das vorausgesetzte Merkmal hat. Wer es nicht hat, kann aber an der Ordnungswidrigkeit des Merkmalsträgers Beteiligter nach § 14 Abs. 1 OWiG sein (s. auch TierSchG § 18 Rn. 9 und 16). – Zu den einzelnen Ordnungswidrigkeiten s. die Kommentierung der jeweiligen Vorschriften.

Nicht sanktionsbewehrte Vorschriften. Wichtige Teile der VO sind in 2 § 42 nicht erwähnt, so zB § 4. Es bestehen aber verschiedene Wege, auch bei Verstößen gegen ein solches Gebot oder Verbot Sanktionen zu verhängen:
1. Die meisten Vorschriften der VO beruhen auf § 2a Abs. 2 TierSchG und sind damit Konkretisierungen der Anforderungen des § 2 TierSchG. Damit kann die Behörde die jeweilige Verpflichtung durch Verwaltungsakt nach § 16a S. 2 Nr. 1 TierSchG erneut aussprechen und ggf. konkretisieren. Nach Maßgabe von § 80 Abs. 2 Nr. 4, Abs. 3 VwGO kann sie auch die sofortige Vollziehbarkeit dieses Verwaltungsakts anordnen. Ein anschließend vor-

sätzlich oder fahrlässig begangener Verstoß ist dann eine Ordnungswidrigkeit nach § 18 Abs. 1 Nr. 2 TierSchG (vgl. BR-Drucks. 836/96 S. 69). – 2. Wenn beim Verladen oder Transportieren einem Tier erhebliche Schmerzen, Leiden oder Schäden (einschl. Tod) zugefügt werden, so liegt eine Ordnungswidrigkeit nach § 18 Abs. 1 Nr. 1 TierSchG vor, denn der Beförderer und der Transportführer sind Betreuungspflichtige oder Betreuer, und eine Rechtfertigung aus dem Gesichtspunkt „vernünftiger Grund" scheidet jedenfalls dann aus, wenn gegen eine Vorschrift der VO verstoßen worden ist. – 3. Auch das Vorliegen einer Straftat nach § 17 Nr. 1 und Nr. 2a, 2b ist zu prüfen. – 4. Verstöße gegen Vorschriften der VO (egal ob bußgeldbewehrt oder nicht) begründen, wenn sie schwerwiegend sind oder wiederholt erfolgen, eine Unzuverlässigkeit, die einen Widerruf der Erlaubnis aus § 11 Abs. 1 i. V. m. § 49 Abs. 2 Nr. 3 VwVfG bzw. eine Entziehung der Sachkundebescheinigung nach § 13 Abs. 8 rechtfertigen kann.

3 **Als Schuldform genügt Fahrlässigkeit.** Wenn aber jemand, dem ein von der Vorschrift gefordertes persönliches Merkmal fehlt, als Beteiligter nach § 14 Abs. 1 OWiG mit Geldbuße belegt werden soll, muss sich Vorsatz feststellen lassen.

4 **Konkurrenzen.** Mehrere Ordnungswidrigkeiten nach der Verordnung, die mittels ein- und derselben Handlung begangen werden, stehen in Tateinheit; dasselbe gilt für das rechtliche Zusammentreffen mit Ordnungswidrigkeitstatbeständen aus anderen Verordnungen oder mit einem der Tatbestände aus § 18 TierSchG, denn ein Verhältnis der Spezialität oder Subsidiarität gibt es hier nicht (vgl. BayObLG NStZ-RR 1997, 118: Tateinheit zwischen § 18 Abs. 1 Nr. 1 TierSchG und einer Ordnungswidrigkeit wegen Verstoßes gegen das Verbot der Beförderung kranker Tiere). – Der Bußgeldrahmen für Ordnungswidrigkeiten nach Abs. 1 reicht bis 25 000 Euro, derjenige für Abs. 2 nur bis 5000 Euro (§ 18 Abs. 1 Nr. 3a und Nr. 3b, Abs. 3 TierSchG). Bei Fahrlässigkeit ist § 17 Abs. 2 OWiG zu beachten.

Abschnitt 7. Schlußbestimmungen

§ 43 Übergangsvorschriften

(1) Verladeeinrichtungen, die sich am 1. März 1997 in Gebrauch befinden, dürfen abweichend von § 5 Abs. 2 Satz 1 in Verbindung mit Anlage 1 Spalte 2 bis zum 31. Dezember 1998 weitergenutzt werden.

(2) Elektrische Treibhilfen, die sich am 1. März 1997 in Gebrauch befinden und die Anforderungen an die Bauart gemäß § 5 Abs. 3 Satz 4 nicht erfüllen, dürfen bis zum 31. Dezember 1997 angewandt werden.

(3) ¹Die Erlaubnis nach § 11 Abs. 1 gilt demjenigen als vorläufig erteilt, dessen Betrieb entsprechend der bis zum 26. Februar 1999 geltenden Fassung des § 11 Abs. 1 Satz 2 erfaßt worden ist. ²Die vorläufige Erlaubnis erlischt, wenn nicht bis zum 1. März 2000 der zuständigen Behörde eine Erlaubnis nach § 11 Abs. 1 vorgelegt wird.

Anlage 2 TierSchTrV

(4) ¹Die Sachkundebescheinigung nach § 13 Abs. 2 gilt von demjenigen, der am 1. März 1997 eine entsprechende Tätigkeit ausübt, als vorläufig erbracht. ²Der vorläufige Nachweis erlischt, wenn nicht bis zum 1. März 1998 der zuständigen Behörde eine Bescheinigung nach § 13 Abs. 3 vorgelegt wird.

(5) In Fahrzeugen, die sich am 1. März 1997 in Gebrauch befinden, und die den Anforderungen des § 24 Abs. 3 Nr. 2, 4 und 6 nicht genügen, dürfen abweichend von § 24 Abs. 1 und 2 Nutztiere bis zum 31. Dezember 1997 unter Beachtung der Bestimmungen der Anlage 2 befördert werden.

§ 44 (Änderung von Vorschriften)

§ 45 (Inkrafttreten, Außerkrafttreten)

Anlage 1
(zu § 5 Abs. 2)

Anforderungen an Verladeeinrichtungen

Tierkategorie	Höchster Neigungswinkel der Verladeeinrichtung Grad	Höchster Abstand zwischen Boden und Verladeeinrichtung cm	Höchster Abstand zwischen Verladeeinrichtung und Ladefläche cm
1	2	3	4
Einhufer	20	25	6
Rinder	20	25	3
Kälber bis zu sechs Monaten	20	25	1,5
Schafe/Ziegen	20	12	1,5
Schweine	20	12	1,5

Anlage 2
(zu § 6 Abs. 3 und § 24 Abs. 3)

Tränk- und Fütterungsintervalle sowie Ruhepausen
beim Transport von Nutztieren in Fahrzeugen nach § 24 Abs. 3

1. Kälbern bis zu sechs Monaten, Schaf- und Ziegenlämmern bis zu drei Monaten und Ferkeln bis zu einem Lebendgewicht von 30 Kilogramm muß nach einer Transportphase von höchstens neun Stunden eine mindestens einstündige Ruhepause gewährt werden, während der sie zu tränken sind. Danach dürfen sie in einer zweiten Transportphase für höchstens weitere neun Stunden befördert werden. Hiernach müssen die Tiere im Rahmen einer Ruhepause von 24 Stunden entladen, getränkt und ge-

TierSchTrV *Tierschutztransportverordnung*

füttert werden, und zwar an einem von der zuständigen Behörde nach Maßgabe der Verordnung (EG) Nr. 1255/97 in der jeweils geltenden Fassung zugelassenen Aufenthaltsort. Anschließend kann der Transport jeweils unter Beachtung der Sätze 1 bis 3 fortgeführt werden.

2. Schweine über 30 Kilogramm dürfen für eine Transportphase von höchstens 24 Stunden befördert werden, sofern sie jederzeit Zugang zu Trinkwasser haben. Hiernach müssen die Tiere im Rahmen einer Ruhepause von 24 Stunden entladen, getränkt und gefüttert werden, und zwar an einem von der zuständigen Behörde nach Maßgabe der Verordnung (EG) Nr. 1255/97 in der jeweils geltenden Fassung zugelassenen Aufenthaltsort. Anschließend kann der Transport jeweils unter Beachtung der Sätze 1 und 2 fortgeführt werden.

3. Pferde, ausgenommen Renn- und Turnierpferde, müssen nach jeweils einer Transportphase von höchstens acht Stunden getränkt und soweit notwendig gefüttert werden. Nach höchstens drei Transportphasen von höchstens acht Stunden müssen sie im Rahmen einer Ruhepause von 24 Stunden entladen, gefüttert und getränkt werden, und zwar an einem von der zuständigen Behörde nach Maßgabe der Verordnung (EG) Nr. 1255/97 in der jeweils geltenden Fassung zugelassenen Aufenthaltsort. Anschließend kann der Transport jeweils unter Beachtung der Sätze 1 und 2 fortgeführt werden.

4. Anderen Nutztieren, ausgenommen Renn- und Turnierpferden, muß nach einer Transportphase von höchstens 14 Stunden eine mindestens einstündige Ruhepause gewährt werden, während der sie zu tränken und, soweit notwendig, zu füttern sind. Hierbei ist jeweils die Einstreu zu ergänzen. Nach einer zweiten Transportphase von höchstens 14 Stunden müssen die Tiere im Rahmen einer Ruhepause von 24 Stunden entladen, gefüttert und getränkt werden, und zwar an einem von der zuständigen Behörde nach Maßgabe der Verordnung (EG) Nr. 1255/97 in der jeweils geltenden Fassung zugelassenen Aufenthaltsort. Anschließend kann der Transport jeweils unter Beachtung der Sätze 1 bis 3 fortgeführt werden.

Anlage 3
(zu § 18)

Die Behältnisse müssen folgende Mindestabmessungen aufweisen:

1. Hühner, Perlhühner, Fasane, Enten, Puten und Gänse

Lebendgewicht bis zu kg je Tier	Fläche je kg Lebendgewicht cm²/kg	Mindesthöhe des Transportbehältnisses cm
1	2	3
1,0	200	23
1,3	190	23
1,6	180	23

Anlage 3   **TierSchTrV**

Lebendgewicht bis zu kg je Tier	Fläche je kg Lebendgewicht cm²/kg	Mindesthöhe des Transportbehältnisses cm
1	2	3
2,0	170	23
3,0	160	23
4,0	130	25
5,0	115	25
10,0	105	30
15,0	105	35
über 15,0	90	40

2. Eintagsküken

Tierart	Fläche je Tier cm²	Anzahl der Tiere je Behältnis oder Behältnisteil	
		mindestens	höchstens
1	2	3	4
Hühner, Perlhühner, Fasane, Enten	25	10	105
Gänse, Puten	35	8	40

3. Brieftauben beim Transport in Spezialfahrzeugen

Tierkategorie	Höhe des Transportbehältnisses cm	Fläche je Tier bei Transport bis zu 300 km cm²	Fläche je Tier bei Transport über 300 km cm²
1	2	3	4
Jungtauben	23	280	300
Alttauben	23	300	340

4. Hunde und Katzen

Mittlere Widerristhöhe der Tiere cm	Länge cm	Behältnis Breite cm	Höhe cm	Fläche je Tier cm²
1	2	3	4	5
20	40	30	30	1 200
30	55	40	40	2 200
40	75	50	55	3 750
55	95	60	70	5 700
70	130	75	95	9 750
85	160	85	115	13 600

TierSchTrV *Tierschutztransportverordnung*

5. Kaninchen

5.1 Mastkaninchen (nicht geschlechtsreife Kaninchen im Alter von höchstens 90 Tagen, die zur Weitermast oder zur Schlachtung nicht länger als 12 Stunden befördert werden)

Lebendgewicht bis zu kg je Tier	Höhe des Transportbehältnisses cm	Fläche je Tier cm²
1	2	3
1	15	250
3	20	500
über 3	25	600

5.2 Andere Kaninchen

Lebendgewicht bis zu kg je Tier	Höhe des Transportbehältnisses cm	Fläche je Tier cm²	Höchstzahl der Tiere je Behältnis
1	2	3	4
0,3	15	100	12
0,4	15	150	12
0,5	15	300	12
1	20	500	4
2	20	750	4
3	25	900	2
4	25	1000	2
5	25	1150	2
über 5	30	1400	1

Anlage 4
(zu § 23 Abs. 1)

Abtrennung und Raumbedarf

1. Einhufer, soweit sie Haustiere sind

1.1 Straßen-, Schienen- und Schiffstransport

1.1.1 Bis zu 5 erwachsene Einhufer sind jeweils durch eine stabile Trennvorrichtung abzutrennen, die entweder bis zum Fahrzeugboden reicht und ab einer Höhe von 120 Zentimetern durchbrochen sein darf, oder die mindestens 60 Zentimeter über dem Fahrzeugboden beginnt und mindestens 60 Zentimeter hoch ist.

Anlage 4   **TierSchTrV**

1.1.2

Tierkategorie	Mindestbodenfläche je Tier in m²
1	2
Erwachsene Pferde	1,75
Jungpferde (6 bis 24 Monate)	
– bei Fahrten bis zu 48 Stunden	1,2
– bei Fahrten über 48 Stunden	2,4
Ponys (Stockmaß bis 144 cm)	1
Fohlen (bis 6 Monate)	1,4

1.2 Lufttransport

Lebendgewicht bis zu kg je Tier	Mindestbodenfläche je Tier in m²
1	2
100	0,42
200	0,66
300	0,87
400	1,04
500	1,19
600	1,34
700	1,51
800	1,73

2. Rinder, soweit sie Haustiere sind

2.1 Straßen-, Schienen- und Schiffstransport

2.1.1 Bis zu 15 Kälber oder bis zu 6 erwachsene Rinder bei Querverladung oder bis zu 8 erwachsene Rinder beim Transport in der Gruppe sind beim Straßentransport jeweils durch eine stabile Trennvorrichtung abzutrennen.

2.1.2

Lebendgewicht bis zu kg je Tier	Mindestbodenfläche je Tier in m²
1	2
50	0,33
80	0,40
100	0,48
120	0,57
140	0,65
170	0,75
210	0,85
250	0,95
300	1,10
350	1,17
400	1,23
450	1,28
500	1,35
550	1,40

TierSchTrV *Tierschutztransportverordnung*

2.1.2

Lebendgewicht bis zu kg je Tier	Mindestbodenfläche je Tier in m²
1	2
600	1,47
650	1,53
700	1,60
über 700	2,00

2.2 Schiffstransport

Lebendgewicht bis zu kg je Tier	Mindestbodenfläche je Tier in m²
1	2
50	0,33
80	0,40
100	0,48
120	0,57
140	0,65
170	0,75
210	0,85
250	0,95
300	1,10
350	1,17
400	1,30
500	1,55
600	1,80
700	2,00
über 700	2,50

Bei Rindern im letzten Drittel der Trächtigkeit erhöhen sich die angegebenen Mindestflächen um mindestens 10 vom Hundert.

2.3 Lufttransport

Lebendgewicht bis zu kg je Tier	Mindestbodenfläche je Tier in m²
1	2
50	0,23
70	0,28
300	0,84
500	1,27

Anlage 4   **TierSchTrV**

3. Schafe und Ziegen

3.1 Straßen-, Schienen- und Schiffstransport

3.1.1 Bis zu 50 erwachsene Tiere sind jeweils durch eine stabile Trennvorrichtung abzutrennen.

3.1.2

Lebendgewicht bis zu kg je Tier	Mindestbodenfläche je Tier in m²
1	2
16	0,14
18	0,15
20	0,16
24	0,17
28	0,19
32	0,22
36	0,24
40	0,26
44	0,28
48	0,30
52	0,31
56	0,32
60	0,33
64	0,34
68	0,36
70	0,37
über 70	0,40

Bei einer durchschnittlichen Vlieslänge der Schafe von über 2 Zentimetern erhöhen sich die angegebenen Mindestflächen um mindestens 5 vom Hundert.

3.2 Lufttransport

Lebendgewicht bis zu kg je Tier	Mindestbodenfläche je Tier in m²
1	2
25	0,20
50	0,30
75	0,40

TierSchTrV *Tierschutztransportverordnung*

4. Schweine

4.1 Straßen-, Schienen- und Schiffstransport

4.1.1 Bis zu 15 Mastschweine oder bis zu 5 Sauen sind jeweils durch eine stabile Trennvorrichtung abzutrennen. Ferkel sind nach Maßgabe folgender Tabelle abzutrennen:

Lebendgewicht bis zu kg je Tier	Höchstgruppengröße Ferkel
1	2
10	120
25	50
30	35

4.1.2

Lebendgewicht bis zu kg je Tier	Mindestbodenfläche je Tier in m²
1	2
6	0,07
10	0,11
15	0,12
20	0,14
25	0,18
30	0,21
35	0,23
40	0,26
45	0,28
50	0,30
60	0,35
70	0,37
80	0,40
90	0,43
100	0,45
110	0,50
120	0,55
über 120	0,70

4.2 Lufttransport

Lebendgewicht bis zu kg je Tier	Mindestbodenfläche je Tier in m²
1	2
15	0,13
25	0,15
50	0,35
100	0,51

Anlage 5
(zu § 34 Abs. 1)

Transportplan

(1) Beförderer: (Name, Anschrift, Firmenbezeichnung) (a)	(2) Art des Transportmittels: Amtliches Kennzeichen oder Kenndaten des Transportmittels (a)
(3) Tierart: Anzahl der Tiere: Versandort: Bestimmungsort und -land: (a)	(4) Route: Voraussichtliche Transportdauer: (a)
(5) Nummer der Gesundheitsbescheinigung(en) oder der Begleitdokumente: (a)	(6) Stempel des Tierarztes der zuständigen Behörde des Versandortes (b)	(7) Stempel und Unterschrift des Tierarztes des Aufenthaltsortes/der Aufenthaltsorte (b)
(8) Datum und Uhrzeit des Versands: (a)	(9) Name des während des Transports Verantwortlichen: (c)	(10) Stempel der für den Ausgangsort zuständigen Veterinärbehörde oder der Grenzkontrollstelle (d)
(11) Geplante Aufenthalts- oder Umladeorte: (a)	(12) Aufgesuchte Aufenthalts- oder Umladeorte: (c) und (e)

TierSchTrV

Tierschutztransportverordnung

(13) Ort und Anschrift:	(14) Datum und Uhrzeit:	(15) Aufenthaltsdauer:	(16) Grund:	(17) Ort und Anschrift:	(18) Datum und Uhrzeit:
i)					
ii)					
iii)					
iv)					
v)					
vi)					

(19) (a) Vom Beförderer vor Fahrtantritt auszufüllen (b) Vom zuständigen Tierarzt auszufüllen (c) Vom Beförderer oder Transportführer während des Transports auszufüllen (d) Von der zuständigen Stelle des Ausgangsortes oder der Grenzkontrollstelle auszufüllen (e) Vom Beförderer nach der Fahrt auszufüllen	(20) Unterschrift des während des Transports Verantwortlichen (e)	(21) Datum und Uhrzeit der Ankunft am Bestimmungsort: (e)
(22) Bemerkungen:		(b) oder (e)

Anlage 6

Anlage 6
(zu § 34 Abs. 6)

Bescheinigung Nr. ......

Internationale Tiertransport-Bescheinigung[1])

Zuständige Stelle: (Druckbuchstaben)

Transport von Nutztieren

A. Bescheinigung über die Transportfähigkeit für den Internationalen Transport

Versandland: ....[2])

Name und Anschrift des Absenders: ....[2])

Bestimmungsland: ....[2])

   I. Anzahl der Tiere: ....[2])

  II. Beschreibung der Tiere: ....[2])

 III. Endgültiger Bestimmungsort sowie Name und Anschrift des Empfängers: ....[2])

 IV. Der Unterzeichnete bestätigt, daß er die vorstehend beschriebenen Tiere untersucht und für tauglich für den vorgesehenen internationalen Transport befunden hat.

     Stempel   Datum .... Ortszeit ....

(Unterschrift des amtlichen Tierarztes)

Diese Bescheinigung verliert ihre Gültigkeit, wenn die betreffenden Tiere nicht innerhalb von 24 Stunden nach dem Zeitpunkt der Unterzeichnung zum internationalen Transport verladen werden.

B. Ladebescheinigung

Der Unterzeichnete bestätigt, daß die vorstehend beschriebenen Tiere unter vom amtlichen Tierarzt gebilligten Umständen am ...... (Datum) um ...... (Ortszeit)[4]) in ...... (Verladeort) auf ...... [3]) verladen wurden.

Stempel

(Unterschrift des amtlichen Tierarztes
oder des Vertreters der zuständigen Behörden)[5])

TierSchTrV *Tierschutztransportverordnung*

C. Bemerkung

I. Die vorstehend beschriebenen Tiere sind nicht im Einklang mit ....[7]) transportiert worden, und folgende Maßnahmen sind ergriffen worden:
....

(Unterschrift des Beamten der zuständigen Behörden)[6]

II. Der Unterzeichnete erklärt, daß die vorstehend beschriebenen Tiere in/im ....
gefüttert und getränkt wurden und den genannten Betrieb am ...... (Datum) um ...... (Ortszeit) verlassen haben.

(Unterschrift des Verantwortlichen des Betriebs)[8]

Wenn in der Rubrik C I Bemerkungen gemacht wurden, ist diese Bescheinigung binnen 3 Tagen nach Beendigung des Transports vom Besitzer oder von seinem Bevollmächtigten am Bestimmungsort der zuständigen Behörde ordnungsgemäß ausgefüllt einzureichen.

Anmerkungen

[1]) Für jede Sendung von Tieren, die in ein und demselben Eisenbahnwaggon, Lastwagen, Container, Flugzeug oder Schiff von ein und demselben Betrieb an ein und denselben Empfänger versandt werden, ist eine gesonderte Bescheinigung auszustellen. Wird diese Sendung geteilt, so muß für jede Gruppe eine erforderlichenfalls am Tag der Teilung der Sendung ergänzte Abschrift der Bescheinigung mitgeführt werden, die im Bedarfsfall weiter zu ergänzen ist und bei der betreffenden Gruppe bis zu ihrer Ankunft am endgültigen Bestimmungsort verbleiben muß.

[2]) Nur auszufüllen, wenn die Tiere ohne Gesundheitsbescheinigung transportiert werden. Bei der Beschreibung sind Rasse und Geschlecht der Tiere anzugeben: z. B. Mutterschaf, Schafbock, Lamm usw. bzw. die entsprechenden Bezeichnungen anderer Arten.

[3]) Angabe des Transportmittels, bei Flugzeugen der Flugnummer, bei Schiffen des Schiffsnamens und bei Eisenbahnwaggons oder Fahrzeugen der Registriernummer. Bei Anhängern, die von der Zugmaschine getrennt werden können, ist die Containernummer anzugeben.

[4]) Zeitpunkt der Verladung des ersten Tieres.

[5]) Wenn vorgesehen ist, daß die Verladung von einem amtlichen Tierarzt zu überwachen ist, so muß dieser die Rubrik B ausfüllen. Obliegt die Überwachung einem anderen Beamten der zuständigen Behörde als dem amtlichen Tierarzt, der jedoch unter der Aufsicht des Tierarztes steht, so muß der Beamte die unter Rubrik B vorgesehene Bestätigung eintragen.

Anlage 7 TierSchTrV

⁶) Rubrik C I der Bescheinigung ist nur auszufüllen, wenn ein von der zuständigen Behörde des Transit- oder des Bestimmungslandes oder – wenn diese Kontrolle dort erfolgt – des Schlachtbetriebs, in den die Tiere verbracht werden sollen, bestellter Verantwortlicher der Kontrollstelle der Auffassung ist, daß die Tiere nicht in Übereinstimmung mit den Artikeln 6 bis 37 des Europäischen Übereinkommens vom 13. Dezember 1968 über den Schutz von Tieren beim internationalen Transport (BGBl. 1973 II S. 721) transportiert worden sind.

⁷) Der Beamte hat im einzelnen anzugeben, welche Auflagen seines Erachtens nicht eingehalten worden sind.

⁸) Sind Maßnahmen, einschließlich Füttern und Tränken der Tiere, getroffen worden, so hat der Verantwortliche des Betriebs, in dem die Maßnahmen durchgeführt wurden, Abschnitt II der Rubrik C auszufüllen.

Anlage 7
(zu § 39 Abs. 1)

Durchführung der Nämlichkeitskontrolle bei Tieren

Art, Verwendungszweck	Art und Weise der Kontrolle
1	2
1. Klauentiere und Einhufer in Sendungen von nicht mehr als 10 Tieren	Vergleich der Kennzeichnung jedes Tieres mit den Angaben der die Tiere begleitenden Bescheinigung
2. Klauentiere und Einhufer in Sendungen von mehr als 10 Tieren	1. Vergleich der Kennzeichnung von 10% der Tiere, jedoch mindestens 10 Tiere, mit den Angaben der diese begleitenden Bescheinigung 2. Erhöhung der Zahl der kontrollierten Tiere bei Feststellung fehlerhafter Angaben bei der Kontrolle nach 1.
3. Vögel und Fische in Sendungen von nicht mehr als 10 Transportbehältnissen	Vergleich der Kennzeichnung jedes Transportbehältnisses mit den Angaben der diese begleitenden Bescheinigung
4. Vögel und Fische in Sendungen von mehr als 10 Transportbehältnissen	1. Vergleich der Kennzeichnung von mindestens 10% der Transportbehältnisse, jedoch mindestens 10 Transportbehältnisse, mit den Angaben der die Tiere begleitenden Bescheinigung 2. Erhöhung der Zahl der kontrollierten Transportbehältnisse bei Feststellung fehlerhafter Angaben bei der Kontrolle nach 1.

	3. stichprobenartige Kontrolle, ob die in den Transportbehältnissen befindlichen Tiere den Angaben der diese begleitenden Bescheinigung zur Tierart und zum Verwendungszweck entsprechen
5. sonstige Tiere	Vergleich der Tierart und der Kennzeichnung der Tiere oder der Transportbehältnisse mit den Angaben der die Tiere begleitenden Bescheinigung

Verordnung zum Schutz von Tieren im Zusammenhang mit der Schlachtung oder Tötung (Tierschutz-Schlachtverordnung – TierSchlV)*,**

Vom 3. März 1997 (BGBl. I S. 405), geändert durch
1. Änderungsverordnung vom 25. November 1999 (BGBl. I S. 2392)

Einführung

Entstehungsgeschichte. Als erstes deutsches Land normierte Bayern 1 mit einem Gesetz v. 17. 5. 1930 den Grundsatz des Betäubungszwangs (GVBl. S. 133). Für das deutsche Reich wurde durch das Gesetz über das Schlachten von Tieren vom 21. 4. 1933 und die gleichnamige Verordnung vom selben Tag (RGBl. I S. 203 und 212) der allgemeine Betäubungszwang für Schlachttiere eingeführt; zugleich wurden bestimmte Betäubungsmethoden vorgeschrieben. Am 14. 1. 1936 erging außerdem die Verordnung über das Schlachten und Aufbewahren von lebenden Fischen und anderen kaltblütigen Tieren (RGBl. I S. 13). Nach 1945 war umstritten, ob diese vorkonstitutionellen Vorschriften als Landes- oder Bundesrecht fortgalten (vgl. Art. 123 Abs. 1, 125 Nr. 1 GG). Ein Teil der Länder erließ eigene Regelungen. Mit der Tierschutz-Schlachtverordnung v. 3. 3. 1997 (BGBl. I S. 405) wurde bis auf § 8 der o. e. Verordnung von 1933 das gesamte vorkonstitutionelle Schlachtrecht aufgehoben. Mit der Ersten Änderungsverordnung v. 25. 11. 1999 (BGBl. I S. 2392) wurde auch diese Vorschrift aufgehoben und durch § 13 Abs. 6 S. 2 und 3 der Tierschutz-Schlachtverordnung ersetzt.

Ermächtigungsgrundlagen. Mit der Verordnung (VO) hat das Bundes- 2 ministerium von verschiedenen gesetzlichen Ermächtigungsgrundlagen Gebrauch gemacht. Die meisten Regelungen beruhen auf § 4b TierSchG. Soweit in einzelnen Vorschriften Anforderungen an Haltung und Pflege von Schlachttieren gestellt werden, werden diese auf § 2a Abs. 1 TierSchG gestützt (vgl. die §§ 3, 4, 5, 7, 8, 9, 10 und 11 der VO). Mit § 10 wurde auch von der Ermächtigung in § 2a Abs. 2 S. 1 und 2 Nr. 1b TierSchG, bestimmte Transportmittel und Versendungsarten zu verbieten, Gebrauch gemacht.

---

* Diese Verordnung dient der Umsetzung der Richtlinie 93/119/EG des Rates vom 22. Dezember 1993 über den Schutz von Tieren zum Zeitpunkt der Schlachtung oder Tötung (ABl. EG Nr. L 340 S. 21).
** Die Verpflichtungen aus der Richtlinie 83/189/EWG des Rates vom 28. März 1983 über ein Informationsverfahren auf dem Gebiet der Normen und technischen Vorschriften (ABl. EG Nr. L 109 S. 8), zuletzt geändert durch Richtlinie 94/10/EG des Europäischen Parlaments und des Rates vom 23. März 1994 (ABl. EG Nr. L 100 S. 30) sind beachtet worden.

§ 16, der das vorkonstitutionelle Schlachtrecht sowie landesrechtliche Regelungen über das Schlachten aufhebt, beruht auf § 21 b TierSchG a. F. Soweit in Anlage 3 zu § 13 Abs. 6 Pflichten zur Aufzeichnung und Aufbewahrung von Unterlagen normiert sind, findet sich die zugehörige Ermächtigungsgrundlage in § 16 Abs. 5 Nr. 4 TierSchG.

3   Die VO setzt die **Richtlinie 93/119/EG des Rates v. 22. 12. 1993 über den Schutz von Tieren zum Zeitpunkt der Schlachtung oder Tötung** (ABl. EG Nr. L 340 S. 21) um. Zugleich soll durch sie dem Europäischen Übereinkommen v. 10. 5. 1979 über den Schutz von Schlachttieren (ratifiziert durch Gesetz v. 9. 12. 1983, BGBl. II S. 770) einschl. der hierzu im Rahmen einer multilateralen Konsultation der Vertragsparteien erarbeiteten Empfehlung Rechnung getragen werden.

4   **Regelungsumfang.** Die VO regelt den Umgang mit den Tieren vom Zeitpunkt der Entladung am Schlachthof bis zum Tod. Sie umfasst damit die Bereiche ‚Entladung' (vgl. § 6; allerdings wird dieser Vorgang auch durch die TierSchTrV geregelt, vgl. dort § 2 Nr. 4, § 5), ‚Unterbringung und Versorgung im Wartestall', ‚Zutrieb zur Betäubeposition', ‚Ruhigstellung und Betäubung' sowie ‚Tötung'. Neben der Schlachtung, d. h. dem Herbeiführen des Todes eines Tieres durch Entbluten, erstreckt sich die VO auch auf behördlich veranlasste Tiertötungen, auf das Töten von Gatterwild und Pelztieren sowie auf das Aufbewahren und Töten von Fischen und Krustentieren.

5   Folgende **Einteilung der Vorschriften der VO** ist möglich: Die §§ 1 und 2 enthalten Bestimmungen über den Anwendungsbereich sowie Definitionen. Allgemeine Grundsätze finden sich in den §§ 3 und 5. Die Sachkunde und ihren Nachweis regelt § 4. Die §§ 6 bis 9 enthalten Vorschriften über Schlachtbetriebe, insbesondere über deren Ausstattung und die notwendige Betreuung. Die §§ 10 und 11 regeln das Aufbewahren von Speisefischen und Krustentieren. In den §§ 12 und 13 sowie den zugehörigen Anlagen 2 und 3 werden das Ruhigstellen, Betäuben, Schlachten und anderweitige Töten geregelt (vgl. dazu aber auch § 3). Die behördliche Zulassung weiterer Betäubungs- und Tötungsverfahren ist in § 14 vorgesehen. § 15 enthält die Ordnungswidrigkeiten. In den §§ 16 ff. finden sich Regelungen zum vorkonstitutionellen Recht, Übergangsregelungen sowie Bestimmungen über das Inkrafttreten.

6   **Anordnungen, die über die VO hinausgehen,** bleiben möglich, denn die allgemeinen Vorschriften des Tierschutzrechts, insbes. die §§ 1 und 2, bleiben uneingeschränkt anwendbar. Werden also – trotz Einhaltung aller Regelungen der VO – einem Tier im Zusammenhang mit der Schlachtung vermeidbare Schmerzen, Leiden oder Schäden zugefügt oder wird es nicht verhaltensgerecht untergebracht, so ist die nach § 15 TierSchG zuständige Behörde gem. § 16a TierSchG berechtigt ggf. auch verpflichtet, die zur Beseitigung bzw. Verhinderung des Missstandes erforderlichen Anordnungen zu treffen und durchzusetzen. Sie kann dabei im Einzelfall auch Anordnungen erlassen, die über die in der VO festgesetzten Mindestanforderungen hinausgehen (vgl. amtl. Begr., BR-Drucks. 835/96 S. 26).

7   Die gesetzliche **Unterscheidung zwischen dem „Ob" und dem „Wie" der Tiertötung** (s. TierSchG, § 17 Rn. 10 und § 4 Rn. 2) gilt auch hier: Die

§ 1 Anwendungsbereich   **TierSchlV**

Frage, „ob" eine Schlachtung oder eine behördlich veranlasste Tiertötung erfolgen darf, muss nach § 17 Nr. 1 und § 1 S. 2 TierSchG, ggf. auch nach Spezialvorschriften beurteilt werden. Das „Wie" richtet sich nach §§ 4, 4a und den Regelungen der VO. Inwieweit eine Rechtswidrigkeit des „Wie" auch auf das „Ob" durchschlagen kann, s. TierSchG § 17 Rn. 10.

Der **grundsätzliche Antagonismus zwischen Tierschutz und Schlach- 8 ten**, wie er bereits im Titel der VO zum Ausdruck kommt, lässt sich nicht vollständig aufheben, denn wer ein Tier tötet, fügt ihm damit denknotwendig einen schweren Schaden zu (vgl. auch BVerwG NVwZ 1998, 853, 855). Der Widerspruch lässt sich aber dadurch abmildern, dass alles getan wird, um dem Tier seinen letzten Weg so stress- und angstfrei wie möglich zu gestalten. Diesem Ziel dient die VO. – Wie weit der Weg dorthin noch ist, zeigen Untersuchungen, die im Rahmen eines BMVEL-Forschungsauftrages an 35 deutschen Schlachtbetrieben mit verschiedenen CO_2-Anlagen zur Betäubung von Schweinen durchgeführt worden sind: Nur durchschnittlich 85% der Tiere wurden vorschriftsgemäß 70 Sekunden lang einer CO_2-Mindestkonzentration von 80% ausgesetzt; nur bei 15% wurde die in Anlage 2 vorgeschriebene Höchstfrist von 20 Sekunden zwischen dem Verlassen der Betäubungsanlage und dem Entblutungsschnitt eingehalten; am Auswurf aus der Anlage zeigten 12% der Tiere Reaktionen auf Berührung der Hornhaut des Auges und 4,8% reagierten auf das Anlegen der Anschlinghaken, waren also unzureichend betäubt; nach dem Setzen des Stiches waren durchschnittlich 1,7% (in manchen Betrieben bis zu 15%) der Tiere wach; ca. 1% (in manchen Betrieben bis zu 14%) wurden offensichtlich lebend in die Brühanlage befördert. Neben diesen betäubungsspezifischen Befunden zeigten sich in 94% der Betriebe grobe tierschutzwidrige Tatbestände: u.a. mangelhafter Umgang mit gehunfähigen Tieren, Herbeischleifen zur Nottötung, schwere Mängel in der baulichen Gestaltung der Wartebuchten und Treibwege, Fehler beim Treiben (zu große Tiergruppen, falsche Treibhilfen, zu häufiger E-Treiber-Einsatz, Fehlplatzierung des E-Treibers auf Kopf und Weichteile; vgl. *von Holleben/Schütte/von Wenzlawowicz* DTBl. 2002, 372 f.)

Abschnitt 1. Allgemeine Vorschriften

§ 1 Anwendungsbereich

(1) **Diese Verordnung gilt für**
1. das Betreuen von Tieren in einer Schlachtstätte,
2. das Aufbewahren von Speisefischen und Krustentieren,
3. das Ruhigstellen und Betäuben vor dem Schlachten oder Töten von Tieren, die zur Gewinnung von Fleisch, Häuten, Pelzen oder sonstigen Erzeugnissen bestimmt sind,
4. das Schlachten oder Töten der in Nummer 3 genannten Tiere,
5. das Ruhigstellen, Betäuben und Töten von Tieren bei einer behördlich veranlaßten Tötung.

TierSchlV — Tierschutz-Schlachtverordnung

(2) Die Vorschriften dieser Verordnung sind nicht anzuwenden bei
1. einem Tierversuch, soweit für den verfolgten Zweck andere Anforderungen unerläßlich sind,
2. weidgerechter Ausübung der Jagd,
3. zulässigen Schädlingsbekämpfungsmaßnahmen,
4. einem Massenfang von Fischen, wenn es auf Grund des Umfangs und der Art des Fangs nicht zumutbar ist, eine Betäubung durchzuführen.

1 **Sachlicher Anwendungsbereich.** Die VO gilt für das Schlachten oder Töten von Tieren, die zur Gewinnung von Fleisch, Häuten, Pelzen oder sonstigen Erzeugnissen bestimmt sind. Sie gilt auch, wenn Tiere aufgrund behördlicher Veranlassung getötet werden sollen (Ermächtigungsgrundlagen hierzu enthalten das Seuchenrecht, Naturschutzrecht, Pflanzenschutzrecht und das allgemeine Ordnungsrecht). Die VO gilt außerdem, wenn Tiere zwar ursprünglich zur Gewinnung tierischer Erzeugnisse bestimmt waren, dann aber aus anderen Gründen getötet werden. Beispiele: Tötung erkrankter oder verletzter landwirtschaftlicher Nutztiere, bei denen eine erfolgversprechende Behandlung nicht mehr möglich ist; Tötung sehr junger Tiere (wie zB Eintagsküken, nicht schlupffähige Küken); Tötung schlachtuntauglicher Tiere (vgl. § 8 Abs. 1); Tötung von Tieren, die zwar zur Gewinnung von Fleisch oÄ bestimmt waren, aber vorzeitig oder weil sie nicht mehr zwecktauglich erscheinen getötet werden (vgl. amtl. Begr. BR-Drucks. 835/96 S. 28).

2 **Zeitlicher Anwendungsbereich.** Die VO regelt den Umgang mit den Tieren von der Ankunft in der Schlachtstätte bis zum Eintritt des Todes. Den Bereich ‚Entladung vom Transportfahrzeug' spricht sie allerdings nur in Bezug auf die bauliche u. technische Ausstattung der Schlachtbetriebe an (vgl. § 6; die Pflicht zum schonenden Umgang beim Entladen regelt § 5 TierSchTrV). Die VO regelt die Bereiche ‚Unterbringung und Betreuung im Wartestall', ‚Zutrieb zur Betäubeposition', ‚Ruhigstellung', ‚Betäubung' und ‚Tötung'. Geregelt wird außerdem das Aufbewahren von Speisefischen und Krustentieren.

3 **Ausnahmen vom Anwendungsbereich nach Abs. 2. – Nr. 1,** Tierversuch. Will der Veranstalter eines Tierversuchs von einer oder mehreren Bestimmungen der VO abweichen, so erfordert dies neben der wissenschaftlich begründeten Darlegung des Versuchszwecks den Nachweis, dass die einzelne Abweichung nach Art und Ausmaß unerlässlich, d.h. unumgänglich notwendig ist, um den Versuchszweck nicht zu gefährden. Die Behörde muss diese Unerlässlichkeit gem. § 24 Abs. 1 VwVfG prüfen, notfalls mittels Sachverständigengutachten nach § 26 Abs. 1 Nr. 2 VwVfG (zur behördlichen Prüfungspflicht s. TierSchG § 8 Rn. 9). Zur instrumentalen Unerlässlichkeit muss die finale hinzutreten; an letzterer fehlt es, wenn der Nutzen des Versuchsvorhabens die den Tieren zugefügten Leiden, Schmerzen und Schäden nicht überwiegt. Bei genehmigungspflichtigen Versuchen muss die Genehmigung auch die Abweichung von der VO umfassen. – **Nr. 2,** weidgerechte Jagdausübung (s. auch TierSchG § 17 Rn. 12–18). – **Nr. 3,** zulässige Schädlingsbekämpfungsmaßnahmen. Die Zulässigkeit setzt voraus, dass die Maßnahmen nach den gesetzlichen Bestimmungen, zB dem Pflanzenschutz-

§ 2 Begriffsbestimmungen **TierSchlV**

gesetz, getroffen werden dürfen (vgl. BR-Drucks. 835/96 S. 28; s. auch TierSchG § 4 Rn. 7 und § 17 Rn. 28, 29). – **Nr. 4**, Massenfischfang. Dazu heißt es in der amtl. Begr. S. 28: „In bezug auf den Massenfang von Fischen ist es auf Grund der technischen, personellen und räumlichen Gegebenheiten vielfach zur Zeit noch nicht möglich, die große Zahl von Fischen gleichzeitig entsprechend den Anforderungen dieser Verordnung zu betäuben. Die Frage der Zumutbarkeit der Durchführung einer Betäubung muss unter Berücksichtigung der Zahl der gleichzeitig gefangenen Fische, der verwendeten Fangtechnik und der gefangenen Fischarten beantwortet werden. Eine Betäubung ist beispielsweise beim Fang mit der Handangel oder von Speisefischen in der Teichwirtschaft zumutbar" (BR-Drucks. 835/96 S. 28). Bedenklich mutet an, dass der Verordnungsgeber hier nach dem Motto verfährt: „Je weitergehend der Eingriff, desto weniger Schutz für das einzelne Tier". Angesichts des üblich gewordenen massenhaften Umbringens von Seefischen und anderen Wasserbewohnern durch Ersticken oder Erdrücken ist dies mit § 1 TierSchG kaum vereinbar. Zumindest müsste der Begriff „nicht zumutbar" restriktiver ausgelegt werden als in der Praxis üblich. Sprechen neben den tierschutzrechtlichen auch noch ökologische Belange gegen eine Fangmethode, so muss ein Verzicht darauf als zumutbar angesehen werden, d.h.: Das betäubungslose Töten der so gefangenen Fische ist dann rechtswidrig.

§ 2 Begriffsbestimmungen

Im Sinne dieser Verordnung sind:
1. Hausgeflügel:
Hühner, Truthühner, Perlhühner, Enten, Gänse, Tauben und Wachteln, soweit sie Haustiere sind;
2. Gatterwild:
in einem Gehege gehaltene Wildwiederkäuer und Wildschweine;
3. Eintagsküken:
Geflügel im Alter von bis zu 60 Stunden;
4. kranke oder verletzte Tiere:
Tiere mit gestörtem Allgemeinbefinden oder einer Verletzung, die mit erheblichen Schmerzen oder Leiden verbunden ist;
5. Betreuen:
das Unterbringen, Füttern, Tränken und die Pflege der Tiere, einschließlich des Treibens sowie des Beförderns von Tieren innerhalb einer Schlachtstätte;
6. Hausschlachtung:
das Schlachten außerhalb eines Schlachtbetriebes, wenn das Fleisch ausschließlich im eigenen Haushalt des Besitzers verwendet werden soll;
7. Schlachtbetrieb:
eine Schlachtstätte, in der warmblütige Tiere gewerbsmäßig oder im Rahmen einer wirtschaftlichen Unternehmung geschlachtet werden.

Zum Gatterwild rechnen Wildwiederkäuer und Wildschweine, die nutztierartig in Gehegen, d.h. auf gänzlich umfriedeten Flächen gehalten werden. – Eintagsküken können jeder Art von Geflügel angehören. – Zu den Begriffen „gestörtes Allgemeinbefinden" und „Verletzung, die mit erheblichen Schmerzen oder Leiden verbunden ist" s. TierSchTrV, Kommentierung § 2 und § 27 Rn. 1. – Das Betreuen betrifft den gesamten Umgang mit den Tieren in der Schlachtstätte vor dem eigentlichen Schlachtverfahren. „Unterbringen" umfasst nach Art. 2 Nr. 3 der Richtlinie 93/119/EG das Halten von Tieren in den von Schlachthöfen genutzten Ställen, Buchten, überdachten Standplätzen oder Ausläufen, um ihnen ggf. vor der Schlachtung die erforderliche Pflege (tränken, füttern, ruhen) zukommen zu lassen. – Hausschlachtungen setzen voraus, dass das Fleisch ausschließlich im eigenen Haushalt des Besitzers verwendet werden soll. Einzelne Betäubungs- und Tötungsverfahren sind auf Hausschlachtungen beschränkt (s. Anlage 3 Teil I). – Einzelne Vorschriften gelten speziell für Schlachtbetriebe iS von Nr. 7, nämlich die §§ 6 bis 9, 12 Abs. 1 S. 4, 13 Abs. 3 S. 5 sowie Anlage 3 Teil II Nr. 3.7.

§ 3 Allgemeine Grundsätze

(1) **Die Tiere sind so zu betreuen, ruhigzustellen, zu betäuben, zu schlachten oder zu töten, daß bei ihnen nicht mehr als unvermeidbare Aufregung, Schmerzen, Leiden oder Schäden verursacht werden.**

(2) **Vorrichtungen zum Ruhigstellen sowie Ausrüstungen und Anlagen für das Betäuben, Schlachten oder Töten der Tiere sind so zu planen, zu bauen, instand zu halten und zu verwenden, daß ein rasches und wirksames Betäuben und Schlachten oder Töten möglich ist.**

1   **Grundsatz.** In allen Bereichen, die die VO regelt – also beim Unterbringen im Wartestall, beim Treiben und Befördern innerhalb der Schlachtstätte (vgl. § 2 Nr. 5), beim Ruhigstellen, beim Betäuben und beim Schlachten oder Töten – müssen den Tieren Schmerzen, Leiden oder Schäden, aber auch bloße Aufregungen, die vermieden werden können, erspart werden. Dies gilt für jedes einzelne Tier, auch in Situationen, in denen große Zahlen von Tieren zur Schlachtung oder Tötung gelangen. Zu den Leiden, die den Tieren soweit wie möglich erspart werden müssen, gehört auch die Angst (vgl. BR-Drucks. 835/96 S. 29; zu den einzelnen Begriffen s. TierSchG § 1 Rn. 12–16, 17–23a und 24–26). – Der Begriff Aufregung umfasst jeden Erregungszustand. Indizien dafür können sein: Anstieg der Herzfrequenz, beschleunigte Atmung, erhöhte Körpertemperatur, Schreie, vermehrte Ausschüttung von Stresshormonen, Fluchtversuche u. a. m. Einer dieser Indikatoren kann ausreichen. Aufregungen sind Belastungen, die zwar bei längerer Dauer oder starker Intensität in Leiden ausmünden können, diesen aber (noch) nicht gleichzusetzen sind (vgl. *L/M* § 1 Rn. 35).

2   Bei der Frage nach der **Vermeidbarkeit von Schmerzen, Leiden oder Schäden** – zB durch die Wahl bestimmter Verfahren zur Ruhigstellung oder zur Betäubung – ist auf den Rechtsgedanken des § 9 Abs. 2 S. 3 Nr. 3 TierSchG zurückzugreifen (s. TierSchG § 9 Rn. 10 und § 1 Rn. 41), wonach ein Mehraufwand an Arbeit, Zeit oder Kosten eine Unvermeidbarkeit grundsätzlich nicht zu begründen vermag. Führt also beispielsweise ein

bestimmtes Betäubungsverfahren zu Leiden (einschl. Ängsten) oder gar Schmerzen und gibt es an seiner Stelle ein anderes, das mit keinen oder weniger Leiden bzw. Schmerzen verbunden wäre, so ist dem weniger belastenden Verfahren auch dann der Vorzug zu geben, wenn mit ihm höhere Kosten und/oder ein höherer Arbeits- und Zeitaufwand verbunden sind. Dasselbe gilt, wenn sich die Wahrscheinlichkeit von Leiden oder Schmerzen, die innerhalb eines gewählten Verfahrens auftreten können, mit Hilfe von Schutzvorkehrungen oder -maßnahmen reduzieren lässt, dafür aber ein Mehraufwand erforderlich ist. Dass ein tierschonendes Verfahren mit hygienischen Risiken verbunden sein kann, rechtfertigt die Wahl eines weniger schonenden Verfahrens zumindest so lange nicht, wie sich diese Risiken mit Geld, Zeit- oder Arbeit minimieren lassen. In dieser Auslegung erweist sich die Grundsatzvorschrift des § 3 als die Magna Charta des deutschen Schlachtrechts. Ihre Aufnahme in den Ordnungswidrigkeiten-Katalog des § 15 wäre dringend notwendig, um ihr in der Praxis mehr Geltung zu verschaffen.

Für die Frage, wann **Aufregungen vermeidbar** sind, kann zwar der 3 Rechtsgedanke des § 9 Abs. 2 S. 3 Nr. 3 TierSchG nicht direkt herangezogen werden, da sich die Vorschrift unmittelbar nur auf Schmerzen, Leiden oder Schäden bezieht. Für eine ähnlich restriktive Auslegung spricht aber die Bedeutung, die § 3 nicht nur für den Tier-, sondern auch für den Verbraucherschutz hat: Aufregungen, die Tieren vor ihrer Schlachtung zugefügt werden, haben in aller Regel negative Auswirkungen auf die Fleischqualität. Bei Schweinen ist nachgewiesen, dass Transport- und Betäubungsmethoden, die einen Anstieg der Herzfrequenz und eine vermehrte Ausschüttung von Stresshormonen auslösen, den Anteil an PSE-Fleisch signifikant erhöhen (vgl. *von Mickwitz* et al., Schweinezucht und Schweinemast 41, 28, 29); bei Rindern führt Erregung über einen vermehrten Verbrauch von Muskelglykogen zu Fleischqualitätsabweichungen iS von DFD-Fleisch (vgl. *Troeger* in: *Sambraus/Steiger* S. 514). Damit erweist sich das Gebot, Aufregungen bei Schlachttieren auch dann zu vermeiden, wenn die dazu nötigen Verfahren bzw. Schutzvorkehrungen einen höheren Aufwand erforderlich machen, als gleichermaßen tier- wie menschenschützend.

Die **Entlohnung der Schlachthofarbeitskräfte im Akkord** ist mit diesen 4 Grundsätzen (und auch mit § 13, s. dort Rn. 3 und Rn. 8–10) unvereinbar. Dazu der Bundesrat: „Der Anreiz für das mit der Betäubung und/oder Tötung beauftragte Personal, bei der Gewährung von Stückprämien oder Akkordlohn durch beschleunigtes Arbeiten ihr Entgelt zu erhöhen, führt in der Regel dazu, dass die notwendige Sorgfalt bei der Betäubung und Tötung von Tieren außer acht gelassen wird und es dadurch zu unnötigen Schmerzen, Leiden oder Schäden für die Tiere kommt" (Stellungnahme zum Regierungsentwurf zum ÄndG 1998, BT-Drucks. 13/7015 S. 29). Auch die Bundesregierung sieht in dem „beträchtlichen Zeitdruck", unter dem die Arbeitsabläufe in Schlachtbetrieben üblicherweise stehen, „in besonderem Maße das Risiko fehlerhafter Ausführung einzelner Arbeitsschritte..., die für die betroffenen Schlachttiere mit erheblichen, vermeidbaren Schmerzen und Leiden verbunden sein können, zB Fehler beim Betäubungsvorgang" (BT-Drucks. aaO S. 24). § 3 kann damit ein Verbot für solche Arten der

Entlohnung entnommen werden – eine Konsequenz, die in der Praxis jedoch nicht gezogen wird (vgl. *Ofensberger* in: Evang. Akademie Bad Boll S. 10).

5 **Als Maßnahmen, die zur Vermeidung vermeidbarer Aufregung führen können,** kommen beispielsweise in Betracht: Anwendung von Verfahren, die die Betäubung möglichst überraschend und ohne stressauslösende Vorbereitungsmaßnahmen eintreten lassen (s. dazu die Beispiele bei § 13 Rn. 7 und Rn. 8a); nur kurze, schonende Fixation der Tiere vor ihrer Betäubung; kein Vermischen fremder Tiere, weder auf dem Transport noch im Wartestall; vollständiger Verzicht auf Elektrotreiber, denn deren Einsatz führt besonders bei Schweinen zu hochgradiger Erregung und unmittelbarer Erhöhung des Anteils an PSE-Fleisch (vgl. *von Mickwitz* et al. aaO); keine Tötung von Tieren in Räumen, in denen sich andere Tiere aufhalten (Stressinduzierung u. a. durch Angstlaute, Ausschüttung von gewissen Geruchsstoffen u. a. m.; vgl. *Schatzmann* in: *Sambraus/Steiger* S. 688). Verfahren zur Ruhigstellung, Betäubung und Tötung müssten sich an dem Ziel ausrichten, dass das Tier den bevorstehenden Tod nicht sehen, nicht hören und auch nicht riechen soll.

6 Nach **Abs. 2** muss dem Gebot aus Abs. 1 nicht nur bei der Behandlung der Tiere, sondern schon bei der Planung, dem Bau und der Instandhaltung von Vorrichtungen und Anlagen für das Ruhigstellen, Betäuben, Schlachten und Töten sowie bei der Organisation der Betriebsabläufe Rechnung getragen werden: Es muss eine rasche und wirksame (d. h. zum schnellen Totalverlust des Empfindungs- und Wahrnehmungsvermögens führende und bis zum Tod anhaltende) Betäubung gewährleistet sein; schon die Warteställe, die Treibgänge und die Fixierungseinrichtungen müssen so angelegt sein, dass den Tieren Aufregungen, Leiden, Schmerzen oder Schäden auf ihrem letzten Weg so weit wie möglich erspart werden (vgl. BR-Drucks. 835/96 S. 29). Elektrische Treibstäbe sind in tiergerecht gebauten Treibgängen unnötig (vgl. *von Wenzlawowicz* et al., RFL 1995, 145, 149); die dazu nötigen baulichen Maßnahmen können im Interesse des Tier- und des Verbraucherschutzes nicht unter Hinweis auf die damit verbundenen Kosten unterbleiben (s. auch § 6 Abs. 2 S. 2).

§ 4 Sachkunde

(1) Wer Tiere betreut, ruhigstellt, betäubt, schlachtet oder tötet, muß über die hierfür notwendigen Kenntnisse und Fähigkeiten (Sachkunde) verfügen.

(2) ¹Einhufer, Wiederkäuer, Schweine, Kaninchen oder Geflügel darf im Rahmen seiner beruflichen Tätigkeit nur schlachten oder im Zusammenhang hiermit ruhigstellen oder betäuben, wer im Besitz einer gültigen Bescheinigung der zuständigen Behörde oder der sonst nach Landesrecht beauftragten Stelle (zuständige Stelle) über seine Sachkunde (Sachkundebescheinigung) ist. ²Abweichend von Satz 1 genügt es in Schlachtbetrieben, in denen Hausgeflügel im Wasserbad betäubt wird, wenn die Personen, die diese Tiere von Hand betäuben oder schlachten sowie Personen, die die Aufsicht beim Ruhigstellen, Betäuben und Schlachten der Tiere ausüben, im Besitz einer Sach-

§ *4 Sachkunde* TierSchlV

kundebescheinigung sind; letztere müssen während der Schlachtzeit ständig in dem Betrieb anwesend sein.

(3) ¹Die Sachkundebescheinigung wird von der zuständigen Stelle auf Antrag erteilt, wenn die Sachkunde im Rahmen einer erfolgreichen Prüfung nach Maßgabe der Absätze 4 und 5 nachgewiesen worden ist oder die Voraussetzungen des Absatzes 7 erfüllt sind. ²Die Sachkundebescheinigung bezieht sich auf die Tierkategorien sowie Betäubungs- und Tötungsverfahren, auf die sich die Prüfung nach Absatz 4 oder die Ausbildung nach Absatz 7 Nr. 2 erstreckt hat.

(4) ¹Auf Antrag führt die zuständige Stelle eine Prüfung der Sachkunde bezogen auf die im Antrag benannten Tierkategorien sowie Betäubungs- und Tötungsverfahren durch. ²Die Prüfung besteht aus einem theoretischen und einem praktischen Teil. ³Sie wird im theoretischen Teil schriftlich und mündlich abgelegt. ⁴Die Prüfung erstreckt sich auf folgende Prüfungsgebiete:

1. im Bereich der Kenntnisse:
    a) Grundkenntnisse der Anatomie und Physiologie,
    b) Grundkenntnisse des Verhaltens der Tiere,
    c) tierschutzrechtliche Vorschriften,
    d) Grundkenntnisse der Physik oder Chemie, soweit diese für die betreffenden Betäubungsverfahren notwendig sind,
    e) Eignung und Kapazität der jeweiligen Betäubungsverfahren und
    f) Kriterien einer ordnungsgemäßen Betäubung und Schlachtung von Tieren;
2. im Bereich der Fertigkeiten:
    a) ordnungsgemäße Durchführung des Ruhigstellens, Betäubens und Schlachtens der Tiere und
    b) Wartung der für das Betäuben und Schlachten notwendigen Geräte oder Einrichtungen.

(5) Die Prüfung ist bestanden, wenn jeweils im theoretischen und praktischen Teil mindestens ausreichende Leistungen erbracht worden sind.

(6) Eine Wiederholung der Prüfung ist frühestens nach drei Monaten zulässig.

(7) Die zuständige Stelle kann von einer Prüfung absehen, wenn

1. der erfolgreiche Abschluß eines Hochschulstudiums der Tiermedizin oder der Fischereibiologie,
2. eine bestandene Abschlußprüfung in den Berufen Fleischer/Fleischerin, Tierwirt/Tierwirtin mit dem Schwerpunkt Geflügelhaltung, Tierpfleger/Tierpflegerin der Fachrichtung Haustierpflege oder Landwirt/Landwirtin oder
3. der erfolgreiche Abschluss der Ausbildung zu einem anderen Beruf, die die erforderliche Sachkunde vermittelt,

nachgewiesen wird und keine Bedenken hinsichtlich der erforderlichen fachlichen Kenntnisse und Fähigkeiten bestehen.

(8) Die Sachkundebescheinigung ist zu entziehen, wenn Personen mehrfach nicht unerheblich gegen Anforderungen dieser Verordnung verstoßen

haben und Tatsachen die Annahme rechtfertigen, daß dieses auch weiterhin geschehen wird.

1   Abs. 1 legt als **Grundsatz** fest, dass jeder, der ein Tier betreut (dazu gehört auch das Unterbringen und das Treiben und Befördern innerhalb einer Schlachtstätte, vgl. § 2 Nr. 5), ruhigstellt, betäubt, schlachtet oder tötet, über die hierfür notwendigen Kenntnisse und Fähigkeiten verfügen muss. Dadurch wird § 4 Abs. 1 S. 3 TierSchG für diesen Bereich konkretisiert und zugleich Art. 7 Abs. 1 der Richtlinie 93/119/EG (EU-Schlachtrichtlinie) umgesetzt.

2   Nach **Abs. 2** muss jeder, der im Rahmen seiner beruflichen Tätigkeit (zB als Metzger, Landwirt oÄ, aber auch als Angestellter oder Arbeiter; nebenberufliche Ausübung genügt, vgl. AVV Nr. 3.1.1) die hier aufgeführten Tierarten ruhigstellt oder betäubt oder schlachtet, eine behördliche Sachkundebescheinigung besitzen. Für Personen, die nur in Einzelfällen Notschlachtungen oder -tötungen durchführen, bedarf es eines solchen Nachweises nicht, ebenso nicht für Auszubildende, solange sie ihre Tätigkeit unter der Aufsicht eines Sachkundigen ausführen (vgl. BR-Drucks. 835/96 S. 29; dazu, dass in Tierhaltungen ab einer bestimmten Größe nicht mehr von Nottötungen im Einzelfall gesprochen werden kann s. TierSchG § 4 Rn. 13). In Geflügelschlachtereien mit automatischer Wasserbadbetäubung genügt es, wenn diejenigen Personen, die die Tiere von Hand betäuben oder schlachten (s. dazu Anlage 3 Teil II 3.8) und diejenigen, die die Aufsicht beim Ruhigstellen, Betäuben und Schlachten ausüben, die Sachkundebescheinigung besitzen; die Aufsichtsperson muss aber während der Schlachtzeit ständig anwesend sein (vgl. BR-Drucks. 835/96 Beschluss, S. 1: „besonders wichtig").

3   Nach **Abs. 3 S. 2** müssen sich die Sachkundebescheinigung und der darauf gerichtete Antrag auf bestimmte Tierkategorien und auf bestimmte Verfahren zur Ruhigstellung, Betäubung usw. beziehen. **Abs. 4** beschreibt die Kenntnisse und Fertigkeiten, auf die sich der theoretische und der praktische Teil der Sachkundeprüfung erstrecken. Nach **Abs. 7** kann die zuständige Behörde von einer Prüfung absehen, wenn bestimmte, abgeschlossene berufsqualifizierende Ausbildungen nachgewiesen sind und keine Bedenken hinsichtlich der erforderlichen fachlichen Kenntnisse und Fähigkeiten bestehen; solche Bedenken sind zB angebracht, wenn Zweifel bestehen, ob das in Rede stehende Betäubungs- und Tötungsverfahren im Hinblick auf die jeweilige Tierkategorie wirklich Gegenstand der betreffenden Ausbildung und Prüfung gewesen ist.

4   „Mehrfach" iS von Abs. 8 können schon zwei gravierende Verstöße sein (vgl. *L/M* TierSchlV § 4 Rn. 4). Auch mehrere, für sich genommen jeweils wenig gewichtige Verstöße können in der Summe die Schwelle zur Erheblichkeit überschreiten.

5   **Ordnungswidrig** iS von § 15 Abs. 2 Nr. 1 handelt, wer ohne eine nach Abs. 2 notwendige Sachkundebescheinigung ruhigstellt, betäubt oder schlachtet. Fahrlässigkeit genügt. – Derjenige, dem es objektiv an der notwendigen Sachkunde iS von Abs. 1 mangelt, kann nach Maßgabe von § 18 Abs. 1 Nr. 5 i.V.m. § 4 Abs. 1 S. 3 TierSchG mit Geldbuße belegt werden.

§ 5 Treiben und Befördern von Tieren innerhalb einer Schlachtstätte

(1) ¹Tiere dürfen nur unter Vermeidung von Schmerzen, Leiden oder Schäden getrieben werden. ²Insbesondere ist es verboten, Tiere auf besonders empfindliche Stellen zu schlagen oder dagegen zu stoßen, ihnen grobe Hiebe oder Fußtritte zu versetzen, ihren Schwanz zu quetschen, zu drehen oder zu brechen oder ihnen in die Augen zu greifen.

(2) ¹Treibhilfen dürfen nur zum Leiten der Tiere verwendet werden. ²Die Anwendung elektrischer Treibgeräte ist verboten. ³Abweichend von Satz 2 ist die Anwendung elektrischer Treibgeräte bei gesunden und unverletzten über einem Jahr alten Rindern und über vier Monate alten Schweinen, die die Fortbewegung im Bereich der Vereinzelung vor oder während des unmittelbaren Zutriebs zur Fixationseinrichtung verweigern, zulässig. ⁴Sie dürfen nur insoweit und in solchen Abständen angewendet werden, wie dies zum Treiben der Tiere unerläßlich ist; dabei müssen die Tiere Raum zum Ausweichen haben. ⁵Die Stromstöße dürfen nur auf der Hinterbeinmuskulatur und mit einem Gerät verabreicht werden, das auf Grund seiner Bauart die einzelnen Stromstöße automatisch auf höchstens zwei Sekunden begrenzt.

(3) ¹Behältnisse, in denen sich Tiere befinden, dürfen nicht gestoßen, geworfen oder gestürzt werden. ²Behältnisse, in denen sich warmblütige Tiere befinden, müssen sich stets in aufrechter Stellung befinden, es sei denn, sie werden zum automatischen Ausladen von Hausgeflügel so geneigt, daß die Tiere nicht übereinander fallen. ³Tiere dürfen nur unter Vermeidung von Schmerzen, Leiden oder Schäden aus den Behältnissen entladen werden.

Anwendungsbereich. Schlachtstätte ist jeder Ort, an dem ein Tier geschlachtet wird. Die Vorschrift gilt zB auch für Hausschlachtungen. 1

Abs. 1, Gebot des schonenden Zutriebs. Beim Treiben sind Schmerzen, Leiden oder Schäden vollständig zu vermeiden (vgl. *L/M* TierSchlV § 5 Rn. 2). Die Aufzählung verbotener Handlungen in S. 2 ist nur beispielhaft. Verboten ist zB auch das Stechen mit Stöcken in den After oder der missbräuchliche, grobe Einsatz des Schlagstempels als Treibhilfe (vgl. BR-Drucks. 835/96 S. 30). Geeignete Treibhilfen sind bei Schweinen Treibebretter oder Treibeschilde, bei Rindern ein weiches Rohr, auch das In-die-Hände-Klatschen und der ruhige Einsatz der Stimme (vgl. *L/M* aaO Rn. 3). 2

Elektrische Treibhilfen. Jeder Einsatz von Elektrotreibern verletzt sowohl Belange des Tier- als auch des Verbraucherschutzes: Bei Schweinen verursacht er eine extreme Herzfrequenzsteigerung und Stresshormonausschüttung, die unmittelbar den Anteil an PSE-Fleisch erhöht (*von Mickwitz* et al., Schweinezucht u. Schweinemast, 41, 28, 29; *Schütte* et al., Fleischwirtschaft 74, 126, 128); bei Rindern kommt es infolge der Erregung u.a. zu vermehrter Ausbildung von DFD-Fleisch (*Troeger* in: Sambraus/Steiger S. 513, 514). – Dennoch lässt Abs. 2 elektrische Treibhilfen zu, wenn dies bei gesunden und unverletzten über einem Jahr alten Rindern oder gesunden und unverletzten über vier Monate alten Schweinen im Bereich der Vereinzelung unerlässlich (d.h. unumgänglich notwendig) ist und die Tiere Raum zum Ausweichen haben. – Der Elektrotreiber-Einsatz ist nicht unerlässlich, wenn folgende Anforderungen beachtet werden: Bauliche Gestaltung der 3

Treibwege unter Berücksichtigung und Ausnutzung des normalen Tierverhaltens; sachkundiges, ruhiges und geschicktes Personal; kein Treiben von Tieren in zu großen Gruppen; Ausrichtung der Schlachtleistung pro Stunde danach, wie viele Tiere angesichts der baulichen, technischen und personellen Gegebenheiten aufregungsfrei und sicher betäubt werden können, statt an der maximal möglichen Schlachtkapazität des Schlachtbandes (vgl. *Briese/von Mickwitz* afz-markt Mai 1994).

4 **Typische Fehler beim Treiben** sind u. a.: viele Richtungsänderungen im Zutrieb; zu lange Gänge; mangelhaft oder blendend ausgeleuchtete Treibwege; trichter- statt stufenförmige Verengung des Ganges vor der Betäubungsbucht, so dass die Tiere sich verkeilen; Treiben von zu großen Gruppen; Stockschläge oder Elektrotreiber-Einsatz; schubweiser, diskontinuierlicher Zutrieb; Treibgänge, die so eng sind, dass die Tiere ständig mit den Seiten- oder Höhenbegrenzungen in Berührung kommen (vgl. insbes. die als metallene Tunnel ausgestalteten Treibgänge zu den gängigen CO_2-Anlagen, die bei den Schweinen größten Stress auslösen); Wechsel von Boden- oder Wandbelag im Bereich der Vereinzelung oder im Eingangsbereich der Betäubungsbucht; sackgassenähnliche Ausgestaltung des Eingangs zur Betäubungsbucht, so dass das Tier das Betreten verweigert (dies gilt insbes. für die Gondeln der gebräuchlichen CO_2-Anlagen); Zutrieb auf Lärmquellen, auf sich bewegende Gegenstände oder auf Personen; Nicht-Ausnutzung des Herdentriebs und der Bereitschaft der Tiere, sich auf hellere Bereiche hin zu bewegen, sofern keine Blendwirkung vorhanden ist; fehlender Sichtschutz an der Seite des Treibganges, so dass die Tiere durch Vorgänge außerhalb des Treibganges abgelenkt, ggf. auch verängstigt werden. – Für das aufregungsfreie Treiben von Rindern kommt es insbes. auch auf folgendes an: Keine ungeeigneten Rücklaufsperren, die dem nachfolgenden Tier mit lautem Krach vor die Stirn knallen und es erschrecken, ggf. sogar verletzen; keine engen Gänge mit Kurven; keine dunklen Stellen; keine glatten Bodenbeläge mit spiegelnden Flächen; Aufsprungschutz; seitliche Öffnungsmöglichkeiten zur Bergung festliegender Tiere (vgl. *von Wenzlawowicz* et al., Berl.Münch. Tierärztl. Wochenschrift 1994, 237, 241; *von Mickwitz* et al., Schweinezucht u. Schweinemast aaO).

5 Eine **Entlohnung der Schlachthof-Mitarbeiter im Akkord** verstößt nicht nur gegen § 3 (s. dort Rn. 4) und gegen § 13 (s. dort Rn. 3, 8 und 9), sondern auch gegen das Gebot des schonenden Zutriebs: Die wenigen Arbeitskräfte im letzten Teil des Treibgangs und in der Betäubungsanlage stehen unter permanenter Leistungsanforderung, kontinuierlich Tiere für Entblutung und Schlachtband durchzuschleusen und werden von der Schlachtkolonne bei ausbleibendem Nachschub gerügt. Folgen dieses Drucks sind ein erhöhtes Risiko von Fehlbetäubungen und der regelmäßige Einsatz von Elektrotreibern am Eintrieb in die Vereinzelungsgänge, obwohl die amtl. Begr. dies als „in jedem Fall verboten" bezeichnet (BR-Drucks. 835/96 S. 31; vgl. auch *Briese/von Mickwitz* afz-markt Juni 1995).

6 Abs. 3 gilt insbes. für Geflügel. S. 1 und S. 3 finden aber auch auf das Schlachten wechselwarmer Tiere, insbes. Fische und Krustentiere Anwendung. – Beim Entladen von Behältnissen ist alles zu tun, um Schmerzen, Leiden oder Schäden (zB Knochenbrüche und Flügelverletzungen bei Ge-

§ 6 Anforderungen an die Ausstattung **TierSchlV**

flügel) soweit irgend möglich zu vermeiden (vgl. *L/M* TierSchlV § 5 Rn. 4). Fraglich ist, ob S. 2, der das Neigen von Behältnissen zum automatischen Ausladen generell zulässt, mit Anhang A III Nr. 1 der EU-Schlachtrichtlinie vereinbar ist („Transportcontainer … sind, wenn möglich, in waagrechter Stellung und maschinell zu be- und entladen").
Ordnungswidrigkeiten nach § 15 Abs. 1 Nr. 1 sind: Verstöße gegen 7
Abs. 1 S. 1 (Treiben unter Schmerzen, Leiden oder Schäden), gegen Abs. 2 S. 2 (Einsatz des Elektrotreibers, ohne dass alle Voraussetzungen von S. 3 erfüllt sind), gegen Abs. 2 S. 4 (Einsatz des Elektrotreibers, obwohl nicht unerlässlich bzw. obwohl die Tiere keinen Raum zum Ausweichen haben), gegen Abs. 2 S. 5 (Einsatz des Elektrotreibers an anderen Stellen als der Hinterbeinmuskulatur oder obwohl das Gerät nicht bauartbedingt nach spätestens zwei Sekunden abschaltet), gegen Abs. 3 S. 1 (Stoßen, Werfen, Stürzen von Behältnissen) und gegen Abs. 3 S. 3 (Zufügung vermeidbarer Schmerzen, Leiden oder Schäden beim Entladen aus Behältnissen). Fahrlässigkeit genügt. Tateinheit ist insbes. mit § 18 Abs. 1 Nr. 1 TierSchG möglich.

Abschnitt 2. Vorschriften über Schlachtbetriebe

§ 6 Anforderungen an die Ausstattung

(1) Schlachtbetriebe müssen über Einrichtungen zum Entladen der Tiere von Transportmitteln verfügen, die ermöglichen, daß
1. Tiere, die nicht in Behältnissen angeliefert werden, nur eine möglichst geringe, 20 Grad nicht übersteigende Neigung überwinden müssen oder
2. Tiere in Behältnissen in aufrechter Stellung entladen werden.

(2) ¹Der Betreiber eines Schlachtbetriebes hat sicherzustellen, daß der Boden im ganzen Aufenthaltsbereich der Tiere trittsicher ist. ²Treibgänge müssen so angelegt sein, daß das selbständige Vorwärtsgehen der Tiere gefördert wird. ³Treibgänge und Rampen müssen mit einem geeigneten Seitenschutz versehen sein, der so beschaffen ist, daß ihn die Tiere nicht überwinden, keine Gliedmaßen herausstrecken und sich nicht verletzen können. ⁴Treibgänge und Rampen dürfen höchstens eine Neigung von 20 Grad aufweisen. ⁵Die Neigung der Treibgänge zur Betäubungseinrichtung darf höchstens 10 Grad, für Rinder höchstens 7 Grad betragen.

Abs. 1. Schlachtbetrieb s. § 2 Nr. 7. Der Begriff „Neigung" erfasst sowohl 1
positive als auch negative Steigungen. Vorzugsweise sollten Entladerampen so gebaut sein, dass von den herangefahrenen Fahrzeugen ebenerdig entladen werden kann (vgl. BR-Drucks. 835/96 S. 32).

Typische Fehler beim Entladen der Tiere nach Ankunft im Schlachtbe- 2
trieb, durch die vermeidbare Aufregungen iS von § 3 Abs. 1 verursacht werden, sind u.a.: längere Standzeiten vor dem Entladen am Schlachthof (wirken sich besonders im Sommer für Schweine belastend aus, denn selbst bei optimalen Bedingungen im Fahrzeug steigt die Herzfrequenz

TierSchlV *Tierschutz-Schlachtverordnung*

sofort nach dem Anhalten auf Werte, die deutlich über dem während des Transports erreichten Ruhewert liegen; vgl. *von Wenzlawowicz* et al., Berl.Münch. Tierärztl. Wochenschrift 1994, 237, 239); den Tieren wird nach dem Öffnen der Ladeklappen nicht genügend Zeit zum selbständigen Verlassen des Fahrzeugs gegeben; Einsatz von Elektrotreibern, Forken, Kanten von Treibbrettern, um die Entladung zu „beschleunigen"; Einsatz abschüssiger Rampen, die insbes. die (wegen der bewegungsarmen Spaltenbodenhaltung) häufig an schmerzhaften Klauen- oder Gelenkveränderungen leidenden Mastbullen veranlassen, das schmerzhafte Abwärtsgehen zu vermeiden und stattdessen die Laderampe zu überspringen; Kennzeichnung der Schweine mit dem Schlagstempel erst beim Verlassen des Fahrzeugs; Treiben in zu großen Gruppen; fehlender Witterungsschutz; dunkle Stellen oder Blendwirkungen; unzureichender Seitenschutz an der Rampe.

3   Abs. 2. Nach S. 1 muss der Boden im ganzen Aufenthaltsbereich der Tiere (also auf der Entladerampe, in den Treibgängen zum Wartestall, im Stall bzw. in den Wartegängen, im Gang zur Betäubungseinrichtung etc.) trittsicher sein, d.h. u.a.: trocken, griffig, rutschfest, ohne Spalten, Löcher und Unebenheiten sowie ohne spiegelnde Flächen. – Dazu, wie nach S. 2 die Treibgänge angelegt sein müssen, um das selbständige Vorwärtsgehen der Tiere zu fördern, s. § 5 Rn. 4; vgl. auch BR-Drucks. 835/96 S. 32). Unzulässig erscheint in diesem Zusammenhang der in Kombination mit den CO_2-Anlagen angebotene metallene Tunnel, weil er den Schweinen das Gefühl großer räumlicher Enge vermittelt und damit das selbständige Vorwärtsgehen nicht fördert sondern verhindert und zu häufigem Einsatz von Elektrotreibern führt. – Nach S. 3 soll u.a. verhindert werden, dass die Tiere an der Seitenbegrenzung der Gänge Gliedmaßen herausstrecken und sich dadurch verletzen können. Zu diesem Zweck müssen die Gänge zumindest im unteren, bodennahen Bereich (d.h. bei Schweinen bis zu 70 cm und bei Rindern bis zu 110 cm über dem Boden) geschlossen gefertigt sein (vgl. *von Wenzlawowicz* et al., RFL 1995, 121, 122). – Die von S. 4 und 5 vorgesehenen, möglichst geringen Neigungen der Böden sollen dazu beitragen, die Belastungen der Tiere beim Treiben zu verringern.

4   **Ordnungswidrigkeiten.** Bei fehlender Bodentrittsicherheit iS von Abs. 2 S. 1 liegt eine Ordnungswidrigkeit nach § 15 Abs. 2 Nr. 2 vor. Fahrlässigkeit genügt. Täter kann nur der Betreiber des Schlachtbetriebes sein; zur Tatbeteiligung anderer vgl. § 14 Abs. 1 OWiG. Kommt es auf Seiten eines Tieres zu einer Verletzung, so kann Tateinheit mit § 18 Abs. 1 Nr. 1 TierSchG bestehen. – Kommt es wegen einer baulichen Gestaltung der Treibgänge und Rampen, die nicht Abs. 1 Nr. 1 oder Abs. 2 S. 2–5 entspricht, beim Treiben eines Tieres zu Schmerzen, Leiden oder Schäden, so kann damit der Betriebsleitung eine (auch fahrlässig begehbare) Ordnungswidrigkeit nach § 15 Abs. 1 Nr. 1 i.V.m. § 5 Abs. 1 S. 1 zur Last fallen. Dasselbe gilt, soweit Verstöße gegen § 15 Abs. 1 Nr. 1 i.V.m. § 5 Abs. 3 S. 1 und 3 beim Entladen aus Behältnissen darauf beruhen, dass die Betriebsleitung ihre Pflichten aus Abs. 1 Nr. 2 nicht erfüllt hat.

§ 7 Allgemeine Vorschriften über das Betreuen von Tieren

(1) ¹Die Tiere sind vor schädlichen Witterungseinflüssen zu schützen. ²Waren sie hohen Temperaturen ausgesetzt, so ist für ihre Abkühlung zu sorgen.

(2) ¹Tiere, die nach ihrer Ankunft nicht sofort der Schlachtung zugeführt werden, sind
1. mit jederzeit zugänglichem Wasser in ausreichender Qualität zu versorgen und
2. mit geeignetem Futter zu versorgen, wenn die Tiere nicht innerhalb von sechs Stunden nach der Anlieferung der Schlachtung zugeführt werden.

²Für diese Tiere ist ferner eine ausreichende Lüftung sicherzustellen. ³Satz 1 gilt nicht für Tiere, die sich in Behältnissen befinden und die innerhalb von zwei Stunden nach der Anlieferung der Schlachtung zugeführt werden.

(3) ¹Werden Tiere in einem Stall untergebracht, der auf elektrisch betriebene Lüftung angewiesen ist, so muß eine Alarmanlage vorhanden sein, die den betreuenden Personen eine Betriebsstörung meldet. ²Die Alarmanlage muß regelmäßig auf ihre Funktionsfähigkeit überprüft werden.

(4) Falls bei einem Stromausfall keine ausreichende Versorgung der Tiere sichergestellt ist, muß ein Notstromaggregat einsatzbereit gehalten werden.

(5) Tiere, die untereinander auf Grund ihrer Art, ihres Geschlechts, ihres Alters oder ihrer Herkunft unverträglich sind, müssen getrennt untergebracht werden.

(6) ¹Das Allgemeinbefinden und der Gesundheitszustand der Tiere sind mindestens jeden Morgen und jeden Abend zu kontrollieren. ²Soweit notwendig, sind Tiere unverzüglich abzusondern oder zu töten.

(7) Es muß sichergestellt sein, daß Mist, Jauche und Gülle in zeitlich erforderlichen Abständen aus den Stallungen und Buchten entfernt werden oder daß regelmäßig mit trockenem, sauberen Material eingestreut wird.

(8) Zur Betreuung der Tiere muß eine geeignete Beleuchtung zur Verfügung stehen.

(9) Die Tiere dürfen erst unmittelbar vor der Schlachtung oder Tötung an den Platz der Schlachtung oder Tötung gebracht werden.

Verhältnis zu anderen Vorschriften. Die jeweiligen tierartspezifischen Haltungsanforderungen nach der Tierschutz-Nutztierhaltungsverordnung gelten auch für das Halten von Tieren vor der Tötung oder Schlachtung, sofern nicht in dieser VO abweichende Regelungen getroffen werden (vgl. BR-Drucks. 835/96 S. 32). § 2 TierSchG bleibt ohnehin unberührt (s. Einf. Rn. 6).

Abs. 1. In Schlachtbetrieben, in denen Schweine geschlachtet werden, sollten Duscheinrichtungen zum Besprühen der Tiere mit feinem Wassernebel nicht fehlen; bei Außentemperaturen über 15 Grad C kann das Duschen für ca. 10 Minuten für Abkühlung sorgen, erregte Tiere beruhigen und den Anteil an schlechter Fleischqualität senken (vgl. *von Mickwitz* et al., Schweinezucht u. Schweinemast 41, 28, 30). In Geflügelschlachtbetrieben

3 **Abs. 2, Lüftung, Tränkung, Fütterung.** Nach S. 2 ist für alle Tiere (auch solche in Behältnissen), die nach ihrer Ankunft nicht sofort der Schlachtung zugeführt werden, eine ausreichende Lüftung sicherzustellen, erforderlichenfalls durch Unterbringung in klimatisierten Räumen oder mit Hilfe von Ventilatoren (BR-Drucks. 835/96 S. 33). – Nach S. 1 sind Tiere, die nicht direkt nach ihrer Ankunft geschlachtet werden, sofort mit jederzeit zugänglichem Wasser in ausreichender Qualität zu versorgen (dies gilt auch für Rinder in Wartebuchten; vgl. EU-Schlachtrichtlinie Anhang A II. 9); sofern sie nicht innerhalb von sechs Stunden nach der Anlieferung geschlachtet werden, müssen sie auch geeignetes Futter erhalten. – Nach S. 3 findet auf Tiere in Behältnissen, die innerhalb von zwei Stunden nach der Anlieferung geschlachtet werden, S. 1 keine Anwendung (wohl aber S. 2). Sobald aber feststeht, dass die in S. 3 vorgegebene Zwei-Stunden-Frist nicht eingehalten werden wird, gilt S. 1 auch für diese Tiere, d.h.: Sie müssen mit jederzeit zugänglichem Wasser versorgt und nach sechs Stunden gefüttert werden. Der Sechs-Stunden-Zeitraum kann allerdings i.V.m. § 30 Abs. 1 S. 2 TierSchTrV dazu führen, dass Kaninchen oder Hausgeflügel über viele Stunden hinweg ohne Futter sind.

4 **Abs. 3–Abs. 9.** Die ausreichende Versorgung der Tiere bei einem Stromausfall nach Abs. 4 bezieht sich nicht nur auf die Belüftung, sondern beispielsweise auch auf die Wasserversorgung. – Durch Abs. 5 wird eines der Gebote des § 2 Nr. 1 TierSchG konkretisiert: Das artgemäße Sozialverhalten wird unangemessen zurückgedrängt, wenn unverträgliche Tiere vergesellschaftet werden. – Abs. 6 regelt die Überwachungspflichten. Häufigere Kontrollen sind erforderlich, wenn Umstände vorliegen, die auf eine Gefahr hindeuten. Abzusondern sind insbes. kranke und verletzte Tiere, aber auch Tiere, die sich besonders aggressiv gegenüber anderen verhalten oder solchen Aggressionen ausgesetzt sind. – Die Beleuchtung nach Abs. 8 dient der Kontrolle und Versorgung und muss deshalb so sein, dass sie es auch während der Fütterung erlaubt, die Tiere deutlich zu sehen, also u.a. Atmung, Hautfarbe, Reaktionen und Allgemeinbefinden zu erkennen.

5 **Ordnungswidrigkeiten** nach § 15 Abs. 1 Nr. 2 sind Verstöße gegen Abs. 2 S. 1 oder 2 (keine oder unzureichende oder verspätete Lüftung, Tränkung oder Fütterung) sowie gegen Abs. 6 (unzureichende Kontrollen; keine Absonderungen trotz Notwendigkeit) und Abs. 9. Fahrlässigkeit genügt. Zu Täterschaft und Beteiligung s. § 8 Rn. 5. – Bei Verletzung einer der übrigen Pflichten aus § 7 kann eine andere Ordnungswidrigkeit vorliegen, beispielsweise nach § 18 Abs. 1 Nr. 1 TierSchG.

§ 8 Betreuen von Tieren, die sich nicht in Behältnissen befinden

(1) ¹Kranke oder verletzte sowie noch nicht abgesetzte Tiere sind nach ihrer Ankunft sofort abzusondern und unverzüglich zu schlachten oder zu töten. ²Kranke oder verletzte Tiere, die offensichtlich unter starken Schmerzen leiden oder große, tiefe Wunden, starke Blutungen oder ein stark gestörtes

§ 8 Betreuen von Tieren **TierSchlV**

Allgemeinbefinden aufweisen, sind jedoch sofort nach ihrer Ankunft zu schlachten oder zu töten. ³ Tiere, die auf Grund von Krankheit oder Verletzung nicht in der Lage sind, aus eigener Kraft ohne schmerzhafte Treibhilfen zum Schlachtplatz zu gelangen, sind dort zu betäuben oder zu töten, wo sie sich befinden.

(2) ¹ Tiere, die nach der Entladung nicht sofort der Schlachtung zugeführt werden, sind so unterzubringen, daß
1. die Tiere ungehindert liegen, aufstehen und sich hinlegen können,
2. für jedes Tier eine Liegefläche vorhanden ist, die hinsichtlich der Wärmeableitung die Erfordernisse für das Liegen erfüllt, und
3. für jedes Tier eine Freßstelle vorhanden ist.

² Satz 1 Nr. 2 gilt nicht, sofern die Tiere innerhalb von sechs Stunden nach ihrer Ankunft der Schlachtung zugeführt werden. ³ Satz 1 Nr. 3 gilt nicht, sofern die Tiere innerhalb von zwölf Stunden nach ihrer Ankunft der Schlachtung zugeführt werden.

(3) Milchgebenden Tieren, die nach ihrer Ankunft nicht sofort der Schlachtung zugeführt werden, ist unter Berücksichtigung des Zeitpunktes des letzten Melkens in Abständen von höchstens 15 Stunden unter Vermeidung von Schmerzen die Milch zu entziehen.

Abs. 1. Nach S. 1 müssen kranke, verletzte oder noch nicht abgesetzte 1 Tiere sofort (d.h. ohne jegliches Zögern) nach ihrer Ankunft abgesondert werden. Das Schlachten oder Töten muss unverzüglich geschehen (d.h. ohne schuldhaftes Zögern, also so schnell wie bei geordnetem Betriebsablauf möglich, vgl. § 121 Abs. 1 S. 1 BGB). Dabei darf die von der EU-Schlachtrichtlinie festgesetzte Höchstfrist von zwei Stunden in keinem Fall überschritten werden (vgl. dort Anhang A I Nr. 6 S. 2). – Nach S. 2 muss bei Tieren mit besonders schwerwiegenden Beeinträchtigungen nicht nur die Absonderung, sondern in jedem Fall auch die Schlachtung bzw. Tötung sofort nach der Ankunft durchgeführt werden. – Nach S. 3 dürfen gehunfähige Tiere keinesfalls zum Schlachtplatz gezogen, getrieben oder gefahren werden; sie sind vielmehr dort zu betäuben und zu töten, wo sie liegengeblieben sind bzw. sich befinden (zB auf dem Transportfahrzeug). Gehunfähig ist ein Tier auch dann, wenn es nicht ohne schmerzhafte Treibhilfen (zB Elektrotreiber; s. dazu TierSchTrV § 27 Rn. 1) zum Gehen veranlasst werden kann. Eine Betäubung und nachfolgende Beförderung solcher Tiere zum Schlachtplatz wird wegen der maximal zulässigen Zeiten zwischen Betäuben und Entbluten wohl nur in wenigen Fällen durchführbar sein (vgl. Anlage 2); deshalb muss idR das Entbluten oder Töten durch andere Verfahren ebenfalls an Ort und Stelle vorgenommen werden (vgl. BR-Drucks. 835/96 S. 35). Zur Rechtslage, wenn sich gehunfähige Tiere noch auf dem Transportmittel befinden, s. auch TierSchTrV § 28 Rn. 2).

Abs. 2. Tiere, die nach der Entladung nicht sofort geschlachtet werden, 2 müssen nach Nr. 1 auf jeden Fall ungehindert liegen, aufstehen und sich hinlegen können, auch dann, wenn sie angebunden sind (vgl. BR-Drucks. 835/96 S. 35). Nach Nr. 2 muss die Liegefläche über einen Schutz gegen Wärmeableitung verfügen (beispielsweise Einstreu oder einen wärmedämmenden Belag), sofern die Tiere nicht binnen sechs Stunden nach ihrer Ankunft geschlachtet werden. Nach Nr. 3 ist ein Tier-Fressplatz-Verhältnis von 1:1 vorgeschrieben; dies gilt nicht, wenn die Tiere innerhalb von 12 Stunden nach ihrer Ankunft geschlachtet werden. – Der Wartebereich am Schlachthof sollte ermöglichen, dass sich die Tiere nach der ungewohnten Belastung des Transports ausruhen können; dies dient sowohl dem Tier- als auch dem Verbraucherschutz, weil sich sonst durch die transportbedingte Erhöhung der Herz- und der Atemfrequenz und der Körpertemperatur die Fleischqualität verschlechtert (vgl. *von Mickwitz* et al., Schweinezucht u. Schweinemast 41, 28, 29). Empfohlen wird eine Liegefläche von 0,6–0,8 qm pro 100 kg Lebendgewicht beim Schwein und von 2–2,2 qm pro 500–700 kg Lebendgewicht beim Rind (vgl. *von Holleben* et al., Tierschutz im Schlachtbetrieb S. 33, 38; *Briese* et al., Fleischwirtschaft 1997, 721).

3   **Fehler bei der Gestaltung der Warteställe/Wartebuchten,** die einen zusätzlichen Stressfaktor darstellen und damit vermeidbare Aufregungen iS von § 3 verursachen können, sind u. a.: zu enge Eingangstüren; unzureichend beleuchteter Wartestall; mangelhafte, nicht blickdichte Abgrenzung zur Nachbarbucht; Bildung großer Gruppen mit hoher Besatzdichte statt getrennter Aufstallung kleiner, miteinander vertrauter Gruppen mit ausreichender Liegefläche; Vermischung von Transportgruppen; zu helle und wechselhafte Beleuchtung; fehlende Beschäftigungsmöglichkeiten; Fehlen geeigneter Tränken; Fehlen oder falsche Anwendung der Duschen; zu hoher Geräuschpegel; Duschwasserpfützen (diese verkleinern jedenfalls bei tiefen Außentemperaturen die Liegefläche); ungünstige Gestaltung des Buchtenein- und austriebs; Umtrieb während der Wartezeit, um in den Anlieferungsbuchten wieder Platz zu schaffen (vgl. *von Wenzlawowicz* et al., Berl.Münch. Tierärztl.Wochenschrift 1994, 237, 241).

4   Nach **Abs. 3** müssen laktierende Tiere (Kühe, Schafe, Ziegen, Pferde) gemolken werden. Auch eine Anwendung von Milchablassröhrchen wird für zulässig gehalten, doch dürfen diese nicht scharfkantig sein (keine Strohhalme), nicht grob eingeführt werden und keine vermeidbaren Schmerzen verursachen (vgl. BR-Drucks. 835/96 S. 35, 36). 15 Stunden sind zu lang (s. a. TierSchTrV § 23 Rn. 3).

5   **Ordnungswidrig** nach § 15 Abs. 1 Nr. 2 sind Verstöße gegen Abs. 1 S. 1, Abs. 2 S. 1 Nr. 1 oder 3 sowie gegen Abs. 3. Ordnungswidrig nach § 15 Abs. 1 Nr. 3 handelt, wer entgegen Abs. 1 S. 2 oder 3 ein Tier nicht betäubt, nicht oder nicht rechtzeitig schlachtet oder nicht oder nicht rechtzeitig tötet. Fahrlässigkeit genügt. Täter kann nur der Betreiber des Schlachtbetriebes sein. Personen, denen dieses Merkmal fehlt, können aber Beteiligte nach § 14 Abs. 1 OWiG sein.

§ 9 Betreuen von Tieren, die in Behältnissen angeliefert werden

Tiere, die in Behältnissen angeliefert werden, sind unverzüglich der Schlachtung zuzuführen. § 7 Abs. 2 bleibt unberührt.

Bei Tieren, die sich in Behältnissen befinden (Geflügel, Kaninchen), wird die unverzügliche (s. § 8 Rn. 1) Schlachtung vorgeschrieben, weil die Tiere in den Behältnissen idR nicht mit Wasser oder ggf. Futter versorgt werden können, die Frischluftversorgung und Temperaturführung problematisch ist, die Tiere häufig keine aufrecht stehende oder sitzende Haltung einnehmen können (obwohl dies nach § 4 Abs. 2 S. 2 TierSchTrV stets gewährleistet werden müsste) und Exkremente aus den oberen Behältnissen auf die darunter befindlichen Tiere fallen können. Vorherige Absprachen zwischen Anlieferung und Schlachthof können die Unverzüglichkeit sicherstellen (vgl. BR-Drucks. 835/96 S. 36). – Kommt es dennoch zu Verzögerungen, so ist § 7 Abs. 2 zu beachten (s. dort Rn. 3). – Ein vorsätzlicher oder fahrlässiger Verstoß gegen S. 1 ist eine Ordnungswidrigkeit nach § 15 Abs. 1 Nr. 2.

Abschnitt 3. Vorschriften über das Aufbewahren von Speisefischen und Krustentieren

§ 10 Aufbewahren von Speisefischen

(1) ¹Lebende Speisefische dürfen nur in Behältern aufbewahrt werden, deren Wasservolumen den Tieren ausreichende Bewegungsmöglichkeiten bietet. ²Unverträgliche Fische müssen voneinander getrennt gehalten werden. ³Den Wasserqualitäts-, Temperatur- und Lichtansprüchen der einzelnen Arten ist Rechnung zu tragen. ⁴Insbesondere müssen ein ausreichender Wasseraustausch und eine ausreichende Sauerstoffversorgung der Tiere sichergestellt sein.

(2) ¹§ 7 Abs. 6 gilt entsprechend. ²Tote Fische sind unverzüglich aus dem Behälter zu entfernen.

(3) An Endverbraucher, ausgenommen Gaststätten und ähnliche Einrichtungen, dürfen Fische nicht lebend abgegeben werden.

Für das Aufbewahren lebender Speisefische in Behältern (= Hältern) beschreibt Abs. 1 nur einen Teil der Pflichten, die sich aus § 2 TierSchG ergeben. Daneben gilt § 2 TierSchG auch unmittelbar (s. Einf. Rn. 6). Welche Pflichten sich aus § 10 und aus § 2 TierSchG im einzelnen ergeben, wird durch das Merkblatt Nr. 29 der TVT („Empfehlungen zur Hälterung von Speisefischen im Einzelhandel") konkretisiert. U. a. sind dort für Forellen, Karpfen, Aale, Welse und Hechte die bei (jeweils näher beschriebenen) optimalen Bedingungen zulässigen maximalen Besatzdichten angegeben (zur Bedeutung derartiger Sachverständigengutachten s. TierSchG § 2 Rn. 43, 44). – Nach Abs. 2 müssen tote Fische rasch entfernt werden. Die in § 7 Abs. 6 geregelten Pflichten zur Überwachung und ggf. Absonderung einzelner Tiere gelten auch hier; abzusondern sind insbes. kranke und verletzte Tiere, aber auch Tiere, die sich besonders aggressiv verhalten oder solchen Aggressionen ausgesetzt sind. – Das Verbot der Abgabe lebender Fische an Endverbraucher in Abs. 3 ist auf Veranlassung des Bundesrats zustande gekommen (vgl. BR-Drucks. 835/96 Beschluss, S. 4). – Bei einer nicht tiergerechten Hälterung von Fischen kann eine Ordnungswidrigkeit nach § 18 Abs. 1 Nr. 1 TierSchG und ggf. auch eine Straftat nach § 17 Nr. 2b TierSchG vorliegen (s. auch § 17 Rn. 24 und 54). Die zuständige Behörde

TierSchlV *Tierschutz-Schlachtverordnung*

hat außerdem die Möglichkeit, die Verpflichtungen aus § 10, die auf die §§ 2, 2a TierSchG gestützt sind, durch Anordnung nach § 16a S. 2 Nr. 1 TierSchG auszusprechen und ggf. zu konkretisieren; der Verstoß gegen eine solche vollziehbare Anordnung stellt dann eine Ordnungswidrigkeit nach § 18 Abs. 1 Nr. 2 TierSchG dar.

§ 11 Aufbewahren von Krustentieren

Das Aufbewahren lebender Krustentiere auf Eis ist verboten; sie dürfen nur im Wasser oder vorübergehend auf feuchter Unterlage aufbewahrt werden.

Krustentiere sind Krebse. Das Aufbewahren auf Eis ist absolut verboten, weil es hierbei zu Frostschäden kommen kann. Wegen der Gefahr des Austrocknens sind sie grds. im Wasser aufzubewahren. Aufbewahren auf feuchter Unterlage ist nur vorübergehend (d.h. nur so lange, wie es erfahrungsgemäß möglich ist, ohne dass die Gefahr eines Schadens durch Austrocknen entsteht) erlaubt. – Bei einem Verstoß liegt eine Ordnungswidrigkeit nach § 15 Abs. 1 Nr. 4 vor.

Abschnitt 4. Vorschriften über das Ruhigstellen, Betäuben, Schlachten und Töten von Tieren

§ 12 Ruhigstellen warmblütiger Tiere

(1) ¹Tiere, die durch Anwendung eines mechanischen oder elektrischen Gerätes betäubt oder getötet werden sollen, sind in eine solche Stellung zu bringen, daß das Gerät ohne Schwierigkeiten, genau und so lange wie nötig angesetzt und bedient werden kann. ²Zu diesem Zweck sind bei Einhufern und Rindern deren Kopfbewegungen einzuschränken. ³Beim Schächten sind Rinder mit mechanischen Mitteln ruhigzustellen. ⁴In Schlachtbetrieben, in denen Schweine in einem Umfang geschlachtet werden, der nach dem Umrechnungsfaktor der Anlage 1 mehr als 20 Großvieheinheiten je Woche oder 1000 Großvieheinheiten je Jahr beträgt, müssen Schweine mit einem Gewicht von über 30 Kilogramm in Betäubungsfallen oder ähnlichen Einrichtungen einzeln ruhiggestellt werden.

(2) ¹Es ist verboten, Tiere ohne vorherige Betäubung aufzuhängen. ²Satz 1 gilt nicht für Hausgeflügel, wenn die Betäubung spätestens drei Minuten nach dem Aufhängen erfolgt.

(3) Elektrische Betäubungsgeräte dürfen nicht dazu verwendet werden, Tiere ruhigzustellen oder zur Bewegung zu veranlassen.

(4) Tiere dürfen vor der Betäubung erst ruhiggestellt werden, wenn die ausführende Person zur sofortigen Betäubung oder Tötung der Tiere bereitsteht.

1   **Ruhigstellen beim Schlachten, Abs. 1 S. 1, 2 und 4.** Zum Anwendungsbereich s. § 13 Rn. 1. – Nach S. 1 müssen bei mechanischer und elektrischer

§ 12 Ruhigstellen warmblütiger Tiere **TierSchlV**

Betäubung die Tiere vorher ruhiggestellt werden. Ruhigstellen meint Maßnahmen, die der Bewegungseinschränkung dienen. – Die in S. 2 vorgeschriebene Ruhigstellung des Kopfes von Einhufern und Rindern vor der Anbringung des Bolzenschusses soll das Risiko von Fehlschüssen vermindern helfen. Einrichtungen, die eine Kopffixierung ermöglichen, sind aber in den bisher üblichen Betäubungsboxen nur selten vorhanden (vgl. *Briese/von Mickwitz* afz-markt Nr. 6 1994; s. auch § 13 Rn. 8). – Bei der Buchtenbetäubung von Schweinen mittels Elektrozange werden die Einzeltiere vorher nicht fixiert, was ein hohes, mit der Betäubungsgeschwindigkeit zunehmendes Risiko von Fehlbetäubungen zur Folge hat (s. § 13 Rn. 3). Deshalb ist nach S. 4 in Schlachtbetrieben ab einer bestimmten Größenordnung (zB wenn pro Woche 100 Schweine über 100 kg Lebendgewicht oder 134 Schweine bis 100 kg Lebendgewicht geschlachtet werden) die Einzeltierfixierung vorgeschrieben, die Buchtenbetäubung also verboten.

Ruhigstellen beim Schächten, Abs. 1 S. 3. Die Frage, ob eine Ausnahmegenehmigung für ein Schlachten ohne Betäubung (Schächten) zu erteilen ist, wird in § 4a Abs. 2 Nr. 2 TierSchG geregelt (s. dort Rn. 17–27). Mit dem „Wie" des Schächtens, wenn es erlaubt wird, befassen sich u.a. Abs. 1 S. 3 sowie § 13 Abs. 4 S. 2. Außerdem gilt auch hier der allgemeine Grundsatz des § 3 Abs. 1, wonach stets dasjenige Verfahren gewählt werden muss, das den Tieren am wenigsten Aufregung, Schmerzen, Leiden oder Schäden verursacht, selbst dann, wenn es teurer und arbeits- oder zeitaufwändiger ist als andere (s. § 3 Rn. 2). Die Pflicht, zum Ruhigstellen vor dem Schächten nur dasjenige Verfahren anzuwenden, das die Tiere am wenigsten belastet, ergibt sich im übrigen auch aus den Ermächtigungsgrundlagen der VO: Sowohl § 4b S. 1 als auch Art. 13 des Europ. Schlachttierübereinkommens schreiben die Beschränkung auf Vorrichtungen vor, die den Tieren Schmerzen, Leiden und Erregungen so weit wie möglich ersparen. In die gleiche Richtung zielt die Aufforderung des BVerfG an die Genehmigungsbehörden: Diese sollen gewährleisten, dass den zu schlachtenden Tieren beim Transport, beim Ruhigstellen und beim Schächtvorgang selbst alle vermeidbaren Schmerzen oder Leiden erspart werden, zB durch Anordnungen über geeignete Räume, Einrichtungen und sonstige Hilfsmittel (vgl. BVerfG NJW 2002, 663, 666) – Mit diesen Grundsätzen ist ein Ruhigstellen von Rindern mit Hilfe des Weinberg'schen Umlegeapparates unvereinbar. Es setzt die Tiere schweren Belastungen aus (s. TierSchG § 4a Rn. 8). Demgegenüber sind andere Einrichtungen zur Ruhigstellung auf dem Markt erhältlich, in denen die Tiere aufrecht stehen und deswegen mit deutlich geringerem Stress fixiert werden können. Ein Beispiel hierfür ist die sog. Cincinnati-Falle, die in den USA und Kanada seit langem Anwendung findet und auch in Deutschland eingesetzt werden kann (vgl. BR-Drucks. 835/96 S. 38). Vorteil u.a.: Beim korrekten Schächten im Stehen dauert es 5–15 Sekunden, bis die Tiere infolge cerebraler Hypoxie kollabieren und nicht mehr in der Lage sind, Schmerzen wahrzunehmen, während dies beim Schächten in Rückenlage bis zu mehreren Minuten dauern kann. – Aus denselben Gründen dürfen auch für Kälber und Schafe nur noch Einrichtungen angewendet werden, die ein Fixieren im Stehen ermöglichen; solche Einrichtungen sind auf dem Markt ebenfalls er-

TierSchlV *Tierschutz-Schlachtverordnung*

hältlich (vgl. *von Wenzlawowicz* in: DVG, Tötung von Tieren und Kennzeichnung von Tieren, S. 70ff.; *Ofensberger* DudT 1/2002, 6, 7; *Schatzmann* persönl. Mitteilung v. 12. 2. 2002).

3   Nach **Abs. 2** S. 1 ist das Aufhängen von Tieren ohne vorherige Betäubung verboten. Eine Ausnahme gilt nach S. 2 für Hausgeflügel bei einer Hängezeit von maximal 3 Min. bis zur Betäubung (Übergangszeit bei Puten s. § 17). Es sollte bedacht werden, dass das in den Geflügelschlachtereien übliche Aufhängen an den Beinen besonders für schwere Tiere wie Puten sehr schmerzhaft ist. – Kein verbotenes Aufhängen bildet das Ruhigstellen in einem Restrainer, auch wenn die Tiere dabei den Kontakt zum Boden verlieren, oder das kurze Halten von Kaninchen an den Hinterläufen mit der freien Hand zum Zweck des Ruhigstellens für die Betäubung; dennoch sollten auch diese Verfahren nur so kurz wie möglich zur Anwendung kommen (vgl. BR-Drucks. 835/96 S. 38).

4   Durch **Abs. 4** soll sichergestellt werden, dass die Tiere nur so kurz wie möglich fixiert werden (Konkretisierung von § 3 Abs. 1).

5   **Ordnungswidrigkeiten** nach § 15 Abs. 2 Nr. 3 bzw. Nr. 4 bilden Verstöße gegen Abs. 2 S. 1 (Aufhängen ohne vorherige Betäubung; Überschreitung der maximalen Hängezeit bei Hausgeflügel, zB infolge von Fehlbetäubung) bzw. Abs. 3 (Verwendung elektrischer Betäubungsgeräte zum Ruhigstellen oder zum Veranlassen zur Bewegung). Fahrlässigkeit genügt. Tateinheit kommt insbesondere mit § 18 Abs. 1 Nr. 1 und Nr. 5 TierSchG in Betracht (vgl. *L/M* TierSchlV § 12 Rn. 5).

§ 13 Betäuben, Schlachten und Töten

(1) Tiere sind so zu betäuben, daß sie schnell und unter Vermeidung von Schmerzen oder Leiden in einen bis zum Tod anhaltenden Zustand der Empfindungs- und Wahrnehmungslosigkeit versetzt werden.

(2) ¹Betäubungsgeräte und -anlagen sind an jedem Arbeitstag mindestens einmal zu Arbeitsbeginn auf ihre Funktionsfähigkeit zu überprüfen und erforderlichenfalls mehrmals täglich zu reinigen. ²Am Schlachtplatz sind Ersatzausrüstungen einsatzbereit zu halten. ³Diese sind in zeitlich erforderlichen Abständen auf ihre Funktionsfähigkeit zu überprüfen. ⁴Mängel müssen unverzüglich abgestellt werden. ⁵Satz 2 gilt nicht für Wasserbadbetäubungsanlagen.

(3) ¹Wer ein Tier schlachtet oder anderweitig mit Blutentzug tötet, muß sofort nach dem Betäuben, und zwar für die in Anlage 2 Spalte 1 genannten Betäubungsverfahren innerhalb des jeweils in Spalte 2 festgelegten Zeitraumes, mit dem Entbluten beginnen. ²Er muß das Tier entbluten, solange es empfindungs- und wahrnehmungsunfähig ist. ³Bei warmblütigen Tieren muß er dafür sorgen, daß durch Eröffnen mindestens einer Halsschlagader oder des entsprechenden Hauptblutgefäßes sofort ein starker Blutverlust eintritt. ⁴Die Entblutung muß kontrolliert werden können. ⁵Der Betreiber eines Schlachtbetriebes, in dem Hausgeflügel durch Halsschnittautomaten entblutet wird, muß sicherstellen, daß durch den Automaten nicht entblutete Tiere von Hand entblutet werden.

§ 13 Betäuben, Schlachten und Töten **TierSchlV**

(4) ¹Nach dem Entblutungsschnitt dürfen weitere Schlachtarbeiten am Tier erst durchgeführt werden, wenn keine Bewegungen des Tieres mehr wahrzunehmen sind. ²Geschächtete Tiere dürfen nicht vor Abschluß des Entblutens aufgehängt werden. ³Bei Tötungen ohne Blutentzug dürfen weitere Eingriffe am Tier erst nach Feststellung des Todes vorgenommen werden.

(5) ¹Wer einen Fisch schlachtet oder tötet, muß diesen unmittelbar vor dem Schlachten oder Töten betäuben. ²Ohne vorherige Betäubung dürfen
1. Plattfische durch einen schnellen Schnitt, der die Kehle und die Wirbelsäule durchtrennt, und
2. Aale, wenn sie nicht gewerbsmäßig oder sonst höchstens bis zu einer Zahl von 30 Tieren pro Tag gefangen und verarbeitet werden, durch einen die Wirbelsäule durchtrennenden Stich dicht hinter dem Kopf und sofortiges Herausnehmen der Eingeweide einschließlich des Herzens
geschlachtet oder getötet werden.

(6) ¹Wirbeltiere dürfen nur nach Maßgabe der Anlage 3 betäubt oder getötet werden. ²Bei Hausgeflügel ist eine Betäubung entbehrlich, wenn das Schlachten oder Töten bei Schlachtungen für den Eigenbedarf und durch schnelles, vollständiges Abtrennen des Kopfes erfolgt. ³Bei Hausgeflügel mit Ausnahme von Puten, Enten und Gänsen kann im Rahmen der Bandschlachtung bei Einzeltieren auf eine Betäubung verzichtet werden, wenn das Schlachten oder Töten durch schnelles und vollständiges Abtrennen des Kopfes erfolgt.

(7) ¹Der Betreiber einer Brüterei hat sicherzustellen, daß nicht schlupffähige Küken nach Beendigung des Brutvorganges unverzüglich getötet werden. ²Dies kann zusammen mit den übrigen Brutrückständen in einem Homogenisator erfolgen.

(8) ¹Krusten- und Schalentiere, außer Austern, dürfen nur in stark kochendem Wasser getötet werden; das Wasser muß sie vollständig bedecken und nach ihrer Zugabe weiterhin stark kochen. ²Abweichend von Satz 1 dürfen Schalentiere in über 100 Grad Celsius heißem Dampf getötet werden.

Übersicht

	Rn.
I. Anwendungsbereich	1
II. Betäubung nach Abs. 1	2–10
III. Überprüfung der Geräte, Abs. 2	11
IV. Entblutung, Abs. 3	12
V. Weitere Schlachtarbeiten, Abs. 4	13
VI. Schlachten oder Töten von Fischen, Abs. 5	14
VII. Wirbeltiere einschl. Hausgeflügel, Abs. 6	15, 16
VIII. Küken, Abs. 7	17
IX. Krusten- und Schalentiere, Abs. 8	18
X. Ordnungswidrigkeiten	19

TierSchlV *Tierschutz-Schlachtverordnung*

I. Anwendungsbereich

1   Die Vorschriften des Abschnitts 4 gelten nicht etwa nur für Schlachtbetriebe (s. § 2 Nr. 7), sondern für jeden Ort, an dem Schlachtungen vorgenommen werden, also auch für Hausschlachtungen. – Die §§ 12 und 13 regeln das Ruhigstellen und Betäuben nicht nur für den Fall, dass das Tier anschließend geschlachtet (d. h. durch Blutentziehung getötet) wird, sondern auch für alle anderen Tötungen, die in den Anwendungsbereich der VO fallen (s. § 1 Rn. 1).

II. Betäubung nach Abs. 1

2   **Allgemeine Anforderungen an die Betäubung nach Abs. 1.** Um tierschutzgerecht zu sein, muss die Betäubung vier Anforderungen erfüllen: 1. Sie muss das Tier in einen Zustand völliger Empfindungs- und Wahrnehmungslosigkeit versetzen (Totalbetäubung). – 2. Dieser Zustand muss bis zum Tod des Tieres anhalten, d. h. ein vorzeitiges Wiedererwachen muss ausgeschlossen sein. – 3. Er muss schnell herbeigeführt werden. – 4. Es dürfen auf dem Weg dorthin, insbesondere bei der Vorbereitung der Betäubung, dem Tier weder vermeidbare Schmerzen noch Leiden zugefügt werden. – Abs. 1 verlangt die Wahl eines Betäubungs- und Tötungsverfahrens, das die Einhaltung aller vier Anforderungen sicherstellt. Die Rechtmäßigkeit eines Verfahrens beurteilt sich deswegen nicht danach, was für die betreffende Tierart praxisüblich geworden ist, sondern danach, ob es eine ausreichend tiefe, ausreichend lang anhaltende, schnell wirkende sowie schmerz- und leidensfreie Betäubung mit hinreichender Sicherheit gewährleistet. – In der amtl. Begr. wird zusätzlich ausgeführt: „Aus Tierschutzsicht ist eine Betäubung, die unabhängig von einem Entbluten in den Tod übergeht, besonders erstrebenswert. Sie stellt sicher, dass ein zwischenzeitliches Erwachen – und somit Entbluten der Tiere bei Bewusstsein – ausgeschlossen ist. Untersuchungen bei Schweinen und Geflügel haben ergeben, dass Betäubungsverfahren, die diese Kriterien erfüllen, keine Qualitätseinbußen des Fleisches zur Folge haben. Auch bestehen keine fleischhygienerechtlichen Bedenken, wenn den sonstigen Bestimmungen des Fleischhygienerechts Rechnung getragen wurde" (BR-Drucks. 835/96 S. 39) – Nachfolgend werden in Rn. 3–10 die für Schweine, Rinder und Geflügel gebräuchlichen Schlachtverfahren darauf untersucht, ob sie den Anforderungen des Abs. 1 entsprechen.

3   **Abs. 1 und die Buchtenbetäubung von Schweinen.** Bei diesem Verfahren werden die Schweine in der Gruppe in eine Betäubungsbucht getrieben, dort einzeln mit einer Betäubungszange ergriffen und durch eine Hirndurchströmung elektrisch betäubt. Die Methode enthält ein hohes Risiko von Fehlbetäubungen, das mit der Betäubungsgeschwindigkeit noch zunimmt (vgl. *Briese* et al., Fleischwirtschaft 1997, 721, 722). Besondere Risikofaktoren: Die Betäubungszange wird wegen der Flucht- und Abwehrbewegungen des Schweins nicht an den richtigen Stellen angesetzt; beim Umfallen des Tieres rutschen die Elektroden vorzeitig ab und müssen dann

§ 13 Betäuben, Schlachten und Töten **TierSchlV**

neu angesetzt werden; eine kombinierte Hirn- Herzdurchströmung, die das vorzeitige Wiedererwachen ausschließen könnte, findet nicht statt. Folgen: Die Schweine werden häufig durch den elektrischen Strom nur ruhiggestellt und sind während des Stechens und Entblutens nicht empfindungs- und wahrnehmungslos (vgl. *von Wenzlawowicz* et al., Fleischwirtschaft 1996, 1108). Die Buchtenbetäubung entspricht damit nicht den Anforderungen des Abs. 1. Sie widerspricht auch Anhang B Nr. 3 der EU-Schlachtrichtlinie: „Tiere, die durch mechanische oder elektrische Betäubungsgeräte am Kopf betäubt oder getötet werden, sind in eine solche Lage oder Stellung zu bringen, dass das Gerät problemlos, exakt und so lange wie nötig angesetzt und bedient werden kann". Zwar schreibt § 12 Abs. 1 S. 4 die Einzelfixierung vor, beschränkt dies aber auf die größeren Schlachtbetriebe (s. dort Rn. 1), während die Richtlinie die Wahl sicherer Betäubungsverfahren unabhängig von der Betriebsgröße fordert. – Besonders schwer wiegt der Verstoß gegen Abs. 1, wenn das Verfahren der Buchtenbetäubung mit Schlachtakkord und hoher Bandgeschwindigkeit kombiniert und so das Fehlbetäubungsrisiko weiter gesteigert wird (s. bei § 5 Rn. 5).

Abs. 1 und die Betäubung von Schweinen in Einzeltierfallen. Werden 4 die Schweine einzeln ruhiggestellt und anschließend durch manuellen oder automatischen Elektrodenansatz betäubt, so sind für die Vereinbarkeit des jeweiligen Verfahrens mit Abs. 1 folgende Kriterien wesentlich: Ist ein schonendes Eintreiben in die Betäubungsfalle möglich? Findet dort eine weitgehend stressfreie Fixierung statt? Werden die Betäubungselektroden korrekt positioniert? Bleiben sie während der notwendigen Zeit in der richtigen Position? Führt die Fixierung der Tiere während der Durchströmung nicht zu einer zu starken Einengung? Findet eine kombinierte Hirn-Herz-Durchströmung statt? – Auf den schonenden Zutrieb und das stressfreie Fixieren kommt es besonders an, weil die Zahl schlecht betäubter Tiere umso höher ist, je aufgeregter die Tiere sind (vgl. *von Holleben* et al., Freiland-Journal 5/95, 10, 13). – Die kombinierte Hirn-Herz-Durchströmung wäre wichtig, weil es in Schlachtbetrieben mit alleiniger Hirndurchströmung nicht selten zum Wiedereintritt des Empfindungs- und Wahrnehmungsvermögens während des Entblutens kommt, obwohl die Schweine scheinbar ordnungsgemäß betäubt worden sind. Anzeichen für solche Fehlbetäubungen sind: Wiedereinsetzen regelmäßiger Atmung; Reaktion auf Schmerzreize, zB auf Traumatisierung der Rüsselscheibe; Reaktion auf Berührung der Augenhornhaut; gerichtete Augenbewegungen; Lautäußerungen; Aufsteh- bzw. Aufrichteversuche; Schreien. Bei hängender Entblutung sind diese Zeichen ungleich schwerer zu erkennen, gleichwohl aber vorhanden. Deshalb entspräche es den Anforderungen des Abs. 1, außer den Kopfelektroden auch eine Herzelektrode durch den Betäuber ansetzen zu lassen, so dass der Strom nach der Hirndurchströmung (Betäubung) dorthin fließt, ein Herzkammerflimmern auslöst und so eine bis zum Tod anhaltende Totalbetäubung sicherstellt. Zu negativen Auswirkungen auf Fleischqualität oder Entblutung führt dieses Verfahren nicht (vgl. *Briese*, Beurteilung neuer elektrischer Betäubungsverfahren für Schweine in: DVG, Tötung von Tieren und Kennzeichnung von Tieren, S. 53, 63; vgl. auch BR-Drucks. 835/96 S. 39).

TierSchlV

5 **Abs. 1 und die automatische Hochvoltbetäubung.** Bei diesem Verfahren werden die Tiere nach dem Betreten der Betäubungsbucht von einem Restrainer einzeln erfasst und bis in den Einsatzbereich der Elektroden vorgeschoben. Je nach System wird dann durch das Auseinanderschieben der in den Gang hängenden Elektroden mit dem Kopf oder durch Tiererkennung mittels Lichtschranke der Stromfluss ausgelöst. Ein beträchtliches Risiko für Fehlbetäubungen besteht, weil die Elektrodenposition an ein „Normschwein" angepasst ist und es deshalb bei Tieren mit Abweichungen in Kopfform, Gewicht, Körpergröße oder bei unruhigen Tieren zu fehlerhaftem Elektrodenansatz kommen kann (s. auch Anlage 3 Teil II zu Nr. 3.1).

6 **Abs. 1 und die CO_2-Betäubung von Schweinen.** Bei den üblichen Anlagen werden die Tiere zu zweit in eine Gondel eingetrieben; diese senkt sich dann in eine Grube mit hohen CO_2-Konzentrationen (vorgeschrieben sind 80%); nach mindestens 70 Sekunden wird die Gondel mit den betäubten Tieren wieder hochgefahren, die Tiere werden angeschlungen, gestochen und entblutet. Nachteile: Die Betäubung geht nicht schnell, könnte aber durch höhere CO_2-Konzentrationen beschleunigt werden; Strampelbewegungen, Lautäußerungen und Schnappatmung wegen des schleimhautreizenden Effekts von CO_2 können als Anzeichen für Leiden vor der Betäubung gewertet werden; sowohl beim Eintreiben in den Vereinzelungsgang als auch in die (den Tieren als Sackgasse erscheinende) Gondel entsteht starker Stress, der auch die Effektivität der anschließenden Betäubung in Frage stellt; Fehlbetäubungen, u.a. aufgrund zu niedriger CO_2-Konzentration oder zu kurzer Verweildauer sind nicht selten. – Untersuchungen, die im Rahmen eines BMVEL-Forschungsauftrags an 35 Betrieben durchgeführt wurden, ergaben u.a., dass beim Verlassen der CO_2-Anlage 12% der Tiere auf die Berührung der Hornhaut des Auges und 4,8% auf das Anlegen der Anschlinghaken reagierten, mithin also unzureichend betäubt waren. Durch folgendes Maßnahmenbündel könnte der Anteil fehlerhaft betäubter Schweine deutlich gesenkt werden: Erhöhung der CO_2-Konzentration auf > 84%; Verlängerung der Mindestverweildauer auf 100 Sekunden; Ausschluss von Schweinen von der CO_2-Betäubung, wenn sie äußerliche Anzeichen von Gewalteinwirkung (Schlagstriemen) zeigen und/oder pathologisch-anatomische Veränderungen der Lunge aufweisen (vgl. *von Holleben/ Schütte/von Wenzlawowicz* DTBl. 2002, 372). Zur Verwendung von Argon s. Rn. 10. – In Dänemark sind Systeme im Gebrauch, die den Drang der Schweine zur Vorwärtsbewegung und andere arttypische Verhaltensweisen ausnutzen und so den Stress vor der Betäubung mindern. Maßnahmen dabei sind: Lenkung durch bewegliche Gatter statt durch Elektrotreiber; kein Treiben von Gruppen mit mehr als 15 Tieren; Verwendung von Gängen, bei denen die Schweine nebeneinander laufen können; CO_2-Gondeln, die Gruppen von fünf Tieren aufnehmen; nach dem Absenken der Gondel schnelles Erreichen einer hohen CO_2-Kon-zentration (90% innerhalb von 15 Sekunden); Verweildauer 120–140 Sekunden (vgl. *Christensen/Barton Gade* Fleischwirtschaft 1997, 604 ff.)

7 **Abs. 1 und der „piglift".** Für den Bereich der Elektrobetäubung dürfte der „piglift", der vom Beratungs- und Schulungsinstitut für schonenden Umgang mit Zucht- u. Schlachttieren (BSI) zusammen mit einer Schlacht-

technikfirma entwickelt worden ist, den Anforderungen des Abs. 1 am ehesten entsprechen: Die Schweine werden aus einer Abholposition, die sich vom Treibgang kaum unterscheidet, mittels einer Trägerschiene, die sich zwischen ihren Beinen hebt, in Brust-Bauchlage angehoben und auf diese Weise ohne Einengung ruhiggestellt; die Trägerschiene fährt anschließend mit dem liegenden Tier nach vorn in die Betäubungsposition; dort werden die Elektroden manuell an Kopf und Brustwand angelegt; danach gelangen die betäubten Tiere durch Absenken des Trägerschlittens auf die Liegendentblutung, während der Schlitten wieder in die Ausgangsposition zurückfährt und das nächste Schwein abholt. Vorteile: Die Schweine betreten die Position, aus der sie angehoben werden, idR ohne Zwang; weder das Anheben noch das Vorfahren in die Betäubeposition noch das Anlegen der Elektroden löst bei den liegenden Tieren Abwehrbewegungen aus; richtiger Elektrodenansatz und Hirn-Herz-Durchströmung sind ohne Schwierigkeiten möglich; die 10-Sekunden-Frist zwischen Beginn der elektrischen Durchströmung und Entblutungsschnitt (vgl. Anl. 2 zu § 13 Abs. 3) kann eingehalten werden. – Das Prinzip soll mittlerweile von der Fa. Stork (NL) in das sog. MIDAS-System übernommen worden sein.

Abs. 1 und die Bolzenschussbetäubung von Rindern. Bei der Verwendung des Bolzenschussgeräts kommt es darauf an, den nur zweimarkstückgroßen Zielbereich an der Stirn durch richtiges Ansetzen des Schussapparates mit der erforderlichen Genauigkeit zu treffen. Zu Fehlbetäubungen kommt es u. a., wenn das Gerät nicht senkrecht oder nicht genau an der richtigen Stelle angesetzt wird. In den meisten Betäubungsfallen findet eine ausreichende Ruhigstellung des Kopfes, mit der dies sichergestellt werden könnte, nicht statt. – Früher war es üblich, im Anschluss an den Bolzenschuss mit einem Stab, der durch das Einschussloch eingeführt wurde, das Rückenmark der Tiere zu zerstören, was zu einer Ausschaltung der motorischen Zentren geführt hat. Seit 1. 1. 2001 ist aber dieser „Rückenmarkszerstörer" bei Schlachtungen nicht mehr erlaubt. Fehlbetäubungen können damit nicht mehr überdeckt werden, sondern werden offenkundig, insbesondere durch Lautäußerungen, Kopf- oder Augenbewegungen oder Abwehrbewegungen der Tiere. Besonders hoch ist das Fehlbetäubungsrisiko, wenn die Betäuber unter Zeitdruck stehen und die Tiere durch den vorangegangenen Zutrieb (Elektrotreibereinsatz) erregt sind. – Maßnahmen, mit denen sich Fehlbetäubungen zuverlässig vermeiden ließen, wären: Verzicht auf Schlachtakkord (vgl. BT-Drucks. 13/7015 S. 29; s. auch § 3 Rn. 4); häufigere Kontrollen der Betäubungsvorgänge durch die zuständigen Behörden (vgl. auch Art. 6 Abs. 1 S. 2 der EU-Schlachtrichtlinie: „regelmäßige Kontrollen"); Einsatz von Videotechnik zur ständigen Überwachung der Betäubungsfallen und des Zutriebs. Das BgVV hat eine Checkliste für die Überwachung herausgegeben (www.bgvv.de; Stichworte Tierschutz – Schlachtung – BSE – Schlachttechnik).

Abs. 1 und das Schlachten von Freilandrindern. Um Rindern, insbesondere frei lebenden Weiderindern die Ängste und Leiden zu ersparen, die mit dem Einfangen, dem Schlachttiertransport und dem Fixieren vor der Anbringung des Bolzenschusses verbunden sind, sind verschiedene Verfahren des mobilen Schlachtens entwickelt worden. – Eines dieser Verfahren

TierSchlV   *Tierschutz-Schlachtverordnung*

wird von einem Landwirt in der Nähe von Balingen/BW angewendet (vgl. dazu VGH Mannheim NVwZ-RR 2001, 380 ff.): Hat sich das zur Schlachtung ausersehene Rind in einiger Entfernung von der Herde auf der Weide niedergelegt, so fährt eine mit der Herde vertraute Betreuungsperson mit einer an einen Traktor angebauten Mobilen Schlachtbox (MSB) in die unmittelbare Nähe des Tieres. Das liegende Rind wird daraufhin aus einer Distanz von 1–5 m mit einem Präzisionsschuss in die Stirn betäubt; als Betäubungsgerät dient eine schallgedämpfte Marlin SL 9 mit optischer Zielhilfe und unter Verwendung von sog. Unterschall-Munition. Sobald das Tier betäubt ist, wird es mechanisch in die MSB gehoben und dort in bewusstlosem Zustand mittels Halsstich entblutet; das Blut läuft durch den Gitterboden in darunter liegende Wannen. Anschließend wird es in der MSB zur dezentral gelegenen Schlachtstätte transportiert und dort weiter verarbeitet. Der VGH Mannheim hat das waffenrechtliche Bedürfnis für diese Art der Schlachtung bejaht und die Behörde zur Erteilung der nach § 45 Abs. 1 WaffG notwendigen Schießerlaubnis verurteilt. Das von dem Landwirt verfolgte Konzept der sanften Tötung, um den Tieren den Fang-, Transport- und Fixierstress zu ersparen, stelle ein berücksichtigenswertes Interesse dar, zumal dadurch auch die mit diesem Stress einhergehenden schädlichen Auswirkungen auf die Fleischqualität vermieden würden. Unter den vom Kläger hergestellten Bedingungen könne von einer praktisch hundertprozentigen Trefferquote auch auf eine vergleichsweise kleine Zielfläche ausgegangen werden. Die Betäubungswirkung dieser Methode sei derjenigen des Bolzenschusses sogar überlegen. – Wenn das Treffen des relativ kleinen Zielpunktes sichergestellt werden kann, entsprechen derartige Verfahren den Anforderungen aus Abs. 1 eher als die herkömmliche Bolzenschussbetäubung, weil sie dem Tier die mit der Vorbereitung des Bolzenschusses einhergehenden erheblichen Aufregungen und Ängste ersparen.

9   **Abs. 1 und die industrielle Geflügelschlachtung.** In den Geflügelschlachtbetrieben werden die Tiere nach der Entnahme aus den Behältnissen mit den Ständern in die Bügel einer Förderkette eingehängt und anschließend mit dem Kopf nach unten hängend zu einem stromdurchflossenen Wasserbad transportiert. Die Betäubung erfolgt nach Eintauchen des Kopfes mittels Ganzkörperdurchströmung. Anschließend werden die hängenden Tiere zur automatischen Entblutungsmaschine gefahren und durch Halsschnitt entblutet. Um ein vorzeitiges Wiedererwachen zu verhindern, müssen die in Anlage 3 Teil II Nr. 3.4 festgelegten Mindeststromstärken und -stromflusszeiten eingehalten werden, wobei die Gesamtstromstärke in dem Wasserbecken der Zahl der gleichzeitig eingetauchten Tiere, multipliziert mit der Mindeststromstärke je Tier entsprechen muss (vgl. *Troeger* in: *Sambraus/Steiger* S. 523). Nachteile dieses Verfahrens: Bei der Entladung der Behältnisse kommt es infolge des üblichen hohen Zeitdrucks zu Blutungen und Knochenbrüchen im Bereich der Flügel und Ständer (Verstoß gegen § 5 Abs. 3 S. 3; s. dort Rn. 6 und 7); das Einhängen ist extrem stressbehaftet und führt zu heftiger Gegenwehr mit Flügelschlagen und Lautäußerungen sowie Schmerzen (zB wurden bei 80–90% der eingehängten Puten Verletzungen mit Blutaustritt an der Kontaktstelle der Ständer zu den Schlachtbügeln festgestellt; vgl. dazu *von Wenzlawowicz* et al., DtW 2000, 116, 117);

das kopfunter Hängen verursacht bei allen Tieren, besonders aber bei Puten erhebliche Kreislaufbelastungen; heftiges Flügelschlagen führt zu weiteren Verletzungen; ein erheblicher Teil des Geflügels wird nicht richtig betäubt, weil die Tiere den Hals und Kopf nach oben biegen (Stellreflex) und dadurch nicht zuerst mit dem Kopf, sondern mit den Flügeln oder der Brust in das Wasserbecken eintauchen; bei Puten stellt sich das Problem, dass die Flügel weiter nach unten hängen als die Köpfe, so dass sie vorzeitige Stromstöße erhalten, bevor sie das Bewusstsein verlieren; kleine Tiere gelangen mit dem Kopf nicht ins Wasser und bleiben unbetäubt; wegen der Bewegungen der nicht ausreichend betäubten Tiere kommt es anschließend zu Fehlern bei der Entblutung (vgl. *von Wenzlawowicz* et al. aaO; *Barton Gade/ von Holleben/von Wenzlawowicz* Fleischwirtschaft 11/2001, 22). Aus Abs. 3 S. 5 und aus Anlage 3 Teil II Nr. 3.8 S. 3 geht hervor, dass der Verordnungsgeber mit einer erheblichen Zahl von Fehlbetäubungen und -entblutungen rechnet. Durch die üblichen hohen Schlachtgeschwindigkeiten von mehreren tausend Tieren je Stunde wird dieses Risiko weiter gesteigert.

Abs. 1 und die Gasbetäubung von Puten. Die Tiere werden entweder in 10 ihren Behältnissen in die Betäubungsanlage verbracht oder das Behältnis wird vorher auf ein Förderband gekippt. In einem V-förmigen Tunnel werden sie einem Kohlendioxidgemisch ausgesetzt. Nach dem Verlassen der Anlage werden sie an den Beinen aufgehängt und mittels Halsschnitt entblutet. Vorteile gegenüber o. Rn. 9: Man braucht keine unbetäubten Tiere anzuhängen; Schmerzen durch Stromschläge oder zu geringe Stromstärken werden vermieden und Muskelblutungen reduziert. Nachteile: Durch aversive Reaktionen in der Einleitungsphase der Betäubung werden Angst, Schleimhautbrennen, Erstickungsgefühl und andere Leiden angezeigt (u. a. Unruhe, Hin- und Hertreten, Kopfschütteln, weites Schnabelöffnen, Flügelschlagen, Dorsoreflexion des Halses, Fluchtversuche). Die Betäubung dauert bei Verwendung eines CO_2/O_2-Gemischs bei Puten bis zu 65 und bei Broilern ca. 41 Sekunden und erfolgt damit weder schnell noch ohne Leiden. Bei Verwendung von Argon oder eines Gemischs aus Argon und CO_2 könnte die Betäubungswirkung schneller eintreten als mit CO_2/O_2 (vgl. *Barton Gade/von Holleben/von Wenzlawowicz* Fleischwirtschaft 11/2001, 22, 24).

III. Überprüfung der Geräte, Abs. 2

Nach S. 1 müssen alle Betäubungsgeräte und -anlagen an jedem Ar- 11 beitstag vor ihrer jeweiligen Inbetriebnahme durch eine sachkundige Person, die etwaige Störungen sofort erkennen kann, überprüft werden. U. a. stellen korrodierte oder verschmutzte Elektroden oder feucht gewordene Patronen Risiken für eine ordnungsgemäße Betäubung dar. Bolzenschussapparate müssen darüber hinaus nach den waffenrechtlichen Bestimmungen jeweils nach Ablauf von zwei Jahren, bei wesentlichen Funktionsmängeln jedoch unverzüglich dem Hersteller oder dessen Beauftragten zur Prüfung vorgelegt werden. – Mindestens ein Ersatzgerät muss zu jeder Zeit einsatzbereit sein, also auch während solcher Zeiten, in denen eines der Geräte ausgefallen ist oder sich in der Inspektion befindet. Lediglich bei Wasserbadbetäubungsanlagen wird nicht verlangt, eine komplette Ersatzanlage vorrätig zu halten. Aber: Kann wegen eines Defekts oder aus anderen Gründen Geflügel nicht sofort nach seiner Ankunft geschlachtet werden, so muss es nach Maßgabe von § 7 Abs. 2 mit Wasser und Futter versorgt werden (s. dort Rn. 3); auch dürfen die Tiere gem. § 12 Abs. 2 keinesfalls länger als drei Minuten ohne Betäubung in den Schlachtbügeln hängen; Anlage 3 Teil II Nr. 3.8 (Betäubung oder Tötung unbetäubter Tiere von Hand) ist nicht etwa auf einen Ausfall der Wasserbadbetäubungsanlage anwendbar, sondern nur auf diejenigen Fälle, in denen trotz deren ordnungsgemäßer Funktion einzelne Tiere (zB weil sie zu klein waren) unbetäubt geblieben sind. – Aufgabe der zuständigen Behörde ist es gem. § 16 Abs. 3 S. 1 Nr. 1 TierSchG, die Geräte, Vorrichtungen und Ausstattungen zum Ruhigstellen, Betäuben, Schlachten oder Töten auf ihren Zustand und ihre Übereinstimmung mit den Anforderungen der VO zu überprüfen; sie muss sich „durch regelmäßige Kontrollen" vom einwandfreien Zustand versichern (Art. 6 Abs. 1 S. 2 EU-Schlachtrichtlinie).

IV. Entblutung, Abs. 3

12 Um ein Wiedererwachen der betäubten Tiere vor Abschluss des Entblutens zu vermeiden, muss nach S. 1 der Entblutungsschnitt sofort nach dem Betäuben geführt werden. Die Höchstfristen nach Anlage 2 müssen eingehalten werden, wobei bei der Elektrobetäubung der Beginn der elektrischen Durchströmung als Referenzzeitpunkt für den Beginn der 10- bzw. 20-Sekundenfrist herangezogen werden muss (vgl. BR-Drucks. 835/96 S. 44). Beispielsweise können elektrisch betäubte Schweine bereits 30 Sekunden nach Beginn des Stromflusses ihr Bewusstsein wiedererlangen. – Werden Betäubung und Entblutung durch ein- und dieselbe Person vorgenommen, so darf bei Pferden, Rindern, Schafen, Ziegen und Schweinen das nächste Tier erst betäubt werden, nachdem die Person den Entblutungsschnitt beim vorhergehenden Tier vorgenommen hat. Auch bei Fischen gilt, dass sie sofort nach der Betäubung entblutet werden müssen. – Wer entgegen S. 2 ein Tier, das bereits wieder empfindungs- und wahrnehmungsfähig geworden ist, vorsätzlich oder fahrlässig entblutet, handelt ordnungswidrig nach § 15 Abs. 2 Nr. 6 und auch nach § 18 Abs. 1 Nr. 6 i.V.m. § 4a TierSchG; auch eine Straftat nach § 17 Nr. 2b TierSchG kann vorliegen. Zu den Anzeichen für das Wiedererwachen bei Schweinen s. Rn. 4. Als unzureichend betäubt gelten insbesondere Tiere, bei denen der Lid- und/oder Cornealreflex auslösbar ist, die auf den Entblutestich reagieren oder deutliche Muskelaktivitäten zeigen (vgl. *von Holleben*, Richtwerte: Vor und während der Entblutung sollte geprüft werden, ob Reaktionen auf Berühren des Auges, gerichtete Augenbewegungen, regelmäßige Atemzüge oder spontane Bewegungen wie Maulöffnen, Beinbewegungen, Aufrichtversuche feststellbar sind). Bei Geflügel werden Fehlbetäubungen u.a. angezeigt durch: Cornealreflex, regelmäßige Atmung, Flügelschlagen und/oder Lautäußerung. – Um den Entblutungserfolg nach S. 4 zu kontrollieren, kann bei Hohlmes-

§ 13 Betäuben, Schlachten und Töten **TierSchlV**

serentblutung zB ein durchsichtiger Schlauch zur Blutableitung verwandt werden (BR-Drucks. 835/96 S. 40).

V. Weitere Schlachtarbeiten, Abs. 4

Bewegungen der Tiere, die nach S. 1 weitere Schlachtarbeiten ausschließen, sind sowohl willkürliche Bewegungen als auch Stammhirnreflexe (zB Kornealreflex, Rüsselscheibenreflex), nicht dagegen kleine, ungerichtete Kontraktionen einzelner Muskelbündel. Die Auslösbarkeit von Schmerzreaktionen zeigt eine wieder vorhandene Empfindungs- und Wahrnehmungsfähigkeit an (vgl. BR-Drucks. 835/96 S. 40). Die EU-Schlachtrichtlinie sieht in Anhang D Nr. 2 S. 2 vor: „Nach Durchführung der Entblutungsstiche dürfen keine weitere Zurichtung oder Stromstöße erfolgen, bis das Entbluten abgeschlossen ist". – Nach S. 2 darf ein geschächtetes Tier erst nach Abschluss des Entblutens (und nicht etwa schon nach Eintritt der Bewusstlosigkeit oder wenn keine Bewegungen mehr wahrzunehmen sind) aufgehängt werden. Auch Art. 14 S. 1 zweiter Halbsatz des Europ. Schlachttierübereinkommens bestimmt: „Beim rituellen Schlachten dürfen die Tiere vor Abschluss des Ausblutens nicht aufgehängt werden." 13

VI. Schlachten oder Töten von Fischen, Abs. 5

Nach S. 1 gilt das Betäubungsgebot auch für Fische. Sonderregelungen bestehen nach S. 2 Nr. 1 und 2 nur für Plattfische und Aale. Die amtl. Begr. weist allerdings auf bestehende Zweifel hin, ob beim Aal der die Wirbelsäule durchtrennende Stich für eine Bewusstseinsausschaltung ausreicht. Sie nennt deshalb für Aale die Elektrobetäubung oder -tötung „die Methode der Wahl" (BR-Drucks. 835/96 S. 41). Gleichwohl lässt der Verordnungsgeber den Genickstich beim nicht gewerbsmäßigen Fang und sogar bei der gewerblichen Angel- oder Reusenfischerei zu, sofern die Zahl der täglich gefangenen Aale die Obergrenze von 30 nicht übersteigt (vgl. BR-Drucks. 487/99 Beschluss S. 1). Es erscheint zweifelhaft, ob dies mit dem Schmerzvermeidungsgebot nach § 4 b S. 1 TierSchG vereinbar ist. In jedem Fall verboten ist das Entschleimen von Aalen ohne vorheriges Betäuben in Salz oder Ammoniaklösung sowie das „Prellen". 14

VII. Wirbeltiere einschl. Hausgeflügel, Abs. 6

Anlage 3 zu Abs. 6 wird im Anschluss an § 18 kommentiert. 15
Nach S. 2 wird für **Hausschlachtungen von Hausgeflügel** (vgl. § 2 Nr. 1) das Schlachten ohne Betäubung zugelassen, wenn es durch schnelles Enthaupten erfolgt. – Nach S. 3 wird für Geflügelschlachtbetriebe mit Bandschlachtung das betäubungslose Enthaupten bei Puten, Enten und Gänsen ausnahmslos verboten. Im Übrigen wird es erlaubt, wenn in Einzelfällen einzelne Tiere ungeplant im Wasserbecken nicht betäubt worden sind. Aber: „Es ist darauf zu achten, dass alle technischen Möglichkeiten zur 16

Verbesserung der Betäubung ausgeschöpft werden und das Töten durch ... Abtrennen des Kopfes auf den unvermeidbaren Einzelfall beschränkt bleibt" (BR-Drucks. 487/99 Beschluss S. 2). Möglicherweise müsste nach Anhang C Abschnitt III Nr. 2 der EU-Schlachtrichtlinie ein behördlicher Genehmigungsvorbehalt eingeführt werden. – Nach neuesten Erkenntnissen kann man nicht mehr davon ausgehen, dass es beim Enthaupten zu einer sofortigen Ausschaltung der Hirnfunktion kommt (vgl. *von Holleben* et al. DtW 1999, 163, 165); demgemäß wird in der amtl. Begr. ausgeführt, auch bei Einzelschlachtungen von Geflügel sei die Durchführung einer geeigneten Betäubung (Kopfschlag oder besser Bolzenschuss mit einem Apparat für Kleintiere, Betäubung mit einer Elektrozange für Kleintiere) „aus Tierschutzsicht vorzuziehen" (BR-Drucks. 835/96 S. 41, 42; vgl. auch BR-Drucks. 487/99 Beschluss S. 2, wo für Hausschlachtungen von Puten, Enten und Gänsen die Betäubung durch Kopfschlag empfohlen wird). Damit aber ist fraglich, ob S. 2 und S. 3 mit der gesetzlichen Ermächtigung in § 4b S. 1 TierSchG in Einklang stehen, weil danach von mehreren Betäubungs- und Tötungsverfahren immer nur dasjenige erlaubt werden darf, das den Tieren am wenigsten Schmerzen bereitet, mag es auch mit einem höheren Kosten-, Arbeits- oder Zeitaufwand verbunden sein. Diesen Grundsatz kann man auch Art 20 a GG entnehmen (s. dort Rn. 3, Schutz vor vermeidbaren Leiden); er müsste deshalb auch im Rahmen des hier als Ermächtigungsnorm herangezogenen § 4 b S. 1 Nr. 3 TierSchG Beachtung finden.

VIII. Küken, Abs. 7

17   Die **Tötung nicht schlupffähiger Küken** soll verhindern, dass nicht geschlüpfte Küken in Brutrückständen ersticken oder erdrückt werden.

IX. Krusten- und Schalentiere, Abs. 8

18   Bei der Tötung durch kochendes Wasser muss das Wasser stark kochen und die Tiere sofort vollständig bedecken. Es dürfen nicht so viele Tiere gleichzeitig eingegeben werden, dass das Wasser anschließend infolge Abkühlung nicht mehr stark weiterkocht und dadurch ein möglichst schnelles Töten verzögert wird. Andere Tötungsverfahren sind mit Ausnahme von S. 2 verboten („dürfen nur ..."). – Abs. 8 berücksichtigt nicht neuere experimentelle Befunde, wonach Hummer in mit Kochsalz gesättigtem Wasser innerhalb von 2–3 Min. betäubt werden können, so dass sie anschließend in heißem Wasser keine sichtbaren aversiven Reaktionen mehr zeigen. Demgegenüber dauert das Töten in heißem Wasser ohne vorherige Narkose mehrere Minuten und ist mit sichtbaren Qualen verbunden (vgl. *Richter* in: *Sambraus/Steiger* S. 815). – Der Transport von Hummern über große Distanzen verläuft wesentlich schonender und verlustärmer, wenn Bewegungsmöglichkeiten gewährt und ausreichende Sauerstoffversorgung sichergestellt werden (vgl. *Richter* aaO).

§ 14 Behördliche Zulassung   TierSchlV

X. Ordnungswidrigkeiten

Abs. 1 ist zwar in § 15 nicht erwähnt. Bei einem Verstoß kann aber eine 19 Ordnungswidrigkeit nach § 18 Abs. 1 Nr. 5 TierSchG (Tötung eines Wirbeltieres ohne Betäubung) oder nach § 18 Abs. 1 Nr. 6 TierSchG (Schlachtung eines warmblütigen Tieres ohne Betäubung) vorliegen, wenn das Tier im Zeitpunkt des Entblutungsschnitts nicht oder nicht total betäubt ist bzw. bereits wieder erwacht ist, und der Täter dies weiß oder fahrlässig nicht weiß (s. TierSchG § 4 Rn. 20 und § 4a Rn. 29). – Ein Verstoß gg. Abs. 2 S. 2 (Bereithalten einsatzbereiter Ersatzausrüstungen) ist eine Ordnungswidrigkeit gem. § 15 Abs. 2 Nr. 5. – Verstöße gg. Abs. 3 S. 1, 2, 3 und 5 bilden Ordnungswidrigkeiten gem. § 15 Abs. 2 Nr. 6 u. 7 (Unterlassung des sofortigen Entblutens nach dem Betäuben; Nichteinhaltung der Höchstfristen nach Anlage 2; Entbluten trotz Anzeichen für ein Wiedererwachen, s. Rn. 12; kein Eröffnen mindestens einer Halsschlagader oder des entsprechenden Hauptblutgefäßes mit sofortigem starken Blutverlust; kein Sicherstellen, dass am Halsschnittautomaten nicht entblutete Tiere von Hand entblutet werden). – Ein Verstoß gg. eine der Pflichten aus Abs. 4 S. 1, 2 oder 3 bildet eine Ordnungswidrigkeit nach § 15 Abs. 2 Nr. 8 (Schlachtarbeiten trotz wahrnehmbarer Bewegungen; Aufhängen eines geschächteten Tieres vor Abschluss des Entblutens, vgl. auch TierSchG § 4a Rn. 21; bei Tötungen ohne Blutentzug Eingriffe vor Feststellung des Todes). – Ordnungswidrig nach § 15 Abs. 2 Nr. 9 ist der Verstoß gegen das Gebot des Abs. 5, einen Fisch unmittelbar vor dem Schlachten oder Töten zu betäuben. – Eine Ordnungswidrigkeit nach § 15 Abs. 2 Nr. 11 bildet der Verstoß gegen Abs. 7 S. 1. – Zu Ordnungswidrigkeiten nach § 15 Abs. 2 Nr. 10 s. die Kommentierung zu Anlage 3.

§ 14 Behördliche Zulassung weiterer Betäubungs- oder Tötungsverfahren

(1) Abweichend von § 13 Abs. 3 in Verbindung mit Anlage 2 kann die zuständige Behörde in begründeten Einzelfällen Abweichungen von der Höchstzeit zwischen Betäuben und Entblutungsschnitt zulassen, wenn nachgewiesen wird, dass die Anforderungen des § 13 Abs. 1 erfüllt werden.

(2) Abweichend von § 13 Abs. 6 in Verbindung mit Anlage 3 kann die zuständige Behörde befristet
1. andere Betäubungs- oder Tötungsverfahren zum Zwecke ihrer Erprobung zulassen;
2. andere Betäubungs- oder Tötungsverfahren für behördlich veranlaßte Tötungen zulassen, soweit die Tiere mit ihnen unter Vermeidung von Schmerzen oder Leiden sicher betäubt und getötet werden und weitere Eingriffe am Tier erst nach Feststellung seines Todes vorgenommen werden;
3. die Elektrokurzzeitbetäubung abweichend von Anlage 3 Teil II Nr. 3.2 mit einer Mindeststromflußzeit von zwei Sekunden und abweichend von Anlage 3 Teil II Nr. 3.3 bei Rindern über sechs Monaten ohne elektri-

sche Herzdurchströmung als Betäubungsverfahren zulassen, soweit es erforderlich ist, den Bedürfnissen von Angehörigen bestimmter Religionsgemeinschaften zu entsprechen, denen zwingende Vorschriften ihrer Religionsgemeinschaft die Anwendung anderer Betäubungsverfahren untersagen.

1 Die **Zulassung weiterer Betäubungs- oder Tötungsverfahren** ist ein Verwaltungsakt, der im Ermessen der zuständigen Behörde steht und deshalb nach § 36 Abs. 2 VwVfG auch nach Ermessen mit Nebenbestimmungen versehen werden kann (vgl. BR-Drucks. 835/96 S. 42). In Betracht kommen insbesondere Auflagen, die zur Einhaltung der Anforderungen von § 13 Abs. 1 (s. dort Rn. 2) oder zur Wahrung der Grundsätze des § 3 (d. h. zum Schutz der Tiere vor vermeidbaren Aufregungen, Schmerzen, Leiden oder Schäden) geeignet und erforderlich erscheinen. In den Fällen des Abs. 2 ist eine Befristung obligatorisch.

2 **Zu Abs. 1.** Mit den in Anlage 2 festgelegten Höchstzeiten zwischen Betäubung und Entbluteschnitt soll das Erwachen der Tiere vor Abschluss des Entblutens vermieden werden (vgl. BR-Drucks. 835/96 S. 44). Abweichungen hiervon dürfen nur zugelassen werden, „sofern durch das verwendete Betäubungsverfahren und dessen Ausführung eine Rückkehr der Empfindungs- und Wahrnehmungsfähigkeit definitiv ausgeschlossen wird" (BR-Drucks. 487/99 Beschluss S. 3). Die Nachweisführung ist Aufgabe des Betriebes.

3 **Erprobung nach Abs. 2 Nr. 1.** Gemeint sind hier Betäubungs- oder Tötungsverfahren, die sich bereits im Rahmen von Tierversuchen als mit dem Tierschutzgesetz und der Verordnung (insbesondere mit § 3 Abs. 1 und § 13 Abs. 1) vereinbar erwiesen haben (vgl. BR-Drucks. 835/96 aaO). Die Behörde kann sie dann zur weiteren Erprobung in der Praxis zulassen.
Behördlich veranlasste Tötungen nach Abs. 2 Nr. 2. Die Behörde darf hierfür andere als die in Anlage 3 geregelten Verfahren zulassen, jedoch nur, soweit diese den Anforderungen des § 3 Abs. 1 und des § 13 Abs. 1 in vollem Umfang entsprechen. Dies ergibt sich auch aus Anhang E S. 2 der EU-Schlachtrichtlinie, der ausdrücklich auf Art. 3 der Richtlinie verweist („Beim Verbringen, Unterbringen, Ruhigstellen, Betäuben, Schlachten und Töten müssen die Tiere von vermeidbaren Aufregungen, Schmerzen und Leiden verschont bleiben"). Unzulässig ist insbesondere, bei Massentötungen zur Seuchenbekämpfung zum Zweck der Beschleunigung oder der Personaleinsparung Verfahren anzuwenden, die mit geringerer Sicherheit gewährleisten, dass Schmerzen, Leiden und Aufregungen vermieden werden. Weitere Eingriffe an den Tieren dürfen erst stattfinden, wenn deren Tod festgestellt worden ist.

4 **Abs. 2 Nr. 3 meint das Elektrokurzzeitbetäubungsverfahren für rituelle Schlachtungen,** bei dem die für die Hirndurchströmung nach Anlage 3 Teil II Nr. 3.2 vorgeschriebenen Stromflusszeiten von vier auf zwei Sekunden verkürzt werden (die vorgeschriebenen Stromstärken bleiben unverändert) und außerdem bei Rindern abweichend von Nr. 3.3 auf eine zusätzliche Herzdurchströmung verzichtet wird (s. TierSchG § 4a Rn. 15 und 26). Weil besonders der Verzicht auf die zusätzliche Herzdurchströmung die

§ 15 Ordnungswidrigkeiten TierSchlV

Gefahr erhöht, dass das Rind entblutet wird, obwohl es bereits wieder empfindungs- und wahrnehmungsfähig geworden ist (s.u. Anlage 3 Teil II zu Nr. 3.3), muss – zB mittels Auflagen, § 36 Abs. 2 Nr. 4 VwVfG – sichergestellt werden, dass die Tiere mit Sicherheit unmittelbar nach der Betäubung schnell entblutet werden und ein Wiedererwachen vor Eintritt des Todes so nicht zu befürchten ist (vgl. BR-Drucks. 835/96 S. 43).

Abschnitt 5. Ordnungswidrigkeiten und Schlußbestimmungen

§ 15 Ordnungswidrigkeiten

(1) Ordnungswidrig im Sinne des § 18 Abs. 1 Nr. 3 Buchstabe a des Tierschutzgesetzes handelt, wer vorsätzlich oder fahrlässig
1. einer Vorschrift des § 5 Abs. 1 Satz 1, Abs. 2 Satz 2, 4 oder 5 oder Abs. 3 Satz 1 oder 3 über das Treiben oder Befördern der Tiere zuwiderhandelt,
2. als Betreiber eines Schlachtbetriebes einer Vorschrift des § 7 Abs. 2 Satz 1 oder 2, Abs. 6 oder 9, § 8 Abs. 1 Satz 1, Abs. 2 Satz 1 Nr. 1 oder 3 oder Abs. 3 oder § 9 Satz 1 über das Betreuen der Tiere zuwiderhandelt,
3. entgegen § 8 Abs. 1 Satz 2 oder 3 als Betreiber eines Schlachtbetriebes ein Tier nicht betäubt, nicht oder nicht rechtzeitig schlachtet oder nicht oder nicht rechtzeitig tötet oder
4. entgegen § 11 ein Krustentier aufbewahrt.

(2) Ordnungswidrig im Sinne des § 18 Abs. 1 Nr. 3 Buchstabe b des Tierschutzgesetzes handelt, wer vorsätzlich oder fahrlässig
1. entgegen § 4 Abs. 2 Satz 1 ein Tier ruhigstellt, betäubt oder schlachtet,
2. entgegen § 6 Abs. 2 Satz 1 nicht sicherstellt, daß der Boden trittsicher ist,
3. entgegen § 12 Abs. 2 Satz 1 ein warmblütiges Tier aufhängt,
4. entgegen § 12 Abs. 3 ein elektrisches Betäubungsgerät verwendet,
5. entgegen § 13 Abs. 2 Satz 2 als Betreiber eines Schlachtbetriebes eine Ersatzausrüstung nicht einsatzbereit hält,
6. einer Vorschrift des § 13 Abs. 3 Satz 1, 2 oder 3 über das Entbluten der Tiere zuwiderhandelt,
7. entgegen § 13 Abs. 3 Satz 5 nicht sicherstellt, daß ein Tier von Hand entblutet wird,
8. entgegen § 13 Abs. 4 Satz 1, 2 oder 3 an einem Tier weitere Schlachtarbeiten durchführt, ein geschächtetes Tier aufhängt oder bei Tötungen ohne Blutentzug weitere Eingriffe an einem Tier vornimmt,
9. entgegen § 13 Abs. 5 Satz 1 einen Fisch nicht oder nicht rechtzeitig betäubt,
10. entgegen § 13 Abs. 6 Satz 1 in Verbindung mit
    a) Anlage 3 Teil I oder
    b) Anlage 3 Teil II
        aa) Nr. 1.1 Satz 1, Nr. 1.2, 2.1, 3.1 Satz 1 oder Satz 3, erster Teilsatz, Nr. 3.3 Satz 1, Nr. 3.8 Satz 3, Nr. 4.1, 4.3, 4.8, 4.9, 5 Satz 1, Nr. 8 oder 9,

bb) Nr. 3.7 Satz 1 Nr. 3.7.2 oder Nr. 3.7.3 oder
cc) Nr. 3.10 oder 3.11 Satz 1, 2, 3 oder 4
ein Tier betäubt oder tötet oder
11. entgegen § 13 Abs. 7 Satz 1 nicht sicherstellt, daß ein nicht schlupffähiges Küken getötet wird.

1 Zu den **einzelnen Bestimmungen**, die nach Abs. 1 und Abs. 2 bußgeldbewehrt sind, s. die jeweilige Kommentierung (aE).

2 **Fahrlässigkeit** genügt. – Ordnungswidrigkeiten nach Abs. 1 können mit Geldbuße bis zu 25 000 Euro, solche nach Abs. 2 mit Buße bis zu 5000 Euro geahndet werden (vgl. § 18 Abs. 3 TierSchG). Liegt nur Fahrlässigkeit vor, so vermindert sich das Höchstmaß auf die Hälfte (vgl. § 17 Abs. 2 OWiG).

3 **Täter/Beteiligter.** Viele Tatbestände wenden sich an jedermann, so dass auch jeder als Täter eines Verstoßes in Betracht kommt. Einzelne Tatbestände setzen dagegen voraus, dass der Handelnde ein besonderes persönliches Merkmal hat (zB „Betreiber eines Schlachtbetriebs", vgl. Abs. 1 Nr. 2 und Nr. 3 sowie Abs. 2 Nr. 5, aber auch Nr. 2 und Nr. 7). Wer dieses Merkmal nicht hat, kann nicht Täter sein. Er kann aber Beteiligter an der Tat des Merkmalsträgers sein und deshalb nach § 14 Abs. 1 OWiG mit Geldbuße belegt werden (was dann aber – im Unterschied zu o. Rn. 2 – voraussetzt, dass vorsätzlich gehandelt wurde; s. auch TierSchG § 18 Rn. 9).

4 **Konkurrenzen.** Werden mit einer Handlung mehrere Ordnungswidrigkeitstatbestände erfüllt, so liegt Tateinheit vor, anderenfalls Tatmehrheit. In Betracht kommen hier insbesondere: § 18 Abs. 1 Nr. 1, Nr. 2, Nr. 5 und Nr. 6 TierSchG (s. auch Rn. 5).

5 **Einzelne wichtige Vorschriften sind in § 15 nicht genannt.** Dennoch gibt es Wege, auch bei Verstößen gegen solche Gebote oder Verbote – zB § 3 und § 13 Abs. 1 – unter Berücksichtigung der Umstände des Einzelfalles ein Bußgeld zu verhängen: 1. Gebote und Verbote, die auf der Ermächtigungsgrundlage des § 2a TierSchG beruhen – das sind insbesondere Vorschriften, die sich auf das Betreuen, also auch auf das Unterbringen, das Treiben und das Befördern in der Schlachtstätte beziehen, vgl. § 2 Nr. 5 – regeln Pflichten, die sich (auch) aus § 2 TierSchG ergeben. Die Behörde kann die einzelne Pflicht durch eine Anordnung nach § 16a S. 2 Nr. 1 TierSchG aussprechen und ggf. näher konkretisieren. Wird gegen eine solche vollziehbare Anordnung vorsätzlich oder fahrlässig verstoßen, so liegt darin eine Ordnungswidrigkeit nach § 18 Abs. 1 Nr. 2 TierSchG (s. dort Rn. 18). – 2. In Betracht kommt weiter, dass derjenige, der gegen eine Vorschrift der Verordnung verstößt, damit zugleich eine Ordnungswidrigkeit nach § 18 Abs. 1 Nr. 5 oder Nr. 6 TierSchG verwirklicht. Beispiele: Wer vorsätzlich oder fahrlässig ein unbetäubtes (also auch ein fehlbetäubtes oder bereits wieder erwachtes) Wirbeltier schlachtet oder tötet, begeht damit eine Ordnungswidrigkeit nach §§ 4a Abs. 1, 18 Abs. 1 Nr. 6 bzw. nach §§ 4 Abs. 1 S. 1, 18 Abs. 1 Nr. 5 TierSchG, sofern ihm nicht eine der drei Ausnahmen nach § 4a Abs. 2 TierSchG zur Seite steht. Wer erlaubtermaßen ein Wirbeltier ohne Betäubung schlachtet oder tötet, ihm dabei aber Schmerzen zufügt, handelt ordnungswidrig nach §§ 4 Abs. 1 S. 2, 18 Abs. 1 Nr. 5 TierSchG, wenn ihm ein anderes Verfahren mit weniger Schmerzen zur

Verfügung gestanden hätte bzw. sich die Schmerzen durch eine Schutzmaßnahme ganz oder teilweise hätten vermeiden lassen (vgl. *L/M* TierSchlV § 4 Rn. 6). Wer ein Wirbeltier ohne die nötige Sachkunde tötet, handelt ordnungswidrig nach §§ 4 Abs. 1 S. 3 i. V. m. § 18 Abs. 1 Nr. 5 TierSchG. Zum Ganzen s. auch TierSchG § 4 Rn. 20 und § 4a Rn. 29. – **3.** Werden einem Tier im Zusammenhang mit der Ruhigstellung, Betäubung oder Schlachtung erhebliche Schmerzen, Leiden oder Schäden zugefügt, so liegt darin eine Ordnungswidrigkeit nach § 18 Abs. 1 Nr. 1, ggf. auch nach § 18 Abs. 2 TierSchG. Wird dabei gegen eine Vorschrift der VO verstoßen, so steht zugleich fest, dass es an einem vernünftigen Grund fehlt. – **4.** Sind die erheblichen Schmerzen oder Leiden länger anhaltend oder wiederholen sie sich, so ist der Straftatbestand des § 17 Nr. 2b TierSchG verwirklicht. Eine tateinheitlich begangene Ordnungswidrigkeit tritt dann zurück, vgl. § 21 OWiG. Sie behält aber ihre Bedeutung, wenn eine Bestrafung zB am Nachweis des Vorsatzes scheitert.

§ 16 Außerkrafttreten von Vorschriften

Mit Ablauf des 31. März 1997 treten außer Kraft:

1. das Gesetz über das Schlachten von Tieren in der im Bundesgesetzblatt Teil III, Gliederungsnummer 7833-2, veröffentlichten bereinigten Fassung, geändert durch Artikel 216 Abschnitt I des Gesetzes vom 2. März 1974 (BGBl. I S. 469);
2. mit Ausnahme des § 8, die Verordnung über das Schlachten von Tieren in der im Bundesgesetzblatt Teil III, Gliederungsnummer 7833-2-1, veröffentlichten bereinigten Fassung;
3. a) die Verordnung über das Schlachten und Aufbewahren von lebenden Fischen und anderen kaltblütigen Tieren in der im Bundesgesetzblatt Teil III, Gliederungsnummer 7833-1-3, veröffentlichten bereinigten Fassung, zuletzt geändert durch § 12 der Verordnung vom 20. Dezember 1988 (BGBl. I S. 2413);
   b) § 18 Abs. 1 Nr. 27 des Tierschutzgesetzes in der Fassung der Bekanntmachung vom 17. Februar 1993 (BGBl. I S. 254);
4. die Verordnung Nr. 49 über das Schlachten von Tieren in der im Bundesgesetzblatt Teil III, Gliederungsnummer 7833-2-2-a, veröffentlichten bereinigten Fassung;
5. die Änderung der Verordnung über das Schlachten von Tieren in der im Bundesgesetzblatt Teil III, Gliederungsnummer 7833-2-1-a, veröffentlichten bereinigten Fassung;
6. das Gesetz über das Schlachten von Tieren in der im Bundesgesetzblatt Teil III, Gliederungsnummer 7833-2-a, veröffentlichten bereinigten Fassung;
7. die Verordnung über das Schlachten von Tieren nach jüdischem Ritus in der im Bundesgesetzblatt Teil III, Gliederungsnummer 7833-2-1-b, veröffentlichten bereinigten Fassung (Sammlung des bereinigten Landesrechts Nordrhein-Westfalen S. 762) für die ehemalige Nord-Rheinprovinz;

8. die Anordnung über das Tierschlachten auf jüdische Weise in der im Bundesgesetzblatt Teil III, Gliederungsnummer 7833-2-1-c, veröffentlichten bereinigten Fassung (Sammlung des bereinigten Landesrechts Nordrhein-Westfalen S. 762) für die ehemalige Provinz Westfalen.

§ 17 Übergangsvorschriften

Das Verbot nach § 12 Abs. 2 Satz 1 gilt bis zum 31. Dezember 2003 nicht bei Truthühnern, wenn die Betäubung spätestens sechs Minuten nach dem Aufhängen erfolgt.

§ 18 Inkrafttreten

Diese Verordnung tritt am 1. April 1997 in Kraft. Abweichend hiervon treten in Kraft

1. § 6 Abs. 1 im Hinblick auf Schlachtbetriebe, die am 1. April 1997 in Betrieb sind, am 1. April 1998;
2. § 6 Abs. 2 Satz 2 und 3 am 1. April 1998;
3. § 12 Abs. 1 Satz 2 und 4, § 15 Abs. 2 Nr. 10 Buchstabe b Doppelbuchstabe bb und Anlage 3 Teil II Nr. 3.7 Satz 1, Nr. 3.7.2, Nr. 3.7.3, Nr. 4.4.1 und Nr. 4.6.3 am 1. April 2001;
4. § 15 Abs. 2 Nr. 10 Buchstabe b Doppelbuchstabe cc und Anlage 3 Teil II Nr. 3.10 und Nr. 3.11 Satz 1 bis 3 am 1. April 1999.

Anlage 1
(zu § 12 Abs. 1, Anlage 3 Teil II Nr. 3.7)

Umrechnungsschlüssel für Großvieheinheiten

Tierkategorie	Großvieheinheiten je Tier
1	2
Einhufer	1
Rinder	
– bis 300 Kilogramm Lebendgewicht	0,50
– über 300 Kilogramm Lebendgewicht	1
Schweine	
– bis 100 Kilogramm Lebendgewicht	0,15
– über 100 Kilogramm Lebendgewicht	0,20
Schafe und Ziegen	
– unter 15 Kilogramm Lebendgewicht	0,05
– von 15 Kilogramm Lebendgewicht und mehr	0,10

Anlage 2 TierSchlV

Anlage 2
(zu § 13 Abs. 3)

Höchstdauer zwischen Betäuben und Entblutungsschnitt

Betäubungsverfahren	Sekunden
1	2
Bolzenschuß bei a) Rindern b) Schafen und Ziegen in den Hinterkopf c) anderen Tieren oder anderen Schußpositionen Elektrobetäubung warmblütiger Tiere Kohlendioxidbetäubung	60 15 20 10 (bei Liegendentblutung) 20 (bei Entblutung im Hängen) 20 (nach Verlassen der Betäubungsanlage) 30 (nach dem letzten Halt in der CO_2-Atmosphäre)

TierSchlV

Tierschutz-Schlachtverordnung

Anlage 3
(zu § 13 Abs. 6)

Betäubungs- und Tötungsverfahren
Vorbemerkungen

Bei den in Teil I Spalte 1 genannten Tieren dürfen nur die in den Spalten 2 bis 10 genannten Verfahren angewendet werden, wenn sie mit einem Kreuz (+) bezeichnet sind; hierbei sind die besonderen Maßgaben nach Teil II zu beachten.

Teil I: Zulässige Verfahren

Verfahren / Tierkategorie	Bolzenschuß	Kugelschuß	Elektrische Durchströmung	Kohlendioxidexposition	Kopfschlag	Genickschlag	Verabreichung eines Stoffes mit Betäubungseffekt	Kohlenmonoxidexposition	Anwendung eines Homogenisators
1	2	3	4	5	6	7	8	9	10
Einhufer	+	+1)	+				+		
Rinder	+	+1)	+				+		
Schweine	+1)5)	+1)	+	+	+2)		+		
Schafe	+	+1)	+		+3)		+		
Ziegen	+	+1)	+		+2)		+		
Kaninchen	+	+1)	+		+4)	+5)			
Hausgeflügel außer Eintags- und nicht schlupffähigen Küken	+	+1)	+	+6)	+7)		+		
Eintagsküken				+	+8)				+
nicht schlupffähige Küken					+8)				+

Anlage 3   **TierSchlV**

Verfahren \ Tierkategorie	Bolzen-schuß	Kugel-schuß	Elektrische Durch-strömung	Kohlen-dioxid-exposition	Kopf-schlag	Genick-schlag	Verabreichung eines Stoffes mit Betäu-bungseffekt	Kohlen-monoxid-exposition	Anwendung eines Homo-genisators
1	2	3	4	5	6	7	8	9	10
Gatterwild	+9)	+							
Pelztiere							+	+	
Fische			+	+10)	+		+11)		
andere Wirbeltiere	+	+	+				+		

1) Zur Nottötung sowie mit Einwilligung der zuständigen Behörde zur Betäubung oder Tötung von Rindern oder Schweinen, die ganzjährig im Freien gehalten werden.
2) Zur Betäubung von Tieren mit einem Körpergewicht bis zu 10 Kilogramm, die nicht in einem Schlachtbetrieb geschlachtet oder getötet werden und bei denen das Betäuben und Entbluten durch dieselbe Person vorgenommen wird.
3) Zur Betäubung von Tieren mit einem Körpergewicht bis zu 30 Kilogramm, die nicht in einem Schlachtbetrieb geschlachtet oder getötet werden und bei denen das Betäuben und Entbluten durch dieselbe Person vorgenommen wird.
4) Bei Hausschlachtungen und Schlachtungen, bei denen je Betrieb und Tag nicht mehr als 300 Tiere betäubt werden.
5) Bei Hausschlachtungen sowie als Ersatzverfahren während der Dauer einer Reparatur bei Elektro- oder Kohlendioxidbetäubungsanlagen.
6) Bei Puten sowie bei behördlich veranlaßten Tötungen.
7) Bei Hausschlachtungen und Schlachtungen in Schlachtstätten, in denen je Tag nicht mehr als 100 Tiere geschlachtet werden sowie zur Betäubung von Tieren, die im Wasserbad nicht betäubt wurden.
8) Zur Betäubung von nicht mehr als 50 Tieren je Betrieb und Tag.
9) Zur Notschlachtung oder Nottötung bei festliegenden Tieren sowie mit Einwilligung der zuständigen Behörde, wenn aus Sicherheitsgründen eine Schießerlaubnis nicht erteilt werden kann.
10) Nur Salmoniden.
11) Ausgenommen Stoffe, wie Ammoniak, die gleichzeitig dem Entschleimen dienen.

TierSchlV *Tierschutz-Schlachtverordnung*

Kommentierung zu Anlage 3 Teil I

1 **Abschließende Regelung.** In der Tabelle sind für Tötungen, die in den Anwendungsbereich dieser VO fallen (s. § 1 Rn. 1 und 3) die zulässigen Betäubungs- und Tötungsverfahren für alle Wirbeltierarten abschließend aufgeführt. Wer zum Betäuben oder Töten eines Wirbeltieres ein Verfahren anwendet, das für das betreffende Tier nicht mit einem Kreuz (+) zugelassen ist, begeht eine Ordnungswidrigkeit nach § 15 Abs. 2 Nr. 10a (Ausnahme: § 13 Abs. 6 S. 2 und 3); ebenso derjenige, der zwar ein grundsätzlich zugelassenes Verfahren anwendet, dabei aber eine der in Fußnote 1–11 aufgestellten besonderen Zulässigkeitsvoraussetzungen nicht einhält.

2 **Vorrang für § 13 Abs. 1 und § 3 Abs. 1.** Auch die für eine Tierkategorie mit einem Kreuz (+) grundsätzlich zugelassenen Verfahren dürfen nur angewendet werden, wenn sie im Einzelfall mit Sicherheit den Anforderungen an eine tierschutzgerechte Betäubung nach § 13 Abs. 1 entsprechen. Man muss also auf ein grundsätzlich erlaubtes Betäubungs- oder Tötungsverfahren verzichten, wenn im Einzelfall nicht gewährleistet ist, dass die Betäubung schnell, tief und ausreichend dauerhaft sein wird und dass bei ihrer Vorbereitung und Durchführung dem Tier weder vermeidbare Aufregungen noch Schmerzen oder Leiden zugefügt werden (s. § 13 Rn. 2). Die zuständige Behörde muss notfalls mit Hilfe des Amtsermittlungsgrundsatzes (vgl. § 24 VwVfG) aufklären, welches das für den konkreten Fall schonendste Verfahren ist; sie kann sich dabei der in § 26 VwVfG vorgesehenen Beweismittel, insbes. auch eines Sachverständigengutachtens bedienen.

3 **Zu einigen Tierkategorien.** Bei **Hausgeflügel** ist die Kohlendioxidbetäubung nur für Puten sowie bei behördlich veranlassten Tötungen zugelassen. Hauptsächlich wird bei Geflügel an die elektrische Durchströmung in Wasserbadbetäubungsanlagen gedacht (s. aber § 13 Rn. 9). – **Gatterwild:** Hier ist grundsätzlich nur der Kugelschuss, bei Damwild nach Maßgabe von Teil II 2.3 auch der Kleinkaliberschuss als Betäubungs- oder Tötungsverfahren zulässig. Grund: Es handelt sich um Wildtiere, für die eine Handhabung, wie sie zur Ausführung der anderen Betäubungsverfahren notwendig wäre, eine unverhältnismäßige Belastung bedeuten würde (vgl. BR-Drucks. 835/96 S. 45). – **Extensiv gehaltene Rinder und Schweine:** Weil im Freigehege gehaltene Haustiere, insbesondere Rinder, sich ähnlich verhalten wie Gehegewild (vgl. BR-Drucks. 835/96, Beschluss S. 8), ist auf Veranlassung des Bundesrats der Kugelschuss zur Betäubung oder Tötung von Rindern oder Schweinen, die ganzjährig im Freien gehalten werden, zugelassen worden. Die für die Einwilligung zuständige Behörde muss die Entscheidung des Verordnungsgebers, diesen Tieren die besonderen Belastungen des Einfangens und Transportierens sowie des „normalen" Schlachtverfahrens zu ersparen, beachten. Eine Ablehnung kommt deshalb nur ganz ausnahmsweise und nur bei eindeutig überwiegenden entgegenstehenden öffentlichen Interessen, denen auch nicht auf andere Weise (zB durch Auflagen) ausreichend Rechnung getragen werden kann, in Betracht. Gleiches gilt für die zur Kugelschussbetäubung und/oder -tötung notwendige Erlaubnis nach § 45

Anlage 3 **TierSchlV**

WaffG (vgl. dazu VGH Mannheim NVwZ-RR 2001, 380 ff.; näher zu dem dort beurteilten Fall s. § 13 Rn. 8a). – **Schweine:** Die Bolzenschussbetäubung stellt für Schweine keine sichere, § 13 Abs. 1 entsprechende Methode dar: Die korrekte Schussposition ist bei den handelsüblichen Tieren mit schräger Stirn kaum zu treffen, die große Schädeldicke erschwert ein Eindringen des Bolzens und starke Krämpfe nach dem Schuss erschweren außerdem das richtige Stechen (vgl. *von Holleben* et al. DtW 1999, 163, 165; vgl. auch BR-Drucks. 835/96 S. 47). – **Kaninchen:** Neben anderen Verfahren werden der Kopfschlag (nur zur Betäubung bei Hausschlachtungen und in kleineren Schlachtbetrieben) und der Genickschlag (zur Tötung bei Hausschlachtungen sowie als Ersatzverfahren während einer Reparatur der anderen Anlagen) zugelassen. Die nur ausnahmsweise Zulassung legt nahe, dass es sich hierbei auch nach Einschätzung des Verordnungsgebers nicht um genügend sichere, schmerz- und leidensfreie Verfahren handelt (vgl. auch BR-Drucks. 835/96 S. 52: kein „Verfahren der Wahl"). Der Umstand, dass ein Verfahren von alters her gebräuchlich ist, ändert aber nichts daran, dass es an den Anforderungen des § 13 Abs. 1 gemessen werden muss, um rechtmäßig zu sein (s. Rn. 2). Ähnliche Bedenken bestehen gegen die Zulassung der Kopfschlagmethode bei Schweinen, Schafen, Ziegen und Geflügel. – Der bei **Eintags- und bei nicht schlupffähigen Küken** zugelassene Homogenisator (= Apparat mit schnell rotierenden, mechanisch angetriebenen Messern) erscheint mit den Anforderungen von § 13 Abs. 1 kaum vereinbar, zumal hier keine Betäubung vor dem Tod stattfindet. Ob der hier ebenfalls zugelassene Kopfschlag als ein „wissenschaftlich anerkanntes Tötungsverfahren" iS von Anhang G Abschnitt I Nr. 3 der EU-Schlachtrichtlinie angesehen werden kann, erscheint fraglich. Enthaupten von Küken ist nicht mehr zulässig, vgl. § 13 Abs. 6 S. 2 und 3. – Andere Wirbeltiere sind zB Fasane, Rebhühner, Frösche (vgl. auch BR-Drucks. 835/96 S. 46: Besondere Notwendigkeit, hier für das einzelne Tiere die Vereinbarkeit der zugelassenen Verfahren mit § 3 und § 13 Abs. 1 zu prüfen).

Zu Pelztieren. Die früher üblichen Tötungsmethoden wie Genickbruch, Erschießen, elektrische Durchströmung oder Kohlendioxid sind nicht mehr erlaubt. Zu Kohlendioxid heißt es in der amtl. Begr., es hätten bei einigen Pelztierarten vor der eintretenden Betäubung Unruhe, Speicheln, Atemnot und Fluchtversuche beobachtet werden können, so dass dieses Verfahren nicht die Anforderungen an eine tierschutzgerechte Tötung erfülle (vgl. BR-Drucks. 835/96 S. 45; diesen Bedenken müsste auch bei der Kohlendioxidbetäubung von Schweinen und Puten Rechnung getragen werden, s. § 13 Rn. 6 und 10). Auch die Verwendung von Motorabgasen zur Tötung von Pelztieren ist wegen der schleimhautreizenden Verunreinigungen nicht akzeptabel (vgl. BR-Drucks. aaO S. 46). – Zugelassen sind nur entweder Stoffe mit Betäubungseffekt oder reines (geruch-, farb- und geschmackloses) Kohlenmonoxid. Die Tiere dürfen diesem Gas nur in einer einsehbaren Kammer mit einer Gaskonzentration von mindestens 1 Volumenprozent aus einer Quelle von hundertprozentigem Kohlenmonoxid ausgesetzt werden. In diese Kammer dürfen sie erst eingebracht werden, wenn sich darin keine zuvor getöteten Tiere mehr befinden und ein zur unmittelbaren Betäubung ausreichendes Gas/Luft-Gemisch herrscht (vgl. *Schleswig-Holsteinisches*

4

TierSchlV *Tierschutz-Schlachtverordnung*

Ministerium für Umwelt, Natur und Forsten, Erlass v. 18. 7. 2001, S. 17; die Vorgaben sind eine zutreffende Konkretisierung der §§ 3, 13 und müssen deshalb auch in den anderen Bundesländern Beachtung finden). Bei richtiger Anwendung des Kohlenmonoxidverfahrens dürfen die Tiere allenfalls während 0–5 Sekunden Zuckungen zeigen, und die Bewusstlosigkeit muss nach 10–17 Sekunden eingetreten sein (vgl. *Wiepkema/de Jonge* in: *Sambraus/Steiger* S. 237). – Bei der Tötung durch Verabreichung eines Stoffes mit Betäubungseffekt dürfen nur Mittel, Dosierungen und Anwendungsformen verwendet werden, die zunächst eine tiefe Bewusstlosigkeit und anschließend den Tod herbeiführen und die bei den Tieren keinen Ausdruck von Schmerzen oder Angst wie Schreien, Atemnot, Krämpfe oder andere Erregungszustände hervorrufen (vgl. *Schleswig-Holsteinisches Ministerium* aaO S. 16). Bei der Injektion solcher Stoffe (insbes. Barbiturate) verursacht die vorher notwendige Ruhigstellung den Tieren Aufregungen und Leiden iS des § 3, wenn sie nicht so schonend wie möglich erfolgt. Bei Fehlinjektionen entstehen erhebliche Schmerzen, weshalb die für die Tötung zuständige Person auf die notwendigen Kenntnisse und Fähigkeiten vorher geprüft werden muss (vgl. § 4 Abs. 1 S. 3, Abs. 1a TierSchG). – Zu grundsätzlichen Bedenken gegen das Töten von Pelztieren s. TierSchG § 17 Rn. 43.

5 Zu **Bedenken gegen einige der für Schweine, Rinder und Geflügel allgemein zugelassenen Verfahren** s. § 13 Rn. 3–10.

Anlage 3
(zu § 13 Abs. 6) Teil II

Teil II: Besondere Maßgaben

1. Bolzenschuß
1.1 Beim Bolzenschuß müssen das Gerät so angesetzt und die Größe sowie die Auftreffenergie des Bolzens so bemessen sein, daß der Bolzen mit Sicherheit in das Gehirn eindringt. Es ist untersagt, Tieren in den Hinterkopf zu schießen. Satz 2 gilt nicht für Schafe und Ziegen, soweit das Ansetzen des Schußapparates am Vorderkopf wegen der Hörner unmöglich ist; der Schuß muß in der Mitte des Kopfes direkt hinter der Hörnerbasis zum Maul hin angesetzt werden. Der Bolzenschußapparat darf nur verwendet werden, wenn der Bolzen vor dem Schuß vollständig in den Schaft eingefahren ist.
1.2 Der Bolzenschuß darf bei Tötungen ohne Blutentzug nur angewendet werden, wenn im Anschluß an den Bolzenschuß das Rückenmark zerstört oder durch elektrische Herzdurchströmung ein Herzstillstand verursacht wird.
2. Kugelschuß
2.1 Der Kugelschuß ist so auf Kopf oder Hals des Tieres abzugeben und das Projektil muß über ein solches Kaliber und eine solche Auftreffenergie verfügen, daß das Tier sofort betäubt und getötet wird.
2.2 Gatterwild darf nur mit Büchsenpatronen mit einem Kaliber von mindestens 6,5 Millimetern und einer Auftreffenergie von mindes-

Anlage 3   **TierSchlV**

tens 2000 Joule auf 100 Meter betäubt und getötet werden. Satz 1 gilt nicht für den Fangschuß, sofern er erforderlich ist und mit Pistolen- oder Revolvergeschossen mit einer Mündungsenergie von mindestens 200 Joule vorgenommen wird.

2.3 Abweichend von Nummer 2.2 Satz 1 darf Damwild auch mit Büchsenpatronen mit einem Kaliber von mindestens 5,6 Millimetern und einer Mündungsenergie von mindestens 300 Joule betäubt und getötet werden, sofern
- die Schußentfernung weniger als 25 Meter beträgt,
- der Schuß von einem bis zu vier Meter hohen Hochstand abgegeben wird und
- sich der Hochstand in einem geschlossenen Gehege mit unbefestigtem Boden befindet, dessen Einzäunung mindestens 1,80 Meter hoch ist.

3. Elektrische Durchströmung

3.1 Bei der Elektrobetäubung oder -tötung muß das Gehirn zuerst oder zumindest gleichzeitig mit dem Körper durchströmt werden. Für einen guten Stromfluß durch das Gehirn oder den Körper des Tieres ist zu sorgen, insbesondere, falls erforderlich, durch Befeuchten der Haut des Tieres. Bei automatischer Betäubung muß die Elektrodeneinstellung an die Größe der Tiere angepaßt werden; erforderlichenfalls sind die Tiere nach ihrer Größe vorzusortieren.

3.2 Es muß innerhalb der ersten Sekunde mindestens eine Stromstärke nach folgender Tabelle erreicht werden:

Tierkategorie	Stromstärke (Ampère)
1	2
Rind über 6 Monate	2,5
Kalb	1,0
Schaf	1,0
Ziege	1,0
Schwein	1,3
Kaninchen	0,3
Straußenvögel außer Kiwis	0,5

Außer bei der Hochvoltbetäubung muß diese Stromstärke mindestens vier Sekunden lang gehalten werden. Werden Schweine zur Betäubung nicht einzeln ruhiggestellt, so soll die Stromflußzeit verdoppelt werden. Die angegebenen Stromstärken und Stromflußzeiten beziehen sich auf rechteck- oder sinusförmige Wechselströme von 50 bis 100 Hz; entsprechendes gilt auch für pulsierende Gleichströme, gleichgerichtete Wechselströme und phasenanschnittgesteuerte Ströme, sofern sie sich von Sinus 50 Hz nicht wesentlich unterscheiden.

3.3 Bei Rindern über sechs Monaten und bei Tötungen ohne Blutentzug muß im Anschluß an die Betäubung durch eine mindestens acht Sekunden andauernde elektrische Herzdurchströmung ein Herzstillstand hervorgerufen werden. Abweichend von Satz 1 kann bei Hausgeflügel eine Ganzkörperdurchströmung durchgeführt werden.

3.4 Bei der Betäubung oder Tötung von Hausgeflügel im Wasserbad müssen innerhalb der ersten Sekunde mindestens eine Stromstärke nach Spalte 2 oder 3 folgender Tabelle erreicht werden und mindestens eine Stromflußzeit nach Spalte 4 oder 5 möglich sein:

Tierkategorie	Stromstärke (Ampère)		Stromflußzeit (Sekunden)	
	Tötung mit Blutentzug	Tötung ohne Blutentzug	Tötung mit Blutentzug	Tötung ohne Blutentzug
1	2	3	4	5
Truthuhn	0,15	0,25	4	10
Ente, Gans	0,13	0,20	6	15
Haushuhn	0,12	0,16	4	10
Wachtel	0,06	0,10	4	10

3.5 Das Einwirken von Elektroschocks auf das Tier vor der Betäubung ist zu vermeiden.
3.6 Die Anlage zur Elektrobetäubung muß über eine Vorrichtung verfügen, die den Anschluß eines Gerätes zur Anzeige der Betäubungsspannung und der Betäubungsstromstärke ermöglicht.
3.7 In Schlachtbetrieben muß die Anlage zur Elektrobetäubung, mit der nicht im Wasserbecken betäubt wird,
3.7.1 mit einer Einrichtung ausgestattet sein, die verhindert, daß die Betäubungsspannung auf die Elektroden geschaltet wird, wenn der gemessene Widerstand zwischen den Elektroden außerhalb des Bereichs liegt, in dem der erforderliche Mindeststromdurchfluß erreicht werden kann,
3.7.2 außer bei automatischer Betäubung durch ein akustisches oder optisches Signal das Ende der Mindeststromflußzeit deutlich anzeigen und
3.7.3 der ausführenden Person eine fehlerhafte Betäubung hinsichtlich des Stromstärkeverlaufs deutlich anzeigen.
In Schlachtbetrieben, in denen nach dem Umrechnungsschlüssel nach Anlage 1 mehr als 20 Großvieheinheiten je Woche sowie mehr als 1000 Großvieheinheiten je Jahr elektrisch betäubt werden, muß der Stromstärkeverlauf bei der Betäubung oder müssen Abweichungen vom vorgeschriebenen Stromstärkeverlauf ständig aufgezeichnet werden. Die Aufzeichnungen sind mindestens ein Jahr lang aufzubewahren und der zuständigen Behörde auf Verlangen zur Einsichtnahme vorzulegen.
3.8 Wird die Betäubung von Geflügel in mit Wasser gefüllten Betäubungswannen vorgenommen, so muß die Höhe der Wasseroberfläche regulierbar sein. Auf ein angemessen tiefes Eintauchen aller Tiere einer Gruppe in das Wasserbad ist hinzuwirken. Tiere, die im Wasserbecken nicht betäubt wurden, sind unverzüglich von Hand zu betäuben oder zu töten.
3.9 Das Wasserbecken zum Betäuben von Geflügel darf beim Eintauchen der Tiere nicht zu einer Seite überlaufen, mit der die unbetäubten Tiere in Kontakt kommen. Die ins Wasser eingelassene Elektrode muß sich über die gesamte Länge des Wasserbeckens erstrecken.

Anlage 3 TierSchlV

3.10 Bei der Betäubung von Fischen in Wasserbadbetäubungsanlagen müssen die Elektroden so groß und so angeordnet sein, daß in allen Bereichen der Betäubungsanlage eine gleichmäßige elektrische Durchströmung der Fische sichergestellt ist. Fische und Elektroden müssen vollständig mit Wasser bedeckt sein.

3.11 Bei der Elektrobetäubung von Aalen ist Trinkwasser mit einer elektrischen Leitfähigkeit von unter 1000 Mikrosiemens pro Zentimeter (µS/cm) zu verwenden. Vor Beginn der Betäubung ist die elektrische Leitfähigkeit des Wassers in der Betäubungsanlage zu messen und die zur Betäubung erforderliche Stromdichte einzustellen. Hierzu ist die angelegte Spannung so einzustellen, daß zwischen den Elektroden ein Wechselstrom in Ampère (A) pro Quadratdezimeter (dm²) stromzuführender Elektrodenfläche fließt, welcher der in der folgenden Tabelle für die gemessene elektrische Leitfähigkeit angegebenen Stromdichte entspricht:

Elektrische Leitfähigkeit des Wassers (Mikrosiemens pro Zentimeter - µS/cm -)	Stromdichte (Ampère je Quadratdezimeter - A/dm² -)
1	2
bis 250	0,10
über 250 bis 500	0,13
über 500 bis 750	0,16
über 750 bis 1000	0,19

Der Betäubungsstrom muß mindestens fünf Minuten lang fließen. Unmittelbar nach Beendigung der Durchströmung sind die Aale zu entschleimen und zu schlachten.

4. Kohlendioxidexposition

4.1 Die zum Betäuben von Schweinen eingesetzte Kohlendioxidkonzentration muß am ersten Halt und am letzten Halt vor dem Auswurf in einer Kohlendioxidbetäubungsanlage in Kopfhöhe der Tiere mindestens 80 Volumenprozent betragen. In Anlagen, die vor dem 1. April 1997 in Benutzung genommen worden sind, darf die Kohlendioxidkonzentration am ersten Halt bis zum 31. Dezember 2002 mindestens 70 Volumenprozent betragen.

4.2 Schweine müssen spätestens 30 Sekunden nach dem Einschleusen in die Betäubungsanlage den ersten Halt erreichen.

4.3 Zum Zwecke der Betäubung müssen Schweine mindestens 70 Sekunden, zur Tötung ohne Blutentzug mindestens 10 Minuten in den in Nummer 4.1 genannten Kohlendioxidkonzentrationen verbleiben.

4.4 Die Kammer, in der die Schweine dem Kohlendioxid ausgesetzt werden, muß mit Geräten zur Messung der Gaskonzentration

4.4.1 am ersten Halt und

4.4.2 am letzten Halt vor dem Auswurf

ausgestattet sein. Diese Geräte müssen ein deutliches optisches und akustisches Warnsignal abgeben, wenn die Kohlendioxidkonzentration nach Nummer 4.1 unterschritten wird. Die Messgeräte sind in zeitlich erforderlichen Abständen auf ihre Funktionsfähigkeit zu überprüfen.

4.5 Die gemessenen Kohlendioxidkonzentrationen in der Anlage oder Abweichungen von den vorgeschriebenen Kohlendioxidkonzentrationen müssen ständig aufgezeichnet werden. Die Verweildauer der Schweine in der Kohlendioxidkonzentration ist stichprobenartig mindestens alle zwei Stunden während der Betriebszeit sowie nach jeder Änderung der Bandgeschwindigkeit zu messen und aufzuzeichnen. Die Aufzeichnungen sind ein Jahr lang aufzubewahren und der zuständigen Behörde auf Verlangen zur Einsichtnahme vorzulegen.

4.6 Die Betäubungsanlagen für Schweine müssen folgende Anforderungen erfüllen:

4.6.1 der Einstieg in die Beförderungseinrichtung muß ebenerdig sowie schwellen- und gefällefrei angelegt sein;

4.6.2 Beförderungsvorrichtung und Kammer müssen so mit indirektem Licht beleuchtet sein, daß die Schweine ihre Umgebung sehen können;

4.6.3 die Kammer muß auf Anhaltehöhe der Beförderungseinrichtung einsehbar sein.

4.7 Die Beförderungseinrichtungen sollen mit mindestens zwei Schweinen beladen werden; die Zahl der Tiere muß dem Platzangebot angemessen sein.

4.8 Die Schweine müssen ohne Einengung des Brustkorbes aufrecht und auf festem Boden stehen können, bis sie das Bewußtsein verlieren.

4.9 Hausgeflügel einschließlich Eintagsküken darf durch Kohlendioxid nur getötet werden, indem die Tiere eingebracht werden in eine Gasatmosphäre mit einer Kohlendioxidkonzentration von mindestens 80 Volumenprozent, die aus einer Quelle hundertprozentigen Kohlendioxids erzeugt wird, und darin bis zum Eintritt ihres Todes, mindestens jedoch zehn Minuten, verbleiben. Vor dem Einbringen der Tiere muß die Gaskonzentration überprüft werden. Lebende Tiere dürfen nicht übereinanderliegend eingebracht werden.

5. Kopfschlag
Der Kopfschlag darf nur bei anschließendem Entbluten eingesetzt werden. Er ist mit einem geeigneten Gegenstand und ausreichend kräftig auszuführen.

6. Genickschlag
Nummer 5 gilt entsprechend.

7. Verabreichung eines Stoffes mit Betäubungseffekt
§ 13 Abs. 1 gilt entsprechend.

8. Kohlenmonoxidexposition
Tiere dürfen dem Kohlenmonoxid nur in einer einsehbaren Kammer mit einer Gaskonzentration von mindestens 1 Volumenprozent aus einer Quelle von hundertprozentigem Kohlenmonoxid ausgesetzt werden. Sie müssen einzeln und frei beweglich in diese Kammer eingebracht werden und dort bis zum Eintritt ihres Todes verbleiben. Vor dem Einbringen der Tiere muß die Gaskonzentration überprüft werden.

Anlage 3   TierSchlV

9. Anwendung eines Homogenisators Die Leistung des Apparates mit schnell rotierenden, mechanisch angetriebenen Messern muß so bemessen sein und Eintagsküken sowie Brutrückstände sind dem Apparat so zuzuführen, daß jedes zugeführte Tier sofort getötet wird.

Kommentierung zu Anlage 3 Teil II

Zu Nr. 3.1. Bei der Betäubung von Schweinen in automatischen Hochvoltanlagen erfolgt der Elektrodenansatz am Kopf automatisch und weitgehend standardisiert. Tierschutzrelevante Fehlbetäubungen sind vor allem dann zu erwarten, wenn die eingetriebenen Schweine nach Körpergröße, Körperlänge und/oder Kopfform von dem „Normtyp", auf den die Anlage eingestellt ist, abweichen, aber auch, wenn die Tiere unruhig sind. Deshalb ist es u. a. notwendig, beim Zutrieb der Tiere und bei der Einstellung der Anlage der Größe der einzelnen Tiere Rechnung zu tragen (vgl. BR-Drucks. 835/96 S. 47). Dies erscheint indes nur möglich, wenn auf Schlachtakkord und hohe Bandgeschwindigkeiten verzichtet wird, denn diese beiden Faktoren sind für den regelmäßigen Elektrotreiber-Einsatz und die dadurch hervorgerufene Unruhe der Tiere beim Eintrieb in die Anlage ursächlich; hinzu kommt, dass bei Schlachtgeschwindigkeiten von 200 und mehr Schweinen pro Stunde ein Vorsortieren der Tiere und eine Einstellung der Anlage an die individuelle Größe und Körperform des einzelnen Tieres wenig realistisch erscheint. 1

Zu Nr. 3.2. Der Verordnungsgeber geht davon aus, dass eine wirksame Betäubung eintritt, wenn die erforderliche Mindeststromstärke, also zB beim Schwein 1,3 Ampere, innerhalb einer Sekunde erreicht wird. Die vorgeschriebenen weiteren drei Sekunden bilden einen Sicherheitsaufschlag, der für Hochvoltbetäubungsanlagen wegen der dort viel höheren Stromstärken nicht für erforderlich gehalten wird. Werden Schweine bei der Betäubung nicht einzeln fixiert (s. § 13 Rn. 3), so wird der Sicherheitsaufschlag erhöht und eine Mindeststromflusszeit von acht Sekunden vorgeschrieben. Da aber die längere Durchströmungsdauer nicht auch zu einer längeren Betäubungswirkung führt (vgl. BR-Drucks. 835/96 S. 44), vielmehr bereits 30 Sekunden nach dem Beginn der elektrischen Durchströmung die Phase des Wiedererwachens einsetzt (vgl. *von Holleben* DtW 1996, 55, 57), startet die 10- bzw. 20-Sekunden-Frist nach Anlage 2 bereits mit dem Beginn der elektrischen Durchströmung und nicht erst mit deren Ende. Es ist deshalb davon auszugehen, dass diese Fristen häufig nicht eingehalten werden, besonders bei der Gruppenbetäubung von Schweinen, und dass damit ein Wiedererwachen eines erheblichen Teils der Tiere während der Entblutung in Kauf genommen wird (ohnehin wird in der Praxis häufig die Frist erst ab dem Ende der Durchströmung berechnet, trotz der ausdrücklichen gegenteiligen Vorgabe in der amtl. Begr., BR-Drucks. aaO). – Auch bei Tierkategorien, die in 3.2 nicht erwähnt sind, muss innerhalb der ersten Sekunde eine Stromstärke erreicht werden, die die Erfüllung der Anforderungen nach 2

§ 13 Abs. 1 (schnelle, schmerz- und leidensfreie, totale und ausreichend lang dauernde Betäubung) sicher gewährleistet (bei der Betäubung von Hühnern mit der Elektrozange sind das im Gegensatz zur Wasserbadbetäubung mindestens 0,4 Ampère, vgl. BR-Drucks. aaO S. 48).

3   Zu Nr. 3.3. Bei Rindern, die mittels elektrischer Durchströmung betäubt werden sollen, wäre eine bloße Hirndurchströmung nicht ausreichend, um ein Wiedererwachen während der Entblutung auszuschließen; deswegen ist nur eine elektrische Betäubung, die mit dem Auslösen von Herzkammerflimmern einhergeht, zulässig. Das gleiche gilt für alle Tiere, die ohne Blutentzug getötet werden sollen. Dazu, dass eine kombinierte Hirn-Herz-Durchströmung auch bei Schweinen notwendig wäre, um das Wiedererwachen mit Sicherheit auszuschließen, s. § 13 Rn. 4.

4   Zu Nr. 3.4. Die Betäubung von Hausgeflügel im Wasserbad erfolgt mittels Ganzkörperdurchströmung. Es wird davon ausgegangen, dass die vorgegebenen Stromstärken die Tötung durch Auslösen von Herzkammerflimmern bei 90% der Tiere unter der Voraussetzung sicherstellen, dass deren Frequenz nicht wesentlich von sinus 50 Hz abweicht (vgl. BR-Drucks. 835/96 S. 49). Weil insbesondere bei Enten und Gänsen bekannt ist, dass diese Tiere sich häufig dem Stromkontakt durch Anheben des Kopfes zunächst entziehen, wird für sie die notwendige Stromflusszeit verlängert, um so die Wahrscheinlichkeit eines ausreichenden Stromkontaktes zu erhöhen. Wichtig ist, dass die Gesamtstromstärke des Wasserbads der Zahl der gleichzeitig eintauchenden Tiere, multipliziert mit der Mindeststromstärke je Tier, entspricht (vgl. *Troeger* in: *Sambraus/Steiger* S. 523).

5   Zu Nr. 3.5. Bei der Wasserbadbetäubung von Geflügel erhalten Tiere immer wieder Elektroschocks vor der Betäubung, was schmerzhaft ist und der Betäubungseffektivität entgegensteht. Ursächlich hierfür sind Berührungskontakte mit feuchten Teilen des Betäubungsbeckens, Eintauchen der besonders bei Puten tieferhängenden Flügelspitzen, Körperkontakt mit dem Wasser infolge des hochgezogenen Kopfes uÄ (vgl. BR-Drucks. 835/96 S. 49). Das Verfahren der Wasserbadbetäubung mit anschließender automatischer Entblutung erscheint wegen der Schmerzen und Leiden vor der Betäubung und der großen Zahl von Fehlbetäubungen mit § 13 Abs. 1 kaum vereinbar (s. § 13 Rn. 9). Zumindest bei der Putenbetäubung stellt sich zudem die Frage, ob sie nicht einen permanenten Verstoß gegen Nr. 3.1 S. 1 bildet (weil zuerst andere Körperteile als der Kopf durchströmt werden) und damit ordnungswidrig nach § 15 Abs. 1 Nr. 10b aa ist.

6   Zu Nr. 3.8. Hier wird dem Umstand Rechnung getragen, dass insbes. zu kleine Tiere oft nicht mit dem Kopf ins Wasserbad eintauchen und deshalb unbetäubt an den Halsschnittautomaten gelangen. Bei Gruppen von Tieren mit unterschiedlicher Größe sollen deshalb die Haltevorrichtungen an die Größe der Tiere angepasst oder die Tiere in Haltevorrichtungen unterschiedlicher Größe sortiert werden (vgl. BR-Drucks. aaO S. 50); diese Vorgaben dürften ein deutliches Absenken der üblich gewordenen Schlachtgeschwindigkeiten erforderlich machen. Außerdem wird eine Kontrolle der Tiere hinter dem Betäubungsbecken (und nicht erst hinter dem Halsschnittautomaten) vorgeschrieben (vgl. BR-Drucks. aaO). Das betäubungslose

Anlage 3 **TierSchlV**

Enthaupten nicht betäubter Tiere ist bei Puten, Enten und Gänsen verboten (vgl. § 13 Abs. 6 S. 3).

Zu Nr. 4.1–4.3. Der Verordnungsgeber hält die Kohlendioxidbetäubung bei Schweinen für tierschutzgerecht, „wenn die Tiere in narkosefähigem Zustand in die Anlage gelangen" (BR-Drucks. 835/96 S. 51). Daran fehlt es u. a., wenn sie geschlagen worden sind und/oder Veränderungen an der Lunge haben (zur Anzahl lungenkranker Schweine aus konventionellen Haltungen s. Anh. zu § 2 Rn. 3; vgl. auch *Schütte* BMVEL-Forschungsauftrag S. 4: Mit Hinzutreten äußerer Belastungszeichen wie Schlagstriemen und/oder Veränderungen an der Lunge kommt es zu einer drastischen Erhöhung des Anteils unzureichend betäubter Tiere). Die Narkosefähigkeit ist außerdem umso schlechter, je aufgeregter die Schweine sind. Sowohl beim Eintrieb in den metallenen, tunnelartigen Doppeltreibgang als auch vor der Gondel, die den Tieren als Sackgasse erscheint, kommt es regelmäßig zum Einsatz von E-Treibern, um die hohen Schlachtgeschwindigkeiten einhalten zu können. Die Mehrzahl der Tiere ist deshalb bei Betäubungsbeginn hochgradig erregt (vgl. *von Holleben* et al., Tierschutz im Schlachtbetrieb 1999, 33, 44). Ein weiteres erhebliches Risiko für Fehlbetäubungen stellen die relativ niedrigen Kohlendioxidkonzentrationen dar. Nur wenn ein 100-Sekunden-Aufenthalt in einer CO_2-Konzentration > 84% sichergestellt ist, kann mit einer deutlichen Senkung der Zahl von Fehlbetäubungen gerechnet werden (vgl. *von Holleben/Schütte/von Wenzlawowicz* DTBl. 2002, 372f.; s. a. § 13 Rn. 6: 90% CO_2-Konzentration in Dänemark). – Die Pflicht, diese Erkenntnisse rasch in entsprechende Anordnungen umzusetzen, ergibt sich sowohl aus § 13 Abs. 1 als auch aus § 4b S. 1 TierSchG und aus Art. 20a GG.

Zu Nr. 4.4. Die CO_2-Konzentration sollte am ersten Halt in Höhe des Schweinerückens und am letzten Halt in Höhe des Gondelbodens gemessen werden (vgl. *von Holleben*, Richtwerte für die tierschutzgerechte Durchführung der CO_2-Betäubung). – Bei der o. e. Erhebung in 35 Schlachtbetrieben mit CO_2-Anlagen zeigte sich, dass die meisten Messwerte, die die betriebseigenen Messanlagen anzeigten, von den Messungen der Forscher abwichen. Vorgeschlagen wird, auch die Gondellaufzeiten (d. h. die Zeit vom ersten bis zum letzten Halt in der CO_2-Konzentration) zu messen und zu protokollieren (vgl. *Schütte* BMVEL-Forschungsauftrag S. 1, 6).

Zu Nr. 4.7 und 4.8. Bei zu hoher Belegdichte der Gondeln erleiden die Schweine Angstzustände. Das Eintreiben von mehr als zwei Tieren in eine der üblichen Gondeln ist deshalb grob tierschutzwidrig.

Zu Nr. 5 und Nr. 6. Der Verordnungsgeber hält den Kopfschlag bei jungen Tieren sowie bei Kaninchen und Geflügel bei sachgerechter Ausführung und sofort anschließender Entblutung für vertretbar, sieht ihn jedoch nicht als „Verfahren der Wahl". Bei der Betäubung zu vieler Tiere hintereinander durch eine Person leide zwangsläufig die korrekte Ausführung des Verfahrens (BR-Drucks. 835/96 S. 52). Die EU-Schlachtrichtlinie lässt demgegenüber in Schlachthöfen die Betäubung durch einen nicht mit mechanischen Geräten ausgeführten Schlag auf das Stirnbein grundsätzlich nur bei Kaninchen und nur bei „Betäubung einer kleinen Anzahl" zu (Anhang C Abschnitt II Nr. 2b). – Dieselbe Problematik stellt sich bei der Zulassung des

TierSchlV

Genickschlags für Kaninchen, zumal dieses Verfahren an die Fertigkeiten der ausführenden Person besondere Ansprüche stellt (vgl. BR-Drucks. aaO S. 53). Die EU-Schlachtrichtlinie sieht den Genickbruch nur für das Töten von Geflügel vor und stellt außerdem einen Genehmigungsvorbehalt auf, vgl. Anhang C Abschnitt III Nr. 2.

11 **Zu Nr. 7.** Es muss ein solcher Stoff mit Betäubungseffekt gewählt werden, und er muss in einer solchen Anwendungsform und Dosierung verabreicht werden, dass eine möglichst schnelle und schmerzfreie Betäubung und sichere Tötung herbeigeführt wird. Diese Anforderungen werden nicht erfüllt, wenn tödliche Injektionen ohne vorherige Betäubung mit den Stoffen Strychnin, Nikotin, Koffein, Magnesiumsulfat, Kaliumchlorid oder curariformen Substanzen durchgeführt werden. Auch dürfen Aale nicht ohne vorherige Betäubung oder Tötung etwa in ammoniakhaltige Lösungen verbracht werden (vgl. BR-Drucks. 835/96 S. 53).

12 **Zu Nr. 9.** Zu den Bedenken gegen den Homogenisator s. Anlage 3 Teil I Rn. 3.

13 **Ordnungswidrig** nach § 15 Abs. 2 Nr. 10a handelt, wer ein nicht nach Anlage 3 Teil I zugelassenes Betäubungs- oder Tötungsverfahren anwendet (s. Kommentierung zu Anlage 3 Teil I Rn. 1). Ordnungswidrig nach § 15 Abs. 2 Nr. 10b aa sind Verstöße gegen Nr. 1.1 S. 1, Nr. 1.2, Nr. 2.1, Nr. 3.1 S. 1 oder S. 3 erster Teilsatz, Nr. 3.3 S. 1, Nr. 3.8 S. 3, Nr. 4.1, Nr. 4.3, Nr. 4.8, Nr. 4.9, Nr. 5 S. 1, Nr. 8 oder Nr. 9. Nach § 15 Abs. 2 Nr. 10b bb sind auch Verstöße gegen Nr. 3.7 S. 1, Nr. 3.7.2 oder Nr. 3.7.3 ordnungswidrig. Nach § 15 Abs. 2 Nr. 10b cc sind auch Verstöße gegen Nr. 3.10 oder Nr. 3.11 S. 1, 2, 3 oder 4 bußgeldbewehrt. Fahrlässigkeit genügt. Neben dem unmittelbar Handelnden kann auch der Leiter des Betriebs mit Bußgeld belegt werden, wenn er durch fahrlässiges Tun oder Unterlassen den Verstoß mitverursacht hat (s. auch TierSchG § 18 Rn. 9 und 10).

Adressenverzeichnis

(Auszug)

aid Infodienst Verbraucherschutz, Ernährung, Landwirtschaft e.V., Friedrich-Ebert-Str. 3, 53177 Bonn, Tel. 0228/84990. www.aid.de
Akademie für Tierschutz (Deutscher Tierschutzbund e.V.), Spechtstr. 1, 85579 Neubiberg, Tel. 089/6002910. akademie@tierschutzbund.de
Aktion Kirche und Tiere e.V. (AKUT), Postfach 102004, 44720 Bochum, Tel. 0234/6404495. www.aktion-kirche-und-tiere.de
ALTEX (Alternativen zu Tierexperimenten), Redaktion: Hegarstr. 9, CH-8032 Zürich, Tel. 0041/1/3800830. www.altex.ch
Animal's Angels e.V., Bismarckallee 22, 79098 Freiburg i.Br., Tel. 0761/2926601. www.animals-angels.de
Beratung Artgerechte Tierhaltung e.V. (BAT), Postfach 1131, 37201 Witzenhausen, Tel. 05542/72558
Beratungs- und Schulungsinstitut für schonenden Umgang mit Zucht- und Schlachttieren (BSI), Postfach 1469, 21487 Schwarzenbek, Tel. 04151/7017. bsi.Schwarzenbek@t-online.de
Bund für Umwelt und Naturschutz e.V. (BUND), Am Köllnischen Park 1, 10179 Berlin
Bund gegen Missbrauch der Tiere e.V., Viktor Scheffel Str. 15, 80803 München, Tel. 089/3839520. www.bmt-tierschutz.dsn.de
Bundesamt für Veterinärwesen, Schwarzenbergstr. 161, CH-3097 Liebefeld, Tel. 0041/31/3238568. www.bvet.admin.ch
Bundesforschungsanstalt für Landwirtschaft (FAL), Institut für Tierschutz und Tierhaltung, Dörnbergstr. 25/27, 29223 Celle, Tel. 05141/384610. www.fal.de
Bundesministerium für Verbraucherschutz, Ernährung und Landwirtschaft (BMVEL), Rochusstr. 1, 53123 Bonn oder Wilhelmstr. 54, 10117 Berlin, Tel. 0228/5290. www.verbraucherministerium.de
Bundestierärztekammer, Oxfordstr. 10, 53111 Bonn, Tel. 0228/725460. www.bundestieraerztekammer.de
Bundesverband der beamteten Tierärzte e.V., Kronacher Str. 30, 96215 Lichtenfels, Tel. 09571/18233. www.amtstieraerzte.de
Bundesverband der Tierversuchsgegner-Menschen für Tierrechte e.V., Roermonder Str. 4a, 52072 Aachen, Tel. 0241/157214. www.tierrechte.de
Bundesverband Praktischer Tierärzte e.V., Hahnstr. 70, 60528 Frankfurt/M., Tel. 069/669810. BPT-eV@t-online.de
Bundesverband Tierschutz e.V., Walpurgisstr. 40, 47441 Moers, Tel. 02841/25244-46. www.bv-tierschutz.de
Centrale Marketing-Gesellschaft der deutschen Agrarwirtschaft mbH (CMA), Koblenzer Str. 148, 53177 Bonn-Bad Godesberg, Tel. 0228/8470. www.cma.de
Deutscher Tierschutzbund e.V., Baumschulallee 15, 53115 Bonn, Tel. 0228/604960. www.tierschutzbund.de
Deutsche Landwirtschafts-Gesellschaft e.V. (DLG), Eschborner Landstr. 122, 60489 Frankfurt a.M., Tel. 069/247880. www.dlg.org
Deutsche Veterinärmedizinische Gesellschaft e.V. (DVG), Frankfurter Str. 89, 35392 Gießen, Tel. 0641/24466. www.dvg.net
Erna-Graff-Stiftung für Tierschutz, Sieglindestr. 4, 12159 Berlin, Tel. 030/8524953. www.erna-graff-stiftung.de

Adressenverzeichnis

Eurogroup for Animal Welfare, Rue Boduognat 13, B-1000 Brüssel, Tel. 0032/2/2311388. www.eurogroupanimalwelfare.org

Europäische Kommission, B-1049 Brüssel, Tel. 0032/2/2991111. www.europa.eu.int/comm/food/fs/aw/index.de.html

Evangelische Akademie Bad Boll, Akademieweg 11, 73087 Bad Boll, Tel. 07164/790

Fachhochschule Nürtingen, Neckarsteige 6–10, 72622 Nürtingen, Tel. 07022/201–349. www.fh-nuertingen.de

Gesellschaft für ökologische Tierhaltung e.V. (GÖT), Nordbahnhofstr. 1a, 37213 Witzenhausen, Tel. 05542/981640. www.goet.de

Gewerkschaft für Tiere e.V., Maximiliansplatz 17/III, 80333 München, Tel. 089/226617. www.gewerkschaft-fuer-tiere.de

Greenpeace e.V., Große Elbstr. 39, 22767 Hamburg, Tel. 040/306180. www.greenpeace.org

Internationale Gesellschaft für Nutztierhaltung (IGN), Hofgut Obere Wanne 32, CH-4410 Liestal, Tel. 0041/61/9239251. www.ign-nutztierhaltung.ch

Landesbeauftragte für Tierschutz in Hessen, Hessisches Ministerium für Umwelt, Ländlichen Raum und Verbraucherschutz, Hölderlinstr. 1–3, 65187 Wiesbaden, Tel. 0611/8173474. tierschutz@mulv.hessen.de

Naturschutzbund Deutschland e.V. (NABU), Herbert Rabius Str. 26, 53225 Bonn, Tel. 0228/40360. www.nabu.de

Politischer Arbeitskreis für Tierrechte in Europa e.V. (PAKT), Merowingerstr. 88, 40225 Düsseldorf, Tel. 0211/9337451. www.paktev.de

People for the ethical treatment of animals (PETA Deutschland e.V.), Pforzheimer Str. 383, 70499 Stuttgart, Tel. 0711/86666165 www.peta.de

Schweizer Tierschutz (STS), Dornacherstr. 101, CH-4008 Basel, Tel. 0041/61/3659999. www.schweizer-tierschutz.ch

Stiftung Albert Schweitzer für unsere Mitwelt, Wessobrunner Str. 33, 81377 München, Tel. 089/7146109

Studentische Arbeitsgruppe gegen Tiermissbrauch im Studium e.V. (SATIS), Roermonder Str. 4a, 52072 Aachen, Tel. 0241/157214. www.tierrechte.de/satis

Technische Universität München, Lehrstuhl für Tierzucht, 85350 Freising, Tel. 08161/713228. www.tierzucht.tum.de

Tierärztliche Hochschule Hannover, Tierschutzzentrum, Bünteweg 2, 30559 Hannover, Tel. 0511/9538144. www.tiho-hannover.de. www.tierschutzzentrum.de

Tierärztliche Vereinigung für Tierschutz e.V. (TVT), Bramscher Allee 5, 49565 Bramsche, Tel. 05468/925156. www.tierschutz-tvt.de

Universität Gesamthochschule Kassel, FB Ökologische Agrarwissenschaften, FG Angewandte Nutztierethologie und Artgemäße Tierhaltung, Nordbahnhofstr. 1a, 37213 Witzenhausen, Tel. 05542/981640-44. www.wiz.uni-kassel.de/art

Verband für das Deutsche Hundewesen e.V. (VDH), Westfalendamm 174, 44141 Dortmund, Tel. 0231/565000. www.vdh.de

Verein gegen tierquälerische Massentierhaltung e.V. (VgtM), Teichtor 10, 24226 Heikendorf, Tel. 0431/248280. www.vgtm.de

Vereinigung „Ärzte gegen Tierversuche" e.V., Nusszeil 50, 60433 Frankfurt a.M., Tel. 069/519411. www.aerzte-gegen-tierversuche.de

Veterinärmedizinische Fakultät der Freien Universität Berlin, Krahmerstr. 6, 12207 Berlin, Tel. 030/8445 3816. www.fu-berlin.de

Veterinärmedizinische Fakultät der Justus-Liebig-Universität Gießen, Frankfurter Str. 104, 35390 Gießen, Tel. 0641/9937701. www.vetmed.uni-giessen.de

Veterinärmedizinische Fakultät der LMU München, Veterinärstr. 13, 80539 München, Tel. 089/2180-2512. www.vetmed.uni-muenchen.de

Vier Pfoten e.V., Altonaer Str. 57, 20357 Hamburg, Tel. 040/3992490. www.vier-pfoten.de

Adressenverzeichnis

Zentralstelle zur Erfassung und Bewertung von Ersatz- und Ergänzungsmethoden zum Tierversuch (ZEBET), Bundesinstitut für Risikobewertung, Diedersdorfer Weg 1, 12277 Berlin, Tel. 0 18 88/41 20. www.bgvv.de

Zentrale Markt- und Preisberichtstelle für Erzeugnisse der Land-, Forst- und Ernährungswirtschaft GmbH (ZMP), Rochusstr. 2, 53123 Bonn, Tel. 02 28/97 70. www.zmp.de

Sachverzeichnis

Die fett gedruckten Ziffern bezeichnen Gesetz und Verordnung bzw. Paragraphen, die mageren Randnummern.

Aale TierSchTrV: 33; TierSchlV: 13 14; Anl. 3 Teil II zu Nr. 7
abgeben 11 a 5, 6; 11 c 2; HundeVO: Einf. 2
abrichten, Abrichtung 3 28, 38
Absonderung TierSchNutztV: 4 3
Abwägung 20 a GG 5, 16, 17, 18, 20, 22–25; Einf. 11, 12, 19, 22, 42; 1 1, 7, 30, 35, 37, 42–48, 51; 2 a 10; 4 a 6, 7, 17, 23, 24–27; 7 39, 41; 8 6; 10 17, 23, 25
Adressat 16 a 3, 10, 24
Ärgernis, öffentliches Einf. 2
ästhetischer Tierschutz Einf. 21
Affen (s. auch Primaten) 20 a GG 25; Einf. 13; 11 a 5, 6; 17 38
Aggressionssteigerung 11 b 11, 14; 12 7; HundeVO: 11
Aggressivität, aggressiv 3 52, 53; 17 96, 98; TierSchNutztV: Vor 12–15 1, 13; TierSchlV: 7 4; 10
Agrarwissenschaft/Agrarwissenschaftler 2 44; 17 85; TierSchNutztV: Vor 12–15 1, 5
Allgemeinverfügung (s. auch Verwaltungsakt) 16 a 14
Alternativmethoden s. Tierversuche
Ammoniak Anh. 2 2, 40; TierSchNutztV: 6 6; Vor 12–15 16; 13 10
Amphibien s. Lurche
Amputation 1 24; 3 48; 6 1, 3, 4, 9, 23; 17 74, 75; HundeVO: 10
Amtsermittlungsgrundsatz (s. auch Tierversuche) 20 a GG 5; TierSchlV: Anl. 3 Teil I 2
Amtshilfe 16 6; 16 a 17; 16 f–16 i 2; TierSchTrV: 41 1
Amtstierarzt (s. auch Tiertransporte) 2 44; 8 13; 8 a 6; 11 17, 19; 14 3, 4, 5; 15 10; 16 a 14, 15; 17 56, 83, 84, 85, 99
Amtsträger (s. auch Garantenstellung) 17 23, 56
Anästhesie 5 8

Analogieschluss 1 15, 20
Anbindehaltung (s. auch Hunde) Einf. 13; 2 9, 35; Anh. 2 1, 8, 9; 2 a 2; 3 53, 67; 17 89, 90; TierSchNutztV: 5 3; TierSchTrV: 4 2; 5 5
angeln Einf. 13; 13 4, 13; 17 22–24
Angelteiche 17 24
angemessen 2 15, 30, 32
Angst (s. auch Leiden, Tierversuche, Schlachten) 1 19, 22; 3 63; 4 b 3; 13 a 7; 17 49, 53
anhalten TierSchTrV: 41 1
anonyme Anzeigen 17 83
Anordnungen (s. auch Tiertransporte; Schlachten) 2 40, 42; 16 1, 6, 7; 16 a 1–5, 10–14, 15–30; 16 f–16 i 5; 18 18; 20 4; HundeVO: Einf. 1; TierSchNutztV: 4 7; 5 4; 13 12, 13; 16 3; 17 3
anstiften, Anstiftung 17 80
anthropozentrischer Tierschutz Einf. 2, 15, 19, 21
Antibiotika 1 45; 2 22, 37; Anh. 2 3, 9, 25; 2 a 10; 13 a 4
Antrag (s. auch Tierversuche) 11 15, 16
Antragsteller (s. auch Tierversuche) 11 17, 18, 19, 21
Anzeige (s. auch Tierversuche) Einf. 35; 16 2; 17 83; 18 4
Apathie 3 63; 17 62, 87, 88, 97
Arbeitsaufwand 1 41, 46; 2 37; Anh. 2 54; 2 a 10; 3 64; 4 9, 10; 4 a 2, 4; 5 15, 16; 6 8, 17; 7 15; 8 b 11; 9 10; 10 6, 27; 10 a 4; 11 b 26; 13 5; 16 a 20; 17 33, 35; TierSchTrV: 5 1, 3; TierSchlV: 3 2; 12 2; 13 16
Arbeitskolonnen 16 11
Arealbegrenzer 3 62–65
artgemäß 20 a GG 3, 10, 11, 12, 13, 18
Arzneibuch (s. Tierversuche)
Aufbewahrung 9 a 7, 8; 11 a 4, 8; TierSchTrV: 34 5; TierSchlV: Einf. 2; 10; 11

679

Sachverzeichnis

Auffangstationen 1 40
Auflagen (s. auch Tierversuche) 11 15, 18, 22, 23, 24, 25, 26, 30; 16a 14; 18 20; TierSchTrV: 11 2; TierSchlV: 14 1, 4; Anl. 3 Teil I 3
Aufregung (s. auch Schlachten) 1 19; 4 5, 19; 13a 7
Aufsicht 16 1
Aufstallungssysteme 13a 2, 9; 16 13
Aufwendungsersatzanspruch Einf. 58; TierSchTrV: 22
Aufzeichnungen (s. auch Tierversuche) 11a 1, 3, 4, 8; TierSchNutztV: 4 7; 14 4; TierSchlV: Einf. 2
Aufzucht 1 41; 2 38; Anh. 2 25; 6 22; 11b 23; 17 64, 68; TierSchNutztV: Vor 12–15 11, 13, 14; 13 9; 14 3
Ausbildung (s. auch Tierversuche) 2a 3; 3 28, 29, 38, 52; 9 10; 11 25; HundeVO: Einf. 5
Aus-, Fort- und Weiterbildung (s. Tierversuche)
Ausfuhr 12 5, 6, 10; 13 16, 17, 18; 14 1, 3, 4; TierSchTrV: 34 6
Ausfuhruntersuchung TierSchTrV: 27 2; 35
Auskunftspflicht 16 3, 4; 18 20
Auskunftsverlangen 16 4
Auskunftsverweigerungsrecht 16 5
Ausland (s. auch Tiertransporte) 12 2; 16a 3; 17 80
Auslandstat 17 80; 18 1
Auslauf Anh. 2 13, 18, 23; 3 67; HundeVO: 2
Auslegung 20a GG 16, 17; Einf. 19, 22; 1 1, 7; 2 12, 34; 4a 16, 27; 8 7, 8; 10 3, 4, 18; 10a 2; 11 2; 11b 1; 13 7; 16d 2; 17 43; HundeVO: Einf. 1; TierSchNutztV: 1 2; 3 1
Ausscheidungsverhalten 2 29
Ausschüsse s. Beiräte
aussetzen 3 21, 22
Ausstellungsverbote 12 1, 3, 7, 7a; HundeVO: 10
Auswahlermessen 16a 3, 6
auswildern Einf. 13

Badegelegenheiten s. Enten
Bären 2 70; 11 25
Batteriekäfighaltung s. Käfige
Baugenehmigung Einf. 59; 1 36; 15 3; 16a 13; 17 74; TierSchNutztV: 17 3
Bedarf 2 9, 16, 17, 32

Bedarfsdeckungs- und Schadensvermeidungskonzept 1 20, 24; 2 8–11, 33; 17 60, 85
Bedingung 11 15, 22, 24, 25; 13a 12; TierSchNutztV: 4 5
Bedürfnis (s. auch Enten, Kaninchen, Masthühner, Pelztiere, Pferde, Puten, Rinder, Schweine, Strauße, Versuchstiere, Wachteln, Zirkustiere, Zoofachhandel) 1 21, 26; 2 1, 15, 32, 34, 40; 2a 2; 7 39; 16a 10, 24; 17 53, 70, 85; TierSchTrV: 33
Befangenheit, befangen 15 9, 10
befördern, Beförderer s. Tiertransporte
Befristung (s. auch Tierversuche) 11 22; TierSchlV: 14 1
Behältnis (s. auch Tiertransporte, Schlachten) 14 3; 17 4
Behandlung (s. auch Tierversuche) 2 24, 27; TierSchNutztV: 4 3
Behandlungskosten Einf. 43
Behörde (s. auch Tiertransporte, Schlachten) 14 4, 5; 15 1–3, 9; 16 1, 2, 4, 6–11, 13; 16a 1–9, 17, 20, 25; 16d 2; 16f–16i 2; 17 74, 79, 83; 18 1–6; HundeVO: Einf. 1; 1; 6; 7; TierSchNutztV: 3 3; 4 7; Vor 5–11 7; 5 4; 16 3; 17 4
Beihilfe (s. auch Tiertransporte) Einf. 60; 8b 18; 10 29; 10a 9; 17 23, 56, 80, 99; 19 4; 20 12
Beiräte 15 2
Belastung (s. auch Tierversuche, Tiertransporte) 4 5; 6 8; 13 5, 7, 12, 13, 14
Beleuchtung HundeVO: 5; TierSchNutztV: 4 5; 6 4; 11 8; 13 9
Bell-Stop-Geräte 3 62–65
berechtigter Grund 5 5
berufsmäßig 4 13; 20 7
Beschlagnahme 16a 22, 26; 17 6, 84; 18 4; 19 5, 8, 9, 10, 15; 20 14
Bestandsschutz TierSchNutztV: 17 3
Bestimmtheit 16a 7, 10; 18 18
Betäubung (s. auch Tierversuche, Schlachten) 4 4, 5, 11, 13, 20; 4a 2, 3, 4, 28; 4b 1, 3; 5 2, 5–18; 6 20, 26; 13a 7; 17 20
Betäubungsgeräte (s. auch Schlachten) 13a 5, 7, 9
betäubungsloses Töten 4 6–9; 4a 4–27
Betäubungspatronen 5 5
Betäubungspflicht, -zwang (s. auch Schlachten) 4 19

Sachverzeichnis

Beteiligung an Ordnungswidrigkeiten 18 1, 9, 10, 11, 16, 20; HundeVO: 12; TierSchNutztV: 4 7; 13 16; 14 4; 16 1; TierSchTrV: 2; 7 2; 11 4; 13 2; 18; 20 4; 25 1; 30; 31; 34 7; 42 1, 3; TierSchlV: 6 4; 8 5; 15 3
betreten 16 6, 7, 9 a; 18 20
betreuen, Betreuung (s. auch Schlachten) 2 28; 4 11; 20 2; TierSchNutztV: 1 1
Betreuer (s. auch Hunde) 2 5; 2 a 5; 5 16, 17; 16 3; 16 a 3, 10, 15, 17–20, 24; 17 3; 18 11, 12, 16; 20 13
Betreuungspflicht 2 6; 2 a 2, 5; 16 3
Betrieb (s. auch Schlachten, Schlachtbetriebe) 16 1; 18 10
Bewegung (s. auch Enten, Hunde, Kälber, Kaninchen, Legehennen, Masthühner, Pelztiere, Pferde, Puten, Rinder, Schweine, Strauße, Tierversuche, Versuchstiere, Wachteln, Zirkustiere, Zoofachhandel) 1 26, 49; 2 1, 12, 15, 29, 30, 31, 34–37, 40; 2 a 9; 7 36; 8 b 11; 11 15; 11 b 22, 23; 16 a 10, 11, 24; 17 53, 88, 92
Beweis 1 20
Beweislast (s. auch Zweifel) Einf. 19; 1 49
Beweismittel 14 5; 15 2
Beziehungsgegenstand 19 1, 2; 20 14
Bibel Einf. 8
Biologie 2 44
Biologen Einf. 5; 2 44; Anh. 2 50; 2 a 11; 6 8; 9 4; 17 84, 85
Biotechnologie (s. auch Tierversuche) 11 b 8, 26; 16 c 1
Bisam 13 9; 17 30
BMVEL 2 43; Anh. 2 21, 25, 39–44, 69, 70; 2 a 6; 3 36; 11 19, 24, 25; 11 b 1; 13 a 5, 8, 9, 12; 16 b 1; 16 f–16 i 3; 17 29–31, 33; TierSchlV: 13 6
Box Anh. 2 42; TierSchNutztV: Vor 5–11 4, 5; 8 1, 2, 3, 6; 9 3
Brambell-Report Einf. 4
Brandschutz TierSchNutztV: 3 3
Bremsen für Tiere Einf. 56
Brenneisen s. Kennzeichnung
Brieftauben 3 7; 17 32
BSE s. Rinder
Bullterrier s. Hunde
Bundesforschungsanstalt für Landwirtschaft 13 a 11; TierSchNutztV: Vor 12–15 4

Bundestierärztekammer 2 22, 26; Anh. 2 37, 70; 6 8; HundeVO: Einf. 4; 2; 3; 8; TierSchNutztV: 4 2, 5
Bundesverfassungsgericht 2 12–15, 30, 42; 4 a 16, 24, 27; 7 35; 8 6; 11 19; 17 95; TierSchNutztV: Vor 5–11 3; Vor 12–15 6, 7; TierSchlV: 12 2
Bundeswehr 15 11–13
Bußgeldbescheid 18 3, 5, 6; 19 13
Bußgeldtatbestand s. Ordnungswidrigkeit

Cephalopoden 1 16, 23 a; 8 a 1, 2; 17 49
Chemikalien s. Tierversuche
Chinchillas (s. auch Pelztiere) Anh. 2 45–52, 57; 11 9, 10; 17 97
Christliche Tierethik Einf. 8–13; 1 52; 7 40
Cincinnati-Falle 4 a 8, 22; TierSchlV: 12 2
Clipping 6 2
Codex Hammurabi Einf. 1

Dachs 3 51
Damwild 11 10; TierSchlV: Anl. 3 Teil I 3
Datenschutz 16 12
dekapitieren s. Schlachten, Enthaupten
Dekapoden 1 23 a; 8 a 1, 2; 17 49
Dienstaufsichtsbeschwerde Einf. 36; 18 4
Distanzinjektionswaffen 5 5
Doping 3 14
Doppelversuch s. Tierversuche
Dressur s. Ausbildung
Drill 17 22, 54
Duldungspflicht 16 3, 6, 7, 8, 10; 16 a 8; 18 20; TierSchTrV: 41 3
Durchfuhr 12 6; TierSchTrV: 39
Durchsuchung 16 7; 16 a 26; 18 4
Durchsuchungsanordnung 16 7; 16 a 17, 26; 19 9

EG s. Europ. Gemeinschaft
Eigenkörperpflege 2 15, 24, 25, 29, 31, 34; Anh. 2 2, 6, 8, 12, 18, 22, 26, 48; 2 a 2, 9; 3 63, 67; 11 b 22; 16 a 10; 17 52, 53, 62, 94; TierSchNutztV: Vor 5–11 3, 4; 6 1; 9 3; Vor 12–15 7, 10; 13 1
Eigentum, Eigentümer 17 5, 19, 21; 19 4, 5, 8, 14
Einfuhr 11 a 7, 8; 12 5, 6, 7 a; 13 16, 17, 18; 14 1, 3, 4; TierSchTrV: 36 a, 37, 38, 39

Sachverzeichnis

Einfuhrbeschränkung Einf. 34; 12 5, 6, 7, 7a, 10; 14 2
Einfuhruntersuchung TierSchTrV: 27 2; 39
Eingriffe (s. auch Tierversuche) Einf. 7, 13; 5 1–18; 6 9; 15 10; 17 52, 74
Einrichtung 11 19, 26; 13 17; 16 1, 2, 11; HundeVO: 1; TierSchNutztV: 1 4
Einspruch 18 6
Einstellung Einf. 35; 1 49; 18 4
Eintagsküken 17 39; TierSchlV: 2; Anl. 3 Teil I 3
Einstreu 1 45; 2 9, 18, 37; Anh. 2 2, 3, 5, 6, 8, 9, 10, 14, 15, 16, 18, 19, 20, 21, 25, 32, 48, 49, 53, 55, 57, 65–68; 6 11, 22, 23, 24, 25; TierSchNutztV: 4 3; Vor 5–11 4; 5 2; 6 2, 3; 7; 10 2; 11 5; Vor 12–15 9, 10, 11, 13, 16; 13 5, 12, 13; 14 3; TierSchTrV: 24 3, 4; TierSchlV: 8 2
Einwilligung 1 34
Einziehung 16a 22; 17 6, 81; 18 19; 19 1–15; 20 14; HundeVO: 12
Eisenmangel 3 59; TierSchNutztV: 11 3
Elastische Ringe 6 20a, 25, 26
Elefanten Anh. 2 70; 11 25
Elektro-Betäubung s. Schlachten
Elektroreizgeräte 3 61, 62, 64, 65
Elektrotreiber s. Tiertransporte, Schlachten
Elektrokurzzeitbetäubung (s. auch Schlachten) 4a 6, 15, 26
Embryonen 1 11; 11b 3
Empfehlungen des St. Ausschusses s. u.a. Europarat
empirische Meinungsforschung 1 52, 55
Enten
– Allgemeines 1 32; Anh. 2 15–20; 3 7, 45–50; 17 15, 31; TierSchNutztV: 3 2, 3
– Badegelegenheiten Anh. 2 18, 19, 20; 6 24
– artgemäße Bedürfnisse 2 25; Anh. 2 18, 20
– Bewegungsbedürfnisse Anh. 2 19
– Empfehlungen des St. Ausschusses Anh. 2 17, 20; TierSchNutztV: 4 2
– Haltungsformen Anh. 2 15, 16
– Leiden Anh. 2 19; 17 93
– Qualzüchtungen 11b 17, 18
– Schlachtung 17 36; TierSchlV: 13 16
– Schmerzen Anh. 2 19
– Schnabelkürzen 6 24; 17 93

– Tierversuche 7 36
– Vereinbarungen Anh. 2 15, 16, 17; 3 50
– Verhaltensstörungen Anh. 2 19, 20; 17 93
Enthornen 5 7, 9; 6 10
Entschließungsermessen 16a 5
Entschuldigungsgrund 1 43; 10 29; 10a 9; 19 6
Erforderlichkeit, erforderlich (s. auch Tierversuche, Tiertransporte, Schlachten, jeweils Stichwort unerlässlich) Einf. 18; 1 28, 37, 39–42, 54; 2 37; 4a 6; 6 16, 19, 20; 11 22; 12 7a; 13 5, 12, 13; 16a 4, 13, 14, 15, 25; 17 8, 29, 32; 20 6, 9; HundeVO: Einf. 8; TierSchTrV: 41 2
Erhaltungsinteressen des Menschen 1 27, 44, 48; 7 38, 41, 44, 56; 17 37
Erheblichkeit, erheblich (s. auch Leiden, Schäden, Schmerzen) 3 29, 61, 62, 63, 67; 68; 4 18; 7 47; 16a 15, 24; 17 50–54, 58–70; 18 12, 22, 24
Erkrankung s. Krankheit
Erkundungsverhalten 2 29, 31; Anh. 2 2, 6, 12, 22, 26, 28, 40–43, 48, 57, 60, 64, 65, 67; 3 63; 6 11, 25; 8b 11; 11b 22; 13a 7; 17 53, 62, 87, 88; TierSchNutztV: 6 4; 11 8; 13 5
Erlaubnis 11 1, 17, 21, 27, 30; 11b 29; 16 1; 16a 14; 20 2; 21; TierSchTrV: 11 1–4; 11a
Erlaubnispflichtige Tätigkeiten 11 1, 27, 30; 21; TierSchTrV: 11 1
erlaubtes Risiko 17 5
Erlasse (s. auch Verwaltungsvorschriften) 2 41; Anh. 2 49
Ermächtigung zu Rechtsverordnungen 2a 1, 2, 3, 5, 7; 4b 1, 2; 5 15; 6 27; 7 56; 11b 27; 12 1; 13 14–18; 13a 5–10; 16 12; 16b 2; 16c 1; 21a; 21b; HundeVO: Einf. 1; 10; 11; TierSchNutztV: Vor 5–11 2; Vor 12–15 6; TierSchTrV: Einf. 2; 11 1; TierSchlV: Einf. 2; 12 2; 13 16; 15 5
Ermessen 20a GG 16, 18; 1 1; 16a 5, 6; 17 56; 19 7; 20 6; 20a 2; TierSchlV: 14 1
Ermessensreduzierung auf Null 16a 5; 17 56
Ermittlungen s. Tierversuche
Ermittlungsverfahren 17 83, 84, 85; 18 2; 19 6; 20 4; 20a 3

682

Sachverzeichnis

Ernährung (s. auch Nahrungsaufnahme, Nahrungserwerbsverhalten) 2 12, 14, 15, 16–22, 31, 38; 11 15, 19, 22; 11b 23; 11c 1; 12 4; 13 17; 16 2; 16a 10, 24; 17 92; TierSchNutztV: Vor 5–11 3; 8 5; 13 1; 15
Erprobungsversuch s. Tierversuche
Ersatz- und Ergänzungsmethoden s. Tierversuche
Ersatzobjekt, Handlungen am 17 62, 86–89, 92–98; TierSchNutztV: Vor 12–15 1
Ersatzvornahme 16a 26; TierSchTrV: 41 5
erwerben 3 18
Ethik, ethisch Einf. 8–13, 14–20
Ethikkommissionen 8 7; 15 4–9, 12, 13; 15a 2
ethischer Tierschutz 20a GG 3; Einf. 3, 16, 18, 19, 21, 22, 28, 42; 1 2; 4a 24; 10 17; 12 4; 17 11; TierSchNutztV: 17 2
ethische Vertretbarkeit (s. auch Tierversuche) Anh. 2 58, 61
Ethologie 1 20; 2 8, 41, 44; 15 10; HundeVO: Einf. 4, 7
Ethologen, ethologisch 20a GG 13; 2 44; Anh. 2 50; 2a 11; 11 19; 12 4; 13a 4; 15 10; 17 84, 85; TierSchNutztV: Vor 12–15 1
Eulen 17 42
Europäische Gemeinschaft
– Allgemeines Einf. 31, 32; 2 39; 8 26
– EG-Vertrag Einf. 28–30, 34
– EU-Kommission (s. auch Legehennen, Kälber, Rinder, Schweine, Tiertransporte) 1 21; 16f–16i 3; 17 11, 64, 69, 70, 95
– Mindestharmonisierung Einf. 33; 2 39
– primäres Gemeinschaftsrecht Einf. 28
– Richtlinien, allgemein Einf. 31; 8 26
– Richtlinie Legehennenhaltung Einf. 32, 33; 2 39; TierSchNutztV: 7; Vor 12–15 9; 13 10–15
– Richtlinie Kälberhaltung Einf. 32, 33; 2 39; TierSchNutztV: Vor 5–11 1; 6 3, 5; 11 2
– Richtlinie Nutztierhaltung Einf. 32, 33, 34; 2 39; 11b 30; TierSchNutztV: 1 1; 2; 4 3
– Richtlinie Tiertransporte s. dort
– Richtlinie Schlachtung s. dort
– Richtlinie Schweinehaltung Einf. 32, 33; 2 39; Anh. 2 4

– Richtlinie Versuchstiere s. Tierversuche
– sekundäres Gemeinschaftsrecht Einf. 31–33
– Verordnungen Einf. 31
Europarat
– Allgemeines Einf. 24
– Empfehlungen des St. Ausschusses (s. auch Enten, Kälber, Legehennen, Masthühner, Pelztiere, Puten, Rinder, Strauße) Einf. 26–28; 2 42; 13a 8; TierSchNutztV: 4 2
– Europ. Heimtierübereinkommen 4 5; 12 7a; TierSchTrV: 1
– Europ. Schlachttierübereinkommen s. Schlachten
– Europ. Tierhaltungsübereinkommen Einf. 24–27a
– Europ. Tiertransportübereinkommen s. Tiertransporte
– Europ. Versuchstierübereinkommen s. Tierversuche
Exploration s. Erkundungsverhalten
Export s. Ausfuhr

fachliche Kenntnisse s. Sachkunde
Fachgespräch 11 17
Fachtierärzte für Ethologie 2 44; Anh. 2 50; 2a 11; 13a 10; 15 10; 17 84, 85
Fahrbetrieb 11 12
Fahrlässigkeit, fahrlässig 3 3, 11, 15, 20, 24, 29a, 34, 44, 53, 57, 60, 70; 4 20; 4a 28; 5 18; 6 28; 8 35; 8a 15–17; 8b 1; 9 27, 28; 9a 8; 10 29; 11 30; 11a 8; 11b 28, 29; 11c 3; 13 19; 16 2, 10; 16a 30; 17 78, 79, 91; 18 7, 9, 10, 14, 15, 16, 18, 19, 20; 19 2, 3; HundeVO: 12; TierSchNutztV: 4 7; 5 4; 6 9; 7; 8 6; 9 4; 10 4; 11 9; 13 16; 14 4; 16 1; TierSchTrV: 3 3; 34 7; 42 1–4; TierSchlV: 4 5; 5 7; 6 4; 7 5; 8 5; 9; 12 5; 13 12, 19; 15 2, 5; Anl. 3 Teil II am Ende
Fallen (s. auch Jagd) 13 4, 8; 17 29, 30
fangen 13 1, 2, 3, 6, 10, 11, 12, 13; 17 21
Fasane 17 15, 31
Federpicken 1 41; 2 18; Anh. 2 18, 26, 28; 6 22, 23; 11b 23; 17 62, 64, 94, 95, 96; TierSchNutztV: Vor 12–15 13; 13 5, 9; 14 3
Feindvermeidungsverhalten 2 29
Ferkel s. Schweine
fernhalten 13 1, 2, 3, 6
fiktive Genehmigung s. Tierversuche

Sachverzeichnis

Film 3 30
Fische (s. auch Tiertransporte, Schlachten, Zierfische) 1 15, 23, 40; 2 42; 4 1; 7 34; 11 19; 11 b 18; 13 2, 4, 13; 17 20–24, 48
Fixationsmaßnahmen, Fixierung s. Schlachten
Fleischhygienegesetz 17 37, 38
Fleischqualität (s. auch Tiertransporte; Schlachten) Anh. 2 23; 17 13
Flüssigmist 20 a GG 25; 1 45; 2 37; Anh. 2 3; 2 a 10; 13 a 4
Flusspferd Anh. 2 70
formelles Tierschutzrecht Einf. 21, 23
Forschung s. Tierversuche
Forschungsanstalt für Landwirtschaft s. Bundesforschungsanstalt
Fortbildung s. Aus-, Fort- und Weiterbildung
Fortnahme 16 a 15–23, 25; 19 15
Fortpflanzungsverhalten 2 15, 29, 31, 34; Anh. 2 2, 8, 12, 18, 48; 2 a 9; 11 b 21; 13 a 7; 16 a 10; TierSchNutztV: Vor 5–11 3
freihändiger Verkauf 16 a 18; 19 11
Freilandhaltung 17 100; TierSchNutztV: 3 5; Vor 12–15 16
Freisprüche 1 49
freiwilliges Prüfverfahren 13 a 9–12
Frettchen Anh. 2 46, 57; 3 40
Froschversuch s. Tierversuche
Füchse (s. auch Pelztiere) 3 51; 11 10; 17 30, 97
füttern, Fütterung s. Ernährung (s. auch Tiertransporte, Schlachten)
Fütterungsverbot 3 54–60
Fundtiere 2 2
Funktionskreise des Verhaltens 2 29, 34; Anh. 2 6; 2 a 9
Funktionsstörungen 17 67, 89, 92, 94–96; TierSchNutztV: 17 5
Furcht s. Angst
Futter 3 54, 58, 59; 6 22, 23, 24, 25; 11 10; TierSchNutztV: 3 4; 11 6, 9
Futtermittelgesetz, -verordnung 2 21;

Gänse (s. auch Schlachten) 2 42; 11 b 17, 18; 17 36; TierSchNutztV: 3 2
Garantenstellung, Garantenpflicht (s. auch Tiertransporte) 8 b 18; 17 3, 4, 55, 56, 57, 78; 18 10, 12, 14, 21, 23
Gatterwild s. Schlachten
Gebäude 16 6

Gebrechlichkeit, gebrechlich 3 17
Geburtenkontrolle 17 33
Geeignetheit, geeignet 1 38; 7 11, 12; 16 a 4, 14, 15, 25; 17 8, 32; HundeVO: Einf. 8
Gefährdungstatbestand 2 20; 3 4, 18, 22, 59
gefährliche Tiere (s. auch Hunde) 17 6
Gefahr (s. auch Hunde, Schlachten) 13 4; 16 6, 7, 9 a; 16 a 2, 5, 8, 14, 17, 26; 17 6, 17, 28, 29; 19 5; 20 6, 8, 9; 20 a 1; 21 b; HundeVO: Einf. 5, 8; TierSchNutztV: 3 3; 6 2; TierSchTrV: 41 2
Geflügel s. Gänse, Eintagsküken, Enten, Hähne, Hennen, Legehennen, Masthahnenküken, Masthühner, Puten, Strauße, Wachteln
Gehege Anh. 2 49
Geldbuße 18 7, 10, 19
Gene-Pharming s. Tierversuche
Genehmigung (s. auch Erlaubnis, Tierversuche)
– Allgemeine Einf. 59; 11 a 7; 16 a 13; 17 24, 56, 79; 18 20; HundeVO: 1; TierSchNutztV: 1 4; 17 3
– rechtfertigende Wirkung 1 36; 4 a 11, 12, 28; 17 74–76
Genickschlag s. Schlachten
Gentechnik, gentechnisch (s. auch Tierversuche) 11 b 9, 26
Gerechtigkeit Einf. 17
Gerechtigkeitsvorstellungen der Gemeinschaft Einf. 22, 42; 1 3, 7, 32, 37, 50–55; 4 9; 7 40, 45, 46, 50; 9 14, 20; 17 8, 33, 37, 38, 39, 73; TierSchNutztV: 17 2
geringfügig 17 50
Geschäftsräume 16 6
Geschöpf s. Mitgeschöpf
geschöpfliche Würde Einf. 12, 18; 1 4
Gesundheit 1 18; TierSchNutztV: 13 1
Gewaltminimierung Einf. 18, 19
Gewebe 6 1; 11 b 4
Gewebeentnahme 6 15, 28; 7 5; 8 a 3; 9 a 2; 11 a 1; 16 c 1
Gewebestörung 5 3, 4; 6 1–4, 8
Geweih TierSchTrV: 32 2
gewerbsmäßig 4 13; 11 9–14; HundeVO: 3; 12; TierSchTrV: 11 1, 3, 4
Gewissen s. Tierversuche; Schlachten
Glaubensgemeinschaft s. Religionsgemeinschaft
Glaubhaftmachung 8 7

Sachverzeichnis

Gleichheitsgrundsatz Einf. 9, 17
Greifvögel (s. auch Beizjagd) 3 40; 17 13, 42
Großbritannien Anh. 2 5, 52
Großvieheinheiten s. Schlachten
Grundbedürfnisse (s. auch Enten, Kälber, Kaninchen, Legehennen, Masthühner, Pelztiere, Pferde, Puten, Schweine, Strauße, Rinder, Wachteln, Versuchstiere, Zirkustiere, Zoofachhandel) 2 12–15; Anh. 2 2, 6, 8, 12, 18, 22, 24, 26, 30, 40, 48; 8 b 11; 11 19, 22; 16 a 24; HundeVO: Einf. 1; 2; TierSchNutztV: Vor 5–11 3, 4, 7; 8 2; Vor 12–15 6, 7, 10; 13 1, 3, 4; 17 5; TierSchTrV: Einf. 9
Grundlagenforschung s. Tierversuche
Grundrechte 20 a GG 5; 1 37, 47; 2 12; 2 a 10; 4 a 16, 17, 24, 25, 26; 12 4
Gutachten 2 3, 43, 44; Anh. 2 34, 39–44, 50, 53, 55, 57, 59, 69, 70; 11 19, 25; 11 b 6; 15 10; 16 a 15; 17 77; HundeVO: 1; TierSchlV: Anl. 3 Teil I 2
Gutachter 1 23; 2 44; Anh. 2 50; 13 a 10; 15 10; 17 84, 85; HundeVO: Einf. 9; TierSchNutztV: Vor 12–15 1, 5
Güterabwägung s. Abwägung

Hähne (s. auch Eintagsküken, Masthühner) 18 20
hältern, Hälterung 17 24; TierSchlV: 10
Halsband HundeVO: 7
halten, Haltung (s. auch Enten, Hunde, Kälber, Kaninchen, Katzen, Legehennen, Masthühner, Pelztiere, Pferde, Puten, Rinder, Schweine, Strauße, Versuchstiere, Wachteln, Zirkustiere, Zootiere, Schlachten) 2 4–7, 15, 37; 2 a 2; 9 10; 11 4, 10; 11 a 2; 13 16, 17, 18; 20 2, 7; TierSchNutztV: 1 1
Halter 2 4, 38; 5 16, 17; 11 a 2, 8; 11 b 2; 16 1, 3; 16 a 3, 6, 8, 10, 15, 17–20, 24, 25; 17 3, 19; 18 11, 12, 16, 24; 20 12; TierSchNutztV: 1 1; 4 7; 13 16; 14 4; 16 2
Haltungsverbote (s. auch Umgangsverbote) 12 1, 3, 7, 7 a; 16 a 24–27; 17 81; 20 2, 6, 13, 14; HundeVO: Einf. 3, 5; 10
Hamster (s. auch Versuchstiere) Anh. 2 57, 67; 11 9; 11 b 18; 11 c 2; 17 30
Handel 11 11; 11 a 2; 13 16, 17, 18; 20 7
Handelsverbot s. Umgangsverbot

Handlungsbereitschaftsmodell 1 20
Handlungsstörer 16 a 3
Harrison Ruth Einf. 4
Haushühner (s. auch Legehennen, Masthühner) 11 b 17, 18
Hausratsverordnung Einf. 46
Hausschlachtungen s. Schlachten
Haustiere 2 2
Heimtiere 2 2; 4 5; 11 9; 11 b 1, 2, 7, 27; TierSchTrV: 1
Hennen s. Legehennen, Masthühner
Hennenhaltungsverordnung von 1987 2 12, 13, 14; 16 b 1; TierSchNutztV: Vor 12–15 5, 6; 17 3, 4
Herodesprämie 17 39
hetzen 3 41, 46, 51
Hirntod 17 1
Hirsche 17 30
Hochbrutflugenten s. Enten
Hochseeangeln (s. auch Angeln) 17 80
Hochseefischerei 13 13
Homogenisator TierSchlV: Anl. 3 Teil I 3; Anl. 3 Teil II zu Nr. 9
Humanität Einf. 5, 9, 10, 12, 18, 19
Hummer (s. auch Schlachten) 18 24
Hunde
– Allgemeines Einf. 44; Anh. 2 53, 54; 3 7; 5 14; 6 20; 11 b 24; 17 38, 45
– Anbindehaltung 11 b 12 a; HundeVO: Einf. 1; 2; 6; 7; 12
– Ausbildung 3 61–65; 11 7
– Auslauf HundeVO: 2
– Betreuungsperson HundeVO: 2; 3; 4; 7; 8; 12
– Bewegungsbedürfnis HundeVO: Einf. 1; 2; 4; 6
– Brustgeschirre HundeVO: 7
– Erkundungsbedürfnis HundeVO: 2; 6
– gefährliche Hunde 3 52; 11 b 11–12 a, 14; HundeVO: Einf. 2–9; 11
– Gefahrenverdacht HundeVO: Einf. 5
– Gefahrhundeverordnungen HundeVO: Einf. 2, 3, 4, 5
– Gemeinschaftsbedürfnis HundeVO: Einf. 1; 2; 6
– Gruppen-/Einzelhaltung HundeVO: 2; 6
– Halten im Freien HundeVO: 4, 12
– Halten in Räumen HundeVO: 5
– Halter HundeVO: Einf. 4, 5; 2; 4; 5; 6; 7; 12
– Laufvorrichtung HundeVO: 7
– Leinenzwang HundeVO: Einf. 3

Sachverzeichnis

- Leiden 17 101; HundeVO: 6; 7; 12
- Liegeplatz HundeVO: 4; 5; 12
- Kampfhunde s. gefährliche Hunde
- Maulkorbzwang HundeVO: Einf. 3
- Ohrenkupieren 18 17, 20; HundeVO: 10
- Qualzucht 11b 14, 18
- Räume HundeVO: 1; 2; 5; 12
- Rassen, Rassekataloge HundeVO: Einf. 3, 4, 5, 6; 11
- Schäden HundeVO: 6; 7
- Schlittenhunde 3 37
- Schmerzen HundeVO: 7; 12
- Schutzhütte HundeVO: 4; 5; 6; 7; 12
- Schwanzkupieren 6 6; HundeVO: 10
- Sozialkontakte HundeVO: 2; 5; 6
- Tierversuche Anh. 2 62; 7 36, 52; 9 22; 9a 5; 11a 5, 6; HundeVO: 1
- Unfruchtbarmachung HundeVO: Einf. 3
- Verhaltens- und Merkmalskataloge HundeVO: Einf. 2, 3, 4, 8
- Verhaltensstörungen HundeVO: 2; 5; 6; 7
- Welpen HundeVO: 2; 3; 6; 8; 12
- Wesenstest 11b 14; HundeVO: Einf. 3, 5, 9
- wildernde Hunde 17 17
- Zucht 11 9
- Zuchtverbote HundeVO: Einf. 3, 5
- Zurücklassen im Auto 18 17
- Zwingerhaltung 3 52, 53; 11b 12a; HundeVO: Einf. 1; 2; 4; 6; 7; 12

Hygiene 17 11

IATA-Richtlinien TierSchTrV: 16
Igel 17 38
immissionsschutzrechtliche Genehmigung Einf. 59; 1 36; 15 3; 16a 13; 17 74, 76; TierSchNutztV: 17 3
Impfen, Impfung (s. auch Tierversuche) 2 27; 17 26, 27
Implantate 5 14; 6 8
Import s. Einfuhr
Indikation, tierärztliche 6 5; 15 10; 17 73
Infektionsschutzgesetz 13 11; 17 28, 29
Ingerenz 17 3, 55
injektierter Mikrochip s. Implantate
Inland (s. auch Tiertransporte) 17 80, 99; 18 1
Insekten 18 24
Integrität, körperliche 1 28, 37

Intensivtierhaltung 20a GG 9; Einf. 13; TierSchNutztV: 13 3
Irrtum 17 78, 79

Jagd
- Allgemeines Einf. 13; 3 5; 17 12–19
- Beizjagd 17 13, 30
- Bewegungsjagd 17 13, 30
- Fallenjagd (s. auch Fallen) Einf. 13; 1 46; 13 8; 17 14, 19
- Jagdausübung 4 6
- Jagdhunde 1 32; 3 7, 45–51; 6 6; 17 13
- Jagdschutz 17 17
- Treibjagd Einf. 13; 3 43; 17 13, 30
- weidgerecht 3 42, 43, 46; 4 6; 17 30

japanische Mövchen 11b 17
Jugendliche 11 24; 11c 1–3

Käfige, Käfighaltung Einf. 13; 2 9, 13–15, 35, 42; Anh. 2 11–14, 29–31, 45–49, 57, 59, 62–68; 2a 2; 11b 23; 13a 3, 4; 16a 10, 13; 17 11, 54, 76, 87, 92, 95, 97, 98, 101; TierSchNutztV: 4 1; Vor 12–15 1–16; 13 3; 14 3; 17 1, 2, 5

Kälber (s. auch Tiertransporte, Schlachten)
- Allgemeines 4a 8; 13a 3; 17 37, 69, 88; TierSchNutztV: 3 2
- artgemäße Bedürfnisse 2 18; TierSchNutztV: Vor 5–11 3, 4, 7
- Bewegungsbedürfnis TierSchNutztV: Vor 5–11 3, 5, 7; 8 3; 10 1, 2
- Empfehlungen St. Ausschuss 2 42; TierSchNutztV: Vor 5–11 2, 4; 5 2; 6 1, 3
- Enthornen 5 9
- Einzelhaltung TierSchNutztV: 8 1, 2
- Eisenversorgung 3 59; TierSchNutztV: 11 3, 9
- EU-Mitteilung Kälber TierSchNutztV: Vor 5–11 4, 5; 8 3; 9 3; 10 1; 11 2
- EU-SVC-Report Kälber TierSchNutztV: Vor 5–11 4, 5; 6 1, 2, 4, 7; 8 2, 3, 4; 10 2; 11 8
- Gruppenhaltung TierSchNutztV: 8 1, 3, 4; 9 1; 10 1
- Kälberhaltungsverordnung von 1997 TierSchNutztV: Vor 5–11 1
- Kastration 5 8
- Liegen, Liegefläche TierSchNutztV: 5 2; 6 1, 2, 3; 8 1; 9 3; 10 2
- Leiden 17 88; TierSchNutztV: Vor 5–11 3, 7; 8 3; 10 2

Sachverzeichnis

- Schäden TierSchNutztV: Vor 5–11 3, 7; 8 3
- Schmerzen TierSchNutztV: Vor 5–11 3, 7
- Schwanzkürzen 6 25
- Verhaltensstörungen 17 88; TierSchNutztV: Vor 5–11 6, 7; 9 3

Kamele 11 10
Kängurus 11 10; 17 38
kaltblütige Tiere s. wechselwarme Tiere
Kampfhunde s. Hunde
Kanarienvögel 11 b 17, 18
Kaninchen
- Allgemeines Anh. 2 11–14, 57, 59, 68; 5 8; 17 30, 60, 92; TierSchNutztV: 3 2, 3
- artgemäße Bedürfnisse 2 18, 25; Anh. 2 12
- Bewegungsbedürfnis Anh. 2 13
- Empfehlungen St. Ausschuss 2 42; TierSchNutztV: 4 2
- Haltungsformen 2 9; Anh. 2 11
- Leiden Anh. 2 13; 17 92
- Qualzuchten 11 b 16, 18
- Schäden Anh. 2 13
- Schmerzen Anh. 2 13
- Tierversuche Anh. 2 68; 7 24, 25, 30, 31, 32, 36, 52
- Verhaltensstörungen 2 18; Anh. 2 12; 17 92
- World Rabbit Science Association Anh. 2 14
- Zucht 11 9

Kannibalismus 1 41; 2 18; Anh. 2 18, 27, 30; 6 22, 23; 17 86, 92–98; TierSchNutztV: Vor 12–15 10, 13
Kastenstand (s. auch Schweine) Einf. 13; 2 35; Anh. 2 1–6; 17 87
Kastration, kastrieren 5 7, 8; 6 5, 7, 20, 20 a
Katzen
- Allgemeines Einf. 44, 49–52; Anh. 2 55, 56; 5 14; 6 20; 17 38, 45
- Qualzuchten 11 b 15, 18
- Tierversuche Anh. 2 63; 7 52; 9 22; 9 a 5; 11 a 5, 6
- wildernde Katzen 17 17
- Zucht 11 9

Kaulquappen 18 24
Kausalität 2 35; 17 2, 3, 4, 55; 18 12
Kenntnisse und Fertigkeiten s. Sachkunde

Kennzeichnung 5 14; 6 8, 27; 11 a 5, 6, 8; 16 4
Kinder 11 24; 11 c 1–3
Kirchen Einf. 11–13; 1 7, 32, 52; 7 40, 46; 11 b 22
Klage Einf. 37–40
Klauenpflege 2 27; 17 101
Klonen (s. auch Tierversuche) 11 b 25
Köder 3 59
Köderfische 17 24
Kohlendioxid (s. auch Schlachten) TierSchNutztV: 6 6; Vor 12–15 16; 13 10
Kohlenmonoxid (s. auch Schlachten) TierSchNutztV: 13 10
Konditionierung HundeVO: 1
Konkurrenzen im Straf- und Ordnungswidrigkeitenrecht 17 82
Kontrollen (s. auch Tiertransporte, Schlachten) 14 3; 16 1; 16 f–16 i 1; 17 84; TierSchNutztV: 4 2
Konzentration (Tierhaltung) Anh. 2 21; TierSchNutztV: Vor 12–15 2
Kopfschlag s. Schlachten
Koran 4 a 13
Kormorane 1 38; 17 9, 31
Kosmetika s. Tierversuche
Kosten 1 41, 46; 2 37; Anh. 2 54; 2 a 10; 3 64; 4 9, 10; 4 a 2, 4; 5 15, 16; 6 8, 17, 20; 7 15; 8 b 11; 9 10; 10 6, 27; 10 a 4; 11 b 26; 13 5, 14; 16 a 20; 17 6, 33, 35, 46; 19 12, 15; HundeVO: 1; TierSchlV: 3 2; 12 2; 13 16
Kostenerstattungsbescheid 16 a 16, 17, 19
Krähen 17 31
Kraftfahrer 17 57
Krankheit, Erkrankung, krank (s. auch Schlachten, Tiertransporte, Tierversuche) 1 21; 2 35; Anh. 2 19, 23, 27, 37; 3 9, 17; 6 5, 9, 21; 13 a 7; 17 40, 68, 91, 94, 96; TierSchNutztV: 4 3; Vor 12–15 14; 13 1
Krebse s. Schlachten
Kriechtiere 1 15; Anh. 2 57; 3 56; 4 1; 5 5, 18; 6 8; TierSchTrV: 33
Krustentiere 1 16, 23 a
Kugelschuss TierSchlV: 13 8 a; Anl. 3 Teil I 3
Kuhtrainer 3 67; 13 a 4
kultureller Tierschutz Einf. 21
Kunst, Kunstfreiheit 20 a GG 5; 3 35
kupieren, Kürzen (s. auch Enten, Hunde, Kälber, Legehennen, Mast-

Sachverzeichnis

hühner, Puten, Schweine) 6 6, 11, 12, 21–26
länger anhaltend s. Schmerzen, Leiden
Landesgesetze 1 35
Landwirtschaft 11 10, 11; 11 b 7
landwirtschaftliche Nutztiere Einf. 13; 11 10, 11; 11 a 2; 11 b 2; 17 40; 20 8
Laufvorrichtung HundeVO: 7
Lebendverfütterung 17 42; TierSchTrV: 3 2
Lebensschutz Einf. 18, 22; 1 4, 51, 54
Leerlaufhandlungen 17 62, 87, 88, 89, 93, 94, 95, 98; TierSchNutztV: Vor 12–15 1
Legehennen
- Allgemeines 1 55; 13 a 3; 17 60, 68, 69, 76, 95; TierSchNutztV: 3 2; 4 3; Vor 12–15 1–16
- artgemäße Bedürfnisse 2 13, 14, 25; TierSchNutztV: Vor 12–15 7, 10; 13 2, 4–8
- Aufbaumen TierSchNutztV: 13 2; 15
- Bewegungsbedürfnis 2 9; TierSchNutztV: Vor 12–15 5, 14; 13 1, 3, 15
- Eiablage TierSchNutztV: Vor 12–15 7, 10; 13 8, 13
- Empfehlungen St. Ausschuss 2 42; 6 9; TierSchNutztV: 4 2; Vor 12–15 10, 13; 13 3, 5, 8, 9, 10; 14 2; 17 4
- EU-Legehennenmitteilung 17 95; TierSchNutztV: Vor 12–15 7, 11, 13, 14, 15; 13 1; 17 5
- EU-SVC-Report Legehennen 17 95; TierSchNutztV: 4 1; Vor 12–15 10, 11–15
- Gutachten 17 95; TierSchNutztV: Vor 12–15 1, 4; 13 3
- Flügelschlagen TierSchNutztV: 13 1, 3; 15
- Junghennen 2 18; TierSchNutztV: 14 3
- Kaltscharrraum TierSchNutztV: 13 15
- Krankheiten, krank 2 35; 17 95; TierSchNutztV: Vor 12–15 14; 13 1
- Leiden 17 95; TierSchNutztV: Vor 12–15 2, 4, 5, 14; 13 1; 17 5
- Qualzüchtungen 11 b 23
- Sandbaden, Staubbaden TierSchNutztV: Vor 12–15 7, 10; 13 7
- Schäden TierSchNutztV: Vor 12–15 14; 13 1
- Schmerzen 2 35; TierSchNutztV: Vor 12–15 10; 13 1
- Schnabelkürzen 1 41; 6 21, 22

- Tierversuche 11 19
- Verhaltensstörungen 17 95
- Übergangsregelungen TierSchNutztV: 17 1–5

Lehre s. Tierversuche
Leiden (s. Enten, Hunde, Kälber, Kaninchen, Legehennen, Masthühner, Pelztiere, Pferde, Puten, Rinder, Schweine, Strauße, Wachteln, Versuchstiere, Zirkustiere, Zoofachhandel, s. auch Schlachten, Tiertransporte, Tierversuche)
- Allgemeines 20 a GG 3, 10, 11, 18; Einf. 13; 1 17–23 a; 2 36; 2 a 9, 10; 3 4, 17, 34, 53, 64, 67; 4 5, 19, 20; 4 a 7; 4 b 3; 5 16, 17; 6 21; 11 19, 22, 25, 26; 11 b 5, 10, 11, 12, 13, 21, 25, 26, 30; 12 4, 8; 13 4, 5; 13 a 7; 16 a 8, 11, 14, 24, 26; 17 13, 29; 19 7; 20 6
- anhaltende oder sich wiederholende Leiden 17 22, 24, 29, 54
- erhebliche Leiden 1 21, 22, 49; Anh. 2 64; 3 13, 29, 59, 63, 67; 4 a 8, 11, 12, 16, 17, 22, 25, 26, 28; 5 8; 15 10; 16 9 a; 16 a 20; 17 6, 22, 24, 29, 30, 32, 46, 49, 50, 53, 58–70, 85, 86–103; 18 12, 14, 15, 22, 24; 19 3, 5, 8; HundeVO: Einf. 2; TierSchNutztV: 16 3
- Indikatoren für erhebliche Leiden 17 53, 58–70
- Leidensfähigkeit 1 6, 8, 23, 23 a, 26; 17 49
- Wahrscheinlichkeit von Leiden Einf. 13
Leistung 2 10, 33; 3 5, 10, 30, 54; 17 69
Leistungsfähigkeit 3 13
Leitlinien (s. auch Verwaltungsvorschriften) 2 3
Lenkzeiten TierSchTrV: 25 2
Licht s. Beleuchtung
limbisches System 1 13
Lufttransport TierSchTrV: 16
Lurche 1 15; Anh. 2 57; 4 1; 5 5, 18; TierSchTrV: 33
Luxus 1 32; 17 43

Mähmaschinen 13 15
Martin's Act Einf. 2
Massentierhaltung (s. auch Intensivtierhaltung) Einf. 4; 1 55; 2 28
Masthahnenküken 5 13; 6 14
Masthühner
- Allgemeines Anh. 2 21–24; 17 36, 37, 65, 94

Sachverzeichnis

- artgemäße Bedürfnisse 2 18, 25; Anh. 2 22
- Bewegungsbedürfnis Anh. 2 23
- Empfehlungen St. Ausschuss 2 42; Anh. 2 24; 6 9
- EU-SCAHAW-Report Masthühner Anh. 2 22, 23
- Haltungsformen Anh. 2 21
- Leiden Anh. 2 23; 17 94
- Qualzüchtungen 11 b 18, 22
- Schäden Anh. 2 23
- Schmerzen Anh. 2 23
- Schnabelkürzen 1 41; 6 21, 22
- Verhaltensstörungen 17 94
- Vereinbarungen Anh. 2 21

Mastrinder s. Rinder
materielles Tierschutzrecht Einf. 23; 13 6
Maul- und Klauenseuche 17 27
Mäuse (s. auch Versuchstiere) Anh. 2 57, 64; 7 30, 31, 32, 52; 11 9; 11 c 2; 17 30
Mausefalle 13 9
Medikamente Einf. 13; 2 37; Anh. 2 3, 9, 25; 3 9, 55, 59; 13 a 4
Meeresschnecken 1 16
Meerschweinchen (s. auch Versuchstiere) Anh. 2 57, 66; 7 25, 29, 30, 36; 11 9; 11 b 18
Meldepflichten 16 c 1, 2
Menschenaffen s. Primaten
Menschenwürde Einf. 4, 12, 21; 1 4
Metzgerschlachthöfe 16 11
Mietrecht und Tiere Einf. 48–50
Mietvertrag Einf. 48, 49
Milchkühe s. Rinder
Military-Reiten 3 36, 37
Mitgeschöpf Einf. 11, 42; 1 5
Mitgeschöpflichkeit 20 a GG 3; Einf. 10, 13, 18, 19; 1 5, 6, 32, 46, 52; 7 40, 46, 51; 17 43
Mitwirkungspflichten 16 3, 9, 10; 16 a 8; 18 20; TierSchTrV: 41 3
Moderhinke 17 101
Möwen 17 31
monoklonale Antikörper s. Tierversuche
Moral Einf. 16; 1 27
Morphologie 2 9
Mortalität TierSchNutztV: Vor 12–15 12
Munition 7 54
Muslime 4 a 5, 13–16

Mutter-Kind-Verhalten 2 29, 31; Anh. 2 2, 8, 12, 18, 48; 2 a 9; 13 a 7; 16 a 10; TierSchNutztV: Vor 5–11 3, 4
Nachnahmeversand Einf. 5; TierSchTrV: 19
Nadelstiche 5 1
Nächstenliebe, Nächster Einf. 9, 10, 12, 18
Nahrungsaufnahme 2 13, 16; Anh. 2 6; 6 22; 17 88; TierSchNutztV: Vor 12–15 6, 10; 13 5, 9, 13
Nahrungserwerbsverhalten 2 15, 16–19, 29, 31, 34; Anh. 2 2, 8, 12, 18, 22, 26, 40, 48, 65; 2 a 9; 13 a 7; 16 a 10; 17 93; TierSchNutztV: 4 4; Vor 5–11 3, 4; Vor 12–15 10
Narkose s. Betäubung
Narkosegewehre s. Distanzinjektionswaffen
natürliche Lebensgrundlagen s. Umweltschutz
naturnahe Haltungsbedingungen 2 9, 29, 33, 38; Anh. 2 26, 30, 31; 6 1; 7 39; 13 a 12; 17 60, 65, 93; TierSchNutztV: 4 5
Naturschutzrecht Einf. 39
Nebenbestimmungen (s. auch Auflagen, Bedingung, Befristung) 4 a 16; 11 1, 21, 22
Nebenstrafrecht Einf. 57
Nebentäterschaft 8 b 18; 18 9, 10, 16
Nerven 1 13, 15
Nerz s. Pelztiere
Neurektomie 3 9, 10; 6 5, 27
Niederlande Anh. 2 5, 6, 52; 3 46; 7 32, 43; 10 24
Nociceptoren 1 13
Normalverhalten 2 9, 10; 17 59–61
Notfall 3 8
Notschlachtung (s. auch Schlachten) 4 a 4; TierSchTrV: 28 2; 29
Notstand 1 29, 34; 5 6; 11 b 7; 17 5, 71
Notwehr 1 34; 17 5
Nutrias s. Pelztiere
Nutztiere (s. auch Tiertransporte) 2 2; TierSchNutztV: 1 1; 2; 3 2
Nutzen (s. auch Tierversuche) 1 43, 45, 46; Anh. 2 3; 4 18; 5 5; 6 5, 6, 7, 8, 13, 16, 20, 22, 23, 24; 11 22; 13 5, 7; 16 a 4; 17 8, 29
Nutztierhaltung Einf. 13; 16 1

689

Sachverzeichnis

Obhut 3 16, 21
öffentliche Sicherheit Einf. 58; 16 7
öffentliches Recht Einf. 57
Ökologie, ökologisch 17 29
ökonomische Gründe (s. auch vernünftiger Grund) 1 41; 2 37; 17 11, 26, 35, 39, 41; TierSchNutztV: 3 3
ökonomischer Tierschutz Einf. 21
Österreich Anh. 2 52
offensichtlich 3 6
Ohrmarken 5 14; 6 2
Ohrtätowierung 5 14
operative Eingriffe s. Tierversuche
Ordnungsbehörde 16 a 7
Ordnungsrecht 16 a 1, 22; 17 6, 28; 20 14; HundeVO: Einf. 2, 5
Ordnungswidrigkeiten Einf. 60; 3 3, 11, 14, 15, 20, 24, 29 a, 34, 36, 44, 53, 57, 60, 65, 70; 4 12, 20; 4 a 29; 5 18; 6 28; 8 15, 35; 8 a 6, 15, 16 17; 8 b 1; 9 21, 27; 9 a 8; 10 29; 10 a 9; 11 30; 11 a 4, 8; 11 b 28; 11 c 3; 13 19; 15 11; 16 2, 10; 16 a 30; 17 12, 21, 74, 78, 82, 91; 18 1–24; 19 2, 3, 5, 9; 20 5; 21; HundeVO: 11; 12; TierSchNutztV: 4 7; 5 4; 6 9; 7; 8 6; 9 4; 10 4; 11 9; 13 16; 14 4; 16 1, 3; TierSchTrV: 3 3; 5 6; 6 4; 7 4; 11 a; 13 2; 18; 19; 20 4; 23 5; 24 6; 25 1, 2; 27 3; 28 1, 2; 29; 30; 31; 32 3; 33; 34 7; 41 2; 42 1–4; TierSchlV: 4 5; 5 7; 6 4; 7 5; 8 5; 9; 10; 11; 12 5; 13 12, 19; 15 2–5; Anl. 3 Teil I 1; Anl. 3 Teil II am Ende
Organe 6 1; 11 b 4, 10, 21
Organentnahme s. Gewebeentnahme
Organismus 1 15
Ortswechsel 1 15, 16; 16 2

Papageien 6 5, 8
Parasiten TierSchNutztV: Vor 12–15 14
pathologische Veränderungen 17 68, 89, 96
Pelztiere (s. auch Chinchillas, Füchse)
– Allgemeines Einf. 13, 17; 1 32; Anh. 2 45–52; 11 10; 20 8; TierSchNutztV: 2; 3 2
– artgemäße Bedürfnisse Anh. 2 48
– Bewegungsbedürfnis Anh. 2 47
– Empfehlungen St. Ausschuss 2 42; Anh. 2 50
– Erlasse Anh. 2 49, 51
– Haltungsformen Anh. 2 45
– Leiden Anh. 2 47; 17 97
– Luxus 1 32; 17 43

– Qualzüchtung 11 b 18
– Schäden 17 97
– Tötung 17 43; TierSchlV: Anl. 3 Teil I 4
– Verbot Anh. 2 51
– Verhaltensstörungen Anh. 2 48; 17 97
– Wildtiere Anh. 2 46; 11 10
Personal 11 29
Pfändung Einf. 47
Pfeilgiftfrösche 17 4
Pferde (s. auch Tiertransporte)
– Allgemeines Anh. 2 38–44; 6 5; 16 1; 17 36, 91; TierSchNutztV: 3 2
– Ausbildung 3 61
– artgemäße Bedürfnisse Anh. 2 40
– Bewegungsbedürfnis Anh. 2 39, 41–43
– Haltungsformen Anh. 2 41–44
– Krankheit, krank Anh. 2 41–44; 17 91
– Leiden Anh. 2 39, 41, 44; 17 91, 100
– Qualzuchten 11 b 18
– Schäden Anh. 2 39; 17 91
– Schenkelbrand 5 14, 6 8
– Sport 3 7, 36
– Verhaltensstörungen Anh. 2 40; 17 91
Pflanzenschutzrecht 17 28
Pflanzenschutzmittel, -geräte 7 36; 13 11
Pflege (s. auch Eigenkörperpflege, Schlachten, Tiertransporte) 2 12, 14, 15, 24–28, 31, 34, 38; Anh. 2 40; 11 15, 19, 22; 11 c 1; 12 4; 13 17; 16 2; 16 a 10, 24; HundeVO: 3; 6; TierSchNutztV: 4 1; Vor 5–11 3; 13 1; 15
Physiologie, physiologisch 2 9, 17
Plausibilitätskontrolle (s. auch Tierversuche) 20 a GG 5; 1 7
Plattfische TierSchlV: 13 14
Polizei 16 6; 16 a 7, 17; 17 83; TierSchTrV: 41 1
Polizeirecht s. Ordnungsrecht
Polo 3 37
Präferenz-Autonomie Einf. 17
Primaten Anh. 2 58, 59; 7 41, 51; 9 8
Prüfung s. Kontrollen; Sachkundeprüfung
Prüfverfahren 13 a 1, 2, 4, 5, 9, 10; 16 13
Puten
– Allgemeines Anh. 2 25–28; 17 36, 37, 96; TierSchNutztV: 3 2
– artgemäße Bedürfnisse 2 25; Anh. 2 26
– Bewegungsbedürfnis Anh. 2 27
– Empfehlungen des St. Ausschusses 2 42; Anh. 2 28

Sachverzeichnis

- Haltungsformen Anh. 2 25
- Krankheiten, krank Anh. 2 27; 17 96
- Leiden Anh. 2 27; 17 96
- Qualzüchtung 11 b 18, 21
- Schäden Anh. 2 27
- Schmerzen Anh. 2 27
- Schnabelkürzen 1 41; 6 23
- Verhaltensstörungen 17 96
- Vereinbarungen Anh. 2 25

quälen Einf. 2
Qualzuchtgutachten 11 b 1–5, 13–17, 27; 18 20
Quarantäne TierSchNutztV: 9 1

Räume 11 19, 26; 13 17; 16 2; Hunde-VO: 1; 2; 5; 12; TierSchNutztV: 1 4
Rassen s. Hunde
Ratten (s. auch Versuchstiere) Anh. 2 57, 65; 7 52; 11 9; 17 30
Rechte für Tiere s. Tierrechte
Rechtfertigung 17 12, 22, 24, 40, 42, 45, 46, 72, 73
Rechtfertigungsgründe 1 29, 34, 43; 3 2; 6 5; 10 29; 10 a 9; 17 5, 8, 71, 73
Rechtsanwalt für Tierschutz Einf. 40
Rechtsfähigkeit Einf. 22, 37
Rechtsgut Einf. 22; 1 3; 17 29
Rechtsgutträger 1 3
Rechtsverordnungen 1 35; 2 3, 12, 40, 42; 2 a 6–11; 3 69; 8 20–24; 8 a 14; 11 20; 11 b 27; 12 4–10; 13 11, 15, 18; 13 a 5, 7, 9, 10, 12; 14 2; 16 12; 16 a 24; 16 b 1; 17 77, 79; 18 18, 19; 21 a; 21 b
Regierungspräsidium, Regierungspräsident 15 1
Referenzsystem 2 9; 13 a 2, 3, 7, 12
Rehe, Rehkitze 13 15; 17 30
Reichsstrafgesetzbuch Einf. 2
Reichstierschutzgesetz Einf. 3, 21; 1 2, 27; 10 1
Reitbetrieb 11 12
Religionsausübung, -freiheit 20 a GG 5; 4 a 16, 24–27
Religionsgemeinschaft 4 a 5, 16, 17, 18, 19, 23, 26
Remonstration Einf. 60; 2 41; 16 d 2; TierSchTrV: Einf. 6
Rennen 3 12, 36, 37
replace, reduce, refine s. Tierversuche
repressives Verbot mit Befreiungsvorbehalt 4 a 2
Reptilien s. Kriechtiere

Richtlinien (s. auch Europäische Gemeinschaft; s. auch Verwaltungsvorschriften) 2 39, 41; Anh. 2 49
Rinder (s. auch Kälber, Schlachten, Tiertransporte)
- Allgemeines Anh. 2 7–10; 17 60, 88, 89, 90; 18 20; TierSchNutztV: 3 2; 5 2
- artgemäße Bedürfnisse 2 9, 25; Anh. 2 8
- Bewegungsbedürfnis Anh. 2 9
- BSE 2 21; 17 25, 41
- Empfehlungen des St. Ausschusses 2 42; Anh. 2 10; 5 8; TierSchNutztV: 4 2
- Haltungsformen Anh. 2 7
- Krankheiten 2 35
- Kuhtrainer 3 67
- Leiden Anh. 2 9; 17 88, 89, 90, 100
- Massentötungen 17 41
- Milchkühe 3 7; 11 b 20; 17 69, 90
- Qualzüchtung 11 b 18, 20
- Schächten 4 a 8, 10, 22
- Schäden Anh. 2 9
- Schmerzen 2 35; Anh. 2 9
- Verhaltensstörungen 17 88, 89, 90
- Verletzungen 2 35; Anh. 2 8, 9, 10; 17 89, 90
Robben Einf. 37; Anh. 2 70; 11 25
Rodeo 3 37
Rohheit 17 103, 104
Rücknahme der Erlaubnis/Genehmigung (s. auch Tierversuche) 11 16, 18, 26, 27, 30; 16 a 13; 17 79; 20 2; TierSchNutztV: 17 3, 4; TierSchTrV: 11 a
ruhen 2 13, 15, 29, 31, 34; Anh. 2 2, 5, 6, 8, 12, 18, 22, 26, 40, 48, 65; 2 a 2, 9; 13 a 7; 16 a 10; 17 92, 95; TierSchNutztV: 3 4; Vor 5–11 3, 4; 5 2; 6 1; 9 3; 10 2; Vor 12–15 6; 13 2, 6, 13; 14 2
Rundmäuler 4 1

Sachaufsichtsbeschwerde Einf. 36
Sachbeschädigung 17 73, 81, 82
Sachen Einf. 1, 43, 53; 17 82
Sachkunde (Kenntnisse und Fertigkeiten) Einf. 7; 2 38; 4 11–14; 4 a 16, 17, 20; 4 b 2; 5 5; 6 26, 28; 8 b 7; 9 1–5; 10 a 8; 11 14, 17, 24, 26, 29; 13 8, 10, 13, 17; 16 a 12, 25; 17 11, 29, 75; 18 14; HundeVO: Einf. 2, 5; 3; 12; TierSchNutztV: 4 1; 8 4; 17 4; TierSchTrV: 13 1–5; TierSchlV: 4 1–5; 15 5

Sachverzeichnis

Sachkundenachweis 2 a 2; 4 13, 14; 4 a 20; 4 b 2; 11 17; HundeVO: 3
Sachkundebescheinigung TierSchTrV: 13 2–5; 42 2; TierSchlV: 4 2, 3, 5
Sachkundeprüfung 4 14; 11 17; TierSchTrV: 13 3, 4; TierSchlV: 4 3; Anl. 3 Teil I 4
Sachverständige s. Gutachter
Säugetiere 4 1, 3; 4 a 1; 5 5
Schächten 4 a 5–27; 4 b 2; 17 74, 75; 18 20; TierSchlV: 13 13
Schädlingsbekämpfung 3 59; 4 7; 11 14, 20; 13 9; 17 28–32; TierSchlV: 1 3
Schärfe 3 39, 47
Schaden (s. auch Enten, Hunde, Kälber, Kaninchen, Legehennen, Masthühner, Pelztiere, Pferde, Puten, Rinder, Schweine, Strauße, Versuchstiere, Wachteln, Zirkustiere, Zoofachhandel, s. auch Schlachten, Tiertransporte, Tierversuche) Einf. 44; 1 24–26; 2 11, 27, 36; Anh. 2 3, 8, 9, 13, 19; 2 a 9, 10; 3 13, 29, 34, 53, 59, 63; 4 18; 5 5; 6 3, 5, 6, 7, 8, 13, 16, 20, 21, 22, 23, 24; 11 19, 22, 25, 26; 11 b 5, 10, 12, 13, 19, 21, 22, 25, 26, 30; 12 2, 4, 7 a; 13 4, 5, 7, 10, 14; 13 a 7; 14 3; 15 10; 16 9 a; 16 a 4, 8, 11, 20, 24, 26; 17 8, 29, 30, 68; 18 12, 14, 15, 22, 24; 19 7; 20 6; TierSchNutztV: 3 3; 16 3
Schadgase TierSchNutztV: 6 6; Vor 12–15 16; 13 15
Schafe (s. auch Schlachten, Tiertransporte) 2 42; 4 a 8, 10, 22; 5 8, 10, 11; 6 7, 12; 11 19; 17 36, 99, 100, 101
Schalentiere 1 16, 23 a; TierSchlV: 13 18
Schaustellung 3 31; 11 6, 13
Schiedsverfahren 16 f–16 i 5
Schildkrötenrennen 3 12
Schlachten
- Akkord TierSchlV: 3 4; 5 5; 13 3, 8; Anl. 3 Teil II zu Nr. 3.1
- Allgemeines Einf. 13; 2 2; 4 3, 5; 4 a 1–4; 9 10; 17 10, 36–38, 94, 98; 19 11
- Angst TierSchlV: Einf. 8; 3 1, 2; 13 8 a, 10; Anl. 3 Teil I 4; Anl. 3 Teil II zu Nr. 4.7, 4.8
- Anordnungen TierSchlV: Einf. 6; 10; 12 2; 15 5
- Aufhängen TierSchlV: 12 3, 5; 13 9, 10, 11, 19
- Aufregung TierSchlV: 3 1, 3, 5, 6; 5 3, 4; 6 2; 8 3; 12 2; 13 4, 8 a; 14 1, 3 a; Anl. 3 Teil I 2, 4; Anl. 3 Teil II zu Nr. 4.1–4.3
- Behältnisse TierSchlV: 5 6, 7; 6 4; 7 2, 3; 9; 13 9, 10;
- Behörde TierSchlV: Einf. 6; 10; 12 2; 13 8, 11; 14 1; 15 5; Anl. 3 Teil I 2, 3
- behördlich veranlasste Tötung TierSchlV: Einf. 4, 7; 1 1; 14 3 a; Anl. 3 Teil I 3
- Betäuben, Betäubung TierSchlV: Einf. 4; 3 1, 2, 5, 6; 4 1, 2, 3, 5; 5 3; 8 1, 5; 12 1, 2, 3, 5; 13 1–12, 14, 16, 18, 19; 14 2, 3 a, 4; 15 5; Anl. 3 Teil I 2, 3; Anl. 3 Teil II zu Nr. 3.1–3.5, 4.1–4.8, 7
- Betäubungsanlage TierSchlV: Einf. 8; 5 5; 13 10
- Betäubungsgeräte TierSchlV: 13 11
- Betäubungs- und Tötungsverfahren TierSchTrV: 28 2; TierSchlV: Einf. 1; 2; 3 2; 13 2, 16; 14 1–3; Anl. 3 Teil I 1, 2, 3
- Betäubungsbucht TierSchlV: 5 4; 6 3; 12 1; 13 3, 4, 5, 8
- Betäubungszange TierSchlV: 12 3; 13 3, 16
- Betäubungszwang TierSchlV: Einf. 1; 13 14
- betreuen, Betreuung TierSchlV: 2; 4 1; 15 5
- Bolzenschuss TierSchlV: 12 1; 13 8, 8 a, 11, 16; Anl. 3 Teil I 3
- Brühanlage TierSchlV: Einf. 8
- CO2-Anlage TierSchlV: Einf. 8; 5 4; 6 3; 13 6
- CO2-Verfahren TierSchlV: 13 6, 10; Anl. 3 Teil I 3, 4; Anl. 3 Teil II zu Nr. 4.1–4.4, 4.7, 4.8
- DFD-Fleisch TierSchlV: 3 3; 5 3
- Einzeltierfallen TierSchlV: 13 4
- Elektrobetäubung TierSchlV: 13 3–5, 7, 9, 12, 14; Anl. 3 Teil II zu Nr. 3.3
- Elektrokurzzeitbetäubung TierSchlV: 14 4
- Elektro-Treiber TierSchlV: Einf. 8; 3 5; 5 3–5, 7; 6 2, 3; 8 1; 13 6, 8; Anl. 3 Teil II zu Nr. 3.1, 4.1–4.3
- Elektro-Zange s. Betäubungszange
- Empfindungs- und Wahrnehmungsvermögen 13 a 7; TierSchlV: 3 6; 13 2, 3, 4, 12, 13; 14 2
- Entladen, Entladung TierSchlV: Einf. 4; 1 2; 5 6, 7; 6 1–4; 8 2; 13 9

Sachverzeichnis

- Entbluten, Entblutung TierSchlV: 5 5; 8 1; 13 2, 3, 4, 8 a, 9, 10, 12, 13, 19; 14 4; Anl. 3 Teil II zu Nr. 3.2, 3.3
- Entblutungsschnitt TierSchlV: Einf. 8; 13 12, 19; 14 2
- Enten TierSchlV: 13 16; Anl. 3 Teil II zu Nr. 3.4, 3.8
- Enthaupten TierSchlV: 13 16; Anl. 3 Teil I 3; Anl. 3 Teil II zu Nr. 3.8
- Ersatzgerät TierSchlV: 13 11, 19
- EU-Schlachtrichtlinie Einf. 32, 33; TierSchlV: Einf. 3; 4 1; 5 6; 7 3; 8 1; 13 3, 13, 16; 14 3 a; Anl. 3 Teil I 3; Anl. 3 Teil II zu Nr. 5, 6
- Europ. Schlachttierübereinkommen 4 b 3; TierSchlV: Einf. 3; 13 13
- Fehlbetäubungen TierSchlV: 5 5; 12 1; 13 3, 4, 5, 6, 8, 9, 12; 15 5; Anl. 3 Teil II zu Nr. 3.1, 3.5, 4.1–4.3
- Fleischqualität TierSchlV: 3 3; 7 2; 8 2; 13 2, 4, 8 a
- Fische TierSchlV: Einf. 1, 4; 5 6; 10; 13 12, 14, 19
- Fixation, Fixierung 4 a 8; TierSchlV: 3 5, 6; 12 4; 13 4, 8 a; Anl. 3 Teil II zu Nr. 3.2
- füttern, Fütterung TierSchlV: 7 3, 4, 5; 13 11
- Gänse TierSchlV: 13 16; Anl. 3 Teil II zu Nr. 3.4, 3.8
- Gatterwild TierSchlV: Einf. 4; 2; Anl. 3 Teil I 3
- Gefahr TierSchlV: 11
- Geflügelschlachtereien TierSchlV: 12 3; 13 9, 16
- Genickschlag TierSchlV: Anl. 3 Teil I 3; Anl. 3 Teil II zu Nr. 5, 6
- Großvieheinheiten 16 11; TierSchlV: Anl. 1
- halten, Haltung TierSchlV: Einf. 2; 7 1
- Hausschlachtungen TierSchlV: 2; 5 1; 13 1, 16; Anl. 3 Teil I 3
- Hausgeflügel TierSchlV: 2; 5 6; 7 3; 9; 12 3, 5; 13 2, 11, 12, 16; Anl. 3 Teil I 3; Anl. 3 Teil II zu Nr. 3.4, 3.5, 5, 6
- Hochvoltbetäubung TierSchlV: 13 5; Anl. 3 Teil II zu Nr. 3.1, 3.2
- Höchstdauer Betäubung/Entblutungsschnitt TierSchlV: 13 12, 19; 14 2; Anl. 2; Anl. 3 Teil II zu Nr. 3.2
- Hummer s. Krebse
- Hygiene, hygienisch TierSchlV: 3 2; 13 2

- Kälber TierSchlV: 12 2
- Kaninchen TierSchlV: 7 3; 9; 12 3; Anl. 3 Teil I 3; Anl. 3 Teil II zu Nr. 5, 6
- Kohlenmonoxidverfahren TierSchlV: Anl. 3 Teil I 4
- Kontrolle, Überwachung TierSchlV: 7 4, 5; 13 8, 11; Anl. 3 Teil II zu Nr. 3.8
- Kopfschlag TierSchlV: 13 16; Anl. 3 Teil I 3; Anl. 3 Teil II zu Nr. 5, 6
- Krankheit, krank TierSchlV: 1 1; 2; 7 4; 8 1; 10
- Krebse TierSchlV: 13 18
- Krustentiere TierSchlV: Einf. 4; 5 6; 11
- Leiden TierSchlV: Einf. 6; 3 1, 2, 4, 6; 5 2, 6, 7; 6 4; 12 2; 13 2, 6, 8 a, 10, 16; 14 1, 3 a; 15 5; Anl. 3 Teil I 2, 4; Anl. 3 Teil II zu Nr. 3.5
- liegen, Liegefläche TierSchlV: 8 2, 3
- mobiles Schlachten, mobile Schlachtbox TierSchlV: 13 8 a
- Notschlachtung, -tötung TierSchlV: 4 2
- Pelztiere TierSchlV: Einf. 4; Anl. 3 Teil I 4
- Pflege TierSchlV: Einf. 2; 2
- Piglift TierSchlV: 13 7
- PSE-Fleisch TierSchlV: 3 3, 5; 5 3
- Puten TierSchlV: 12 3; 13 9, 10, 16; Anl. 3 Teil I 3, 4; Anl. 3 Teil II zu Nr. 3.5, 3.8
- Restrainer TierSchlV: 12 3; 13 5
- Rinder 17 36, 37; TierSchlV: 3 3; 5 2, 3, 4; 6 3; 7 3; 8 2; 12 1; 13 8, 8 a, 12; 14 4; Anl. 3 Teil I 3; Anl. 3 Teil II zu Nr. 3.3
- Rückenmarkszerstörer TierSchlV: 13 8
- Ruhigstellen, Ruhigstellung 4 11; TierSchlV: Einf. 4; 3 1, 2; 4 1, 2, 3, 5; 12 1, 2, 3, 5; 13 1, 4, 11; 14 3 a; 15 5
- Schafe TierSchlV: 12 2; 13 12; Anl. 3 Teil I 3, 4
- Schächten TierSchlV: 12 2; 13 13, 19
- Schäden TierSchlV: Einf. 6; 3 1, 2, 4, 6; 5 2, 6, 7; 6 4; 11; 12 2; 14 1; 15 5
- Schalentiere TierSchlV: 13 18
- Schlachtband TierSchlV: 5 5
- Schlachtbetriebe TierSchlV: Einf. 8; 1 2; 2; 6 1, 2; 7 2; 12 1; 13 1, 3, 4; 15 3
- Schlachten, Schlachtung TierSchlV: Einf. 7; 3 1; 4 1, 2, 5; 8 1, 2, 5; 12 1; 13 1, 11, 14, 16; 14 3 a; 15 5

Sachverzeichnis

- Schlachteinrichtungen 16 1
- Schlachtstätte TierSchlV: 3 1; 4 1; 5 1; 15 5
- Schmerzen TierSchlV: Einf. 6; 3 1, 2, 4, 6; 5 2, 6, 7; 6 4; 8 4; 12 2. 13 2, 9, 10, 16; 14 1, 3 a; 15 5; Anl. 3 Teil I 2, 4; Anl. 3 Teil II zu Nr. 3.5
- Schweine 17 36, 37; TierSchlV: 3 3, 5; 5 2, 3, 4; 6 2, 3; 7 2; 8 2; 12 1; 13 2–7, 12; Anl. 3 Teil I 3, 4; Anl. 3 Teil II zu Nr. 3.1, 3.2, 3.3, 4.1–4.4, 4.7, 4.8
- Stoffe mit Betäubungseffekt TierSchlV: Anl. 3 Teil I 4; Anl. 3 Teil II zu Nr. 7
- Stress TierSchlV: Einf. 8; 5 4; 8 3; 13 6, 9
- Tierversuche TierSchlV: 1 3; 14 3
- Töten, Tötung TierSchlV: Einf. 4; 1 1; 3 1; 4 1; 8 1, 5; 13 1, 11, 14, 18; 14 3 a; 15 5; Anl. 3 Teil I 1, 3; Anl. 3 Teil II zu Nr. 7
- Tod TierSchlV: 13 2, 4; 14 3 a
- tränken, Tränkung TierSchlV: 7 3, 5; 13 11
- treiben TierSchlV: Einf. 8; 3 1; 4 1; 5 2, 4, 7; 6 3, 4; 15 5
- Treibgänge, Treibwege TierSchlV: 3 6; 5 3, 4; 6 3
- Treibhilfen TierSchlV: 5 2, 3
- TVT (Tierärztliche Vereinigung für Tierschutz) TierSchlV: 10
- unterbringen, Unterbringung TierSchlV: Einf. 4; 2; 3 1; 4 1; 14 3 a; 15 5
- Verbraucherschutz TierSchlV: 3 3, 6; 5 3; 8 2
- Verletzung, verletzt TierSchlV: 1 1; 6 4; 7 4; 8 1; 10; 13 9
- vermeidbar TierSchlV: Einf. 6; 3 1–6; 5 7; 6 2; 8 3; 13 2, 16; 14 1, 3 a; Anl. 3 Teil I 2
- Versorgung TierSchlV: 7 4
- Videotechnik, Videoüberwachung TierSchlV: 13 8
- Wahrscheinlichkeit, wahrscheinlich TierSchlV: 3 2
- Wartestall, Wartebucht TierSchlV: Einf. 4, 8; 3 5, 6; 6 3; 8 2, 3
- Wasserbadbetäubung TierSchlV: 4 2; 13 9, 11, 16; Anl. 3 Teil I 3; Anl. 3 Teil II zu Nr. 3.4, 3.5, 3.8
- Wiedererwachen 13 a 7; TierSchlV: Einf. 8; 13 2, 3, 9, 12, 19; 14 2, 4; 15 5; Anl. 3 Teil II zu Nr. 3.2, 3.3

- Wirbeltiere, Wirbeltierarten TierSchlV: Anl. 3 Teil I 1, 3
- Ziegen TierSchlV: 13 12; Anl. 3 Teil I 3

Schlagstempel TierSchTrV: 5 2
Schlangen 17 42
Schliefanlage 3 51
Schlittenhunderennen 3 37
Schmerzen (s. auch Enten, Hunde, Kälber, Kaninchen, Legehennen, Masthühner, Pelztiere, Pferde, Puten, Rinder, Strauße, Schweine, Versuchstiere, Wachteln, Zirkustiere, Zoofachhandel, s. auch Schlachten, Tiertransporte, Tierversuche)
- Allgemeines 1 12–16; 2 35; 2a 9; 3 4, 17, 34, 53; 4 5, 10, 19, 20; 4b 1, 3; 5 1, 6, 15–17; 6 11, 13, 21, 23; 11 19, 20, 22, 25, 26; 11b 5, 10, 12, 13, 19, 20, 21, 22, 25, 26, 30; 12 4; 13 4, 5, 14; 13a 7; 16a 8, 11, 14, 24, 26; 17 13, 29; 19 7; 20 6
- anhaltende oder sich wiederholende Schmerzen 17 54
- erhebliche Schmerzen 3 13, 29, 59, 63; 4 a 9, 11, 16, 17, 22, 25, 26, 28; 5 8–13, 18; 6 8; 15 10; 16 9 a; 16 a 20; 17 29, 30, 40, 46, 48, 50–52, 102, 103; 18 12, 14, 15, 22, 24; 19 3, 5, 8; TierSchNutztV: 16 3
- Indikatoren für Schmerzen 1 14; 17 52
- Schmerzfähigkeit 1 6, 8, 14–16, 23, 26; 5 7; 17 48
- Wahrscheinlichkeit von Schmerzen Einf. 13

schmerzlindernde Mittel s. Tierversuche
Schmerzvermeidung, Gebot der 4 5, 10, 19; 17 12, 13, 20, 29; TierSchlV: 13 14
schnabelkürzen 6 21–24; 17 93; 18 20
Schuld 17 78–80; 19 5, 6; 20 13
Schutz des Schwächeren 1 23 a
Schwanzbeißen 17 62, 86
Schwanzspitzenentzündung Anh. 2 10; 6 25
schwanzkürzen 1 41; Anh. 2 8, 10; 5 7, 10, 11; 6 11, 21, 25
Schweden 2 22; Anh. 2 5, 6, 21; 3 67; 10 24; 13 a 4
Schweine (s. auch Schlachten; Tiertransporte)
- Allgemeines Anh. 2 1–6; 2a 9; 18 20; TierSchNutztV: 3 2
- Abschleifen von Eckzähnen 5 12; 6 13

Sachverzeichnis

- artgemäße Bedürfnisse 2 18, 25; Anh. 2 2
- Bewegungsbedürfnis Anh. 2 3
- Empfehlungen St. Ausschuss 2 42; 6 9; TierSchNutztV: 4 2
- EU-SVC-Report Schweine Anh. 2 2, 3, 6; 5 8; 17 87
- Haltungsformen Anh. 2 1
- Kastenstand Anh. 2 2–6; 17 87
- Kastrieren 5 8; 6 7
- Leiden Anh. 2 3; 17 86, 87
- Qualzüchtung 11 b 18, 19
- Schäden Anh. 2 3
- Schmerzen 2 35; Anh. 2 2, 3
- Schwanzkürzen 1 41; 5 10; 6 11
- Schweinepest 17 26
- Tierversuche mit Schweinen 7 51; 11 19
- Verhaltensstörungen Anh. 2 3, 6; 17 86, 87
- Verletzungen 2 35; Anh. 2 3; 17 86

Schweiz Einf. 40; 1 4; Anh. 2 5, 6, 21, 23, 25, 46, 52; 2 a 10; 3 46, 67; 5 8, 9, 10; 6 6, 22; 7 32, 43, 46, 51; 9 14; 13 a 1, 2, 3, 5, 6
Schweregradtabellen s. Tierversuche
Seehunde (s. auch Robben) Einf. 37
Sentientismus Einf. 17
serienmäßig hergestellt 13 a 6, 9; 16 13
Setzkescher 17 24
Seuchen 17 25–27
Sitten, sittlich 1 52, 54; 7 40
Sittengesetz 1 52
sittliche Ordnung Einf. 3; 1 3
Skunk 18 20
sofortige Vollziehbarkeit 16 6, 7; 16 a 8, 14, 17–20, 23, 24, 26, 30; 18 18; HundeVO: 12; TierSchNutztV: 16 3; TierSchTrV: 42 2
Sofortvollzug 16 6, 7; 16 a 14, 17, 18, 19
Soll-Vorschriften Einf. 27 a; 2 42; 11 27; HundeVO: 2; TierSchNutztV: 5 2
Sozialadäquanz 17 5
Sozialverhalten 2 15, 29, 31, 34; Anh. 2 2, 6, 8, 12, 18, 22, 26, 28, 30, 40–43, 48, 57; 2 a 2, 9; 7 36, 43; 8 b 11; 13 a 7; 16 a 10; 17 94; HundeVO: Einf. 1; TierSchNutztV: Vor 5–11 4; 8 2; Vor 12–15 10; TierSchTrV: 23 4; TierSchlV: 7 4
Spezialgesetz, spezielle Gesetze 1 35; 17 72
Speziesismus Einf. 19
Spielverhalten Anh. 2 3, 65, 66; 3 63; 17 53, 62, 88; TierSchNutztV: 8 3; 10 2

Spinnen 11 c 2; 18 24
Sport mit Tieren Einf. 13; 1 32; 3 5, 7, 10, 12; 17 23, 38
Springderby 3 37
Staatsanwaltschaft 17 83, 84, 85; 18 2, 6; 19 6, 9, 10, 11; 20 4; 20 a 3; TierSchNutztV: Vor 12–15 2
Staatsziel Tierschutz 20 a GG 1–25; 1 47; 2 a 9, 10; 3 35; 4 a 17, 24–27; 7 17, 45; 8 6, 9; 10 17, 18, 25; 11 26; 15 8; 16 a 20; 17 27, 28, 39; TierSchTrV: Einf. 8
Stachelhalsband HundeVO: 7
Stalleinrichtungen 13 a 2, 5, 6, 9, 11
Stand der Technik TierSchNutztV: 3 3
Stand der wissenschaftlichen Erkenntnisse (s. auch Tierversuche) 4 a 10; 5 7, 8, 12, 15; 6 17; 11 20; 17 28, 29, 37, 49, 51, 95; TierSchTrV: 23 2
Stereotypien 1 24; 2 18; Anh. 2 3; 17 62, 64, 87, 88, 94, 95, 97; TierSchNutztV: 6 4; 8 3; 11 6, 8; Vor 12–15 1; 13 8
Stimmbänder 9 11
Stör 18 20
Störer s. Handlungsstörer, Zustandsstörer
Stoffe zum Fangen, Fernhalten, Verscheuchen 13 1, 3
Stopfmast Einf. 34; 3 55
Strafanzeige 17 83; 18 4
Strafe 17 81; 19 4
Straftat 17 12, 21; 18 2; 19 1, 3, 5, 9; 20 1, 5, 13; 20 a 1; TierSchlV: 10; 13 12; 15 5
Straftatbestand Einf. 53, 60; 16 a 5; 17 74
Straßenverkehr Einf. 55, 56
Strauße 2 42; Anh. 2 33–37; 11 10, 25; 17 38; TierSchNutztV: 3 2
Stress (s. auch Tiertransporte) 17 22, 67, 98, 101; TierSchNutztV: 8 3
Streunen 17 17
Strohmann 20 12
Stromeinwirkung s. Elektroreizgeräte

Täter einer Straftat/Ordnungswidrigkeit Einf. 60; 3 1, 11, 15, 24, 34, 57, 59; 4 a 28; 8 35; 10 a 9; 11 b 28; 17 2–4, 54–56, 72, 75, 78–82, 103, 104; 18 7, 9–14, 16, 18–21; 19 3–8; 20 5, 11, 13, 14; 20 a 1; TierSchNutztV: 16 2; TierSchTrV: 42 1; TierSchlV: 15 3
tätowieren 5 14; 11 a 5

695

Sachverzeichnis

Tateinheit/Tatmehrheit 17 82; 20 13; TierSchTrV: 42 4; TierSchlV: 15 4
Tatort 17 80
Tatverdacht 17 83; 18 1, 5
Tatwerkzeug 19 1
Tauben (s. auch Brieftauben) 11 b 17, 18; 17 31, 32
Teilnehmer an einer Straftat s. Anstiftung; Beihilfe
Teilnehmer an einer Ordnungswidrigkeit s. Beteiligung
Teletaktgeräte 3 62–65
Tellereisen 13 8
Terrarientiere Anh. 2 57
Tierangriff 17 5
Tierarzt (s. auch Amtstierarzt) 2 27; 3 7, 36, 37; 5 5, 6; 6 5, 6, 8, 20, 22; 9 25; 17 3, 56, 85; 18 11; TierSchNutztV: 4 3
Tierbörsen 3 20; 11 8, 19, 24; 16 a 14; TierSchTrV: 1; 3 2
Tierethik s. Ethik
Tierfallen s. Fallen
Tiergerechtheit, tiergerecht 2 8–11; 13 a 2, 7, 12
Tierhalter s. Halter
Tierhaltungsverbot s. Haltungsverbote; Umgangsverbote
Tierhaltung s. Halten, Haltung
Tierhandel s. Handel
Tierheime 1 40; 11 5; 17 34
Tierkämpfe 3 37, 41
Tiermehl 2 21
Tiermisshandlung s. Tierquälerei
Tierpension 11 5
Tierpfleger 2 38
Tierquälerei (s. auch Leiden; Schmerzen) 17 47–104
Tierrechte Einf. 16, 17, 41
Tierschau 11 13, 25, 26; 16 2
Tierschutz s. anthropozentrischer, ethischer, kultureller, ökonomischer Tierschutz
Tierschutzanwalt Einf. 40
Tierschutzbeauftragter s. Tierversuche
Tierschutzbeiräte 15 2
Tierschutzbehörde s. Behörde
Tierschutzberichte der Bundesregierung 16 e; TierSchNutztV: 17 4
Tierschutzgesetz Einf. 5, 6, 7, 18, 20
Tierschutzinspektoren 15 2
Tierschutzkommission (s. auch Ethikkommissionen) 2 a 6; 15 a 2; 16 b 1, 2

Tierschutzorganisationen Einf. 37; 15 5, 12; 16 a 20; 16 b 1; 17 33, 35; HundeVO: Einf. 2
Tierseuchen s. Seuchen
Tiertötung (s. auch Schlachtung; Tierversuche)
– Allgemeines 20 a GG 9; 1 40; 2 27; 4 2–20; 4 b 1; 11 b 5; 17 1–46, 81; 18 12, 15, 22; 19 3, 8; TierSchNutztV: 4 3; TierSchTrV: 28 2; 29
– beschlagnahmter oder sichergestellter Tiere 16 a 15, 16, 20; 17 6; HundeVO: Einf. 2, 3, 5; TierSchTrV: 41 2
– im Rahmen weidgerechter Jagdausübung 3 42, 43; 4 6; 17 12–17
– Sport Einf. 13, 17; 1 32; 17 8
– überzähliger Tiere 17 33–35
– von Eintagsküken s. dort
– von neugeborenen Kälbern 17 39
– von Pelztieren 17 43
– von Zootieren 17 33
– Tötungsvorsatz 17 4
– zu wissenschaftlichen Zwecken 4 15, 18, 19
Tiertransporte
– Absender TierSchTrV: 6 1; 18; 20 2, 3, 4; 22; 30; 34 7
– Allgemeines 20 a GG 9; Einf. 13; 2 2; 2 a 5; 3 5; 11 24; 11 b 19; 14 2; 16 a 3, 25; 16 f–16 i 5; 17 99; 18 1, 17
– Amtstierarzt TierSchTrV: Einf. 5, 6; 2 2; 34 2, 3, 6, 7
– Angst TierSchTrV: 5 3
– Anordnungen TierSchTrV: Einf. 9; 39; 41 2, 3
– Aufenthaltsorte (VO EG Nr. 1255/97) 16 1; TierSchTrV: Einf. 1; 2; 24 2, 4, 5; 27 2; 34 1, 2
– Ausland TierSchTrV: Einf. 6; 11 1; 19; 24 2; 34 3, 6
– BbT (Bundesverband der beamteten Tierärzte) TierSchTrV: Einf. 5, 6
– Be- und entladen TierSchTrV: Einf. 4, 5; 2; 4 3; 5 1, 2; 17; 24 3, 4, 5, 6; 25 1, 2; 32 2; 34 1, 6; 39; 42 2
– Beförderer TierSchTrV: 2; 3 3; 4 3; 6 1, 2; 7 2, 3; 11 1–4; 11 a; 13 2; 18; 22; 25 1; 30; 31; 34 1, 2, 7; 41 2; 42 1, 2
– Behältnis 14 3; TierSchTrV: 6 1, 2; 13 2; 17; 18; 32 1, 2; 33
– Behörde TierSchTrV: Einf. 9; 4 2; 18; 34 2, 3, 6; 39; 41 1, 2; 42 2
– Beihilfe TierSchTrV: Einf. 6; 34 6, 7

Sachverzeichnis

- Belastungen TierSchTrV: Einf. 4, 5, 6; 4 1, 3; 5 1, 4; 25 2; 27 1; 32 1; 34 3
- Beschleunigungsgrundsatz TierSchTrV: 4 3; 20 1; 25 2
- Bestimmungsdrittland TierSchTrV: Einf. 1, 5
- Bestimmungsort TierSchTrV: Einf. 8; 2; 4 3; 6 3; 24 1, 2; 34 1, 2
- Betreuer TierSchTrV: 6 1
- Drittländer TierSchTrV: 27 2; 34 1, 4
- Garantenstellung TierSchTrV: Einf. 6
- Gefahr TierSchTrV: 7 1, 4
- Gewissen TierSchTrV: Einf. 6
- Elektro-Treiber TierSchTrV: 5 3; 27 1; 28 2
- Erlaubnis TierSchTrV: 11 1–4; 11 a
- EU-SCAHAW-Report Tiertransporte TierSchTrV: Einf. 5; 3 1, 2; 4 2; 5 3, 4, 5; 6 3; 7 3; 23 2; 24 3, 4; 27 1, 2; 34 3, 6; 39
- EU-Tiertransportrichtlinie Einf. 32, 33; TierSchTrV: Einf. 1, 3, 8; 1; 3 1, 2; 17; 24 3; 26; 39; 41 2, 3
- EU-Tiertransportbericht TierSchTrV: Einf. 3; 3 2; 34 3; 39
- Europ. Tiertransportübereinkommen TierSchTrV: Einf. 1; 23 3; 29
- Exporterstattungen TierSchTrV: Einf. 1, 5, 7
- Ferntransporte 17 99; TierSchTrV: Einf. 4, 5, 6; 3 2; 34 2, 6
- Fische TierSchTrV: 1; 13 2; 33
- Fleischqualität TierSchTrV: 5 1, 3, 4; 23 2
- Füttern, Fütterung TierSchTrV: Einf. 3, 5; 6 3, 4; 20 2; 23 3; 24 2–6; 34 2, 4
- Hähnchenfangmaschinen TierSchTrV: 5 1
- Hausgeflügel TierSchTrV: 13 2; 30
- Hauskaninchen TierSchTrV: 30
- Inland TierSchTrV: Einf. 6; 24 1; 34 6
- Jungtiere TierSchTrV: 3 2; 24 4
- Kälber TierSchTrV: Einf. 7; 3 2; 5 2, 4; 24 4
- Kontrollen TierSchTrV: Einf. 1, 3, 5; 25 1; 41 1, 2
- Krankheit, krank TierSchTrV: 3 1; 26; 27 1, 3; 28 1
- Ladebescheinigung TierSchTrV: Einf. 6
- Leiden TierSchTrV: Einf. 4–9; 2; 3 1; 4 3; 5 1; 7 1; 23 2; 24 4; 26; 27 3; 29; 34 3; 42 2

- Liegen, Liegefläche TierSchTrV: 4 2; 18; 23 2
- Lufttransport TierSchTrV: 16
- Mindestbodenflächen TierSchTrV: 4 2; 18; 23 1, 2; 24 4; 25 1
- Nachnahmeversand TierSchTrV: 19
- Nichtregierungsorganisationen TierSchTrV: Einf. 3, 5; 34 3; 39
- Nutztiere TierSchTrV: 2; 6 3; 13 2; 20 2; 23 1; 24 1, 2; 26; 27 1, 3; 29; 34 1, 6; 35
- Pferde TierSchTrV: Einf. 4; 1; 4 1; 5 2, 4; 23 2, 3; 24 4; 27 1; 39
- Pflegen TierSchTrV: Einf. 5
- Rinder TierSchTrV: Einf. 4, 5, 7; 3 2; 5 2, 3; 23 1, 2; 24 4, 5; 27 1; 34 3
- Ruhen der Erlaubnis TierSchTrV: 11 a
- Ruhepausen TierSchTrV: Einf. 5; 24 2–6; 34 4; 39
- Säugetiere TierSchTrV: 32 1
- Schäden TierSchTrV: Einf. 5, 9; 2; 3 1; 5 1; 7 1; 26; 42 2
- Schafe TierSchTrV: Einf. 4, 5; 4 2; 5 2; 6 3; 7 1; 23 1–3; 24 4; 27 1; 34 3
- Schienentransport TierSchTrV: 14; 23 1; 24 5; 34 3
- Schiffstransport TierSchTrV: Einf. 5; 15; 23 1, 5; 24 5
- Schmerzen TierSchTrV: Einf. 4, 5, 9; 2; 3 1; 5 1, 3; 7 1; 26; 27 1; 28 2; 29; 42 2
- Schweine TierSchTrV: Einf. 4; 4 2, 3; 5 2, 3; 6 3; 23 1, 2, 4; 24 4; 27 1; 34 3
- Spezialfahrzeuge (VO EG Nr. 411/98) TierSchTrV: 6 3; 20 2; 24 1, 3, 4
- Straßenfahrzeuge TierSchTrV: Einf. 1, 3, 5; 39
- Straßentransport TierSchTrV: 5 5; 23 1; 34 3
- Stress TierSchTrV: Einf. 5, 8; 5 3, 4; 32 2
- tränken, Tränkung TierSchTrV: Einf. 3, 5; 6 3, 4; 20 2; 24 2–6; 30; 31; 34 2, 4
- Tränk- und Fütterungsintervalle TierSchTrV: Einf. 4, 5; 6 3, 4; 24 3–6
- Transportbescheinigung 17 99; TierSchTrV: Einf. 6; 34 6, 7
- Transportbetriebe 16 1
- Transportdauer TierSchTrV: Einf. 8; 4 3; 24 3
- Transporterklärung TierSchTrV: 10
- Transporteure 16 4; 16a 24; 17 39; TierSchTrV: 11 1

Sachverzeichnis

- Transportfähigkeit, -unfähigkeit TierSchTrV: Einf. 3; 3 1; 24 4; 26; 27 1–3; 34 6; 35; 39
- Transportfahrzeug 14 3; TierSchTrV: 2; 7 3; 24 3
- Transportführer TierSchTrV: 2; 3 3; 6 1; 11 4; 13 2; 25 1; 30; 31; 34 4, 7; 41 2; 42 1, 2
- Transportmittel 16 6; TierSchTrV: Einf. 5, 6; 2; 7 1, 4; 11 2; 27 1; 34 2, 3; 39
- Transportplan 16 4; TierSchTrV: Einf. 3, 6; 10; 34 1–4, 6, 7
- Transportzeitbegrenzung TierSchTrV: Einf. 8; 24 1, 4
- Treiben TierSchTrV: 5 2, 3
- TVT (Tierärztliche Vereinigung für Tierschutz) TierSchTrV: Einf. 5; 2; 5 2, 3, 4; 13 3; 23 1, 2; 24 4; 27 1; 32 1; 33
- Überladung TierSchTrV: Einf. 3; 39
- Verbraucherschutz TierSchTrV: 5 3, 4
- Verladen s. be- und entladen
- Verletzung, verletzt TierSchTrV: 2; 3 1; 5 1, 4; 7 1; 23 2; 26; 27 1, 3; 28 1; 29
- vermeidbar TierSchTrV: Einf. 9; 4 1
- vernünftiger Grund TierSchTrV: Einf. 6, 7; 34 3; 42 2
- Versandort TierSchTrV: Einf. 8; 2; 24 1, 2; 34 2; 35
- Versorgungsintervalle TierSchTrV: 2
- Versorgungsstationen s. Aufenthaltsorte
- Versuchstiere TierSchTrV: 3 1
- Vorsorgegrundsatz TierSchTrV: 7 1; 17; 23 1–3

Tierversuche
- Abschluss des Versuchs 9 24–27
- absolute Schmerz- und Leidensgrenze 1 6; 7 46
- Allgemeines 20 a GG; Einf. 3, 13; 4 16; 17 74, 75
- Alternativmethoden 1 40; 7 11, 13, 14, 15, 16, 17, 18, 20–34, 56; 8 8, 9, 14, 16, 17, 19, 21, 23, 24, 29, 31, 34; 8 a 7, 11; 8 b 10, 13, 16; 9 6; 10 6, 7, 8, 10–16, 17–21, 23, 25, 26, 29; 10 a 4; 11 b 26; 15 6
- Amtsermittlungsgrundsatz 7 17; 8 6, 9; 10 19, 25
- Angst 7 1, 36, 41, 43
- Antrag 8 3–5, 17
- Antragsteller 8 17, 34
- Anzeige 7 18 8 15, 33, 35; 8 a 1–9, 15; 10 27, 29; 10 a 7; 16 a 29; 17 75

- Antikörper 7 32; 10 a 1, 4, 5
- Arzneibuch 7 30; 8 20, 25; 8 a 7
- Arzneimittel 7 7, 30, 31, 43, 49, 55; 8 25; 9 20
- Arzneimittelprüfrichtlinien 8 28, 30; 8 a 14
- Aszites-Maus 7 32; 10 a 5, 6
- Aufklärungspflicht 8 13
- Auflagen 8 17, 34; 8 b 10; 9 27; 16 a 28, 29
- Aufzeichnungen 9 a 1–8; 10 27, 29; 11 a 1, 4, 7; 18 20
- Aus-, Fort- und Weiterbildung 4 17; 7 5; 8 a 3; 8 b 13; 9 a 2; 10 2, 5; 11 a 1; 16 c 1
- Ausbildungsversuche 10 5, 6, 7, 8, 10, 19, 20, 26, 27, 29; 18 20
- Ausbildungszwecke 10 7, 8, 18, 19, 20, 21, 25
- ausdrücklich vorgeschriebene Versuche 8 20, 22, 23, 25, 28, 30, 31; 8 a 7
- Bedarfsprüfung 20 a GG 23; 1 7; 4 18; 7 45; 9 20; 15 6
- Befristung der Genehmigung 8 16
- Behandlungen 7 1; 10 2; 10 a 1
- Belastung 7 1, 36, 39, 41, 42, 43, 45, 46, 50, 55; 8 21, 25; 8 a 2, 7, 9, 11; 8 b 10; 9 8, 9; 10 25; 15 6
- Betäubung, betäuben 9 11–14, 17; 9 a 4
- Bewegungsfreiheit 7 1, 43
- biotechnische Produktion 7 5; 8 a 3; 9 a 2; 10 a 1–8; 11 4; 11 a 1; 11 b 8; 16 c 1
- Blutentnahme 8 32
- Botulinumtoxin 7 7
- CADD 7 21, 31
- Chemikalien 20 a GG 10; 8 23; 9 20
- Computermodelle 7 21
- Computersimulation 7 53; 10 8, 11
- Diagnose 8 32
- Differenz-Nutzen 7 37, 45; 8 a 11; 15 6
- Doppelversuche Einf. 13; 7 19; 8 10; 8 a 11
- Draize-Test 7 24
- durchführende Person 9 1–5, 27; 9 a 1, 6, 8
- Eingriffe 7 1, 41, 51; 9 10; 10 2, 4; 10 a 1
- Eizellen 7 1
- Embryonen 7 1
- Erkenntnis, Erkenntnisgewinn 7 1, 3, 5, 7, 11, 12, 13, 19, 35, 41, 44, 46, 50, 51, 56; 8 10, 14, 33; 8 a 7, 11; 8 b 10; 9 13; 9 a 4; 10 3; 11 b 26; 15 6

Sachverzeichnis

- Ermittlungen 8 6, 9
- Erprobungsversuche 7 55
- Ersatz- und Ergänzungsmethoden s. Alternativmethoden
- ethische Vertretbarkeit **Einf.** 6; 1 45; 4 18; 7 1, 9, 11, 35–52, 55, 56; 8 6–9, 17, 21, 30; **8 a** 9, 12, 14; **8 b** 15; 9 8, 14, 16, 20, 23; 10 20, 21, 27; 10 a 6, 7; 11 b 26; 15 5, 6, 10; **15 a** 2; 17 35, 75
- EU-Chemikalienpolitik **20 a GG** 10
- EU-Tierversuchsrichtlinie **Einf.** 33; 7 1, 11, 13, 17; 8 8, 9, 13, 25; **8 a** 12
- Europ. Versuchstierübereinkommen 7 13, 14, 17; 8 8, 9, 13; **8 a** 12; 10 1, 18, 21
- fiktive Genehmigung 8 17; **16 a** 28
- Filme 10 8, 10
- finale Versuche 8 1, 17
- Fischtest 7 34; 8 19
- Forschung 4 15, 16; 7 3; 10 2, 5
- Forschungsfreiheit 7 17, 45; 8 6, 9; 9 10
- Fragestellung 7 1, 19, 34; 8 10, 16, 20, 25, 28, 31, 33; **8 a** 7; **8 b** 10; 9 6, 23; **9 a** 4; **11 b** 26
- Froschversuch 10 11, 24
- Gene-Pharming 7 51
- Genehmigung 7 18; 8 4, 9, 11, 13, 27, 33, 34, 35; **8 b** 3, 19; 9 5, 6, 27; **9 a** 3; 15 12, 13; **15 a** 2; **16 a** 28, 29; **16 c** 1; 17 35, 74, 75; 18 20
- genehmigungspflichtige Versuche 8 1; **8 a** 1; 10 3
- Genotoxizität 7 28
- gentechnologische Behandlungen 7 51; 11 4; **11 b** 9
- Gewebeschnitte 7 21
- Gewissensfreiheit 10 22–25
- Grundlagenforschung **Einf.** 13; 7 6, 10, 21, 33, 50, 51; 8 8
- Haltung von Versuchstieren s. Versuchstierhaltungen
- Hautverträglichkeitsprüfung 7 25, 55
- hervorragende Bedeutung 7 49, 50
- Impfung 8 32
- Infektionskrankheiten 7 21
- Kanzerogenität 7 28; 8 30
- Klonen 7 2, 51; **10 a** 2; **11 b** 25
- Konsuminteressen 7 9
- Kosmetika **Einf.** 7; 7 55
- Krankheit 7 7, 29, 37, 44, 49, 50, 51, 54, 55
- Kunststoffmodelle 10 8, 12
- LD50-Test 7 23, 52; 9 20

- Lehre, Lehrfreiheit 7 5; 8 8; 10 5, 22–25
- Leiden 7 1, 2, 7, 15, 35, 36, 39, 41, 43, 45, 46, 47, 50, 51, 55; 8 1, 33; **8 a** 2; **8 b** 10, 11; 9 6, 14, 17, 18; **9 a** 4; 10 2; **10 a** 1, 7; **11 b** 26; 15 6
- Leiter des Versuchsvorhabens 8 11, 15, 17, 35; **8 a** 7, 15; 9 1, 21, 26, 27; **9 a** 1, 6, 8; 10 26, 28, 29
- medizinische Zwecke 7 41
- mikrobiologische Diagnostik 7 29
- Myograph 10 14
- Narkose 7 1
- Neurobionik 7 53
- Nutzen 7 35, 37, 39, 41, 44, 45, 46, 50, 52, 55; 8 8, 17, 21, 25, 29, 31; **8 a** 2, 7, 11; 9 20; **9 a** 4; **10 a** 7; **11 b** 26; 15 6
- Nutzen-Schaden-Abwägung 7 35; 8 6–8, 23, 24; **8 a** 7, 9; 9 8; 10 20
- Organe 7 4, 5, 21
- Organismen **10 a** 1
- organtypische Kulturmodelle 7 21
- operative Eingriffe 9 4
- Pharmakologie 7 31
- Pharmakodynamik 8 30; **10 a** 2
- Phototoxizität 7 26, 55
- Plastination 10 8, 13
- Plausibilitätskontrolle 7 17; 8 6
- Produkte 7 7, 9, 38, 44, 55, 56; **8 a** 11; 9 20; **10 a** 1, 3
- Produkteprüfung 7 6
- Prüfungsbefugnis/-pflicht **20 a GG** 5, 17, 23; 8 6–9, 17; **8 a** 10, 11, 13, 14; 10 17–23; **TierSchNutztV:** 1 4
- Punktesystem 7 39; 17 52
- replace, reduce, refine s. Alternativen; s. auch unerlässlich
- Reproduktionstoxizität 7 27
- Risikobewertung 7 13, 15
- Rücknahme/Widerruf der Genehmigung 8 15, 17, 34; 9 27; **16 a** 28, 29
- Sachverständigengutachten 7 18, 39; 8 9, 10, 12, 13, 17; **8 a** 6; 10 23, 25
- Schaden 7 1, 2, 15, 35, 36, 41, 51, 55; 8 1, 8, 29, 31, 33; **8 a** 2; **8 b** 11; 9 6, 17, 18; **9 a** 4; 10 2, 4; **10 a** 1, 7; **11 b** 26; 15 6
- Schädlingsbekämpfungsmittel 7 9
- Schema für die Abwägung 7 42
- Schleimhautverträglichkeit 7 24, 55
- Schmerzen 7 1, 2, 15, 30, 35, 36, 39, 41, 43, 45, 47, 50; 8 1, 8, 33; **8 a** 2; **8 b** 11; 9 6, 14, 15, 17 18; **9 a** 4; 10 2; **10 a** 1, 7; **11 b** 26; 15 6

699

Sachverzeichnis

- schmerzlindernde Mittel 9 15
- Schweregradtabellen 7 43, 47
- Selbstversuche 10 8, 14
- Sicherheitslevel, Sicherheitsniveau 7 15, 16, 34; 8 14, 23; 8a 11; 8b 10; 9 6, 8, 27; 10 7; 15 6
- Sowieso-tote-Tiere 10 8, 15, 23
- Stand der wissenschaftlichen Erkenntnisse 7 14; 9 7
- Stress 7 1
- Tabakerzeugnisse 7 55
- Tierschutzbeauftragter 20a GG 15; Einf. 6; 4 19; 6 18; 8 12, 13; 8a 11; 8b 1–19; 10 29; 10a 8; 15a 2
- Tiertötung 1 40; 4 15–19; 7 4, 39; 8b 13; 10 4, 5, 6, 7, 8, 19, 20, 26, 27, 29; 16c 1; 18 20
- tierverbrauchsfreie Lehrmethoden 10 9–16
- Tierversuchskommissionen s. Ethikkommissionen
- Tod 7 36, 43
- Toxizitätsprüfungen 1 41, 45; 7 21, 23–28, 30, 52; 8 30; 9 8, 20; 15 6
- transgene Tiere 7 2, 51; 10a 2; 11 4; 11b 25; 16c 2
- Tuberkulosediagnostik 7 29
- Übertragbarkeit von Ergebnissen 7 12, 23, 25, 27, 37, 38, 41, 51, 52; 8 31; 8a 11; 9 20
- Umweltgefährdung 7 8, 38
- Unbehagen 7 1
- unerlässlich 7 11–34, 56; 8 6, 7, 9, 10, 16, 17, 19, 21, 23, 24; 8a 2, 10, 11, 12, 14; 8b 10; 9 6–10, 23; 9a 4; 10 1, 6–9, 21, 27, 29; 10a 4, 7, 8; 11b 26; 15 5, 6, 10; 16a 29; 17 35, 75
- Untersagung 8a 10–14; 8b 3, 19; 9 6; 10 27; 10a 7; 18 18
- Untersuchungsgrundsatz s. Amtsermittlungsgrundsatz
- Validierung 7 16, 24; 8 24
- Vermarktung 7 14, 16, 23; 8 23
- Versuchsvorhaben 8 5, 16, 35; 8a 8, 15; 8b 3, 13; 9 16, 17; 9a 4; 16a 28, 29; 18 20
- Versuchszwecke Einf. 6; Anh. 2 58; 7 1, 6–10; 8a 7; 10a 3; 11b 26; 15 6; 17 35
- Videoaufnahmen 10 8, 10
- vitale Interessen 7 41
- Vorbehandlung 7 4
- vorgeschriebene Tierversuche 8 19–31

- Waffen 7 54
- Waschmittel 7 55
- wesentliche Bedürfnisse 7 49, 50
- Wiederholungsverbot 9 16
- Wiederholungsversuche 1 41; 7 19; 8 10; 8a 11
- Wiederverwendungsverbot 9 17, 18; 9a 4
- wissenschaftliche Notwendigkeit 7 14, 16
- Xeno-Transplantation 7 51
- ZEBET 7 16, 18, 22; 8 9, 14, 17; 8b 10, 13
- Zellkultur 7 21, 53
- Zentralnervensystem 7 4, 53
- Züchtung für wissenschaftliche Zwecke 9 22, 23
- Zwecke s. Versuchszwecke
- Zweitanmelder 7 19

Tötungsanordnung 16a 15, 16, 20; 17 6, 25; HundeVO: Einf. 2, 3, 5; TierSchTrV: 41 2
Tod 1 25; 11b 5; 17 2, 4, 9, 29; 18 12, 22, 24; 20 6; TierSchTrV: 42 2
Tollwut 17 30
Tränk- und Fütterungsintervalle s. Tiertransporte
Tränkung s. Ernährung
Tränkeinrichtungen 13a 6; TierSchNutztV: 3 4; 13 13
tragende Tiere TierSchTrV: 3 2
Training 3 12, 28; 9 10
Tranquilizer Anh. 2 3
transgene Tiere s. Tierversuche
Transplantation 6 16, 28; 7 51
Transponder s. Implantate
Treiben (s. auch Tiertransporte; Tierversuche) 4 11
Treibhilfen s. Tiertransporte; Schlachten
TVT (s. auch Schlachten; Tiertransporte) 2 43, 44; Anh. 2 14, 53, 55, 57, 59, 62–68, 69, 70; 6 6, 8; 7 37, 41–44; 11 19, 22, 24, 25; HundeVO: 2; 5; 7; 8

Überforderung 2 27; 3 5
Übergangsregelungen 11 1; 21; HundeVO: 13; TierSchNutztV: 17 1–5; TierSchTrV: 43; TierSchlV: 17
Überwachung 2 26; 14 3–5; 16 1, 4, 12; 16f–16i 2; TierSchNutztV: 4 2; TierSchTrV: 41 1, 2
überzählige Tiere 16c 1; 17 33–35, 45; TierSchNutztV: 4 1

Sachverzeichnis

Umfragen 1 52, 55; 17 37
Umgangsverbote (s. auch Haltungsverbote) 20 1–14
Umwelt Einf. 11
Umweltschutz 20 a GG 8
Umweltstrafrecht 17 56, 74
Unbehagen 1 17, 19
Unerlässlichkeit, unerlässliches Maß (s. auch Tierversuche) 1 28, 39–42; Anh. 2 58, 60, 61, 68; 6 6, 9, 11, 17, 19, 21; HundeVO: 1; TierSchNutztV: 1 4; 6 2; TierSchTrV: 5 3; TierSchlV: 1 3; 5 3, 7
unerlaubtes Entfernen vom Unfallort Einf. 55; 17 57
Unfruchtbarmachung 6 20; 11 b 24; HundeVO: 11
Unglücksfall Einf. 54, 55; 4 a 4
unmittelbare Ausführung 16 7; 16 a 17–19
unmittelbarer Zwang 16 6, 7; 16 a 17
Unterbringung (s. auch verhaltensgerechte Unterbringung) 16 a 15–23, 25
untere Verwaltungsbehörde 15 1; 16 a 7
unterlassene Hilfeleistung Einf. 55
Unterlassen 17 3, 4, 55–57; 18 9, 12, 14, 16, 18, 21, 23
Unternehmen 18 10
Unterrichtungspflicht 15 a 1, 2
Untersagung 11 27, 28; 16 a 24–27; 18 18; 20 2; 21
Unterstände 2 27; Anh. 2 44
Unversehrtheit Einf. 22; 1 24; 6 2; 12 7 a; 13 8; 17 28; 18 24
Unzuverlässigkeit s. Zuverlässigkeit

Validierung s. Tierversuche
Veräußerung 3 18; 16 a 15, 16, 18–20, 22, 26; 19 8, 10, 11, 13, 14, 15; 20 14; HundeVO: Einf. 2
verantwortliche Person 11 16, 17, 18, 24; 16 2, 11, 12; HundeVO: 3
Verbandsklage 20 a GG 15; Einf. 39, 40
Verbotsirrtum 17 23, 24, 76, 79; 19 6; 20 13; TierSchNutztV: Vor 12–15 2
Verbringungsverbot 12 6, 7, 7 a
Verdacht 14 4; 17 83; 19 9; 20 a 1
Vereinbarungen mit Haltern 20 a GG 13; Anh. 2 15, 16, 17, 21, 25; 3 50
Verfassungsrang des Tierschutzes (s. auch Staatsziel) 20 a GG 1–25; 1 47, 54; 7 17, 45, 46; 10 17, 23, 25; 11 b 26; 17 27; TierSchNutztV: 17 2

Verfügung s. Verwaltungsakt
Verfütterung s. Lebendverfütterung
Vergrämungsmethoden 17 29
Verhältnismäßigkeit im engeren Sinne, verhältnismäßig 1 28, 37, 43–55; 2 37; 4 18; 6 8, 16, 20; 11 22; 12 7 a; 13 5, 12; 16 a 4, 13, 14, 15, 25; 17 8, 29, 30, 32; 20 6; HundeVO: Einf. 8; TierSchTrV: 41 2
Verhältnismäßigkeitsgrundsatz Einf. 18, 44; 1 28; 3 64; 4 7; 6 5, 7, 8; 7 11; 10 1; 11 26; 13 5, 10, 11; 16 6; 16 a 4, 6, 25; 17 8, 13, 17, 28, 29; 18 4; 19 7; 20 a 1; HundeVO: Einf. 5, 6; TierSchNutztV: 17 2
Verhaltensforschung, Verhaltenswissenschaft s. Ethologie
verhaltensgerechte Unterbringung 2 10, 12, 14, 15, 29–33, 38; Anh. 2 70; 11 15, 19, 22; 11 c 1; 12 4; 13 17; 15 10; 16 2; 16 a 10, 20; 17 33; TierSchNutztV: Vor 5–11 3; 5 2; 13 1; 15; 17 2
Verhaltensstörungen (s. auch Enten, Hunde, Kälber, Kaninchen, Legehennen, Masthühner, Pelztiere, Pferde, Puten, Rinder, Schweine, Strauße, Versuchstiere, Wachteln, Zirkustiere, Zoofachhandel) 1 21, 24; 2 38; Anh. 2 6, 12, 19, 20, 28, 36, 37, 48, 58, 64; 3 63, 67; 6 22; 11 17, 25; 11 b 11, 21, 22, 23; 12 2, 7; 13 a 7, 12; 15 10; 16 a 15; 17 53, 58–66, 86–98; TierSchNutztV: Vor 12–15 1, 10, 13; 13 12; 14 3; 17 5
Verjährung 18 8; 19 6; 20 13
Verkehr s. Straßenverkehr
Verkehrsunfall s. Unglücksfall
Verletzungen (s. auch Schlachten, Tiertransporte) 2 31, 35; Anh. 2 3, 8, 9, 10, 19, 20, 30; 3 9; 6 5, 9, 21; 13 a 7; 17 29, 68, 89, 90–93, 95, 98; 19 9; TierSchNutztV: 3 3; 4 3; 6 2; 10 2
vermeidbar (s. auch vernünftiger Grund, s. auch Schlachten, Tiertransporte) 20 a GG 3; 1 28, 30; 2 35, 37; Anh. 2 3, 9, 13, 19, 23, 27, 31; 2 a 10; 4 10; 4 a 16, 17, 22; 4 b 1; 6 13; 8 b 11; 12 4; 13 5, 14; 16 a 11, 24; 17 13; HundeVO: 7; TierSchNutztV: 3 3
Vermieter Einf. 48–50
Vernachlässigung 16 a 15, 17
vernünftiger Grund (s. auch Tiertransporte) 1 27–55; 2 a 9; 3 2, 15, 48, 64, 67, 70; 6 3, 4; 8 a 2, 15; 9 25; 10 29; 11 b

701

Sachverzeichnis

7, 27; 13 5, 10; 16 a 20; 17 5, 8–11, 23, 26, 27, 32–46, 73; 18 13, 22, 24; 19 8; HundeVO: 6; 7; 12; TierSchNutztV: 11 6; 16 3; TierSchlV: 15 5
Verordnungen s. Rechtsverordnungen
verscheuchen 13 1, 2, 3, 6
Versicherung Einf. 56, 58 a
Versorgung s. Ernährung, Pflege
Versteigerung 16 a 18, 26; 19 11
Verstümmelung s. Amputation
Versuche s. Tierversuche
Versuchstiere
– Allgemeines Anh. 2 58–61; 8 13; 8 b 3, 7, 8, 11, 16; 11 19; 17 35; 18 20; 20 8; TierSchNutztV: 1 4
– Anh. A des Europ. Versuchstierübereinkommens Anh. 2 59, 62–68; HundeVO: 1; 5
– Hamster Anh. 2 67; 11 19
– Kaninchen Anh. 2 59, 68; 11 19
– Labormäuse Anh. 2 64; 11 19
– Laborratten Anh. 2 65; 11 19
– Meerschweinchen Anh. 2 66; 7 25; 11 19
– Versuchshunde Anh. 2 62; 11 19; HundeVO: 1; 5
– Versuchskatzen Anh. 2 63; 11 19
Versuchstierkennzeichnungsverordnung 11 a 3, 5, 7
Versuchstiermeldeverordnung 16 c 1, 2
Vertebrata s. Wirbeltiere
Verwaltungsakt 11 21; 16 4, 6, 7, 9, 10; 16 a 1, 3, 6, 7, 8, 16–20, 24, 29; 17 76; 18 18, 20; HundeVO: 12; TierSchTrV: 13 5; 41 3; 42 2; TierSchlV: 14 1
Verwaltungsakzessorietät, verwaltungsakzessorisch 1 36; Anh. 2 17; 17 74–76
Verwaltungsverfahren 15 2
Verwaltungsvollstreckung 16 6, 7; 16 a 14, 17, 18, 19, 26
Verwaltungsvorschriften Einf. 60; 1 35, 41, 42; 2 41; 6 23; 8 27–30; 8 a 9, 14; 11 2, 20; 16 b 1; 16 d 2; 17 77
Verwertung 19 8
Verzichtserklärung 19 14
Veterinäramt 15 1; 16 a 7; 17 44, 56
Veterinärkontrollrichtlinien TierSchTrV: Einf. 1
Veterinärmedizin 1 17; 2 44; 17 85; TierSchNutztV: Vor 12–15 1
Videoaufzeichnungen (s. auch Schlachten, Tierversuche) 16 8; 17 84

vitale Interessen (s. auch Erhaltungsinteressen) 1 48; 17 37
Vögel 1 15; Anh. 2 57; 4 1, 3; 4 a 1; 5 5; 6 5, 8; 11 b 17, 18; 17 13, 29; 18 20; TierSchTrV: 30; 32 1, 2
Vogelberingung 13 12
Vollrausch 20 4
Vollspaltenboden 20 a GG 25; 2 9, 35, 37; Anh. 2 1, 3, 7, 8, 10; 6 25; 13 a 3; 17 86, 88, 89; TierSchNutztV: 3 3; 6 2; 8 2; 10 2
Vollziehbarkeit s. sofortige Vollziehbarkeit
Vollzugsdefizit Einf. 38, 39
Vorführung 16 9 a
Vorlagepflicht 9 a 8; 11 a 4; TierSchNutztV: 4 7; TierSchTrV: 34 5
Vorrichtungen 13 1, 3
Vorsatz 17 4, 78, 104; 18 15, 18, 19, 23; 19 3; 20 13

Wachteln Anh. 2 29–32; 7 36; 11 10; 17 98; TierSchNutztV: 3 2
Waffen s. Tierversuche
Wahrscheinlichkeit Einf. 13; 1 44; 16 7, 9 a; 16 a 2, 5, 10, 14; 19 7, 10; 20 5, 6, 11; 20 a 1
Wanderzirkus s. Zirkustiere
warmblütige Tiere 4 3; 4 a 1; 5 5, 18
Waschmittel s. Tierversuche
Wasserarbeit 3 46
Wehrmedizin 7 54
Weidezäune Anh. 2 44; 3 68
Weidgerechtigkeit, weidgerecht 3 42, 43, 46; 4 6; 17 15, 30
Weinberg'scher Apparat 4 a 8, 11, 22; TierSchlV: 12 2
Weisungen, Weisungsgehorsam Einf. 60; TierSchTrV: Einf. 6
Wellensittich 11 b 17, 18
Welpen s. Hunde
Werbung 3 32
Wettbewerb 2 15, 32
Wettfischen 1 38; 3 37; 17 23, 38
Wettkampf 3 12, 37
Widerruf der Erlaubnis/Genehmigung (s. auch Tierversuche) 11 16, 18, 23, 26, 27, 30; 11 b 29; 16 a 13; 17 79; 20 2; TierSchTrV: 4 3; 11 a; 42 2
widersprüchliches Verhalten 17 33, 35, 45
Wiedergestattung der Tierhaltung 16 a 25

Sachverzeichnis

Wiederholungsgefahr 16 a 2; TierSch-TrV: 41 2
Wiederholungsversuche s. Tierversuche
Wiesel 13 8
Wild 13 14; 17 12
wildlebende Tiere, Wildtiere Anh. 2 31, 46; 3 26; 11 24; 11 b 2; 13 11, 16; 16 1; TierSchlV: Anl. 3 Teil I 3
Wildschutzvorrichtungen 13 15
Wildschweine 17 30
wirbellose Tiere 1 11, 16, 23 a; 6 3; 7 55; 8 a 1, 2, 15; 9 2; 11 c 2; 17 48, 49; 18 22, 24
Wirbeltiere 1 11, 13, 15, 23; 4 1, 4, 11, 12, 13, 20; 5 1; 6 3, 4; 8 1; 8 a 1; 9 2, 3, 4, 22; 10 a 1; 11 4, 10, 11; 11 a 1, 2, 7, 8; 11 b 2; 11 c 2; 13 2, 3; 17 1, 48, 49, 51; 18 12; 19 3; TierSchNutztV: 2
wissenschaftliche Zwecke (s. auch Tierversuche, Versuchszwecke) 4 15; 11 4; 11 b 26; 13 12
Wohlbefinden Einf. 22; 1 17, 18, 21, 32, 37; 2 12, 24, 34; Anh. 2 10; 12 7 a; 17 5, 28, 50, 55, 56, 66, 68, 69, 95; HundeVO: 2; TierSchNutztV: 3 1; TierSchTrV: Einf. 6; 4 1
Wohnung 16 7, 9 a
Wohnungseigentum Einf. 51
Wolfskralle 6 5
Würde der Kreatur Einf. 9, 13

ZEBET s. Tierversuche
Zebrafinken 11 b 17
Zehnfußkrebse 1 16
Zeitaufwand 1 41, 46; 2 37; Anh. 2 54; 2 a 10; 3 64; 4 9, 10; 4 a 2, 4; 5 15, 16; 6 17; 7 15; 8 b 11; 9 10; 10 6, 27; 10 a 4; 11 b 26; 13 5; 16 a 20; 17 33, 35; TierSchTrV: 5 1, 3; TierSchlV: 3 2; 12 2; 13 16
Zellkulturen s. Tierversuche
Zentralnervensystem 1 13, 15; 7 4, 53
Ziegen 2 42; 4 a 22; 5 8; 6 7; 11 19; 17 36
Zierfische Anh. 2 57
Zirkus 11 13, 22, 25, 26; 16 1, 2, 4, 12; 16 a 21; HundeVO: 7
Zirkustiere 2 2; Anh. 2 69, 70; 17 34

Zirkuszentralregister 16 12
Zitiergebot 2 a 6; 21 a; TierSchNutztV: Vor 12–15 6
Zollstellen 14 1, 2, 4
Zoo, Zoologischer Garten 16 2; 16 a 21
Zoofachhandel Anh. 2 53–57, 67; 17 101
Zoologen, Zoologie 2 44; 2 a 11; 9 4; 13 a 10; 15 10; 17 84, 85; HundeVO: Einf. 4, 7
Zootiere 1 40; 2 2; 5 5; 11 19; 17 33
Zucht Anh. 2 23, 27; 17 96
züchten, Züchtung Einf. 13 9 22; 11 4, 10; 11 a 2; 11 b 2, 6–12, 21, 25, 26, 27; 16 a 11; 17 94; 18 20; HundeVO: 3; 11; TierSchTrV: Einf. 5
Züchter 11 a 2, 5, 8; 11 b 4, 6; HundeVO: 12
Zuchtverbote 11 b 13–17; HundeVO: 11
Zulassungsverfahren 13 a 1, 2, 4, 5, 9
Zumutbarkeit, zumutbar (s. auch Verhältnismäßigkeit im engeren Sinne) 4 9
zur Schau Stellen s. Schaustellung
Zurücklassen 3 23
Zuständigkeit 15 1; 16 a 7; 18 1, 5
Zustandsstörer 16 a 3
Zuverlässigkeit, zuverlässig 4 a 17, 21; 8 11, 14; 8 b 8, 12, 14, 15, 19; 9 27; 9 a 3; 11 18, 26; 13 17; 18 20; TierSchTrV: 11 2
Zuwiderhandlung 16 a 24, 25
Zwang 3 55
Zwangsmittel s. Verwaltungsvollstreckung
Zwangsräumung Einf. 47; 17 44
Zwangsvollstreckungsrecht Einf. 47
Zweck (s. auch Tierversuche, Versuchszwecke) 1 28, 32
Zwecksicherheit 20 a GG 24; 1 42; 13 5, 7
Zweifel Einf. 35; 1 49; 8 9; 8 a 12; 10 21; 10 a 7; 11 21
zwingende Vorschriften 4 a 14, 16, 17, 18, 19, 26
Zwingerhaltung s. Hunde